SOZIOLOGIE UND SOZIALGESCHICHTE

Aspekte und Probleme

Herausgegeben von

PETER CHRISTIAN LUDZ

WESTDEUTSCHER VERLAG OPLADEN

Inhaltsübersicht

III. Komparative Ansätze

IV. Stadtsoziologie und Stadtgeschichte

V. Marxismus, Historische Soziologie und Sozialgeschichte

VI. Neue Forschungsergebnisse und -berichte

I. Theoretische Aspekte der historischen Soziologie und der Sozialgeschichte

SOZIOLOGIE UND SOZIALGESCHICHTE: ASPEKTE UND PROBLEME

von Peter Christian Ludz

Vorbemerkung

Eine oberflächliche Betrachtung der gegenwärtigen Situation in der Soziologie wie in der Geschichtswissenschaft kann zu dem Schluß führen, daß die Tendenzen zu einer gleichermaßen immer weitergehenden *Soziologisierung* wie einer *Ent-Historisierung* anhalten; daß folglich die Geschichte mehr und mehr in die Soziologie einbezogen wird und ihren Charakter als selbständige Wissenschaft tendenziell verliert. Nicht zuletzt diesen Eindruck zu widerlegen, hat sich das vorliegende Sonderheft zur Aufgabe gemacht. Gleichzeitig will es zeigen, daß eine solche Fragestellung nicht mehr von der tatsächlichen Entwicklung gedeckt ist.

Ein erster Überblick über die gegenwärtig in der Soziologie wie in der Geschichtswissenschaft thematisierten Forschungsansätze und Problemstellungen macht bereits deutlich, daß eine einheitliche, mit *einer* Formel ausdrückbare Entwicklung empirisch kaum feststellbar ist. Vielmehr stehen *innerhalb* beider Disziplinen zahlreich theoretische, methodologische und methodische Konzeptionen mit unterschiedlichen Stoßrichtungen – häufig relativ unverbunden – nebeneinander. Diese Unverbundenheit der Ansätze und die Unterschiedlichkeit von Theorien und Konzepten, die auch im engeren Feld der historischen Soziologie und der Sozialgeschichte anzutreffen sind, darf freilich nicht darüber hinwegtäuschen, daß bestimmte Problemlagen (z. B. die Frage nach der Geschichte oder den Geschichten einer Gesellschaft, das Problem der Invarianten bzw. historischen Konstanten, die Berücksichtigung der historischen Zeit, die neue Einschätzung biographischer Strukturen sowie die methodologische und methodische Problematik der vergleichenden soziologischen und historischen Forschung) Soziologie und Geschichte immer wieder zusammenführen.

Der Zwang zur interdisziplinären Orientierung von Soziologie und Geschichtswissenschaft ließ durchaus gewisse vergleichbare Entwicklungen entstehen. Wesentlich ist, daß *beide* Disziplinen unter den Anforderungen der *Theoretisierung* stehen. »Theoretisierung« wird allerdings nicht einhellig begriffen. Neben den erfahrungswissenschaftlichen, von deduktiven Aussagesystemen ausgehenden Richtungen stehen die kritisch-dialektischen Ansätze, die Theorie stets im Bezug zur gesellschaftlichen Praxis sehen. Ferner ist das aus dem symbolischen Interaktionismus, der Ethnomethodologie und der Sozialphänomenologie stammende Theorieverständnis zu erwähnen, in dem die historische Dimension menschlichen Handelns ebenso wie die subjektiven Aspekte der Erfahrung als konstitutiv für die Theoriebildung angesehen werden. Die Konkurrenz verschiedener Konzeptionen von Theorie und damit eine Erweiterung dessen, was heute als »Theorie« akzeptiert wird, hat – das ist unsere These – die Wiederannäherung von Geschichte und Soziologie allererst ermöglicht – teilweise im Medium der Sozialge-

schichte bzw. der soziologisch orientierten Geschichtswissenschaft, teilweise im Rahmen der vergleichenden historisch ausgerichteten Soziologie, wesentlich jedoch durch die allgemeine soziologische Theorie, die im Zuge der Erweiterung ihres Theorieverständnisses genuin die historische Dimension selbst wieder »entdeckt« hat.
Die Soziologie hat, was das wissenschaftslogische Niveau der Theoretisierung betrifft, ihren ursprünglichen Vorsprung gegenüber der Geschichte insofern prinzipiell verloren, als die aus der Ethnomethodologie, der Sozialphänomenologie, der Interaktionstheorie und der kritischen Soziologie kommenden Ansätze dem methodologischen Rigorismus, wie er etwa von *Carl G. Hempel* vertreten wird, sämtlich eine Absage erteilen. Stattdessen bevorzugen sie andere Methodologien, die hier freilich nicht behandelt werden können. Diese Methodologien sind wesentlich dadurch gekennzeichnet, daß das Subjekt der Erkenntnis als in den Erkenntnisprozeß mit einbezogen gedacht wird, und daß dadurch der Bereich der Erfahrung ebenso wie das Erkenntnisobjekt erweitert worden sind. Die Vorstellungen davon, was Erfahrung und Realität sind, sowie vor allem die Annahmen über das Verhältnis von generellen Behauptungen über diese Realität zu den Anfangs- und Randbedingungen und den Voraussagen haben sich verändert – ebenso wie die Annahmen über die Wahrheit/Falschheit von daraus abgeleiteten Sätzen [1].
Die – recht unterschiedlichen – Ursachen für eine neue Phase der Annäherung zwischen Soziologie und Geschichte können im vorliegenden Zusammenhang nicht behandelt werden. Vielmehr empfiehlt sich eine Einführung in einige Hauptaspekte und -probleme – schon deshalb, weil die Diskussionen in Soziologie wie Geschichte nicht abgeschlossen sind, weil sie auf unterschiedlichem theoretischen und methodologischen Niveau verlaufen und weil sie einen unterschiedlichen Grad interdisziplinärer Verflechtung erkennen lassen. Zunächst wird das Gespräch zwischen Soziologie und Geschichte durch eine Vielfalt erkenntnistheoretischer Positionen ebenso offengehalten wie belastet. Neukantianische, hegelianisch-marxistische, lebensphilosophisch-phänomenologische, wissenssoziologische und wissenschaftstheoretische Erkenntnistheorien, jeweils in verschiedener Ausprägung, stehen gleichsam hinter den Konzepten, Kategorien und Begriffen und beeinflussen deshalb die Diskussion. Insofern besitzt jeder Aufweis von Aspekten und Problemen im Verhältnis von Soziologie und Geschichte stets auch eine erkenntnistheoretische und häufig eine geschichtsphilosophische Dimension.

Zur Wiederannäherung von Soziologie und Geschichte

Im folgenden sollen einige Annahmen für eine Rückorientierung der Soziologie auf die Geschichte und eine tendenzielle Annäherung jedenfalls der Sozialgeschichte an eine historisch-soziologische Erfahrungswissenschaft formuliert werden.
Einmal herrscht gegenwärtig sowohl in der Soziologie wie in der Geschichtswissenschaft eine Unsicherheit im Grundsätzlichen. Diese Situation ist der Ausdruck der Erkenntnis, daß einerseits die grundsätzlichen Fragen zwischen beiden Disziplinen in der bisherigen Diskussion eher ausgeklammert als in Angriff genommen worden sind, daß aber andererseits diese Fragen im interdisziplinären Gespräch naturgemäß drängender werden [2].

Zu diesen Grundproblemen gehört zweifellos die in beiden Disziplinen nach wie vor vorhandene unterschiedliche wissenschaftstheoretische Ausrichtung. In der Soziologie stehen sich unter den (wissenschafts-)theoretischen Positionen, die einen Bezug zur Geschichte besitzen, gegenüber: der empirisch-analytische Ansatz, die kritischen Richtungen, die wissenssoziologisch-phänomenologischen Schulen, um nur diese noch einmal zu erwähnen. In der Historie – soweit sie sich der Soziologie öffnet – ist neben einem soziologisch-empirisch und verhaltenswissenschaftlich orientierten Ansatz, der gleichzeitig die Sozialgeschichte eher als Teildisziplin begreift, ein umfassenderes Verständnis angesiedelt, das Sozialgeschichte als »Strukturgeschichte« auffaßt und das als »integrale Aspektwissenschaft« (*Jürgen Kocka*) gekennzeichnet worden ist [3].
Zu den Grundproblemen gehört jedoch sicherlich auch der Begriff der Geschichte selbst. Zunehmend ist Geschichte einerseits zu einer Leerformel, zu einem »Blindbegriff« geworden, zu einem »Sammelbecken aller nur denkbaren Ideologien, die sich auf die Geschichte berufen können, weil die Geschichte selber nicht mehr kritisch in Frage gestellt wird« [4]. In der Konkretisierung solcher Überlegungen stehen die Forderungen, die *Kenneth E. Bock*, *Robert A. Nisbet* und im Anschluß an sie *Friedrich H. Tenbruck* erhoben haben: das Abgehen von einem Geschichtsverständnis, das Geschichte als »Entwicklungsgeschichte« begreift; der Verzicht auf die ungeprüfte Annahme, daß jede temporäre Beharrung und jeder Stillstand als (unnatürliche) Stagnation zu deuten seien. Geschichte wird andererseits als persönliche Geschichte, als von Bedeutungsgehalten bestimmte Kette von Situationen begriffen. Für ein solches Verständnis sind etwa *Harold Garfinkel*, *Erving Goffman* und *Niklas Luhmann* sowie vor allem *Alfred Schütz* in Anspruch zu nehmen.
Verbunden mit solchen Orientierungen ist der – in der politischen Wissenschaft und den »international relations« bereits geläufige – Gedanke, Geschichte nicht mehr nur als »Binnengeschichte« einer Gesellschaft zu sehen, sondern wenigstens die jeweilige »Außengeschichte« mit einzubeziehen [5]. »Außengeschichte« einer Gesellschaft konvergiert in unserem Verständnis tendenziell mit dem, was als Erweiterung der »Binnengeschichte« des Individuums und seiner Interaktionen bezeichnet werden kann.
Hinzu kommen ferner die schon seit längerem erhobenen Forderungen nach einer Abkehr von der traditionellen Diplomatiegeschichte sowie der politischen Ereignisgeschichte – Forderungen, die besonders von einigen Vertretern der Sozialgeschichte erhoben werden *(H.-U. Wehler)*. Das Forschungsinteresse wendet sich zunehmend den sozio-ökonomischen Hintergründen politischer Geschehnisse und damit anderen historischen Quellen zu [6]. Die Geschichtswissenschaft, die sich von hier aus der Soziologie nähert, findet in ihr in der Tat einen eifrigen Gesprächspartner. Denn sie eröffnet ihrerseits eine Diskussion um den Begriff der »Gesellschaft«, speziell der »Industriegesellschaft«, und stößt damit auf ein Grundproblem der Soziologie. In der gegenwärtigen Soziologie wird »Gesellschaft« mehr und mehr durch »Industriegesellschaft« ersetzt, ohne daß bisher Klarheit darüber erzielt werden konnte, welche existierenden und vergangenen Gesellschaften »Industrie«- oder »industrielle« Gesellschaften sind bzw. waren, wo die historischen Einschnitte liegen und welche Begriffe und Konzepte zu deren verbindlicher Bestimmung herangezogen werden können.
In der theoretischen Soziologie und der Sozialphilosophie sind die Verbindungslinien

zwischen den dem Konzept der »Industriegesellschaft« zugrundeliegenden makrosoziologischen Annahmen und dem Konzept der »Lebenswelt«, wie es *Edmund Husserl* entworfen hat, ebenfalls noch kaum gezogen worden. Insbesondere *Husserls* berühmte Bemerkung: »Die schlichte Erfahrung, in welcher die Lebenswelt gegeben ist, ist letzte Grundlage aller objektiven Erkenntnis. Korrelativ gesprochen: diese Welt selbst, als die (ursprünglich) rein aus Erfahrung vorwissenschaftlich für uns seiende, gibt in ihrer invarianten Wesenstypik im voraus alle möglichen wissenschaftlichen Themen an die Hand« [7], ist soziologisch noch kaum zureichend ausgelotet worden. Dies trifft vor allem für die im Begriff der Lebenswelt mitgesetzten Annahmen über historische Invarianten zu [8].

Ein zweiter Grund für vergleichbare Entwicklungen in Soziologie und (Sozial-)Geschichte, eine weitere Bedingung der Möglichkeit ihrer Wiederannäherung, ist die kritische Besinnung beider Disziplinen auf ihre jeweils *eigene* Wissenschaftsgeschichte. In der neueren Soziologie wird diese reflexive Aufgabenstellung, die Forderung nach einer »Soziologie der Soziologie«, etwa bei *Robert W. Friedrichs, Gideon Sjoberg/Roger Nett* und *Alvin W. Gouldner* stark betont [9]. Diese Autoren kritisieren Funktionalismus wie Behaviorismus und fordern für die Soziologie eine Berücksichtigung der philosophisch-phänomenologischen, der historischen, der kulturanthropologischen wie der sprachsoziologischen Dimensionen und, darauf aufbauend, eine neue, stärker philosophisch-historisch orientierte soziologische Theorie. Diese soll in erster Linie die Subjektivität des Subjekts sowie die gesellschaftliche Funktion von Sinn thematisieren [10]. Dabei wird Sinnhaftigkeit menschlichen Erlebens und Handelns, wie *Niklas Luhmann* gezeigt hat, insofern konstitutiv für die historische Dimension – in diesem Fall: die historische Zeit – als sie die erfahrbare Selektivität aller Einzelbestimmungen überhaupt erst ermöglicht [11].

Als ein Ausdruck der kritischen Reflexion in der Geschichtswissenschaft ist die Begriffsgeschichte einzuordnen. Begriffsgeschichte hat »die Konvergenz von Begriff und Geschichte« zum Thema. In einem solchen Verständnis wäre Geschichte dann stets nur »insoweit Geschichte, wie sie je schon begriffen worden ist«. Geschichte ist bereits im 19. Jahrhundert zur »subjektiven Bewußtseinskategorie« geworden. Andererseits wurde Geschichte ebenfalls zu dieser Zeit »Pluralform von Einzelgeschichten«. Seit dieser Zeit spricht man von der »Arbeit der Geschichte«; von dort datiert, rückblickend, die Umwandlung der Geschichte als eines »Organons der historischen Wissenschaften« in einen geschichtsphilosophischen, einen metahistorischen Begriff [12]. Die politischen Folgen eines im späten 19. Jahrhundert und in der ersten Hälfte des 20. Jahrhunderts immer mehr zur massiven Leerformel gewordenen Geschichtsbegriffs sind bekannt. Auf sie ist hier nicht näher einzugehen. Vielmehr ist auf die Reaktion der Historie hinzuweisen. Folgerichtig wurde in der Geschichtswissenschaft nach 1945 die Formel: »die Geschichte selbst«, kritisch, d. h. wort- und begriffsgeschichtlich hinterfragt und damit der Grund zu einer neuen Legitimation der Historie, zu einer Geschichtswissenschaft als kritischer gelegt. Ein solcher Begriff der Kritik, der sich – über seine theoretisch-semantische und sprachanalytische Dimension – methodologisch ausweisen und methodisch überprüfen läßt, wird von der Soziologie – soweit wir sehen – noch zu wenig beachtet.

Diese Bemerkungen leiten bereits über zu einem dritten Grund für gemeinsame Fragestellungen. In der Soziologie wie in der Geschichtswissenschaft werden – z. T. im Anschluß an eine durch *Thomas S. Kuhn* [13] auf den Begriff gebrachte Entwicklung – nicht nur traditionelle Unterschiede zwischen »Geistes-« und »Naturwissenschaften«, sondern auch zwischen Soziologie und Geschichte als tendenziell immer weiter zurücktretend angesehen. In diesem Zusammenhang soll in aller Kürze an den seit *Wilhelm Windelband* und *Heinrich Rickert* jahrzehntelang angenommenen Unterschied zwischen einer angeblich »nomothetisch« und verallgemeinernd vorgehenden Soziologie und einer »idiographisch« und auf das Einzelfaktum abstellenden Geschichtswissenschaft erinnert werden. *Windelband* hat diesen Gegensatz in seiner berühmten Straßburger Antrittsrede von 1894 über »Geschichte und Naturwissenschaft« wahrscheinlich am prägnantesten auf den Begriff gebracht: »Die Erfahrungswissenschaften suchen in der Erkenntnis des Wirklichen entweder das Allgemeine in Form des Naturgesetzes oder das Einzelne in der geschichtlich bestimmten Gestalt; sie betrachten zu einem Teil die immer sich gleichbleibende Form, zum anderen den einmaligen, in sich bestimmten Inhalt des wirklichen Geschehens. Die einen sind Gesetzeswissenschaften, die anderen Ereigniswissenschaften; jene lehren was immer ist, diese, was einmal war. Das wissenschaftliche Denken ist – wenn man neue Kunstausdrücke bilden darf – in dem einen Falle nomothetisch, in dem anderen idiographisch [14].« Ein solcher Gegensatz zwischen Soziologie und Geschichte besteht heute in dem ursprünglich gemeinten Sinn kaum noch [15], wenn er vielleicht auch nicht völlig aufgehoben ist. Gegenwärtig stellt sich, wie *Ludz/Rönsch* und *Rönsch* gezeigt haben, eher die Problematik einer *nomothetisch orientierten Geschichtswissenschaft* und, so könnte hinzugefügt werden, einer *idiographisch ausgerichteten Soziologie.* Dabei ist, wie *Ludz/Rönsch* und *Rönsch* ausführen, die grundlegende Schwierigkeit bei allen Erklärungsversuchen, die auf Gesetzmäßigkeiten aufbauen, daß sie nicht generell genug sind. Dies betrifft auch die sogenannten historischen Erklärungen [16].

Die Fronten scheinen sich in der Tat verkehrt zu haben; denn in der Soziologie werden heute z. T. durchaus Probleme akut, die traditionell der idiographischen Position zugehören. Dies ist z. B. dann der Fall, wenn die Soziologie, wie jüngst etwa *Norbert Elias* hervorgehoben hat, ebenfalls »Einzigartigkeiten und Einmaligkeiten und zwar auch solche, die die Geschichtswissenschaft noch nicht untersucht hat« [17], interpretieren muß. Umgekehrt untersucht die Sozialgeschichte – entsprechend dem Selbstverständnis ihrer Vertreter – eine breite Skala von Erkenntnisobjekten: historische Abläufe, Strukturen und Prozesse [18], Institutionen [19], Verhaltensweisen, »Attitüden« [20] und wendet sich damit dem Allgemeinen zu. Historische Attitüden im soziologischen Sinne müssen als mit Institutionalisierungen verbunden gedacht werden – Institutionalisierungen, die immer dann eintreten, wenn »there is a reciprocal typification of habitualized actions by types of actors«. Solche »reciprocal typification« implizieren »a shared history« [21].

Mit dem Einschrumpfen des Gegensatzes von nomothetischer und idiographischer Methode werden eine Reihe weiterer ebenfalls tradierter Gegensätze zwischen Soziologie und Geschichte problematisch. Dazu gehört vor allem die starre Gegenüberstellung von »Erklären« und »Verstehen«. Eine an *erfahrungs*wissenschaftlichen Zielsetzungen orientierte Sozialwissenschaft, die sich um die *empirische* Erfassung von historisch-sozialer Wirklichkeit bemüht [22], kann schwerlich einem prinzipiellen Gegensatz von »Erklären« und »Verstehen« das Wort reden. Wir verstehen, wie *Hermann Lübbe* sagt, »was erklärt worden ist, und zwar ohne Unterschied der Wissenschaftsorte, um die es sich jeweils handeln mag« [23]. »Verstehen« und »Erklären« werden hier als komplementär angesehen.

Diese Bemerkungen verdeutlichen, daß trotz nach wie vor bestehender unterschiedlicher theoretischer Ausgangslage, trotz unterschiedlicher Erkenntnisziele und trotz unterschiedlicher Methoden eine Reihe von Annäherungen zwischen Soziologie und Geschichtswissenschaft stattgefunden haben – sicherlich in dem Maße, als heute *alle* Sozialwissenschaften vor den theoretischen und methodologischen Problemen empirisch orientierter Verhaltenswissenschaften stehen.

Die Erweiterung der empirischen Dimension und der Begriff der Erfahrung

Wir gehen davon aus, daß die Soziologie – neben der Erforschung von Regelmäßigkeiten – der Analyse von *einzelnen* Ereignissen, einzelnen Situationen, der persönlichen Geschichte und der persönlichen Identität der handelnden Subjekte, ihrer Biographien und der »Akkumulation früher gemachter Erfahrungen« immer weniger ausweichen kann [24]. Die empirische Dimension der Soziologie wird mit einer solchen Einbeziehung von Einzelereignissen und Situationen zweifellos erweitert – erweitert auch gegenüber der makrosoziologisch orientierten komparativ-historischen Soziologie, wie sie etwa *Reinhard Bendix* vertritt [25]. Auf diesem Sachverhalt haben vor allem bestimmte Forschungsrichtungen in der Ethnomethodologie, im symbolischen Interaktionismus und in der Sozialphänomenologie immer wieder insistiert. Personen, Beziehungen zwischen Personen und das soziale Handeln sind in ihrer historischen Dimension zu erfassen. Im Zusammenhang damit betont etwa *Harold Garfinkel,* daß Beschreibungen von Personen und ihren Interaktionen nicht angemessen sind, wenn nicht die konkreten Situationen in den breiteren Kontext einer historischen Situation, in einen »set of developing life circumstances«, gestellt werden [26]. Historische Analysen, d. h. hier der mit unterschiedlichen Methoden anzuvisierende Versuch der »Entkodierung von historischen Bedeutungsgehalten« [27] müssen dabei jedoch stets das »common-sense«-Verstehen des Alltagslebens als *Korrektiv* benutzen; denn Text und Kontext historisch vergangener Alltagssituationen sind nicht mehr voll reproduzierbar. Dies ist gerade dann zu berücksichtigen, wenn das historisch vergangene Verständnis als nicht identisch mit einem je gegebenen »common-sense«-Verständnis des Alltagslebens angesehen werden kann.

Die Einbeziehung der Geschichte von handlungsdeutenden Situationen und Interaktionen läßt die Frage nach der *Relevanz* bestimmter Situationen im Zeitverlauf aufkommen. Es werden also nicht nur Situationen aus ihren historisch, d. h. hier etwa: ihren autobiographischen, Bedingungen erklärt; vielmehr wird ein Selektionskriterium, nämlich die lebensgeschichtliche Relevanz, eingebracht, das erhebliche methodologische Konsequenzen für die Soziologie besitzt. Denn mit Hilfe dieses Selektionskriteriums wird versucht, den subjektiv gemeinten Sinn von bereits historisch gewordenen Situationen zu erfassen, immanent-deutend zu beschreiben. Dabei stellt sich, wie erwähnt, der Rekurs auf das Alltagsleben, das Alltagsverstehen als notwendig heraus.

Die methodologischen Konsequenzen der Einführung der lebensgeschichtlichen Relevanz für die Soziologie weisen über die von der Ethnomethodologie erforderte Erweiterung der Empirie jedoch insofern noch hinaus, als sie mit gewissen Grundannahmen der Sozialphänomenologie konvergieren. Vor allem *Schütz* hat, in der Auslegung von *Husserls* Begriff der »Lebenswelt« und im Anschluß an *George Herbert Mead* sowie *Maurice Merleau-Ponty,* die Schichten der »Strukturierung durch Orientierung« genauer bestimmt. Für ihn spielt die über die Reflexion der biographischen Situation vermittelte Kenntnis von der »Struktur der Lebenswelt« eine maßgebliche Rolle. In unserem Zusammenhang ist dabei wesentlich, daß *Schütz* die geschichtlich bestimmte Lebenswelt und die lebensgeschichtliche Relevanz nicht aus der »common-sense«-Erfahrung des Alltagslebens ableitet, sondern sie aus dem »Bereich der intentionalen Gegenstände unserer Erfahrung« konzipiert [28]. Lebenswelt und Lebensgeschichte rücken damit noch stärker in das Zentrum der Erfahrung und ihrer Auslegungsmöglichkeiten.
Zweifellos erhalten die Konzepte von Lebenswelt und Lebensgeschichte damit einen prominenten Stellenwert im Rahmen dieser Überlegungen. Nun könnte eingewendet werden, daß Lebenswelt und Lebensgeschichte im Sinne von *Alfred Schütz* in erster Linie auf das Individuum bezogen sind und mit dem soziologisch-sozialgeschichtlichen Forschungsinteresse an Gruppenstrukturen und -prozessen wenig zu tun haben. Diesem Einwand ist entgegenzuhalten, daß bereits *Schütz* die »Wir-Beziehung« gleichsam als die Urform einer Primärgruppe vor allem in seinem Frühwerk berücksichtigt hat. Wesentlicher ist jedoch, daß die Konzepte der Lebenswelt und Lebensgeschichte durchaus auf Gruppen – vor allem kleine Gruppen, also Freundschaftsgesellschaften, Clubs, Geheimbünde – angewendet werden können; denn in solchen soziologischen Mikrostrukturen werden »Situationen« ebenso wie die intendierten Sinngebungen, die solchen Situationen zugewiesen werden, als Gruppenerlebnisse, als Kommunikationsprozesse der Gruppenmitglieder begriffen. Die verschiedenen Formen der Ausdeutung von Situationen, der Bezug von Situationen zur engeren oder weiteren Lebensumwelt einerseits, zu bestimmten philosophischen/literarischen Denkmustern andererseits ergeben eine soziologisch-historische Konkretisierung dessen, was hier mit »Situation«, »Lebenswelt« und »Relevanz« angedeutet worden ist. Als Beispiel sei etwa der »Bund der Freien Männer« in Jena genannt, den *Fichte* 1794 mitbegründet hat. Ein begriffsgeschichtliche, in Verbindung mit einer wissenssoziologisch-empirischen und einer sozialgeschichtlichen Analyse zeigt, daß »Kritik« an der Gesellschaft, wie sie von den Mitgliedern des genannten Bundes gemeinsam geübt wurde, nicht nur als Medium des sozialen Selbstverständnisses, sondern auch als handlungsanleitend und -strukturierend und damit auf die Gesamtgesellschaft bezogen begriffen werden kann [29].
Die soziologische Erweiterung des Konzepts der Lebenswelt verdeutlicht die Möglichkeit, die in *Texte* eingegangene Bedeutung von historisch vergangenen Situationen über eine Analyse von Kontexten herauszuarbeiten. Gleichfalls wird damit die Frage nach der Relevanz bestimmter Gruppensituationen einer Antwort nähergebracht; denn der *Kontext* in der Kommunikationsstruktur der hier skizzierten Primärgruppen ist einmal das kodifizierte Selbstverständnis dieser Gruppen, z. B. das sogenannte »Protokollbuch« des »Bundes der Freien Männer«. Der Kontext besteht also einmal aus überlieferten Texten; zum anderen sind unter »Kontext« jedoch auch Kommunikationsmittel

(Sprache, Mode) sowie kulturspezifische Kommunikationsformen (Philosophie, Literatur) zu begreifen.

Die mit diesem Ansatz gegebene Erweiterung der Dimensionen der theoretischen Soziologie bedeutet zunächst, daß die Erfahrung von Sinn und Bedeutung von Ereignissen neu thematisiert wird, wobei Sinn nicht nur subjektiv gemeinter, sondern stets auch historisch-soziologisch geladener Sinn ist. Ferner wird das Theorieverständnis der Soziologie selbst tangiert. Aus diesem naheliegenden Schluß sind eine Reihe von weitergehenden Folgerungen zu ziehen. Im vorliegenden Zusammenhang interessiert vor allem, daß sich die Soziologie über die Erweiterung ihres Theorieverständnisses notwendig stärker historisch-kritisch – also historisch in dem hier skizzierten Sinne – orientiert. Damit ist die Tendenz zu einer Aufarbeitung der historischen Dimension durch die Soziologie selbst gegeben. Andererseits nähert sich die Sozialgeschichte, soweit sie sich als »Strukturgeschichte« begreift und damit einem empirisch-analytischen Soziologieverständnis verwandt ist, ebenfalls der soeben skizzierten theoretischen Dimension, jedenfalls soweit sie Temporalbegriffe im Sinne *Fernand Braudels* und *Reinhart Kosellecks* verwendet. Oder anders formuliert: Wie immer man den wissenschaftstheoretischen Ort von Soziologie und (Sozial-)Geschichte im einzelnen bestimmen mag – beide Disziplinen sind, gerade als empirische, an einen »hermeneutischen Erfahrungsmodus« gebunden.

Soziologie und Geschichtswissenschaft besitzen also keine in der Erfahrung abgrenzbaren Gegenstände, die *als solche* entweder der einen oder der anderen Disziplin *a priori* angehören bzw. diesen zuzuordnen sind. Vielmehr kann der Erfahrungsbereich von Soziologie und Geschichte insofern als ein gemeinsamer angesehen werden, als beide Disziplinen zu empirisch fundierten Aussagen über den »vergesellschafteten Menschen« und seine Kultur zu kommen suchen. »Die reale Basis ihrer empirischen Arbeit ist ihnen vorgegeben in Gestalt von (direkt oder indirekt) wahrnehmbaren menschlichen Handlungen, menschlichen Bewußtseinsinhalten und Manifestationen materieller oder immaterieller menschlicher Kultur – also von Sachverhalten, die alle als Aggregatzustände menschlicher Intentionalität gedeutet werden können. Es handelt sich dabei in jedem Falle um gesellschaftlich geprägte Tatbestände, zugleich aber auch um spezifische, raum-zeitlich lokalisierbare und insofern historische Phänomene.« Damit ist »jede empirische Soziologie eine ebenso historische Wissenschaft wie die Historiographie selbst, während andererseits jede Geschichtswissenschaft im Hinblick auf ihren Gegenstandsbereich auch Sozialwissenschaft ist« [30]. Die Unterschiede zwischen theoretisch-historischer Soziologie, soziologisch orientierter Geschichte oder Sozialgeschichte beruhen in diesem Verständnis eher auf einer unterschiedlichen Problemsicht, auf unterschiedlichen Fragestellungen, mit denen die empirischen Gegenstände der Erfahrung dann zu unterschiedlichen Erkenntnisobjekten umgeformt werden, nicht jedoch auf grundsätzlich unterschiedlichen Erfahrungsmodi und einem grundsätzlich unterschiedlichen Theorieverständnis.

Solche Feststellungen enthalten freilich weder eine Aussage über den gemeinsamen Erfahrungsmodus noch konkretisieren sie diesen. Wie wir jedoch bereits angedeutet haben, ruhen Soziologie und Geschichte auf der sinnlichen Wahrnehmung empirischer Gegenstände ebenso wie auf dem Verstehen von Sinn und Bedeutung solcher Gegenstände.

Dabei ist es müßig, nach einem »Mehr« oder »Weniger« zu fragen. Sinnliche Wahrnehmung empirischer Gegenstände und Sinnverleihung dieser Wahrnehmung werden als *einem Erkenntnisprozeß* zugehörig konzipiert. Die prinzipiell gegebene Einheit des Erkenntnisprozesses in Soziologie und Geschichte steht damit im Vordergrund. Die empirisch-analytische Trennung von Wahrnehmung und Sinnverleihung wird von den erwähnten neueren soziologischen Theorien abgelehnt. Soziologie und Geschichte versuchen, aus der gemeinsamen Erfahrung heraus eine jeweils bewußte Selektion von empirischen Gegenständen vorzunehmen und nachvollziehbaren oder nachprüfbaren methodologischen Regeln zu unterwerfen.
Im Anschluß sowohl an *Talcott Parsons* wie an von *Karl Mannheim* ausgehende wissenssoziologische Methodologien *(Sjoberg/Nett)* und an hermeneutische Ansätze (etwa *Jürgen Habermas)* kann deshalb auch eine prinzipiell vergleichbare Kommunikationsbeziehung zwischen Forscher und Forschungsgegenstand in Soziologie und Geschichte angenommen werden [31]. In beiden Fällen kann der Forscher nur dann Mitteilungen des Materials aufnehmen, wenn er das System sprachlicher Zeichen, die Symbolsprache, den »communication content« *(Bernard Berelson* [32]*)*, in dem diese Mitteilungen abgefaßt sind, kennt. Dabei spielt es, erkenntnistheoretisch gesehen, keine Rolle, ob diese Mitteilungen direkt, durch »unmittelbaren sozialen Kontakt« erfolgen oder durch zeitgeschichtliche bzw. historische Dokumente [33].

Komparative Soziologie und Sozialgeschichte

Ein weiterer Ausdruck für die sich abzeichnende Aufhebung der Dichotomie von Soziologie und Geschichtswissenschaft kann darin gesehen werden, daß beide zunehmend Spezialdisziplinen ausgegliedert haben, die der jeweils anderen Disziplin nahestehen und sich sozusagen, wie die komparative Soziologie (»comparative sociology«) und die Sozialgeschichte, im Zwischenfeld zwischen Soziologie und Geschichte etabliert haben.
Das Aufkommen der komparativen Soziologie kann als eine Antwort auf eine Reihe von ungelösten Problemen, die die Soziologie wie die Geschichtswissenschaft gleichermaßen betreffen, begriffen werden. Einmal hat der Versuch umfassender horizontaler Vergleiche die komparative Soziologie in eine Sackgasse geführt; denn bei der Interpretation ergaben sich häufig Aussagen, die ohne Einbeziehung der historischen Dimension trivial blieben. Diese Gefahr versucht die sich an der Historie orientierende Soziologie zu vermeiden. Dabei wird die explizite Einbeziehung der historischen Dimension erleichtert, weil die »Methode der komparativen Analyse ... zwischen Theorie- und Modellbildung einerseits und Metatheorie und sozialphilosophischer Praxeologie andererseits« angesiedelt ist [34]. Eine solche Ortsbestimmung der komparativen Soziologie verweist ebenso auf ihr methodologisches Interesse wie auf die in ihr angelegte Mehrdimensionalität – und damit ihre »Offenheit« im methodologisch-methodischen Bereich. »Offenheit« meint eine Durchbrechung des »covering-law-model« ebenso wie die Verwendung von Kategorien und Begriffen mit unterschiedlichem logischen Status. »Offenheit« impliziert jedoch auch die ideologiekritische Reflexion der verwandten Begriffe. Hier treffen sich Forderungen der von der Wissenschaftstheorie des kritischen

Rationalismus herkommenden Ideologiekritik *(Ernst Topitsch)* mit solchen der Sozialgeschichte *(Otto Brunner)*. Weiterhin kann die historisch orientierte komparative Soziologie bestimmte Begriffe und Gegensatzpaare (wie »Staat«, »Gesellschaft« und »Gemeinschaft«; »Gesellschaft« und »Klasse«; »Individuum« und »Gesellschaft«), die sämtlich sowohl situationsbedingt wie geschichtsmetaphysisch festgelegt und wechselnden Interpretationen ausgesetzt sind, durchaus vermeiden. Denn bereits herkömmlicherweise arbeitet die komparative Soziologie mit einer Ebene der Begrifflichkeit, die relativ präziser ist als die der geschichtsphilosophischen und in politischen Tageskämpfen aufgeladenen Begriffe.

Wie *Seymour Martin Lipset* betont [35], hat die historisch orientierte vergleichende Soziologie parallel und im Anschluß an die Analyse des wirtschaftlichen Wachstums durch die Wirtschaftsgeschichte zunehmend ein Interesse an Problemen der »societal modernization« ganzer Gesellschaftssysteme bekundet. Es ist deshalb nur folgerichtig, daß auf der makrosoziologischen Ebene der Theoriebildung wie der empirischen Analyse heute eine Reihe von Einzelzusammenhängen untersucht werden. Dabei stehen, wie *Peter Flora* hervorhebt [36], etwa Zusammenhänge zwischen Bildungsexpansion, Wirtschaftswachstum und politischer Entwicklung im Mittelpunkt der Aufmerksamkeit. Diese Sichtweise wird beeinflußt von der Entwicklungsländerforschung wie vor allem von den von *Gabriel A. Almond* und *Lucien W. Pye* angeregten Versuchen, eine Theorie der politischen Entwicklung zu entwerfen [37]. Mit Hilfe von Begriffen wie »politische Kultur«, »politische Sozialisation«, »politische Integration« etc. wird ein Zusammenhang zwischen Staaten- und Nationenbildung, wirtschaftlichem Wachstum und Bildungsentwicklung zu konstruieren gesucht.

In der komparativen Soziologie werden damit bestimmte Interdependenzen zwischen bestimmten Größen in bestimmten Kontexten *hypothetisch* angenommen. Die Struktur von Interdependenzen, die Individuen und/oder soziale Gruppen in bestimmten historischen Situationen aneinander binden, ist – wie u. a. *Elias* gezeigt hat – der empirischen Analyse zugänglich. Aus den Ergebnissen solcher Untersuchungen können Interdependenzmodelle oder – wie *Elias* im Anschluß an *Mannheims* Begriff der Konstellationsanalyse sagt – »Figurationsmodelle« gebildet werden, die den Entscheidungsspielraum von Individuen oder sozialen Gruppen, ihre Autonomie, die Strategie ihrer Verhaltenssteuerung etc. überprüfen lassen und damit erklären können [38]. Hier stellt sich freilich die Frage, wieweit der von *Elias* postulierte wissenssoziologische Ansatz, der die von der Ethnomethodologie wie der Sozialphänomenologie eingebrachten Überlegungen nicht einbezieht, tatsächlich trägt. Vor allem die Analyse historisch vergangener Bedeutungen von bestimmten Situationen und Interaktionen scheint nach wie vor außerhalb der Möglichkeiten dieses Forschungsansatzes, der mit »Zurechnungen« im Sinne *Mannheims* sowie mit sozialgeschichtlicher Interpretation arbeitet, zu liegen. Dennoch bleibt natürlich für den zeitgenössischen Historiker die Chance, solche hypothetischen Annahmen historisch durch Prüfung am konkreten Material zu falsifizieren. Dies ist eine Chance insofern, als er die historischen Kontexte, die Zeitdimension, den umfassenden institutionellen Hintergrund des Materials beherrscht [39]; Chance jedoch auch insofern, als die historische Forschung, wie *Günter Albrecht* nachgewiesen hat [40], eine »Überprüfung der jeweiligen Randbedingungsannahmen, die bei einem Hypothesentest angenommen werden, erlaubt« und so zu einer stringenten Hypothesenbildung beitragen kann. Insofern ist es fast eher berechtigt, die Soziologie in den Dienst der Historie gestellt zu sehen als umgekehrt.

Neben solchen hypothetischen Annahmen des Soziologen, die durch den Historiker zu testen wären, werden diesem von der Soziologie immer wieder bestimmte Konzepte angesonnen (etwa »reference groups«, »Partizipation«, »soziale Rolle«, »soziale Stratifikation«), die ihrerseits verhaltensdeterminierend wirken [41]. Wie eine Reihe von sozialhistorischen Studien – im deutschen Sprachbereich etwa von *Werner Conze, Wolfram Fischer, Jürgen Kocka, Thomas Nipperdey, Theodor Schieder* und *Hans-Ulrich Wehler* zeigen – werden Konzepte und Begriffe dieser Art von der Sozialgeschichte durchaus rezipiert.

Andererseits greift der Historiker von sich aus nach soziologischen Hypothesen und Erklärungsversuchen. Denn der hohe Standard der historischen Dokumentation und die Gewißheit über bestimmte historische Einzelheiten werden verdunkelt durch den, wie *Elias* feststellt, »vergleichsweise weit niedrigeren Standard in der geschichtswissenschaftlichen Interpretation und dem Zusammenfügen dieses Materials, die der Willkür der Interpretation nach wie vor ausgesetzt sind« [42].

Die damit behauptete Tendenz zur Theoretisierung in der Geschichtswissenschaft bedeutet jedoch noch nicht notwendig, jedenfalls nicht ausschließlich, Soziologisierung; denn die Diskussion um ein angemessenes Selbstverständnis der Geschichtswissenschaft, die etwa in *Reinhart Kosellecks* Frage »Wozu noch Historie?« [43] ebenso wie in *Gerhard Oestreichs* Rekurs auf die historischen »Anfänge der sozialgeschichtlichen Forschung« [44] ihren Ausdruck finden, verweisen eher auf (erkenntnis-)theoretische, methodologische und methodische Reflexionen als auf spezifisch soziologische. Hier sind etwa die Fragen nach den historischen »Tatsachen« [45] ebenso anzuführen wie die nach der Anwendung des »covering-law-model«. Ein weiteres Beispiel sind die im Rahmen der Geschichtswissenschaft einflußreichen Rekurse auf spezialisierte Methoden der Quellenkritik, auf die philosophische Terminologiegeschichte und die historisch-philologische Methode: die Begriffsgeschichte.

Neben solchen methodologisch durchaus anspruchsvollen Neuansätzen stehen, so gut wie unverbunden, immer noch traditionelle Fragen nach dem Einmaligen und dem Typischen in der Geschichte [46], vage Überlegungen zum Typusbegriff, die wohl *Heinrich Rickert, Max Weber, Otto Hintze* und *Ernst Troeltsch* einbeziehen, nicht jedoch *Karl R. Popper, Carl G. Hempel, Paul Oppenheim* und *Michael Scriven*. Die Frage stellt sich, wie »Krytotypen«, »Verlaufstypen«, »Mischtypen«, »Strukturtypen« und »Gestalttyen« im Licht der neueren wissenschaftstheoretischen Diskussion zu bewerten sind [47]. Sicherlich, die Geschichtswissenschaft, insbesondere die Sozialgeschichte, arbeitet gegenwärtig bereits häufig mit soziologischen und sozialpsychologischen Kategorien wie »Mobilität«, »sozialer Wandel«, »Modernisierung«, »Status« und »Rolle« und widmet sich der Erforschung von sozialen Vorurteilen, von Berufs- und Schichtstrukturen sowie Protestbewegungen unter soziologischen Gesichtspunkten [48]. Ein Beispiel dafür sind etwa Arbeiten von *Wolfram Fischer* [49]. Doch scheint die theoretisch-methodologische Aufarbeitung dieser praktisch bereits vollzogenen Assimilierung noch in den Anfängen. Häufig tragen die Überlegungen zur theoretischen und methodologisch-

methodischen Neuorientierung der Sozialgeschichte eher programmatischen Charakter. Darauf verweisen etwa Äußerungen *Wehlers,* wenn er im Anschluß an *Conze* von der Sozialgeschichte als einer »spezifischen Betrachtungsweise«, einem heuristischen Prinzip« spricht [50]. Ähnliches gilt auch von *Conze* selbst, der ausführt, daß die Sozialgeschichte sowohl der Geschichtswissenschaft wie der Soziologie verbunden ist, daß ihr Gegenstand die »Geschichte der Gesellschaft, genauer der sozialen Strukturen, Abläufe, Bewegungen« und daß ihre Methode die »in der Geschichtswissenschaft allgemein gültige historisch-kritische und historisch-verstehende Methode« ist [51].
Solche Ausführungen dürfen allerdings nicht den Blick für sehr viel weiter gehende Auseinandersetzungen und eine fundamentale Neuorientierung in der Sozialgeschichte verstellen. Diese Auseinandersetzungen, die in England und USA bereits in vollem Gange sind, betreffen in erster Linie die wissenschafts- bzw. erkenntnistheoretischen Grundpositionen der Geschichtswissenschaft im allgemeinen und der Sozialgeschichte im besonderen; sie betreffen das zugrundeliegende Erkenntnisinteresse und damit die Konstituierung des eigentlichen Forschungsgegenstandes.
Fundamentale Neuorientierungen lassen sich zweifellos auch für die Soziologie feststellen. Wenn hier eine Tendenz zur Re-Historisierung in der Soziologie angenommen wird, so können dafür zahlreiche, ebenfalls oft unverbunden nebeneinanderstehende Ansätze benannt werden. Auf die reflexiven Tendenzen, die Forderung nach einer Soziologie der Soziologie, mit ihren Implikationen für eine neue Verbindung zwischen Soziologie und Geschichte ist bereits hingewiesen worden. Diese metatheoretische Aufgabenstellung wird vor allem von der phänomenologisch-empirisch vorgehenden Wissenssoziologie (*Peter L. Berger, Thomas Luckmann* [52]) wie der methodologisch-methodisch orientierten Schule der Wissenssoziologie (vertreten durch *Gideon Sjoberg* und *Roger Nett*) betont.
Auch der wissenschaftstheoretisch-ideologiekritische Ansatz von *Ernst Topitsch* zielt auf eine metatheoretische Neubesinnung des Verhältnisses von Soziologie und Geschichtswissenschaft. In seinem Konzept ist jedoch nicht nur die Deutung des *Thukydides,* den er als Stifter einer »historisch-soziologischen Einheitswissenschaft« vorstellt, bedeutsam [53]. *Topitsch* hebt u. E. weiterhin zu Recht hervor, daß das Verhältnis von Soziologie und Geschichte abhängig ist von dem zugrundeliegenden Begriff der Geschichte. Handelt es sich hier eher um ein »abgeschlossenes Stoffgebiet«? Kann sich die Soziologie deshalb durch Entscheidung mit der Feststellung von Konstanten und/oder mit Begriffen und Regelmäßigkeiten von beschränkter Allgemeinheit behelfen? Wir bezweifeln die Fruchtbarkeit dieses Konzepts – trotz der nützlichen Klarstellung im wissenschaftslogischen Verständnis; denn *Topitsch* verfehlt mit dieser an der traditionellen Makrosoziologie orientierten Trennung die Einbeziehung von Sinn- und Bedeutungsstrukturen. Seine Stellungnahme zum Problem der Invarianten wandelt sich allerdings unter den Bedingungen einer »nach vorne offenen« Geschichte. Dann zu treffende Voraussagen sind, wie *Topitsch* meint, abhängig von der »Kenntnis der Art und des Grades, in dem das Handlungsfeld durch Invarianten bestimmt wird« [54].

Historische Konstanten und historische Zeit

Soziologen und Historiker haben sich schließlich über die Diskussion von historisch-gesellschaftlichen Konstanten bzw. Invarianten sowie über das Problem der Zeit und Zeitlichkeit wieder aufeinander zu orientiert. Auch in diesem Zusammenhang spielt die komparative Makrosoziologie durch ihre Annahme bestimmter Interdependenzen und deren empirische Analyse im Zeitverlauf eine wesentliche Rolle. Wie Forschungen zur makrosoziologischen Analyse der Bildungsentwicklung in Industriegesellschaften gezeigt haben, können aufgrund bestimmter theoretischer Annahmen im Rahmen eines analytischen Schemas, das durch empirische Verallgemeinerung von Merkmalen einer Entwicklung (die häufig als »Modernisierung« bezeichnet wird) wie durch idealtypische Abstraktion bestimmt ist, sich über eine Zeit durchhaltende Konstanten vergleichend erfaßt werden. Im 19. Jahrhundert sind dies etwa: sozio-ökonomische Ungleichheit, Alphabetisierung, damit verbunden eine (bürokratische) Mobilisierung sowie bestimmte Formen der Kontrolle dieser Entwicklung [55]. Als in gewissem Sinne konvergierend mit solchen Intentionen der Soziologie können von der Sozialgeschichte *(Hans-Ulrich Wehler)* herkommende Forderungen, die Methode der funktionalen Äquivalente zur Herausarbeitung historischer Konstanten in einer gegebenen Zeitperiode anzuwenden, gesehen werden [56].

a) Zur Problematisierung historisch-gesellschaftlicher Konstanten

Die erwähnten Ansätze einer Herausarbeitung historisch-gesellschaftlicher Konstanten sind von der theoretischen Diskussion in Soziologie wie Geschichte bereits überholt worden. Durch die an *Mannheim* (»principia media«) anknüpfenden Überlegungen *Topitschs,* durch *Habermas'* Unterscheidung der »historischen Bewegungsgesetze« der »dialektischen Analyse« von den Invarianten der empirisch-analytischen Theorie [57] wie schließlich durch die jüngst von *Reinhard Kreckel* vorgelegten Untersuchungen ist die theoretische Analyse weitergeführt worden. So hat *Kreckel* zwischen »›echten‹ Invarianzen« und »historisch verfestigten, aber prinzipiell veränderlichen Regelmäßigkeiten des sozialen Lebens« unterschieden [58]. Allerdings ist die von ihm getroffene Differenzierung nicht voll befriedigend; denn das Unterscheidungskriterium der »Verständlichkeit«, mit dessen Hilfe die »intentionale Bedingtheit der Entstehung und des Werdegangs« der »Quasi-Invarianzen« herausgearbeitet werden soll, nährt den Verdacht, daß hier mit einer *petitio principii* argumentiert wird. Abgesehen davon wird *Kreckels* Unterscheidung von echten und Quasi-Invarianten nicht recht plausibel.

In diesem Zusammenhang ist noch einmal auf einige Überlegungen von *Topitsch* zurückzugreifen. In seiner Analyse des *Thukydides* stellt er dar, daß *Thukydides* vom *Verhalten* des Menschen, wie es ihm aus der *Alltagserfahrung* bekannt war, handelt. Aufgrund der Alltagserfahrung geht *Thukydides* vom λογισμός, von der »Berechnung des Nutzens auf lange Sicht« oder vom zweckrationalen Handeln im Sinne *Max Webers* aus. Diese Annahme ist, wie *Topitsch* hervorhebt, nur dann sinnvoll, wenn im sozialen Leben Regelmäßigkeiten, Invarianten, die eine gewisse Vorausplanung ermöglichen, bestehen [59]. Allerdings ist *Topitschs* Konzept von sich durch *lange* Perioden der Geschichte hindurchziehenden Konstanten offenbar stark von dem *Hempel-Oppen-*

*heimer*schen Erklärungsmodell [60] beeinflußt. Dem Begriff der Konstanten stehen die »principia media« unvermittelt für »abgeschlossene historische Prozesse« gegenüber. Möglicherweise werden in vergleichenden soziologisch-historischen und begriffsgeschichtlichen Forschungen an Stelle von Konstanten Quasi-Konstanten bzw. Quasi-Invarianten mit unterschiedlichen Anfangs -und Randbedingungen aufgefunden, die von *Topitschs* nicht genügend differenziertem Modell nicht erfaßt werden können.
Demgegenüber kann unter Aufnahme der von *Kreckel* angeregten Unterscheidung das Problem historisch-gesellschaftlicher Konstanten befriedigender angegangen werden. Mit Hilfe der Kategorie der Lebenswelt *(Husserl, Schütz)* scheint es einleuchtend, wenn zwischen »Graden der Erkennnis« der Lebenswelt unterschieden wird. So können »ursprüngliche Evidenzen«, »Undurchsichtigkeiten der Lebenswelt« und die Offenheit der Lebenswelt, d. h. die Möglichkeiten, »die Lebenswelt zu überschreiten«, voneinander abgehoben werden [61]. Im vorliegenden Zusammenhang wären die »ursprünglichen Evidenzen« als Konstanten bzw. echte Invarianten, die sich aus der Offenheit ergebenden Möglichkeiten der Verwirklichung als Quasi-Invarianten anzusehen.

b) Zur Problematisierung historisch-gesellschaftlicher Zeit

Eine Reihe von Soziologen und Historikern (*Luhmann, Tenbruck, Nisbet* einerseits, *Koselleck, Braudel, Wehler* andererseits) haben gefordert, die Zeitdimension bei der Frage nach den historischen Konstanten stärker zu berücksichtigen. *Luhmann* postuliert, daß die »Zeitlichkeit« zu einer konstituierenden Dimension des Gegenstandes der soziologischen Theorie wird – jedenfalls dann, wenn die Sinnproblematik thematisiert wird. Im Rahmen seines systemtheoretischen Ansatzes geht er davon aus, daß die Differenz von System und Umwelt Zeitlichkeit produziert [62]. Eine so verstandene Zeitlichkeit ist zweifellos *eine causa* für die Bildung von historischen Konstanten.
Wenn auch nicht auf den ersten Blick, so scheinen dennoch Verbindungen zwischen dem Begriff der Zeitlichkeit einer vom Sinnverständnis her argumentierenden Soziologie und jenen, ebenfalls auf Sinnverstehen und Subjektivität, auf »Individuation« abzielenden Kategorien *Tenbrucks* und *Nisbets* zu bestehen. *Tenbruck* fordert im Anschluß an *Nisbet,* die »tatsächlichen« Regelhaftigkeiten der »wirklichen« Geschichte aufzudecken. Kategorien wie »persistence«, »crisis«, »openness«, »non-directional change« sollen die der »Modernisierung« und »Entwicklung« ablösen. Dabei ist einmal die Vorstellung impliziert, daß der gleichsam amorphe Charakter der Zeit in Konzepten wie »Modernisierung« und »Entwicklung« einseitig festgeschrieben ist. Zum anderen enthalten Begriffe wie »persistence« und »crisis« die Vorstellung einer *sinnhaften* Geschichte, die mit *Luhmann* eine – je gegenwärtig konstituierte, in die Vergangenheit projizierte – Differenzierung von Möglichem und Wirklichem erlaubt. Die hier nur anzudeutende Reflexität des Zeitverständnisses, die die Einsicht in die Selektivität historischer Fakten enthält, läßt Geschichte als »Selektion von Möglichkeitshorizonten« neu ausdeutbar werden [63]. Daß diese Selektivität von Möglichkeitshorizonten stets auf konkreten historisch-gesellschaftlichen Systemstrukturen beruht, würden andere Soziologen wohl nicht bestreiten. Bereits *Schütz* hat ja auf die Dimensionen der Zeit und ihre Bedingtheit durch die Lebenswelt hingewiesen. Dies gilt vor allem für die innere Zeit

(»durée«) und die soziale Zeit [64]. Ungelöst bleibt die Frage der Verknüpfungspunkte zwischen historisch konkretisierten Systemstrukturen und ihren Selektionsmechanismen.

Die Geschichtswissenschaft hat vor allem durch die Überlegungen *Kosellecks* und *Braudels* zur Temporalstruktur von Begriffen zur Problematisierung der historisch-gesellschaftlichen Zeit beigetragen. Die historisch-gesellschaftliche Zeit wird damit von der Begriffsgeschichte her für die Sozialgeschichte problematisiert. *Koselleck* handelt von der »Gleichzeitigkeit des Ungleichzeitigen« in einem Begriff und der »Mehrschichtigkeit von chronologisch aus verschiedenen Zeiten herrührenden Bedeutungen eines Begriffs« [65]. Mit Hilfe der Verbindung von diachronischen und synchronischen Analysen tragender Begriffe intendiert er, damit über *Wehler, Fischer* und *Brunner* hinausgehend, »verschiedene Schichten geschichtlicher Zeit«, deren »differierende Dauer, Geschwindigkeit oder Beschleunigung« die Differenzen einer Epoche deutlich machen, aufzudecken [66]. Er differenziert damit Forderungen, die in der deutschen Sozialgeschichte schon des längeren erhoben worden sind *(Brunner)*. Die vom Begriffs- und Sozialhistoriker verwandten Begriffe sollen aus dem Selbstverständnis der Zeit entwickelt bzw. an ihm überprüft werden. Damit soll die Mißdeutung bei Verwendung von Kampfbegriffen, die im Lauf der Geschichte immer wieder uminterpretiert worden sind, verhindert werden (»Kapitalismus«) [67].

In diesem Zusammenhang stellen sich freilich eine Reihe von ungelösten Fragen: Welches sind die dem Selbstverständnis der Zeit angemessenen Begriffe? Wie sind sie am Selbstverständnis der Zeit zu überprüfen? Wie ist dieses überhaupt zu operationalisieren? Ferner: Wie ist ein solches aus der Begriffsgeschichte abgeleitetes *komparativ-dynamisches* Konzept, das aus der Zeit gewonnene Begriffe als *Indikatoren* der politisch-sozialen Entwicklung verwendet, mit dem komparativ-funktionalen Ansatz der Soziologie, also mit gleichsam transhistorischen Begriffen, zu verbinden? Weiterhin bleibt zu fragen, welche Konstanten bzw. Quasi-Konstanten aus den »Kampf«- und »Aktions«-Begriffen, den »Zukunfts«- und »Erwartungs«-Begriffen, den geschichtsphilosophischen Zielbegriffen abgeleitet werden können. Schließlich: Wie verhalten sich solche Konstanten zu den von *Mannheim* und *Topitsch* beschriebenen und zu denen, die etwa *Zapf* und *Flora* thematisiert haben, sowie zu den einerseits von *Tenbruck* und *Nisbet* und andererseits von *Schütz* skizzierten? Die zuletzt aufgeworfenen Fragen scheinen deshalb berechtigt zu sein, weil die vier hier erwähnten Konzeptionen von »Konstanten« noch immer unvermittelt nebeneinander stehen.

Die bereits formulierte Frage nach den Operationalisierungsmöglichkeiten des Selbstverständnisses einer Zeit, nach der Messung von bestimmten Zeitabschnitten unterschiedlich verhafteten Begriffen verweist auf die Diskussion zwischen *Fernand Braudel* und *Georges Gurvitch*. Hier stellt sich die Frage nach der Zeit als operationalisierbarer Größe neben der Zeit als einheitlich-historisches Maß. *Manfred Wüstemeyer* hat in diesem Zusammenhang die »temps court« der politischen Ereignisgeschichte von der »Lebenszeit«, den längerfristigen Zeitabschnitten, wie sie die empirisch-analytische Geschichtswissenschaft untersucht, unterschieden. Beide Vorstellungen von Zeit müssen allerdings immer wieder auf die zugrundeliegende »Weltzeit« zurückbezogen werden. Wieweit diese »Weltzeit« mit der »Zeitlichkeit« im Sinne *Luhmanns* und der »sozialen

Zeit« im Sinne von *Schütz* zusammenzudenken ist, mag hier wenigstens als Frage aufgeworfen werden.
Die erwähnten Aspekte der Erweiterung des Konzepts der historischen Konstanten und die Problematisierung der historischen Zeit sowie deren Operationalisierung verweisen immer wieder auf die eingangs hervorgehobene Problematik: Wie ist Geschichte in ihrer Mehrdimensionalität heute für die Sozialwissenschaften möglich?

Zu diesem Heft

In den einführenden Bemerkungen wurde darauf hingewiesen, daß dieses Sonderheft zur Intensivierung der Diskussion zwischen Soziologie und Geschichte/Sozialgeschichte beizutragen sucht. Dabei sind zwei Leitgedanken verfolgt worden: Einmal sollten in einem relativ breiten Ansatz theoretische Aspekte der theoretischen, der vergleichenden und der historischen Soziologie wie der (Sozial-) Geschichte diskutiert – und damit Beiträge zum theoretischen Selbstverständnis beider Disziplinen vorgelegt werden. Zum anderen schien es geboten, neue Forschungsstrategien und vereinzelte Untersuchungsergebnisse der historisch orientierten Soziologie sowie der soziologisch ausgerichteten Geschichtswissenschaft für einen begrenzten Zeitraum (1780 bis etwa 1900), die ihrerseits als Ausdruck eines theoretisch-kritischen Bewußtseins angesehen werden können, vorzustellen.
Im ersten Abschnitt werden im Anschluß an diese Einleitung sowohl aus soziologischer *(Niklas Luhmann, Friedrich H. Tenbruck)* wie aus historischer Sicht *(Reinhart Koselleck, Wolfram Fischer, Hans-Ulrich Wehler)* theoretische Probleme des Verhältnisses von Soziologie und Geschichte/Sozialgeschichte behandelt. Die unterschiedlichen Standpunkte, die in der systemtheoretischen Betrachtung einerseits, in der Theorie der Begriffsgeschichte andererseits kulminieren, weisen auf die Mehrschichtigkeit dieses Verhältnisses hin.
Im zweiten Abschnitt stehen methodologische und methodische Probleme im Vordergrund. Es handelt sich hier einmal um die Verbindung wissenschaftstheoretischer und theoretischer Argumente mit methodologischen und methodischen Problemen der historischen Soziologie *(Peter Christian Ludz/Horst-Dieter Rönsch)*, zum anderen um die Frage nach einer Erweiterung des methodischen Instrumentariums der Soziologie (und politischen Wissenschaft) im Raum der Sozialgeschichte *(Horst-Dieter Rönsch, Lucian Kern)*. Weiterhin wird der Versuch unternommen, dem Soziologen die Vielfalt der historischen Methoden vorzustellen und auf die Möglichkeiten der Prüfung der von der Soziologie formulierten Hypothesen durch den Historiker hinzuweisen *(Günter Albrecht)*. Schließlich kann der Bericht über die methodologischen Probleme einer groß angelegten Studie, an der Historiker *(Melvin Small)* wie sozialwissenschaftliche Methodologen *(J. David Singer)* zusammenarbeiten, als ein Beispiel dafür angesehen werden, welch günstige Perspektiven die sachgebundene interdisziplinäre Forschung hat.
Im dritten Abschnitt werden vergleichende Forschungen von Soziologen *(Peter Flora)* und Historikern *(Peter N. Stearns, Wolfgang Zorn)* zusammengefaßt, die jeweils einen bisher wenig erforschten Ausschnitt der gesellschaftlichen Wandlungsprozesse im frühen und mittleren 19. Jahrhundert behandeln. *Flora* analysiert die Bildungsentwicklung im

Zusammenhang mit der Staaten- und Nationwerdung in England, Frankreich und Deutschland; *Stearns* behandelt die sozialen Werthaltungen französischer, britischer und deutscher Unternehmer; *Zorn* vergleicht Erscheinungen des sozialen Wandels in der preußischen Rheinprovinz, in Bayern rechts des Rheins und in Kroatien/Slowenien miteinander.

Im Mittelpunkt des vierten Abschnitts steht die Stadt als wichtiges und relativ neues Forschungsgebiet in Geschichte und Soziologie. Der Soziologe *(Fritz Sack)* analysiert gesellschaftliche Veränderungen in einem bestimmten Viertel der Stadt Köln unter Heranziehung von u. a. kriminalstatistischen Daten. Er verknüpft stadtgeschichtliche, stadtsoziologische und kriminalsoziologische Fragestellungen miteinander. Der Historiker *(William H. Hubbard)* verfolgt in einer historisch-demographischen und -soziologischen Analyse Wachstumsprozesse in sieben österreichischen Großstädten (Wien, Graz, Triest, Prag, Brünn, Lemberg, Krakau).

Im fünften Abschnitt wird das Verhältnis von Soziologie und (Sozial-)Geschichte zum Marxismus thematisiert. Einmal wird der Begriff der »Struktur« in seiner Bedeutung für eine gleichermaßen soziologisch wie historisch orientierte marxistische Gesellschaftslehre (Frankfurter Schule, französischer Marxismus, DDR-Marxismus) untersucht *(Peter Christian Ludz)*. Ferner wird die Gesellschaftstheorie des frühen *Karl August Wittfogel,* der hier exemplarisch für eine mögliche Öffnung des Marxismus gegenüber den im Diskussionsfeld zwischen Soziologie und Geschichte auftretenden Problemen steht, von dem amerikanischen Historiker *G. L. Ulmen* dargestellt. Schließlich analysiert *Harald Mey* vom Standpunkt des Soziologen aus einige Auffassungen von *Barrington Moore Jr.*, der durch die Originalität seiner soziologisch-sozialgeschichtlichen Konzeption besonders in den fünfziger und sechziger Jahren in den Vereinigten Staaten einflußreich gewesen ist. Die Beiträge der jüngeren marxistischen Sozialgeschichte in der DDR und z. T. auch in Polen werden aus historischer Sicht von *Jürgen Kocka* kritisch gewürdigt.

Im sechsten Abschnitt werden eine Reihe neuer Forschungsvorhaben und -ergebnisse vorgestellt. Die Reaktion der Bildungsschicht auf Prozesse der Modernisierung und Industrialisierung im kaiserlichen Deutschland des letzten Drittels des 19. Jahrhunderts ist Thema einer vor allem inhaltsanalytisch angelegten Studie, über die der Soziologe *Dietrich Rüschemeyer* berichtet. Die Historiker *Edward Shorter* und *Heinrich Volkmann* beschreiben und deuten an Hand von neu der Forschung erschlossenen Materialien Probleme des sozialen Wandels im ersten Drittel des 19. Jahrhunderts in Deutschland. *Shorter* widmet sich der systematischen Erforschung dessen, was er »la vie intime« der Unterschichten nennt, also einem bisher von der Geschichtsschreibung so gut wie völlig vernachlässigten Bereich, während *Volkmann* mit seiner Fallstudie über den Aachener Aufruhr von 1830 einige Annahmen über sozialen Konflikt im Frühindustrialismus präzisieren kann. Weiterhin behandelt *Manfred Wüstemeyer* die Zeitschrift »Annales« und den Beitrag, den sie zur historischen Soziologie und Sozialgeschichte geleistet hat. Schließlich gibt der methodisch geschulte Historiker *James J. Sheehan* einen kritischen und ausführlichen Überblick über die Verwendung quantitativer Daten in der deutschen politik -und sozialwissenschaftlichen Forschung im 19. und 20. Jahrhundert.

Eine Auswahlbibliographie, die interdisziplinär orientierte Arbeiten aus der Wissenschaftstheorie, der Soziologie und Geschichte zusammenfaßt, schließt das Sonderheft ab.

Anmerkungen

[1] Vgl. im einzelnen dazu den Aufsatz von *Peter Christian Ludz* und *Horst-Dieter Rönsch* in diesem Heft, S. 153 ff.
[2] Dazu *Friedrich H. Tenbruck* in diesem Heft, S. 29 ff.
[3] *Jürgen Kocka*, Sozial- und Wirtschaftsgeschichte, in: Sowjetsystem und demokratische Gesellschaft. Eine vergleichende Enzyklopädie, Bd. VI, Freiburg etc. 1972, Sp. 1 ff. Vgl. auch den Beitrag von *Wolfram Fischer* in diesem Heft, S. 132.
[4] *Reinhart Koselleck*, Wozu noch Historie?, in: Historische Zeitschrift, Bd. 212, 1971, S. 9.
[5] *Tenbruck* in diesem Heft, S. 34 ff.
[6] Vgl. dazu in diesem Heft besonders die Beiträge von *Hans-Ulrich Wehler* (S. 59 ff.), *Edward Shorter* (S. 530 ff.) und *Dietrich Rüschemeyer* (S. 515 ff.).
[7] *Edmund Husserl*, Die Krisis der europäischen Wissenschaften und die transzendentale Phänomenologie, hrsg. von *Walter Biemel* (Husserliana 6), Haag 1962, S. 229.
[8] Zur Interpretation des Begriffs der Lebenswelt bei *Husserl: Hans Blumenberg*, Lebenswelt und Technisierung unter Aspekten der Phänomenologie (Sguardi su la filosofia contemporanea, 51), Turin 1963, S. 13, 17, und passim.
[9] *Robert W. Friedrichs*, A Sociology of Sociology, New York 1971; *Gideon Sjoberg* und *Roger Nett*, A Methodology for Social Research, New York etc. 1968; *Alvin W. Gouldner*, The Coming Crisis of Western Sociology, New York 1971.
[10] Vgl. *Peter Christian Ludz*, Artikel »Soziologie«, in: Sowjetsystem und demokratische Gesellschaft. Eine vergleichende Enzyklopädie, Freiburg etc., Bd. VI, 1972, Sp. 45. Zur Differenzierung der Kategorie von Sinn (in intendierter Sinn, emanzipatorisches Sinnverständnis, Sinn als Bedeutungsverleihung durch die Nachwelt usw.) vgl. *ders.* und *Horst-Dieter Rönsch* in diesem Heft, S. 154 f., 173 f.
[11] *Niklas Luhmann* in diesem Heft, S. 81 ff.
[12] Dazu *Reinhart Koselleck* in diesem Heft, S. 116 ff. – Eine ähnliche Entwicklung haben auch die Philosophie und die Philosophiegeschichte zu konstatieren. Das Problem einer »Philosophie der Philosophie« stellt sich für diese Disziplin ebenfalls. *Lutz Geldsetzer* sieht in diesem Zusammenhang »das Verhältnis der Philosophie zu ihrer Geschichte bzw. ihren geschichtlichen Gestalten (als) ein Verhältnis der Philosophie zu anderem Philosophieren, also letztlich (als) ein Verhältnis zu sich selbst« an. S. *Lutz Geldsetzer*, Die Philosophie der Philosophiegeschichte im 19. Jahrhundert (Studien zur Wissenschaftstheorie 3), Meisenheim am Glan 1968, S. 15.
[13] *Thomas S. Kuhn*, Die Struktur wissenschaftlicher Revolutionen, Frankfurt am Main 1967.
[14] *Wilhelm Windelband*, Präludien. Aufsätze und Reden zur Einführung in die Philosophie, 4. erw. Aufl., (Bd. II), Tübingen 1911, S. 145.
[15] So auch *M. Rainer Lepsius* in seinem Diskussionsbeitrag »Zum Verhältnis von Soziologie und Geschichte« auf der Tagung des Arbeitskreises für moderne Sozialgeschichte am 29./30. November 1968 in Heidelberg, s. das hektogr. Protokoll der Tagung, S. 64.
[16] Vgl. dazu in diesem Heft die Beiträge von *Horst Dieter Rönsch* (S. 200 ff.) und *Peter Christian Ludz* und *Horst-Dieter Rönsch* (S. 162 ff.).
[17] *Norbert Elias*, Einleitung: Soziologie und Geschichtswissenschaft, in: *ders.*, Die höfische Gesellschaft, Neuwied–Berlin 1969, S. 22.
[18] *Werner Conze*, Sozialgeschichte, in: *Hans-Ulrich Wehler*, Hrsg., Moderne deutsche Sozialgeschichte (Neue Wissenschaftliche Bibliothek 10), Köln–Berlin 1966, S. 19.
[19] *Karl-Georg Faber*, Theorie der Geschichtswissenschaft, München 1971, S. 152.
[20] *Thomas Nipperdey*, Kulturgeschichte, Sozialgeschichte, historische Anthropologie, in: Vierteljahrschrift für Sozial- und Wirtschaftsgeschichte 55 (1968), S. 156.

[21] *Peter L. Berger* und *Thomas Luckmann*, The Social Construction of Reality, Garden City, N. Y. 1967, S. 54.
[22] Ein ähnliches Verständnis von Soziologie und Geschichte bei *Reinhard Kreckel*, Soziologische Erkenntnis und Geschichte (Beiträge zur soziologischen Forschung 6), Opladen 1972, S. 57; ähnlich ferner: *Sjoberg/Nett*, a.a.O. (Anm 9), S. 23 ff.
[23] *Hermann Lübbe*, Was heißt »Das kann man nur historisch erklären«?, unveröff. hektogr. Manuskr., S. 5. Die Arbeit wird in der Druckfassung erscheinen in: *Reinhart Koselleck* und *Wolfgang-Dieter Stempel*, Hrsg., Poetik und Hermeneutik V, München 1973. – Ähnlich argumentiert auch *Karl-Otto Apel*, Szientistik, Hermeneutik, Ideologiekritik. Entwurf einer Wissenschaftslehre in Erkenntnis anthropologischer Sicht, in: *ders. u. a.*, Hermeneutik und Ideologiekritik, Frankfurt a. M. 1971, S. 13; kritisch zu diesem Ansatz: *Hans Albert*, Traktat über kritische Vernunft (Die Einheit der Gesellschaftswissenschaften 9), Tübingen 1968, S. 154 f.
[24] Vgl. dazu *John Heeren*, Alfred Schutz and the Sociology of Common-Sense Knowledges, in: *Jack D. Douglas*, Hrsg., Understanding Everyday Life, London 1971, S. 45 ff.
[25] Siehe etwa seinen Aufsatz »Die vergleichende Analyse historischer Wandlungen«, in: Kölner Zeitschrift für Soziologie und Sozialpsychologie 17 (1965), S. 429 ff.
[26] *Harold Garfinkel*, Studies in Ethnomethodology, Englewood Cliffs, N. J., 1967, S. 45. Vgl. auch seine Diskussionsbeiträge in: *Richard J. Hill* und *Kathleen Stones Crittenden*, Hrsg., Proceedings of the Purdue Symposium on Ethnomethodology, im Auftrag des Institute for the Study of Social Change. Department of Sociology. Purdue University, 1968, hektogr. Manuskr.
[27] *Jack D. Douglas*, Understanding Everyday Life, in: *ders.*, Hrsg., Understanding Everyday Life, a.a.O. (Anm. 24), S. 10–11.
[28] *Alfred Schütz*, Das Problem der Relevanz, hrsgg. und erläutert von *Richard M. Zaner*, Aus dem Amerikanischen, Frankfurt am Main 1971, S. 208 ff., S. 210.
[29] Dazu *Peter Christian Ludz*, Ideologie, Intelligenz und Organisation. Bemerkungen über ihren Zusammenhang in der frühbürgerlichen Gesellschaft, in: Jahrbuch für Sozialwissenschaft 15 (1964), S. 82 ff. Weiterführende Untersuchungen zur soziologisch-historischen Struktur des »Bundes der Freien Männer« und ähnlicher Vereinigungen Ende des 18. u. Anfang des 19. Jhs. durch den Verfasser sind in Vorbereitung.
[30] *Kreckel*, a.a.O. (Anm. 22), S. 61. *Kreckel* geht ebenso wie *Habermas* von der Universalität der hermeneutischen Erfahrung, wie sie *Gadamer* herausgearbeitet hat, aus. Vgl. *Hans Georg Gadamer*, Rhetorik, Hermeneutik und Ideologiekritik, in: *ders.*, Kleine Schriften I, Tübingen 1967, S. 113 ff., 119.
[31] Für die Geschichtswissenschaft in diesem Sinne jetzt *Faber*, a.a.O. (Anm. 19), S. 131, 138. Er geht davon aus, daß historisches Verstehen erst aus der eigenen Erfahrung, die ihrerseits wesentlich von der »Lebenspraxis« des Forschers abhängig ist, möglich wird.
[32] Auf die methodischen Probleme einer Analyse qualitativen Materials mit Hilfe der Inhaltsanalyse können wir in diesem Zusammenhang nicht eingehen. Vgl. dazu bereits *Bernard Berelson*, Content Analysis in Communicative Research, New York 1952, sowie *Aaron V. Cicourel*, Method and Measurement in Sociology, New York–London 1966, S. 146 ff; deutsch: Frankfurt a. M. 1970.
[33] Vgl. zum ganzen *Kreckel*, a.a.O. (Anm. 22), S. 59, 75.
[34] *Wolfgang Zapf*, Einleitung, in: *ders.*, Hrsg., Theorien des sozialen Wandels (Neue Wissenschaftliche Bibliothek 31), Köln-Berlin 1969, S. 15.
[35] *Seymour Martin Lipset*, History and Sociology. Some Methodological Considerations, in: *ders.* und *Richard Hofstadter*, Hrsg., Sociology and History. Methods, New York–London 1968, S. 20 ff, sowie *ders.*, Bemerkungen zum Verhältnis von Soziologie und Geschichtswissenschaften, in: *Ernst Topitsch*, Hrsg., Logik der Sozialwissenschaften (Neue Wissenschaftliche Bibliothek 6), Köln–Berlin 1965, S. 477 ff.
[36] Vgl. seine Analyse in diesem Heft, S. 294 ff.
[37] *Flora*, a.a.O., S. 295.
[38] *Elias*, a.a.O. (Anm. 17), S. 55 ff.
[39] Dazu *Lepsius*, a.a.O. (Anm. 15); ferner *Lipset*, History and Sociology, a.a.O. (Anm. 35), S. 25.

[40] Vgl. seinen Beitrag zu diesem Heft, S. 242 ff.
[41] *Lipset,* History and Sociology, a.a.O. (Anm. 35), S. 28 f.
[42] Vgl. *Elias,* a.a.O. (Anm. 17), S. 57 f.
[43] *Koselleck,* a.a.O. (Anm. 4).
[44] *Gerhard Oestreich,* Die Fachhistorie und die Anfänge der sozialgeschichtlichen Forschung in Deutschland, in: Historische Zeitschrift, Bd. 208, 1969, S. 320 ff.
[45] Vgl. *Celina Bobińska,* Historiker und historische Wahrheit, Berlin 1967, sowie *Peter Bollhagen,* Soziologie und Geschichte, Berlin 1966. Zusammenfassend: *Faber,* a.a.O. (Anm. 19), S. 63-64.
[46] Dazu Karl Bosl, Der »soziologische Aspekt« in der Geschichte, in: Historische Zeitschrift, Bd. 201, 1965, S. 619.
[47] Vgl. dazu besonders *Theodor Schieder,* Der Typus in der Geschichtswissenschaft, in: *ders.,* Staat und Gesellschaft im Wandel unserer Zeit, München 1958, S. 172 ff.; ähnlich auch *Conze,* a.a.O. (Anm. 18), S. 25.
[48] Vgl. *Kocka,* Sozial- und Wirtschaftsgeschichte, a.a.O. (Anm. 3), Sp. 14.
[49] Siehe etwa seinen Aufsatz »Innerbetrieblicher und sozialer Status der frühen Fabrikarbeiterschaft«, ursprünglich 1964, wieder abgedruckt in: *Wolfram Fischer,* Wirtschaft und Gesellschaft im Zeitalter der Industrialisierung. Aufsätze – Studien – Vorträge (Kritische Studien zur Geschichtswissenschaft 1), Göttingen 1972, S. 258 ff.
[50] *Hans-Ulrich Wehler,* Einleitung, in: *ders.,* Hrsg., Moderne deutsche Sozialgeschichte, a.a.O. (Anm. 18), S. 13.
[51] *Conze,* a.a.O. (Anm. 18), S. 19, 25. Zur Kritik der mangelnden theoretischen Durchdringung in der Sozialgeschichte vgl. auch *E. J. Hobsbawm,* From Social History to the History of Society, in: Daedalus, Winter 1971, S. 20 ff., S. 36.
[52] Siehe Anm. 21.
[53] *Ernst Topitsch,* Geschichtswissenschaft und Soziologie, in: *ders.,* Sozialphilosophie zwischen Ideologie und Wissenschaft (Soziologische Texte 10), Neuwied 1961, S. 101.
[54] *Topitsch,* a.a.O., S. 95 f.
[55] Vgl. den Beitrag von *Peter Flora* in diesem Heft, S. 294 ff.
[56] *Wehler* in diesem Heft, S. 72 f.
[57] *Jürgen Habermas,* Analytische Wissenschaftstheorie und Dialektik, in: *Topitsch,* Hrsg., Logik der Sozialwissenschaften, a.a.O. (Anm. 35), S. 291 ff.
[58] *Kreckel,* a.a.O. (Anm. 22), S. 42.
[59] *Topitsch,* Geschichtswissenschaft und Soziologie, a.a.O. (Anm. 53), S. 95 f.
[60] *Carl G. Hempel,* The Function of General Laws in History, in: *ders.,* Aspects of Scientific Explanation and Other Essays in the Philosophy of Science, New York – London 1965, S. 231 ff.; ferner *ders.* und *Paul Oppenheim,* The Logic of Explanation, ursprünglich 1948, wieder abgedruckt in: *Herbert Feigl* und *May Brodbeck,* Hrsg., Readings in the Philosophy of Science, New York 1953, S. 319 ff.
[61] Schütz, a.a.O. (Anm. 28), S. 180.
[62] *Luhmann* in diesem Heft, S. 83.
[63] *Luhmann,* a.a.O., S. 83 ff.
[64] *Schütz,* a.a.O. (Anm. 28), S. 224.
[65] *Koselleck* in diesem Heft, S. 128.
[66] *Reinhart Koselleck,* Preußen zwischen Reform und Revolution. Allgemeines Landrecht, Verwaltung und soziale Bewegung von 1791 bis 1848 (Industrielle Welt 7), Stuttgart 1967, S. 14. Vgl. dazu auch *ders.,* Einleitung zu: *Otto Brunner, Werner Conze* und *Reinhart Koselleck,* Hrsg., Geschichtliche Grundbegriffe. Historisches Lexikon zur politisch-sozialen Sprache in Deutschland, Bd. 1, Stuttgart 1973 ff., S. 5 f.
[67] So auch *Fischer* in diesem Heft, S. 141 ff.

DIE SOZIOLOGIE VOR DER GESCHICHTE

Von Friedrich H. Tenbruck

Der Komplex von Geschichte und Gesellschaft befindet sich seit rund 200 Jahren in der Diskussion. Anfangs von Historikern, Philosophen und anderen Geisteswissenschaftlern in lockerer Form – d. h. ohne scharfe Abgrenzung der Gegenstände und Zuständigkeiten – geführt, nahm das Gespräch strengere Züge an, als es vor rund 100 Jahren an die Vertreter der nunmehr zuständigen Fächer Historie und Soziologie als die eigentlichen Protagonisten überging: die gegenständlichen Aussagen wurden von den methodologischen Perspektiven überlagert, und die Sachfragen wurden in der Kontroverse zwischen zwei Fächern schnell auf ihre theoretischen Nenner verallgemeinert. Seither ist die Problematik des Verhältnisses von Gesellschaft und Geschichte durch eine Reihe bekannter Fragen methodologischer und theoretischer Natur abgesteckt, auf die jede erneute Diskussion unweigerlich zurückführt.

Aus dem Auf und Ab und Hin und Her der Auseinandersetzung schält sich eine große Linie heraus, die von der Geschichte zur Gesellschaft, und von der Historie zur Soziologie geführt hat. Hatte man ursprünglich in der Geschichte den Schlüssel für den ganzen Komplex gesucht, so trat erst langsam und dann immer mächtiger die Gesellschaft ins Zentrum der Aufmerksamkeit. Hatte sich zuerst die Historie in einem großartigen Aufschwung entfaltet, konsolidiert und spezialisiert, so nahm später die Soziologie eine nicht weniger mächtige und stürmische Entwicklung. Gegen die Ansätze zu einer selbständigen Wissenschaft von der Gesellschaft konnte sich die Historie als anerkannte Herrscherin stemmen. *Wilhelm Dilthey* erklärte zumindest die westliche Soziologie für einen sinnlosen Abweg, und *G. v. Below* sprach vermutlich seinen Fachgenossen aus dem Herzen, als er die Soziologie für eine überflüssige Ausartung erklärte, deren Aufgaben seit alters her in die Kompetenz der historischen Disziplinen gehört hätten und von diesen auch angemessen wahrgenommen worden seien. Die große methodische Auseinandersetzung um den Charakter der Geistes- oder Kulturwissenschaften war primär ein Streit um die Historie, der mit dem Gegenmodell der Naturwissenschaften im Hintergrund bereits die Soziologie ins Haus stand. *Max Webers* vermittelndes Plädoyer für eine historische Wirklichkeitswissenschaft, der idealtypische Gesetze nur als Mittel dienten, konnte den krassen Gegensatz zwischen den Fächern nicht aufheben, der immer wieder auf seine Standardformeln von Gesetz und Freiheit, Individuum und Gesellschaft, Einmaligkeit und Regelhaftigkeit, Individualisieren und Generalisieren hinausdrängte.

So trat mit der Ergebnislosigkeit der großen Auseinandersetzung die Ruhe der Entfremdung und Indifferenz ein. Die nunmehr akademisch etablierte Soziologie konnte auf einen speziell vorgebildeten Nachwuchs zurückgreifen, der die Verbindung mit der

Historie weitgehend verloren hatte. Durch die Entwicklung eigener Methoden der Sozialforschung schien sie sich von der Historie unabhängig und für diese uninteressant zu machen. Soweit sie sich auf Geschichte überhaupt noch einließ, nahm sie das Problem unter dem Stichwort des sozialen Wandels in Eigenregie und betrieb ihre Angelegenheiten sonst mit so wenig Interesse an Arbeit und Urteil der Nachbardisziplin, wie diese umgekehrt für die Soziologie aufbrachte.

Dieser Zustand eines durch Abkapselung und Indifferenz aufrechterhaltenen Patts scheint nun zu Ende zu gehen. In dem Maße wie die Ströme des geistigen Interesses immer mächtiger auf die Soziologie zuzulaufen begannen und ihr nun jene beherrschende Stellung zuspielten, die früher die Historie besessen hatte, geriet diese unter einen Öffnungsdruck. Dieser Vorgang ist in manchen Ländern schon länger im Gange als in der Bundesrepublik. Frankreich war aufgrund des Einflusses, den die Schule *Durkheims* auf fast alle Geisteswissenschaften und besonders auf die Historie ausübte, in einer eigenen Lage. In den USA wurde die Entwicklung durch die Gründung und Tätigkeit des *Social Sciences Research Council* gefördert, dem der Historiker *Roy F. Nichols* bereits 1942 über Mängel der historischen Forschung berichtete und dabei die Benutzung sozialwissenschaftlicher Einsichten empfahl. Auf der gleichen Linie lag kurz darauf der Bericht eines Komitees, dem so namhafte Historiker wie *Merle Curti, Charles Beard* und *Louis Gottschalk* angehörten. Noch deutlicher wurde der 1948 gegründete Ausschuß für Historiographie, der unter dem Vorsitz *Th. C. Cochrans* zu der eindeutigen Feststellung gelangte, daß die Historie kein Zweig der »Humanities« sei, vielmehr ohne Abstriche als eine Sozialwissenschaft zu gelten habe und sich folglich auch der Methoden, Fragestellungen und Beweismittel dieser Disziplinen bedienen müsse. Daß eine zunehmende Reihe historischer Einzelforschungen dieser Empfehlung folgte, spricht nicht nur für ihren Erfolg sondern auch für eine vorhandene Bereitschaft auf Seiten vieler Historiker, was inzwischen wiederum dazu geführt hat, daß die allgemeine Thematik von Geschichte und Gesellschaft, oder Historie und Soziologie neuerdings lebhaftes Interesse findet.

Verspätet aber sonst ganz ähnlich verlief die Entwicklung in der Bundesrepublik. Tagungen, Zeitschriften und Bücher bezeugen, daß sich die Historiker im letzten Jahrzehnt wieder an das Verhältnis von Soziologie und Historie, von Gesellschaft und Geschichte heranwagten. Einzelne Historiker wie O. *Brunner, W. Conze, A. Schlesinger* oder *Th. Schieder* näherten sich sozialwissenschaftlichen Fragestellungen oder traten sogar mit Programmen wie Strukturgeschichte und Vergleich hervor, die die Beziehung zur Soziologie manifestieren. Die lange zu einem Randdasein verurteilte Sozialgeschichte, die überall an Gewicht gewinnt, nimmt sich in vielen Ländern, so in Deutschland und England, mit neuen Impulsen eines wichtigen Zwischengebietes an. Für die nachdrängende Generation von Historikern sind alle diese Orientierungen zu Selbstverständlichkeiten geworden, über die sie noch hinausgehen möchte, und die Umschreibung unserer Geschichtsbücher für die Schulen zeigt an, daß die Öffnung zu den Sozialwissenschaften bereits in die öffentliche Meinung übergegangen ist.

Aber auch umgekehrt ist eine Annäherung der Soziologie an die Geschichte merklich. Die selbst errichteten Trennwände des soziologischen Ghettos scheinen sich an manchen Stellen zu öffnen. Gewisse Sachfragen führten zwangsläufig auf makrosoziologische und vergleichend-historische Arbeiten. So hat das Problem der Entwicklungsländer unerwartet auf die Rekonstruktion historischer Prozesse in vergleichender Methode geführt und dabei den Vorgang der Industrialisierung und die Bildung von Nationen ins Licht verläßlicher Forschung gehoben. Die Angriffe, welche jüngst von verschiedenen Seiten gegen den Struktur-Funktionalismus als Theorie oder gegen den Positivismus als Methode gerichtet worden sind, bedienten sich nicht zuletzt des Vorwurfs der Ahistorizität. Auch dieser Ruf zur Rückwendung auf die Geschichte oder zur Berücksichtigung der historischen Dimension geht quer durch die Länder.

So scheint alles auf Annäherung und Austausch hinzudeuten, auf »growing rapprochement« and »fruitful collaboration«. Aber auch wenn man dieser Wiederbegegnung vollen Erfolg wünscht, sollte man sich über die Aussichten nicht täuschen. Was im Gange ist, ist – zwischen den Fächern – eine praktische Annäherung mittels der Übernahme gewisser Gesichtspunkte, und – innerhalb jedes Fachs – eine gewisse Kritik an überlieferten Annahmen. Dahinter aber liegen die grundsätzlichen Probleme, die das Verhältnis von Soziologie und Historie so schwierig machen, ungelöst, und man wird sie auch durch ihre Aufzählung geglückter Einzelsynthesen oder durch thematische oder methodische Vorschläge für künftige Zusammenarbeit kaum lösen. Sie bleiben im gegenwärtigen Zeitpunkt eher ausgeklammert, und die Kritik überlieferter Ansätze gerät selten zu einem neuen Ansatz. Wo die grundsätzlichen Probleme berührt werden, führt das meist zu Repristinationen, wie im Fall des jüngsten Methodenstreits. Man kann aber voraussagen, daß die grundsätzlichen Schwierigkeiten und Gegensätze erneut aufbrechen werden, wenn in der praktischen Annäherung ein gewisser Sättigungspunkt erreicht ist. Eine Begründung für diese Auffassung sei hier wenigstens an zwei Punkten angedeutet. Sogar die praktische Annäherung verläuft einseitig und qualitativ ungleichgewichtig. Es ist doch bezeichnend, daß z. B. *S. M. Lipset* in seinen »Bemerkungen zum Verhältnis von Soziologie und Geschichtswissenschaft« [1] zwar den Historikern präzise Vorschläge für die Benutzung von soziologischen Begriffen und Methoden unterbreitet, es umgekehrt am Ende aber bei der vagen Beteuerung belassen muß, »daß die Soziologie mindestens ebenso rückständig in der Erkenntnis ihrer Bedürfnisse nach Zusammenarbeit mit der Geschichtswissenschaft gewesen ist, wie es die Historiker bei der Anerkennung der Legitimität des Lernens von der Soziologie gewesen sind«. Als einzige Konkretisierung wird auf *W. L. Warner* hingewiesen, dem O. *Handlin* nachweisen konnte, daß er mangels Kenntnis der Vorgeschichte gewisse Tatsachen in Yankee City falsch beurteilt hatte. Aber die Regel für den Soziologen, die in die Tatsachen eingehende Vorgeschichte nicht zu vergessen, ist gewiß nicht gleichwertig mit den methodischen und theoretischen Auflagen, welche Soziologen für Historiker bereit halten. Kein Wunder also, wenn die Historiker sich bereits wieder gegen eine Überfremdung zu wehren beginnen. Die peremptorische Empfehlung *Cochrans*, die Historie als strenge Sozialwissenschaft zu klassifizieren, ist in den USA längst durch den Bericht der von *L. Gottschalk* geleiteten Kommission ersetzt worden, die zwar nicht die Verwendung soziologischer Methoden und Konzepte verwirft, aber doch die unreduzierbare Eigenständigkeit der Historie herausstellt. Ähnlich werden auch in Deutschland die bedächtigen Äußerungen namhafter und aufgeschlossener Historiker gegen die manchmal überbrandende Begeisterung jüngerer Adepten recht behalten. *Schieder* hat diese Grenze bereits gezogen, als er es für die Historie ablehnte, der Soziologie bloße Kärrnerdienste zu leisten und die Magd für das Testen von Hypothesen oder das Zubringen von Daten zu spielen. *K. Bosls* Feststellung: »Darum muß Geschichte an ihrer Methode und Sehweise unbeirrt festhalten; sie darf nicht Soziologie werden« [2], resumiert dieses Urteil besonnener Historiker. Von einer solchen Eigenständigkeit der Historie ist jedoch in den Ratschlägen der Soziologen wenig zu lesen, obschon es klar sein sollte, daß ohne Verständigung in diesem Punkt an eine fruchtbare Zusammenarbeit zwischen Historikern und Soziologen nicht dauerhaft gedacht werden kann. Außer vagen Allgemeinheiten haben die Soziologen aber zum Thema der besonderen Aufgabe und Eigenständigkeit der Historie wenig zu sagen gewußt, und umgekehrt sieht man auch keine aussichtsreichen Fortschritte. Denn die Begründung, welche Historiker für diese Eigenständigkeit vorbringen, nimmt sich im Raum der soziologischen Theorie nach wie vor wunderlich aus. Wenn *Bosl* fortfährt: »Trotz der Erweiterung ihres Gegenstandes und ihrer Methoden bleibt ihr Grundanliegen in unzweifelbarer Abgrenzung von der Soziologie (nicht im Gegensatz dazu) die Erforschung, Deutung und Darstellung des freien Individuums, das autonom entscheidet, sich nicht anpaßt und damit oft Schuld und Schicksal auf sich lädt, des Einmaligen und des Einzelereignisses, das letztlich in keine Form und Schablone zu passen ist, der Vielzahl des Lebens, das aller Systematik und Planung spottet«, so darf man vermuten, daß die Soziologen als Zunft darin nur ein leeres Schutzgerede sehen werden, das wie gehabt in der Krise der Historie der Aufrechterhaltung des eigenen Selbstbewußtseins dient, aber sachlich keine verstehbare Aussage formuliert. Doch ist klar, daß die Soziologie in ihrer eigenen Sprache sagen muß, worin die Eigenständigkeit und Bedeutung der Historie besteht, und warum gerade die Soziologie auf diese unersetzbare Leistung der Historie angewiesen ist. Ohne Erörterung und Lösung dieser Frage muß die Annäherung der Fächer zur bloßen soziologischen Beschlagnahme der Historie oder zu ihrer erneuten Entfremdung führen.

Aber auch innerhalb der Soziologie haftet dem Drang nach mehr Geschichte große Unsicherheit an. Ihre institutionelle Verklammerung mit den Steuerungsorganen der heutigen Gesellschaft wird die Soziologie sowieso mehrheitlich auf dem Kurs einer ratgebenden Gegenwartswissenschaft halten, für den sie sich ja auch stark gemacht hat. Natürlich könnte auch dieses Geschäft von einer Wiederbegegnung mit der Geschichte beeinflußt werden, wenn sich in dem Ruf nach ihr bloß eine verständliche Einheit entdecken ließe. Aber wo ist denn die Gemeinsamkeit auch nur eines Problems zu sehen, wenn darunter so verschiedene Dinge verstanden werden wie: Benutzung historischer Daten zur Verifizierung von Hypothesen *(S. M. Lipset)*; soziologische Analysen historischer Gebilde *(N. Elias)*; historisch-vergleichende Analysen zur Aufdeckung der entscheidenden makrosoziologischen Zivilisationsprozesse *(B. Nelson)*; Aufdeckung sozialer Konflikte als der wahren geschichtlichen Triebkräfte *(R. Dahrendorf)*; sinnverstehende Durchdringung der Geschichte zur Freilegung der objektiven Tendenzen der Gesellschaft in Richtung auf das, was sie noch nicht ist aber sein sollte *(J. Habermas)*. Welche Einheit eines Problems will man aus dem allgemeinen Drang nach Geschichte denn herauslesen, wenn die einen bei dem Wort an die tatsächliche Vergangenheit, die anderen an eine objektiv aufgegebene Zukunft, und die dritten an eine allgemeine gesellschaftliche Wandlungsfähigkeit denken?

Diese wenigen Bemerkungen mögen hier genügen, um zu begründen, warum ich es nicht als meine Aufgabe ansehen kann, die Fälle gelungener Synthesen aufzuzählen oder aussichtsreiche Themen und Methoden vorzuschlagen, was ja auch in verschiedenen Sprachen schon oft genug geschehen ist. Wenn die von beiden Fächern gewünschte Annäherung in verläßlichen Gang kommen soll, so müssen die ausgeklammerten grundsätzlichen Fragen in Angriff genommen werden. Hier aber gerät man in die unsichere Lage einer Problematik, die einerseits durch die überlieferte Kasuistik der Probleme festgelegt ist und deshalb immer wieder zur Repristination dieser Standpunkte verführt, die aber andererseits durch eine wachsende Abflachung und Unbestimmtheit des Begriffes der Geschichte gekennzeichnet ist. Es ist ganz unmöglich, der Gesamtheit der damit aufgeworfenen Probleme in einem Artikel gerecht zu werden. Es ist aber in dieser Lage vielleicht auch nicht ratsam, die grundsätzlichen Probleme direkt in Angriff zu nehmen. Mir jedenfalls scheint, daß wir erst einmal versuchen sollten, die Fragen neu zu formulieren. Die folgenden Seiten sind ein Versuch, das an ausgesuchten Punkten zu tun [3].

I. Das Ein-Gesellschaft-Modell oder der Mythos von der Entwicklung

Nach *Dahrendorfs* Angriff auf den Struktur-Funktionalismus ist in Deutschland die Diskussion um die Geschichte durch die Neuauflage des Methodenstreits beherrscht worden. Allerdings hat die Geschichte dabei nur vordergründig im Mittelpunkt gestanden, was *Horst Baier* hellsichtig schon früh entdeckt hat [4]. In dieser Beziehung ist es nur zur Wiederholung früherer Positionen gekommen, und im übrigen ging es nicht um die Geschichte, sondern um die gesellschaftliche Relevanz von zwei Arten von sozialwissenschaftlicher Praxis und Theorie.

Für das Problem der Geschichte ungleich ergiebiger sind denn auch die massiven Einreden, die jüngst gegen die herrschenden Entwicklungsvorstellungen der Soziologie erhoben worden sind. In »Social Change and History« hat *R. A. Nisbet* klar zu machen versucht, daß und warum dieses Konzept, das halb einer biologischen Analogie und halb einem metaphysischen Schema ähnelt, seit der Antike das Geschichtsdenken dominiert hat. Es handelt sich dabei um die Annahme, daß längere oder kürzere Abläufe als die Entfaltung einer inneren Notwendigkeit gesehen werden müssen, die typisch vom homogenen, undifferenzierten und einfachen zum heterogenen, differenzierten und komplexen Zustand verläuft. Abweichende Entwicklungen erscheinen dann als bloß temporäre Aufschübe oder als irreguläre und exzeptionelle Sonderentwicklungen, für die im Ausnahmeverfahren Sondergründe konstruiert werden. Was nicht als Entwicklung konstruiert werden kann, ist uninteressante Anormalität. *Nisbet* hat diese Attacke am kräftigsten vorgetragen, aber er steht damit durchaus nicht allein. *St. A. Lyman* hat an einem instruktiven Spezialfall – der Behandlung der Negerfrage durch die amerikanische Soziologie – gezeigt, wie das Schema alle Abweichungen von der als natürlich unterstellten Entwicklung aussteuert [5]. Gefordert wird im Gegensatz hierzu das, was *K. E. Bock* »The Acceptance of Histories« genannt hatte [6]. Man will von vorgefaßten Schemata los und auf die wirkliche Geschichte zurückkommen. Das soll aber nicht die prinzipielle Regellosigkeit und Unberechenbarkeit sein, die der Historiker früher für sein Gebiet in Anspruch nahm. Es sollen die tatsächlichen Regelhaftigkeiten der Geschichte aufgedeckt werden.

Die Kraft der Kritik läßt sich an den Kategorien ablesen, die *Nisbet* für dieses Programm vorgeschlagen hat: fixity, persistence, crisis, catastrophe, open-endedness, nonuniformity, non-directional change. Sie versprechen eine enorme Vergrößerung des Blickfeldes durch Verzicht auf die Vorstellung, daß die Entwicklung eine natürliche, selbstverständliche und universale Gegebenheit ist. Die Beharrung wird nicht von vornherein als unnatürliche Stagnation ausgesteuert, die bloß die richtige Entwicklung verhindert hat. Nach all den Naivitäten, die man im letzten Jahrzehnt über die geschichtliche Bewegtheit aller Gesellschaft gehört hat, kann man das nur als Anerkennung der Tatsachen begrüßen, die uns erst den Blick auf weite Wirklichkeitsfelder, insbesondere der Primitiv- und Hochkulturen, wieder freigibt. Dauerzustände, Abbauprozesse, Krisen, widersprüchliche und offene Abläufe sollen nun als eigene Geschichtsmöglichkeiten der Theorie wieder erschlossen werden, nachdem sie bisher bestenfalls eine Randexistenz fanden.

Allerdings sollte man diesen Ausbruch aus dem Gehäuse der Entwicklungsgeschichte nicht überschätzen. Es ist vielleicht ein verständliches Versehen, wenn *Nisbet* in seinem Inventar der Kategorien keinen Platz mehr für Entwicklungsvorgänge läßt, die sich als Möglichkeiten nicht a priori ausschließen lassen und von gewissen Daten her nahegelegt werden. Nachdenklicher stimmt ein anderer Umstand. Als ein Arbeitsprogramm mit vorläufigen Kategorien ist *Nisbets* Vorschlag uneingeschränkt zu begrüßen. Aber wenn die von ihm anvisierten Zustände und Prozesse einmal identifiziert worden sind, erhebt sich das Problem der Erklärung. Sollen Dauerzustände oder Katastrophen dann wiederum aus irgendwelchen gesellschaftlichen Gegebenheiten erklärt werden? Lassen sich also Bedingungen angeben, unter denen sie eintreten müssen? Dann erhebt sich unzweifelhaft wiederum das Problem der Erklärung der Ausnahmen gegenüber der »natürlichen« Bewegung, auch wenn es sich nun um Katastrophen und nicht Entwicklungen handelt. Der Einwand macht klar, daß es bei *Nisbets* Kategorien, die dem äußeren Befund der Wirklichkeit besser entsprechen, noch ganz offen bleibt, ob sie sich in einer Theorie unterbringen lassen werden. Hinter den Arbeitsvorschlägen liegen die grundsätzlichen Fragen einer Geschichtstheorie ungelöst. Der Test der Vorschläge kommt erst dann, wenn die Erklärung dieser Anläufe zur Debatte steht, was *Nisbet*, der primär eine Kritik vorbringen wollte, sicher selbst weiß.

Vielleicht läßt sich hier jedoch an einem Punkt weiter kommen: Erstaunlicherweise bleiben nämlich die verbreiteten Angriffe gegen das Entwicklungsdenken selbst im Bann derjenigen Annahme, die vielleicht nicht allein für die Bevorzugung evolutionärer Schemata verantwortlich ist, aber mindestens immer wieder auf sie zurückführt. Ich meine hier die eindeutige Präferenz für eingesellschaftliche Modelle gegenüber den doch auch möglichen mehrgesellschaftlichen Modellen. Tatsächlich ist der sozialwissenschaftlichen Ideengeschichte kaum etwas so invariabel wie die Überzeugung, daß Geschichte als die Geschichte *einer* Gesellschaft verstanden und aus dieser Gesellschaft erklärt werden müsse. So bitter Soziologen sich auch über den Charakter der Geschichte befeindet haben mögen, so einig waren sie sich doch in der undiskutierten Überzeugung, daß Geschichte jeweils aus den Gegebenheiten einer Gesellschaft erklärt werden müsse. Es wäre reizvoll zu fragen, wie eine so kolossale Voreingenommenheit zustande gekommen ist und sich gehalten hat. Sicher aber darf man sagen, daß in ihr eine enorme Abflachung des Geschichtsverständnisses zum Ausdruck kommt, die uns von Anfang an fundamentale Strukturen der Geschichte übersehen ließ und zu einseitigen Problemstellungen und Theorien führte.

Der Zukunfthistoriker ist es gewohnt, das Geschehen in einem Land im Zusammenhang mit dessen Verhältnis zu anderen Staaten zu betrachten. Außenpolitik und Kriege etwa, die in der Geschichte nun einmal eine bedeutende Rolle spielen, sind ihrer Natur nach zwischenstaatliche Beziehungen. Ein erheblicher Teil der historischen Arbeit befaßt sich also mit diesem Aktionsfeld, das durch das Neben-, Gegen- und Miteinander mehrerer politisch selbständiger Gebilde geschaffen wird. Selbst wo sich der Blick primär auf innere Entwicklungen richtet, pflegt der Historiker diese größere Lagerung einer Gesellschaft nicht zu übersehen; er bleibt auch hier bereit, solche Veränderungen in ihrer Bedingtheit durch äußere Konstellationen zu erklären. Dabei kommen auch keineswegs nur die eigentlichen Macht- und Selbstbehauptungsinteressen in Frage, obschon sie ja größte Auswirkungen jenseits des strikt militärischen und politischen Bereichs haben können. Administrative Effizienz, ökonomische Maßnahmen, bürgerliche Reformen, Bildungsprogramme können auf solche Außenverhältnisse zurückgehen. Es kommen in einer Staatenwelt aber noch andere Kräfte zum Zuge. Alle möglichen Arten von Wissen, Ideen, Normen und Einrichtungen können wandern, und selbst wenn die direkte Diffusion ausbleibt, so können eigene Entwicklungen aus der Orientierung an der Entwicklung anderer Völker entspringen. Die Kunst- und Ideengeschichte, die Entwicklung der Mode, der politischen Philosophie, der Technik, der Lebensstile, der staatlichen, wirtschaftlichen und sozialen Organisation sind aus dem Feld der zwischengesellschaftlichen Beziehungen so wenig herauszulösen wie die militärische und politische Geschichte aus dem Feld der zwischenstaatlichen Beziehungen. Und dabei geht es wohlgemerkt nicht bloß um die sichtbaren Einflußnahmen und Übernahmen, sondern um ein System wechselseitiger Kenntnisnahme und Orientierung, so daß etwa eine Entwicklung in einem Land mit einer durchaus anderen Entwicklung von einem anderen Land beantwortet werden kann.

Diese realistische Befassung mit Geschichte, welche sich oft, und großenteils im Feld einer Vielzahl von Staaten abspielt, die in vielfältiger Weise miteinander in Beziehung stehen und in mannigfacher Weise aneinander orientiert sind, bewahrt den Historiker erst einmal vor jener einseitigen Betrachtungsweise, die unter Soziologen endemisch ist: der Versuch, Geschichte aus einem Ein-Gesellschafts-Modell zu begreifen, sie insgesamt aus dem Charakter einer einzelnen, oder am Ende gar der Gesellschaft herauszudestillieren. Natürlich findet sich in jeder zünftigen Klassifikation des sozialen Wandels auch der exogene Fall äußerer Induktion. Bei bestimmten Problemen wird davon sogar Gebrauch gemacht. Minoritäten, Diffusionsvorgänge, Subkulturen, Kolonialverhältnisse zwingen oft dazu, Seitenblicke auf eine zweite Gesellschaft zu werfen. Sie gehen jedoch in die Theorie des sozialen Wandels so wenig ein wie der berühmte Datenkranz von Randbedingungen in die Volkswirtschaftslehre. In Einzelfällen, wo eindeutige Einwirkungen greifbar vorliegen, wird im Ausnahmeverfahren auf eine exogene Randbedingung zurückgegriffen. Von irgendeinem Versuch, ein Mehr-Gesellschaften-Modell des sozialen Wandels zu entwerfen, und sei es auch nur in der Absicht, die relative Trächtigkeit dieses Zugangs gegenüber dem Ein-Gesellschaft-Modell methodisch zu kontrollieren, ist in der ganzen Geschichte der Soziologie nichts bekannt, ist mir jedenfalls nichts bekannt. Angesichts der offenbaren, wenngleich verschiedenen und verschieden starken Einlagerung der gesellschaftlichen Vorgänge in ein System, in dem mehrere Staaten oder Gesellschaften oft über Jahrhunderte hinweg durch Kriege, Austausch, Diffusion, Konkurrenz aufeinander einwirken, aneinander gekettet und aneinander orientiert sind, muß die Absicht, die gesellschaftlichen Vorgänge als rein innere Verkettungen zu konstruieren und äußere Einflüsse nur im Notfall und Einzelfall sichtbarer Einwirkung und Übertragung heranzuziehen, äußerst erstaunen. Hier scheinen sich die Soziologen einig mit den Geschichtsphilosophen, die ebenfalls die geschichtliche Entwicklung aus den Konditionen des gesellschaftlichen Daseins herauszudestillieren versuchen, ja der Hegelianismus und der Marxismus halten doch die Vielheit der Staaten gewissermaßen wenigstens in der Argumentationsreserve, während die Soziologie in der strikten Beschränkung auf das Ein-Gesellschaft-Modell mit dem reinen Evolutionismus eine Sache macht. Und so münden denn alle Bücher, die zuerst den externen Wandel klassifikatorisch einführen, bei einer Erörterung der inneren Entwicklungslogik, so wie schon *Dahrendorfs* Protest gegen die struktur-funktionale Schule zwar mit der beißenden Ironisierung des Konzepts isolierter Stammesgesellschaften begann, aber bei der Erklärung des Wandels der modernen Gesellschaft, wo nun die Erheblichkeit des Systems der Außenlagerung offenkundig ist, nur auf interne Momente zurückführte. Offenkundig liegt hier in der Soziologie ein universales Paradigma vor, das für immer neue Versuche, Repristinationen und Modifikationen der entgegengesetztesten Art das sichere Schema der Konzeptualisierung und Fragestellung abgegeben hat [7]. Schon aus rein methodischen, wenn nicht ebensosehr aus materialen Gründen, muß man diese perspektivische Festlegung auf das Ein-Gesellschaft-Modell für eine universale Einseitigkeit halten.

Natürlich hat diese paradigmatische Fixierung, die sich schon dadurch konsolidierte, daß man das Objekt der Soziologie schlicht als »die Gesellschaft« definierte, verschiedene Ursachen. Eine bedeutende Stellung unter ihnen nimmt gewiß die Tatsache ein, daß die moderne Entwicklung der europäischen Gesellschaften von vornherein ihr zentrales Objekt war. Hier nun schien ein gerichteter Prozeß vorzuliegen, der im Laufe der Zeit nur immer neue Phasen ansetzte, und die relative Parallelität dieser Entwicklung in mehreren Staaten konnte gewiß versuchsweise die Annahme nahelegen, daß dieser Prozeß tief in der Gesellschaft angelegt war, oder jedenfalls in einem bestimmten Gesellschaftstyp jenseits eines gewissen Punktes unausweichlich zum Zuge käme, weil seine Energie und Richtung in allen Exemplaren gleicherweise verankert war, und so in jedem einzelnen seinen Lauf nahm, oder jedenfalls hätte nehmen können und müssen.

Aber können wir wirklich davon ausgehen, daß die moderne Daseinsrationalisierung, allenfalls in verhaltenerem Tempo, in jeder Gesellschaft als ein selbsttragender Prozeß hätte vor sich gehen können, ja müssen? Wir wissen schließlich, welche Bedeutung dem technisch geschulten Offizier für den Aufbau einer rationalen Verwaltung zukam, welche Rolle der internationale Handel und Seeverkehr für die Entwicklung rationaler Rechtsformen gehabt hat; wir kennen die zentrale Bedeutung des ökonomischen Fortschritts für die Unterhaltung und Verbesserung nicht nur des Militärwesens, insbesondere auch für den Aufbau einer rationalen Verwaltung, die umgekehrt wieder für ökonomische Meliorationsprogramme benutzt werden konnte wie ganz allgemein zur Ausdehnung der staatlichen Kontrolle und zur Regulation von Daseinsumständen und Verhalten, woraus dem Staat wiederum soziale Kräfte zuwuchsen. Wir wissen, welche Rolle bereits sehr früh die private oder staatliche Industriespionage gespielt hat, welche Kraft von Ereignissen wie der französischen Revolution ausging, aber auch von Institutionen wie den englischen Banken oder den deutschen Universitäten. Ähnliche Beispiele ließen sich für Lebensstile, soziale Bewegungen, und alle möglichen anderen Gebiete leicht finden. Aber was hier sowieso nur Andeutungen sein können, würde auch bei vollzähliger Enumeration noch nicht das Gegenmodell eines Feldes von mehreren Gesellschaften ergeben, auf das hier gezielt wird. Nicht die Fülle der einzelnen Einflüsse macht schon ein Mehr-Gesellschaften-Modell. So wie die moderne Soziologie erst entstand, als man hinter den vorher auch schon bekannten Wirkungen einzelner aufeinander das Feld beharrlicher Einstellungen und Orientierungen herausarbeitete, so kann auch das Feld eines Mehr-Gesellschaften-Modells erst sichtbar werden, wenn man die jeweilige Beharrlichkeit der Orientierungen und die dadurch gegebene Konditionierung der wichtigen Akteure einstellt, wobei die politischen Entscheidungsträger gewiß eine besondere, aber keineswegs die einzige Rolle spielen. Daß dieser Versuch auch nicht einmal vorgeschlagen worden ist, zeigt wohl an, daß tiefer liegende Gründe und Ziele in die Fixierung auf das Ein-Gesellschaft-Modell eingegangen sind.

Sicher würde sich der Prozeß der modernen Gesellschaftsentwicklung und Daseinsrationalisierung in einem Mehr-Gesellschaften-Modell recht anders ausnehmen. Es wäre natürlich nur eine neue Einseitigkeit, wenn man die Möglichkeit beiseite setzen wollte, daß sich in einzelnen Gesellschaften rein aus inneren Bedingungen Ansätze zu Veränderungen ergeben haben. Aber man wird für jeden Strang des Prozesses zu prüfen haben, ob solche Ansätze zur Daseinsrationalisierung ohne die Hinsicht auf die wirklichen oder möglichen Reaktionen und Entwicklungen in anderen Staaten und Gesellschaften nicht nach kurzer Zeit stecken geblieben und aufgesaugt worden wären, ja inwieweit nicht schon ihre Entstehung dieser Konstellation zu verdanken ist. Wie immer das Ergebnis aussehen wird, man kann schwerlich an der Tatsache vorbeisehen, daß die Beschleunigung der geschichtlichen Bewegung erst dann auf sicheren Boden gelangte, als der mittelalterliche Staat mit seinen vergleichsweise seltenen, beschränkten und ungleichgewichtigen Außenverhältnissen durch das System von Territorialstaaten abgelöst wurde, die bei grundsätzlicher Gleichwertigkeit in enge und stetige Beziehungen gerieten. Und sobald man dieses Konzept einmal vor Augen hat, kann man kaum umhin zu bemerken, daß auch andere Beschleunigungsprozesse der Geschichte sich in ähnlichen Feldern eng und konstant miteinander verbundener und aneinander orientierter Gesellschaften abgespielt haben.

Es kann hier nicht die Aufgabe sein, ein Mehr-Gesellschaften-Modell zu entwickeln, mit dessen Hilfe sich abschätzen ließe, inwieweit der gesellschaftliche Wandel oder die geschichtliche Veränderung in ihren Ursprüngen oder ihrer gerichteten Dauerhaftigkeit auf Bedingungen zurückgeht, die erst aus der Beziehung mehrerer Gesellschaften erwachsen. Da diese Beziehungen nach ihrer Intensität, Dauer, Gleichwertigkeit und

Breite sehr verschieden sein können, müßte man auch verschiedene solcher Modelle ins Auge fassen. Das Verhältnis der (westlichen) europäischen Territorialstaaten oder der griechischen Stadtstaaten ist aufgrund der relativen Intensität, Ausgewogenheit und Gleichwertigkeit der Beziehungen ein besonderer Fall. Offensichtlich ist die Relevanz solcher Verschiedenheiten für Wandel und Geschichte erheblich, und es ist klar, daß man diesen Unterschieden nicht schon durch die Enumeration einzelner exogener Vorgänge beikommen kann. Man wird also in Zukunft bei empirischen Studien nicht nur ad hoc exogene Bedingungen heranziehen müssen, wenn sichtbare Einflußnahmen und Übernahmen vorliegen. Man wird vielmehr grundsätzlich das jeweilige System der Außenlagerung einer Gesellschaft herausarbeiten oder noch besser: die Wandlungen mehrerer Gesellschaften im Kontext des Mehr-Gesellschaften-Feldes studieren müssen. Erst bei Benutzung dieses Zugangs wird man zu empirisch begründeten Urteilen über die inneren Wandlungskräfte einer Gesellschaft und die Rolle eines Mehr-Gesellschaften-Feldes kommen können.

Es ist hoffentlich klar, daß hier Wandel und Geschichte nicht einfach und ausschließlich auf spezifische Bedingungen im Verhältnis von Gesellschaften untereinander zurückgeführt werden sollen. Es geht methodisch darum, daß dieser Ansatz nicht a priori ausgeschlossen werden darf, und daß der beharrliche Versuch, die Geschichte aus den Eigenschaften der Gesellschaft als solcher herauszuziehen, eine enorme Einseitigkeit gewesen ist. Es geht sachlich darum, daß schon prima facie die Phänomene und Gründe dafür sprechen, daß die Analyse der Geschichte mittels verschiedener Mehr-Gesellschaften-Modelle ergiebig sein wird. Und es sei schließlich noch vermerkt, daß die gewiß auch zu fördernde komparative Methode kein Ersatz für die mehrgesellschaftliche Analyse darstellt. Die Dinge liegen im Gegenteil so, daß die komparative Methode ohne weiteres nur dort angewandt werden darf, wo die verglichenen Gesellschaften keine, oder keine nennenswerten Dauerbeziehungen haben, also nicht in einem Feld beharrlicher Einflüsse und Orientierungen zusammengeschlossen sind. Wo dies hingegen der Fall ist, muß der Vergleich zu höchst fragwürdigen Schlüssen über die inneren Entwicklungskräfte der Gesellschaften führen. Man darf endlich die Vermutung wagen, daß die Einführung eines Mehr-Gesellschaften-Modells zu einer erheblichen Reduktion unserer Vorstellungen über die innere Gesellschaftsdynamik führen wird. Es würde sich im Gegensatz zu heute herrschenden Anschauungen wahrscheinlich herausstellen, daß eine auf sich gestellte Gesellschaft zwar gewisse Veränderungen hervorbringen kann, diese aber meist innerhalb des gesellschaftlichen Systems akkomodiert werden können. Anders gesprochen: große und dauerhafte oder gerichtete Veränderungen sind wahrscheinlich die Ausnahme und verbreiten sich eher durch Diffusion, wie das für die Seßhaftigkeit oder den Übergang zur Stadtkultur ja auch belegbar ist.

II. Geschichtsbedürfnisse, oder wie man Ereignisse eskamotiert [8]

Die Diskussion über die Geschichte krankt an einer Auszehrung und Einebnung des Begriffs. Die historische Bildung ist auf dem Rückzug, obschon unser historisches Wissen heute Völker und Zeiten umgreift, die früheren Generationen unbekannt waren. Aber diese Ausweitung hat dazu beigetragen, daß uns die Geschichte in die Distanz einer Fernsicht gerückt ist, aus der wir nur noch grobe Umrisse sehen, aber nirgendwo mehr mit Fülle und Detail vertraut sind. Da wir im Bann der Zukunft leben, fehlt es uns mit der historischen Anschauung auch am historischen Interesse, was erst zur Aufzehrung des Begriffs und dann zur Verdünnung der Diskussion führt. In ein Gespräch kann schließlich nur das eingehen, was den Begriffen an Anschauung unterlegt wird.

Mitschuldig an dieser Entwicklung haben Historie und Soziologie einander in diesem Punkt wenig vorzuwerfen. Der Drang, über die endlosen Einzelheiten hinaus zum Wesen der Sache zu kommen, hat schon früh zu fraglichen Generalisierungen getrieben. So war es in beiden Zünften ganz üblich, von »den Kräften der Geschichte« zu reden. Aber ob man diese Rolle nun den Klassen oder den Ideen, der Wirtschaft oder dem Krieg, der Technik oder dem Konflikt, den anonymen Massen oder den großen Einzelnen vorbehielt, stets mußte die Sache auf die Einebnung der Geschichte hinauslaufen. Denn in der Geschichte können in verschiedenen Zeiten auch ganz verschiedene Kräfte zum Zug kommen, weisen verschiedene Epochen verschiedene Geschichtsstrukturen auf. Natürlich wäre es absurd, generelle Aussagen über die Geschichte per se auszuschließen. Doch ist man wohl beraten mit der Regel, alle inhaltlichen Verallgemeinerungen, welche der Geschichte in ihrer gesamten Erstreckung identische Eigenschaften aufdrängen wollen, für Indizien historischer Ignoranz oder Mystifikation zu halten.

Die Not der Vielgestaltigkeit gebar die Uniformierung, und was anfangs noch als Summierung einer anschaulichen Mannigfaltigkeit gemeint war, reifizierte sich mit dem Verlust der geschichtlichen Anschauung zur Sache selbst. Zu den neueren Abflachungen gehört die Tendenz, die Geschichte als eine universale Dimension der Gesellschaft auszugeben. Geschichte verblaßt hier zu dem Syllogismus, daß alle Menschen in Gesellschaft leben, alle Gesellschaften Veränderungen aufweisen, und folglich alle Gesellschaften Geschichte haben. Nach diesem Schema war schon *Dahrendorfs* Protest gegen die struktur-funktionale Theorie geschnitten. Er warf ihr nicht vor, Geschichte als eine besondere Dimension gewisser Gesellschaften, sondern sozialen Wandel als den universalen Modus aller Gesellschaft zu verfehlen: die konfliktlose Gesellschaft gebe es nicht, und mithin herrsche auch überall Geschichte [9]. Diese Auffassung entspricht dem gängigen Sprachgebrauch, der Geschichte durch sozialen Wandel ersetzt und darunter nur noch vage Veränderung versteht. Und auch jene Gegenrichtung, welche ihrerseits gegen die Gleichsetzung von Geschichte mit sozialem Wandel protestiert, hält grundsätzlich an der Geschichte als einer universalen Qualität menschlicher Gesellschaft fest. Die Frankfurter Schule kritisiert ja den sozialen Wandel nur deshalb, weil diese Kategorie die Veränderungen nicht mehr auf die geschichtliche Bestimmung des Menschen bezieht.

Mit dieser vagen Vorstellung allgemeiner Geschichtshaftigkeit haben wir uns jedenfalls von älteren Vorstellungen entfernt. Das 19. Jahrhundert sprach unbekümmert von »geschichtslosen« Völkern, und dem entsprach auch die Arbeitsteilung, in der sich die Historiker mit den »geschichtlichen«, die Ethnologen mit den »geschichtslosen« Völkern befaßten [10]. Als sich die Historiker später auf die methodologische Verteidigung ihres Faches zurückgedrängt fanden, haben sie diese Teilung mit der Schriftkundigkeit begründet, die erst die Anwendung der historischen Methoden erlaube. Doch das verdeckt nur ihre Überzeugung, daß sie es mit einem ausgezeichneten Geschehen und nicht mit einem universalen Modus zu tun hatten. *Max Webers* verächtliche Bemerkungen über eine Publikation, welche Stammesgeschichten in eine Weltgeschichte aufzunehmen versuchte, waren im Sinne der alten Vorstellung von Geschichte gesprochen, auch wenn er sie seinerseits an der Kulturrelevanz festmachte. So entfaltete sich die ältere Diskussion noch vor einem Bewußtsein unterschiedlicher Geschichtsstrukturen, das heute durch den Begriff des sozialen Wandels nivelliert worden ist. Natürlich waren in das alte Konzept fragliche Bestandteile eingegangen, so das Überlegenheitsbewußtsein der europäischen Kultur. Auch gab der Wissensstand den Blick in die zeitliche Tiefe noch nicht frei. Erst die Arbeit der Vorgeschichtler hat die Aufnahme dieser Zeitfelder in die Historie erzwungen, wie das in Deutschland der erste Band der Historia Mundi dokumentierte, und inzwischen hat die Ethnohistorie unser Wissen in die Vergangenheit der Primitivgesellschaften ausgedehnt. Für alle diese Geschehensräume haben wir keinen anderen Begriff als den der Geschichte, und es wäre sinnlos, ihn diesen Ereignismassen zu verweigern. Alle Gesellschaften haben Geschichte in dem Sinne, daß sie nicht von Anbeginn an so gewesen sind, wie wir sie zu irgendeinem Zeitpunkt vorfinden. Und natürlich ist die Soziologie generell an gesellschaftlichen Veränderungen interessiert. Aber ob es sich bei der Geschichte als dem Objekt der Historie nicht doch um eine besondere Dimension gesellschaftlichen Geschehens handelt, und ob wir uns mit der Ausdeutung der Geschichte als Sozialem Wandel nicht auch eine Abflachung eingehandelt haben, welche uns das Problem verdeckt und die Beziehung zur Historie verstellt, bleibt eine Frage.

Sicher aber hat die Soziologie in ihrer Bemühung um die Geschichte zu der wohl folgenreichsten Abschleifung und Uniformierung der Geschichte dadurch beigetragen, daß sie die Ereignisse zu eliminieren trachtete. Seit den Anfängen des sozialwissenschaftlichen Denkens ist es stets um die Frage gegangen, wie man aus der Fülle der Geschichte ihren Gehalt ausziehen, sie auf Grundfiguren reduzieren könne. Wie immer man diese Linien, welche als Kraft, Bewegung und Essenz des unübersehbaren Geschehens gelten sollten, nun aus der Vergangenheit in die Gegenwart zog, um sie in die Zukunft zu verlängern, so konnten Ereignisse in ihr keinen Platz haben, oder doch nur als abgeleitete Notwendigkeiten des Entwicklungszuges. Die Gleichgültigkeit gegen Ereignisse, die Abwertung derselben, ja sogar der Haß gegen sie, jedenfalls die Leugnung ihres eigenständigen Ranges waren der Preis, den man für den Versuch, die Geschichte auf eine Linie zu bringen, zahlen mußte. Die soziologische Arbeit an der Geschichte lief auf die Konstruktion einer ereignisfreien Geschichte zu. Erst mit der Eingewöhnung in diese Vorstellung sind all die anderen Uniformierungen zum vollen Zuge gekommen.

Ist die Frage nach den Ereignissen für das Verhältnis von Geschichte und Gesellschaft, von Soziologie und Historie, zentral, so sei noch einen Moment bei der beharrlichen Disposition zur Uniformierung der Geschichte verweilt. Denn es liegen hier nicht bloß kognitive Irrwege vor, die sich bei diesen Fächern aufgrund ihrer Aufgabe, die endlose Mannigfaltigkeit des Geschehens zu bewältigen, geradezu aufdrängen, jedenfalls nahelegen. Es handelt sich deshalb auch keineswegs um moderne Erscheinungen, die erst mit der Historisierung des Bewußtseins im 18. Jahrhundert in die Welt gekommen sind, welche ihrerseits diese Fächer aus sich entließ. Es steckt dahinter vielmehr ein Geschichtsbedürfnis, das so uralt ist wie die Gesellschaft. Was im Strom des sozialen

Geschehens bleibt, das ist für den Menschen von Anfang an mindestens ebenso wichtig, wie was im Fluß der äußeren Dinge dauert. Und erfahren, wie Menschen handeln oder welche Vorgänge sich mit und zwischen ihnen abspielen, heißt genau wie hinsichtlich des Naturgeschehens: den Wiederholungs-, Stetigkeits- und Ausnahmecharakter des Geschehens abschätzen.

Uns reduziert sich diese Aufgabe zur bloßen Frage quid facti. Dabei steht uns das Beispiel der Naturwissenschaften vor Augen, das selbst für den engeren Bereich der Körperbewegungen ein ganz junger Erwerb ist. Wenn man auf die Vorstellungen blickt, welche die Menschen sich von der Natur oder dem sozialen Geschehen gemacht haben, so ist deren Stetigkeit jedenfalls immer an Ordnungen festgemacht worden, deren sinnhafter Charakter Handlungsorientierungen lieferte. Dieser Befund entspricht natürlich der Situation eines in seinem Handlungsmodus unsicheren und unterbestimmten Wesens, das sich stets auch fragen muß, was denn im unbeherrschbaren Strom der eigenen Impulse, Antriebe, Werte, Ziele bleibt, und damit auf Fragen von Sinn, Wert und Legitimation getrieben wird. Insofern ist die universale Neigung, die Frage nach dem Bleibenden in der Natur durch Bezug auf sinnhafte Ordnungen (Schöpfung, Götter, sinnhaft wirkende Kräfte) zu beantworten, durchaus angemessen für ein Wesen, dem die Durchordnung des eigenen Innen zumindest ebenso wichtig sein muß wie die Durchordnung des Außen. Deshalb zeichnen sich auch die Antworten, die auf die Frage nach den Stetigkeiten in Natur oder Gesellschaft gefunden worden sind, stets durch einen Exzess aus, der von praktischen Bedürfnissen her nicht zu erklären ist. Nirgends findet sich eine Beschränkung auf das nächstliegende Geschehen oder die aus der eigenen Lebensspanne her relevanten Vorgänge; offenbar ist das für das Handeln erforderliche Zutrauen in die Stetigkeit der Dinge nicht von der Regelmäßigkeit der praktisch relevanten Vorgänge her zu erreichen. (Es ist bezeichnend, daß die verschiedenen Erzählungsarten aller Völker angefüllt sind mit Berichten, in denen nicht nur die noch nicht sicher erfaßten Regelmäßigkeiten der Natur, sondern gerade auch deren alltäglichste Vorgänge außer Kraft gesetzt sind, also z. B. Wasser bergauf fließt.) Nicht schon die Regelmäßigkeit einzelner Abläufe, sondern erst die sachlich und zeitlich unbeschränkte Durchordnung des Geschehens beantwortet für den Menschen die Frage nach dem Bleibenden, so daß die Entwicklung der Naturwissenschaften genau der unwahrscheinliche Fall ist, als den ihn die Tatsachen ja auch ausweisen. Von diesem exzeptionellen Fall abgesehen kann anscheinend die Frage nach den Stetigkeiten des Geschehens nur durch eine Doppelstrategie beantwortet werden, die eine Ordnung zugleich als richtig wie als dauerhaft ausweist. In ihrem geschichtlichen Gehalt haben bisher alle Weltbilder diesem Bedürfnis entsprochen, und es ist auch für die Zukunft schwer vorstellbar, daß die Frage nach der Geschichte zu einer Frage quid facti versachlicht werden könnte. Die sachliche Fragestellung der Historie und der Soziologie bleibt stets prekär gegenüber einem Bedürfnis, das diesen Fächern die Konstruktion einer bleibenden Geschichte ansinnt.

Insofern markiert auch die (sonst für die Problematik allerdings eminent wichtige) Wasserscheide des Historismus keinen Einschnitt. Vorher und nachher drängen die gleichen Bedürfnisse zur Konstruktion einer »bleibenden Geschichte«, d. h. einer Ordnung, die zugleich sinnhaft legitimiert und naturell verankert sein muß, um gegen alle Wechselfälle moralisch und faktisch Recht zu behalten. Nur lief das vor der Historisierung der Bewußtseinsstrukturen auf die ungeschichtliche Artikulation von Elementen direkter Stetigkeit hinaus: die uranfängliche Einrichtung der einen und richtigen Ordnung, mit der Konsequenz unveränderlicher moralischer Regeln und sinnhafter Bedeutungen, während nachher die bleibende Geschichte in den Zwängen ihrer eigenen Entwicklung gesucht werden muß. In diesem Zusammenhang treten Soziologie und Historie mit ihren Sachfragen als wissenschaftliche Verfremdung eines Geschichtsbedürfnisses auf.

III. Geschichte: Ereignisse und Strukturen

Mit dem Verblassen der geschichtlichen Tatsachen ist der früher noch diskutierte Tatbestand des Ereignisses, in seiner grundsätzlichen Bedeutung, aus der Diskussion verschwunden, wenn man von der durch *R. A. Nisbet* wieder ins Spiel gebrachten Fronde der *Teggart* und *Bock* absieht, welche in der Befassung mit Ereignissen (und so auch in der Bestimmung ihrer Natur) das entscheidende Problem sahen, ohne damit allerdings fertig zu werden.

Eine kurze Analytik des Begriffs muß nun vorausschicken, daß sich die soziale Welt unmittelbar als eine Mannigfaltigkeit von Ereignissen darbietet, nämlich als äußere oder innere Handlungen von Individuen. Ereignisse in *diesem* Sinn stellen den letzten Datengrund für alle Vorstellungen über gesellschaftliches Geschehen dar, und zwar sowohl für den Laien wie für den Soziologen (methodischer Individualismus). Aber diese Grundschicht von Vorgängen ist undurchdringbar, und zwar wiederum für den Handelnden wie für den Betrachter. Sie wird erst dadurch zugänglich, daß Ordnung und Regelmäßigkeit in ihr sichtbar werden, welche uns zwar nicht der Frage, wie in einem bestimmten Falle von einem bestimmten Individuum gehandelt wird, gänzlich entheben, wohl aber die Variabilität dieser individuellen Handlungen durch vorhersehbare Ordnungen und Regelmäßigkeiten eingrenzen. Und es sind nun diese über der Grundschicht individuellen Handelns liegenden Ordnungsvorstellungen, welche den Anlaß geben, von Ereignissen in einem näheren Sinn zu sprechen.

In die Vorstellungen, die wir als Handelnde an die soziale Realität heranbringen, gehen natürlich verschiedenste Arten persönlicher Erfahrung im Sinne irgendeiner Psychologie oder Handlungspragmatik ein, aber sie beruhen doch wesentlich auf den impliziten oder expliziten Gegebenheiten einer soziokulturellen Ordnung. Und das kann natürlich bei einem Wesen, dessen Handeln von Natur aus unterbestimmt, also nicht geregelt ist, auch nicht anders sein. Eben deshalb wird uns das Handeln anderer in dem Maße vorhersehbar, wie es durch soziokulturelle Bestimmungen eingegrenzt ist, so daß jede Gesellschaft das Verhalten durch Typisierungen definieren muß, welche den Ereignissen der Grundschicht zwar nicht gänzlich ihre Individualität nehmen, ihnen aber typische Allgemeinheiten aufdrücken, ihnen eine charakteristische soziale Lagerung geben. Demgemäß haben die Regelungen soziokultureller Ordnungen es immer mit typischen, generellen, kollektiven, wir wollen kurz sagen: aggregierten Lagerungen oder Vorgängen zu tun. Der Sozialwissenschaftler freilich greift hinter diese (expliziten oder impliziten) soziokulturellen Regelungen zurück, um ihre hintergründigen Bedingtheiten und

Zusammenhänge bloßzulegen, muß dabei jedoch auch stets von aggregierten Daten ausgehen. Das soziale Geschehen läßt sich eben aus der Kombination strikt individuellen Handelns nicht erklären, seine Mannigfaltigkeit muß dem Soziologen zu Gruppen, Kollektiven, Schichten, Durchschnitten usw., also zu aggregierten Daten gerinnen.

Es ist nun die aggregative Perspektive, welche die Vorstellung von Ereignissen hervortreibt, deren Ausscheiden aus der Diskussion für die Dehistorisierung unseres Geschichtsbildes so bezeichnend ist. Denn die Historie setzt ja klassisch nicht zufällig bei Vorgängen an, deren besonderer Charakter als Ereignisse nicht nur aufgrund ihrer Bedeutung für die Gesellschaft, sondern gerade auch in ihrer Bedeutung wegen ihrer Überraschungsmomente unmittelbar empfunden wird, wie etwa Kriege, Revolutionen, Verträge, Konflikte, Maßnahmen, Religionsstiftungen usw. Ihre Merkmale fehlen typischerweise bei aggregierten Erscheinungen und Prozessen: der Zwang zur Identifizierung von handelnden Individuen, statt der summarischen Beziehung auf Kollektivitäten, und die zeitlich-räumliche Eindeutigkeit, überhaupt das Merkmal des Hervorgehobenen hängen ihnen insofern an, als sie nicht erwartbar im Sinne der stets an aggregierten Daten festgemachten Regelmäßigkeiten und Stetigkeiten sind, also wegen der Unvorhersehbarkeit ihrer selbst (oder auch ihrer Folgen) unsere Aufmerksamkeit beanspruchen. Wir erleben und klassifizieren sie als Ereignisse, weil sie sich der aggregativen Logik von Erwartungen nicht einfügen. Und sie tun es deshalb nicht, weil hier die soziale Lagerung des Handelns anders ist als bei Vorgängen, die wir aggregativ beschreiben können. Dort also wesentlich anonyme Vorgänge im Sinne eines durchschnittlich regelmäßigen Handelns in bestimmten Gruppen, hier angebbare Individuen als Akteure; dort Veränderungen, welche meist in der Schicht von Werten und Bedeutungen verlaufen, also unterhalb der Ebene bewußten Handlungsaufwands liegen oder, wo sie diese doch erreichen, durch ihren massenhaften, durchschnittlichen, allmählichen und repetitiven Charakter noch immer Merkmale sozial vorgegebener Handlungsmuster tragen, hier hingegen herausgehobene Handlungen, welche mangels vorgegebener sozialer Muster von den Akteuren einen besonderen Handlungsaufwand und von Beobachtern einen besonderen Verständnisaufwand hinsichtlich ihrer Entstehung und ihrer Folgen erfordern; dort typisch allmähliche und zeitlich gedehnte Wandlungen, deren Grenze und Verlauf in Raum und Zeit vage bleiben, hier zeitlich und räumlich situierte und typisch plötzliche Vorgänge. Dort also Vorgänge, die auf der Verbreitung eines synchronisch und diachronisch ähnlichen Handelns beruhen, in diesem Sinne repetitiv sind, hier hingegen Vorgänge, die in einem genau bezeichneten Sinne einmalig genannt werden können, womit man an einen der Punkte gelangt, an denen die klassische Diskussion zwischen Soziologie und Historie schief gelaufen ist. Denn einmalig in dem Sinne, daß bei Einbeziehung der unausschöpfbaren Merkmale der vollen Wirklichkeit irgend ein Gegenstand so nirgendwo wieder vorkommt, sind natürlich nicht nur Ereignisse sondern alle Vorgänge und Objekte. Hingegen einmalig in dem Sinne, daß es nirgends vergleichbare Vorgänge gäbe, sind Ereignisse natürlich ausweislich der notwendig allgemeinen Begriffe, welche wir zu ihrer Beschreibung benötigen, nicht. Versteht man Einmaligkeit aber nicht im Sinn eines hinter und über aller Geschichte postierten Beobachters sondern wählt den Standpunkt dessen, der im Zeitpunkt des Ereignisses steht, so fällt das Ereignis in der Tat aus den im normalen Aufmerksamkeitsfeld eingestellten Erwartbarkeiten heraus und grenzt sich gegen die wesentlich auf Wiederholbarkeit festgelegten Erwartbarkeiten genau dadurch ab, daß es nicht selbst auf Wiederholungsbasis gestellt werden kann [11].

Die Soziologie und die Historie setzen also unmittelbar bei zwei verschiedenen Bestandteilen der Wirklichkeit an und haben deshalb auch von Anfang an unter dem Druck gestanden, mit dem jeweils nicht unmittelbar einbezogenen Bestandteil fertig zu werden. So ist es bekannt, wie beharrlich sich die Historiker geweigert haben, aggregierte Daten systematisch einzubeziehen. Vergessen aber ist, daß die Soziologen umgekehrt nach dem gleichen Rezept verfahren sind und die Ereignisse gerne vor der Tür gelassen haben. Das begann bereits im 18. Jahrhundert harmlos genug mit dem Versuch, eine Chronologie derjenigen Vorgänge zu schreiben, welche eine Beziehung auf gedachte Endzwecke des Menschen haben, womit jedenfalls die Ereignisse, an welche die Historiker zuerst denken, perhorresziert wurden, wenn dies natürlich auch über die geschichtliche Bedeutung dieser Ereignisse noch nichts besagte. Aber von der Auffassung der letzten Wertlosigkeit der typisch historischen Ereignisse war es eben nur ein Schritt bis zu der Meinung, daß Ereignisse geschichtlich unwichtig seien. Geschichte war damit im Grunde schon umgedeutet in eine ereignisfreie Abfolge sozialer Zustände, und es bedurfte dann nur noch des Verlustes historischer Bildung, um aus dem theoretischen Konzept effektiv das Alltagsverständnis der Geschichte als eines sozialen Wandels werden zu lassen.

Die Strategie einer Logik der aggregrativen Entwicklung läßt Ereignisse nicht, oder nur in dosierter Form zu. Da sie das Problem als den Übergang von einem sozialen Zustand zu einem anderen definiert, können Ereignisse hier nur in spektakulären Ausnahmefällen zum primären Untersuchungsgegenstand werden (z. B.: Soziologie der Revolution), kommen sonst in der Auseinanderfaltung aggregativen Wandels nur gelegentlich vor, wenn sie im Extremfall eine von zwei ganz entgegengesetzten Aufgaben erfüllen können. Einmal erscheinen sie dann als zwangsläufige Folgen irgendeines Ausgangszustandes, dessen Tendenz sie durch ihr Eintreten also bestätigen, oder aber sie müssen genau umgekehrt dazu herhalten, zu erklären, warum irgendeine Tendenz nicht zum Zug kam. Die methodische Absicherung des Konzeptes bemüht gelegentlich den statistischen Charakter aller Gesetzlichkeit, der oft dahingehend konkretisiert wird, daß aggregative Zwangsläufigkeiten nicht die gesamte Wirklichkeit ausschöpfen können, so daß stets mit (noch) unberücksichtigten Umständen, Bedingungen und Faktoren und schließlich sogar den Eigentümlichkeiten von Individuen zu rechnen ist. Die Zwangsläufigkeiten werden von anderen Faktoren durchkreuzt und deshalb vorsichtig als Tendenzen bezeichnet.

Ist die Darstellung auch methodisch korrekt, so sind die Konkretisierungen recht zweifelhaft. Warum eigentlich sollen in sozialen Bedingungen Tendenzen von eindeutiger Richtung liegen? Warum können Ausgangszustände nicht auch bei Fehlen aller Störfaktoren zu verschiedenartigen Folgezuständen führen? Ließe sich nicht gelegentlich angemessener annehmen, daß die sozialen Ausgangslagen hinsichtlich ihrer Folgezustände gerade unterbestimmt sind, und macht nicht übrigens die Logik der funktionalen Äquivalente immerhin schon einen Schritt auf diesem Wege? Was rechtfertigt die Erwartung, daß in jedem sozialen Zustand schon die Determination des nächsten zu fin-

den sein müsse, die es ja erst ermöglicht, Abläufe zu langen Ketten zu reihen? Verselbständigen sich hier nicht die Bestandteile, welche die Soziologie aus der Wirklichkeit herauszieht, wenn nicht zur Wirklichkeit selbst, so doch zu ihrer stetigen Dominante?
Noch stärker werden die Bedenken, wenn man an die Geschichte unbefangen herantritt. Ereignisfreie Verkettungen zwischen aggregativen Zuständen sind sicher sehr viel seltener als Soziologen zu meinen pflegen. Gewiß gibt es die allmählichen Entwicklungen von Werten, Bedeutungen oder Normen, die sich ohne Ereignisse vollziehen, und ähnliche Erscheinungen lassen sich auch im Bereich des instrumentell zweckhaften Handelns finden. Das mag in manchen Fällen so vor sich gehen, daß nur noch das fertige Resultat solcher Wandlungen auf seinen Ausdruck zu bringen ist, etwa durch literarische Darstellung, oder durch die Umschreibung religiöser Dogmen, oder durch rechtliche Bekräftigung eingetretener Verhaltensänderungen, oder andere institutionelle Setzungen. Viel häufiger aber liegen die Dinge doch so, daß der Weg vom Anfangszustand zum Endzustand irgendeines sozialen Wandels durch eine Reihe von mehr oder weniger prononcierten Ereignissen hindurchführt, ohne die der »Übergang« auch gar nicht zustande gekommen wäre. Trotz der natürlich mannigfaltigen Zwischenformen zwischen ereignisfreien und ereignishaften Vorgängen, erweist sich meist, daß die von uns wie selbstverständlich als ereignisfrei angesetzten Veränderungen bei näherer Inspektion herausgehobene Maßnahmen, Leistungen, Entscheidungen, Handlungen identifizierbarer Personen oder außergewöhnliche Vorgänge zwischen solchen aufweisen, die als kritische Schaltstellen von dem Schema einer aggregativen Logik nicht ohne weiteres gedeckt sind. Es ist zwar keineswegs auszuschließen, daß solche Unstetigkeiten bei näherer Analyse sich als zwangsläufige Bestandteile eines aggregativen Wandels erweisen, nur kann man davon nicht ausgehen. Die Aufzählung der ereignishaften Schaltstellen und Unstetigkeiten sollte deshalb zur Bestandsaufnahme gehören, wenn Probleme des sozialen Wandels behandelt werden. Daraus ergibt sich für die Theorie die thematische Aufgabe, die »Individuations«- und »Soziations«-prozesse systematischer zu erforschen, welche Ereignisse in verschiedenen Bereichen und unter verschiedenen Bedingungen nach rückwärts oder vorwärts in das Geschehen einbinden. Wie schlagen aggregative Gegebenheiten in ereignishafte Vorgänge um, und wie gehen diese wiederum in aggregative Zustände ein? Daß es nämlich grundsätzlich verschiedene Klassen der sozialen Lagerung von Ereignissen (und damit der Individuation und Soziation derselben) gibt, die mit dem Schema von Tendenzen und Störfaktoren nicht erfaßt werden können, wird sich beiläufig im nächsten Punkt erweisen.
Noch bedenklicher muß es nun scheinen, daß die aggregative Determinationslogik zur unterschiedslosen Anwendung auf alle Ausgangslagen tendiert. Es scheint weithin die Meinung zu herrschen, daß in jeder Gesellschaft in jedem Zeitpunkt eine Determination enthalten sei, die einen bestimmten nächsten Zustand vorgibt, oder vorgäbe, wenn nicht Störfaktoren dazwischentreten würden. Man gewinnt den Eindruck, daß vielen Soziologen die Bedeutung des von ihrem Fach so großartig erarbeiteten Strukturbegriffs, sei es noch nicht aufgegangen ist, sei es ihnen abhanden kommt, wenn sie vom sozialen Wandel sprechen. Aber Gesellschaften sind eben kraft ihrer Struktur auch verschiedenartige Determinationssysteme, was die Vorstellung ausschließt, sie alle könnten und würden ihre Zukunft mit zwar verschiedenen Mitteln und sowieso ganz verschiedenem

Ergebnis, aber doch mit der gleichen Bestimmtheit festlegen. Kann man wirklich annehmen, daß bspw. industrielle Gesellschaften und (vorindustrielle) Hochkulturen die Determinanten ihrer Wandlungen oder Beharrungen in gleicher Weise und Bestimmtheit in sich enthalten? Ist es nicht geradezu offensichtlich so, daß Gesellschaften sich als Mechanismen zur Erzeugung künftiger Lagen radikal unterscheiden können, und sich gerade auch als verschiedenartige Systeme zur Erzeugung von Ereignissen, Unstetigkeiten und Offenheiten erweisen? Jede Uniformierung läuft doch hier nicht nur der Geschichte, sondern dem Verständnis und der Bedeutung der strukturellen Verschiedenheit der Gesellschaften stracks zuwider. Und das gilt natürlich nicht nur für den Fall, daß eine uniforme soziale Determiniertheit von Folgezuständen angenommen wird, sondern ebenso für den Fall, daß man sich nun umgekehrt auf eine prinzipielle Indeterminiertheit versteifen oder der Geschichte uniforme Kräfte und Konstellationen zugrunde legen möchte.

Das sei hier kurz an dem Unterschied zwischen Primitivgesellschaften und Hochkulturen aufgezeigt, der trotz bisweilen fließender Übergänge einen radikalen Schnitt von geschichtlich und soziologisch fundamentaler Bedeutung indiziert. Das Beispiel sollte hier um so interessanter sein, als die Historie ihren Geschichtsbegriff traditionell den Primitivgesellschaften als »geschichtslosen« Kulturen verweigert hat und sich auch heute mindestens faktisch auf die Behandlung von Hochkulturen (oder weiter: Zivilisationen) beschränkt.

Was an den Hochkulturen auch dem flüchtigen Blick auffällt, ist, wenn man vorab so sagen darf, eine Fülle, Dichte und Beweglichkeit des Geschehens, welche den Primitivgesellschaften fehlt. Direkt hat das mit dem von den Historikern gewählten Merkmal der Schriftlichkeit dieser Kulturen wenig zu tun, wohl aber mit der Entstehung jener Einrichtungen, welche die Geburt der Hochkultur markieren: städtische Siedlung, kulturelle Objektivationen, Trennung von Institutionen, und vor allem: Herrschaft. Auf dieses letzte und strukturell grundlegende Merkmal sei hier der Vergleich beschränkt.

Mit der Herrschaft nämlich kommt eine ganz neue Art des Geschehens in die Wirklichkeit, verändert sich die Gesellschaft als ein System der Determination ihrer eigenen Zukunft. Hier wird es erstmalig möglich, gesellschaftliche Kräfte nach Absicht zu bündeln, zu konzertieren, zu lenken, und es wird zugleich nötig, das beharrlich zu tun. Nur geistige Engstirnigkeit oder ideologische Gläubigkeit kann die Bedeutung von Herrschaft auf das verengen, was heute pathetisch die »Herrschaft von Menschen über Menschen« genannt wird. Von dem qualitativen Gewinn, der heute dem sozialen und individuellen Handeln völlig neue Dimensionen und Spielräume mitteilt, von der kulturellen Bedeutung des Vorgangs ist dann nichts mehr übrig geblieben. Erst mit der Herrschaft kann geistig, wirtschaftlich, politisch, religiös, psychologisch ein Niveau von Freiheit, Fülle und Wirkung erreicht werden, das von kleinen sozialen Gruppen mit lockerem Zusammenhalt gar nicht produziert werden kann. Erst Herrschaft setzt kontinuierlich den Zwang und die Möglichkeit, Kräfte für irgendwelche Aufgaben zusammenzufassen, zu organisieren, zu lenken, zu beeinflussen, zu ändern. Mit der Herrschaft entstehen erstmalig soziale Positionen für eine stetige soziale Selbststeuerung, die sich von den Mechanismen primitiver Gesellschaften durch die Permanenz der Ausübung, die Fülle der Mittel, den Bereich der Aufgaben unterscheidet. Herrschaft ist grundsätzlich nicht mehr auf einzelne spezifische Aufgaben eingrenzbar und läßt sich in ihren Maßnahmen grundsätzlich nicht mehr auf Traditionen einengen. Und indem die Herrschaft die Möglichkeit eröffnet und den Zwang schafft, in die gesellschaftlichen Verhältnisse selbst mit Zwecken und Absichten einzugreifen, mobilisiert sie selbst nolens volens ganz andere soziale, politische, geistige Kräfte, welche sie dann erneut in ihr Handeln einstellen muß. In den hier nur als Hintergrund angedeuteten Zusammenhängen liegt die objektive Begründung für jene Fülle, Dichte und Komplexität des Geschehens, welche mit den Hochkulturen in die Welt tritt und traditionell von den Historikern als Geburt der Geschichte verstanden worden ist. Und das ist eine Folge des Wechsels, den die Institution der Herrschaft in dem Steuerungs- und Determinationssystem der Gesellschaft bedeutet. Mit der Einrichtung der für die Hochkultur fundamentalen Herrschaft beginnt sozialgeschichtlich gesehen die lange Kette von Entscheidungs- und Verfügungspositionen, welche eine Form geschichtlicher Beweglichkeit signalisieren; auf die Entstehung der Herrschaft folgt ihr Ausbau, der zur Entstehung von nicht-herrschaftlichen Verfügungspositionen als Partner oder Balancen führt. Doch allen diesen grundlegenden strukturellen Veränderungen kommt man natürlich weder mit dem marxistischen Klagegeschrei noch etwa mit einer Rollentheorie bei, die daran nur das Äußere und Uniforme, nämlich die soziale Regelung sehen will. Sicher gehört das Verständnis der sozialen Geregeltheit des Verhaltens zum soziologischen ABC, ohne das sich nicht verstehen läßt, wie es alltäglich zu Abstimmungen des Handelns kommen kann. Aber das, was einen Vergleich zwischen, sagen wir, einem Straßenkehrer, einem Bundeskanzler, einem Hohenpriester und einem Stammeshäuptling interessant machen könnte, ist sicher nicht der Umstand, daß in allen Fällen das Handeln von sozialen Regelungen umstellt ist. Verfügungsrollen jedenfalls ziehen ihre Eigentümlichkeit gerade aus dem Umstand, daß sie einen faktischen gesellschaftlichen Auftrag zu einem gesellschaftlich nicht vorgreifbar regelbaren Verhalten darstellen. Das kommt noch in unseren riesenhaften und abgewogenen Systemen, die voller Entscheidungspositionen, aber auch voller *checks and balances* stecken, deutlich genug zum Ausdruck. Die sozialen Regelungen für die Position eines Premierministers betreffen sein Betragen, seinen Stil und anderes, ohne uns über das für seine Stellung Entscheidende, nämlich seine Politik und seine Entscheidungen irgendetwas zu sagen, und diese Lücke füllen auch die sich aus anderen Umständen, wie dem Wahlprozeß und den politischen Parteien, ergebenden faktischen Bindungen nicht aus.

Die Unvorhersehbarkeit und Unstetigkeit, die zu allen Verfügungspositionen gehört, ist erstmalig mit der Herrschaft in die Welt gekommen und gerade dort auch noch sinnfälliger als heute, weil sie sich im Königstum fast an einer Stelle konzentriert. Und man muß das nahezu Paradoxe der Institution sehen, die faktisch einen sozialen Auftrag zur Durchbrechung der sozialen Determination darstellt. Das Auftreten der Herrschaft signalisiert also nicht irgendeinen sozialen Wandel sondern den Wechsel eines sozialen Determinationssystems: ein durch gewohnheitliche und gruppenhafte Einverständnisse synchron konzertiertes und diachron stabilisiertes System, dem jede Einrichtung und Handhabe zur absichtsvollen Verfügung über sich selbst fehlt, wird durch ein System ersetzt, das nur durch die Wahrnehmung von Verfügungspositionen funktionieren kann. Auch wenn solche Systeme sich früh oder spät oder stellenweise weitgehend

wieder auf die Routinisierung der eingewöhnten Benutzung dieser Verfügungsmacht einspielen, ändert das nichts daran, daß hier ein sozialer Mechanismus zur Erzeugung von Unstetigkeiten, Veränderungen und Ereignissen institutionalisiert worden ist.
Gesellschaften mit Herrschaftseinrichtungen (die nun freilich in verschiedener Hinsicht überaus verschieden sein können) liegen quer zu unseren gängigen Vorstellungen von sozialer Determination, ihr zeitliches Geschehen überbrandet deshalb auch die Schemata des sozialen Wandels. Schon die ursprüngliche Entstehung von Herrschaft ist sozial ein glatter Bruch, weil diese, wie es scheint, nirgends aus der inneren Entwicklung einer Primitivgesellschaft hervorgegangen, sondern typischerweise durch Eroberung und Überfremdung entstanden ist. Unstetigkeit fließt aber auch aus ihrer Struktur, die durch ihre Einseitigkeit sozial nicht mehr hinreichend eingegrenzte Entscheidungen fordert und somit stets einen Überschuß freier Verfügungsmacht bereitstellt. Die Bedeutung dieser Tatsachen für den Geschichtscharakter des Geschehens liegt jedoch erst in den Folgen des Gebrauchs der Verfügungsmacht, nämlich darin, daß die politischen, rechtlichen, religiösen, militärischen und sonstigen Maßnahmen und Entscheidungen Eingriffe in den sozialen Körper darstellen, welche beabsichtigte und unbeabsichtigte Veränderungen und Kräfte auslösen, die dann ihrerseits kurzfristig und langfristig zu neuen Lagen und Situationen für die Herrschaft werden.
Herrschaft ist damit ursprünglich die strukturelle Ermöglichung desjenigen Geschehens, das wir im engeren Sinne Geschichte nennen. Geschichte kommt mit der Herrschaft in die Welt, und Herrschaft bleibt ihr wesentlicher Akteur solange, wie keine weiteren Institutionen mit Verfügungspositionen ihr konkurrierend zur Seite treten. Natürlich heißt das nicht etwa, daß in den Akten des herrschaftlichen Handelns die Erklärung oder gar die Substanz der Geschichte zu suchen sei, wie manche Historiker wohl geglaubt haben. Im Gegenteil kommt Geschichte erst dadurch zustande, daß jeder Gebrauch der Herrschaft verschiedene unbeabsichtigte Folgen auslöst, Entwicklungen in Gang setzt, Kräfte ins Spiel bringt, welche sich kurzfristig und langfristig formieren, kreuzen und beeinflussen und dabei zu neuen Situationen führen, die neues herrschaftliches Handeln auslösen. Der Ereignischarakter dieses Geschehens kommt dabei einmal dadurch zustande, daß die Maßnahmen der Herrschaft (soweit sie nicht ordnungshaft routinisiert und also sozial vorhersehbar und festgelegt sind) weder durch soziokulturelle Regelungen noch durch soziale Umstände hinreichend festgelegt sind. Er wird aber zum anderen dadurch verstärkt, daß diese Maßnahmen mit Situationen befaßt sind, die nicht mehr hinreichend typifiziert werden können. Diese ergeben sich aus der Kreuzung von Entwicklungen und Veränderungen, die ursprünglich aus Herrschaftsmaßnahmen hervorgewachsen sind: langfristige soziale Prozesse, von denen einige noch im formativen Zustand, andere schon auskristallisiert sein mögen, entziehen den soziokulturellen Regelungen und Lagerungen des Handelns der verschiedenen sozialen Gruppen ihre Gültigkeit, so daß Handlungsspielräume entstehen, welche zu aggregativen und ereignishaften Veränderungen führen, also etwa das Gruppengefüge oder die Schichtungsverhältnisse affizieren, oder die normativen und bedeutungshaften Vorstellungen ändern, oder auch religiöse, politische, soziale Bewegungen auslösen. Versteht man Herrschaft nicht nach ihrer geordneten Routine, sondern als eine Institution, die ihren Trägern die Chance zu sozial nicht mehr hinreichend festgelegten und deshalb auch

nicht mehr hinreichend vorhersehbaren Eingriffen in die (physischen oder sozialen) Verhältnisse gibt, so durchbricht sie für ihre Träger jene umfassenden Handlungsregelungen, die in der Primitivgesellschaft allgemein waren. Sie produziert jedoch durch ihre Ausübung einen ähnlichen Effekt auch für wechselnde Teile der Bevölkerung. Denn ihre Eingriffe durchbrechen die sozialen Regelungen und Lagerungen des Handelns der Bevölkerung. Gleichviel, ob solche Maßnahmen nun als legitim empfunden werden oder nicht, und gleichviel ob sie unmittelbar erfolgreich sind oder nicht, so schaffen sie doch mehr oder weniger neue Handlungsstabilisierungen, welche durch die herkömmlichen (inneren oder äußeren) Handlungsstabilisierungen nicht mehr gedeckt sind und deshalb zu (inneren oder äußeren) Handlungsänderungen führen müssen, die teils kurz- und teils langfristig, teils aggregativ, teils ereignishaft ablaufen können, jedenfalls aber nicht mehr sozial vorgreifend geregelt sind. Die Ausübung von Herrschaft produziert Situationen, die nur mangelhaft typifizierbar, nämlich unübersichtlich, vieldeutig und (im obigen Sinne) einmalig sind, oder es mehr oder weniger sein können.

Herrschaft bedeutet die strukturelle Ermöglichung von Geschichte, weil sie ein sozial nicht mehr hinreichend bestimmtes Handeln einführt, das seinerseits die sozialen Verhältnisse (oder deren Bedingungen) zum Objekt hat. Dadurch werden letztlich vieldeutige und unübersehbare Veränderungen ausgelöst, die sich mannigfach mischen und kreuzen, aggregativ verlaufen oder ereignishaft kristallisieren, jedenfalls aber für Herrschende wie Beherrschte ungenügend definierte und auslotbare Situationen schaffen, die ihrerseits wieder Anlaß und, mindestens was die Herrschaft betrifft, auch Objekt des Handelns werden. Wenn in diesem Sinne Herrschaft als die strukturelle Ermöglichung der Geschichte bezeichnet wird, so muß das allerdings auf den Ausgangspunkt der Betrachtung: den Übergang von der Primitivgesellschaft zur Hochkultur bezogen werden. Hier muß man in der Tat davon ausgehen, daß jene quantitative und qualitative Dichte des Geschehens, die wir eigentlich als Geschichte ansprechen, durch die Maßnahmen und Tätigkeiten der Herrschaft erzeugt wird. Sie stellen die ursprünglichen Inputs dar, welche im Gesellschaftskörper jene Veränderungen und Bewegungen hervorrufen, die in ihren vieldeutigen Verschlingungen und in ihrer eigenartigen Mischung von aggregativen und ereignishaften Vorgängen Geschichte konstituieren. Aber man darf diese Figur nicht über die Geschichte hinweg verallgemeinern, weil sich in ihrem Verlauf nicht nur die Herrschaft, sondern die Gesellschaftsstruktur verändert. Geschichte beginnt mit der Herrschaft, weil mit dieser Verfügungspositionen entstehen, für die gesellschaftliche Verhältnisse zum Objekt werden können. Die Entwicklung der Herrschaft bringt mit der Differenzierung der Institutionen Veränderungen und Komplizierungen. Wenn militärische, religiöse, administrative Institutionen sich separieren, so ändert sich das Feld der Inputs und Auslöser, und mit der strukturellen Komposition der Gesellschaft ändert sich das Feld der Wirkungen. Noch umfassendere Veränderungen treten dann ein, wenn Verfügungspositionen entstehen, die nur noch in einem abgeleiteten Sinn zur Herrschaft gehören oder ganz außer ihr liegen. Kirchen, Städte, und in der Neuzeit nun vor allem die verschiedenen Formen der Betriebe, Parteien, Organisationen und Assoziationen sind in diesem Sinne alle Verfügungspositionen, mit denen sich notwendig auch der Charakter der Geschichte ändert.

Von fundamentaler Bedeutung sind endlich die eigentlichen Innovationsrollen, die mit der Institutionalisierung der Wissenschaft, weiter aber auch mit der Entwicklung des intellektuellen, geistigen und künstlerischen Lebens entstehen. Hier wird der gesellschaftliche Auftrag, etwas Neues zu produzieren, dessen Inhalt und Folgen unvorgreifbar sind, zu seiner Konsequenz getrieben.

Wenn Herrschaft strukturell Geschichte ermöglicht, so ist das also dahingehend zu verallgemeinern, daß Geschichte von jenen Strukturgegebenheiten her zu verstehen ist, welche regelmäßige Chancen zur (allerdings sehr verschiedenartigen) Beeinflussung und Veränderung des sozialen Verhaltens (oder seiner Bedingungen) bereitstellen, aber hierfür nicht mehr hinreichend geregelte Handlungsmuster bereitstellen können. Das heißt nun nicht etwa, daß in Hinsicht auf Geschichte und sozialen Wandel bloß die Maßnahmen und Handlungen interessant seien, welche durch die Inhaber von Verfügungs- und Innovationspositionen vorgenommen werden, oder daß nur diese die direkten Ursachen für alles Geschehen darstellten, welches wir als Geschichte oder sozialen Wandel klassifizieren. Der Gesichtspunkt ist hier nicht die Erklärung einzelner Vorgänge, sondern die Ermöglichung gewisser Geschehensarten oder Geschehensräume. Irgendwelche Veränderungen sind natürlich auch in Primitivgesellschaften selbst unter Absehung von exogenen Anstößen möglich. Nur machen solche gelegentlichen Mutationen noch keine Geschichte, von der wir erst dann reden, wenn die strukturellen und kulturellen Gegebenheiten gewissermaßen in einen Fluß kommen, der normalerweise die verschiedensten Aspekte des Daseins umfaßt. Regelmäßig gehört dazu dann auch, daß die Wandlungen sich nicht mehr bloß als aggregative und anonyme Vorgänge abspielen, sondern mit relativ individuiertem Handeln und typisch ereignishaften Vorgängen durchschossen sind. Erst wo die Veränderungen sich mit Entscheidungen, Absichten und Bedeutungen in greifbarer Weise verbinden, liegt Geschichte vor. Das besondere Interesse, das sie uns abnötigt, liegt ja nicht zuletzt in der Mischung des Absichtsvollen und des Unbeabsichtigten, wie nicht nur die Historiker wissen. Von *Mandeville* bis *Karl Popper* hat man nicht zufällig den Sozialwissenschaften immer wieder die Aufgabe zugewiesen, die unbeabsichtigten Wirkungen des absichtsvollen Handelns freizulegen.

Die Geschichte ist nicht die universale Dimension gesellschaftlichen Geschehens. Geschichte ist eine besondere Geschehensart, und Gesellschaften ist je nach ihrer Struktur ein unterschiedliches Geschichtspotential zuzuordnen. Gesellschaftsstrukturen lassen sich als sehr verschiedenartige Determinationssysteme von Geschehen begreifen, weil sie für unterschiedliche Kräfte durchlässig sind, sie erzeugen oder ins Spiel bringen. Erst mit Herrschaft kann der Geschehensraum entstehen, den wir im eigentlichen Sinn als Geschichte bezeichnen. Aber mit den Wandlungen der sozialen Strukturen ändern sich auch die Strukturen der Geschichte. Bevor sich der Soziologe an die Erklärung bestimmter geschichtlicher Vorgänge macht, sollte er sich deshalb klar machen, welcher Typ von Geschichtsstruktur denn bei typischen Sozialstrukturen überhaupt vorliegt, um eine Topologie der typischen Kräfte zu gewinnen, die jeweils ins Spiel kommen können. Geschichte ist also nicht nur selbst eine besondere, keineswegs universale Geschehensart, sie weist auch wiederum verschiedene Strukturen auf. Typischen Gesellschaftsformen lassen sich auch die Strukturen typischer Geschichtsräume zuordnen. Hochkulturen und Industriegesellschaften etwa stellen beide geschichtliche Kulturen dar, und doch sind die ihnen zuzuordnenden Geschichtsstrukturen tief verschieden. Die (historischen oder soziologischen) Konzepte für die Analyse von Wandel und Geschichte können also nur sehr bedingt von allgemeiner Gültigkeit, sie müssen vielmehr flexibel und spezifisch sein. Wer das Mittelalter, die Territorialstaaten, die Industriegesellschaft mit dem gleichen Arsenal von Begriffen und Methoden anzugehen versucht, wer überall nach den gleichen bewegenden Kräften Ausschau hält, der ebnet die verschiedenartigen Geschichtsstrukturen durch unzulässige Generalisierungen ein.

IV. Die Soziologie vor der Geschichte

Vorstehend kam es mir darauf an, ein grundsätzliches Verständnis für die Struktur von Geschichte zu erreichen, woraus hier nur kurz einige summarische Folgerungen gezogen werden können. Zusammenfassend ergibt sich, daß die Geschichte soziologisch nicht kommensurabel gemacht werden kann. Wir entdecken in ihr eine Reihe von soziologischen Zusammenhängen, Regelmäßigkeiten und Gesetzlichkeiten, die einen schwer bestimmbaren ontologischen Status haben, von nicht strikt bestimmbarer Wahrscheinlichkeit sind und sich stets nur auf gewisse Momente der Wirklichkeit – vor allem ihre aggregativen Formen – beziehen. Es ist jedoch unmöglich, diese aggregativen Zustände an einer Kette aufzureihen und die zureichenden Ursachen für jeden im vorhergehenden zu suchen. Das gilt besonders dann, wenn man nicht nur die aggregativen Formen, sondern die mit ihnen verbundenen, aber von ihnen noch nicht bestimmten Inhalte auf diese Weise ableiten will. Gerade die Geschichte ist eine Geschehensart, die nicht-aggregative Kräfte sozial erheblich werden läßt, die dann ihrerseits den aggregativen Formen und Inhalten eine vorher unbekannte Dynamik mitteilen. Gerade die Mischung von aggregativen und nicht-aggregativen Momenten ist für sie typisch. Nirgends läßt sich deshalb die Geschichte einer Gesellschaft als eine durchgängige Kette soziologischer Gesetzmäßigkeiten verstehen. Und niemals kann jeder geschichtliche Vorgang und gesellschaftliche Wandel in einer Gesellschaft nach einer allgemeinen Gesetzmäßigkeit im strengen Sinne erklärt werden. Wesentliche Kräfte der Geschichte und des sozialen Wandels fallen durch die Maschen der soziologischen Konzepte durch.

Das zuzugeben fällt der Soziologie schwer. Sie hat aus der Trivialität, daß alles Handeln sozial ist, reiche Erkenntnisse geschlagen, indem sie zwei Wege verfolgte. Sie hat einmal zeigen können, daß stets ein großer Teil des Handelns soziokulturell geregelt ist und auch sein muß, wenn Menschen in Gesellschaft leben. Sie hat darüber hinaus zeigen können, daß alles Handeln, ob nun soziokulturell geregelt oder nicht, immer noch sozial bedingt ist, so daß an seiner Entstehung oder in seinen Formen aggregative Determinanten mitwirken. Eben hierdurch hat sich in der Soziologie, teils laut und teils leise, die Meinung verstärkt, daß in den sozialen Bedingungen die zureichenden Gründe zwar nicht allen, aber doch des gesellschaftlich und sozial erheblichen Geschehens zu finden sein müssen. Damit aber war man gezwungen, stets anonyme Kräfte und Tendenzen anzupeilen, die irgendwelche Vorgänge erklären sollten. Und das führte stets zu der Notwendigkeit, die Geschichte jeder Gesellschaft als ein Kontinuum sozialer Notwendigkeit zu verstehen, und für jeden einzelnen Vorgang nach einem Gesetz seiner

Regelmäßigkeit zu suchen. In beiden Fällen lief das auf ein Konzept der ereignisfreien Geschichte hinaus, welche von sozialen Determinanten gewissermaßen in Jungfernzeugung hervorgebracht wird. Die beharrliche Eingewöhnung in diese Perspektive hat dazu geführt, daß immer nach umfassenden vorhergehenden Determinationen gesucht werden muß, also einerseits nur Ein-Gesellschaft-Modelle in Frage kamen, welche äußere Einflüsse nur ad hoc zuließen, und innerhalb der Gesellschaft nur aggregative Ursachen berücksichtigt wurden, welche andere Kräfte ebenfalls nur ad hoc, nämlich als untergeordnete Störungen gestatteten. Von der Geschichte bleibt dann nur noch ein schemenhaftes Bild übrig, das soziale Zustände aneinanderreihen kann, ohne irgendein individuiertes Handeln oder Ereignisse dazwischenschalten zu müssen. Aus diesem Nebel führt allein die realistische Erkenntnis heraus, daß unter gewissen Bedingungen von außen und innen Kräfte auf eine Gesellschaft einzuwirken beginnen, die von den aggregativen Bedingungen dieser Gesellschaft nicht mehr bestimmt und aus deren Logik nicht mehr erklärbar sind. Das heißt allerdings auch den Traum aufgeben, daß sich die Geschichte und der soziale Wandel in ihren wesentlichen Zügen rein aus sozialen Bedingungen erklären lassen.

Daß Geschichte soziologisch inkommensurabel ist, heißt, daß sie sich nicht mittels sozialer Gesetzmäßigkeiten erklären läßt. Es gibt keine Logik, welche aus der für die Geschichte charakteristischen Mischung von aggregativen und nicht-aggregativen Gegebenheiten die Geschichte gesetzmäßig erklären könnte. Nur gibt es zwischen demonstrierbaren Gesetzmäßigkeiten und dem (von diesen aus gesehen) rein individuell Zufälligem mannigfache Zwischenlagen, und diese sind für das geschichtliche Geschehen typisch. Der Soziologe kann individuelle Besonderheiten und andere nicht-aggregative Determinanten überhaupt nicht, Modifikationen des Typischen nur bedingt in Anschlag bringen, und es ist auch nicht sein Ziel, die mannigfaltigen Vermischungen und Transformationen, welche in jedem Moment der Geschichte darin stecken, ans Licht zu ziehen. Hier aber liegt das diffizile Geschäft des Historikers. Sein Vorteil: daß er auf das (unsichere) nomologische Wissen der analytisch zerlegbaren Wirklichkeit, also vor allem auf soziologische Regelmäßigkeiten, psychologische Formen und kulturelle Bedeutungszusammenhänge zurückgreifen kann. Seine Schwierigkeit: daß er daraus das Geschehen nicht gesetzmäßig zusammensetzen kann, sondern die konkrete Durchdringung der Momente in der einen Wirklichkeit zeigen muß. Das nun freilich kann nicht wieder nach Gesetzen geschehen. Aber wir tun Unrecht, wenn wir dieser besonderen und diffizilen Rekonstruktion der Wirklichkeit den Namen der Erkenntnis verweigern wollen. Ständig sind wir alle mit dem Versuch befaßt, ein bestimmtes individuelles Handeln, fremdes oder eigenes, zu verstehen und zu erklären, oder auch Handeln abschätzend vorauszusagen, eigenes, fremdes oder soziales. Dabei wird nomologisches Wissen in Anschlag gebracht, ohne daß sich die Anwendung der Regel auf den Fall selbst wieder regeln ließe. Schon in die Abschätzung naturhaften Geschehens kommt Urteilskraft hinein, also geschulte Beobachtung, entwickelter Sinn für Zusammenhänge, komplexe Kombinationsgabe u. ä., also Eigenschaften, die sich eigentlich nur an der Konstanz des Erfolges ausweisen lassen. In ungleich höherem Maße aber sind wir im Raum des individuellen oder sozialen Handelns auf Urteilskraft angewiesen. Hier ist das Verhältnis von Regel und Fall viel komplizierter, weil es am Ende immer um die

Existenz von Bedeutungen geht, für die der Fall nur indirekte Anzeichen hergibt; und weil das nomologische Wissen hier aus den scharf getrennten Perspektiven einzelner Wissenschaften entnommen ist, so daß bspw. aus der Kombination ökonomischen, soziologischen und psychologischen Wissens nicht einfach ein Handeln als Resultante konstruiert werden kann. Keine Steigerung des nomologischen Wissens kann an dieser Situation etwas ändern, so daß die Erkenntnis der historischen Wirklichkeit am Ende stets eine Aufgabe der Urteilskraft bleibt, bei der eine Mannigfaltigkeit heterogener Tatsachen mittels einer Mannigfaltigkeit heterogenen nomologischen Wissens auf Stimmigkeit gebracht werden muß. Nicht die Gültigkeit nomologischen Wissens, sondern dessen relativer Anteil an der Wirklichkeit in einem bestimmten Fall steht dabei zur Entscheidung. Diese Aufgabe ist in der Tat verschieden von der aller systematischen Wissenschaften. Doch niemand, der historische Arbeit kennt, kann übersehen, daß es für diese Arbeit auch Regeln, Kriterien und Beweise gibt, welche zwar nicht zu Gesetzmäßigkeiten und auch nicht zu klaren und endgültigen Ergebnissen führen, aber doch deutliche Unterschiede in der Qualität von Erkenntnis erlauben.

V. Soziologie und Historie

Die Geschichte ist für die Soziologie ein unentbehrliches Datenfeld. Die erdrückende Mehrheit der gesellschaftlichen Tatsachen gehört unvermeidlich der Geschichte an, aus der allein historische Arbeit sie ans Licht bringen kann. Die Historie ist in diesem Sinne eine unerläßliche Voraussetzung für die Soziologie.

An diesem Umstand konnte solange kein Zweifel aufkommen, wie die Historie das einzige Datenfeld war. Wenn früheren Soziologen oft vorgeworfen wird, mit breitem und ungenauem historischen Pinsel gearbeitet zu haben, so wird übersehen, daß einzig historische Daten zur Verfügung standen. Die Selbstverständlichkeit der historischen Fundierung geriet allerdings in Zweifel, als die Soziologie in diesem Jahrhundert Methoden zu entwickeln begann, um gesellschaftliche Daten in eigener Regie zu erheben. Die Instrumente der Sozialforschung schienen die Ablösung der Soziologie von der Historie zu ermöglichen und nährten deshalb fast millenarchische Hoffnungen auf eine autarke Gesellschaftswissenschaft nach dem Vorbild der Naturwissenschaften. Inzwischen hat sich eindeutig herausgestellt, daß die Soziologie der Historie nicht entraten kann. Die Sozialforschung hat den überall auf die Breite historischer Tatsachen gegründeten Begriffen der Soziologie wenig hinzufügen können. Ihre Daten erweisen sich überdies als nicht weniger zufällig und zeitgebunden als die historischen, und man darf heute wohl behaupten, daß die mit so vielen Zufällen belastete, historische Überlieferung gesellschaftlicher Tatsachen immer noch eine bessere, weil im Grundsatz auf die Bewahrung des geschichtlich Wesentlichen eingestellte Auswahl darstellt als die von Forschungsmoden und Tagesfragen bestimmten Auswahlprinzipien der Sozialforschung.

Außerdem kommen die Momentaufnahmen der Sozialforschung an die makrosoziologischen und historischen Dimensionen der Wirklichkeit kaum heran. Die Bedeutung des historischen Datenfeldes besteht nicht nur in seiner erdrückenden quantitativen Überlegenheit. Den nötigen Abstand von seiner Zeit gewinnt der Soziologe nur durch Vertrautheit mit historischen und ethnologischen Befunden. Die Historie ist vor allem deshalb unersetzbar, weil sie den Soziologen die qualitativen Verschiedenheiten von Gesellschaften sehen lehrt, die in seinen unhistorischen Begriffen unterdrückt wird. Wer historisches und ethnologisches Material nicht aus den Quellen kennt, es somit bestenfalls aus der Verfremdung sozialwissenschaftlicher Begriffe (wie Differenzierung, Schichtungssysteme usw.) zur allgemeinen Kenntnis nimmt, der ist stets in der Gefahr, die Inhalte und Grenzen der soziologischen Begriffe falsch zu konstruieren und die soziologische Theorie zu mißbrauchen. Gegenwärtige Kulturtatsachen werden unvermerkt in die Begriffe hineingeschoben, oder es werden ihnen ideologische Interpretationen unterlegt (Man denke an die Handhabung und Diskussion des Rollenbegriffs, der entweder formal entleert oder von typisch gegenwärtigen Problemen her aufgeblasen wurde). Ohne historische Kenntnisse sind die soziologischen Begriffe bequeme Mittel ethnozentrischer Uniformierung oder gefährliche Waffen des ideologischen Kampfes. Ihre legitime professionelle Handhabung erfordert eine breite historische Anschauung; denn soziologische Begriffe sind schwierige Abstraktionen von der Mannigfaltigkeit historischer Wirklichkeiten. Geschichte ist deshalb nicht nur ein Datenfeld, sondern ein Raum der soziologischen Erziehung.

Aus dem gleichen Grund muß die Geschichte auch ein Arbeitsfeld für Soziologen sein. Es müssen bestimmte geschichtliche Vorgänge soziologisch erforscht und nicht nur als Materialien für unhistorische Lehrsätze und Theorien entnommen werden. Nur wenn es genügend Soziologen gibt, die das tun, kann sich im Fach das nötige Verständnis für die Bedeutung der Geschichte entwickeln und kann die Soziologie ihre Legitimation bei Historikern finden.

Erst die soziologische Analyse einzelner historischer Vorgänge schafft eine empirische Basis für ein soziologisches Verständnis von Geschichte und sozialem Wandel, die aus bloßem Generalisieren und Vergleichen nicht zu gewinnen ist. Der Gewinn besteht dabei darin, daß 1. die Uniformierungen und Verschätzungen, welche sich aus der Orientierung an der Gegenwartsgesellschaft, oder jedenfalls an der industriellen Gesellschaft ergeben, abgebaut werden; 2. die Grenzen der Konstruktionen geschichtlicher und gesellschaftlicher Determinationen klarer hervortreten; und 3. die Gegenwart aus ihren historischen Wurzeln und in ihren zukünftigen Möglichkeiten und Grenzen besser verstanden wird.

Daraus ergibt sich, daß wir als Soziologen auf der Selbständigkeit der Historie bestehen müssen. Zwar kann es nicht anders sein, als daß wir uns im Einzelfall immer wieder von historischen Arbeiten irritiert fühlen werden, weil diese uns grundsätzliche und generelle Zusammenhänge zu übersehen scheinen; aber genauso werden Historiker uns ziemlich regelmäßig eine Vergewaltigung der Wirklichkeit vorwerfen. Solcher Streit wäre ganz gesund. Nur darf die Aufgabenzuteilung der Fächer nicht so gezogen sein, daß der Soziologie das Wesentliche, weil Gesetzmäßige, der Historiker nur das Äußerliche, die Einzelheiten und das Beiwerk erforscht. Solange die Soziologen an dem Glauben festhalten, es ließe sich die Geschichte zureichend und kontinuierlich aus gesellschaftlichen Bedingungen konstruieren, d. h. solange sie nicht die Rolle von Ereignissen und individuiertem Handeln, und damit die Zäsuren, Versetzungen, Offenheiten und

Weichenstellungen der Geschichte anerkennen, solange wird eine Verständigung zwischen den Fächern immer oberflächliche Mode oder Einvernahme sein, bei welcher die Geschichte am Ende beiseitegeschoben wird.
Der Soziologe entnimmt der Historie auch nicht nur Daten, er entnimmt ihr Erkenntnisse. Denn es ist nicht nur eine Erkenntnis, wenn man in den Formen und Inhalten der Geschichte allgemeine Notwendigkeiten und Bedingtheiten erkennt. Es ist ebenso eine Erkenntnis, wenn man die Versetzungen, Zäsuren und Spielräume, wenn man die Grenzen, Mehrdeutigkeiten und Unsicherheiten der Zwänge versteht. Wer sich auf die Geschichte einläßt, dem wird in den Arbeiten der Historiker die Zerbrechlichkeit der soziologischen Gesetzlichkeiten überall vorgeführt. Nur Methodenreiterei kann sich der Geschlossenheit dieser Belege mit der Vertröstung ad calendas graecas entziehen, wenn einmal die gültigen Gesetze gefunden sind. Jede historische Arbeit führt bei aller ihrer Fraglichkeit im einzelnen vor, wie sich in der Geschichte die Freiheit mit der Notwendigkeit, das Allgemeine mit dem Besonderen mischt, um die vielleicht nicht glücklichen Ausdrücke der Historiker zu benutzen. Aber das kann man allerdings nur dann begreifen, wenn man dem Historiker bei seiner Arbeit folgt.
Und hier beginnt die Bedeutung, welche die Historie nicht nur für die Soziologie sondern für die Gesellschaft hat. Trotz aller unterschiedlicher Standpunkte sind sich die Soziologen darüber einig, daß ihre Perspektiven und Erkenntnisse von Bedeutung sind: für politische Entscheidungen, für die öffentliche Meinung, für das Verständnis der Wirklichkeit durch den Einzelnen. Aber die gleiche Bedeutung kann und muß die Historie beanspruchen. Selbst wenn es fraglich ist, ob aus der Geschichte anwendbare Lehren gezogen werden, ist das Verständnis für die Geschichtlichkeit gesellschaftlicher Situationen unerläßlich. Wer grundsätzlich verkennt, wie sich Offenheiten und Zwänge in gesellschaftlichen Situationen durchdringen, der wird die politischen Gestaltungsmöglichkeiten grundsätzlich verschätzen. Von besonderer Bedeutung ist hier die Kenntnis der eigenen Geschichte. An allen Ecken wird heute von Identitätsfragen gesprochen. Zweierlei wird dabei häufig übersehen: daß man nur aus der Vergangenheit lernt, wer man ist (und sein kann), und daß die biographische Vergangenheit nicht ohne einen hohen Preis von der Zugehörigkeit zu einer Kultur, einem Volk, einer Nation gelöst werden kann. Das Verständnis für das uns Angemessene und in der Situation Mögliche kommt uns nur aus der Einsicht in unsere bisherigen Situationen und aus der Kenntnis unseres bisherigen Handelns, und ebenso kann ein Volk seine Gegenwart und Zukunft mit Sinn für das ihm Angemessene und Mögliche nur dann ausloten und bestimmen, wenn es aus der Vergangenheit seine typischen Eigenheiten und prägenden Situationen kennt. Ohne Verständnis der Entwicklung der eigenen Kultur, Geschichte und Gesellschaft muß jedes Volk in der Dumpfheit zufälliger Tagesentscheidungen ersticken oder in grundsätzlichen Ideologien eine trügerische Basis suchen. Aus der Vergangenheit und für die Zukunft die eigene Identität immer neu und doch als Kontinuität zu bestimmen, ist kein logisches und kognitives Geschäft, das sich mit Grundsätzen und Kenntnissen schon bestreiten ließe. Es ist eine Kunst, die sich auf Erfahrung gründet, welche nur an Vorbildern geschult werden kann. So wie wir als Einzelne unseren Sinn für diese Art von Erfahrung wesentlich an der (tatsächlichen oder literarischen) Lebensbewältigung anderer aufschließen, so entwickelt sich auch für uns als

Einzelne wie als Gesellschaft die Fähigkeit, mit der Geschichte handelnd oder leidend fertig zu werden, an dem Erlebnis, wie andere mit Geschichte fertig geworden sind, das uns allein aus historischem Studium erwächst.
Aufgrund aller dieser Tatsachen muß die Historie als Beraterin in politischen Entscheidungen und Planungen gleichberechtigt neben Soziologie und Politikwissenschaft beteiligt sein, und es zeigt eine tiefe Störung unseres Verhältnisses zur Geschichte und Historie an, daß die Historiker von Regierung, Parlament, Parteien und Kommissionen nicht mit der gleichen Selbstverständlichkeit herangezogen werden, wie das etwa in den Vereinigten Staaten geschieht. Wenn die soziologischen und politikwissenschaftlichen Vorhersagen nur grobe Allgemeinheiten erfassen; wenn niemand ihre Grenzen und Wahrscheinlichkeiten angeben kann; wenn die Ausmünzung soziologischer Erkenntnisse für die Entschlüsselung der Zukunft jenseits der Trivia den Boden des einigermaßen streng Beweisbaren verläßt und von Qualitäten einer nicht mehr objektiv demonstrierbaren Urteilskraft und einer nicht mehr methodisch zu demonstrierenden Qualität in der Handhabung der Kenntnisse abhängt; wenn sich in der Geschichte das Vorhersehbare mit dem Unvorhersehbaren in mannigfachen Formen und Stufen mischt; wenn der Historiker sich durch eine geschulte Urteilskraft auf eben dieses Zusammenwirken verschiedenster Kräfte versteht; wenn für jede Gesellschaft ihre eigene Vergangenheit den verläßlichen Hintergrund ihrer Entscheidungen abgeben muß; dann ist für eine Politik, die sich des wissenschaftlichen Fachverstandes direkt bedienen will, die Historie so unentbehrlich wie es systematische Fächer sind. Es mag sein, daß die deutschen Historiker auf diese Aufgaben kaum vorbereitet sind. Aber andere Wissenschaften haben sie auch lernen müssen. Wenn die Soziologie aus dem Verständnis der Bedeutung der Geschichte mit der Historie in Verbindung treten will, so muß sie ihrerseits auf der Mitarbeit von Historikern an der Beratung der Politik bestehen.

Anmerkungen

[1] *Seymour Martin Lipset,* A Sociologist Looks at History, in: Pacific Sociological Review 1 (1958). In deutscher Fassung unter dem Titel »Bemerkungen zum Verhältnis von Soziologie und Geschichtswissenschaften« in: Logik der Sozialwissenschaften, hrsg. von *E. Topitsch,* Köln und Berlin 1965.

[2] *Karl Bosl,* Geschichte und Soziologie, in: *ders.,* Frühformen der Gesellschaft im mittelalterlichen Europa, München und Wien 1964, S. 490 f.

[3] In einer auf Zweck und Zeitpunkt zugeschnittenen Form und Verkürzung bringt der Artikel einige Punkte und Schlußfolgerungen, die ich vor einem Jahrzehnt in einer ausführlichen (unveröffentlichten) Arbeit über »Geschichte und Gesellschaft« entwickelt habe.

[4] *Horst Baier,* Soziologie und Geschichte, in: Archiv für Rechts- und Sozialphilosophie 52 (1966).

[5] *St. A. Lyman,* The Black American in Sociological Thought, New York 1972.

[6] *Kenneth Elliott Bock,* The Acceptance of Histories: Towards a Perspective for Social Science (University of California Publications in Sociology and Social Institutions, Bd. III, Nr. 1), Berkeley 1956.

[7] Selbst *Nisbet,* der sich in ungewohnter Schärfe gegen die Entwicklungsvorstellungen ausspricht und bisweilen zu der Auffassung zu neigen scheint, daß aller Wandel exogen sei, kommt dabei über die bloß fallweise Veranschlagung von exogenen Faktoren nirgends hinaus zum Kon-

zept von Mehr-Gesellschafts-Modellen. Ich kenne im Bereich der Sozialwissenschaften nur einen ernsthaften Ansatz, der immerhin ein bestimmtes Problem mit einem Mehr-Gesellschaften-Modell anzugehen versucht und also über den fallweisen Rückgriff auf äußere Einflüsse (Diffusion, exogener Wandel, sekundäre Zivilisation usw.) hinausgeht. Es handelt sich um die originelle und souveräne Arbeit von *Alexander Gerschenkron*, Economic Backwardness in Historial Perspective, Cambridge, Mass., 1962, die aber bezeichnenderweise gegen die Konkurrenz von Erklärungen mit Hilfe von Ein-Gesellschafts-Modellen (wie etwa *Walt Rostows*) nicht hat durchdringen können.

Es sei hier noch einmal ausdrücklich auf die Grenzen, ja auf die Gefahren der komparativen Methode hingewiesen. Kann grundsätzlich über ihre Bedeutung kein Zweifel bestehen, so ist die gebräuchliche Koppelung des Vergleichs mit eingesellschaftlichen Erklärungsmodellen höchst bedenklich. Komparation ist nur dort (oder nur insoweit) zulässig, wo (oder wie) Abhängigkeit und Beeinflussung zwischen den betrachteten Gesellschaften (oder auch einer weiteren, aber nicht betrachteten) ausgeschlossen werden können. Andernfalls führt die komparative Methode zu einer künstlichen Vervielfachung der Daten und Belege. Man darf annehmen, daß sie das bisher auch überwiegend getan hat mit dem Erfolg, daß wir den Anteil der Entwicklungslogik an der Geschichte weit zu überschätzen neigen.

[8] Die Vieldeutigkeit des Wortes Geschichte besteht nicht nur darin, daß es zugleich ein Objekt wie die Wissenschaft von ihm bezeichnen soll. Ihr kann man noch durch die hier geübte Regel entgehen, von der Wissenschaft der Geschichte nur als Historie oder als Geschichtswissenschaft zu sprechen. Schwieriger ist schon, daß das Wort zugleich die reine Ereignisschicht wie auch die (vielleicht) darin auszumachenden Verkettungen, Zusammenhänge und Gesetzlichkeiten meint.

Diesen und anderen sprachlichen Vieldeutigkeiten kann auch dieser Artikel nicht entgehen, obgleich er sie sachlich zu vermeiden versucht. Hingewiesen sei auch noch auf die Anomalie, daß man das deutsche Wort Geschichte nicht in die Mehrzahl setzen kann, ohne eine vollständig andere Bedeutung zu erzeugen, während man im Englischen immerhin von »histories« sprechen kann, auch wenn das nicht eben gebräuchlich ist. Die Sprachregelung, welche einen Hang zur Substanzialisierung der Geschichte anzeigt, geht darauf zurück, daß im Historismus die Geschichte eben nicht als Geschehen (das ja grundsätzlich auch früher bekannt war) entdeckt wurde, sondern als eine rätselhafte Daseinsart. Vor der Historisierung der Bewußtseinsstrukturen galt alles Geschehen als erklärbar durch eine Kombination von drei Momenten: Ordnung oder Ratschluß Gottes, Vernünftigkeit und Moralität menschlicher Maximen und Handlungen. Weil der Historismus der Einsicht entsprang, daß das Geschehen zu den menschlichen Absichten inkommensurabel ist, substanzierte sich ihm die Geschichte zu einer grundsätzlichen Befindlichkeit des Menschen. Die Beschränkung des Wortes auf den Singular wirkt seither als eine ständige Sperre gegen eine »plurale« Theorie der Geschichte. Häufig wäre es jedoch besser, davon auszugehen, daß mit wachsender gesellschaftlicher Komplexität die verschiedenen Gruppen, Institutionen, Techniken und Ideen eine relativ selbständige eigene Geschichte haben, und, was wir kurzweg als die Geschichte einer Gesellschaft bezeichnen, eher die Verschlingung solcher »Geschichten« ist.

[9] Da es im Text nur um die Vorstellung von Geschichte geht, gehört die Frage, inwieweit *Dahrendorfs* Kritik inhaltlich richtig ist, in die Anmerkungen. Hier kann ein Zweifel an *Dahrendorfs* Argumentation nicht unterdrückt werden. Mag die im strengen Sinne des Wortes isolierte Stammesgesellschaft auch selten sein, so ist sie doch sicher belegt. Ferner aber geht es ja nicht um die Frage, wie häufig auch bei einfachen Gesellschaften irgendwelche Außenbeziehungen anzutreffen sind, sondern was diese für den sozialen Wandel und die Geschichte bedeuten. Hier aber stellt sich doch heraus, daß solche Beziehungen typisch stabilisiert sind. Das Hin und Her, das sich aus der Fehde zwischen Stämmen oder dem Wettbewerb zwischen Clans ergibt, hat ja nicht den Charakter der Geschichte oder auch nur des sozialen Wandels, und die gelegentliche Diffusion von Kulturgut fällt da auch nicht ins Gewicht. Natürlich gibt es in der zusammenhängenden eurasischen Landmasse die großen Diffusionsvorgänge der kulturtechnischen Errungenschaften (von der Domestikation bis zum Ackerbau), welche tiefgreifende, aber noch im wesentlichen einmalige soziale Wandlungen mit sich bringen. In Dichte, Tempo und Qualität

tritt jedoch die entscheidende Änderung erst mit der Entstehung der archaischen Hochkulturen ein.

[10] Aus ähnlichen Gründen wurden später Ur-, Vor- und Frühgeschichte aus der Historie ausgegliedert. Auf der gleichen Linie lag schließlich die Abspaltung der Volkskunde, die sich um jenen Bevölkerungsteil innerhalb der geschichtlichen Kulturen zu kümmern hatte, der politisch, sozial und kulturell nur passiv ein geschichtlicher Faktor sein konnte, also um die agrarische Grundbevölkerung im Sinne der Little Community von *Robert Redfield*.

[11] Die Frage der Einmaligkeit hat im Methodenstreit eine wichtige Rolle gespielt, wie sich noch aus *Max Webers* Wissenschaftslehre entnehmen läßt. Wie fast allgemein, sahen sich die Historiker auch in diesem Punkt außer Stande, ihren Anspruch sachlich zu verteidigen. Ihre Argumente für die Einmaligkeit waren, wie ich im Text wohl klar gemacht habe, unhaltbar.

SOZIOLOGIE UND GESCHICHTE AUS DER SICHT DES SOZIALHISTORIKERS

Von Hans-Ulrich Wehler

Der Ruf nach der interdisziplinären Kooperation von Soziologen und Historikern hat seit geraumer Zeit geradezu modischen Charakter gewonnen. Das trifft namentlich auf die Vereinigten Staaten zu, aber auch in der Bundesrepublik herrscht kein Mangel an derartigen Appellen [1]. Nun ist es unbestreitbar richtig, daß sich mit solchen programmatischen Forderungen zwar vortrefflich streiten läßt, aber die entscheidende Probe bleibt doch diejenige wissenschaftliche Problemanalyse, die berechtigten Ansprüchen beider Disziplinen in größerem Umfang als bisher gerecht wird. Die dazu notwendige Fusion von theoretischen Ansätzen und methodischen Verfahren, von Denkweisen und Zielsetzungen aus beiden Wissenschaften – eine Fusion, die inzwischen Umrisse einer historisch-kritischen Sozialwissenschaft deutlich erkennen läßt, ist nicht mehr so selten, ja, es gibt einige vorzügliche Studien, die hier als Orientierungspunkte dienen können [2]. Ungeachtet dieser Tatsache, daß die Bewährung im Forschungsprozeß und in der Darstellung ein entscheidendes Kriterium darstellt, dürfte es sich dennoch lohnen, einige seit langem strittige Punkte im Verhältnis der beiden Wissenschaften zueinander noch einmal zu erörtern, um wenn eben möglich die Entwicklung einer derartigen historisch-kritischen Gesellschaftsanalyse zu unterstützen.

Dem kommt von seiten der Soziologie ein bestimmter Vorgang entgegen. Denn daß zu ihrem Fortschritt in den vergangenen Jahren auch »eine nicht zu übersehende Historisierung der Theorie« gehört habe, ist unlängst mehrfach festgestellt worden. Ob es sich dabei um so kompetente Beobachter wie *René König* in der Bundesrepublik Deutschland, *Charles Tilly* in den Vereinigten Staaten und *Eric Hobsbawm* in Großbritannien handeln mag – sie alle stimmen in diesem Punkt überein und sehen zugleich die vermutlich wichtigste Ursache in den Bedürfnissen jener sozialwissenschaftlichen Untersuchungen, die die Probleme unentwickelter Länder verfolgen [3]. Denn ohne die historische Dimension sozialen Wandels, ohne die Berücksichtigung langfristiger sozialökonomischer, kultureller und politischer Transformationsprozesse lassen sich hier – das hat das zunächst oft naive Hantieren mit wenigen gegenwartsbezogenen Variablen ergeben – die entscheidenden Fragen gar nicht beantworten, ja vielleicht nicht einmal stellen. Von dieser Erfahrung sind seit den 1950er Jahren unleugbare Rückwirkungen auf die Theoriediskussion der Soziologen ausgegangen, so sehr auch in ihrer Praxis der geschichtsfeindliche positivistische Betrieb mancherorts noch vorherrschen mag. Zu Recht wird aber gegen diese empirische Praxis, die nicht nur im Hinblick auf die Entwicklungsländer, sondern auch auf zentrale gesellschaftliche Probleme der entwickelten Industrieländer in eine Sackgasse führt, die Aufforderung gerichtet, durch eine »Rehistorisierung der Gesellschaftsanalyse« die hemmenden Schranken zu durchbrechen [4]. Auch, und gerade dort, wo die Auffassung, daß die Historisierung bereits in vollem Gange sei, nicht geteilt wird, mithin bei den Vertretern einer »dialektischen« Soziologie, wird die Öffnung zur Geschichte hin um so entschiedener verlangt. Das folgt schon aus einem konsequenten Anschluß an *Marx'* Überzeugung: es gebe nur »eine einzige Wissenschaft, die Wissenschaft der Geschichte« [5].

Allgemeine Aufrufe zur Kooperationsbereitschaft von Soziologen und Historikern besitzen ohnehin, wie gesagt, seit langem keinen Seltenheitswert. »Soziologie ist Geschichte ohne harte Arbeit, Geschichte ist Soziologie ohne Verstand«, eröffnete beispielsweise *D. G. McRae* den Teilnehmern des Dritten Weltkongresses für Soziologie, und *Ernst Topitsch* meinte wenig später, *Kant* paraphrasierend, daß »Geschichte ohne Soziologie ... blind, Soziologie ohne Geschichte« dagegen »leer« bleibe [6]. Auf der anderen Seite haben Historiker den Soziologen nicht nur seit jeher die historische Längsschnittanalyse empfohlen, sondern auch unmittelbar für die »Soziologisierung« der Geschichtswissenschaft plädiert [7]. Namentlich die moderne Sozialgeschichte hat sich gegenüber der Soziologie keineswegs abgekapselt. Sogar ein so dezidierter Vertreter des zeitgenössischen Neohistorismus wie *Otto Brunner* hat eingeräumt, daß es kaum mehr möglich sei, »einen Unterschied zwischen historischer Soziologie und Sozialgeschichte« zu machen [8]. So weit so gut.

Offensichtlich ist es aber ein langer, beschwerlicher Weg vom sympathieauslösenden Appell bis zur theoretisch und empirisch besser fundierten Problemanalyse, die die Ergebnisse isolierter Schrebergartenforschung endlich übertrifft. Der Eindruck, daß die Kapazität der Soziologie zur Bewältigung wirklicher Probleme in einem entscheidenden Maß zunehmen wird, wenn sie sich auf die Geschichte einläßt, wird von Sozialhistorikern weithin geteilt. Die Soziologie muß auch wieder historisch denken und arbeiten können, wie es einige ihrer besten Köpfe geradeheraus fordern und auch früher verlangt haben. Denn nur von der Geschichte kann sie Erklärungsmodelle für langfristige Trends erhalten, ohne die viele Gegenwartsstudien vordergründig, wenn nicht sogar irreführend bleiben. Die Geschichtswissenschaft andererseits spürt dort, wo wirklich Leben in ihr herrscht, ihre Theoriebedürftigkeit durchaus und ist, aufs Ganze gesehen, vielleicht noch eher bereit, von der Soziologie zu lernen, als das umgekehrt zutrifft. Sie besitzt sogar dank ihrer langjährigen Beschäftigung mit sozialem Wandel in der Zeit einen schwer zu überschätzenden Vorsprung gegenüber denjenigen Soziologen, die auf historische Fragen zu antworten verlernt haben. Eine Konvergenz von Geschichtswissenschaft und Soziologie scheint daher nur im Bereich einer historisch-kritischen Sozialwissenschaft möglich zu sein, die ein geschärftes Theoriebewußtsein mit geschultem Verständnis von Entwicklungsprozessen, die in Zeitabläufen von unterschiedlicher Dauer eingebettet sind, zu verbinden weiß.

Die Trennung der beiden Wissenschaften ist nur historisch zu verstehen, denn praktisch hat es Geschichte unablässig mit Gesellschaft, hat es Soziologie mit Geschichte zu tun. In der Krisenzeit nach dem Ende des 18. Jahrhunderts, als sich die »doppelte Revolution« *(Hobsbawm):* die politische Frankreichs und die industrielle Großbritanniens, auf das Ordnungsgefüge Alteuropas auswirkte, entstand die Soziologie vorwiegend als kritische Oppositionswissenschaft, die durch Analysen des gesellschaftlichen Lebens, durch das Aufdecken seiner verborgenen Mechanismen zur Lenkung sozialer Prozesse beitragen und zu einer von aufklärerischer Rationalität entworfenen Zukunft hinüberleiten wollte. Neben dieser Hauptrichtung trat die konservative Nebenströmung (sei es in Frankreich im Anschluß an *de Bonald, de Maistre* u. a. oder später in Deutschland an *Riehl)* wirkungsgeschichtlich weit zurück [9]. Die Geschichtswissenschaft jedoch, in den deutschen Staaten theoretisch ganz auf dem antirevolutionären, aufklärungsfeindlichen Historismus beruhend, gewann in einer Gesellschaft, die wegen der andauernden Erschütterung ihrer überkommenen institutionellen Grundlagen unsicher die Suche nach ihrer Identität angetreten hatte, vorherrschend affirmative Funktionen. Sie legitimierte die historisch »gewachsenen« Ordnungen; dem Bündnis von Thron und Altar schloß sich oft auch das Katheder an, dem die wenigen Außenseiter (z. B. *Gervinus)* ferngehalten wurden. Nur kurz stand das liberale Nationalstaatsideal im Gegensatz zur autoritären sozialkonservativen Tradition, nur wenige hielten länger als einige Jahre an ihm fest [10]. Frühzeitig bildete sich hier auch jeweils ein bestimmter Grundzug heraus: Die Geschichtsschreibung wurde weithin auf Nationalstaat und Nationalismus fixiert, während die Soziologie von vornherein an Gesellschaft als internationalem Phänomen interessiert war.

Dieser prinzipielle Gegensatz ihrer Entstehungszeit haftet bei uns bis heute dem Verhältnis beider Wissenschaften an. Auch im 20. Jahrhundert blieb mithin der Unterschied lange noch scharf markiert – er wurde durch den Methodenstreit der Neokantianer, die ihren Späthistorismus gegen die Naturwissenschaften und den westeuropäischen Positivismus verteidigten, vielleicht sogar noch zugespitzt. In Deutschland bildete später die Machtübernahme der Nationalsozialisten einen Prüfstein, der besser als viele wissenschaftsgeschichtlichen Studien zeigt, wie sich die Geister schieden: Nahezu alle Soziologen von Rang und Namen emigrierten, nahezu alle Historiker von Rang und Namen paßten sich bereitwillig an, da sie mit einem Großteil der NS-Ideologie ohnehin keinen Streit hatten, auf weiten Flächen herrschte vielmehr Kongruenz [11]. Dieses historische Herkommen der Fächertrennung zu skizzieren, bedeutet jedoch keineswegs, heute eine Unterscheidung nach wissenschaftlichen Kriterien allgemein anzuerkennen.

Der Gegenstand beider Wissenschaften ist, so unterschiedlich sie auch ihre Akzente setzen mögen, derselbe: die Gesellschaft, meist die neuzeitliche, vom Nationalstaat mitgeprägte Gesellschaft mit ihren zahllosen Problemfeldern. Vom Gegenstand her ist daher eine überzeugende Abgrenzung nicht möglich.

Genauso wenig gelingt das von den Methoden her, obwohl sich die gelenke Kurzformel: Die Geschichte widme sich dem Individuellen, die Soziologie jedoch dem Allgemeinen, bis heute einer irritierenden Beliebtheit erfreut. Selbst ein so unabhängiger Kopf wie *Otto Hintze* hat diese Aufassung noch geteilt, und wenn er auch als einer der wenigen älteren Historiker gelten darf, die *Max Weber* zu rezipieren versucht haben, so hatte doch *Weber* selber diesen Gegensatz schon frühzeitig überwunden [12]. Es dürfte in der Alltagspraxis noch immer zutreffen, daß Soziologen vorschnell an allgemeinen Ergebnissen, Historiker engherzig an detaillierter Individualisierung interessiert sind. Aber faßt man – wie es geboten ist – den Begriff des historischen Individuums nur weit genug, dann hat es die Soziologie gewöhnlich, wenn auch oft uneingestanden ebenso mit ihm zu tun, wie die Geschichte, die sich praktisch auch selten an diese polemisch stilisierte Unterscheidung gehalten hat. Sie darf diese auch sozusagen – seit ihr in *Webers* »Objektivitäts«-Aufsatz die Leviten gelesen wurden, um von *Marx'* Theoriebegriff ganz zu schweigen [13] – gar nicht mehr in Anspruch nehmen und möchte zudem heute auf diesen unrealistischen Dualismus gewiß nicht mehr festgelegt werden. Daß die Soziologie genauso wenig auf die sog. »Gegenwart« wie die Geschichte auf die sog. »Vergangenheit« eingeschränkt werden kann, wird noch näher zu erörtern sein. Daß es aber bestimmte Methoden der Soziologie gibt, die nur bei geringem zeitlichen Abstand verwendbar sind, und andererseits bestimmte historische Techniken, die große zeitliche Distanzen zu überwinden gestatten, ist unleugbar wahr, konstituiert aber noch nicht zwei Wissenschaften – »equal but separate«.

Im Hinblick auf die Ziele ist freilich lange Zeit die Divergenz beträchtlich gewesen. Alle Soziologie einschließlich ihrer konservativen Schulen hat darauf beharrt, zumindest Bausteine für allgemeine Theorien des gesellschaftlichen Lebens zu erarbeiten, vielleicht sogar bald *die* allgemeine Sozialtheorie zur Verfügung zu haben oder gar schon zu besitzen – ein Totalanspruch, den sich die modernen Systemtheorien nur wieder zu eigen gemacht haben. Umgekehrt hat die Geschichtsschreibung als konservativer Gegenschlag gegen das Postulat der Aufklärung: die Wirklichkeit nach Maßgabe ihrer Vernunft umzugestalten, sich auf ein geradezu dogmatisiertes Individualitätsprinzip zurückgezogen, wobei dieses nur zu oft auch noch auf einzelne Persönlichkeiten eingeengt wurde. Von daher hat sie gegenüber jeder expliziten historischen Theoriebildung eine überängstliche Abstinenz geübt, ja den Vorwurf des »goût de l'infiniment petit« *(Marc Bloch)* gar noch als Auszeichnung verstanden [14]. Dieser Vorwurf ist freilich gegenüber nicht wenigen Studien namentlich amerikanischer Soziologen auch angebracht, und fraglos gibt es überhaupt in der Soziologie noch soviel kurzschlüssige und realitätsferne Verallgemeinerung wie in der Geschichte unergiebige, aber »pedantische Jagd nach dem Unbedeutenden« – solange es nur als »Individuum Ineffabile« gilt [15]. Hier folgen beide dem Gesetz, unter dem sie angetreten waren. Aber die Notwendigkeit, ihre erkenntnisleitenden Interessen (diese eigentümliche Mischung aus Theorieverständnis und Praxisbezug) klar zu formulieren, kann durchaus dazu führen, gemeinsame Positionen beider Wissenschaften einzugrenzen, obwohl hier die Geschichte weiter als die Soziologie über ihren historischen Schatten springen müßte. Aus einem gemeinsamen Interesse an »emanzipatorischen Entwicklungsprozessen«, an der Durchleuchtung der Widerstände gegen sie und an der Vermehrung ihrer Durchsetzungschancen lassen sich identische Ziele von Soziologie und Geschichte bestimmen, zumal es hier unabweisbar empirisch erhärteter historischer Theorien bedarf [16]. Auch von den Zielen her läßt sich mithin schwerlich mehr die Eigenständigkeit beider Disziplinen überzeugend ableiten. Jedenfalls braucht im Hinblick auf die Ziele keine gravierende Divergenz mehr zu bestehen, wenn – um es noch einmal zu betonen – die Geschichte hierzulande endlich den Bannkreis der politischen Implikationen des Historismus verläßt und dazu aussichtsreiche andere Elemente aus der Wissenschaftsgeschichte, auch aus ihrer eigenen, aufnimmt [17].

Von der politischen Abneigung mancher Historiker gegen die Soziologie als Oppositionswissenschaft kann hier abgesehen werden. Diesem Vorwurf hat schon die Bereitschaft vieler Soziologen, Herrschaftswissen zur Verfügung zu stellen und Herrschaftstechniken zu verfeinern, den Boden entzogen – wie sich überhaupt, global gesprochen, ein Gutteil der westlichen Soziologie ganz so in den Dienst der herrschenden Gewalten im Industriekapitalismus hat stellen lassen wie die Geschichtsschreibung in den Dienst von Nationalismus und Nationalstaat. Abgesehen davon aber gibt es noch immer einen prinzipiellen Unterschied.

Trotz aller ermutigenden Ansätze zur Rehistorisierung der Soziologie fehlt es ihr insgesamt noch zu häufig an einem reflektierten Verhältnis zur historischen Zeit. Die Anerkennung der historischen Zeiten aber, ihrer Unwiderruflichkeit, ihrer verschiedenen Tempi und Strukturen und dann ihre Entschlüsselung – sie bilden einen Kernbereich jeder ernsthaften Geschichtswissenschaft. Über diese fundamentale Differenz hinwegzusehen, wäre ein ganz und gar unergiebiges und unredliches Harmonisierungsmanöver. Gerade diejenigen Soziologen, die historisch interessiert sind – einige Vertreter der »dialektischen« Soziologie bilden hier eine Ausnahme –, übersehen manchmal die Schärfe dieses Gegensatzes, der die Decke wohlmeinender Konfliktminderung letztlich immer wieder durchstößt [18]. Die Soziologie ist überwiegend auf Gegenwartsanalyse konzentriert gewesen, wie ausgiebig auch einige ihrer Gründungsväter (*Marx* und *Weber, Durkheim* und *Pareto* u. a.) auf die Geschichte eingegangen sind. Es gilt unter Soziologen meist noch als ausgemacht, daß es so etwas wie »Gegenwart« gibt. Aber wo beginnt sie? 1789 – 1917 – 1945 – 1969 – gestern? Und wo endet sie? Für den Historiker gibt es in gewisser Hinsicht nur Vergangenheit und Zukunft. Die »Gegenwart« hat allenfalls die Breite eines Rasiermessers, dessen Klinge unaufhörlich Teilstücke der Zukunft abschneidet und der Vergangenheit zuweist. Anstelle einer undefinierten »Gegenwart« erkennt die Geschichtswissenschaft, streng genommen, nur Vergangenheiten an, die unterschiedlich weit von ihr entfernt sind [19], daher unterschiedlicher Methoden zu ihrer Erschließung bedürfen und unterschiedlich stark ihre Leitperspektiven bestimmen. Daneben kennt sie nur »Zukunften«, an denen sie sich mindestens ebensosehr wie an den Erfahrungen einer Vergangenheit orientiert. Wer nach der Mitte des 19. Jahrhunderts das allgemeine Wahlrecht für Männer und Frauen für wünschenswert hielt, schrieb über britische Innenpolitik anders als der gewöhnliche Konservative; wer heute Herrschaft im Betrieb auslösen will, schreibt Industriegeschichte anders als der treue Hagiograph von Unternehmern. Auch die erkenntnisleitenden Interessen des Historikers implizieren daher immer Vorstellungen von einer wünschbaren, anderen, besseren Zukunft. Schon der oft mißverstandene *Dilthey* hielt daran fest: »Was wir unserer Zukunft als Zweck setzen, bedingt die Bestimmung der Bedeutung der Vergangenheit [20].« Gegenüber einem inflationären, verschwommenen Begriff von »Gegenwart« werden Historiker immer skeptisch bleiben. Wenn es daher in der erkenntnistheoretisch-methodologischen Diskussion als selbstverständlich gelten darf, daß auch der Historiker den Ideen und Impulsen, den Maßstäben und Mächten seiner »Gegenwart« unaufhebbar verpflichtet und endlich seine bewußte Rechenschaftslegung über diese Verpflichtung zu erwarten ist, so bedeutet hier »Gegenwart« im Grund eine eigenartige Mischung von Kräften und Erfahrungen der Vergangenheit einerseits und Erwartungen andrerseits, die auf der Verlängerung bestimmter historischer Trends in die Zukunft hinein beruhen. Ohne diesen Januskopf ist Geschichtswissenschaft eigentlich nicht denkbar. Selbstredend kann man trotzdem bestimmte Zeitphasen als Gegenwart definieren, und für das praktische Handeln ist diese Bestimmung ohnehin unerläßlich. Meistens agiert der Einzelne dabei innerhalb mehrerer »Gegenwarten«, gleiches gilt für Gruppen. Beim Kauf von Teakmöbeln orientiert sich ein Ehepaar an Geschmacksprägungen in der Vergangenheit und Wohnwünschen in der Zukunft, um in einer Gegenwart die Entscheidung zu treffen. Für eine nationale Großgruppe wie die Deutschen kann die Gegenwart 1945, 1948 oder 1972 beginnen und Jahrzehnte umfassen, die bestimmend in politische Praxis hineinwirken. Immer aber überschneiden sich »Gegenwarten« mit gleichsam unterschiedlicher Bandbreite, und – genau besehen – lassen sie sich meist in die wechselnden Anteile von Vergangenheit und Zukunft auflösen.

Wenn man sich zumindest über die Fragwürdigkeit einer unspezifischen »Gegenwart« einigen kann, dann ergeben sich einige Konsequenzen. Es kann danach keine zeitlos gültigen Kategorien der Sozialanalyse mehr geben, obwohl eben diese Zeitlosigkeit nicht nur von verschiedenen Spielarten der Systemtheorie in Anspruch genommen wird. Denn in die »Grundannahmen« jeder Theorie sozialer Prozesse geht »unvermeidbar ein Vorverständnis geschichtlicher Situationen« ein [21]. Was das für die Schlüsselbegriffe der Analyse bedeutet, können Sprachphilosophie, Soziolinguistik und Wissenssoziologie noch klarer machen. Jedenfalls gibt es demzufolge nur historische Theorien mit begrenzter Reichweite und Erklärungskraft. Das aber ist alles andere als ein Nachteil. Denn genau in dem Maße, in dem sozialwissenschaftliche Theorien ihre meist platte »Allgemeingültigkeit« verlieren, gewinnen sie an Trennschärfe und Aussagegehalt.

Nicht zu umgehen ist dann die Notwendigkeit, zumindest mit einem groben Raster von Zeitabläufen verschiedener Dauer zu arbeiten. Hier [22] wird man zunächst und beispielsweise an vier historische Zeiten und das je in ihnen mögliche, an ihren Sinn von Worten und Zahlen, ihre Erfahrungshorizonte, ihre Entscheidungszwänge usw. denken dürfen: (a) an die kurze Zeit (»temps court«) der Ereignisgeschichte, den manchmal hektischen Wirbel schnell aufeinander folgender Aktionen und Gegenzüge, sei es innerhalb von Minuten, Stunden, Tagen, Wochen; (b) an die naturale Zeit einer Generation von ca. 25 bis 30 Jahren, die in der gespeicherten Lebenserfahrung des Einzelnen und seiner Altersgruppe noch verfügbar und dem Gedächtnis mehr oder minder präsent bleibt; (c) an die Zeit, die etwa die langen Wellen der Konjunktur oder die langen Schwingungen des Bevölkerungswachstums umfassen können, bis hin zum Säkulartrend wirtschaftlicher und sozialer Entwicklungsprozesse: stumme Zeiten mithin, die über die Köpfe der Einzelnen hinweggehen, sich schon im Übergang zur »longue durée« befinden können; (d) und an die eigentlichen Zeiten von langer Dauer, die z. B. die alteuropäischen Agrargesellschaften bis ins 18. Jahrhundert kennzeichnen, das kontinuierliche Gleichmaß, die gleichbleibende Struktur über lange Jahrzehnte, ja Jahrhunderte hinweg – bis hin zu den »quasi-immobilen« geographischen Zeiten *Braudels*. Alle diese Zeiten umschließen, von heute aus gesehen, unterschiedliche Vergangenheiten: den Zeitraum des ersten »Kondratieff« oder den des Jahrgangs 1921.

Unstreitig hat die Mehrheit der Soziologen, die längerfristigen Zeiten unterschätzend, in ihrem Gegenwartsbegriff vornehmlich die beiden ersten Zeiten verknüpft. Auch die politisch-diplomatische Ereignisgeschichte hat sie bis zur Ausschließlichkeit bevorzugt.

Die moderne deutsche, englische und z. T. auch amerikanische Sozialgeschichte kombiniert die zweite und dritte Zeit, ohne die erste auszuschließen, während sie der vierten mit Mißtrauen gegenübersteht, da diese die Gefahr birgt, als Sachzwang ontologisiert, als eigentliche Determinante der Geschichte verabsolutiert und historischem Wandel damit gerade wieder entzogen zu werden [23]. Weder die historische Soziologie noch die Sozialgeschichte können jedenfalls vorwärtsgelangen, wenn sie nicht je nach ihrer Problemstellung unterschiedliche Zeitstrukturen berücksichtigen, gewichten, kombinieren. Gerade die Sozialgeschichte hat es ja anders als die Politikgeschichte selten mit klaren Datierungen für Anfang und Ende zu tun, sondern muß mühsamer versuchen, meist langsam anlaufende, dann sich vielleicht beschleunigende Prozesse zu erfassen.

Die Anerkennung und genauere Bestimmung verschiedener historischer Zeiten innerhalb ein und derselben chronologischen Periode bietet freilich zunächst nur die Möglichkeit, ein formales Orientierungsschema über eine Vergangenheit zu legen [24], denn die Zeiten dürfen genauso wenig mystifiziert werden wie Volk, Nation, Staat. Nichts wäre törichter, als an deren Stelle den neuen Zeitgötzen zu setzen. Nein, die Einübung in die Bedeutung der Zeitstrukturen soll nur von vornherein die Aufmerksamkeit des Historikers oder Soziologen auf einen Tatbestand lenken, der in der Geschichte gewissermaßen das übliche darstellt: auf die Überschneidung nämlich von mehreren Prozessen mit unterschiedlicher Geschwindigkeit, auf die »Gleichzeitigkeit des Ungleichzeitigen« (*Ernst Bloch*) [25]. Zur Erfassung dieser Prozesse braucht man auch prozessuale Kategorien, und Zeitkategorien gehören zu ihnen. Man muß von vornherein darauf achten, ob der Angehörige einer Generation vor 1789 oder 1815 geboren worden ist, ob sich nicht im Vormärz lange Wellen der Bevölkerungs- und Wirtschaftsentwicklung mit kurzlebigen Rechtsentscheidungen und noch knapper bemessenen politischen Vorgängen überschneiden, ob sich im geradezu klassischen Soziallaboratorium der Jahre zwischen 1918 und 1933 die *Bloch*sche Formulierung bewähren kann.

Das Entscheidende bleiben jedoch die sozialen, ökonomischen, politischen Prozesse selber und ihr Inhalt. Das zeitliche Gitternetz muß daher durch andere Theorien und die von ihnen auf den Begriff gebrachten historischen Abläufe inhaltlich gefüllt und näher präzisiert werden: Durch die Theorien des ökonomischen Wachstums und die Wirtschaftsgeschichte, die Theorien des sozialen Wandels und die Sozialgeschichte, die Theorien der Historischen Demographie und die Bevölkerungsgeschichte, die Theorien der politischen Herrschaftsformen und die Politikgeschichte usw. Eine deutsche Sozialgeschichte des 19. und 20. Jahrhunderts z. B. hätte daher verschiedene lange Schwingungen der Konjunktur und der Bevölkerungsentwicklung mit den Säkulartrends der Industrialisierung und Agrarwirtschaft, der Zeitdauer staatlicher Organisationen, aber auch den kurzfristigen ereignisgeschichtlichen Zeiten, den wirtschaftlichen Oszillationen der saisonalen Schwankungen, der »Kitchins« und »Juglars« usw. zu verbinden. Wie immer man auch diesen Zeitraster differenzieren mag – und die Interferenzen der verschiedenen Prozeß- und Zeitabläufe, ihre Knotenpunkte, werfen die spannendsten Probleme auf – ohne das vorbehaltlose Eingeständnis, daß die ebenso unterschiedlichen wie unwiderruflichen historischen Zeiten einen Kernbereich jeder historischen Sozialwissenschaft bilden, kann die Soziologie mit der Geschichte nicht dauerhaft zusammenkommen, geschweige denn fusionieren. Und was den Praxisbezug angeht, so vermittelt erst die Würdigung der historischen Zeiten die Einsicht in das Gewordensein der Geschichte, d. h. aber auch in ihre Veränderbarkeit. Damit jedoch kann die Geschichtskenntnis von den vermeintlichen Zwängen der »Gegenwart« befreien [26], denn indem sie deren allmähliche Entstehung verfolgt, löst sie harte Strukturen auf, entzaubert sie deren vermeintliche Unveränderbarkeit, steigert sie die Chancen, verändernden Einfluß zu nehmen. Das ließe sich z. B. an der liberalen Marktgesellschaft als einer jungen sozialen Verfassungsform besonders prägnant zeigen [27].

Mit dem verstümmelten Zeitbegriff hängt es vielleicht zusammen, daß in der Soziologie weithin ein fast lineares Entwicklungsdenken dominiert hat. Der Historiker hat hier, aus welchen Gründen auch immer, einige Einwände. Er wird geschult, auf die »Gleichzeitigkeit des Ungleichzeitigen« zu achten. Gerade sie ist oft das Folgenreiche in der Geschichte, seltener vielleicht die eindeutig dominierende Tendenz. Nicht zuletzt deshalb empfindet er starkes Unbehagen gegenüber allzu schematisierenden Modernisierungstheorien. Langfristige Evolution kann er wie der Soziologe mühelos erkennen, aber sein Blick ist auch für die »Verwerfungen« *(Dahrendorf)* der Geschichte, für die »Devolution«, für die Gegenläufigkeit von Entwicklungen geschärft, z. B. für die Verländlichung (»pastoralisation«) von ehemals blühenden Gewerbelandschaften als Folge der Industrialisierung vornehmlich städtischer Ballungszentren; z. B. für die Zementierung diskriminierenden Wahlrechts im Zeitalter der aufsteigenden Massendemokratien usw. [28]. Er wird die Ambi- oder Polyvalenz historischer Situationen häufiger als die Geradlinigkeit des Fortschritts betonen.

In diesem Zusammenhang darf auch ein anderer, vielleicht irrational klingender Einwand nicht stillschweigend übergangen werden. Dem Historiker wird in mühsamen Bildungsprozessen, die durchaus mit handwerklichen Lehrjahren (im guten Sinn) verglichen werden können, ein Gefühl für Komplexität antrainiert. Er wird die oft schillernde Vielfalt der sogenannten Wirklichkeit auch mit einer nuancierten historischen Theorie nicht immer leichten Herzens in Übereinstimmung bringen können. Er wird zu konkretem Denken, zum sorgsam abwägenden Urteil, das auch bei einer scharfen These möglicher Einwände mitbedenkt, angehalten. Die Gefahren dieser Ausbildung sind allerdings auch deutlich zu erkennen, denn viel zu oft ist bei Historikern das behutsame Verstehenwollen zur schieren konservativen Bewegungslosigkeit und reaktionären Vergangenheitsidealisierung erstarrt. In der Ausbildung von Soziologen läßt sich dagegen ein Hang zur vorschnellen Formel, zur flinken Welterklärungstheorie, zur vorzeitigen Zufriedenheit mit dürren Ergebnissen, die mit höchsten theoretischen Ansprüchen gekoppelt werden, feststellen. Wenigstens gilt das, seitdem sich der nomologische Zug durchgesetzt hat, also mit Sicherheit am stärksten im Einflußbereich der neopositivistischen Theorien, die der Chimäre einer den notwendigen Methodendualismus leugnenden Einheitswissenschaft noch immer anhängen. Kurzum, es gibt die Verführung, komplexe Realität geschwind auf eine scheinbar befriedigende Pseudotheorie zu bringen. Geschichte scheint dann auch leicht machbar zu sein. *Webers* Diktum von der Politik als dem Bohren dicker Bretter mit Zähigkeit, Augenmaß und Leidenschaft zugleich wird arrogant abgetan [29]. Die Sperrigkeit der Vergangenheit gegenüber glatten Formeln, die mühselige Anstrengung, in zahllosen Arbeitsgängen allmählich einer historischen Theorie nahezukommen – sie werden hier zu oft unterschätzt. Das mag, soll aber nicht boshaft klingen. Jedenfalls scheint es bisher durchaus ausbildungs- und gruppenspezifische Kollektivmentalitäten der Disziplinen zu geben, deren Unterschiede gar nicht leicht aufzuheben sind, vielleicht auch nur durch die Schulung für eine historische Sozialwissenschaft überwunden werden können. In diesem Fall wird die Soziologie über ihren Schatten springen müssen.

Daneben stehen noch einige andere Aspekte: Als Nachteil empfindet der Historiker häufig den übertrieben hohen Abstraktionsgrad jener soziologischen Theorien, deren Erklärungsfähigkeit gering ist [30]. Für die empirische Problemanalyse darf wahrscheinlich ein bestimmtes Maß an Abstraktion nicht überschritten werden. Gewöhnlich sinken Erklärungskraft und Trennschärfe für realhistorische Probleme, je höher das Abstraktionsniveau steigt, dessen imponierende Architektonik nicht selten nur biederen »common sense« behaust. Für den Historiker scheint es höchste Zeit zu sein, daß sich nicht wenige Soziologen endlich von ihrem Ideal: dem *Newton*schen Gesetzestyp, der verständlicher- aber naiverweise auf das Sozialleben übertragen worden ist, lösen. Auch dieses Problem führt jedoch auf den Charakter historischer Theorien zurück, auf die unten noch einmal einzugehen ist.

Daß Quantifizierung notwendig sein kann, ist unbestritten. Prinzipielles Mißtrauen war stets und bleibt auch fortab ganz unvernünftig. Wo nur irgend zu erreichen, soll auch quantitativ größtmögliche Klarheit geschaffen werden. Gewiß hat *Gaetano Salvemini* nicht ohne Berechtigung darauf hingewiesen, daß die kritischen Ereignisse in der Geschichte meist die Frage nach etwas mehr oder weniger involvieren.

Dieser Unterschied kann oft – und sollte so oft wie nur möglich – quantifiziert werden. Wird die Quantifizierung jedoch zum Fetisch, dann ist die empiristische Trivialität des Fliegenbeinezählens nicht mehr weit [31]. Vermutlich lassen sich nur sehr wenige »quantitative« Fragen mit Hilfe quantifizierender Methoden eindeutig beantworten, eher wohl gelegentlich schärfer eingrenzen oder klarer formulieren. Fast alle schwierigen Probleme der Gesellschaftsanalyse besitzen jedoch (zumindest auch) »qualitativen« Charakter.

Irrig ist auch die Annahme, daß das historische Material der jüngsten Vergangenheit, der »Gegenwart«, reichlicher vorhanden und von besserer Qualität als das aus älterer Vergangenheit sei. Genau das Gegenteil ist oft richtig. Die vielen Vergangenheiten bieten zudem zahlreichere gesellschaftliche Formen, bergen mehr diskussionswürdige Probleme als der schmale und gewöhnlich willkürlich herausgetrennte Ausschnitt namens Gegenwart [32].

Als unübersehbarer Nachteil muß es der Historiker empfinden, daß die Soziologie viel zu oft, fast durchgängig, auf ein diszipliniertes hermeneutisches Sinnverständnis verzichtet. Gewiß, der historische Zusammenhang geht nicht in dem auf, »was die Menschen wechselseitig intendieren« – gewiß lehnt auch der, der Nein zu historischen Theorien sagt, mit einer gewissen Notwendigkeit das »Verstehen« ab [33]. Aber hinter den Historismus und seine hermeneutische Theorie gibt es keinen Weg zurück, es sei denn man akzeptiere eine radikale Beschneidung der Erkenntnismöglichkeiten, wozu merkwürdigerweise die Bereitschaft nicht selten auftritt. Unbestritten ist, daß auch diese Theorie ergänzt, erweitert, präzisiert, mit anderen Theorien verbunden werden muß. Da andererseits aber die Soziologie ohne Hermeneutik letztlich nicht auskommt, führt der Verzicht auf geschultes »Verstehen« oft zu einer kruden, unreflektierten Interpretation, der man ihre Mängel allenthalben ansieht.

Ein Katalog von Vorwürfen der Soziologen gegen die Historiker läßt sich ebenfalls leicht zusammenstellen. Auch hier soll von der weithin berechtigten Kritik an der politisch- und sozialkonservativen Grundhaltung der meisten Historiker einmal abgesehen werden; denn Gegenbeispiele ließen sich durchaus, wenn auch wohl mühsamer als jenseits des Fächerzauns, nennen.

Vergleichsweise selten wird der Geschichtsschreibung vorgeworfen, daß sie vielfach einen ungeklärten, zu wenig untergliederten Vergangenheitsbegriff besitzt, obschon darauf alle die Einwände zuträfen, die gegen eine nebulöse »Gegenwart« gerichtet werden können. Ins Schwarze aber trifft die Kritik an der Theoriearmut der Geschichte, jedenfalls insofern, als darunter der Mangel an explizit entwickelten Theorien verstanden wird. Daß sich viele Historiker darauf auch noch etwas zugutegehalten haben, konnte das Wohlwollen der seit jeher schärfer systematisierenden Soziologen nicht steigern. Vor allem aber verdient die naive Vorstellung Kritik, daß es allein der zeitliche Abstand als solcher schon gestatte, bestimmte Strukturen in der Vergangenheit deutlicher zu erkennen, so etwa als gerönne die flüssige Gegenwart automatisch nach (wieviel?) Jahrzehnten zu festen, erkennbaren Einheiten. Zwar ist der unterschiedliche psychische Effekt, sind Temperament und Leidenschaft kaum zu leugnen, wenn der Historiker z. B. 1920 oder 1970 über den Versailler Friedensvertrag urteilt. Einmal jedoch bleibt das erkenntnisleitende Interesse wichtiger als die psychische Disposition. Zweitens ist die disziplinierte Kontrolle des Urteils ein »fundamentaler methodologischer Imperativ« jeder Humanwissenschaft, so daß wachsende zeitliche Distanz (setzt man das gleiche Maß an Quellen voraus) allenfalls forschungspsychologisch günstig wirkt [34]. Und drittens verschleiert die Idee, nach einer gewissen Zeit stellten sich gleichsam natürlich allgemein einleuchtende historische Perspektiven ein – wie man so statt Theorie sagt –, nur die Notwendigkeit reflektierten theoretischen Arbeitens. Die Zeitgeschichte oder die Politische Soziologie haben sich diesen Luxus, auf wachsenden zeitlichen Zwischenraum zu warten, ohnehin nicht leisten können. Infolgedessen schlägt auch z. B. in den zeitgeschichtlichen Vorlesungen von *Ranke* das konservative, von *Droysen* und *Sybel* das liberale Urteil ungleich stärker als anderswo bei ihnen durch. Anstatt daß man mühsam das Koordinatensystem der Fragestellungen und Werturteile herausinterpretieren muß – darin ist den Soziologen zuzustimmen –, sollten sich auch die Historiker endlich daran gewöhnen, explizit ihre theoretischen Prämissen und Schlußfolgerungen darzulegen, um die institutionalisierte Kritik zu erleichtern.

Die Vertiefung in jedes, auch ins unwesentlichste Detail, hat viele Soziologen seit jeher an Historikern irritiert. Weiter: Obwohl sich hier beide Disziplinen vermutlich gleich schuldig gemacht haben, ist jedenfalls auch die Historie häufig genug dem altpositivistischen Ideal: durch Anhäufung von Einzelforschung, im kumulativen Verfahren, »die« Geschichte in den Griff zu bekommen, erlegen – die »Jahrbücher der deutschen Geschichte« verraten das z. B. noch immer ganz deutlich. Daß anstelle der Kumulierung die paradigmatische Problemlösung – *Thomas Kuhns* »Paradigma« – das Wissen mittel- oder sogar langfristig um bestimmte Brennpunkte organisiert, gilt auch für

die Geschichtswissenschaft [35]. Heute läßt sich ja bei uns deutlich beobachten, wie ihre klassischen Paradigmata vom »Primat der Außenpolitik« und der Staatspolitik überhaupt, die ursprünglich einmal den Prozeß der modernen Staatsbildung reflektierten, durch neue Paradigmata z. B. der sozialökonomischen Analyse ersetzt werden.
Die Scheu vor Quantifizierung ist, manchmal zu Recht, an Historikern gerügt worden, obwohl das schon der älteren Wirtschaftsgeschichte Unrecht tut. Aber wichtiger ist – da hier nur die dogmatischen Positionen unnötige Probleme aufwerfen – die Attacke gegen ein lastendes Erbe des Historismus: daß nämlich Kategorien der Sozialforschung der »Gegenwart« für die Untersuchung von Vergangenheit, die nur mit quellengerechten, d. h. aber im Extremfall nur mit je zeitgenössischen Begriffen zu erschließen sei, untauglich blieben. Dagegen ist mit guten Gründen auf dem wenngleich zeitlich begrenzten und nicht beliebig tief in die Vergangenheit hinein verlängerbaren Wert solcher Kategorien zu bestehen, die als funktionalistische Begriffe (wie Rolle, Status, Bezugsgruppe, Sozialstruktur, Persönlichkeitstypus usf.) auch für frühere Phasen von Gesellschaften, an denen sie unlängst gewonnen worden sind, ihre analytische und erklärende Kraft beweisen können; sie müssen dafür allerdings historisch »aufgeladen« werden [36]. Nicht nur erklärt die Vergangenheit die »Gegenwart«, sondern auch in diesem Sinn die Gegenwart Teile der Vergangenheit.
Zu oft hat auch die Verstehenslehre des Historismus dazu geführt, daß sich die Geschichte sowohl auf zustimmendes Nachempfinden beschränkt, als auch mit einem bereitwilligen Kniefall vor der normativen Kraft des Faktischen den jeweiligen Status quo in Gesellschaft und Politik gebilligt hat. Anders gesagt: Sie hat sich zu lange mit der Interpretation intentionalen Handelns mit Hilfe zeitimmanenter Maßstäbe und Möglichkeiten (oder dem, was sie doch dafür hielt) zufrieden gegeben, aber übersehen oder geleugnet, daß die Vergangenheit auch jeweils unter den theoretischen Gesichtspunkten von heute aufgeschlüsselt werden muß und kann [37]. Die traditionellen Quellengattungen gestatten es zwar, die vermutlichen Motive und Reaktionen von Einzelnen etwa im Hinblick auf die Industrialisierung während einer bestimmten Zeit darzustellen, aber erst moderne Theorien des wirtschaftlichen Wachstums, des sozialen Wandels, der Sozialpsychologie des Kollektivverhaltens ermöglichen es, strukturgeschichtliche Entwicklungen, die sich über die Köpfe dieser Einzelnen hinweg durchgesetzt haben, in ihrem Erfahrungshorizont als strukturelle Prozesse aber gar nicht wahrgenommen wurden und folglich keinen direkten Niederschlag in den Quellen fanden, präziser zu analysieren. Nur eine so verstandene Strukturgeschichte ermöglicht es auch, *Marx'* Einsicht zu konkretisieren, daß »die Menschen« zwar »ihre eigene Geschichte« machen, »aber sie machen sie nicht aus freien Stücken, nicht unter selbstgewählten, sondern unter unmittelbar vorgefundenen, gegebenen und überlieferten Umständen« [38].
Von diesem Ansatz her, der ebenso legitim und notwendig wie der historische ist, kann die Geschichtswissenschaft auch weit besser einer ihrer emanzipatorischen Funktionen gerecht werden: nämlich Distanz zur Geschichte als Inbegriff der Vergangenheiten zu schaffen, die »Befreiung von unbegriffenen Mächten« zu fördern, den Schein der Notwendigkeit, der Natürlichkeit vergangener, aber die Gegenwart noch mitbestimmender Entwicklungen zu zerstören und damit Energien, Perspektiven, Einsichten für die Opposition gegen die vermeintlichen Sachzwänge, gegen das »Gehäuse der Hörigkeit

der Zukunft« in einer technokratischen Industriezivilisation freizusetzen [39]. Die Hermeneutik des klassischen Historismus allein genügt nicht, wenn sich die Geschichtswissenschaft als eine historisch-kritische Sozialwissenschaft mit geschultem Verständnis für die historischen Zeiten (oder die historische Dimension sog. Gegenwartsfragen), mit Problemorientierung statt Bindung an vorgegebene chronologische Perioden, mit klaren erkenntnisleitenden Interessen und das heißt auch immer: begründeten Selektionsprinzipien verstehen will [40].

Für eine derartige historische Sozialwissenschaft rücken Forschungsfelder und Darstellungsaufgaben, die durch Wirtschaft und Gesellschaft, Herrschaft und Ideologie bestimmt werden, in den Mittelpunkt [41]. Ob man nun dabei von der Sozialgeschichte ausgeht und diese sowohl in den Bereichen der Wirtschaft als auch der Herrschaft fest verankert, ob man von der Sozial- und Wirtschaftsgeschichte als Einheit ausgeht und diese mit der Analyse von politischen Entscheidungen und handlungsmotivierenden Ideologien verbindet, oder ob man von einem politischen Herrschaftstypus ausgeht und ihn in der Untersuchung mit Ökonomie und Gesellschaft verkoppelt – diese Verschiedenheit der Zugänge ist letztlich weniger von Bedeutung, solange nur die Anstrengung darauf gerichtet bleibt, der Verschränkung dieser Faktoren gerecht zu werden. Sicherlich lassen sich die realhistorischen Schwerpunkte nicht a priori mit ganzer Sicherheit bestimmen, sondern vorerst nur in einem theoretischen Vorgriff anvisieren. Es wird dann von den Forschungsergebnissen und nicht nur von der ursprünglichen Fragestellung abhängen, ob und in welchem Zeitraum z. B. das politische oder das ökonomische Element der Politischen Ökonomie mehr Gewicht erhält – wirksam sind stets beide. Der größere Nachholbedarf besteht in der Bundesrepublik bei den Historikern noch immer im Hinblick auf die Berücksichtigung von Wirtschaftsgeschichte und -theorie, aber auch bei den Soziologen im Hinblick auf Wirtschaftssoziologie und -geschichte.

Erkennt man diese allgemeine Marschroute jedoch an, dann ergibt sich für die theoriebedürftige Geschichtswissenschaft, daß sie mehrere Theorien verknüpfen oder multidimensionale Theorien erarbeiten muß, um ihren Problemkomplexen gerecht zu werden. Sie wird daher sowohl auf die Kooperation mit Soziologie und Ökonomie, Politikwissenschaft und Staatsrecht verwiesen, wie diese umgekehrt auch – wie sich gezeigt hat – ohne die Geschichte nicht auskommen oder doch für den Verzicht darauf einen zu hohen Preis zahlen müssen. Da die moderne Welt seit den Revolutionen des ausgehenden 18. Jahrhunderts in einem historisch beispiellosen Ausmaß auf sozialökonomischen Veränderungen basiert, rücken Sozial- und Wirtschaftsgeschichte, die m. E. eine notwendige Einheit bilden, rücken Soziologie und Ökonomie bei jeder realistischen Analyse in eine zentrale Stellung ein. Selbst wenn Politik – hier einmal im Sinne *Max Webers* als Ringen um Gewinn, Behauptung und Ausdehnung von Machtchancen verstanden – als Kampf um partielle und gesamtgesellschaftliche Steuerung zugunsten der Herrschenden selbstverständlich ihr eigenes Gewicht behauptet, so kann sie doch nicht losgelöst von Konjunkturzyklus und Wachstumsstörung, von Bevölkerungsvermehrung und Klassenstruktur und all deren zahlreichen Auswirkungen begriffen, erörtert, dargestellt werden.

Nicht zuletzt von dieser dialektischen Verschränkung her erklärt sich die Faszination der *Marx*schen Theorie, die innerhalb ihres Beziehungsgeflechts von Ökonomie, Gesellschaft und Herrschaft eine schwer zu übertreffende Kraft bewiesen hat, die endogene Dynamik einer Gesellschaft, die Geschichte als Prozeß mit eigenen Antriebskräften zu begreifen [42]. Im Rahmen einer solchen Theorie läßt sich auch der »soziale Wandel« inhaltlich präzisieren. Gerade er bleibt ja in den Sozialwissenschaften oft diffus, da die gesamte Fragestellung von makrosoziologischen Problemen und das heißt immer: von der Geschichte, die man erst kennenlernen muß, beherrscht wird. Mit der inzwischen wieder abebbenden Vernachlässigung der Makrosoziologie hing folgerichtig auch die Enthistorisierung der Soziologie eng zusammen [43]. Einige verfehlte Prognosen und chiliastische Elemente mindern kaum ernsthaft das explanatorische Potential dieser Forschungsstrategie, solange sie nur undogmatisch, mit der elastischen Bereitschaft zu Ergänzung und Revision, vor allem aber ohne Heilsgewißheit verfolgt wird. Als handlich vulgarisiertes Dogma wird sie genauso scheitern wie diejenigen, die mit ihren ehernen Gesetzestafeln vom Berge Sinai der Systemtheorie herabsteigen.

Allgemein dürfte der Historiker gerade ihr gegenüber Konflikttheorien bevorzugen, da sie der prozessualen Bewegung in der Zeit eher gerecht werden können. Gegen Querschnittsanalysen, gegen relativ statische Bestandsaufnahmen (»Preußen am Vorabend der 1848er Revolution«), die ihren heuristischen und darstellerischen Wert besitzen, indem sie als Folie für Bewegung dienen können, läßt sich nichts einwenden. Aber die Systemtheorien frieren durchweg dynamische Prozesse ein – zunächst aus theoretischen Gründen, dann wird nicht selten das selbstgeregelte System im Nirwanazustand der Abwesenheit von Wandel zum normativen Ziel. Veränderung wird zu oft als Folge exogener Impulse begriffen, endogener Wandel – ein Zentralproblem der Geschichte – dagegen stillschweigend ausgeklammert, diskriminiert oder unbegreifbar wie für diejenige französische Strukturgeschichte, die angesichts der Dominanz der »longue durée« die Revolution von 1789 nicht mehr recht erfassen kann [44]. Die historischen Zeiten sind aus der Systemtheorie verbannt worden. Sie kann nach ihrem Kunstgriff: aus methodischen Gründen die Geschichte erst einmal stillgelegt zu haben, diese aller bisherigen Erfahrung nach nicht wieder als Bewegung erfassen. Überdies bietet sie sich als technokratisches Herrschaftswissen zur »Systemsteuerung« geradezu an [45], denn unleugbar beruht ihre derzeitige Resonanz auch darauf, daß große Bereiche des gesellschaftlichen Lebens systemartig organisiert sind. Und sie steigert den Eindruck vom Sachzwangcharakter von Entwicklungen, die einem konkret analysierbaren Interessen- und Herrschaftszusammenhang entstammen. Die Inspiration einer historisch-kritischen Sozialwissenschaft kann deshalb schwerlich von den gegenwärtigen Systemtheorien kommen [46]. Die mögliche Konvergenz von Geschichtswissenschaft und Soziologie wird vielmehr – um noch einmal einige Punkte herauszugreifen – unter folgenden Bedingungen voranschreiten können:

Zentral ist die Einigung auf die Notwendigkeit eines bestimmten Desideratums: auf historische Theorien, die gewöhnlich mittlere Reichweite besitzen. »Die wahre Theorie«, so hat *Marx* seine Vorstellungen beschrieben, »muß innerhalb konkreter Zustände und an bestehenden Verhältnissen klargemacht und entwickelt werden.« »Niemals« aber könne man zu einer solchen Theorie »gelangen mit dem Universalschlüssel einer allgemeinen geschichtsphilosophischen Theorie, deren größter Vorzug darin besteht, übergeschichtlich zu sein«. In der »Einleitung« zu seinen »Grundrissen der Kritik der

Politischen Ökonomie« hat er genauer die Entwicklungsstufen bei der Erarbeitung solcher historisch-dialektischer Theorien charakterisiert [47].

Im Anschluß an das Marxsche Theorieverständnis hat *Habermas* unlängst die »historischen Bewegungsgesetze« der »dialektischen Analyse« pointiert von den Gesetzmäßigkeiten der analytisch-empirischen Theorie neopositivistischer Provenienz unterschieden. Weil diese historischen Theorien »vom spezifischen Zusammenhang einer Epoche, einer Situation nicht abstrahieren, gelten sie keineswegs generell. Sie beziehen sich nicht auf ... Konstantes, sondern auf einen jeweils konkreten Anwendungsbereich, der in der Dimension eines im ganzen einmaligen und in seinen Stadien unumkehrbaren Entwicklungsprozesses, also schon in Kenntnis der Sache selbst und nicht bloß analytisch definiert ist« [48]. An eine andere Tradition anknüpfend haben *Karl Mannheim* und *C. Wright Mills* auf die »principia media« von *Bacon* und *John Stuart Mill* zurückgegriffen und als eine Theoriekonzeption, die nur »in historisch beschränkten Zeiten und Räumen« gilt, befürwortet [49]. Von diesen Positionen her ist Kooperation zwischen Historikern und Soziologen (und Ökonomen) unschwer möglich. Eine historische Theorie des deutschen Faschismus oder gar des klassischen okzidentalen Imperialismus von den 1870er Jahren bis 1945 wäre m. E. in diesem Sinne durchaus vorstellbar; sie würde die Analyse sozialökonomischer, politischer und sozialpsychischer Probleme einleuchtend koordinieren können.

Es kann hier nur angedeutet werden, daß diese historischen Theorien freilich einen bestimmten Realitätsbegriff voraussetzen. Die unter Historikern noch immer verbreitete neokantianische Erkenntnistheorie neigt dazu, Vergangenheit als riesigen unüberschaubaren Fluß, als ungeordnetes »Chaos« *(M. Weber)* zu verstehen, in das der an bestimmte Wertideen gebundene Historiker erst Struktur hineinbringt. »Geschichte ist, was die Historiker tun«, diese bekannte Formulierung *J. Berlins* drückt das nur pointiert aus [50]. Dagegen wird man darauf beharren müssen, daß die Vergangenheit unabhängig vom erkennenden Subjekt Strukturen besitzt – sozusagen weiche, keine von vornherein eindeutig harten, schnell aus der Sache selbst sich ergebenden, aber jedenfalls erkennbare, durch einen Pluralismus konkurrierender Interpretationen erschließbare. Wird das nicht eingeräumt, entfällt eine entscheidende Prüfungsinstanz für die Erklärungskraft jeder historischen Theorie. Völlige Beliebigkeit – je nach der Vorentscheidung durch verpflichtende Wertbezüge – ist dadurch ausgeschlossen, der Interpretationspluralismus kann daher nicht unendlich groß sein.

Im Zeichen derartiger historischer Theorien wäre mit Notwendigkeit auch die Anerkennung der historischen Zeiten gewährleistet, damit aber eine besonders hinderliche Barriere aus dem Wege geräumt. Erleichtert würde auch die zunehmend wichtigere komparative Forschung, deren Logik fraglos zu den unterentwickelten Regionen gehört. Der Vergleich darf sich nicht länger mehr auf das Aneinanderreihen mehr oder minder oberflächlicher Ähnlichkeiten von Stratifikationsmustern, Verfassungsregelungen usw. beschränken, sondern er müßte vor allem drei Gesichtspunkte berücksichtigen: (a) Vergleichende Analyse dient dazu, entweder sehr allgemeine oder sehr spezifische Hypothesen auf ihre Validität zu überprüfen und je nachdem zu modifizieren oder aufzugeben – in *Hintzes* Worten: »um ein Allgemeines zu finden« oder »Individualität schärfer zu erfassen« [51]. (b) Dafür ist es notwendig, nicht Gleichbenanntes oder

-scheinendes, sondern jeweils funktionelle Äquivalente zu vergleichen (die frühe SPD mit den englischen Chartisten, die Rolle englischer Privatunternehmer mit deutschen Großbanken oder russischen Staatsbürokratien.) (c) Zeitfaktoren sollen insofern besonders berücksichtigt werden, als keineswegs nur synchron, sondern auch diachron verglichen werden müßte (das England der 1840er Jahre mit dem Deutschland der 80er Jahre), je nach phasenverschobenen Entwicklungsniveaus, die im allgemeinen einen funktionalistischen Ansatz voraussetzen, wobei man sich der gleichsam eingebauten Präjudizierung durch solche Theorien bewußt bleiben muß.

Insgesamt scheint keine gleichmäßige Konvergenz – sozusagen mit gleich großen Verzichtsdeputaten und Lernprozessen auf beiden Seiten – möglich zu sein, sondern wieder einmal eine ungleichmäßige Entwicklung, die vermutlich der Mehrheit der Soziologen mehr abverlangen dürfte als denjenigen Historikern, die den Dialog mit den Sozialwissenschaftlern führen, weil sie ihn für notwendig halten. Denn statt Konvergenz wird erst einmal Konvertierung zur Anerkennung der Geschichte, der historischen Zeiten, der historischen Theorien nötig sein [52]. Die Soziologen können sodann kaum mehr die Resultate der Historiker übernehmen und in ihrem Kaleidoskop zurechtschütteln. Sie müssen selber zu den Quellen zurückgehen und diese unter ihren Fragestellungen auswerten. Ebensowenig können die Historiker soziologische Theorien übernehmen und ihrem Material aufpfropfen. Sie müssen theoretische Anregungen aufgreifen und selber historische Theorien entwickeln [53]. Schritte eine solche Entwicklung aber fort, wofür wichtige Anzeichen sprechen, dann erscheint die allmähliche Fusion zu einer historisch-kritischen Sozialwissenschaft mit emanzipatorischen erkenntnisleitenden Interessen und klarem Theoriebewußtsein, mit Verständnis für die historische Zeit und empirischer Solidität möglich. Sie könnte sich dem Problem »der Gegenwart als geschichtlichem Problem« gewachsen zeigen [54].

Anmerkungen

[1] Vgl. z. B. die Literatur in *H.-U. Wehler,* Hrsg., Geschichte u. Soziologie, Köln 1972, bzw. in: *ders.,* u. *N. Elias,* Hrsg., History and Sociology, London 1973.

[2] Vgl. einige der besten Arbeiten jüngeren Datums von Vertretern beider Disziplinen: *L. Stone,* The Crisis of the Aristocracy, 1558–1641, London 1965; *E. LeRoy Ladurie,* Les Paysans de Languedoc, 2 Bde., Paris 1966; *J. Kocka,* Unternehmensverwaltung u. Angestelltenschaft am Beispiel Siemens, 1847–1914, Stuttgart 1969; *E. P. Thompson,* The Making of the English Working Class, London 1963; *H. Perkin,* The Origins of Modern English Society, 1780–1880, London 1969; *S. Thernstrom,* Poverty and Progress: Social Mobility in a 19th Century City, Cambridge/Mass. 1964; *C. Tilly,* The Vendée, Cambridge/Mass. 1964; *B. Moore,* Soziale Ursprünge von Diktatur u. Demokratie, Frankfurt 1969; *N. Smelser,* Social Change in the Industrial Revolution, London 1959; *S. M. Lipset,* The First New Nation, N. Y. 1969; *R. Dahrendorf,* Gesellschaft u. Demokratie in Deutschland, München 1965. Wahrscheinlich ist hier im folgenden noch zu oft von *der* Soziologie und *der* Geschichte ohne ständige Differenzierung die Rede. Ohne gewisse Abkürzungen jedoch läßt sich das Thema nicht erörtern.

[3] *R. König* in: ders., Hrsg., Handbuch der empirischen Sozialforschung; Bd. II, Stuttgart 1969, S. 1287; s. auch S. V u. S. 1284; *C. Tilly,* Clio and Minerva, in: *J. C. McKinney* und *E. A. Tiryakian,* Hrsg., Theoretical Sociology, N.Y. 1970, S. 434–466 (dt. in: Geschichte u. Sozio-

logie); *E. J. Hobsbawm,* From Social History to the History of Society, Daedalus 100 (1971), S. 20–45 (dt. ebda.). Eine ganz ähnliche Entwicklung ließe sich in der ökonomischen Wachstumsforschung verfolgen. Vgl. dazu *Hobsbawm,* ebda.; *M. Postan,* Fact and Relevance, Cambridge 1971, 67 f. und die Einleitung zu: *H.-U. Wehler,* Hrsg., Geschichte u. Ökonomie, Köln 1973. Eine erste Fassung lag meinem Beitrag (Geschichte u. Soziologie: Möglichkeiten ihrer Konvergenz?) zur Festschrift für R. König, Köln 1973, zugrunde.

4 *J. Habermas,* Zur Logik der Sozialwissenschaften, Tübingen 1967, S. 91 (Frankfurt 1970², S. 179), vgl. S. 19–47, S. 164–76; ähnlich *H. P. Dreitzel,* Theorielose Geschichte u. geschichtslose Soziologie, in: Geschichte u. Soziologie; *ders.,* Über die historische Methode in der Soziologie, in: *ders.,* Hrsg., Sozialer Wandel, Neuwied 1967, 441–65; *H. Baier,* Soziologie u. Geschichte, in: Archiv für Rechts- u. Sozialphilosophie 52 (1966), S. 67–89; *S. Landshut,* Kritik der Soziologie, Neuwied 1969²; *P. Bollhagen,* Soziologie u. Geschichte, Berlin 1966; *ders.,* Gesetzmäßigkeit u. Gesellschaft, Berlin 1967. So auch seit längerem *C. W. Mills,* Kritik der soziologischen Denkweise, Neuwied 1963, S. 192–208 (auch in: Geschichte u. Soziologie); *ders.,* Power, Politics, and People, Hrsg., New York 1963, der dabei gerade ein hochentwickeltes Land wie die USA vor Augen hatte. Vgl. noch *B. Moore,* Strategie in der Sozialwissenschaft, in: *ders.,* Zur Geschichte der Gewalt, Frankfurt 1966, S. 85–123; *A. Gouldner,* The Coming Crisis of Western Sociology, New York 1971; *H. Gerth* u. *S. Landau,* The Relevance of History to the Sociological Ethos, in: *M. Stein* und *A. Vidich,* Hrsg., Sociology on Trial, New York 1963, S. 26–34, sowie eindringlich *N. Elias,* Soziologie u. Geschichtswissenschaft, in: *ders.,* Die höfische Gesellschaft, Neuwied 1969, 9–59 (auch in: Geschichte u. Soziologie).

5 *Marx/Engels,* Werke (= MEW), Bd. 3, 1958, S. 18, vgl. S. 27: »Abstraktionen haben für sich, getrennt von der wirklichen Geschichte, durchaus keinen Wert.«

6 *D. G. McRae,* Some Sociological Prospects, in: Transactions of the Third Congress of Sociology, Bd. 8, London 1957, S. 302; ähnlich beim 5. Kongreß: *S. D. Clark,* History and the Sociological Method, in: Transactions of the Fifth World Congress of Sociology, Bd. 4, Löwen 1962, S. 31–40; vgl. *ders.,* Sociology, History, and the Problems of Social Change, in: Journal of the Canadian Political Science Association 25 (1959), S. 389–400. *E. Topitsch,* Geschichtswissenschaft u. Soziologie, in: *ders.,* Sozialphilosophie zwischen Ideologie u. Wissenschaft, Neuwied 1966², S. 129. Vgl. auch *R. A. Nisbet,* History and Sociology, in: *ders.,* Tradition and Revolution, New York 1968, S. 91–104; *ders.,* Social Change and History, New York 1969; *T. H. Marshall,* Class, Citizenship, and Social Development, Garden City 1964; *B. A. Wilson,* Sociological Methods in the Study of History, in: Transactions of the Royal Historical Society 21 (1971), S. 101–18; *K. T. Erikson,* History and Sociology, in: *W. Bell,* Hrsg., The Sociology of the Future, New York 1971.

7 *C. A. Beard,* z. B., nach: *R. E. McGrew,* History and the Social Sciences, in: Antioch Review 18 (1958), S. 278; *E. H. Carr,* What is History, London 1961, S. 60 (dt. Stuttgart 1969²); *H. St. Hughes,* The Historian and the Social Scientist, in: American Historical Review (= AHR) 66 (1960), S. 20–46 (dt. in: Geschichte u. Soziologie); *A. S. Eisenstadt,* American History and Social Science, in: The Centennial Review 7 (1963), S. 255–72; *S. L. Thrupp,* History and Sociology, in: American Journal of Sociology (= AJS) 63 (1957), S. 1–10; *C. Vann Woodward,* History and the Third Culture, in: Journal of Contemporary History (= JCH) 3 (1968), II, S. 23–35; *L. Benson,* Toward the Scientific Study of History, New York 1972. – Von deutschen Historikern vgl. z. B. *O. Hintze,* Soziologie und Geschichte (Ges. Abh. II), Göttingen 1964; *W. Conzes* u. *Th. Schieders* Arbeiten in: Bibliographie zur deutschen Sozialgeschichte 1789–1970, in: Moderne Deutsche Sozialgeschichte, hrsg. von *H.-U. Wehler,* Köln 1970³, S. 565–97.

8 *O. Brunner,* Das Problem einer europäischen Sozialgeschichte, in: *ders.,* Neue Wege der Verfassungs- und Sozialgeschichte, Göttingen 1968², S. 102; eine glänzende Kritik an *Brunners* Ansatz in: *H. Medick,* Naturzustand und Naturgeschichte. Die Ursprünge der frühbürgerlichen Sozialtheorie als Geschichtsphilosophie, Göttingen 1972, Einl. (allg. vorzüglich auch über die Vorstellungen von historischer Gesellschaftsanalyse bei den schottischen Philosophen!); *F. Braudel,* Sur une conception de l'histoire sociale, in: Annales 14 (1959), S. 308–19, auch in:

ders., Ecrits sur l'histoire, Paris 1969, S. 175–91; *D. W. Nicholas*, New Paths of Social History and Old Paths of Historical Romanticism: O. Brunner, in: Journal of Social History 3 (1969/70), S. 277–94. Vgl. *H.-U. Wehler*, Probleme der modernen deutschen Sozialgeschichte, in: *ders.*, Krisenherde des Kaiserreichs 1871–1918, Göttingen 1970, S. 319–21; *D. Hilger*, Zum Begriff u. Gegenstand der Sozialgeschichte, in: Buch und Bibliothek 13 (1971), S. 17–26.

[9] *E. J. Hobsbawm*, Europäische Revolutionen, 1789–1848, München 1962. Vgl. *H. Freyer*, Soziologie als Wirklichkeitswissenschaft, Leipzig 1930, S. 165; *ders.*, Soziologie und Geschichtswissenschaft, in: Geschichte in Wissenschaft und Unterricht 3 (1952), S. 14–20 (auch in: Geschichte und Soziologie); *Topitsch*, S. 120; *Brunner*, S. 26–63; *G. Eisermann*, Soziologie u. Geschichte, in: Handbuch der empirischen Sozialforschung, I, Stuttgart 1967², S. 601–40. Allg. hierzu: *R. Aron*, Hauptströmungen des soziologischen Denkens, 2 Bde., Köln 1971; *H. Klages*, Geschichte der Soziologie, München 1969; *F. Jonas*, Geschichte der Soziologie, 4 Bde., Reinbek 1968/69; *R. Spaemann*, Der Ursprung der Soziologie aus dem Geist der Restauration, München 1959.

[10] *G. Iggers*, Deutsche Geschichtswissenschaft, München 1971; Deutsche Historiker, hrsg. von *H.-U. Wehler*, 5 Bde., Göttingen 1971/72; *H. Gollwitzer*, Neuere deutsche Geschichtsschreibung, in: Deutsche Philologie im Aufriß 3, Berlin 1967², S. 2287–356; *J. Streisand*, Hrsg., Studien über die deutsche Geschichtswissenschaft, 2 Bde., Berlin 1963/65; *W. Berthold* und *G. Lozek*, Hrsg., Kritik der bürgerlichen Geschichtsschreibung, Köln 1970. Für die angelsächsischen Länder (Buckle) und Frankreich (vgl. jetzt *G. Lefebvre*, La Naissance de l'historiographie moderne, Paris 1971, S. 160–205; *D. Gerhard*, Guizot, A. Thierry und die Rolle des Tiers Etat in der französischen Geschichte, in: *ders.*, Alte und neue Welt in vergleichender Geschichtsbetrachtung, Göttingen 1962, S. 57–75) gilt dieser Vorwurf längst nicht im gleichen Maße.

[11] Vgl. *K. F. Werner*, NS-Geschichtsbild und Geschichtswissenschaft, Stuttgart 1967; *H. Heiber*, W. Frank und sein Reichsinstitut für Geschichte des neuen Deutschland, Stuttgart 1966; *W. F. Haug*, Der hilflose Antifaschismus, Frankfurt 1967. – *C. v. Ferber*, Die Entwicklung des Lehrkörpers der deutschen Universitäten und Hochschulen 1864–1954, Göttingen 1956; *R. Dahrendorf*, Soziologie und Nationalsozialismus, in: Deutsches Geistesleben u. Nationalsozialismus, hrsg. von A. Flitner, Tübingen 1965, S. 108–24, auch in: *ders.*, Pfade aus Utopia, München 1968, S. 89–103; *H. Maus*, Bericht über die Soziologen in Deutschland, 1933–45, in: Kölner Zeitschrift für Soziologie und Sozialpsychologie (= KZfS) 11 (1959), S. 72–99; *R. König*, Studien zur Soziologie, Frankfurt 1971, S. 9–37, S. 103–136.

[12] *Hintze*, S. 251; ein Anklang noch bei *Dreitzel*, Historische Methode; als massiver Vorwurf bei L. Kofler, Zur Geschichte der bürgerlichen Gesellschaft, Neuwied 1966³. Vgl. *S. W. F. Holloway*, Sociology and History, in: History 48 (1963), S. 154–80, und neuerdings: *T. Schieder*, Unterschiede zwischen historischer und sozialwissenschaftlicher Methode, Moskau 1970, und in: Festschrift H. Heimpel, I, Göttingen 1971, S. 1–27, auch in: Geschichte u. Soziologie; *K.-G. Faber*, Theorie der Geschichtswissenschaft, München 1971.

[13] Als Kritik an einer traditionalistischen Auffassung von Geschichtsschreibung ist *M. Webers* Aufsatz (Die »Objektivität« sozialwissenschaftlicher und sozialpolitischer Erkenntnis, in: Gesammelte Aufsätze zur Wissenschaftslehre, Tübingen 1968³, S. 146–214) immer noch notwendige Lektüre. Von *Marx* seine Einleitung, Grundrisse der Kritik der Politischen Ökonomie, Berlin 1953, S. 5–31. Vgl. auch O. *Hintze*, Der moderne Kapitalismus als historisches Individuum, in: *ders.*, Ges. Abhandlungen, hrsg. von *G. Oestreich*, II, Göttingen 1964, S. 374–426.

[14] *M. Bloch*, Les caractères originaux de l'histoire rurale française, II, Paris 1956², S. XVII.

[15] *F. M. Powicke*, Modern Historians, London 1955, S. 192.

[16] Vgl. *Dreitzel*, Theorielose Geschichte, S. 51; *Moore*, Strategie; *Habermas*, Zur Logik ..., S. 91–125, S. 267–75, S. 278, S. 308.

[17] Vgl. hierzu außer den Titeln in Anm. 2 z. B. im Hinblick auf die USA: *K. A. Lockridge*, A New England Town, Dedham/Mass. 1636–1736, New York 1970; *P. Greven*, Four Generations; Population, Land and Family in Colonial Andover, Mass., Ithaca 1970; *M. Zuckerman*, Peacable Kingdom, New York 1970; *J. Demos*, A Little Commonwealth. Family in Plymouth

Colony, New York 1970; *J. T. Main*, The Social Structure of Revolutionary America, Princeton 1970²; oder für eine spätere Zeit: *S. Thernstrom*, Reflections on the New Urban History, in: Daedalus 100 (1971), S. 359–75; *ders.*, Working Class Social Mobility in Industrial America, in: *M. Richter*, Hrsg., Essays in Theory and History, Cambridge, Mass., 1970, S. 221–38; *ders.*, Urbanization, Migration, and Social Mobility in Late 19th Century America, in: *B. J. Bernstein*, Hrsg., Toward a New Past, New York 1969, S. 158–75. – Frankreich: *P. Higonnet*, Pont-De-Montvert. Social Structure and Politics in a French Village, 1700–1914, Cambridge, Mass., 1971; O. *Hufton*, Bayeux in the late 18th Century, Oxford 1967; *R. Forstner*, The House of Saulx-Tavanes, 1700–1830, Baltimore 1971. – England: *W. G. Hoskins*, The Midland Peasant, London 1957; *E. J. Hobsbawm* u. *G. Rudé*, Captain Swing, London 1968; *L. Stone*, Social Mobility in England, 1500–1700, in: Past and Present 30 (1966). – Rußland: *W. Vucinich*, Hrsg., The Peasant in 19th Century Russia, Stanford 1970. – Schweiz: *R. Braun*, Industrialisierung und Volksleben, Zürich 1960; *ders.*, Sozialer und kultureller Wandel in einem ländlichen Industriegebiet im 19. und 20. Jahrhundert, Zürich 1965. – Deutschland: *J. Habermas*, Strukturwandel der Öffentlichkeit, Neuwied 1965²; *H. Rosenberg*, Große Depression und Bismarckzeit, Berlin 1967.

[18] Nicht immer frei davon sind z. B. *W. Cahnman* und *A. Boskoff*, Hrsg., Sociology and History, Glencoe 1964, S. 1–16, S. 560–80 (dt. in: Geschichte und Soziologie); *S. M. Lipset*, Bemerkungen zum Verhältnis von Soziologie und Geschichtswissenschaften, in: Logik der Sozialwissenschaften, hrsg. von *E. Topitsch*, Köln 1965, S. 477–86; *S. M. Lipset*, History and Sociology, in: *ders.* u. *R. Hofstadter*, Hrsg., Sociology and History Methods, New York 1968, S. 20–58, und in: *ders.*, Revolution and Counterrevolution, New York 1970², S. 3–28 (dt. in: Geschichte und Soziologie); *E. N. Saveth*, Hrsg., American History and the Social Sciences, New York 1964. Typisch ist *L. Galambos*, Parsonian Sociology and Post-Progressive History, in: Social Science Quarterly 50 (1969/70), S. 25–45. Vgl. *S. H. Aronson*, Obstacles to a Rapprochement between History and Sociology: A Sociologists View, in: *M.* und *C. W. Sherif*, Hrsg., Interdisciplinary Relationships in the Social Sciences, Chicago 1969, S. 292–304; *D. Calhoun*, History and Theory, ebda., S. 305–19; *K. H. Wolff*, Sociology and History, in: AJS 65 (1959), S. 32–38; *E. K. Francis*, History and the Social Sciences, in: Review of Politics 13 (1951), S. 354–74.

[19] 400 Jahre – vier Minuten, denn schon die ersten Worte eines freien Vortrags und ihre Wirkung können, wenn er nicht auf Band aufgenommen wurde, nur mehr historisch rekonstruiert werden. Vgl. ganz ähnlich *Carr*, S. 106 und *C. Lévi-Strauss*, L'anthropologie structurale, Paris 1958, S. 17 (dt. Frankfurt 1967): »Denn alles ist Geschichte, das was gestern gesagt worden ist, ist Geschichte, das was vor einer Minute gesagt worden ist, ist Geschichte.«

[20] *W. Dilthey*, Der Aufbau der geschichtlichen Welt in den Geisteswissenschaften, hrsg. von *M. Riedel*, Frankfurt 1970, S. 288 f. Der Historiker könnte auch praktisch ohne diese Zukunftsvorstellungen nicht auskommen, da z. B. ein Buch nicht an einem Tag (um »Gegenwart« so weit auszudehnen) geschrieben werden kann, folglich zumindest für ihn Klarheit darüber herrschen muß, ob seine Orientierungsmaßstäbe in Zukunft gültig bleiben.

[21] *Habermas*, Zur Logik . . ., S. 92.

[22] Nach *F. Braudel* (Histoire et sciences sociales: la longue durée, in: Annales 13 (1958), S. 725–53, auch in: *ders.*, Ecrits, S. 41–83 (dt. in: Geschichte und Soziologie); *ders.*, Histoire et Sociologie, in: *G. Gurvitch*, Hrsg. Traité de Sociologie I, Paris 1958, S. 83–98, auch in: Ecrits, 97–122; *ders.*, G. Gurvitch et la discontinuité du social, in: Annales 1953, S. 347–61), *P. Ariès* (Le temps de l'historie, Paris 1954), *L. Krieger* (The Horizons of History, AHR 63 (1957), S. 62–74) und Vorstellungen von *R. Koselleck* über die »Theorie der Temporalstrukturen«, die er mehrfach in Diskussionen entwickelt hat und die in das »Lexikon der politisch-sozialen Begriffe der Neuzeit« (Stuttgart 1972 ff.) eingehen werden; knapp *ders.*, Wozu noch Historie?, in: Historische Zeitschrift (= HZ) 212 (1971), S. 1–18. Vgl. auch das verständnisvolle Plädoyer von *S. H. Beer*, Political Science and History, in: *M. Richter*, Hrsg., Essays in Theory and History, Cambridge, Mass., 1970, S. 41–73, vor allem S. 60–63. Auch im Hinblick auf die Zeit kann die Geschichtswissenschaft auch noch nicht, wie *F. Mauro* gemeint hat (nach

R. Davis, History and the Social Sciences, Leicester 1965, S. 3), »die Projektion der Sozialwissenschaften in die Vergangenheit« sein.

[23] Vorzügliche Kritik daran und an einer wichtigen Schule der französischen Geschichtswissenschaft überhaupt findet sich in: *D. Groh,* Strukturgeschichte als »totale« Geschichte?, in: Vierteljahrschrift für Sozial- und Wirtschaftsgeschichte 58 (1971), S. 289–322.

[24] Dieses gehört also in *Hintzes* Worten (HZ 143 [1931], S. 525) zu den »heuristischen Prinzipien«, den »Orientierungshilfen für die Forschung und Maßstäben für das wissenschaftliche Urteil«.

[25] *E. Bloch,* Erbschaft dieser Zeit, Frankfurt 1962, S. 104 ff.

[26] Vgl. *Beer,* S. 60–63; *A. Briggs,* Sociology and History, in: *A. R. Welford* u. a., Hrsg., Society, London 1968², S. 91–98 (dt. in: Geschichte und Soziologie); *ders.,* Geschichte und Gesellschaft, in: *N. MacKenzie,* Hrsg., Führer durch die Sozialwissenschaften, München 1969, S. 48–68. Wie die Psychoanalyse (vgl. Anm. 33) kann die Geschichtswissenschaft jedenfalls eine rationale Analyse und damit – zumindest implizit – eine gewisse Handlungsanweisung anbieten. Dieses Angebot kann akzeptiert oder abgelehnt werden. Vgl. dazu *J. Habermas,* Erkenntnis und Interesse, Frankfurt 1968, S. 262–364, eine glanzvolle Freud-Interpretation.

[27] Am besten dazu m. E. das brillante Buch von *K. Polanyi,* The Great Transformation (1944), Boston 1968⁹.

[28] Hierzu sehr einleuchtend: *Tilly,* passim, S. 450–66. Vgl. allg. hierzu und zum Folgenden *J. Kocka.* Zu einigen sozialen Funktionen der Geschichtswissenschaft, Neue Sammlung 1971 (6. Sonderheft: Geschichte und Sozialwissenschaften), S. 12–17.

[29] Das erklärt auch z. T. die Schwerpunktbildung bei den internationalen studentischen Unruhen.

[30] Man lese nur einmal *H. Blalock,* Theory Construction, Englewood Cliffs 1969; *ders.,* Causal Inferences in Non-Experimental Research, Chapel Hill 1964; *E. Borgatta,* Hrsg., Sociological Methodology, San Francisco 1969; *A. Stinchcombe,* Constructing Social Theories, New York 1968, u. *J. Habermas* und *N. Luhmann,* Theorie der Gesellschaft oder Sozialtechnologie? Was leistet die Systemforschung?, Frankfurt 1971. Auf den Höhen der *Luhmann*schen Abstraktionsebene (weitere Lit. von ihm ebda.) hat sich historische Realität weithin verflüchtigt. Vgl. allg. die brillante Kritik von *H. Stretton,* The Political Sciences, London 1969; *H. Lüthy,* Die Mathematisierung der Sozialwissenschaften, Zürich 1970 (auch in: Geschichte und Ökonomie); *L. Stone,* Theories of Revolution, in: World Politics 18 (1966), S. 160–76; *H. J. Perkin,* Social History, in: *H. P. R. Finberg,* Hrsg., Approaches to History, London 1969², S. 51–82; *A. M. Schlesinger,* The Humanist Looks at Empirical Social Research, in: American Sociological Review (= ASR) 27 (1962), S. 768–71 (auch in: *Saveth,* Hrsg., S. 531–36); dazu der Kommentar von *Hauser* u. *Homans,* ebda., 28 (1963), S. 97–100.

[31] Vor Jahren habe ich in Kalifornien eine kostspielige Erhebung miterlebt, die mit komplizierten Methoden der Quantifizierung arbeitete und dann u. a. ergab, daß blonde Mädchen auch in »Suburbia« begehrter als andersfarbige seien. Vgl. zum Quantifizierungsproblem: *E. Shorter,* The Historian and the Computer, Englewood Cliffs 1971; *D. K. Rowney* und *J. Q. Graham,* Hrsg., Quantitative History, Homewood 1969; *W. O. Aydelotte,* Quantification in History, in: AHR 71 (1966), S. 803–25; auch in: *ders.,* Quantification in History, Reading 1971, S. 39–65, und in: *Rowney/Graham,* S. 3–22 (dt. in: Geschichte und Soziologie); *R. P. Swierenga,* Hrsg., Quantification in American History, New York 1970; *J. R. Price,* Recent Quantitative Work in History, in: History and Theory (= HT), Beih. 9 (1969), S. 1–13; *ders.* und *V. Lorwin,* Hrsg., Quantification and History, New Haven 1972; *A. Bogue,* New Political History, in: JCH 3 (1968), S. 5–27, u. in: *Rowney/Graham,* S. 109–126; *S. Thernstrom,* Quantitative Methods in History, in: *Lipset/Hofstadter,* S. 59–78; *J. Hexter,* History, the Social Sciences, and Quantification, Moskau 1970, u. in *ders.,* Doing History, Bloomington 1971, S. 107–34; *F. Dovring,* History as a Social Science, Den Haag 1960; *J. J. Sheehan,* Quantification in the Study of Modern German Social and Political History, in: New Dimensions in History, Princeton 1972; *J. Marczewski,* Introduction à l'histoire quantitative, Genf 1965; *ders.,* Quantitative History, in: JCH 3 (1968), S. 179–91 (dt. in: Geschichte und Öko-

nomie); *ders.*, Histoire Quantitative de l'Economie française, I, Paris 1961. Kritik daran: *P. Chaunu*, L'histoire sérielle. Bilan et perspectives, Revue Historique (= RH) 1970, S. 297–320; *ders.*, Histoire quantitative et histoire sérielle, in: Cahiers V. Pareto 3 (1964), S. 165–75; *P. Vilar*, Pour une meilleure compréhension entre économistes et historiens, in: RH 233 (1965), S. 293–312 (dt. in: Geschichte und Ökonomie); *F. Furet*, L'histoire quantitative et la construction du fait historique, in: Annales 26 (1971), S. 63–75; *A. Soboul*, Descriptions et mesures en histoire sociale, in: L'Information Historique 28 (1966), S. 104–9, u. in: L'histoire Sociale, Paris 1967, S. 9–25; *P. Lebrun*, Structure et Quantification, in: *C. Perelman*, Hrsg., Raisonnement et démarches de l'historien, Brüssel 1964, S. 29–51; Quality and Quantity, European Journal of Methodology 1 (1967 ff.); *L. Gottschalk*, Hrsg., Generalization in the Writing of History, Chicago 1963; *A. Riasanovsky* und *R. Riznik*, Hrsg., Generalization in History, Philadelphia 1963, auch das ganz positivistische Buch von *E. Tuma*, Economic History and the Social Sciences, Berkeley 1971, S. 227–42, sowie die einschlägige Lit. in: Geschichte und Ökonomie (zur »Neuen Wirtschaftsgeschichte«) und in: Bevölkerungsgeschichte, hrsg. von *W. Köllmann* und *P. Marschalck*, Köln 1972, zur Historischen Demographie.

32 Dazu vgl. wieder eingehender *Tilly*, S. 437 f.

33 *Habermas*, Zur Logik . . ., S. 29; vgl. *ders.*, Hermeneutik u. Ideologiekritik, Frankfurt 1971; *H.-U. Wehler*, Zum Verhältnis von Geschichtswissenschaft und Psychoanalyse, in: HZ 208 (1969), S. 529–54, erweitert in: *ders.*, Hrsg., Geschichte und Psychoanalyse, Köln 1971, S. 9–30, dort die Lit. zum Historismus- und Hermeneutikproblem. Von *H. Albert* (z. B. Theorie, Verstehen u. Geschichte, in: Zeitschrift für Allgemeine Wissenschaftstheorie 1 (1970), S. 3–23) wird diese Problematik viel zu eng diskutiert, die Zeitfrage gar nicht. Vgl. auch *K.-D. Opp*, Methodologie der Sozialwissenschaften, Reinbek 1970, dagegen aber *M. Heirich*, The Use of Time in the Study of Social Change, in: ASR 29 (1964), S. 386–97. – Andererseits schreiben auch Historiker unbefangen über Soziologie, obwohl sie allem Anschein nach weder über Soziologie noch über wichtige Theorieprobleme informiert sind. Besonders ungeniert: *K. Bosl*, Der »soziologische Aspekt« in der Geschichte, in: HZ 201 (1965), S. 613–30; *ders.*, Geschichte und Soziologie, in: *ders.*, Frühformen der Gesellschaft im mittelalterlichen Europa, München 1964, S. 472–93; bei *F. Wagner* (Begegnungen von Geschichte und Soziologie bei der Deutung der Gegenwart, in: HZ 192 (1961), S. 607–24 kommt Soziologie nur im Titel vor; enttäuschend auch *H. Trevor-Roper*, The Past and the Present, History and Sociology, in: Past and Present 42 (1969), S. 3–17.

34 Vgl. *B. Halpern*, History, Sociology, and Contemporary Area Studies, in: AJS 43 (1957), S. 2 f. Vgl. dagegen *R. Wittram*, Das Interesse an der Geschichte, Göttingen 1968[3]; *ders.*, Anspruch u. Fragwürdigkeit der Geschichte, ebda.

35 *T. S. Kuhn*, Die Struktur wissenschaftlicher Revolutionen, Frankfurt 1967; vgl. *D. H. Fischer*, Historian's Fallacies, New York 1970.

36 Vgl. *Nisbet*, History, S. 97, S. 99–104; *T. C. Cochran*, The Historian's Use of Social Role, in: *Gottschalk*, Hrsg., S. 103–10 (dt. in: Geschichte und Soziologie); *ders.*, The Inner Revolution. The Social Sciences in History, New York 1964; auch *F. Fürstenberg*, »Sozialstruktur« als Schlüsselbegriff der Gesellschaftsanalyse, in: KZfS 18 (1966), S. 439–53; *G. Gurvitch*, Le concept de structure sociale, in: Cahiers Internationaux de Sociologie 19 (1955), S. 3–44; *R. Mousnier*, Le concept de classe sociale et l'histoire, in: Revue d'histoire économique et sociale 48 (1970), S. 449–59; *J. Mészáros*, Hrsg., Aspects of History and Class Consciousness, London 1971; sowie die psychoanalytisch-historischen Studien zit. in *Wehler*, Geschichte und Psychoanalyse, und *ders.*, Hrsg., Soziologie und Psychoanalyse, Stuttgart 1972, S. 169–73.

37 Vgl. *Habermas*, Zur Logik . . ., S. 100.

38 MEW, Bd. 8, S. 115, ähnlich Bd. 3, S. 38, Bd. 27, S. 452. Vorzüglich hierzum und zum Folgenden: *J. Kocka*, Sozial- und Wirtschaftsgeschichte, in: Sowjetsystem und Demokratische Gesellschaft, V, Freiburg 1972, z. T. in: Geschichte und Soziologie.

39 Vgl. MEW 23, S. 15; *M. Weber*, Gesammelte Politische Schriften, Tübingen 1958[2], S. 60, S. 320. Vgl. *W. D. Narr*, Systemzwang als neue Kategorie in Wissenschaft und Politik, in: *C. Koch* und *D. Senghaas*, Hrsg., Texte zur Technokratiediskussion, Frankfurt 1970, S. 218–45.

[40] Vgl. hierzu *D. Landes* und *C. Tilly*, Hrsg., History as Social Science, Englewood Cliffs 1971; Research in Economic and Social History, London 1971; *Lipset/Hofstadter; M. Richter*, Hrsg., Essays in Theory and History, Cambridge, Mass., 1970; *S. P. Hays*, New Possibilities for American History, in: *Lipset/Hofstadter*, S. 181–227; *ders.*, A Systematic Social History, in: *G. A. Billias* und *G. N. Grob*, Hrsg., American History, Glencoe 1971, S. 315–66; *N. Smelser*, Sociological History, in: Journal of Social History 1 (1967/68), S. 17–35, auch in: *ders.*, Essays in Sociological Explanation, Englewood Cliffs 1968, S. 76–91; *W. J. Mommsen*, Die Geschichtswissenschaft jenseits des Historismus, Düsseldorf 1971, S. 27–46.

[41] Vgl. die *Habermas*sche Trias von Herrschaft, Arbeit, Sprache.

[42] Im allgemeinen hat die französische Sozialgeschichte *Marx* viel unbefangener und intensiver rezipiert als die deutsche. Vgl. einmal *Braudel, P. Vilar* (Marxisme et histoire dans le développement des sciences humaines, in: Studi Storici 5 (1959/60), S. 1008–43 (z. T. dt. in: Geschichte und Ökonomie) und *J. Bouvier*, Histoire économique et histoire sociale, Genf 1968, S. 25–34 (dt. ebda.) mit *Brunner* und *Conze*, die *Marx* nicht aufnehmen. Die Gründe dafür, die bis heute in den unterschiedlichen Traditionen der »politischen Kultur«, des Bildungswesens usw. zu finden sind, ließen sich leicht aufzählen. Auch in England und Nordamerika war der *Marx*sche Einfluß in Geschichte, Soziologie und Ökonomie bis vor kurzem vergleichsweise weitaus begrenzter. Vgl. jetzt aber: *Moore, Mills, Hobsbawm; C. Hill*, The Century of Revolution, 1603–1714, New York 1966; *ders.*, Reformation to Industrial Revolution, 1530–1780, Baltimore 1969; *M. Dobb*, Entwicklung des Kapitalismus, Köln 1970; *ders.*, Political Economy and Capitalism, London 1968; *R. Meek*, Economics and Ideology, London 1967; *ders.*, Studies in the Labor Theory of Value, London 1956; *S. Pollard*, Economic History, in: Past and Present 30 (1965), S. 3–22; *W. A. Williams*, The Contours of American History, New York 1961; *ders.*, The Roots of the Modern American Empire, New York 1969; *E. Genovese*, The Political Economy of Slavery, New York 1967. Hierzu auch das Eingeständnis von *John Hicks* in seiner letzten Schrift (A Theory of Economic History, Oxford 1969, S. 3): »Da es so wenig Alternativen gibt, ist es nicht überraschend«, daß man auf Marx zurückgreife. »Es bleibt dennoch ein außergewöhnlicher Umstand, daß 100 Jahre nach dem ›Kapital‹ – ein Jahrhundert, in dem es eine enorme Entwicklung der Sozialwissenschaften gegeben hat – so wenig anderes aufgetaucht ist.«

[43] Zur inhaltlichen Bestimmung sozialen Wandels vgl. einen der wenigen historisch fundierten, wenn auch manchmal zu mechanistischen Anläufe bei *N. Elias*, Über den Prozeß der Zivilisation, I, Bern 1969², S. VII–LXX (Einl. zur 2. Aufl.) mit *Smelser* (Social Change), dessen systemtheoretischer Ansatz à la *Parsons* doch sehr schematisch wirkt. Vgl. noch *Dreitzel*, Hrsg., Sozialer Wandel; *W. Zapf*, Hrsg., Theorien des sozialen Wandels, Köln 1969.

[44] Vgl. die eingehende Kritik von *Groh*.

[45] Vgl. z. B. *C. Johnson* (Revolutionstheorie, Köln 1971), der sie explizit zur vorbeugenden Systemstabilisierung einsetzen will. Siehe auch *F. Naschold*, Systemsteuerung, Stuttgart 1969.

[46] Vgl. *Habermas*' Kritik an *Luhmann; J. Bergmann*, Die Theorie des sozialen Systems von T. Parsons, Frankfurt 1967; *ders.*, u. a., Herrschaft, Klassenverhältnis und Schichtung, in: Spätkapitalismus oder Industriegesellschaft?, hrsg. von *T. W. Adorno*, Stuttgart 1969, S. 67–87; *W.-D. Narr*, Theoriebegriffe und Systemtheorie, Stuttgart 1969; *K. Mauke*, Die Klassentheorie von Marx und Engels, hrsg. von *K. Meschkat* u. a., Frankfurt 1970; *E. Wiehn*, Theorien der sozialen Schichtung, München 1968; *S. Ossowski*, Die Klassenstruktur im sozialen Bewußtsein, Neuwied 1962; *R. Dahrendorf*, Soziale Klassen u. Klassenkonflikt in der industriellen Gesellschaft, Stuttgart 1957, überarb. als: Class and Class Conflict in Industrial Society, Stanford 1959; *R. Heberle*, Recovery of Class Theory, in: The Pacific Sociological Review 2 (1959), S. 18–24; *ders.*, Hauptprobleme der Politischen Soziologie, Stuttgart 1967, S. 102–19; *T. B. Bottomore*, Classes in Modern Society, New York 1966, dt. München 1968; *ders.*, Sociological Theory and the Study of Social Conflict, in: *McKinney/Tiryakian*, S. 138–153; *L. A. Coser*, Theorie sozialer Konflikte, Neuwied 1965.

[47] MEW 27, S. 409 (25. 8. 1842); 19, S. 112, (Nov. 1877); vgl. auch MEW 27, S. 457, wo *Marx* über »historische Gesetze« spricht, »die nur für eine bestimmte historische Entwicklung,

für eine bestimmte Entwicklung der Produktivkräfte gelten«. Sehr anregend hierzu: *J. Kocka*, K. Marx u. M. Weber, in: Zeitschrift für die Gesamte Staatswissenschaft 122 (1966), S. 328–57, überarb. in: Geschichte und Ökonomie. Vgl. auch *Vilar*, Marxisme. *J. Hexter* (A New Framework for Social History, in: *ders.*, Reappraisals in History, New York 1967[4], S. 14–25) mag mit seiner Kritik den Vulgärmarxismus treffen, aber *Marx'* eigene Vorstellungen von historischer Theorie verfehlt er durchaus. Aufschlußreich ist auch *Meek*, Economics, S. 110, 112. Nichts zwingt eine historisch-kritische Sozialwissenschaft dazu, in toto alles hinzunehmen, was *Marx* je geschrieben hat, wie es einige Vertreter der »Neuen Linken« anzunehmen scheinen.

[48] *J. Habermas*, Analytische Wissenschaftstheorie und Dialektik, in: Festschrift Adorno, Frankfurt 1963, S. 479 f. (jetzt auch in: Zur Logik . . ., Frankfurt 1970[2], S. 9–39). Es scheint mir ein berechtigter Vorwurf zu sein, daß die »Frankfurter Schule« gerade in diesem Sinn zu wenige historisch-empirische Studien vorzuweisen hat.

[49] Vgl. *Mills*, Kritik . . .; *Topitsch*, S. 128; *Dreitzels* Aufsätze.

[50] *Weber*, Objektivität . . ., passim; *J. Berlin*, History and Theory, in: HT 1 (1960), S. 1. Es ist sehr problematisch, ob man wie *Schieder* (Unterschiede) davon sprechen kann, die »Faktizität einer vollendeten Vergangenheit« bilde »eine unumstößliche Voraussetzung« für den Historiker; »nie« sei die »Geschichte selbst in ihren Daten und Fakten zu verändern«. Einmal erschließt sich diese schwer erkennbare Faktizität nur präzisen Theorien, sie bleibt dennoch oft vieldeutig und ist schließlich keineswegs so unbeirrbar fest gegeben. Was heißt »Faktizität« beim Abwägen der Mittelstandsproblematik im Hinblick auf den Aufstieg der NSDAP, der Leitsektorenfrage im Hinblick auf den Eisenbahnbau in der Industriellen Revolution usw.?

[51] *Hintze*, S. 251, Vgl. *W. H. Sewell*, M. Bloch and the Logic of Comparative History, in: HT 6 (1967), S. 208–18. Typisch etwa für oberflächlichen Vergleich: *B. Barber*, Social Stratification, New York 1957. Vgl. dagegen *J. Vallier*, Hrsg., Comparative Methods in Sociology, Berkeley 1971.

[52] Vermutlich wird hier der Vorwurf der berufsspezifischen Ideologie und des Fächerimperialismus nicht zu vermeiden sein. Die Frage ist nur die, ob es schlüssige Argumente gegen die hier vertretene Position gibt.

[53] Vgl. hierzu: *Tilly*, Clio; *Clark; P. Laslett*, History and the Social Sciences, in: International Encyclopaedia of the Social Sciences, Bd. 6, 1968, S. 434–40; *Hobsbawm*, Social History, S. 26–29, S. 31 f.; *W. Holt*, History and the Social Sciences Reconsidered, in: Kyklos 8 (1955), S. 389–96; *R. Challener* und *M. Lee*, History and the Social Sciences, in: AHR 61 (1956), S. 331–38; *R. Hofstadter* (Geschichte und Sozialwissenschaft, in: *F. Stern*, Hrsg., Geschichte und Geschichtsschreibung, München 1966, S. 369–81) beschreibt mögliche Ergebnisse einer solchen Fusion. Zur notwendigen Verbindung von »hermeneutischen Methoden« mit »objektiven Strukturanalysen der empirischen Sozialwissenschaft« auch vorzüglich *K.-O. Apel*, Szientistik, Hermeneutik, Ideologiekritik, in: Hermeneutik u. Ideologiekritik, S. 40–44, und *J. Kocka*, *O. Hintze*, in: Deutsche Historiker, Bd. III, S. 41–64.

[54] *G. Lukács*, Geschichte u. Klassenbewußtsein (1923), Neuwied 1970[3], S. 279.

WELTZEIT UND SYSTEMGESCHICHTE

Über Beziehungen zwischen Zeithorizonten und sozialen Strukturen gesellschaftlicher Systeme

Von Niklas Luhmann

I

Das naive Verhältnis menschlichen Lebens zu seiner eigenen Geschichte kann in verschiedener Weise durch Reflexion gebrochen werden. Die eine Möglichkeit ist, das Vergangene als einen besonderen Gegenstandsbereich anzusehen und nach den Bedingungen seiner Erkenntnis zu fragen. In dieser Perspektive kann, wenn man Erkenntnis über Erinnerung hinaus szientifizieren will, auch nach den Bedingungen gefragt werden, unter denen solche Erkenntnis als wissenschaftliche zu gelten hat, weil die Ergebnisse der Geschichtsforschung intersubjektive Gültigkeit erreichen. Legt man diese »epistemologische« Perspektive zugrunde, gilt als ausgemacht, daß das Vergangene etwas ist, was gewesen ist; und weiter, daß aus der Fülle des objektiv Vergangenen forschungswürdige Themen unter dem Gesichtspunkt von Erkenntnisinteressen ausgewählt werden können. Eine ideologische Verzerrung solcher Erkenntnisinteressen (immer: *Erkenntnis*interessen!) mag man zugeben und mit mehr oder weniger Optimismus für ausmerzbar halten. Die Sozialgeschichte würde sich dann als wissenschaftliche Disziplin mit der Erkenntnis vergangener sozialer Strukturen und Prozesse befassen. Sie könnte zur Beurteilung der Zusammenhänge und als Selektionshilfe soziologische Theorien heranziehen, die gegenwärtig anerkannt sind und sich forschungsmäßig bewährt haben. In diesem Sinne lassen sich etwa Theorien über Zusammenhänge zwischen Gesellschaftsdifferenzierung, Teilsystemautonomie und symbolischer Generalisierung für historische Forschung auswerten [1].

Das Recht und die Möglichkeit, so vorzugehen, sollen hier nicht bestritten werden. Man sollte jedoch nicht verkennen, daß dabei weite Problembereiche übersprungen werden, die auch noch in die Kompetenz soziologischer Theorie fallen. Sie betreffen die sozialen Bedingungen der Konstitution von Zeit und Geschichte. Die Konstitution temporaler Modalitäten und die Selektion dessen, was in ihnen relevant wird, sind nicht nur eine Frage der Erkenntnis; sie sitzen schon im Gegenstand selbst. Das muß man anerkennen, wenn man annimmt, daß der Gegenstand soziologischer wie sozialgeschichtlicher Forschung aus sinnhaftem, selbstselektivem menschlichen Erleben und Handeln besteht, dem die Möglichkeit der Reflexion auf seine eigene Selektivität innewohnt. In dem Maße, als die soziologische Theorie das Sinnproblem einbezieht [2], wird Zeitlichkeit zu einer konstituierenden Dimension ihres Gegenstandes und kann nicht länger nur als Bedingung der Erkenntnis des Gegenstandes behandelt werden.

Möglicherweise kann die historische Forschung sich freimachen vom »historischen Bewußtsein« ihres Gegenstandes Gesellschaft, den sie erforscht – gleichsam als Nachfolgerin der alten, mit allen Zeiten simultanen omniscientia Dei [3]. Wie dem auch sei – der Weg dahin ist weit und nur zu betreten, wenn man zuvor die Zeitlichkeit des Gegenstandes analysiert, um zu erkennen, wovon und wie man eventuell abstrahieren muß.

In der Soziologie ist es zwar ein Gemeinplatz, daß das Zeitbewußtsein in verschiedenen sozialen Systemen differiert und abhängt von ihrer sozialen Struktur [4]. Die These wird vor allem im Hinblick auf Tempo des Zeitlaufes, Zeitknappheit und Weite des handlungsrelevanten Zeithorizontes ausgearbeitet – besonders also auf ökonomische oder »bürgerliche« Aspekte von Zeit. All dies sind jedoch bestenfalls Teilaspekte des allgemeinen Zeitproblems. Darüber hinaus wird in der Theorie der bürgerlichen Gesellschaft seit *Hegel* und vor allem im Anschluß an *Marx* die Geschichtlichkeit der je gegenwärtigen gesellschaftlichen Bewußtseinslage und ihrer Reflexionsmittel diskutiert, in diesem Falle noch ohne deutliche Unterscheidung von erkenntnistheoretischen Fragestellungen [5]. Unsere weiteren Überlegungen verfolgen das Ziel, diese Einzelelemente mit Hilfe abstrakterer, systemtheoretischer Fragestellungen zusammenzufügen. Es soll gezeigt werden, daß und wie soziale Systeme Zeit, Zeithorizonte und bestimmte Auslegungen zeitlicher Relevanzen konstituieren. Und konstituieren soll nicht heißen »herstellen« oder ab nihilo kreieren, sondern soll heißen, sinnhaft verfügbar machen als Bedingung des Aufbaus und der Reduktion von Komplexität.

Wir beschränken uns dabei, dem Thema dieses Sammelbandes entsprechend, auf den Vergangenheitshorizont der Zeit. Die Konstitution einer offenen Zukunft bedürfte, vom gleichen systemtheoretischen Ansatz aus, zusätzlicher Überlegungen.

II

Mit Hilfe eines systemtheoretischen Ansatzes läßt sich zunächst in anderer Weise, als bisher üblich, Erleben und Handeln unterscheiden. Unter Erleben verstehen wir den der Selbsterfahrung zugänglichen Bewußtseinsprozeß, sofern dessen Selektivität nicht dem selektierenden System, sondern seiner Umwelt zugerechnet wird [6]. Zurechnung von Selektivität (und damit Konstitution von Erleben und Handeln) ist nur möglich auf Grund einer bewußt gehaltenen, stabilisierten Differenz. Diese erfordert simultane Präsenz (mindestens) zweier Ebenen – zum Beispiel des Möglichen und des Wirklichen, des Gegenwärtigen und des Nichtgegenwärtigen, des Bekannten und des Unbekannten usw. Diese Simultaneität zweier Ebenen wollen wir als *Modalisierung* des Selektionsprozesses bezeichnen, meinen damit also das Präsenthalten jener zweiten Ebene, die dem Selektionsprozeß seinen Charakter als Selektion verleiht.

Auf Grund dieser Vorüberlegungen können wir ein jeweils gegenwärtiges Zeiterleben, das auf nichtaktuelle Zeithorizonte verweist, als Modalisierung gegenwärtigen Erlebens bezeichnen [7]. Aussagen über Vergangenes sind zum Beispiel gegenwärtige Aussagen im Modus der Vergangenheit. Man kann, mit anderen Worten, gegenwärtiges Erleben so modalisieren, daß seine Inhalte den allgemeinen Charakter des Vergangenen erhalten. Neben temporalen Modalisierungen gibt es mehrere andere Modalisierungsformen – zum Beispiel epistemologische, Erkenntnis betreffend; oder possibilistische, eine Mehrheit von Möglichkeiten betreffend; oder soziale, die Zurechnung von Selektionen betreffend. Die klassische Diskussion der Modalitäten, die Modalisierungen zunächst auf eine ontologisch interpretierte Logik, dann auf Sprache, dann auf Bedingungen der Erkenntnis bezog, hat eine volle analytische Trennung und Gleichgewichtung dieser verschiedenen Arten von Modalisierung nicht erreicht [8]. Damit fehlt auch ein hinreichend abstrakter und hinreichend leistungsfähiger Begriff der Modalität, also der Begriff, von dem aus wir Zeitlichkeit als »ein Fall von ...« begreifen könnten. An dieser Stelle könnten systemtheoretische Überlegungen weiterhelfen.

Den Weg für den ersten Schritt hat *Talcott Parsons* gebahnt. Sein berühmtes Systemproblemschema (adaptation, goal attainment, integration, latent pattern maintenance) setzt in der Konstruktion zwei Achsen voraus. Die eine drückt die Differenz von System und Umwelt aus, die andere ist die Zeitachse, dichotomisiert als Unterschied von gegenwärtiger und zukünftiger Erfüllung. Dahinter steht, wie neuerdings klar formuliert [9], die Grundthese, *daß die Differenzierung von System und Umwelt Zeitlichkeit produziert,* weil sie eine momenthafte, Punkt für Punkt korrelierende Erhaltung der Differenz ausschließt. Es kann nicht mehr alles gleichzeitig geschehen. Die Erhaltung braucht Zeit und hat Zeit. Die kritische Wirkung eines Teils der Systemprozesse tritt erst später ein und muß auch dann noch ein sinnvolles Umweltverhältnis finden; sonst löst die Differenz von System und Umwelt sich wieder auf.

Damit läßt sich ein zweiter Gedankenschritt verbinden. Systemtheoretisch können alle Modalisierungen als *Generalisierung* von Systemstrukturen begriffen werden. Generalisierung heißt, daß die Struktur mit mehr als einem Umweltzustand bzw. Systemzustand kompatibel ist; der Begriff setzt eine Differenz von System und Umwelt voraus [10]. In diesem Sinne sind zum Beispiel Möglichkeiten modale Generalisierungen, mit denen entweder Wirkliches als auch anders möglich oder Mögliches als entweder wirklich oder nichtwirklich identifiziert werden kann. Temporale Modalisierungen sind Generalisierungen eines anderen Typs [11]. Sie beruhen auf dem Festhalten der Identität der Welt oder eines Systems im Nacheinander verschiedener Zustände.

Alle weiteren Überlegungen bauen auf der Annahme auf, daß solche Generalisierungsleistungen mit den Systemstrukturen selbst variieren – also weder rein beliebig vorkommen, noch als bloße »Zutat« des Erkenntnisprozesses eine Art transzendentaler Schein sind. Aus dieser Annahme ergibt sich die Aufgabe, genauer zu untersuchen, wie Zeithorizonte und Strukturen sozialer Systeme zusammenhängen. Dazu benutzen wir als Ausgangspunkt zwei Prämissen: den Sinnbegriff und erneut die System/Umwelt-Differenz.

III

Die Sinnhaftigkeit menschlichen Erlebens und Handelns ist insofern konstitutiv für Zeit und Geschichte, als sie die erfahrbare Selektivität aller Bestimmungen begründet. Alles, was sinnhaft geschieht, geschieht in einem Horizont anderer Möglichkeiten. Das ist selbst dann der Fall, wenn andere Möglichkeiten als Möglichkeiten negiert und das Geschehen damit als notwendig eingeführt wird; denn Negationen »können« (!) – und dieses »Können« ist seinerseits notwendig – ihrerseits negiert werden [12]. Historische Ereignisse sind mithin nicht in ihrer puren Faktizität und auch nicht allein in ihrer faktischen Verlaufsverkettung, sondern in ihrer Selektivität relevant. Weltgeschichte hat Sinn als Selbstselektion des Seins und ist daher theoretisch als Evolution zu begreifen – in einer Gesellschaft, die ein nicht mehr nur politisches oder theologisches, sondern ein wissenschaftliches Interesse an Geschichte ermöglicht und durchsetzt.

Zum Begriff einer sinnhaften Geschichte gehört eine (je gegenwärtig konstituierte, in die Vergangenheit projizierte) Differenz von Möglichem und Wirklichem. Das »Geschichtsbild« einer Gesellschaft variiert deshalb nicht nur infolge der je gegenwärtigen Selektion und Aufmachung von Fakten, die man aus erkenntnismäßigen oder anderen Gründen für berichtenswert hält; sondern es variiert in den Konstitutionsbedingungen der Selektivität, vor allem in der Unaufhebbarkeit der Möglichkeit anderer Möglichkeiten, die heute möglich sind. Um nur ein Beispiel zu geben: Es ist nahezu unvermeidbar, daß wir Gesellschaften ohne politisch organisierte Möglichkeit einer bindenden Entscheidung von Rechtskonflikten unter dem Gesichtspunkt des »Fehlens« dieser Möglichkeiten betrachten und Übergangslagen so analysieren, als ob es beide Möglichkeiten »gäbe« und erst die eine, dann allmählich die andere verwirklicht würde [13]. Man muß also heute Mögliches wegdenken, Mögliches negieren, um die Erlebens- und Handelnshorizonte vergangener Gesellschaftssysteme zu rekonstruieren – und das ist eine nur fiktiv durchführbare, begrifflich schwer präzisierbare und kaum kontrollierbare gedankliche Operation, die als Bedingung ihrer eigenen Möglichkeit Wissenschaft (und insofern wiederum Gegenwart) voraussetzt. Wir kommen darauf unter dem Titel der Reflexivität des Zeitverständnisses zurück.

Diese Einsicht in die Selektivität geschichtlicher Fakten gibt uns den Schlüssel für die Herstellung des Zusammenhangs von sozialen Strukturen und Zeithorizonten. Geschichte entsteht als Selektion aus Möglichkeitshorizonten, und Möglichkeiten setzen als Bedingung der Möglichkeit Systembildungen voraus. Hier wird erneut deutlich, daß wir einen in der Erkenntnistheorie gebrauchten Begriff, nämlich »Bedingung der Möglichkeit«, in die Systemtheorie übertragen müssen. Die zunächst in der Erkenntnistheorie gewonnene Einsicht, daß Möglichkeiten abhängig sind von Bedingungen der Möglichkeit und sich also unterscheiden je nachdem, welche Bedingungen der Möglichkeit gemeint sind, läßt sich durch das Konzept der modalen Generalisierung auf Systeme schlechthin übertragen [14]. Systemstrukturen müssen vorausgesetzt werden, wenn Mögliches von Unmöglichem getrennt werden soll [15], und sie müssen weiter vorausgesetzt werden, will man verschiedene Arten des Möglichen, etwa das politisch Mögliche, das wirtschaftlich Mögliche, das technisch Mögliche differenzieren. »Voraussetzen«, »Trennen«, »Differenzieren« sind hier als Operationen des täglichen Lebens gemeint, nicht nur, aber auch, als Erkenntnisprozesse. Es geht letztlich darum, daß nicht nur beim Erkennen, sondern bei allen Bewußtseinsoperationen, also bei aller Innenverarbeitung von Selektivität, modale Generalisierungen in verschiedener Richtung möglich sind und daher mit Differenzierungen erkauft werden müssen.

Als Konsequenz ergibt sich für die Geschichtstheorie, daß alle Selektivität und daher alle Ereignishaftigkeit von Fakten auf Systemstrukturen beruht, die einen Möglichkeitshorizont bedingen, aus dem, durch welche Prozesse immer, Ereignisse ausgewählt werden. Je nach Differenzierungsgrad und Differenzierungsform gibt es in Systemen unterschiedliche Möglichkeitsprojektionen und daher in ihrem Vergangenheitshorizont eine unterschiedliche Selektivität von Ereignissen. Zum Beispiel bezeichnet der Naturbegriff der griechischen Klassik (und damit des Anfangs der societas civilis-Tradition Alteuropas) die Grenzen des Möglichen in politisch-rechtlicher Hinsicht und damit die Grenzen der historischen oder positiven Selektion des Nomos, bedingt durch die politische Konstitution der Gesellschaft über den archaischen Geschlechterverbänden. Bei den chinesischen Legisten bezeichnet ein ähnlicher Gedanke jene Zufälligkeit (Kontingenz) der umweltabhängigen Bedürfnisbefriedigung, die es durch politische Planung der Wirtschaftsordnung zu überwinden galt – für die Griechen, die ihre Wirtschaft außerhalb der Bürgergesellschaft sahen, ein unvollziehbarer Gedanke. In der bürgerlichen Gesellschaft des 18./19. Jahrhunderts schließlich bezeichnet er die Grenzen des wirtschaftlich Disponiblen. Die Unterschiede sind bedingt durch Unterschiede in der Institutionalisierung der Systemdifferenzierung und des relativen Primats von Wirtschaft und Politik; *und sie werden in allen Fällen zur Reproduktion der jeweiligen Geschichte des Gesellschaftssystems verwandt* [16]. In archaischen Gesellschaften mit geringer Differenzierung und gering entwickeltem Möglichkeits- und Selektionsbewußtsein fehlt entsprechend nicht nur eine tiefenscharfe Geschichte, sondern auch ein diskriminierender Begriff der Natur [17].

Wenn es nun zutrifft, daß Systemgeschichte als Selektionsgeschichte in Abhängkeit von strukturellen Bedingungen der Möglichkeit konstituiert wird, ist Erinnerung ein sehr anspruchsvoller Vorgang, nämlich nicht einfach Zugriff auf gespeichert vorhandene Zeichen vergangener Fakten, sondern Reproduktion der Selektivität von Ereignissen [18]. Das setzt nicht nur Bekanntheit der Faktengeschichte, sondern auch Miterinnerbarkeit anderer, nicht aktuell gewordener Möglichkeiten voraus. Die Unterscheidung von System und Umwelt und im Anschluß daran die Unterscheidung von Systemgeschichte und Weltgeschichte wird damit in näher angebbarer Weise bedeutsam. Reproduktion der Selektivität von Ereignissen stellt so hohe Anforderungen, daß man nicht davon ausgehen kann, daß sie in allen sinnverarbeitenden psychischen bzw. sozialen Systemen gleichsinnig erfolgt. Ein System *reproduziert* in der Erinnerung seine *eigene Selektionsgeschichte,* die Geschichte der Selektivität seines eigenen umweltbezogenen Erlebens und Handelns. Es *rekonstruiert* darüber hinaus auch eine *Weltgeschichte* nichtmitvollzogener Selektivität, die es braucht, um die eigene Anschlußselektivität begreifen zu können [19]. Die Unterscheidung von Systemgeschichte und Weltgeschichte braucht für das System selbst nicht thematisch zu werden; gleichwohl leitet sie Bewußtseinsoperationen dadurch, daß jeweils fungierende Bedingungen des Möglichen der Welt und des Systems sich unterscheiden.

Die Differenz von Systemgeschichte und Weltgeschichte drängt sich auch dadurch auf, daß für die Reaktualisierung jeweils andere Bedingungen gelten. In den Kommunikationsprozessen sozialer Systeme wird die Geschichte des je eigenen Systems mit sehr viel größerer Deutlichkeit und Zwangsläufigkeit in die Erwartungsstrukturen aufgenommen als eine Vorgeschichte oder eine Umweltgeschichte. Man kann zum Beispiel vor Gericht leugnen, daß man den Mord begangen hat; es ist aber sehr viel schwieriger, im gleichen System zu leugnen, daß man geleugnet hatte, den Mord begangen zu haben [20]. Unter Teilnehmern an sozialen Systemen gilt, mit anderen Worten, die Regel, daß man Identität der gemeinsam erlebten Systemgeschichte voraussetzen und Gemeinsamkeit des Erinnerns erwarten kann. Systemgeschichte dient somit als eine natürliche (untechnische) Gewähr für Anschlußselektivität weiteren Erlebens und Handelns. Sie kann in dieser Funktion nur durch komplizierte technische Einrichtungen (z. B. durch Recht) ersetzt werden. Nur wenn und soweit diese Voraussetzung funktioniert, kann Geschichte zugleich als Systemstruktur dienen [21]. Gegenüber der Weltgeschichte können unter Umständen mehr oder weniger große, weil für das System »unschädliche«, Freiheiten privater Rekonstruktion legitimiert oder doch faktisch ermöglicht werden [22]. Gemeinsam erlebte und erinnerbare Systemgeschichte ist eine wesentliche Verständigungsvoraussetzung, die durch eine objektiv feststehende Weltgeschichte nicht ersetzt werden kann. Bei divergierender Tiefenschärfe der Erinnerungen können Erfahrungen und Kommunikationsprämissen nicht mehr vermittelt werden. Daraus entstehen Verständigungsbarrieren zwischen den Generationen, aber auch in der Zusammenarbeit in organisatorischen Gremien mit häufig wechselnden Teilnehmern, in denen das soziale System selbst nur ein extrem kurzes Gedächtnis haben kann und die Beteiligten darüber hinaus nur noch die gemeinsam-bekannte Weltgeschichte voraussetzen können [23]. Es können dann allenfalls noch aus feststellbaren vergangenen Fakten, nicht aber aus der Selektivität dieser Fakten gemeinsame Schlüsse gezogen werden, so daß vergangene Selektionen nicht fortgeführt, sondern wiederholt oder durchkreuzt werden.

IV

Unsere Hauptthese ist im ersten Anlauf einfach zu formulieren. Sie besagt, daß komplexere Gesellschaftssysteme weitere, abstraktere und in sich differenziertere Zeithorizonte bilden als einfachere Gesellschaften. Sie erreichen damit eine höhere, möglichkeitsreichere Weltkomplexität, die ihnen das Erreichen höherer Selektivität im Erleben und Handeln ermöglicht. Sie können auf diese Weise zugleich innergesellschaftliche Systemgeschichten besser synchronisieren – und zwar auch Systemgeschichten, die sehr verschiedenartig sind und inhaltlich (zum Beispiel moralisch) nicht integriert werden können; und auch Systemgeschichten, die verschieden lang dauern oder verschieden schnell laufen.

Diese abstrakte These einer Korrelation zwischen Gesellschaftskomplexität und Weltkomplexität wird unsere weiteren Überlegungen leiten. Sie ist jedoch – diese Warnung muß gleichsam vor die Klammer gezogen werden – aus angebbaren systemtheoretischen Gründen viel zu einfach formuliert und in dieser groben Form sicher nicht haltbar. Erhebliche Komplikationen werden eingebaut werden müssen in dem Maße, als die Gesellschaftstheorie Fortschritte macht. Erfahrungen aus anderen Anwendungsbereichen der Systemtheorie, vor allem der Organismus-Theorie, der Theorie psychischer Systeme und der Organisationstheorie zeigen, daß der Begriff »Systemkomplexität« noch keine empirisch brauchbare Variable bezeichnet, und das würde auch der Historiker erfahren, wenn er versuchen wollte, die Komplexität des jeweiligen Gesellschaftssystems direkt mit historisch überlieferten Zeit- und Geschichtsvorstellungen zu konfrontieren. Vor allem zwei Modifikationen sind erforderlich:

Zum ersten ist Komplexität keine einfache, eindimensional meßbare Eigenschaft eines

Systems, sondern ein mehrdimensionales Konzept, so daß man ohne weitere Spezifikation nicht in jedem Falle angeben kann, ob ein System komplexer ist als das andere [24]. Zum anderen bedeutet höhere Systemkomplexität nicht ohne weiteres eine Steigerung der Komplexität in *jeder* Weltdimension oder in *jeder* Umweltbeziehung. Komplexere Gesellschaften haben daher nicht notwendig eine entsprechend komplexere Geschichte, geschweige denn eine *in jeder Hinsicht* komplexere Geschichte. Vielmehr haben vor allem Forschungen über kognitive und motivationale Komplexität psychischer Systeme ergeben, daß komplexere (abstrakter strukturierte) Systeme die Fähigkeit gewinnen, *sowohl* einfache *als auch* komplexe Umweltbeziehungen zu haben. Ihre Umwelt wird nicht in jeder Hinsicht zunehmend komplexer, was auch die komplexesten Systeme sehr rasch überfordern würde, sondern die strukturelle Abstraktion eröffnet ein Nebeneinander von komplexen und einfachen, differenzierten und undifferenzierten Umweltbeziehungen und bietet damit die Möglichkeit, Tiefenschärfe und Differenziertheit der erfaßten Umwelt sektoral zu spezifizieren und gegebenenfalls zu verlagern [25]. Die sprachliche Formulierung führt irre. Komplexität ist keine »Eigenschaft« des Systems; komplexere Systeme brauchen nicht, weil sie komplexer »sind«, *alles* komplexer zu erleben.

Diese allgemeinen Einsichten sind nicht auf die Systemtypen beschränkt, an denen sie zunächst im Scheitern von zu einfach angesetzten Anfangsthesen entdeckt worden sind. Sie können auch der Gesellschaftstheorie als Vorwarnung dienen. Wir können daher vorweg unterstellen, daß es zu einfach wäre, ein schlicht lineares Steigerungsverhältnis der Komplexität von Gesellschaftssystem und Zeithorizont zu unterstellen. Andererseits reicht der Entwicklungsstand der Gesellschaftstheorie für eine entsprechend komplex angesetzte Forschung nicht aus, und es wäre auch lästig, diese Einschränkungen in jedem Satz immer wieder in Erinnerung zu rufen. Wir werden sie zunächst beiseite lassen und erst gegen Ende in den Abschnitten VII und VIII darauf eingehen, daß zunehmend komplexe Gesellschaften nicht einfach eine komplexere (etwa im Sinne von faktenreichere) Geschichte haben, sondern daß sie auf Grund ihrer Komplexität zugleich Geschichte neutralisieren, selektiv beleuchten (VII) und sie abstoßen können (VIII). Wenn in komplexeren Gesellschaften Geschichte relevant wird, wird sie zugleich kontingent, wird zugleich Erinnern und Vergessen, detailliertes Interesse und indifferentes Abschieben in eine erledigte Vergangenheit nebeneinander möglich, und dies Nebeneinander ist derjenige Tatbestand, der mit der Komplexität des Systems korreliert.

V

Normalerweise fragen weder Historiker noch Soziologen danach, was die Zeit eigentlich ist. Diese Frage wird – so direkt und als Wesensfrage gestellt – auch kaum zu beantworten sein. Andererseits ist die Gefahr groß, daß man unangemessen denkt, wenn man sie offen läßt – etwa schlicht von der Vorstellung eines »Flusses« ausgeht oder sich an den Kalender hält. Die bisherigen Erörterungen über Sinn, Selektivität, modale Generalisierungen, System, Umwelt, Systemgeschichte, Weltgeschichte ermöglichen zumindest einige Präzisierungen.

Durch Ereignisse wird mit ihrer Selektivität immer auch Zeit konstituiert, weil Selektion erst in der Abhebung gegen eine durchgehaltene Möglichkeitsstruktur sich als Ereignis profiliert. Schon physische Systeme konstituieren, sofern sie sich von ihrer Umwelt unterscheiden und ihr gegenüber mehr als einen Zustand annehmen können, Zeit [26]. Die Möglichkeit, mehr als einen Zustand anzunehmen, ist wiederum bedingt durch nichtvollständige Interdependenz, das heißt dadurch, daß nicht *jede* Änderung *alles* ändert. Und Interdependenzunterbrechungen, die durch Systembildung möglich werden, sind Voraussetzungen dafür, daß Zukunft und Vergangenheit differenziert werden können. In Sinnsystemen wird die Selektivität sinnhafter Ereignisse erfahrbar in einem Horizont anderer Möglichkeiten, der, sofern er das selektive Geschehen überdauert, als Zeit bewußt wird. Das Zeitbewußtsein ist mithin eine – wie immer ausformulierte – Antwort auf die Notwendigkeit, als Bedingung von Selektivität im Verhältnis System/Umwelt Konstanz und Veränderung zugleich zu denken. Diese sehr abstrakte Ableitung des Zeitbegriffs läßt sehr verschiedenartige Formen des Zeitbewußtseins offen, die, wie wir wissen, mit Gesellschaftsstrukturen variieren. Größere Präzision dürfte daher nur erreichbar sein, wenn man den Zeitbegriff historisch und gesellschaftlich relativiert, also nicht-allgemeingültige Prämissen akzeptiert.

Irgendein Zeithorizont entsteht demnach mit jeder Erfahrung von Selektivität, also bereits mit der Naherfahrung eigener Systemgeschichte. Ein solcher Zeithorizont kann sehr konkret am Geschehen selbst und seinen unmittelbaren Vorbedingungen und Folgen haften, mit dem Geschehen also fast zusammenfallen, so daß es sich nicht lohnt, Zeit und Ereignisse zu unterscheiden. Diese Lage findet sich in frühen Entwicklungsstufen psychischer wie sozialer Systeme bei Kindern und in archaischen Gesellschaften [27]. Sie ergibt sich, wenn Gesellschaftssysteme primär ihre eigene Systemgeschichte erleben und ihr Bedarf für Reproduktion von Geschichte konkret durch ihre je gegenwärtigen Situationen bestimmt und begrenzt ist. Ihre Zeitrechnung bleibt damit abhängig von (mehr oder weniger typifizierten, wiederholbaren) Ereignissen ihrer Systemgeschichte [28]. Ohne abstrakteren Zeitbegriff können auch Vergangenheit und Zukunft keine Tiefenschärfe gewinnen, ja über das unmittelbar Gewesene und Kommende hinaus nicht einmal deutlich getrennt werden. Weit verbreitet findet man auf dieser Grundlage eine ausgeprägte Unterscheidung von naher und ferner Vergangenheit (bzw. Zukunft), wobei Fernzeiten nicht im eigentlichen Sinne Zeit sind, sondern Dunkelzonen, für die andere Regeln der Glaubwürdigkeit und der Relevanz gelten [29]. Der Grund dafür dürfte sein, daß bei einer Mehrzahl von Subjekten die Erlebnisperspektiven sowohl in der Gegenwart als auch in der unmittelbar absehbaren Zukunft bzw. Vergangenheit notwendig divergieren und erst in einem weiteren Zeithorizont sozial homogenisiert werden können [30]. Die Doppelung von Nahzeit und Fernzeit ist die gleichsam naheliegendste und anspruchsloseste Lösung dieses Problems. Es gibt für diese Gesellschaften also keine durchgehende Universalhistorie oder Weltgeschichte in unserem Verständnis. Alle weitere Entwicklung ist, von diesem Ausgangspunkt her gesehen, Abstraktion – nicht der Erkenntnis von Zeit, sondern des sozialen Erlebens von System- und Weltzeit.

Ein erster Bedarf für zeitliche Dimensionalität dürfte der mythischen [31] und erst recht der begrifflichen Darstellung der Zeit vorausgehen und mit einer Ausdifferenzierung und Generalisierung religiösen Gedankenguts zusammenhängen [32]. Der Ausgangspunkt wird von manchen in der Art gesehen, wie (im Unterschied zu Ägypten) in altmesopotamischen Städten das Verhältnis von Religion und Politik eingespielt war [33]. Wie dem auch sei, erst wenn prominente gesellschaftliche Prozesse zeremonieller oder politischer Art sich als solche herausheben und wenn sie nicht mehr als gleichsam natürlicher Ablauf religiösen Geschehens erlebt werden, sondern nur noch die *Aufgabe* haben, durch eigene Anstrengung und Wohlverhalten eine Harmonie der kosmischen und der irdischen Sphäre zu gewährleisten, entsteht ein Bedarf für Zeit als eine besondere Dimension des Erlebens und Handelns. Erst dann wird nämlich die Möglichkeit des *Scheiterns* an dieser Aufgabe bewußt, werden gesellschaftliche Prozesse in gewissem Umfange *kontingent* und als abhängig von *variablen* Faktoren erlebt; erst dann entsteht ein Bedarf für das Auffangen dieser Kontingenz in einer *doppelten* Möglichkeit der *Zurechnung* von Erfolg oder Mißerfolg auf göttliche Kräfte oder auf eigenes bzw. fremdes Fehlverhalten, und damit entsteht eine Dimension, die aufeinanderbezogene *selektive* (und damit *konditionierbare)* Ereignisse im Nacheinander ordnet – oder später nur noch »aufnimmt«.

Eine der folgenreichsten und zugleich eigenartigsten Erweiterungen von Systemgeschichte zur Weltgeschichte, die deutlich auf die »inneren Kontingenzen« des Systems zurückgeht, ist im Alten Testament greifbar. Die politisch wechselvolle Geschichte Israels wurde auf der Grundlage der eben geschilderten Vorgaben als kontingente Unglücksgeschichte erfahren, der andere Möglicheiten offen gestanden hätten. Unter gegebenen monotheistischen Prämissen konnte sie aber nicht mehr zureichend als Geschichte des eigenen Volkes in einer Umwelt interpretiert werden, vielmehr mußte die außenpolitische *Umwelt* als Werkzeug des *eigenen* Gottes begriffen und zur *eigenen* Schlechtigkeit in Beziehung gesetzt werden [34]. An der Sünde des eigenen Volkes zerbrach die einfache Dichotomie von System und Umwelt im Sinne einer Kongruenz von nah/fern, vertraut/fremd, gut/schlecht. Das Kontingenzproblem mußte in die Form einer System und Umwelt übergreifenden Weltgeschichte gebracht werden und erforderte die Generalisierung des eigenen Gottes zum Welt-Herrn. Die spätere Prophetie fand für diese zunächst soziale Problematik eine Auflösung in der zeitlichen Form der Eschatologie (deren Zeitstruktur freilich unklar blieb). Eschaton ist kein Volksbegriff mehr, sondern ein Weltbegriff.

Der Bedarf für die Abstraktion eines relativ kontextfreien Zeithorizontes hängt weiter – hier, wie in anderen Fällen kultureller Abstraktionen [35] – zusammen mit zunehmender Differenzierung des Gesellschaftssystems. In zunehmend differenzierten Gesellschaften, die über Systemgrenzen hinweg kommunikativen Verkehr vorsehen müssen, reicht die Erinnerung an die je eigene Systemgeschichte als Struktur nicht mehr aus. Man braucht Abstraktionen als koordinierende Generalisierungen, die es erlauben, verschiedene Systemgeschichten, wenn nicht zu integrieren, so doch aufeinander zu beziehen [36]. Die je eigene Systemgeschichte kann nur noch auf einer abstrakt gemessenen Zeitdimension, einer datierbaren Zeitpunktreihe, mit Ereignisreihen der Umwelt konsistent begriffen werden [37]. Anders formuliert: Bei zunehmend funktionaler Systemdifferenzierung nehmen Zahl, Verschiedenheit und Interdependenz von Systemgeschichten so sehr zu, daß abstraktere Formen ihrer Vermittlungen gefunden werden müssen. Die Weltzeit muß als koordinierende Generalisierung jetzt gewährleisten: 1. *Homogenität,* daß heißt Unabhängigkeit von bestimmten Bewegungen und ihren Geschwindigkeiten, eigenen oder fremden; 2. *Reversibilität,* das heißt gedankliche Rückrechenbarkeit trotz irreversiblen Verlaufs [38]; 3. *Bestimmbarkeit* durch Datierung und Kausalität und 4. *Transitivität* als Bedingung des Vergleichs verschieden liegender Zeitstrecken.

Die jeweilige Ausformung der Weltzeit, vor allem die Vorstellung einer linearen Zeitpunktreihe, entspricht diesem Bedarf. Lineare Zeit ist eine relativ späte, in abstrakter Form erst neuzeitliche Vorstellung [39]. Sie ermöglicht in dem Maße, als die Gegenwart durch abstrakte Strukturbildung geordnet werden und damit heterogene Zukünfte und Vergangenheiten präsentieren kann, eine vollständige Trennung von Zukunft und Vergangenheit als je eigenständiger Zeithorizonte, deren Bestände kontinuieren oder auch nicht kontinuieren können, also gegenwärtig verknüpft oder auch nicht verknüpft werden können [40]. *Der Zusammenhang des Vergangenen mit dem Künftigen wird prinzipiell kontingent.* Diese Kontingenz zeitlicher Verknüpfung wird auf mittelalterlich-theologischen Grundlagen in der Neuzeit bewußt. Sie macht es erforderlich, nicht mehr nur gattungsmäßig aggregierend von Künftigem und Vergangenem zu sprechen, sondern darüber hinaus *Zukunft* und *Vergangenheit* als Horizonte der Selektion zu unterscheiden; denn Künftiges und Vergangenes ist jetzt kontingent, Zukunft und Vergangenheit dagegen notwendig verknüpft. Die diese Errungenschaften summierende Vorstellung der Weltzeit als unendliche Zeitpunktreihe ist kompatibel mit einem verschiedenen Stellenwert von Zeitpunkten in Systemgeschichten; sie kann schließlich durch weitere Abstraktion der Zeitvorstellung kompatibel gemacht werden mit beliebigem Geschehen an den einzelnen Zeitpunkten, so daß die Zeit selbst überhaupt nichts mehr darüber sagt, was geschieht.

Ist dieser Entwicklungsstand erreicht, sagt die Zeit nichts mehr darüber aus, was möglich ist. In der Theorie müßte dann die oben geforderte Konsequenz gezogen werden, temporale und possibilistische Modalisierungen analytisch zu trennen und ihre Interdependenzen zu erforschen.

Eine über allen Systemgeschichten konstituierte abstrakte Zeit ist *Weltzeit,* ist eine Dimension des Welthorizontes. Die einheitlich gemessene Weltzeit läßt *alle* jeweils aktuellen Systemprozesse *gleichzeitig* laufen – eine Bedingung der Möglichkeit weltweiter Kommunikation [41]. Sie ist aber zugleich *Systemzeit der Weltgesellschaft,* das heißt des umfassenden Systems aller kommunikativ erreichbaren menschlichen Erlebnisse und Handlungen. Die Identität von Weltzeit und Systemzeit des Gesellschaftssystems hebt den Unterschied von System und Welt nicht auf. Sie ist begründet in der These, daß die Gesellschaft dasjenige soziale System ist, das durch Reduktion unbestimmt-beliebiger Komplexität die Welt konstituiert als Horizont bestimmbarer Möglichkeiten [42].

Für diesen Fall der ausgedehnten, abstrakt vereinheitlichten Weltzeit eines sehr komplexen Gesellschaftssystems liefert *Parsons* die Hypothese, daß dann primär *kulturelle* Faktoren die Steuerung der Evolution übernehmen [43]. Wenn man jedoch, mit *Parsons,* von Ein-Faktor-Erklärungen abrückt und zugesteht, daß alle Systembildungsebenen erhaltungs- und entwicklungsnotwendig sind, werden Begriffe wie Steuerung (control) oder relatives Gewicht oder funktioneller Primat unscharf und präzisierungsbedürftig. Man wird die Frage nach den *dominanten* Faktoren durch die Frage nach den *kritischen* Faktoren ersetzen müssen. Ein recht aussichtsreicher Weg weiterer Präzisierung dürfte mit einer Art »Engpaß«-Vorstellung angezeigt sein. Das würde besagen: Bei gegebenem Stand systemstruktureller Bedingungen der Möglichkeit auf den verschiedenen Ebenen der Systembildung liegt der Engpaß weiterer Evolution, das heißt die Stelle, an der Mögliches in Unmögliches umschlägt, bei längeren Zeithorizonten zunehmend im Bereich kultureller Faktoren.

VI

Eine abstrakte Zeitmessung legt noch nicht fest, welche Zeitpunkte als Vergangenheit, Gegenwart oder Zukunft fungieren. Diese Festlegung ist kein Koordinationserfordernis; unentbehrlich für Zwischensystembeziehungen ist vielmehr nur, daß für alle Systeme einheitlich bestimmt wird, welche Zeitpunkte jeweils der Vergangenheit, Gegenwart oder Zukunft zuzurechnen sind [44]. Damit ist indes ein komplexes Ineinanderschieben der Zeitbestimmungen nicht ausgeschlossen. Es kann geschehen mit Hilfe einer Strukturierungstechnik, die wir *Mehrfachmodalisierung* oder *reflexive Modalisierung* nennen können.

Damit ist gemeint, daß Modalbestimmungen wiederum modalisiert werden können [45]. Man kann über die Möglichkeit von Wirklichkeiten und über die Wirklichkeit von Möglichkeiten sprechen, wohl auch über die Möglichkeit von Möglichkeiten, die Möglichkeit von Notwendigkeiten usw.; und man muß bei genauerer Untersuchung von Modalproblemen zu solchen Mehrfachmodalisierungen greifen. Das gleiche gilt für temporale Modalitäten. Schon *Augustin* hatte diese Möglichkeit, zumindest partiell, benutzt, wenn er in der Zeituntersuchung des 11. Buches der »Confessiones« unterschied zwischen praesens de praeteritis, praesens de praesentibus, praesens de futuris. Im Mittelalter tauchen weitere Kombinationen auf – etwa im Diskussionszusammenhang de futuris contingentibus die Frage nach vergangenen künftigen Kontingenzen [46]. Im ganzen scheint man jedoch aus theologischen Gründen die Trennung temporaler Modalisierungen auf zwei Zeitebenen bevorzugt zu haben, so daß man die menschliche Zeit mit ihrer Vergangenheit/Gegenwart/Zukunft als zugleich gegenwärtig in Gott dachte und das Verhältnis der Ebenen als Simultaneität und als Herrschaft auffaßte. Die volle Historisierung einer einheitlichen Weltzeit wurde erst im 19. Jahrhundert denkbar.

Unter »Historisierung der Zeit« [47] soll das Reflexivwerden der Zeitbestimmungen durch voll durchgeführte Mehrfachmodalisierung verstanden werden. Man kann sich nun prinzipiell klar darüber werden, daß es eine gegenwärtige Zukunft gibt, die man von künftigen Gegenwarten unterscheiden muß – allein deshalb schon, weil die gegenwärtige Zukunft mehr Möglichkeiten enthält, als in künftigen Gegenwarten Wirklichkeit werden können; daß man entsprechend künftige Gegenwarten, gegenwärtige Gegenwarten und vergangene Gegenwarten unterscheiden muß; daß die Gegenwart der Vergangenheit, nämlich die Geschichte, etwas anderes ist als die vergangenen Gegenwarten; daß man bei der historischen Erforschung vergangener Gegenwarten die damals gegenwärtige Zukunft und die damals gegenwärtige Vergangenheit mit berücksichtigen, also Dreifachmodalisierungen verwenden muß, und so weiter. Historisierung der Zeit bedeutet mithin, daß in den beiden Zeithorizonten der Gegenwart, von der man ausgehen muß, wiederum Gegenwarten mit eigenen Zeithorizonten, nämlich Zukünften und Vergangenheiten, auftauchen, und so weiter mit Iterationsmöglichkeiten, die nicht logisch, sondern nur durch Fragen der Kapazität und der Interessenentfaltung begrenzt werden. Demgemäß sehen wir die Eigenart des modernen »Geschichtsbewußtseins« nicht in besonderen Bemühungen um ein *Erkennen* der Vergangenheit, sondern in der *Verzeitlichung* der Vergangenheit, und wir vermuten, daß diese aus einem besonderen Interesse an Zukunft folgt.

Die mit *Hegel* abgeschlossene Richtung der Vereinheitlichung und Radikalisierung der Zeitvorstellung zur Weltgeschichte, die *alles*, was existiert, temporalisiert, bleibt damit erhalten. Sie läßt sich weder aufgeben, noch auf der Basis der Vorstellung einer historischen Bewegung überbieten. Mehr als alles kann nicht in Bewegung gedacht werden. Der Begriff einer reflexiven Zeitlichkeit geht gleichwohl über die bloße Vorstellung eines welthistorischen Prozesses hinaus. Bezogen auf den Grundbegriff der Bewegung kann Reflexivität allenfalls als Bewegung der Bewegung, also als Beschleunigung bzw. Verlangsamung gedacht werden. Daraufhin werden in der Neuzeit naturwissenschaftliche Gesetze umformuliert [48]. Die Geschichtswissenschaft kann darüber hinaus Reflexivität als Zeitlichkeit der Zeit selbst in den Zeithorizonten des Prozesses erfassen. Damit kann der historische Prozeß nicht nur in seiner Bewegung, sondern auch in seiner Selbstselektivität formuliert werden, indem die Verschiebung der Zeithorizonte als Selektion begriffen wird. Erst die Fähigkeit, vergangene Gegenwarten als Gegenwarten mit eigenen Zukünften und Vergangenheiten zu sehen und sie von der gegenwärtigen Gegenwart zu unterscheiden, ermöglicht es uns, historische Gegenwartsfolgen als Selektionsketten mit wechselnden Zukünften und Vergangenheiten zu begreifen. Die Selektivität des historischen Prozesses beruht darauf, daß *jede* seiner Gegenwarten sich in ihren Zeithorizonten die gesamte Zeit präsentiert, und gleichwohl *keine* dieser Zeitbestimmungen simultan mit anderen existiert. Die Individualität des historischen Ereignisses beruht demnach nicht, wie der Historismus annahm [49], allein auf seiner bloßen Lage in einer irreversiblen, unwiederholbaren Zeitpunktreihe, sondern auf der für das Ereignis spezifischen Konstellation der Zeithorizonte, die seine Selektivität konstituiert.

Die Unterscheidung von gegenwärtiger Vergangenheit und vergangenen Gegenwarten, die wir soeben konstruiert haben, wird durch die geläufigere Unterscheidung eines subjektiven und eines objektiven Geschichtsbegriffs verfehlt und verstellt [50]. Der Rückgang auf rein temporale (statt auf metaphysische oder erkenntnistheoretische) Begriffe eignet sich besser zur Verdeutlichung dessen, was die moderne Geschichtsforschung tut. Wissenschaftliche Geschichtsforschung befaßt sich mit vergangenen Gegenwarten, nicht mit der Gegenwart von Vergangenheit [51]. Sie versucht, Vergangenheit als damalige Gegenwart zu erhellen, und sie macht damit die Gesellschaft sozusagen unabhängig von ihrem eigenen Gedächtnis, distanziert also das System von seiner Geschichte. Sie weiß sich selbst in einer anderen Gegenwart als ihren Gegenstand, bricht mit allen Versuchen, ihn in ihre Gegenwart zu überführen [52], und kann sich deshalb nach Maßgabe eigener Forschungsinteressen selektiv zu ihm einstellen. Diese Selektivität läuft Risiken, ist aber kein prinzipieller Einwand gegen wissenschaftliche Objektivität, vielmehr gerade eine Vorbedingung objektiver Forschung. Der Historismus selbst ist nicht ausreichend begriffen, wenn man ihn als Intensivierung der Geschichtsforschung sieht [53]. Es kommt vielmehr darauf an, diese eigentümlich spezifizierte Zeitperspektive als eine nicht selbstverständliche, ja ungewöhnliche Option zu erkennen und nach ihren Funktionen und den gesellschaftlichen Bedingungen ihrer Möglichkeit zu fragen. Tiefer gesehen, ist Historismus die Ermöglichung dieser Differenz von gegenwärtiger Vergangenheit und vergangenen Gegenwarten, wurzelt also im Reflexivwerden der Zeit selbst.

Bereits *Martin Heidegger* hatte in seiner Freiburger Probevorlesung [54] nach der Besonderheit des Zeitbegriffs der Geschichtswissenschaft gefragt und die Antwort gesucht in der Unterscheidung eines quantitativen, Bewegung messenden, naturwissenschaftlichen Zeitbegriffs und eines historischen Zeitbegriffs, der auf die qualtitative Andersartigkeit der Zeiten abstellt. Das ist im letzteren unklar, im ersteren unrichtig, weil quantitative Zeitkoordinierung ebenfalls ein historisch-geisteswissenschaftliches Phänomen ist. Unser Begriff der Historisierung der Zeit soll über diesen Diskussionsstand hinausführen. In einer voll historisierten Zeit können die Zeitmodi weder als insgesamt feststehende Qualitäten der Zeitachse begriffen werden, noch als teils beweglich, teils feststehend, so daß die Zeit sich in ihrer Verschiebung gegeneinander konstituierte – sei es in dem alten Sinne, daß die Zukunft durch die feststehende Gegenwart in die Vergangenheit abwandere, die dann als Zukunft wiederkehre, so daß die Gegenwart das Kreisen der übrigen Zeitmodi sei; noch in dem neuzeitlichen Sinne, daß die Gegenwart dem subjektiv erlebenden Menschen gleichsam anhänge und mit ihm aus der Vergangenheit in die Zukunft vorlaufe. Vielmehr muß die temporale Modalisierung *insgesamt* auf die Zeit relativiert werden. Was sich in der Zeit bewegt, sind Vergangenheit/Gegenwart/Zukunft *zusammen,* ist, mit anderen Worten, die Gegenwart *mit* ihren Zeithorizonten Vergangenheit und Zukunft. Nur unter dieser Voraussetzung: daß sich mit dem Zeitpunkt auch die Horizonte von Zukunft und Vergangenheit verschieben, lassen sich Ereignisse historisch individualisieren; das Datum allein garantiert die Einmaligkeit nicht [55]. Die historische Zeit konstituiert sich als Kontinuität und Irreversibilität der Bewegung von Vergangenheit/Gegenwart/Zukunft insgesamt, und sie konstituiert sich als Einheit dadurch, daß die Zeithorizonte der jeweiligen Gegenwart, nämlich Vergangenheit und Zukunft, sich mit anderen (gewesenen bzw. kommenden) Gegenwarten und deren Zeithorizonten überschneiden und so der jeweiligen Gegenwart eine hinreichende (und zwar nicht nur zeitliche, sondern auch sachliche und soziale) Kontinuität mit anderen Gegenwarten garantieren [56].

Zur Verdeutlichung dieser leider nur sehr umständlich formulierbaren zeitlichen Reflexivität können wir die Frage nach der Nichtidentität zeitlicher Modalisierungen benutzen. Nichtidentität heißt, für die Zeitdimension, Ungleichzeitigkeit. Wir möchten sagen können, daß die Gegenwart mit der Gegenwart der Gegenwart gleichzeitig ist und daß sie darin eine besondere Auszeichnung hat [57]; daß ferner die Gegenwart auch mit der Gegenwart der Vergangenheit gleichzeitig ist, *nicht aber mit vergangenen Ge-*

genwarten, also erst recht nicht mit den Vergangenheiten vergangener Gegenwarten und auch nicht mit der vergangenen Gegenwarten gegenwärtigen Zukunft, sondern nur mit einer der zukünftigen Gegenwarten vergangener Gegenwarten [58]. Im Begriff der Gegenwart stecken mithin Regeln für die Verwendung der Vorstellung der Gleichzeitigkeit, die ihrerseits wiederum, in der Sozialdimension, Kommunikationsvoraussetzung ist.

Achtet man auf solche reflexiven Spiegelungen von Zeiten in Zeiten, wird es möglich, nicht nur Faktengeschichten, sondern auch unterschiedliche systemstrukturelle Ausgangslagen für die Institutionalisierung von Bedingungen der Möglichkeit zeitlich zu trennen. In diesem Sinne läßt sich das Postulat, vom jeweils fortgeschrittensten Niveau der Geschichte aus zu analysieren, beibehalten und doch relativieren [59]. Man kann in vergangenen Gegenwarten andere Möglichkeitsbedingungen finden als in der gegenwärtigen Gegenwart und Geschichte mit unterschiedlichen Ergebnissen von beiden Gegenwarten aus analysieren. Für die Planungstheorie käme die Notwendigkeit hinzu, die gegenwärtige Gegenwart als Vergangenheit einer zukünftigen Gegenwart von deren Möglichkeitshorizonten aus zu analysieren, um aktuelle Selektion steuern zu können. Mit dem Ansatz von Gegenwart in Vergangenheit, Gegenwart oder Zukunft, über den die Analyse verfügt, wird mithin über die systemstrukturelle Ausgangslage der Möglichkeitsprojektionen entschieden, gegen die sich Selektionen feststellen lassen. Die Historisierung der Zeit ermöglicht den Zugriff auf eine weltzeitlich unterscheidbare Abfolge von Möglichkeitshorizonten [60], sie verweist damit auf eine systemtheoretisch konzipierte Modaltheorie, die angeben kann, wie Systeme durch Generalisierung von Strukturen Möglichkeiten erzeugen (eine Theorie, die heute weitgehend noch Desiderat ist). Auf dieser Ebene des Verständnisses sind Systemtheorie und ein die Reflexivität der Zeit einbeziehender Historismus komplementäre Erscheinungen in einem Gesellschaftssystem, das entsprechende temporale Komplexität zu tragen vermag.

Damit ist das Ende notwendiger Komplizierungen noch nicht erreicht, da auch reflexive Zeit in der Zeit gespiegelt werden kann. Wir müssen auch nach der Geschichte (und nach der Zukunft!) der Zeit selbst noch fragen können, zum Beispiel nach dem Zeitpunkt und den Gründen der Entstehung historisierter Zeit. Gewiß kann der Historismus seine eigene Geschichte auch naiv erzählen als »geistesgeschichtliche« Faktengeschichte. Das setzt jedoch einen konstant gehaltenen Zeitbegriff voraus, dessen Konstanzprämisse mit Sicherheit falsch ist, oder ein Absehen von Zeit überhaupt und damit ein Verfehlen des Gegenstandes. Historisierung ebenso wie Futurisierung der Zeit entsteht erst in der Neuzeit, etwa gleichzeitig mit dem Übergang von politischer Bürgergesellschaft zur ökonomischen bürgerlichen Gesellschaft unserer Tage. Erst seitdem erhalten sprachliche Tempora einen ganz deutlich zeitlichen Sinn [61]. Erst seitdem treten die räumlichen Metaphern, die sich daraus ergeben hatten, daß Zeit an Bewegung erscheint, zurück. Erst das Reflexivwerden der Zeitdimension zwingt zu einem und ergibt sich aus einem rein zeitlichen Verständnis von Zeit. Es ist plausibel, wenngleich schwer zu belegen, daß der Übergang von primär politischer zu primär ökonomischer Gesellschaftsevolution eine Umstellung der zeitlichen Primärorientierung vom Horizont der Vergangenheit auf den Horizont der Zukunft mit sich gebracht und dadurch zunächst die Futurisierung, dann die Historisierung der Zeit ausgelöst hat. Der Nach-

weis ist nicht unser Thema [62]. Die Fragestellung interessiert als Beleg dafür, daß scheinbar einfache Forschungsthemen höchst verschrobene Mehrfachmodalisierungen voraussetzen und nur auf diese Weise auf Gegenwart von Systemstrukturen zu beziehen sind.
Man muß diese durch Mehrfachmodalisierungen entstehenden Komplikationen einmal zu durchdenken versuchen, dann sieht man eine weitere Funktion der zur Weltzeit abstrahierten Normalzeit. Sie dient der Glättung, Einebnung, Egalisierung von an sich sehr viel komplizierteren Zeitverhältnissen. Mit Hilfe von Datierungen kann man nicht nur die Unterschiede der Systemgeschichten überspielen, sondern auch die Unterschiede der jeden Zeitpunkt individualisierenden Zeithorizonte; das Datum dient dann gleichsam als Ersatz und als Chiffre für die den Zeitpunkt individualisierende Konstellation temporaler Modalitäten.
Wir lassen zunächst einmal offen, wozu man in Gesellschaften oder in anderen Sozialsystemen historisierte Systemgeschichte braucht, und nähern uns dieser Frage auf einem Umweg. Reflexive Temporalisierung hat nämlich eine formale, aber verblüffende Ähnlichkeit mit Verhältnissen sozialer Reflexivität, die viel besser untersucht und bekannt sind [63]. Auch in der Sozialdimension konstituiert sich Bewußtsein, zumindest »modernes« Bewußtsein, über Reflexivverhältnisse, nämlich dadurch, daß Ego Alter nicht nur als Objekt, sondern auch als Subjekt, als alter Ego sehen lernt und damit sich selbst als Alter eines alter Ego, vielleicht auch als alter Ego eines alter Ego erleben kann. Auch hier gibt es Strukturen und Verhaltensanforderungen, die nur auf höheren Ebenen der Reflexivität ausgebildet werden können, z. B. Takt. Auch hier gibt es mehrstufige Iteration bis hin zu Kapazitäts- und Interessenschranken. Und auch hier ist die Umgangssprache nur mühsam in der Lage, den komplizierten Strukturaufbau reflexiven sozialen Bewußtseins nachzuzeichnen [64], und das alltägliche Gebrauchsbewußtsein bleibt darauf angewiesen, Verkürzungen, Chiffren, zum Beispiel »Geltung« von Normen, oder intuitive Vereinfachungen bis hin zu unartikulierbaren Sensibilisierungen zu benutzen, um Anforderungen des sozialen Verkehrs mit geringen eigenen Kapazitäten gerecht zu werden [65].
In bezug auf soziale Reflexivität kann man fragen, ob es »Metaperspektiven« gibt, durch deren Institutionalisierung man einen hohen Grad individueller Subjektivität und wechselseitige Erwartbarkeit von Erwartungen ermöglichen kann, ohne konkret an bestimmte Erwartungen oder biographisch festgelegte Subjekte gebunden zu sein, das heißt: ohne zu privilegieren! Einige der Leitsymbole der bürgerlichen Gesellschaft scheinen auf diese Funktion zugeschnitten zu sein: Recht als Kompossibilität subjektiver Freiheiten, Liebe als Passion, Geld. Das sind seltene, evolutionär späte Errungenschaften [66]. Man könnte die gleiche Frage nun auch für temporale Reflexivität stellen: Gibt es auch hier »Metaperspektiven«, die Zeithorizonte verschiedener Systeme zu verschiedenen Zeitpunkten hochgradig differenzieren und zugleich auf hohe Anforderungen an Konsistenz und wechselseitige Selektivitätsverstärkung einstellen können. Meine Vermutung ist, daß dies Zukunftsperspektiven sein müssen, weil Zukunft der Zeithorizont mit höchster Komplexität ist, und daß sie in einer Theorie der Planung ausgearbeitet werden müßten.
Die weltweite Expansion und die immanente Selbstkritik der bürgerlichen Gesellschaft haben dahin geführt, daß die Suche nach jenen reflexiven Metaperspektiven kaum

noch auf institutionelle Legitimationsformeln oder normative Programme abzielt, sondern eher auf mögliche Arbeit. Dabei wird die Einsicht unabweisbar, daß die Thematisierung sozialer oder zeitlicher Reflexivverhältnisse nicht dem Alltagsverhalten als einer Art dauernd mitlaufenden Bewußtseins abverlangt werden kann, wenn man einmal von den besonderen Möglichkeiten intimer Beziehungen absieht. Arbeit an Reflexivität kann nur in Sozialrollen geleistet werden, die dafür ausdifferenziert werden müssen: durch Psychotherapeuten, Sozialpsychiater, Historiker, Sozialplaner. Sie wird von da her die Form der Arbeit an Problemfällen annehmen, die im Normalvollzug gesellschaftlichen Lebens anfallen und einer Sonderbehandlung wert erscheinen. Schon weil er honoriert werden muß, wird man den Weltgeist nicht alle Tage bemühen.

Angesichts einer so komplizierten Zeitstruktur als Vergangenheit und als Zukunft unserer Gesellschaft muß auch die Frage nach Kriterien historischer Relevanz und damit die Frage nach dem theoretischen Gerüst der Geschichtswissenschaft neu gestellt werden. Wir hatten oben (S. 85) schon notiert, daß Erinnerung im Sinne von Reproduktion der Selektivität vergangener Selektionen als laufende Nebenleistung sozialer Systeme nur sehr begrenzt gelingt. Eine darauf spezialisierte Geschichtswissenschaft steht vor dem gleichen Kapazitätsproblem. Schon das Konzept einer objektiven Faktengeschichte hatte sie überfordert, um so mehr gilt dies für das Konzept einer Selektionsgeschichte. Sie wird daher Selektionen nur selektiv thematisieren können. Nur durch Auswahl eigener (wissenschaftlicher) Selektionskriterien kann sie ihre Kapazität auf das geforderte Niveau bringen.

Bei der Wahl solcher Kriterien kann man sich nicht nur an die Irreversibilität der Zeit und in diesem Sinne an die bloße Faktizität der Geschichte halten, das ließe zu viel offen. Andererseits sind Fortschrittstheorien, die sich an bestimmte wertorientierte Steigerungslinien halten, zu eng, da es faktisch auch pathogene Entwicklungen gibt, Fortschritt also nicht als theoretisches, sondern nur als normatives oder als politisches Veränderungskonzept eingeführt werden kann [67]. Die Soziologie hat ihre überzeugendsten Konzeptionen gerade umgekehrt für pathogene Entwicklungen formuliert [68]. Für die Systemtheorie läge es nahe, an die Vorstellung eines Wandels von Systemstrukturen anzuschließen und geschichtliche Entwicklung stabilisierender oder destabilisierender, fortschrittlicher oder pathogener, progressiver oder regressiver Art zu definieren als *Veränderung derjenigen Strukturen, die die Bedingungen der Möglichkeit weiterer Veränderungen definieren.* Damit wäre, in abstraktester Form, das Problem der Erhaltung von Selektivität in System/Umwelt-Beziehungen als Kriterium historischer Relevanz formuliert; das selektive Interesse richtet sich auf Selektivität.

VII

Um unsere Analysen auf einem etwas konkreteren Niveau fortsetzen zu können, kehren wir zu unserem Ausgangsproblem zurück – zu der Frage, wie Zeithorizonte, Geschichtsbedarf und soziale Strukturen zusammenhängen. Ein Historiker, der sich für das Selektionspotential sozialer Systeme interessiert, müßte an dieses Thema die Frage stellen, wie der Bedarf für Zeit und Geschichte aus der zunehmenden Selektivität von

System/Umwelt-Beziehungen entsteht und soziale Systeme daraufhin ihre Zeitvorstellungen und ihre Geschichte auswählen, um ihr Selektionspotential zu entfalten und zu begrenzen. Das läßt sich an einigen Beispielen zeigen.

1. Frühe archaische Gesellschaften haben nur den kurzen Zeithorizont einfacher Interaktionssysteme. Sie leben hauptsächlich gegenwartsorientiert – und dies nicht in Entgegensetzung zu einer andersartigen Vergangenheit oder Zukunft, sondern getragen von einem konkreten, gleichzeitigen Netz lateraler Sozialbeziehungen [69]. Ein Interesse am Präsenthalten einer nicht selbsterlebten Geschichte mit größerer Tiefenschärfe entsteht mit der *Ausdifferenzierung politischer Herrschaftsrollen* im Zusammenhang mit der Ungesichertheit ihres Aktionsradius und ihrer Legitimationsbedürftigkeit [70]. Systemgeschichte wird in spätarchaischen Gesellschaften zunächst eine (relativ kurzfristige) Genealogie, dann mit der Entwicklung zur Hochkultur eine Tatengeschichte des Herrscherhauses oder eine politisch konzipierte Stammesgeschichte [71]. Sie nimmt moralische Implikationen an, berichtet von Verdiensten und Verfehlungen, von Handlungen, die auch hätten unterbleiben können – im biblischen Fall sehr kennzeichnend von Verträgen, an die zu erinnern ist. Das setzt eine entsprechende Generalisierung religiöser Vorstellungen voraus, die politische Kontingenz jetzt zulassen und zugleich moralisch vorqualifizieren müssen. Das Zeitbewußtsein expandiert. Die archaische Trennung von mythischer und genealogischer Zeit wird in eine einheitliche, aber religiös bestimmte Geschichtskonstruktion überführt, deren Kontinuität mit der Gegenwart artikulierbar ist [72]. Aus der Geschichte können moralische oder gar rationale Schlüsse gezogen, können Handlungsdirektiven abgeleitet werden. Der geringe Grad an Differenzierung politisch, religiös und ökonomisch prominenter Rollen spiegelt sich in der kosmisch-religiös-moralischen Integration der Leitgedanken, die das politische Motiv oft unerkennbar macht [73]. Im ganzen kommt es zu einer Ausweitung der je gegenwärtig fungierenden Zeithorizonte und damit zur Möglichkeit bestimmter ethisch-politischer Errungenschaften, die einen weiteren Zeithorizont voraussetzen; im Rechtsbereich zum Beispiel zum Syndrom von Schuld und Sühne im Sinne einer zeitlich begrenzten Kombination selektiver Ereignisse [74]; zur Gerichtsbarkeit, die als bloße Möglichkeit schon in Rechnung gestellt wird; zu promissorischen Eiden und schließlich zum Konsensualvertrag, der ohne jede gegenwärtige oder vergangene Realgrundlage die Zukunft zu binden vermag [75].

Moralische Geschichte dieses Typs gehört in politisch konstituierte Gesellschaften, die ihre primären evolutionären Errungenschaften und damit ihre relevanten Unsicherheiten in der politischen Kompetenz zu bindenden Entscheidungen finden. Sie ist sinnvoll, wenn und so lange Politik der Potentialbegriff des Gesellschaftssystems ist. Daß noch *Droysen* und *Treitschke* politische Geschichte erzählen, war bereits ein Anachronismus, der freilich seine besonderen Gründe hatte. Diese Gründe liegen wohl darin, daß die primär wirtschaftlich orientierte bürgerliche Gesellschaft mit ihren zukunftsorientierten Potentialbegriffen, namentlich Produktion und Geld, den Geschichtshorizont der Politik weder umkonstruieren noch überbieten, sondern allenfalls zu einem bloßen Bildungsgut neutralisieren konnte. Und »auch heute noch ist«, so meint *Karl Löwith*, der natürliche Begriff von Geschichte politisch bestimmt« [76]. Als »natürlich« erscheint hier aber nur die Gewohnheit.

2. Auch *Knappheit* macht Geschichte, sagen Marxisten. *Jean-Paul Sartre* fügt dem eine bemerkenswerte Analyse des Zusammenhangs von Knappheit und Kontingenz an [77]. Das leitet über zu unserem systemtheoretischen Konzept modaler Generalisierung.

Knappheit macht insofern Geschichte, als sie Möglichkeiten als interdependent und Selektionen damit als in bestimmter Weise kontingent erscheinen läßt, nämlich als erfolgt »auf Kosten von ...«. Aber Knappheit ist nicht für jede Gesellschaft dasselbe [78]. Sie läßt sich als Kontingenzformel nochmals generalisieren und durch den Geldmechanismus unabhängig machen von Erwerbssituationen, Bedürfnissen und vorhandenen Gütermengen [79]. Dabei kommen geschichtsneutralisierende Faktoren ins Spiel, die wir noch genauer analysieren müssen. Die Produktions- und Erwerbsvorgänge können in die Vergangenheit abgestoßen, aus der relevanten Geschichte entlassen werden, wenn für gegenwärtige Operationen nicht mehr bedeutsam ist, welche Löcher sie in einen festen Güterbestand rissen: wenn es nicht mehr auf Dankbarkeit ankommt und nicht mehr auf Verdienst, weil das Summenkonstanzprinzip entfällt. Insofern braucht die bürgerliche Gesellschaft für ihre eigenen Operationen keine Geschichte. Was sie davon braucht, kann in der Form von Geld, Eigentum, Verträgen aufgehoben werden. Sie erreicht das, was die an Legitimität gebundene, rechtlich-politisch konstituierte Gesellschaft nicht erreichen konnte: geschichtsfrei konzipierbare Potentialbegriffe. Und dies, obwohl Knappheit nach wie vor Geschichte *macht*.

3. Im Sektor *Wissenschaft*, einem zunehmend bedeutsamen Teilsystem des Gesellschaftssystems, erscheint die Geschichte des Wissenschaftssystems ebenfalls als Selektion aus Möglichkeiten, hängt also ab von den spezifisch wissenschaftlichen Formen des Entwurfs und der Erhaltung von Possibilität.

Wissenschaftsgeschichte wird heute vielfach als Problemgeschichte verstanden, als Geschichte von Problemstellungen und Problemlösungen. Dabei wird die Differenz von Möglichkeitshorizont und ausgewählter Wirklichkeit gesehen als Differenz von Problemen und Problemlösungen (mit der Voraussetzung, daß es für ein Problem mehrere mögliche Lösungen geben kann). Das wiederum setzt voraus, daß unabhängig von spezifischen Problemlösungen angegeben werden kann, worin die Bedingungen der Lös*bar*keit eines Problems bestehen. Der Status letzter Potential- und Dispositionsbegriffe des Wissenschaftssystems – zum Beispiel des Wahrheitswertes als der Möglichkeit einer Aussage, wahr oder falsch zu sein, der Wahrnehmbarkeit, Verifizierbarkeit, Falsifizierbarkeit, Operationalisierbarkeit, Meßbarkeit – ist wissenschaftstheoretisch noch wenig geklärt [80]. Auch ohne diese Klärung fungiert aber in der laufenden Forschung ein operatives Bewußtsein, daß mit diesen unanalysierten Abstraktionen arbeitet und mit ihnen Geschichte macht.

Ähnlich wie im Falle wirtschaftlicher Knappheit stellt sich hier die Frage, ob und wozu wissenschaftliche Forschung ihre eigene Problemgeschichte braucht. Eine Antwort wäre: um die Wiederholung von Irrtümern zu vermeiden und auf korrigierten Irrtümern aufzubauen [81]. Das läßt sich indes am besten durch eine auf den aktuellen Forschungsstand gebrachte Begrifflichkeit erreichen, in der Geschichte, ähnlich wie im Geld, aufgehoben ist und entthematisiert werden kann. Die Funktion eines historisch gewendeten problemgeschichtlichen Bewußtseins dürfte eher in der Erhaltung der Possibilität

selbst liegen, das heißt in der Erhaltung des Bewußtseins der Kontingenz jeder Problemlösung und in dem davon ausgehenden Abstraktionszwang.
4. Ein recht wichtiges, instruktives Beispiel für Geschichtsbedarf sozialer Systeme pflegt man bei einer makrosoziologischen Gesellschaftsbetrachtung leicht zu übersehen, nämlich die Bedeutung von *Liebesgeschichten.* Ich meine nicht Affären, die *andere* sich erzählen, sondern den Geschichtsbedarf der Liebenden selbst. Romantische, passionierte Liebe – die kulturelle Norm, nach der in der bürgerlichen Gesellschaft Gefühle zu fühlen sind und Liebesgeschehen, ja sogar Familiengründung, abzulaufen hat – weist sowohl in ihrem Code wie im Verhalten bekannt instabile Züge auf [82]. Instabilität, Zufälligkeit, Bedingungslosigkeit, Leidenschaftlichkeit und damit Unsicherheit wird als Voraussetzung eines weiten Möglichkeitshorizontes gesellschaftlich unkontrollierter Partnerwahl legitimiert. Hinzu kommt, daß Liebe keine Spezifikation von Rechten und Pflichten, Sexualität keine Bemessung der wechselseitigen Leistungen verträgt. Dieser hochgradig unbestimmte Möglichkeitshorizont wird durch eine Mischung von Strategie und Geschichte auf einigermaßen verläßliche Erwartungsgrundlagen reduziert. Die Strategien beziehen sich auf die Produktion einer Systemgeschichte, die das Verhältnis festigt [83]. Durch Liebe gewinnt man zunächst geschichtsunabhängige Anschlußselektivität. Man liebt unabhängig davon, was vorher geschehen ist. Aber die Geschichte selbst wird doch benötigt – zunächst als Liebesbeweis, dann als Liebesersatz. Sie bestätigt zunächst die schrittweise erfolgende wechselseitige Auswahl und geht dann unmerklich über in eine Beweislastregel in dem Sinne, daß derjenige, der abweichen will, sich nicht mehr einfach auf Liebe berufen kann, sondern begründen muß.
Die vorstehenden Kurzanalysen, die bewußt aus verschiedenen Teilsystemen funktional differenzierter Gesellschaften gewählt wurden [84], machen deutlich, daß Anlässe und Selektionsräume von Systemgeschichten mit den Möglichkeitsgeneratoren und Selektionsinteressen der Systeme variieren. Wenn dies so ist, wird man auf die Frage nach Sinn und Funktion von Systemgeschichte keine zugleich allgemeingültige und konkret einsichtige Antwort erwarten dürfen.

VIII

Wir nehmen gleichwohl noch einen zweiten Anlauf. Die Frage, wozu Geschichte, kann nämlich auch umgekehrt gestellt werden: Wie kann man Geschichte, nachdem sie durch die Entwicklung des Gesellschaftssystems als ein Möglichkeitshorizont gegenwärtiger Orientierung unabweisbar geworden ist, wieder loswerden? Wie kann man relevante Geschichte wieder vergleichgültigen? Wie kann man die Gegenwart von dem unabhängig machen, was sie herbeigeführt hat und in ihr fortwirkt? Wir gewinnen mit dieser Umkehrung bekannte Vorteile negativer Fragestellungen, die sich auf Eliminierungen beschränken und zu komplexe positive Interdependenzen im Unbestimmten lassen [85]. Um die Fragestellung präzisieren zu können, müssen wir Systemstruktur voraussetzen. Wir fragen nicht nach dem natürlichen Entlastungsprozeß des Vergessens, sondern setzen ein Gesellschaftssystem voraus, das diesen Prozeß in gewissem Umfange inhibiert und eine Welt- und Systemgeschichte nicht selbsterlebter Ereignisse sich vergegenwärtigt als einen möglichen Kontext, aus dem alles Erleben und Handeln Sinn gewinnen kann. In einer solchen, gleichsam überdokumentierten Gesellschaft gibt es Institutionen und Mechanismen, die gegenüber der Geschichte eine *relative Kontextfreiheit* für gegenwärtige Selektionen herstellen. Man verwendet Geschichte nicht mehr unmittelbar als sinnbestimmende Systemstruktur, wie es in einfachen Systemen unausweichlich ist, sondern distanziert sich von ihr durch ein Verhältnis des Aufbaus und der Reduktion übermäßiger Komplexität.

Edmund Husserl hat – im entgegengesetzten Interesse einer Rekonstruktion der gesamten Geschichte ursprünglich sinnstiftender Bewußtseinsleistungen – eine solche idealisierende Abstraktion von Subjektivität und Geschichtlichkeit mit der Kategorie der »Technisierung« bezeichnet [86]. Damit ist das Verhältnis von Technik und Geschichte in neuartiger Weise zum Problem geworden – ganz anders, als man es von einem durch Herstellung oder Produktion definierten Begriff der Technik aus oder mit Hilfe der Unterscheidung von Natur- und Geisteswissenschaften hätte formulieren können. Technik entlastet nicht nur von eigenhändigen manuellen Operationen; sie entlastet in viel weiterreichendem Sinne um größerer Möglichkeiten und größerer Selektivität willen vom Mitvollzug der Subjektivität und der Geschichtlichkeit von Sinn. Was *Husserl* als Sinnverlust in einer europäischen Krise sieht, hat eine andere Seite als Steigerungsbedingung.

Diese Kehrseite läßt sich verdeutlichen durch den Hinweis, daß Ausdrücke, die konkret auf Subjekte oder Zeitlagen verweisen, in ihrer Verständlichkeit auf einfache Systeme unmittelbarer Interaktion und auf Situationskenntnis angewiesen sind [87]. Entfällt diese Voraussetzung, müssen Ausdrücke wie »ich«, »du«, »wir« durch Namen, die jedermann verwenden kann, Hinweise auf »gestern«, »heute«, »vor längerer Zeit« durch Daten ersetzt werden. Jener oben als Systemdifferenzierung beschriebene evolutionäre Prozeß, der Systemgeschichten und Weltgeschichte trennt, bildet zugleich damit relativ kontextfrei verwendbare Symbolsysteme aus, die schließlich auch von ihrer eigenen Geschichte unabhängig werden können. Technisierung ist eine auf kontextfreie Sprache folgende zweite evolutionäre Stufe der Symbolbildung, auf der sich selektive Prozesse den Verfügungshorizonten eines möglichkeitsreichen, sehr komplexen Gesellschaftssystems anpassen müssen. Sie bewirkt – im großen und ganzen –, daß Vergangenes als erledigt, als abgeschlossen präsentiert wird und nicht mehr unmittelbar gegenwärtig ist in der Weise des Mitlebens der Toten oder der Kontinuität von Schuld.

Wie technische Aufhebung, Neutralisierung und Objektivierung von Geschichte vor sich geht, läßt sich am besten an Beispielen erkennen. Wir halten uns zunächst an Organisationsstrukturen, die auf der Identifikation von *Stellen* aufbauen. Stellen sind abstrakte Identifikationsgesichtspunkte für Rollen, bei denen Personen, Aufgaben und organisatorische Zuordnungen geändert werden können [88]. Die Identifikation als Stelle ermöglicht technisch beliebige Kontinuitätsunterbrechungen, indem man in Stellen Personen oder Aufgaben oder organisatorische Zuordnungen (nur nicht alles zugleich) auswechseln kann. Die Schranke sinnvoller Änderungen, zum Beispiel der Auswahl einer neuen Person für die Stelle, liegt nicht im Vorgänger, also nicht in der *Zeit*dimension, sondern in den beibehaltenen Aufgaben und Zuordnungen, also in *sachlicher* Kompatibilität mit den jeweils anderen Stellenbestimmungen, die mit Hilfe der Stellenidentität kontrolliert werden kann.

Damit ist das organisationstechnisch Mögliche bezeichnet. Faktisch gelingt diese Neutralisierung von Geschichte nur zum Teil. Besonders bei stark personalisierten Rollen, etwa bei Professuren (im früheren Sinne) oder bei Spitzenpositionen, färbt der Vorgänger auf den Nachfolger ab. *Horst Baier* wird trotz seines Protests als »Adorno-Nachfolger« bezeichnet [89]. Auch die Chance, sich als Nachfolger gegen seinen Vorgänger zu profilieren, ist durch den Stellenwechsel und den geschichtlichen Bezug zugleich bedingt; in gewisser Weise fordert der Wechsel zum Vergleich und zur Rückerinnerung oder gar zur Konstruktion eines Vorgängermythos geradezu heraus [90]. Distanzierung von der Geschichte kann also selbst in einer technisch fortgeschrittenen Form nicht ein Rückfall in archaische Geschichtslosigkeit, nicht ein Abschaffen oder Vergessen der Vergangenheit sein. Eher legt unser Beispiel die Annahme nahe, daß technische Neutralisierung der Geschichte nicht die Funktion der Ausschließung, sondern der Spezifikation geschichtlicher Relevanzen erfüllt. Dem liegt dann ein prinzipiell ambivalentes Verhältnis zur Vergangenheit zugrunde: Man kann sich zu ihr positiv oder negativ einstellen (zum Beispiel den Nachfolger am guten oder am schlechten Vorgänger messen), und man kann durch Differenzierung verschiedener Möglichkeitsebenen geschichtsfrei und geschichtsgebunden zugleich operieren – etwa in der »formalen Organisation« geschichtsfrei, in der »informalen Organisation« dagegen geschichtsgebunden [91]. *Die strukturelle Differenzierung verschiedener Möglichkeitsebenen des Verhältnisses zur Geschichte scheint eine Voraussetzung dafür zu sein, daß auf mindestens einer dieser Ebenen besondere Negations- und Spezifikationsmöglichkeiten aktualisiert werden können.*

In anderen Beispielen finden sich diese zusammenhängenden Aspekte technischer Neutralisierung von Geschichte wieder. Auch *Geld* ist, ähnlich wie Stellen, geschichtslos verwendbar – nämlich unabhängig von dem Kontext, in dem man es erworben hat [92]. Bei genauerem Zusehen zeigt sich indes, daß dies nur für liquide Geldmengen gilt. Versteht man unter Geld im weiteren Sinne die Gesamtheit der Güter und Leistungen, sofern sie monetisiert, das heißt dem Geldcode unterworfen sind, dann erkennt man, daß Geld in überwiegender Menge investiert, also durch Geschichte festgelegt ist. Diese Festlegung interessiert ökonomisch in ganz spezifischer Weise: nicht als gegenwärtige Vergangenheit und nicht als vergangene Gegenwart, sondern als nicht mehr verhinderbare Zukunft. »Nicht mehr verhinder*bar«* ist ein Möglichkeitsbegriff, dessen Bedingungen der Möglichkeit/Unmöglichkeit durch die Bedingungen ökonomischer Kalkulation definiert werden, also etwa durch Regeln der Abschreibung. Liquide Geldmittel sind nur die kritische Teilmenge, die es dem gesamten Wirtschaftssystem ermöglicht, das Verhältnis von Zukunft und Vergangenheit in dieser besonderen Weise zu behandeln. Damit kann man das sehr allgemeine Problem, daß gute Anpassungen der Vergangenheit bessere in Gegenwart und Zukunft verhindern, zwar nicht beseitigen, aber kalkulieren.

Unser drittes Beispiel ist *Positivität der Rechtsgeltung.* Sie bedeutet, daß das Recht kraft Entscheidung gilt; und zwar nicht deshalb, weil in einer vergangenen Gegenwart Recht durch Setzung gestiftet worden ist – das wäre »Thesmos« im altgriechischen

Sinne mit Parallelen in vielen frühen Hochkulturen –, sondern deshalb, weil es jederzeit geändert werden kann, so daß die Nichtbenutzung dieser Möglichkeit als Richtigkeitsvermutung fungiert [93]. Auch hier ist die Niveauveränderung der Problemlage durch technische Neutralisierung von Geschichte deutlich greifbar. Es kommt für die Rechtsgeltung weder auf das Alter noch auf die Qualität des alten Rechts an; bloße Dauer gibt noch keinen Qualitätsvorsprung. Auch die Umkehrung durch die Gegenthese, das neue Recht sei besser als das alte, trifft die Geltungslage nicht. Maßgebend ist, daß die Geltung überhaupt nicht mehr auf einem Rückblick in die Geschichte beruht, sondern auf gegenwärtigen und künftigen Änderungsmöglichkeiten, die mit jeder Geschichte kompatibel sind.

Allerdings fungieren diese nichtbenutzten Möglichkeiten nur dann als Indikator für Richtigkeit, wenn sie wirklich möglich sind. Das ist nur der Fall, wenn die organisatorischen, politischen und begrifflichen Vorkehrungen für eine laufende Überprüfung des Rechts geschaffen, das heißt in Systemstrukturen verankert sind. Davon sind wir weit entfernt. So gibt es auch im Recht eine zweite Ebene von Möglichkeiten und Unmöglichkeiten, auf der die organisatorischen, politischen und informationstechnischen Bedingungen möglicher Rechtsänderung registriert werden und viel rechtlich Mögliches unmöglich wird. Hier liegt der Ansatzpunkt für eine technische Kritik der Gegenwart, die zu viel Vergangenes zwar nicht als Geschichte, aber als status quo beibehält [94].

Wir gehen nun abschließend zu Beispielen aus dem Bereich *wissenschaftlicher Forschung* über. Vor allem läßt die *Geschichtsforschung* selbst, sofern sie nicht einfach gegenwärtig geltende Systemgeschichte ausmalt, heroisiert, adaptiert, sondern vergangene Gegenwarten vergegenwärtigt, sich als objektivierenden Neutralisierungsmechanismus begreifen. Schon die Vorstellung einer noch unbekannten, nicht überlieferten Geschichte ist sozialgeschichtlich höchst ungewöhnlich. Wir hatten oben (S. 92) bereits gesagt, daß die Gesellschaft durch Geschichtsforschung mehr oder weniger unabhängig wird von ihrem Systemgedächtnis, dessen Erhaltung ein Interesse an Benutzung im Dienst anderer Funktionen voraussetzt. Darüber hinaus mag es, mehr oder minder gut, gelingen, aktuelle (zum Beispiel politische) Selektionsinteressen zu neutralisieren [95].

In etwas anderem Sinne läßt sich auch System*theorie* als technische Neutralisierung von Geschichte begreifen – als Herstellung mehrerer Ebenen der Beziehung zur Geschichte mit besonderen Negations- und Spezifikationsmöglichkeiten auf mindestens einer Ebene [96]. Das setzt unter anderem analytische Kontrolle zeitlicher Reflexivverhältnisse voraus. Selbstverständlich wird damit nicht die kausale Wirksamkeit vergangener Fakten geleugnet – weder auf der Ebene der Gegenstände (Systeme) noch auf der Ebene der Theorie. Neutralisierung kann nur heißen, Herstellung jenes indirekten, ambivalenten Verhältnisses zur Geschichte, in dessen Rahmen die Selektivität zeitlicher Ereignisse eine unterschiedliche Bedeutung gewinnen kann.

Als Struktur eines Forschungssystems ermöglicht die Systemtheorie andere Möglichkeitsentwürfe als die Strukturen der Systeme, die sie thematisiert; überspitzt formulierend könnte man sagen, daß die Möglichkeit der Erkenntnis sich gerade auf die Unmöglichkeiten in den erkannten Systemen stützt, nämlich auf ihre strukturellen »constraints«. Eine Systemtheorie der Systemtheorie hätte demnach das Unmögliche am Programm der Systemtheorie zu thematisieren – wobei nicht zu vergessen ist, daß

Möglichkeit und Unmöglichkeit in der Systemtheorie keine logisch-apodiktischen Begriffe sind, sondern stets relativ auf strukturelle Bedingungen der Möglichkeit zu verstehen sind. Thema einer Systemtheorie der heutigen Systemtheorie ist vor allem die Unmöglichkeit der Erforschung hoher und strukturierter Komplexität. Hiermit – »Systemtheorie der *heutigen* Systemtheorie« – ist zugleich angedeutet, daß die Systemtheorie auch auf dieser Stufe der Reflexivität ihren Gegenstand temporalisiert, um seine modalen Generalisierungen im Hinblick auf andere Möglichkeiten erfassen zu können.

Die simultane Verwendung verschiedener, reflexiv verknüpfter Aussageebenen, in die auch verschiedene Stufen der Selbstreflexion sozialer Systeme einbezogen werden können, ermöglicht die gleichzeitige Aktualisierung unterschiedlicher Geschichtsverhältnisse. Man kann Systemgeschichte der politisch konstituierten Gesellschaften als politische Geschichte schreiben und daneben systemtheoretisch analysieren, weshalb in Gesellschaftssystemen mit Primat politischer Funktionen Geschichte sich als politische ereignet. Daß diese Analysen *gleichzeitig* geschehen können, heißt, daß ihre Möglichkeit ein Aspekt der Gegenwart von Vergangenheit in Gesellschaften ist, die über eine entsprechende analytische Kapazität verfügen. Eine ganz andere Frage ist, wie vergangene Gegenwarten ausgesehen haben.

IX

Eine allein auf Geschichte als Vergangenheit gerichtete Betrachtung bleibt unvollständig. Geschichte als temporale Modalisierung von Systemen ist kein Gegenstand an sich. Sie ist ein Zeithorizont, der immer auch den anderen, die Zukunft impliziert. Keine historische Forschung kann daher die Zukunft außer acht lassen. Die Unvollständigkeit der Auffassung von Geschichte als Vergangenheit wird schärfer bewußt, wenn man (1) temporale Reflexivität und (2) technische Neutralisierung von Zeithorizonten berücksichtigt. Zugleich kompliziert und differenziert das die Möglichkeiten der Analyse.

Für Zwecke fachhistorischer Forschung muß man in der gegenwärtigen Vergangenheit vergangene Gegenwarten auswählen. Der Gegenhorizont Zukunft kommt damit in mehrfachem Sinne ins Spiel: als Zukunft unserer Gegenwart, die überhaupt erst eine forschungstechnische Objektivierung von Geschichte ermöglicht, als zukünftige Gegenwart der untersuchten vergangenen Gegenwart und als gegenwärtige Zukunft der untersuchten vergangenen Gegenwart. Der Historiker kann also nicht schlicht davon ausgehen, daß »die« Zukunft der griechischen Polis im römischen Reich lag. Er würde damit die welthistorische Perspektive seiner Gegenwart anwenden. Vielmehr muß er diese Zukunft als damals künftige, heute vergangene Gegenwart unterscheiden von der systemeigenen gegenwärtigen Zukunft der griechischen Polis. Diese war bestimmt durch Möglichkeitsbedingungen, die sich zum Beispiel aus der Wiederholung der Nomothesie, aus der Nichtinkorporierbarkeit von Wirtschaft in die Gesellschaft, aus der geringen, weiträumigen Frieden ausschließenden Größe des Systems usw. ergaben. Diese Unterscheidung von künftigen Gegenwarten und gegenwärtiger Zukunft, die in die vergangene Gegenwart projiziert werden muß, wird den Historiker nötigen, Systemanalyse anzuwenden und systemeigene Zukunft als modale Generalisierung von Systemstrukturen zu begreifen; sonst wird ihm die damals gegenwärtig gelebte Zukunft in die dann kommenden Gegenwarten verschwimmen.

Die gleiche Interdependenz der beiden Zeithorizonte Zukunft und Vergangenheit kann man auch für das Gesellschaftssystem unserer Gegenwart und für seine Zeitperspektiven durchdenken. Wir haben dann zu fragen: Wie muß ein soziales System im Hinblick auf seine gegenwärtige Zukunft und seine gegenwärtige Vergangenheit modalisiert sein, damit Zeit reflexiv werden kann und Zeithorizonte neutralisiert sind. In den Andeutungen zur Genetik des neuzeitlichen Zeitbewußtseins (oben S. 94) haben wir die Antwort bereits vorweggenommen: Es muß sich um ein Gesellschaftssystem handeln, das sich durch seinen Zukunftshorizont dominieren läßt; um ein Gesellschaftssystem, für das die Selektivität der Zukunft wichtiger ist als die Selektivität der Vergangenheit.

Diese Aussage bedarf der Präzisierung. Was sich geändert hat, liegt weder auf der Ebene von Kausalitäten noch von Wertungen. Vielmehr wechselt der Zeithorizont, der die Selektivität der Gegenwart primär steuert. Es ist nicht mehr vergangene, sondern künftige Selektivität, auf die bei gegenwärtiger Verhaltenswahl hauptsächlich geachtet wird. Die Gegenwart versteht sich als Vergangenheit künftig-kontingenter Gegenwarten und wählt sich selbst als Vor-Auswahl im Rahmen künftiger Kontingenz. Die Konsistenzlinien, die Selektivitätsketten verstärken, laufen nicht mehr von der Vergangenheit in die Gegenwart, sondern von der Zukunft in die Gegenwart. Deshalb wird Zukunft als Horizont von Selektivität thematisch. Deshalb zerbricht in der Neuzeit eine Tradition der Modaltheorie, die die Reduktion des logisch Möglichen auf eine wirkliche Welt – eine unter anderen möglichen – als einen *vergangenen* Prozeß gesehen hatte: nämlich als Schöpfung und nicht als Evolution [97]. Erst im Zusammenhang damit ändern sich die fungierenden Interpretationen von Kausalitäten, Zwecken und Werten. Zwecke zum Beispiel werden nicht mehr als gegenwärtige Kulmination einer Entwicklung, sondern als gegenwärtige Selektion einer kontingenten Zukunft aufgefaßt und fallen damit in ihrer Wertschätzung unter das Verdikt der Wahrheitsunfähigkeit künftiger Kontingenzen.

Die systemstrukturellen Bedingungen dieses Wandels dürften in Veränderungen zu suchen sein, die zur Erzeugung eines Möglichkeitsüberschusses führen, der nur in der Zukunft lokalisiert werden kann. Das sind vor allem: ausgeprägte funktionale Systemdifferenzierung, hohe Teilsystemautonomie, Abstraktion funktionaler Perspektiven und Mediencodes mit der Folge inkongruenter, überzogener Möglichkeitsprojektionen in den Teilsystemen. Gesellschaften mit diesen Strukturmerkmalen öffnen ihre Zukunft für mehr als eine mögliche Gegenwart je Zeitpunkt, um wenigstens im Künftig-Möglichen Kompatibilität der Teilsystemprojektionen zu erreichen. Recht und Wahrheit, Politik und Wirtschaft, wissenschaftliche Forschung und Erziehung, Persönlichkeitsemanzipation und Organisation sind nur noch dadurch kompatibel zu machen, daß ihre Entwicklungsperspektiven in eine kontingente Zukunft projiziert werden, die in der Gegenwart gegenläufige Ansprüche, Erwartungen, Selektionsstrategien auslöst. Das Künftig-Mögliche hat eine höhere Aufnahmefähigkeit für Komplexität; es ist mit mehr verschiedenartigen Gesellschaftszuständen kompatibel. Und genau darin liegt der Grund für den Führungswechsel der Zeithorizonte. Nur in der Zukunft vermag die

Orientierung in der Zeitdimension einen Grad an Komplexität zu erreichen, der der strukturellen Komplexität des gegenwärtigen Gesellschaftssystems entspricht.
Nimmt man an, daß aus diesem Grunde auch die Zeit selbst komplexer, nämlich eigenständig, objektivierbar und reflexiv werden mußte, dann kann der Historismus unserer neuzeitlichen Gesellschaft als ein Reflex ihrer Zukunft bezeichnet werden. Das ist kein neuer Gedanke [98]. Wir können ihn heute jedoch so formulieren, daß er nicht mehr an ein linear-teleologisches Zukunftsverständnis gebunden ist. Und damit erst lohnt es sich, eine Geschichte zu haben, weil sie Bedingungen der Möglichkeit definiert, aber kein Ziel hat.

Anmerkungen

[1] Vgl. – mit freilich weitem Abstand zu quellensicherer historischer Forschung – *S. N. Eisenstadt,* The Political System of Empires, New York–London 1963; *Talcott Parsons,* Societies: Evolutionary and Comparative Perspectives, Englewood Cliffs, N. J., 1966; *ders.,* The System of Modern Societies, Englewood Cliffs, N. J., 1971.

[2] Hierzu *Niklas Luhmann,* Sinn als Grundbegriff der Soziologie, in: *Jürgen Habermas/Niklas Luhmann,* Theorie der Gesellschaft oder Sozialtechnologie – Was leistet die Systemforschung?, Frankfurt 1971, S. 25–100.

[3] Der Vergleich kann zugleich dienen als Hinweis auf die ungelösten logischen Probleme solcher Simultaneität zweier Zeitebenen. Vgl. dazu *Arthur N. Prior,* The Formalities of Omniscience, in: *ders.,* Paper on Time and Tense, Oxford 1968, S. 26–44.

[4] Vgl. z. B. *Pitirim A. Sorokin/Robert K. Merton,* Social Time: A Methodological and Functional Analysis, in: The American Journal of Sociology 42 (1937), S. 615–629; *Pitirim A. Sorokin/Clarence Q. Berger,* Time-Budgets of Human Behavior, Cambridge Mass. 1939; *Meyer Fortes,* Time and Social Structure: An Ashanti Case Study, in: *Meyer Fortes,* Hrsg., Social Structure: Studies Presented to A. R. Radcliffe-Brown, 2. Auflage New York 1963, S. 54–84; *Wilbert E. Moore,* Man, Time, and Society, New York–London 1963; *Elliott Jaques,* The Measurement of Responsibility, London 1956; *Murray A. Straus,* Deferred Gratification, Social Class and the Achievement Syndrome, in: American Sociological Review 27 (1962), S. 326–335; *Georges Gurvitch,* The Spectrum of Social Time, Dordrecht 1964; *George W. Wallis,* Chronopolitics: The Impact of Time Perspectives on the Dynamics of Change, in: Social Forces 49 (1970), S. 102–108.

[5] An die Unaufgebbarkeit dieser These des historischen Bewußtseins für eine marxistische (und nicht nur für eine marxistische) Theorie der Gesellschaft erinnert mit Recht *Alfred Schmidt,* Geschichte und Struktur: Fragen einer marxistischen Historik, München 1971.

[6] Als kritische Diskussion dieses Erlebnisbegriffs und des ihm entgegengesetzten Handlungsbegriffs vgl. *Habermas/Luhmann,* a.a.O., S. 75 ff., 202 ff., 305 f. *Michael Theunissen* hat überdies (mündlich) eingewandt, daß auch im Erleben des Erlebens Selbstzurechnung erfahrbar wird. Das trifft zu für die Selbstidentifikation als »Subjekt« des Erlebens. Davon ist aber zu unterscheiden die Zurechnung der Selektionsleistung selbst. Ich würde bestreiten, daß deren Selbstzurechnung etwas anderes ist als die Konstitution von Handlungsbewußtsein. Wer sich als jemand erlebt, der selbst auswählt (oder im typischen Falle: ausgewählt hat), erlebt sich als Handelnden. Die mit dem Reflexionsproblem aufkommende Komplikation kann, und kann nur, in einer Begriffssprache bewältigt werden, welche die einfachen Kategorien Erleben und Handeln nochmals aufeinander bezieht, also von Erleben des Erlebens, Erleben des Handelns, Behandeln von Erlebnissen zu sprechen erlaubt.

[7] So geht auch die logische Analyse von Zeitaussagen vor. Siehe etwa *Arthur N. Prior,* Time and Modality, Oxford 1957; *ders.,* Past, Present and Future, Oxford 1967; *ders.,* a.a.O., 1968; *Nicholas Rescher,* Temporal Modalities in Arabic Logic, Dordrecht 1967; *ders.,* Topics in Philo-

sophical Logic, Dordrecht 1968, S. 196 ff. mit weiteren Hinweisen. Nicht anders ein Historiker, der Geschichte definiert als »die geistige Form, in der sich eine Kultur über ihre Vergangenheit Rechenschaft gibt« (*J. Huizinga*, Wege der Kulturgeschichte. Studien, München 1930, S. 86).

[8] Ich vermute, daß dies mit der logisch-ontologischen Ursprungsfassung des Problems der Modalitäten und mit ihrer späteren Wendung ins Erkenntnistheoretische zusammenhängt, und zwar deshalb, weil diese Problemfassung eine Klärung des Zusammenhangs von Modalisierung und Negation blockiert. Es fällt zum Beispiel auf, daß die maßgebende Quelle (*Aristoteles*, de interpr. Kap. 12 und 13) in der epistemologischen Modalisierung positive und negative Aussagen als nicht äquivalent behandelt, in der possibilistischen Modalisierung dagegen als äquivalent – und dies, obwohl die epistemologische Modalisierung (denk*bar*, erkenn*bar)* die possibilistische voraussetzt. So gilt zwar die Äquivalenz »Es ist möglich, daß ... = Es ist möglich, daß nicht ...«. Aber es gilt *nicht* die Äquivalenz »Es ist denkbar daß ... = Es ist denkbar, daß nicht ...«. Vgl. dazu auch *Heinrich Barth*, Philosophie der Erscheinung: Eine Problemgeschichte, Bd. I, 2. Aufl. Basel–Stuttgart 1966, S. 332 f. Dieses Ungleichgewicht in bezug auf Negierbarkeit hat für die logisch-ontologisch-theologische Tradition des Abendlandes weittragende Bedeutung gehabt und drückt sich bis heute aus in dem einleitend behandelten Primat erkenntnistheoretischer Fragestellungen im Bereich der Zeit- und Geschichtstheorie.

[9] Vgl. *Talcott Parsons*, Some Problems of General Theory in Sociology, in: *John C. McKinney/ Edward A. Tiryakian*, Hrsg., Theoretical Sociology: Perspectives and Developments, New York 1970, S. 27–68 (30 ff.). Vgl. auch *Rainer C. Baum*, On Media Dynamics: An Exploration, in: *ders./Jan J. Loubser/A. Effrat/Victor Lidz*, Hrsg., Explorations in General Theory in the Social Sciences, New York (im Druck). Ganz ähnlich übrigens für psychische Systeme *Jean Piaget*, Die Bildung des Zeitbegriffs beim Kinde, Zürich 1955, insbes. S. 275 f.

[10] Ursprünglich stammt der Begriff der Generalisierung aus der behavioristischen Psychologie und drückt genau diese Funktion der organisierten Indifferenz und des selektiven Verhaltens angesichts einer Überfülle von Umweltunterschieden aus. Vgl. z. B. *Clark L. Hull*, Principles of Behavior, New York–London 1943, S. 183 ff.; *Franz Josef Stendenbach*, Soziale Interaktion und Lernprozesse, Köln–Berlin 1963, S. 90 ff. Als Anstoß zur Erweiterung über die Psychologie hinaus und zur Ausdehnung auch auf den Fall der Kompatibilität mit einer Mehrheit von Systemzuständen siehe *Talcott Parsons, Robert F. Bales, Edward A. Shils*, Working Papers in the Theory of Action, Glencoe, Ill., 1953, bes. S. 41 f., S. 81.

[11] In der Modaltradition wird diese Typendifferenz häufig verwischt. Das wohl bedeutsamste Beispiel bietet die Diskussion de futuris contingentibus im Anschluß an de interpr. 9, in der die Problemstellung durch ein Kombinat von *temporaler* und *possibilistischer* Modalisierung definiert war und von *Anselm von Canterbury* bis *Thomas Hobbes* aus zunächst theologischen, dann szientistischen Gründen mit einer *epistemologischen* Modalisierung gelöst wurde, nämlich als Unzulänglichkeit menschlicher Erkenntnis. – Weniger bekannt ist eine entsprechende Verquickung im scholastischen Generalisierungsbegriff der »ampliatio«, der zeitliche Erstreckungen, aber auch Erweiterungen des Möglichen übergreift. Siehe z. B. *Joseph Mullally*, The Summulae Logicales of Peter of Spain, Notre Dame, Ind. 1945, S. 38 ff.; *Vicent Muñoz Delgado*, La lógica nominalista en la Universidad de Salamanca (1510–1530), Madrid 1964, S. 238 ff. Auch heute sind wir weit davon entfernt, den Unterschied und das wechselseitige Bedingungsverhältnis von possibilistischen und temporalen Modalisierungen geklärt zu haben. Unter anderem muß man, und das scheint den Begriff der ampliatio nachträglich zu rechtfertigen, daran denken, daß Möglichkeitsmodalisierungen gebraucht werden zur Konstitution zeitlicher Kontinuität der erfahrbaren Welt, nämlich für das »filling in of gaps in actual experience with a fabric of possibles« – so *Nelson Goodman*, Fact, Fiction, and Forecast, 2. Aufl. New York–Kansas City 1965, S. 50. Somit dürfte es kein Zufall sein, daß die mittelalterlichen und frühneuzeitlichen Schwierigkeiten der Modaltheorie, die zu ihrer Reduktion auf Erkenntnistheorie führten, zusammenfallen mit den Schwierigkeiten, die Kontinuität der Zeit zu denken. Vgl. etwa *Ingetrud Pape*, Tradition und Transformation der Modalität, Bd. I, Hamburg 1966; *Georges Poulet*, Fénélon et le temps, in: La nouvelle revue française 1954, S. 624–644; *Nicholas Rescher*, Logische Schwierigkeiten der Leibnizschen Metaphysik, Studia Leibnitiana Supplementa I, Akten

des Internationalen Leibniz-Kongresses Hannover, 14.–19. November 1966, Bd. I, Wiesbaden 1968, S. 253–265 (265 ff.).

[12] Diese Vorordnung des Möglichen vor das Notwendige war bereits in den berühmten Kapiteln 12 und 13 de interpretatione angelegt, ist aber erst in der Schöpfungstheorie des Mittelalters als Bedingung der Freiheit Gottes verabsolutiert und zur Sprengung des kosmologischen Weltverständnisses benutzt worden mit der These, »quod contingentia non est tantum privatio vel defectus entitatis (sicut est deformitas in actu illo qui est peccatum), immo contingentia est modus positivus entis (sicut necessitas est alius modus), et esse positivum – quod est in effectu – principalius est a causa priore«; – *Duns Scotus*, Ordinatio I. dist. 39 ad arg. pro tertia opinione, zit. nach Opera Omnia, Civitas Vaticana ab 1950, Bd. VI, S. 444. Insofern ist die Schöpfungstheorie direkte Vorläuferin der Evolutionstheorie.

[13] Siehe etwa *Hans Julius Wolff*, Der Ursprung des gerichtlichen Rechtsstreits bei den Griechen, in: *ders.*, Beiträge zur Rechtsgeschichte Altgriechenlandes und des hellenistisch-römischen Ägypten, Weimar 1961, S. 1–90. Daß dies nicht nur ein Erfordernis wissenschaftlicher Analyse ist, sondern zum Beispiel auch ein Erfordernis politischer Verständigung und Legitimation sein kann, zeigen die »Eumeniden« des *Aischylos*.

[14] Schon die erkenntnistheoretische Problemfassung, die sich bei *Kant* findet, war im übrigen eine Generalisierung ältester modaltheoretischer Fragestellungen, nämlich eine Folge davon, daß man nicht mehr nur nach *dem Möglichen* fragt, sondern nach *der Möglichkeit* und damit nach der begrifflichen Möglichkeit des Möglichkeitsbegriffs. Vgl. dazu *Pape*, a.a.O., S. 216 ff. Bei dieser schon doppelmodalisierten (siehe unten V.) Fragestellung stößt *Kant* auf die Frage nach den Möglichkeitsbedingungen der Möglichkeit und stellt sie nicht mehr theologisch, sondern erkenntnistheoretisch als Frage nach den Bedingungen, unter denen Erkenntnis mit Modalkategorien operieren kann.

[15] So namentlich die marxistische Theorie der Systemevolution mit wichtigen Hinweisen auf die historische Relativität der Differenz von Möglichem und Unmöglichem. Siehe *Gerd Pawelzig*, Dialektik der Entwicklung objektiver Systeme, Berlin 1970, insbes. S. 197 ff.

[16] Sehr deutlich ergibt sich dieser Zusammenhang bei den chinesischen Legisten. Siehe namentlich die Einleitung von *J. J. L. Duyvendak*, The Book of Lord Shang: A Classic of the Chinese School of Law, London 1928; ferner ausführlich *Léon Vandermeersch*, La formation du légisme: Recherches sur la constitution d'une philosophie politique charactéristique de la Chine ancienne, Paris 1965. Die Sekundärliteratur über den europäischen Naturbegriff hat im allgemeinen den politisch-ökonomischen Kontext nicht deutlich vor Augen, aber sie läßt Rückschlüsse zu, wenn man zum Beispiel das Verhältnis von Wirtschaft und Politik in der griechischen Polis berücksichtigt. Zum Naturbegriff im Verhältnis zur Gesellschaft siehe etwa *J. W. Beardslee*, The Use of Physis in Fifth-Century Greek Literature, Diss. Chicago 1918; *Joachim Ritter*, »Naturrecht« bei Aristoteles, Stuttgart 1961; *Gaines Post*, Studies in Medieval Legal Thought, Princeton 1964, S. 494 ff.; La Filosofia della natura nel Medioevo. Atti del Terzo Congresso Internazionale di Filosofia Medioevale, Mailand 1966; *Hans Blumenberg*, »Nachahmung der Natur«: Zur Vorgeschichte der Idee des schöpferischen Menschen, in: Studium Generale 10 (1957), S. 266–283; *Heribert M. Nobis*, Frühneuzeitliche Verständnisweisen der Natur und ihr Wandel bis zum 18. Jahrhundert, in: Archiv für Begriffsgeschichte 11 (1967), S. 37–58; *Robert Spaemann*, Genetisches zum Naturbegriff des 18. Jahrhunderts, in: Archiv für Begriffsgeschichte 11 (1967), S. 59–74; *Alfred Schmidt*, Der Begriff der Natur in der Lehre von Marx, Frankfurt 1962.

[17] Vgl. z. B. *Siegfried F. Nadel*, Reason and Unreason in African Law, in: Africa 26 (1956), S. 160–173 (164 f.).

[18] Dem entspricht die Forderung, sowohl den Begriff der Information als auch den Begriff des Bewußtseins funktional auf das Selektionsproblem zu beziehen. Siehe für den Informationsbegriff etwa *Donald M. MacKay*, Information, Mechanism and Meaning, Cambridge Mass.–London 1969. Für die Bewußtseinspsychologie kann dieser Gedanke mindestens bis auf *William James* zurückverfolgt werden und ist seitdem vor allem in Forschungen über Aufmerksamkeit zu finden. Siehe als eine prinzipielle Formulierung, die ihren Rückbezug auf Problemstellungen

des transzendentalen Idealismus nicht leugnen würde, *Gotthard Günther,* Bewußtsein als Informationsraffer, in: Grundlagenstudien aus Kybernetik und Geisteswissenschaft 10 (1969), Heft 1, S. 1–6.

[19] Einen interessanten Beleg für die Differenzierung von universaler Gesellschaftsgeschichte und spezielleren Systemgeschichten (clan Geschichte, »personal history«) findet man bei *Ian Cunnison,* History on the Luapula: An Essay on the Historical Notions of a Central African Tribe, Cape Town–London–New York 1951, interessant auch deshalb, weil Bericht und Interpretation der Systemgeschichte als anspruchsvolle und prekäre Angelegenheiten den Inhabern von Statuspositionen im System vorbehalten bleiben. Ähnlich, wenngleich mit geringerer Intensität der Geschichtsorientierung, die Ergebnisse bei *Paul Bohannan,* Concepts of Time Among the Tiv of Nigeria, in: Southwestern Journal of Anthropology 9 (1953), S. 251–262. Zu entsprechenden Ebenendifferenzierungen im religiösen Weltbild archaischer Gesellschaften vgl. *Robin Horton,* The Kalabari World-View: An Outline and Interpretation, in: Africa 32 (1962), S. 197–220; *John Middleton,* Lugbara Religion: Ritual and Authority Among an East African People, London 1960, S. 235 f.

[20] An sozialen Systemen wie Verhören, Gerichtsverhandlungen, Untersuchungen jeder Art kann der besondere Fall demonstriert werden, daß die Systemgeschichte mit einer parziellen Neutralisierung der Weltgeschichte beginnt und deren Rekonstruktion zum Ziele hat. Gerade dann müssen die selektiven Stationen der Systemgeschichte besonders bindend, in ihrer Selektivität verständlich und sichtbar vollzogen werden, weil sie eine offene, zweifelhafte oder umstrittene Weltgeschichte betreffen. Systemgeschichte muß hier als Sicherheitsbasis für Weltgeschichte substituiert werden. Vgl. dazu *Aaron V. Cicourel,* The Social Organization of Juvenile Justice, New York–London–Sydney 1968, besonders die Zusammenfassung S. 328 ff.

[21] Hierzu *Niklas Luhmann,* Einfache Sozialsysteme, in: Zeitschrift für Soziologie 1 (1972).

[22] Ein gutes Beispiel bietet die Freiheit des Umgangs mit eigenen Biographien, die man in Bars beobachten kann. Vgl. *Sherri Cavan,* Liquor License: An Ethnography of Bar Behavior, Chicago 1966, S. 54 f., 79 ff. Das Beispiel zeigt zugleich, daß Freiheiten gegenüber der Weltgeschichte unter anderem mit der Frage zusammenhängen, ob das System in der Welt eine Zukunft hat, die unvorhersehbare Anforderungen an Konsistenz und Kompatibilität stellen könnte. Vgl. dazu auch *Egon Bittner,* The Police on Skid-Row: A Study of Peace-Keeping, in: American Sociological Review 32 (1967), S. 699–715.

[23] Das Problem verstärkt sich, wenn auch funktionale Äquivalente für Geschichte ausfallen wie Recht, Programme, Führung. Die Folgen kann man derzeit in zahlreichen Universitätsgremien beobachten.

[24] Hier liegen vor allem Modellbildungserfahrungen der Organisationstheorie vor. Siehe statt anderer *Andrew S. McFarland,* Power and Leadership in Pluralist Systems, Stanford Cal. 1969, S. 16; *Gerd Pawelzig,* Dialektik der Entwicklung objektiver Systeme, Berlin 1970, S. 136.

[25] Siehe aus der reichhaltigen Forschung über Komplexität psychischer Systeme z. B. *O. J. Harvey, David E. Hunt, Harold M. Schroder,* Conceptual Systems and Personality Organization, New York–London–Sydney 1961; *Edward L. Walker,* Psychological Complexity as a Basis for a Theory of Motivation and Choice, Nebraska Symposium on Motivation 1964, S. 47–95; *William A. Scott,* Cognitive Complexity and Cognitive Flexibility, in: Sociometry 25 (1962), S. 405–414; *ders.,* Cognitive Complexity and Cognitive Balance, in: Sociometry 26 (1963), S. 66–74; *Joseph S. Vannoy,* Generality of Cognitive Complexity – Simplicity as a Personality Construct, in: The Journal of Personality and Social Psychology 2 (1965), S. 385–396; *Peter Suedfeld, Siedfried Streufert,* Information Search as a Function of Conceptual and Environmental Complexity, in: Psychonomic Science 4 (1966), S. 351–352; *Harold M. Schroder, Michael J. Driver, Siegfried Streufert,* Human Information Processing, New York 1967; *Uriel G. Foa, Terence R. Mitchell, Fred D. Fiedler,* Differentiation Matching, in: Behavioral Science 16 (1971), S. 130–142.

[26] In ähnlicher Weise wurde bereits in der Antike aus sachlicher Differenzierung (Varietät) als Bedingung der Möglichkeit von Bewegung auf ein Zugleich von Welt und Zeit geschlossen – nur daß diesem Schluß nicht der Selektionsbegriff, sondern der Bewegungsbegriff zu Grunde lag

und sein Geltungsrahmen, die Welt, daher im Sinne einer endlich-geordneten Menge begriffen wurde. Vgl. *Aristoteles,* Physik IV, 14; *Augustin,* Confessiones XII, 8.

[27] Ein Hinweis darauf ist, daß sprachliche Mittel der Darstellung von Zeit am Verbum haften und sich im Laufe des kulturellen Abstraktionsgewinns zunächst räumlicher Veranschaulichungen bedienen. Vgl. z. B. *John Mbiti,* Les Africains et la notion du temps, in: Africa 8 (1967), S. 33–41.

[28] Ein gutes Beispiel, das zugleich den Zusammenhang mit dem Prinzip *segmentärer* Gesellschaftsdifferenzierung vermittelt, erläutert *E. E. Evans-Pritchard,* The Nuer: A Description of the Modes of Livelihood and Institutions of a Nilotic People, Oxford 1940, S. 105 ff.; *ders.,* Nuer Time Reckoning, in: Africa 12 (1939), S. 189–216.

[29] Vgl. *Bohannan, a.a.O.; Mbiti, a.a.O.; Nicholas J. Gubser,* The Nunamiut Eskimos: Hunters of Caribou, New Haven–London 1965, S. 28 ff.; *John Middleton,* The Lugbare of Uganda, New York 1965, S. 18 ff.; *Ernst Jenni,* Das Wort »ōlām« im Alten Testament, Berlin 1953. Als Spätform dieser ursprünglichen Zeitvorstellung, die Künftiges und Vergangenes in einer fernen Dunkelzone zusammenlaufen läßt, entsteht das rationale Modell vom »Kreislauf der Zeit«. Die bekannteste Darstellung ist *Mircea Eliade,* Kosmos und Geschichte: Der Mythos der Ewigen Wiederkehr, Düsseldorf 1953. Eine andere Rationalform dieser ursprünglichen Problemfassung ist die Vorstellung einer doppelten Zeit, die im Anschluß an *Timäus* 37 D–38 C und an *Boethius'* Consolatio Philosophiae im Mittelalter ausdiskutiert worden ist. Dabei wurde Ewigkeit vorgestellt nicht als zeitlich unbegrenzter Bestand, sondern als ein allen Zeiten simultaner »presentarius status«, von dem aus der Zeitlauf durch Gott beherrscht werde. Vgl. manches bei *Pierre Duhem,* Le système du monde: Histoire des doctrines cosmologiques de Platon à Copernic, 2. um mehrere Bände erweiterte Auflage, Paris ab 1954, insbes. Bd. VII, S. 303 ff.; *J. M. Parent,* La doctrine de la création dans l'école de Chartres: Etudes et textes, Paris 1938, S. 95 ff. Die Kreislauftheorie und die Mehrebenentheorie sind unterschiedliche Rationalisierungsformen jenes Ursprungsgefühls, daß es eine augenblicksferne Identität von Zukunft und Vergangenheit geben müsse. Der zukunftsweisende Charakter der Mehrebenentheorie liegt darin, daß sie den Zeitlauf nicht mehr durch ein festliegendes Vorher und Nachher begrenzt, sondern nur noch durch den (dann »säkularisierbaren«) Steuerungswillen Gottes.

[30] Vgl. dazu *Josiah Royce,* The Problem of Christianity, New York 1913, Neudruck Chicago –London 1968, S. 248 f.

[31] Vgl. hierzu *S. G. F. Brandon,* History, Time and Deity: A Historical and Comparative Study of the Conception of Time in Religious Thought and Practice, Manchester 1965.

[32] Hiermit ist noch keine Kausalhypothese aufgestellt, denn die geschichtlichen Ursachen des Anlaufens einer solchen Entwicklung dürften sehr komplex sein, zum Beispiel damit zusammenhängen, daß die Entwicklung Mesopotamiens über eine Vielzahl von Stadtsystemen läuft, politisch sehr wechselvoll gewesen ist und deshalb nicht zu einer einzigen alternativenlosen Einheitshierarchie für religiöse, ökonomische und militärisch-politische Funktionen führen konnte.

[33] Hierzu ausgezeichnet *M. David,* Les dieux et le destin en Babylonie, Paris 1949; ferner *John G. Gunnell,* Political Philosophy and Time, Middletown Conn. 1968, insbes. S. 39 ff. Die Schärfe der Kontrastierung von ägyptischer und mesopotamischer Kultur bedarf der Überprüfung, da sich auch in Ägypten eine gewisse Distanzierung von höchster Gottheit und Herrscher, eine Ethisierung der Religion, eine Problematisierung von Wahrheit/Gerechtigkeit (Maat), ein Problem der Theodizee und mit all dem Ansätze zu einem historischen, zugleich zyklisch und linear orientierten Zeitbewußtsein ausbilden. Vgl. zu all dem *Siegfried Morenz,* Ägyptische Religion, Stuttgart 1960. Die evolutionstheoretische Hypothese eines Zusammenhangs von Kontingenz und Zeit wird hierdurch eher bestätigt als abgeschwächt.

[34] Siehe statt anderer *Hans Wildberger,* Jesajas Verständnis der Geschichte, in: Supplements to Vetus Testamentum, Vol. IX, Leiden 1963, S. 83–117.

Mitgesehen werden muß im übrigen ein zweiter Zusammenhang von Sozialdimension und Zeitdimension, der bei *J. Marsh,* The Fulness of Time, London 1952, anklingt: Die volkhafte Einheit Israels in einer feindlichen Umwelt (corporate personality?) wird so stark erlebt, daß diese

Totalität auch auf die Zeit abfärbt und die Zeithorizonte Vergangenheit und Zukunft in der Gegenwart (oder zumindest vergegenwärtigungsfähig) behält.

[35] Ein Beispiel wäre die Bildung eines besonderen Wahrheitsbegriffs über der unmittelbar gegebenen Welterfahrung; ein anderes Beispiel wäre die Bildung eines Rechtsbegriffs und der Vorstellung geltender Normen über den unmittelbar gelebten und zuweilen enttäuschten normativen Erwartungen.

[36] In der Geschichte des Denkens über Zeit findet dieses Erfordernis darin Ausdruck, daß man die Zeit nicht mehr als Bewegung, sondern als Maß der Bewegung bestimmt. Etwa gleichzeitig werden Rechtsnormen dem Kriterium der Gerechtigkeit unterworfen und Erfahrungswissen einem binär logisierten Wahrheitsbegriff.

[37] Die Parallele in der Entwicklung psychischer Systeme hat *Jean Piaget*, Die Bildung des Zeitbegriffs beim Kinde, Zürich 1955, untersucht. Die psychische Entwicklung kann *heute* natürlich auf verfügbare, am Verhalten anderer ablesbare, lehrbare kulturelle Muster und Mechanismen, etwa Uhren, zurückgreifen und ist insofern abhängig vom Stande gesellschaftlicher Evolution.

[38] Ein gutes Beispiel für die Implausibilität einer gegenläufigen Rückrechnung in der Zeit bietet die Schwierigkeit und Langsamkeit der Einführung der Datierung von Christi Geburt an rückwärts statt von der Erschaffung der Welt an vorwärts – eine Rechnung, die sich gegen das biblische Bild der Weltgeschichte erst im 18. Jahrhundert endgültig durchgesetzt hat, und dies nicht aus theologischen Gründen, sondern wegen der Präzisions- und Gewißheitsvorteile für die historische Forschung. Vgl. *Adalgert Klempt*, Die Säkularisierung der universalhistorischen Auffassung: Zum Wandel des Geschichtsdenkens im 16. und 17. Jahrhundert, Göttingen–Berlin–Frankfurt 1960; auch *Reinhard Wittram*, Das Interesse an der Geschichte, 2. Aufl. Göttingen 1963, S. 123 ff.

[39] Die verbreitete Unterstellung, bereits die Hebräer hätten Zeit linear gedacht, bedarf schon aus soziologischen Gründen der Überprüfung. Vgl. auch die Bedenken bei *Gunnell* a.a.O., S. 63 f. Die Zweifel richten sich nicht gegen die räumliche Analogie als solche, (die sich auch in Ägypten schon findet – vgl. *Siegfried Morenz*, Ägyptische Religion, Stuttgart 1960, S. 79 ff.), sondern gegen die darin implizierte Abstraktion von der Gegenwart und gegen die These, daß schon so früh nur ein einziges Zeitkonzept gegolten habe. Kritisch zu dieser, vor allem von Theologen verbreiteten Vorstellung auch *J. Barr*, Biblical Words for Time, London 1962, und *Arnaldo Momigliano*, Time in Ancient Historiography, in: History and the Concept of Time, Beiheft 6 von History and Theory, o. O. (Middletown Conn.) 1966, S. 1–23; *Max Seckler*, Das Heil in der Geschichte: Geschichtstheologisches Denken bei Thomas von Aquin, München 1964, insbes. S. 151 ff. Entsprechend problematisch und unvollständig ist das Gegenbild eines zyklischen Zeiterlebens der Griechen. Dazu außer *Momigliano* a.a.O. auch *Pierre Vidal-Naquet*, Temps de dieux et temps des hommes: Essai sur quelques aspects de l'expérience temporelle chez les Grecs, in: Revue de l'histoire des religions 157 (1960), S. 55–80.

[40] Vgl. oben Anm. 29.

[41] Damit ist nicht geklärt, was »Gleichzeitigkeit« eigentlich besagt. Datierungen bieten selbstverständlich nur ein technisches Substitut für Verständnis. Die theologische Tradition des Problems ebenso wie die Behandlungen bei *Kierkegaard, Bergson, Schütz* sprechen dafür, daß der Begriff letztlich nur mit Hilfe der Sozialdimension bestimmt werden kann, nämlich als kommunikative Erreichbarkeit. Eben deshalb liegt das Problem nicht in der Gleichzeitigkeit von Ereignissen, sondern in der Gleichzeitigkeit von selektiven Prozessen, die selbst Zeit brauchen.

[42] Vgl. *Niklas Luhmann*, Moderne Systemtheorien als Form gesamtgesellschaftlicher Analyse, in: *Habermas/Luhmann* a.a.O., S. 7–24; *ders.*, Gesellschaft, in: Soziologische Aufklärung: Aufsätze zur Theorie sozialer Systeme, 2. Aufl. Opladen 1971, S. 137–153.

[43] Wörtlich zitiert: »The longer the time perspective, and the broader the system involved, the greater is the *relative* importance of higher, rather than lower, factors in the control hierarchy, regardless of whether it is pattern maintenance or pattern change that requires explanation« (Societies. Evolutionary and Comparative Perspectives, Englewood Cliffs, N. J., 1966, S. 113). Hinter dieser Hypothese steckt keine ausführliche Analyse der Zeitdimension, sondern die Vor-

stellung einer zunehmenden Differenzierung von (relativ kurzfristigen) sozialen Systemen und (relativ langfristigen) kulturellen Systemen.

[44] Darin liegt eine der wichtigsten Einschränkungen von Möglichkeiten. Wer darauf aus ist, der Zarin *Katharina* einen Heiratsantrag zu machen, würde im heutigen Leningrad kaum komplementäres Erleben und Handeln finden.

[45] Vgl. z. B. *A. Meinong*, Über Möglichkeit und Wahrscheinlichkeit: Beiträge zur Gegenstandstheorie und Erkenntnistheorie, Leipzig 1915, insbes. S. 125 f. *Meinong* spricht von Iteration.

[46] Siehe z. B. *Thomas von Aquino*, Quaestiones disputatae de veritate q. II. art. 12 ad septimum.

[47] Den Ausdruck benutzt mit Bezug auf das 19. Jahrhundert auch *Werner Gent*, Das Problem der Zeit, Frankfurt 1934, Neudruck Hildesheim 1965.

[48] Auch das hat selbstverständlich Konsequenzen für den erforderlichen Abstraktionsgrad der Zeittheorie. Siehe in diesem Zusammenhang zu »changes of changes«, *Arthur N. Prior*, Papers on Time and Tense, Oxford 1968, S. 1 ff. Zu Konsequenzen im Rahmen der Entwicklungstheorie des historischen Materialismus *Gerd Pawelzig*, Dialektik der Entwicklung objektiver Systeme, Berlin 1970, S. 46 ff.

[49] Vgl. *Theodor Litt*, Die Wiedererweckung des geschichtlichen Bewußtseins, Heidelberg 1956, S. 75.

[50] Siehe als ein Beispiel für viele O. *Philippe*, L'histoire dans ses rapports avec la sociologie et la philosophie, in: L'Homme et l'Histoire: Actes du VIe congrès des sociétés de philosophie de langue française, Paris 1952, S. 35–40 (36). Subjektiv steht dabei für gegenwärtige Vergangenheit, objektiv für vergangene Gegenwarten.

[51] Vgl. die in die Ethnologie eingeführte Unterscheidung von Ethnohistory (im Sinne von Geschichtsforschung im Bereich primitiver Gesellschaften) und Folk History (im Sinne eines gegenwärtig aktuellen belief system) bei *Charles Hudson*, Folk History and Ethnohistory, in: Ethnohistory 13 (1966), S. 52–70. Siehe auch *E. E. Evans-Pritchard*, Anthropology and History, in: *ders.*, Essays in Social Anthropology, New York 1963, S. 46–65 (51 f.).

[52] Also auch mit allen zyklischen Zeitvorstellungen. Zu diesem Zusammenhang auch *I. Meyerson*, Le temps, la mémoire, l'histoire, in: Journal de psychologie normale et pathologique 53 (1956), S. 333–354 (336 ff.).

[53] Und ebenfalls nicht, wenn man ihn, wie unter Historikern üblich, unter dem Gesichtspunkt eines historischen Relativismus diskutiert – als einen durch unanalysierte Zeitvorstellungen homogenisierten Relativismus.

[54] Der Zeitbegriff in der Geschichtswissenschaft, in: Zeitschrift für Philosophie und philosophische Kritik 160 (1916), S. 173–188.

[55] Das im 19. Jahrhundert aufkommende individualisierende Geschichtsbewußtsein, das eine zeittheoretischen Prämissen freilich nicht durchschaut, ist eine *Folge* dieser Historisierung der Zeit, bringt sie jedoch nicht adäquat zum Ausdruck. Es löst eine ältere Art von exemplarischer Geschichtsdarstellung ab, die eine Art moralisches Kontinuum von Vergangenheit und Gegenwart unterstellt hatte und damit historische Ereignisse als eine empirische Unterstützung der Moral gerade nicht an ihren historischen Stellenwert band. Siehe dazu *George H. Nadel*, Philosophy of History Before Historicism, in: The Critical Approach to Science and Philosophy. In Honor of Karl R. Popper, New York–London 1964, S. 445–470.

[56] Hierzu auch *Jiri Kolaja*, Social System and Time and Space: An Introduction to the Theory of Recurrent Behavior, Pittsburgh 1969, S. 7 ff.

[57] Siehe auch den Essay On Spurious Egocentricity, in: *Prior* a.a.O. (1968), S. 15–25; ferner zum Problem der Definition von Gleichzeitigkeit oben (Anm. 41).

[58] Wenn ich recht verstehe, wählt *Prior* a.a.O. (1957), S. 10 und a.a.O. (1968), S. 8 u. ö. den entgegengesetzten Ausgangspunkt und behandelt, um damit bestimmte logische Vereinfachungen zu erreichen, die gegenwärtige Zukunft als gleichzeitig mit zukünftigen Gegenwarten. Auch *Nicholas Rescher*, Truth and Necessity in Temporal Perspective, in: *Richard M. Gale*, Hrsg., The Philosophy of Time, London 1968, S. 183–220, behandelt im Zusammenhang der Diskussion

künftiger Kontingenzen »the *present* assertion of a future-oriented proposition ... as amounting to a *future* assertion of a present-oriented proposition« (S. 214), *obwohl* bekanntlich eine Wahrheitsübertragung von der einen in die andere Aussageform nicht möglich ist. Damit entfällt unser Problem der Historisierung.

[59] Hier wiederum ein Vergleichspunkt mit *Marx*schen Kategorien. Vgl. dazu *Alfred Schmidt* a.a.O., S. 13 f., 65 ff.

[60] Diese Abfolge kann dann in einem weiteren Schritt evolutionstheoretisch untersucht werden als Steigerung der Komplexität des Gesellschaftssystems.

[61] So daß die ursprüngliche Allgemeinheit von Tempus-Modalisierung der Sprache ohne feste Zeitbindung mühsam wiederentdeckt werden muß. Vgl. *Harald Weinrich,* Tempus: Besprochene und erzählte Welt, 2. Aufl. Stuttgart 1971.

[62] Man könnte mit *Franz Xaver Kaufmann,* Sicherheit als soziologisches und sozialpolitisches Problem: Untersuchungen zu einer Wertidee hochdifferenzierter Gesellschaften, Stuttgart 1970, die Veränderung von spezifisch bürgerlichen Gegeninstitutionen aus analysieren – hier vom Thema Sicherheit aus. Auch direkte ideenpolitische Zusammenhänge lassen sich aufweisen – so *Bernard Willms,* Die Antwort des Leviathan – Thomas Hobbes' politische Theorie, Neuwied–Berlin 1970.

[63] Vgl. statt anderer *Ronald D. Laing, Herbert Philippson,, A. Russell Lee,* Interpersonal Perception: A Theory and a Method of Research, London–New York 1966.

[64] Siehe z. B. *E. Benveniste,* De la subjectivité dans le langage, in: Journal de psychologie normale et pathologique 55 (1958), S. 257–265. Sprachlich dürfte die Personalisierung der Verben wohl kaum dem Ausdruck von Subjektivität dienen, sondern eher der System/Umwelt-Differenzierung, nämlich der Abgrenzung der kommunikativen Beziehung von dem, was nicht zu ihr gehört. Vgl. *Harald Weinrich,* Tempus: Besprochene und erzählte Welt, 2. Aufl., Stuttgart 1971, S. 28 ff.

[65] Für Virtuosität auf diesem Gebiet hat sich *Erving Goffman* interessiert. Vgl. The Presentation of Self in Everyday Life, 2. Aufl. Garden City N. Y. 1959, und besonders Strategic Interaction, Philadelphia 1969.

[66] Es ist heute ebenso üblich wie oberflächlich, zu behaupten, dies seien nur Selbsttäuschungen oder Ideologien einer herrschenden Klasse gewesen. Das mag in gewissem Grade der Fall sein oder auch nicht; viel bemerkenswerter ist, daß in der bürgerlichen Gesellschaft für Problemstellungen dieser Komplexität und dieses Abstraktionsgrades überhaupt noch relativ einfache institutionelle Lösungen konzipiert werden konnten, während die heutige Zeit angesichts nochmals erweiterter gesellschaftlicher Komplexität zumindest im politischen Bereich auf soziale Reflexivität und auf historisches Bewußtsein zu verzichten scheint, um aus einer nur noch taktisch raffinierten Naivität heraus handeln zu können.

[67] Das läßt sich am Thema der *Freiheitsgeschichte* illustrieren. *Willi Oelmüller,* Was ist heute Aufklärung?, Düsseldorf 1972, versteht darunter die Geschichte unvollendeter Freiheiten, die der Vollendung entgegenzuführen sei. Das ist Fortschrittstheorie. Ich könnte darunter eher verstehen die Geschichte verbrauchter Freiheiten, deren Reproduktion die Gegenwart zwingt, unter abstrakteren Kategorien zu lernen, und in *diesem* Sinne Freiheit als Kontingenzbewußtsein akkumuliert.

[68] Siehe aus dem Bereich der Theorie sozialer Bewegungen vor allem *Neil J. Smelser,* Theory of Collective Behavior, New York 1963; ferner, an einem historischen Beispiel, *Otthein Rammstedt,* Sekte und soziale Bewegung: Soziologische Analyse der Täufer in Münster (1534/35), Köln–Opladen 1966. Im Bereich der Interaktionstheorie siehe z. B. *Erving Goffman,* The Moral Career of the Mental Patient, in: *ders.,* Asylums: Essays on the Social Situation of Mental Patients and Other Inmates, Chicago 1962, oder *Howard S. Becker,* Outsiders: Studies in the Sociology of Deviance, New York–London 1963.

[69] Zum Vergleich mit Zeitvorstellungen späterer Hochkulturen siehe z. B. *Marian W. Smith,* Different Cultural Concepts of Past, Present, and Future: A Study of Ego Extension, in: Psychiatry 15 (1952), S. 395–400.

[70] Vgl. *Rüdiger Schott,* Das Geschichtsbewußtsein schriftloser Völker, in: Archiv für Begriffs-

geschichte 12 (1968), S. 166–205; *Burr C. Brundage,* The Birth of Clio: A Résumé and Interpretation of Ancient Near Eastern Historiography, in: *H. Stuart Hughes,* Hrsg., Teachers of History, Ithaca, N.Y., 1954, S. 199–230.

[71] Das am meisten diskutierte Beispiel ist die biblische Geschichtsauffassung. Siehe in vergleichener Hinsicht *Brandon* a.a.O. (1965), S. 106 ff.; *Gunnell* a.a.O. Explizit hierzu außerdem *Johannes Hempel,* Glaube, Mythos und Geschichte, Berlin 1953; *ders.,* Geschichten und Geschichte im Alten Testament bis zur persischen Zeit, Güntersloh 1964, bes. S. 51 ff.; *Oscar Cullmann,* Heil als Geschichte, Tübingen 1965, S. 117 ff. Ferner oben S. 89. Für die griechische Geschichtsschreibung etwa *François Châtelet,* La naissance de l'histoire, Paris 1962, mit Betonung des Zusammenhangs von politischer Konstitution der Gesellschaft, Aufhebung der archaischen Differenz von genealogischer und mythischer Zeit, und Extension zeitlichen Kontinuitätsbewußtseins auf längere Ketten von Ereignissen und Entscheidungen.

[72] *Silvio Accame,* La concezione del tempo nell età arcaica, in: Rivista di filologia e di istruzione classica n. s. 39 (1961), S. 359–394, glaubt hierzu nachweisen zu können, daß diese Kontinuitätserweiterung bei den Griechen primär in der Beziehung zwischen Gegenwart und Zukunft gesucht wird – wegen des Zusammenbruchs der mykenischen Kultur? –, bei den Hebräern dagegen mehr in der Beziehung zwischen Gegenwart und Vergangenheit. Davon mag die spätere, wechselvolle Bewertung von »memoria« und »curiositas« abhängig sein.

[73] Ein gutes Beispiel bietet wiederum der biblische Schöpfungsmythos, dessen politischer Charakter erkennbar wird, wenn man ihn (mit *Kenneth Burke,* The Rhetoric of Religion: Studies in Logology, Boston 1961, S. 174 ff.) »von hinten«, das heißt von der Gegenwart her betrachtet: Man will bestrafen, also braucht man Sünde, also strategisch placierte Negationen, also als deren Hintergrund etwas Positives, nämlich Schöpfung. Zugleich deckt dieser Mythos dadurch, daß er die Genesis von Knappheit *moralisch* aus einem Normverstoß herleitet, eine moralische Steuerung ökonomischen Verhaltens, die in einer gesellschaftlichen Lage mit geringem ökonomischem Potential unentbehrlich sein dürfte. Zum letzteren auch *George M. Foster,* Peasant Society and the Image of Limited Good, in: American Anthropologist 67 (1965), S. 293–315; *Jochen Röpke,* Primitive Wirtschaft, Kulturwandel und die Diffusion von Neuerungen, Tübingen 1970, S. 38 ff.

[74] Eine gute Kontrolluntersuchung liefert *Bittner* a.a.O. mit der Feststellung, daß es in Slums, wo man sich an extrem kurzen Zeitstrecken orientiert, kein Verschuldensprinzip geben kann. Vgl. ferner die Feststellung eines Schrumpfens des relevanten Zeitraums in den Anomie-Experimenten von *Peter McHugh,* Defining the Situation: The Organization of Meaning in Social Interaction, Indianapolis–New York 1968, insbes. das Resumé S. 136 f.: »The tentative agnosticism of surprise leads to an emphasis on immediate arrangements in the environment, the *social* present, and out of this assessment comes a change in the meaning of events in the *chronological* past. Order, on the other hand, deemphasizes the chronological present in favor of the linkage of events through the social past and toward the future. During order, that is, events to be defined in the *chronological* present exist in the *social* (emergent) past and future. During disorder, the meaning that resides in the chronological past and future is discovered in the social (relative) present. It is a harlequin design that is less metaphorical than chronology, because it is closer to the actual rhythm of definition and its consequences.«

[75] Vgl. *Louis Gernet,* Le temps dans les formes archaïques du droit, in: Journal de psychologie normale et pathologique 53 (1956), S. 379–406.

[76] Die Dynamik der Geschichte und der Historismus, in: Eranos-Jahrbuch 21 (1953), S. 217 bis 254 (218).

[77] Vgl. Critique de la raison dialectique, Bd. I, Paris 1960, S. 200 ff. Dazu auch *Klaus Hartmann,* Sartres Sozialphilosophie: Eine Untersuchung zur »Critique de la raison dialectique I«, Berlin 1966, S. 86 ff.

[78] Die historische Variabilität des Knappheitsprinzips ist vor allem in der Wirtschaftsethnologie diskutiert worden. Siehe als Überblick über den Diskussionsstand *Jochen Röpke,* Neuere Richtungen und theoretische Probleme der Wirtschaftsethnologie, in: *Hermann Trimborn,*

Hrsg., Lehrbuch der Völkerkunde, 4. Aufl. Stuttgart 1971, S. 446–457. Als Ausgangspunkt vgl. *Karl Polanyi, Conrad M. Arensberg, Harry W. Pearson,* Trade and Market in the Early Empires, Glencoe Ill. 1957. Ferner besonders *George M. Foster,* Peasant Society and the Image of Limited Good, in: American Anthropologist 67 (1965), S. 293–315.

79 Hierzu näher *Niklas Luhmann,* Knappheit, Geld und die bürgerliche Gesellschaft, in: Jahrbuch für Sozialwissenschaft 23 (1972), S. 186–210.

80 Das scheint an einem bis heute vorherrschenden Interesse an *Kriterien* der *Entscheidung* zwischen wahr und falsch zu liegen. Vgl. auch *Herbert Schnädelbach,* Dispositionsbegriffe der Erkenntnistheorie: Zum Problem ihrer Sinnbedingungen, in: Zeitschrift für allgemeine Wissenschaftstheorie 2 (1971), S. 89–100, der eine Rückkehr zu *Kant* empfiehlt.

81 So z. B. *Gaston Bachelard,* La formation de l'esprit scientifique: Contribution à une psychoanalyse de la connaissance objective, Paris 1938.

82 Siehe statt anderer *Ernest W. Burgess,* The Romantic Impulse and Family Disorganization, in: Survey 57 (1927), S. 290–294; *Willard Waller, Reuben Hill,* The Family: A Dynamic Interpretation, 2. Aufl. New York 1951, S. 93–215. Zum Code selbst vor allem *Vilhelm Aubert,* A Note on Love, in: *ders.,* The Hidden Society, Totowa, N.J., 1965, S. 201–235.

83 Und zwar einer Systemgeschichte, die dank des ausdifferenzierenden Codes der Liebe von der Weltgeschichte und von externen Eingriffen in hohem Maße unabhängig ist – ganz ähnlich wie im oben (Anm. 20) behandelten Fall von Verhören und Untersuchungen. Die Umwelt wird gleichsam nur als Folie und Material für Liebesbeweise behandelt; es zählt nicht das Kino, sondern die Einladung ins Kino.

84 Das zu Grunde liegende theoretische Konzept beruht auf der These, daß die Systemdifferenzierung auf der Ebene des Gesellschaftssystems der Differenzierung von Kommunikationsmedien folgt. Vgl. *Niklas Luhmann,* Generalized Media and the Problem of Contingency, Ms. 1970. Eine knappe Skizze auch in *Habermas/Luhmann,* a.a.O., S. 342 ff.

85 Vgl. z. B. *Aristoteles,* Topik 117a 5 ff.

86 Siehe *Edmund Husserl,* Die Krisis der europäischen Wissenschaften und die transzendentale Phänomenologie, Husserliana Bd. VI, Den Haag 1954. Vgl. dazu auch *Hans Blumenberg,* Lebenswelt und Technisierung unter den Aspekten der Phänomenologie, Turin 1963, und speziell zur nicht hinreichend ausgearbeiteten Geschichtssicht *Husserls: Hubert Hohl,* Lebenswelt und Geschichte: Grundzüge der Spätphilosophie E. Husserls, Freiburg–München 1962.

87 Vgl. *Harold Garfinkel, Harvey Sacks,* On Formal Structures of Practical Actions, in: *John C. McKinney, Edward A. Tiryakian,* Hrsg., Theoretical Sociology: Perspectives and Developments, New York 1970, S. 327–366, insbes. 348 ff.

88 Hierzu näher *Niklas Luhmann,* Funktionen und Folgen formaler Organisation, Berlin 1964, S. 141 ff.

89 So z. B. Frankfurter Allgemeine Zeitung vom 16. 12. 1971, S. 2.

90 Gute soziologische Untersuchungen dieses Zusammenhanges sind *Alvin W. Gouldner,* Patterns of Industrial Bureaucracy, Glencoe Ill. 1954; *ders.,* Wildcat Strike, Yellow Springs Ohio 1954; *Robert H. Guest,* Organizational Change: The Effect of Successful Leadership, Homewood Ill. 1962; *Oscar Grusky,* Administrative Succession in Formal Organizations, in: Social Forces 39 (1960), S. 105–115; *ders.,* Corporate Size, Bureaucratization, and Managerial Succession, in: The American Journal of Sociology 67 (1961), S. 261–269; *ders.,* Managerial Succession and Organizational Effectiveness, in: The American Journal of Sociology 69 (1963), S. 21–31.

91 Darauf läuft *Selznicks* These von der »Institutionalisierung« blankettförmig geschaffener formaler Organisationen und von den daraus erwachsenden Führungsproblemen hinaus. Siehe *Philip Selznich,* Leadership in Administration: A Sociological Interpretation, Evanston, Ill. – White Plains, N. Y., 1957.

Angemerkt sei weiter, daß die vorstehenden Analysen sich auf die Ebene der Identifikation von Rollen und Personen beschränken und keinen vollständigen Aufriß der Geschichtsträchtigkeit organisierter Sozialsysteme geben. Hinzukommen müßte eine Analyse der Geschichtsbindung über Werte und Programme – dessen also, was der »Käfer« für das Volkswagenwerk oder »innere Führung« für die Bundeswehr bedeutet.

[92] Darin liegt seine technische Überlegenheit gegenüber den verschiedenen Typen archaischer Reziprozität. Zu diesen vgl. namentlich *Marshall D. Sahlins,* On the Sociology of Primitive Exchange, in: *Michael Banton,* Hrsg., The Relevance of Models for Social Anthropology, London–New York 1965, S. 136–236.

[93] Hierzu *Niklas Luhmann,* Positivität des Rechts als Voraussetzung einer modernen Gesellschaft, in: Jahrbuch für Rechtssoziologie und Rechtstheorie 1 (1970), S. 175–202. Ausführlicher *ders.,* Rechtssoziologie, 2 Bde., Reinbek 1972.

[94] Siehe auch *Niklas Luhmann,* Status quo als Argument, in: *Horst Baier,* Hrsg., Studenten in Opposition, Bielefeld 1968, S. 74–82.

[95] Nach Gegenbeispielen braucht man nicht lange zu suchen. Siehe etwa *C. H. Philips,* Hrsg., Historians of India, Pakistan and Ceylon, London 1961, besonders den Beitrag von *R. C. Majumdar* über Nationalist Historians. Sie beweisen nicht, daß eine weitgehende Neutralisierung bis in den kategorialen Apparat und die Themenwahl hinein nicht möglich wäre.

[96] Ich antworte hier auf eine Kritik der Systemtheorie als ahistorisch durch *Renate Mayntz,* Zweckbegriff und Systemrationalität. Zu dem gleichnamigen Buch von Niklas Luhmann, in: Schmollers Jahrbuch 91 (1971), S. 57–63. Die Antwort erfordert eine systemtheoretische Analyse von Systemtheorie – eben jene Form von Reflexivität, die *Renate Mayntz* S. 58 und ausführlicher *Jürgen Habermas* (in: *Habermas/Luhmann* a.a.O., insbes. S. 221 ff.) als Begründung (!) für unzureichend halten.

[97] Vgl. *Pape* a.a.O. (1966). Siehe auch *dies.,* Von den »möglichen Welten« zur »Welt des Möglichen«: Leibniz im modernen Verständnis, in: Studia Leibnitiana Supplementa I, Akten des Internationalen Leibniz-Kongresses Hannover 1966, Bd. I, Wiesbaden 1968, S. 266–287.

[98] Vgl. *Karl Löwith,* Die Dynamik der Geschichte und des Historismus, in: Eranos-Jahrbuch 21 (1953), S. 217–254 (230 ff.); ferner *ders.,* Christentum und Geschichte, in: Numen 2 (1955), S. 147–155.

BEGRIFFSGESCHICHTE UND SOZIALGESCHICHTE

Von Reinhart Koselleck

Nach einem bekannten Diktum von *Epiktet* seien es nicht die Taten, die die Menschen erschüttern, sondern die Worte über die Taten [1]. Trotz der stoischen Pointe, sich nicht von Worten irritieren zu lassen, ist der Gegensatz zwischen »pragmata« und »dogmata« sicher vielschichtiger als *Epiktets* Moralanweisung zuläßt. Sie erinnert uns an die Eigenkraft der Worte, ohne deren Gebrauch unser menschliches Tun und Leiden kaum erfahrbar, sicher nicht mitteilbar sind. *Epiktets* Satz steht in der langen Tradition, die sich seit alters mit dem Verhältnis von Wort und Sache, von Geist und Leben, von Bewußtsein und Sein, von Sprache und Welt beschäftigt hat. Auch wer sich auf das Verhältnis der Begriffs- zur Sozialgeschichte einläßt, steht unter dem Reflexionsdruck dieser Tradition. Er gerät schnell in den Bereich theoretischer Prämissen, die hier von der Forschungspraxis her anvisiert werden sollen [2].

Die Zuordnung zwischen Begriffsgeschichte und Sozialgeschichte scheint auf den ersten Blick lose, zumindest schwierig. Beschäftigt sich doch die eine Disziplin in erster Linie mit Texten und mit Worten, während sich die andere nur der Texte bedient, um daraus Sachverhalte abzuleiten und Bewegungen, die in den Texten selber nicht enthalten sind. So untersucht etwa die Sozialgeschichte Gesellschaftsformationen oder Verfassungsbauformen, die Beziehungen zwischen Gruppen, Schichten, Klassen, sie fragt über Geschehenszusammenhänge hinaus, indem sie auf mittel- oder langfristige Strukturen und deren Wandel zielt. Oder sie bringt ökonomische Theoreme ein, kraft derer Einzelereignisse und politische Handlungsabläufe hinterfragt werden. Texte und die ihnen zugeordneten Entstehungssituationen haben hier allenthalben nur Hinweischarakter. Anders die Methoden der Begriffsgeschichte, die dem Umkreis der philosophischen Terminologiegeschichte, der historischen Philologie, der Semasiologie und der Onomasiologie entstammen, und deren Ergebnisse immer wieder durch Textexegesen überprüfbar und auf diese zurückzuführen sind.

Nun ist eine solche erste Gegenüberstellung vordergründig. Aber die methodischen Einstiege zeigen, daß das Verhältnis der Begriffs- und der Sozialgeschichte komplexer ist, als daß die eine Disziplin auf die andere reduzierbar wäre. Das erweist bereits der Sachverhalt in den Objektbereichen beider Disziplinen. Ohne gemeinsame Begriffe gibt es keine Gesellschaft, vor allem keine politische Handlungseinheit. Umgekehrt gründen aber unsere Begriffe in politisch-gesellschaftlichen Systemen, die weit komplexer sind, als daß sie sich bloß als Sprachgemeinschaften unter bestimmten Leitbegriffen erfassen ließen. Eine »Gesellschaft« und ihre »Begriffe« stehen in einem Spannungsverhältnis, das auch die ihnen zugeordneten wissenschaftlichen Disziplinen der Historie kennzeichnet.

Es soll versucht werden, das Verhältnis der beiden Disziplinen auf drei Ebenen zu klären:
1. Inwieweit die Begriffsgeschichte der klassischen historisch-kritischen Methode folgt, aber mit erhöhter Trennschärfe dazu beiträgt, Themen der Sozialgeschichte griffig zu machen. Hier arbeitet die Begriffsanalyse der Sozialgeschichte subsidiär in die Hand.
2. Inwieweit die Begriffsgeschichte eine eigenständige Disziplin mit eigener Methodik darstellt, deren Inhalt und deren Reichweite parallel zur Sozialgeschichte, aber sich mit ihr gegenseitig überlappend, zu bestimmen ist.
3. Inwieweit Begriffsgeschichte einen genuinen theoretischen Anspruch enthält, ohne den einzulösen Sozialgeschichte nur unzulänglich betrieben werden kann.
Für die folgenden Überlegungen gelten zwei Einschränkungen: daß nicht von Sprachgeschichte, auch nicht als Teil der Sozialgeschichte, gehandelt wird, sondern nur von der politisch-sozialen Terminologie, die für die Erfahrungsbestände der Sozialgeschichte relevant ist. Ferner wird innerhalb dieser Terminologie und ihrer zahlreichen Ausdrücke vorzüglich auf Begriffe abgehoben, deren semantische Tragfähigkeit weiter reicht als die »bloßer« Worte, die im politisch-sozialen Bereich überhaupt verwendet werden [3].

I

Um die historisch-kritischen Implikationen einer Begriffsgeschichte als notwendige Hilfe für die Sozialgeschichte zu erweisen, sei ein Beispiel genannt. Es stammt aus dem Zeitraum der Französischen und der anhebenden industriellen Revolution, also aus einem Umkreis, der für die Entstehung der Soziologie und sozialhistorischer Fragen wegweisend wurde.
In seiner bekannten Septemberdenkschrift aus dem Jahre 1807 entwarf *Hardenberg* Richtlinien für die Reorganisation des preußischen Staates. Der ganze Staat sollte nach den Erfahrungen der Französischen Revolution wirtschaftlich und sozial neu strukturiert werden. Dabei äußerte nun *Hardenberg:* »Überhaupt gehört eine vernünftige Rangordnung, die nicht einen Stand vor dem anderen begünstigte, sondern den Staatsbürgern aller Stände ihre Stellen nach gewissen Klassen nebeneinander anwiese, zu den wahren und keineswegs zu den außerwesentlichen Bedürfnissen eines Staates [4].« Um einen solchen für die künftige Reformpolitik *Hardenbergs* programmatischen Satz zu verstehen, bedarf es einer quellenkritischen Exegese, die speziell die in ihm enthaltenen Begriffe aufschlüsselt. Daß die traditionelle Unterscheidung zwischen »wahren«, wesentlichen und außerwesentlichen Bedürfnissen auf den »Staat« angewendet wurde, war eine Sichtweise, die seit einem knappen halben Jahrhundert geläufig war und auf die hier nicht eingegangen sei. Auffällig ist zunächst, daß *Hardenberg* dem vertikalen Standesgefälle eine horizontale Klassengliederung gegenüberstellt. Die Standesordnung wird insofern pejorativ bewertet, als sie die Begünstigung eines Standes vor anderen impliziert, während doch alle Standesmitglieder Staatsbürger und insofern gleich sein sollen. Sie bleiben zwar in diesem Satz als Staatsbürger immer auch Standesmitglied, aber ihre Funktionen sollen nicht nach Ständen, sondern

»nach gewissen Klassen« nebeneinander definiert werden, wobei gleichwohl eine vernünftige Rangordnung entstehen soll.

Rein sprachlich bereitet ein solcher mit politisch-sozialen Ausdrücken gespickter Satz nicht geringe Verständnisschwierigkeiten, auch wenn die politische Pointe, gerade auf Grund der semantischen Zweideutigkeit, herausspringt. An die Stelle der überkommenen Standesgesellschaft soll eine Gesellschaft (formal gleichberechtigter) Staatsbürger treten, deren Zugehörigkeit zu (wirtschaftlich und politisch zu definierenden) Klassen eine neue (staatliche) Rangordnung ermöglicht.

Es ist klar, daß der genaue Sinn nur aus dem Kontext des ganzen Memorandums hervorgeht, aber ebenso aus der Lage des Verfassers und des Adressaten abgeleitet werden muß, ferner daß die politische Situation und die soziale Gesamtlage des damaligen Preußen dabei zu berücksichtigen sind, wie schließlich der Sprachgebrauch des Autors, seiner Zeitgenossen und der ihm vorausgehenden Generation verstanden werden muß, mit der er in einer Sprachgemeinschaft lebte. Alle diese Fragen gehören zur herkömmlichen historisch-kritischen, speziell zur historisch-philologischen Methode, auch wenn bereits Fragen auftauchen, die mit dieser Methode allein nicht beantwortbar sind. Das betrifft speziell die soziale Struktur des damaligen Preußen, die ohne ökonomische, politologische oder soziologische Frageraster nicht hinreichend erfaßbar ist.

Die spezielle Einengung unserer Fragestellung auf die Untersuchung der in einem solchen Satz verwendeten Begriffe leistet nun entschieden Hilfe, über das Verständnis dieses einen Satzes hinaus sozialgeschichtliche Fragen zu stellen und zu beantworten. Wird vom Sinn des Satzes selber hinübergeleitet zur historischen Einordnung der darin verwendeten Begriffe wie »Stand«, »Klasse« oder »Staatsbürger«, so zeigt sich schnell, welche verschiedenen Schichten des damaligen Erfahrungshaushaltes in diesen Satz eingegangen sind.

Indem *Hardenberg* von Staatsbürgern spricht, verwendet er einen terminus technicus, der gerade geprägt worden war, der im Allgemeinen Preußischen Landrecht legal noch nicht verwendet wurde und der eine polemische Pointe gegen die altständische Gesellschaft anmeldete. Es handelte sich noch um einen Kampfbegriff, der sich gegen die ständische Rechtsungleichheit richtete, ohne daß damals ein Staatsbürgerrecht existierte, das einem preußischen Bürger politische Rechte zugesprochen hätte. Der Ausdruck war aktuell, er verweist auf ein Verfassungsmodell, das nunmehr zu verwirklichen sei. – Der Begriff des Standes enthielt um die damalige Jahrhundertwende unendlich viele Bedeutungsstreifen politischer, rechtlicher, wirtschaftlicher, gesellschaftlicher Art, so daß aus dem Wort selber keine eindeutige Zuordnung abzuleiten ist. Indem *Hardenberg* Stand und Begünstigung zusammendachte, hat er jedenfalls die traditionellen Herrschaftsrechte der oberen Stände kritisch unterlaufen, während der Gegenbegriff in diesem Zusammenhang Klasse lautet. – Der Begriff »Klasse« enthielt damals ebenso mannigfaltige Bedeutungen, die sich streckenweise mit dem von »Stand« überlappten. Immerhin kann für den deutschen, speziell den preußischen Sprachgebrauch der Bürokratie gesagt werden, daß damals eine Klasse eher durch wirtschaftliche und verwaltungsrechtliche Kriterien bestimmt wurde als durch politische oder gar geburtsständische Kriterien. In diesem Zusammenhang muß etwa die physiokratische Tradition berücksichtigt werden, innerhalb derer die alten Stände erstmalig nach ökonomisch funktionalen Kriterien umdefiniert wurden: ein Vorhaben, das *Hardenberg* in wirtschaftsliberaler Absicht teilte. Die Verwendung von »Klasse« zeigt, daß hier ein soziales Modell ins Spiel gebracht wird, das in die Zukunft weist, während der Begriff des Standes an eine jahrhundertealte Tradition anknüpft, an Strukturen, wie sie im Landrecht gerade noch einmal legalisiert worden sind, dessen Ambivalenzen aber bereits Risse im Standesgefüge und seine Reformbedürftigkeit indizieren. – Die Ausmessung des Bedeutungsraumes jedes der verwendeten zentralen Begriffe zeugt also von einer gegenwartsbezogenen, polemischen Pointe, von einer planerischen Zukunftskomponente, wie von dauerhaften aus der Vergangenheit herrührenden Elementen der Sozialverfassung, deren spezifische Zuordnung den Sinn dieses Satzes freigibt.

Innerhalb der Textexegese gewinnt also die spezielle Hinblicknahme auf den Gebrauch von politisch-sozialen Begriffen, die Untersuchung ihrer Bedeutungen einen sozialgeschichtlichen Rang. Die in einer konkreten politischen Situation enthaltenen Momente der Dauer, des Wandels und der Zukünftigkeit werden im sprachlichen Nachvollzug erfaßt. Damit werden – noch allgemeiner gesprochen – soziale Zustände und ihr Wandel bereits thematisiert.

Es ist nun eine begriffs- und sozialgeschichtlich gleich relevante Frage, seit wann Begriffe so streng wie in unserem Beispiel als Indikatoren für politisch-sozialen Wandel und geschichtliche Tiefe verwendet werden konnten. Für den deutschen Sprachraum läßt sich zeigen, daß seit rund 1770 eine Fülle neuer Bedeutungen alter Worte und Neuprägungen auftaucht, die mit dem Sprachhaushalt den gesamten politischen und sozialen Erfahrungsraum verändert und neue Erwartungshorizonte gesetzt hat. Ohne hier die Frage nach »sachlicher« oder »begrifflicher« Priorität im Prozeß der Veränderungen zu stellen, bleibt der Befund aufschlußreich genug. Der Kampf um die »richtigen« Begriffe gewinnt an sozialer und politischer Brisanz.

Auch unser Autor, *Hardenberg*, legte großen Wert auf begriffliche Unterscheidungen, er bestand auf Sprachregelungen, wie sie seit der Französischen Revolution zum Alltagsgeschäft der Politiker gehören. So redete er adelige Gutsherren unter den Notabeln wie im Schriftverkehr als »Gutsbesitzer« an, während er sich nicht scheute, Vertreter der regionalen Kreisstände korrekt als ständische Deputierte zu empfangen. »So sollten«, wie sein Gegner *Marwitz* sich entrüstete, »durch Verwechslung der Namen auch die Begriffe verwirrt und die alte Brandenburgische Verfassung zu Grabe getragen werden.« In seiner Schlußfolgerung korrekt, übersah *Marwitz* bewußt, daß sich *Hardenberg* tatsächlich neuer Begriffe bediente und damit einen Kampf um Benennungen der neuen gesellschaftlichen Gliederung eröffnete, der sich in den folgenden Jahren durch den gesamten Schriftverkehr zwischen den alten Ständen und der Bürokratie hindurchzieht. *Marwitz* erkannte freilich sehr scharf, daß an der Benennung ihrer ständischen Organisation der Rechtstitel haftete, den es zu verteidigen galt. So desavouierte er eine Mission seiner Mitstände an den Kanzler, weil sie sich als »Einwohner« der Mark Brandenburg angemeldet hatten. Das könnten sie, solange »vom Ökonomischen« die Rede sei. »War aber von unseren Rechten die Rede, so zerstörte dies eine Wort – Miteinwohner – den Zweck der Sendung [5].« Damit ging *Marwitz* den Schritt nicht mehr mit, den seine Mitstände, eben aus ökonomischen Erwägungen, zu tun schon geneigt waren. Sie suchten ihre politischen (Vor-)Rechte in ökonomische Vorteile umzumünzen.

Der semantische Kampf, um politische oder soziale Positionen zu definieren und kraft der Definitionen aufrecht zu erhalten oder durchzusetzen, gehört freilich zu allen Krisenzeiten, die wir durch Schriftquellen kennen. Seit der Französischen Revolution hat sich dieser Kampf verschärft und strukturell verändert: Begriffe dienen nicht mehr nur, Vorgegebenheiten zu erfassen, sie greifen aus in die Zukunft. Zunehmend wurden Zukunftsbegriffe geprägt, erst künftig zu erringende Positionen mußten sprachlich vorformuliert werden, um überhaupt bezogen oder errungen werden zu können. Der Erfahrungsgehalt vieler Begriffe wurde dadurch geringer, der darin enthaltene Anspruch auf Verwirklichung proportional dazu größer. Erfahrungsgehalt und Erwartungsraum kommen immer weniger zur Deckung. Hierzu gehören die zahlreichen -ismus-Prägungen, die als Sammlungs- und Bewegungsbegriffe dazu dienten, die ständisch entgliederten Massen neu zu ordnen und zu mobilisieren. Die Verwendungsspanne solcher Ausdrücke reicht – wie heute noch – vom Schlagwort bis zum wissenschaftlich definierten Begriff. Es sei nur an »Konservatismus«, »Liberalismus« oder »Sozialismus« erinnert. Seitdem die Gesellschaft in die industrielle Bewegung geraten ist, liefert die politische Semantologie der darauf bezogenen Begriffe einen Verständnisschlüssel, ohne den die Phänomene der Vergangenheit auch heute nicht begriffen werden können. Man denke nur an den Bedeutungs- und Funktionswandel des Begriffs »Revolution«, der zunächst eine Modellformel möglicher Wiederkehr der Ereignisse bot, dann aber zum geschichtsphilosophischen Zielbegriff und politischen Aktionsbegriff umgeprägt wurde, der – für uns – ein Indikator strukturellen Wandels ist [6]. Hier wird die Begriffsgeschichte integraler Teil der Sozialgeschichte.

Daraus folgt eine methodische Minimalforderung: daß nämlich soziale und politische Konflikte der Vergangenheit im Medium ihrer damaligen begrifflichen Abgrenzung und im Selbstverständnis des vergangenen Sprachgebrauchs der beteiligten Partner aufgeschlüsselt werden müssen.

So gehört die begriffliche Klärung unserer beispielsweise herangezogenen Termini Stand, Klasse, Gutsbesitzer, Eigentümer, des Ökonomischen, des Einwohners und des Staatsbürgers zur Voraussetzung, den Konflikt zwischen der bürokratischen Reformgruppe und den preußischen Junkern deuten zu können. Gerade die Tatsache, daß die Kontrahenten sich personengeschichtlich und soziographisch gesehen überlappten, macht es um so notwendiger, die politischen und sozialen Fronten innerhalb dieser Schicht semantisch zu klären, um dahinter sich verbergende Interessen oder Absichten dingfest machen zu können.

Die *Begriffsgeschichte* ist also zunächst eine *spezialisierte Methode* der *Quellenkritik*, die auf die Verwendung sozial oder politisch relevanter Termini achtet und die besonders zentrale Ausdrücke analysiert, die soziale oder politische Inhalte haben. Daß eine historische Klärung der jeweils verwendeten Begriffe nicht nur auf die Sprachgeschichte, sondern ebenso auf sozialgeschichtliche Daten zurückgreifen muß, ist selbstverständlich, denn jede Semantik hat es als solche mit außersprachlichen Inhalten zu tun. Darin gründet ja ihre prekäre Randlage in den Sprachwissenschaften [7], darin ihre vorzügliche Hilfeleistung für die Historie. Im Durchgang durch die Düse der Begriffsklärung werden vergangene Aussagen präzisiert, werden die ehedem intendierten Sachverhalte oder Beziehungen in ihrer sprachlichen Fassung für uns um so deutlicher in den Blick gerückt.

II

Wenn bisher nur der quellenkritische Aspekt einer Begriffsbestimmung als Hilfe für sozialgeschichtliche Fragen betont wurde, so liegt darin eine Verkürzung dessen, was eine Begriffsgeschichte zu leisten vermag. Ihr methodischer Anspruch umreißt vielmehr einen eigenen Bereich, der zur Sozialgeschichte in einer sich gegenseitig stimulierenden Spannung steht. Schon historiographisch gesehen war die Spezialisierung auf die Begriffsgeschichte von nicht geringem Einfluß auf sozialhistorische Fragestellungen. Sie begann erstens als Kritik an der unbesehenen Übertragung gegenwärtiger und zeitgebundener Ausdrücke des Verfassungslebens in die Vergangenheit [8], zweitens intendierte sie eine Kritik an der Geschichte von Ideen, sofern diese als konstante Größen eingebracht wurden, die sich nur in verschiedenen historischen Gestalten artikulieren, ohne sich im Kern zu ändern. Beide Impulse führten zu einer Präzision der Methoden, indem bei der Geschichte eines Begriffs der Erfahrungsraum und der Erwartungshorizont der jeweiligen Zeit ausgemessen werden, indem die politische und soziale Funktion der Begriffe und ihr schichtenspezifischer Gebrauch untersucht werden, kurz, indem die synchronische Analyse Situation und Zeitlage mit thematisiert.

Ein solches Verfahren steht unter dem Vorgebot, vergangene Wortbedeutungen in unser heutiges Verständnis zu übersetzen. Jede Wort- oder Begriffsgeschichte führt von einer Feststellung vergangener Bedeutungen zu einer Festsetzung dieser Bedeutungen für uns. Indem dieser Vorgang von der Begriffsgeschichte methodisch reflektiert wird, wird bereits die synchronische Analyse der Vergangenheit diachronisch ergänzt. Es ist ein methodisches Gebot der Diachronie, die Registratur vergangener Wortbedeutungen wissenschaftlich für uns neu zu definieren.

Konsequenterweise verwandelt sich diese methodische Perspektive über die Zeiten hinweg auch inhaltlich in eine Geschichte des jeweils thematisierten Begriffs. Indem die Begriffe im zweiten Durchgang einer Untersuchung aus ihrem situationsgebundenen Kontext gelöst werden, und ihre Bedeutungen durch die Abfolge der Zeiten hindurch verfolgt und dann einander zugeordnet werden, summieren sich die einzelnen historischen Begriffsanalysen zur Geschichte des Begriffs. Erst auf dieser Ebene wird die historisch-philologische Methode begriffsgeschichtlich überhöht, erst auf dieser Ebene verliert die Begriffsgeschichte ihren subsidiären Charakter für die Sozialhistorie.

Gleichwohl steigt der sozialhistorische Ertrag. Gerade indem die Optik streng diachronisch auf Dauer oder Wandel eines Begriffs eingestellt wird, wächst die sozialhistorische Relevanz der Ergebnisse. Wieweit hat sich der intendierte oder gemeinte Inhalt ein und desselben Wortkörpers durchgehalten – wie sehr hat er sich geändert, daß mit der Zeitabfolge auch der Sinn eines Begriffs einem geschichtlichen Wandel unterlegen ist? Nur diachronisch können Dauer und Geltungskraft eines sozialen oder politischen Begriffs und dem korrespondierende Strukturen in den Blick kommen. Durchgehaltene Worte sind für sich genommen kein hinreichendes Indiz für gleichbleibende Sachverhalte. So ist das gleichlautende Wort »Bürger« bedeutungsblind, wenn nicht der Ausdruck »Bürger« in seinem Begriffswandel untersucht wird: vom (Stadt-)Bürger um 1700 über den (Staats-)Bürger um 1800 zum Bürger (= Nichtproletarier) um 1900, womit nur ein grobes Raster genannt sei.

»Stadtbürger« war ein ständischer Begriff, in dem rechtliche, politische, wirtschaftliche und gesellschaftliche Bestimmungen ungeschieden vereinigt waren, Bestimmungen, die mit anderem Inhalt die übrigen Standesbegriffe füllten.

Gegen Ende des 18. Jahrhunderts wurde der Stadtbürger im Allgemeinen Landrecht nicht mehr durch Aufzählung positiver Kriterien definiert (wie noch im Entwurf), sondern negativ als nicht zum Bauern- oder Adelsstand gehörig. Damit meldete er per negationem einen Anspruch auf höhere Allgemeinheit an, die im »Staatsbürger« auf ihren Begriff gebracht wurde. Die Negation der Negation war gleichsam erreicht, als der Staatsbürger – 1848 – in seine positiv umschriebenen politischen Rechte eintrat, die er zuvor nur als »Einwohner« und Teilhaber einer freien Wirtschaftsgesellschaft genossen hatte. Auf dem Hintergrund der formalen Rechtsgleichheit einer liberalen, vom Staat gedeckten Wirtschaftsgesellschaft wurde es dann möglich, den »Bürger« rein ökonomisch einer Klasse zuzuordnen, aus der erst – sekundär – politische oder gesellschaftliche Funktionen abgeleitet wurden. Das gilt sowohl für das Klassenwahlrecht wie für die Theorie von *Marx*.

Erst die diachronische Tiefengliederung eines Begriffs erschließt langfristige Strukturänderungen. So ist auch der schleichende und langsame Bedeutungswandel der »societas civilis« als politisch verfaßter Gesellschaft zur »Bürgerlichen Gesellschaft« sine imperio, die schließlich bewußt als vom Staat geschieden konzipiert wird, eine sozialhistorisch relevante Erkenntnis, die nur auf der Reflexionsebene der Begriffsgeschichte erreicht werden kann [9].

Das diachronische Prinzip konstituiert also die Begriffsgeschichte als eigenes Forschungsgebiet, das durch die Reflexion auf Begriffe und ihren Wandel methodisch zunächst von den außersprachlichen Inhalten – als Eigenbereich der Sozialhistorie – absehen muß. Dauer, Wandel oder Neuheit von Wortbedeutungen müssen erst einmal erfaßt werden, bevor sie als Indikatoren für die außersprachlichen Inhalte selber, für soziale Strukturen oder politische Konfliktlagen verwendbar sind.

Unter rein temporalem Aspekt lassen sich nun die sozialen und politischen Begriffe in drei Gruppen ordnen: einmal kann es sich um Traditionsbegriffe handeln, wie die der aristotelischen Verfassungslehre, deren Wortbedeutungen sich teilweise durchhalten, deren Anspruch sich auch unter heutigen Verhältnissen noch empirisch einlösen läßt. Ferner lassen sich Begriffe registrieren, deren Inhalt sich so entschieden gewandelt hat, daß trotz gleicher Wortkörper die Bedeutungen kaum noch vergleichbar und nur noch historisch einholbar sind. Man denke an die moderne Bedeutungsvielfalt von »Geschichte«, die zugleich ihr eigenes Subjekt und Objekt zu sein scheint – im Gegensatz zu den »Geschichten« und »Historien«, die von konkreten Gegenstandsbereichen und von Personen handeln; oder man denke an »Klasse« im Unterschied zur römischen »classis«. Schließlich lassen sich die jeweils hochtauchenden Neologismen registrieren, die auf bestimmte politische oder soziale Lagen reagieren, deren Neuartigkeit sie zu registrieren oder gar zu provozieren suchen. Dafür sei »Kommunismus« oder »Faschismus« genannt.

Innerhalb dieses temporalen Schemas gibt es natürlich unendlich viele Übergänge und Überlagerungen. So läßt sich die Geschichte des Begriffs »Demokratie« unter allen drei Aspekten betrachten. Die antike Demokratie als eine von endlich vorgegebenen, möglichen Verfassungsformen der Polis: sie kennt Bestimmungen, Verfahrensweisen oder Regelhaftigkeiten, die auch heute noch in »Demokratien« zu finden sind. Im 18. Jahrhundert wurde der Begriff aktualisiert, um für moderne Großstaaten und seine sozialen Folgelasten neue Organisationsformen zu bezeichnen. Mit der Berufung auf die Herrschaft der Gesetze oder den Gleichheitssatz werden alte Bedeutungen aufgegriffen und modifiziert. Aber im Hinblick auf die sozialen Veränderungen im Gefolge der industriellen Revolution wachsen dem Begriff neue Valenzen zu: Er wird zu einem Erwartungsbegriff, der in geschichtsphilosophischer Perspektive – sei es legislatorisch oder revolutionär – stets neue und neu auftauchende Bedürfnisse zu befriedigen erheischt, um seinen Sinn einzulösen. Schließlich wird »Demokratie« zu einem allgemeinen Oberbegriff, der, an die Stelle der »Republik« (= politeia) tretend, nunmehr alle anderen Verfassungstypen als Herrschaftsformen in die Illegalität drängt. Auf dem Hintergrund dieser globalen Allgemeinheit, die politisch völlig verschieden besetzbar ist, wird es nötig, den Begriff durch Zusatzbestimmungen neu zu prägen. Nur so läßt er sich politisch funktionsfähig halten: es entstehen die repräsentative, die christliche, die soziale, die Volksdemokratie usw.

Dauer, Wandel und Neuheit werden also entlang den Bedeutungen und dem Sprachgebrauch eines und desselben Wortes diachronisch erfaßt. Die temporale Testfrage einer möglichen Begriffsgeschichte nach Dauer, Wandel und Neuheit führt dabei zu einer Tiefengliederung sich durchhaltender, überlappender, ausgefällter und neuer Bedeutungen, die sozialhistorisch nur relevant werden können, wenn die Geschichte des Begriffs zuvor gleichsam isoliert herausgearbeitet wird. Die Begriffsgeschichte liefert somit Indikatoren für die Sozialgeschichte, indem sie ihrer eigenen Methode folgt.

Die Einengung der Analyse auf Begriffe bedarf einer weiteren Erläuterung, um die Eigenständigkeit der Methode davor zu schützen, vorschnell mit sozialhistorischen Fragen, die sich auf außersprachliche Inhalte beziehen, identifiziert zu werden. Selbstverständlich läßt sich eine Sprachgeschichte entwerfen, die selber als Sozialgeschichte konzipiert wird. Eine Begriffsgeschichte ist schärfer umgrenzt. Die methodische Einengung auf die Geschichte von Begriffen, die sich in Worten ausdrücken, erfordert eine Begründung, die die Ausdrücke »Begriff« und »Wort« unterscheidbar macht. Wie auch immer das linguistische Dreieck von Wortkörper (Bezeichnung) – Bedeutung (Begriff) – Sache in seinen verschiedenen Varianten verwendet wird, im Bereich der Geschichtswissenschaft läßt sich – zunächst pragmatisch – eine schlichte Unterscheidung treffen: die gesellschaftlich-politische Terminologie der Quellensprache kennt eine Reihe von Ausdrücken, die sich auf Grund quellenkritischer Exegese definitorisch als Begriffe herausheben lassen. Jeder Begriff hängt an einem Wort, aber nicht jedes Wort ist ein (sozialer und politischer) Begriff. Begriffe enthalten einen konkreten Allgemeinheitsanspruch und sie sind immer vieldeutig – und beides in jeweils anderer Weise als Worte schlechthin.

So kann sich sprachlich eine Gruppenidentität durch den emphatischen Gebrauch des Wortes »Wir« artikulieren oder herstellen, begrifflich ist dieser Vorgang erst faßbar, wenn das »Wir« mit Kollektivnamen wie »Nation«, »Klasse«, »Freundschaft«, »Kirche« usw. auf seinen Begriff gebracht wird. Die allgemeine Verwendbarkeit des »Wir« wird durch die genannten Ausdrücke konkretisiert, aber auf einer Ebene begrifflicher Allgemeinheit.

Nun mag die Ausprägung eines Wortes zum Begriff, je nach dem Sprachgebrauch der Quellen, gleitend sein. Das liegt zunächst in der Mehrdeutigkeit aller Worte beschlossen, an der – als Worte – auch die Begriffe teilhaben. Darin liegt ihre gemeinsame geschichtliche Qualität enthalten. Aber die Mehrdeutigkeit läßt sich, je nachdem ob ein Wort als Begriff verstanden werden kann oder nicht, verschieden lesen. Gedankliche oder sachliche Bedeutungen haften zwar am Wort, aber sie speisen sich ebenso aus dem intendierten Inhalt, aus dem gesprochenen oder geschriebenen Kontext, aus der gesellschaftlichen Situation. Das gilt zunächst für beide, für Worte und Begriffe. Ein Wort kann nun – im Gebrauch – eindeutig werden. Ein Begriff dagegen muß vieldeutig bleiben, um ein Begriff sein zu können. Auch der Begriff haftet zwar am Wort, er ist aber zugleich mehr als ein Wort: Ein Wort wird zum Begriff, wenn die Fülle eines politisch-sozialen Bedeutungs- und Erfahrungszusammenhanges, in dem und für den ein Wort gebraucht wird, insgesamt in das eine Wort eingeht.

Was alles geht z. B. in das Wort »Staat« ein, daß es zu einem Begriff werden kann: Herrschaft, Gebiet, Bürgertum, Gesetzgebung, Rechtsprechung, Verwaltung, Steuern, Heer, um nur Geläufiges zu nennen. Alle in sich mannigfachen Sachverhalte mit ihrer eigenen Terminologie, aber auch Begrifflichkeit, werden vom Wort Staat aufgegriffen, auf ihren Begriff gebracht. Begriffe sind also Konzentrate vieler Bedeutungsgehalte. Wortbedeutungen und das Bedeutete können getrennt gedacht werden. Im Begriff fallen Bedeutungen und Bedeutetes insofern zusammen, als die Mannigfaltigkeit geschichtlicher Wirklichkeit und geschichtlicher Erfahrung in die Mehrdeutigkeit eines Wortes so eingeht, daß sie nur in dem einen Wort ihren Sinn erhält, begriffen wird. Ein Wort enthält Bedeutungsmöglichkeiten, ein Begriff vereinigt in sich Bedeutungsfülle. Ein Begriff kann also klar, muß aber vieldeutig sein. »Alle Begriffe, in denen sich ein ganzer Prozeß semiotisch zusammenfaßt, entziehen sich der Definition; definierbar ist nur, das, was keine Geschichte hat« *(Nietzsche)*. Ein Begriff bündelt die Vielfalt geschichtlicher Erfahrung und eine Summe von theoretischen und praktischen Sachbezügen in einem Zusammenhang, der als solcher nur durch den Begriff gegeben ist und wirklich erfahrbar wird.

Hiermit wird deutlich, daß »Begriffe« zwar politische und soziale Inhalte erfassen, daß aber ihre semantische Funktion, ihre Leistungsfähigkeit nicht allein aus den sozialen und politischen Gegebenheiten ableitbar ist, auf die sie sich beziehen. Ein Begriff ist nicht nur Indikator der von ihm erfaßten Zusammenhänge, er ist auch deren Faktor. Mit jedem Begriff werden bestimmte Horizonte, aber auch Grenzen möglicher Erfahrung und denkbarer Theorie gesetzt. Deshalb kann die Geschichte von Begriffen

Erkenntnisse ermitteln, die von der Sachanalyse her nicht in den Blick rücken. Die Begriffssprache ist ein in sich konsistentes Medium, Erfahrungsfähigkeit und Theoriehaltigkeit zu thematisieren. Das läßt sich zwar in sozialhistorischer Absicht tun, aber die begriffsgeschichtliche Methode muß dabei gewahrt bleiben.

Freilich darf die Eigenständigkeit der Methode nicht dazu führen, die sachgeschichtlichen Inhalte – bloß weil sie für eine bestimmte Strecke der Untersuchung ausgeklammert werden – als unwichtig abzutun. Im Gegenteil. Durch die Zurücknahme der Fragerichtung auf die sprachliche Erfassung von politischen Situationen oder sozialen Strukturen werden diese selbst zum Sprechen gebracht. Die Begriffsgeschichte als historische Methode hat es immer mit politischen oder sozialen Ereignissen oder Zuständen zu tun, freilich nur mit solchen, die bereits früher in der Quellensprache begrifflich erfaßt und artikuliert worden sind. Sie interpretiert in einem engen Sinne Geschichte durch ihre jeweilig vergangenen Begriffe – auch wenn die Worte heute noch verwendet werden –, so wie sie die Begriffe geschichtlich versteht – auch wenn ihr ehemaliger Gebrauch für uns heute neu definiert werden muß. Insofern hat die Begriffsgeschichte, überspitzt formuliert, die Konvergenz von Begriff und Geschichte zum Thema. Geschichte wäre dann nur insoweit Geschichte, wie sie je schon begriffen worden ist. Erkenntnistheoretisch hätte sich dann geschichtlich nichts ereignet, was nicht auch begrifflich erfaßt worden wäre. Ganz abgesehen von der Überbewertung schriftlicher Quellen, die sich weder theoretisch noch empirisch halten läßt, lauert hinter dieser Konvergenzthese die Gefahr, Begriffsgeschichte ontologisch mißzuverstehen. Auch der kritische Impuls, die Ideen- oder Geistesgeschichte sozialhistorisch einzuholen, ginge dabei verloren und damit auch der ideologiekritische Effekt, den die Begriffsgeschichte auslösen kann.

Die begriffsgeschichtliche Methode durchbricht vielmehr den naiven Zirkelschluß vom Wort auf die Sache und zurück. Es wäre ein theoretisch nicht einlösbarer Kurzschluß, Geschichte nur aus ihren eigenen Begriffen, etwa als Identität von Zeitgeist und Ereigniszusammenhang, zu begreifen. Vielmehr besteht gerade zwischen Begriff und Sachverhalt eine Spannung, die bald aufgehoben wird, bald wieder aufbricht, bald unlösbar erscheint. Immer wieder ist ein Hiatus zwischen sozialen Sachverhalten und dem darauf zielenden oder sie übergreifenden Sprachgebrauch registrierbar. Wortbedeutungswandel und Sachwandel, Situationswechsel und Zwang zu Neubenennungen korrespondieren auf je verschiedene Weise miteinander.

Daraus ergeben sich methodische Weiterungen. Die Untersuchung eines Begriffs darf nicht nur semasiologisch verfahren, sie kann sich nie auf die Wortbedeutungen und deren Änderung beschränken. Eine Begriffsgeschichte muß immer wieder geistes- oder sachgeschichtliche Forschungsergebnisse berücksichtigen, vor allem muß sie alternierend mit dem semasiologischen Zugriff auch onomasiologisch arbeiten. Das heißt, die Begriffsgeschichte muß ebenso die Vielzahl der Benennungen für (identische?) Sachverhalte registrieren, um Auskunft darüber geben zu können, wie etwas auf seinen Begriff gebracht wurde.

So läßt sich das Phänomen der »Säkularisation« nicht nur durch die Analyse dieses Ausdrucks untersuchen [10]. Wortgeschichtlich müssen auch parallele Ausdrücke wie »Verweltlichung« oder »Verzeitlichung« herangezogen werden, sachgeschichtlich müssen die Bereiche des Kirchen- und Verfassungsrechts berücksichtigt werden, geistesgeschichtlich die ideologischen Strömungen, die sich an diesen Ausdruck ankristallisiert haben – bevor der Begriff »Säkularisation« als Faktor und als Indikator der damit bezeichneten Geschichte hinreichend erfaßt ist.

Oder um ein anderes Phänomen zu nennen: die förderale Struktur des alten Reiches gehört zu den langfristigen, politisch und rechtlich gleich relevanten Tatbeständen, die vom Spätmittelalter bis zur Bundesrepublik Deutschland bestimmte Grundmuster politischer Möglichkeiten und politischen Verhaltens gesetzt haben. Nun reicht die Wortgeschichte von »Bund« allein nicht hin, die begriffliche Klärung der föderalen Struktur im Zug der Geschichte zu erfassen. Das sei, grob vereinfachend, kurz skizziert. Der Terminus »Bund« ist in der deutschen Rechtssprache eine relativ späte Bildung des 13. Jahrhunderts. Bundesabmachungen (Einungen), sofern sie nicht unter lateinischen Ausdrücken wie »foedus«, »unio«, »liga«, »societas« u. a. subsumiert wurden, konnten in der deutschen Rechtssprache zunächst nur verbaliter ausgedrückt und vollzogen werden. Erst die Summe bereits vollzogener, dann so genannter »Verbündnisse« kondensierte sich zu dem Institutionsausdruck »Bund«. Erst mit wachsender bündischer Erfahrung gelang die sprachliche Verallgemeinerung, die dann als Begriff »Bund« zur Verfügung stand. Seitdem ließ sich – begrifflich – über das Verhältnis eines »Bundes« zum Reich und über die Verfassung des Reiches als »Bund« nachdenken. Indes wurde diese Möglichkeit zur Theorie im ausgehenden Mittelalter kaum genutzt. »Bund« blieb schwerpunktweise ein standesrechtlicher Begriff, besonders um Städtebünde zu bezeichnen, im Unterschied zu fürstlichen Einungen oder ritterschaftlichen Gesellschaften. – Die religiöse Aufladung des Bundesbegriffs im Zeitalter der Reformation führte dann – gegenläufig zur calvinistischen Welt – zu seinem politischen Verschleiß. Für *Luther* konnte nur Gott einen Bund stiften, weshalb sich der Schmalkaldische »Vorstand« niemals als »Bund« bezeichnet hatte. Erst historiographisch wird er so genannt. Der emphatische, zugleich religiöse und politische Gebrauch des Ausdrucks bei *Müntzer* und den Bauern 1525 führte außerdem zu einer Diskriminierung bzw. Tabuierung seiner Verwendung. Als verfassungsrechtlicher terminus technicus trat er deshalb zurück, und die konfessionellen Kampfgruppen sammelten sich unter den zunächst austauschbaren und neutralen Ausdrücken »Liga« und »Union«. Im Vollzug der blutigen Auseinandersetzungen gerannen diese Ausdrücke zu religiösen Kampfbegriffen, die dann ihrerseits mit dem Verlauf des 30jährigen Krieges anrüchig wurden. Französische Ausdrücke wie »Allianz« imprägnierten seit 1648 das reichsstaatliche Bündnisrecht der deutschen Fürsten. Es wurde von völkerrechtlichen Kriterien durchsetzt und schleichend verändert. Erst mit der Auflösung der altständischen Reichsordnung tauchte der Ausdruck »Bund« wieder hoch, und zwar jetzt auf gesellschaftlicher, auf staats- und auf völkerrechtlicher Ebene nebeneinander. Der soziale Ausdruck »bündisch« wurde geprägt (von *Campe*), die rechtliche Unterscheidung zwischen »Bündnis« und »Bund« – früher das gleiche meinend – konnte jetzt artikuliert werden, schließlich wurde mit dem Ende des Reichs der Ausdruck »Bundesstaat« gefunden, in dem die früher unlösbaren verfassungsmäßigen Aporien erstmals auf einen geschichtlichen Begriff gebracht wurden, der in die Zukunft wies.

Diese Hinweise mögen genügen, um zu zeigen, daß eine Wortgeschichte der Bedeutungen von »Bund« nicht hinreicht, die Geschichte dessen zu beschreiben, was an föderalen Strukturproblemen im Verlauf der deutschen Reichsgeschichte »auf den Begriff gebracht« worden ist. Semantische Felder müssen ausgemessen werden, das Verhältnis von Einung zu Bund, von Bund zu Bündnis, das Verhältnis dieser Ausdrücke zu Union und Liga oder zu Allianz müssen jeweils untersucht werden. Die Frage nach den – wechselnden – Gegenbegriffen muß gestellt werden, um politische Fronten und religiöse oder soziale Gruppierungen zu klären, die sich innerhalb der föderalen Möglichkeiten ausgebildet haben. Neubildungen müssen interpretiert werden, z. B. muß die Frage beantwortet werden, warum der Ende des 18. Jahrhunderts übernommene Ausdruck »Föderalismus« nicht zu einem Kernbegriff des deutschen Verfassungsrechts im 19. Jahrhundert aufrückte. Ohne die Parallel- oder Gegenbegriffe einzubeziehen, ohne Allgemein- und Spezialbegriffe aufeinander zuzuordnen, ohne Überlappungen zweier Ausdrücke zu registrieren, ist es nicht möglich, den Stellenwert eines Wortes als »Begriff« für das soziale Gefüge oder für politische Frontstellungen zu ermitteln. Begriffsgeschichte zielt also, gerade im Wechsel semasiologischer und onomasiologischer Fragen, letztlich auf die »Sachgeschichte«.

Der wechselnde Stellenwert des Ausdrucks »Bund« kann dann z. B. besonders aufschlußreich sein für Verfassungslagen, die unter diesem Ausdruck auf ihren Begriff gebracht worden sind – oder nicht. Die rückwärtsgewandte Klärung und heutige Definition des vergangenen Wortgebrauchs vermittelt dann verfassungsgeschichtliche Einsichten: ob der Ausdruck »Bund« als standesrechtlicher Begriff, ob er als religiöser Erwartungsbegriff, ob als politischer Organisationsbegriff oder als völkerrechtlicher Zielbegriff (wie in *Kants* Prägung eines »Völkerbundes«) verwendet wurde, das zu klären heißt Unterscheidungen finden, die die Geschichte auch »sachlich« gliedern.

Begriffsgeschichte ist, anders gewendet, kein Selbstzweck, auch wenn sie ihrer eigenen Methode folgt. Sofern sie Indikatoren und Faktoren für die Sozialgeschichte liefert, läßt sich die Begriffsgeschichte also auch als methodisch eigenständiger Teil sozialhistorischer Forschung definieren. Aus dieser Eigenständigkeit entspringt nun noch ein spezifisch methodischer Vorzug, der auf die gemeinsamen theoretischen Prämissen der Begriffs- und Sozialgeschichte hinweist.

Alle bisher aufgeführten Beispiele, die Geschichte des Bürgerbegriffs, des Demokratiebegriffs oder des Bundesbegriffs zeugen von einer formalen Gemeinsamkeit: sie thematisieren – synchronisch – Zustände und – entlang der Diachronie – deren Veränderung. Damit zielen sie auf das, was im Gegenstandsbereich der Sozialgeschichte mit Strukturen und deren Wandel bezeichnet werden mag. Nicht, daß das eine unvermittelt aus dem anderen abgeleitet werden dürfte, aber die Begriffsgeschichte hat den Vorzug, diesen Zusammenhang zwischen Begriff und Wirklichkeit zu reflektieren. Damit entsteht eine erkenntnisträchtige, für die Sozialgeschichte produktive Spannung.

Es ist nicht notwendig, daß Dauer und Wandel von Wortbedeutungen der Dauer und dem Wandel der damit bezeichneten Strukturen entsprechen. Gerade weil durchgehaltene Worte für sich genommen kein hinreichendes Indiz für gleichbleibende Sachverhalte sind und weil – umgekehrt – langfristig sich ändernde Sachverhalte von sehr verschiedenen Ausdrücken erfaßt werden, ist die begriffsgeschichtliche Methode eine conditio sine qua non sozialgeschichtlicher Fragen.

Es gehört zum Vorzug der Begriffsgeschichte, im Wechsel synchronischer und diachronischer Analysen die Dauer vergangener Erfahrungen und die Tragfähigkeit vergangener Theorien aufschlüsseln zu helfen. Im Wechsel der Perspektive können Verwerfungen sichtbar werden, die zwischen alten Wortbedeutungen, die auf einen entschwindenden Sachverhalt zielen, und neuen Gehalten desselben Wortes auftauchen. Dann können Bedeutungsübergänge beachtet werden, denen keine Wirklichkeit mehr entspricht, oder Wirklichkeiten scheinen durch einen Begriff hindurch, deren Bedeutung unbewußt bleibt. Gerade der diachronische Rückblick kann Schichten freilegen, die im spontanen Sprachgebrauch verdeckt sind. So ist der religiöse Sinngehalt von »Bund« niemals ganz abgestreift worden, nachdem der Ausdruck im 19. Jahrhundert zu einem sozialen und politischen Organisationsbegriff wurde. *Marx* und *Engels* haben das gewußt, als sie aus dem »Glaubensbekenntnis« für den »Bund der Kommunisten« das »Manifest der kommunistischen Partei« gemacht haben.

Die Begriffsgeschichte klärt also auch die Mehrschichtigkeit von chronologisch aus verschiedenen Zeiten herrührenden Bedeutungen eines Begriffs. Damit führt sie über die strikte Alternative der Diachronie oder Synchronie hinaus, sie verweist vielmehr auf die Gleichzeitigkeit des Ungleichzeitigen, die in einem Begriff enthalten sein kann. Sie thematisiert also – anders gewendet – was für die Sozialgeschichte zu den theoretischen Prämissen gehört, wenn sie kurze, mittlere oder lange Fristen, wenn sie Ereignisse und Strukturen gegeneinander abwägen will. Die geschichtliche Tiefenlage eines Begriffs, die nicht identisch ist mit der chronologischen Abfolge seiner Bedeutungen, gewinnt damit einen systematischen Anspruch, dem jede sozialhistorische Forschung Rechnung tragen muß.

III

Die Begriffsgeschichte arbeitet unter der theoretischen Prämisse, Dauer und Wandel gegeneinander abwägen und aneinander messen zu müssen. Sofern sie dies im Medium der Sprache, der Quellensprache und der Wissenschaftssprache tut, reflektiert sie theoretische Prämissen, die auch von einer »sachgeschichtlich« bezogenen Sozialhistorie eingelöst werden müssen.

Es ist ein allgemeiner Befund der Sprache, daß jede ihrer Wortbedeutungen weiter reicht als jene Einmaligkeit, die geschichtliche Ereignisse zu haben beanspruchen können. Jedes Wort, selbst jeder Name weist seiner sprachlichen Möglichkeit nach über das Einzelphänomen hinaus, das sie jeweils bezeichnen oder benennen. Das gilt ebenso für geschichtliche Begriffe, auch wenn sie – zunächst – dazu dienten, komplexe Erfahrungsbestände in ihrer Singularität begrifflich zu bündeln. Ein einmal »geprägter« Begriff enthält rein sprachlich in sich die Möglichkeit, generalisierend verwendet zu werden, Typen zu bilden oder Blickwinkel zum Vergleich freizugeben. Wer von einer bestimmten Partei, einem bestimmten Staat, einer bestimmten Armee handelt, bewegt sich sprachlich auf einer Ebene, die Parteien, Staaten oder Armeen potentiell mitsetzt. Eine Geschichte der entsprechenden Begriffe induziert also strukturale Fragen, die zu beantworten die Sozialgeschichte aufgefordert ist.

Begriffe belehren uns nicht nur über die Einmaligkeit vergangener Bedeutungen, sondern enthalten strukturale Möglichkeiten, thematisieren Gleichzeitigkeiten im Ungleichzeitigen, die nicht auf die Ereignisabfolge der Geschichte heruntergestimmt werden können. Begriffe, die vergangene Tatbestände, Zusammenhänge und Prozesse umgreifen, werden für den Sozialhistoriker, der sich ihrer im Erkenntnisgang bedient, zu Formalkategorien, die als Bedingungen möglicher Geschichte gesetzt werden. Erst Begriffe mit dem Anspruch auf Dauer, wiederholbare Anwendbarkeit und empirische Einlösbarkeit, also Begriffe mit strukturalem Anspruch, geben den Weg frei, wie eine ehemals »wirkliche« Geschichte heute überhaupt als möglich erscheinen und somit dargestellt werden kann.

Das wird noch deutlicher, wenn das Verhältnis der Quellensprache zur Wissenschaftssprache begriffsgeschichtlich vermittelt wird. Jede Historiographie bewegt sich auf zwei Ebenen: Entweder untersucht sie Sachverhalte, die bereits früher sprachlich artikuliert wurden, oder sie rekonstruiert Sachverhalte, die früher sprachlich nicht artikuliert worden sind, die aber mit Hilfe bestimmter Methoden und von Indizienschlüssen herauspräpariert werden. Im ersten Fall dienen die überkommenen Begriffe als heuristischer Einstieg, die vergangene Wirklichkeit zu erfassen. Im letzteren Fall bedient sich die Historie ex post gebildeter und definierter Begriffe, die angewendet werden, ohne im Quellenbefund aufweisbar zu sein. So werden etwa wirtschaftstheoretische Prämissen gesetzt, um den Frühkapitalismus mit Kategorien zu untersuchen, die damals unbekannt waren. Oder es werden politische Theoreme entwickelt, die auf vergangene Verfassungsverhältnisse appliziert werden, ohne schon deshalb eine Geschichte im Optativ hervorrufen zu müssen. In beiden Fällen klärt die Begriffsgeschichte die Differenz, die zwischen vergangener und heutiger Begrifflichkeit herrscht, sei es daß sie den alten, quellengebundenen Sprachgebrauch übersetzt und definitorisch für die gegenwärtige Forschung aufbereitet, sei es, daß sie die modernen Definitionen wissenschaftlicher Begriffe auf ihre geschichtliche Tragfähigkeit hin überprüft. Die Begriffsgeschichte umfaßt also jene Konvergenzzone, in der die Vergangenheit samt ihren Begriffen in die heutigen Begriffe eingeht.

Es ist offenkundig zu kurz gegriffen, um ein bekanntes Beispiel zu wiederholen, vom Gebrauch des Wortes »Staat« (status, état) auf das Phänomen des modernen Staates zu schließen, was kürzlich in einer gründlichen Untersuchung aufgearbeitet wurde [11]. Nun bleibt sozialgeschichtlich die Frage immer aufschlußreich, warum erst zu einer bestimmten Zeit bestimmte Phänomene auf ihren gemeinsamen Begriff gebracht wurden. So hat trotz lange etablierter Bürokratie und Armee die preußische Rechtssprache erst 1848 die Summe der preußischen Staaten als einen »Staat« legalisiert: zu einer Zeit also, da die liberale Wirtschaftsgesellschaft die ständischen Unterschiede relativiert und zugleich ein durch alle Provinzen hindurchgreifendes Proletariat hervorgerufen hatte. Der preußische Staat wurde rechtssprachlich erst als bürgerlicher Verfassungsstaat aus der Taufe gehoben. Solche singulären Befunde können freilich die Historie nicht hindern, einmal etablierte Begriffe des geschichtlichen Lebens wissenschaftlich zu definieren und auf andere Zeiten oder Bereiche auszudehnen. So läßt sich natürlich von einem Staat des hohen Mittelalters reden, wenn nur die definitorischen Ausweitungen begriffsgeschichtlich abgesichert werden. Damit versetzt freilich die Begriffsgeschichte die Sozialgeschichte in Zugzwang. Mit der Ausweitung späterer Begriffe auf frühere Zeiten oder umgekehrt mit der Dehnung (wie heute im Sprachgebrauch von Feudalismus üblich) früherer Begriffe auf spätere Phänomene werden – zumindest hypothetisch – minimale Gemeinsamkeiten im Gegenstandsbereich gesetzt.

Die lebendige Spannung zwischen Wirklichkeit und Begriff taucht also auf der Ebene der Quellen- und Wissenschaftssprache wieder auf. Sozialgeschichte, sofern sie langfristige Strukturen untersucht, kann demnach nicht darauf verzichten, die theoretischen Prämissen der Begriffsgeschichte zu berücksichtigen. Auf welcher Ebene der Verallgemeinerung man sich bewegt, und das tut jede Sozialhistorie, die Dauer, Trends und Fristen erfragt, das kann nur die Reflexion auf die dabei angewendeten Begriffe sagen, die das zeitliche Verhältnis von Ereignis und Struktur oder das Nebeneinander von Dauer und Veränderung theoretisch klären hilft.

So war beispielsweise »Legitimität« zunächst ein Ausdruck der Rechtssprache, der dann im Sinne des Traditionalismus politisiert wurde und in den Kampf der Parteien einging. Damit rückte er in geschichtsphilosophische Perspektiven ein und wurde je nach dem politischen Lager derer, die sich des Ausdrucks bedienten, propagandistisch eingefärbt. Alle diese Bedeutungsebenen, die sich gegenseitig überlappten, lagen vor, als *Max Weber* den Ausdruck wissenschaftlich neutralisiert hatte, um Typen der Herrschaftsformen beschreiben zu können. Damit hatte er aus dem empirisch vorliegenden Reservoir möglicher Bedeutungen einen Wissenschaftsbegriff herausgearbeitet, der formal und allgemein genug war, um langfristige und dauerhafte, aber auch wechselnde und sich überschneidende Verfassungsmöglichkeiten beschreiben zu können, die die historischen »Individualitäten« auf die ihnen innewohnenden Strukturen hin aufschlüsseln.

Es ist die Begriffsgeschichte, deren theoretische Prämissen strukturale Aussagen herausfordern, ohne die einzulösen eine exakt verfahrende Sozialgeschichte nicht auskommen kann.

Anmerkungen

1 *Epiktet*, Encheiridion, c. V.

2 Die folgenden Überlegungen gründen auf der Redaktionsarbeit an dem von *Otto Brunner*, *Werner Conze* und *Reinhart Koselleck* herausgegebenen Lexikon »Geschichtliche Grundbegriffe. Historisches Lexikon zur politisch-sozialen Sprache in Deutschland« (5 Bände, Stuttgart, Band I, 1972; die weiteren Bände folgen im Jahresabstand). Zur Ergänzung der folgenden Gesichtspunkte sei auf die Einleitung des Lexikons verwiesen. Für Herkunft und gegenwärtigen Forschungsstand der Begriffsgeschichte – nicht nur als historischer Disziplin – vgl. den gleichnamigen Artikel von *H. G. Meier*, in: Historisches Wörterbuch der Philosophie, hrsg. von *Joachim Ritter*, Bd. 1, Basel–Stuttgart 1971, S. 788–808.

3 Eine klare und bibliographisch gründliche Aufarbeitung der politischen Semantologie findet sich bei *Walther Dieckmann*, Sprache in der Politik. Einführung in die Pragmatik und Semantik der politischen Sprache, Heidelberg 1969. Speziell zur Methode und Theorie seien genannt *Richard Koebner*, Semantics and Historiography, in: Cambridge Journal 7 (1953); *Mario A. Cattaneo*, Sprachanalyse und Politologie, in: Methoden der Politologie, hrsg. von *Robert H.*

Schmidt, Darmstadt 1967; sowie *Louis Girard,* Histoire et lexicographie, in: Annales 18 (1963), eine Besprechung von *Jean Dubois,* Le vocabulaire politique et social en France de 1869 à 1872, Paris 1962.

4 *Georg Winter,* Hrsg., Die Reorganisation des Preußischen Staates unter Stein und Hardenberg. Erster Teil, Band I, Leipzig 1931, S. 316. Für den sozialgeschichtlichen Zusammenhang der Interpretation vgl. mein Buch »Preußen zwischen Reform und Revolution. Allgemeines Landrecht, Verwaltung und soziale Bewegung von 1791 bis 1848« (Industrielle Welt, Band 7), Stuttgart 1967, S. 158, 190 f. und Exkurs II zur Begriffsbestimmung des Staatsbürgers und ähnlicher termini.

5 *Friedrich Meusel,* Hrsg., Friedrich August Ludwig von der Marwitz, 3 Bände, Berlin 1908–1913, Band II, 1, S. 235 ff.; Band II, 2, S. 43.

6 Vgl. dazu meinen Aufsatz »Der neuzeitliche Revolutionsbegriff als geschichtliche Kategorie«, in: Studium generale 22 (1969), S. 825–838.

7 Siehe *Noam Chomsky,* Aspekte der Syntax-Theorie, Frankfurt/Main 1965, S. 202 ff.

8 Dazu *Ernst-Wolfgang Böckenförde,* Die deutsche verfassungsgeschichtliche Forschung im 19. Jahrhundert. Zeitgebundene Fragestellungen und Leitbilder (Schriften zur Verfassungsgeschichte, Band 1), Berlin 1961.

9 Vgl. den Artikel »Bürgerliche Gesellschaft« von *Manfred Riedel* im Lexikon »Geschichtliche Grundbegriffe« (a.a.O., Anm. 2).

10 Vgl. *Hermann Lübbe,* Säkularisierung. Geschichte eines ideenpolitischen Begriffs, Freiburg–München 1965, und *Hermann Zabel,* Verweltlichung – Säkularisierung. Zur Geschichte einer Interpretationskategorie, Diss. Münster 1968.

11 *Paul-Ludwig Weinacht,* Staat. Studien zur Bedeutungsgeschichte eines Wortes von den Anfängen bis ins 19. Jahrhundert (Beiträge zur Politischen Wissenschaft, Band 2), Berlin 1968.

SOZIALGESCHICHTE UND WIRTSCHAFTSGESCHICHTE ABGRENZUNGEN UND ZUSAMMENHÄNGE

Von Wolfram Fischer

Was dem wissenschaftlichen Laien als die erste Aufgabe jeder Wissenschaft erscheint, ihren Gegenstand, ihre Methoden und Ziele zu definieren, gehört für den Forscher zu den schwierigsten, befriedigend kaum zu lösenden Problemen, und es hat hervorragende Wissenschaftler gegeben, die sich dieser Aufgabe niemals unterzogen haben. Der gegenwärtig häufig gehörte Vorwurf, die etablierten Wissenschaftler reflektierten nicht genung auf ihre Methoden und deren (auch gesellschaftliche) Implikationen, mag richtig sein; er zeigt jedoch weniger ein Versäumnis der Forscher an als die Tatsache, daß diejenigen, die diesen Vorwurf erheben, selbst außerhalb der wissenschaftlichen Praxis stehen. Für den Wissenschaftler pflegt die Lösung eines bestimmten Problems im Vordergrund zu stehen; er sieht seinen jeweiligen Forschungsgegenstand sehr viel konkreter als der Laie und neigt dazu, seine Methoden den jeweiligen Bedürfnissen anzupassen – oder umgekehrt, sich den Problemen zuzuwenden, deren Lösung mit den von ihm beherrschten Methoden am ehesten möglich erscheint. Die Reflexion auf die Methoden und auf den Gegenstand selbst ist wohl geeignet, ihm die Grenzen seiner Erkenntnis vor Augen zu führen, kaum jedoch, die Forschung selbst voranzutreiben, es sei denn, sie führt zu einer Entscheidung, andere Theorien zugrunde zu legen, andere Forschungstechniken zu verwenden oder das Forschungsobjekt anders abzugrenzen. Bloße Erkenntniskritik begnügt sich, wie mit Recht bemerkt worden ist, mit dem Wetzen eines Messers, ohne es zum Schneiden zu benutzen. In der wissenschaftlichen Praxis aber kommt es auf den Schnitt an, denn dieser legt das Innere bloß. Sicher ist ein gut gewetztes Messer besser als ein stumpfes, aber das Wetzen allein garantiert noch nicht den richtigen Schnitt, und der gute Praktiker wird auch mit einem nur halbwegs gewetzten Messer noch immer bessere Ergebnisse erzielen als der Theoretiker, der sich nie an einem konkreten Gegenstand abgemüht hat.

Diese Vorbemerkungen sollen meinen Standort als den eines der konkreten Welt zugewandten Sozial- und Wirtschaftshistorikers kennzeichnen und die folgenden Ausführungen gegenüber dem Vorwurf absichern, sie seien zu »pragmatisch«, zu wenig subtil und nicht grundsätzlich genug. Ihr Ziel ist in der Tat nicht, eine über jeden Zweifel erhabene erkenntnistheoretische Grundlegung der Sozial- und Wirtschaftsgeschichte zu geben, sondern darzulegen, wie sie bei der Erforschung der sozialen Welt der Vergangenheit – hier besonders der Epoche zwischen 1780 und 1840, die oft als die der »Frühindustrialisierung« oder der »frühbürgerlichen Gesellschaft« bezeichnet wird – vorgeht. Dabei wird besonders zu erörtern sein, ob es spezifisch wirtschaftsgeschichtliche Fragestellungen und Methoden als unterschieden von spezifisch sozialgeschichtlichen gibt und in welchem Verhältnis beide zu den drei Nachbar-(oder

Mutter-)Wissenschaften Ökonomie, Soziologie und Geschichte stehen. Nach dem Versuch einer Standortbestimmung der Sozial- und Wirtschaftsgeschichte im Kosmos der Wissenschaften sollen speziell wirtschaftsgeschichtliche Problemstellungen und schließlich spezifisch sozialgeschichtliche Fragestellungen behandelt werden. In einem Schlußteil wird dann zu fragen sein, welche Folgerungen sich daraus für den wissenschaftstheoretischen Anspruch verschiedener Richtungen ergeben.

I

Eine ältere Auffassung besagt, daß eine Wissenschaft sich durch den ihr spezifischen Gegenstand und die ihr spezifische Methode als eigene »Disziplin« ausweise. Legten wir diese Definition zugrunde, so wäre die Sozial- und Wirtschaftsgeschichte sicherlich keine eigene Disziplin, denn sie teilt sowohl Gegenstand wie Methoden mit mehreren anderen Wissenschaften. Es wäre aber auch fraglich, ob man heute überhaupt noch von wissenschaftlichen Disziplinen reden könnte, denn es dürfte keine geben, die diesen Ausschließlichkeitsanspruch sowohl in bezug auf Gegenstand wie auf Methode erheben kann, ohne sich dem Protest benachbarter Fächer auszusetzen. Mathematisch-statistische Verfahren spielen in fast allen Wissenschaften – Sozialwissenschaften wie Naturwissenschaften – eine immer größere Rolle, auf logisches Argumentieren kann keine Wissenschaft verzichten und alle, selbst die Mathematik, sind, wenn auch in unterschiedlichem Grade, auf das Medium der Sprache als intersubjektives Kommunikationsmittel angewiesen. Die Objekte der Wissenschaften werden regelmäßig von vielen Disziplinen in Anspruch genommen. »Der Mensch« ist das Objekt von mindestens einem Dutzend Disziplinen, von Biologie, Medizin, Anthropologie und Psychologie bis zur Soziologie und Geschichte und einer weit größeren Zahl von Subdisziplinen. »Das Recht« ist keineswegs die Domäne der Jurisprudenz, sondern ebenso die der Soziologie, der Politikwissenschaft, der Psychologie, der Anthropologie und erneut der Geschichte. Auch »die Gesellschaft« gehört nicht den Soziologen allein, sondern ist der Gegenstand aller Sozialwissenschaften und reicht tief in die Kompetenz der Medizin und der biologischen Verhaltensforschung. Eine sinnvolle Standortbestimmung jeder wissenschaftlichen Disziplin kann daher nur davon ausgehen, daß die Wissenschaft als Ganzes ein Kontinuum darstellt, innerhalb dessen aus praktischen Gründen, hauptsächlich – wenn auch nicht ausschließlich – wegen der größeren Effizienz durch Arbeitsteilung, sich immer neue Disziplinen und Unterdisziplinen bilden, die es ermöglichen, in immer verfeinerter Weise die »Welt«, das »Sein«, oder wie immer wir den Gegenstand der Wissenschaft benennen wollen, zu untersuchen und die darin vorgefundenen Strukturen, Beziehungen und Abläufe zu beschreiben und zu erklären. Daraus folgt, daß ein *grundsätzlicher* Unterschied zwischen den Objekten der Wissenschaft, etwa zwischen »Natur«, »Geist«, Gesellschaft«, »Kultur« usw. nicht besteht, denn alle sind ja nur »Ideen«, die wir uns von dem »Wesen« der Welt, insbesondere des Menschen machen. Daraus folgt aber auch, daß es einen grundsätzlichen, unaufhebbaren Unterschied zwischen Natur- und Sozial- oder Geisteswissenschaften nicht gibt. Die Einteilung der Wissenschaften in Disziplinen, Fächer etc. ist lediglich ein

Ausdruck der Unvollkommenheit der menschlichen Erkenntnisfähigkeit, die immer nur bestimmte Aspekte der »Welt« zu Gesicht bekommt, je nachdem, welche Perspektive sie wählt. Die Wissenschaften unterscheiden sich daher vornehmlich durch diese Perspektive, und die Wahl der Perspektive hängt von dem Erkenntnisinteresse ab. Wer den Bau des menschlichen Körpers studiert, nennt sich Anatom; wer den Blutkreislauf studiert, Physiologe. Niemand wird behaupten wollen, daß das eine mit dem anderen nichts zu tun habe, oder daß sich beide auch nur deutlich voneinander abgrenzen ließen. Wer menschliches Handeln und die Ergebnisse dieses Handelns – ob Rechtssysteme oder soziale Institutionen, z. B. die Familie, ob politisches Gemeinwesen oder wirtschaftende Einheiten, z. B. Unternehmen – studiert, studiert ebenso die menschliche »Natur« wie der Mediziner, wenngleich nicht in der Form biologisch-chemischer, sondern in der Form sozialer, ökonomischer, politischer Prozesse, deren »Strukturen« nicht im Reagenzglas oder unter dem Mikroskop, sondern durch Text- und Sprachanalyse, durch Korrelations- oder Regressionsrechnungen, immer aber unter Anwendung logischen Diskurses sichtbar gemacht werden. Das Vordringen rein »naturwissenschaftlicher« Verfahren in Vorgeschichte und Archäologie – zur Alters- oder Gattungsbestimmung »kultureller Überreste« – ist nur ein naheliegendes Beispiel für die prinzipielle Einheit wissenschaftlichen Vorgehens.

In diesem Kontinuum Wissenschaft stellt die Sozial- und Wirtschaftsgeschichte eine verhältnismäßig junge Disziplin oder Subdisziplin dar. Wie schon der Name sagt, setzt sie sich aus Elementen von drei Disziplinen zusammen, der Soziologie, der Ökonomie und der Geschichte. Diese Wissenschaften sind ihrerseits erst seit rund zweihundert Jahren als selbständige Disziplinen entwickelt, nachdem sie zuvor unter Bezeichnungen wie »Politik« oder »Staatswissenschaft« unter einem Dach vereint waren. Allerdings war jede dieser jetzt eigenständigen Disziplinen teilweise schon lange aus diesem Verband ausgebrochen und hatte Neigungen zur Verselbständigung gezeigt. Wenn heute in allen entwickelten, zumindest allen entwickelten westlichen Ländern der Welt die Sozial- und Wirtschaftsgeschichte oder doch die Wirtschaftsgeschichte als selbständiges Fach an den Universitäten und in den Forschungseinrichtungen institutionalisiert ist [1], so zeigt das nur, daß der Stand der Arbeitsteilung in den Sozialwissenschaften es sinnvoll erscheinen läßt, die größeren Disziplinen weiter zu unterteilen. Auch innerhalb der Sozial- und Wirtschaftsgeschichte gibt es zahlreiche Unterabteilungen, die z. T. auch institutionell abgesichert sind, so die »Business History« an einigen amerikanischen Universitäten, die Bevölkerungsgeschichte (oder historische Demographie) besonders in Frankreich, die Geschichte der Arbeiterbewegung (besonders in einigen Forschungsinstituten, z. B. in Amsterdam) oder die Agrargeschichte. Auch ohne institutionelle Verselbständigung aber sind die meisten Sozial- und Wirtschaftshistoriker heute spezialisiert, nicht nur darin, daß sie ihren Schwerpunkt in bestimmten historischen Perioden oder Ländern haben, sondern auch darin, daß sie entweder vorwiegend Agrar- oder Handels- oder Industriehistoriker sind, daß sie methodisch vorwiegend makrogesellschaftliche und makroökonomische Aspekte pflegen oder aber mikrogesellschaftliche bzw. -ökonomische Fragen bevorzugen, sich bestimmten Faktoren im Wirtschafts- oder Gesellschaftsprozeß widmen, etwa der Kapitalbildung oder der Rolle von Unternehmern oder des technischen Fortschritts. So wenig wie in anderen

Wissenschaften ist dieser Spezialisierung eine Grenze gesetzt. So wenig wie in anderen Wissenschaften schließt sie aber auch aus, daß sich zwischen den Subdisziplinen wiederum eine interdisziplinäre Zusammenarbeit ergibt, sei es als Vergleich verschiedener Perioden, Kulturen, Nationen, sei es in der Form der Untersuchung von Interaktionen zwischen verschiedenen Sektoren oder Faktoren – etwa der Einwirkung von wirtschaftlichem Wandel auf Bevölkerungswachstum und umgekehrt oder des Zusammenhanges zwischen technischem Fortschritt und Berufserziehung oder Gewerkschaftsbildung. Wie in anderen Bereichen sind auch hier die interdisziplinären Fragestellungen oft die ergiebigsten, methodisch jedoch die schwierigsten.

Unversehens sind wir so in eine Beschreibung dessen geraten, was Sozial- und Wirtschaftshistoriker praktisch tun. Es wird nun darauf ankommen, diese vielfältigen Forschungsaktivitäten einzuordnen und die Zusammenhänge zwischen ihnen darzulegen. Dabei wird einmal mehr die zentrale Stellung der wissenschaftlichen Perspektive und des ihr zugrunde liegenden Erkenntnisinteresses deutlich werden, die zur Bildung von gewissen Forschungsschwerpunkten, aber auch zur Ausbildung methodologisch unterschiedlicher Forschungsrichtungen geführt hat. Sozial- und Wirtschaftsgeschichte kann nicht nur in verschiedener Weise definiert werden, sondern sie *ist* verschieden, je nachdem, mit welcher Fragestellung und mit welchen Methoden man sie betreibt. Der Soziologe oder Ökonom, für den die Geschichte eine – im Prinzip unendliche – Verbreiterung seines Erfahrungsfeldes darstellt, in dem seine Hypothesen sich bewähren müssen, aus dem er aber auch wesentliche Teile seiner Konzepte entnimmt, wird in der Regel weniger Bedenken haben, das »Ganze« der Geschichte analytisch zu denaturieren, als der Historiker, dem es gerade um die Erkenntnis der Besonderheit bestimmter Epochen geht und der das jeweilige wirtschaftliche und gesellschaftliche Verhalten weniger sach- als zeitbestimmt sieht. Für den Historiker bildet schon die Isolierung von »Wirtschaft und Gesellschaft« als getrennte Bereiche, die grundlegende Voraussetzung für die Entstehung von Ökonomie und Soziologie als Wissenschaften, ein Problem [2]. Er fragt sich, inwieweit diese Isolierung ihm nicht den Blick für die eigentlichen Zusammenhänge, die zumeist vorzufindende enge Verkettung von wirtschaftlichen, sozialen und politischen Prozessen verstellt. Der methodologisch eher rigoros vorgehende Sozialwissenschaftler hingegen sieht in der Isolation handhabbarer Teilbereiche aus dem Gesamtkomplex der »sozialen Welt« eine unabdingbare Voraussetzung für jede wissenschaftliche Analyse. Ihm ist selbstverständlich, daß er seine, z. B. an den Axiomen der klassischen und neo-klassischen Nationalökonomie geschulte Denkweise der diffusen historischen Wirklichkeit überstülpt, um aus ihr diejenigen Zusammenhänge herauszufiltrieren, die er mit seinen Instrumenten bearbeiten kann. Unter den Augen des Ökonomen gewinnt alles menschliche Handeln eine unwiderstehliche Tendenz, sich auf ein Modell von Angebot und Nachfrage zu reduzieren. Auch politische Phänomene, Machterringung, Machterhaltung, Machtverfall können auf diese Weise erklärt werden. »Entwicklung«, »Neuerung«, »Wandel« – im Grunde jeder Prozeß und damit die ganze Geschichte können als ein Ausfluß von Ungleichgewicht zwischen beiden gedacht werden, das zu einem neuen Gleichgewicht tendiert, so neue Daten setzt, die wiederum neue »Entwicklungen« in Gang setzen. Nicht einmal die Annahme eines »ursprünglichen« Gleichgewichts, eines statischen

Zustandes, ist nötig, obwohl der Ökonom meist von der Fiktion eines solchen statischen Gleichgewichts ausgeht. Der Mensch, was immer er sonst sein mag, ist für den Ökonomen vor allem Anbieter und Nachfrager. Er bietet seine Produkte und Leistungen, seine Arbeitskraft (einschließlich seiner Ideen, wie Arbeit organisiert, besser genutzt werden kann) an, er fragt Produkte, Leistungen, Arbeitskraft nach. Es ist nicht unbedingt nötig, daß der Mensch sich dabei »zweckrational« verhält, daß er ein »homo oeconomicus« ist, obwohl diese Annahme die Analyse erleichtert. Nötig ist lediglich die allem ökonomischen Denken zugrundeliegende Voraussetzung, daß Ressourcen, von denen der Mensch lebt, knapp sind und daß er sie daher »bewirtschaften« muß. Es ist ohne weiteres zu erklären, was geschieht, wenn er sich dabei »nichtökonomisch« verhält: Er nutzt die Ressourcen nicht optimal. Sofern sich Menschen oder Gruppen von Menschen in ökonomischer Hinsicht unterschiedlich verhalten – und das ist der Normalfall in aller Geschichte – entstehen Ungleichgewichte. Die Ressourcen fließen denjenigen Menschen oder Gruppen in größerem Umfang zu, die sie ökonomisch nutzen. Auch die effektivere soziale Organisation, auch die effizientere Ausübung von Macht stellen eine bessere Nutzung der Ressourcen dar und können, zu Institutionen verfestigt, einen Wettbewerbsvorsprung zementieren, der von anderen nur mit sehr viel größerer Anstrengung aufgeholt werden kann, wenn er sich einmal herausgebildet hat.

Die gedankliche Reduzierung der komplexen Welt auf ein simples, aber in sich logisch konsistentes Modell, für das hier der Ökonom steht, und die möglichst volle Erhaltung der Komplexität als »Gestalt«, die die traditionelle Denkweise des Historikers kennzeichnet, stellen nur zwei Idealtypen wissenschaftlicher Betrachtungsweise dar, die beide in der Wirklichkeit der Forschung nicht sehr weit führen, bzw. nur zu sehr allgemeinen Aussagen befähigen. In der Praxis nähern sich beide Extreme an, und je konkreter eine Problemstellung lautet, desto mehr verwischen die idealtypischen Unterschiede. Sozialwissenschaftler, die sich in konkreter historischer Forschung betätigen wollen, können meist nur Theorien mittlerer oder gar kurzer Reichweite benutzen, wenn sie nicht mit leeren Händen heimgehen wollen, und der Historiker, der auch nur einen Vorgang einleuchtend beschreiben will, muß zumindest implizit Annahmen über menschliches Verhalten machen. Die großen Historiker des 19. Jahrhunderts wie *Ranke, Droysen, Mommsen, Burckhardt, Macaulay* oder *Hyppolite Taine* besaßen alle recht bestimmte Vorstellungen über die Natur des Menschen und seine soziale Welt, und es ist möglich, diese Vorstellungen aus ihren Schriften zu erschließen [3]. Heute genügen solche impliziten Vorstellungen nicht mehr, und die Sozialwissenschaftler fordern vom Historiker zu Recht, daß er seine Annahmen explizit machen solle; dafür bieten sie ihm ihre methodologische Hilfestellung. Es kennzeichnet die gegenwärtige Sozial- und Wirtschaftsgeschichte, daß sie von dieser Hilfestellung mehr und mehr Gebrauch macht. In welcher Weise, soll nun an einigen konkreten Beispielen dargelegt werden.

II

So wie die Ökonomie im Vergleich zur Soziologie ein geschlosseneres Gerüst von Theoremen besitzt, in dem funktionale Zusammenhänge stringenter angenommen werden können, so kann auch die Wirtschafts- im Vergleich zu der Sozialgeschichte mit exakter formulierten Begriffen und Annahmen arbeiten, was freilich nicht notwendigerweise bedeutet, daß sie leichter zu verifizieren sind. Im Prinzip können auf die Wirtschaftsgeschichte die meisten der analytischen Kategorien der Ökonomen angewandt werden, wenngleich in der Praxis mangels geeigneter Daten oder wegen wesentlich veränderter institutioneller Voraussetzungen der größte Teil der Fragen des Ökonomen ohne klare Antwort durch den Historiker bleiben – und das um so mehr, je länger wir in der Zeit zurückgehen. Nimmt man die westlichen Nationalstaaten als Untersuchungseinheiten, so lassen sich begründete Schätzungen über viele der Größen, die den Ökonomen interessieren, erst seit der Mitte des 19. Jahrhunderts anstellen; nur in günstigen Fällen, z. B. für die USA, England und Frankreich ist es gelungen, sie auch auf die erste Hälfte des 19. Jahrhunderts und das spätere 18. Jahrhundert auszudehnen. Nimmt man jedoch kleinere Untersuchungseinheiten, z. B. eine Stadt, so lassen sich quantitative Aussagen zumindest über Bevölkerung, Handel, Steueraufkommen, zuweilen auch die Produktion oder die Vermögensverteilung schon für das Mittelalter, aber auch für gut dokumentierte Perioden des Altertums machen. Die empirischen Wachstumsforscher haben das Sozialprodukt, absolut und pro Kopf, zu jeweiligen Preisen und zu festen Preisen, über lange Perioden und für einige Länder der Welt, darunter die USA, Großbritannien und Deutschland zu schätzen versucht [4].

Solche Schätzungen sind nur der Endpunkt einer Kette von Forschungen, die zahlreiche andere, in das Sozialprodukt eingehende Größen erheben oder schätzen müssen wie die Produktion der einzelnen Sektoren, ihre Zusammensetzung, ihre Kapitalformation, die Zahl und Produktivität der Arbeitskräfte, deren nominale und reale Löhne, die Verteilung des Sozialprodukts und seine Verwendung. Das Ziel dieser Art von Forschung ist, die langfristigen, säkularen Trends, das moderne Wirtschaftswachstum insgesamt und in seinen konstituierenden Bestandteilen größenmäßig zu erfassen [5]. Sie bilden zugleich die Basis, auf der Untersuchungen aufbauen können, die den »Mechanismus« des Wachstums erklären wollen. Bei der Suche nach den Wachstumsfaktoren und ihrer Verknüpfung kann die ökonomische Theorie mit ihren Annahmen über funktionale Zusammenhänge mit dem größten Erfolg eingesetzt werden. Hier ist daher der Ort, wo die sogenannte »New Economic History«, deren Ziel die möglichst eindeutige Erklärung wirtschaftsgeschichtlicher Prozesse mit Hilfe ökonomischer Kategorien ist, ihr Hauptbetätigungsfeld findet [6]. Älter als diese Bemühungen um den Trend sind die Forschungen, die sich den Fluktuationen, den kurzfristigen Juglar-Zyklen oder den langfristigen Kondratieff-Zyklen bzw. Kuznets-Zyklen, auch säkulare Schwingungen genannt, widmen. Sie setzen bald nach der Mitte des 19. Jahrhunderts ein, als die z. T. heftigen und anscheinend regelmäßigen Fluktuationen die Geschäftswelt, die Wirtschaftspolitiker und die Wissenschaftler auf aktuelle Probleme des wirtschaftlichen Verlaufs industrialisierter Wirtschaften aufmerksam machten [7].

Seit den dreißiger Jahren haben dann Forscher wie *Wilhelm Abel* begonnen, auch die Fluktuationen der vorindustriellen Welt, vor allem die Agrarkonjunkturen, systematisch und quantitativ zu erfassen [8].

Trends und Fluktuationen sind Kategorien zur Erfassung des makroökonomischen *Verlaufs*. Nicht minder wichtig sind Untersuchungen der wirtschaftlichen *Struktur* zu bestimmten Zeiten, aus deren Vergleich dann Schlüsse über Strukturveränderungen gezogen werden können. Die Untersuchungen des Verlaufs schließen solche Strukturdaten ein, ohne sich auf sie zu konzentrieren. Expliziter werden sie in Untersuchungen dargestellt, die als geistigen Vater *Gregory King* und seine Schätzungen über die Bevölkerung und den Volkswohlstand Englands und Wales aus dem Jahre 1688 und Vorläufer in *Quesnays* »Tableau Économique« von 1758 und *Krug* oder *Dietericis* Tabellen über den Volkswohlstand im preußischen Staat aus den Jahren 1805 bzw. 1846 haben [9]. Selten sind ganze Volkswirtschaften in dieser Weise umfassend durchleuchtet worden, meist beschränken sich die Arbeiten auf die Struktur wichtiger Sektoren, z. B. der Industrie, oder auf Regionen oder auf beides [10]. Aber auch internationale Vergleiche einzelner Sektoren sind unternommen worden [11].

Die Anwendung ökonomischer Theorien beschränkt sich nicht auf den Bereich der Makroökonomie. Auch mikroökonomische Theoreme, z. B. über die Theorie des Unternehmens, die Strategie unternehmerischen Verhaltens, z. B. Investitionsentscheidungen unter Risiko, oder die Einführung neuer Technologien, können mit Erfolg historisch getestet werden, zumal auf dem Felde der Unternehmens- und Unternehmergeschichte mitunter glückliche Zufälle, nämlich die Erhaltung umfangreicher Aktenbestände oder Korrespondenzen, sehr viel dichtere und originale Datenreihen liefern können, als das gewöhnlich auf dem makroökonomischen Feld der Fall ist. Nachdem die Debatte mehrere Jahre (ziemlich fruchtlos) vor allem um den Unternehmerbegriff *Schumpeters* kreiste und viele historische Studien ihn im wesentlichen falsifiziert bzw. auf die Form einer idealtypischen Konstruktion zurückgeführt haben, sind in den letzten Jahren, wiederum hauptsächlich in den USA, zahlreiche neue Wege in der theoretisch fundierten mikroökonomischen Geschichtsschreibung beschritten worden [12]. Im allgemeinen, vor allem in Europa, herrscht hier allerdings noch immer die klassische, an den Quellen orientierte historische Erzählung vor, die den Geschicken einzelner Unternehmer und Unternehmen in ihrer vielfältigen Verzahnung mit anderen Lebensbereichen einfühlend nachgeht [13].

Diese »traditionelle« Art der Wirtschaftsgeschichte, die modelltheoretische Annahmen nur selten macht und statistische Verfahren wenig anwendet, stellt auch in der makroökonomischen Geschichtsschreibung noch immer den weitaus größten Teil aller Monographien und beherrscht das Feld der Lehr- und Handbücher, der großen zusammenfassenden Darstellungen (mit Ausnahme der USA) noch völlig. Das ist leicht zu erklären. Verschiedene Ursachen verhindern einen völligen Siegeszug der »New Economic History«. Sehr wesentlich trägt sicher die fehlende Ausbildung der meisten Wirtschaftshistoriker der älteren und mittleren Generation in ökonomischer Theorie und statistischen Verfahrensweisen bei. Geschichte und Theorie, Geschichte und Computer gelten für viele noch immer als sich ausschließende Gegenstände [14]. Andere Schwierigkeiten liegen jedoch in der Materie selbst. In einem wichtigen Punkt ist der Historiker dem Ökonomen und Soziologen, der die Gegenwart empirisch erforscht, notwendig unterlegen: Er kann die Daten, die er braucht, nicht mehr selbst durch Befragungen etc. herstellen. Er ist darauf angewiesen, mit bruchstückhaften, mit zahlreichen Unebenheiten, Lücken, Fehlerquellen behafteten Daten zu arbeiten. Die traditionelle, quellenkritische Methode lehrt ihn, sich in vergangene Zeiten, deren Atmosphäre, in die Motive der Handelnden hineinzuversetzen. Sie lehrt ihn auch – und das macht ihn skeptisch gegenüber der Anwendung von Theorien, die offensichtlich auf »moderne« Gegebenheiten bezogen, an ihnen erhärtet sind –, daß Institutionen, Marktformen, »Datenkränze« dem Wandel unterworfen sind, und das verführt ihn dazu, mehr diesem Wandel der den Wirtschaftsablauf begrenzenden Institutionen nachzugehen als dem wirtschaftlichen Prozeß selbst. *Richard Tilly* hat das in seiner Kritik an der deutschen Wirtschaftsgeschichtsforschung unlängst auf die Formel gebracht, sie versuche, Hamlet ohne den Prinzen zu spielen [15]. Dieses in der Sache selbst liegende Handicap kann nur durch die Anwendung ingeniöser und mitunter kühner, selten voll zu rechtfertigender Methoden bei der Rekonstruktion oder gar der Konstruktion von Daten überwunden werden. *W.-G. Hoffmanns* Extrapolation von Verhältnissen, die er statistisch für 1913 feststellen konnte, bis zurück in die Mitte des 19. Jahrhunderts (z. B. seine Annahme konstanter Arbeitsproduktivität in vielen Sektoren der deutschen Wirtschaft zwischen 1850 und 1913) sind das bisher umfassendste Beispiel eines solchen Versuchs, auf dem ihm die meisten Wirtschaftshistoriker nur sehr zögernd zu folgen geneigt sind. Überzeugender sind vorsichtigere Versuche dieser Art, etwa *Knut Borchardts* Schätzungen des regionalen Wohlstandsgefälles im Deutschland des 19. Jahrhunderts mit Hilfe der Arztdichte [16].

Was für das spätere 19. Jahrhundert in den sich entwickelnden Industriewirtschaften noch angehen mag, wird vollends dubios, wenn es auf ältere Zeiten, auch auf die hier im Vordergrund stehende Periode 1780 bis 1840, übertragen wird. Daten, die den Erfordernissen der modernen Theorie genügen, die z. B. in eine Sozialproduktberechnung eingehen können, existieren nur auf den wenigsten Gebieten, am ehesten noch auf dem Gebiet des Außenhandels (zumindest sofern er gleich Seeverkehr gesetzt werden kann wie in England). Für die physische Produktion in der Landwirtschaft können sie oft mit Hilfe von Samples erschlossen werden. Sie für den gewerblichen Sektor zu erheben, macht jedoch die größten Schwierigkeiten – im Grunde ist man weitgehend auf zeitgenössische Schätzungen angewiesen –, da auch für die Erstellung von Samples wichtige Voraussetzungen, z. B. die Repräsentanz oder die »systematische Zufälligkeit« fehlen bzw. nur mit großem Arbeitsaufwand sichergestellt werden können. Die finanzielle und monetäre Seite des Wirtschaftsablaufs schließlich ist von den Beteiligten, den Kaufleuten und Bankiers z. B., aus Angst vor dem Zugriff des Fiskus oder aus Konkurrenzgründen systematisch verschleiert worden, und der Staat selbst, d. h. in Deutschland eine Vielzahl öffentlicher Hände, hat eine so undurchsichtige Fiskalpolitik geführt, daß selbst die öffentlichen Einnahmen und Ausgaben nur mit großer Mühe zu ermitteln sind.

Gewiß wird es möglich sein, weit mehr Materialien zu erheben und zu rekonstruieren, wenn sich genügend Wissenschaftler finden (und finanziert werden können), die diese mühevolle Kleinarbeit, nach systematischen Gesichtspunkten und geleitet von festen

theoretischen Vorstellungen, aufzunehmen bereit sind. Ganz lassen sich aber die ursprünglichen Defekte der historischen Daten nicht beseitigen. Wohl für immer wird jeder Wirtschaftshistoriker vor die Wahl gestellt bleiben, ob er sich lieber mit theoretisch unzureichenden, aber empirisch halbwegs gesicherten Ergebnissen zufrieden geben soll, oder ob er, um theoretischen Ansprüchen zu genügen, über die Schätzung und Rekonstruktion zur Konstruktion von Daten und von der direkten über die indirekte zur »counterfactual« Argumentation [17] übergehen soll. Bisher hat die große Mehrzahl der Wirtschaftshistoriker den ersten Weg gewählt.
Der stürmische Vormarsch der »New Economic History« wird jedoch kaum an den Grenzen der USA haltmachen [18]. Sollte auch in Europa eine Generation modern ausgebildeter Nationalökonomen und Statistiker aktives Interesse an historischer Forschung finden, würden m. E. in Kürze bislang noch kaum für möglich gehaltene Rekonstruktionen vergangener volkswirtschaftlicher Strukturen und Prozesse entstehen. Mit ihrer Tendenz, theoretisch befriedigende Antworten aus der historischen Erfahrung notfalls zu »erzwingen«, stellt jedenfalls die »New Economic History« intellektuell eine weit größere Herausforderung an die europäische Wirtschaftsgeschichte dar, als der Versuch der »Neuen Linken«, die Auseinanderentwicklung von Theorie und Geschichte dadurch zu überwinden, daß sie Theorie als aus dem historischen Prozeß selbst hervorgehend und ihm dialektisch verbunden bleibend erklärt – eine Auffassung, die für die praktische Arbeit des Forschers irrelevant ist, weil sie ihm bei der Lösung konkreter Probleme nicht hilft.

III

Für das Verhältnis von Sozialgeschichte zur Soziologie gilt im Prinzip das gleiche wie für das Verhältnis von Wirtschaftsgeschichte zur Ökonomie. Auch der Soziologe kann die Geschichte als nahezu unendliches Testfeld für die Brauchbarkeit seiner Modelle benutzen. Freilich sind die praktischen Schwierigkeiten wegen der größeren Komplexität sozialen Handelns und sozialer Strukturen noch größer. Andererseits haben Soziologen seit jeher eine größere Anpassungsfähigkeit an die wechselnden Bedingungen historischer Wirklichkeit gezeigt. Ihre Modelle sind wirklichkeitsgesättigter, flexibler, dadurch freilich auch weniger stringent. Allgemeine Kategorien wie »Soziale Schichtung«, »Sozialer Konflikt« oder »Sozialer Status« lassen sich als analytische Erklärungsschemata an alle Gesellschaften – sehr einfach strukturierte und sehr komplexe – anlegen, aber ihre Ausgestaltung im einzelnen muß flexibel sein und zumindest bestimmte Typen unterscheiden; die bestimmten historischen Gesellschaften entnommene Dreiteilung in Kasten-, Standes- und Klassengesellschaften genügt sicher nicht. Die Frage nach Stabilität und Sozialem Wandel ist nur dann beantwortbar, wenn die Kriterien für das, was Stabilität, und das, was Wandel jeweils heißen soll, exakt angegeben werden können und einigermaßen meßbar sind. Eliten- wie Unterschichtenforschung kann in den meisten historischen Gesellschaften betrieben werden, Status und Funktion dieser Gruppen variieren jedoch von Gesellschaft zu Gesellschaft erheblich und sind nur zu erfassen, wenn auch die Struktur der Gesamtgesellschaft genügend bekannt ist. Schwieriger noch wird es, wenn der Soziologe mehr als die empirische

Erforschung einzelner Probleme oder Problemgruppen ansteuert und auf die theoretische Erklärung einer gesamten historischen Gesellschaft abzielt. Abgesehen von Abgrenzungsschwierigkeiten – der Frage, was jeweils »eine Gesellschaft« ist: die englische des Mittelalters, der Tudor-Zeit oder des Jahres der »Großen Revolution 1688«; die Gesellschaft eines afrikanischen Stammes oder eines europäischen Nationalstaates im 19. Jahrhundert oder die Chinas unter der Ming-Dynastie (1368–1644) – entsteht jeweils die Frage der Angemessenheit der Theorie, für die es keine allgemeinverbindliche Antwort gibt. Sozialhistoriker haben in Abwehr von Mißverständnissen infolge der Benutzung moderner, nicht nur sozial- sondern vor allem rechtswissenschaftlicher Terminologie auf die Gesellschaft Alteuropas die Forderung aufgestellt, die zu benutzenden Kategorien aus der historischen Wirklichkeit selbst zu entwickeln bzw. – etwas vorsichtiger – sie an dem Selbstverständnis der jeweiligen Zeit zu überprüfen [19]. Nur so könne verhindert werden, daß mit modernen Begriffen verbundene Inhalte in die Vergangenheit hineininterpretiert und die unterschiedliche Bau- und Funktionsweise vormoderner und moderner Gesellschaften verwischt werden. Diese Kritik trifft besonders auf die Verwendung von Begriffen zu, die aus zeitgebundener politischer Polemik entstanden sind und im Verlauf der Geschichte mehrfache Uminterpretationen durchgemacht haben. Feudalismus, Kapitalismus sind zwei solcher aus politischen Tageskämpfen hervorgegangene Begriffsbildungen, deren wissenschaftliche Verwendung äußerst problematisch ist und die jeweils einer genaueren Definition bedürfen [20]. *Otto Brunners* Kritik richtete sich vor allem gegen die Verwendung des modernen, auf den souveränen Nationalstaat des 19. Jahrhunderts zugeschnittenen Staatsbegriffs durch die Staatsrechtshistoriker, wenn sie mittelalterliche Gemeinwesen und Herrschaftsverhältnisse behandeln [21]. Hier ist in der Tat ein klassischer Fall für die Vieldeutigkeit eines aus dem Alltag der Rechtssprache entnommenen Allgemeinbegriffes gegeben, der strengen wissenschaftlichen Anforderungen nicht genügt und daher entweder vermieden oder für den jeweiligen Gebrauch genau definiert werden sollte.

Auch der Bürokratiebegriff muß »neutralisiert« werden, ehe er wirklich als sozialwissenschaftliche Kategorie taugt, denn er impliziert in der Alltagssprache heute mit der Existenz einer bestimmten sozialen Organisation zugleich den Herrschaftsanspruch dieser Organisation oder der sie tragenden Gruppe, dessen Ausmaß und Verwirklichung konkret festzustellen jedoch das eigentliche Problem jeder soziologischen oder sozialgeschichtlichen Bürokratieforschung sein muß [22]. Das gesamte Begriffsinstrumentarium des Marxismus zeigt diese Charakteristika politisch-polemischer Herkunft.

Die empirisch-analytische Sozialwissenschaft ist gegen diese Gefahr zwar nicht immun, sucht sie hingegen systematisch zu vermeiden, weshalb ihre Kategorien unbedenklicher als Allgemeinbegriffe in verschiedenen historischen Situationen benutzt werden können. Soziale Schichtung und sozialer Konflikt sind eben im Unterschied zu Klassengesellschaft und Klassenkampf zeitunabhängige Kategorien und daher leichter allgemein verwendbar. Die Sozialgeschichte würde sich überdies vieler Erkenntnismöglichkeiten berauben, beschränkte sie sich ganz auf die Benutzung jeweils in der Geschichte vorgefundener Begriffe. Die Sozialanthropologie mit ihren Hunderten verschiedener

Stämme und Sprachen, in denen dennoch immer wieder wenige Grundfiguren und Motive wiederkehren, würde vollends hilflos, befolgte sie diese Warnung des Historikers wörtlich; jeder interkulturelle Vergleich würde ebenso unmöglich wie der intertemporale Vergleich.

Der Beitrag der soziologischen Theorie für die Sozialgeschichtsforschung beschränkt sich jedoch keineswegs auf die Bereitstellung von Begriffen und Kategorien. Wichtiger ist – wie beim Beitrag der ökonomischen Theorie zur Wirtschaftsgeschichte – die Formulierung hypothetischer Beziehungen zwischen sozialen Institutionen und Verhaltensweisen, die Herausarbeitung möglicher funktioneller Verknüpfungen, die – im Idealfall – mathematisch formuliert werden und als Modelle zur Erklärung der Wirklichkeit und zum Vergleich verschiedener Wirklichkeiten dienen können. Der Versuch, eine in sich konsistente soziologische Theorie konsequent als Leitfaden bei der Interpretation historischer Erscheinungen einzusetzen, ist bisher, wenn wir einmal von dem monumentalen, immer wieder zwischen historischer Forschung und soziologischer Typenbildung sich durchkämpfenden Werk *Max Webers* absehen, selten zu Ende geführt worden [23]. Aber Ansätze dazu sind so zahlreich, daß sie hier nicht aufgezählt, geschweige denn gewürdigt werden können [24].

Der Sozialhistoriker, der die vorhandenen soziologischen Theorien nach brauchbaren Modellen für seine empirischen Forschungen durchforstet, gerät freilich – wieder ganz ähnlich dem Wirtschaftshistoriker, der die ökonomischen Theorien befragt – in erhebliche Schwierigkeiten. Nur selten, wenn überhaupt, kann er einfach an einen Instrumentenschrank gehen und sich die passenden Instrumente herausnehmen. Viel öfter wird die Beschäftigung mit soziologischem Denken nur dazu dienen, sein eigenes theoretisches Denkvermögen zu bereichern, zu verschärfen (vielleicht auch zu verwirren); fast immer wird er sich seine Modelle selbst zurechtbasteln müssen. Darin sieht er sich aber zumeist überfordert. Sofern er nicht, was der Idealfall wäre, beides, soziologisches Denken und historisch-empirisches Interessse, miteinander verbindet, bleibt die geplante Kooperation mit Soziologen für bestimmte Forschungen als Ausweg. Der Einbruch einer größeren Zahl von modernen empirisch-analytisch geschulten Soziologen in die historische Forschung als »New Social History« analog zur »New Economic History« steht noch aus oder hat vielleicht gerade begonnen [25].

Ähnlich wie bei der Wirtschaftsgeschichte wird diese Kooperation sich auch darin bewähren müssen, daß sie quantitative Ergebnisse anstrebt und moderne statistische, Computer-unterstützte Forschungstechniken für die Historie nutzbar macht. Auch hier tritt das Problem der Lückenhaftigkeit und Ungleichwertigkeit der vorhandenen Daten auf. Neben der stärkeren Erschließung von in Archiven ruhenden Datenmassen – etwa für die Bevölkerungsgeschichte, aber auch für soziale Konflikte wie Streiks oder für den Lebensstandard verschiedener Bevölkerungsschichten oder die Vermögensverteilung – ist auch hier die Rekonstruktion, ja Konstruktion von Daten unumgänglich, nicht nur um einzelne Reihen – etwa die Bewegung von Löhnen – zu vervollständigen und der statistischen Bearbeitung zugänglich zu machen, sondern auch, um die Bedingungen funktionaler Modelle zu erfüllen, die die Beziehungen zwischen verschiedenen Variablen erklären.

Was auf diesem Gebiet bereits geleistet worden ist bzw. welche Probleme noch immer bestehen, soll an zwei Beispielen exemplifiziert werden: Der Bevölkerungsgeschichte und der Debatte über den Lebensstandard der Arbeiter in der Industriellen Revolution – beides übrigens Gebiete, die man sowohl der Wirtschafts- wie der Sozialgeschichte zurechnen kann: ein Beweis, wie eng beide Gebiete miteinander verzahnt sind.

Die Bevölkerungsgeschichte, meist historische Demographie genannt, hat sich inzwischen zu einem Zweig einer eigenen Wissenschaft, der Demographie, entwickelt, die eigene Zeitschriften, z. T. eigene Institute besitzt und stärker als andere Wissenschaften die interdisziplinäre Kooperation (etwa zwischen Biologen, Hygienikern, Ökonomen, Soziologen, Historikern und Statistikern) als selbstverständlich betrachtet. Trotzdem muß man Bevölkerungsgeschichte *auch* als Teil der Sozialgeschichte behandeln, denn sie beschäftigt sich mit dem elementarsten Substrat jeder Gesellschaft, aus dem sich alle ihre Strukturen und Bewegungen entwickeln. Seit ihren frühesten Anfängen, bei *William Petty, Johann P. Süssmilch* und *Thomas Malthus* zielt die Demographie auf die Formulierung von »Gesetzen« – heute würden wir vorsichtiger sagen »statistischen Regelmäßigkeiten« (stochastischen Gesetzen im Unterschied zu nomothetischen Gesetzen) und verwendet entsprechend mathematisch-statistische Verfahren. Sie bildet in unserem Zusammenhang vielleicht den besten Beweis für die eingangs aufgestellte These von der Wissenschaft als Kontinuum, in dem es keine prinzipiellen Unterschiede zwischen Natur- und Sozialwissenschaften gibt, denn die Demographie befaßt sich ebensogut mit biologischen wie sozialen Aspekten der menschlichen Reproduktion, und sie bildet ein ausgezeichnetes Erfahrungsfeld, um die gegenseitigen Abhängigkeiten zu erforschen. Zu ihren Grundproblemen gehört, daß innerhalb klar umschreibbarer biologischer Begrenzungen (Fruchtbarkeitsalter, Zeugungsfähigkeit, biologische Altersstufen etc.) soziale Bedingungen (Monogamie oder Polygamie, Familien- und Sozialstruktur, Heiratsalter, Rolle der Kinder im Produktionsprozeß etc.) wesentliche Variablen bilden, die zu sehr unterschiedlichen Bevölkerungsweisen und Bevölkerungsentwicklungen führen können [26].

Die Zeit von der Mitte des 18. zur Mitte des 19. Jahrhunderts bildet das klassische Forschungsfeld für die historische Demographie Europas, denn in diesem Zeitraum sind Veränderungen in Bevölkerungsweise und Bevölkerungsstruktur beobachtet worden, die offenbar zu den Grundvoraussetzungen und -elementen der Entstehung der industriellen Gesellschaft gehören. Die Frage, ob es eine bestimmte »industrielle Bevölkerungsweise« gibt, die von einer ebenso bestimmten »vorindustriellen Bevölkerungsweise« unterschieden werden kann, und die Frage, wann, wie und warum das moderne Bevölkerungswachstum einsetzte, standen im Mittelpunkt zahlreicher Untersuchungen. Die Natur des Gegenstandes zwang die Forscher, diesen Fragen in einer Weise nachzugehen, die als prototypisch für moderne sozialgeschichtliche Forschung gelten kann: Es mußten klare Hypothesen über mögliche Zusammenhänge (etwa zwischen Heiratsalter und Geburtenhäufigkeit, zwischen Geburtenrate bzw. Sterberate und Wachstumsveränderungen) aufgestellt werden, der Frage nach Kausalität oder funktioneller Interdependenz war nicht auszuweichen, und jede Antwort benötigte eine solide statistische Beweisführung, bei der jedoch nicht immer von den Vorteilen großer Zahlen Gebrauch gemacht werden konnte, sondern auch die Methode des

Samples benutzt werden mußte, der Auswahl zufälliger oder repräsentativer Teilgruppen aus einer größeren, in ihrem Gesamtverhalten nicht direkt erforschbaren Masse. Sowohl die Postulierung universaler Gesetze, etwa der Abhängigkeit der Bevölkerungsentwicklung von der Entwicklung der Produktivkräfte, wie die impressionistische Beschreibung individueller Fälle als beliebige Beispiele, erwiesen sich als offensichtlich unzulänglich, da entweder zu allgemein oder zu wenig beweiskräftig. Der Gang der Forschung auf diesem Gebiet zeigt auch am klarsten, was wissenschaftlicher Fortschritt bedeutet und wie er erzielt werden kann. Er führte weniger zur Vergrößerung eines Bestandes an gesicherten Ergebnissen als zu schrittweise klareren, differenzierteren Hypothesen und präziseren Forschungstechniken. Aus einfachen Kausalbeziehungen (etwa zwischen medizinischem Fortschritt und Rückgang der Säuglingssterblichkeit) wurden komplizierte Wechselbeziehungen (etwa zwischen Produktionsweise, Familienstruktur, Heiratssitten, Geburtenhäufigkeit und Kindererziehung), in die ökonomische, soziale, kulturelle und biologische Faktoren eingingen. In den letzten beiden Jahrzehnten wird überdies die Betrachtung von Bevölkerungsaggregaten mehr und mehr ersetzt durch die mikrodemographische »Rekonstitution« von Familien und deren Reproduktionsgewohnheiten unter sich verändernden soziokulturellen und ökonomischen Bedingungen, weil dadurch die Gründe für die Veränderungen in der Gesamtheit der Bevölkerung eher gefunden werden können. Mit dem Differenzierungsgrad der Analyse stieg auch der Grad ihrer Interdisziplinarität. Gewiß gibt es auch heute noch Demographen, die sich auf innerdemographische Faktoren beschränken. Die historische Demographie aber ist vorwiegend ein interdisziplinäres Arbeitsgebiet, in dem die Berücksichtigung zumindest der ökonomischen und sozialen Bedingungen für die Bevölkerungsweise selbstverständlich ist. Das ermöglicht es umgekehrt dem Wirtschafts- und Sozialhistoriker, den Faktor »Bevölkerung« in seine Überlegungen nicht nur in allgemeiner Weise, sondern mit sehr präzisen Annahmen und relativ genauen Größenordnungen einzubeziehen. So ist es heute, um nur ein Beispiel zu nennen, möglich geworden, die Unterschiede in der relativen Bevölkerungsdichte auf dem Lande oder zwischen Stadtregionen und die verschiedenen Wachstumsraten und Fluktuationen der Bevölkerung in frühindustrialisierten Gebieten auf Veränderungen in der Agrarstruktur oder die Einführung der Heimindustrie zurückzuführen und von daher die Frage nach der Herkunft des »industriellen Proletariats« und das Aufkommen der maschinell betriebenen Fabrikindustrie in bestimmten Regionen (in Lancashire, im Rheinland, Sachsen, dem Zürcher Oberland oder der Lombardei) wesentlich, wenn auch nicht vollständig, mit der Herausbildung einer »vorindustriellen«, an industrielle Heimarbeit gewöhnte Textilarbeiterschaft zu erklären [27].

In methodisch ähnlicher Weise sind Fortschritte unserer Kenntnis in der Frage nach dem Lebensstandard der frühindustriellen Fabrikarbeiter zu erzielen [28]. Auch dieser Problemkomplex kann genau definiert werden. Das Gesamtproblem »Lebensstandard« läßt sich in einzelne Elemente zerlegen, von denen freilich einige leichter, andere nur ungemein schwierig präzis zu bearbeiten sind. Grundlegend dafür sind die Entwicklung der Löhne und, um von Nominal- zu Reallöhnen zu kommen, die der Preise für die wichtigsten Verbrauchsgüter. Dabei tauchen schon zahlreiche Unterprobleme auf, z. T. konzeptioneller, z. T. statistischer Art. Auch hier erscheint wieder das wirtschafts- und sozialhistorische Grunddilemma lückenhafter, in sich nicht konsistenter und mehrdeutiger Quellen. Wichtiger aber ist, daß der Forscher sich genau entscheiden muß, was er will: Sucht er den durchschnittlichen Lebensstandard ganzer Bevölkerungen oder, was wahrscheinlicher ist, den einzelner Schichten oder Gruppen? In diesem Fall muß er die schichten- oder gruppenspezifischen Löhne und Verbrauchsgewohnheiten zu erfassen suchen. Zahlreiche Variationen sind hier möglich: Man kann die Lohnarbeiterschaft einer bestimmten Industrie in verschiedenen Regionen, oder verschiedener Industrien in der gleichen Region oder Lokalität, man kann bestimmte Arbeitergruppen (alle oder nur die Männer, Frauen, Kinder; die gelernten oder ungelernten, bestimmte Berufs- oder innerbetriebliche Status- oder Altersgruppen usf.) untersuchen. Die Ergebnisse werden je nachdem ganz verschieden ausfallen. Verschieden wird auch sein, welche weiteren Elemente in die Berechnungen einzubeziehen sind: nichtmonetäre Löhne (wie freie Wohnung und Essen besonders bei Handwerksgesellen- und Gesindelöhnen), schichten- oder gruppenspezifische Differenzen in der Lebenshaltung und den Lebensgewohnheiten (wie freies Gartenland auf dem Lande oder in kleinen Städten gegenüber Stockwerkswohnungen in städtischen Mietskasernen) [29]. Man wird sich auch entscheiden müssen, ob man Individuallöhne oder Familienlöhne sucht, Stundenlöhne oder Jahreslöhne, wobei im letzten Fall die Beschäftigungsdauer eine erhebliche Rolle spielt. In der praktischen Arbeit taucht dann vor allem das Problem auf, wie man aus unvollständigen, inkonsistenten Angaben zu konsistenten und relativ vollständigen Daten kommt. Können aus einzelnen Beispielen, die sich finden lassen, Rückschlüsse auf typische Familiensituationen und Familienverdienste gezogen werden, wenn man nur Individuallöhne hat, aber Familienlöhne für wichtig hält? Können die Roggenpreise in Ort A mit den Löhnen in Ort B in Beziehung gesetzt werden? Sind die Löhne und Preise in bestimmten Jahren konjunkturell überhöht oder zu niedrig? Mit welchen statistischen Methoden sollen welche Art von Gruppen oder Durchschnitten gebildet werden? Das alles sind dem empirischen Sozialforscher alltägliche Probleme. Wenn sie hier erwähnt werden, dann um zu zeigen, daß sie in der Sozialgeschichtsforschung in methodisch gleicher Weise, nur unter viel ungünstigeren Bedingungen, nämlich sehr viel mangelhafterer Information, wiederkehren. Und auch deshalb, weil viele Sozial- und Wirtschaftshistoriker, so der Nestor der deutschen marxistischen Wirtschaftsgeschichte, *Jürgen Kuczynski,* oft gegen die einfachsten Grundprinzipien solider Forschung verstoßen haben [30].

Die Rekonstruktion solider Daten über die Lohnstruktur ist nur ein erster Schritt, sowohl für die Erörterung des Lebensstandards einzelner Schichten wie für das noch schwierigere Problem der gesamtwirtschaftlichen Einkommensverteilung und seiner Bestimmungsgründe. Mit ihm betreten wir wieder das Feld genuin ökonomisch-empirischer Forschung, die ohne eine genaue theoretische Konzeption über den Verteilungsprozeß im Wirtschaftskreislauf nicht auskommen kann. Es ist nicht meine Absicht, auch diesen Problemkomplex hier noch zu erörtern [31]; der Hinweis auf ihn soll genügen, um noch einmal auf die enge Verzahnung der Sozial- mit der Wirtschaftsgeschichte aufmerksam zu machen und die prinzipielle methodologische Gleichheit der Probleme zu betonen.

IV

Gegen diese Position kann nun der Einwand erhoben werden, daß die Sozialgeschichte noch weniger als die Wirtschaftsgeschichte – für diese wird es meist zumindest als möglich konzediert – es mit einem sinnvoll von anderen Bereichen der Geschichte (etwa der Verfassungs- oder der Geistesgeschichte) zu isolierenden Sektor zu tun habe, daß die Kategorie des »Sozialen« vielmehr so zentral für alle Geschichte sei, daß man in der Sozialgeschichte sinnvollerweise nur einen »Aspekt« der allgemeinen Geschichte, eine Betrachtungsweise sehen könne, bei der »der innere Bau, die Struktur der menschlichen Gesellschaft« nicht »das politische Handeln, die Selbstbehauptung«, »das Ringen um Herrschaft und Macht« im Vordergrund stehe [32]. Nach dieser, heute in Deutschland und Frankreich weitverbreiteten Auffassung ist Sozialgeschichte vor allem »Strukturgeschichte«, Geschichte der Institutionen und Verhaltensweisen, die »lange Dauer« besitzen, im Unterschied zu der Geschichte der Ereignisse (histoire des événements), als die die politische Geschichte noch im wesentlichen gesehen wird [33]. Bleibt bei *Otto Brunner*, dem führenden deutsche Vertreter dieser Auffassung, die Sozialgeschichte einer unter möglichen anderen Aspekten, so wird sie bei *Fernand Braudel*, dem französischen Protagonisten einer ähnlichen Auffassung, durch die Integration geographischer, psychologischer, ökonomischer und anderer Gesichtspunkte zum Zentrum einer »histoire totale«. Diese deutlich dem Historismus verhaftete Vorstellung geht im Grunde davon aus, daß Geschichte nicht eine Sozialwissenschaft unter anderen, sondern ein Wissenschaftsgebiet *sui generis* mit eigener Methodologie sei, die im Prozeß des »Verstehens« fundiert ist, und daß die Geschichte der politischen Ereignisse darin eine traditionelle Vorherrschaft besitzt, an der alle anderen Betrachtungsweisen zu messen sind. Die Hermeneutik, nicht die empirische Analyse, ist die ihr angemessene Methodik [34].

Die meisten deutschsprachigen Sozialhistoriker sind dieser Auffassung verpflichtet. Doch sie kann heute gewiß kein Monopol mehr behaupten, sondern muß sich der Konkurrenz anderer Methoden stellen. Der Einbruch der empirisch-analytischen Sozialwissenschaften in immer weitere Bereiche der Geschichtsforschung, nicht nur, wenn auch vornehmlich der modernen Wirtschafts- und Sozialgeschichte, ist unverkennbar. Der Weg, den Ökonomie und Soziologie gegangen sind, wird auch der Geschichtswissenschaft, will sie als Wissenschaft unter anderen Wissenschaften bestehen, nicht erspart bleiben. Zumindest alle Kollektivphänomene in der Geschichte – und das sind die meisten wirtschafts- und sozialgeschichtlichen Phänomene – müssen sich dem Seziermesser analytisch-kausalen Argumentierens und statistischer Messung stellen, weil nur so ihr Stellenwert in sozialen Systemen und Prozessen »objektiv«, d. h. intersubjektiv nachprüfbar, festzustellen ist. Die Geschichtswissenschaft wird dabei in den meisten Fragen – verglichen mit anderen Sozial- oder gar Naturwissenschaften – in dem Grad modelltheoretischen Zugriffs, vor allem aber in dem Grad der Exaktheit ihrer Messungen zurückbleiben. Die meisten Antworten werden nur plausibel, nicht aber voll beweisbar sein. Das allein schon garantiert weiterhin eine große subjektive Freiheit im Ansatz, der Methodenwahl und der Ausführung von Forschungsarbeiten. Auch werden weiterhin weite Bereiche der Geschichte sich solchem Zugriff ganz entziehen. Die Schilderung der Abfolge individueller Ereignisse, die Deutung der Motive handelnder Personen oder des Charakters von Epochen wird dadurch nicht ausgeschlossen, höchstens in ihrem Geltungsbereich eingeengt. Der »Zufall«, oft als bewegendes Moment der Geschichte angesehen, wird nicht ausgeschaltet; es könnte jedoch sein, daß er seltener wird, da sich öfters nachweisen läßt, auf welche Weise er in Ereignis- und Strukturketten eingefügt ist. Große Persönlichkeiten werden weiter Geschichte machen, so wie sie sie immer gemacht haben, nämlich eingebettet in zahlreiche Begrenzungen, die ihnen Zeit, Ort, Klima, Technik, Bevölkerung, Wirtschaftsweise, Sozialnormen, Erziehung und die jeweiligen politischen Konstellationen ihres Lebenskreises auferlegt haben. Jeder dieser begrenzenden Faktoren kann für sich wissenschaftlich analysiert werden und ihre Interdependenz ist zumindest im Prinzip ebenso faßbar. Der »Freiheitsspielraum«, den der einzelne hat, wird so deutlicher. *Napoleon* konnte zwar die politische Landkarte Europas verändern und grundlegende Rechtsreformen durchsetzen, aber er konnte die Industrielle Revolution in England nicht verhindern; *Bismarck* konnte zwar das Deutsche Reich begründen und viel dazu beitragen, die Sozialstruktur der »Machtelite« zu erhalten, aber er hätte weder die Eisenbahnen abschaffen, noch das Flugzeug herbeikommandieren können. Verneint wird auch keineswegs der Einfluß des »Individuums« auf Kollektivprozesse: Sehr wahrscheinlich hatte der Erfolg von *Bismarcks* Politik einen (positiven) Einfluß auf das Bevölkerungswachstum in Deutschland und einen (negativen) auf das Frankreichs. Sicher hat der Enthusiasmus *Kaiser Wilhelms II.* für Technik und Naturwissenschaften und die daraus folgende Förderung der Forschung zum wirtschaftlichen Fortschritt Deutschlands beigetragen. Aber auch bei der Erklärung der großen Persönlichkeit wird sich die Geschichtswissenschaft wohl in Zukunft stärker der Hilfe benachbarter Sozialwissenschaften bedienen müssen, statt mit *Goethe* und *Meinecke* in dem »Individuum ineffabile« eine nicht weiter reduzierbare letzte Instanz für die Geschichtsforschung zu sehen. Ich denke dabei weniger an die Psychoanalyse als an die Sozialpsychologie, weil sie den Zusammenhang von Individualität und sozialer Welt analysiert. Ansätze, wie sie in den Untersuchungen über die Struktur der »autoritären Persönlichkeit«, die Psychologie der Leistungsgesellschaft oder die Veränderung menschlichen Verhaltens durch »Lernprozesse« vorliegen, lassen sich sicher ausbauen und für die Geschichtswissenschaft nutzbar machen [35]. Sozialanthropologische Analysen ermöglichen den interkulturellen und intertemporalen Vergleich.

Ob die Geschichtswissenschaft eine Wissenschaft eigenen Ranges ist, die ihr konstituierendes Merkmal in der Kategorie der Zeit findet, wie *Reinhart Koselleck* wiederholt argumentiert hat, scheint mir eine noch offene Frage und der Bemühungen der Erkenntnistheoretiker wert, ebenso die Frage, in welcher Weise sich die historische Zeit von der biologischen oder physikalischen Zeit unterscheidet [36]. Sollte es sich herausstellen, daß darin die Geschichtswissenschaft eine neue erkenntnistheoretische Begründung ihrer Eigenständigkeit findet, nachdem die vom Historismus proklamierte Eigenständigkeit in der Praxis der Forschung verlorengegangen und daher auch theoretisch nicht mehr haltbar ist – zumindest nicht in ihrer extremen, ausschließlichen Form –, so würde das jedoch nichts an meiner Argumentation ändern, daß die Geschichte als Wissenschaft auf immer größeren Strecken zu einer kausalanalytischen empirischen

Sozialwissenschaft wird. Auf jeden Fall scheint mir diese Sicht den Streit überflüssig zu machen, ob die Wirtschaftsgeschichte mehr angewandte Ökonomie oder ein Sektor der Geschichte, die Sozialgeschichte eher angewandte empirische Sozialforschung von der Vergangenheit [37] oder Aspekt der allgemeinen Geschichte ist. Nach dem heutigen Stand wird man nur sagen können: es kommt auf den Forscher an. Beide kann man so oder so betreiben. Problemstellung, Arbeitstechnik und Ergebnis unterscheiden sich je nach dem gewählten Ansatz. Der Ansatz als angewandte Sozialwissenschaft scheint mir der genauere, wenn auch engere zu sein, der Ansatz als »Aspekt« oder »Sektor« der Geschichte der universalistischere, zugleich aber auch subjektivere und fragwürdigere. Verwendet werden kann der erste Ansatz sowohl von den systematischen Sozialwissenschaften wie von der allgemeinen Geschichtsschreibung; der zweite von den Sozialwissenschaften nur beschränkt, nämlich in einem weit allgemeineren Sinne, als Hintergrund-Lektüre, als erstes Abtasten möglicher Probleme in ihrem »setting«, sicher auch – und das machte einst seine Würde aus – als Bildungserlebnis.

Sobald jedoch dieser zweite Ansatz, der Geschichtsforschung als Ergebnis des nachvollziehenden Verstehens sieht, den Anspruch stellt, den der Historismus implizierte, das Ganze der sozialen Welt, geordnet als historische Abfolge, zu erfassen, wird er fragwürdig, wie alle holistischen Ansprüche, gleichgültig ob sie religiös, weltanschaulich oder politisch motiviert sind. Wer für sich beansprucht, den Ablauf der Welt zu verstehen, sei es als ewige Wiederkehr des Gleichen, sei es als Kreislauf der Kulturen, sei es als Folge notwendiger Stadien (Wirtschaftsstufen, Gesellschaftsformationen oder Geistesverfassungen), begibt sich aus dem Gebiet der Wissenschaft in das der Meta-Wissenschaft. Theorien wie die dialektische oder »kritische« Geschichtstheorie sind solche Meta-Theorien, die wissenschaftlich weder verifiziert noch falsifiziert werden können. Sie können plausibel sein, subjektiv überzeugend und das menschliche Verlangen nach einem letzten Sinn aller Geschichte befriedigen, aber sie sind auf einer anderen Ebene angesiedelt als die empirische Wissenschaft, von der hier die Rede war.

Anmerkungen

1 Wegen der Besonderheiten in den Ländern, in denen der Marxismus Staatsideologie ist, siehe den Beitrag von *Jürgen Kocka*, S. 491, und seinen Artikel »Sozial- und Wirtschaftsgeschichte«, in: Sowjetsystem und demokratische Gesellschaft, Bd. 5, Freiburg 1972, sowie »Theorieprobleme der Sozial- und Wirtschaftsgeschichte. Begriffe, Tendenzen und Funktionen in Ost und West«, in: *Hans-Ulrich Wehler*, Hrsg., Geschichte und Soziologie, Köln/Berlin 1973.

2 Hierzu besonders *Otto Brunner*, Neue Wege der Sozialgeschichte, Göttingen 1956 (2. Aufl. als »Neue Wege der Verfassungs- und Sozialgeschichte, ebd. 1968).

3 Ein schönes Beispiel dafür ist *Rudolf Vierhaus*, Ranke und die Soziale Welt, Münster 1957.

4 Führend in diesen Forschungen, für den er 1971 den Nobel-Preis in Nationalökonomie erhielt, ist *Simon Kuznets*. Aus seinen zahlreichen Veröffentlichungen seien nur genannt: Modern Economic Growth. Rate, Structure and Spread (Studies in Comparative Economics 7), New Haven/London 1966; The Economic Growth of Nations, Total Output and Production Structure, Cambridge/Mass. 1971. Für die USA s. die zahlreichen Studien des National Bureau of Economic Research. Für Großbritannien vor allem *Phyllis Deane* und *Wesley A. Cole*, British Economic Growth 1688–1959, Trends and Structure, Cambridge 1967. Für Deutschland: *Walther G. Hoffmann* u. a., Das Wachstum der deutschen Wirtschaft seit der Mitte des 19. Jahrhunderts, Berlin/Heidelberg/Göttingen 1965.

[5] Es ist hier nicht der Ort, auf die konzeptuellen und statistischen Schwierigkeiten einzugehen, die solche Arbeiten zu überwinden haben. Sie konnten z. B. für Deutschland nur durch kühne Annahmen und die Konstruktion zahlreicher Zahlenreihen geleistet werden, die in historischen Quellen selbst nicht zur Verfügung stehen. Ihre Qualität beruht auf der Sorgsamkeit mit der solche synthetischen Größen zusammengesetzt werden. *Hoffmann* und seine Mitarbeiter haben dabei den größten Erfindungsreichtum bewiesen, der sie aber auch der härtesten Kritik aussetzt. *Kuznets, Deane* und *Cole* sind vorsichtiger vorgegangen, haben bescheidenere, aber auch sicherere Ergebnisse erzielt.

[6] In den 1960er Jahren ist besonders die Rolle der Eisenbahnen beim Ansatz des modernen Wirtschaftswachstums, die die traditionelle Wirtschaftsgeschichte als selbstevident ansah, kritisch untersucht worden. S. u. a. *Robert Fogel,* Railroads and American Economic Growth: Essays in Econometric History, Baltimore 1964. *Albert Fishlow,* American Railroads and the Transformation of the Ante-Bellum Economy, Cambridge, Mass., 1965. *Paul H. Cootner,* The Role of the Railroads in United States Economic Growth, in: Journal of Economic History 23 (1963), S. 477–521. *B. R. Mitchell,* The Coming of the Railway and United Kingdom Economic Growth, in: The Journal of Economic History 24 (1964), S. 315–336. Deutsche Übersetzung in: *Rudolf Braun, Wolfram Fischer, Helmut Großkreuz, Heinrich Volkmann,* Hrsg., Industrielle Revolution. Wirtschaftliche Aspekte, Köln/Berlin 1972, S. 356–374. Inzwischen sind mehrere Versuche unternommen worden, die gesamte amerikanische Wirtschaftsgeschichte des 19. Jahrhunderts unter Anwendung expliziter Wachstumsmodelle und statistischer Verfahren neu zu interpretieren. Einen Überblick über diese Literatur gibt die auf den neuesten Stand gebrachte Fassung meines Aufsatzes »Die Wirtschaftsgeschichte in den Vereinigten Staaten von Amerika. Bemerkungen zu ihrem gegenwärtigen Stand und ihren Entwicklungstendenzen«, ursprünglich in der Zeitschrift für die gesamte Staatswissenschaft 119 (1963), S. 377– 404. Neue Fassung in: *W. Fischer,* Wirtschaft und Gesellschaft im Zeitalter der Industrialisierung (Kritische Studien zur Geschichtswissenschaft, Bd. 1), Göttingen 1972, S. 40–59. Ein Versuch, die gleichen Methoden auf England anzuwenden, ist *Donald N. McCloskey,* Hrsg., Essays in a Mature Economy, London 1971.

[7] Zu den Klassikern gehören außer den im Text selbst genannten »Erfindern« dieser Zyklen vor allem *Arthur Spiethoff,* Die wirtschaftlichen Wechsellagen, 2 Bde., Tübingen 1955. *W. C. Mitchell,* Business Cycles and their Causes, New York 1927. *Joseph A. Schumpeter,* Business Cycles, 2 Bde., New York und London 1939 (deutsche Übersetzung: Konjunkturen, 2 Bde., Göttingen 1953).

[8] *Wilhelm Abel,* Agrarkrisen und Agrarkonjunkturen. Eine Geschichte der Land- und Ernährungswirtschaft Mitteleuropas seit dem hohen Mittelalter, 2. Aufl., Hamburg 1966 (1. Aufl. 1935).

[9] *G. E. Barnett,* Hrsg., Two Tracts by Gregory King, Baltimore 1936. *A. Oncken,* Hrsg., Œuvres économiques et philosophiques de F. Quesnay, Paris 1888. *Izumi Hishima,* The Tableau économique of Quesnay: Its Analysis, Reconstruction, and Application, in: Kyoto University Economic Review 30 (1960), S. 1–46. *Leopold Krug,* Betrachtungen über den National-Reichtum des Preußischen Staats und über den Wohlstand seiner Bewohner, 2 Bde., Berlin 1805. *C. F. W. Dieterici,* Der Volkswohlstand im Preußischen Staate. In Vergleichungen aus den Jahren vor 1806 und von 1828 bis 1832, sowie aus der neuesten Zeit, nach statistischen Ermittlungen und dem Gange der Gesetzgebung, aus amtlichen Quellen dargestellt, Berlin/ Potsdam/Bromberg 1846.

[10] S. jedoch *W. Whitney,* The Structure of the American Economy in the Late Nineteenth Century, New York 1973. Beispiele regionaler Studien für Deutschland sind: *Friedrich W. Henning,* Die Wirtschaftsstruktur mitteleuropäischer Gebiete an der Wende zum 19. Jahrhundert unter besonderer Berücksichtigung des gewerblichen Bereichs, in: *W. Fischer,* Hrsg., Beiträge zu Wirtschaftswachstum und Wirtschaftsstruktur im 16. und 19. Jahrhundert (Schriften des Vereins für Socialpolitik N.F. 63), Berlin 1971, S. 101–167. *Otto Büsch,* Industrialisierung und Gewerbe im Raum Berlin/Brandenburg 1800–1850. Eine empirische Untersuchung zur gewerblichen Wirtschaft einer hauptstadtgebundenen Wirtschaftsregion in frühindustrieller Zeit, Berlin

1971. *Peter Czada,* Die Berliner Elektroindustrie in der Weimarer Zeit. Eine regionalstatistisch-wirtschaftshistorische Untersuchung, Berlin 1969.

[11] *Raymond W. Goldsmith,* Financial Structure and Development, Studies in Comparative Economics 9, New Haven/London 1969. *J. S. Bain,* International Differences in Industrial Structure, Studies in Comparative Economics 6, New Haven/London 1966.

[12] S. vor allem *Alfred D. Chandler Jr.,* Strategy and Structure, Chapters in the History of the American Industrial Enterprise, New York 1966, und die Aufsatzsammlungen von *Fritz Redlich,* Der Unternehmer. Wirtschafts- und Sozialgeschichtliche Studien, Göttingen 1964, und Steeped in Two Cultures. Selected Essays, New York/Evanston 1971. Für England: *Sidney Pollard,* The Genesis of Modern Management: A Study of the Industrial Revolution in Great Britain, London 1965.

[13] Es ist hier nicht möglich, die große Anzahl guter, quellenmäßig fundierter und durchaus kritischer Firmengeschichten auch nur annähernd zu erwähnen. Es muß aber darauf aufmerksam gemacht werden, daß sie sehr viel größer ist, als meist angenommen wird. Erwähnt seien nur die mehrbändigen Geschichten von Standard Oil *(Hidy, Larsson)* Unilever *(Wilson),* Courtaulds *(Coleman),* die Geschichten einzelner Versicherungsgesellschaften und Banken, vor allem Schwedens, der Schweiz und Hollands *(Søderlund, Hildebrand, Jöhr, De Jong).*

[14] Diesem Tatbestand trägt die didaktisch sehr geschickte Arbeit von *Edward Shorter* Rechnung: The Historian and the Computer. A Practical Guide, Englewood Cliffs, N.J., 1971, deren Ziel nicht nur ist, den Historiker, auch den politischen Historiker, in die Anwendungsmöglichkeiten des Computers in der historischen Forschung (z. B. Wahlverhalten, soziale Herkunft, Interessenbestimmtheit, Abstimmungsverhalten von Abgeordneten) einzuführen, sondern ihm auch die Angst vor dem Computer zu nehmen.

[15] *Richard Tilly,* Soll und Haben. Recent German Economic History and the Problem of Economic Development, in: The Journal of Economic History 29 (1969), S. 298–319.

[16] *Knut Borchardt,* Regionale Wachstumsdifferenzen in Deutschland im 19. Jahrhundert mit besonderer Berücksichtigung des West-Ost-Gefälles, in: Wirtschaft, Geschichte und Wirtschaftsgeschichte. Festschrift für Friedrich Lütge, Stuttgart 1966, S. 325–339. Daran anschließend die interessanten Überlegungen des Hoffmann-Schülers *Helmut Hesse,* Die Entwicklung der regionalen Einkommensdifferenzen im Wachstumsprozeß der deutschen Wirtschaft vor 1913, in: *W. Fischer,* Hrsg., Beiträge zu Wirtschaftswachstum, a.a.O., S. 261–279. Sie zeigen exemplarisch, in welcher Weise der Ökonom wirtschaftshistorische Problemlösungen argumentativ vorbereitet.

[17] Die Möglichkeiten der »counterfactual history« hat am kühnsten bisher *Robert W. Fogel* in seiner Studie über die Rolle der Eisenbahnen im amerikanischen Wirtschaftswachstum erprobt, indem er nicht nur das tatsächliche »Social Saving« durch die Einführung der Eisenbahnen zu messen versucht hat (durch Transportkostensenkungen etc.), sondern auch die Möglichkeit einer »Welt ohne Eisenbahnen« theoretisch durchdacht und die daraus folgenden Veränderungen im Transportwesen (Ausbau der Kanäle und Straßen, frühere Entwicklung des Motors etc.) zu berechnen versucht hat.

[18] Die Ergebnisse eines interessanten Versuchs, den Ozean zu überspringen und die Methoden der »New Economic History« auf England anzuwenden, hat seinen Niederschlag in dem in Anm. 6 erwähnten, von *McCloskey* herausgegebenen Sammelband gefunden.

[19] Das ist das Grundanliegen von *Otto Brunner,* Land und Herrschaft, Wien 1939, 3. Aufl., 1943, *ders.,* Adeliges Landleben und Europäischer Geist, Salzburg 1949, sowie *ders.,* Neue Wege der Sozialgeschichte, Göttingen 1956, bzw. »Neue Wege der Verfassungs- und Sozialgeschichte«, Göttingen 1968.

[20] Über die Entstehung des Feudalismusbegriffs s. O. *Brunners* Mainzer Akademieabhandlung: Feudalismus. Ein Beitrag zur Begriffsgeschichte. Wiesbaden 1959. Eine engagierte Kritik an der unbedachten Verwendung des Kapitalismusbegriffs bietet *Friedrich A. v. Hayek,* Hrsg., Capitalism and the Historians, Chicago 1954.

[21] S. bes. seine Auseinandersetzung mit *Heinrich Mitteis,* Der Staat des hohen Mittelalters, Weimar 1940, 4. Aufl. 1953.

[22] Die Problematik der Verwendung solcher Begriffe im Unterschied zu sowohl genaueren wie auch neutraleren Begriffen wird im Titel, aber auch in der Einleitung und Kapitel I,1 von *J. Kockas* Monographie über die Sozialgeschichte der industriellen Angestelltenschaft klar: Unternehmensverwaltung und Angestelltenschaft am Beispiel Siemens 1847–1914. Zum Verhältnis von Kapitalismus und Bürokratie in der deutschen Industrialisierung, Stuttgart 1969.

[23] Der Modellfall einer solchen Studie ist noch immer die Anwendung der *Parsons*schen strukturell-funktionalen Analyse auf die englische Baumwollindustrie während der Industriellen Revolution bei *Neil J. Smelser,* Social Change in the Industrial Revolution, Chicago 1959.

[24] So z. B. *Bert F. Hoselitz,* Wirtschaftliches Wachstum und sozialer Wandel, Berlin 1969, unter zahlreichen Arbeiten von *Reinhard Bendix* und *Martin Lipset,* Social Mobility in Industrial Societies, Berkeley, Calif., 1959, sowie Aufsätze in den Zeitschriften »Economic Development and Cultural Change«, »Comparative Studies in Society and History«, »Past and Present« oder den französischen »Annales«.

[25] Einzelne ermutigende Beispiele gibt es selbstverständlich, z. B. die Arbeiten von *Charles Tilly,* der sich vorwiegend der französischen Sozialgeschichte zugewandt hat und nach einer Dissertation über die *Vendée* in der französischen Revolution (Cambridge, Mass., 1964) nun an Problemen des sozialen Konflikts im 19. und frühen 20. Jahrhundert, aber auch an dem Problem der Entstehung des modernen Staates arbeitet.

[26] Es kann hier nicht der Versuch gemacht werden, eine bibliographische Einführung in die historische Demographie zu geben. Dazu sei auf die einschlägigen Artikel im Handwörterbuch der Sozialwissenschaften, der International Encyclopaedia of the Social Sciences und auf die Zeitschriften dieses Faches wie die französische »Population« oder die »Population Studies« verwiesen. Das beste Lehrbuch deutscher Sprache ist immer noch *Gerhard Mackenroth,* Bevölkerungslehre, Berlin/Heidelberg/New York 1953. Gute Einführungen mit Bibliographien der neueren englischen und französischen und einem Teil der (leider meist älteren) deutschen Literatur sind: *E. A. Wrigley,* Population and History, Toronto/New York 1969 und *T. H. Hollingsworth,* Historical Demography, Ithaca, N.Y., 1969. Einen guten Überblick gibt auch der Sammelband von *D. V. Glass* und *D. E. C. Eversley,* Hrsg., Population in History. Essays in Historical Demography, London 1965 sowie die den »Historical Population Studies« gewidmete, stark methodologisch orientierte Ausgabe von *Daedalus,* Journal of the American Academy of Arts and Sciences, Spring 1968. Die beste Anleitung in die neuesten Forschungstechniken der historischen Demographie, besonders die Familienrekonstitution, gibt *L. Henry,* Manuel de démographie historique, Genf/Paris 1967.

[27] Genauer gesagt war es natürlich nicht die Heimarbeiterschaft an sich, sondern das bereits vorhandene soziale Gefüge der Textilindustrie, zu dem ebenso die Unternehmerschaft gehörte, die Kapital akkumulierte und die technische Innovation betrieb. Daß auch natürliche Faktoren, beispielsweise das Vorhandensein von Wasserkraft, eine Rolle spielten, versteht sich von selbst. Mit welchen verschiedenartigen Methoden man die Zusammenhänge von ländlicher Heimindustrie und Bevölkerungswandel erforschen kann, zeigen die Monographien von *R. Braun,* Industrialisierung und Volksleben: Die Veränderungen der Lebensformen in einem ländlichen Industriegebiet vor 1800 (Zürcher Oberland), Erlenbach–Zürich–Stuttgart 1960, und: Sozialer und kultureller Wandel in einem ländlichen Industriegebiet (Zürcher Oberland) unter Einwirkung des Maschinen- und Fabrikwesens im 19. und 20. Jahrhundert, Erlenbach–Zürich–Stuttgart 1965, einerseits und *Franklin Mendels,* Industrialization and Population Pressure in Eighteenth Century Flanders, Diss. an der Univ. of Wisconsin, 1969, andererseits. *Braun* arbeitet die Veränderungen der Verhaltensweisen vorwiegend durch die genaue Interpretation der Äußerungen, vor allem aber der tatsächlichen Lebensgewohnheiten der Industriearbeiterschaft heraus, *Mendels* durch die statistische Untersuchung von Zusammenhängen zwischen Veränderungen der Produktions- und der Bevölkerungsstruktur. Allgemeiner zu dem Problem des Zusammenhanges von Heimindustrie und Bevölkerungswandel: *F. Mendels,* Proto-Industrialization: The First Phase of the Industrialization Process, in: Journal of Economic History 32 (1972), S. 241–261, und *W. Fischer,* Rural Industrialization and Population Change, in: Comparative Studies in Society and History, 16, Heft 2 (1973).

[28] Diese Frage ist besonders für die englische Arbeiterschaft der industriellen Revolution seit langem heftig umstritten. Einen Überblick über die Kontroverse während der 1950er Jahre gibt die Aufsatzsammlung *W. Fischer* und *Georg Bajor*, Hrsg., Die Soziale Frage. Neuere Studien zur Lage der Fabrikarbeiter in den Frühphasen der Industrialisierung, Stuttgart 1967.

[29] Zu dem wichtigen Faktor der Veränderung der Nahrungsgewohnheiten haben jüngst ein Historiker und ein Volkskundler wertvolle Beiträge geliefert: *Hans Jürgen Teuteberg* und *Günter Wiegelmann*, Der Wandel der Nahrungsgewohnheiten unter dem Einfluß der Industrialisierung (Studien zum Wandel von Gesellschaft und Bildung im Neunzehnten Jahrhundert, Band 3), Göttingen 1972. Vgl. jedoch das pessimistische Urteil *Teutebergs* über die Möglichkeit einer »zuverlässig quantifizierenden und generalisierenden Darstellung der Ernährung bei den einzelnen Sozialschichten« vor Beginn des 20. Jahrhunderts, ebd., S. 63.

[30] Fast jedes der vielen Werke *Jürgen Kuczynskis* beweist die Schludrigkeit seiner Argumentation und statistischen Verfahrensweise. S. z. B.: Die Geschichte der Lage der Arbeiter in Deutschland von 1800 bis zur Gegenwart, 3. Aufl., Berlin 1947, S. 48, 69, 75. Einen sehr umsichtigen Überblick über die noch mageren Ergebnisse der Forschung zum Lebensstandard der deutschen frühindustriellen Arbeiterschaft gibt *K. H. Kaufhold* in seinem Beitrag »Handwerk und Industrie 1800–1850«, in: *Wolfgang Zorn*, Hrsg., Handbuch der deutschen Sozial- und Wirtschaftsgeschichte, Bd. 2, voraussichtlich Stuttgart 1973. Für Handwerkereinkommen s. *Klaus Assmann* und *Gerhard Stavenhagen*, Handwerkereinkommen am Vorabend der industriellen Revolution, Göttingen 1969, und *Dietrich Saalfeld*, Handwerkereinkommen in Deutschland vom ausgehenden 18. bis zur Mitte des 19. Jahrhunderts, in: *Wilhelm Abel* und Mitarbeiter, Handwerksgeschichte in neuer Sicht, Göttingen 1970.

[31] Vgl. *Walter G. Hoffmann* und *J. Heinz Müller*, Das deutsche Volkseinkommen, 1851–1957, Tübingen 1959, und die entsprechenden Teile in *W. G. Hoffmann* u. a., Das Wachstum der deutschen Wirtschaft, Berlin/Heidelberg/New York 1965, S. 89–102 u. 456–516; *Th. S. Orsagh*, The Probable Geographical Distribution of German Income, 1882–1963, in: Zeitschrift für die Gesamte Staatswissenschaft 124 (1968), S. 280–311.

[32] *Otto Brunner*, Neue Wege der Sozialgeschichte, S. 19 u. 82.

[33] *Werner Conze*, Sozialgeschichte, ähnlich auch *H. Mommsen*, Sozialgeschichte. Beide in: *H.-U. Wehler*, Moderne deutsche Sozialgeschichte, Köln/Berlin 1966, 4. Aufl. 1972, S. 19–34. *Fernand Braudel*, La longue durée, in: Annales 13 (1958), S. 225–253, *ders.*, Sur une conception de l'histoire sociale, ebd. 14 (1959), S. 308–319; *ders.*, Écrits sur l'histoire, Paris 1969, S. 41–83 und S. 175–191.

[34] Ich verzichte darauf, die ältere Literatur über die erkenntnistheoretischen Grundlagen der Geschichtswissenschaft von *Droysen* über *Dilthey*, *Max Weber*, *Troeltsch* bis zu *Hintze* und *Meinecke* zu zitieren. Daß die Verstehenslehren im Prinzip noch immer gültig seien und auch für die Sozial- und Wirtschaftsgeschichte gelten, behauptet *F. Redlich* in mehreren Aufsätzen zur »Epistemology and Methodology of Economic History« in Abwehr des Anspruchs der »New Economic History«, daß für die Wirtschaftsgeschichte die gleichen methodologischen Prinzipien gelten wie für die Ökonomie. *F. Redlich*, Steeped in Two Cultures, New York 1971, S. 307–416.

[35] Vgl. *H.-U. Wehler*, Hrsg., Geschichte und Psychoanalyse, Köln/Berlin 1971; *Theodor W. Adorno* u. a., The Authoritarian Personality, New York 1950; *D. C. McClelland*, The Achieving Society, Princeton 1961; *B. F. Skinner*, Beyond Freedom and Dignity, New York 1971.

[36] Vgl. einen interessanten Beitrag dazu in einem Sammelband über The Evolution of International Management Structures, hrsg. von *Harold F. Williamson*, voraussichtlich 1973.

[37] Ich habe diese Formulierung in Umkehrung der treffenden Definition der empirischen Sozialforschung durch *Helmut Schelsky* als »Sozialgeschichte der Gegenwart« (in seinem Buch Ortsbestimmung der deutschen Soziologie, Düsseldorf/Köln 1959, S. 74) zum ersten Mal in meinem Aufsatz »Innerbetrieblicher und sozialer Status der frühen Fabrikarbeiterschaft«, in: *F. Lütge*, Hrsg., Die wirtschaftliche Situation Deutschlands und Österreichs um die Wende vom 18. zum 19. Jahrhundert, Stuttgart 1964, gebraucht. Wieder abgedruckt in *W. Fischer*, Wirtschaft und Gesellschaft im Zeitalter der Industrialisierung, Göttingen 1972, S. 258–284, bes. S. 259.

II. Methodologische und methodische Probleme

THEORETISCHE PROBLEME EMPIRISCHER GESCHICHTSFORSCHUNG

von Peter Christian Ludz und Horst-Dieter Rönsch

Vorbemerkung aus der Sicht des Soziologen

Seit *Karl R. Poppers* »Logik der Forschung« (1935), *Carl G. Hempels* erstmals im Jahre 1942 veröffentlichtem Aufsatz »The Function of General Laws in History«, seit den Vorlesungen von *Richard B. Braithwaite* über »Scientific Explanation« (1946) und *Poppers* »Elend des Historizismus« (1957) ist die Diskussion um bestimmte metatheoretische, theoretisch-methodologische und methodische Probleme der Geschichtswissenschaft nicht abgerissen. Sie hat sich, im Gegenteil, im letzten Jahrzehnt noch intensiviert und ausgefächert. Eine der Ursachen für diese Entwicklung mag in der Tatsache liegen, daß in den letzten Jahren – im Zuge der Wiederentdeckung der historischen Dimension durch die Soziologie – Soziologen, sozialwissenschaftliche Methodologen und Sozialphilosophen ebenso wie theoretisch orientierte Historiker die ursprünglich auf der wissenschaftslogischen Ebene geführten Auseinandersetzungen aufgenommen und in die Einzeldisziplinen übernommen haben. Dabei haben sich die theoretischen Diskussionen in den beiden Disziplinen, der Soziologie und der Geschichte, in vielen Aspekten einander angenähert.

Wie bereits in der Einleitung zu diesem Sonderheft betont wurde [1], haben jedoch erst die Erweiterung des Theorieverständnisses in der Soziologie und in der Geschichte einerseits und die Ansätze zu einer fundamentalen Neuorientierung der Geschichtswissenschaft vor allem durch die Begriffs- und Sozialgeschichte andererseits die Probleme der historischen »Tatsachen«, der »historischen Erklärung« sowie der Interpretation bereits historischer Bedeutungsgehalte neu gestellt.

Die methodologische Einbindung in die neuere sozialwissenschaftlich-theoretische Diskussion ist damit bestimmend für die Auswahl derjenigen Fragen, die wir aus der verzweigten Gesamtproblematik im folgenden herausgreifen.

Gleichermaßen wesentlich für den in diesem Beitrag erörterten Problemkatalog ist das Verständnis von Geschichte, das in der Geschichtswissenschaft wie in der Soziologie gegenwärtig immer stärker erneut Aufmerksamkeit beansprucht – ein Verständnis, wie es bereits von *Johann Gustav Droysen* in seiner »Historik« formuliert wird. Für ihn ist Geschichte einmal ein »Wissen um das Geschehen«, zum anderen ein »Ergebnis empirischen Wahrnehmens, Erfahrens und Forschens«. Schließlich sind das »Gegebene« für die Geschichtswissenschaft nicht »die Vergangenheiten, sondern das ... in dem Jetzt und Hier noch Unvergangene« [2]. *Droysen* scheint also – durchaus aktuell – die theoretisch-methodologische Reflexion ebenso wie die empirische Geschichtsforschung und schließlich die Gegenwartsbezogenheit historischer Tatbestände gleichermaßen ins Auge zu fassen. Er verbindet somit methodologische Bemerkungen mit geschichtsphilosophischen, löst letztere von den erstgenannten allerdings nicht ab [3]. *Droysens* Verständnis von Geschichte greift auf den hermeneutischen Positivismus (»Erfahrung von Sinn«) ebenso zurück wie auf den sensualistischen Positivismus (»Sinneserfahrung«). Wir nehmen dieses Verständnis auf, ohne an solchen Rekurs allerdings, wie *Hans Albert* in seiner Kritik am hermeneutischen Positivismus, die Folgerung anzuschließen, das Verstehen von Sinn und Bedeutung solle der kritischen Prüfung, der Objektivierbarkeit entzogen werden [4]. *Albert* verkennt in seinem *dictum* gegen den hermeneutischen Positivismus den sowohl kritischen wie aktivitätsbezogenen Ansatz der auf Erklärung von Sinn bezogenen soziologischen Theorie.

Unsere von solchen Aspekten geleitete Problemsicht klammert eine Reihe von in der Diskussion befindlichen Streitpunkten von vornherein aus. Dazu gehört u. a. die von *R. G. Collingwood* gestellte Frage: »Wie ist historische Erkenntnis möglich«?, wie – ebenfalls bei ihm anzutreffende – geschichtsmetaphysische Überlegungen über das »Wesen« und den teleologischen Zweck der Geschichte [5].

Collingwood scheint – im Unterschied zu *Droysen* – seine Geschichtsmetaphysik nicht im Medium seiner Methodologie zu reflektieren, sondern umgekehrt die Methodologie in den Rahmen seiner Geschichtsphilosophie zu stellen. Unberücksichtigt bleiben weiterhin die ausführliche Behandlung des Verstehens individueller Handlungen, die schroffe Trennung von Soziologie und Geschichte mit Hilfe des *a priori* festgesetzten Prinzips der »Individualität«, mit dem der historische Gegenstand allererst konstituiert werden soll [6], sowie die damit vollzogene Heraushebung der Geschichte aus den allgemeinen Sozialwissenschaften; dazu zählt ferner der hermeneutische Universalismus, soweit er sich nicht der methodologisch-methodischen Diskussion in den Erfahrungswissenschaften öffnet. In diesen Zusammenhang stellen wir schließlich das Wertfreiheitsproblem, die Frage nach der »Geltung« der Werturteile, die Unterscheidung in »echte« und »unechte« Werturteile.

Mit diesen Bemerkungen sei zu jenen Fragestellungen übergeleitet, die hier als »theoretische Probleme empirischer Geschichtsforschung« thematisiert werden. Darunter sind einmal die *historischen Tatsachen* zu subsumieren. Der »Ereignis«-Charakter historischer Tatsachen ist ebenso zu diskutieren wie ihr »Resultat«-Charakter und, damit verbunden, Sinn und Bedeutung historischer Tatsachen, oder – wie *Otto Hintze* sagt – die »Sinn- und Werteinheit, die sich in dem historischen Gegenstand auswirkt« [7]. Damit ist weiterhin das Problem der historischen Objektivität angesprochen – vor allem in der Form des objektiven Sinnes, wie er von der Umwelt und/oder Mitwelt wahrgenommen wird. Schließlich ist auf die unterschiedlich begriffene Komplexität historischer Tatsachen ebenso wie auf ihre Singularität einzugehen.

Unter dem schlichten Begriff der historischen Tatsache scheint sich in der Tat eines der theoretisch-methodologischen Hauptprobleme der empirischen Geschichtsforschung zu verbergen: Während einerseits festgestellt wird, im historisch-soziologischen Bereich gäbe es keine Fakten in dem Sinne, wie die Naturwissenschaften sie kennen, weil jede soziale Erscheinung Symbolcharakter habe, aufgrund von Intentionen existiere und durch ihre Entstehung und Wirkungsgeschichte stets mit anderen historisch-soziologischen Phänomenen verbunden sei, wird andererseits darauf verwiesen, daß auch sinnhafte Äußerungen objektiviert werden müßten, um der kritischen Überprüfung zugänglich zu sein. Damit ist bereits der Übergang zu einem weiteren zu behandelnden

Komplex gegeben, der Frage nach dem Sinn- und Bedeutungsgehalt historisch-soziologischer Phänomene. Neben dem subjektiv intendierten Sinn wären etwa der – aus dem Interesse der Nachwelt resultierende – objektiv-zugeschriebene und schließlich der emanzipatorische Sinn zu unterscheiden.
Die Beantwortung der Frage nach dem Sinn verweist nicht nur auf ein je unterschiedliches Verständnis von historischen Tatsachen; sie verbindet die Frage nach den Tatsachen auch mit den Bedingungen der Möglichkeit der historischen Erklärung – und damit nach den, von *Popper* bestrittenen [8], Möglichkeiten einer »theoretischen Geschichte«. Wie ist die Struktur der historischen Tatsachen-Erklärung beschaffen, die »nicht auf allgemeine Gesetze zurückführbar ist« [9]? Diese Frage ist neuerdings in der Wiederaufnahme der von *Theodore Abel* geführten Diskussion deshalb von Interesse, weil die Erklärung selbst in Elemente zerlegt wird. *Abel* hatte ja behauptet, daß Verstehen für die Logik des Erklärens allenfalls in seiner heuristischen Funktion, beim Aufstellen von Gesetzeshypothesen relevant ist [10]. Die Kritik *Karl-Otto Apels* richtet sich vor allem darauf, daß *Abel* nicht berücksichtigt habe, daß Erfahrungsdaten für den Historiker wie für den Soziologen sich allererst im sprachhermeneutischen Zugriff konstituieren und von diesem Zugriff nicht unabhängig sind.
Hier handelt es sich also wesentlich um die Auseinandersetzung mit *Carl G. Hempels* universal-kausalem Erklärungsmodell bzw. mit seiner These, daß Erklärung im historischen Bereich – dem Stand der Disziplin entsprechend fast ausschließlich – nur als »explanation sketch« möglich sei [11]. In erster Linie die Kritik an *Hempels* methodologischem Rigorismus, wie sie von *Karl-Otto Apel, Arthur C. Danto, William Dray* und *Michael Scriven* in unterschiedlichen Ansätzen formuliert worden ist, mag für unsere Überlegungen von Interesse sein.
Diese Kritik spitzt sich auf das Problem der adäquaten Ebene der Generalisierung historisch-soziologischer Tatsachen zu [12]. Unter Berücksichtigung dieser Auseinandersetzung ist auch die Frage neu zu stellen, ob in der Geschichte »historische Gesetze« oder nur »historische Trends« möglich sind. In diesem Zusammenhang ist schließlich auf die Geschichte als »erzählte« Geschichte, auf den Erklärungsmodus von »erzählten Geschichten«, auf das Gegenüber von »narrativer« und »deduktiver« Erklärung einzugehen.

Historische Tatsachen

In der empirischen Sozialforschung besteht teilweise noch immer die Tendenz, nur solche Daten zu verwenden, die *»eine* Beobachtungsebene von Phänomenen« erfassen [13]. Seit den fünfziger Jahren ist die Diskussion über die Begriffsbildung und Art der Begriffe in den Sozialwissenschaften wie über das soziologische Material und dessen Merkmale jedoch intensiviert worden und hat zu den Ansätzen der Mehrebenenanalyse geführt. Soziologisches Material, »Tatsachen«, die der Analyse zugrundeliegen, gibt es demnach auf verschiedenen Ebenen: der der Einzelindividuen in ihrer Eigenschaft als Mitglieder einer Gruppe und/oder Gesellschaft, der der sozialen Normen und Werthaltungen sowie der Ebene der sozialen Gruppen. Entsprechend hat *Erwin K. Scheuch* zwischen Individualmerkmalen (demographische, Umfrage-Daten), Relationsmerkmalen (Verhältnis der Stärke einer Eigenschaft bei Individuen zur Verteilung dieser Eigenschaft bei den Mitgliedern einer Gruppe), Aggregatmerkmalen (etwa Kennzeichnung von Gebietseinheiten nach Durchschnittseinkommen der Lohnsteuerpflichtigen) und Globalmerkmalen (etwa Alter einer Staatsverfassung) unterschieden [14].

Die durch solche Überlegungen stimulierte Diskussion hat in der Geschichtswissenschaft, besonders in der Wirtschaftsgeschichte, geführte Auseinandersetzungen ebenso angeregt wie die aus der wissenschaftstheoretischen Diskussion stammenden Argumentationen.

So scheint, wenn wir *Jean Marczewski* folgen, die bloße Illustration von historischen Erzählungen mit statistischen Daten durch das Aufkommen der »quantitative history« überwunden zu sein [15]. In *Droysens* Konzept war eine quantitativ orientierte Geschichtswissenschaft im Ansatz bereits durchaus enthalten. Nur ist dieser Ansatz lange Zeit verschüttet gewesen. Andererseits ist *Richard Hofstadters* in der Formulierung »the paradox of quantification« gipfelnde Warnung, daß die quantitative Geschichtswissenschaft traditionelle Begriffe und Hypothesen eher wirkungsvoll zerstört als bisher selbst neue Hypothesen mit ähnlicher Reichweite geschaffen hätte [16], von den Sozialwissenschaften bisher nicht widerlegt worden. Damit weist *Hofstadter* auf das Selbstverständnis und gleichzeitig auf die bisher nicht gelösten Schwierigkeiten der Vertreter einer quantitativ orientierten Geschichtswissenschaft hin. Die Operationalisierung zwingt sie zur »Atomisierung« ihrer Gegenstände – zu einer Atomisierung, der bisher keine Synthese gefolgt ist.

Methodologisch überholt sind ferner Ansätze, die mit Hilfe der idiographischen Methode Einzelfakten beschreiben und es dabei versäumen, den Komplexitätscharakter der Daten zu erfassen und in ursächliche und gesetzmäßige Zusammenhänge zwischen den Einzelfaktoren einzudringen [17]. Einen ersten Schritt zur Überwindung solcher methodologischer Mängel stellen die Versuche der verstehenden Soziologie, Einzeldaten und die sie verbindenden Hypothesen gleichermaßen zu erfassen, dar. Schließlich kann – jedenfalls in unserem Zusammenhang – auch die von Marxisten immer wieder aufgenommene erkenntnistheoretische Erörterung, die lediglich zwischen Subjektivismus und Materialismus bei der Analyse historischer Tatsachen unterscheidet, als überholt angesehen werden [18].

Im folgenden wollen wir auf eine Reihe spezifischer theoretisch-methodologischer und methodischer Probleme, die sich in der Diskussion historischer Tatsachen ergeben, eingehen. Mit *Adam Schaff*, *Peter Bollhagen* und *Celina Bobińska* fragen wir: Was kann als *historische* Tatsache angesehen werden; wie ist das Adjektiv »historisch« zu qualifizieren? Woraus bestehen historische Tatsachen; wie ist die Anordnung ihrer Elemente beschaffen; welches Material liegt ihnen zugrunde? Welche Arten von historischen Tatsachen sind feststellbar? Wie ist das Verhältnis von solchen Tatsachen und ihrer Interpretation zu kennzeichnen?

In der Bestimmung dessen, was gegenwärtig als »historisch« qualifiziert wird, stehen sich, soweit wir sehen, zwei Konzeptionen gegenüber: einmal die von der Vergangenheit her denkende Auffassung, wie sie *Jörn Rüsen* zusammengefaßt hat: »Geschichte ist die durch vergangenes menschliches Denken und Handeln entstandene Bedingung gegenwärtigen Denkens und Handelns, und sie wird als Sinn und Bedeutung verstanden, wenn der Handelnde und Denkende sich dieser Bedingung im Modus des Selbstverständnisses bewußt wird [19].« Demgegenüber ist für *K. H. Spieler* das Historische die Anwendung von in der Gegenwart gewonnenen Hypothesen auf die Vergangenheit: »Historisches Material ist alle gegenwärtige Wirklichkeit, die – und insofern sie – geeignet, ist, Aussagen über vergangene Wirklichkeit zu ermöglichen [20].« In der Interpretation des *Spieler*schen Konzepts hebt *Rüsen* hervor, daß mit der Forderung nach empirischer Überprüfung der als Hypothesen angesehenen historischen Aussagen die Eigenständigkeit der historischen Wissenschaften gegenüber den »erklärenden« aufgehoben werde.

Als *Material,* das historischen Tatsachen ebenso wie historischen Interpretationen zugrundeliegt, kann *jedes* empirisch erschließbare historische Geschehen (und nicht nur bereits datierte historische Ereignisse) [21] angesehen werden. Zwischen »Geschehen« und »Ereignis« sind die Übergänge allerdings fließend. Dem historischen *Geschehen* liegt seinerseits die geschichtlich gewordene Lebenswelt des Menschen, seine »Geschichtlichkeit« zugrunde [22]. Historisches Geschehen und historische Ereignisse können ohne die Annahme einer geschichtlich gewordenen Lebenswelt nicht gedacht werden, auch wenn für viele Einzelereignisse die Lebenswelt nicht – oder jedenfalls nicht offensichtlich – konstitutiv ist. Die geschichtlich gewordene Lebenswelt selbst konzipieren wir als die transzendentale Voraussetzung der historischen Erkenntnis. Das Konzept der geschichtlich gewordenen Lebenswelt besitzt mehrere Dimensionen. Einmal verweist es auf eine Ubiquität der lebensweltlichen Bezüge, zum anderen auf die sedimentierte Geschichte. Lebenswelt verbindet deshalb auch den Gegenstand der historischen Forschung und den Forscher. Sie stellt für beide den Bezugsrahmen dar, wenn auch nicht stets in der gleichen Weise. Als Bezugsrahmen fördert Lebenswelt die empirische Erfassung von Sinn – wenn sie auch, sozusagen *per definitionem,* als ein Hemmnis für die Sinnobjektivierung angesehen werden muß. Mit dieser Bestimmung von Lebenswelt ist auf die in jedem Geschehen gegebene Singularität, jedoch auch auf dessen Komplexität wie schließlich dessen partielle empirische Unerschlossenheit verwiesen.

Historisches Geschehen besitzt stets einen Doppelaspekt, nämlich einmal, *dieses* (und nicht jenes) Geschehen und damit ein historisches Ereignis hervorzubringen. Gleichwohl ist es in dieser seiner Eigenschaft als Ereignis immer schon auch Resultat anderer, komplexerer Zusammenhänge. »Komplex« heißt dabei durchaus sowohl »vielschichtig« wie vieldeutig [23]. Das Historische an einem Geschehen mit Ereignischarakter besteht in seiner tatsächlichen empirischen Erschließbarkeit und damit seiner Zugänglichkeit; es resultiert ferner aus seiner Gegenwärtigkeit, seiner Beziehbarkeit auf die Gegenwart [24]. Die Beziehbarkeit auf die Gegenwart ermöglicht prinzipiell, auch solches Material der historisch gewordenen Lebenswelt einzubeziehen, das noch nicht empirisch erschlossen ist. Mit dieser Konzeption scheint auf der metatheoretischen Ebene die Kluft zwischen erklärenden und historischen Wissenschaften ebenso überbrückt werden zu können wie auf der theoretisch-methodologischen Ebene, die weiter oben anläßlich der Qualifizierung des Historischen untersucht wurde.

Die tatsächliche empirische Erschließbarkeit des Historischen ist begrenzt, da es sich um (weit) zurückliegendes Material, jedoch auch um die Lebenswelt im ganzen wie um Erlebnisakte des einzelnen in Situationen handelt. Dies kommt auch darin zum Ausdruck, daß jener Ausschnitt dieses Materials, der als schriftliche, historische *Quelle* tradiert ist, selbst bereits eine Selektion darstellt.

Kann die historische Quelle als historische Tatsache begriffen werden? Diese Frage ist nicht klar zu beantworten, da auch die Übergänge zwischen Tatsachen und Quellen als fließend angenommen werden müssen. Sie ist jedoch insofern zu bejahen, als in einem durch schriftliche Quellen konstituiertem Ausschnitt aus einem historischen Geschehen bereits verschiedene Merkmale historischer Tatsachen aufgenommen sind. Quellen bestehen aber gleichzeitig aus Aussagen *über* eine Wirklichkeit; in historische Quellen geht damit ferner Deutung ein.

Zwischen der historischen Wirklichkeit und der historischen Tatsache, soweit sie in Quellen tradiert wurden, ist also zu unterscheiden. Woraus bestehen nun aber historische Tatsachen? Lediglich aus Quellen der skizzierten Art? Natürlich können in historische Tatsachen neben schriftlich überkommenen Quellen, besonders wenn es sich um noch nicht allzu weit zurückliegende Ereignisse handelt, auch unmittelbare Wahrnehmungen und »vermittelte Wahrnehmungen« von Zeugen *(Ernst Bernheim)* eingehen. Eine andere Frage ist es, ob man grundsätzlich von einer bestimmten Anordnung bzw. von verschiedenen Ebenen historischer Tatsachen sprechen kann. Mit *Bollhagen* ist zunächst festzuhalten, daß historische Tatsachen vielschichtig sind, daß empirisch weiter erschließbares historisches Material in verschiedenen Abstraktionsgraden in ihnen enthalten ist [25].

Die potentielle Vielschichtigkeit historischer Tatsachen hat besonders in der marxistischen Diskussion die Frage aufkommen lassen, ob und inwieweit historische Tatsachen bereits selbst »wissenschaftliche Konstruktionen« sind [26]. Mit Hilfe zahlreicher, auf jeden Fall mehrerer historischer Tatsachen soll ein Teil der historischen Wirklichkeit rekonstruiert werden. Diese historische Wirklichkeit ist jedoch sowohl unabhängig vom Zugriff des Historikers wie sie, andererseits, erst durch den historischen Zugriff zu einer Lebenswirklichkeit, zu einer relevanten Wirklichkeit »für uns« wird. Das Problem liegt in dem adäquaten Verhältnis zwischen Beliebigkeit der historischen Tatsachen einerseits und der Ablehnung der Determinierung durch das historische Material andererseits.

Den marxistischen Theoretikern ist durchaus zuzustimmen, wenn sie behaupten, daß zwischen dem erkennenden Subjekt der historischen Forschung und dem Objekt, dem historischen Material, vielfältige Beziehungen bestehen. Wir stimmen weiterhin der Auffassung zu, daß es Aufgabe des Historikers ist, die historischen Tatsachen, die historische Wirklichkeit möglichst adäquat zu rekonstruieren. Wir wenden uns lediglich gegen jene Konzeption, die *apriori* alles historische Geschehen und alle historischen Tatsachen nach ganz bestimmten, prädeterminierten Erscheinungen absucht und das Problem der Adäquanz und damit die Sinnfrage vorschnell löst.

Eine *Rangordnung* ist den historischen Tatsachen, wie wir gesehen haben, damit nicht immanent. Sie kann erst durch die Interpretation, durch die Verwandlung der historischen Tatsache in eine »historiographische Tatsache«, d. h. ihre bewußte Verwendung in der historischen Deutung eingeführt werden [27]: Hier spielen die Gliederung und die Typisierung von Tatsachen als Ausdruck eines den Tatsachen stets vorausgehenden Deutungsmusters, also einer Theorie oder doch eines bestimmten Erkenntnisinteresses,

eine Rolle. Wenn dabei auf die primäre Bedeutung der Deutung von historischen Tatsachen abgestellt wird, dann ist damit nicht nur die Frage nach den Kriterien der Selektion von Tatsachen, sondern auch die nach dem theoretischen wie gesellschaftlich-politischen Bezugssystem gestellt, in dem jeder Historiker selbst steht.
Die ideologiekritische Reflexion auf seinen eigenen Standort ist für die Auswahl des theoretischen Bezugsrahmens – und nicht zuletzt für die verwandten Begriffe wesentlich. Dagegen ist ein Bezug zu den verwandten Methoden nicht in jedem Falle von der gleichen Relevanz.
Unter den zuletzt erwähnten Problemen soll auf die für die historische Analyse wichtige Frage der Begriffsbildung noch etwas näher eingegangen werden. Wir wollen das ausgedehnte Feld der Begriffsbildung unter zwei Aspekten erörtern: einmal in einer Betrachtung der *Rickert*schen Begriffsbildung; zum anderen in der wissenschaftstheoretischen Problematisierung von Begriff und Definition, empirischen Eigenschaften und Begriff sowie Begriff und Erklärung.

a) *Zu Rickerts Trennung von Begriff und Wirklichkeit*

Heinrich Rickert hat »Begriff« und »Wirklichkeit« schroff voneinander getrennt [28]. In seinen Untersuchungen setzte er, wie auch *Max Weber*, stets den »irrationalen« Charakter der Wirklichkeit voraus und behauptete, daß die Inhalte der Begriffe mit dieser Wirklichkeit nicht verbunden seien. Er grenzte sich dabei vom sogenannten Begriffsrealismus ab, nach dem dem Inhalt der Begriffe von der Wirklichkeit ein real existierender Inhalt entspricht. Diese angenommene Identität von Begriff und Wirklichkeit ist immer wieder mit Hilfe verschiedener Operationen – sei es dem »Verstehen«, sei es einer »Abbildtheorie« des Erkennens, die beide auf die *Hegel*sche Identitätsphilosophie zurückzuführen sind – zu bestätigen gesucht worden.
Folgerichtig ging *Rickert* davon aus, die begriffene, insbesondere die begriffene historische Wirklichkeit, die »Lebenswirklichkeit«, nicht nur durch »Reproduktion« des Historischen, sondern durch Produktion von neuer Erkenntnis zu erfassen. Das Kriterium für solche Produktion historischer Erkenntnis war allerdings nicht nur nicht im historischen Material selbst begründet, sondern nicht einmal von diesem beeinflußt; es lag vielmehr in *Rickerts* (ebenso wie in *Max Webers*) einigermaßen unscharfen Begriffen des »Wesentlichen« bzw. der recht eng gefaßten Werte als »kultureller« Werte. Diese »Werte« sind nicht als praktisches Werten, sondern als »theoretische Wertbeziehung« gedacht. Lediglich die Feststellung der Bedeutung eines bestimmten historischen Ereignisses, etwa der Russischen Oktoberrevolution für den Fortgang der europäischen Geschichte, fällt unter diese theoretische Wertbeziehung; nicht jedoch eine wertende Stellungnahme zu dieser Revolution [29].
Den hier skizzierten Ansätzen gegenüber ist noch einmal darauf zu insistieren, daß Begriff und Daten der Erfahrung nicht unabhängig voneinander sind [30]. Vielmehr werden die Begriffe, mit denen Aussagen über historische Tatsachen getroffen werden, selbst in einer sprachhermeneutischen Kommunikation mit der historisch gewordenen Lebenswelt, in der diese Tatsachen als Geschehen, als Ereignis vorhanden sind, allererst konsti-

tuiert [31]. Dabei spielen semantische Strukturen, die sich auf das Alltagsleben wie auf die sozio-ökonomische Bedingtheit der historisch gewordenen Lebenswelt beziehen, in der empirischen Geschichtsforschung zukünftig möglicherweise eine bedeutende Rolle.

b) *Das Verhältnis von Begriffen und theoretischen Ansätzen*

In der Frage des Begriffsrealismus und -nominalismus stehen sich in der Geschichtswissenschaft hinsichtlich ihrer Herkunft einheitliche, hinsichtlich ihrer weiteren Entwicklung aber heterogene Koalitionen gegenüber. Im Unterschied zu hermeneutisch-phänomenologischen, hegelianischen und marxistischen Ansätzen, in denen – in welcher Weise auch immer – eine Wechselbeziehung zwischen der Struktur der Welt und der Struktur des Bewußtseins angenommen wird, bestehen sowohl einige Neukantianer als auch Exponenten der neueren Wissenschaftstheorie *(Albert, Popper)* auf der Vorgängigkeit und Eigenständigkeit der Begriffe gegenüber der Objektwelt und ihrer Fundierung in der Theorie.

Kontrovers ist somit, in wie weit, in welcher Weise Begriffe erst durch Definition konstituiert werden. Daß es hier gleitende Übergänge gibt, läßt sich an der Frage demonstrieren, wie sich in der Geschichtswissenschaft die verwendeten Begriffe von Eigennamen abheben [32]. Die Verwandtschaft oder besser die Identität von Name und Begriff zur Kennzeichnung historischer Sachverhalte ist für den Begriffsrealismus offenkundig; sie muß aber für andere Positionen problematisiert werden, da auch bei ausdrücklicher Absicht, einen Sachverhalt nur zu benennen, ein Kriterium häufig nicht erfüllt wird: die eindeutige Abgrenzbarkeit des Benannten in bezug auf Zeit, Raum und Aggregatebene. An beliebigen Beispielen (etwa der Französischen Revolution) erweist sich, daß nicht nur bei Abgrenzungen von Epochen Beginn, Ende und Ausdehnung im Raum schwierig sind, sondern auch die Zugehörigkeit anderer Ereignisse innerhalb dieser Grenzen zu dem in Frage stehenden Sachverhalt schwer zu entscheiden ist. Sowohl die Aktionen Einzelner, als auch kollektive Bewegungen, sowohl ökonomische Strukturen als auch philosophische Standpunkte konstituieren den Sachverhalt in wechselnder Zusammensetzung oder tragen zumindest zu ihm bei.

Demnach ist der Übergang von Namen zu Gattungsbezeichnungen, in denen der Name zu einer Bezeichnung vieler Einzelereignisse mit mehr oder weniger einheitlichen Attributen aufgeweicht wird, fließend.

Mit dieser Feststellung wird bereits eine *theoretische* Dimension des Begriffs angesprochen, da ein derartiger historischer Begriff nunmehr verallgemeinernde Verbindungen zwischen Gegenständen und Eigenschaften impliziert. Die theoretische Dimension erzwingt die Frage nach der Adäquanz von Begriff und Gegenstand, da der Ursprung des Begriffs und seiner Verwendung im vorwissenschaftlichen Bereich der Alltagssprache und der Lebenswelt diese Thematisierung nahelegt. Die daraus folgende Präzisierung, die nicht in einer formal geschlossenen Sprache, sondern in der des Historikers, also der Alltagssprache erfolgt, kann durch verschiedene Strategien erreicht werden. Der Doppelcharakter des historischen Begriffs als Benennung einerseits und Generalisierung andererseits bleibt sowohl bei einer Umwandlung in einen Typus als auch bei der Verwendung im Rahmen deduktiv-hypothetischer Erklärung erhalten, wenngleich die Art des Zusammenhangs von Begriff und Eigenschaften (»Daten«) jeweils recht unterschiedlich gesehen wird. Während einerseits im Typus eine mehr oder weniger »offene« Zuordnung vorliegt, ja im Grunde der Typus nur in enger Verbindung mit den Daten »aufgebaut« werden kann, fordert die Begriffsverwendung in der Erklärung eine »Setzung«, eine abschließende Definition des Begriffs.

Natürlich ist die Feststellung der Adäquanz des Begriffs bei Voraussetzung einer offenen Zuordnung besonders schwierig; andererseits hängt die Brauchbarkeit, aber auch die sinnaufschließende Funktion von Begriffen von irgendeinem Maß der Übereinstimmung ab. Daher läßt sich formulieren, daß die Struktur der Assoziationen, die ein Begriff erzeugt, nicht zu stark von der Struktur der Eigenschaften abweichen darf, die der Gegenstand, um den es geht, aufweist. Die Offenheit des Begriffs findet seine Rechtfertigung darin, daß auch der Gegenstand unter jeder neuen Perspektive der Betrachtung einen wechselnden Bestand an Eigenschaften aufweist. Insofern bedarf der Begriff »latenter Bedeutungsnuancen« [33], die durch die dadurch möglichen perspektivischen Verschiebungen in seinem Gebrauch Kommunikationsbeziehungen erst ermöglichen.

Dieser Spielraum wird nicht nur durch die Auseinandersetzung mit der Begriffsgeschichte, sozusagen mit der Genesis der gegenwärtigen Lebenswelt, gefordert, sondern auch durch die Intentionalität, der jede Begriffsverwendung unterliegt. Daß die Offenheit von Begriffen nicht absolut gesetzt werden kann, zeigt sich an der sonst eintretenden Verhinderung jeglicher Kommunikation. Daher bedarf es im einzelnen der Differenzierungen nach Sprachebenen, Sprachspielen, polemischer oder überwiegend designativer Verwendung, semantischer Struktur und ihrer Verbindung mit dem pragmatischen Kontext, wie er durch die Lebenswelt und sozioökonomische Strukturen repräsentiert wird.

Andererseits zeigt auch die Problematik der Begriffe in deduktiven Erklärungen, welche Grenzen der Präzisierung gezogen sind, und welche Grenzen die Begriffe der deduktiven Erklärung in der Geschichtswissenschaft setzen: Einerseits hängt die Möglichkeit der Erklärung von einem präzisen Begriff ab, weil sonst leicht abweichende Ereignisse, die nicht mehr erklärt werden können, bzw. als vermeintliche Falsifikationsinstanzen auftreten, nicht mehr als abweichende und damit die jeweilige Erklärung nicht mehr berührende erkannt werden können; andererseits hängt die Definition des Begriffs von der Erklärung ab, weil Gegenstände immer nur insoweit unter den Begriff fallen, als sie Gegenstände im Sinne der Erklärung sind. Diese bei nicht geschlossenen Systemen, wie sie ausschließlich Gegenstand der Geschichts- und Sozialwissenschaft sind, unausweichliche Schwierigkeit, läßt sich zunächst nur durch die Anwendung probabilistischer Erklärungen überwinden. Dem muß – im vorliegenden Kontext – eine »statistische Definition« der Begriffe entsprechen, wie sie z. B. in der Diskussion über soziale Indikatoren seit einiger Zeit erarbeitet wird. In entsprechender Weise haben *G. G. S. Murphy* und *M. G. Mueller* Realtypen »mit dem Computer konstruiert« [34].

Zum Problem der Erklärung

Die Frage, ob es möglich ist, in der Vielfalt der Geschichte überhaupt Allgemeines festzuhalten, kann insofern als ausdiskutiert gelten, als inzwischen in der methodologischen Diskussion akzeptiert wurde, daß in jeder Begriffsverwendung, in jedem Verstehensakt Verallgemeinerungen über ähnliche Sachverhalte und Gegenstände sowie über eigene Erfahrungen und ihre Projektion auf andere Individuen eine Rolle spielen.
Es handelt sich heute also nicht mehr um die unvermittelte Gegenüberstellung des idiographischen und nomothetischen Ansatzes; dennoch geht die Kontroverse, wenn auch mit verschobener Frontstellung, weiter: Sie betrifft im wesentlichen die Möglichkeit der Erklärung durch Gesetze, im Zusammenhang damit das Postulat des Determinismus in der Geschichte und die Angemessenheit eines streng deduktiven Erklärungsmodells. Wenn über die »Angemessenheit« des Erklärungsmodells verhandelt wird, ist festzustellen, daß kausale Erklärung bei *Hempel* stets auf der Unterordnung von konkreten Ereignissen unter ein allgemeines Gesetz beruht. Die Gegenposition zu einem solchen Erklärungsmodell ist diffus und lediglich durch die gemeinsame Auffassung vereint, dem Individuellen, dem Einmaligen, nicht unter Gesetzen Faßbaren einen größeren Raum zuzugestehen.
Im folgenden soll vermieden werden, diese Kontroverse weiterzuführen. Dies empfiehlt sich schon deshalb, weil u. E. ein großer Teil der Probleme Scheinprobleme sind, weil es nicht um ein Entweder-Oder, sondern um ein Sowohl-Als-Auch geht, jedenfalls unter der Bedingung, daß die einander tatsächlich ausschließenden Extrempositionen des Determinismus und der ausschließlichen Hinwendung auf das Individuelle in unserem Zusammenhang unbeachtet bleiben können.
Die im Anschluß an *Hempel, Hempel/Oppenheim, Popper* und *Brodbeck* geführte Debatte lebt zum Teil von ihren schlecht gewählten, entweder übermäßig trivialen oder unangemessen komplexen Beispielen. Sowohl dem Sozialwissenschaftler wie auch dem Historiker müssen zahlreiche Streitpunkte weit hergeholt erscheinen, weil ihnen, die den praktischen Aufgaben näherstehen, die absolutistische Betrachtungsweise der Wissenschaftstheoretiker und Geschichtsphilosophen in der empirischen Arbeit wenig helfen kann. Andererseits stellen sich die hier angesprochenen Probleme dem Historiker durchaus, zumal er nicht nur »Verbraucher« von soziologischen Gesetzen ist, sondern selbst Hypothesen eines bestimmten Typs formuliert [35]. Entsprechendes gilt für den Soziologen, der auf die Geschichte als Erweiterung seines Erfahrungsbereichs nicht verzichten kann. Selbst wenn also der Historiker mehr an der Erklärung und dem Verstehen bestimmter Ereignisse orientiert ist als an der Entwicklung oder Entdeckung universaler Gesetze, so bleibt für ihn dennoch die Frage offen, in welcher Weise und mit welchen Modifikationen er Gesetzmäßigkeiten und/oder Verallgemeinerungen, die über andere Raum-Zeit-Bereiche aufgestellt worden sind, gebrauchen kann. Stellt er sich dieser Frage, übernimmt er zwangsläufig die Aufgabe, seinerseits Verallgemeinerungen zu gewinnen und zu überprüfen.
Offen bleibt allerdings, *welche Art* von Verallgemeinerungen jeweils gemeint ist. Ein Konsens über die Merkmale einer Verallgemeinerung, ihre verschiedenen Ebenen, ihre Grenzen und Übergänge zu anderen »statements« besteht nicht. Das Spektrum der An-

sichten reicht deshalb von lebensweltlichen Verallgemeinerungen bis zu universell gültigen Gesetzen und umgreift verschiedene Typen von Erklärungen, die historisch-genetische Erklärung, die finale Erklärung, die Erzählform von Erklärungen (»narratives«), probabilistische Erklärungen usw.

Wahrscheinlichkeiten als Bestandteil von Erklärungen

Ein erster Aspekt, unter dem zu Erklärungen herangezogene Verallgemeinerungen behandelt werden sollen, ist die Wahrscheinlichkeit, mit der die Erklärung eines bestimmten Ereignisses zutrifft.

a) *Deduktive Erklärungen*

Die deduktive Erklärung soll hier zunächst in der Version aufgeführt werden, die die Diskussion beeinflußt hat.
Hempel formuliert:
»Die Erklärung des Eintretens eines Ereignisses der Art E an einem bestimmten Ort und zu bestimmter Zeit beruht, wie es üblicherweise ausgedrückt wird, auf der Angabe der Ursachen oder determinierenden Faktoren von E. Nun läuft die Behauptung, daß eine Folge von Begebenheiten – sagen wir der Art C_1, C_2 . . . C_n – das zu erklärende Ereignis verursacht haben, auf die Feststellung hinaus, daß nach gewissen allgemeinen Gesetzen, eine Folge von Begebenheiten der genannten Arten in der Regel von einem Ereignis der Art E begleitet werden. So besteht die wissenschaftliche Erklärung des in Frage stehenden Ereignisses aus: 1. einer Folge von Feststellungen, die das Vorkommen gewisser Begebenheiten C_1, C_2 . . . C_n zu bestimmter Zeit und an bestimmten Orten behaupten; 2. einer Reihe universaler Hypothesen, die voraussetzen, daß: a) die Feststellungen beider Gruppen (von determinierenden Bedingungen und universalen Hypothesen, L. und R.) durch empirische Evidenz ziemlich gut bestätigt sind, b) aus den beiden Gruppen von Feststellungen der Satz, der das Vorkommen des Ereignisses E behauptet, logisch deduziert werden kann [36].«
Hempel selbst räumt ein, daß die von ihm formulierten Regeln in der Geschichtswissenschaft nicht eingehalten werden (können) und daß deshalb der probabilistische Charakter historischer Erklärungen von vornherein angenommen werden sollte [37].
Er verneint, daß sein deduktives Modell auf dem »requirement of total evidence« beruht – was wir, *Scriven* folgend, allerdings bezweifeln; denn schon die Tatsache, daß die *Bedeutung* der Definitionselemente eines generellen Gesetzes sich bei je verschiedener Anwendung wandeln kann, ist dabei nicht berücksichtigt [38].
Die deduktive Erklärung soll unter dem Gesichtspunkt der Wahrscheinlichkeit deshalb von vornherein als Grenzfall betrachtet werden, und zwar in zweierlei Hinsicht: einmal bezüglich der Möglichkeit der Verifizierung universaler Gesetze – hierzu wäre die vollständige Kenntnis zumindest der Vergangenheit Bedingung. Diese Bedingung erscheint, verglichen mit den Kenntnissen, die in den Naturwissenschaften zur Bestäti-

gung von Hypothesen als ausreichend angesehen werden, unverhältnismäßig streng. Sie gewinnt allerdings eine gewisse Berechtigung aus der allgemeinen Erfahrung, daß Veränderungen in der Menschheitsgeschichte sich häufiger vollziehen und offenkundigere Auswirkungen auf das Verhalten und die Institutionen der Menschen besitzen, als dies in der Naturgeschichte der Fall ist. Grenzfälle stellen, zweitens, deduktive Erklärungen insofern dar, als ihre Anwendung die vollständige Kenntnis eines konkreten Ereignisses (»total evidence«) voraussetzt. Erst daraufhin kann bestimmt werden, ob sämtliche im Gesetz vorgesehenen Bedingungen und Ausgangsbedingungen vorliegen und sie nicht durch entgegenstehende andere Faktoren neutralisiert werden.
Wenn nach diesen Einschränkungen deduktive Erklärungen im historischen Bereich überhaupt möglich sind, dann nur für Ereignisse, die in der Geschichte so häufig auftraten, daß die Bedingungen ihres Erscheinens mit ausreichender Sicherheit als vergleichbar bestimmt werden können. Solche Ereignisse werden relativ »einfach« sein, d. h. nur wenige Ursachen und Bedingungen aufweisen. Für komplexere Ereignisse, von denen angenommen werden kann, daß sie historisch relativ seltener vorkommen, stellt dagegen die Ausweitung der Ausgangsbedingungen das Problem, daß mangels statistischer Masse eine vergleichbare Sicherheit nicht zu gewinnen ist.
Andererseits ist diesen Ereignissen mit Erklärungen, die nur wenige Ausgangsbedingungen umfassen und sozusagen »eindimensionale« Erklärungen sind, nur um den Preis ihrer Umwandlung in probabilistische Erklärungen beizukommen. Die Vergrößerung der Zahl der Ausgangsbedingungen hilft insofern nicht weiter, als ein großer Teil der Probleme verlagert würde, indem die implikativen oder z. T. auch exklusiven Beziehungen zwischen einzelnen Ausgangsbedingungen aufgrund weiterer, u. U. nicht mehr deterministisch definierbarer Hypothesen festgelegt werden müßten. So ergäbe sich für zahlreiche nicht triviale Anwendungsfälle einer solchen Erklärung entweder eine unvertretbare Ausweitung der Ausgangsbedingungen (die fast einer *Beschreibung* des zur *Erklärung* anstehenden Phänomens gleichkommt) oder die Registrierung von Sachverhalten, die wegen einer restriktiven *ceteris-paribus*-Klausel teils von der Hypothese nicht erklärt werden könnten, teils sie geradewegs widerlegten.

b) *Probabilistische Erklärungen*

Der Ausweg, statt deduktiver probabilistische Erklärungen zu verwenden, kann jedoch in der Geschichtswissenschaft häufig deshalb nicht befriedigen, weil damit im Einzelfall nicht entscheidbar ist, welcher Faktor nun tatsächlich zu dem fraglichen Ereignis geführt hat. Es könnte sich dabei um einen »subjektiven Faktor«, um das Handeln dieses oder jenes Individuums, dieser oder jener Gruppe oder auch um ein bestimmtes Ereignis handeln. Divergenzen, die von denselben universellen Hypothesen und Ausgangsbedingungen ausgehen, schreiben denselben Ereignissen verschiedene Wahrscheinlichkeitsgrade zu.
Eine eher an sozialtechnologischen Anwendungen orientierte Sozialwissenschaft nimmt sicherlich weniger Anstoß an derartigen Wahrscheinlichkeitsaussagen – und dies um so weniger als diese doch immerhin einige Anhaltspunkte für die Prognose von Ereignissen

erlauben. Die Geschichtswissenschaft fragt dagegen präzise danach, wie es eigentlich gewesen ist, und wird weiterfragen, warum eine probabilistische Erklärung für dieses oder jenes Ereignis nicht zutrifft. Davon jedoch wie von dem nur schwer festlegbaren Unterschied zu Plausibilitätsannahmen über die wahrscheinlichen Gründe von Ereignissen einmal abgesehen: Bisher ist kein methodisch sicherer Weg zur Präzisierung und Operationalisierung des verwendeten Wahrscheinlichkeitsbegriffes gezeigt worden. Lediglich die subjektive Wahrscheinlichkeit kann naturgemäß nicht ausreichen, da die probabilistische Hypothese zumindest zu ihrer Bestätigung eine statistische Verteilung von Ereignissen voraussetzt.
Andererseits verbergen sich hinter der Verwendung des Wortes »statistisch« einige Schwierigkeiten; so müssen Ereignisse, die in einer Klasse zusammengefaßt werden sollen, hinsichtlich einer bestimmten Definition gleich sein und überdies unter gleichen Bedingungen auftreten (wenn dies nicht bereits zur Definition des Ereignisses gehört). Erst dann kann eine Häufigkeit festgestellt werden, die jedoch nur auf einen bestimmten Zeitraum bezogen sinnvoll ist. Bei unterschiedlichen Häufigkeiten zu verschiedenen Zeitpunkten muß außerdem der Trend in der jeweils jüngst vergangenen Zeit berücksichtigt werden. In vielen Fällen werden hier jedoch die historischen Quellen und der zur Verfügung stehende theoretische Bezugsrahmen keine befriedigende Lösung zulassen.

c) *Subjektive Wahrscheinlichkeiten als Grundlage von Erklärungen*

Wenn sich statistische Anforderungen nicht erfüllen lassen, dann handelt es sich lediglich um »Quasi-Gesetze« im Sinne *Hans Alberts,* in denen der Wahrscheinlichkeitsbegriff und die Kriterien ihrer Bestätigung undefiniert bleiben.
In diesen Fällen beruhen die Erklärungsansätze auf der subjektiven Einschätzung der Erwartbarkeit von Ereignissen. Diese findet bereits vor der genaueren Untersuchung des Falles durch den Historiker statt; ihre Grundlage ist induktives Denken, das auf Verallgemeinerungen hinausläuft, die zwar nicht die Form eines Gesetzes besitzen, jedoch angesichts der Vorläufigkeit auch universaler Gesetzeshypothesen sich letztlich nur gradweise sowie durch das Fehlen eindeutiger Definitionen von Gesetzen unterscheiden.
Solche »apriori-Wahrscheinlichkeiten«, die der Historiker eingestandener- oder uneingestandenermaßen seinen Untersuchungsobjekten zuschreibt, spielen eine bislang nicht ausreichend gewürdigte Rolle beim Erklären historischer Phänomene. So sind die *apriori*-Wahrscheinlichkeiten, jedenfalls implizit, sowohl Formen der Operationalisierung wie der Rationalisierung.
In diesem jeder Theoriebildung vorausgehenden und durch sie nur indirekt beeinflußbaren Bereich liegt jedoch die Ursache für die Wahl verschiedenartiger Erklärungsansätze, Plausibilitätsannahmen, für weltanschauliche Diskrepanzen und nicht zuletzt die Wahl der Gegenstände und Begriffe. Daß auch »kulturelle» Faktoren einzelne Historiker oder die Historiker einer Generation zu derartigen Erwartungen kommen lassen, ist zu vermuten [39].

Hinsichtlich der Wahl der Fragestellungen zeigt eine Analyse der Unterscheidung *William Drays,* daß hinter Erklärungen aufgrund der Fragen »Wie konnte es geschehen?« bzw. »Warum mußte es notwendigerweise so kommen?« sich lediglich zwei unterschiedliche Erwartungen verbergen, die über die Eintretenswahrscheinlichkeit eines Ereignisses gehegt werden. Je geringer die subjektive Überraschung des Betrachters ist, desto größer wird seine Meinung sein, das fragliche Ereignis als »notwendig« zu bezeichnen und umgekehrt [40].

Daß die »Vertrautheit« mit bestimmten Situationen oder Verhältnissen die Art der Fragestellungen der Historiker beeinflußt, ist auch die Ansicht von *John Passmore.* Allerdings vermeidet er die Konsequenz, daß trotz der lebensweltlichen Einbettung ein letzter Bezugspunkt damit noch nicht gefunden ist; denn auch mit dem Rekurs auf die Vertrautheit wird, jedenfalls in der Fragestellung *Passmores,* noch nicht auf die intentionalen Gegenstände unserer (lebensweltlichen) Erfahrung als unserer Erfahrung überhaupt Bezug genommen. Auch diese intentionalen Gegenstände unserer Erfahrung könnten dem Historiker jedoch vertraut sein, wenn er nur alle verfügbaren Informationen bzw. unorthodoxen Sichtweisen zur Kenntnis nähme [41].

Für unsere Betrachtung bedeutsamer ist allerdings die Einfügung des skizzierten Wahrscheinlichkeitsbegriffs in die Erklärung selbst. In die Reihe der Beispiele gehören »explanation sketches«, unter die *Hempel* diejenigen Fälle faßt, in denen nicht genügend Informationen für die Aufstellung nomologischer Hypothesen vorliegen [42]. Hier ist vor allem auf die »normic statements« von *Scriven* hinzuweisen. Sie stellen ein Konglomerat universeller Aspekte, statistischer und lebensweltlicher Verallgemeinerungen in Erklärungen dar [43]. *Scriven* führt an, daß es sinnlos sei, an Erklärungen zu denken, die nicht Erklärungen für irgendjemand sind [44]. In diesem Zusammenhang ist ferner der »weitgefaßte Begriff der historischen Erklärung« *Wolfgang Stegmüllers* zu erwähnen. Von Erklärung in diesem Sinne ist dann zu sprechen, wenn unter bestimmten Voraussetzungen ein Ereignis zu erwarten war [45].

Auch alle »erzählenden« Ansätze [46] beruhen letztlich auf impliziten Verallgemeinerungen über die Erwartbarkeit von Ereignissen: Die Auswahl aus der Vielfalt der begleitenden oder folgenden Ereignisse wird geleitet durch die Annahmen darüber, welche Ereignisse mit besonders großer Wahrscheinlichkeit die Folge eines bestimmten Anfangsereignisses waren sowie die Ursache für ein drittes, folgendes Ereignis sein können. Daß *apriori*-Wahrscheinlichkeiten dieser Art in theoretisch anspruchsvolleren Ansätzen ebenfalls eine Rolle spielen und letzten Endes nicht hintergehbar sind, zeigt die Zuordnung möglicher Ursachen zu einem Ereignis. Bereits in *Max Webers* Gedankenexperiment war angelegt, daß – wie später auch *Guenter Lewy* und *Morton White* [47] nachwiesen – eine Ursache im »abnormen« Faktor zu sehen sei, d. h. einem vorangehenden Ereignis, das in dieser Reihe unerwartet ist und dem Verlauf der Dinge entweder tatsächlich oder hypothetisch eine andere Wendung gegeben hat. Als Voraussetzung für den »normalen« Ablauf der Ereignisse werden »Bedingungen«, für Abweichungen »Ursachen« angenommen [48]. Wenn *Weber* das »Wegdenken« von einigen Ursachen empfiehlt, um auf diesem Wege zu sehen, wie die Entwicklung verlaufen wäre, dann fordert er ebenfalls den Rückgriff auf subjektive Wahrscheinlichkeiten. Besonders deutlich wird dies bei der Frage des Vergleichsmaßstabes, die als das eigentliche Problem dieses Ansatzes angesehen werden muß. Zwei Aspekte dieses Problems sollen erwähnt werden: Nicht in jedem Fall läßt sich die »normale« weitere Entwicklung der Ereignisse streng ableiten – häufig läßt sie sich nur schätzen. Die »normale« Entwicklung setzt weiterhin den Gedanken eines notwendig ungestörten Ablaufs der Ereignisse voraus.

Die Einbeziehung subjektiver Wahrscheinlichkeiten fällt nach *Dray* jedoch in den pragmatischen Kontext einer Erklärung. Damit ist in der Praxis der Historiker der Zusammenhang von persönlichen Überzeugungen über die Wahrscheinlichkeit alternativer Ereignisse und über die Wahrscheinlichkeit, die dem Einfluß bestimmter Bedingungen zugeschrieben wird, gemeint [49].

Die Grenze des Rekurses auf die subjektive Wahrscheinlichkeit ist dann erreicht, wenn sie sich in »Möglichkeit« auflöst. In einem solchen Fall kann weder das Auftreten eines Ereignisses noch das seiner Ursachen und Bedingungen anhand von Plausibilitätskriterien bestimmt werden; denn vom »Möglichen« zum »Unwahrscheinlichen« ist nur noch ein kleiner Schritt. Daher kann in der Reflexion derartiger subjektiver Wahrscheinlichkeitsvorstellungen das Individuelle gegenüber dem Allgemeinen in der Geschichte neu bestimmt werden: Das Allgemeine liegt in den Ereignissen oder Erscheinungen vor, die jedermann an bestimmter Stelle erwartet, die keinerlei Überraschung mit sich bringen. Erst jenes Individuelle, das den Betrachter überrascht, oder in einer Situation geschah, in der sein Auftreten den Gang der Ereignisse entscheidend änderte, erregt die Neugier des Historikers und wird in diesem Sinn »erklärungswürdig«. Erst ein so verstandenes Individuelles impliziert die *Unsicherheit* in der Abfolge historischer Ereignisse, die den Determinismus allgemeiner Gesetze durchbricht [50].

Seltene, im skizzierten Sinn überraschende Ereignisse sind also dadurch gekennzeichnet, daß die von *Hempel, Popper, Stegmüller* postulierten Verallgemeinerungen bei ihnen versagen. Nicht zuletzt diese Erfahrung hat zu der These beigetragen, daß die Erklärung in der Geschichte nicht mit Hilfe von Gesetzen erfolgen könne.

Anwendungsbereich und Allgemeinheitsgrad

Obwohl im Falle von Quasi-Gesetzen oft mit einem undefinierten Wahrscheinlichkeitsbegriff verbunden, sind die Kriterien »Anwendungsbereiche« und »Allgemeinheitsgrad« analytisch selbständig. Erklärungen, die ihnen entsprechend eingeordnet werden, unterscheiden sich danach, wie stark sie epochen- oder regionengebunden sind. Je allgemeiner eine Gesetzeshypothese, desto mehr Fälle kann sie umfassen, um so größer ist ihr Anwendungsbereich.

Aber je allgemeiner ein Gesetz ist, desto schwieriger wird es auch, Ereignisse zu finden, die in allen Einzelheiten der im Gesetz enthaltenen Definition entsprechen. Häufig werden sie zusätzliche Eigenschaften aufweisen, die vom Gesetz nicht mehr erklärt werden können. Dies gilt um so mehr, wenn die sich wandelnden Bedeutungsgehalte der im Gesetz enthaltenen Definitionen bei deren Anwendung auf konkret-historische Ereignisse berücksichtigt werden. Um so weniger aussagekräftig wird demnach das Gesetz. Andererseits erlaubt ein Gesetz, das weniger allgemein gefaßt ist und daher die Erfassung

konkreter Fälle erleichtert, keine Anwendung auf solche Geschichtsepochen oder Ereignisse, die nicht der detaillierteren Definition der Anwendungsfälle entsprechen. Die Akzeptierung akzidenteller Gesetzmäßigkeiten mit eingeschränktem Anwendungsbereich reduziert also den Fundus an Ereignissen, der einerseits solche Gesetzmäßigkeiten geringeren Allgemeinheitsgrades nahelegen, andererseits sie bestätigen könnte.
Die skizzierte reziproke Beziehung zwischen Allgemeinheitsgrad und Erklärungskraft muß aber nicht für alle historischen Ereignisse wirksam sein. So sind Verallgemeinerungen über bestimmte ubiquitäre Ereignisse, z. B. typische Verhaltensweisen im Streit oder in Situationen kognitiver Dissonanz, trotz weiten Anwendungsbereichs erklärungskräftiger als Hypothesen über seltenere Ereignisse. Hier spielt offensichtlich das Problem der Aggregatebene hinein.

Aggregatebenen

Zu dem Problem der Verallgemeinerungen über Phänomene auf verschiedenen Aggregatebenen oder gar der Mehrebenenanalyse, das die Sozialgeschichte in besonderem Maße betrifft, hat die bisherige wissenschaftstheoretische Diskussion über Erklärungen in der Geschichtswissenschaft so gut wie nichts beigetragen. Die Sozialgeschichte wird kaum berührt von Kontroversen über individuelle Handlungen, wie etwa den Streit zwischen *Collingwood* und seinen Gegnern, ob historische Fakten nur durch bewußte Handlungen konstituiert werden oder ob z. B. das »covering-law«-Modell zur Erklärung politischer Entscheidungen ausreicht bzw. ihnen überhaupt angemessen ist [51].
Sicherlich besteht auch für die Sozialgeschichte ein Problem darin, wie etwa Makroereignisse des Wirtschaftsgeschehens auf individuelle Aktionen zurückgeführt werden können. Vor der Lösung dieses Problems lassen jedoch andere Beziehungen zwischen sozio-ökonomischen Ereignissen und Strukturen bereits Erklärungen zu. Dies ist nicht zuletzt ein Charakteristikum der marxistischen Tradition in der Sozialgeschichte – eine Tradition, die in der angelsächsischen Diskussion bisher fast keine Rolle spielte. Um so wichtiger wäre der Beitrag der Sozialgeschichte zur Erklärung der sozio-ökonomischen Bedingungen und/oder der Determinanten von Entscheidungen. Sie würde für viele Situationen ein vollständigeres Bild der Möglichkeiten und Zwänge schaffen können, die für den jeweils Entscheidenden die »Situation« ausmachten, unabhängig davon, wie die Situation historisch tatsächlich wahrgenommen worden ist.
Ein verwandtes Problem liegt in Konzepten wie etwa der »List der Idee«, der »natürlichen« und »notwendigen« Entwicklung, die sich trotz vieler entgegenstehender individueller Entscheidungen durchsetzen. Diese insbesondere im Geschichtsdenken des Idealismus zu Beginn des 19. Jahrhunderts einflußreiche Vorstellung findet sich in präziserer Form auch bei *Hintze,* der von einem Kontinuum zwischen individuellem Handeln, das als Singuläres durch Freiheit, und dem »kollektivistischen Geschehen«, das als Generelles der Notwendigkeit verhaftet sei, spricht. Er hebt allerdings im Unterschied zu anderen hervor, daß es sich nicht um zwei völlig voneinander geschiedenen Bereiche, sondern um Endpunkte einer kontinuierlichen Reihe handelt [52].
Solche Beeinflussungsstrukturen, wie sie auch in Begriffen wie »Zeitgeist«, »allgemeine

Welt- und Lebensanschauung«, »dauernde Kräfte« und dgl. zum Ausdruck kommen, in methodisch sicherer, über das Metaphorische hinausgehender Weise zu untersuchen, ist ein ebenso aktuelles wie bisher nicht gelöstes Problem der Sozialgeschichte.
Allerdings stoßen entsprechende theoretische Versuche auf die Schwierigkeit, daß Gesetzeshypothesen über Entwicklungen auf der Ebene von Kollektivereignissen schwerer zu gewinnen sind, als die statistische Verallgemeinerung über häufig auftretendes individuelles Handeln. Ob es der Historiker eher mit dem Individuellen oder eher dem Allgemeinen zu tun hat, bemißt sich also auch in Abhängigkeit von der Ebene der Ereignisse, die er analysiert: Werden elementare Ereignisse betrachtet, so wird eine große Zahl vergleichbarer Beispiele zu finden sein, obgleich hier die Frage der Vergleichbarkeit über Epochengrenzen hinweg auftaucht; betrachtet er dagegen Zusammenstellungen solcher Ereignisse, Konstellationen, Konfigurationen, so wird sich herausstellen, daß nur wenige vergleichbare Konfigurationen bestehen [53].

Erklären durch Erzählen und diachronische Erklärungsansätze

Unter den wenigen außerhalb der marxistischen Tradition stehenden theoretischen Ansätzen in der Geschichtswissenschaft, welche die Zeitdimension berücksichtigen, ist die Erklärung durch Erzählen (»narrative«) hervorzuheben. Erklärung durch Erzählen ist für die historische Soziologie wie für die Sozialgeschichte unter drei Aspekten von Bedeutung: einmal weil ihre Befürworter die Erzählung, die Serialisierung als eine Alternative zur Erklärung nach dem »covering-law«-Modell ansehen. So beansprucht *Arthur C. Danto,* »that a narrative is a form of explanation« [54]. In schwächeren Formulierungen gelten historische Arbeiten häufig als Mischung narrativer und theoretischer Elemente oder – nach *Morton White* – »general statements« [55]. Schließlich wird in diesem Zusammenhang behauptet, daß die Erzählung im Horizont tradierter »Geschichten« steht und deshalb die Kommunikation mit der Vergangenheit allererst ermöglicht [56].
In der einfachsten Form geht es bei Erklärungen durch Erzählen darum, den historischen Verlauf von Ereignissen zu berichten, durch die ein Wandel oder eine Veränderung hervorgerufen wurde. Deshalb werden auch – bereits bei *Droysen,* jedoch bis hin zu *Morton White* u. a. – Chroniken, Geschichten, Biographien, Sagas unter diesem Typ der Erklärung subsumiert [57]. Sie leisten im wesentlichen a) eine Schilderung von Tatsachen [58]; b) die Anordnung von Tatsachen unter einem bestimmten Gesichtspunkt; c) eine Serialisierung von historischen Daten. Dabei will der Erzähler nicht nur ein »Magazin« aller überlieferten Einzelheiten, die sich etwa während des Siebenjährigen Krieges ereignet haben, beschreibend erfassen; er will vielmehr – nach *Droysen* – einem übergeordneten Gedanken dienen, etwa der Verfolgung der Krise des europäischen Staatensystems mit Hilfe der Erzählung der damaligen politischen und militärischen Konflikte [59].
Die Serialisierung manifestiert sich in einer bestimmten Weise der Verknüpfung aufeinander folgender Ereignisse, die aufgrund impliziter Verallgemeinerungen über Kausal- oder Beeinflussungslinien erfolgt. Diese Verallgemeinerungen betreffen allerdings meist

nur isolierte Zweierbeziehungen; darüber hinaus werden kaum theoretische Annahmen über typische Geschichtsverläufe oder längerfristig determinierende Ursachen offengelegt – was auch dem Grundprinzip dieser Darstellungsweise, die in erster Linie durch Beschreibung »erklären« will, entspricht.

Bei näherem Hinsehen handelt es sich bei der Erzählung nicht um eine Alternative zur erklärenden oder strukturellen Geschichtsbehandlung, sondern um eine versteckte, den dramatischen Ansprüchen des Geschichtsschreibers entgegenkommende, im Grunde aber untergeordnete Anwendung von Verallgemeinerungen über die Abfolge oder Verursachung von Ereignissen, wie sie weiter oben bereits behandelt worden sind.

Wenn die Abfolge oder einzelne Ausschnitte dieser Abfolge irgendwelchen Kausalbeziehungen entsprechen sollten, müßten allerdings differenziertere und überprüfbarere Auswahlkriterien gegeben sein, um aus der Vielzahl der möglichen Ursachen die notwendigen und u. U. auch die hinreichenden zu isolieren. In der Literatur räumen vor allem *Danto* und ähnlich *Lübbe* ein, daß Verallgemeinerungen – die bei anderen Autoren im wesentlichen auf subjektiven Wahrscheinlichkeitsvorstellungen beruhen – auch in Form nomologischer Hypothesen in das Konzept der Erzählung eingehen können [60].

Die Auswahl einer einzelnen Linie aus dem komplexen Geflecht der historischen Entwicklung (oder eines Ereignisses unter mehreren anderen) mag mehr oder weniger beliebig sein, da der Erzählende aus der endlosen Fülle der »Tatsächlichkeiten« nur jene heraushebt, die ihm bedeutsam erscheinen, wobei Anhaltspunkte für die Beurteilung der »Bedeutsamkeit« zumeist nicht problematisiert werden.

Auf der methodologischen Ebene kann nach Plausibilitätserwägungen sowohl behauptet werden, man habe eine mögliche Ursache-Wirkung-Beziehung wiedergegeben, wie, es sei die von diesen Beziehungen wahrscheinlichste. Auf diese Weise löst die Erzählung auch das Problem einer Lücke in den Quellen, die die Frage zur Folge hat, welches unter einer Anzahl möglicher Ereignisse mit größter Wahrscheinlichkeit stattgefunden hat. Die Antwort lautet: »Die möglichen Gesichtspunkte ergeben sich daraus, welches von den Momenten, die im Werden der Dinge sich unterscheiden lassen, vor dem anderen hervortritt« [61] oder vom Chronisten hervorgehoben wird. Hier könnte im Falle der Erforschung von Entscheidungsprozessen zur Präzisierung des Verfahrens auch *Poppers* »Situationslogik« herangezogen werden. In bestimmten historischen Situationen bestehen bestimmte Notwendigkeiten, so und nicht anders zu handeln [62].

Weiterhin bleibt unklar, so könnte – die methodologische Problematisierung der Erzählung fortführend – argumentiert werden, wie die Interdependenz parallellaufender Entwicklungen – z. B. in Politik und Wirtschaft – mit Hilfe der erzählenden Geschichte beschrieben werden kann. Die Beschränkung auf einzelne Entwicklungslinien verhindert eine sichere Zuordnung von Ursache und Wirkung, die doch gerade beansprucht wird. Der Sicherheitsgrad der Zuordnung hat sein Kriterium jedoch nicht in einer logischen Erklärungsstruktur, sondern in der »heuristischen Kraft« des Historikers, der die tatsächlich bestehenden Zusammenhänge aufzeigt.

Ein letzter kritisch-methodologischer Hinweis ist ebenfalls ernst zu nehmen. *C. B. McCullagh* hat auf den Verzicht der Nennung von Bedingungen aufmerksam gemacht [63]. Die Erzählung einer Abfolge von Ereignissen, selbst wenn es sich dabei um die notwendigen Kausalfaktoren handelt, erklärt eine Entwicklung insofern nicht, als das Vorhandensein förderlicher oder hinderlicher Bedingungen unerwähnt bleibt. Gerade die Sozialgeschichte jedoch hat häufig mit Strukturen zu tun, die nur die Voraussetzung für eine Entwicklung schaffen, ohne kausal verursachend zu sein. In der Literatur sehen *Danto* und *David Hackett Fischer* das Auftreten von solchen heterogenen Bedingungen und Ursachen – und zwar durch die Einführung ineinander geschachtelter Abfolgen – vor. Sie verweisen auf Bedingungen und Ursachen, die sich nicht ohne weiteres in einer unilinearen Beeinflussungsfolge abbilden lassen oder in keinem zeitlichen Folgeverhältnis stehen [64].

Die Mischung narrativer und theoretischer Elemente wird im Horizont der diachronischen Dimension sichtbar. Die narrative Erklärung betont zwar einen diachronischen Aspekt. Inwieweit durch sie diachronische Theoriebildung möglich wird, ist dagegen eine noch offene Frage. Nach dem soeben Ausgeführten besteht in der Grundstruktur kein wesentlicher Unterschied zwischen Erzählung und »historisch-genetischer Erklärung«, wie sie *Hempel* und *Stegmüller* formuliert haben. Letztere erlaubt ebenfalls nicht, aus den Ausgangsbedingungen eines Prozesses sein Ende mit Hilfe der die Einzelglieder des Prozesses verknüpfenden Hypothesen abzuleiten. Dabei handelt es sich nicht um Schärfe oder Unschärfe eines probabilistischen Erklärungsansatzes, sondern darum, daß bei jedem Schritt der historischen Entwicklung (im Unterschied zu den meisten narrativen Ansätzen allerdings *explizite*) neue Randbedingungen eingeführt werden, die den Fortgang beeinflussen, ohne selbst aus der vorangegangenen Stufe heraus erklärt werden zu können [65].

Die erwähnte Darstellung von Geschichtsverläufen durch zahlreiche isolierte Zweierbeziehungen zwischen Größen, die durch Verallgemeinerungen, u. U. durch Gesetzeshypothesen miteinander verbunden werden, stellt überdies im Prinzip eine *synchronische* Betrachtungsweise dar. Sie gewinnt eine im gängigen Sinn diachronische Dimension erst durch eine weiterreichende Verkettung von aufeinanderfolgenden Ereignissen. Ohne daß der narrative Ansatz die Erarbeitung einer diachronischen Theorie im Auge hätte und trotz der geschilderten methodologischen Einwände lassen sich in seinem Rahmen auch Dreier- oder Viererereignisfolgen denken, über die Quasi-Gesetze oder Hypothesen existieren. Bei Weiterführung dieses Gedankens gerät man in die verschiedenen wissenschaftstheoretischen und geschichtsphilosophischen Vorbehalte gegenüber diachronischen Erklärungsansätzen, da bei Fortsetzung solcher Folgen sich herausstellen wird, daß Folgen gleicher oder ähnlicher Zusammensetzung immer seltener werden – bis hin zum Grenzfall des bisherigen Geschichtsverlaufs in seiner Einmaligkeit. Bestehen Historisten deshalb auf der Nichtanwendbarkeit gesetzesmäßiger Erklärungen, die vor der Singularität der Geschichte kapitulieren müßten, so haben *Karl Marx* und *Friedrich Engels* diesem Gedanken ein Konzept der Erklärung geschichtlicher Wandlungen aufgrund epochenübergreifender Gesetzmäßigkeiten entgegengesetzt. Dazwischen stehen Vertreter einer sozialwissenschaftlichen Methodologie *(Karl R. Popper, Hans Albert)*, die einerseits den »Theologismus« von der Einmaligkeit historischer Ereignisse angreifen, andererseits selbst die Einmaligkeit historischer Abläufe als Grenze für wissenschaftliche Erklärungen ansehen. Wo trifft sich dieser Vorbehalt hinsichtlich der Erklärbarkeit von Ereignisfolgen mit dem historischen Vorbehalt über die Erklärbarkeit von Ereignissen? Die Vermutung liegt nahe, daß dieses Sorites-Problem und damit das

durch das narrative Konzept nicht zu bewältigende Problem einer diachronischen *Theorie* erst durch die empirische Geschichtsforschung pragmatisch zu lösen sein wird.
Eine weitere Einbeziehung der Zeitdimension in die Erklärung als Erzählung – und damit die Möglichkeit diachronischer Theoriebildung – scheint dann gegeben zu sein, wenn zwei bereits im Vorangegangenen erwähnte Überlegungen noch einmal aufgenommen werden: einmal *Droysens* Konzept der »pragmatischen Erzählung« und zum anderen eine bestimmte Funktion, die *Imre Lakatos* in seinem Ansatz, die Funktionen von Methodologien neu zu bestimmen, vorsieht. *Droysen* thematisiert wie *Lakatos* – auf der Grundlage einer kontinuierlichen Entwicklung – jene Ereignisse, die eine wissenschaftliche Entwicklung »weitergeführt« haben. Bei *Lakatos* handelt es sich dabei um die Erstellung sogenannter »hard cores of historiographical research programmes«. Alle Methodologien sollen als historiographische Theorien fungieren, insofern sie die Geschichte einer Wissenschaft, eines Problems, einer Kette von Vorgängen von ihrem Standpunkt und Problemhorizont aus in deskriptiver Weise zu rekonstruieren suchen [66].
Erklärung durch Erzählen ist schließlich noch unter einem dritten Aspekt zu sehen. Im Medium des Erzählens, das im Rahmen der Geschichte als einer Vielzahl von »Geschichten« steht, wird die Kommunikation zur Geschichte auch für die empirische Sozial- und Geschichtswissenschaft hergestellt.
Genauer hat kürzlich *Hermann Lübbe* die wesentlichen Aspekte der erzählenden Geschichte beschrieben: »Die in der Form einer Geschichte miteinander verbundenen Ereignisse sind in ihrem Zusammenhang nicht aus übergeordneter Handlungsrationalität verfügt – das heißt: Geschichten sind, insoweit, Prozesse ohne Handlungs-Subjekt. Geschichten sind zwar Geschichten individueller und institutioneller Subjekte, aber diese Geschichten lassen sich nicht nach Analogie eines Handlungszusammenhangs verstehen, in welchem ein Subjekt tut, was es will, indem es kann, was es will. Geschichten sind nicht das, was man tut, vielmehr ist man in sie, wie es der Phänomenologe Wilhelm Schapp gesagt hat, ›verstrickt‹ [67].«
Hier handelt es sich um einen Wechsel von der Beschreibung des Geschehens zum Geschehen selbst, wobei auch der Historiker seinerseits in Geschichte verstrickt ist. Deshalb ist der erwähnte Prozeß der Auswahl nicht mit »Beliebigkeit« gleichzusetzen; denn eine Erzählung hat »ihre Norm« an dem Leitgedanken, von dem sie ausgeht. Falls dieser Leitgedanke selbst als ein sich wandelnder, ein werdender ist, hat *Droysen* die Erzählung eine »Mimesis des Werdens« genannt: »Es ist die Erklärung des Gewordenen durch die Kontinuität und den sachgemäßen Verlauf seines Werdens [68].« Damit wird die historische Erzählung jedoch zur Möglichkeit der Systemindividualisierung: »Historisch erzählte Geschichten sind Medien der Identifikation eigener und fremder Identität [69].« In einem solchen Verständnis identitäts-schaffend und -bewahrend erhält die Erzählung Bedeutung; denn sie besitzt, nach *Lakatos*, eine »heuristische Kraft«, d. h. die Fähigkeit, neue empirische Tatsachen zu entdecken und neue Hypothesen zu formulieren [70].

Zur Problematik von »Sinn« in der empirischen Geschichtswissenschaft

Das Interesse auch einer empirischen Geschichtswissenschaft – »empirisch« in dem von uns gekennzeichneten Verständnis – an Problemen des Sinns und der Bedeutung ist nach den bisherigen Ausführungen kaum noch einmal ausführlich zu begründen. Die Sozialwissenschaften wie die Geschichte haben es offenbar mit sinnhaften Phänomenen zu tun. In unserem Zusammenhang ist zudem darauf zu verweisen, daß im Zuge der Analyse von Sinn, aktuellem wie historisch gewordenem Sinn, eine Erweiterung des Erfahrungsbereichs der Soziologie wie der Geschichte zu gewinnen ist.

Ein erstes Hauptproblem der Sinnproblematik für eine empirische Geschichtswissenschaft scheint in der Unschärfe der Kriterien zu bestehen: Was ist – und in welcher Weise ist es – zu den sinnhaften Phänomenen zu rechnen? Weiterhin (und eng mit dem ersten Problem verbunden) ist die in der nach-*Weber*schen Methodologie immer stärker diskutierte Frage des *Messens* von subjektivem Sinn zu beantworten. Schließlich stehen sowohl der Soziologe (angesichts der Überfülle künftiger Möglichkeiten und der Forderungen der Zeitgenossen) wie der Historiker (angesichts der Überfülle des historischen Materials) vor dem Problem der *Auswahl* von sinn- und bedeutungsrelevantem Material. Bei der Lösung aller drei soeben aufgeführten Problemebenen stehen formale Kriterien neben inhaltlich bestimmten [71]. Unter Berücksichtigung dieser Diskussion kann die Sinndimension zunächst folgenden Phänomenen zuerkannt werden:

- den Intentionen und Motiven des historischen (handelnden) Subjekts in einer gegebenen Situation;
- den Intentionen des historisch handelnden Subjekts und deren Bedeutung für andere, gegebenenfalls einen bestimmten oder auch anonyme Adressaten;
- den (sinnkonstituierenden) Wirkungen eines historischen Handelns oder eines historischen Ereignisses.

Der empirische Historiker fragt einmal nach dem subjektiven Sinn, so wie er bestanden haben könnte, möglicherweise jedoch nicht sicher zu erschließen ist. Die Erfassung des subjektiven Sinns erfordert idealiter das Hineintreten in die Situation des jeweilig Handelnden, wobei sowohl dessen gegenwärtig-aktuelle Situation, seine vergangene Situation wie das Bewußtsein einer offenen Zukunft angenommen werden müssen. Im Zuge dieser Frage ergibt sich jedenfalls die weiter reichende Bedeutung des subjektiv gemeinten Sinns für die mit einer breiteren oder generellen Fragestellung arbeitenden Forscher. Die Annahme eines breiteren Frageansatzes als des der subjektiven Sinnverleihung durch das historische Individuum erscheint plausibel.

Der subjektiv gemeinte Sinn wird also einmal als in einem breiteren Kontext stehend begriffen. Dieser Kontext wird in seinen Ansätzen andererseits im subjektiv gemeinten Sinn selbst enthalten und aufzufinden sein. Dabei wird davon ausgegangen, daß dieser generelle Kontext nicht notwendigerweise konkret realisierter Teil der subjektiven Sinndimension des Handelnden ist. Der generelle Kontext kann seinerseits mit in der Gesellschaft bzw. in der Geschichte konkret beobachtbaren Phänomenen (Beispiel: Selbstmord als ein spezifischer Ausdruck einer Kultur) verknüpft werden. *Jack D. Douglas* spricht hier von »principle of the contextual determination of meanings« [72]. Er versucht mit dieser Formel, sprachliche Äußerungen von Menschen im Alltagsleben mit der sprachlichen Ebene, in der bestimmte Phänomene objektiviert zum Ausdruck kommen, zu *vergleichen* (soziale Normen). Auch wenn der jeweils zuerkannte subjektive Sinn von Selbstmord sowie die Bedeutung, welche die »significant others«, also die unmittelbar involvierte Gruppe ihr zuschreiben, möglicherweise unklar und undetailliert sind, ist der objektivierte, situationsunabhängige Sinn von Selbstmord in einer Kultur doch sehr viel genauer definiert. Wesentlich ist, daß der Sinn eines Phänomens über die intentionale Sinngebung des Individuums wie die Sinnverleihungen, die einem Phänomen wie dem Selbstmord gemeinsam in einer Gruppe und/oder den Zeitgenossen zugewiesen werden, mit der objektiven Sinnebene (Kultur) verglichen wird. Ein solcher Ansatz greift *per definitionem* in die Geschichte zurück, da die verschiedenen, hier skizzierten Sinndimensionen sämtlich auf Geschichte zurückverweisen.

Aus solchen historisch-soziologischen Vergleichen kann eine Interpretation des Handelns oder eines Ereignisses abgeleitet werden, in welcher der gemeinte subjektive Sinn des historischen Individuums ebenso eingefangen werden kann wie die Sinnzuweisung von Gruppen und den Zeitgenossen. Solche Vergleiche von Sinnebenen bewirken naturgemäß auch, daß die vom historischen Forscher durchgeführte Analyse und Interpretation von Sinn eine Selektion aus historisch sinnbehafteten Situationen ergibt. Andererseits erleichtert der Vergleich verschiedener Sinndimensionen die Beantwortung der Frage nach dem Zeitpunkt, an dem der Historiker den »Gesamtsinn« abzulesen hat. Die vergleichende Sinnanalyse kann komparativ-statisch, in prinzipiell unendlich dichten Zeiteinheiten (für eine gegebene Zeitperiode) durchgeführt werden. Die Frage nach dem Zeitpunkt des ersten Einschnitts tritt demgegenüber zurück. Schließlich hat die bisherige historische Forschung für lange Zeiträume Zäsuren ermittelt, die von der empirischen Geschichtsforschung aufgegriffen werden könnten.

Wenn empirisch, in der Weiterführung von *Schütz* durch *Douglas,* der gemeinte Sinn eines historischen Individuums oder einer Gruppe in einer gegebenen Situation herausgearbeitet wird, ist u. a. nach dem *Ort* des primären Sinnerlebnisses zu fragen, ferner nach den Ausdrucksformen des Individuums und/oder der Gruppe. Hier sind die Redeweise sowie normative oder nur metaphysisch gemeinte Aussagen in einer genauen empirisch-semantischen Analyse zu berücksichtigen.

Ein zweiter Ansatz scheint das u. a. auf *Wilhelm Dilthey* zurückzuführende, in der deutschen Kulturphilosophie von *Erich Rothacker* aufgenommene und in der sozialwissenschaftlichen theoretisch-empirischen Forschung von *Emile Durkheim* weitergeführte Konzept zu sein. Die soziologisch orientierte Geschichtsforschung fragt zunächst nach Sinnesäußerungen von (anonymen) Kollektiven, nach abstrakt-normativen Systemen (Idealismus, Naturalismus), aber auch konkreter nach Rechtsordnungen, Modeströmungen, Baustilen [73]. Solche Stile als Ausdruck anonymer Sinnsysteme können auf »persönliche Stile« – *Rothacker* erwähnt z. B. *Kant* und *Bismarck* – verengt werden. Hier wird die Verwandtschaft zum subjektiven Sinn besonders auffällig. Bei diesem zweiten Ansatz ist eine Doppelstrategie erforderlich: einerseits die immanente Beschreibung derartiger Sinnsysteme sowie – ausgehend von einigen Axiomen – eine Explikation solcher Sinnsysteme aus sich selbst heraus; andererseits der Versuch, die den jeweiligen anonymen Sinnsystemen zugrundeliegenden Prämissen mit Hilfe der Außenbetrachtung herauszuarbeiten.

Hier wie dort ergibt sich allerdings das Problem der adäquaten Erfassung des Sinns von anonymen Kollektiven. Hinter den Aktionen eines Kollektivs kann eine ganze Sinn- und Motivhierarchie stehen. Wie sind die Sinnverleihungen des einzelnen mit denen der Gruppe vermittelt? Was sind die gleichsam überindividuellen Sinngebungen des einzelnen? Inwieweit kann den anonymen Kollektiven Sinn zugewiesen werden. *Theodor Schieder* hat diese Fragen derart beantwortet, daß der Historiker den objektiven Sinn durch die Zusammenschau der zahlreichen Einzelerscheinungen schafft [74].

Will man die Konstruktion von (Ideal-)Typen vermeiden, ist es angebracht, für die verschiedenen Ausdrucksformen von Sinn jeweils einen »Umrechnungsschlüssel« zu konstruieren, der die primären Sinnverleihungen des historischen Individuums und von Gruppen erfaßt. Diese Sinngebungen müssen mit der Sinndimension, wie sie in der kulturellen Sphäre in einem gegebenen Zeitabschnitt feststellbar ist, verglichen werden können.

Die Frage an den Historiker ist damit noch nicht beantwortet. Gibt es Kunstregeln, die verschiedenen Sinndimensionen aufzuschlüsseln? In welcher Weise ist der kollektive Sinn gleichsam in einzelne »Sinnatome« zu zerlegen und wie sind diese Sinn-Atome dann wieder zusammenzusetzen?

Nach der Diskussion dieser beiden Ansätze, Sinn und Bedeutung empirisch zu untersuchen, sei erneut die durch Probleme der praktischen Anwendung dominierte Situation in Soziologie und Geschichte beleuchtet. Wir greifen damit den Entscheidungsdruck, unter dem Soziologen wie Historiker angesichts der zu treffenden Auswahl stehen, noch einmal auf. Die weiter oben gestellte Frage nach den Wirkungen eines historischen Handelns oder historischen Ereignisses hinsichtlich seiner Bedeutung muß im Licht dieses Zwangs zur adäquaten Selektion modifiziert werden. Das Zufällige und Beliebige muß vom Notwendigen getrennt werden – das, was ohnehin geschieht, muß abgesetzt werden von dem, was erst durch Spontaneität und Aktion realisiert werden kann. Von dieser Unterscheidung ausgehend ließe sich gegebenenfalls *Karl-Otto Apels* Gegenüberstellung von »Geschichte« und »Naturgeschichtlichkeit« insofern verschieben als auch der Geschichte z. T. Quasi-Naturgesetzlichkeit zuerkannt werden könnte. Eine solche Zuerkennung würde gleichermaßen bedeuten, daß die Resultanten der sinnhaften Bemühung aller historischen Kräfte durchaus z. T. dem Bereich einer solchen Quasi-Naturgesetzlichkeit angehören können.

Allerdings kann auch mit dieser Zuordnung die Frage nicht beantwortet werden, welche Entwicklung ohne weiteres sinnvolles Handeln ohnehin eingetreten wäre. Erst nach Beantwortung dieser Frage könnte aber festgestellt werden, inwiefern und inwieweit die Zuschreibung von Sinn an ein bestimmtes historisches Handeln und/oder ein bestimmtes historisches Ereignis wegen seiner Wirkungen als »objektiv« bezeichnet werden könnte. Die Kriterien für die Beantwortung dieser Frage sind jedoch nicht aus der Wissenschaft selbst zu gewinnen. Sie stammen aus dem vorwissenschaftlichen Raum.

Zusammenfassung

Ein erster Ausgangspunkt dieser Überlegungen liegt in der These, daß erst die Erweiterung des Theorieverständnisses in der Soziologie wie in der Geschichtswissenschaft – und die Herauslösung besonders der theoretisch-methodologischen Probleme der allgemeinen Sozialwissenschaften aus der Wissenschaftslogik – eine fruchtbare Diskussion über »theoretische Probleme der empirischen Geschichtsforschung« ermöglicht hat. Wir haben uns deshalb im Horizont dieser theoretisch-methodologischen Probleme bewegt, metatheoretische wie methodische Fragen dagegen nicht vorrangig behandelt. Der zweite Ausgangspunkt lag in der Strategie, die Geschichtswissenschaft in den Bereich der empirisch-analytischen Sozialwissenschaften einzubeziehen, diese aber gleichermaßen mit den Fragestellungen und Ergebnissen der hermeneutischen Theorie zu konfrontieren. Ein Ausdruck dieser Fragestellung ist der Versuch, den von *Husserl* und *Schütz* übernommenen Begriff der Lebenswelt historisch-soziologisch aufzuladen – und für die empirische historisch-soziologische Forschung fruchtbar zu machen.

Von dieser Fragestellung geleitet, haben wir »historische Tatsachen«, »Ereignis« etc. ebenso analysiert wie den Begriff der Erklärung und das Problem der Generalisierung historisch-soziologischer Tatsachen. Von dieser Fragestellung aus haben wir auch die Position des historischen Forschers, seine Beziehung zum Material zu thematisieren gesucht.

Bei der eindringlichen Untersuchung vor allem des Begriffs der Erklärung haben wir herkömmliche begriffsrealistische und -nominalistische Erkenntnistheorien ebenso zu hinterfragen versucht wie das deduktive Erklärungsmodell *Hempels* und den tradierten Gegensatz von idiographischer und nomothetischer Methode. Um so mehr konzentrieren sich die Überlegungen auf den spezifischen Typ der Verallgemeinerungen, wie sie für den empirischen Geschichtsforscher sinnvoll sein mögen.

Schließlich ist die Problematik der Erklärung durch Erzählen in ihren verschiedenen Dimensionen diskutiert worden. Auch hier zeigte sich, wie generell in diesem Beitrag, die Aktualität der Auffassungen *Droysens*. Einige auf die Erweiterung der empirischen historisch-soziologischen Analyse gezielte Bemerkungen zur Problematik des »Sinns« schließen die Arbeit ab.

Anmerkungen

1 In diesem Heft S. 9 ff.

2 *Johann Gustav Droysen*, Historik. Vorlesungen über Enzyklopädie und Methodologie der Geschichte, hrsg. von *Rudolf Hübner*, 3. Aufl., Darmstadt 1958, S. 325.

3 Vgl. *K. H. Spieler*, Untersuchungen zu Johann Gustav Droysens »Historik« (Historische Forschungen, 3), Berlin 1970, bes. S. 44 ff., 114 ff.

4 *Hans Albert*, Traktat über kritische Vernunft, Tübingen 1968, S. 152. *Alberts Droysen*-Deutung (S. 135) wie auch seinem Gegenüberstellen von »Erklären« und »Verstehen« (S. 136, 152, 154) können wir nicht folgen.

5 *R. G. Collingwood*, Philosophie der Geschichte, Aus dem Englischen, Stuttgart 1955, S. 9 ff., S. 329.

[6] Hier wird dagegen, wie etwa auch schon bei *Otto Hintze,* der Übergang von Soziologie und Geschichte als »fließend« angesehen. Vgl. *Otto Hintze,* Soziologie und Geschichte. Gesammelte Abhandlungen zur Soziologie, Politik und Theorie der Geschichte, hrsg. und eingel. von *Gerhard Oestreich,* 2., erw. Aufl., Göttingen 1964, S. 251 und passim.

[7] *Hintze,* a.a.O., S. 335.

[8] *Karl R. Popper,* Das Elend des Historizismus, Aus dem Englischen (Die Einheit der Gesellschaftswissenschaften, 3), Tübingen 1965, S. XII.

[9] *Karl-Otto Apel,* Szientistik, Hermeneutik, Ideologiekritik. Entwurf einer Wissenschaftslehre in erkenntnisanthropologischer Sicht, in: *ders. et al.,* Hermeneutik und Ideologiekritik, Frankfurt am Main 1971, S. 7 ff., S. 22. Vgl. auch die von *Apel* (a.a.O.) gegebene Interpretation des Buches von *William Dray* über »Laws and Explanation in History« (London 1957, 3. Ausg. 1964).

[10] *Theodore Abel,* The Operation called »Verstehen«, in: *Hans Albert,* Hrsg., Theorie und Realität (Die Einheit der Gesellschaftswissenschaften, 2), Tübingen 1964, S. 177 ff., S. 177; zur Interpretation: *Karl-Otto Apel,* a.a.O., S. 17 ff.

[11] *Carl G. Hempel,* The Function of General Laws in History (1942), in: *ders.,* Aspects of Scientific Explanation and Other Essays in the Philosophy of Science, New York – London 1965, S. 231 ff., S. 238.

[12] Zur Erweiterung der Generalisierung in der Geschichte unter dem Einfluß der Sozialwissenschaften vgl. die Aufsätze von *Roy F. Nichols* und *Louis Gottschalk,* in: *Louis Gottschalk,* Hrsg., Generalization in the Writing of History, Chicago – London 1963, S. 130 ff., S. 113 ff.

[13] *Erwin K. Scheuch,* Entwicklungsrichtungen bei der Analyse sozialwissenschaftlicher Daten, in: *René König,* Hrsg., Handbuch der Empirischen Sozialforschung, Bd. I, 2., veränderte, durch einen Anhang und Register erw. Aufl., Stuttgart 1967, S. 655 ff., S. 670.

[14] *Scheuch,* a.a.O., S. 673.

[15] *Jean Marczewski,* Quantitative History, in: Journal of Contemporary History 3 (1968), S. 179 ff.

[16] *Richard Hofstadter,* History and the Social Sciences, in: *Fritz Stern,* Hrsg., The Varieties of History, Cleveland 1956, S. 359 ff.

[17] Vgl. *Celina Bobińska,* Historiker und historische Wahrheit. Zu erkenntnistheoretischen Problemen der Geschichtswissenschaft, Aus dem Polnischen, Berlin 1967, S. 18.

[18] Dazu etwa *I. S. Kon,* Die Geschichtsphilosophie des 20. Jahrhunderts. Kritischer Abriß, Aus dem Russischen, 2 Bde., Berlin 1964, Bd. I, S. 104; ferner *Bobińska,* a.a.O., S. 7 ff.

[19] *Jörn Rüsen,* Wahrheit und Methode in der Geschichtswissenschaft (Rezension), in: Philosophische Rundschau 18 (1972), S. 267 ff., S. 273.

[20] *Spieler,* a.a.O. (Anm. 3), S. 62.

[21] So *Edward Hallett Carr,* What is History? London 1961, S. 4 f.

[22] Zum Begriff der »Geschichtlichkeit« in der neueren hermeneutischen Diskussion: *Hans-Walter Hedinger,* Subjektivität und Geschichte. Grundzüge einer Historik (Historische Forschungen, 2), Berlin 1969.

[23] Vgl. *Bobińska,* a.a.O. (Anm. 17), S. 10.

[24] Ähnlich schon *Droysen,* a.a.O. (Anm. 2), S. 37. Vgl. ferner *Ernst Bernheim,* Lehrbuch der historischen Methode und der Geschichtsphilosophie, 3. und 4., völlig neu bearb. und verm. Aufl., Leipzig 1903, S. 149 ff.

[25] *Peter Bollhagen,* Soziologie und Geschichte, Berlin 1966, S. 145.

[26] So im Anschluß an den sowjetischen Historiker *Michael Prokrowski: Bobińska,* a.a.O. (Anm. 17), S. 28 ff.

[27] Zum Verhältnis von »historischer« und »historiographischer« Tatsache vgl. *Bobińska,* a.a.O. (Anm. 17), S. 15 ff.

[28] *Heinrich Rickert,* Kulturwissenschaft und Naturwissenschaft, 6. Aufl., Tübingen 1926; vgl. auch *ders.,* Die Grenzen der naturwissenschaftlichen Begriffsbildung. Eine logische Einleitung in die historischen Wissenschaften, 5., verb., um einen Anhang und ein Register verm. Aufl., Tübingen 1929. Zur Rolle *Rickerts* und *Wilhelm Windelbands* in der deutschen Historiographie:

George G. Iggers, The German Conception of History. The National Tradition of Historical Thought from Herder to the Present, Middletown, Conn., 1968, S. 147 ff., 152 ff.

29 Zu dieser Interpretation *Rickerts* vgl.: *Johannes Berger,* Historische Logik und Hermeneutik, in: Philosophisches Jahrbuch der Görresgesellschaft 75 (1967–68), S. 127 ff., besonders S. 134 ff.

30 So auch *Carey B. Joynt* und *Nicholas Rescher,* On Historical Facts, in: Methodos 14 (1962), S. 11 ff.

31 Vgl. dazu *Apel,* a.a.O., (Anm. 9), passim. Wir übernehmen für unseren Zusammenhang allerdings nicht *Apels* »Leibapriori der Erkenntnis« (S. 11).

32 Vgl. *Robert C. Stalnaker,* Events, Periods, and Institutions in Historians' Language, in: History and Theory 6 (1967), S. 159 ff., S. 164 f.

33 *Karl-Otto Apel,* Die Idee der Sprache in der Tradition des Humanismus von Dante bis Vico, in: Archiv für Begriffsgeschichte 8 (1963), S. 35.

34 *G. G. S. Murphy* und *M. G. Mueller,* On Making Historical Techniques more Specific. »Real Types« Constructed with a Computer, in: History and Theory 6 (1967), S. 14 ff.

35 Vgl. auch *Wolfgang Stegmüller,* Probleme und Resultate der Wissenschaftstheorie und Analytischen Philosophie, Bd. I: Wissenschaftliche Erklärung und Begründung, Studienausgabe, Teil 3, Berlin etc. 1969, S. 345.

36 *Carl G. Hempel,* The Function of General Laws in History, a.a.O. (Anm. 11), S. 232.

37 Ebd., S. 237.

38 *Michael Scriven,* Explanations, Predictions, and Laws, in: *Herbert Feigl* und *Grover Maxwell,* Hrsg., Minnesota Studies in the Philosophy of Science III, Minneapolis 1962, S. 170 ff., S. 230; vgl. auch *Scriven,* Definitions, Explanations, and Theories, in: *Herbert Feigl, Michael Scriven* und *Grover Maxwell,* Hrsg., Minnesota Studies in the Philosophy of Science II, Minneapolis 1958, S. 99 ff., S. 117.

39 Dazu neuerdings *Joachim Radkau* und *Orlinde Radkau,* Praxis der Geschichtswissenschaft. Die Desorientiertheit des historischen Interesses (Konzepte Sozialwissenschaft, 3), Düsseldorf 1972.

40 *Dray,* a.a.O. (Anm. 9), S. 156 ff., 164 ff.; vgl. auch *Arthur Lee Burns,* International Theory and Historical Explanation, in: History and Theory 1 (1960), S. 55 ff., S. 71.

41 *John Passmore,* Explanation in Everyday Life, in Science, and in History, in: *George H. Nadel,* Hrsg., Studies in the Philosophy of History. Selected Essays from »History and Theory« (Harper Torchbook, 1208J), New York 1965, S. 16 ff.

42 *Hempel,* The Function of General Laws in History, a.a.O. (Anm. 11), S. 238.

43 *Michael Scriven,* Truisms as the Grounds for Historical Explanations, in: *Patrick Gardiner,* Hrsg., Theories of History, New York 1959, S. 443 ff., besonders S. 465 ff.

44 *Scriven,* Explanations, Predictions, and Laws, a.a.O. (Anm. 38), S. 205.

45 Stegmüller, a.a.O. (Anm. 35), vgl. S. 346 ff.

46 Vgl. dazu weiter unten.

47 *Max Weber,* Gesammelte Aufsätze zur Wissenschaftslehre, Tübingen 1957, S. 275 ff.; *Guenter Lewy,* Historical Data in Comparative Political Analysis, in: Comparative Politics 1 (1968–69), S. 103 ff., S. 106 ff.; *Morton White,* Foundations of Historical Knowledge (Harper Torchbook, 1440), New York etc. 1969, S. 107 f., 115 ff.

48 Vgl. *Samuel Gorovitz,* Aspects of the Pragmatics of Explanation, in: Noûs 4 (1969), S. 61 ff.

49 *Dray,* a.a.O. (Anm. 9), S. 118 ff.

50 Vgl. dazu *Gordon Leff,* History and Social Theory, London 1969, S. 55 f.

51 Dazu etwa *Dray,* a.a.O. (Anm. 9).

52 *Hintze,* a.a.O. (Anm. 6), S. 315 ff., 323 ff.

53 Dazu *Carey B. Joynt* und *Nicholas Rescher,* The Problem of Uniqueness in History, in: History and Theory 1 (1960), S. 150 ff. Auf das auch in den Sozialwissenschaften bisher vernachlässigte Problem der komplexen Erklärung, d. h. der kohärenten Kombination einzelner Hypothesen zur Erklärung einer bestimmten Ereigniskonfiguration, kann hier nicht weiter eingegangen werden.

[54] *Arthur C. Danto,* Analytical Philosophy of History, Cambridge (Engl.) 1968, S. 237.
[55] *Morton White,* a.a.O. (Anm. 47), S. 7.
[56] Vgl. auch *Hermann Lübbe,* Was heißt »Das kann man nur historisch erklären«?, hektogr. Manuskr., zur Veröffentlichung bestimmt in: *Reinhart Koselleck* und *Wolfgang-Dieter Stempel,* Hrsg., Poetik und Hermeneutik V, München 1973.
[57] *Droysen,* a.a.O. (Anm. 2), S. 282; vgl. auch *Morton White,* a.a.O. (Anm. 47), S. 222.
[58] Vgl. *Haskell Fain,* Between Philosophy and History, Princeton, N. J., 1970, S. 210 f., der auf die Bedeutung der »narrative units of reference«, die der Schilderung zugrundeliegen, hinweist.
[59] *Droysen,* a.a.O. (Anm. 2), S. 284.
[60] *Danto,* a.a.O. (Anm. 54), S. 233 ff.
[61] *Droysen,* a.a.O. (Anm. 9), S. 288.
[62] *Popper,* a.a.O. (Anm. 8), S. 117.
[63] *C. B. McCullagh,* Narrative and Explanation in History, in: Mind 78 (1969), S. 256 ff.
[64] *David Hackett Fischer,* Historians' Fallacies. Toward a Logic of Historical Thought (Harper Torchbooks, 1545), New York – Evanston 1970, S. 135 ff., 144.
[65] So etwa *Stegmüller,* a.a.O. (Anm. 35), S. 356 ff.
[66] Vgl. *Imre Lakatos* und *A. Musgrave,* Criticism and the Growth of Knowledge, London 1970. Dazu im einzelnen *Peter Hucklenbroich,* Wissenschaftstheorie als rationale Rekonstruktion? Zur Analyse und Kritik des »Kritischen Rationalismus«, in: *Heinrich Hülsmann,* Hrsg., Strategie und Hypothese. Zur Beliebigkeit bürgerlicher Wissenschaftstheorie (Konzepte Sozialwissenschaft, 4), Düsseldorf 1972, S. 85 ff., 94.
[67] *Lübbe,* a.a.O. (Anm. 56), Manuskr. S. 6.
[68] *Droysen,* a.a.O. (Anm. 2), S. 288.
[69] *Lübbe,* a.a.O. (Anm. 56), Manuskr. S. 19.
[70] *Lakatos/Musgrave,* a.a.O. (Anm. 66).
[71] *Niklas Luhmanns* Vorstellung einer sinnhaften Geschichte wird in diesem Zusammenhang nicht behandelt, da seine Konzeption von Geschichte als »Selektion von Möglichkeitshorizonten« empirisch nicht einlösbar zu sein scheint.
[72] *Jack D. Douglas,* The Social Meanings of Suicide, Princeton, N. J., 1967, S. 235 ff., 247 ff.
[73] Vgl. *Erich Rothacker,* Die dogmatische Denkform in den Geisteswissenschaften und das Problem des Historismus, Mainz 1954.
[74] *Theodor Schieder,* Geschichte als Wissenschaft, München 1965, S. 38–39.

ZUR VERWENDUNG VON KONZEPTEN DES OPERATIONS RESEARCH IN DER RECHTS- UND SOZIALGESCHICHTLICHEN FORSCHUNG

Von Lucian Kern

Von den Konzepten und Modellen des Operations Research wird üblicherweise nicht angenommen, daß sie etwas mit der Geschichte im allgemeinen oder der Rechts- und Sozialgeschichte im besonderen zu tun haben könnten. Ihr Anwendungsbereich sind die industriellen Arbeits- und Produktionsabläufe, zu deren Verbesserung sie entwickelt wurden. Sie präsentieren sich in der Sprache hochformalisierter Modelle und Computerprogramme. Sie scheinen so unhistorisch zu sein wie ein mathematischer Lehrsatz.

Trotzdem soll hier die These diskutiert und an einem Beispiel erläutert werden, daß die Konzepte des Operations Research einen interessanten Beitrag zur rechts- und sozialgeschichtlichen Forschung zu liefern vermögen. Dabei wird von der Überlegung ausgegangen, daß diese Konzepte durchaus abgelöst von den industriellen Produktionsvorgängen betrachtet werden können. Ihre Formalisierung in Gestalt mathematischer Modelle ist bereits ein Schritt in dieser Richtung, auch wenn in den Annahmen solcher Modelle noch vielfach die Bindung an den Erfahrungshintergrund betrieblicher Probleme sichtbar ist. Es zeigt sich dann, daß den Modellen des Operations Research in aller Regel bestimmte Typen von Problemen zugrunde liegen, etwa Zuteilungsprobleme, die mit Hilfe des Verfahrens der Linearen Programmierung gelöst werden, Lagerhaltungsprobleme, für die Lagerhaltungsmodelle entwickelt wurden, Warteprobleme, die mittels der Warteschlangentheorie erfaßt werden, u. a. [1].

Von einigen dieser Probleme kann gezeigt werden, daß sie in je spezifischer Form auch in früheren Jahrhunderten auftreten. Ihre Auffassung und die versuchten Lösungen in der jeweiligen Zeit sind dabei der Denkweise und den faktischen Möglichkeiten dieser Zeit verhaftet. Das Problem steht also in historischen wie auch sozialhistorischen Zusammenhängen. Die sozialgeschichtliche Relevanz ergibt sich daraus, daß die Auffassung des Problems und die Art und Weise seiner Lösung (oder auch Nichtlösung) gewisse soziostrukturelle Änderungen mit sich bringt oder sich aus ihnen ergibt.

Es ist allerdings oft schwierig, diese sozialhistorischen Bezüge aufzuzeigen. Das hängt damit zusammen, daß sozialgeschichtliche Fragestellungen auf einer anderen Aggregatebene angesiedelt sind als die Problemstellungen des Operations Research. Während sozialgeschichtliche Arbeiten stets das anzielen, was Soziologen die »Makroebene« nennen, setzen die Modelle des Operations Research zunächst im Mikrobereich an, das heißt genauer gesagt, auf der Ebene der Arbeits- und Entscheidungsabläufe innerhalb und zwischen Organisationen und Institutionen bzw. zwischen Organisationen und ihrer Umgebung [2].

Zwar kann als unbestritten gelten, daß Struktur und Anordnung von Arbeits- und Entscheidungsabläufen innerhalb wie zwischen Organisationen sich auf der Makroebene auswirken oder von ihr beeinflußt werden. Dies jedoch im Einzelfall festzustellen, ist nicht einfach. Die Schwierigkeiten, die sich dabei ergeben, können aber zugleich als eine Chance aufgefaßt werden, den von der Sozialgeschichte durchaus schon thematisierten Zusammenhang zwischen der Mikro- und der Makroebene um zusätzliche Querbeziehungen zu erweitern [3].

Es sollte noch einmal betont werden, daß es nicht darum geht, bestimmte Verfahren und Methoden des Operations Research als solche in der sozialgeschichtlichen Forschung anzuwenden. Tatsächlich lassen sich sozialgeschichtliche Fragestellungen nicht direkt in O. R.-Modelle übersetzen – und zwar nicht allein wegen des erwähnten unterschiedlichen Ansatzpunktes bezüglich der Aggregatebene, sondern vor allem auch deswegen nicht, weil die Modelle des Operations Research präskriptiv angelegt sind, das heißt so aufgebaut, daß sich aus ihnen unter bestimmten Annahmen Optimallösungen für das jeweilige Problem ableiten lassen [4].

Nun ist es aber für den Historiker oder Sozialhistoriker wenig aufschlußreich, die optimale Lösung bestimmter organisatorischer oder ablauftechnischer Probleme kennenzulernen. Ihn interessiert vielmehr, wie eine Epoche, ein Zeitalter dieses Problem aufgefaßt und zu lösen versucht hat und welche Folgen sich daraus ergaben. In diesem Sinne handelt es sich hier darum, einzelne Konzepte des Operations Research und die ihnen zugrunde liegenden Probleme für die Sozialgeschichte fruchtbar zu machen, also neue Gesichtspunkte einzuführen, und weniger darum, neue Methoden zu etablieren.

Die bisher nur sehr allgemein skizzierten Gedankengänge sollen im folgenden näher ausgeführt werden. Dazu wird ein spezifisches O.R.-Modell herangezogen, dessen Problemstellung und Verwendungsmöglichkeiten kurz geschildert werden. Im Anschluß daran wird ein historisches Beispiel für dieses Problem gegeben und es werden die diesbezüglichen Problemlösungen erörtert.

Die Warteschlangentheorie als Beispiel eines O.R.-Modells

Als Beispiel eines O.R.-Modells ist die Warteschlangentheorie gewählt worden, weil das ihr zugrunde liegende Problem allgemein genug ist, um auch in historischen und rechts- und sozialhistorischen Kontexten relevant zu werden (im Gegensatz zu der sehr betriebsspezifischen Problemstellung etwa von Lagerhaltungsmodellen). Außerdem spielt in der Warteschlangentheorie die vorherige Feststellung der zu erwartenden Wartezeit oder Warteschlangenlänge eine Rolle, das heißt dem präskriptiven Modell ist gewissermaßen eine empirisch-analytische Stufe vorgeschaltet. Ein derartiger Ansatz ist für die empirische Analyse ähnlicher Problemstellungen in rechts- und sozialhistorischen Zusammenhängen naturgemäß geeigneter als ein rein präskriptives Modell.

Die Warteschlangentheorie stellt eine Formalisierung des alltäglichen Phänomens des Wartens dar. Jedem Warteschlangenmodell liegt, wie *Hans Schneeweiss* formuliert, das Bild zugrunde, daß Personen vor einem Schalter Schlange stehen und darauf warten, bedient zu werden. Dabei wächst die Schlange mit der Ankunft neuer Kunden und nimmt durch die Abfertigung wartender Kunden ab [5]. Ankünfte wie Abfertigungen erfolgen im allgemeinen in unregelmäßigen Zeitabständen. Statt der Personen sind ebenso andere wartende Einheiten denkbar (Telefongespräche, Kraftfahrzeuge in Verkehrsstauungen, Flugzeuge vor der Landung, Tagesordnungspunkte vor Beratung in einem Gremium, Anträge jeder Art vor ihrer Bearbeitung) und statt eines Schalters kann die »Bedienungsstation« ebenso eine Tankstelle, eine Bank, ein Bundestagsausschuß oder ein Gericht sein.

Tatsächlich abstrahiert die Warteschlangentheorie von solchen konkreten Einheiten und liefert eine mathematische Beschreibung für Wartesituationen mit verallgemeinerten Einheiten [6]. Sie stellt einen Zusammenhang zwischen der Zahl der pro Zeiteinheit vor einer Bedienungsstation eintreffenden Kunden (Ankunftsrate), der Geschwindigkeit der Bedienung (Abgefertigte Einheiten pro Zeiteinheit: Bedienungsrate) und der Wartezeit bzw. der Warteschlange her. Dieser Zusammenhang ist auch mathematisch so formuliert, daß sich Wartezeit und Warteschlange in dem Maße erhöhen, wie sich bei gleichbleibender Ankunftsrate die Bedienungsgeschwindigkeit verringert oder bei gleichbleibender Bedienungsrate die Ankunftsrate erhöht [7].

Diese Größen (Ankunftsrate, Bedienungsrate, Länge der Warteschlange) werden in den herkömmlichen Modellen der Warteschlangentheorie durch ihre Erwartungswerte (Mittelwerte) und die dazugehörigen Wahrscheinlichkeitsverteilungen erfaßt. Dabei wird von der Annahme ausgegangen, daß sich diese Größen nur auf Grund rein zufälliger Schwankungen ändern, die nicht zeitabhängig sind [8]. Die jeweilige Länge der Warteschlange wird mithin als Ergebnis der Zufallsschwankungen der Ankunfts- und Bedienungsrate dargestellt. Damit steht auch im Zusammenhang, daß die meisten Warteschlangenmodelle mit sehr kleinen Zeiteinheiten (Minuten, Sekunden) arbeiten und eine schon bestehende Warteschlange nicht annehmen.

Diese restriktiven Annahmen der sogenannten »zeitunabhängigen« Modelle der klassischen Warteschlangentheorie [9] treffen zwar für viele betriebliche Vorgänge durchaus zu, kaum mehr jedoch, wenn es um Wartesituationen geht, die sich in einem größeren Zusammenhang etwa zwischen Organisationen und ihrer Umgebung ergeben. Hier muß in aller Regel mit größeren Zeiteinheiten gerechnet werden (Tagen, Wochen, gelegentlich auch Jahre), und die Veränderungen der Ankunfts- und Bedienungsrate sind nicht mehr zeitunabhängig, sondern werden zu einer Funktion der Zeit.

Auch für diesen Fall sind Modelle entwickelt worden, die es gestatten, die zeitabhängigen Änderungen der Ankunfts- und Bedienungsrate und damit der Warteschlangenlänge zu erfassen [10]. Sie haben aber den Nachteil, daß sie mathematisch außerordentlich kompliziert und schwierig zu handhaben sind und einen geradezu prohibitiven Rechenaufwand erfordern [11]. Man ist daher meist genötigt, auf Näherungsverfahren zurückzugreifen, wie sie etwa bei *D. R. Cox* und *Walter L. Smith* zu finden sind [12]. Dabei wird nur mit Durchschnittswerten gearbeitet und eine lineare Abhängigkeit der Änderungen der Ankunfts- und/oder Bedienungsrate vom Zeitablauf angenommen. Solche Näherungsverfahren sind zwar für den Mathematiker nur sehr grobe Instrumente, erlauben aber dem Praktiker zumindest eine erste Abschätzung der zeitlichen Entwicklung einer Wartesituation [13].

Schließlich muß nicht in allen Fällen mit einem mehr oder weniger komplizierten Modell gearbeitet werden. Soweit es nur auf die Errechnung der durchschnittlichen

Wartezeit oder Warteschlangenlänge ankommt, kann diese auch mittels bestimmter Formeln direkt aus den Daten bestimmt werden. Allerdings erlaubt dieses Vorgehen keine Ableitung einer Optimallösung. Hierzu muß stets ein Entscheidungsmodell herangezogen werden. Andererseits besteht (wie am historischen Beispiel gezeigt werden wird) mit solchen Berechnungen durchaus die Möglichkeit, Veränderungen der durchschnittlichen Wartezeit festzustellen und damit den Erfolg oder Mißerfolg von organisatorischen oder sonstigen Maßnahmen zur Verbesserung der Wartesituation abzuschätzen.

Damit ist die übliche Vorgehensweise warteschlangentheoretischer Untersuchungen insofern abgekürzt, als der oben erwähnten empirisch-analytischen Stufe keine präskriptive Stufe unter Verwendung bestimmter Warteschlangenmodelle folgt, das heißt nicht mehr nach einer Optimallösung für das Warteproblem gesucht wird – etwa danach, wie bei einer gegebenen Ankunftsrate die Bedienungsrate zu verändern ist, um eine optimale Wartezeit zu erreichen; ein Optimierungsproblem, das übrigens häufig als Kostenminimierungsproblem gefaßt, das heißt so formuliert wird, daß nach dem Minimum der Summe der Wartezeitkosten und der Bedienungskosten zu suchen ist [14].

Tatsächlich ist diese, für O.R.-Modelle zentrale Frage für den empirisch arbeitenden Sozialwissenschaftler oder Sozialhistoriker kaum von Bedeutung. Für ihn ist aber wichtig, daß sich das Instrumentarium der Warteschlangentheorie auf diese Weise empirisch-analytisch einsetzen und etwa zur Untersuchung des Verhaltens von Organisationen oder Institutionen in Fällen langer Wartezeiten oder großer Überlastung benutzen läßt. So kann mit der erwähnten Berechnungsweise überprüft werden, ob diesbezüglich ergriffene Maßnahmen zu einer Verringerung der durchschnittlichen Wartezeit geführt haben.

In diesem Zusammenhang ist noch ein anderer Punkt von Bedeutung: Die herkömmlichen Warteschlangenmodelle verknüpfen meist nur sehr wenige Faktoren bzw. Variablen miteinander, insbesondere die Ankunfts- und Bedienungsrate mit der Wartezeit bzw. der Warteschlangenlänge. Hinzu kommen in einigen Modellen noch die Zahl der Bedienungsstationen, die Art ihrer Anordnung (Reihen- oder Parallelschaltung) sowie die Bedienungsfolge (nach Reihenfolge des Eintreffens, in zufälliger Folge oder in umgekehrter Folge) und die Frage der Prioritäten, also der bevorzugten Abfertigung bestimmter Einheiten [15]. In neueren Arbeiten wird außerdem versucht, gewisse gegenseitige Abhängigkeiten im Wartesystem modellmäßig zu erfassen: etwa die Schlangenabhängigkeit der Ankunftsrate (Abschreckungseffekt langer Schlangen; Konzept des »ungeduldigen Kunden«) oder die Schlangenabhängigkeit der Bedienungsrate (Druck einer langen Warteschlange auf die Bedienungsstation, der zur Beschleunigung der Abfertigung führt) [16].

Damit sind aber – besonders bezüglich sozialer Organisationen oder politischer Institutionen – bei weitem nicht alle Faktoren erfaßt, die die Wartezeit beeinflussen können, das heißt genauer: sie sind nur insofern erfaßt, wie sie als weiter nicht explizierte Veränderung der Ankunfts- oder Bedienungsrate in solche Berechnungen und Modelle eingehen. Umgekehrt bieten eben diese Konzepte der Ankunfts- und Bedienungsrate eine gute Möglichkeit, die weiteren Faktoren zu klassifizieren, denn alle derartigen

Faktoren, auch die oben genannten, werden stets auf dem Weg über Änderungen der Ankunfts- oder Bedienungsrate für das Wartesystem wirksam, sind also durch solche Änderungen auch meßbar.
In diesem Sinne kann man fragen, wo etwa staatliche Institutionen, zum Beispiel bestimmte Verwaltungen angesetzt haben, um ihre Warteschlangenbelastung zu vermindern. Dabei stellt sich schnell heraus, daß besonders Verwaltungen meist nicht, wie vermutet werden könnte, ihre Bedienungsrate zu erhöhen oder die Struktur des Bedienungssystems zu verbessern suchen, sondern die Ankunftsrate oder sogar die Warteschlange selbst zu manipulieren versuchen. Das beginnt bei der Einführung von Zeitbeschränkungen für den Publikumsverkehr und kann bis zur Verhinderung neuer Ankünfte gehen (bei Gerichten zum Beispiel durch Beschränkung des Zugangs zu höheren Instanzen auf bestimmte Streitwerte, bei anderen Institutionen etwa durch Verschärfung der formalen Bedingungen für Anträge oder ähnliches).
Richard L. Meier gibt für den von ihm untersuchten Fall einer Bibliotheksverwaltung einen Überblick über solche »Abwehrstrategien«, die von der Einführung von Prioritäten, also der bevorzugten Abfertigung bestimmter Einheiten (und damit der Vernachlässigung anderer) über zunehmende Formalisierung und Standardisierung der »Bedienung« bis zur bewußten Verschlechterung der Qualitätskriterien für die Abfertigung reichen [17]. Wie *Lindsey Churchill* im Anschluß an die Studie von *Meier* gezeigt hat, ist eine lange Wartezeit bei bestimmten Institutionen sogar durch soziale Normen gedeckt. So können sich etwa Gerichte längere Warteschlangen »leisten«, weil von der sozialen Wertung her ein gerechtes Urteil höher eingeschätzt wird als ein schnelles Urteil [18]. Statt also die Wartezeit durch die Beschleunigung der Abfertigung und Verbesserung des Bedienungssystems zu vermindern, bevorzugen Verwaltungen offenbar häufig Strategien der Einschränkung des Zugangs zur Bedienung und der Abwehr der Nachfrage, gelegentlich sogar mit Hilfe sozialer Normen. Zwar wird auch auf diese Weise eine Verkürzung der Warteschlange erreicht, jedoch einseitig auf Kosten der Kunden, die um Bedienung nachsuchen.
Unter warteschlangentheoretischem Gesichtspunkt wäre es unerheblich, ob eine Verkürzung der Warteschlange auf dem Weg über eine Beschleunigung der Bedienungsrate oder eine Verringerung der Ankunftsrate erreicht wird, denn in diesem Zusammenhang wird nur nach der Effektivität einer Maßnahme, das heißt danach gefragt, wieweit die angestrebte Verkürzung der Warteschlange damit zu realisieren ist. Unter allgemeineren soziologischen Aspekten kann es jedoch von erheblicher Bedeutung sein, welcher Art die Maßnahme ist, ob und in welcher Form sie eher auf Verringerung der Ankunftsrate oder auf Beschleunigung der Bedienungsrate abzielt, denn dies sagt zugleich etwas darüber aus, wer von der Maßnahme betroffen wird, und wen sie bevorzugt oder benachteiligt.
Wie bei allen anderen O.R.-Modellen, so gelten auch bei Warteschlangenmodellen alle Variablen, die in den Modellen miteinander verknüpft werden, zunächst als gleichermaßen manipulierbar. Spätestens bei der Ableitung einer Lösung muß man sich entscheiden, welche Variablen verändert werden sollen [19]. Die gewählte Lösung gibt also – abgesehen davon, daß sie einen Vorschlag zur Verbesserung der Wartesituation darstellt – auch Auskunft darüber, welche Faktoren für beeinflußbar gehalten werden

und welche nicht, und die schließlich verwirklichte Lösung zeigt, welche Faktoren tatsächlich verändert werden konnten. Auch damit ist ein wichtiger sozialhistorischer Anknüpfungspunkt gegeben, denn gerade derartige Vorstellungen über die Manipulierbarkeit oder Nichtmanipulierbarkeit bestimmter Faktoren geben Aufschlüsse über den Horizont der Möglichkeiten der jeweiligen Zeit.

Insgesamt gesehen also lassen sich warteschlangentheoretische Konzepte und Überlegungen auf verschiedene Weise in rechts- und sozialgeschichtliche Untersuchungen einbringen:

1. Die der Warteschlangentheorie zugrunde liegende Problemstellung kann herangezogen werden, um zu untersuchen, wieweit die jeweilige Auffassung des Problems und die angestrebten Lösungen soziostrukturelle Veränderungen nach sich ziehen oder anzeigen.
2. Sofern die entsprechenden Daten vorliegen, kann die durchschnittliche Wartezeit oder Warteschlangenlänge im Zeitablauf berechnet und damit die Wirkung einzelner Maßnahmen festgestellt werden.
3. Weiterhin können die in den Warteschlangenmodellen benutzten Konzepte zur Analyse konkreter Wartesysteme verwandt werden, insbesondere im Hinblick darauf, welche der Faktoren manipuliert wurden und an welchen Punkten die Verbesserungsmaßnahmen ansetzten.

In jedem Fall wird dabei von der Warteschlangentheorie nicht in der Weise Gebrauch gemacht wie üblicherweise in Operations-Research-Untersuchungen. Abgesehen davon, daß manche der dort gemachten Annahmen nicht zutreffen, kommt es hier darauf an, der Warteschlangentheorie sozusagen eine empirisch-analytische Wendung zu geben. Sie wird also einerseits als Problemstellung, andererseits als Begriffsgerüst zur Analyse entsprechender Problemlösungen in historischen Zusammenhängen herangezogen.

Ein historisches Warteproblem: Der preußische Zivilprozeß im 18. Jahrhundert

Ein Warteproblem, das sich historisch weit zurückverfolgen läßt, ist das Problem der Zeitdauer, die Zivilprozesse zu ihrer Abwicklung vor Gericht benötigen. Klagen über die lange Dauer von Prozessen, insbesondere von Zivilprozessen, scheint es nicht nur aus unserer, sondern aus allen Zeiten seit Beginn der abendländischen Rechtsgeschichte zu geben, und jahrhundertelang muß die Verschleppung von Prozessen erheblich gewesen sein [20]. Ein berühmt-berüchtigtes Beispiel ist das Reichskammergericht zu Wetzlar, für das sich um die Mitte des 18. Jahrhunderts aus den von *Rudolf Smend* gegebenen Daten eine durchschnittliche Prozeßdauer von über 30 Jahren errechnen läßt [21].

Damit wird deutlich, daß dieses Warteproblem nicht allein juristischer Natur ist, denn die faktische Rechtsverweigerung, die eine so extrem lange Verfahrensdauer bedeutet, hat auch soziale und politische Folgen. Sie kann die Konfliktlösungsfunktion der Rechtsprechung so weit auflösen, daß andere Formen der Konfliktlösung an ihre Stelle treten [22]: Formen der Selbsthilfe, wie sie etwa in der Zeit vor dem Ewigen Landfrieden von 1495 an der Tagesordnung waren. Die Aufrechterhaltung der Konfliktlösungsfunktion der Rechtsprechung ist nicht zuletzt auch eine Frage der Zeitdauer der Verfahren [23]. Und selbst wenn man nicht an diese äußerste Konsequenz denkt, so bedeutet eine lange Verfahrensdauer im Zivilprozeß doch stets eine Benachteiligung des Klägers gegenüber dem Beklagten mit allen sozialen Folgen, die sich daraus ergeben können [24].

Das Problem war im 18. Jahrhundert nicht nur für die Rechtsprechung des Reiches (Reichskammergericht), sondern auch in den einzelnen Territorialstaaten akut. Auch hier häuften sich die Klagen über den schleppenden Gang der Justiz, und die Berichte sprechen von einem »Gefühl allgemeiner Rechtsunsicherheit« [25]. Unter den deutschen Territorialstaaten des 18. Jahrhunderts war es das friderizianische Preußen, das als einer der ersten dieses Problem erkannt hat und Abhilfe zu schaffen suchte. Die Geschichte der diesbezüglichen Problemlösungen ist zugleich die Geschichte der zunehmenden Straffung, Vereinheitlichung und Durchorganisierung des preußischen Justizwesens, die im Ausgang des 18. Jahrhunderts in die Allgemeine Gerichtsordnung (AGO) mündete; eine Kodifikation, die für den Bereich des Prozeßrechts von ähnlicher Bedeutung gewesen sein dürfte, wie das Allgemeine Landrecht (ALR) für den Bereich des Öffentlichen und Bürgerlichen Rechts.

Es hat allerdings in Preußen seit Beginn des 18. Jahrhunderts einer Reihe von Ansätzen bedurft, ehe deutlich wurde, daß eine grundlegende Verbesserung erst von einer Überwindung des alten gemeinrechtlichen Verfahrens erwartet werden konnte. So ist das Problem in Preußen zunächst von der personalen Seite her angegangen worden. Da vor allem die Advokaten als verantwortlich für die Verschleppung der Prozesse galten, richteten sich die ersten Maßnahmen gegen sie: 1713 verfügte *Friedrich Wilhelm I.* eine drastische Reduzierung der Zahl der Advokaten bei den Gerichten und der Gebühren, die sie erheben durften [26].

Außerdem wurde ihnen auferlegt, eine besondere Tracht, den schwarzen Advokatenmantel, zu tragen [27]. Diese Maßnahme konnte nur in einer Zeit erfolgen, in der Kleiderverordnungen noch eine wichtige Rolle als Mittel der Sichtbarmachung von Standesunterschieden, der optischen Markierung hierarchischer Abstufungen spielten [28]. Derartige Vorschriften hatten damit implizit auch einen diskriminierenden Charakter, der im Fall des Advokatenmantels sogar bewußt beabsichtigt war [29].

Unter Friedrich dem Großen ging man noch einen Schritt weiter: Im Corpus Juris Fridericianum (CJF) von 1781 wurden die Advokaten durch staatlich besoldete Assistenzräte ersetzt, die nicht nur Sachwalter der Parteien, sondern zugleich Beistände und Gehilfen der Richter sein sollten [30]. Diese Konstruktion bedeutete für die Assistenzräte eine Zwitterstellung zwischen dem Richter und den Parteien, die sich prozeßtechnisch als nicht praktikabel erwies [31]. Die Allgemeine Gerichtsordnung von 1793 löst daher die Assistenzräte durch Justizkommissare ab, denen wieder eindeutig die Aufgabe der Vertretung der Parteien, also die Funktion der Advokaten, zugeordnet ist [32].

Unter sozialgeschichtlichem Gesichtspunkt ist interessant, daß von dieser prozeßtechnischen Zwitterstellung der bisherigen Advokaten gewissermaßen nur die amtliche Seite nach außen durchschlägt: In der sozialen Einschätzung wird in erster Linie beachtet, daß die Assistenzräte nunmehr auch eine richterliche Funktion haben und fest angestellt und besoldet sind. Diese feste Anstellung und Besoldung galt auch für die späteren Justizkommissare. Die höhere soziale Reputation zeigt sich nicht zuletzt daran, daß seit Ende des 18. Jahrhunderts zunehmend Übertritte von Richter- auf Justizkommissarstellen vorkommen [33].

Neben den Advokaten galten auch die Richter als mitverantwortlich an den Prozeßverzögerungen. Zeitgenössische Berichte zeichnen das Bild einer ungenügend und unregelmäßig besoldeten, bestechlichen, schlecht ausgebildeten Richterschaft, die sich ihrer Arbeit oft durch eigenmächtigen Urlaub oder Übernahme anderweitiger Verpflichtungen entzog [34]. Die Beseitigung dieser Mißstände hat unter *Friedrich dem Großen* Großkanzler *Samuel von Cocceji* initiiert, der durch eine Reihe von Maßnahmen vor allem einen gesicherten Verdienst und eine gute Qualifikation der Richter zu erreichen suchte [35]. Diesem Zweck dienten nicht zuletzt auch die Entlassungen und Neubesetzungen von Richterstellen anläßlich der Provinzreisen *Coccejis,* die dieser 1747–1751 unternahm, um die angeordnete Aufarbeitung der Rückstände an Verfahren selbst zu überwachen [36].

Diese »Aufarbeitungskampagnen« *Coccejis* – wegen ihrer Erfolgsmeldungen an den König, die sich an den Zahlen der vorzeitig erledigten Prozesse orientierten, oft als »Nummerntöten« kritisiert [37] – leiteten zugleich aber eine Reorganisation der Gerichte und eine straffere Gliederung des Instanzenzuges ein, faßten das Problem also auch von einer anderen Seite an [38]. Hand in Hand damit ging die Einführung des Codex Fridericianus Marchicus von 1748, der neben dem gemeinrechtlichen Verfahren erstmals (nach einem erfolglosen Versuch 1739) auch ein mündlich-summarisches Verfahren vorsah [39]. Dieser Ansatz ist von *Carmer* und *Svarez* weiterentwickelt worden zum richterlichen Instruktionsprinzip, auf dessen Basis im CJF und in der AGO das gemeinrechtliche Verfahren schließlich abgelöst wurde [40].

Um die Bedeutung dieser entscheidenden Wende zu verdeutlichen, muß man sich vergegenwärtigen, daß das gemeinrechtliche Verfahren ausschließlich schriftlich abgewikkelt wurde, also keine mündliche Verhandlung zwischen Parteien, Anwälten und dem Richter kannte. Auf der Grundlage des Eventualprinzips war dieses Verfahren vielmehr in eine Reihe strikt voneinander getrennter, aufeinanderfolgender Verfahrensstufen eingeteilt (Klage einschließlich Begründung, Klagebeantwortung einschließlich Vorbringen der Einreden, Replik, Duplik etc.), innerhalb derer auf schriftlichem Wege alles vorzubringen war, was verfahrensmäßig zur jeweiligen Stufe gehörte, auch wenn es nur im Eventualfall von Bedeutung war [41]. Ein solcher Verfahrensablauf ist nicht nur sehr zeitraubend, da jeder Prozeß vor seinem Abschluß erst alle Einzelstufen durchlaufen muß, er ist auch zu starr und unflexibel in seiner Anordnung, um etwa Schwankungen in der Ankunfts- oder Bedienungsrate ausgleichen zu können [42].

Demgegenüber versucht das Verfahren des CJF und der AGO, den Ablauf in wenige Stufen zusammenzufassen, dessen Kern der Instruktionstermin ist, bei dem das Gericht mit den Parteien die Streitsache durchgeht, die streiterheblichen Tatsachen ermittelt und die Beweise aufnimmt [43]. Durch die Straffung des Ablaufs war dieses Verfahren nicht nur flexibler als das gemeinrechtliche Verfahren, die Möglichkeit des direkten Kontakts der Parteien mit dem Gericht bedeutete auch eine »soziale Öffnung« des Prozesses [44].

Interessant ist die Stellung des Richters in diesem Verfahren. Der oben geschilderte

Versuch, die Advokaten durch Assistenzräte abzulösen, führte dazu, daß ein großer Teil der Funktionen der Advokaten auf den Richter übertragen wurde. Er hatte nicht nur Recht zu sprechen, sondern auch ex officio den Sachverhalt zu ermitteln (Instruktionsprinzip). Damit wurde er zur Hauptperson des Verfahrens, zum »alltätigen und allwissenden Richter«, ausgestattet mit einem umfassenden Frage- und Aufklärungsrecht, zugleich aber verpflichtet, im Sinne der »Fürsorge für die Parteien« die Wahrheit zu erforschen und auf ihrer Grundlage Recht zu sprechen [45]. Die Parallele zur Stellung des aufgeklärten Monarchen ist deutlich. Diese starke Position des Richters blieb auch nach der Einführung der Justizkommissare durch die AGO erhalten, da weiterhin am Instruktionsprinzip festgehalten wurde [46].

Die prozessuale Stellung des Richters reflektierte sich in seinem sozialen Ansehen, lag jedoch nicht eigentlich in diesem begründet, sondern eher in dem beamtenähnlichen Status und der seit den Bemühungen *Coccejis* merklich gestiegenen fachlichen Qualifikation der Richter. In diesem Zusammenhang entwickelte sich im Laufe des 18. Jahrhunderts der Typus des Beamtenrichters, der im 19. Jahrhundert durch weitere Maßnahmen wie Unabsetzbarkeit, Ruhegehalt usw. gestärkt wurde. Dabei spielte dann auch das frühe liberale Denken eine Rolle, das im Richter einen Wahrer der Rechte des Bürgers sah [47].

Man kann für die AGO in ähnlicher Weise von einem »Janusgesicht« sprechen wie es *Reinhart Koselleck* vom ALR dargelegt hat [48]. Sie war zukunftweisend mit ihrer Einführung eines mündlichen Verfahrens, das später in veränderter Form in die Reichszivilprozeßordnung von 1877 Eingang fand [49]. Sie drängte mit dem Ziel der Beschleunigung der Prozesse den Einfluß der Advokaten zurück und stärkte die Position des Richters. Sie konzipierte ein auch im technischen Sinne flexibleres Verfahren. Aber es gelang ihr nicht, bestimmte ständische Prärogative zu überwinden. Weiterhin gab es neben den staatlichen Gerichten eine ausgedehnte Privatgerichtsbarkeit der Standes- und Patrimonialherren [50], und schließlich hatten Adel und Eximierte einen privilegierten Zugang zu Obergerichten oder bestimmten Sondergerichten [51].

Der preußische Zivilprozeß im Übergang zum 19. Jahrhundert

Die entscheidende Frage war, ob die preußische Zivilprozeßordnung des ausgehenden 18. Jahrhunderts den Anforderungen des 19. Jahrhunderts gewachsen sein würde. Diese äußerten sich schon in den ersten Jahrzehnten in einem erheblichen Anschwellen der Zahl von Prozessen. Konnte man um 1800 noch mit einem jährlichen Anfall von etwa 100 000 Zivilprozessen in ganz Preußen rechnen, so war diese Zahl bis 1841 auf über 1 000 000, in 40 Jahren also um das Zehnfache angestiegen; ein Anstieg, der mit Bevölkerungs- und Gebietszuwachs allein nicht zu erklären war [52].

Die Antwort, die uns Juristen und Rechtshistoriker auf die gestellte Frage geben, ist eindeutig negativ. Sie argumentieren, daß das Verfahren der AGO notwendigerweise den Richter überfordern und die Gerichte überlasten mußte [53]. Sie berichten, daß die AGO in ihrem Bemühen um die Verkürzung der Prozesse kaum Erfolg gehabt habe, daß schon bald wieder eine Prozeßdauer von mehreren Jahren keine Seltenheit gewesen sei und selbst einfachste Zivilrechtsstreitigkeiten über ein Jahr gedauert hätten [54]. Besonders in der zeitgenössischen Argumentation wurde damit die Notwendigkeit eines verbesserten Verfahren begründet, das 1833 mit einer Verordnung über den Mandats-, den summarischen und den Bagatellprozeß auch eingeführt wurde [55].

Die Antwort, die uns die Daten geben, ist nicht so eindeutig. Zieht man die preußischen Prozeßtabellen, wie sie seit 1812 in den Kamptzschen Jahrbüchern veröffentlicht wurden [56], heran und errechnet auf der Grundlage ihrer Angaben die durchschnittliche Wartezeit [57] bei den Oberlandesgerichten, so ergibt sich das in Abb. 1 wiedergegebene Bild. Dies zeigt zwar bis 1820 ansteigende Tendenzen, ab diesem Zeitpunkt jedoch bis über 1830 hinaus einen deutlichen Trend der Verringerung der durchschnittlichen Wartezeit. Die mittlere Prozeßdauer liegt im übrigen zu keinem Zeitpunkt in diesem Zeitraum über einem Jahr und ist bei den Untergerichten entsprechend geringer (2–4 Monate). Nach den oben erwähnten Berichten und dem Anstieg der Prozeßzahlen wäre aber eine durchgehend aufsteigende Tendenz zu erwarten gewesen.

Nun muß beachtet werden, daß hier nur Durchschnitte berechnet wurden. Eine bestimmte mittlere Wartezeit sagt aber nichts über die tatsächliche Verteilung der Wartezeiten aus, die mehr oder minder breit um den Mittelwert streuen kann. Da der Mittelwert in einigen Zeitbereichen, etwa zwischen 1820 und 1823, relativ nahe an einem

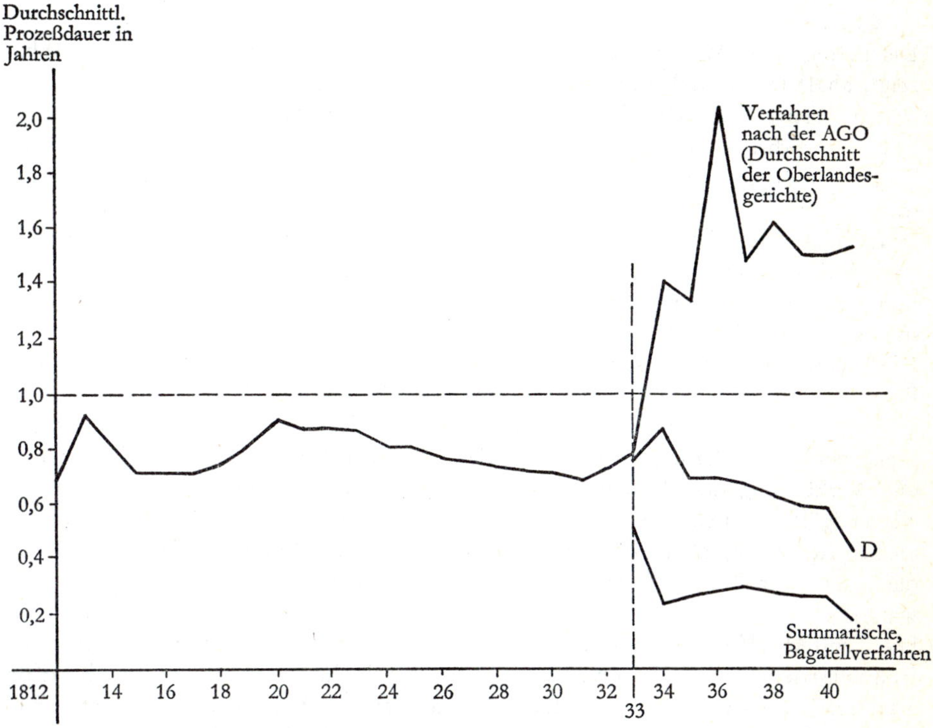

Abbildung 1: Durchschnittliche Dauer der Zivilprozesse vor den preußischen Oberlandesgerichten 1812–1841 (D: Durchschnitt der AGO- und summarischen Verfahren ab 1833).

Jahr liegt, muß in solchen Bereichen mit schätzungsweise 30–40 Prozent an Verfahren über einem Jahr Prozeßdauer gerechnet werden und auch bei den günstigeren Durchschnittswerten liegt immer ein bestimmter Prozentsatz über einem Jahr.
Die eigentliche Leistung der preußischen Ziviljustiz wird denn auch erst deutlich, wenn man sich vergegenwärtigt, daß im selben Zeitraum zwischen 1812 und 1833, in dem die durchschnittliche Wartezeit mit gewissen Schwankungen auf einem Niveau von 9–10 Monaten gehalten wurde, eine Verdoppelung der Neuzugänge an Verfahren pro Jahr bei den Oberlandesgerichten eintrat [58]. Man wird also das Urteil der Juristen und Rechtshistoriker zumindest insoweit zu differenzieren haben, als die preußische Zivilrechtsprechung, gemessen an den Belastungen durch die Zunahme der Prozesse, vorzüglich gearbeitet hat.
Andererseits wird aber auch klar, daß die Oberlandesgerichte im beginnenden 19. Jahrhundert den friderizianischen Maßstab der Zivilrechtspflege, alle Prozesse binnen einem Jahr abzuwickeln, nur mehr als Durchschnittswert verwirklichen konnten [59]. Insoweit bestand die Forderung der Juristen nach einem verbesserten Verfahren völlig zu Recht. Die zunehmende Schwerfälligkeit des Verfahrens nach der AGO belastete besonders Klagen der Kaufleute und Handwerker, Ansprüche aus Darlehen, Forderungen auf Lohn, Miete oder Pacht, Alimentenklagen u. ä. mit unzumutbar langen Wartezeiten [60]. Für derartige Prozesse war das abgekürzte, summarische Verfahren gedacht, das 1833 eingeführt wurde [61].
Der Erfolg dieser Maßnahme läßt sich durch die Daten belegen: Während, wie Abb. 1 zeigt, ab 1833 die nach den Bestimmungen der AGO durchgeführten Prozesse einen steilen Anstieg ihrer Verfahrensdauer verzeichnen, die 1836 bis über zwei Jahre im Mittel anwächst, können die nach dem neuen summarischen Verfahren durchgeführten Prozesse in durchschnittlich drei Monaten abgeschlossen werden. Aber auch der Durchschnitt beider Verfahrensarten (Linie D in Abbildung 1) sinkt nach einer kurzen Anlaufperiode deutlich ab und liegt 1840/41 bei einem halben Jahr. Das hängt im wesentlichen damit zusammen, daß zunehmend mehr Prozesse nach dem neuen Verfahren abgewickelt werden. Bereits 1836 liegt das Verhältnis von AGO-Verfahren zu summarischen Verfahren bei 1 : 5 und 1841 bei 1 : 10 [62].
Die preußische Zivilrechtsprechung hatte damit einen Weg gefunden, den in dieser Phase der Frühindustrialisierung zunehmenden Umfang an Zivilprozessen aufzufangen, und zwar nicht mehr, wie noch im 18. Jahrhundert, durch Maßnahmsen für oder gegen bestimmte Personengruppen, sondern von vornherein durch die Verbesserung und Verkürzung des Verfahrensablaufs: Die »personale« Auffassung des Problems war endgültig von einer, wenn auch in juristischen Termini ausgedrückten, ablauftechnischen Auffassung abgelöst [63]. Damit zog die preußische Justizverwaltung die Konsequenz aus der Tatsache, daß Zivilprozesse zu einer Massenerscheinung geworden waren [64].
Die Zivilrechtspflege vollzog hier in ersten rudimentären Ansätzen nach, was in den frühindustriellen Betrieben und Unternehmen bereits in voller Entwicklung begriffen war: den Übergang von einer einfachen, noch relativ grob gegliederten Arbeitsteilung zu differenzierteren Formen, für die im Hinblick auf die Beschleunigung der Arbeitsprozesse zunehmend ablauftechnische Verbesserungen, etwa geschicktere Zuordnungen

des Materialflusses zum Arbeitsablauf entwickelt wurden [65]. Dabei scheint auch die Geschichte der organisatorischen Entwicklung des frühindustriellen Betriebes in ihrer ersten Phase eine sehr »personale« Auffassung von Organisationsproblemen gekannt zu haben [66], ehe man lernte, die Elemente des Arbeitsprozesses (menschliche Arbeitskraft, Maschinen, Material) ablauftechnisch zu sehen und besser miteinander zu verknüpfen.

Umgekehrt ist die mit der Frühindustrialisierung einhergehende Entfaltung von Handel und Gewerbe zugleich ein wesentlicher Faktor der Vermehrung der Zivilprozesse gewesen. Wie oben kurz angedeutet, war es die Belastung der Gerichte durch die aus diesem Bereich stammenden Klagen der Kaufleute und Handwerker wegen Forderungen für gelieferte Waren, Klagen aus Darlehen sowie Klagen auf Lohn, Miete, Pacht etc., die den Anstoß zur Einführung des summarischen Verfahrens gab [67].

Die damit erfolgte Verkürzung des Verfahrens und die teilweise vorangegangenen organisatorischen Verbesserungen des Gerichtswesens [68] hatten nicht zuletzt auch eine politische Komponente: Durch Verbesserung der Rechtsprechung konnten die direkten Beschwerden beim König über die Mangelhaftigkeit der Justiz eingeschränkt und damit dem König auch die Pflicht zum Eingreifen in die Rechtsprechung genommen werden [69]. Verbesserungen des Verfahrens hatten so die Nebenwirkung einer Stärkung der Unabhängigkeit der Justiz.

Schlußbemerkungen

Es konnte bei diesem ersten Versuch der Einbettung von Konzepten des Operations Research in rechts- und sozialgeschichtliche Zusammenhänge nur darum gehen, ansatzweise zu zeigen, welche Möglichkeiten damit verbunden sein können. Will man versuchen, mit Bezug darauf aus dem präsentierten Beispiel einige Schlußfolgerungen zu ziehen, so läßt sich zunächst sagen, daß bei Vorliegen entsprechender Daten sehr genau abgeschätzt werden kann, ob eine bestimmte Maßnahme erfolgreich war, das heißt ihren Zweck – in obigem Fall die Verkürzung der Prozeßdauer – erreicht hat.

Weiterhin müßte aus dem vorgetragenen historischen Beispiel der Wandel in der Auffassung des Problems und im Ansatzpunkt der Problemlösungsversuche klar geworden sein, der nicht zuletzt auch die Änderungen der Zeit- und Geistesströmungen widerspiegelt. Dieser Wandel ist am deutlichsten in den Faktoren zu beobachten, die man zur Lösung des Problems zu manipulieren versucht hat: Setzt das frühe 18. Jahrhundert noch bei bestimmten Personengruppen (Advokaten, Richter) an und sieht in deren Ausschaltung oder Förderung den Weg zur Verbesserung der Situation, so führen die weitergehenden Überlegungen des späten 18. Jahrhunderts bereits auf den Faktor der verbesserten Anordnung des Verfahrens und des Aufbaus der Gerichte (wenn auch noch in einer spezifischen Verklammerung mit personalen Gesichtspunkten), den schließlich das frühe 19. Jahrhundert in verstärktem Maße in den Vordergrund rückt. Diesen Übergang von personalgebundenem zu institutionell-organisatorischem Denken führt *Friedrich Lütge* auf eine Zunahme an rationaler Haltung zurück [70], die sich – zeitlich verschoben – auch im betrieblichen und wirtschaftlichen Bereich zeigt.

Über den ganzen Zeitraum hinweg sind überdies zwei Faktoren, die in warteschlangentheoretischen Untersuchungen eine große Rolle spielen, in aller Regel nur indirekt beeinflußt worden: die personelle Kapazität der Zivilrechtspflege und die Ankunftsrate. Erstere konnte sich nur in dem Umfang erhöhen, wie sich in Preußen die Staats- und Verwaltungsbürokratie ausweitete, nicht unabhängig davon, und die Ankunftsrate neuer Verfahren bei den Gerichten hing unter anderem vom Zugang zu den Gerichten, das heißt von der standesorientierten Zuordnung zu bestimmten Gerichtsbarkeiten ab, veränderte sich also neben ihren zeitabhängigen Schwankungen auch in dem Maße, wie diese Zuordnung nach und nach gelockert und aufgelöst wurde.

Wie bereits zu Anfang vermutet, stellte es sich in dem gewählten historischen Beispiel als nicht ganz einfach heraus, jeweils die sozialgeschichtlichen Bezugspunkte zu lokalisieren. Zwar ist intuitiv einsehbar, daß bestimmte Auffassungen des geschilderten Problems, die verschiedenen Problemlösungsversuche, die Manipulation jeweils wieder anderer Faktoren Änderungen der soziostrukturellen Gegebenheiten bewirken können, bzw. umgekehrt auf der Basis solcher Veränderungen erfolgen, sie also anzeigen, und es findet sich dementsprechend in den obigen Ausführungen auch eine ganze Reihe sozialhistorischer Anknüpfungspunkte. Es ist aber auch deutlich geworden, daß die Konzepte des Operations Research als analytisches Instrumentarium nicht weit in sozialhistorische Zusammenhänge hineinreichen.

Man kann mit ihrer Hilfe zeigen, wie ein bestimmtes Problem – in diesem Fall ein Warteproblem – aufgefaßt und gelöst wurde und wie sich die Auffassungen und Lösungsversuche im Laufe der Zeit gewandelt haben. Die weitergehenden Auswirkungen bestimmter Problemlösungen und konkreter Maßnahmen im Zusammenhang damit, bzw. die soziostrukturellen Voraussetzungen solcher Problemlösungen und Maßnahmen fallen genau genommen bereits aus der analytischen Reichweite dieser Konzepte heraus. Hier beginnt sozusagen das Feld des Sozialhistorikers.

Der eigentliche Ansatzpunkt dieses Versuchs war es denn auch, dieses »Feld« unter dem Gesichtspunkt einer nicht-gewohnten Problemstellung neu aufzuschließen. Geschichte erschien in diesem Zusammenhang – wie die Durchführung des Beispiels verdeutlicht – nicht als politische Ereignisgeschichte. Sie erschien auch nicht als Wandel soziostruktureller Gegebenheiten, sondern als Aufeinanderfolge von Auseinandersetzungen mit einem bestimmten Problem, als Abfolge der diesbezüglichen Problemlösungsversuche. Diese sind ihrerseits auf mehrfache Weise mit den soziostrukturellen Veränderungen verknüpft, wie sich etwa bei der Parallelität der organisatorischen Entwicklung in der Rechtspflege und im betrieblichen und wirtschaftlichen Bereich oder bezüglich des Versuchs zeigte, eine Verbesserung der Prozeßabwicklung zum Beispiel auf dem Weg über Kleidungsvorschriften zu erreichen. Von daher schien es, daß dieser Ansatz für die sozialgeschichtliche Forschung von Bedeutung sein – und bei weiterer Ausführung zu interessanten Aufschlüssen und neuen Querbezügen führen kann.

Anmerkungen

[1] Einen Überblick über die wichtigsten Problemstellungen und die entsprechenden Modelle gibt *C. West Churchman, Russel L. Ackoff* und *E. Leonard Arnoff*, Operations Research, 4. Aufl., Wien–München 1968, S. 24–26; und *Robert J. Thierauf* und *Richard A. Grosse*, Decision Making Through Operations Research, New York 1970, S. 23–28.

[2] Die Auffassung, daß die Verfahren des Operations Research nur im Mikrobereich anzuwenden sind, vertreten *Helmut Brusberg*, Der Entwicklungsstand der Unternehmensforschung, Wiesbaden 1965, S. 10 und S. 214 f.; *Eric Johnsen*, Studies in Multiobjective Decision Models, Lund 1968, S. 434 f., sowie *Guy Black*, The Application of Systems Analysis to Government Operations, New York 1968, S. 3. Es gibt jedoch bereits Anwendungen von O. R.-Verfahren auch auf der Makroebene, etwa in der Makroökonomie; siehe dazu *Winfried Stier*, Makroökonomische Anwendungen von Operations-Research-Methoden (Wirtschaftswissenschaftliche Schriften 4), Meisenheim a. Glan 1969. Ebensowenig ist auf der anderen Seite die Sozialgeschichte ausschließlich auf die Makroebene beschränkt, sondern zieht durchaus Konzepte des Mikrobereichs heran; siehe dazu unten Anm. 3. Insofern kann man hinsichtlich der Aggregatebene von einer »Annäherung« zwischen Operations Research und Sozialgeschichte sprechen.

[3] Im Hinblick darauf hat sich die deutsche Sozialgeschichte unter anderem einzelner Organisationen und Gruppen der Arbeiterbewegung angenommen, um deren Beitrag zum sozio-strukturellen Wandel zu erforschen; siehe dazu etwa *Frolinde Balser*, Sozial-Demokratie 1848/49–1863. Die erste deutsche Arbeiterorganisation »Allgemeine Arbeiterverbrüderung« nach der Revolution (Industrielle Welt 2), 2 Bände, Stuttgart 1962; *Hugo Eckert*, Liberal- oder Sozialdemokratie. Frühgeschichte der Nürnberger Arbeiterbewegung (Industrielle Welt 9), Stuttgart 1968; *Wolfgang Schieder*, Anfänge der deutschen Arbeiterbewegung. Die Auslandsvereine im Jahrzehnt nach der Julirevolution von 1830 (Industrielle Welt 4), Stuttgart 1963.
Die Rückwirkungen von Änderungen der Verwaltungsorganisation auf die Sozialstruktur ist eines der Themen der groß angelegten Studie von *Reinhart Koselleck*, Preußen zwischen Reform und Revolution. Allgemeines Landrecht, Verwaltung und soziale Bewegung von 1791 bis 1848 (Industrielle Welt 7), Stuttgart 1967. Das mikrosoziologische Konzept der »marginalen Gruppe« ist von *Ludz* zur Klärung des Zusammenhangs zwischen Ideologie und Organisation in der frühbürgerlichen Gesellschaft herangezogen worden: *Peter Christian Ludz*, Ideologie, Intelligenz und Organisation. Bemerkungen über ihren Zusammenhang in der frühbürgerlichen Gesellschaft, in: Jahrbuch für Sozialwissenschaft 16 (1964), S. 82–114; siehe auch seine Beiträge in diesem Sonderheft.

[4] Allerdings können auch Ableitungen von Optimallösungen nicht ohne eine Feststellung des Ist-Zustandes auskommen, der mit ihrer Hilfe verändert werden soll. Der Anwendung der jeweiligen Entscheidungsmodelle geht also eine empirisch-analytische Stufe voraus; siehe dazu *Churchman, Ackoff* und *Arnoff*, a.a.O. (Anm. 1), S. 22 f.; sowie *Thierauf* und *Grosse*, a.a.O. (Anm. 1), S. 31 f.

[5] *Hans Schneeweiss*, Zur Theorie der Warteschlangen, in: Zeitschrift für handelswissenschaftliche Forschung, N.F., 12 (1960), S. 471–507, hier S. 471.

[6] Die diesbezüglichen mathematisch-statistischen Definitionen und Ableitungen können hier nicht im einzelnen wiedergegeben werden. Für die Zwecke dieses Artikels mag die folgende gedrängte verbale Darstellung der wichtigsten Zusammenhänge ausreichen. Zur weiteren Information sei verwiesen auf: *D. R. Cox* und *Walter L. Smith*, Queues, London 1961; *Philip M. Morse*, Queues, Inventories, and Maintenance (Publications in Operations Research 1), New York 1958; *Thomas L. Saaty*, Elements of Queueing Theory, New York 1961; sowie aus der deutschsprachigen Literatur außer dem erwähnten Artikel von *Schneeweiss*, a.a.O. (Anm. 5), auf: *Franz Ferschl*, Zufallsabhängige Wirtschaftsprozesse, Wien–Würzburg 1964; *Rudolf Lewandowski*, Zur Theorie der Warteschlangen, Teil 1–3, in: Elektronische Datenverarbeitung 8 (1966), S. 149–160, 208–218 und 251–263; *Ernst Ruiz* und *Karl Avila*, Wartezeit und Warteschlange (Schriften zur wirtschaftswissenschaftlichen Forschung 21), Meisenheim a. Glan 1967.

[7] Siehe *Schneeweis*, a.a.O. (Anm. 5), S. 477 ff.

[8] Annahme der Stationarität und Unabhängigkeit der Ankunfts- und Bedienungsrate; siehe dazu *Cox* und *Smith*, a.a.O. (Anm. 6), S. 5 ff. und S. 18 ff.

[9] Als »klassische« Warteschlangentheorie können die Modelle bezeichnet werden, die auf den erstmals von *A. K. Erlang* entwickelten Ansatz zurückgehen. Eine knappe Schilderung findet sich bei *Franz Ferschl*, Neuere Entwicklungen auf dem Gebiet der Warteschlangentheorie, in: *Martin Beckmann*, Hrsg., Unternehmensforschung Heute. Übersichtsvorträge der Züricher Tagung von SVOR und DGU, September 1970 (Lecture Notes in Operations Research and Mathematical Systems 50), Berlin–Heidelberg–New York 1971, S. 14–29, hier S. 14 ff.; und eine mathematische Herleitung in *Saaty*, a.a.O. (Anm. 6), S. 38–40.

[10] Siehe *Cox* und *Smith*, a.a.O. (Anm. 6), S. 60 ff., und *Saaty*, a.a.O. (Anm. 6), S. 88 ff., sowie *Kurt Stange*, Die Anlauflösung für den einfachen exponentiellen Bedienungskanal, in: Unternehmensforschung 8 (1964), S. 1–24, und *P. Th. Wilrich*, Das Zeitverhalten von einfachen, offenen, exponentiellen Warteschlangensystemen mit unendlich vielen Warteplätzen, in: Unternehmensforschung 12 (1968), S. 185–209.

[11] Nach *E. L. Leese* und *D. W. Boyd*, Numerical Methods of Determining the Transient Behaviour of Queues with Variable Arrival Rates, in: Canadian Operations Research Society Journal 4 (1966), S. 1–13, sind für die Berechnung selbst einfacher zeitabhängiger Warteschlangenmodelle je nach gewählter Berechnungsmethode zwischen 20 000 und 500 000 Rechengänge erforderlich.

[12] *Cox* und *Smith*, a.a.O. (Anm. 6), S. 65–68.

[13] Ebd., S. 67.

[14] Siehe dazu *Frederick S. Hillier* und *Gerald J. Lieberman*, Introduction to Operations Research, San Francisco 1968, S. 327–332 und S. 332 ff., sowie *Lewandowski*, a.a.O. (Anm. 6), S. 155.

[15] Zu mehrstelligen Bedienungssystemen siehe *Ruiz* und *Avila*, a.a.O. (Anm. 6), S. 37–56; zur Bedienungsfolge: *Franz Ferschl*, Auswahlordnungen und die Wirksamkeit von Wartesystemen, in: Unternehmensforschung 8 (1964), S. 149–160; und zur Frage der Prioritäten: *Cox* und *Smith*, a.a.O. (Anm. 6), S. 76–90.

[16] Zur Schlangenabhängigkeit der Ankunftsrate siehe *Ruiz* und *Avila*, a.a.O. (Anm. 6), S. 33–36, und zur Schlangenabhängigkeit der Bedienungsrate: *Frederick S. Hillier*, *Richard W. Conway* und *William L. Maxwell*, A Multiple Server Queueing Model with State Dependent Service Rate, in: Journal of Industrial Engineering 15 (1964), S. 153–157.

[17] *Richard L. Meier*, Communications Overload: Proposals from the Study of a University Library, in: Administrative Science Quarterly 7 (1962–63), S. 521–544, hier S. 534–540; sowie *ders.*, Information Input Overload: Features of Growth in Communications-Oriented Institutions, in: *Fred Massarik* und *Philburn Ratoosh*, Hrsg., Mathematical Explorations in Behavioral Science, Homewood 1965, S. 233–273.

[18] *Lindsey Churchill*, Some Sociological Aspects of Message Load: »Information Input Overload and Features of Growth in Communications-Oriented Institutions«, in: *Massarik* und *Ratoosh*, a.a.O. (Anm. 17), S. 274–284, hier S. 275 f.

Derartige soziale Normen können sich im Laufe der Zeit jedoch auch ändern. Die derzeitige, in der Bundesrepublik außerordentlich lebhaft geführte Diskussion um die Möglichkeiten einer Beschleunigung des Zivilprozesses – Literaturnachweis dazu bei *Gottfried Baumgärtel*, Eine Rechtstatsachenuntersuchung über die Ursachen der zu langen Prozeßdauer, in: Juristenzeitung 26 (1971), S. 441–449, hier S. 441, Fn. 1 – zeigt zumindest, daß man für gerechte Urteile auch nicht extrem lange Wartezeiten in Kauf nehmen will.

[19] *Churchman*, *Ackoff* und *Arnoff*, a.a.O. (Anm. 1), S. 22.

[20] Belege finden sich u. a. bei *Max Vollkommor*, Die lange Dauer der Zivilprozesse und ihre Ursachen, in: Zeitschrift für Zivilprozeß 81 (1968), S. 102–135, hier S. 121–123; *Horst-Eberhard Henke*, Judicia perpetua, oder: Warum Prozesse so lange dauern ..., in: Zeitschrift für Zivilprozeß 83 (1970), S. 125–167, hier S. 125 f. und S. 136–143; *Hans Gerhard Kip*, Das sogenannte Mündlichkeitsprinzip. Geschichte einer Episode des Deutschen Zivilprozesses (Prozeßrechtliche Abhandlungen 19), Köln–Berlin 1952, S. 25.

[21] Nach den von *Rudolf Smend*, Das Reichskammergericht. Geschichte und Verfassung, Neudruck der Ausgabe Weimar 1911, Aalen 1965, S. 230 f., Fn. 5, gegebenen Daten wurden am Reichskammergericht im Zeitraum zwischen 1700 und 1770 rund 15 000 Verfahren anhängig. Die jährliche Zugangsrate betrug also etwa 210 Verfahren. Bezüglich der Bedienungsrate ist man auf Schätzungen angewiesen, die zwischen 170 Urteilen pro Jahr im günstigsten und 60–70 Urteilen im ungünstigsten Fall liegen. Rechnet man mit einem Mittelwert von 100 Urteilen, dann ergibt sich bei diesen Daten für 1750 eine Warteschlange von 5500 Verfahren. Der alte Bestand von vor 1700 ist dabei nicht berücksichtigt. Die mittlere Wartezeit läßt sich nun mit der folgenden Formel berechnen:

$$T = \frac{V_1 + V_2}{nV + eV} \text{ (Jahre)}$$

Dabei ist T die durchschnittliche Wartezeit in Jahren, V_1 und V_2 die Zahl anhängiger Verfahren zu Beginn und zu Ende eines Jahres, nV die während des Jahres neu eintreffenden und eV die während des Jahres erledigten Verfahren; siehe *Mauro Cappelletti*, Social and Political Aspects of Civil Procedure – Reforms and Trends in Western and Eastern Europe, in: Michigan Law Review 69 (1970–71), S. 847–886, hier S. 859, Fn. 60.

Für 1750 ergibt diese Formel nach den obigen Daten eine durchschnittliche Wartezeit von:

$$T = \frac{5500 + 5610}{210 + 100} = 35{,}8 \text{ Jahren}$$

Dabei kann das 18. Jahrhundert in dieser Beziehung wegen der abnehmenden Bedeutung des Reichskammergerichts (und des entsprechend geringeren Zugangs an Verfahren) noch als relativ günstig bezeichnet werden. Nach den Berichten, die uns zur Verfügung stehen, müssen die Verhältnisse im 16. und 17. Jahrhundert noch katastrophaler gewesen sein; siehe *Smend*, a.a.O., S. 186 f.

[22] Zur Konfliktlösungsfunktion der Rechtsprechung siehe *Vilhelm Aubert*, Courts and Conflict Resolution, in: Journal of Conflict Resolution 11 (1967), S. 40–51.

[23] Auf den Zusammenhang zwischen »Rechtsunsicherheit« und der zeitlichen Länge von Prozessen verweist schon: *Max Springer*, Die Coccejische Justizreform, München–Leipzig 1914, S. 6.

[24] Beispielsweise die Festlegung von Vermögenswerten auf eine lange Zeit, die Benutzung des Prozesses als Mittel zu »billigem Kredit« etc.; siehe *Vollkommer*, a.a.O. (Anm. 20), S. 106 f.

[25] Siehe *Springer*, a.a.O. (Anm. 23), S. 5 f., sowie *Adolf Stölzel*, Brandenburg–Preußens Rechtsverwaltung und Rechtsverfassung, 2. Band, Berlin 1888, S. 181 f.

[26] Verfügung *Friedrich Wilhelm I.* vom 2. April 1713, zit. in: *Adolf Weißler*, Geschichte der Rechtsanwaltschaft, Leipzig 1905, S. 297 ff.

[27] Ebd., S. 310.

[28] Siehe *Edwin Arnet*, Pioniere, Boten und Richter der Mode, in: *René König* und *Peter W. Schupisser*, Hrsg., Die Mode in der menschlichen Gesellschaft, Zürich 1958, S. 225–268, hier S. 259 ff.; *René König*, Macht und Reiz der Mode, Düsseldorf–Wien 1971, S. 149 ff.; *Wolfgang Zorn*, Sozialgeschichte 1648–1800, in: *Hermann Aubin* und *Wolfgang Zorn*, Hrsg., Handbuch der deutschen Wirtschafts- und Sozialgeschichte, Band 1: Von der Frühzeit bis zum Ende des 18. Jahrhunderts, Stuttgart 1971, S. 574–607, hier S. 584.

[29] So überliefert *Hintze* eine Äußerung des Königs über den Zweck der Tracht: »... damit man die Spitzbuben schon von weitem erkennen und sich vor ihnen hüten kann«; zit. bei *Weißler*, a.a.O. (Anm. 26), S. 310.

Der geniale Einfall *Coccejis*, die Tracht dadurch zur Beschleunigung der Prozesse einzusetzen, daß Advokaten, die sich im Sinne schneller Erledigung von Verfahren hervortaten, die Befreiung vom Mantel verliehen wurde, ist entgegen der Behauptung von *Stölzel*, a.a.O. (Anm. 25), S. 185, und Weißler, a.a.O. (Anm. 26), S. 313, offenbar nicht verwirklicht worden, siehe *Springer*, a.a.O. (Anm. 23), S. 174 f.

30 *Henke*, a.a.O. (Anm. 20), S. 140.

31 Ebd., S. 142; siehe dazu ausführlicher *Falk Bomsdorf*, Prozeßmaximen und Rechtswirklichkeit (Schriften zum Prozeßrecht 19), Berlin 1971, S. 75 ff. und S. 87 f.

32 Ebd., S. 83 ff.

33 Siehe *Weißler*, a.a.O. (Anm. 26), S. 347–371, S. 384.

34 *Henke*, a.a.O. (Anm. 20), S. 137; siehe dazu auch *Stölzel*, a.a.O. (Anm. 25), S. 34 f., S. 116, S. 123 f.

35 *Eduard Kern*, Geschichte des Gerichtsverfassungsrechts, München–Berlin 1954, S. 45; *Eberhardt Schmidt*, Rechtsentwicklung in Preußen, 2. Aufl., Berlin 1929, S. 25 f.; Springer, a.a.O. (Anm. 23), S. 357–365.

Dabei ist vor allem die Sicherung eines regelmäßigen Einkommens für die Richter wegen der beengten Finanzlage Preußens nicht einfach gewesen; Einzelheiten dazu bei Springer, a.a.O. (Anm. 23), Kap. 8–14 passim. Zur finanziellen Lage der Richterschaft im 18. Jahrhundert generell siehe *Erich Döhring*, Geschichte der deutschen Rechtspflege seit 1500, Berlin 1953, S. 80 ff.

36 Siehe *Springer*, a.a.O. (Anm. 23), Kap. 8–14 passim, und *Stölzel*, a.a.O. (Anm. 25), S. 177–235. *Cocceji* hatte hier aber bei aller Kritik richtig gesehen, daß die Gerichte selbst bei besserer Kapazität und Leistung noch über Jahre hinaus die alten Rückstände mitgeschleppt hätten, wenn nicht der alte Bestand in einem Zug beseitigt worden wäre; siehe *Springer*, a.a.O. (Anm. 23), S. 168.

Derselbe Gedanke liegt zugrunde, wenn heute bei der Einrichtung von »Schnellkammern«, die ein beschleunigtes und konzentriertes Verfahren durchführen sollen, deren Rückstände an sogenannte »Rückstandskammern« zur Erledigung überwiesen werden; siehe *Henke*, a.a.O. (Anm. 20), S. 166.

37 *Springer*, a.a.O. (Anm. 23), S. 186; *Stölzel*, a.a.O. (Anm. 25), S. 184 f., S. 190, S. 193; sowie *Henke*, a.a.O. (Anm. 20), S. 141. Der Erfolg dieser Maßnahmen zeigte sich daran, daß, lt. *Springer*, a.a.O. (Anm. 23), S. 308, die Prozeßdauer in den Jahren 1750–1753 bei allen Obergerichten unter einem Jahr lag. Sie stieg erst wieder auf Grund der vermehrten Prozesse nach dem Siebenjährigen Krieg an.

38 *Springer*, a.a.O. (Anm. 23), S. 347–357. Weitere Einzelheiten, insbesondere auch einen guten Überblick über die Neuorganisation gibt *Conrad Bornhak*, Geschichte des Preußischen Verwaltungsrechts, 2. Band, Berlin 1885, S. 199–221, sowie *Ludwig Tümpel*, Die Entstehung des brandenburgisch-preußischen Einheitsstaates im Zeitalter des Absolutismus (Untersuchungen zur deutschen Staats- und Rechtsgeschichte 124), Breslau 1915, S. 214–221.

39 *Werner Schubert*, Das Streben nach Prozeßbeschleunigung und Verfahrensgliederung im Zivilprozeßrecht des 19. Jahrhunderts, in: Zeitschrift der Savigny-Stiftung für Rechtsgeschichte, Germanistische Abteilung, 85 (1968), S. 127–187, hier S. 143 f. Zum Codex Fridericianus Marchicus siehe auch *Johann Christoph Schwartz*, Vierhundert Jahre deutscher Civilprozeß-Gesetzgebung, Berlin 1898, S. 479–494, sowie *C. F. Koch*, Der Preußische Civil-Prozeß, 2. Aufl., Berlin 1855, S. 101 ff., und *Julius Friedrich Heinrich Abegg*, Versuch einer Geschichte der Preußischen Civil-Prozeß-Gesetzgebung, Breslau 1848, S. 68–76. Das Edikt über das Verfahren in Bagatellsachen vom 24. Februar 1739 wird heute als Vorläufer des Corpus Juris Fridericianum und der AGO betrachtet; siehe *Bomsdorf*, a.a.O. (Anm. 31), S. 70.

40 *Schubert*, a.a.O. (Anm. 39), S. 145 ff., *Bomsdorf*, a.a.O. (Anm. 31), S. 75 ff.

41 *Schubert*, a.a.O. (Anm. 39), S. 128 f.

42 *Cappelletti*, a.a.O. (Anm. 21), S. 850.

43 *Bomsdorf*, a.a.O. (Anm. 31), S. 69 f., S. 76 f. und S. 85 ff.; siehe auch *Schwartz*, a.a.O. (Anm. 39), S. 494–509 und S. 510 ff.

44 Ebd., S. 477; siehe dazu auch *Cappelletti*, a.a.O. (Anm. 21), S. 853 f.

45 *Bomsdorf*, a.a.O. (Anm. 31), S. 74, S. 81 f. und S. 91; sowie *Schubert*, a.a.O. (Anm. 39), S. 146 f.

46 Ebd., S. 83–90.

[47] Siehe zum gesamten Komplex: *Döhring,* a.a.O. (Anm. 35), S. 39 ff., S. 46–48, S. 71–75; sowie *Albrecht Wagner,* Der Richter. Geschichte, Aktuelle Fragen, Reformprobleme, Karlsruhe 1959, S. 53 ff., S. 65 ff.

[48] *Koselleck,* a.a.O. (Anm. 3), S. 24 ff.

[49] Die Radikalität des Wechsels, der sich damit angebahnt hatte, betont besonders *Arwed Blomeyer,* Zivilprozeßrecht. Erkenntnisverfahren, Berlin–Göttingen–Heidelberg 1963, S. 8. *Henke,* a.a.O. (Anm. 20), S. 139, geht sogar so weit, von einer Ähnlichkeit mit der Konzeption des »Stuttgarter Modells« zu sprechen. Tatsächlich spielt auch hier die Befristung und die Konzentration des Verfahrens in einer mündlichen Verhandlung eine ausschlaggebende Rolle. Zum »Stuttgarter Modell« siehe *Fritz Baur,* Wege zu einer Konzentration der mündlichen Verhandlung im Prozeß (Schriftenreihe der juristischen Gesellschaft Berlin 23), Berlin 1966.

[50] Noch 1840 geben die preußischen Prozeßtabellen 6600 Patrimonial- und standesherrliche Gerichte mit 3,5 Millionen Gerichtseingesessenen an (gegenüber 700 staatlichen Gerichten mit 11,2 Millionen Gerichtseingesessenen); siehe *Karl Albert von Kamptz,* Hrsg., Jahrbücher für die Preußische Gesetzgebung, Rechtswissenschaft und Rechtsverwaltung, 61 (1843), Tabellen zu Bd. 61, Tab. 1.
Man darf nicht vergessen, daß ein großer Teil der Zivilrechtsprechung im 18. Jahrhundert von privaten Gerichtsherren als lukratives Geschäft betrieben wurde, das auf Grund der Gebühren, die die Parteien für diese »Dienstleistung« zu bezahlen hatten, sichere Einnahmen brachte; siehe *Springer,* a.a.O. (Anm. 23), S. 7 f. und S. 348 f. Das änderte sich erst dadurch, daß einerseits wegen der Mindestqualifikationen und der Vorschrift fester Besoldungen für das Richterpersonal auch privater Gerichte die Kosten dafür stiegen, andererseits aber die Einnahmen geringer wurden, weil die Aufhebung der Erbuntertänigkeit für viele Gerichtseingesessene den Weg zu den staatlichen Untergerichten eröffnete; siehe dazu *Conrad Bornhak,* Preußische Staats- und Rechtsgeschichte, Berlin 1903, S. 262 und S. 437 f., und *W. F. C. Starke,* Beiträge zur Kenntnis der bestehenden Gerichtsverfassung und der neuesten Resultate der Justizverwaltung in dem Preußischen Staate, 1. Teil: Darstellung der bestehenden Gerichtsverfassung, Berlin 1839, S. 76–113.

[51] *Koselleck,* a.a.O. (Anm. 3), S. 88 ff.; einen genauen Überblick über den Gerichtsstand der verschiedenen Bevölkerungsgruppen gibt *Starke,* a.a.O. (Anm. 50), S. 37–41.

[52] *Bomsdorf,* a.a.O. (Anm. 31), S. 223, Fn. 3. Die Zahl für 1800 beruht auf einer Schätzung, die Zahl für 1841 ist zu finden in *Kamptz,* a.a.O. (Anm. 50), 61 (1843), Tabellen zu Bd. 61, Tab. 16, Rückseite.

[53] *Bomsdorf,* a.a.O. (Anm. 31), S. 222 f.; *Schwartz,* a.a.O. (Anm. 39), S. 577.

[54] *Schubert,* a.a.O. (Anm. 39), S. 148.

[55] *Koch,* a.a.O. (Anm. 39), S. 106–108; *Abegg,* a.a.O. (Anm. 39), S. 225 f.; *F. G. Gaertner,* Kritik des Untersuchungs-Prinzipes des preußischen Civil-Processes, Berlin 1832, S. 5 ff., S. 143–149.

[56] *Kamptz,* a.a.O. (Anm. 50), und zwar in den folgenden Bänden: 1 (1814), nach S. 182; 2 (1814), nach S. 273; 8 (1816), nach S. 357; 13 (1819), nach S. 240; 18 (1821), nach S. 452; 22 (1823), nach S. 130; 24 (1824), nach S. 358; 27 (1826), nach S. 128; 29 (1827), nach S. 130; 31 (1828), nach S. 293; 33 (1829), nach S. 168); 34 (1829), nach S. 152; 35 (1830), nach S. 374; 38 (1831), nach S. 186; 40 (1832), nach S. 586; 44 (1834), nach S. 508; 45 (1835), nach S. 588; 48 (1836), nach S. 686; 49 (1837) Anhang nach S. 128; 52 (1838), nach S. 790; 54 (1839), nach S. 658; 57 (1841), nach S. 710; 61 (1843), Tabellenband.

[57] Als Wartezeit gilt hier die Zeitdauer vom Einreichen der Klage bis zur definitiven Beendigung des Prozesses, die oben als Prozeßdauer bezeichnet wurde. Sie wird aus den Daten der Prozeßtabellen nach der in Anm. 21 angegebenen Formel berechnet.

[58] Vgl. die entsprechenden Tabellen in *Kamptz,* a.a.O. (Anm. 50), 1 (1814), nach S. 182, mit 45 (1835), nach S. 588.

[59] *Henke,* a.a.O. (Anm. 20), S. 139.

[60] *Bomsdorf,* a.a.O. (Anm. 31), S. 223.

[61] Einzelheiten dazu siehe *Schwartz*, a.a.O. (Anm. 39), S. 577–581; *Schubert*, a.a.O. (Anm. 39), S. 155 f.

[62] Vgl. die entsprechenden Tabellen in *Kamptz*, a.a.O. (Anm. 50), 48 (1836), nach S. 686, und 61 (1843), Tabellenband.

[63] Wie das folgende Zitat belegt, ist dies bereits von der zeitgenössischen Kritik gesehen worden: »Das Rechtsprechen wurde wie eine mechanische Arbeit behandelt, wovon jeder Richter ein bestimmtes Tagwerk nach der Stückzahl liefern soll, und wobei der Aufseher auf die vorgeschriebenen Handgriffe zu sehen hat.« *Koch*, a.a.O. (Anm. 39), S. 109 f., Fn. 110.

[64] Entwurf einer Zivilprozeßordnung, veröffentlicht durch das Reichsjustizministerium, Berlin 1931, S. 256; siehe dazu auch *Franz Klein*, Zeit- und Geistesströmungen im Prozesse, in: *ders.*, Reden, Vorträge, Aufsätze, Briefe, 1. Band, Wien 1927, S. 117–138, hier S. 126 ff.

[65] Eingehend berichtet darüber *David S. Landes*, Technological Change and Development in Western Europe, 1750–1914, in: *H. J. Habakkuk* und *M. Postan*, Hrsg., The Cambridge Economic History of Europe, Vol. VI: The Industrial Revolutions and After – Incomes, Population, and Technological Change (I), Cambridge 1966, S. 274–601, hier S. 530 ff.; allgemein dazu siehe auch *Josef Kulischer*, Allgemeine Wirtschaftsgeschichte des Mittelalters und der Neuzeit, Band II: Die Neuzeit, 3. Aufl., München–Wien 1965, S. 458 ff.; *Hans Mottek*, Wirtschaftsgeschichte Deutschlands. Ein Grundriß, Band I, Berlin 1968, S. 266–274; *Wolfgang Zorn*, Gewerbe und Handel 1648–1800, in: *Hermann Aubin* und *Wolfgang Zorn*, Hrsg., Handbuch der deutschen Wirtschafts- und Sozialgeschichte, Band 1: Von der Frühzeit bis zum Ende des 18. Jahrhunderts, Stuttgart 1971, S. 531–573, hier S. 546 ff. insbesondere über die frühen Manufakturen; *Herman Freudenberger*, Die Struktur der frühindustriellen Fabrik im Umriß, in: *Wolfram Fischer*, Hrsg., Wirtschafts- und sozialgeschichtliche Probleme der frühen Industrialisierung (Einzelveröffentlichungen der Historischen Kommission zu Berlin 1), Berlin 1968, S. 413–433, bes. S. 425 ff.; *Herman Freudenberger* und *Fritz Redlich*, The Industrial Development of Europe: Reality, Symbols, Images, in: Kyklos 17 (1964), S. 372–403, hier S. 392–397.

Interessant ist in diesem Zusammenhang auch die Art der Festlegung der Löhne: Erst bei differenzierterer Arbeitsteilung werden die zunächst üblichen Festlöhne durch Stück- oder Akkordlöhne abgelöst; siehe dazu *Landes*, a.a.O., S. 545 ff.; sowie *Eric Hobsbawm*, Customs, Wages, and Work-Load in Nineteenth-Century Industry, in: *Asa Briggs* und *John Saville*, Hrsg., Essays in Labour History, London 1960, S. 113–139.

[66] Das zeigt sich zum Beispiel daran, daß in dieser frühen Phase offenbar besonders Arbeiter für organisatorische Schwierigkeiten verantwortlich gemacht werden und dementsprechend ein Fehlverhalten hinsichtlich Pünktlichkeit, Ordnung, Wartung der Maschinen etc. mit empfindlichen Geldstrafen belegt wird; siehe dazu ausführlich *Sidney Pollard*, The Genesis of Modern Management, London 1965, S. 181–197.

Der Übergang zu ausgesprochenen ablauf- und organisationstechnischen Ansätzen ergab sich nicht zuletzt auch aus der Notwendigkeit, eine günstigere Relation von Produktionskosten zu Gewinnen zu finden; siehe dazu *Ernst Michel*, Sozialgeschichte der industriellen Arbeitswelt, ihrer Krisenformen und Gestaltungsversuche, Frankfurt/Main 1947, S. 73 ff.

[67] Das wird deutlich aus dem Bericht der Kommission zur Vorbereitung einer neuen Verordnung, wiedergegeben in: Historische Nachrichten über die neuere Preußische spezielle und transitorische Gesetzgebung, besonders über prozessualische Gegenstände, in: *Kamptz*, a.a.O. (Anm. 50), 42 (1833), S. 233–258, hier S. 242 ff.; siehe dazu auch O. *Schering*, Der Mandats-, summarische und Bagatellprozeß, Berlin 1843, S. 2 ff.

Interessant ist in diesem Zusammenhang die These des amerikanischen Rechtssoziologen *Lawrence Friedman*, der an Hand der amerikanischen Entwicklung belegt, daß mit den aufeinanderfolgenden Industrialisierungsschüben in der Regel auch ein vermehrtes Auftreten bestimmter Typen von Prozessen einhergeht; siehe *Lawrence Friedman*, Legal Rules and the Process of Social Change, in: Stanford Law Review 19 (1967), S. 786–840, hier S. 799 ff.

[68] Hier ist besonders an die Bemühungen Justizministers *von Beyme* zu denken; siehe dazu *Stölzel*, a.a.O. (Anm. 25), S. 404 ff.

[69] *Eckart Kehr,* Zur Genesis der preußischen Bürokratie und des Rechtsstaates, in: *Hans-Ulrich Wehler,* Hrsg., Moderne deutsche Sozialgeschichte (Neue Wissenschaftliche Bibliothek 10), Köln–Berlin 1966, S. 37–54, hier S. 49.

[70] *Friedrich Lütge,* Deutsche Sozial- und Wirtschaftsgeschichte, 3., verm. u. verbess. Aufl., Berlin–Heidelberg–New York 1966, S. 387.

ZUR ANWENDUNG VON SIMULATIONSMODELLEN IN DER SOZIALGESCHICHTLICHEN FORSCHUNG

Von Horst-Dieter Rönsch

Die Anwendung von Simulationsverfahren in der Geschichtswissenschaft und insbesondere in der sozialgeschichtlichen Forschung lohnt angesichts ihrer Aufwendigkeit nur dann, wenn begründete Vermutungen bestehen, daß durch die »Wiederholung«, die Reproduktion historischer Abläufe im vereinfachten Modell unser Wissen über die Vergangenheit und damit auch über die Gegenwart vermehrt werden kann. Die Aufgabe dieser Arbeit ist es, solchen Vermutungen nachzugehen, die auf dem damit betretenen Neuland allerdings vorerst eher den Bedingungen der Möglichkeit gelten und im engsten Zusammenhang mit dem problematischen Verhältnis von sozialwissenschaftlicher Methodologie und Geschichtswissenschaft stehen. Daher wird eine Anzahl nicht weniger wichtiger Fragen der Simulationsmethodik [1] ebenso am Rande behandelt wie die Untersuchung der Übertragbarkeit vorhandener Modelle auf konkrete Probleme in der Sozialgeschichte. Dies um so mehr, als sie zumindest in Soziologie und Politologie in Übereinstimmung mit deren theoretisch-methodischem Entwicklungsstand bislang nur von begrenztem forschungspraktischen Nutzen sind [2]. Daher ist vor einer Überschätzung ihrer Rolle in der Geschichtswissenschaft von vornherein zu warnen [3].

Bei einer Simulation handelt es sich um ein Modell, in dem das zeitabhängige Verhalten eines Systems nachgebildet wird. Dessen wichtigste Größen müssen als meß- oder abzählbare Variablen im Modell enthalten und durch Regeln und Beziehungen so miteinander verbunden sein, daß sie sich im Zeitverlauf verändern können. Die Abbildung der realen Faktoren und Sachverhalte erfolgt in analoger Form, d. h. die Modellelemente erfüllen Funktionen ihrer realen Vorbilder, ohne ihnen sonst ähnlich sein zu müssen. Daraus ergibt sich das Kriterium für den Erfolg einer Simulation: die Hervorbringung gleicher Ergebnisse wie im realen System bei gleicher Ausgangslage. Unter diese allgemeine Beschreibung fallen viele Beispiele: vom Schachspiel als stilisierter Nachahmung indischen Kriegshandwerks über die verschiedenartigen Planspiele bis hin zur Computer-Simulation – die als einzige im folgenden behandelt wird. Von den Anwendungsbereichen (Forschung, Entscheidungsvorbereitung, Didaktik usw.) interessiert hier nur der Forschungsaspekt; innerhalb dieses Bereiches liegt das Schwergewicht den sozialwissenschaftlichen und insbesondere sozialgeschichtlichen Forschungsproblemen entsprechend auf der Heuristik und der Entwicklung von Modellen, die vor allem dann naheliegt, wenn – wie gerade in der Geschichtswissenschaft – die interessierenden Vorgänge oder Ereignisse nicht direkt beobachtbar oder wegen geringer Häufigkeit oder Datenmangels statistisch nicht analysierbar sind. Daß jedoch der – durchaus mögliche – Zugriff auf reale historisch-soziologische Ereignisse einen

Umweg über die Entwicklung von Hypothesen, ihre Kombination und Konsistenzprüfung im Modell, über ihre Interaktionen im Modellablauf und schließlich die Überprüfung der Validität des Modells an Hand realer Daten voraussetzt, wird in einigen Einzelheiten nachzuzeichnen sein.

Erklärung und Theoriebildung in der Geschichtswissenschaft

Während sich die Diskussion über Simulationen in der Soziologie in einer umfangreichen Literatur widerspiegelt, muß zur Daseinsberechtigung dieser Methode in der Geschichtswissenschaft etwas weiter ausgeholt werden. Vermutungen über ihre Nützlichkeit lassen sich durchaus nicht nur aus den Versuchen ableiten, Soziologie und Geschichte enger miteinander zu verbinden. Vielmehr zeigt es sich, daß allein schon die Schwierigkeiten der verschiedenen Ansätze, in der Geschichte Erklärungen (im weitesten Sinne) anzuwenden, zu einem solchen Verfahren hinleiten.

Die hermeneutische Tradition

Die eigentliche verstehende Methode, das interpretierende Nachvollziehen von Intentionen und Motiven sinnhafter historischer Lebensäußerungen, insbesondere der Entscheidungen geschichtlicher Persönlichkeiten, spielt im weiteren jedoch eine untergeordnete Rolle, teils weil für die Sozialgeschichte diese Anwendungsfälle nicht typisch sind [4], teils weil der Formalisierung hier erhebliche Hindernisse im Wege stehen, was nicht zuletzt der unbefriedigende Versuch *Alan Donagans* zeigt, mit Hilfe einer »situational logic« zur Erklärung rationaler Handlungen zu gelangen [5]. Häufig wird in dem aus dem vorigen Jahrhundert stammenden, immer noch nicht ausgestandenen Streit über die naturwissenschaftlichen und geisteswissenschaftlichen Verfahren übersehen, daß die Erfassung intentionaler Akte nach dem damaligen Selbstverständnis zwar den wichtigsten, aber nicht den einzigen Bereich historischer Forschung darstellte. Bei näherer Betrachtung erweist sich überdies, daß die Kritik der älteren Historiker wie z. B. *Droysen* und *Dilthey* vor allem dem Determinismus des damaligen naturwissenschaftlichen Weltbildes und dem in verschiedenen Spielarten des Materialismus auftretenden Reduktionismus galt. Diese z. T. auch heute noch aktuelle Kontroverse hat aber sachlich weder viel mit dem Streit über die Anwendung formaler Methoden auf historische Fragen zu tun, noch trifft sie das Verhältnis von Erklären und Verstehen, wie es sich heute bietet [6]. Dementsprechend zielen die nachfolgend behandelten erkenntnisleitenden Fragestellungen nicht ausschließlich auf Bereiche, die als nur dem »Verstehen« zugänglich gelten. Aber letzten Endes führen sie bei Anlegen strengerer methodischer Maßstäbe mit ihrem Anspruch über die Reichweite des damals verfügbaren Instrumentariums der historischen Wissenschaften hinaus.

»Wie es eigentlich gewesen ist«, diese bekannte *Ranke*sche Formulierung enthält mit dem Begriff »eigentlich« ein das Bild der historischen Erscheinungen relativierendes Element, das den Vorstoß zu Tatsachen, Faktoren und Entwicklungen fordert, die sich dem ersten Zugriff entziehen und nur durch Nachfragen aufdecken lassen. Wie sehr aber das durch Begriffswahl, Interessen und schließlich auch durch den Stand der historischen Kenntnisse geprägte Nachfragen einerseits theoretische Prämissen setzt, andererseits in vielfältiger, fast beliebiger Weise erfolgen kann, zeigt auf, in welchem Maße *Rankes* vordergründig auf die mögliche Objektivität historischer Faktenkenntnisse abzielende Frage ihrerseits der Nach-Frage und theoretischen Ergänzung bedarf.

Scheitert die Suche nach weiteren Fakten und Indizien, weil widersprüchliches oder kein ausreichendes Quellenmaterial vorhanden ist, ergibt sich die Frage: »Wie könnte es gewesen sein?« Zu dem damit angesprochenen Erschließen von Fakten und Abläufen fordert bereits *Droysen,* in der historischen Forschung auf einer ersten Stufe der Interpretation, z. B. zur Ausfüllung von Datenlücken, mit Analogien, Hypothesen und Kausalbeziehungen zu arbeiten. Diese »pragmatische Interpretation« faßt den Tatbestand »nach dem in der Natur dieses Verlaufes liegenden Kausalnexus auf, um den Gang des einst wirklichen Sachverlaufes zu rekonstruieren« [7]. Sicherlich stellt sich dabei auch ein Komplexitätsproblem; wichtiger scheint hier jedoch die Gewinnung der Hypothese zu sein, an Hand derer die Leerstellen zu füllen wären. *R. G. Collingwood* nimmt diese Frage bei der Abgrenzung seines »konstruktiven« von einem bloß »kritischen« Ansatz auf. Letzterer untersucht die historischen Quellen lediglich daraufhin, ob die überlieferten Ereignisse in der Weise »möglich« waren – insofern würden auch zahlreiche historische Romane die Prüfung passieren können. Dem stellt er die historische Imagination seines konstruktiven Ansatzes entgegen: »The historian's picture of his subject, whether that subject be a sequence of events or a past state of things, thus appears as a web of imaginative construction stretched between certain fixed points provided by the statements of his authorities [8].« Die Interpolationen beruhen bei *Collingwood* aber lediglich auf den Kantschen Kategorien als Bedingungen der Möglichkeit der Erfahrung sowie auf Naturgesetzen. Solche Beschränkung beugt zwar der Spekulation vor, erweist sich jedoch in vielen Fällen ebenfalls als »Negativ-Kriterium«, das unmögliche Versionen ausschließt, unter den verbleibenden möglichen aber keine Entscheidung treffen kann.

In der Frage »Wie könnte es gewesen sein?« sind also unausgesprochen weitere Fragen nach Wahrscheinlichkeit und Plausibilität, Gesetzmäßigkeit und Notwendigkeit mit gestellt. Warum ein Sachverhalt typisch ist, oder in welchen Aspekten er vom Erwarteten abweicht, läßt sich nur entscheiden, indem nach Gründen geforscht wird [9].

Diltheys Konzept des Wirkungszusammenhangs wird nicht nur den vorangegangenen Gesichtspunkten gerecht, sondern nimmt auch den zuletzt genannten auf. »Induktion, die Tatsachen und Kausalglieder feststellt, Synthesis, die mit Hilfe der Induktion Kausalzusammenhänge aneinanderfügt, Analysis, welche einzelne Wirkungszusammenhänge aussondert, Vergleichung – in diesen oder ihnen äquivalenten Verfahrensweisen vornehmlich bildet sich unser Wissen von dem Wirkungszusammenhang.« ... »Der Wirkungszusammenhang ist an sich immer komplex. Der Angriffspunkt für seine Feststellung ist eine einzelne Wirkung, zu welcher wir – rückwärts schreitend – die wirkenden Momente aufsuchen [10].« Ein zusätzlicher, später wieder aufzugreifender Aspekt kommt durch die Erwähnung von »dauernden Kräften« und ihrem Einfluß auf den Wirkungszusammenhang ins Spiel, womit *Dilthey* Makrophänomene, wie Verfassungen, militärische Organisation, Finanzen usw., erfassen möchte. Angesichts dieses anspruchsvollen, durchaus über den hermeneutischen Bereich hinausreichenden Programms erweisen sich jedoch nicht erst aus der Sicht heutiger sozialwissenschaftlicher Ansprüche an Stringenz und Gültigkeit der Ableitungen die von *Dilthey* zugelassenen historischen Methoden als ungenügend. Die Komplexität der »wirkenden Momente« einerseits und die Hoffnung *Diltheys* andererseits, durch die Erkennung von »Regelmäßigkeiten in den Wirkungszusammenhängen« Schlüsse auf die Zukunft wagen zu können [11], lassen daher weitere Fragestellungen und zusätzliche Verfahren erforderlich erscheinen, durch die die Rolle von Zufall und Notwendigkeit im Verhältnis angenommener Ursachen und ihrer Wirkungen und damit das relative Gewicht historischer Faktoren herausgearbeitet werden können.

Max Weber hat sich ausführlich mit der Frage beschäftigt, auf welche Weise innerhalb eines geschichtlichen Vorganges die wichtigen Faktoren von den unwesentlichen getrennt werden können. Aufbauend auf dem Begriff der »objektiven Möglichkeit« kommt er zu der Überlegung, daß es Verfahren geben müsse, aus der Vielfalt von ursächlichen Momenten, die alle zum Zustandekommen eines Ereignisses beigetragen haben, diejenigen herauszufinden, ohne die das Ereignis nicht möglich gewesen wäre. Er präsentiert seine Frage in zwei Stufen: a) welche Momente können weggedacht werden, ohne daß irgendeine Änderung des Verlaufs eingetreten wäre? und b) welche Ursachen können ausgeklammert werden, ohne daß die wesentlichen und allein interessierenden Charakteristika des Verlaufs entfallen wären [12]? Sein Lösungsvorschlag läuft auf »Möglichkeitsurteile« hinaus: was bei Ausschaltung gewisser Bedingungen hätte sein können. »Es bedeutet zunächst jedenfalls die Schaffung von – sagen wir ruhig –: *Phantasiebildern* durch Absehen von einem oder mehreren der in der Realität faktisch vorhanden gewesenen Bestandteile der ›Wirklichkeit‹ und durch die denkende Konstruktion eines in bezug auf eine oder einige ›Bedingungen‹ abgeänderten Herganges [13].« Die »wichtigste Seite« der historischen Darstellung, der kausale Regreß erlangt »Geltung« und »Wahrheit« nur dann, wenn er »die Probe jener Isolation und Generalisation der kausalen Einzelkomponenten unter Benutzung der Kategorie der objektiven Möglichkeit und der so ermöglichten zurechnenden Synthese bestanden hat« [14]. *Webers* Begriff der Möglichkeit ist jedoch nicht negativ gefaßt wie bei *Collingwood*. Er beruht vielmehr auf Kenntnissen über »Regeln des Geschehens« und auf einer Art nomologischen Wissens, auf Grund dessen beurteilt werden kann, was unter bestimmten Umständen nicht nur möglich, sondern auch wahrscheinlich war.

Die dem *Weber*schen Gedankenexperiment zugrunde liegende Frage »Was wäre gewesen, wenn ...« [15] läßt sich zwar noch über die geschilderten Zwischenstufen auf *Rankes* Frage zurückführen, eröffnet aber dadurch eine neue Forschungsdimension, daß sie die Bindung an das historisch Vorgegebene lockert und durch die subjektive Nachahmung und Neukonzeption historischer Prozesse im Gedankenexperiment der theoretischen Erfassung der Geschichte neue Wege weist.

Der nomothetische Ansatz

Ist die idiographische Position auch innerhalb einer ursprünglich so orientierten Geschichtswissenschaft überwindbar, so stellt sich die Problematik einer nomothetischen Geschichtswissenschaft in vollem Umfange doch erst, seit die wissenschaftstheoretische Diskussion in den Sozialwissenschaften auf die historische Nachbardisziplin übergriff, wenngleich *Webers* Aufgabenstellung bereits die Zuhilfenahme von sozialen Gesetzmäßigkeiten fordert.

Die grundlegende Schwierigkeit bei allen Erklärungsversuchen, die auf Gesetzmäßigkeiten aufbauen, besteht darin, daß sie nicht generell genug sind. Das gilt für Erklärungsskizzen, akzidentelle Erklärungen oder »historische Erklärungen« [16]; es gilt jedoch im Gegensatz zum eigenen Anspruch auch für deduktiv-nomologische und probabilistische Erklärungen [17]. Die deduktive Erklärung leidet darunter, daß sie entweder wegen einer restriktiven ceteris-paribus-Klausel durch eine Reihe von Anwendungsfällen widerlegt wird, oder ihre Gesetzeshypothese – das »covering law« – für alle wichtigeren Ereignisse [18] eine derartige Fülle von Bedingungen enthalten muß, daß schließlich die Reihe der Antecedensbedingungen einer Beschreibung eines oder sehr weniger Fälle gleicht – was wiederum mit dem Anspruch eines universell gültigen Gesetzes nur noch der Form, nicht aber der Sache nach vereinbar ist. Nur wenn die Zusammenstellung der Bedingungen, ihrer implikativen, exklusiven Beziehungen usw. ihrerseits erklärt werden könnte, ließe sich der Anspruch aufrechterhalten. Das Problem wäre damit jedoch auch nur verschoben.

Probabilistische Erklärungen hingegen sind auf die Ermittlung der relativen Häufigkeit realer Ereignisse zur Bestätigung des in ihnen enthaltenen Wahrscheinlichkeitsmaßes angewiesen [19]. Für viele interessierende Ereignisse läßt sich die relative Häufigkeit mangels ausreichender Grundgesamtheit nicht angeben – es sei denn, hierbei würde durch Zusammenfassung an sich heterogener Ereignisse in einer einzigen Ereignismenge manipuliert. Einzelne Ereignisse können dagegen nicht als Prüfinstanz für eine Hypothese dienen, die nur durch statistische Verteilungen zu bestätigen oder zu widerlegen ist.

Aber auch der Ausweg, das Dilemma deduktiver und probabilistischer Erklärungen durch die Zusammenfassung von Einzelhypothesen zu komplexeren Erklärungsstrukturen zu lösen, bleibt so lange versperrt, wie es nicht gelingt, in der Geschichte genügend Beispiele für ähnliche Hypothesenkonfigurationen unter ähnlichen historischen Bedingungen zu finden [20]. Das wäre Voraussetzung für die Ermittlung der »Erklärungsanteile« der einzelnen Hypothesen, der Art ihrer logischen Verbindung und – für die Geschichtswissenschaft besonders wichtig – der Rolle, die die Zeit als Bestandteil von Erklärungen dieser Art spielt. Es besteht zweifellos Ähnlichkeit zwischen diesem Konzept und *Webers* Gedankenexperiment auch insofern, als in beiden Fällen die Betrachtung seltener historischer Ereignisse ergänzt werden muß durch die experimentelle Untersuchung der einzelnen Bedingungen, Ursachen und ihrer verschiedenartigen Kombinationen.

Bei einfacheren und häufigeren Ereignissen sind die Schwierigkeiten des nomothetischen Ansatzes nicht so groß – obwohl auch hier nach der Vergleichbarkeit von ähnlichen

Ereignissen unter unterschiedlichen historischen Bedingungen gefragt werden muß – allerdings bleibt dann immer noch die Kluft zwischen den so erklärten einfachen Ereignissen und den aus diesen Erklärungen nicht ableitbaren komplexeren Ereignissen.

Geschichtsgesetze

Soll nicht mehr ein Ereignis als solches, sondern sein Auftreten an einem bestimmten Ort einer historischen Entwicklung, bzw. eine Abfolge von Ereignissen oder endlich die Aufeinanderfolge von Geschichtsepochen erklärt werden, so ist weniger die Seltenheit vergleichbarer Ereignisse, sondern die Einmaligkeit der Geschichte das theoretische Problem. Während die marxistische Geschichtsphilosophie die Überwindung durch die Verbindung von »Logischem und Historischem« erreicht zu haben glaubt, bleibt bei der »historisch-genetischen Erklärung« [21] stets der unerklärte Rest in Gestalt der Randbedingungen, die zwar Teil der Antecedensbedingungen jedes der aufeinanderfolgenden Erklärungsschritte sind, selbst aber nicht durch die Hypothese des vorangegangenen Schrittes erklärt werden können. Die theoretische Debatte um Geschichtsgesetze läßt sich sehr vereinfacht in der Frage zusammenfassen, ob trotz der Einmaligkeit der Geschichte ihr Verlauf durch die Synthese elementarer Gesetzmäßigkeiten theoretisch zwingend abgeleitet werden kann.
Die Bedeutung gerade dieses Problems für die Sozialgeschichte, der es ja nicht zuletzt um die Deutung und Erklärung des Übergangs zwischen verschiedenen Gesellschaftsformen geht, wird in anderem Zusammenhang wieder aufgenommen werden.

Der Beitrag von Simulationen zu Erklärung und Theoriebildung

Die theoretischen Probleme der Geschichtswissenschaft – soweit sie hier angedeutet worden sind – haben unabhängig von ihrer wissenschaftstheoretischen und philosophischen Provenienz ihren gemeinsamen Nenner darin, daß die Beschränkungen einerseits durch die »Einmaligkeit« der Geschichte, andererseits durch die relative Einfachheit der Erklärungsansätze bislang nicht überwunden werden konnten.
Im einzelnen lassen sich dreierlei Bedürfnisse unterscheiden, denen Simulationsmodelle u. U. entsprechen könnten:
Das Gedankenexperiment, das Spiel mit vielen Größen und Bedingungen wäre dadurch den Zufälligkeiten der gedanklichen Spontaneität sowie den Beschränkungen der menschlichen Informationsverarbeitungskapazität zu entziehen, daß ihm durch »Abspaltung eines partiellen Ausschnittes aus dem Handlungsbereich des Bewußtseins und Übertragung dieses Ausschnittes auf isoliert objektive Seinszusammenhänge« in Form einer Simulation eine Zwischenstellung zwischen Subjektivität und Objektwelt gegeben werden kann [22].
Das damit angesprochene Komplexitätsproblem wäre auch theoretisch zu lösen, nicht zuletzt weil es seit der zunehmenden Erschließung sozialhistorischer Daten und dem wachsenden Angebot sozialwissenschaftlicher Hypothesen an Gewicht gewonnen hat.

Hierbei ist vor allem an die Versuche nomothetischer Erklärung zu denken, wenn einzelne Hypothesen nicht weiterhelfen und an ihre Kombination gedacht werden muß. Schließlich bedarf die theoretische Erfassung von Notwendigkeit, Zufall und Wahrscheinlichkeit eines Mediums, in dem sich geschichtliche Vorgänge häufig reproduzieren lassen.

Die formale Struktur von Simulationsmodellen

Die Leistungsfähigkeit von Simulationen zur Bewältigung der angeführten Probleme hat ihren Grund in der Art und Weise, in der – anders als bei herkömmlichen Erklärungen und Gleichungssystemen – Ausgangsdaten und Ergebnisse mittels eines in einem Computer tatsächlich ablaufenden Prozesses verknüpft werden. Kann in einem einfachen Fall die Beziehung zwischen zwei Variablen durch eine Funktion eindeutig angegeben und hiernach auch überprüft werden, so ergibt sich im komplizierteren Fall, in dem Variablen zeitlich weiter auseinanderliegen und der Einfluß intervenierender Größen erfaßt werden muß, die Notwendigkeit, die Beziehung zwischen den Variablen als black box aufzufassen, über die nicht mehr als Teile des Inputs und Outputs bekannt sind. Der unbekannte Bereich muß dann in hypothetischer Weise durch die Einführung weiterer Input-Variablen, hinreichender und notwendiger Bedingungen, vielfältiger Beziehungen zwischen den Variablen und die Bestimmung einer Abfolge von Ereignissen strukturiert werden. Wird außerdem ebenso wie der Input, für den bereits eine Reihe von Variablen als Ausgangsdaten eingeführt wurden, auch der Output als Ereignisraum definiert, so sind die wesentlichen Kennzeichen einer Computer-Simulation angegeben, deren Struktur sich nun folgendermaßen darstellt:
Die Grundelemente sind Variablen, die bestimmte Größen des realen Bezugssystems abbilden. Jede der Variablen ist mit mindestens einer anderen durch eine Beziehung – etwa von der Form $y = f(x)$ – verbunden. Die Beziehungen wiederum lassen sich in einem Ablaufdiagramm anordnen, das die Reihenfolge der Abarbeitung einschließlich der zyklischen Wiederholung von Programmteilen vorschreibt, gleichzeitig die Abhängigkeit der Beziehungen untereinander definiert sowie die Orte festlegt, an denen u. U. Zufallszahlen den Programmablauf beeinflussen sollen. Bei Vorgabe von Ausgangswerten für die unabhängigen Variablen wird das Programm eine Reihe von Werten für die gleichen oder andere Variablen ermitteln, die in Form von Maßzahlen, Indikatoren oder Ereignissen das Ergebnis des Simulationsdurchlaufs bilden. Dieser Prozeß läßt sich mit neuen Zufallszahlen, verschiedenen Ausgangswerten und veränderter Simulationsstruktur wiederholen.
Jede der erwähnten Beziehungen läßt sich als Hypothese über das Verhältnis zweier oder mehrerer Variablen auffassen, jede Abhängigkeit der Beziehungen untereinander als Hypothese über die Abfolge bestimmter Ereignisse. Betrachtet man Ausgangswerte und Ergebnisse einer Simulation, so können sie als Antecedensbedingungen und explanandum einer komplexen Hypothesenkombination interpretiert werden. In dieser Erklärungsstruktur sind sowohl die genannten expliziten Hypothesen enthalten als auch implizite Hypothesen über die Beziehungen zwischen Variablen, die im Pro-

gramm selbst nicht direkt verbunden sind, sondern nur auf dem Umweg über die Beziehungen zu dritten Variablen kovariieren.
Die erheblichen Schwierigkeiten bei der Konstruktion eines Modells können hier nur erwähnt, nicht jedoch im einzelnen erörtert werden. Sie beginnen mit der Auswahl der Variablen und der Frage, auf welcher Verallgemeinerungsebene die Vergleichbarkeit von Variable und realen Daten noch gewährleistet ist; dann muß geklärt werden, in welcher Art die Hypothesen formalisiert und in das Modell eingefügt werden sollen, vor allem welche Reichweite sie beanspruchen können (als Gesetzeshypothesen oder als ad-hoc-Hypothesen); bei jedem Schritt stellen sich Operationalisierungs- und Quantifizierungsprobleme; schließlich gilt es, zu einer numerischen Abstimmung verschiedener Parameter- und Variablenwerte zu gelangen. Dabei ist die Versuchung groß, das Kriterium der Quantifizierbarkeit über das der Relevanz zu stellen.
Trotz dieser und vieler weiterer Einwände und Bedenken hinsichtlich der praktischen Verwirklichung lassen sich unter theoretischen Gesichtspunkten aus den Eigenschaften der geschilderten Simulationsstruktur die wichtigsten Funktionen ableiten, die solche Modelle im Forschungsprozeß prinzipiell erfüllen können.

Hypothesengewinnung und Erschließen von Daten

Aus dem Blickwinkel, daß jede Simulation ihrer Struktur nach einen Erklärungsversuch darstellt – eine bloß nachahmend-beschreibende Abbildung eines bestimmten historischen Vorgangs ist nicht ihre Aufgabe – hätte die Untersuchung Vorrang, ob die unterstellten Hypothesen bei gegebenen Ausgangsdaten über eine historische Situation zu einer Konstellation der Ergebniswerte führen, die einer späterliegenden historischen Situation entsprechen [23]. Der erste Schritt dazu ist die Überprüfung der Konsistenz der verwendeten Hypothesen. Auch ohne Rückgriff auf reale Ereignisse kann untersucht werden, ob nicht die Kombination der Hypothesen in der Weise fehlerhaft ist, daß ihre Interaktion im Modellablauf Ergebnisse hervorbringt, die in logischem Widerspruch zu einigen von ihnen stehen. Gewinnt man hier plausible Ergebnisse, muß der Vergleich mit der Realität folgen. Fällt diese Validitätsuntersuchung positiv aus, so liegt eine erste Bestätigung der Hypothesenkombination vor – ohne daß dabei übersehen werden darf, daß mit wachsender Reichhaltigkeit an Hypothesen sich die Wahrscheinlichkeit erhöht, daß ein Modell trotz einiger falscher Hypothesen realistische Ergebnisse hervorbringt, ebenso wie es – und das ist der häufigere Fall – falsche Ergebnisse liefern kann, obwohl die Mehrzahl der Hypothesen und ihrer Verknüpfungen korrekt sind. Wenn irgend möglich, sollten Untersuchungen über die empirische Validität einzelner Hypothesen die Validitätsprüfung hinsichtlich des Gesamtmodells begleiten.
Im gleichen Zusammenhang läßt sich die *Weber*sche Forderung erfüllen, das relative Gewicht historischer Einflußfaktoren und damit des Anteils an Varianz zu bestimmen, den spezifische Hypothesen »erklären« können. Der Rahmen, in dem Faktoren und Bedingungen verschieden angeordnet werden können, ist durch das Simulationsmodell gegeben – wie es im einzelnen zu geschehen hat, darüber gibt es keine Rezepte

außer den Regeln der Denk- und Computerökonomie. Daß die verfügbaren Erklärungsansätze, die speziell aus der Beschäftigung mit historischen Problemen erwachsen sind, weit eher ein Objekt von Simulationsexperimenten als deren Grundstruktur abgeben müßten, ist bereits angeklungen – ebenso jedoch die Vermutung, daß ein Teil der geschilderten Mängel sich im Wege der Kombination von erklärenden Hypothesen lösen ließe, so daß nunmehr die Gültigkeit der einzelnen Hypothese unter dem Vorbehalt ihrer Kombination mit anderen stünde. Zweck der Untersuchung wäre nicht in erster Linie herauszufinden, wie sich bei gleichbleibender Erklärungsstruktur aber wechselnden Ausgangswerten das Simulationsergebnis verändert, sondern wie der Einfluß verschieden gewichteter Erklärungsmuster bei gleichen Ausgangsbedingungen statistisch abgeschätzt werden kann.

Die Bestätigung der vorhandenen ist Voraussetzung für die Gewinnung neuer Hypothesen, wie sie sich aus den impliziten Beziehungen zwischen den Modellvariablen ergeben können und aus dem vorliegenden Quellenmaterial nicht ableitbar waren. Der Vorzug des Modells gegenüber der Untersuchung der Realität besteht gerade in dieser Hinsicht darin, daß die häufige Wiederholung desselben Prozesses unter leicht veränderten Bedingungen eine ausreichende statistische Grundgesamtheit synthetisiert, die dann auf Korrelationen und auch Kausalbeziehungen hin untersucht werden kann.

Ein weiterer Zweck einer »hypothesensuchenden« Simulation liegt in der Einschätzung der Rolle von Notwendigkeit und Zufall. Setzt man für das Zustandekommen eines historischen Ereignisses oder das Erreichen bestimmter Schwellenwerte (was in diesem Zusammenhang das gleiche sein soll) eine Reihe von verursachenden Faktoren voraus, die in verschiedener Weise gemischt vorkommen können, die überdies ihrerseits einzeln nur stochastisch zu fassen sind, so läßt sich erst nach vielen zufallsgesteuerten Durchläufen im Modell feststellen, welche relative Häufigkeit ein Ereignis im Rahmen eines bestimmten Erklärungsmusters hat. Letzten Endes wird man zu einem Kontinuum gelangen, auf dessen einer Seite die unwahrscheinlichen (bislang also die sogenannten historischen Zufälle) und an dessen anderem Ende die sehr wahrscheinlichen Ereignisse (bisher also die als »notwendig« bezeichneten) angesiedelt sind [24].

Natürlich wäre diese Skizze des Problems unvollständig ohne Rücksicht auf die Komplexität der fraglichen Ereignisse. Die Frage der Zufälligkeit läßt sich in Simulationen sinnvollerweise nur bezüglich komplexer Ereignisse stellen, die in der Geschichte selten vorkommen. Gerade dann aber ist der Vergleich zwischen Modell und Geschichte erschwert, ein Aspekt, der bei der Behandlung der Validität wieder aufgenommen wird.

Erst wenn die Phase der Modellentwicklung durch erfolgreiche Validitätsprüfungen abgeschlossen ist, wird die hypothetische Struktur, mit deren Hilfe etwas bisher nicht oder nicht sicher Bekanntes erschlossen werden kann, auf praktische Forschungsprobleme anwendbar. Erst wenn die Reihe der Fragen »Was wäre gewesen, wenn ...?«, »Warum war es so?«, »Wie könnte es gewesen sein?« in der umgekehrten Reihenfolge ihrer ersten Vorstellung beantwortet ist, kann eine Simulation sagen, »wie es eigentlich gewesen« war. Gelingt es dem Modell, die »fixed points«, von denen *Collingwood* sprach, zu reproduzieren, dann darf angenommen werden, daß die Variablenwerte, die für die dazwischenliegenden Zeiträume interpoliert werden, den realen aber (noch) nicht bekannten Daten des fraglichen Zeitraums entsprechen.

Probleme der Validität

Sowohl der theoretische als auch der forschungspraktische Nutzen von Simulation hängt offensichtlich von der Bewältigung der Validitätsproblematik ab. Unter diesem Begriff werden alle Fragen zusammengefaßt, die irgendwie mit der Übereinstimmung von Modell und Realität zu tun haben: von der Gültigkeit der in das Modell eingegangenen Begriffe bis zur Bestätigung oder Verifikation von Hypothesen. Von den zahlreichen Aspekten des Problems seien drei herausgegriffen, die bei der Simulation historischer Vorgänge besonders bedeutsam sind.

Die gleichen prinzipiellen Probleme, die die Theoriebildung und Erklärung in der Geschichtswissenschaft beschäftigen, behindern verständlicherweise auch die Validierung von Modellen. Bevor eine Simulation Datenlücken überbrücken kann, muß ihre Struktur an Hand von Realdaten entwickelt und überprüft worden sein. Datenarmut oder -lücken sowie die Grenzen, die der Nacherhebung von historischen Daten gezogen sind, verleiten dazu, Modelle mit den gleichen Daten zu testen, die zu ihrer Entwicklung dienten. Da gerade ihre Erfassung z. B. im Verlauf von Operationalisierung und Indikatorenbildung in hohem Maße durch das verwendete Begriffssystem und die ihm zugrunde liegenden theoretischen Annahmen geprägt wird, welche wiederum die Erstellung der Simulation bestimmen, werden die Risiken einer zirkulären Bestätigung von Daten und Modell und damit einer Variante des Modellplatonismus [25] deutlich – auch in der sozialhistorischen Forschung, da sie besonders datenhungrig ist, ohne immer auf genügend Quellen zu stoßen.

Der zweite Aspekt beruht auf den gleichen Gründen, die gegen die Möglichkeit probabilistischer Erklärungen komplexerer und gleichzeitig wichtiger und seltener Ereignisse sprechen. Wenn aber – wie postuliert wurde – auch für solche Ereignisse im Modellversuch eine Wahrscheinlichkeit bestimmbar ist, so erfordert die Validitätsprüfung dafür ein Pendant in der Realität. Die bisher entwickelten Validitätsmaße vergleichen zumeist statistische Verteilungen im Modellergebnis und der Realität miteinander [26]. Überdies gehen sie von homogenen Ereignisräumen aus, bei denen nicht – wie offensichtlich in der Geschichte – die wichtigeren Ereignisse auch die komplexeren sind. Das führt dazu, daß ein Maß den Anforderungen, die an das Modell gestellt werden, dann nicht mehr entspricht, wenn nicht die Übereinstimmung bezüglich der häufigsten Ereignisse in einem homogenen Ereignisraum verlangt wird, sondern hinsichtlich der wichtigsten in einem heterogenen Ereignisraum. Aber auch wenn hierfür angemessene Validitätsmaße zur Verfügung stünden, bliebe die Feststellung der relativen Häufigkeit und damit der Wahrscheinlichkeit eines Ereignisses in der Realität ungeklärt. In den Fällen, in denen Ereignisse zu selten sind (oder über bestimmte Zeitgrenzen hinweg nicht mehr ohne weiteres vergleichbar), um statistische Maßzahlen zu ermitteln, wäre der Ausweg zu erkunden, die fraglichen Ereignisse in Elementarereignisse, Bedingungen oder Determinanten aufzuspalten und nun die Häufigkeit der einzelnen Indikatoren zur Grundlage einer »a priori-Wahrscheinlichkeit« des »Gesamtereignisses« zu machen. Voraussetzung ist, daß die Elementarereignisse einzeln häufiger auftreten als gemeinsam, wodurch sie das Gesamtereignis konstituieren. Die Wahrscheinlichkeit für ihr gemeinsames Auftreten ließe sich dann bestimmen [27].

Die dritte Schwierigkeit ergibt sich ebenfalls daraus, daß nur im Modell das Axiom der Unwiederholbarkeit der Zeit bis zu einem gewissen Grade überlistet werden kann, daß aber dem Vergleich ganzer Ereignisabfolgen die Singularität der Geschichte in noch stärkerem Maße entgegensteht, als dies bei einzelnen Ereignissen der Fall ist. Je feiner ein Prozeß im Modell nachgebildet wird, d. h. je mehr einzelne Zwischenereignisse auftreten und je mehr Verzweigungspunkte für Zufallsentscheidungen vorgesehen sind, desto geringer ist die Aussicht, daß nicht nur das Endergebnis, sondern auch der zu ihm führende Prozeß in der entsprechenden geschichtlichen Abfolge wiedergefunden wird. Die Länge der simulierten Zeiträume spielt dabei ebenfalls eine Rolle, weil bei kürzeren Entwicklungen in der Regel weniger Verzweigungsmöglichkeiten bestehen und auch angenommen werden kann, daß sich die Gesetzmäßigkeiten, denen der reale Prozeß folgte, nicht so stark verändert haben, daß dem auch eine Revision der »Spielregeln« während des einzelnen Simulationsdurchlaufs entsprechen müßte.
Hier wird punktuelle Übereinstimmung schon als Erfolg zu werten sein, woraufhin gehofft werden kann, daß man in den abweichenden Fällen zumindest »objektiven Möglichkeiten« im Sinne *Webers* gerecht geworden ist. Ob aber von objektiven Möglichkeiten, oder gar a priori-Wahrscheinlichkeiten ganzer historischer Prozesse in einem Zusammenhang gesprochen werden kann, der auch durch den Begriff »Geschichtsnotwendigkeit« charakterisierbar ist, wird durch Simulationen kaum entschieden werden können.
Selbst wenn mangels Validität die Ergebnisse von Simulationen nicht einmal als vorläufige Aussagen über die Realität interpretiert werden dürfen, bleiben davon ihre Vorzüge im heuristischen Bereich unberührt. Sie dienen in jedem Fall – auch nach einem Fehlschlag – der Entwicklung neuer Hypothesen, der gezielten Suche nach weiteren Daten oder der erneuten Analyse der vorhandenen. Dies wird bei realistischer Betrachtung bis auf weiteres ihre Hauptaufgabe auch in der Sozialgeschichte sein, einem Bereich, der neben der Wirtschaftsgeschichte ihrer Anwendung in besonderem Maße zugänglich ist.

Anwendungsmöglichkeiten und -probleme in der Sozialgeschichte

Daß die Sozialgeschichte es u. a. mit gesellschaftlichen Massenerscheinungen zu tun hat, daß ihr – schon durch ihre Nähe zur Wirtschaftsgeschichte – und im Vergleich etwa zur Diplomatiegeschichte mehr standardisierte und quantifizierte Daten zur Verfügung stehen, daß sie viele Überschneidungen mit der theoretisch entwickelteren Soziologie aufweist – all das könnte vermuten lassen, daß erklärende und theoriebildende Ansätze hier relativ leichtes Spiel haben. Aber bereits die Ausnutzung der Sozialgeschichte zur Erweiterung der soziologischen Datenbasis stößt auf Schwierigkeiten, um so mehr die Übernahme und Fortentwicklung soziologischer Theorieansätze. Versuche, in der Gegenwart gewonnene Hypothesen daraufhin zu überprüfen, ob sie mit historischem Material übereinstimmen, können scheitern, weil entweder die historischen Daten lückenhaft sind und eine Nacherhebung unmöglich ist, oder weil die Vergleichbarkeit der Daten zweifelhaft ist und zunächst eine korrekte Interpretation beispielsweise bestimmter Indizes zu erreichen wäre, oder schließlich weil durch anders geartete Interdependenzen mit der Makroebene oder anderen Gesellschaftsbereichen in der Vergangenheit unerwartete intervenierende Variablen auftreten.

Sprechen die der Theoriebildung günstig scheinenden Faktoren auch für eine relativ leichte Anwendung von Simulationsverfahren in der Sozialgeschichte, so zeigen die Datenprobleme einerseits, daß Simulationen hier nicht nur möglich, sondern sogar notwendig sein können, und andererseits, daß nur ein bestimmter Simulationsansatz in Frage kommt. Die Notwendigkeit ergibt sich ohne weiteres aus dem Bestreben, Lücken im historischen Material wenn auch nur näherungsweise zu füllen, wobei hierunter auch Fragen nach Interdependenzen mit Makrophänomenen oder anderen Gesellschaftsbereichen fallen, die aus den Daten heraus nicht direkt beantwortbar sind. Datenmangel verhindert zumeist den im Verhältnis einfacheren Simulationsansatz, bei dem die Simulationsstruktur auf Grund statistisch bereits aufbereiteter Daten konstruiert werden kann, so daß Korrelationen, Verteilungen, Faktorengewichtungen usw. die einzelnen Hypothesen und das Ablaufdiagramm mehr oder weniger vorgeben. Statt dessen muß der »konzeptbasierte« dem »datenbasierten« Ansatz vorgezogen werden [28]. Dabei handelt es sich darum, daß den Hypothesen und ihrer Kombination in der Weise Vorrang vor den Daten gegeben wird, daß ihre Gewinnung unabhängig von bestimmten Datenbasen erfolgt und daß relativ wenige reale Ausgangsdaten für die Erzeugung umfangreicher Ergebnisse notwendig sind. Die Betrachtung vorhandener soziologischer Simulationsmodelle zeigt außerdem, daß sie überwiegend auf Daten zurückgreifen, deren Nacherhebung in der Geschichte unmöglich ist (so z. B. Einstellungen, soziometrische Muster usw.); die Übertragung dieser datenbasierten Modelle scheidet ohnehin aus [29].

Welche Sachprobleme die Anwendung von Simulationen besonders nahelegen und welche Modelle dazu u. U. zur Verfügung stehen, soll im folgenden skizziert werden.

Gleichförmige Mikroprozesse

Im Zeitverlauf relativ gleich bleibende Massenerscheinungen sind deshalb dankbare Objekte für Simulationsversuche, weil das Modell weder viele Variablen noch viele Hypothesen enthalten muß. Die wesentliche Leistung des Modells ist vielmehr die Nachahmung des Zufalls, von dem beispielsweise die Weiterverbreitung einer Nachricht in einem Diffusionsprozeß, die Geburt eines Kindes in einem demographischen Modell oder die Kaufentscheidung in einer Volkswirtschaftssimulation gesteuert wird [30]. Gerade die relative Hypothesen- und Variablenarmut solcher Modelle erlaubt eine einigermaßen rasche Überprüfung der Validität unter den Bedingungen der Gegenwart und bei Übertragung auf die Vergangenheit die Modifizierung einzelner Bestandteile bei gleichzeitigem Überblick über ihre Auswirkungen. Der wesentliche Zweck solcher Simulationen ist demnach die Überwindung von Datenlücken.

Ein Phänomen, das vor allem in Zeiten raschen sozialen Wandels besondere Aufmerksamkeit verdient, ist die Verbreitung von Innovationen verschiedenster Art: von neuen Werkzeugen oder Maschinen bis zu Verhaltensweisen und Einstellungen. Die

Geschwindigkeit der Ausbreitung und die räumliche Verteilung der Information ist in soziologisch befriedigender Weise zuerst von *Hägerstrand* simuliert worden [31]. Bereits vorher war versucht worden, Diffusionsprozesse durch das gleiche mathematische Modell zu beschreiben, das für die Ausbreitung von Epidemien entwickelt wurde [32]. Aber erst durch Einbeziehung geographischer Faktoren, der Abhängigkeit der Informationsübertragung von der Kontakthäufigkeit (womit ein Lernprozeß simuliert wird) sowie von Statusvariablen, die eng mit der Innovationsfreudigkeit korrelieren, gelingt es, empirisch verfolgbare Diffusionsprozesse im Modell nachzuahmen.
Gegenwärtig finden vor allem im Rahmen von Modernisierungsstudien Diffusionsprozesse in Entwicklungsländern Beachtung. Die Bedeutung für die Sozialgeschichte besteht nicht nur in einer mehr oder weniger großen Ähnlichkeit der soziostrukturellen und ökonomischen Bedingungen mit früheren europäischen Verhältnissen [33]. Die sich dadurch bietenden Vergleichsmöglichkeiten verschaffen der Simulationsforschung ein Feld für Validitätsuntersuchungen, die bei den hier zur Debatte stehenden Prozessen nur schwer an historischem Material und noch schwerer unter den störenden Einflüssen der Massenkommunikation in den heutigen Industriegesellschaften durchzuführen wären. Beispielsweise konnte eine Weiterentwicklung des *Hägerstrand*schen Modells (SINDI 1) mit Daten aus einem abgeschiedenen bäuerlichen Bezirk Brasiliens verglichen werden, die über einen Zeitraum von 10 Jahren erhoben worden waren [34]. Der einfachen Übertragung auf vergangene Verhältnisse steht die Verwendung soziometrischer Größen im Modell entgegen, aber nach einer Modifizierung und Erweiterung erscheint eine Adaption in bezug auf historische Vergleichsfälle hier ebenso möglich und sinnvoll wie bei einer Reihe anderer Simulationsmodelle und -konzepte.

Das Mehrebenenproblem

Eine der genuinen Aufgaben der Sozialgeschichte besteht darin, Bereiche verschiedener Aggregationsebenen theoretisch zu integrieren: d. h., Erscheinungen auf der Mikroebene der Gesellschaft in Verbindung zu »dauernden Kräften« im Sinne *Diltheys,* in der Regel also Institutionen, politischen Konstellationen und sozioökonomischen Makrostrukturen samt ihrer Veränderungen, zu bringen. Damit steht die Sozialgeschichte vor einem Problem, das nach Meinung vieler Kritiker auch die Soziologie viel stärker beschäftigen sollte, zu dessen Lösung aber bisher nur ansatzweise in Teilgebieten Verfahren entwickelt werden konnten.
Unter dem Vorbehalt, daß die Abgrenzung derartiger Ebenen nur an Hand der jeweiligen Forschungsgegenstände sinnvoll ist [35], lassen sich auch bei einer streng formalen Fassung der Mehrebenenproblematik einige theoretische Gesichtspunkte erläutern. Innerhalb der Grenzen ein- und desselben Zeitraumes unterscheiden sich die Ebenen dadurch, daß pro Zeiteinheit auf der Mikroebene sehr viel mehr Ereignisse (die Art ihrer Definition sei hier dahingestellt) anfallen als auf der Makroebene. Werden Ereignisse als »Haltepunkte« von Prozessen verstanden, so läßt sich in analoger Weise formulieren, daß pro Zeiteinheit auf der Makroebene relativ zur Mikroebene sehr viel weniger prozessuale Veränderungen festzustellen sind.

Aus der unterschiedlichen Menge und aus der größeren Gleichförmigkeit innerhalb der Ereignisklassen auf der Mikroebene folgen unterschiedliche theoretische Ansätze: eignet sich die Mikroebene besonders für die nomothetische Analyse, bietet sich angesichts der individuell ausgeprägten Makro-Ereignisse das idiographische Verfahren an. Schließlich ist auch die Art der Daten, die auf beiden Ebenen anfallen, verschieden; während einerseits die Operationalisierung der zur theoretischen Analyse verwandten Begriffe durch die Daten erleichtert wird, sind andererseits häufig Indikatorenzusammenstellungen notwendig [36].

In der Realität sind die Verbindungen zwischen Mikro- und Makroebene oft deshalb schwer isolierbar, weil jeweils nur minimale Veränderungen in den Massenerscheinungen zur Veränderung einer Makrogröße führen – häufig verbunden mit dem Sprungphänomen des Umschlags von Quantität in Qualität – und sich erst im Lichte der korrespondierenden Makro-Ereignisse erklären, interpretieren oder gar teleologisch deuten lassen.

Unter Hinzuziehung der genannten Gesichtspunkte läßt sich jetzt darstellen, auf welche Weise die wechselseitige Beeinflussung der Ebenen in einem Simulationsmodell erfaßbar ist. An Hand von Hypothesen z. B. über Kleingruppenverhalten, Diffusionsprozesse usw. wird der Mikrobereich durch eine größere Anzahl zyklisch angeordneter Beziehungen abgedeckt. In einem sich häufig wiederholenden Zyklus werden sämtliche Mikro-Einheiten des simulierten Systems durch die programmierten Beziehungen geschickt, wodurch sich einige oder alle ihrer Eigenschaftsvariablen ändern. Jede Wiederholung des Zyklus baut auf den Veränderungen auf, die im vergangenen Zyklus erzeugt worden waren. Außerhalb dieser Zyklen hat eine weitere Art von Beziehungen die Aufgabe, die nach jedem Zyklus aggregierten Daten mit den Einheiten der Makroebene zu verbinden. Entsprechend der Veränderung der Makrogrößen werden dann die Beziehungen modifiziert, die die Veränderung der Eigenschaftsvariablen der Mikro-Einheiten steuern.

Dieses zur Programmierung aller möglichen Rückkoppelungsbeziehungen häufig verwandte Grundmuster erlaubt – trotz der hier notwendigen Vereinfachung – durch die Vielfalt der denkbaren Hypothesenkombinationen, die große Zahl von Variablen und Zyklusdurchläufen eine gründliche Erkundung der Möglichkeiten, durch die Synthese elementarer Gesetzmäßigkeiten zu typischen Abläufen zu gelangen [37]. Ein bescheideneres aber immer noch anspruchsvolles Ziel dürfte die Entwicklung von diachronischen Teiltheorien sein, die sowohl auf der Interaktion zwischen den Ebenen (wie hier) als auch auf anderen, im folgenden Abschnitt zu erörternden Prinzipien beruhen können.

Praktische Erfahrungen mit der Simulation von Mikro-Makro-Beziehungen über längere Zeiträume hinweg haben mit Erfolg lediglich die Ökonomen sammeln können. Eine Problemstellung der Sozialgeschichte, die durch Simulation lösbar wäre, ist beispielsweise die Rekonstruktion früherer »öffentlicher Meinungen« unter Abhängigkeit von sozioökonomischen Bedingungen. Ein Ansatz, sich ihrer Erfassung zu nähern, ist die Analyse des Abstimmungsverhaltens in Parlamenten. Bei namentlichen Abstimmungen ist eine grobe Zuordnung von Meinung und Wahlkreis möglich. Da aber durch Wahlkreiseinteilung und Beschränkungen des Wahlrechts die Repräsentativität in den

Parlamenten nicht gewährleistet war, ist man darauf angewiesen, zunächst die gegebenen Stimmenverhältnisse auf die Bedingungen gleicher Wahlkreiseinteilung und gleichen Wahlrechts »umzurechnen«. Entsprechende Arbeiten, die die demographischen, sozialen und ökonomischen Bedingungen in den Wahlkreisen als Ausgangspunkt haben, wurden bereits unternommen [38]. Von hier aus wäre der Schluß auf die Verteilung und Entwicklung von Meinungen zu bestimmten Sachfragen in der Bevölkerung, ihrer Abhängigkeit von sozioökonomischen Verhältnissen und ihrer Rückwirkung auf den Gesetzgebungsprozeß möglich.

Diachronische Analyse

Wenn herkömmlicherweise die Daten der Mikroebene dem nomothetischen, Makro-Größen dagegen eher dem idiographischen Ansatz nahestehen, ist damit fast von selbst eine Trennung in eine synchronische Behandlung der Mikroebene – wenn sie mit dem gängigen Instrumentarium der gegenwärtigen Sozialwissenschaften analysiert wird – und eine diachronische der Makroebene verbunden, zumal die relativ wenigen Ereignisse dieser Ebene sowohl auf eine Schilderung ihrer Aufeinanderfolge als auch auf den Verzicht auf theoretische Ambitionen hinführen [39]. So besteht in der Sozialgeschichte je nach Wahl der Untersuchungsebene die Neigung, entweder historische Sozialforschung oder eher Geschichte der Wirtschafts- und Gesellschaftsformen zu sein.
Man könnte sich mit dieser Trennung abfinden, weil einerseits auf die langsame Veränderung der Beziehungen auf der Mikroebene hinzuweisen wäre – die eine Zerlegung des historischen Prozesses in »Zeitscheiben« rechtfertigen könne –, andererseits der im Vergleich zu sonstigen statistischen Verfahren rudimentäre Zustand der Zeitreihenanalyse berücksichtigt werden müßte. Versuche, auf statistischer Grundlage zu einer diachronischen Theoriebildung zu kommen, zeigen die Beschränkung auf verhältnismäßig wenige Einheiten und Variablen und auf die Bedingung der Vollständigkeit der Daten, die zudem trotz der verschiedenen Kontexte, in denen sie erhoben wurden, vergleichbar sein müssen [40]. Trotzdem bliebe das Problem, inwieweit derartig gewonnene Hypothesen, die innerhalb einer Zeitscheibe gelten, auf andere übertragbar wären.
Aber auch der oben geschilderte Ansatz, aus der Kumulierung von Mikro-Größen heraus Änderungen auf der Makroebene zu erklären, kann sich unter theoretischen Gesichtspunkten als unbefriedigend erweisen. Eine echte Diachronie ist auf diese Weise weder für die Mikro- noch für die Makroebene darzustellen, vor allem weil dem reduktionistischen Anspruch, alle Makroereignisse auf Mikrogrößen zurückzuführen, sei es aus grundsätzlichen sei es gegenwärtig aus praktischen Gründen, nicht entsprochen werden kann. So besteht weiterhin der Bedarf, Makroereignisse auch aus vorangegangenen oder gleichzeitigen Makroerscheinungen zu erklären. Die Simulation der Beziehungen zwischen sozialen, demographischen oder politischen Faktoren auf dieser Ebene stößt auf theoretische und praktische Probleme sui generis.
Makrogrößen, seien sie als Ereignisse oder als statistische Werte konzipiert, umgreifen jeweils einen längeren Zeitraum. Die daraus folgende Abkehr von einer kontinuier-

lichen zu einer »grobrastrigen« diskreten Zeitabbildung ist bei den statistischen Zahlen meist in erhebungstechnischen Gegebenheiten, bei den Ereignissen in ihrer relativen Seltenheit begründet.
Der Verzicht auf die Mikroebene führt also in der Simulationspraxis zu einer Hintereinanderreihung von Zeitscheiben – jede für sich durch synchrone Beziehungen gekennzeichnet. Die häufig verschiedenen Zeitausdehnungen der einzelnen Größen müssen ebenso berücksichtigt werden, wie die unterschiedliche Zeitdauer, der die Beziehungen zwischen den Größen über die Zeitscheiben hinweg unterliegen. Die Erfahrungen mit einer ursprünglich zur Abbildung des gegenwärtigen internationalen Systems entwickelten Simulation (SIPER) ergaben beispielsweise, daß die Veränderungen des Verbrauchs, der Investitionen, Militärausgaben und des Handelsumfangs von Volkswirtschaften und Staaten der Veränderungsrate des europäischen Staatensystems während der ersten Hälfte des vorigen Jahrhunderts entsprachen, wenn eine bestimmte Entscheidungsregel für die Bestimmung dieser Größen in jeder Periode verwandt wurde. Unter Beibehaltung der Entscheidungsregel aber bei Veränderung des Verhältnisses der Perioden zur Realzeit ergab sich eine Übereinstimmung mit den gegenwärtigen Industriestaaten – dafür aber keine mit den Entwicklungsländern der Gegenwart [41]. Das Phänomen »social time« verursacht Komplikationen natürlich nicht nur auf dieser Ebene. Immerhin weist es auf die Notwendigkeit hin, die Zeitdimension – das proprium der Geschichtswissenschaft – in präziserer Weise als bisher in die theoretischen Versuche aufzunehmen. Gerade bei der Abbildung komplexerer Vorgänge ist es nicht damit getan, irgendein Ereignis während des Ablaufs der Simulation im Sinne einer Wenn-Dann-Folge eintreten zu lassen; zusätzlich wäre der Zeitpunkt des Eintretens sowie die Zuordnung zu anderen Ereignissen und damit die Erfassung von Ungleichzeitigkeiten der Entwicklung in den Hypothesen und dem Ablaufdiagramm vorzusehen. Auf die Schwierigkeiten der Validierung gerade solcher Modelle muß hier ebenso zurückverwiesen werden wie auf die Chance, durch Experimentieren der Lösung dieses wichtigen Problems der Theoriebildung in der Geschichtswissenschaft näher zu kommen.
Wird die Frage einer diachronischen Theorie auf der Ebene epochaler Entwicklungen gestellt, z. B. der der »Modernisierung«, bieten sich nach Meinung von *R. D. Brunner* Simulationen ebenfalls als Hilfsmittel an [42]. In seinem Versuch, die Entwicklungstheorien von *S. M. Lipset*, *J. Kautsky* und *S. Huntington* hinsichtlich ihrer Anwendbarkeit auf konkrete Beispiele zu prüfen, verwendet *Brunner* Simulationen, um die Fähigkeit der Theorien zu testen, über die Zusammenfassung und theoretische Interpretation der Eigenschaften vieler Entwicklungsländer hinaus auch den individuellen Faktorenkombinationen einzelner Länder gerecht zu werden. Sein Problem ist, daß diese Theorien in ihrer allgemeinen Fassung durch zu viele Einzelbeispiele abweichender Entwicklungen widerlegt werden können, ohne daß damit ausgemacht wäre, ob nicht die Neuanordnung ihrer Axiome und Aussagen in einem prozessualen Modell auch auf Grund unterschiedlicher Ausgangs- und Randbedingungen verschieden ablaufende Entwicklungen voraussagen könnte [43].

Schlußbemerkungen

Gerade das zuletzt angeführte Projekt ist ein Beispiel für das Bemühen, die Seltenheit gleichförmiger historischer Prozesse durch die Wiederholung im Modell zu kompensieren, indem durch das Abstecken der Grenzen des »objektiv Möglichen« einige Hypothesen isoliert und fundiert werden, die auch für die Analyse der Gegenwart und die Konzeption der Zukunft von Belang sein können. Der Optimismus solcher Formulierungen kann aber bis zu einer möglichen Verwirklichung bereits von der Geschichte Lügen gestraft worden sein, weil bis dahin die Spielregeln der Geschichte, das »ideal framework« [44], die der so mühsam erarbeiteten diachronischen Theorie zugrunde lagen, nicht mehr dieselben sind. Womit die geschichtlichen Grenzen derartiger Versuche abzusehen sind.

Trotzdem kann festgehalten werden, daß der gegenwärtige Stand der Simulationstechnik in den Sozialwissenschaften keine prinzipiellen Einwände gegen den nutzbringenden Gebrauch dieser Modelle in der historischen Forschung rechtfertigt. Wenn auch nur in einer Hilfsfunktion und stets beschränkt auf die Abbildung dessen, was in der Simulationsstruktur und den Ausgangsdaten angelegt worden ist, können diese Modelle doch mittels ihrer Präzision Mängel des theoretischen Ansatzes und die Rolle etwa vernachlässigter Faktoren aufdecken helfen.

Darin liegt einer ihrer Hauptvorteile für eine »Geschichtswissenschaft jenseits des Historismus« [45], in der es u. a. darum gehen soll, »die Vergangenheit im Lichte nicht nur der gegenwärtigen Gesellschaft, sondern auch ihrer künftigen Möglichkeiten zu verstehen« [46]. Dieser Entwurf krankt aber daran, »daß geschichtliche Data als solche nur innerhalb der begrifflichen Bezugssysteme mehr als leere Formeln sind ...« [47]. Das damit angerissene Problem des Ideologieverdachts [48] wird durch Simulationen gewiß nicht auszuräumen sein; da jedoch der Vielfalt der künftigen Möglichkeiten eine Vielfalt der historischen Perspektiven zu entsprechen hätte, müßte wenigstens ein rudimentärer Ansatz zur methodischen Beherrschung der Perspektivenvielfalt gegeben sein. Wenn Simulationen dazu beitragen könnten, bei der Analyse der Vergangenheit die verschiedenen Sichtweisen auf kontrollierbare Weise anzuwenden, dann wäre zumindest bezüglich simulierbarer Sachverhalte eine Voraussetzung dazu erfüllt, der historischen Reflexion ein sichereres Fundament in Form des heute Erkennbaren und Erschließbaren zu geben.

Anmerkungen

[1] Vgl. *R. P. Abelson*, Simulation of Social Behavior, in: *G. Lindzey* und *E. Aronson*, Hrsg., The Handbook of Social Psychology, Bd. 2, Reading, Mass., 1968, S. 274–356; *T. H. Naylor et al.*, Computer Simulation Experiments with Models of Economic Systems, New York 1971; sowie bezogen auf das Gebiet der internationalen Beziehungen *L. Kern* und *H. D. Rönsch*, Simulationen internationaler Beziehungen: Ein Überblick, in: *diesn.*, Hrsg., Simulation internationaler Prozesse, Opladen 1972, S. 11–76.

[2] Zu den bekannteren Modellen gehören u. a. die Wahlsimulation von *Ithiel de Sola Pool*,

R. P. Abelson und *S. Popkin*, Candidates, Issues, and Strategies: A Computer Simulation of the 1960 and 1964 Presidential Elections. Cambridge, Mass., 1965: sowie das teilformalisierte Modell von *H. Guetzkow et al.*, Simulation in International Relations: Developments for Research and Teaching, Englewood Cliffs, N. J., 1963.
Die bisher umfangreichste Zusammenstellung verschiedener Arbeiten zur Simulation ist *H. Guetzkow, P. Kotler* und *R. L. Schultz*, Hrsg., Simulation in Social and Administrative Science, Englewood Cliffs, N.J., 1972. Eine ausführliche Literaturliste zu Simulationen aus fast allen sozialwissenschaftlichen Disziplinen findet sich in *C. Böhret*, Hrsg., Simulation innenpolitischer Konflikte, Opladen 1972. Skeptisch bezüglich allzu leichter und rascher Erfolge mit Hilfe von Simulationen äußert sich *S. Harbordt*, Die überschätzte Computersimulation, in: Soziale Welt 21/22 (1970/71), S. 494–507.

[3] Simulationen von historischen Ereignissen oder Entwicklungen sind bislang selten; zu nennen sind: *Ithiel de Sola Pool* und *A. Kessler*, The Kaiser, the Tsar, and the Computer: Information Processing in a Crisis, in: American Behavioral Scientist 8 (1965), 9, S. 31–38; *J. Milstein* und *W. C. Mitchell*, Computer Simulation of International Processes: The Vietnam War and the Pre-World War I Naval Race, in: Peace Research Society, Papers, 12 (1968), S. 117–136; *H. Klages*, Computer-Simulation des sozialen Wandels, in: *W. Rüegg* und *O. Neuloh*, Hrsg., Zur soziologischen Theorie und Analyse des 19. Jahrhunderts, Göttingen 1971, S. 54–64. Zu dem gleichen Projekt siehe auch *Harbordt*, a.a.O.

[4] Bei Massenerscheinungen, wie sie oft Gegenstand der Sozialgeschichte sind, kann es vertretbar sein, die individuellen Intentionen zu Klassen zusammenzufassen und als Ursachen zu betrachten – wenn nicht von vornherein die sozioökonomischen Bedingungen der betreffenden Bevölkerungsgruppe als Determinanten des zu erklärenden Verhaltens genommen werden.

[5] *Alan Donagan*, The Popper-Hempel Theory, in: *W. Dray*, Hrsg., Philosophical Analysis and History, New York 1966, S. 127–159. Bei allen derartigen Versuchen, zu denen auch die »rationale Erklärung« von *W. Dray* (Laws and Explanation in History, London 1957) gerechnet werden muß, bleiben insbesondere der Rationalitäts- und Nutzenbegriff problematisch. Daneben stellen die Bestimmung der Persönlichkeitsmerkmale und Kontextbedingungen weitere Schwierigkeiten dar. Allerdings können Simulationen sozioökonomischer Vorgänge insofern der verstehenden Interpretation individueller Entscheidungen dienen, als sie die Situation rekonstruieren helfen, in der gehandelt wurde. Die »Definition der Situation« seitens der historischen Akteure ist häufig die große Unbekannte bei der Interpretation einigermaßen komplexer historischer Entscheidungen.

[6] Gerade in der sozialwissenschaftlichen Diskussion ist das an den theoretischen Naturwissenschaften orientierte Erklärungsschema von *Hempel* und *Oppenheim* auch von denen angegriffen worden, die einen mehr oder weniger formalen Erklärungsbegriff beibehalten wollen. Dabei steht der deterministische und der zumindest in der wissenschaftlichen Praxis häufig eindimensionale Charakter dieses Schemas im Brennpunkt der Kritik. Andererseits stößt das Bemühen, auch das Verstehen individueller Handlungen einem Erklärungsschema anzunähern (siehe *Donagan*, a.a.O. und *Dray*, a.a.O.) dann auf Schwierigkeiten, wenn Motive und Intentionen als Ursachen interpretiert werden sollen. Ein Ausweg bietet sich hierbei durch »Dispositionsgesetze« an. Vgl. auch *M. B. Arnold*, Motives as Causes, in: Journal of Phenomenological Psychology 1 (1972), S. 185–192.

[7] *J. G. Droysen*, Historik, München 1937, S. 340.

[8] *R. G. Collingwood*, The Idea of History, Oxford 1946, S. 242.

[9] Vgl. auch *K.-G. Faber*, Theorie der Geschichtswissenschaft, München 1971, S. 80: »Die Frage nach dem ›Wie‹ eines geschichtlichen Vorganges ist in Wahrheit eine Frage nach dem ›Warum gerade so‹ . . . «

[10] *W. Dilthey*, Der Aufbau der geschichtlichen Welt in den Geisteswissenschaften, Gesammelte Schriften Bd. 7, Leipzig 1927, S. 158.

[11] Ebd.

[12] *M. Weber*, Gesammelte Aufsätze zur Wissenschaftslehre, Tübingen 1968 (3. Aufl.), S. 273.

[13] Ebd., S. 275.

[14] Ebd., S. 279.

[15] Zu den logischen Problemen solcher »counterfactuals« und des »hypothetischen Räsonierens« siehe *W. Stegmüller,* Wissenschaftliche Erklärung und Begründung, Berlin 1969, S. 320 ff.; *E. Nagel,* The Structure of Science, New York 1961, S. 588 ff. Ein Simulationsmodell, in dem das hier skizzierte *Weber*sche Konzept aufgenommen wird, stammt von *H. R. Alker* und *W. J. Greenberg,* The U.N. Charter: Alternate Pasts and Alternate Futures, unveröff. Manuskript, MIT/Harvard University, Cambridge, Mass., 1971.

[16] In der von *Stegmüller,* a.a.O., S. 348, vorgeschlagenen Fassung.

[17] Einen ausführlichen Überblick gibt *Stegmüller,* a.a.O. Speziell zur Anwendung auf historische Ereignisse siehe S. 346 ff.

[18] Was in diesem Zusammenhang als Ereignis betrachtet werden kann, ist hier nicht auszudiskutieren – es kann sich sowohl um Ereignisse im üblichen Wortgebrauch, also um zeitlich eng begrenzte Vorfälle handeln, als auch um erst vom Betrachter ausgewählte und definierte Zustandsveränderungen, wie etwa das Gleichziehen der Wirtschaftsentwicklung zweier Länder.

[19] Welche Wahrscheinlichkeitsdefinitionen als Grundlagen für die in der Erklärung enthaltene Wahrscheinlichkeitsangabe dienen können, muß hier offen bleiben. Eine Zusammenfassung gibt *Stegmüller,* a.a.O., S. 639 ff. Die subjektive Wahrscheinlichkeit, die der Historiker von vornherein einem Ereignis zuweist, ist entscheidend dafür, ob es überhaupt als erforschenswert angesehen wird, welche erkenntnisleitenden Fragestellungen angelegt werden (vgl. *Drays* Unterscheidung zwischen »Wie überhaupt möglich?« und »Warum notwendigerweise?« a.a.O., S. 164 ff.), usw.

[20] Ansatzpunkt für diese Überlegung ist, daß viele Ereignisse aus verschiedenen Kontexten heraus erklärt werden können, jede dieser Erklärungen für sich genommen aber deshalb nicht restlos befriedigen kann, weil andere, intervenierende oder Stör-Variablen sowie u. U. weitere notwendige Bedingungen nicht erfaßt werden können, so daß die Hypothese nicht universell anwendbar ist. Die Kombination verschiedener Hypothesen über ein und denselben Gegenstand wird auch in der einschlägigen Literatur oft nur gestreift; eine der Ausnahmen ist *E. J. Meehan,* Explanation in Social Science: A System Paradigm, Homewood, Ill., 1968.

[21] Im Sinne von *C. G. Hempel,* Aspects of Scientific Explanation, New York 1965, z. B. S. 450 ff.

[22] *G. Günther,* Das Bewußtsein der Maschinen, Baden-Baden 1961, S. 201. *V. A. Stoff* billigt – vom Standpunkt der marxistischen Erkenntnistheorie – sogar Gedankenexperimenten eine gewisse Objektivität zu (Modellierung und Philosophie, Berlin 1969, S. 139 ff. und 244). Sehr komplexe Zusammenhänge oder z. B. Zufallszahlen sind jedoch nicht mehr zu »denken« und müssen mit Hilfe von Formalismen erfaßt werden. Ein zeitsparendes Verfahren, derartige Formalismen in häufigen Wiederholungen auf einen Sachverhalt anzuwenden, stellen Simulationen dar. Sie sind damit auf ihre Weise auch ein Beitrag zur historischen Reflexion, die *J. Habermas* den »szientifischen« Ansätzen in der Geschichtswissenschaft entgegenstellt (Zur Logik der Sozialwissenschaften, Beiheft 5 der Philosophischen Rundschau, Tübingen 1967, S. 19 ff.).

[23] Neben diesem »prognostischen Argument«, d. h. einer Prognose vergangener Ereignisse auf Grund der Kenntnis davorliegender Bedingungen, ist auch die Retrodiktion möglich, d. h. das Erschließen der früheren Ausgangsdaten auf Grund eines bekannten Ereignisses und einer Hypothese, die beide – Ausgangsdaten und Ereignis – miteinander verbindet.

[24] Vgl. Anm. 19.

[25] Zum Modell-Platonismus im allgemeinen siehe *H. Albert,* Modell-Platonismus, in: *E. Topitsch,* Hrsg., Logik der Sozialwissenschaften, Köln 1965, S. 406–434. Der Datenmangel macht zudem häufig die Anwendung statistischer Vergleichsprozeduren illusorisch, wodurch ein weiteres Instrument des Rückbezugs auf die Realität entfällt.

[26] Vgl. z. B. *R. Rosenkrantz,* Experimentation as Communication with Nature, in: *J. Hintikka* und *P. Suppes,* Hrsg., Information and Inference, Dordrecht 1970, S. 58–93.

[27] Allerdings stellen sich dabei umfangreiche statistische und wahrscheinlichkeitstheoretische Probleme. So müßte beispielsweise festgelegt werden, auf welche Zeiträume sich die Häufig-

keiten beziehen, ebenso, wie die Einzelwahrscheinlichkeiten zusammengefügt werden könnten – z. B. durch Feststellung bedingter Wahrscheinlichkeiten, oder durch Einbezug von Markov- oder Semi-Markov-Prozessen.

[28] *Harbordt*, a.a.O., S. 498 ff. Er – wie auch *Klages*, a.a.O., S. 60 – begründen dies auf Grund eigener Erfahrungen. Vgl. *I. de Sola Pool*, Computer Simulation of Total Societies, in: *S. Z. Klausner*, Hrsg., The Study of Total Societies, New York 1967, S. 45–65: Voraussetzung von Simulationen ist »a complex structure of propositions and/or data values ... thus it is not necessarily true that a simulation is no more useful than its data«, ebd., S. 57. Zum Problem der Datenarmut bei historischen Anwendungen von Simulationen auch *P. E. Holland* und *R. W. Gillespie*, Experiments on a Simulated Undevelopment Economy, Cambridge, Mass., 1963.

[29] Als Beispiel sei genannt: *I. de Sola Pool, R. P. Abelson* und *S. Popkin*, Candidates, Issues, and Strategies, a.a.O.; hinsichtlich des angesprochenen Datenproblems vgl. z. B. *M. Shubik*, Simulation of Socio-Economic Systems, in: General Systems 12 (1967), S. 149–175.

[30] So etwa die entsprechenden Unterprogramme in dem Modell von *G. H. Orcutt et al.*, Microanalysis of Socioeconomic Systems: A Simulation Study, New York 1961.

[31] *T. Hägerstrand*, A Monte Carlo Approach to Diffusion, in: Europ. Archiv f. Soziologie 6 (1965), S. 43–67; sowie *ders.*, Innovation Diffusion as a Spatial Process, Chicago 1967.

[32] *H. G. Landau* und *A. Rapaport*, Contribution to the Mathematical Theory of Contagion and Spread of Information, in: Bulletin of Mathematical Biophysics 15 (1953), S. 173–183.

[33] Vgl. *I. Vertinsky* und *R. T. Barth*, A Model of Diffusion and Implementation: An Exploratory Study of Managerial Innovation in Colombia, in: Socio-Economic Planning Sciences 6 (1972) S. 153–172; *C. M. Cipolla*, The Diffusion of Innovations in Early Modern Europe, in: Comparative Studies in Society and History 14 (1972), S. 46–52; eine Beschreibung des *Hägerstrandschen* Modells mit weiterführenden Literaturangaben findet sich bei *H. Bonus*, Die Diffusion von Innovationen als räumlicher Prozeß, in: Ztscht. f. d. gesamte Staatswissenschaft 126 (1970), S. 336–343.

[34] *G. J. Hannemann et al.*, Computer Simulation of Innovation Diffusion in a Peasant Village, in: American Behavioral Scientist 12 (1969), 6, S. 36–45.

[35] Vgl. *H. Eulau*, Micro-Macro Political Analysis: Accents of Inquiry, Chicago 1969, S. 18; *Kern* und *Rönsch*, a.a.O., S. 33 ff.

[36] Die Definition von Einheiten auf der Makroebene – z. B. wirtschaftlicher Entwicklungsstand im internationalen Vergleich oder politische Gruppierungen in einem politischen System ohne festgefügte Parteien, usw. – kann meistens nur in Hinblick auf den verwendeten theoretischen Ansatz erfolgen, weil in diesem Fall die »historischen Fakten« erst geschaffen werden müssen. Die Validität der so gewonnenen Begriffe wiederum läßt sich mit Hilfe von Simulationen insofern ermitteln, als die Verwendung unzureichend operationalisierter Begriffe sich in Simulationsergebnissen niederschlägt, die erheblich vom historischen Vorbild abweichen.

[37] Vgl. hierzu auch *G. Karlsson*, Simulation and the Problem of Relating Social Systems to Individual Behavior, in: Quality and Quantity 3 (1969), S. 168–175.

[38] *C. R. Hofstetter*, Malapportionment and Roll-Call Voting in Indiana 1923–1963: A Computer Simulation, in: Journal of Politics 33 (1971), S. 92–111.

[39] Diese Unterscheidung ähnelt der zwischen »aggregativen mikroanalytischen« und »makroanalytischen« Modellen, wie sie *Harbordt*, a.a.O., S. 495 ff., vornimmt. Hingegen sind – von der Modellseite her gesehen – die diachronischen, makroanalytischen Modelle zumeist keine »Prozeßmodelle«, weil in ihnen keine Detailprozesse ablaufen, sondern Anfangs- und Endwerte relativ großer »Zeitscheiben« durch Gleichungsbeziehungen verbunden werden. Dazu im einzelnen *Kern* und *Rönsch*, a.a.O., S. 36 ff.

[40] Vgl. *J. Galtung*, Diachronic Correlation, Process Analysis, and Causal Analysis, in: Quality and Quantity 4 (1970), S. 55–94.

[41] *S. A. Bremer*, National and International Systems: A Computer Simulation, unveröff. Diss., Michigan State University, Bridgeport, Mich., 1970.

[42] *R. D. Brunner*, Some Comments on Simulating Theories of Political Development, in:

W. D. Coplin, Hrsg., Simulation in the Study of Politics, Chicago 1968, S. 329–342. Ergebnisse dieser Arbeit werden vorgestellt in *R. D. Brunner* und *G. D. Brewer,* Organized Complexity – Empirical Theories of Political Development, New York 1971.

[43] Ein Hauptproblem in diesem Zusammenhang ist, auf welche Weise es bei der Simulation langfristiger Entwicklungen gelingen könnte, die Modifikationen der Erklärungsstruktur, von der vorausgesetzt werden soll, daß sie sich von Epoche zu Epoche verändert, durch das Simulationsprogramm selbst vornehmen zu lassen.

[44] Diesen Ausdruck verwendet *G. Müller,* History as a Rigorous Discipline, in: History and Theory 6 (1967), S. 299–312, zur Kennzeichnung der »Spielregeln«, denen die individuellen Akteure folgen.

[45] *W. J. Mommsen,* Die Geschichtswissenschaft jenseits des Historismus, Düsseldorf 1971.

[46] Ebd., S. 45.

[47] Ebd., S. 28.

[48] Einen originellen Lösungsvorschlag macht *P. N. Rastogi,* Computer Simulation and Mannheim's Concept of Perspectivism, in: Sociological Bulletin 19 (1970), S. 27–31.

HISTORISCHE TATSACHEN UND WISSENSCHAFTLICHE DATEN AM BEISPIEL DER ERFORSCHUNG VON KRIEGEN *

Von Melvin Small und J. David Singer

Einleitung

Bei jeder systematischen Kenntnissuche stößt man auf die Spannung zwischen dem »Idiographischen« und dem »Nomothetischen«. Für alle Wissenschaften, seien es nun die physikalischen, die biologischen oder die Sozial-Wissenschaften, gilt, daß der Forscher um die Entdeckung von Einzeltatsachen ebenso bemüht sein sollte wie um die Ermittlung von Verallgemeinerungen, die diese Fakten in gesetzesähnlicher Weise miteinander verbinden. Erkenntnisweise und Methoden beim idiographischen Auffinden von Tatsachen unterscheiden sich jedoch von denen der nomothetischen Suche nach Mustern und Regelmäßigkeiten, ja beide sind oft miteinander unvereinbar.
Für manche mag diese Spannung eine rein »akademische« Angelegenheit bleiben. Am Anfang unserer wissenschaftlichen Laufbahn können wir bisweilen in der einen oder anderen Orientierung sozialisiert werden und folglich Jahre des Lehrens und Forschens verbringen, ohne uns das Problem überhaupt bewußt zu machen. In den Sozialwissenschaften z. B. ist es denkbar, daß sich Historiker auf Grund von Gewohnheiten und Überzeugungen nie um Verallgemeinerungen bemühen, während ökonomische, politische oder soziologische »Theoretiker« Tatsachen als gering zu bewertende Unannehmlichkeiten behandeln. In einer früheren Abhandlung haben wir dies als Teil des »Zwei-Kulturen-Problems« umrissen und der Vermutung Ausdruck gegeben, daß dessen Fortbestehen wesentlich zur Schwäche der Sozialwissenschaften beiträgt [1]. Wir können dieses Zwei-Kulturen-Problem auf zweierlei Wegen zu überwinden suchen. Die eine Möglichkeit wäre, dafür zu sorgen, daß Wissenschaftler künftig so ausgebildet werden, daß sie mit den Problemen und Strategien beider Richtungen vertraut sind und sich innerhalb beider zu Hause fühlen. Auch wenn es lange dauern dürfte, bis derartige Änderungen im Studium nach dem Abitur bzw. nach dem Bakkalaureat zu den erwünschten Auswirkungen führen, sollte man die Forderung als solche nicht aufgeben.
Ein zweiter Weg ist durch interdisziplinäre Teamarbeit möglich. Auch wenn »interdisziplinär« für einige Jahrzehnte im Westen ein Modebegriff war, wird die interdisziplinäre Forschung eher gepredigt als tatsächlich durchgeführt. Sicherlich ist eine Zusammenarbeit zwischen unterschiedlichen Disziplinen sehr schwierig, und es stehen

* Die Autoren sind der Carnegie Corporation und der National Science Foundation für deren großzügige Unterstützung des Projektes »Correlates of War« zu Dank verpflichtet. Teile der vorliegenden Abhandlung sind erschienen in: *J. David Singer* und *Melvin Small*, The Wages of War 1816–1965. A Statistical Handbook, New York 1972, sowie in: *Melvin Small* und *J. David Singer*, »Patterns in International Warfare, 1816–1965«, in: Annals of the American Academy of Political and Social Science 391 (1970), S. 145–155.

entsprechenden Bemühungen starke Hindernisse entgegen. Sollte jedoch der eine Partner der idiographischen und der zweite der nomothetischen Kultur entstammen, so dürften die Probleme noch schwerwiegender sein. In der nachfolgenden Abhandlung wollen wir, ein Historiker und ein Politikwissenschaftler, einige der Spannungen, mit denen wir in unserer Zusammenarbeit konfrontiert wurden, skizzieren, sowie einige der Strategien nennen, mit denen wir das »Beste aus zwei Welten« zu vereinen suchten. Dabei werden wir uns auf Erfahrungen, die wir anläßlich unserer gemeinsamen Arbeit am Projekt »Correlates of War« an der Universität von Michigan gesammelt haben, stützen, ohne allerdings das gesamte Projekt hier ausführlich behandeln zu können. Wir beginnen deshalb mit einem kurzen Überblick, um uns dann vornehmlich auf jene Probleme der Datengewinnung, die bei der Verkodung und Skalierung unserer Hauptvariable: internationaler Krieg, auftraten, zu konzentrieren [2].

Das Projekt »Correlates of War«

Bevor wir auf Probleme und deren mögliche Lösungen bei unseren interdisziplinären Bemühungen eingehen, dürfte es nützlich sein, unsere Forschungsziele kurz zusammenzufassen. Wir wenden uns zwei größeren Fragenkomplexen zu: (1) Unter welchen Bedingungen sind das internationale System und die es konstituierenden Nationen am anfälligsten für Krieg? (2) Was sind die Unterschiede zwischen den wenigen zwischenstaatlichen Kontroversen, die zu Krieg führen, und den vielen Auseinandersetzungen, für die dies nicht zutrifft?

Beim Versuch, diese Fragen zu beantworten, konzentrieren wir uns auf das gesamte internationale System vom Wiener Kongreß bis zur Gegenwart. Als abhängige Variablen bestimmen wir Häufigkeit, Ausdehnung und Härte von Kriegen, wie sie einzelne Nationen, Nationenpaare oder das umfassendere System während der letzten 150 Jahre erfahren haben. In dem darauf folgenden Abschnitt beschreiben wir, wie zunächst das allgemeine Konzept des Krieges mit Hilfe einer Anzahl von Maßen oder Indikatoren operationalisiert und dann historische Tatsachen in statistisch verarbeitbare Daten umgewandelt wurden [3].

Was unsere unabhängigen Variablen angeht, so ist deren Katalog umfangreich, aber keinesfalls vollständig. Wir können sie in vier Gruppen unterteilen: *Erstens* gibt es die *Merkmale des internationalen Systems* und die Art und Weise, in der sie von Jahr zu Jahr wechseln (oder manchmal auch konstant bleiben). Es können *strukturelle* Merkmale wie Polarität, formale Organisation, hierarchische Muster, aber auch sonstige Figurationen sein. Es kann aber auch die *Kultur* dazugehören, und zwar im Sinne einer globalen Verteilung von Grundorientierungen, Prognosen für die Zukunft und Vorstellungen zu bestimmten Problemen, von der Frage nach der Legitimität des Krieges bis hin zu der nach der Konzentration des Reichtums. Das System wird darüber hinaus durch seine *materiellen* Merkmale, etwa den Stand der Kommunikationstechnik oder die geographische Verteilung von Plutonium, beschrieben [4].

Eine *zweite* Gruppe von unabhängigen Variablen bilden die *Merkmale der einzelnen Nationen*. Während *System*eigenschaften oder -merkmale primär bei der Untersuchung der wechselnden Anfälligkeit des gesamten Systems für Kriege verwandt werden, werden *nationale* Eigenschaften hauptsächlich für die Analyse der Kriegsanfälligkeit einzelner Nationen herangezogen. Zu den nationalen Eigenschaften zählen: Bevölkerungsdichte, ethnische Gegensätze, Ruhe im Innern, Verteidigungsbereitschaft, industrielle Kapazität usw. [5].

Eine *dritte* Gruppe von unabhängigen Variablen schließt diejenigen ein, die *Paare* von Nationen zu einer gegebenen Zeit charakterisieren, also Ähnlichkeiten bei innenpolitischen und innergesellschaftlichen Merkmalen, institutionelle Verbindung, gegenseitige wirtschaftliche Abhängigkeit, geographische Nähe usw. Indikatoren für Paar-Beziehungen werden hauptsächlich verwandt, um eine Erklärung für die Unterschiede in der Häufigkeit, mit der verschiedene Nationenpaare während ihrer Mitgliedschaft im internationalen System an Kriegen beteiligt waren, zu finden.

Schließlich kann eine *vierte* Gruppe von unabhängigen Variablen, die *Verhalten und Interaktion* von Nationen in Auseinandersetzungen und Krisen umfassen, unterschieden werden. Unter Verwendung bestimmter Indikatoren für die Operationalisierung der Häufigkeit und die Wahl des Zeitpunktes von unterschiedlichen diplomatischen, wirtschaftlichen und militärischen Maßnahmen – wie auch für deren Aufeinanderfolge – hoffen wir die bereits erwähnten Unterschiede zwischen solchen Auseinandersetzungen, die zu Krieg führen, und jenen, für die dies nicht zutrifft, zu ermitteln [6].

Nicht wenige Historiker und Politikwissenschaftler sind möglicherweise der Meinung, daß sie bereits wissen, wodurch Kriege verursacht werden, und daß deshalb ein Projekt wie das unsrige eine ungeheure Verschwendung an Zeit, Arbeitskraft und Geld darstellt. Von *Thukydides* bis zur Gegenwart haben Staatsmänner, Wissenschaftler und Journalisten sich angemaßt, *die* Ursachen von Kriegen zu kennen. Wenn diese Experten jedoch »Beweise« für ihre Thesen präsentieren, so neigen sie dazu, sich auf gelegentliche Überlieferungen zu verlassen, um ihre umfassenden Verallgemeinerungen abzustützen.

Die vorsichtigeren Historiker versuchen demgegenüber gar nicht erst, die Ursachen aller Kriege zu erklären. Sie sagen, daß sie trotz ihres Interesses an einer derartigen Frage nur jeweils einen Krieg untersuchen können, da jeder Krieg ein einmaliges, zu einer bestimmten Zeit und an einem gegebenen Ort stattfindendes Ereignis darstelle. So unterscheide sich der Krieg zwischen Österreich und Preußen von 1866 vom Korea-Krieg im Jahre 1950 wie ein Apfel von einer Birne. Derartige Feststellungen mögen richtig sein. Aber der Historiker übersieht des öfteren die Tatsache, daß Apfel und Birne Früchte sind, die bestimmte Merkmale, die beschrieben, gemessen und verglichen werden können, gemeinsam haben.

Um ähnliche Ereignisse vergleichen oder aggregieren zu können, müssen natürlich Verkodungsregeln erarbeitet werden, die allerdings nicht um der empirischen Verläßlichkeit willen gegen die historische Validität verstoßen dürfen. Beispielsweise hatten wir uns vorgenommen, die Beziehung zwischen Bündnissen und der Tatsache des Kriegsausbruchs zu untersuchen. Dabei brachten uns Datenprobleme dazu, unsere Definition für »Bündnis« auf solche staatlichen Zusammenschlüsse zu beschränken, die in schriftlichen Dokumenten, diplomatischen Noten oder Verträgen festgehalten sind. Demgegenüber weiß natürlich jeder Historiker, daß gelegentlich schriftlich nicht festgelegte Bündnisse viel wichtiger gewesen sind als unterschriebene. Gegenwärtig etwa scheinen die Türkei und Griechenland als Mitglieder des NATO-Bündnisses weniger verbündet zu sein als die Vereinigten Staaten und der Iran, die kein formales, schriftliches Bündnis unterhalten. Wir haben jedoch entdeckt, daß zwei Nationen, die als Verbündete handeln, in fast allen Fällen auch ein formales Bündnis eingegangen sind und damit durch unsere Definition für die Zwecke dieser Studie zutreffend erfaßt werden. Naturgemäß befriedigt dies nicht alle Kritiker. Manch einer wird immer noch meinen, wir würden uns der Geschichtsfälschung schuldig machen, wenn wir die Beziehung zwischen dem Iran und den Vereinigten Staaten nicht in das Verzeichnis der Bündnisse des Jahres 1972 aufnehmen.

Bei der Aufgliederung des internationalen Systems in seine Bestandteile hatten wir Schwierigkeiten, zwischen Staaten, die vollkommen souverän und unabhängig sind, und solchen, die bis zu einem gewissen Grad abhängige oder Satelliten-Staaten sind, eindeutig zu unterscheiden. Liberia und Nigeria sind heute Mitglieder des Staatensystems. Jedoch dürfte Liberia auf Grund seiner starken wirtschaftlichen, politischen und historischen Bindungen an die Vereinigten Staaten weniger unabhängig sein als Nigeria. Diese Feinheiten und Nuancen des internationalen Systems richtig zu erfassen, wirft methodologische und definitorische Probleme auf, die wir an dieser Stelle nicht behandeln können. Wiederum wird vermutlich der anspruchsvolle Historiker bei unserem Vorgehen, ein wenig Validität auf dem Altar der Reliabilität zu opfern, erbleichen.

Nach der Skizzierung unserer Ziele, der Darstellung einiger in unserem Projekt verwandter Variablen sowie der Diskussion unserer Beziehung zur traditionellen Geschichtsschreibung wollen wir uns nun spezifischeren Problemen zuwenden. In den nachfolgenden Abschnitten befassen wir uns mit Problemen der Datengewinnung und diskutieren die möglichen Vorgehensweisen, um schließlich die von uns gewählten Verfahren zu beschreiben und zu erklären. Dabei hoffen wir jene Hindernisse, denen sich der Historiker und der Sozialwissenschaftler bei ihrem gemeinsamen Bemühen um eine Deutung der von der Geschichte hinterlassenen Spuren konfrontiert sehen, klar umreißen zu können.

Die zeitliche Perspektive

Im vorhergehenden Abschnitt haben wir die Fragen, die wir zu beantworten suchen, skizziert und dann einige unabhängige Variablen, die wir zur Beantwortung dieser Fragen heranziehen wollen, angegeben. Wir haben auch angedeutet, daß unsere Forschungen sich auf das gesamte internationale System nicht nur in einem *räumlichen*, sondern auch, beginnend mit dem Wiener Kongreß, in einem *zeitlichen* Sinn erstrecken. Manche mögen die Notwendigkeit einer derart breit angelegten Betrachtung in Frage stellen. Wir sind jedoch der Meinung, daß sie notwendig ist. Die folgenden Bemerkungen sollen darüber hinaus klarstellen, warum das Projekt sowohl eines Historikers als auch eines Sozialwissenschaftlers bedarf.

In dem Maße, in dem in Studien zur internationalen Politik die Quantifizierung an Boden gewann, scheint sich das Interesse an der historischen Perspektive vermindert zu haben. Auch wenn diese Entwicklung nur zu verständlich ist, so ist sie u. E. doch höchst bedauerlich. Verständlich ist sie deshalb, weil für viele Variablen immer weniger exakte Daten zur Verfügung stehen, je weiter wir zeitlich zurückgehen. Mit anderen Worten: Größtenteils dank der Vereinten Nationen, der OECD und vieler anderer internationaler Organisationen auf Regierungsebene stehen für die Periode nach dem Zweiten Weltkrieg vergleichbare und kumulierbare Daten für vergleichende Untersuchungen von Staaten zunehmend zur Verfügung, und sie haben an Verläßlichkeit gewonnen. Auch wenn Quantität und Qualität derartiger Daten für die Periode zwischen den beiden Weltkriegen geringer sind als für die nach 1945, so stellen doch – im Vergleich mit dem, was für die Zeit vor dem Ersten Weltkrieg vorhanden ist – beispielsweise die statistischen Zusammenstellungen des Völkerbundes und des Internationalen Arbeitsamtes einen bedeutenden Fortschritt dar.

Es kann aber behauptet werden, daß solche Zusammenstellungen, obwohl sie an sich für die Sozialwissenschaften wie die Gesellschaftspolitik von großem Wert sind, sehr wohl jene Variablen, die für das Verständnis der internationalen Politik wichtig sind, vernachlässigen. Ja man könnte in den Vorwurf einstimmen, daß in einem gewissen Sinn die Sozialwissenschaften tendenziell das an *Relevanz* verloren, was sie an *Präzision* gewonnen haben. Oder, um ein Bild zu gebrauchen, ähnlich dem Betrunkenen auf einer dunklen Straße, suchen wir unter der Laterne nach jenen Dingen, die wir zuvor einen Häuserblock entfernt verloren haben. Sollten also die sozio-ökonomischen Variablen, die weitgehend gemessen und bekannt sind, nicht diejenigen sein, die am besten das uns beschäftigende Phänomen erklären (und dies bleibt eine empirische Frage), und sollten wir gegebenenfalls auf die traditionellen Variablen der Diplomatie, Strategie, Entscheidungsbildung und dergleichen zurückgreifen müssen, so ergibt sich ein zusätzliches Argument für die langfristige Betrachtung. Denn wenn die meisten Tatsachen und Informationen, aus denen solche diplomatischen Daten gewonnen werden können, in Akten der betreffenden Außen- und Verteidigungsministerien, deren Archive zwei bis fünf Jahrzehnte hindurch der Forschung verschlossen bleiben, zu finden sind, dann besteht keine Möglichkeit, ein vollständiges und genaues Bild über die unmittelbare Vergangenheit zu erhalten. Man ist deshalb gezwungen, die Perioden zu untersuchen, die weiter in der Vergangenheit zurückliegen.

Hinzu kommt ein dritter und vielleicht noch wichtigerer Gesichtspunkt, der die Beschränkung der Forschung auf eine kurze (und meist zeitgeschichtliche) Zeitspanne verbietet. Gemeint ist unsere Überzeugung, daß soziale Phänomene nur dann verständlich werden, wenn sie in dem historischen Zusammenhang, in den sie eingebettet sind, gesehen werden. Zurückliegende Ereignisse und Bedingungen sowie deren Richtung und Veränderungsgeschwindigkeit müssen in Betracht gezogen werden, wenn wir die Gegenwart erklären oder Voraussagen über die Zukunft machen wollen.

Zu der Frage, wie weit man zeitlich zurückgehen sollte, gibt es eine Unzahl von Auffassungen, auf die im einzelnen hier einzugehen nicht unsere Absicht ist. Uns scheint aber, daß die Beweislast eher auf denjenigen liegt, die für eine kürzere Zeitspanne (meist mit der Begründung, daß die »Verhältnisse« heute radikal anders seien als früher) plädieren, als auf denen, die einen längeren Untersuchungszeitraum befürworten. Im großen und ganzen sind die meisten Behauptungen über einen radikalen Wandel nicht

genügend belegt. Des öfteren wird nicht spezifiziert, *welche* Variablen sich so geändert haben, daß Früheres und Späteres nicht mehr miteinander zu vergleichen ist. Wir haben dieses Problem gewiß nicht vernachlässigt und können hier darauf hinweisen, daß ein Nebenprodukt unseres Projektes »Correlates of War« eine Reihe von Längsschnitten sein wird. Sie werden eine Vielzahl von Phänomenen einbeziehen, auf Grund derer man genau feststellen kann, welche Merkmale des globalen Systems – oder welche Verhaltensregelmäßigkeiten seiner Bestandteile – sich tatsächlich (und bis zu welchem Grad) an einem bestimmten Zeitpunkt geändert haben.
Unter Berücksichtigung dieser, oft miteinander nicht zu vereinbarenden Erwägungen haben wir uns darauf geeinigt, die Bezugsgrößen und Ursachen von Kriegen innerhalb der Zeitspanne, die sich von den Napoleonischen Kriegen und dem Wiener Kongreß bis zur unmittelbaren Gegenwart erstreckt, zu erforschen. Aus Gründen der Zahlensymmetrie, aber vor allem wegen der Unvollständigkeit der Informationen über die Kriege, die zur Zeit der Niederschrift des vorliegenden Aufsatzes noch andauern oder erst in den letzten Jahren zu Ende gegangen sind, haben wir den 31. Dezember 1965 als unser Enddatum festgesetzt. Als Anfangsdatum haben wir den 1. Januar 1816 gewählt (auch wenn die Ära Napoleon etliche Monate früher endete) und untersuchen somit eine Zeitspanne von 150 Jahren.

Die Klassifizierung der Kriege

Wie sind nun im Rahmen unserer »langfristigen Betrachtungsweise« die internationalen Kriege, deren Erklärung wir uns zur Aufgabe gemacht haben, zu identifizieren? Wie unterscheiden wir sie von Kriegen anderer Art, kleineren Ausmaßes und minderer Wichtigkeit?
Eine der ersten Notwendigkeiten besteht darin, *»wichtige«* Kriege zu identifizieren und sie von allen anderen Kriegen abzugrenzen: was war ein »wichtiger« Krieg? Waren solche Kriege »wichtig«, deren Auswirkungen auf das Gleichgewicht der Mächte bedeutsam gewesen ist, oder solche, in die wichtige Nationen verwickelt waren, oder solche, die zu sozialen und kulturellen Verlagerungen führten? Wir wählten zur Definition der Wichtigkeit von Kriegen deren »Härte« im Sinn der Anzahl der Gefallenen. Die Zahl der Gefallenen stellt eines der Anzeichen dafür dar, wie wichtig ein Krieg für die Beteiligten und das internationale System ist. Von diesen Überlegungen ausgehend, setzten wir fest, daß ein Krieg dann ein »wichtiger« ist, wenn er die Hauptgegner wenigstens 1000 Tote auf dem Schlachtfeld gekostet hat. Damit glaubten wir, Gefechte und Kämpfe kleineren Ausmaßes von ausgesprochenen Kriegen unterscheiden zu können. Wir waren aber nicht nur an der Erfassung aller so bestimmten Kriege interessiert, sondern hatten auch – unter Bezugnahme auf die Anzahl der Gefallenen – zwischen kleinen, mittleren und größeren Kriegen zu differenzieren. Bedauerlicherweise haben Fachhistoriker sich nie um die tabellarische Erfassung von Kriegen unter dem Gesichtspunkt der Verluste auf dem Schlachtfeld bemüht. Jedoch haben der Physiker *Lewis F. Richardson,* der Politikwissenschaftler *Quincy W. Wright* und der Soziologe *Pitirim A. Sorokin* unentbehrliche Arbeit auf diesem Gebiet geleistet [7].

Richardson selbst hat über die Art und Weise, in der er seine »lange Suche in den Seiten der Geschichtsschreibung« vorgenommen hat, berichtet. Daß diese Suche sowohl frustrierend als auch langwierig war, können wir seinen Äußerungen, daß die Quellen »beklagenswert vage über das Thema der Gefallenen« berichten, entnehmen. »Wir suchen nach Zahlen«, fährt er fort, »und finden statt dessen Sätze wie ›viele fielen während der Schlacht‹, oder ›schlugen ihre Feinde in die Flucht‹, oder ›erlitten große Verluste‹ ... Für ein oder zwei hervorstechende Schlachten mag die Zahl der Gefallenen erwähnt werden, aber solch unselige Statistiken sind selten für einen ganzen Krieg zusammengefaßt worden. Militärhistoriker ... liefern manchmal präzise Angaben über die eigenen Verluste, aber machen nur sehr vage Aussagen über die ihrer Feinde.« Folglich *Richardsons* Groll auf »jene Historiker, die Zahlen zugunsten bestechender Formulierungen vernachlässigen« [8].

Natürlich hatte *Richardson* auch den Begriff »battle deaths« zu definieren. Er meinte, daß dabei folgende Gruppen berücksichtigt werden könnten: (a) militärisches Personal der kriegführenden Staaten, das im Kampf fiel, bei Seeschlachten ertrank oder infolge von Verwundung, Vergiftung oder Hunger während einer Belagerung starb bzw. durch andere Handlungen des Feindes den Tod fand; (b) militärisches Personal der kriegführenden Staaten, das durch Krankheit oder Wettereinflüsse umkam; (c) Zivilpersonen in den kriegführenden Staaten, die durch Feindeshandlungen zu Tode kamen; (d) (zivile und militärische) Angehörige neutraler Völker, die zufällig im Krieg getötet wurden; (e) Zivilpersonen neutraler oder kriegführender Staaten, die durch Wettereinflüsse oder Seuchen umkamen und (f) die Zahl der Kinder, die wahrscheinlich zusätzlich geboren worden wären, wenn es keinen Krieg gegeben hätte. Nach *Richardsons* Meinung waren Angehörige des Militärs und der Zivilbevölkerung, die infolge von Feindeshandlungen starben, zu berücksichtigen, »weil sich diese Verluste aus der Absicht der Kriegführenden ergaben«. Militärische Verluste durch Krankheit und Wettereinflüsse waren mit in Betracht zu ziehen, »weil sie als mögliches Risiko bei geplanten Operationen akzeptiert wurden« [9]. Kurz gesagt, *Richardson* hat die militärischen *und* zivilen Verluste, die den feindlichen Handlungen der Beteiligten zuzuschreiben sind (a, b und c) in seine Definition des Begriffs »battle deaths« einbezogen, und alle anderen, die nicht unbedingt auf diese Weise erklärt werden können (d, e und f) ausgeschlossen. Obwohl wir uns mit *Richardsons* Versuch, einen gültigen und verläßlichen Indikator für die Härte von Krieg zu entwickeln, grundsätzlich in Einklang befinden, haben wir dennoch lediglich die Zahl der unmittelbar bei Kriegshandlungen umgekommenen Angehörigen der Streitkräfte in unserer Definition berücksichtigt.

Die Erarbeitung der Definitionen für »Krieg« und »Kriegstote« war ein einfaches Unterfangen im Vergleich zu den sorgfältigen und aufwendigen Arbeiten, die nötig waren, um die einschlägigen Daten zu erhalten. Bei letzteren mußten wir schließlich erneut auf die ursprünglichen Zeugnisse von bestimmten Kämpfen und Kriegen zurückgreifen. Unsere endgültigen Schätzungen – und in den meisten Fällen handelt es sich um ziemlich grobe Schätzungen – gelten für die Art von Analysen, die wir unternommen, und die Skalen, die wir aufgestellt haben. Vermutlich jedoch befriedigen sie jene Historiker nicht, die darüber rechten würden, daß 950 (und nicht 1000) Franzosen und Spanier im Krieg von 1823 gefallen sind.

Wir wissen jetzt zwar, was wir unter einem »wichtigen« Krieg verstehen, müssen uns aber noch mit der Definition von *»internationalen«* Kriegen befassen. Zunächst einigten wir uns darauf, vorerst Bürgerkriege zu ignorieren. Aber wiederum tauchen zahlreiche Klassifikationsprobleme auf, denn manche Kriege beginnen als Bürgerkriege und führen zu umfassenden internationalen Kriegen (Vietnam), während andere, die als Bürgerkriege beginnen, in ihrem Verlauf überhaupt nicht mehr eindeutig bestimmbar sind, weil Freiwillige aus fremden Staaten sich militärisch an ihnen beteiligen (spanischer Bürgerkrieg, 1936–1939). Schließlich beschränkten wir unsere Untersuchungen auf jene Kriege, in denen ein Mitglied des Staatensystems entweder a) gegen ein weiteres Mitglied des Systems oder b) gegen ein unabhängiges Nichtmitglied oder c) gegen eine Kolonie kämpfte.

Die Klassifizierung der am Kriege Beteiligten

Der Entschluß, sich in seinen Forschungen nur auf internationale Kriege zu konzentrieren, ist eine Sache; eine ganz andere sind weitere Grenzziehungen innerhalb dieser spezifischen Gruppe von Kriegen. Nachdem wir, mit anderen Worten, zu einer ebenso intuitiv einsehbaren wie theoretisch haltbaren Zahl von Fällen gekommen waren, mußten wir nunmehr die Grenzen zwischen souveränen Mitgliedern des Staatensystems und anderen nationalen (oder multinationalen) Einheiten bestimmen.

Wie aber sollte Mitgliedschaft im internationalen System definiert werden? Weder die Praktiker der Weltpolitik oder die Völkerrechtler, noch die Wissenschaftler, die internationales Verhalten untersuchen, haben sich je auf feste Grundsätze, mit Hilfe derer die Mitgliedschaft im System eindeutig ermittelt werden könnte, geeinigt. Deshalb hatten wir solche Kriterien selbst zu entwickeln und legten uns in unserer Betrachtung auf zwei Arten von Kriterien fest: demographische und politisch-diplomatische.

(1) Die in Frage kommende Einheit mußte erstens, was ihre Bevölkerung oder ihre Rohstoffe etc. anging, groß genug sein, um eine halbwegs aktive Rolle in der Weltpolitik zu spielen, d. h. um eher ein Akteur als ein Objekt zu sein. Sie sollte eher »Zeichen« setzen als »Geräusch« im System verursachen. Abgesehen von der Bevölkerung kommen verschiedene andere Kriterien (Territorium, Einheit, Selbstversorgungsgrad, Bewaffnung usw.) in Betracht. Jedoch sollten die Staaten, die in bezug auf diese Merkmale nicht mithalten können, nicht voreilig ausgeschlossen werden – auch dann nicht, wenn dies auf Grund relativ genauer Beweise möglich wäre. Andererseits ist ein Minimum an Einwohnern eine Bedingung nationalen Überlebens. Außerdem weist die Bevölkerungszahl eine hohe Korrelation mit einer Reihe weiterer Kriterien nationaler Macht auf. Schließlich ist sie eine der Variablen, von der für eine lange Zeitspanne hinreichende Daten existieren. So ist unser erstes Kriterium, um eine Nation, welcher Rechtsstellung auch immer, als ein aktives Mitglied des Staatensystems zu klassifizieren, die Wohnbevölkerung. Die Schwelle soll hier bei 500 000 liegen.

(2) Zweitens mußte zusätzlich die Frage beantwortet werden, ob die Einheit durch rechtliche, militärische, wirtschaftliche oder politische Zwänge nicht zu sehr eingeschränkt ist, um ein gewisses Maß an Souveränität und Unabhängigkeit ausüben zu können. Die Schwierigkeiten bei der Operationalisierung dieses Kriteriums werden

weitgehend durch eine große Einheitlichkeit in der diplomatischen Praxis zumindest vor dem 1. Weltkrieg kompensiert. Damals bestand in der Regel unter den Regierungen Übereinstimmung über den Status von nationalen bzw. staatlichen Einheiten. Diese Übereinstimmung wurde in bestens operationalisierbarer Weise manifest: durch das Zugeständnis oder die Verweigerung der diplomatischen Anerkennung – und dies um so mehr, als die diplomatische Anerkennung vor dem Ersten Weltkrieg selten als politische Waffe verwendet wurde. Die Entscheidung über die Anerkennung basierte nicht auf der Billigung oder Mißbilligung, die eine Regierung einer anderen zuteil werden ließ, sondern sie hing in erster Linie von dem Urteil darüber ab, ob eine Regierung ihren internationalen Verpflichtungen wirklich nachkommen könne und würde.

Anfangs bestand unser Kriterium in der Frage, ob ein bestimmter Staat über die Anerkennung durch die Mehrheit der internationalen Gemeinschaft verfüge. Es wurde jedoch bald deutlich, daß eine derartig gründliche Untersuchung unnötig war. Denn für die Zeit bis zum Ersten Weltkrieg, in der die europäischen Großmächte das System beherrschten, fanden wir, daß sich die Mehrheit nach England und Frankreich richtete. Deshalb machten wir die beiden Staaten zu unseren »Legitimierern«. Sobald beide Großmächte diplomatische Vertreter im Rang eines chargé d'affaires oder darüber in die Hauptstadt eines Staates mit der erforderlichen Bevölkerungszahl von einer halben Million entsandt hatten, wurde der betreffende Staat als Mitglied des Systems behandelt. Wir hielten uns eher an die Aufnahme diplomatischer Beziehungen als an die Gewährung der Anerkennung, da es Fälle gab, in denen eine Regierung eine andere zwar »anerkannt« hatte, die Entsendung eines Vertreters jedoch für lange Zeit hinauszögerte. Auf diese Weise hatten wir ein optimal operationalisiertes Paar von Kriterien, mit dem wir die Zusammensetzung des Staatensystems vom Wiener Kongreß bis zur Friedenskonferenz in Versailles (1919) bestimmen konnten.

Für die Ära nach Versailles jedoch ließ sich das Problem keineswegs so leicht lösen. Die alliierten Großmächte sind zwar siegreich aus dem Krieg hervorgegangen, aber ihre Vorherrschaft war etwas weniger gesichert und die Macht innerhalb des Systems etwas breiter gestreut. Das den Großmächten auf Grund ihrer Stellung im internationalen System zugefallene Machtinstrument, staatliche Legitimität zuzugestehen oder zu verweigern, wurde zunehmend ein Vorrecht, das sie mit anderen Nationen sowohl direkt als auch mittelbar, nämlich durch internationale Organisationen, teilen mußten. Zu dieser Zeit wurde ein Staat deshalb dann als Mitglied des Systems angesehen, wenn er entweder (a) zu irgendeinem Zeitpunkt seines Bestehens Mitglied des Völkerbundes oder der Vereinten Nationen war oder wenn er (b) die minimale Bevölkerungszahl von einer halben Million erreichte und zu zwei Staaten aus dem Kreis der Großmächte (also nicht unbedingt England und Frankreich) diplomatische Beziehungen unterhielt.

Die quantitative Erfassung der einzelnen Kriege

Bisher haben wir die Schritte, die wir unternehmen mußten, um die Umwandlung qualitativer Phänomene in quantitative und wissenschaftlich brauchbare Daten vorzubereiten, beschrieben. Dabei handelt es sich darum, zwischen den Kriegen, die wir untersuchen wollen, und jenen, die uns nicht interessieren, zu unterscheiden. Nach Anwendung der Auswahlkriterien ist der Weg frei für *Zählungen.* Obwohl die Kriterien, die zu den Zählungen führen, nicht quantitativer Natur sein müssen – oder, wie im vorliegenden Falle, eine Mischung aus Logischem und Quantitativem darstellen – sind die *Ergebnisse* auf jeden Fall quantitativ. Sobald wir die Fälle, die uns interessierten, identifiziert und gezählt hatten, konnten wir zum zweiten Schritt übergehen und Differenzierungen bei den Fällen, die unseren Auswahlkriterien entsprachen, vornehmen. Identifikation und Zählung müssen also des öfteren der Messung vorangehen.

Unsere nächste Aufgabe bestand darin, die Dimensionen, innerhalb derer Differenzierungen vorgenommen werden sollen, klar zu umreißen, und zwar im Hinblick auf die theoretischen Zwecke, zu denen die Daten später herangezogen werden sollen. Unser Hauptanliegen war einfach, nämlich die »Menge« Krieg, und zwar im Stadium des Beginns, des Ablaufs oder der Beendigung, in einem gegebenen Raum-Zeit-Bereich zu ermitteln. Maße oder Indikatoren, die die Menge Krieg *im Stadium des Beginns* ausdrücken, würden normalerweise in den meisten Untersuchungen als abhängige Variable dienen, während jene, die für die Menge von *beendetem* Krieg stehen, gewöhnlich als unabhängige oder vermittelnde Variable eingesetzt werden. Die Menge Krieg *im Stadium des Ablaufes* könnte ihrerseits, je nach den theoretischen Gesichtspunkten und dem darauf aufgebauten Forschungsvorhaben, entweder als unabhängige oder abhängige Variable verwendet werden. Um es anders auszudrücken: Sollte Krieg die »Wirkung« sein, so könnten wir ein anderes Maß verwenden wollen, als wenn er die mutmaßliche »Ursache« späterer Ereignisse oder Bedingungen ist. Da das Hauptanliegen des Projekts »Correlates of War« sich mit der Menge Krieg als *Wirkung* oder *Folge* bestimmter vorhergehender Phänomene befaßt, interessierten wir uns für die Messung der Menge Krieg im Stadium des Beginns in einem bestimmten Raum-Zeit-Bereich. Aber da wir auch feedback-Modelle verwenden, hatten wir zusätzlich Messungen der Menge Krieg im Stadium der Beendigung in dem gleichen Bereich vorzunehmen. Andere, die unsere Daten verwenden werden, sind vielleicht eher an der Behandlung des Krieges als unabhängiger denn als abhängiger Variable interessiert. So obliegt es uns, Indikatoren auszuarbeiten, die die Menge Krieg im Stadium des Beginns, des Ablaufs und des Endes wiedergeben. Wir nennen sie Anfangs-, Ablaufs- beziehungsweise Abschlußmaße.

Wenden wir uns nun dem Aufbau dieser Maße zu, so stellen wir fest, daß nichts über die Menge Krieg, die in einem Raum-Zeit-Bereich existierte, ausgesagt werden kann, ehe nicht jeder einzelne Krieg, der zu unseren Fällen zählt, gemessen worden ist. Nur dann können die getrennten bzw. einzelnen Kriegsmengen zu einer kombinierten Anfangs-(Ablaufs- oder Abschluß-)Menge für eine gegebene Region und Zeitspanne summiert werden. Wie unterscheiden wir nun zwischen den 93 Kriegen, die unsere Aufnahmekriterien erfüllten, und wie vergleichen wir sie quantitativ miteinander?

Auf Grund der bereits angestellten Überlegungen haben wir uns auf drei Indikatorengruppen festgelegt: die eine reflektiert die *Ausdehnung* eines gegebenen Krieges, die andere seine *Härte* und die dritte seine *Intensität.* Der Indikator für die Ausdehnung soll die räumliche und zeitliche Dimension des Krieges umschreiben (wie viele Staaten in ihn verwickelt waren und wie lange er dauerte). Wir maßen dies in Monaten pro

Staat (»nation months«). Die Härte soll die menschenzerstörende Gewalt des Krieges erfassen und wird durch die Zahl der im Kampf Gefallenen gemessen. Intensität schließlich ist das Maß für das Verhältnis zwischen den im Kampf Getöteten und einer Anzahl anderer Grundmaße, also etwa die Zahl der Gefallenen pro Monat oder bezogen auf die Zahl der Kämpfenden.

Bevor wir die Ergebnisse, die wir auf Grund dieser Meß- und Zähl-Operationen erhielten, zusammenfassen, sollen einige der dabei auftauchenden Probleme erwähnt werden. Viele in dem Projekt benutzte Daten sind in relativ brauchbarer Form (in Dokumenten des Völkerbundes und der Vereinten Nationen, wissenschaftlichen Monographien usw.) zu finden; für einen weiteren Teil – einschließlich der Indikatoren der Kriege – trifft dies nicht zu. Deshalb bestand ein Großteil unserer Arbeit darin, in entlegenen Archiven oder Manuskriptsammlungen zu graben. Hinzu kommt, daß wir oft schwer feststellen konnten, welche historischen Quellen gemeinhin zeitgeschichtlichen Forschern zur Verfügung stehen. (Wir wissen z. B. nicht, ob nicht in der berühmten Kieler Bibliothek ein längst vergessenes oder verlegtes Manuskript, das fehlende Zahlen über die Stärke der österreichischen Armee von 1825 enthalten könnte, existiert.)

Eine weitere Frage war, wieviel Zeit, Arbeitsaufwand und Geldmittel in die Erstellung einer Datensammlung investiert und ob z. B. bei einer gegebenen Variablen alle Staaten und Jahre vollständig erfaßt werden sollten. Des öfteren schlossen wir die Datensammlung ab, nachdem wir mehr als 90 Prozent der Daten beisammen hatten, um dann später und häufig vollkommen unerwartet einige zusätzliche Quellen, die es uns erlaubten, die übrigen 5 bis 10 Prozent aufzufüllen, zu entdecken. Oft haben wir, mit anderen Worten, einen *Tag* damit verbracht, 90 Prozent der erforderlichen Daten zu sammeln, um dann einen ganzen *Monat* zu brauchen, um die übrigen 10 Prozent aufzuspüren. Wann soll ein Schlußstrich unter eine derartige Materialsammlung gezogen und sich auf Extra- oder Interpolation verlassen werden? Wann kann mit Sicherheit behauptet werden, daß alle relevanten Quellen und Archive durchforscht wurden? Fragen hinsichtlich der effizienten Verwendung verfügbarer Arbeitskräfte und Geldmittel in einem Projekt, dessen Hauptzweck nicht die bloße Datensammlung ist, komplizieren den Sachverhalt. Natürlich glauben wir nicht, verbindliche Richtlinien in dieser Hinsicht aufstellen zu können. Beim Fortgang unserer Arbeiten erwarten wir aber, derartige Fragen mit mehr Sachverstand beantworten zu können.

Da die Sammlung von Daten zeitlich und arbeitsmäßig aufwendig ist, haben wir die Suche nicht eingeleitet, ehe wir nicht von deren Relevanz für unsere theoretischen Optionen und Mutmaßungen und deren Bedeutung hinsichtlich der in der Literatur behandelten Hauptthemen überzeugt waren. Anders ausgedrückt: Unser Interesse gilt sowohl der Beilegung bestimmter Kontroversen, die in Zeitschriften und Texten ausgetragen – aber nicht getestet – worden sind, als auch der Untersuchung des Für und Wider bezüglich unserer eigenen Hypothesen. Dies verlangt, daß wir nicht nur die grundlegenden Daten gewinnen oder erarbeiten, sondern daß wir zunächst die traditionellen Thesen und Gegenthesen durch Verwendung verbaler, mathematischer und graphischer Darstellungen in eine operationalisierbare Form umwandeln. Außerdem haben wir selten mit der Arbeit an einer Datenreihe begonnen, wenn wir nicht in etwa davon überzeugt waren, daß (a) die theoretischen Ergebnisse von Belang sein würden, (b) ein sehr großer Teil der Quellen für die Daten ausfindig gemacht werden könnte und (c) die entstehenden Indizes vielfältige Verwendungsmöglichkeiten haben würden. Letzteres bedeutet, daß wir uns nicht nur die Frage stellen, ob diese Indizes uns jeweils gleichzeitig Auskunft über das System, die es bildenden einzelnen Staaten und seine kleineren Einheiten geben, sondern auch die, ob sie zu multidimensionalen Maßen kombiniert werden können. Unser Ziel ist es, aus jeder einzelnen Datenreihe ein Maximum an theoretischer Brauchbarkeit sowohl für uns selbst wie für andere Forscher herauszuholen [10].

Um auf die Daten, die sich bei diesen anspruchsvollen – und oft beschwerlichen – Untersuchungen ergeben, zurückzukommen: In Tabelle 1 haben wir die 93 internationalen Kriege zusammengestellt, die unsere Aufnahmekriterien erfüllen. Die 50 kursiv gedruckten sind zwischenstaatliche Kriege; die übrigen 43 gehören in die Kategorie der Imperial- oder Kolonialkriege. In den Tabellenspalten sind für jeden Krieg (der durch die Hauptbeteiligten oder den Kriegsschauplatz und seine Dauer identifiziert wurde *) die Positionen (vom 1. bis 93. Platz) auf den Skalen für die oben genannten Indikatoren: Härte (= Zahl der Gefallenen), Ausdehnung (in Monaten pro Staat) und Intensität (in Gefallenen pro Monat und Staat), aufgeführt. Die Zahlen mit einer Stelle hinter dem Komma zeigen an, daß zwei oder mehr Kriege dieselbe Punktzahl und Rangposition hatten.

Tabelle 1 : Grund-Zusammenstellung der internationalen Kriege, 1816 bis 1965 (N = 93)

Bezeichnung der Kriege	Rangposition		
	Gefallene	Monate pro Staat	Gefallene pro Monat und Staat
Britisch-Marathen, 1817–1818	73,5	70	68,5
Griechischer Unabhängigkeitskrieg, 1821–1828	37,5	12	70
Französisch-Spanischer, 1823	89	52,5	90,5
Erster Englisch-Burmesischer, 1823–1826	37,5	29	52
Holländisch-Javanischer, 1825–1830	37,5	17	70
Russisch-Persischer, 1826–1828	58	45	67
Bucht von Navarino, 1827	69	86,5	24,5
Russisch-Türkischer, 1828–1829	9	26,5	11
Erster Polnischer Aufstand, 1831	37,5	66	22
Erster Syrischer, 1831–1832	46,5	52,5	46
Texanisch-Mexikanischer, 1835–1836	89	70	83
Erster Britisch-Afghanischer, 1838–1842	30	18	59
Zweiter Syrischer, 1839–1840	46,5	78,5	20

* Die von den Autoren vorgenommenen Identifizierungen wurden in wörtlicher Übersetzung übernommen. Das hat zur Folge, daß die Bezeichnungen für die einzelnen Kriege nicht immer den in der deutschen Geschichtsschreibung üblichen entsprechen (Anm. des Herausgebers).

Tabelle 1 (Fortsetzung)

Bezeichnung der Kriege	Rangposition		
	Gefallene	Monate pro Staat	Gefallene pro Monat und Staat
Peruanisch–Bolivianischer, 1841	89	91	35
Erster Britisch–Sikh, 1845–1846	78,5	83	54,5
Mexikanisch–Amerikanischer, 1846–1848	34	19	60,5
Österreichisch–Sardinischer, 1848–1849	50,5	62,5	40
Erster Schleswig–Holsteinischer, 1848–1849	55	47	62,5
Ungarische Revolution, 1848–1849	17,5	58	9
Zweiter Britisch–Sikh, 1848–1849	78,5	78,5	66
Römische Republik, 1849	73,5	70	68,5
La Plata, 1851–1852	82	56,5	85
Erster Türkisch–Montenegrinischer, 1852–1853	58	81	26,5
Krim, 1853–1856	6	6	17
Englisch–Persischer, 1856–1857	73,5	65	72,5
Meuterei der Sipahi, 1857–1859	66	35,5	82
Zweiter Türkisch–Montenegrinischer, 1858–1859	69	56,5	71
Einigung Italiens, 1859	26	70	14
Spanisch–Marokkanischer, 1859–1860	46,5	62,5	35
Italienisch–Römischer, 1860	89	91	35
Italienisch–Sizilianischer, 1860–1861	89	75	79,5
Französisch–Mexikanischer, 1862–1867	30	7	75,5
Zweiter Polnischer Aufstand, 1863–1864	58	50	64,5
Ekuadorianisch–Kolumbianischer, 1863	89	91	35
Zweiter Schleswig–Holsteinischer, 1864	61	59,5	62,5
La Plata, 1864–1870	11	5	41,5
Spanisch–Chilenischer, 1865–1866	89	47	92,5
Sieben Wochen, 1866	23	49	16
Zehn Jahre, 1868–1878	12	8	41,5
Französisch–Preussischer, 1870–1871	7	30	8
Holländisch–Atschinesischer, 1873–1878	55	16	87
Balkan, 1875–1877	46,5	38	57
Russisch–Türkischer, 1877–1878	5	43	3
Bosnischer Aufstand, 1878	66	83	31
Zweiter Britisch–Afghanischer, 1878–1880	63,5	43	72,5
Britisch–Zulu, 1879	66	75	50
Pazifischer, 1879–1883	41	4	88,5
Französisch–Indochinesischer, 1882–1884	61	31	75,5
Aufstand der Mahdisten, 1882–1885	30	21	54,5
Chinesisch–Französischer, 1884–1885	42	33	54,5
Zentral–Amerikanischer, 1885	89	91	35
Serbisch–Bulgarischer, 1885	73,5	91	18
Chinesisch–Japanischer, 1894–1895	37,5	47	38,5

Tabelle 1 (Fortsetzung)

Bezeichnung der Kriege	Rangposition		
	Gefallene	Monate pro Staat	Gefallene pro Monat und Staat
Französisch–Madagassischer, 1894–1895	55	64	48
Kubanische Revolution, 1895–1898	20	24,5	28
Italienisch–Äthiopischer, 1895–1896	50,5	61	43
Erster Phillippinischer Aufstand, 1896–1898	73,5	35,5	88,5
Griechisch–Türkischer, 1897	73,5	75	64,5
Spanisch–Amerikanischer, 1898	46,5	67	30
Zweiter Philippinischer Aufstand, 1899–1902	61	20	85
Burenkrieg, 1899–1902	27	28	47
Russisch–Japanischer, 1904–1905	9	22,5	13
Zentral–Amerikanischer, 1906	89	75	79,5
Zentral–Amerikanischer, 1907	89	75	79,5
Spanisch–Marokkanischer, 1909–1910	46,5	43	51
Italienisch–Türkischer, 1911–1912	30	32	45
Erster Balkankrieg, 1912–1913	15	39,5	10
Zweiter Balkankrieg, 1913	16	80	4
Erster Weltkrieg, 1914–1918	2	2	5
Russische Nationalitätenkriege, 1917–1921	20	22,5	29
Ungarn gegen die Alliierten, 1919	43	55	44
Griechisch–Türkischer, 1919–1922	20	13	49
Revolte der Rifkabylen, 1921–1926	25	15	60,5
Rebellion der Drusen, 1925–1926	63,5	35,5	75,5
Mandschurischer, 1931–1933	17,5	26,5	20
Chaco, 1932–1935	9	14	20
Italienisch–Äthiopischer, 1935–1936	30	52,5	26,5
Chinesisch–Japanischer, 1937–1941	4	9	7
Russisch–Japanischer, 1939	33	59,5	23
Zweiter Weltkrieg, 1939–1945	1	1	1
Russisch–Finnischer, 1939–1940	14	70	6
Indonesische Rebellion, 1945–1946	81	35,5	92,5
Indochinesische Rebellion, 1945–1954	13	10	38,5
Madagassische Rebellion, 1947–1948	78,5	39,5	90,5
Erster Kaschmir, 1947–1949	78,5	52,5	85
Palästinensischer, 1948–1949	52	41	58
Koreanischer, 1950–1953	3	3	12
Algerische Revolution, 1954–1962	37,5	11	79,5
Tibetanische Revolte, 1956–1959	22	24,5	32
Russisch–Ungarischer, 1956	24	86,5	2
Sinai, 1956	69	86,5	24,5
Chinesisch–Indischer, 1962	89	86,5	54,5
Zweiter Kaschmir, 1965	53	83	15

Die Aggregation der Daten

Nachdem wir sowohl die Überlegungen, denen zufolge wir in der Lage waren, alle Kriege in der Zeit von 1816 bis 1965 zu klassifizieren, als auch die Verfahren bei der Messung jedes in Betracht kommenden internationalen Krieges beschrieben haben, besteht, wie oben angedeutet, das nächste Problem in der Aggregation der Daten. Wie können die Daten eines besonderen Kriegs zu Indikatoren über die Kriegserfahrung des ganzen Systems, individueller Staaten und Staatenpaare umgewandelt werden?

Nach Ordnung der Hauptdaten entsprechend der Menge Krieg im Stadium des Beginns, des Ablaufs und der Beendigung für jedes Jahr konnten wir nach Trends und Periodizitäten für die letzten anderthalb Jahrhunderte suchen. Im Gegensatz zu vielleicht existierenden Erwartungen fanden wir bei der Untersuchung der säkularen Trends keine auf- oder abwärts laufende Linie. Ob wir uns auf Häufigkeit, Ausdehnung, Härte oder Intensität konzentrieren, es gibt nicht wesentlich weniger oder mehr Krieg in einer der behandelten Unterepochen.

Dieses Ergebnis mag für diejenigen, die befürchten, daß Kriege um so häufiger werden, je näher das Weltende heranrückt, zwar eine ermunternde Nachricht enthalten. Doch muß gleichzeitig über die weniger erfreuliche Tatsache berichtet werden, daß im internationalen System eine leichte Tendenz zur regelmäßigen Wiederkehr von Krieg zu bestehen scheint. Obwohl Zyklen nicht sichtbar sind, wenn wir die Menge Krieg *im Stadium des Beginns* in jedem Jahr oder bestimmten Zeitperioden untersuchen, tritt dennoch eine erkennbare, ca. 20 Jahre umfassende Periodizität auf, wenn man sich auf Messungen der Menge Krieg *im Stadium des Ablaufs* konzentriert. Das heißt, einzelne Kriege beginnen und enden nicht unbedingt regelmäßig, aber bei fast dauerndem Vorhandensein eines gewissen Niveaus zwischenstaatlicher Gewalt sind deutliche und periodische Schwankungen in der Menge solcher Gewalt zu erkennen.

Eine weitere Möglichkeit, die Zeit-Variable anzugehen, besteht in der Untersuchung der Beziehung zwischen Jahreszeit, Monat und dem Auftreten von Krieg. Gängigen Vorstellungen zufolge sind Anfang und Ende von Kriegen zum Teil bestimmt durch klimatische Bedingungen, weil sie die militärische Mobilität und Effizienz zu beeinflussen in der Lage sind, sowie durch Aussaat- und Erntesaison, weil diese sich auf die Versorgung und Rekrutierung einer Armee auswirken können.

Von den 93 Kriegen begannen 64 entweder im Frühjahr oder im Herbst und nur 29 im Sommer oder im Winter. Überdies ändert sich dieses Muster kaum im Zeitverlauf, denn z. B. fingen 11 der 21 seit 1920 geführten Kriege im Herbst an. Was die einzelnen Monate angeht, so ereigneten sich im April und im Oktober 28 der 93 Konflikte. Demgegenüber gibt es keine Jahreszeit und keinen Monat, in denen Kriege besonders häufig enden. Verglichen mit dem Muster über Kriegsanfänge läßt dieses Ergebnis folgende These glaubwürdig erscheinen: Politiker werden bei ihrer Entscheidung über Krieg oder nicht Krieg durch die Jahreszeit beeinflußt, aber sobald der Krieg im Gange ist, bestimmen eher andere Faktoren die Entscheidungen denn Probleme des Wetters oder der Versorgung, die an sich eine so ausschlaggebende Rolle spielen.

Während politische Theoretiker sich besonders für die systembezogenen Muster internationaler Gewalt interessieren, hat die Historiker seit langem die Aufzeichnung der

Kriegsdaten einzelner Staaten beschäftigt. Viele argumentieren, daß einige Staaten (vielleicht während gewisser Perioden) aggressiver sind als andere, oder daß einige ethnische Gruppen von Natur aus kriegerischer, andere friedlicher veranlagt sind. In diesem Zusammenhang ist darauf hinzuweisen, daß die wiederholte Verwicklung in Kriege nicht unbedingt auf eine angeborene Eigenschaft zurückzuführen sein braucht; sie kann lediglich Folge des Pechs sein, sich in geographischer Nähe »räuberischer Mächte« zu befinden. Durch Ermittlung von Anzahl und Härte der Kriege, die jeder einzelne Staat während seiner Mitgliedschaft im System mitgemacht hat, können wir genauere Angaben über die Verteilung der Kriege unter den Staaten bzw. eine Antwort auf die Frage erhalten, ob in der Tat gewisse Staaten oder Staatentypen mehr dazu neigen, sich an Kriegen zu beteiligen als andere.

Unter dem Gesichtspunkt der rein zahlenmäßigen Häufigkeit sind Frankreich und England mit jeweils 19 Beteiligungen an Kriegen führend. Die Türkei nahm an 17, Rußland an 15 und Italien (einschließlich seinem Vorgänger Sardinien) an 12 internationalen Kriegen teil. Alle diese Staaten waren während der untersuchten 150 Jahre Mitglieder des Systems. Spanien, das in 9 Kriegen kämpfte, und die Vereinigten Staaten, die in 6 verwickelt waren, sind zwei weitere Staaten mit beachtlicher Kriegsbeteiligung, die dem System von Anfang an angehörten. Unter den Staaten mit kürzerer Mitgliedschaft im System steht Österreich-Ungarn voran mit der Beteiligung an 8 Kriegen, gefolgt von Griechenland und Japan mit je 7 und Deutschland (einschließlich seines Vorgängers Preußen) mit 6. Erwartungsgemäß haben viele dieser Staaten auch die größte Zahl von Kriegsopfern zu verzeichnen, und zwar hatten Rußland, Deutschland, China, Frankreich, Japan, England, Österreich-Ungarn, Italien und die Türkei (in dieser Reihenfolge) 750 000 oder mehr Gefallene zu beklagen. Überdies fielen fast 40 Prozent aller Kriegsmonate pro Staat im System auf 5 Staaten (Frankreich, England, Türkei, Spanien und Rußland). 39 der 43 außerhalb des zwischenstaatlichen Systems geführten Kriege wurden von 7 Staaten ausgetragen: England (12), Frankreich (7), die Türkei (6), Rußland (5), Spanien (4), Holland (3) und Österreich-Ungarn (2).

Offensichtlich neigten die Großmächte am ehesten zu kriegerischem Verhalten. Lediglich die Türkei, Spanien und Griechenland stehen ihnen hier nicht nach. Keine Großmacht hat diesem Schicksal entgehen können, was zu der Vermutung Anlaß gibt, daß Kriegsfreudigkeit eine Bedingung für die Erlangung des Status einer Großmacht ist.

Auch wenn einige Staaten mehr Kriege geführt haben als andere, so sind sie doch dabei nur in unterschiedlichem Maße erfolgreich gewesen. An sich könnte Erfolg bei der Kriegführung auf die Häufigkeit der Verwicklung in Kriege schließen lassen. Ein Staat, der etliche Kriege verliert, könnte sich vorsichtiger verhalten, um weitere Kriege zu vermeiden. Andererseits jedoch kann eine militärische Niederlage revanchistische Gesinnungen fördern, oder, was noch schlimmer ist, sie kann eine dritte Macht in die Versuchung führen, anzunehmen, daß dieser militärisch ruhmlose Staat leicht zu besiegen sei. Daten, die als Grundlage für solche Verallgemeinerungen dienen könnten, sind in Tabelle 2 zusammengefaßt. Hier sind die Siege und Niederlagen der einzelnen Staaten in allen internationalen und zwischenstaatlichen Kriegen aufgeführt. Der einzige Krieg ohne Sieger oder Besiegten (Koreakrieg) ist in dieser Tabelle nicht mit erfaßt worden.

Tabelle 2: Siege und Niederlagen der einzelnen Staaten in internationalen Kriegen (1816–1965)

Staat	Alle Kriege Siege–Niederlagen	Zwischenstaatliche Kriege Siege–Niederlagen
England	16–2	6–0
Frankreich	14–4	9–2
Rußland	12–3	8–2
Italien (Sardinien)	9–3	9–2
Vereinigte Staaten	5–0	4–0
Brasilien	3–0	2–0
Japan	5–2	5–2
Jugoslawien (Serbien)	4–1	4–0
Rumänien	4–1	4–1
Österreich–Ungarn	5–3	3–3
Belgien	2–0	2–0
Chile	2–0	2–0
Deutschland (Preußen)	4–2	4–2
Griechenland	4–2	4–2
Holland	3–1	1–0
Israel	2–0	2–0
Mongolei	2–0	2–0
Spanien	5–4	2–3
Australien	1–0	1–0
Kanada	1–0	1–0
Kolumbien	1–0	1–0
Tschechoslowakei	1–0	1–0
Neuseeland	1–0	1–0
Nikaragua	1–0	1–0
Norwegen	1–0	1–0
Pakistan	1–0	1–0
Paraguay	1–0	1–0
Portugal	1–0	1–0
Polen	1–0	1–0
Süd-Afrika	1–0	1–0
Baden	1–1	1–1
Bayern	1–1	1–1
Äthiopien	1–1	1–1
Guatemala	1–1	1–1
Beide Sizilien	1–1	1–1
Württemberg	1–1	1–1
Argentinien	1–1	0–1
China	3–4	2–4
Bulgarien	2–3	2–3
Indien	1–2	0–2
Mexiko	1–2	1–1

Tabelle 2 (Fortsetzung)

Staat	Alle Kriege Siege–Niederlagen	Zwischenstaatliche Kriege Siege–Niederlagen
Peru	1–2	1–1
Salvador	1–2	1–2
Ekuador	0–1	0–1
Hannover	0–1	0–1
Kurhessen	0–1	0–1
Großherzogtum Hessen	0–1	0–1
Irak	0–1	0–1
Jordanien	0–1	0–1
Libanon	0–1	0–1
Mecklenburg–Schwerin	0–1	0–1
Persien	0–1	0–1
Sachsen	0–1	0–1
Syrien	0–1	0–1
Bolivien	0–2	0–2
Dänemark	0–2	0–2
Finnland	0–2	0–2
Honduras	0–2	0–2
Marokko	0–2	0–2
Vatikanstaat	0–2	0–2
V.A.R. (Ägypten)	0–2	0–2
Ungarn	0–3	0–3
Türkei	5–11	4–6

Dank ihrer Möglichkeit, sich ihre Feinde und Alliierten aussuchen zu können, sowie auf Grund ihrer militärischen Fähigkeiten und Fertigkeiten haben die meisten Großmächte ziemlich gut abgeschnitten. Die neun Staaten, die zu dieser oder jener Zeit zu den Großmächten zählten, nehmen 6 der ersten 7 und 8 der ersten 13 Positionen in unserer Tabelle, die die Gesamtzahl der Siege und Niederlagen gegenüberstellt, ein.

Die Häufigkeit der Verwicklung in internationale Kriege im Laufe der Geschichte ist zwar ein nicht zu umgehendes aber keineswegs ausreichendes Zeichen für die Kriegsfreudigkeit eines Staates. Die Feststellung, wer der *Initiator* militärischer Konflikte war, könnte etwas mehr über die aggressiven Neigungen eines Staates aussagen. Wenn wir hier von Initiatoren sprechen, so meinen wir lediglich den oder die Staaten, der (die) Armee oder Territorium eines Gegners zuerst angegriffen hat (haben). Es ist klar, daß Initiator und Aggressor nicht immer identisch sind, da – wie im Deutsch-Französischem Krieg von 1870/71 – eine Partei die andere durch Mobilmachung oder andere aggressive diplomatische oder wirtschaftspolitische Handlungen zu militärischer Aktion provozieren kann. Trotzdem kann die Bestimmung des Initiators militärischer Feindseligkeiten einige vorläufige Anhaltspunkte für die relative Kriegsfreudigkeit der Mitglieder des Systems liefern.

Bei der Untersuchung der 49 zwischenstaatlichen Kriege, bei denen wir diese Bestimmung vornehmen konnten, stellen wir fest, daß Italien in 8 Fällen der tatsächliche Initiator war (oder auf dessen Seite stand). Frankreich spielte diese Rolle in 6 Fällen, Deutschland und Japan in je 5 und Österreich-Ungarn, Rußland und Bulgarien in je 4. Wenn wir uns aber von der absoluten Zahl der Fälle, in denen ein Staat der Initiator war, einem relativen Maß, nämlich der Häufigkeit der Initiativen im Verhältnis zur Gesamtzahl der Kriegsbeteiligungen, zuwenden, dann erscheinen einige Nationen als etwas weniger kriegerisch. Während Italien 8 seiner 11 zwischenstaatlichen Kriege initiierte oder auf seiten des Initiators kämpfte und Deutschland in 5 seiner 6, Japan in 5 seiner 7, Österreich-Ungarn in 4 seiner 6 sowie Bulgarien in 4 seiner 5 zwischenstaatlichen Kriegen der Angreifer war, hat Frankreich nur 6 seiner 12 und Rußland lediglich 4 seiner 10 zwischenstaatlichen Kriege begonnen. Unter den Nationen mit großer Kriegsbeteiligung, die in dieser Aufstellung fehlen und deshalb vielleicht friedlicher veranlagt sind, befinden sich die beiden »kranken Männer« Asiens, die Türkei und China, die drei Balkanstaaten Griechenland, Rumänien und Jugoslawien sowie die beiden angelsächsischen Großmächte England und die Vereinigten Staaten von Amerika.

Der Entschluß zum Beginn der Kampfhandlungen steht teilweise im Zusammenhang mit der Siegeserwartung. Die meisten Regierungen würden den ersten militärischen Schritt nicht tun, wenn sie nicht erwarteten, daß ein solcher Vorstoß ihnen mit hoher Wahrscheinlichkeit einen Sieg oder zumindest das nationale Überleben einträgt. Deshalb sind unsere folgenden Ergebnisse nicht verwunderlich: Initiatoren sind aus 34 der 49 zwischenstaatlichen Kriege als Sieger hervorgegangen, bei 14 haben sie verloren und in einem Krieg gab es ein Unentschieden. Allerdings scheint sich dieses Muster im Verlauf der historischen Entwicklung tendenziell zu ändern. Für die jüngste Zeit gilt es weniger als für die Vergangenheit. Bis zum 1. Weltkrieg haben die Initiatoren 25 von 34 Kriegen (= 74 %) gewonnen, während sie »nur« 9 von 15 (oder 60 %) der Kriege in der Zeit nach dem August 1914 gewannen [11]. Was die Gefallenen betrifft, so haben in 36 der 49 Kriege die Initiatoren weniger Soldaten verloren als ihre Gegner, und sie siegten in 6 der 13 Kriege, in denen sie größere Verluste erlitten als ihre Gegner. Dies ist ein bemerkenswertes Ergebnis, wenn man in Betracht zieht, daß allgemein angenommen wird, die angreifenden Streitkräfte würden mehr Verluste haben als die sich verteidigenden.

Natürlich hat sich in fast 40 Prozent der Fälle herausgestellt, daß der Initiator eine Großmacht war, die eine kleine Macht angriff. Bei 19 Kriegen, in denen diese ungleichgewichtige Konstellation gegeben war, hat die Großmacht in 18 Fällen die Feindseligkeiten eröffnet und 17 dieser 18 Kriege gewonnen. Wenn kleine Nationen einander bekriegten, hat der Initiator 14mal gewonnen und 7mal verloren. Kämpften Großmächte gegeneinander, so gewann der Initiator 3mal und verlor 5mal. Folglich scheint die Initiation von Feindseligkeiten Vorteile gebracht zu haben, die jedoch dann zurückgingen, wenn beide Staaten in etwa gleich stark waren.

Schlußfolgerung

Im Vorangehenden haben wir versucht, die Art unseres Vorgehens während der letzten sieben Jahre für einen Teil unserer Arbeiten zu beschreiben. Es muß nicht betont werden, daß wir unsere erkenntnistheoretischen und methodologischen Probleme, die Datenreihen und vorläufigen Ergebnisse nur in einer Auswahl diskutieren konnten. Wir hoffen jedoch, sowohl die Schwierigkeiten wie den Reiz unserer Aufgabe: historische Tatsachen in sozialwissenschaftliche Daten zu transformieren, um sie bei unserer Untersuchung über »The Correlates of War« verwenden zu können – angemessen dargestellt zu haben. Mit der Inangriffnahme eines so umfassenden Forschungsprogramms lehnen wir ausdrücklich die Auffassung ab, daß unser Wissen bereits ausreicht, um die Welt von Kriegen zu befreien, wenn wir nur die moralische Verpflichtung verspürten und den politischen Willen dazu hätten. Und indem wir es uns zur Aufgabe machen, empirische Gegebenheiten systematisch zu untersuchen, geben wir unserem Zweifel daran Ausdruck, daß die Ursachen von Kriegen durch noch so schöpferische Spekulation oder leidenschaftliche Reden und Debatten ermittelt werden können.

Anmerkungen

[1] *J. David Singer,* Theorists and Empiricists. The Two-Culture Problem in International Politics, in: The Analysis of International Politics, hrsg. von *James Rosenau, Lance Davis* und *Maurice East,* New York 1972.

[2] Ausführlicher dazu: *J. David Singer,* Data-Making in International Relations, in: Behavioral Science 10 (1965), S. 68–80.

[3] Über alle unsere empirischen Daten berichten wir in: *J. David Singer* und *Melvin Small,* The Wages of War 1816–1965. A Statistical Handbook, New York 1972.

[4] Zur Verarbeitung dieser Variablen in empirische Daten vgl. vor allem: *J. David Singer* und *Melvin Small,* The Composition and Status Ordering of the International System 1815–1940, in: World Politics 18 (1966), S. 236–282; *Melvin Small* und *J. David Singer,* Formal Alliances, 1816–1965. An Extension of the Basic Data, in: Journal of Peace Research 6 (1969), S. 257–282; *J. David Singer* und *Michael Wallace,* Intergovernmental Organization in the Global System, 1816–1964, in: International Organization 24 (1970), S. 239–287.

[5] Vgl. als Untersuchungen, die solche Variablen verwenden: *J. David Singer, Stuart Bremer* und *John Stuckey,* Capability Distribution, Uncertainty, and Major Power War, in: Peace, War, and Numbers, hrsg. von *Bruce M. Russett,* Beverly Hills 1972; *J. David Singer, Stuart Bremer* und *Urs Luterbacher,* Crowding and Combat in Animal and Human Societies, in: Biology and Politics, hrsg. von *Albert Somit et al.,* Chicago (im Druck).

[6] *J. David Singer* und *Russell Leng,* Toward a Multi-Theoretical Typology of International Behavior, hrsg. vom Mental Health Research Institute, Ann Arbor, April 1970 (hektogr. Manuskr.).

[7] *Lewis F. Richardson,* Statistics of Deadly Quarrels, Chicago 1960; *Quincy Wright,* A Study of War, Chicago 1942; *Pitirim A. Sorokin,* Social and Cultural Dynamics, New York 1937.

[8] *Lewis F. Richardson,* a.a.O., S. 9–10.

[9] Ebd., S. 9.

[10] Sobald eine Datenfolge komplett ist, wird sie im International Data Archive der University of Michigan gespeichert. Von diesem Zeitpunkt an kann das Archiv für eine geringe Gebühr Bänder und Code-Bücher unserer Datenreihen zu den Themen »war«, »alliance«, »diplomatic representation« und »intergovernmental organization« an Interessenten versenden.
[11] Belege hierfür auch bei *Karl W. Deutsch* und *Dieter Senghaas,* Die brüchige Vernunft der Staaten, in: *Dieter Senghaas,* Hrsg., Kritische Friedensforschung, Frankfurt am Main 1971, wo dieser Trend – auf Grund einer anderen, sich von der unseren in drei Fällen unterscheidenden Bewertung – noch deutlicher wird.

Aus dem Englischen übersetzt von *Ursula Ludz*

ZUR STELLUNG HISTORISCHER FORSCHUNGSMETHODEN UND NICHT-REAKTIVER METHODEN IM SYSTEM DER EMPIRISCHEN SOZIALFORSCHUNG

Von Günter Albrecht

Vorbemerkung

Die historischen Methoden beginnen seit einiger Zeit wieder größere Bedeutung für die empirische Sozialforschung zu gewinnen. Dies ist die Konsequenz der allmählichen Beseitigung liebgewonnener Vorurteile der Historiker und empirischen Sozialforscher übereinander. Die Gegensätze der beiden Disziplinen beruhen weniger darauf, daß sie prinzipiell den Stellenwert von Methoden und Techniken unterschiedlich bewerten – dagegen spricht z. B. sehr deutlich die Äußerung eines Methodenfachmanns vom Range eines *Bernheim* »Geist ohne Methode schädigt die Wissenschaft nicht minder als Methode ohne Geist« (*Bernheim* 1908, S. 183) –, als daß beide Wissenschaften, traditionellerweise, unterschiedliche Erkenntnisziele verfolgen.
Trotz der Vielfalt der Möglichkeiten, historische Methoden gemeinsam mit einer Anzahl relativ selten in den Sozialwissenschaften angewandter Methoden zu einer fruchtbaren und »naturalistischen« empirischen Sozialforschung zu verbinden, gibt es bisher in der Soziologie vielfach so gut wie keine Kenntnis über die sich anbietenden Chancen, daher soll in diesem Beitrag eine zusammenfassende Darstellung der Arbeiten von *Webb* u. a. (1966) für nichtreaktive Ansätze und von *von Brandt* (1969) für die historischen Methoden-Quellen vorgenommen werden. Die starke Anlehnung an diese beiden herausragenden Arbeiten ließ es vertretbar erscheinen, auf die übliche Ziterweise zu verzichten. Allerdings kann sich für weitergehende Interessen eine Lektüre der beiden genannten Werke nicht erübrigen.
Da im vorliegenden Sammelband auch andere Arbeiten wissenschaftstheoretische Probleme des Verhältnisses von Soziologie und Geschichte aufnehmen, sei dazu hier nur kurz angemerkt: Versucht die Geschichtsforschung, zu nomothetischen Aussagen zu kommen, dann hat sie sich primär eines anderen Methodenkanons zu bedienen, als wenn es ihr nur darum ginge, im Einzelfall zu beschreiben, »wie es eigentlich gewesen« *(Ranke)*. In jedem Fall verspricht eine stärkere Historisierung der soziologischen Forschung in dreifacher Hinsicht bedeutsam zu sein: 1. kann die historische Forschung herkömmlichen Stils eine Überprüfung der jeweiligen Randbedingungsannahmen, die bei einem Hypothesentest angenommen wurden, erlauben und so zu einer stringenteren Hypothesenformulierung bzw. zu einer Modifikation von bisher (scheinbar) nichtfalsifizierten Hypothesen beitragen, bei deren Test falsche Annahmen über Randbedingungen vorlagen; 2. kann die historische Forschung, z. B. durch Erarbeitung langer Zeitreihen, zur genaueren Erfassung von Prozessen sozialen Wandels beitragen und damit u. U. zu einer Dynamisierung soziologischer Theorien; 3. schließlich kann – ähnlich wie die interkulturell-vergleichende Forschung für den räumlichen Aspekt – die Historisierung die zeitliche Konstanz von nomologischen Sätzen überprüfen und somit

eine der Hauptstreitfragen zwischen Historismus und Soziologie der wissenschaftlichen Klärung näherbringen (*Iggers* 1971).

Ein weiterer wichtiger Grund für die positive Beurteilung historischer Methoden ist die Annahme der Nichtreaktivität. Unter dem Terminus »Reaktivität« der Erhebungsinstrumente faßt man die Tatsache, daß der Prozeß der Datensammlung in der Sozialwissenschaft ein *sozialer* Prozeß ist, durch den die zu erfassende »Realität« z. T. erst konstruiert wird. Durch die Reaktivität sind die Gültigkeit und Zuverlässigkeit von Messungen gefährdet (vgl. dazu u. a. *Bickman* u. *Henchy* 1972, S. 1–6).

Dabei sind drei Klassen von Gründen zu unterscheiden: 1. Fehler, die durch die zu erforschenden sozialen Einheiten hervorgerufen werden, 2. Fehler, die durch den Forscher bewirkt werden und 3. Samplefehler. Die erste Gruppe von Fehlern, die als reaktive Meßfehler im engeren Sinne bezeichnet werden, läßt sich in folgende Teilfehlerklassen unterteilen: a) Wissen um die Testsituation und daraus resultierende psychische Veränderungen, b) Rollenauswahl, c) Änderungen in der explorierten sozialen Einheit durch den Prozeß der Messung selbst und d) response set.

Die erste Fehlerteilklasse, die auch unter der Bezeichnung »Meerschweinchen-Effekt« firmiert, tritt mit um so größerer Sicherheit auf, je stärker die Meßsituation vom Alltagsleben abweicht; sie ist auch nur durch schwierige Vorkehrungen – und auch dann noch nicht einmal absolut sicher – einzuschränken. Die zweite Teilfehlerquelle ist von der ersten nicht zu trennen, da die Rollenselektion in engem Zusammenhang mit der Distanz der Erhebungssituation von Situationen des alltäglichen Lebens steht. Die Änderung durch die Messung selbst (typisch z. B. bei Intelligenztests) ist auch bei raffinierter Verfahrensweise nicht auszuschließen. Das – seit Jahren in seiner Deutung umstrittene – Phänomen des response sets besteht u. a. in einer mechanischen Bejahungstendenz, die bei unterschiedlichen Personenkreisen unterschiedlich stark ist. Sie macht sich erwiesenermaßen auch bei der Sammlung amtlicher Daten versteckt bemerkbar und gefährdet tendenziell auch die Meßergebnisse bei den nicht-reaktiven Methoden (*Webb* u. a. 1966, S. 22–23). Die Fehler, die durch den Forscher zustande kommen, lassen sich durch den Interviewer- bzw. Beobachtereffekt wie durch den Wandel der Erhebungsinstrumente erklären. Unter ersterem versteht man die Tatsache, daß Befragte bzw. Beobachtete auf Merkmale des Forschers so reagieren, daß ihre Informationen bzw. Verhaltensweisen anders ausfallen, als sie sonst ausfallen würden. Unter letzterem faßt man den Tatbestand, daß die Erhebungsinstrumente (seien es Interviewer, Beobachter oder auch ein Experimentator), die ja – wie vielmals dargelegt – die Ergebnisse z. T. mitbestimmen, im Verlauf des Datenerhebungsprozesses ihre Verhaltensweisen ändern und damit auch die Meßergebnisse verfälschen. (Für eine differenziertere Diskussion mit Literaturnachweisen siehe *Denzin* 1970, S. 132; *Phillips* 1971, S. 12–49; *Phillips* und *Clancy* 1972; *Albrecht* 1973a.) Häufig wird diese Fehlerquelle als zu gering veranschlagt, obwohl genügend Beispiele dafür vorliegen, daß emotionale Reaktionen des Forschers auf die Forschungssituation nicht selten sind und die Daten stark verzerren können (vgl. u. a. *Glass* u. *Frankiel* 1968; *Skipper* u. *McCaghy* 1972). Häufig tritt dieser Effekt auch im Prozeß der Datensammlung der offiziellen Statistik ein, wenn, ohne daß es dem Außenstehenden sichtbar würde, der Erhebungsmodus verändert wird (vgl. z. B. *Halbwachs* 1930).

Notwendigkeit der nicht-reaktiven Methoden

Ziel solcher Methoden ist, daß die aus methodischen Erwägungen notwendige unstrukturierte Situation des Erhebungsprozesses in den untersuchten Objekten keine Abweichungen von den unter alltäglichen Bedingungen ablaufenden Interaktionen bewirken darf. Ferner soll durch Forcierung der Methodenvielfalt eine höhere Effizienz der Forschung erreicht werden, vor allem dadurch, daß die Vorzüge einer verwendeten Methode voll zur Geltung kommen, während ihre Nachteile durch andere Methoden kontrolliert werden (*König* 1949, S. 11; *Webb* u. a. 1966, S. 1), ganz abgesehen davon, daß forschungsethische Gründe zur Entwicklung weniger indiskreter Methoden veranlassen sollten (*Shils* 1959), selbst wenn – zugespitzt – nach *Webb* u. a. (1966) der Forscher zwischen unmoralischer Manipulation der Untersuchungsobjekte und gültigen Ergebnissen auf der einen und Diskretion und ungültigen Ergebnissen auf der anderen Seite zu wählen hat (vgl. dazu *Jung* 1971).

Methodische Hauptprobleme nicht-reaktiven Messens

Bei der Behandlung nicht-reaktiver Methoden wollen wir uns auf solche beschränken, die nicht mit normalen Befragungen, Beobachtungs- und Inhaltsanalysen operieren bzw. solche, die sich durch unorthodoxe Anwendung oder unorthodoxes Ausgangsmaterial auszeichnen. Dabei kann es nicht darum gehen, die eine Methode durch die andere zu ersetzen, sondern möglichst fruchtbare Kombinationen zu propagieren. Angewendet werden sollten diverse Meßmethoden, die die jeweils *theoretisch relevanten* Komponenten *gemeinsam* haben, aber jeweils unterschiedliche Muster von *irrelevanten* Komponenten enthalten; denn bei mehrfacher Bestätigung einer Theorie – möglichst unter Verwendung unterschiedlicher Meßverfahren – nimmt die Unbestimmtheit der Interpretation der Theorie stark ab, zumal in den Sozialwissenschaften multiple Theorieprüfungen noch recht selten (vgl. *Vidich* und *Shapiro* 1955; *Campbell* 1957; *Campbell* und *McCormack* 1957; *Campbell* und *Fiske* 1959; *Kendall* 1963; *Cook* und *Selltiz* 1964), ja selbst Replikationen ungewöhnlich sind (zu den sehr unterschiedlichen Typen von Replikationsstudien und ihrem wissenschaftlichen Wert vgl. u. a. *LaSorte* 1972). Das bedeutet jedoch nichts anderes, als daß das Prinzip der Triangulation auch bei den Meßprozessen der Soziologie Anwendung finden sollte (*Webb* u. a. 1966, S. 3, 174 179, 181; *Denzin* 1970, S. 26–27).

Wird Messen als Vergleichen definiert, so sind drei Klassen von Ansätzen möglich, nämlich Experiment, Konstruktion von Indizes, denen vor allem für die Zukunft mit ihrer vermutlich gesteigerten Benutzung sekundären Datenmaterials große Relevanz zukommen wird, sowie Erarbeitung rivalisierender Hypothesen zur Interpretation gemessener Varianzen (vgl. *Glaser* und *Strauss* 1967); denn mit der Zahl plausibler rivalisierender Hypothesen sinkt die Wahrscheinlichkeit, daß schon eine gültige Interpretation gemessener Varianzen gefunden wurde.

Die Erarbeitung nicht-reaktiver und auch historischer Methoden stößt auf ein gravierendes Problem, das oft zur Fehlerquelle wird, nämlich adäquates Sampling. Folgende

Einzelprobleme treten dabei *vor allem* auf: 1. Populationsbegrenzung: Die untersuchbare Grundgesamtheit ist in ihrer Abgrenzung nicht methodenunabhängig, ein Faktum, das leider oft vergessen wird (vgl. *Esser* 1969). Das Problem der Untersuchungsgesamtheit ist jedoch für die nicht-reaktiven und historischen Methoden gravierend, da hier die Begrenztheit der Erreichbarkeit der Population von Methode zu Methode *stark* schwankt. 2. Wichtig ist die *Stabilität der Population in der Zeit*, denn sie kann zu größeren Fehlern als die *absolute* Begrenztheit der untersuchbaren Populationen an sich führen, sofern man einen Vergleich von Daten aus verschiedenen Erhebungszeiten durchführen will. Naturgemäß sind auch bei normalen Surveys die Vergleichsmöglichkeiten von Paneldaten begrenzter, als man gemeinhin glaubt (vgl. *Brookover* und *Back* 1956), aber für explizit historisch-sozialwissenschaftliche Untersuchungen ist meist der zeitliche Abstand wesentlich größer sowie die Kontrolle der Stabilität der Populationsbegrenzungen schwieriger. 3. Ist schon für eine Gesellschaft bzw. eine Gesamtbevölkerung eines Territoriums die *Abgrenzung der erreichbaren Untersuchungspopulation* in der Zeit variabel, so gilt dies auch bei synchronischen Untersuchungen für die Populationsbegrenzungen in verschiedenen zu untersuchenden Gesellschaften bei einer komparativen Studie; was natürlich besonders deshalb problematisch ist, weil bei den hier vorzustellenden Methoden i. a. keine Kontrolle durch Hintergrunddaten – wie z. B. bei Surveys – möglich ist.

Analyse von physischen Spuren: Erosions- und Akkumulationsmaße

Spuren an Gegenständen, die von Menschen oder durch indirekte menschliche Einwirkung ohne Absicht verursacht werden, sind von den Sozialwissenschaftlern bisher selten benutzte Daten, obwohl sie trotz oder gerade wegen ihrer Ubiquität gute Ansatzpunkte für nicht-reaktives Messen bieten.

Zunächst werden solche Anwendungen diskutiert, denen unabsichtliche »Spuren» (vgl. den Begriff der unabsichtlichen Quelle bei den historischen Methoden, unten S. 252) zugrunde liegen. Da mit dieser Methode ganz offensichtlich Populationsbegrenzungen und thematische (inhaltliche) Beschränkungen verbunden sind, wurde speziell sie lange Zeit vernachlässigt, trotz ihrer Brauchbarkeit in Kooperation mit anderen Methoden. Prinzipiell kann bei der »Spurenmessung« zwischen 2 Klassen unterschieden werden, nämlich zwischen Erosionsmaßen und Akkumulationsmaßen. Erstere arbeiten mit quantitativer Erfassung der Abnutzung, letztere mit der quantitativen Erfassung von durch Benutzung bewirkten Ansammlungen von Rückständen der verschiedensten Art, vor allem an den benutzten Gegenständen.

Natürliche Erosionsmaße

In Museen läßt sich häufig nachweisen, daß Fußbodenbeläge unterschiedlich abgenutzt werden. Die Schnelligkeit der Abnutzung des Bodenbelages in der Umgebung eines bestimmten Museumsstücks kann – bei gleicher Qualität und Haltbarkeit aller Teppiche im Museum – als Indikator für Interesse bzw. Desinteresse an diesem bestimmten Stück dienen. Durch nicht-reaktive Beobachtung (die im Museum nicht ganz so unwahrscheinlich ist) ließen sich viele weitere Einflußfaktoren kontrollieren, wie z. B. die Gefahr des response set (vgl. *Melton* 1936). Recht deutlich wird bei dieser einzelnen Methode die inhaltliche Begrenzung, denn über Art des Interesses (z. B. Ekel, ästhetische Befriedigung, Verständnislosigkeit, Provokation, sexuelle Erregung) liegen damit zunächst noch keine Informationen vor, ganz abgesehen von der Gefahr der Scheinbeziehung zwischen Variablen. Der Verschleiß von Büchern aus Bibliotheken, besonders an den Blattwendestellen, kann als Meßkriterium dienen, das mehr Informationen liefern kann als eine Ausleihefrequenzstatistik der Bibliothek, denn hieran wird außer der Quantität des Ausleihens auch die »Intensität der Benutzung« gemessen, was bei ausgesprochenen Snob-appeal-Büchern nicht unbedingt korrelieren muß (vgl. *Mosteller* 1955, zu einem etwas anderen Arbeitsgebiet).

Natürliche Akkumulationsmaße

Diese Messungen gehen von der Ansammlung von Überresten oder Rückständen aus, also auch von Artefakten des menschlichen Lebens, und es liegt mittlerweile eine ansehnliche Literatur zur Paläodemographie auf der Basis solcher Materialien vor (vgl. u. a. *Angel* 1968; *Angel* 1969; *Lovejoy* 1971; *D. L. Clarke* 1968). *Dubois* (1963) las das Interesse an Werbeinseraten in Zeitungen an der Zahl der Fingerabdrücke darauf ab. *Naroll* (1962) errechnete die Einwohnerzahl vorgeschichtlicher Siedlungen an der Größe des Friedhofs (vgl. *Stoll* 1942; *Schwarz* 1961, S. 122, S. 534; *Scharlau* 1957; *Krenzlin* 1959). Die wertvolle – wenn auch archäologisch nicht unumstrittene – Untersuchung von *D. C. McClelland* (1961) »The Achieving Society« enthält fruchtbare Ansätze zur Nutzbarmachung historischer Belege, z. B. von Todes- und Lebensdaten, Kohleeinfuhren, Schiffahrts- und Handelsverkehr, Nutzung elektrischer Energie, Literatur, vor allem Märchen und Lesebuchstücke; dabei sind die Interpretation von Vasenornamenten in bezug auf Leistungsmotivation und die Heranziehung der geographischen Verbreitung archäologischer Funde des griechischen Handels besonders aufschlußreich, wenn auch nicht völlig unumstritten. (Verbreitung von Gebrauchsgegenständen kann sich auch durch technologischen Wandel verändert haben; vgl. *Vallet* 1969.) In diesem Zusammenhang steht die Analyse baulicher Relikte im Rahmen der Vorgeschichtsforschung – z. B. petrographische Analyse von verwendeten Bausteinen (*Renfrew* 1965; *Renfrew* 1968). Selbst Abfälle konnten für die empirische Sozialforschung vielfach genutzt werden (*Hughes* 1958; vgl. auch Flurforschung und Wurtenforschung; s. *G. Schwarz* 1961 mit zahlreichen Literaturangaben). In neuerer Zeit setzt die Erforschung von Konsumgewohnheiten durch Abfallforschung ein (*Sawyer* 1961). Hier muß allerdings der Zeitfaktor kontrolliert werden, da Konsumgewohnheiten z. B. mit der Jahreszeit, den Wochentagen und vor allem bestimmten Festtagen schwanken.

Eine Parallele zur historischen Disziplin der Epigraphik in der Gegenwart stellt die Inschriftenforschung bzw. Wandschmierereiuntersuchung dar. *Kinsey* u. a. (1953, S. 673) erforschten mehrere Hunderte von Toiletteninschriften, die systematisch gesammelt wurden, wobei signifikante Unterschiede zwischen Damen- und Herrentoiletteninschriften festgestellt wurden. *Sechrest* (1965) bietet eine interkulturelle vergleichende Studie dieser Art an (vgl. auch *Lindsay* 1960; *Dundes* 1966; *Lomas* und *Weltman* 1966; *Reisner* 1967; *Sechrest* und *Flores* 1969). Geradezu epochemachend ist die international vergleichende »Inschriftenanalyse« von Graffiti aus den Zeiten der Studentenrevolte 1968 über politische Mauerinschriften in Paris, Mailand und Genf von *Tiberi* (1972).

Intervention des »Experimentators«

Bisher wurden Meßprozesse dargestellt, bei denen der Forscher vorhandene Daten aufgriff und auswertete, ohne Einfluß auf die Gewinnung der Daten selbst zu nehmen. In zahlreichen Fällen jedoch läßt sich der Prozeß der Datensammlung in Richtung des Forschungsinteresses strukturieren oder der Prozeß der Daten-»Produktion« beschleunigen, z. B. um ein jahrhundertelanges Warten auf bestimmte Abnutzungserscheinungen zu vermeiden, ohne daß ein wesentliches Verzerrungsrisiko durch reaktive Meßprozesse zu befürchten wäre. Dies hat vor allem für die Durchführung von systematischen Vergleichen, durch die entscheidende Kausalfaktoren kontrolliert werden sollen, Bedeutung.

Kontrollierte Erosionsmessungen

Schulman und *Reisman* (1959) erfaßten die Aktivität von Kindern durch bewegungsmessende Armbanduhren und validierten diese Meßinstrumente in einer zweiten Studie (*Schulman, Kasper* und *Throne* 1965) durch den Sauerstoffverbrauch der Kinder. Bei Erosionsmaßen, wie z. B. dem Teppichverschleiß, läßt sich durch genaue Erforschung der Eigenschaften des Stoffmaterials die Abtragungszeit standardisieren.

Kontrollierte Akkumulationsmessungen

Es wurde bereits *Du Bois'* (1963) Fingerabdruckmessung genannt, die aber nicht so genau mißt wie die bei *Politz* (1958) erwähnte Methode der versteckt verklebten Zeitschriftenseiten. Auf diese Weise sollte der erwiesenermaßen starke response set bei Befragungen über Reklamelektüre vermieden werden; doch zeigt sich gerade bei der von *Politz* verwendeten Methode die überaus starke inhaltliche Begrenzung bei der Anwendung mancher »unorthodoxen« Methode. Vielversprechender scheint die Entwicklung eines tastempfindlichen Papiers, das eventuell durch eine Lichtmessung angeben kann, wie lange ein Seitenpaar aufgeblättert bleibt. Eigenartig ist ferner das von *Webb* u. a. (1966, S. 45–46) berichtete Beispiel der Interessemessung von Schaufensterbeschauern durch Nasenabdrücke an der Fensterscheibe, die man nach Höhe des Abdrucks über dem Boden eventuell sogar nach Altersgruppen standardisieren könnte. Doch unterschätzt dieser Gedanke z. B. die geschlechtsspezifische Körpergrößenvariation und überschätzt die Enge der Beziehung zwischen Alter und Körpergröße von einem gewissen Mindestalter an.

Transformation der Daten, Korrekturen und Indexbildung

Die Messung mit physischen Spuren hat sich damit als recht vielseitig herausgestellt; jedoch stellt sich bei der Interpretation von so gewonnenen Zeitreihendaten die Frage, welche Korrekturen man einführen kann und muß, um externe Gründe für eine Varianz auszuschalten und damit die Gültigkeit von Vergleichen zu erhöhen.
Es wäre unvorsichtig, von der Berechnung spezifischer Indexwerte eine endgültige Validierung zu erhoffen, denn mit dieser Methode werden Interaktionseffekte verschiedener zusätzlicher Faktoren nicht adäquat erfaßt: Eine besonders niedrige Besucherzahl im Museum könnte die Zugänglichkeit des ausgestellten Stücks erhöhen, damit die Attraktivität, die Verweildauer und eventuell die Bewegungsabläufe in der Umgebung des ausgestellten Gegenstandes und damit die Art der Abnutzung usw. verändern. Teilstandardisierung und Berechnung von Teilindizes könnten hier jedoch eine einigermaßen angemessene Korrekturgröße ergeben.
Schließlich lassen sich auch komplexe Inhalte mit nicht-reaktiven Methoden erfassen: u. a. emotionale Reaktionen auf Informationen; Messung der Anzahl der angezündeten Zigaretten vor, während und nach einem Vortrag über Rauchen, in dessen Mitte die krebserzeugende Wirkung des Rauchens mit Fakten belegt wird; oder als anderes Beispiel: mechanische Messung der Motorik eines Publikums durch Meßvorrichtungen an den Stühlen, die auf Bewegung ansprechen (vgl. *Galton* 1885; *Herron* u. *Frobish* 1969; *Pedersen* 1970; *Schwitzgebel* u. *Bird* 1970).

Anwendung physikalischer Meßinstrumente

Überhaupt scheint es, daß eine Anzahl von Meßmöglichkeiten durch Ausbau und Anwendung physikalischer und chemischer Meßprozesse für die Sozialwissenschaft verwirklicht werden kann. Abgesehen von den Meßtechniken in der Psychologie, die auf den physiologischen Funktionen des Menschen basieren, wie z. B. dem galvanischen Hautreflex, bei denen aber von der Anwendung her die Gefahr einer Reaktivität der Messung hoch ist, gibt es vor allem die Möglichkeit, die Photographie und ihre modernsten Spielarten sowie Strahlungsmessung in den Sozialwissenschaften sinnvoll einzusetzen. (Nach neueren Ergebnissen von *Shapiro*, *Miller* u. a., 1968 und 1969, ist nachgewiesen, daß die Autonomie des sogen. autonomen Nervensystems begrenzt ist, so daß z. B. der Blutdruck bewußt beeinflußt werden kann.) Zu den Meßmethoden, die absolut nicht-reaktiv sind, aber noch der weiteren Verfeinerung bedürfen, zählen vor allem diejenigen, die im Zusammenhang mit der Raumfahrt und der Strahlungsmessung bzw. Spezialentwicklungen der wissenschaftlichen Photographie entstanden sind. Bei der Tätigkeit der Beobachtungssatelliten werden unter dem Begriff des »remote sensing« die Techniken zusammengefaßt, die über die photographischen Verfahren zum Kartographieren und zur Erforschung der Erdoberfläche weit hinausgehen. Mit »passiven« und »aktiven« Fernspürmethoden kann man größere Teile des Spektrums elektromagnetischer Wellen als nur die des sichtbaren Lichts in die Verfahren zur Bodenforschung und Kartographie, aber auch zur Messung von menschlicher Aktivität einsetzen (vgl. u. a. *Wellar* 1967; *Daheim* 1969; *Löbsack* 1969; *Mullens* 1969; *Steinorth* 1969; *Verstappen* 1969; *Weiß* 1969; *Bowden* und *Bronner* 1970; *de Loor* 1970; *Sellin* und *Svensson* 1970; *Simonett* 1970; *Verstappen* und *van Zuidam* 1970).
Die so gewonnenen Daten könnten standardisiert werden, da die Wiederholung der Messungen keinerlei Reaktivität der Messung heraufbeschwört. Indessen treten – und dies ist ein weiterer Vorteil – automatisierte Verfahren zur Verschlüsselung von Bildern und zu ihrer Interpretation

in ein ausgereiftes Stadium (vgl. *Steiner* 1970). In einer Analyse solcher Daten nach ökologischen Gesichtspunkten könnten sich beträchtliche Forschungsmöglichkeiten ergeben, obwohl dabei nicht die inhaltliche und populationsmäßige Begrenzung vergessen werden darf; diese kann jedoch verringert werden, wenn man z. B. bedenkt, daß akustische Messungen bisher kaum angewendet wurden, obwohl sie brauchbare Ergebnisse zu liefern scheinen (vgl. *Jenniches* 1969), daß ferner chemische Messungen fast völlig vernachlässigt sind, obwohl auch sie mit etwas Phantasie der Sozialwissenschaftler z. B. in die Ökologie mit Aussicht auf Erfolg eingebracht werden könnten. Die hier skizzierten Methoden bieten darüber hinaus den weiteren großen Vorzug, daß sie u. U. Messen mit Intervall- oder Ratioskalen erlauben würden und vor allem auch in Verbindung mit Erosions- und Akkumulationsmessung anwendbar sind (*Newcomb* 1970). Hervorzuheben ist, daß nach den Ergebnissen einer Validierungsstudie aus dem Jahre 1956/57 (*Green* 1956/57) eine Untersuchung auf der Basis von Luftaufnahmen für die ökologische Analyse einer Großstadt sehr exakte Werte erzielte (z. T. 99 Prozent Übereinstimmung mit Daten der offiziellen Statistik).

Bewertung der Messung mit Hilfe von physischen Spuren

Der Vorteil dieser Meßmethode ist, daß die Probleme des Wissens um die Messung oder den Test, der Rollenselektion, der Interviewereffekte und der Verzerrungen durch den Meßprozeß selbst vermieden werden, reaktive Effekte also nicht auftreten und nur bei gewissen Erosionsmessungen ein response set zu fürchten ist.

Bei den Akkumulationsmessungen ist zu prüfen, ob die Materialien selektiv überlebt haben oder gar selektiv überliefert worden sind. Vor allem bei archäologischen Methoden, die mit unterschiedlicher physischer Widerstandsfähigkeit rechnen müssen, aber auch bei der Bewertung dieser Reste durch den Nachfahren können markante Selektionsprozesse die Heuristik nachteilig beeinflussen: So dürften Relikte aus Gold mit größerer Wahrscheinlichkeit einer erneuten »Nutzung« nach dem Auffinden zugeführt werden als vielleicht steinerne oder organische Reste (*Enciso* 1953; *Naroll* 1956). (In der Archäologie haben derartige Überlegungen neuerdings zu einer völlig neuen Interpretation der minoischen Städte und Paläste geführt; vgl. *Wunderlich* 1972.) Hier wäre ein Samplen von Zeiträumen und regionalen Einheiten sehr angebracht, vor allem aber – wegen der beträchtlichen Populationsbeschränkungen – eine Befragung zu ergänzen, sofern es irgendwie geht. Besonders stark sind auch die inhaltlichen Begrenzungen für die Anwendung derartiger Methoden, denn nur sehr selten wird eine zu testende sozialwissenschaftliche Theorie so präzise in ihren Vorhersagen sein, daß der Nachweis eines einzelnen Fakts genügte, um einen kritischen Test abzugeben. Die dargestellten Methoden eignen sich für die Messung der Häufigkeit einer Aktivität oder eines Tatbestandes – allerdings unter Ergänzung durch Korrekturen und Transformationen. Bei einer genügend umfangreichen Datensammlung können auch die inhaltlichen Beschränkungen, die sonst mit der Anwendung derartiger Methoden verbunden sind, verringert werden. Allerdings ergibt sich in der neuesten Methodendiskussion zwischen Archäologen und Historikern, daß eine Interpretation von vor- bzw. frühgeschichtlichen Funden ohne jede Berücksichtigung der schriftlichen Überlieferung leichtfertig ist (vgl. *Finley* 1971, S. 171, 182–183).

Analyse von laufenden Registraturen und Archiven: Übersicht

Zahlreiche Institutionen sammeln periodisch Informationen, die nicht primär für Forschungszwecke bestimmt sind, u. U. jedoch von Sozialwissenschaftlern zur Messung benutzt werden können. Abgesehen von den im allgemeinen geringen Erhebungskosten bei diesen Methoden – selbst für eine große Menge von Daten –, ist einer ihrer entscheidenden Vorteile ihre Nicht-Reaktivität bei Messungen. Natürlich können im Primärmaterial beträchtliche Fehlerquellen stecken, aber obwohl gegenwärtig fast jeder amtlich mit der Sammlung und Zusammenstellung von Berichten und deren Archivierung Beauftragte weiß, daß er potentielle Quellen für Sozialforscher schafft, dürfte eine auf *dieses* Bewußtsein zurückgehende Verfälschung selten sein (anders ist dies bei persönlichen Dokumenten).

Allerdings zeichnen sich Forschungen auf dieser Datenbasis vor allem dadurch aus, daß die Daten zunächst in einer Form anfallen, über die der Wissenschaftler relativ wenig Kontrolle hat – jedenfalls im Vergleich zu Beobachtung und Interview oder gar Experiment (*Angell* und *Freedman* 1953, S. 300).

Archäologen, Anthropologen und Historiker haben ein differenziertes Instrumentarium für die wissenschaftliche Auswertung von Archivdaten entwickelt (s. u.); diese Disziplinen sind in der Auswahlfreiheit ihres Materials beengt, da die Überlieferung (hier in einem weniger präzisen Sinne als in der historischen Terminologie verstanden) ohnehin meist schmal und mehr oder weniger episodisch ist und sie ferner kaum die Möglichkeit haben, »neue Daten zu produzieren«, die diese Unzulänglichkeiten nicht aufweisen. Besonders intensiv befaßte sich *Naroll* (1962) mit dem Problem des repräsentativen Samplens bei Archivuntersuchungen, das vor allem deswegen fast einem Dilemma gleicht, weil entweder nur wenige Daten vorliegen oder aber so viele Daten heterogener Art, daß eine strenge Auswahl – aber nach welchen Kriterien? – notwendig ist. Das zweite Problem lösen die modernen Samplingmethoden leidlich, obwohl eine sinnvolle Auswahl fast eine komplette Durchsicht des umfangreichen und heterogenen Archivmaterials erfordert, um angemessene Auswahleinheiten zu erarbeiten. Auch hier taucht erneut die Frage der Verstehbarkeit dieser so isolierten und aus dem Gesamtzusammenhang genommenen künstlichen »Einheit« auf; das von *Naroll* untersuchte Problem bleibt bestehen und kann nur durch strengste Anwendung des Kanons historischer Methoden eingekreist werden (s. u.).

Zwei Hauptmöglichkeiten der Verzerrung der Daten bestehen bei der Analyse von Archiv- oder Registraturmaterial: a) selektive Anlage des Archivs oder der Registratur und b) selektives Überleben des Materials. So kann z. B. bei der Auswertung von Grabsteininschriften mit Sicherheit angenommen werden, daß das Anfertigen von Grabsteinen in unterschiedlichen sozialen Schichten unterschiedlich häufig ist. Das gleiche ist deutlich bei Briefauswertungen, Tagebuchauswertungen, Selbstmörderbriefen usw. Hier verbleibt nur die Chance der intensiven *inneren* Quellenkritik. Eine weitere Kontrollmöglichkeit besteht, wenn Berichte von verschiedenen Beobachtern vorhanden sind, so daß durch vergleichende Quellen- und Textkritik die Genauigkeit der Daten abgeschätzt werden kann (*Naroll* 1960; *Naroll* 1961), womit natürlich nicht gänzlich ausgeschlossen ist, daß alle Berichte in die gleiche Richtung verzerrt sind. Dies wird allerdings mit wachsender Zahl von Berichten unwahrscheinlicher. Bei *Naroll* (1962) erwies sich eine Reihe von generellen Merkmalen jeder Berichtssituation als relevant für die Brauchbarkeit (*Gültigkeit* und *Zuverlässigkeit*) der Daten, u. a. Länge des Aufenthaltes bei den beobachteten (untersuchten) Gesellschaften, Präzision und Allgemeinheit der Berichte, Beherrschung der Eingeborenensprache (vgl. die Methodenkritik von *Degerando* i. J. 1800 [1969]). Bei der Verwendung von offiziellen edierten Berichten ist Skepsis anzumelden, da die administrative Praxis oft eine selektive Edition der Daten fördert, jedoch nicht immer in unschuldsvoller Absicht der Bearbeiter (*Morgenstern* 1963). Ist die Entstehungsgeschichte der Daten nicht schon ein verzerrender Faktor, so bleibt noch die Gefahr der selektiven Überlieferung, z. B. in der Archäologie (*Naroll* 1965). Sofern man – wie z. B. für die Radiokarbonmethode (C 14) – die Zerfallsgeschwindigkeit eines Materials kennt, können auch sehr lädierte Überreste für Datierungen und Populationsschätzungen brauchbar sein (*Libby* 1963; *Cook* 1959). Die in den letzten Jahren von Vorgeschichtlern gegen klassische Archäologen vorgebrachte Kritik einer falschen Anwendung der C-14-Methode ist nach *Finley* (1971, S. 179) nicht haltbar, wenn auch die Brauchbarkeit für eine ganz *exakte* Datierung im allgemeinen überschätzt wird. Wesentlich problematischer steht es um das Überleben von schriftlichen Informationen, da hier ein ausgesprochenes menschliches Interesse an selektivem Überleben zu bestehen pflegt. Erlaubt das historische Wissen ein ungefähres Abschätzen der Interessenlagen, so kann man daraus eventuell Korrekturen an der unvollständigen Überlieferung errechnen. Dieses Beispiel zeigt, daß nicht umsonst das hermeneutische Prinzip für die Historie so bedeutend ist.

Zur eingehenderen Beurteilung der methodischen Probleme historischer Forschung ist eine intensive Beschäftigung mit dem vorliegenden Methodenkanon der klassischen Geschichtswissenschaft erforderlich.

Quellen

Ihren entscheidenden Beitrag kann die Geschichtsforschung für die empirische Sozialforschung in der Quellenkunde leisten. Da kaum eine andere Wissenschaft ähnliche Probleme bei der Gewinnung einer gesicherten Datengrundlage hat wie die Geschichte, kann sie als paradigmatisch für die Gewinnung, Beurteilung und Verwendung von Grunddaten angesehen werden.

Als Quellen werden hier definiert »Alle Texte, Gegenstände oder Tatsachen, aus denen Kenntnis der Vergangenheit gewonnen werden kann« (*Kirn* 1959[3]), womit eine Erweiterung der Definition gegenüber *Bernheim* (1908) und *Droysen* (1960[6]) erreicht ist. *Bernheim* hatte noch das Gewicht auf »Resultate menschlicher Betätigung« und auf die »Tradition« gelegt. *Droysen* wollte Quellen auf »mündliche oder schriftliche Überlieferung zum Zwecke, historische Kenntnis zu verschaffen« beschränken.

Quellenkunde und Quellensystematik

Die Quellenkunde erarbeitete die Regeln und Erfordernisse der Quellenkritik, die bisher vor allem in bezug auf literarische Quellen in der Philologie ein umfassendes Lehrgebäude gebildet hat. Andere Methoden der Quellenkritik sind sogar zu eigenen Wissenschaften geworden, wie z. B. Numismatik, Siegelkunde, Wappenkunde, Urkunden- und Aktenwesen sowie Paläographie. Die Literatur zur Systematik der Quellen ist endlos und nimmt nur wenig Rücksicht auf pragmatische Gesichtspunkte, die hier aber in den Vordergrund gerückt werden sollen.

Für die Systematik der Quellen ist der Erkenntnis*wert pragmatisch* das geeignetste Kriterium, das sich in Teilkriterien »zerlegen« läßt. Ein solches Teilkriterium ist z. B. die Nähe der Quelle zu dem zu erforschenden Zustand oder Vorgang (zeitlich, räumlich, psychisch, sozial). Hierauf beruht die häufige Differenzierung von Primär- und Sekundärquellen, die allerdings oft oberflächlich ist, denn eine sogenannte Sekundärquelle kann wegen größerer Objektivität, besseren Überblicks über Zusammenhänge etc. eine Primärquelle durchaus an Wert übertreffen (vgl. *Brandt* 1969, S. 61), abgesehen davon, daß dieselbe Quelle je nach Forschungsziel Primär- und Sekundärquelle gleichzeitig sein kann (vgl. auch *Mann* 1968). Wichtig für die Quellenkritik war *Droysens* Scheidung von unbewußt-unabsichtlichen und absichtlichen Zeugnissen bzw. von »Überresten« und »zur Erinnerung bestimmten Quellen«, die durch die Übergangskategorie »Denkmäler« verbunden waren.

Methodisch relevant ist, ob die Quelle *unabsichtlich* oder *absichtlich* Auskunft gibt, da hier das Problem der Reaktivität bei der Datengewinnung zu suchen ist. *»Unabsichtlich«* ist jede Quelle, die unmittelbar von den Begebenheiten übrig geblieben ist, ihren Ursprung nicht im Zweck historischer Unterrichtung der Mit- oder Nachwelt hat. Dies gilt vor allem für die große Gruppe der Sachüberreste (z. B. Gebäude, Gegenstände des täglichen Bedarfs aller Art), ferner für die »abstrakten Überreste« (Institutionen, Sitten und Gebräuche, Sprachen) sowie – und für die neuere Geschichte besonders wichtig – für das gesamte Schriftgut, das aus geschäftlichen, politischen oder privaten Bedürfnissen der jeweiligen Gegenwart entstanden ist, also: Schriftgut der Archive (Gesetze und Verträge, Privilegien und Mandate, Schenkungs-, Kauf- und Verkaufsurkunden, Geschäftsbriefe, Gerichts- und Verwaltungsakten, politische Korrespondenzen, Protokoll- und Rechnungsbücher, Magazinlisten); schließlich die Schriftgüter des nichtgeschäftlichen Lebens, z. B. Privatbriefe, Literatur, Filme etc., sofern sie – vom Autor unbeabsichtigte – Auskunft über die Vergangenheit geben können.

Bei der Entstehung solcher unabsichtlichen Quellen fallen damit als methodische Probleme fort: Wissen um Test- bzw. Befragungs- und Forschungssituation (Meerschweincheneffekt); Rollenselektion; Veränderungen im untersuchten bzw. zu untersuchenden Kollektiv durch Messung selbst und schließlich response-sets. Wir werden weiter unten zeigen, daß solche idealen Bedingungen für nicht-reaktive Messung nur auf Kosten von anderen Nachteilen zu erreichen sind.

Absichtliche Quellen sind solche, die eigens für die historische Unterrichtung der Nachwelt geschaffen und überliefert wurden. Zu dieser »Tradition« rechnen alle »literarischen Quellen« historischen Inhalts (Mythen, Sagen, Lieder, historische Erzählungen,

Annalen, Chroniken, Biographien, Memoiren, Autobiographien usw.) sowie Erzeugnisse der Publizistik, also Flugblätter (vgl. als Nachweise *Schottenloher* 1957, Bd. IV Nr. 36 879 ff.; *Schottenloher* 1966, Nr. 62 915 ff.; *Dahlmann-Waitz* 1969, Nr. 209–220; *Murray* 1969), Zeitungen (*Roth* 1914; *Schottenloher* 1957, Nr. 44 578 ff.), Zeitschriften, Farbbücher, Dokumentationen, arrangierte und lancierte Briefsammlungen und Briefpropaganda (*Imhoff* 1972). Es liegt auf der Hand, daß solche Quellen für eine nicht-reaktive Messung nur schwer brauchbar sind. Für die Qualität einer solchen Quelle gibt es kein *absolutes* Kriterium, sondern Fragestellung an die Quelle und Qualität der Quelle bedingen sich in gewisser Hinsicht wechselseitig.

Überreste

Überreste als Quellengut, das von Geschehnissen oder Zuständen unmittelbar ohne absichtlich tradierendes Medium übriggeblieben ist, gliedern sich in: a) Sachüberreste, b) abstrakte Überreste und c) schriftliche Überreste. Diese Quellen sind auf ihre jeweilige Gegenwart bezogen gewesen. Die Unabsichtlichkeit einer Quelle besagt nicht, daß sie tendenzlos sein muß, doch kann der Forscher i. a. die Tendenzrichtung wegen der »Absichtslosigkeit im historischen Sinne« leicht feststellen; ferner interessiert den Historiker sehr oft gar nicht der ursächliche Zweck der Quelle, sondern der Aussagewert eines damit verbundenen Nebenumstandes. (Mittelalterliche Rechnungsbücher werden etwa nicht als Zahlungsbelege, sondern als statistische Grundlage für die Wirtschafts- und Sozialgeschichte angesehen.)
Von Nachteil bei der Forschungsarbeit mit »Überresten« ist, daß sie sich wegen ihrer starken Bindung an einen jeweiligen Gegenwartszweck nur auf einen einzelnen Fall beschränken, d. h., sie zeigen keine »Zusammenhänge« auf und geben keine »vollständige« Information. Ferner muß bei ihrer Verwendung der »Schluß ex silentio« vermieden werden (*v. Brandt* 1969, S. 69). Forschung auf der Grundlage von Überresten ergibt also zwar an sich ein objektives Bild, aber nur für einen ganz bestimmten Zeitpunkt aus einer ganz bestimmten Perspektive, die durch den ursprünglichen Zweck der Quelle mitbedingt ist. Alles, was aus dieser Perspektive sichtbar ist, wird perspektivisch abgebildet; alles, was aus Zeit-, Raum-, Thema- bzw. Zweckgründen nicht relevant war, bleibt im dunkeln.

Tradition

Die Quellengruppe »Tradition« hat ihren Vorteil darin, daß sie das Wesentliche der Geschichtsabläufe überliefern will, so daß diese Quellen eher eine Darlegung historischer Zusammenhänge oder von Zuständen erwarten lassen, da sie selbst nicht statisch, sondern meist diachronisch aufgebaut sind. Damit eng verbunden sind aber auch die Nachteile der »Tradition«, denn die Perspektive der Wahrnehmung des Berichtenden ist u. U. sehr spezifisch, seine Intention i. d. R. mehr oder weniger tendenziös, so daß sich u. a. Probleme a) der Auswahl (u. a. Selbstselektion) und b) der Wertung ergeben.

Die Auswahl dürfte bewirken, daß nur das überliefert wird, was den Berichtenden subjektiv als wichtig, interessant, folgenreich, wünschenswert oder verhaßt erscheint. Sonstige Tatsachen werden weggelassen, verzerrt oder falsch dargestellt. Dennoch erlauben sogar die besonders problematischen *Viten* durch ihre unbeabsichtigten Nebeninformationen u. U. Schlüsse auf sozialstrukturelle Bedingungen. Noch tendenziöser als die Informationsauswahl ist natürlich die Wertung von Ereignissen oder Zuständen; allerdings ist hier die Verzerrung besser abzuschätzen. Fraglich ist jedoch, ob es eine »objektive« Geschichte gibt oder ob nicht alle »Geschichte« »gemacht« wird (vgl. *Habermas* 1967; für die Perzeption bzw. Konstatierung von Verhalten: *Waters* 1958) – gemacht wird durch Interpolation und Extrapolation aus Vergangenheit *und* Gegenwart! Der Überlieferungsgang der Tradition ist zudem oft kompliziert, da mehr oder weniger unterschiedliche Sekundärfassungen vorliegen können (Abschriften, Auszüge, Bearbeitungen, Erweiterungen), so daß die Rekonstruktion des Urtextes oft problematisch wird.

Über die quellenkundlichen Hilfsmittel zu informieren, wäre hier vermessen und unangebracht, deshalb sei auf die einführende Literatur verwiesen (*v. Brandt* 1969, S. 76).

Das Geschäftsschriftgut: Urkunden und Akten

Unter den Überresten haben Urkunden und Akten ihre ganz besondere Bedeutung (Urkunden vor allem für die mittelalterliche, Akten besonders für die neuere Geschichte). Sie stellen den schriftlichen Niederschlag der Geschäftstätigkeit ihrer Zeit dar und damit der rechtlichen, politischen und wirtschaftlichen Zustände des öffentlichen Lebens. Ihre Verbreitung ist abhängig von der Schriftlichkeit einer Kultur oder eines Zeitalters sowie vom Grad der rationalen und bürokratischen Organisation dieser Gesellschaft. Urkunden als rechtswirksame Dokumentationen einer Handlung sind i. a. zeitlich vor den Akten zu beobachten, da letztere voraussetzen, daß Planung und Durchführung von gesellschaftlichen Handlungen schriftlich erfolgen bzw. schriftlichen Niederschlag finden und damit »aktenkundig« werden.

Beide Quellenarten haben zeitlich und kulturell unterschiedliche innere und äußere Formen, an denen sich die Quellenkritik festbeißen kann. Empirische Sozialforschung an Hand solchen Materials setzt eine intensive methodische Schulung voraus, aber auch eine allgemeine historische Bildung, da die Quellenkritik nicht ohne Kenntnis der rechtlichen, wirtschaftlichen und Verwaltungsfragen arbeiten kann.

Urkunde

Als Urkunde gilt – anders als in der Alltagssprache – ein unter Beachtung spezifischer Formen angefertigtes und beglaubigtes Schriftstück, das über Vorgänge und Zustände rechtlicher Natur handelt, ohne daß ein sonstiger Dokumentationswille gegeben wäre. Zur Bewertung der Urkunden als Geschichtsquellen ist ferner zu beachten, daß Urkunden nur einen kleinen Bruchteil der Rechtsakte wiedergeben, da die Mehrzahl der

Rechtsakte in mündlicher Form abgeschlossen wird. Mit zunehmender Schriftlichkeit und Ausbildung moderner Gesellschaftsformen nimmt der Anteil der Urkunden an der Gesamtheit der Rechtsakte ständig zu, so daß wir für neuere Zeiten vollständigere Informationen über die Rechtsakte einer Gesellschaft haben als für frühere.

Die historische Entwicklung des Urkundenwesens ist komplex und in Mitteleuropa auch keineswegs geradlinig. Obwohl gerade die differenzierte Entwicklung dieses Geschäftsschriftgutes die Möglichkeiten für eine intensive Quellenkritik und für weitreichende Schlüsse schafft, kann hier nicht einmal der Versuch gemacht werden, auch nur die Grundlinien zu skizzieren. Dazu sei auf die genannte Literatur verwiesen. Vielleicht kann festgehalten werden, daß nach der rein rechtssymbolischen Form der Fixierung von Rechtsakten, über die reine Notiz, die zunächst noch ohne Beweiswert blieb, die erste Form der Beweisurkunde entstand, bei der die Unterschrift die rechts-symbolische Handlung beglaubigt. Später wird die rechtsförmliche Handlung überhaupt aufgegeben und der Rechtsakt in die Ausfertigung des beglaubigten Schriftstücks selbst verlegt (konstitutive Urkunde); dabei wird die Bedeutung des Schreibers immer größer, bis er das Privileg der Herstellung von Urkunden erlangt und damit das Notariat entsteht (wobei im deutschen Bereich diese Entwicklung zwischen dem 9.–11. Jahrhundert rückläufig ist und erst mit dem Gebrauch des Siegels im Königsbereich wieder vorangeht). Da in Deutschland damit über lange Zeit beide Urkundentypen nebeneinander vorkommen, muß ihre jeweilige unterschiedliche Aussagekraft sorgfältig abgewogen werden. Als weiteres wesentliches Merkmal einer Urkunde ist die Beglaubigungsform zu nennen. Sie geschah zunächst durch Unterschrift, dann bei nahezu allgemeiner Schriftlosigkeit durch Siegel (s. die verschiedenen Formen der Besiegelung). Selbst als im Hochmittelalter die Schriftlichkeit wieder verbreitet war, wurde die Besiegelung regelmäßig beibehalten. Weitere Formen der Beglaubigung waren das sogenannte Chirograph, die Aufbewahrung an öffentlicher Stelle, besonders in hochmittelalterlichen Städten (vgl. die Auswertung dieser Datenquelle z. B. bei *Zink* 1969), und das Notariatsinstrument (vgl. als Auswertungsbeispiele u. a. *Poitrineau* 1965; *Couturier* 1969; *Zink* 1969); dessen Archive stellen wegen der Massenhaftigkeit ihres Stoffes wichtige Quellen zur Wirtschafts- und Handelsgeschichte dar.

Die öffentliche Rechtskraft der Urkunde hängt von der Qualität der Beglaubigung ab, die schon früh differenziert war: Gerichtliche Unanfechtbarkeit bis zum Beweis der Fälschung ist Korrelat der geistlich-weltlichen Stellung der beteiligten Rechtspersonen, worauf auch die Diffusion des Siegelgebrauchs zurückgeht, denn sie stellt den Versuch dar, die Rechtsqualität der ehemals nur königlichen Siegel für sich zu gewinnen.

Die Formeln des Diploms als feierliche Willensbekundungen eines Inhabers öffentlicher Gewalt boten Ansatzpunkte für die Ausbildung der *Urkundenlehre*, für die Kriterien der Beurteilung der Echtheit, der Herkunft usw., wobei *Sickels* (1867) Arbeiten über Kanzleibrauch, Schrift und Diktat, *Fickers* (1877 und 1878) Klärung von Widersprüchen und Abweichungen vom Schema durch Verfolgen der einzelnen Stadien der Beurkundung (z. B. Wahl des Datierungsbezuges), *Brunners* (1880) Urkundengeschichtsforschung und Prüfung des Wesens des Rechtsaktes und *Kehrs* (1906 ff.) Forschungen über Kanzleiwesen Marksteine darstellen.

Kanzlei und Kanzleiformen

Zur Beurteilung einer Urkunde bedarf es einer Analyse der *äußeren* und *inneren* Merkmale, wobei sich erstere (z. B. Beschreibstoff etc.) nur richtig am Original, letztere (Text, Sprache etc.) auch an Abschriften erforschen lassen. Da Kopien vorwiegen, bedarf die innere Kritik natürlich besonderer Sorgfalt. Äußere und innere Merkmale variieren sehr stark mit zeitlichen, örtlichen und persönlichen Gebräuchen. Die Feststellung etwaiger Kanzleibräuche ist Aufgabe der *Spezial*diplomatik. Es wäre falsch, die Kanzlei als eine bürokratische Organisation anzusehen (*Kehr* 1931; *Klewitz* 1939), denn nachweislich bestand selbst eine kaiserliche Kanzlei oft nur in der Person *eines* Geistlichen und vielleicht der Hofkapelle. Erst in größeren politischen Zentren entwikkelte sich ein bürokratischer Apparat, bei dem Kanzler, Notar, Urkundenausfertiger und politischer Berater aber auch noch oft in *einer* Person vereint waren, so daß es schwierig für den Urkundenforscher wird, aus der Urkunde den *Entscheidungsprozeß* zu rekonstruieren.

In den größeren Kanzleien sind Diktator und Schreiber von Urkunden verschiedene Personen; nicht selten läßt sich so die Textgestaltung durch den Schreiber rekonstruieren, und zwar an Hand von Konzepten. Wichtig für die Dokumentenanalyse sind vor allem noch »Kanzleivermerke« sowie die Prüfung des Datierungsgebrauches, durch die eine Reihe von für Fälschungen (wegen chronologischer Bedenken) erklärten Urkunden rehabilitiert werden konnte *(Ficker)*.

Überlieferung von Urkunden und Akten (Kopiar, Konzept, Register)

Urkunden und Geschäftsschriftgut können im Original oder in nichtoriginaler Form erhalten sein. Die nichtoriginale Überlieferung ist zu differenzieren in Schriftstücke *mit* und solche *ohne* Rechtskraft.

Nichtoriginale ohne Rechtskraft dienen nur dem internen Gebrauch des Ausstellers, Empfängers oder Besitzers von Urkunden. In dieser Form sind uns die meisten mittelalterlichen Urkunden erhalten, vor allem als Kopialbücher. Der Abschrift des Empfängers steht in der Kanzlei des Ausstellers das Konzept gegenüber, d. h. der unbeglaubigte – oft auch korrigierte – Entwurf, der also im eigentlichen Sinne keine Akte darstellt, denn rechtliche Qualität fehlt diesem Schriftgut; allerdings gestattet es dafür gewisse Einblicke in den Willensbildungsprozeß. In gut funktionierenden Kanzleien gibt es auch Abschriften der Ausgänge, die vom Ausstellenden oft in Sammelbüchern – den Registern – zusammengefaßt wurden. Allein schon durch ihren quantitativen Wert sind diese Sammlungen ungeheuer wichtig. Die Register bieten wegen ihrer (relativen!) Vollständigkeit noch die brauchbarsten Ansatzpunkte für eine quantitative Sozialforschung.

Fälschungen

Die kritische moderne Urkundenwissenschaft hat sich durch die Herausforderung der massenhaft vorkommenden Fälschungen unter den Urkunden des Mittelalters entwikkelt, ist doch wohl fast jede zweite angebliche Merowingerurkunde ganz oder teilweise gefälscht.

Allerdings ist zwischen verschiedenen Arten von »Fälschungen« zu differenzieren, sind doch viele Fälschungen *»Verfälschungen«*, also durch Hinzufügung oder Auslassung von Sätzen, Satzteilen, Wörtern oder Satzzeichen veränderte, ursprünglich echte Urkunden. Daneben gibt es die – selteneren – völligen Fälschungen, d. h. die Erfindung von Urkunden bzw. deren Inhalt (z. B. Konstantinische Schenkung). Häufig ist historisch wichtiges Material in Fälschungen enthalten, d. h. »formal« gefälschte Urkunden können ausgezeichnete historische Quellen sein.

Akten: Der Begriff der Akte

Der Niederschlag schriftlicher Geschäftsführung findet sich in den »Akten«. Während eine Urkunde eine für sich stehende Einheit ist, stellen Aktenschriftstücke erst unter sachlichen oder chronologischen Gesichtspunkten als Sammlungen von Einzelschriftstücken eine Einheit dar, die verstehbar wird.

Naturgemäß sind allgemeine Schriftlichkeit und schriftliche Verwaltungsführung notwendige Voraussetzungen für Akten, so daß laufende schriftliche Verwaltungsführung in Gesellschaften meist erst spät erreicht wird. In unserem »Aktenzeitalter« wird nicht nur Rechtsverbindliches schriftlich fixiert, sondern auch alle Zwischenstufen des geschäftsmäßigen Handelns werden schriftlich dokumentiert: sie bilden die Akten.

Das Netz von Akten besteht aus drei Teilen, nämlich dem *Eingang*, d. h. den bei der aktenführenden Stelle einlaufenden Schreiben, Berichten, Anfragen usw., dem *Ausgang* (Konzepten, Kopien von auslaufenden Schreiben, Berichten, Anweisungen usw.) und dem *Innenlauf*, d. h. intern entstehenden Notizen, Vermerken, Entwürfen, Listen, Protokollen.

Akten können entweder alle drei Typen in verschiedensten Kombinationen enthalten oder in sich vereinigen oder auch nur aus einem Typ bestehen. Sie können aber auch in Verbindung mit Urkunden (als den Endprodukten der Verwaltung) auftreten. Daraus ergibt sich folgende Definitionsmöglichkeit: »Akten sind im Zuge laufenden schriftlichen Geschäftsganges entstandene Aufzeichnungen und Verhandlungen, die auf Rechtsgeschäfte hinführen oder sie ausführen und die jeweils aus mehreren, in sich unselbständigen Schriftstücken bestehen; doch können in Akten auch Urkunden enthalten sein« (*v. Brandt* 1969, S. 127). Der Schritt von der Urkunde zur Akte ist natürlich für die Sozialforschung von großer Wichtigkeit, da man von Einzeldokumenten (wie Urkunden) zu ganzen Serien von Dokumenten übergeht, die z. B. einen Einblick in Entscheidungsprozesse geben oder sozialen Wandel mit Daten belegen können.

Bei den Städten wurden Sammlungen von Schriftgut üblich, wie z. B. Konzepte, Kopiare, politische Korrespondenz, aber auch Verwaltungsakten im engeren Sinne: Urbarien (vgl. als Forschungsbeispiele *Inama-Sternegg* 1877; *Pichler* und *Sittig* 1967; *Zink* 1969; *Schlögl* 1970), Lehnsbücher (vgl. u. a. *Weis* 1970), Bürgerlisten (vgl. u. a. *Bücher* 1886; *Braun* und *Rink* 1965; *Ahlers* 1967; *Momsen* 1969), Steuerlisten (vgl. u. a. *Bücher* 1886; *Bernheim* 1908, S. 476–477; *Braun* und *Rink* 1965; *Pichler* und *Sittig* 1967; *Brosius* 1968; *Couturier* 1969; *Grüll* 1969; *Momsen* 1969; *Assmann* und *Stavenhagen* 1969; *Rau* 1970), Jahresrechnungen (vgl. u. a. *Brosius* 1968; *Schwarz* 1968), Kataster (vgl. u. a. *Zink* 1969), Geburtsbrieflisten (*Lahrkamp* 1968), Standesamtsakten (vgl. u. a. *Couturier* 1969; *Daumard-Furet* 1961).

Allerdings ist auch eine derartige Aktenführung im Vergleich zur Gegenwart noch sporadisch zu nennen, und die Überlieferung ist daher noch recht willkürlich, doch läßt die Quellenlage dennoch dem Sozialforscher nicht geringe Möglichkeiten. Besser noch als bei den städtischen Akten ist es um das Geschäftsschriftgut der Kirchen bestellt, besonders um die laufende Berichtsführung dieser Institutionen. So haben wir z. B. durch die

Kirchenbücher mit ihren Tauf-, Heirats- und Sterberegistern über manche nordeuropäische Staaten selbst für die erste Hälfte des 18. Jahrhunderts bessere demographische Daten als für das frühe 20. Jahrhundert in den USA (vgl. u. a. *Gille* 1949; *Utterström* 1954; *Krause* 1958/59, S. 165; *Drake* 1969), obwohl zeitlich noch frühere und bessere Daten aus Volkszählungen in Kanada (17. Jahrhundert) (*Pelletier* 1930) oder den Taufregistern vorliegen, die z. B. *Sabagh* zur Berechnung von Fertilitätsziffern im 17. Jahrh. verwendete und die – wie *Henripin* (1954) unabhängig davon testete – nur ca. 1,5 Prozent Ausfall aufweisen.
Von besonderer Fruchtbarkeit erweisen sich die Kirchspielregister bei der historischen Sozialdemographie (vgl. u. a. *Goubert* 1954; *Goubert* 1956; *Meuvret* 1968; *Richet* 1968; *Tyvaert* und *Giacchetti* 1969), aber auch Daten über Kirchentreue der Laien (vgl. *Laslett* und *Harrison* 1963), Daten über Heiratsalter, soziale und ökonomische Merkmale der Heiratenden für Tausende von Personen vollständig für viele Gemeinden (vgl. z. B. *Cowper* 1894; *Firth* 1954), über Fehlgeburten, Selbstmorde (*Brierley* 1927/28; *Drake* 1962), über Konsequenzen von Ernährungskrisen (*Cox* 1910, S. 175), über den Bildungsstand der Bevölkerung (*Baker* 1961; *Stone* 1964), also über eine Vielzahl von wichtigen Fragen (vgl. dazu u. a. zusammenfassend trotz mancher Mängel *Laslett* 1965; als weitere Beispiele s. u. a. *Zink* 1967; *Blayo* 1967; *Morineau* 1968; *Ladurie* 1969); ja selbst Aussagen zur Sozialstruktur lassen sich für große Zeiträume des hohen Mittelalters und der beginnenden Neuzeit machen, ebenso zur Einkommens- und Altersverteilung (vgl. u. a. *Braun* u. *Rink* 1965). Es sei jedoch nicht verschwiegen, daß in neuerer Zeit eine scharfe Kritik an der Verwendbarkeit der Parish-Register entbrannt ist (vgl. *Glass* 1965; *Flinn* 1970).
Als instruktives Beispiel für die Auswertung der Akten einer zentralen Bürokratie mag die Arbeit von *Ping-Ti Ho* (1958/59; 1962) genannt sein, der an Hand der fortlaufend geführten Prüfungsakten über Beamtenlaufbahnprüfungen in China zwischen 1368 und 1911 weitreichende Schlüsse über die Rekrutierung der Mandarine ziehen konnte.

Serie und Sachakte

Inhalt einer Akte und Gesamtheit der Akten einer aktenführenden Instanz können natürlich verschieden gegliedert werden, wobei als ältestes und zunächst einleuchtendstes Ordnungsprinzip die chronologische Reihung (»Serie«) zu nennen ist, zweigeteilt in auslaufendes und einlaufendes Schriftgut. Bei Serienakten der neueren Zeit ist i. a. der »Innenlauf« (ebenfalls chronologisch organisiert) beigeordnet. Sobald der Schriftbetrieb ausgedehnter wird, reicht diese Ordnung nicht mehr zur Übersichtlichkeit, und es werden mehrere Serien (meist nach Korrespondenten oder räumlichen oder aufgabenmäßigen Gesichtspunkten) gebildet.
Aus diesem Ordnungsprinzip ist erklärlich, daß die Serien oft einen buntscheckigen Inhalt aufweisen, vor allem dann, wenn sie zu Tausenden von jahrgangsweise organisierten Bänden werden, die damit einer *thematisch* orientierten Forschung nur schwer zugänglich sind, sofern nicht die Erschließung durch Indizes vorliegt.

Bei ausgesprochener Bürokratisierung tritt die Organisation nach *Sachbetreffen* ein, besonders da, wo die Vielfalt der Verwaltung an sich schon groß ist oder wo radikale staatliche Neugestaltung eine Neugliederung möglich macht. In solchen Staaten, etwa in Preußen und Frankreich, wurde deshalb die Sachakte (»Dossier«) allgemein. Sie enthält die Schriftstücke eines »Betreffs« ohne Rücksicht auf Herkunft, also Eingänge verschiedenster Absender sowie Innenlauf und Ausgänge an verschiedenste Empfänger, so daß sie zu ihrer Erschließung eines Aktenplanes bedürfen, der genau indiziert, an welcher Stelle des Gesamtaktenbestandes die Akten über ein bestimmtes Sachgebiet zu suchen sind.

Da sich eine Reihe von Schriftgutarten nur schwer *eindeutig* nach Sachbetreffen ablegen läßt, liegen viele der für die *empirische Sozialforschung* wichtigen Akten in Serienform vor, etwa das wirtschafts- und sozialgeschichtlich bedeutsame Verwaltungsschriftgut der Städte in der Form der »Amtsbücher«. *Akten als echte »Überreste« (s. o.) sind wegen ihrer nur für die Verwaltungszwecke gegebenen Existenz ideale sozialwissenschaftliche Quellen, dafür aber tragen sie in ihrer Organisationsform den Forschungsbedürfnissen kaum Rechnung,* denn was für Verwaltungszwecke ordnungsmäßig günstig ist, muß es nicht auch für die Forschung sein (»Serien« sind für Längsschnitte günstig, Querschnitte dagegen eher möglich bei Sachakten). Die unterschiedlichen Organisationsformen schaffen natürlich für die zu wählenden Auswahlverfahren große Probleme, da z. B. für Serien und Dossiers ganz unterschiedliche Verfahren einzuschlagen sind. Dazu kommt, daß beide Ordnungsformen noch mannigfach untergliedert werden können, so daß nicht von vornherein abgesehen werden kann, wo die wirklich relevanten Informationen zu finden sind.

Registratur und Archiv

Schriftstücke der Kanzlei verbleiben nur solange in deren Bereich, wie sie sich im »Geschäftsgang« befinden, d. h. nach bestimmter – sehr variierender – Zeit können sie »ad acta« gelegt werden, wobei es schon im Mittelalter eine differenzierte Aufbewahrung je nach Bedeutsamkeit des Schriftstückes gab (besonders für die Eingänge, die im sogenannten Empfängerarchiv – kurz: Archiv – verwahrt werden). Ausgänge wurden in der Regel abschriftlich im Konzept-Register (registratura) aufbewahrt, d. h., es gab eine Trennung in »Empfänger«- und »Ausstellerarchive«. Mit Komplizierung der Geschäftstätigkeit trat insofern eine Neuerung ein, als die Urkunden als Empfängerarchiv noch gesondert aufbewahrt, doch neben der Kanzlei eine Stelle zur Übernahme, Ordnung und Aufbewahrung der aus dem Geschäftsgang kommenden Schriftstücke (sowohl des Ein- und Ausgangs als auch des Innenlaufs) unter der Bezeichnung »Registratur« üblich wurde, vor allem bei der Umgliederung von Serien zu Sachakten. Der Registraturplan gliedert das Schriftgut nach dem gleichen Gesichtspunkt, nach dem die Einzelakte angelegt war, d. h. nach den »Betreffen« (oder »Pertinenz«). Mit erneuter Zunahme des Verwaltungsschriftwesens mußte die Registratur sich auf den Erhalt der Akten beschränken, die für den laufenden Geschäftsgang relevant, d. h. »kurrent« waren; alles andere Schriftgut mußte der Übersichtlichkeit halber ausgesondert werden. Über viele Zwischenstufen entstand das »Archiv« im modernen Sinne, das ursprünglich aber nur Ablagestelle *einer einzigen* schriftgutproduzierenden Stelle, also einer *Provenienz,* war. Erst allmählich (18. und 19. Jahrhundert) wurden diese Archive zu Sammelstellen für alle Einzel-Archive sämtlicher Behörden und Instanzen, die auch dann die bis dahin gesonderten Urkundenarchive aufnahmen. Das moderne »Zentralarchiv« mit

(innerhalb eines Staats) unbeschränkter territorialer Zuständigkeit war somit entstanden, das sich eigentlich aus mehreren »Archiven« zusammensetzt. Größere Staaten kennen eine regionale und horizontale Aufgliederung des Archivwesens in Zentralarchiv, Regional- und Lokalarchive (Ausnahme i. d. R. das Außenministerium). In der inneren Organisation des Archivs blieben lange Gesichtspunkte der Registratur dominierend, so daß z. B. bei der Archivierung des Schriftgutes mehrerer *Provenienzen* zunächst nach der Pertinenz verfahren wurde.
Was in der Registratur brauchbar, erwies sich im »Vielheitsarchiv« als unsinnig, denn die materiale Organisation zerstörte alle Registraturzusammenhänge und machte damit z. B. die Analyse von Entscheidungsprozessen oder von regionalen Entwicklungen praktisch unmöglich, so daß sich im 19. Jahrhundert (vor allem in Preußen und Frankreich) allmählich das *Provenienzprinzip* durchsetzte, d. h. ins Archiv gehende Schriftstücke wurden dort nicht nach einem neugeschaffenen Sachprinzip zu einer einheitlichen Masse umorganisiert, sondern verblieben im »gewachsenen Zusammenhang«. Innerhalb des höher geordneten Archivs blieben damit die Archive der untergeordneten Instanzen (Provenienzen) erhalten, wobei die einzelnen Provenienzen entweder in ihrer Registraturordnung bestehen blieben *(holländisches Prinzip)* oder nach einem einheitlichen Schema neugegliedert wurden *(französisches Prinzip)* oder unter Beseitigung von Fehlern der bisherigen Anordnung so geordnet wurden, daß sie möglichst präzise den organischen Aufbau der Instanz widerspiegelten, bei der sie entstanden waren *(preußisches Prinzip* oder *»Strukturprinzip«).*

Jedes dieser Prinzipien hat Vorteile und Nachteile für die empirische Sozialforschung in Archiven, vor allem in bezug auf Auswahlverfahren und Themenstellung. Das französische Prinzip dürfte günstig sein für die Verwendung traditioneller Auswahlverfahren bei Untersuchungen mit regional-komparativen Fragestellungen, das preußische Prinzip dagegen bei Untersuchungen zur Analyse von Entscheidungsprozessen. Wegen der Abhängigkeit interner Archivordnungen – teilweise bedingt durch das Provenienzprinzip – von der Territorialgeschichte (wichtig sind z. B. wechselnde staatliche Zugehörigkeit von zu untersuchenden Gebieten oder regionale Neugliederung) ist es schwierig, für einen auch nur etwas längeren Zeitraum die traditionellen Auswahlverfahren der empirischen Sozialforschung ohne weiteres an das Archivmaterial heranzutragen.
In jedem Fall ist ein sorgfältiges Studium der Territorial-, Verwaltungs- und Archivgeschichte einer Region notwendig, bevor überhaupt der Design einer sinnvollen Auswahl geplant werden kann. Dies ist aber unbedingte Voraussetzung für eine quantitativ orientierte historisch-sozialwissenschaftliche Studie. Aus diesem Grunde ist u. E. auch die quantitative Analyse der Archive des Assurbanipal in Ninive mit gelehrten Aufsätzen, Briefen, Kontrakten, Rechnungen etc. oder der Kontrakte, Befehle, Meldungen etc. aus dem 1.–2. Jahrtausend v. Chr. in den hieratischen Papyren der altägyptischen Gräber oder der tönernen Zylinder aus den Anfängen der Seleukidenzeit (Rechnungen von Handelshäusern etc.) durch eine genaue Rekonstruktion der archivalischen Gepflogenheiten der damaligen »Archivare« abzusichern.

Sonstige Quellen

Unter den »sonstigen Quellen«, die hier nicht behandelt werden können, sind insbesondere die Heraldik, die Sphragistik und die Numismatik zu nennen. Der mündlichen

Tradition (»oral history«), die für die empirische Sozialforschung besonders wichtig ist, wollen wir uns dagegen etwas ausführlicher zuwenden.

Mündliche Tradition

Ein Gebiet der historischen Methoden, das sich erst in den ersten Entwicklungsschritten befindet, aber eine Kooperationsmöglichkeit mit der empirischen Sozialforschung zu bieten scheint, ist das der Sammlung mündlicher Berichte zur Geschichte (»oral history«). Dabei gibt es schon lange Vorschläge von Personen, die selbst Geschichte »gemacht« haben, diese historische Methode stärker auszubauen, etwa durch *Bismarck,* der angesichts der Arbeit von zeitgenössischen Historikern über sein Schaffen an Hand von Akten (z. B. durch *v. Sybel*) vorschlug, die lebenden Zeugen dieser Politik zu befragen (vgl. *Scheurig* 1962, S. 14).
Das Institut für Zeitgeschichte (München) hat auch einen großangelegten Versuch gestartet, die zeitgeschichtliche Forschung (vor allem der Vorgeschichte und Geschichte des Dritten Reiches) möglichst exakt durch Befragung noch lebender Zeugen weiter zu erhellen, als es durch Aktenauswertung (auch im Zeitalter der telefonischen Kommunikation) möglich ist; allerdings ist die Frage der Methodik dabei wohl ohne intensive Beschäftigung mit den Techniken der empirischen Sozialforschung angegangen worden (vgl. *Krausnick* 1967, S. 105), obwohl große amerikanische Vorbilder für die Sammlung von »oral history« bestehen (vgl. z. B. *Nevins* 1964). Dennoch ist es wichtig, daß durch Dokumente nicht abgedeckte Entscheidungsprozesse durch Zeugenbefragung noch vor dem Absterben der letzten Zeugen geklärt werden (vgl. *Röder* 1969, S. 339).
Die Sammlung mündlicher Überlieferung genoß in der traditionellen historischen Methodenlehre (vgl. z. B. *Bernheim* 1920, S. 97–108) keine sonderliche Beachtung, da in den europäischen Ländern die mündliche Tradierung auf ganz wenige Bereiche des Wissens beschränkt war, und zwar die unwichtigeren; die wichtigeren waren schriftlich fixiert (vgl. dazu *Vansina* 1971, S. 443). Allerdings ist zu beachten, daß z. B. *Vansina* (1971, S. 444) die »mündliche Geschichte« streng von den Berichten von Augenzeugen geschieden wissen will, da für die Beurteilung beider Daten verschiedene heuristische Prinzipien gelten. Ohne auf Einzelheiten der Heuristik eingehen zu können, sei doch angemerkt, daß *Vansina* (1971, S. 446) ausdrücklich die Wichtigkeit des sozialen und psychischen Kontextes betont, in dem ein Bericht tradiert wird. Die Diskussion der Fehlerquellen und der Möglichkeiten ihrer Eingrenzung ist zu umfangreich, um hier abgehandelt zu werden. Wie fruchtbar die Ansätze der »oral history« werden können, zeigen die verschiedenen Arbeiten von *Vansina* (1960; 1961; 1965; 1967).

Beispiele für die Auswertung laufender öffentlicher Registraturen

Über Geburt, Heirat und Tod führen fast alle Gesellschaften kontinuierlich Bericht, z. B. Standesämter, Ordnungsämter, Zensusbüros, Gesundheitsbehörden, Rekrutierungsbüros. Solche Berichte können in vielfältiger Weise für die empirische Sozialforschung herangezogen werden. Als ein hervorragendes Beispiel für die Auswertung solcher Daten mag die Verwendung der Militärarchive mit ihren sehr präzisen Informationen über psychische und soziale Merkmale der Rekruten genannt sein (vgl. z. B. *Ladurie* und *Dumont* 1971). *Winston* (1932) erschloß die Präferenz für männliche »Stammhalter« in bestimmten sozialen Schichten aus der Geburtenstatistik, und zwar aus der Tatsache, daß die männlich-weiblich-Relation bei den Letztgeborenen höher war als bei den Geburten insgesamt.

Wie vorsichtig aber offizielle Statistiken analysiert werden müssen, geht aus der Arbeit *Flaskämpers* (1962, S. 278) hervor, der darauf hinwies, daß die Rate der Totgeborenen bei Katholiken schon allein deshalb niedriger ist als bei Protestanten, weil erstere selbst totgeborenen Kindern die Nottaufe spenden wollen; erhärtet wird diese Interpretation durch die Tatsache, daß bei den Katholiken die Rate der am ersten Tage »gestorbenen« Kinder um den entsprechenden Satz über der der Protestanten liegt. Ein ähnliches Phänomen berichtet *Marbe* (1944) über die Manipulation von »Sonntagskindern«.

Bei der Analyse von Registraturdaten spielen naturgemäß Zensusberichte eine dominante Rolle, obwohl es nur wenige Zählungsdaten gibt, die direkte soziale bzw. sozialpsychologische Messungen wiedergeben. Als eine Ausnahme sind z. B. in den USA die obligatorischen Schultests zu nennen, aber auch Tests in Gefängnissen, Krankenhäusern, Gerichtsgutachten, Personalabteilungen usw. Sie sind jedoch der Öffentlichkeit nicht zugänglich.

Die periodische Sammlung von Bevölkerungsdaten verschafft Informationen z. B. über Alter, Geschlecht, Familienstand, Berufstätigkeit, Schulbildung, ethnische Zugehörigkeit, Einkommenshöhe, Wanderungsstatus, Wohnungsmerkmale, Mietpreise usw. Wichtig ist, daß diese Daten in vielen Ländern auch zusammengefaßt, als Aggregatdaten, für Zensusblöcke vorliegen, die damit für sozialökologische und epidemiologische Analysen verwendbar sind (vgl. dazu *Albrecht* 1973b; *Pappi* 1973). Über die Vielfalt der möglichen Fehlschlüsse (ecological fallacy), die beim Umgang mit derartigen Daten drohen, bzw. über die Möglichkeiten ihrer Eingrenzung kann in der gebotenen Kürze nichts Relevantes ausgeführt werden, so daß auf neuere Übersichten verwiesen sei (*Cartwright* 1969, spez. S. 205–212; *Hummell* 1972; *Albrecht* 1973b; *Pappi* 1973).

Wesentliche Ergebnisse kann auch eine Zeitreihenanalyse solcher Zensusdaten liefern, vor allem wenn große Zeiträume erfaßt sind. So existieren ca. 3000 statistische Zeitreihen von 1789–1945 für die USA (*U.S. Bureau of the Census* 1949; *dass.*, 1960), die jedoch wegen der häufig wechselnden Definition und Klassifikation sehr vorsichtig zu verwenden sind (vgl. als Studien auf der Basis solchen Materials *Malin* 1947; *Curti* 1959; *Thernstrom* 1964; *Warner* u. *Burke* 1969; *Thernstrom* 1971). Gebräuchliche regelmäßige Indizes gibt es für Lebenshaltungskosten, Wirtschaftstätigkeit und z. B. auch Kriminalität. Bei letzterer ergeben sich (vor allem im internationalen Bereich) Probleme für komparative Studien (vgl. z. B. *Sellin* und *Wolfgang* 1964; *Sack* 1968; *Sack* 1969). Die Ersteller und Bearbeiter stehen vor der Schwierigkeit, entweder Daten so zu bearbeiten, daß sie eine maximale historische Vergleichbarkeit, oder so, daß sie eine maximale Gültigkeit für Aussagen über die augenblickliche Situation gestatten

(vgl. die Erörterungen in: *U.S. Bureau of Labor Statistics* 1953, S. 161–175; vgl. ferner die Diskussion bei *Mencher* 1967; *Mann* 1968, S. 60–61, 65–67).
Die Arbeit *Middletons* (1960) klärte durch eine Kombination von systematischer Inhaltsanalyse von Magazinen und Analyse offizieller Statistiken den Zusammenhang zwischen kommuniziertem Idealfamilienbild und Realfamilie in bezug auf die Größe. Bei *Christensens* (1960) Analyse von Heirats- und Geburtsstatistiken im internationalen Vergleich zur Untersuchung der Häufigkeit vorehelichen Geschlechtsverkehrs zeigten sich viele der typischen Probleme der Auswertung von statistischen Materialien, hier z. B. Standardisierung der (eventuell) gesellschafts- und kulturspezifischen Fehl- bzw. Frühgeburtenhäufigkeit. Von besonderem inhaltlichen Wert ist die mit Zensusdaten seit 1859 in Frankreich arbeitende Studie von *Parish* und *Schwartz* (1972) zur Frage der Entwicklung der Familienstruktur, in der es gelingt, *Durkheim*sche Thesen zu widerlegen. Für die USA finden sich entsprechende Quellen in den frühen Zensus' (*Dubester* 1948); den Arbeiten zur Demographie der USA des vergangenen Jahrhunderts liegen sie ebenfalls zugrunde (vgl. *Demos* 1970; *Greven* 1970; *Lockridge* 1970). *Burchinal* und *Kenkel* (1963) nutzten Heirats- und Scheidungsstatistiken zur Überprüfung von religions- und familiensoziologischen Thesen, erreichten aber nicht die Präzison von *Galtons* (1870) »Genialitätsstudie«. Standesamtsunterlagen von Heiratenden aus verschiedenen Jahrzehnten verwendete *Daheim* (1964) zu einer historischen Mobilitätsstudie (ebenso *Thernstrom* 1964).
Klassisches Beispiel für die Verwendung von offiziellen Statistiken ist *Durkheims* »Suicide« (1897), in dem er Konfessionsverteilung, Saisonbelastungsziffern, Tageszeiten- und Wochentagsbelastungsziffern, ethnische Zugehörigkeit, Geschlecht, Schulbildung, Familienstand in Beziehung setzte, allerdings den (für damalige Verhältnisse entschuldbaren) ökologischen Fehlschluß nicht vermied. Schwerer wiegt der Vorwurf der unkritischen Verwendung der offiziellen Statistiken, deren Verwendung nach *Douglas* (1967) so lange problematisch ist, als keine ausreichenden Informationen über die »soziale Bedeutung von Handlungen unterschiedlichster Personengruppen« zur Verfügung stehen und in die Interpretation von Statistiken eingebracht werden und der »soziale Prozeß« der Datensammlung, der gravierend für die Ergebnisse ist (vgl. *Halbwachs* 1930), nicht bei der Interpretation in Rechnung gestellt wird (vgl. *Cicourel* 1964). Eine solche Kritik gilt jedoch für nahezu alle mit unkritischer Verwendung offizieller Statistiken operierenden Arbeiten.
Daß offizielle Statistiken im allgemeinen auch auf Meßprozesse zurückgehen, deren Zuverlässigkeit und Gültigkeit zweifelhaft ist, beweist z. B. die zu große Besetzung der Fünfer- und Zehnerkategorien bei Alterspyramiden, die auf Zensusdaten beruhen (vgl. *Flaskämper* 1962, S. 72 und 157; *Bogue* 1969, S. 105). Dies wird ferner eindeutig belegt durch Kontrollmessungen nicht-offizieller Art, wie z. B. in bezug auf schichtspezifische Kriminalitätsbelastungsziffern (vgl. *Short, Jr.*, und *Nye* 1957; 1968; *Christie, Adenaes* und *Skirbekk* 1965; vgl. zur Beurteilung der Aussagefähigkeit von Kriminalstatistiken generell *Sack* 1969; *Chilton* und *Spielberger* 1971) oder in bezug auf offizielle und tatsächliche Trennung bzw. Scheidung von Ehepartnern (vgl. *Löcsei* 1967) oder aber durch Kontrolluntersuchung zum Zensus selbst, die für die USA beim letzten Zensus eine Nichtregistrierung von ca. 5,6 Millionen Personen ergab (*Trans-action*

1968). Kurz: Bei Sammlung, Bearbeitung und Edition von gesellschaftlichen Daten treten die gesellschaftlichen Gesetzmäßigkeiten und Interessen nicht außer Kraft (vgl. ferner *Brauneck* 1965; *Popitz* 1968; *Mann* 1968, S. 60–61; *Bogue* 1969, S. 104–105). Gute Beispiele für die Verwendung von Zensusdaten finden sich weiterhin bei *Goodrich* (1936), *Jahn, Schmid* und *Schrag* (1947), *Angell* (1951) und *Hadden* und *Borgatta* (1965), wobei die Zensusdaten aber auch für Untersuchungen mit einem »ex-post-facto-design« (*Greenwood* 1945; *Freedman* und *Hawley* 1949; *Reiss* 1951) brauchbar sind.

Allerdings ist bei einem derartigen Ansatz nicht ausgeschlossen, daß festgestellte Differenzen zwischen den zu vergleichenden Teilpopulationen gar nicht kausal mit dem gegebenen bzw. als gegeben beobachteten Stimulus verbunden sind, da »matching« z. B. nicht ausschließt, daß die entscheidenden Unterschiede – also die Ursachen für die zu klärende unterschiedliche Entwicklung der Teilpopulation nach Auftreten des Stimulus – schon vorher gegeben waren (vgl. *Blalock* 1960, S. 179–184).

Wechsler (1961) führte mit drei verschiedenen Klassen von Archivdaten eine Korrelationsanalyse (über Selbstmordphänomene) durch, während Telefonbücher (vgl. dazu die überzeugende Analyse der zweisprachigen Branchenverzeichnisse in Telefonbüchern bei *Lieberson* 1970, S. 24–25, 121–127, 154–167, 198) und Adreßbücher (gleiche Quelle auch bei *Thernstrom* 1964) zur Untersuchung von geographischer (*Pihlblad* und *Aas* 1960; *Ianni* 1957/58) und vertikaler Mobilität (*Sack* 1969) ihre Brauchbarkeit gezeigt haben. Häufig können Spezialhandbücher über bestehende Personengruppen herangezogen werden, sofern die Kriterien für die Auswahl der Personen mit der Forschungsintention vereinbar sind, z. B. an Hand von »Who is Who«? über Eliteleute oder an Hand des »Kürschners« oder des »American Men of Science« oder von »The World of Learning« – um nur ganz wenige zu nennen – über Wissenschaftssoziologie (vgl. *Jenkins* und *Jones* 1950; *v. Ferber* 1956, S. 23–28; *Coats* und *Coats* 1970; *Holt* 1970) bzw. Elitesoziologie (z. B. *Sorokin* 1927; *Lehman* und *Witty* 1931; *Fry* 1933; *Boring* und *Boring* 1948; *Clark* 1955).

Brauchbarkeit und Informationsfülle dieser Quellen werden erschlossen durch die Arbeiten von *Jensen* (u. a. 1970) über amerikanische Eliten. Wie *Fry* (1933) zeigen konnte, sind die Angaben in solchen Handbüchern nicht verzerrungsfrei, sondern orientieren sich stark an gesamtgesellschaftlichen Werten und Vorurteilen (z. B. Weglassen von Informationen, die auf Minderheitenstatus schließen lassen, z. B. Juden in USA; Frauen als Autoren wissenschaftlicher Arbeiten lassen nach meiner These signifikant häufiger ihren Vornamen abgekürzt als Männer; vgl. ähnliche Überlegungen von *Ludz* (1968) in bezug auf politische biographische Handbücher).

Methodisch interessant wäre ein Vergleich der Daten der Eliteangehörigen in einem »Who's Who« vor und nach einem krassen Wechsel des politischen Systems, z. B. vor 1945 und nach 1945. Nicht betroffen von Verzerrungen durch das Bedürfnis nach Selbstdarstellung sind Analysen der laufend geführten Mitgliedschaften von Institutionen, auf die die verzeichneten Personen keinen Einfluß nehmen konnten. Wie Beispiele mittelalterlicher Stadtgeschichten zeigen, lassen sich aus solchen Quellen nicht nur genealogische Schlüsse ziehen, sondern im Längsschnitt Daten über Wählerschaft der Personen, Karriereverlauf, sonstige Ehrentitel, Wahlbeanstandungen, ausgeübten Beruf

bzw. Gildezugehörigkeit etc. gewinnen (vgl. u. a. *Couturier* 1969; *Spiess* 1970; *Wunder* 1971). Weitere Ansatzpunkte bieten auch Mitgliedschaftslisten von formalen freiwilligen Organisationen für Forschungen der verschiedensten Art (vgl. z. B. *Jenkins* und *Jones* 1950; *Babchuk* und *Bates* 1962; *Clark* 1957; *Ludz* 1968; *Coats* und *Coats* 1970; *Holt* 1970). Diese Arbeiten können besonders dann fruchtbar werden, wenn sie weitere Datenquellen ausschöpfen, z. B. neben Mitgliedschafts- und Vorsitzendenlisten Informationen aus Bibliographien über Zahl und Art der Publikationen von Wissenschaftlern, Häufigkeit des Zitiertwerdens, Felder der wissenschaftlichen Spezialisierung etc. (*Lundberg* 1931; *Duncan* und *Duncan* 1933; *Odum* 1950; *Clark* 1957; *Simpson* 1961; *Bain* 1962; *Ardener* und *Ardener* 1965; *Bayer* und *Folger* 1966; *Cole* und *Cole* 1967; *Broadus* 1967; *Parker* u. a. 1967; *Oromaner* 1968; *Knudsen* und *Vaughan* 1969; *Lin* und *Nelson* 1969; *Straus* und *Radel* 1969; *Stehr* und *Larson* 1972).
Eine vielseitige Anwendung finden laufende Berichtsführungen im Bereich der politischen Soziologie und der Rechtssoziologie. Wegen der Vielfalt der speziellen Fragestellungen, die mit solchen Forschungen verbunden sind und auf die wir hier nicht näher eingehen können, sei auf eine Diskussion dieser Daten verzichtet.

Sonstige »Verwaltungsberichte«

Unterlagen über Geburten, Sterbefälle, Heiraten usw. sind als Daten häufig verwendet worden; es gibt jedoch weitere solcher Verwaltungsmaterialien, die mit Gewinn ausgewertet werden können (vgl. z. B. *Durkheims* »Suicide« [1897] und *Lombrosos* Arbeit [1891] über Kreativität!). Sehr eindrucksvoll war die sorgfältige Arbeit von *Thorndike* (1936) über die Charakteristika von 310 U.S.-amerikanischen Städten, die ihren Nachfolger durch *Hadden* und *Borgatta* (1965) erhielt. *Mindak, Neibergs* und *Anderson* (1963) konnten den Werbeausfall im Zeitungsstreik durch Einnahmen von Parkuhren messen. *Angells* (1951) Studie über die Integration amerikanischer Städte benutzte Etatdaten der Städte usw. neben Kriminalitätsraten, während *Ross* und *Campbell* (1965) an Hand von Unfallstatistiken den Zusammenhang von Geschwindigkeitsbegrenzungen und Zahl von Unfällen zu erforschen trachteten. Als gutes weiteres Beispiel der Erforschung von laufenden Registraturberichten kann die Arbeit von *Prinzing* (1931) genannt werden, in der er etwa Sterberegister herangezogen und anläßlich des Jahres 1891, in dem die Cholera in Hamburg auftrat, die schichtspezifische Gefährlichkeit der Cholera nachwies. Auch die Registratur- bzw. Archivunterlagen von Lebensversicherungen lassen brauchbare medizinsoziologische Untersuchungen zu, da sie meist mit großer Kontinuität für längere Zeiträume Daten über die Merkmale ihrer Versicherten, deren Krankheiten und deren »Karrieren« beinhalten (vgl. *Gollmer* und *Karup* 1890; *Karup, Gollmer* und *Florschütz* 1902, sowie die Studie von *v. Ferber* u. a. 1971 über die Aussagefähigkeit von kassenärztlichen Berichten; vgl. ferner *Blohmke* 1970; *Detzel* und *Hochschein* o. J.; *Hartwig* 1970). Daß Verwaltungsunterlagen in vielfacher Hinsicht auswertbar sind, belegen die Studien von *Katz* und *Danet* (1966), *Katz, Gurevitch, Danet* und *Peled* (1969); *Danet* (1971); *Danet* und *Gurevitch* (1972), die sowohl Möglichkeiten der Erforschung der Praxis der Behörden als auch der linguistischen Praktiken der Klienten eröffnen. Scheinbar kurios, aber durchaus aufschlußreich ist die Arbeit über die Beziehungen zwischen Wasserdruck in öffentlichen Wasserleitungen bzw. der Beanspruchung des Stromnetzes einerseits und bestimmten Fernsehereignissen, z. B. Pausen und Ende von Sendungen, andererseits (vgl. *Mabley* 1963). Unter Ausnutzung einer genauen Kenntnis der Zusammenhänge ließe sich durch Berechnung der Amplituden von Wasserdruckabfall bzw. Stromverbrauch die relative Popularität bestimmter Sendungen ermitteln, eventuell sogar mit absolutem Nullpunkt. Im allgemeinen werden jedoch die Schwierigkeiten für eine Standardisierung dieses Meßverfahrens stark unterschätzt (vgl. *Albrecht* 1973 a).

Als ein wichtiges Beispiel der gezielten Ausnutzung von Zeitreihen aus Archivdaten wäre ferner die Arbeit von *DeCharms* und *Moeller* (1962) zu erwähnen, die für die Zeit von 1800–1850 Schwankungen in der Zahl der Patentanmeldungen mit »achievement-fördernden« Lesestücken in Schulbüchern korrelierten. Bemerkenswerte Ergebnisse konnte auch *Renouvin* (1970) erzielen, der aus der Zeit des Ersten Weltkrieges die Archive der Pressezensurbehörden und der Postkontrollkommission, die unter Brechung des Postgeheimnisses bei Zivilisten und Militärs durch Lektüre privater brieflicher Mitteilungen die wahre »Stimmung« der Bevölkerung erhoben, auswertete.

Umfangreiche Daten, die erst teilweise ausgewertet sind, stellen die west- und mitteleuropäischen Universitätsmatrikeln dar, die über viele Jahrhunderte hinweg brauchbare Auskünfte über regionale und soziale Herkunft, Studienfächer und oft auch über den weiteren Lebensweg von Studenten und Professoren geben. *Kaupen* und *Kaupen* (1964) verwenden in ihrer erziehungssoziologischen Arbeit u. a. Daten, die *Eulenburg* (1906) aus Matrikeln gesammelt hat, von denen eine große Anzahl gedruckt zur Verfügung steht (vgl. eine neuere bei *Vogelsang* 1967). Mit ähnlichen Arbeitsgrundlagen arbeiteten *Jenkins* und *Jones* (1950), *Coats* und *Coats* (1970) zum gleichen Problem sowie *Aubert, Torgersen* u. a. (1960) für die Rekrutierung von Akademikern in den USA bzw. in Skandinavien, *Hjellum* und *Salhus* (1966) über Rekrutierung von Abgeordneten sowie ebenfalls *Shipton* (1960), *Valen* 1966) und *Rokkan* und *Salhus* (1968). Die Diskussion der Möglichkeiten, Daten der Massenmedien als laufende Berichtsführung anzusehen, muß aus Raumgründen unterbleiben; es sei lediglich der Hinweis erlaubt, daß hier ein weites brauchbares Forschungsfeld offensteht (vgl. *Albrecht* 1973a).

Datentransformation und Indexbildung bei der Auswertung laufender Berichte

Von allen Datenklassen, die bisher diskutiert wurden, bedarf nach den ausgesprochenen »historischen« Daten keine so notwendig der Transformation wie diese zuletzt angeführte; denn alle geschichtlichen Ereignisse sind potentielle Störfaktoren für die zeitliche Komparabilität. Bei den oben angeführten Datenklassen lassen sich die äußeren Ereignisse allerdings meist problemlos rekonstruieren. Bedenklich sind Änderungen der *Populationsgröße*; sie sind jedoch relativ leicht in Rechnung zu stellen und zu korrigieren (*Ianni* 1957/58, und *DeCharms* und *Moeller* 1962). Schwieriger wird es bei einer *Veränderung der Zusammensetzung* der zu untersuchenden Population. Angenommen, die Änderung der Zusammensetzung sei bekannt, so würde es angebracht sein, die Daten für *die* Zeiträume miteinander zu vergleichen, in denen relativ homogene externe Bedingungen herrschten. Gleichzeitig ist dies aber auch ein besonderer Vorzug dieser Datenklasse, da die Zusammenhänge, die man erforschen will, unter verschiedenen externen Bedingungen präsentiert werden. Für Vergleiche jedenfalls ist eine Transformation und Berechnung von Indizes zur Standardisierung unbedingt erforderlich. Daß die Konstruktion dieser Indizes – vor allem bei eventuellen Änderungen in der dimensionalen Zusammensetzung der Indizes – ein schweres und in nicht wenigen Fällen sehr problematisches Unterfangen ist, bedarf hier keiner weiteren Diskussion (vgl. u. a. *Carter* 1971; *Etzioni* und *Lehman* 1967).

Gesamtbeurteilung laufender Berichte

Die Möglichkeit historischer Analyse durch Auswertung laufender Berichte ist wertvoll, da hier der Zusammenhang bestimmter Forschungsergebnisse erst deutlich wird, denn vieles wird erst dadurch relevant und verständlich, daß man seinen Ursprung und seine Entwicklung kennt (*Boring* 1963, S. 5).
Wenn ein Ergebnis unter verschiedenen zeitlichen Bedingungen empirischen Prüfungen standhält, so erhält es eine größere Glaubwürdigkeit als bei einmaliger, unter ganz spezifischen raum-zeitlichen Bedingungen stattfindender Überprüfung (*Steiner* 1969). Allerdings muß man sich stets darüber im klaren bleiben, daß diese Berichte von bestimmten Personen aus bestimmten Gründen angelegt wurden, so daß sie oft Sekundärquellen darstellen, die besonders dann fragwürdig werden, wenn sie aus bestimmten kulturellen Zusammenhängen herausgelöst werden (*Udy* 1964, S. 179; *Marczewski* 1965). Ferner kommen hinzu die inhaltliche und populationsmäßige Beschränkung der Anwendbarkeit dieser Methoden, die bereits mehrfach angedeutet worden ist. Allerdings finden sich in diesen Quellen selbst nicht selten schon die Hinweise auf die inhaltliche und bevölkerungsmäßige Beschränktheit dieser Methode, aber auch auf Möglichkeiten ihrer Überwindung oder ihrer präziseren Abschätzung, so daß man eventuell durch entsprechendes Samplen einen Ausgleich erzielen kann. Dies gilt vor allem für kontinuierliche Archivberichte, weniger für Methoden, die mit physischen Spuren usw. arbeiten. Immer aber bleibt dabei die Frage offen, wie weit nicht auch bei Benutzung von Archivdaten reaktive Effekte unkontrolliert in Kauf genommen werden, da schon bei der Sammlung der Archivinformationen die reaktive Verzerrung aufgetreten sein kann. Dazu kommen ferner Wandlungen im Datensammlungsprozeß und der Datenaufbereitung, die oft nur bei sehr genauer Durchsicht der Tabellenköpfe oder des Legendenapparates ersichtlich werden, sofern sie überhaupt irgendwie kenntlich gemacht sind (vgl. *Halbwachs* 1930, über Selbstmordstatistikerstellung in Preußen 1882/1883; *Douglas* 1967; vgl. auch *Sack* 1968; *Gould* 1969).
Insgesamt stellen laufend geführte Archivberichte eine Masse von zusammenhängenden Daten dar, die für zahlreiche Forschungsbereiche brauchbar sind. Sie sind relativ billig zu erhalten, relativ leicht zu samplen, Begrenzungen der Population durch Anwendung der Archivanalyse sind meist bekannt und kontrollierbar durch Datentransfor-

mation und Indexkonstruktion. Jedoch nicht alle Forschungsinhalte sind dieser Methode zugänglich, und eine gewisse Reaktivität bei Sammlung und Erstellung sowie Edition der Daten ist nicht vollends auszuschließen.
Die Zukunftsaussichten dieser Methoden in der Sozialforschung sind hoch zu veranschlagen. Die Arbeit des Sozialforschers sollte bereits bei der Planung der Registratur und Archivierung einsetzen. In Großbritannien müssen z. B. ca. 120 große Verwaltungszweige und -instanzen ihr gesamtes Aktengeschäftsgut an den Keeper of Public Records abliefern, der über das weitere Schicksal zu entscheiden hat, und zwar, wie aus verschiedenen Konflikten in den letzten Jahren deutlich wird, nach noch recht unklaren Prinzipien (*Johnson* 1969, S. 86). Dabei entscheidet vor allem die Qualität (Aussagekraft und Forschungsrelevanz), weniger die Quantität. In den USA schätzt der Chef des Archivs der Regierung den Anteil des eine ewige Aufbewahrung verdienenden Aktengutes an der Gesamtheit der Akten auf ca. 1 Prozent (*Report on Federal Grants for Collections of Documentary Source Material* ... 1963, S. 40). Die Stringenz der Auswahlkriterien ist deshalb in einzelne Stufen (zeitlich) gestaffelt, so daß man über die Relevanz des Materials die »Geschichte selbst« richten läßt. Spezielle Archivmaterialien, z. B. Krankenberichte, Einkommenssteuererklärungen, Lizenzanträge, Patentanmeldungen, Routinekorrespondenz der Regierung mit der lokalen Verwaltung werden *schon* gesampelt aufbewahrt, wobei noch mit empirischen Sozialforschern über die Zweckmäßigkeit »reinen Zufallssamplens« und »geschichteter Samples« diskutiert wird. In England wird dabei für Sammlung und Archivierung des Materials schon von vornherein auf Forschungsintentionen der Sozialforscher und Historiker Rücksicht genommen (*Johnson* 1969, S. 87–99).
Die statistische Analyse von laufenden Registraturen ist also in großem Fortschritt begriffen; für den Sozialforscher ist jedoch unter allen Umständen eine archivwissenschaftliche Schulung notwendig, da jedes nationale Archivierungssystem Eigenheiten aufweist, die vor Beginn der empirischen Arbeit unbedingt geklärt sein müssen (*Brenneke* und *Leesch* 1953; *Matilla* 1969; *Dahm* 1969, Spalte 5). Zu erwähnen wären noch die besonders guten Arbeitsmöglichkeiten für den Sozialforscher (z. B. Wirtschafts- und Organisationssoziologie) in automatisierten Systemen von Werksarchiven (*Boer* 1968; *Zechel* 1969).

Ohne daß hier näher darauf einzugehen ist, sei doch festgehalten, daß die Verwendung der Daten der laufenden Berichtsführung der verschiedensten staatlichen und privaten Organisationen in den letzten Jahren durch die »Bewegung« der »social indicators« sehr große Bedeutung erlangt hat (vgl. dazu u. a. *Springer* 1970; *Schneier* 1970; *Etzioni* 1970; *Long* 1970; *Stagner* 1970; *Gerbner* 1970; *Russett* 1970; *Rokeach* und *Parker* 1970; *Olson* 1970; speziell für eine bibliographische Übersicht *Agocs* 1970; *Zapf* 1972).

Episodische und private Dokumente

In Archiven und in der sonstigen historischen Überlieferung gibt es eine Unmenge von diskontinuierlichen und meist nicht-öffentlichen Dokumenten, die nicht leicht zugänglich sind (z. B. Daten von Lebens- und Krankenversicherungen, Selbstmörderbriefe,

Urkunden, Verträge, Geschäftsbücher). Diese Dokumente zeichnen sich jedoch dadurch aus, daß sie problemspezifischer sind als die laufenden öffentlichen Berichte, wenn sie allerdings auch eine longitudinale Analyse praktisch nicht gestatten. Manche dieser Daten sind episodisch, jedoch jeweils vollständig im Einzelfall, andere dagegen erstrekken sich regelmäßig über längere Zeiträume, sind aber jeweils unvollständig.
Im folgenden sei unterschieden zwischen Verkaufsstatistiken, Institutionsberichten und persönlichen Dokumenten. Alle drei Quellen erreichen ihre maximale Fruchtbarkeit in der Kooperation mit sonstigen Methoden der empirischen Sozialforschung. Hier wollen wir nur kurz auf die beiden letztgenannten Quellen eingehen.

Industrie- und Institutionenberichte

Die besten Beispiele für multi-methodische Ansätze stammen aus der Industrie- und Betriebspsychologie, denn gerade hier werden oft Leistungsbeurteilungen, Beobachtungen, tatsächliche Leistung, schriftliche Befragung und schließlich auch Tests in bezug auf ihre Brauchbarkeit verglichen (*Ghiselli* und *Brown* 1955; *Guion* 1961; *Whisler* und *Harper* 1962). Höhe und Qualität des Ausstoßes sind zwar wahrscheinlich die am häufigsten verwendeten Verhaltensmessungen auf diesem Gebiet, vor allem, um die erwiesene Subjektivität der Vorarbeiter bei Einschätzungen der Arbeitnehmerleistung zu vermeiden; jedoch stellen auch sie keine ideale Lösung dar, denn die verschiedenen Verhaltensmaße sind kaum vergleichbar, können die Produktions- bzw. Arbeitsbedingungen der zu vergleichenden Systeme doch so stark variieren, daß gar keine vergleichbaren Tätigkeitsmerkmale vorliegen (*Whisler* und *Harper* 1962). Eine andere wichtige Informationsquelle für solche Untersuchungen kann die Personalkartei etwa im Zusammenhang mit der Fluktuations- bzw. Fehlzeitenforschung darstellen, sofern sie sorgfältig geführt wird (*Bernberg* 1952; *Brayfield* und *Crockett* 1955; *Knox* 1961; *Melbin* 1961; *Amthauer* 1963; *Evan* 1963; *Benninghaus* 1966/67; *Schulz* 1968). *Guilford* (1956) nutzte die Lohnergebnisse als Kriterium der Bewertung durch die Firma, andere verwendeten das Verbleiben am Arbeitsplatz (*Jay* und *Copes* 1957), wieder andere (*Whisler* und *Harper* 1962) die Seniorität. Umsatzzahlen von Betrieben aus den Berichten der Firmen verwendeten *Lieberson* und *O'Connor* (1972) in ihrer Studie über Führerschaft und Betriebsgröße. Eine weitere Studie an Hand von episodischem Archivgut stammt von *Stuart* (1963), der insbesondere Beschwerdebriefe aus Gewerkschaftsarchiven zur Untersuchung von Rassenkonflikten in der Arbeitswelt heranzog, wobei allerdings hier wegen des Wissens der Schreiber um die wahrscheinlich erfolgende Auswertung die Nicht-Reaktivität stark gefährdet sein dürfte. Eine weitere Datenart, nämlich Mitgliederverzeichnisse von Gewerkschaften bzw. Verzeichnisse von firmeneigenen Unterstützungskassen, erlaubt sogar eine quantitative diachronische Analyse und ist deshalb für die politische Soziologie von erheblicher Bedeutung (vgl. dazu u. a. *Angermeier* 1962; *Kocka* 1969; *Schäfer* 1972). *McGrath* (1962) verwendete ebenfalls »indirekte« Daten in seiner Studie über Freundschafts- und Gruppenverhalten. *Stouffer* u. a. (1949) nutzten Krankmeldungen von Mitgliedern von Bomberkommandos zur Klärung der Beziehung zwischen Beurteilung des eigenen physischen

Zustandes und tatsächlichem Verhalten. Krankmeldungen, Disziplinarstrafen, Gerichtsurteile usw., ebenfalls aus dem militärischen Bereich, verwendete *Fiedler* (*Fiedler* u. a. 1958; *Fiedler* 1962) in Studien über Anpassung an das militärische Leben. Eine andere Studie, die Krankmeldungen als Daten heranzieht, stellt die Untersuchung von Studenten durch *Mechanic* und *Volkart* (1961) dar.

Brauchbare Ergebnisse ließen sich auch auf Grund der Daten aus den Priesterbuchführungen über die Aktivitäten und Leistungen der Gläubigen in Indien erzielen (vgl. u. a. *Goswamy* 1966) bzw. auf Grund der Informationen aus den Nekrologien (vgl. dazu *Wattenbach-Levison* 1952, S. 64–65), Verbrüderungsbüchern (vgl. *Ebner* 1890; *Wattenbach-Levison* 1952, S. 65–66) und Traditionsbüchern (vgl. *Redlich* 1900) über demographische Daten bzw. über Kontakte zwischen verschiedenen Teilen der Organisation Kirche.

Schriftliche Dokumente aus privaten Archiven

Private Dokumente sind im allgemeinen eher Arbeitsmaterialien des Historikers und des Psychologen als des empirischen Sozialforschers. Es geht uns hier auch nicht darum, die Verwendung dieser Datenart zu propagieren; vielmehr sei darauf verwiesen, daß nicht allein die idiographische Methode von solchen Daten profitieren kann, sondern auch die nomothetische Forschung (vgl. *Allport* 1942).

Persönliche Dokumente – mit *Allport* definiert als jede über sich selbst berichtende Information einer Person, die »absichtlich oder unabsichtlich Auskunft über Struktur, Dynamik und Funktionieren ihres mentalen Lebens gibt« (*Allport* 1942, S. XII) – haben in zahlreichen Bereichen der Sozialforschung Anwendung gefunden (religiöses Erleben, Jugendalter, Entwicklungspsychologie, Psychopathologie, abweichendes Verhalten, Armut, Kreativitätsforschung, Geschichtswissenschaft usw.; Nachweise finden sich bei *Albrecht* 1973a). Dabei ist vor allem zu betonen, daß Gültigkeitsprüfungen für von auf Grund von persönlichen Dokumenten gewonnene Aussagen positive Ergebnisse erzielten (vgl. u. a. *Stouffer* 1930; *Cavan, Hauser* und *Stouffer* 1930; *Cartwright* und *French* 1939) – auch wenn *Blumer* (1939) für die klassische Studie von *Thomas* und *Znaniecki* (1927) erhebliche Einwände hinsichtlich Repräsentativität, Zuverlässigkeit und Gültigkeit vorbringen konnte.

Zur Kritik von auf persönlichen Dokumenten basierenden Studien

Auf die Vielzahl der gelungenen Studien mit persönlichen Dokumenten und die zahlreichen Analyseprobleme kann hier nicht näher eingegangen werden (vgl. dazu *Albrecht* 1973a); jedoch sei auf die folgenden Hauptmängel verwiesen:

Die Kritik an der Verwendung von persönlichen Dokumenten in der empirischen Sozialforschung ist sich in folgenden Punkten weitgehend einig:

1. Es liegen beträchtliche Populations- und Inhaltsbegrenzungen vor, die nur durch methodisch ebenfalls fragwürdige Mittel abgemildert werden können (vgl. *Murphy, Murphy* und *Newcomb* 1937).

2. Eine gewisse Manieriertheit der meisten Dokumente gefährdet eine gültige Interpretation (*Gruhle* 1928).
3. Per Definition sind persönliche Dokumente subjektive Datenbündel; die mit Dokumentenanalyse arbeitenden Forscher haben jedoch die strengen Kriterien des Behaviorismus weitgehend zu übernehmen versucht (vgl. *Allport* 1942).
4. Die Gültigkeit der Interpretation von persönlichen Dokumenten wird meist nicht rigoros genug überprüft, doch zeigen die Untersuchungen von *Stouffer* (1930), *Cavan, Hauser* und *Stouffer* (1930) und *Stagner* (1937) eine recht hohe Gültigkeit.
5. Eine Überprüfung bzw. Kontrolle der Interpretation der persönlichen Dokumente läßt sich *annäherungsweise* gewinnen durch Berücksichtigung der Glaubwürdigkeit der untersuchten Personen im alltäglichen Leben, der Plausibilität des Dokuments gemessen an den eigenen Erfahrungen sowie des Tests der internen Konsistenz.
6. Unbewußte Falschdarstellung macht ein Dokument nicht *unbedingt* unbrauchbar, da ja gerade auch die Interpretation des Handelnden selbst interessiert.
7. Allerdings geben persönliche Dokumente häufig über die Konzepte keine Auskunft, die für empirische Sozialforschung Schlüsselbegriffe sind, z. B. Motivationen.
8. Weitere Kritikpunkte sind: Vereinfachung der Problemstellungen in der Darstellung des persönlichen Dokuments, kaum kontrollierbare Effekte von Launen, Erinnerungslücken, impliziten Konzeptualisierungen des Geschehens usw.
9. Interpretationen von Texten persönlicher Dokumente sind durch den zugrunde gelegten Bezugsrahmen bedingt (*Blumer* 1939), aber – wie *Allport* (1942) richtig bemerkt – dies gilt für alle psychischen und sozialen »Fakten«.
10. Die autobiographische Methode kann, schon aus Kostengründen, als Vertiefung bei Einzelfällen vorgesehen werden, ohne sie auf alle Fälle einer Studie anzuwenden (*Lazarsfeld*, Einleitung zu *Komarovsky*, 1940). Doch hält *Allport* (1942) sie für die Erforschung der zentralen Bereiche der Persönlichkeit für unersetzlich, da nur so ein »Verstehen« gewährleistet sei.

Bilanz der vorliegenden Arbeiten mit historischen Methoden in der empirischen Sozialforschung

Angeregt durch die Erfolge der bisher vorliegenden Arbeiten historisch-soziologischer Ausrichtung, ist die neuere empirische Sozialforschung sich der Bedeutung bewußt geworden, die für die Erforschung des sozialen Wandels Daten aus dem Bereich der Wirtschaft, Sozialstruktur und Demographie vergangener Epochen zukommt. Deshalb sind vielerorts Bemühungen begonnen worden, Datenarchive systematisch anzulegen, für die Gegenwart, aber auch, soweit es noch irgendwie möglich ist, für die Vergangenheit.
Erste Beispiele finden sich dafür vor allem in den skandinavischen Ländern (vgl. z. B. *Rokkan* und *Aarebrot* 1969), in denen auch der Nutzeffekt solcher Archive bewiesen worden ist (vgl. *Andrae* 1969; *Rokkan* 1967; *Rokkan* 1969). Die Veröffentlichung sozialdemographischer Daten in Zeitreihen hat aber auch in den USA *(Bureau of the*

Census 1960) zur Anregung von empirischen sozialdemographischen Arbeiten in historischer Sicht geführt (z. B. *Blumin* 1968 bzw. 1969; *Jensen* 1968 bzw. 1969).
Allerdings kommt in der Analyse von solchen Mengen von Archivmaterialien eine völlig neue Arbeitsrichtung auf die historische Forschung zu. Sie sieht sich – ganz abgesehen von Informationsproblemen über Inhalte und Bestände von Archiven, die durch Repertorien, Handbücher (*Philip Hamer* 1961) und Übersichtsartikel in Spezialzeitschriften z. T. gelöst werden – vor die Frage gestellt, wie sie zu einer effektiven Speicherung dieser Daten kommt, die gleichzeitig möglichst effiziente Analysemöglichkeiten schafft, kurz: Sie muß sich der elektronischen Datenverarbeitung bedienen (vgl. *Boberach* 1960; *Perry* und *Melton* 1959 bzw. 1964; *Shera* 1959). Hier treten dann die alten Streitfragen zwischen »Geisteswissenschaft« und »Sozialwissenschaft« wieder auf. Die Technik des »General Inquirer« auf historische Dokumente anzuwenden, muß jeden Soziologen verlocken, den Historiker jedoch befremden; denn diese Methode ist der historisch-hermeneutischen in Problemfällen qualitativ unterlegen (vgl. *Bloch* 1949; *Deutsch* 1958).

Bei der Analyse von historischen Dokumenten spielt die Frage der Semantik und Pragmatik eine nicht zu unterschätzende Rolle, was sich an Hand von Beispielen des Bedeutungswandels innerhalb eines Jahrzehnts erläutern läßt (vgl. *Clark* 1967, S. 63). Abgesehen jedoch vom semantischen Wandel kann in der Pragmatik eine erhebliche Differenz zwischen Wortwahl und Bezeichnetem bestehen, deren Auswahl ein Interpret von Texten unbedingt kennen müßte. Dokumentiert wird dieses Problem z. B. durch den Vergleich der blutrünstigen Sprache der Chartisten und Sozialisten in den 40er Jahren des 19. Jahrhunderts mit ihren harmlosen Handlungen. Hier arbeiten Sozialwissenschaftler, sobald sie historisch vorgehen, oft leichtfertig (vgl. *Clark* 1967, S. 65). Dennoch gibt es genug gelungene Beispiele für eine quantitative Analyse historischer Texte (vgl. z. B. *Morton* und *McLennan* 1964; *Morton, Brown* 1963; *Mosteller* und *Wallace* 1963).
Die Frage der semantischen Analyse in den historisch-sozialwissenschaftlichen Disziplinen scheint in einen neuen Klärungsprozeß eingetreten zu sein, der sich am Problem der Dokumentenanalyse als erforderlich erwies. *Gardin* (1969) hat am Beispiel der Inhaltsanalyse, der Strukturellen Analyse, der Literarischen Analyse sowie der Dokumentenanalyse die zu lösenden Sprachprobleme herausgearbeitet und Lösungen angedeutet. Als gelungenes Beispiel für eine soziolinguistische Analyse von Briefwechseln mit staatlichen Behörden, die auf der Benutzung von Archiven der Zollverwaltung beruht, kann die Arbeit von *Danet* und *Gurevitch* (1971/72) angesehen werden.

Zusammenfassung

Würde die empirische Sozialforschung in Zusammenarbeit mit einer exakt vorgehenden Geschichtswissenschaft weitergehen, so werden solche epochemachenden Arbeiten wie von *Marczewski* (1965), *Rashevsky* (1968) und *Rowney* und *Graham* (1964) über quantitative Geschichte bald nicht mehr alleine stehen.
Für die historischen Methoden gelten jedoch fast alle Bedenken, die schon oben detailliert gegenüber den behavioristischen Methoden geltend gemacht wurden, zusätzlich jedoch die zuletzt genannten Einwände. So müssen wir zwar heute noch immer *Lazarsfelds* (1958, S. 107) Kritik des augenblicklichen Entwicklungsstandes der historischen empirischen Sozialforschung Recht geben; jedoch scheint ein gewisser Optimismus erlaubt, denn einige empirische Sozialforscher werden sich gegenwärtig bewußt:

»Wenn Soziologie in ihrem Forschungsinteresse von der Gegenwart ausgeht, dann ist – als unabdingbare Forderung der vergleichenden Methode – die Erfassung dieser Gegenwart ohne den historischen Vergleich sinnlos« (*König* 1960, S. 302).

Bibliographie

Abraham, D. P., Maramuca: An Exercise in the Combined Use of Portugese Records and Oral Tradition, in: The Journal of African History 2 (1961), S. 211–225.

Adams, R. N. und *J. J. Preiss*, Hrsg., Human Organization Research, Field Relations and Techniques, Homewood, Ill., Publ. for the Society for Applied Anthropology by the Dorsey Press, 1960.

Adler, F., The Basic Difficulty of Historical Sociology, in: Sociological Quarterly 2 (1961), S. 3–20.

Agocs, C., Social Indicators: Selected Readings, in: Annals of the American Academy of Political and Social Science 388 (1970), S. 127–132.

Ahlers, O., Civilitates. Lübecker Neubürgerlisten 1317–1356. Veröffentlichungen zur Geschichte der Hansestadt Lübeck, Lübeck 1967.

Ajdukiewicz, K., The Problem of Empiricism and the Conception of Meaning in: Studia Filozoficzne 3 (1966), S. 5–18.

Albert, H., Der moderne Methodenstreit und die Grenzen des Methodenpluralismus, in: Jahrbuch für Sozialwissenschaft 13 (1962), S. 143–169.

Albrecht, E., Sprache und Erkenntnis, Logisch-Linguistische Analysen, Berlin 1967.

Albrecht, G., Anmerkungen zum Artikel von Hans Anger und K. R. Scherer, in: Kölner Zeitschrift für Soziologie und Sozialpsychologie 22 (1970), S. 145–157.

Ders., Antwort auf die Kritik einer Kritik an Scherer und Anger, in: Kölner Zeitschrift für Soziologie und Sozialpsychologie 23 (1971), S. 587–601.

Ders., Kommunikation über Verbrechen in internen Polizeiakten, Berichten der Polizei an die Presse und Presseveröffentlichungen, in Vorbereitung.

Ders., Nicht-reaktive Messung und Anwendung historischer Methoden in der Sozialforschung, in: *J. van Koolwijk*, Hrsg., Lehrbuch der Techniken der empirischen Sozialforschung, erscheint München 1973 (a).

Ders., Sozialökologie, Reinbek 1973 (b).

Alexander, F., Psychology and the Interpretation of Historical Events, in: *Caroline Ware*, Hrsg., The Cultural Approach to History, New York 1940, S. 48–57.

Alexander, L. und *J. L. George*, Psychoanalyse und historische Biographie, in: *H.-U. Wehler*, Hrsg., Geschichte und Psychoanalyse, Köln 1971, S. 78–100.

Alexander, T. B., Sectional Stress and Party Strength: A Computer Analysis of Roll – Call Voting Patterns in the United States House of Representatives, 1836–1860, Nashville 1967.

Alger, C. F., Interaction in a Committee of the United Nations General Assembly, in: *J. D. Singer*, Hrsg., International Yearbook of Behavior Research, Bd. 6, New York 1965.

Alker, H., A Typology of Ecological Fallacies, in: *M. Dogan* und *S. Rokkan*, Hrsg., Quantitative Ecological Analysis, Cambridge, Mass., 1969, S. 69–86.

Allen, V. L., Valuations and Historical Interpretation, in: Brit. Journal of Sociology 14 (1963), S. 48–58.

Allport, G. W., The Use of Personal Documents in Psychological Science, New York 1942.

Amthauer, R., Ergebnisse einer Studie über krankheitsbedingte Fehlzeiten, in: Psychologische Rundschau 14 (1963), S. 1–12.

Andrae, C. G., Popular Movements in Sweden: Report on a Mass-Data Research Project, in: Social Science Information 8 (1969), S. 65–75.

Angel, J. L., Ecological Aspects of Palaeodemography, in: *D. R. Brothwell*, Hrsg., The Skeletal Biology of Earlier Human Populations, London 1968.

Ders., The Bases of Palaeodemography, in: American Journal of Physical Anthropology 30 (1969), S. 427–438.

Angell, R. C., The Moral Integration of Cities, in: American Journal of Sociology 47 (1951), S. 1–14.

Ders. und *R. Freedman*, The Use of Documents, Records, Census Materials and Indices, in: *L. Festinger* und *D. Katz*, Hrsg., Research Methods in the Behavioral Sciences, New York 1953, S. 300–326.

Anger, H., Anmerkungen zu Anmerkungen über Anmerkungen, in: Kölner Zeitschrift für Soziologie und Sozialpsychologie 23 (1971), S. 359–360.

Ders. und *K. R. Scherer*, Psycholinguistische Anmerkungen zu gegenwärtigen Tendenzen in den deutschen Sozial- und Verhaltenswissenschaften, in: Kölner Zeitschrift für Soziologie und Sozialpsychologie 21 (1969), S. 147–153.

Angermeier, H., Die gelben Gewerkschaften in der sozialen Bewegung am Beginn des 20. Jahrhunderts, in: Festschrift für Willy Andreas, Stuttgart 1962, S. 186–198.

Anonymous, Z-Frank Stresses Radio to Build Big Chevy Dealership, in: Advertising Age 33 (1962), S. 83.

Anonymous, Senator Salinger?, Newsweek, 10. August, 1964, Nr. 63, S. 28.

Antoni, C., From History to Sociology, London 1962.

Ardener, E. und *S. Ardener*, A Directory Study of Social Anthropologists, in: British Journal of Sociology, 16 (1965), S. 295–314.

Armstrong, A., La Population de l'Angleterre et du Pays de Galles (1789–1815), in: Annales de Démographie Historique 2 (1965).

Ashley, J. W., Stock Prices and Changes in Earnings and Dividends. Some Empirical Results, in: Journal of Political Economy 70 (1962), S. 82–85.

Assmann, K. und *G. Stavenhagen*, Handwerkereinkommen am Vorabend der industriellen Revolution, Materialien aus dem Raum Braunschweig–Wolfenbüttel, Göttingen 1969.

Atkinson, R. J. C., Archaeology, History and Science: An Inaugural Lecture Delivered at University College, Cardiff, on 26 February 1960, Cardiff 1960.

Babchuk, N., The Role of the Researcher as Participant Observer and Participant-as-Observer in the Field Situation, in: Human Organization 21 (1962), S. 225–228.

Ders. und *A. P. Bates*, Professor or Producer: The Two Faces of Academic Man, in: Social Forces 40 (1962), S. 341–348.

Babelon, J., Numismatique, in: *Charles Samaran*, Hrsg., L'Histoire et ses méthodes, Paris 1961, S. 329–392.

Bain, R., The Most Important Sociologists?, in: American Sociological Review 27 (1962), S. 746–748.

Banks, J. A., Historical Sociology and the Study of Social Change, in: Sociologische Gids 1 (1954), S. 121–124.

Barber, B., Review Essay über: Neil J. Smelser, Theory of Collective Behavior, in: History and Theory 4 (1965), S. 264–271.

Barbieri, G., Gli archivi e le moderne richerche economiche e sociali, Rom: Ministero dell'Interno, Direzione Generale dell'Amministrazione Civile, Ufficio Centrale degli Archivi di Stato, 1960.

Barnes, J. A., Some Ethical Problems in Modern Field Work, in: Brit. J. Sociology 14 (1963), S. 118–134.

Barton, W., Das Zeitungs- und Pflichtexemplar und die Notwendigkeit des Zeitungssammelns auch in Archiven, in: Der Archivar 21 (1968), S. 269–276.

Bauer, W., Einführung in das Studium der Geschichte, 2. Aufl. Tübingen 1928.

Bayer, A. E. und *J. Folger*, Some Correlates of a Citation Measure of Productivity in Science, in: Sociology of Education 39 (1966), S. 381–390.

Becher, J. und *P. Friedrich*, Objektive gesellschaftliche Gesetzmäßigkeiten, technisch-wirtschaftliche Kennzahlen und sozialistisches Recht, in: Deutsche Zeitschrift für Philosophie 9 (1970), S. 1101–1116.

Beckwith, F., The Population of Leeds During the Industrial Revolution, in: Publications of the Thoresby Society, Bd. 41, Miscellany 1943–1951 (Leeds 1954).

Benninghaus, H. E., Fehlzeiten im Industriebetrieb, Diplomarbeit Köln, Soziologisches Seminar, WS 1966/67.

Benson, L., Causation and the American Civil War. Two Appraisals, in: History and Theory 1 (1960), S. 163–185.

Berger, G., Phénoménologie du temps et prospective. I. La méthode phénoménologique. II. La situation de l'homme. III. Phénoménologie du temps. IV. La prospective, Paris 1964.

Berkowitz, L. und *J. McCaulay*, The Contagion of Criminal Violence, in: Sociometry 34 (1971), S. 238–260.

Berlin, I., History and Theory. The Concept of Scientific History, in: History and Theory 1 (1960), S. 1–31.

Bernberg, R. E., Socio-Psychological Factors in Industrial Morale: I. The Prediction of Specific Indicators, in: Journal of Social Psychology 36 (1952), S. 73–82.

Bernheim, E., Lehrbuch der historischen Methode und der Geschichtsphilosophie, 6. Aufl. Leipzig 1908.

Berreman, J. V. M., Factors Affecting the Sale of Modern Books of Fiction: A Study of Social Psychology, unveröffentl. Dissertation, Stanford, University, Cal., 1940, zitiert nach *E. Webb* u. a., Unobtrusive Measures, a.a.O., S. 80, S. 97.

Berrien, F. K., Cross-cultural Equivalence of Personality Measures, in: The Journal of Social Psychology 75 (1968), S. 3–10.

Besancon, A., Psychoanalytische Geschichtsschreibung, in: *H.-U. Wehler*, Hrsg., Geschichte und Psychoanalyse, Köln 1971, S. 101–155.

Bickman, L. und *Th. Henchy*, Hrsg., Beyond the Laboratory. Field Research in Social Psychology, New York–Düsseldorf–London–New Delhi–Sidney 1972.

Blalock, H. M., Jr., Social Statistics, New York 1960.

Ders., (Co-Editor with *Ann Blalock*), Methodology in Social Research, New York, 1968.

Bloch, M., The Historian's Craft, Manchester 1954 (zuerst als: Apologie pour l'histoire ou Métier d'historien, Paris 1949).

Blohmke, M., Verhältnis zwischen Krankenstand, sozialen Daten und ausgewählten objektiven und subjektiven Krankheitszeichen, in: Sozialmedizin und soziale Sicherung. Schriftenreihe ASA, Bd. 37, 1970, S. 102–112.

Blomgren, G. W. und *T. W. Scheuneman*, Psychological Resistance to Seat Belts, Research Project RR-115, Northwestern University, Traffic Institute, 1961.

Blumer, H., Critiques of Research in the Social Sciences I. An Appraisal of Thomas and Znaniecki's »The Polish Peasant«, New York: Social Science Research Council Bulletin 44 (1939).

Blumin, St., The Historical Study of Vertical Mobility, in: Social Science Information 8 (1969), S. 43–57; zuerst in: Historical Methods Newsletter 1 (1968).

Boberach, H., Versuch der Erschließung von Serienakten mittels Elektronischer Datenverarbeitung beim Bundesarchiv, in: Der Archivar 21 (1960), S. 299.

Bobinska, C., Historyk-fakt-metoda, Warschau 1964.

Boer, D., Werksarchive in automatisierten Systemen zum Wiederauffinden von Informationen, in: Archiv und Wirtschaft 4 (1968).

Bogue, D. J., Principles of Demography, New York–London–Sidney–Toronto 1969.

Bonjean, C. M., R. J. Hill und *S. D. McLemore*, Continuities in Measurement, 1959–1963, in: Social Forces 43 (1965), S. 532–535.

Ders., R. J. Richard und *S. D. McLemore*, Sociological Measurements: An Inventory of Scales and Indices, San Francisco 1967.

Boring, E. G., History, Psychology and Science, New York 1963.

Ders., The Beginning and Growth of Measurement in Psychology, in: Isis 52 (1961), S. 238–257.

Ders. und *M. D. Boring*, Masters and Pupils Among the American Psychologists, in: American Journal of Psychology 61 (1948), S. 527–534.

Bosl, K., Der »Soziologische Aspekt« in der Geschichte. Wertfreie Geschichtswissenschaft und Idealtypus, in: Historische Zeitschrift 201 (1965), S. 613–630.

Bowden, L. W. und *W. G. Bronner*, Aerial Photography; A Diversified Tool, in: Geoforum 2 (1970), S. 19–32.

Brachmann, B., Die Schriftgutverwaltung in Staat und Wirtschaft, Berlin 1965.

Brandt, A. von, Werkzeug des Historikers, Stuttgart, 4. Aufl. 1969.

Brandt, L. W. und *W. Metzger*, »Reality«, What Does It Mean?, in: Psychological Reports 25 (1969), S. 127–135.

Braude, L., Die verstehende Soziologie: A New Look At an Old Problem, in: Sociology and Social Research 50 (1966), S. 230–235.

Braudel, F., History and the Social Sciences: The Long Term, in: Social Sciences Information 9 (1970), S. 145–174; zuerst als: Histoire et sciences sociales: La longue durée, in: Annales 4 (1958), S. 725–753.

Ders., Civilisation materieux capitalisme, Bd. 1, Paris 1967.

Braun, F. und *F. Rink* (Bearbeiter), Bürgerbuch der Stadt Kaiserslautern 1597–1800, unter Verwendung von Vorarbeiten von *R. Louis* und *H. Bolle*, Kaiserslautern 1965.

Brauneck, A.-E., Zur sozialpsychologischen Bedeutung des Kriminalitätsumfangs, in: Erinnerungsgabe für Max Grünhut, Marburg 1965.

Braunert, H., Zum gegenwärtigen Stand der juristischen Papyrusforschung, Die griechischen Urkunden, in: Zeitschrift für vergleichende Rechtswissenschaft 60 (1957), S. 117–183.

Brayfield, A. H. und *W. H. Crockett*, Employee Attitudes and Employee Performance, in: Psychological Bulletin 52 (1955), S. 396–424.

Brenneke, A., Archivkunde, Ein Beitrag zur Theorie und Geschichte des europäischen Archivwesens, bearb. und ergänzt von *Wolfgang Leesch*, Leipzig 1953.

Bresslau, H., Handbuch der Urkundenlehre für Deutschland und Italien, 1. Bd., 2. Aufl. Leipzig 1912.

Bright, W., Hrsg., Sociolinguistics, Proceedings of the UCLA Sociolinguistics Conference, 1964, Den Haag 1966.

Broadus, R. N., A Citation Study for Sociology, in: American Sociologist 2 (1967), S. 19–20.

Brookover, L. A. und *K. W. Back*, Time Sampling as a Field Technique, in: Human Organization 25 (1965), S. 64–70.

Brosius, D. (Bearbeiter), Stadthagener Stadtrechnungen 1378–1401, Bückeburg 1968.

Brown, J. W., A New Approach to the Assessment of Psychiatric Therapies, unveröffentl. Manuskript, 1960, zitiert nach *E. Webb* u. a., Unobtrusive Measures, a.a.O., S. 38.

Brown, R. R., Explanation in Social Science, Chicago 1963.

Brownlee, J., The History of the Birth and Death Rates in England and Wales, Taken as a Whole from 1570 to the Present Times, in: Public Health 29 (1915–1916).

Brunner, H., Zur Rechtsgeschichte der römischen und germanischen Urkunde, Berlin 1880.

Bruyn, S. T. H., The Human Perspective in Sociology. The Methodology of Participant Observation, Englewood Cliffs, N. J., 1966.

Bücher, K., Die Bevölkerung von Frankfurt am Main im XIV. und XV. Jahrhundert. Socialstatistische Studien, Bd. 1, Tübingen 1886.

Büschges, G., Die Gebietsauswahl als Auswahlmethode in der empirischen Sozialforschung. Charakteristika, Grundlagen, Probleme und Bedeutung, Diss. Köln 1961.

Bulloch, V. L., The Computer and the Historian – Some Tentative Beginnings, in: Computers and the Humanities 1 (1967), S. 61–64.

Burchinal, L. G. und *W. F. Kenkel*, Religious Identification and Occupational Status of Iowa Grooms, in: American Sociological Review 27 (1962), S. 526–532.

Campbell, D. T., Factors Relevant to the Validity of Experiments in Social Settings, in: Psychological Bulletin 54 (1957), S. 297–312.

Ders., Recommendations for APA Test Standards Regarding Construct Trait or Discriminant Validity, in: American Psychologist 15 (1960), S. 546–553.

Ders., The Mutual Methodological Relevance of Anthropology and Psychology, in: *F. L. K. Hsu*, Hrsg., Psychological Anthropology Approaches to Culture and Personality, Homewood, Ill., 1961, S. 333–352.

Ders., Administrative Experimentation, Institutional Records and Non-reactive Measures, in: *B. G. Chandler, E. F. Carlson, F. Bertolaet, C. Byerly, J. Lee* und *R. Sperber*, Hrsg., Research Seminar on Teacher Education, Report on Cooperative Research Project No. G-011 supported by the Cooperative Research Program of the Office of Education, U.S. Department of Health, Education, and Welfare, Northwestern University, August 1963, S. 75–120.

Ders. und *T. H. McCormack*, Military Experience and Attitudes Toward Authority, in: American Journal of Sociology 62 (1957), S. 482–490.

Ders. und *D. W. Fiske*, Convergent and Discriminant Validation by the Multitrait-Multimethod Matrix, in: Psychological Bulletin 56 (1959), S. 81–105.

Ders. und *J. C. Stanley*, Experimental and Quasi-experimental Designs for Research on Teaching, in: *N. L. Gage*, Hrsg., Handbook of Research on Teaching, Chicago 1963, S. 171–246; als separate Publik. Chicago 1968.

Carlson, J., W. Cook und *E. L. Stromberg*, Sex Differences in Conversation, in: Journal of Applied Psychology 20 (1936), S. 727–735.

Carr, E. H., What is History, London 1961.

Carter, L. F., Inadvertent Sociological Theory, in: Social Forces 50 (1971), S. 12–25.

Cartwright, D., Some Principles of Mass Persuasion, in: Human Relations 2 (1949), S. 253–268.

Cartwright, D. S., Ecological Variables, in: *Edgar F. Borgatta* und *W. W. Bohrnstedt*, Hrsg., Sociological Methodology 1969, San Francisco 1969, S. 155–218.

Cavan, R. S., P. M. Hauser und *S. A. Stouffer*, Note on the Statistical Treatment of Life History Material, in: Social Forces 9 (1930), S. 200–203.

Ders. und *K. H. Ranck*, The Family and the Depression: A Study of 100 Chicago Families, Chicago 1938.

Chambers, J. D., The Vale of Trent, 1670–1800: A Regional Study of Economic Change, in: Economic History Review, Supplement Nr. 3, 1957; wieder abgedruckt in: *D. V. Glass* und *D. E. C. Eversley*, Hrsg., Population in History, 1965, S. 327–334.

Ders., Population Change in a Provincial Town: Nottingham, 1700–1800, in: *L. S. Pressnell*, Hrsg., Studies in the Industrial Revolution, 1960; wieder abgedruckt in: *D. V. Glass* und *D. E. C. Eversley*, Hrsg., Population in History, 1965, S. 334–353.

Chapin, F. S., Experimental Designs in Sociological Research, New York 1947.

Chomsky, N., Sprache und Geist, Frankfurt 1969; zuerst als »Language and Mind«, New York 1968.

Christ, Th., A Thematic Analysis of the American Business Creed, in: Social Forces 49 (1970), S. 239–245.

Christensen, H. T., Cultural Relativism and Premarital Sex Norms, in: American Sociological Review 25 (1960), S. 31–39.

Christie, N. J., J. Adenaes und *S. Skirbekk*, A Study of Self-Reported Crime, in: Scandinavian Studies in Criminology, Bd. 1, Oslo und London 1965, S. 86–116.

Churchill, L., Kritik an Cicourel, Method and Measurement in Sociology, in: American Sociological Review 31 (1966), S. 132–134.

Cicourel, A. V., Methode und Messung in der Soziologie, Frankfurt 1970; zuerst New York und London 1964.

Clark, G. K., The Critical Historian, London 1967.

Clark, K., America's Psychologists, Washington 1957.

Clark, W. H., A Study of Some of the Factors Leading to Achievement and Creativity with Special Reference to Religious Skepticism and Belief, in: Journal of Social Psychology 41 (1955), S. 57–69.

Clarke, D. L., Analytical Archaeology, London 1968.

Clubb, J. M. und *H. W. Allen*, Computers and Historical Studies, in: Journal of American History 74 (1967), S. 599–607.

Coats, A. W. und *S. E. Coats,* The Social Composition of the Royal Economic Society and the Beginnings of the British Economics »Profession«, 1890–1915, in: British Journal of Sociology 21 (1970), S. 75–85.
Coch, L. und *J. R. P. French, Jr.,* Overcoming Resistance to Change, in: Human Relations 1 (1948), S. 512–523.
Cole, S. und *J. R. Cole,* Scientific Output and Recognition: A Study in the Operation of the Reward System in Science, in: American Sociological Review 32 (1967), S. 377–390.
Coleman, J. S., E. Katz und *H. Menzel,* Medical Innovation, Indianapolis 1966.
Ders., E. Katz und *H. Menzel,* The Diffusion of an Innovation Among Physicians, in: Sociometry 20 (1957), S. 253–270.
Coleman, R. P. und *B. L. Neugarten,* Social Status in the City, San Francisco 1971.
Collier, J. Jr., Visual Anthropology: Photography as a Research Method, New York 1967.
Connell, K. H., The Population of Ireland, 1750–1845, Oxford 1950.
Cook, R. M., Die Bedeutung der bemalten Keramik für den griechischen Handel, in: Jahrbuch des deutschen archäologischen Instituts 74 (1959), S. 114–123.
Cook, S. W. und *C. Selltiz,* A Multiple-Indicator Approach to Attitude Measurement, in: Psychological Bulletin 62 (1964), S. 36–55.
Coombs, C. H., A Theory of Data, London–New York–Sidney 1964.
Cosper, R., Interviewer Effect in a Survey of Drinking Practices, in: The Sociological Quarterly 13 (1972), S. 228–236.
Couturier, M., Recherches sur les structures sociales de Chateaudun 1525–1789, Paris 1964.
Crittenden, K. S. und *R. J. Hill,* Coding Reliability and Validity of Interview Data, in: American Sociological Review 36 (1971), S. 1073–1080.
Crowald, R. H., Soviet Grave Makers Indicate How Buried Rated with Regime, in: El Universidad (Mexico City), 15. August 1964, Nr. 196, S. 12.
Curti, M. u. a., The Making of an American Community: A Case Study of Democracy in a Frontier County, Stanford, Cal., 1959.
Ders., J. Green und *R. Nash,* Sampling and Correlation, in: *N. Saveth,* Hrsg., 1964, S. 458–476. Ursprünglich unter Titel: Anatomy of Giving: Millionaires in the Late 19th Century, in: American Quarterly 15 (1963), S. 416–435.
Curtin, P. D., The Archives of Tropical Africa: A Reconnaissance, in: Journal of African History 1 (1960), S. 129–147.
Daheim, H., Berufliche Intergenerationen – Mobilität in der komplexen Gesellschaft, in: Kölner Zeitschrift für Soziologie und Sozialpsychologie 16 (1964), S. 92–124.
Dahl, S., The Contacts of Västeras with the Rest of Sweden, in: Lund Studies in Geography, Ser. 3., Human Geography, Nr. 13 (1957), S. 206–243.
Dahm, H., Der 6. Internationale Archivkongreß in Madrid, 2.–7. Sept. 1968, in: Der Archivar 22 (1969), Spalte 1–9.
Dain, A., Introduction à la Paléographie, in: *Charles Samaran,* Hrsg., L'Histoire et ses méthodes, Paris 1961, S. 528–531.
Ders., Paléographie Grecque, in: *Charles Samaran,* Hrsg., L'Histoire et ses méthodes, Paris 1961, S. 532–552.
Danet, B., The Language of Persuasion in Bureaucracy: »Modern« and »Traditional« Appeals to the Israel Customs Authorities, in: American Sociological Review 35 (1971), S. 847–859.
Ders. und *M. Gurevitch,* Presentation of Self in Appeals to Bureaucracy: An Empirical Study of Role Specificity, in: American Journal of Sociology 77 (1972), S. 1165–1190.
Daumard, A. und *F. Furet,* Structures et relations sociales à Paris au 18ᵉ siècle, Paris 1961.
Deane, P. und *W. A. Cole,* British Economic Growth, 1689–1959, Cambridge 1962.
DeFleur, M. L. und *R. M. Petranoff,* A Televised Test of Subliminal Persuasion, in: Public Opinion Quarterly 23 (1959), S. 168–180.
Degerando, J. M., The Observation of Savage People, London 1969, zuerst als: Considération sur les méthodes à suivre dans l'observation des peuples sauvages, Paris 1800.

Delitsch, H., Geschichte der abendländischen Schreibschriftformen, Leipzig 1928.
de Loor, G. P., The Electromagnetic Spectrum From an Equipment Point of View, in: Geoforum 2 (1970), S. 9–16.
Demos, John, A Little Commonwealth: Family Life in Plymouth Colony, New York 1970.
Denholm-Young, N., History and Heraldry, 1254 to 1310: A Study of the Historical Value of the Rolls of Arms, New York 1965.
Denzin, N. K., On the Ethics of Disguised Observation, in: Social Problems 15 (1968), S. 502–505; siehe auch: A Reply to Denzin, S. 505–506.
Ders., The Research Act in Sociology. The Theoretical Introduction to Sociological Methods, Chicago/London 1970.
De Pillis, M. S., Trends in American Social History and The Possibilities of Behavioral Approaches, in: Journal of Social History 1 (1967), S. 37–60.
Dhondt, J., Histoire et reconstitution du passé, in: Revue de l'Institut de Sociologie, Heft 4 (1963), S. 817–841.
Diamond, S., Some Early Uses of the Questionnaire: Views on Education and Immigration, in: Public Opinion Quarterly 27 (1963), S. 528–542.
Dibble, V., Four Types of Inference from Documents to Events, in: History and Theory 3 (1963), S. 203–221.
Dietrich, A., Die arabischen Urkunden, in: Zeitschrift für vergleichende Rechtswissenschaft 60 (1957), S. 211–237.
Dietrich, R., Hrsg., Historische Theorie und Geschichtsforschung, Berlin 1964.
Dollar, Ch. M., Innovation in Historical Research: A Computer Approach, in: Computers and the Humanities 3 (1969), S. 139–151.
Dornbusch, S. und *L. Hickman*, Other-Directedness in Consumer Goods Advertising: A Test of Riesman's Historical Theory, in: Social Forces 38 (1959), S. 99–102.
Douglas, J. D., The Social Meanings of Suicide, Princeton 1967.
Draheim, H., Erdmessung: Elektronik und Satelliten-Geodäsie, in: Der Mensch und die Technik. Technisch-Wissenschaftliche Blätter der Süddeutschen Zeitung, 11. Jg., 151. Ausgabe, 27. 5. 1969, S. 1.
Drake, M., An Elementary Exercise in Parish Register Demography, in: Economic History Review, 2. Serie, 14 (1961/62), S. 427–445.
Ders., Population and Society in Norway 1735–1865, Cambridge 1969.
Droysen, J. G., Historik. Vorlesungen über Enzyklopädie und Methodologie der Geschichte, Darmstadt, 5. unveränd. Aufl. 1967.
Dubester, H. J., State Censuses: An Annotated Bibliography of Censuses of Population Taken After the Year 1790 by States and Territories of the United States, Washington 1948.
DuBois, C. N., Time Magazine's Fingerprints' Study, in: Proceedings: 9th Conference, Advertising Research Foundation, New York 1963.
Duncan, H. G. und *W. L. Duncan*, Shifts in Interests of American Sociologists, in: Social Forces 12 (1933), S. 209–212.
Dundes, A., Here I Sit – A Study of American Latrinalia, in: Kroeber Anthropological Society Papers 34 (1966), S. 91–105.
Durand, J., Mortality Estimates From Roman Tombstone Inscriptions, in: American Journal of Sociology 65 (1960), S. 365–373.
Durkheim, E., Suicide, Paris 1897.
Ebner, A., Die klösterlichen Gebetsverbrüderungen bis zum Ausgang des karolingischen Zeitalters, Münchener Dissertation, Regensburg 1890.
Eckermann, W. und *H. Mohr*, Einführung in das Studium der Geschichte, Berlin 1966.
Elderton, W. P. und *M. E. Ogborn*, The Mortality of Adult Males since the Middle of the Eighteenth Century as Shown by the Experience of Life Assurance Companies, in: Journal of the Royal Statistical Society 56 (1943).
Encisco, J., Design Motifs of Ancient Mexico, New York 1953.
Enders, G., Archivverwaltungslehre, Berlin 1968.

Engel, A. und *R. Serrure,* Traité de numismatique du Moyen-âge, 3 Bde., Paris 1891–1905.

Dies., Traité de numismatique moderne et contemporaine, 2 Bde., Paris 1897–1899.

Etzioni, A., Indicators of the Capacities for Societal Guidance, in: The Annals of the American Academy of Political and Social Science 388 (1970), S. 25–34.

Ders. und *E. W. Lehman,* Some Dangers in »Valid« Social Measurement, in: The Annals of the American Academy of Political and Social Science 373 (1967), S. 1–15.

Eulenburg, F., Die Frequenz der deutschen Universitäten von ihrer Gründung bis zur Gegenwart, in: Abhandlungen der philologisch-historischen Classe d. K. Sächsischen Gesellschaft der Wissenschaften, Leipzig 1906.

Eversley, D. E. C., A Survey of Population in an Area of Worcestershire from 1660 to 1850 on the Basis of Parish Registers, in: Population Studies 10 (1957); wieder abgedruckt in: *David V. Glass* und *D. E. C. Eversley,* Hrsg., Population in History, 1965, S. 394–419.

Ewald, W., Siegelmißbrauch und Siegelfälschung im Mittelalter, in: Westdeutsche Zeitschrift für Geschichte und Kunst (Trier), Bd. 39, 1911.

Ders., Siegelkunde, in: Handbuch der mittelalterlichen und neueren Geschichte, IV. Abteilung, Hilfswissenschaften und Altertümer, hrsg. von *G. v. Below* und *F. Meinecke,* München 1914.

Faber, K.-G., Theorie der Geschichtswissenschaft, München 1971.

Federow-Davydov, G. A., On Dating Types of Artefacts from Burial Assemblages, in: Soviet Anthropology and Archeology 5 (1966), S. 22–33; zuerst in Russisch, in: Sovetskaja Arkheologia, Nr. 3, 1965, S. 50–65.

Ferber, Chr. von, Die Entwicklung des Lehrkörpers der deutschen Universitäten und Hochschulen 1864–1954, Untersuchungen zur Lage der deutschen Hochschullehrer, Bd. 3, Göttingen 1956.

Ders., L. von Ferber, K. Kohlhausen und *H. Silomon,* Die Aussagefähigkeit der kassenärztlichen Begründungen der Arbeitsunfähigkeit für die Analyse von Krankenständen, in: Arbeitsmedizin, Sozialmedizin, Arbeitshygiene 7 (1972), S. 1–7.

Ferro, M., 1917: History and Cinema, in: Journal of Contemporary History 3 (1968), S. 45–61.

Ficker, J., Beiträge zur Urkundenlehre, 2 Bde., 1877–1878.

Fiedler, F. E., The Nature of Teamwork, in: Discovery, Februar 1962.

Ders., J. S. Dodge, R. E. Jones und *E. B. Hutchins,* Interrelations Among Measures of Personality Adjustment in Nonclinical Populations, in: Journal of Abnormal and Social Psychology 56 (1958), S. 345–351.

Finberg, H. P. R., Hrsg., Approaches to History, hrsg. von *H. P. R. Finberg,* Toronto 1962; Review Article, in: History and Theory 4 (1964), S. 123–127.

Finley, M. I., Archaeology and History, in: Daedalus, 100, Nr. 1, 1971, S. 168–186.

Fischer, D., Die deutsche Geschichtswissenschaft von J. G. Droysen bis O. Hintze in ihrem Verhältnis zur Soziologie. Grundzüge eines Methodenproblems, Köln 1966, Köln phil. Diss. von 1966.

Fisher, J., The Making of Index Numbers, Boston 1923.

Flaskämper, P., Bevölkerungsstatistik, Teil II, Bd. 1 des Grundrisses der Sozialwissenschaftlichen Statistik, Hamburg 1962.

Flinn, M. W., British Population Growth, 1700–1850, London 1970.

Forbes, G. B. und *H. F. Gromoll,* The Lost-Letter Technique as a Measure of Social Variables. Some Exploratory Findings, in: Social Forces 50 (1971), S. 113–115.

Fowler, E. M., Help-wanted Ads Show Sharp Rise, in: New York Times, 13. Mai, 1962, III, 1.

Friedensburg, F., Münzkunde und Geldgeschichte der Einzelstaaten, München und Berlin 1926.

Friedman, N., The Social Nature of Psychological Research, New York 1967.

Ders., D. Kurland und *R. Rosenthal,* Experimenter Behavior as an Unintended Determinant of Experimental Results, in: Journal of Projective Techniques and Personality Assessment 29, S. 479–490.

Frings, T., Sprache und Geschichte, Halle 1956.

Fry, C. L., The Religious Affiliations of American Leaders, in: Scientific Monthly 36 (1933), S. 241–249.

Furbey, R. A., An Examination of Some Influential Views on the Relationship between Sociology and History and the Use of Historical Material in Sociological Research, in: Sociological Analysis 2 (1972), S. 59–63.

Gaertner, S. und *L. Bickman*, A Nonreactive Indicator of Racial Discrimination: The Wrong Number Technique, in: *L. Bickman* und *Th. Henchy*, Hrsg., Beyond the Laboratory: Field Research in Social Psychology, New York etc. 1972, S. 162–169.

Galbreath, D. D., Handbüchlein der Heraldik, 2. Aufl. Lausanne 1948.

Galton, F., Hereditary Genius, New York 1870.

Ders., The Measure of Fidget, in: Nature 32 (1885), S. 174–175.

Galtung, J., Theory and Methods of Social Research, Oslo 1967.

Gardin, J.-C., Semantic Analysis Procedures in the Sciences of Man, in: Social Science Information 8 (1969), S. 17–42.

Garfinkel, H., Studies in Ethnomethodology, Englewood Cliffs, N. J., 1967.

Gautier, E. und *L. Henry*, La Population de Crulai, Paroisse Normande, Paris 1958.

Gebhart, H., Numismatik und Geldgeschichte, Heidelberg 1949.

Gecas, V., Motives and Aggressive Acts in Popular Fiction: Sex and Class Differences, in: American Journal of Sociology 77 (1972), S. 680–696.

Gerbner, G., Cultural Indicators: The Case of Violence in Television Drama, in: Annals of the American Academy of Political and Social Science 388 (1970), S. 69–81.

Gerschenkron, A., Continuity in History and Other Essays, Cambridge, Mass., 1968.

Ghiselli, E. E. und *C. W. Brown*, Personnel and Industrial Psychology, New York, 2. Aufl. 1955.

Gille, H., The Demographic History of the Northern European Countries in the Eighteenth Century, in: Population Studies 3 (1949/50), S. 3–18.

Glaser, B. G., The Constant Comparative Method of Qualitative Analyses, in: Social Problems 12 (1965), S. 436–445.

Ders. und *A. L. Strauss*, Discovery of Substantive Theory: A Basic Strategy Underlying Qualitative Research, in: American Behavioral Scientist 8 (1965), S. 5–12.

Ders. und *A. L. Strauss*, The Discovery of Grounded Theory: Strategies for Qualitative Research, Chicago 1967.

Glass, D. V., Gregory King's Estimate of the Population of England and Wales, 1695, in: Population Studies 2 (1950).

Ders. und *D. E. C. Eversley*, Hrsg., Population in History: Essays in Historical Demography, Chicago 1965.

Ders., Population and Population Movements in England and Wales, 1700 to 1850, in: *ders.* und *D. E. C. Eversley*, Hrsg., Population in History, 1965, S. 221–246.

Ders., Introduction to »Population in History«, hrsg. von *Glass* und *Eversley*, 1965, S. 1–22.

Glass, J. und *H. Frankiel*, The Influence of Subjects on the Researcher: A Problem in Observing Social Interaction, in: Pacific Sociological Review 11 (1968), S. 75–80.

Glock, C. Y., Survey Design and Analysis in Sociology, in: *ders.*, Hrsg., Survey Research in the Social Sciences, New York 1967, S. 1–62.

Goldman, N., The Differential Selection of Juvenile Offenders for Court Appearance, Washington 1963.

Gollmer, R. und *J. Karup*, Die Sterblichkeit nach Todesursachen unter den Versicherten der Gothaer Lebensversicherungsbank in Deutschland 1829–1878, in: Jahrbuch f. Nat. und Statistik, N. F., 20 (1890), S. 441–491.

Goode, W. und *P. K. Hatt*, Methods in Social Research, New York 1952.

Goodrich, D. W., The Choice of Situation For Observational Studies of Children, in: American Journal of Orthopsychiatry 29 (1959), S. 227–234.

Goswamy, B. N., The Records Kept by Priests at Centres of Pilgrimage as a Source of Social and Economic History, in: Indian Economic and Social History Review 3 (1966), S. 174–184.

Gottschalk, L., C. Kluckhohn und *R. Angell,* The Use of Personal Documents in History, Anthropology and Sociology, Bulletin 53, New York: Social Science Research Council 1945.

Goubert, P., Une richesse historique en cours d'exploitation. Les registres paroissiaux, in: Annales 9 (1954), S. 83–93.

Ders., Des registres paroissiaux a l'histoire (indications pratiques et orientations de recherches), in: Bulletin d'histoire moderne et contemporaine 1956, S. 5–11.

Gould, L. C., The Changing Structure of Property Crime in an Affluent Society, in: Social Forces 48 (1969), S. 50–59.

Greenwood, E., Experimental Sociology. A Study in Method, New York 1945.

Greven, Ph., Four Generations: Population, Land and Family in Colonial Andover, Massachusetts, Ithaca 1970.

Griffith, G. T., Population Problems of the Age of Malthus, Cambridge 1926, Neuauflage 1967.

Griffith, R. M., Odds Adjustment by American Horse Race Betters, in: American Journal of Psychology 62 (1949), S. 290–294.

Gritzner, E., Heraldik, in: Grundriß der Geschichtswissenschaft, hrsg. von *A. Meister,* 2. Aufl. Leipzig 1912.

Grossmann, R., Sensory Intuition and the Dogma of Localization, in: Inquiry 5 (1962), S. 238–252.

Grüll, G., Der Bauer im Lande ob der Enns am Ausgang des 16. Jahrhunderts. Abgaben und Leistungen im Lichte der Beschwerden und Verträge von 1597–1598, Wien–Köln–Graz 1969.

Grusky, O., Managerial Succession and Organizational Effectiveness, in: American Journal of Sociology 69 (1963/64), S. 21–31 (b).

Ders., The Effects of Formal Structure on Managerial Recruitment: A Study of Baseball Organization, in: Sociometry 26 (1963), S. 345–353 (a).

Guilford, J. P, The Relation of Intellectual Factors to Creative Thinking in Science, in: *C. Taylor,* Hrsg., The 1955 University of Utah Research Conference on the Identification of Creative Scientific Talent, Salt Lake City 1956, S. 69–95.

Guion, R. M., Criterion Measurement and Personnel Judgements, in: Personnel Psychology 14 (1961), S. 141–149.

Habermas, J., Zur Logik der Sozialwissenschaften, Sonderheft der Philosophischen Rundschau, Beiheft 5, Tübingen 1967, Neuaufl. Frankfurt 1970.

Habenstein, R. W., Hrsg., Pathways to Data, Chicago 1970.

Hadden, J. K. und *E. F. Boratta,* American Cities: Their Social Characteristics, Chicago 1965.

Halbwachs, M., Les causes du suicide, Paris 1930.

Hamer, P. M., Hrsg., A Guide to Archives and Manuscripts in the United States, New Haven, Conn., 1961.

Hammerich, K., Kritische Untersuchung zur Freizeitpädagogik, Ratingen 1971.

Hammond, B., Urban Death Rates in the Early Nineteenth Century, in: Economic History 1 (1926–9).

Harder, Th., Werkzeug der Sozialforschung, Köln 1969.

Hartwig, H., Aufgaben des Vertrauensärztlichen Dienstes, in: Die Ortskrankenkasse 1970, S. 568 ff.

Hays, S. P., Computers and Historical Research, in: *Edmund A. Bowles,* Hrsg., Computers in Humanistic Research, Readings and Perspectives, Englewood Cliffs, N. J., 1967.

Heimpel, H. und *H. Geuss,* Hrsg., *Dahlmann-Waitz:* Quellenkunde der Deutschen Geschichte, 10. Aufl., Bd. 1, Stuttgart 1969.

Henripin, J., La population canadienne au début du XVIIIe siecle, cahier no. 23 der Travaux et documents de l'Institut National d'Etudes Démographiques, Paris 1954.

Henry, L., Anciennes familles Genevoises, Paris 1956.

Ders., Réflexions sur l'observation en démographie, in: Population 18 (1963), S. 233–262.

Ders., Manuel de démographie historique, Paris 1967.

Henle, M. und *M. B. Hubble,* »Egocentricity« in Adult Conversation, in: Journal of Social Psychology 9 (1938), S. 227–234.

Herron, R. E. und *M. J. Frobish,* Computer Analysis and Display of Movement Patterns, in: Journal of Experimental Child Psychology 8 (1969), S. 40–44.

Hill, R. J., Kritik an *E. J. Webb u. a.,* Unobtrusive Measures, in: American Sociological Review 31 (1966), S. 565.

Hillebrandt, R. H., Panel Design and Time-Series Analysis, unveröffentl. MA-These, Northwestern University 1962, zitiert nach *E. Webb* u. a., Unobtrusive Measures, a.a.O., S. 90.

Historical Statistics of the United States, Colonial Times to 1957: A Statistical Abstract Supplement. Prepared by the Bureau of the Census with the Cooperation of the Social Science Research Council, Washington, D. C.: U.S. Department of Commerce, Bureau of the Census, 1960.

Hjellum, T. und *K. Salhus,* Rekrutteringen til storting og statsrad i Norge 1814–1965, Paper Presented at the First Nordic Conference in Political Science, Oslo, Juni 1956.

Ho, P.-T., Aspects of Social Mobility in China, 1368–1911, in: Comparative Studies in Society and History 1 (1958/59), S. 330–359.

Hocking, E., The Laboratory in Perspective: Teachers, Strategies, Outcomes, in: Modern Language Journal 53 (1969), S. 404–410.

Hoffmann, St. Besprechung von Duncan MacRae, Jr., Parliament, Parties, and Society in France, 1946–1958, in: American Historical Review 74 (1969), S. 1298–1300.

Hofstadter, R., History and the Social Sciences, in: *F. Stern,* Hrsg., The Varieties of History, New York 1956.

Hollingsworth, T. H., A Demographic Study of the British Ducal Families, in: Population Studies 11, 1957; wieder abgedruckt in: *D. V. Glass* und *D. E. .C Eversley,* Hrsg., Population in History, 1965, S. 354–378.

Ders., The Demography of the British Peerage, Supplement der »Population Studies« 18 (1964).

Ders., The Importance of the Quality of the Data in Historical Demography, in: Daedalus, Frühj. 1968, S. 424–425.

Hollister, C. W., The Norman Conquest and the Genesis of English Feudalism, in: American Historical Review 66 (1960/61), S. 641–663.

Holt, B. W. G., Social Aspects in the Emergence of Chemistry as an Exact Science: The British Chemical Profession, in: British Journal of Sociology 21 (1970), S. 181–199.

Hoskins, W. G., Provincial England, London 1963.

Hughes, H. St., The Historian and the Social Scientist, in: American Historical Review 66 (1960/61), S. 20–46.

Hummell, H. J., Probleme der Mehrebenenanalyse, Stuttgart 1972.

Hyman, H. u. a., Interviewing in Social Research, Chicago 1954.

Ianni, F. A., Residential and Occupational Mobility as Indices of the Acculturation of an Ethnic Group, in: Social Forces 36 (1957/58), S. 65–72.

Imhoff, A., Über die Möglichkeiten internationaler Meinungsbeeinflussung um die Mitte des 16. Jahrhunderts am Beispiel des großen Bauernaufruhrs in Südschweden 1542/43, in: Vierteljahresschrift für Sozial- und Wirtschaftsgeschichte 59 (1972), S. 153–181.

Inama-Sternegg, K. Th., Über Urbarien und Urbarialaufzeichnungen, in: Archivalische Zeitschrift 2 (1877), S. 26–52.

János, N., A Paleodemográfia Kutatások Archeológiai és Antropológiai Feltételei, in: Demográfia 13 (1970), S. 32–72.

Jenkins, H. und *D. C. Jones,* Social Class of Cambridge University Alumni of the 18th and 19th Centuries, in: British Journal of Sociology 1 (1950), S. 93–116.

Jenniches, K. M., Der Beifall als Kommunikationsmuster im Theater, in: Kölner Zeitschrift für Soziologie und Sozialpsychologie 21 (1969), S. 569–584.

Jensen, R. und *Ch. M. Dollar,* Quantitative Historical Research, New York 1970.

Johnson, H. C., The Public Record Office and its Problems, in: Bulletin of the Institute of Historical Research 42, Nr. 105 (1969), S. 86–95.

Jung, J., Hrsg., The Experimenter's Dilemma, New York–Evanston 1971.

Kadushin, Ch., J. Hover und *M. Tichy*, How and Where to Find Intellectual Elite in the United States, in: Public Opinion Quarterly 35 (1971/72), S. 1–18.

Kahn, R. L. und *Ch. F. Cannell*, The Dynamics of Interviewing, New York 1957.

Karup, J., R. Gollmer und *Florschütz*, Aus der Praxis der Gothaer Lebensversicherungsbank, Jena 1902.

Katz, E., M. Gurevitch, B. Danet und *I. Peled*, Petitions and Prayers: A Method for the Content Analysis of Persuasive Appeals, in: Social Forces 47 (1969), S. 477–483.

Ders. und *B. Danet*, Petitions and Persuasive Appeals: A Study of Official – Client Relations, in: American Sociological Review 31 (1966), S. 811–822.

Kaupen, H. und *W. Kaupen*, Der Einfluß gesellschaftlicher Wertvorstellungen auf die Struktur der Deutschen Studentenschaft, in: Kölner Zeitschrift für Soziologie und Sozialpsychologie 16 (1964), S. 125–140.

Kehr, P., Hrsg., Regesta pontificium Romanorum; speziell: Italia pontificia, 1–7, 2, 1906 f.

Ders., Einleitung zur Edition der Urkunden Heinrichs III., Monumenta Germaniae Historica, Dipl. 5, Hannover 1931.

Kerr, W. A. und *H. H. Remmers*, Cultural Values of 100 Representative Magazines, in: School and Society 54 (1941), S. 476–480.

Keyser, E., Die Geschichtswissenschaft. Aufbau und Aufgaben, München und Berlin 1931.

Kirn, P., Einführung in die Geschichtswissenschaft, Berlin, 3. Aufl., 1959.

Kitsuse, J. I. und *A. V. Cicourel*, A Note on the Uses of Official Statistics, in: Social Problems 11 (1963), S. 131–139.

Klewitz, H. W., Urkundenforschung und Geschichtswissenschaft, in: Geistige Arbeit 6 (1939).

Knox, J. B., Absenteeism and Turnover in an Argentine Factory, in: American Sociological Review 26 (1961), S. 424–428.

Knudsen, D. D. und *T. R. Vaughan*, Quality in Graduate Education: A Re-Evaluation of The Rankings of Sociology Departments in the Cartter Report, in: American Sociologist 4 (1969), S. 12–19.

Kocka, J., Unternehmensverwaltung und Angestelltenschaft am Beispiel Siemens 1847–1914. Zum Verhältnis von Kapitalismus und Bürokratie in der deutschen Industrialisierung, Stuttgart 1969.

König, R., Soziologie Heute, Zürich 1949.

Ders., Stichwort »Interview«, in: *W. Bernsdorf* und *F. Bülow*, Hrsg., Wörterbuch der Soziologie, Stuttgart 1955.

Ders., Praktische Sozialforschung, in: *ders.*, Hrsg., Das Interview, Praktische Sozialforschung 1, Köln–Berlin, S. 13–33, 7. Aufl. 1972.

Ders., Sammelbesprechung zu »Soziologie und Geschichte«, in: Kölner Zeitschrift für Soziologie und Sozialpsychologie 12 (1960), S. 302–311.

Ders., Die Beobachtung, in: *ders.*, Hrsg., Handbuch der empirischen Sozialforschung, Bd. 1, Stuttgart, 2. Aufl., 1967, S. 107–135.

Komarovsky, M., The Unemployed Man and His Family. The Effect of Unemployment Upon the Status of the Man in Fifty-nine Families, New York 1940.

Krause, J. T., Changes in English Fertility and Mortality, 1781–1850, in: Economic History Review, 2. Serie, 11 (1958), S. 52–70.

Ders., Some Implifications of Recent Work in Historical Demography, in: Comparative Studies in Society and History 1 (1958/59), S. 164–188.

Ders., The Changing Adequacy of English Registration, 1690–1837, in: *D. V. Glass* und *D. E. C. Eversley*, Hrsg., Population in History 1965, S. 379–393.

Krausnick, H., Die Zeitgeschichtliche Forschung in Europa, in: Vierteljahreshefte für Zeitgeschichte 15 (1967), S. 105.

Krenzlin, A., Das Wüstungsproblem im Lichte ostdeutscher Siedlungsforschung, in: Zeitschrift für Agrargeschichte und Agrarsoziologie 7 (1959), S. 153–169.

Kunath, M., Die Archivierung akustischer Quellen, in: Der Archivar 21 (1968), S. 263–270.

Kunz, G., Beobachtung, in: *W. Bernsdorf*, Hrsg., Wörterbuch der Soziologie, Stuttgart, 2. Aufl. 1969, S. 89–97.

Ders., Interview, in: *W. Bernsdorf*, Hrsg., Wörterbuch der Soziologie, Stuttgart, 2. Aufl. 1969, S. 498–514.

Ladurie, E. L., Les paysans du Languedoc, Paris 1969.

Ders. und *P. Dumont*, Quantitative and Cartographical Exploitation of French Military Archives, 1819–1826, in: Daedalus 100 (1971), S. 397–441.

Lange, D. K., R. K. Baker und *S. J. Ball*, Mass Media and Violence, Washington 1969.

Laslett, P., The World We Have Lost, London 1965.

LaSorte, M. A., Replication as a Verification Technique in Survey Research: A Paradigm, in: The Sociological Quarterly 13 (1972), S. 218–227.

Lasswell, H. D., The World Attention Survey, in: Public Opinion Quarterly 5 (1941), S. 456–462.

Lazarsfeld, P. F., Evidence and Inference in Social Research, in: *Daniel Lerner*, Hrsg., Evidence and Inference, Glencoe, Ill., 1958, S. 107–138.

Libby, W. I., Accuracy of Radio-Carbon Dates, in: Science 140 (1963), S. 278–280.

Lieberson, St., Bilingualism in Montreal: Demographic Analysis, in: American Journal of Sociology 71 (1965), S. 10–25.

Ders., Language and Ethnic Relations in Canada, New York 1970

Lindsay, J., The Writing on the Wall, London 1960.

Linsky, A. S., Theories of Behavior and the Image of the Alcoholic in Popular Magazines 1900–1966, in: Public Opinion Quarterly 34 (1970), S. 573–581.

Lipset, S. M., Hrsg., Politics and the Social Sciences, New York, N.Y., 1969.

Ders. und *R. Hofstadter*, Hrsg., Sociology and History: Methods, New York 1968.

Lodge, G. T., Pilot Stature in Relation to Cockpit Size: A Hidden Factor in Navy Jet Aircraft Accidents, in: American Psychologist 17 (1963), S. 468 (Abstract).

Löbsack, T., Mit Tarnkappe und Katzenaugen, in: Die Zeit, Nr. 26, Freitag 27. 6. 1969, 24. Jg., S. 53–54.

Löcsei, P., Rechtlich Geschiedene und tatsächlich Geschiedene im II. Budapester Bezirk. Untersuchung über den Familienstand der Partner zerrütteter Ehen, in: Kölner Zeitschrift für Soziologie und Sozialpsychologie 19 (1967), S. 672–697.

Lombroso, C., The Man of Genius, London 1891.

Lomas, H. D. und *G. Weltman*, What the Walls Say Today: A Study of Contemporary Graffiti. Paper Presented at the Meeting of the American Psychiatric Association, Atlantic City, N.J., 1966.

Long, N. E., Indicators of Change in Political Institutions, in: The Annals of the American Academy of Political and Social Science 388 (1970), S. 35–45.

Lovejoy, C. O., Methods for the Detection of Census Errors in Palaeodemography, in: American Anthropologist 73 (1971), S. 101–109.

Lucas, D. B. und *S. H. Britt*, Advertising Psychology and Research, New York 1950.

Ders. und *S. H. Britt*, Measuring Advertising Effectiveness, New York 1963.

Lucas, R. A., Men in Crisis. The Study of a Mine Disaster, New York 1970.

Ludz, P. C., Parteielite im Wandel, Köln–Opladen, 2. Aufl., 1968.

Lundberg, G. A., The Interests of Members of the American Sociological Society 1930, in: American Journal of Sociology 37 (1931), S. 458–460.

Luschin von Ebengreuth, A., Allgemeine Münzkunde und Geldgeschichte des Mittelalters und der neueren Zeit, 2. Aufl. München 1926.

Mabley, J., Mabley's Report, in: Chicago American, vom 22. Januar 1963, Nr. 62, S. 3.

McCall, D. F., Africa in Time-Perspective: A Discussion of Historical Reconstruction From Unwritten Sources, Boston und New York 1964.

McClelland, D. C., The Achieving Society, Princeton 1961.
McHale, J., The Ecological Context, London 1971.
MacRae, Donald G., Some Sociological Prospects, in: Transactions of the Third World Congress of Sociology, London 1956, Bd. 8.
Mallon, J., Paléographie Romaine, in: *Ch. Samaran*, Hrsg., L'Histoire et ses méthodes, Paris 1961, S. 553–584.
Mann, P. H., Methods of Sociological Enquiry, Oxford 1968.
Manuel, F. E., The Use and Abuse of Psychology in History, in: Daedalus 100 (1971), S. 187–213.
Marbe, K., Über Geburtstag, Lebensalter und Langlebigkeit, in: Zeitschrift für Altersforschung 4 (1944).
Marczewski, J., Introduction à l'histoire quantitative, Genf 1965.
Ders., Quantitative History, in: Journal of Contemporary History 3 (1968), S. 190 ff.
Marsh, D. C., The Changing Social Structure of England and Wales, 1871–1951, London–New York 1958.
Marsh, R. M., The Mandarins: The Circulation of Elites in China, 1600–1900, New York 1961.
Matilla, M. A., Les Archives vivantes de l'Administration, Madrid 1968.
Mechanic, D. und *E. H. Volkart*, Stress, Illness Behavior and the Sick Role, in: American Sociological Review 26 (1961), S. 51–58.
Meisner, H. O., Archivalienkunde vom 16. Jahrhundert bis 1918, Leipzig 1969.
Melbin, M., Organization Practice and Individual Behavior: Absenteeism Among Psychiatric Aides, in: American Sociological Review 26 (1961), S. 14–23.
Melton, A. W., Distribution of Attention in Galleries in a Museum of Science and Industry, in: Museum News 13 (1936), Nr. 3, S. 5–8.
Mencher, S., The Problem of Measuring Poverty, in: British Journal of Sociology 18 (1967), S. 1–12.
Meyer, E., Zur Theorie und Methodik der Geschichte, Halle 1902.
Middleton, R., Fertility Values in American Magazine Fiction: 1916–1956, in: Public Opinion Quarterly 24 (1960), S. 139–143.
Mikoletzky, H. L., Quellenkunde des Mittelalters, in: Mitteilungen des Österreichischen Instituts für Geschichtsforschung 58 (1950).
Milgram, St., Comment on A. Wicker, in: Public Opinion Quarterly 33 (1969), S. 263–264.
Mills, F. C., The Behavior of Prices, New York 1927.
Mindak, W. A., A. Neibergs und *A. Anderson*, Economic Effects of the Minneapolis Newspaper Strike, in: Journalism Quarterly 40 (1963), S. 213–218.
Mink, L. O., The Autonomy of Historical Understanding, in: History and Theory 5 (1966), S. 24–47.
Mitchell, W. C., Index Numbers of Wholesale Prices in the U.S. and Foreign Countries: I. The Making and Using of Index Numbers, Bulletin Nr. 284, Washington 1921.
Momsen, I. E., Die Bevölkerung der Stadt Husum von 1769 bis 1860. Versuche einer historischen Sozialgeographie, Kiel 1969.
Morgenstern, O., On the Accuracy of Economic Observations, 2. Aufl. Princeton 1963.
Morris, Ch., Signification and Significance: A Study of the Relations of Signs and Values, Cambridge, Mass., 1964.
Mosteller, F., Use as Evidenced by an Examination of Wear and Tear on Selected Sets of ESS, in: *K. Davis* u. a., A Study of the Need for a New Encyclopedic Treatment of the Social Sciences, unveröffentlichtes Manuskript, 1955, S. 167–174, zitiert nach *Webb* u. a., Unobtrusive Measures, a.a.O., S. 38.
Ders. und *O. L. Wallace*, Inference in an Authorship Problem; A Comparative Study of Discrimination Methods Applied to the Authorship of the Federalist Papers, in: Journal of the American Statistical Association 58 (1963), S. 275–309.
Mudgett, B. D., Index Numbers, New York 1951.

Mullens, R. H., Jr., Analysis of Urban Residential Environments Using Color Infra-red Aerial Photography: An Examination of Socioeconomic Variables and Physical Characteristics of Selected Areas in the Los Angeles Basin, Riverside and Los Angeles: Department of Geography, University of California, Riverside and Los Angeles 1969.

Murphy, G., L. B. Murphy und *T. M. Newcomb*, Experimental Social Psychology: An Interpretation of Research Upon the Socialization of the Individual, überarbeitete Aufl., New York 1937.

Myers, O. H., Some Applications of Statistics to Archaeology, Kairo 1950.

Nan, L. und *C. E. Nelson*, Bibliographical Reference Patterns in Core Sociological Journals, 1965–1966, in: American Sociologist 4 (1969), S. 47–50.

Naroll, R., The Preliminary Index of Social Development, in: American Anthropologist 58 (1956), S. 687–715.

Ders., Controlling Data Quality, in: Series Research in Social Psychology, Symposia Studies Series 4 (1960), S. 7–12.

Ders., Two Solutions to Galton's Problems, in: Philosophy of Science 28 (1961), S. 15–39.

Ders., Data Quality Control, Glencoe, Ill., 1962.

National Advertising Company, Shopping Center Research Study, Bedford Park, Ill., 1963.

Neumann, B., Identität und Rollenzwang. Zur Theorie der Autobiographie, Frankfurt 1970.

Nevins, A., The Oral History Collection of Columbia University, New York: Oral History Research Office, Bd. 1, 1964.

Newcomb, R. M., An Example of the Applicability of Remote Sensing: Historical Geography, in: Geoforum 2 (1970), S. 89–93.

O'Connor, N., Hrsg., Recent Soviet Psychology, New York 1961.

Odum, H. W., American Sociology: The Story of Sociology in the United States Through 1950, New York 1950.

Olson, M., An Analytic Framework for Social Reporting and Policy Analysis, in: Annals of the American Academy of Political and Social Science 388 (1970), S. 112–126.

Orne, M. T., On the Social Psychology of the Psychological Experiment: With Particular Reference to Demand Characteristics and Their Implications, in: American Psychologist 17 (1962), S. 776–783.

Oromaner, M. J., The Most Cited Sociologists: An Analysis of Introductory Text Citations, in: American Sociologist 3 (1968), S. 124–126.

Ders., Comparison of Influentials in Contemporary American and British Sociology, in: British Journal of Sociology 21 (1970), S. 324–332.

Palmström, H., The Census of Population in Norway, August 15th 1769, in: Nordic Statistical Journal 8 (1929), S. 371–380.

Panel on Privacy and Behavioral Research, in: Science 155 (1967), S. 535–538.

Pappi, F. U., Aggregatdatenanalyse, München 1973.

Parish, W. J., Jr. und *M. Schwartz*, Household Complexity in Nineteenth Century France, in: American Sociological Review 37 (1972), S. 154–173.

Parker, E. B., The Effects of Television on Public Library Circulation, in: Public Opinion Quarterly 27 (1963), S. 578–589.

Ders., The Impact of Radio Book Review Program on Public Library Circulation, in: Journal of Broadcasting 8 (1964), S. 353–361.

Ders. u. a., Bibliographic Citations as Unobtrusive Measures of Scientific Communication, Palo Alto, Calif.: Stanford University, Institute for Communication Research 1967.

Pascal, R., Die Autobiographie, Stuttgart 1965.

Pedersen, D. M., Recording, Analyzing, and Displaying Spatio-Temporal Position Data, in: Perceptual and Motor Skills 30 (1970), S. 978.

Pelletier, A. J., Canadian Censuses of the Seventeenth Century, in: Papers and Proceedings of the Canadian Political Science Association 2 (1930), S. 20–34.

Pfautz, H., The Image of Alcohol in Popular Fiction: 1900–1904 and 1946–1950, in: Quarterly Journal for Studies on Alcohol 23 (1962), S. 131–146.

Phillips, D. L., Knowledge From What? Theories and Methods in Social Research, Chicago 1971.

Ders. und *K. J. Clancy*, Some Effects of »Social Desirability« in Survey Studies, in: American Journal of Sociology (1972), S. 921–940.

Pichler, F. und *W. Sittig*, Die Urbare, urbarische Aufzeichnungen und Grundbücher der Steiermark. Gesamtverzeichnis. Mit Ausschluß der Herrschaften und Güter der ehemaligen Untersteiermark. Unter Berücksichtigung landschaftlicher Steuerregister, der »Gültschätzung 1542« und der Theresianischen Steuerrektifikation, I. Teil A–J., Graz 1967.

Pihlblad, C. T. und *D. Aas*, Residential and Occupational Mobility in an Area of Rapid Industrialization in Norway, in: American Sociological Review 25 (1960), S. 369–375.

Poitrineau, A., La vie rurale en Basse-Auvergne au XVIIIe siècle, 1726–1789, 2 Bde., Paris 1965.

Politz Media Studies, The Readers of »The Saturday Evening Post«, Philadelphia 1958.

Popitz, H., Über die Präventivwirkung des Nichtwissens. Dunkelziffer, Norm und Strafe, Tübingen 1968.

Prinzing, F., Handbuch der medizinischen Statistik, 2. Aufl. Jena 1931.

Raisch, H., Das Esslinger Urbar von 1304. Esslingen 1966. Stadtarchiv Esslingen am Neckar.

Rashevsky, N., Looking at History through Mathematics, Cambridge, Mass., 1968.

Rau, R., Hrsg., Die ältesten Tübinger Steuerlisten, Tübingen 1970.

Redlich, O., Traditionsbücher, in: Deutsche Geschichtsblätter 1 (1900), S. 89–98.

Reisner, R., Graffiti, New York 1967.

Renfrew, C. u. a., Obsidian in the Aegean, in: Annual of the British School at Athens 60 (1965), S. 225–247.

Ders. und *J. S. Peacy*, Aegean Marble: A Petrological Study, in: Annual of the British School at Athens 63 (1968), S. 45–66.

Renouvin, P., Die öffentliche Meinung in Frankreich während des Krieges 1914–1918, in: Vierteljahreshefte für Zeitgeschichte 18 (1970), S. 239–273.

Richet, D., Croissance et blocages en France du XVe au XVIIIe siècle, in: Annales: Economies, sociétés, civilisations 23 (1968), S. 759–787.

Röder, W., Erschließung von Quellen zur deutschen Emigration, 1933–1945, in: Vierteljahreshefte für Zeitgeschichte 17 (1969), S. 339.

Roens, B. B., New Findings From Scott's Special Advertising Research Study, in: Proceedings of the 7th Annual Conference, Advertising Research Foundation, New York 1961, S. 65–70.

Rokeach, M. und *S. Parker*, Values as Social Indicators of Poverty and Race Relations in America, in: Annals of the American Academy of Political and Social Science 388 (1970), S. 97–111.

Rokkan, St., Geography, Religion and Social Class: Cross-Cutting Cleavages in Norwegian Politics, in: *S. M. Lipset* und *S. Rokkan*, Hrsg., Party Systems and Voter Alignments, New York 1967.

Ders., Centre Formation, Nation-Building and Cultural Diversity: Report on a Symposium Organized by UNESCO, in: Social Science Information 8 (1969), S. 85–99.

Ders. und *K. Salhus*, Changes in the Channels of Recruitment to Parliament: Specimen Tables for three Countries, Paper Presented at the UNESCO Symposium, Gothenburg, August 1968.

Ders. und *F. Aarebrot*, The Norwegian Archive of Historical Ecological Data: Progress Report. August 1968, in: Social Science Information 8 (1969), S. 77–84.

Rosenberg, M. J., The Conditions and Consequences of Evaluation Apprehension, in: *Robert Rosenthal* und *R. Rosnow*, Hrsg., Artifact in Behavioral Research, New York 1969.

Ross, H. L. und *D. T. Campbell*, Time Series Data in the Quasi-Experimental Analysis of the Connecticut Speeding Crackdown, unveröffentlichtes Manuskript, zitiert nach *Webb* u. a. Unobtrusive Measures, a.a.O., S. 73.

Roth, P., Die Neuen Zeitungen in Deutschland im 15. und 16. Jahrhundert, Leipzig 1914.

Russett, B. M., Indicators for America's Linkages with the Changing World Environment, in: Annals of the American Academy of Political and Social Science 388 (1970), S. 82–96.

Sabagh, G., The Fertility of the French Canadian Women During the Seventeenth Century, in: American Journal of Sociology 47 (1942), S. 680–689.

Sack, F., Die West-Ost-Wanderung der Kriminalität, in: *H. Schäfer*, Hrsg., Grundlagen der Kriminalistik, Bd. 4, Kriminalistische Akzente, Hamburg 1968, S. 245–293.

Ders., Probleme der Kriminalsoziologie, in: *R. König*, Hrsg., Handbuch der empirischen Sozialforschung, Bd. 2, Stuttgart 1969, S. 961–1049.

Ders., Strukturen und Prozesse in einem Delinquenzviertel in Köln, Habilitationsschrift, Köln 1969/70.

Sawyer, H. G., The Meaning of Numbers. Speech before the American Association of Advertising Agencies, 1961; zitiert nach *Webb* u. a., Unobtrusive Measures, a.a.O., S. 41.

Schäfer, H. P., Die »Gelben Gewerkschaften« am Beispiel des Unterstützungsvereins der Siemens-Werke, Berlin, in: Vierteljahrsschrift für Sozial- und Wirtschaftsgeschichte 59 (1972), S. 40–76.

Scharlau, K., Ergebnisse und Ausblicke der heutigen Wüstungsforschung, in: Blätter für deutsche Landesgeschichte 93 (1957), S. 43–101.

Scharnagel, W., Untersuchungen über die Sterblichkeit der Bevölkerung von Hof und Umgebung in den Jahren 1600–1820. Ein Beitrag zur historischen Statistik. Wirtschaftswissenschaftl. Diss. Nürnberg 1956.

Schellenberg, Th. R., Akten- und Archivwesen in der Gegenwart. Theorie und Praxis (deutsch. Übersetzung), München 1961.

Scherer, K. R., Antwort auf Anmerkungen von Günter Albrecht zum Artikel von Hans Anger und Klaus R. Scherer, in: Kölner Zeitschrift für Soziologie und Sozialpsychologie 23 (1971), S. 348–358.

Scheuch, E. K., Ph. J. Stone, R. C. Alymer, Jr., und *A. Friend*, Experiments in Retrieval from Survey Research Questionnaires by Man and Machine, in: Social Science Information 6 (1967), S. 137–167.

Scheurig, B., Einführung in die Zeitgeschichte, Berlin 1962.

Schlögl, W. (Bearbeiter), Die älteste Besitzliste und das Urbar des Stiftes Dießen von 1362/63 und die Register zu Traditionen, Urkunden und Urbar, München 1970.

Schneier, E., The Intelligence of Congress: Information and Public-Policy Patterns, in: The Annals of the American Academy of Political and Social Science 388 (1970), S. 14–24.

Schottenloher, K., Bibliographie zur deutschen Geschichte im Zeitalter der Glaubensspaltung 1517–1585, Bd. IV, 2. Aufl. Stuttgart 1957; Bd. VII Stuttgart 1966.

Schulman, J. L. und *J. M. Reisman*, An Objective Measure of Hyperactivity, in: American Journal of Mental Deficiency 64 (1959), S. 455–456.

Ders., J. C. Kasper und *J. M. Throne*, Brain Damage and Behavior, Springfield 1965.

Schwarz, G., Allgemeine Siedlungsgeographie, Berlin, 2. Aufl. 1961.

Schwarz, K., Der Bremer Wohnungsmarkt um die Mitte des 18. Jahrhunderts, in: Vierteljahrsschrift für Sozial- und Wirtschaftsgeschichte 55 (1968), S. 193–213.

Schwitzgebel, R. L. und *R. M. Bird*, Sociotechnical Design Factors in Remote Instrumentation with Humans in Natural Environments, in: Behavior Research Methods and Instrumentation 2 (1970), S. 99–105.

Sechrest, L., Handwriting on the Wall: A View of Two Cultures, unveröffentlichtes Manuskript, Northwestern University 1965, zitiert nach *Webb* u. a., Unobtrusive Measures, a.a.O., S. 42.

Ders., Situational Sampling and Contrived Situations in the Assessment of Behavior, unveröffentlichtes Manuskript, Northwestern University 1965, zitiert nach *Webb* u. a., Unobtrusive Measures, a.a.O., S. 40.

Ders. und *L. Flores*, Homosexuality in the Philippines and the United States: The Handwriting on the Wall, in: The Journal of Social Psychology 79 (1969), S. 3–12.

Sellin, L., H. Svensson, Airborne Thermography, in: Geoforum 2 (1970), S. 49–60.

Ders. und *M. E. Wolfgang*, The Measurement of Delinquency, New York 1964.

Shera, J. H., New Tools for Easing the Burden of Historical Research, in: American Documentation 10 (1959), S. 274–277.

Shils, E. A., Social Inquiry and the Autonomy of the Individual, in: *D. Lerner*, Hrsg., The Human Meaning of the Social Sciences, Cleveland 1959, S. 114–157.

Shipton, C. K., Biographical Sketches of Those Who Attended Harvard College in the Classes 1741–1745, With Bibliographical and Other Notes, in: Sibley's Harvard Graduates XI, Boston 1960, S. 649.

Short, J. F. und *F. I. Nye*, Reported Behavior as a Criterion of Deviant Behavior, in: Social Problems 5 (1957), S. 207–213; auch in: *F. Sack* und *R. König*, Hrsg., Kriminalsoziologie, Frankfurt/M. 1968, S. 60–70.

Shotland, R. L., W. G. Berger und *R. Forsythe*, A Validation of the Lost-Letter Technique, in: Public Opinion Quarterly 34 (1970), S. 278–281.

Sickel, T., Die Urkunden der Karolinger, 2 Bde., Wien 1867.

Sigall, H., E. Aronson und *T. van Hoose*, The Cooperative Subject: Myth or Reality?, in: Journal of Experimental Social Psychology 6 (1970), S. 1–10.

Simonett, D. S., Remote Sensing Studies in Geography: A Review: Principe de la détection à distance et application à l'étude des ressources terrestres, Centre National d'Études Spatiales, Paris 1969, S. 467–498.

Ders., Remote Sensing with Imaging Radar: A Review, in: Geoforum 2 (1970), S. 61–74.

Simpson, R. L., Expanding and Declining Fields in American Sociology, in: American Sociological Review 26 (1961), S. 458–466.

Singh, P. H. und *S. C. Huang*, Some Socio-Cultural and Psychological Determinants of Advertising in India: A Comparative Study, in: Journal of Social Psychology 57 (1962), S. 113–121.

Sjoberg, G. und *R. Nett*, A Methodology for Social Research, London 1968.

Skipper, J. K. und *C. H. McCaghy*, Respondents' Intrusion Upon the Situation: The Problem of Interviewing Subjects with Special Qualities, in: The Sociological Quarterly 13 (1972), S. 237–243.

Snyder, R. und *L. Sechrest*, An Experimental Study of Directive Group Therapy with Defective Delinquents, in: American Journal of Mental Deficiency 63 (1959), S. 117–123.

Social Science Research Council, Research in Human Geography, London 1971.

Sogner, S., Aspects of the Demographic Situation in Seventeen Parishes in Shropshire, 1711–1760: An Exercise Based on Parish Registers, in: Population Studies 17 (1963).

Sorokin, P. A., Social Mobility, New York 1927.

Spiess, W., Die Ratsherren der Hansestadt Braunschweig 1231–1671. Mit einer verfassungsgeschichtlichen Einleitung, 2. durch eine Ratslinie erweiterte Aufl., Braunschweig 1970.

Springer, M., Social Indicators, Reports and Accounts: Toward the Management of Society, in: The Annals of the American Academy of Political and Social Science 388 (1970), S. 1–13.

Stagner, R., The Psychology of Personality, New York 1937.

Ders., Perceptions, Aspirations, Frustrations, and Satisfactions: An Approach to Urban Indicators, in: The Annals of the American Academy of Political and Social Science 388 (1970), S. 59–68.

Stebbins, R. A., A Theory of the Definition of the Situation, in: Canadian Review of Sociology and Anthropology 4 (1967), S. 148–164.

Stehr, N. und *L. E. Larson*, The Rise and Decline of Areas of Specialization, in: The American Sociologist 7 (1972), S. 3 und S. 5.

Steiner, D., Automation in Photo Interpretation, in: Geoforum 2 (1970), S. 75–88.

Steiner, J., Die Bedeutung der Geschichte für die Theoriebildung in der Politischen Wissenschaft, in: Wirtschaft und Recht 21 (1969), S. 131–140.

Ders., Überprüfung von Interview-Ergebnissen über die Stimm- und Wahlbeteiligung durch amtliche Angaben, in: Kölner Zeitschrift für Soziologie und Sozialpsychologie 17 (1965), S. 234–244.

Steinorth, J., Über den Falschfarbenfilm, in: Der Mensch und die Technik. Technisch-Wissenschaftliche Blätter der Süddeutschen Zeitung, 11. Jg., 151. Ausg., 1969, S. 4.

Stoll, H., Bevölkerungszahlen aus frühgeschichtlicher Zeit, in: Welt als Geschichte, 1942, S. 69–74.

Stolz, O., Zur Systematik der Geschichtsquellen, in: Mitteilungen des Österreichischen Instituts für Geschichtsforschung 52 (1938).

Stone, L., Hrsg., Social Change and Revolution in England, 1540–1640, London 1965.

Ders., Social Mobility in England, 1500–1700, in: Past and Present 33 (1966), S. 16–55.

Stouffer, S. A., An Experimental Comparison of Statistical and Case History Methods of Attitude Research, unveröff. Dissertation, Chicago 1930, zitiert nach *G. W. Allport*, The Use of Personal Documents . . ., a.a.O., S. 24.

Ders., A. A. Lumsdaine, M. H. Lumsdaine, R. Smith, I. Janis, S. Star und *L. Cottrell*, The American Soldier: Combat and Its Aftermath, Bd. 2, Princeton 1949.

Strauss, M. A. und *David J. Radel*, Eminence, Productivity, and Power of Sociologists in Various Regions, in: American Sociologist 4 (1969), S. 1–4.

Strout, C., Historiker und Ich-Psychologie, in: *H.-U. Wehler*, Hrsg., Geschichte und Psychoanalyse, Köln 1971, S. 53–77.

Stuart, I. R., Minorities vs. Minorities: Cognitive, Affective and Conative Components of Puerto Rican and Negro Acceptance and Rejection, in: Journal of Social Psychology 59 (1963), S. 93–99.

Summers, G. F. und *A. D. Hammonds*, Effect of Racial Characteristics of Investigator on Self-Enumerated Responses to a Negro Prejudice Scale, in: Social Forces 44 (1966).

Diesn., Toward a Paradigm For Respondent Bias in Survey Research, in: Sociological Quarterly 10 (1969), S. 113–121.

Sussman, L., Dear FDR: A Study of Political Letter Writing, Totowa, N.J., 1963.

Swierenga, R. P., Hrsg., Quantification in American History: Theory and Research, New York 1970.

Szczepanski, J., Die biographische Methode, in: *R. König*, Hrsg., Handbuch der empirischen Sozialforschung, Bd. 1, Stuttgart 1962, S. 551–569; 2. Aufl. 1967.

Thernstrom, St., The Historian and the Computer, in: *E. A. Bowles*, Hrsg., Computers in Humanistic Research, Readings and Perspectives, Englewood Cliffs, N.J., 1967.

Ders., Notes on the Historical Study of Social Mobility, in: Comparative Studies in History and Theory 10 (1968), S. 162–172.

Ders., Reflections on the New Urban History, in: Daedalus 100 (1971), S. 359–375.

Thirsk, J., Sources of Information on Population 1500–1760, Canterbury 1965.

Thomae, H., Die biographische Methode in den anthropologischen Wissenschaften, in: Studium Generale 5 (1952), S. 163–177.

Thomas, W. I. und *F. Znaniecki*, The Polish Peasant in Europe and America, Boston, Bd. 1 und Bd. 2, 1918, Bd. III, 1919, Bd. IV und V, 1920; Ausgabe in 2 Bänden 1927.

Thorndike, R. L., Your City, New York 1939.

Thorsteinsson, T., The Census of Iceland in 1703, in: Nordic Statistical Journal 8 (1929), S. 362–370.

Tiberi, Emilio, La contestazione murale, Bologna 1972.

Timaeus, E., Untersuchungen im Laboratorium, in: *J. van Koolwijk*, Hrsg., Lehrbuch der Methoden der empirischen Sozialforschung, München 1973.

Timaeus, E. und *A. Schwebcke*, Die Leistungen des »klugen Hans« und ihre Folgen: Ein experimenteller Beitrag zur Psychologie der Versuchsperson, in: Zeitschrift für Sozialpsychologie 1 (1970), S. 237–252.

The Times Literary Supplement, Nr. 3345 (7. April 1966), Nr. 3361 (28. Juli 1966), Nr. 3367 (8. Sept. 1966).

Trans-action, 5 (1968), The Census – What's Wrong with It. What Can Be Done, S. 49–56.

Tyvaert, M. und *J.-C. Giacchetti*, Argenteuil, 1740–1790, étude de démographie historique, in: Annales de démographie historique (1969), S. 40–61.

Udy, S. H., Cross-Cultural Analysis: A Case Study, in: *P. E. Hammond*, Hrsg., Sociologists at Work, New York 1964, S. 161–183.

United States Bureau of the Census, Historical Statistics of the United States, 1789–1945, Washington, D.C., 1949.

United States Bureau of Labor Statistics, The Revised Consumer Price Index, in: Monthly Labor Review 76 (1953), S. 161–175.

Utterström, G., Some Population Problems in Pre-Industrial Sweden, in: Scandinavian Economic History Review 2 (1954), S. 103–165.

Valen, H., The Recruitment of Parliamentary Nominees in Norway, in: Scandinavian Political Studies 1 (1966), S. 121–166.

Vallet, G., La Circolazione della moneta ateniese in Sicilia e in Magna Grecia, Supplement der Annali (Istituto italiano di numismatica) 1969, Bd. 12–14, S. 225–237.

Vansina, J., Recording the Oral History of the Bakuba – I. Methods, in: Journal of African History 1 (1960), S. 43–51; 2: Results, a.a.O., S. 257–270.

Ders., De la tradition orale, Tervuren 1961; engl. als »Oral Tradition« 1965.

Ders., Once Upon a Time: Oral Traditions as History in Africa, in: Daedalus 100 (1971), S. 442–468.

Ders., History in the Field, in: *D. G. Jongmans* und *P. C. W. Gutkind*, Hrsg., Anthropologists in the Field, Assen 1967.

Verstappen, H. Th., Lufterkundung, Bildinterpretation und Raumordnung, in: Der Mensch und die Technik, Technisch-Wissenschaftliche Blätter der Süddeutschen Zeitung, 11. Jg., 151. Ausg., 27. 5. 1969, S. 1.

Ders. und *R. A. van Zuidam*, Orbital Photography and the Geosciences – A Geomorphological Example from the Central Sahara, in: Geoforum 2 (1970), S. 33–47.

Völckers, H. H., Karolingische Münzfunde der Frühzeit (751–800): Pippin, Karlmann, Karl d. Große (I. und II. Münzperiode). Abhandlungen der Akademie der Wissenschaften in Göttingen, Philologisch-historische Klasse, 3. Folge, Nr. 61, Göttingen 1965.

Vogelsang, F., Hrsg., Die Zweibrücker Matrikel des Herzog-Wolfgang-Gymnasiums 1631–1811, Speyer 1967.

Warner, S. B. und *C. B. Burke*, Cultural Change and the Ghetto, in: Journal of Contemporary History 4 (1969), S. 173–187.

Waters, R. H., Behavior: Datum or Abstraction, in: The American Psychologist 13 (1958), S. 278–282.

Watson, J., *W. Breed* und *H. Posman*, A Study in Urban Conversation: Sample of 1001 Remarks Overheard in Manhattan, in: Journal of Social Psychology 28 (1948), S. 121–123.

Wattenbach-Levison, Deutschlands Geschichtsquellen im Mittelalter. Vorzeit und Karolinger. I. Heft. Die Vorzeit von den Anfängen bis zur Herrschaft der Karolinger, bearbeitet von *W. Levison*, Weimar 1952.

Webb, E. J., *D. T. Campbell*, *R. D. Schwartz* und *L. Sechrest*, Unobtrusive Measures. Nonreactive Research in the Social Sciences, Chicago 1966.

Wechsler, H., Community Growth, Depressive Disorders and Suicide, in: American Journal of Sociology 67 (1961), S. 9–16.

Wehler, H.-U., Zum Verhältnis von Geschichtswissenschaft und Psychoanalyse, in: *ders.*, Hrsg., Geschichte und Psychoanalyse, Köln 1971, S. 9–30.

Ders., Geschichte und Soziologie. Möglichkeiten einer Konvergenz, in: Soziologie heute ..., Festschrift für René König, hrsg. von *G. Albrecht*, *H. Daheim* und *F. Sack*, Opladen 1973, S. 68–86.

Weick, K. E., Systematic Observational Methods, in: *G. Lindzey* und *E. Aronson*, Hrsg., The Handbook of Social Psychology, Bd. 2, Reading, Mass., 2. Aufl. erweitert 1968, S. 357–451.

Weis, E., Ergebnisse eines Vergleichs der grundherrschaftlichen Strukturen Deutschlands und Frankreichs vom 13. bis zum Ausgang des 18. Jahrhunderts, in: Vierteljahrsschrift für Sozial- und Wirtschaftsgeschichte 57 (1970), S. 1–14.

Weiss, C., Validity of Welfare Mothers' Interview Responses, in: Public Opinion Quarterly 32 (1968), S. 622–633.

Ders., Comments on Interviewer Biasing Effects: Toward a Reconsideration of Findings, in: Public Opinion Quarterly 33 (1969), S. 127–129.

Weiss, G., Satelliten sehen die Erde, in: VDI-Nachrichten, Nr. 20, 14. Mai 1969, S. 7.

Weitzman, L. J., D. Eifler, E. Hokada und *C. Ross*, Sex-Role Socialization in Picture Books for Preschool Children, in: American Journal of Sociology 77 (1972), S. 1125–1150.

Weller, B., Generalization of Housing Quality Data from Multiband Aerial Photographs, Evanston, Ill., Northwestern University, Department of Geography, 1967.

Whisler, T. L. und *S. F. Harper*, Performance Appraisal: Research and Practice, New York 1962.

Wicker, A., A Failure to Validate the Lost-Letter Technique, in: Public Opinion Quarterly 33 (1969), S. 260–262.

Williams, J. A. Jr., Interviewing Respondent Interaction: A Study of Bias in the Information Interview, in: Sociometry 27 (1964), S. 338–352.

Ders., Interviewer Role Performance: A Further Note on Bias in the Information Interview in: Public Opinion Quarterly 32 (1968), S. 287–294.

Ders., Comments on Interviewer Biasing Effects: Toward Reconsideration of Findings, in: Public Opinion Quarterly 33 (1969), S. 125–127.

Winston, S., Birth Control and the Sex-Ratio at Birth, in: American Journal of Sociology 38 (1932), S. 225–231.

Wrightsman, L. S., Wallace Supporters and Adherence to »Law and Order«, in: *L. Bickman* und *Th. Henchy*, Hrsg., Beyond the Laboratory, New York etc. 1972, S. 251–255; zuerst in: Journal of Personality and Social Psychology 13 (1969), S. 17–22.

Wrigley, E. A., Family Limitation in Pre-industrial England, in: Economic History Review, 2. Serie, 19 (1966), S. 91–98.

Ders., Hrsg., An Introduction to English Historical Demography. From the 16th to the 19th Century, New York–London 1966.

Ders., Mortality in Pre-industrial England: The Example of Colyton, Devon, Over Three Centuries, in: Daedalus 97, Nr. 3 (1968).

Ders., Population and History, London 1969.

Wunder, B., Die Sozialstruktur der Geheimratskollegien in den süddeutschen protestantischen Fürstentümern (1660–1720). Zum Verhältnis von sozialer Mobilität und Briefadel im Absolutismus, in: Vierteljahrsschrift für Sozial- und Wirtschaftsgeschichte 58 (1971), S. 145–220.

Wunderlich, E. G., Wohin der Stier Europa trug, Reinbek b. Hamburg 1972.

Wyatt, D. F. und *D. Campbell*, A Study of Interviewer Bias as Related to Interviewers' Expectations and Own Opinions, in: International Journal of Opinion and Attitude Research 4 (1950), S. 77–83.

Xhignese, L. V. und *C. E. Osgood*, Bibliographic Citation Characteristics of the Psychological Journal Network in 1950 and 1960, in: American Psychologist 22 (1967), S. 778–791.

Youngson, A. J., Alexander Webster and His »Account of the Number of People in Scotland in the Year 1755«, in: Population Studies 15 (1961/62).

Yule, G. U. und *M. G. Kendall*, An Introduction to the Theory of Statistics, New York, 14. Aufl., 1950.

Zatschek, H., Studien zur mittelalterlichen Urkundenlehre, Konzept, Register und Briefsammlung, Prag 1929.

Zechel, A., Sitzung der Sektion »Firmenarchive«, in: Der Archivar 22 (1969), Spalte 40–43.

Zensky, R. M., Numbers and History: The Dilemma of Measurement, in: Computers and the Humanities 3 (1969), S. 31–40.

Zink, A., Azereix, la vie d'une communauté rurale à la fin du XVIIIe siècle, Démographie et Sociétés, Paris 1969.

Zube, M., Changing Concepts of Morality: 1948–1969, in: Social Forces 50 (1972), S. 385–393.

III. Komparative Ansätze

DIE BILDUNGSENTWICKLUNG IM PROZESS DER STAATEN- UND NATIONENBILDUNG

Eine vergleichende Analyse

Von Peter Flora

Seit der Erfindung der Schrift war die Lese- und Schreibkundigkeit für Jahrtausende das Privileg sakraler und bürokratischer Eliten. Noch zu Beginn der Industriellen Revolution um die Mitte des 18. Jahrhunderts konnten wahrscheinlich mehr als 90 Prozent der Weltbevölkerung weder lesen noch schreiben [1]. Bemerkenswert ist jedoch, daß ein großer Teil Europas zu diesem Zeitpunkt bereits einen entscheidenden Vorsprung gegenüber den anderen Weltregionen hatte. Dieser Vorsprung, der sich im folgenden ständig vergrößerte, war das Resultat einer zum Teil bis in das Mittelalter zurückreichenden Bildungsentwicklung.

Genauere quantitative Vergleiche sind allerdings erst seit Mitte des 19. Jahrhunderts möglich: so lag die Analphabetismusrate der Vereinigten Staaten und der Länder Nord-, West- und Mitteleuropas [2] um 1840 mit ca. 35 Prozent [3] erheblich niedriger als die Analphabetismusraten um 1950 in Süd- und Mittelamerika mit ca. 42 Prozent, in Asien mit ca. 62 Prozent und in Afrika mit ca. 82 Prozent [4]. Während die Unterschiede auf der Stufe der elementaren Lese- und Schreibkundigkeit sich seit dem Zweiten Weltkrieg langsam wieder angleichen, nehmen sie auf der Stufe sekundärer und höherer Bildung, wenn auch in geringerem Maße als früher, weiter zu [5]. Die weltweite Distribution der Bildungsexpansion läßt sich somit als eine Aufeinanderfolge von immer neuen »Scherenentwicklungen« auf immer höherem Niveau charakterisieren.

Spätestens seit dem Beginn des 19. Jahrhunderts wird die Entwicklung der Bildung als ein politisches Problem verstanden und ist als solches umstritten. Die wirtschaftlichen und politischen Probleme der Industriestaaten wie der Entwicklungsländer nach dem Zweiten Weltkrieg haben das Bewußtsein von der Bildungsentwicklung als einem neuralgischen Prozeß der Modernisierung zweifellos noch weiter verstärkt. Wurde das Bildungssystem lange Zeit vorwiegend als konservative Institution betrachtet, so sieht man in ihm heute vor allem einen zentralen Ursprung und Ansatzpunkt umfassender Wandlungsprozesse. Auf keinem Gebiete waren die Modernisierungsbestrebungen der Entwicklungsländer vergleichsweise so erfolgreich wie im Bildungssektor, mißt man den Erfolg am Ausmaß der Bildungsexpansion, und auch in den Industriestaaten hat sich diese Expansion in bisher unbekanntem Maße beschleunigt. Über die Ursachen und Konsequenzen dieser Entwicklung herrscht keineswegs Einigkeit. Die makrosoziologische Analyse der historischen Bildungsentwicklung der heutigen Industriestaaten kann sicherlich einen Beitrag zur Diskussion und Klärung dieser Fragen liefern.

Auf der makrosoziologischen Ebene der Theoriebildung und der empirischen Analyse stehen vor allem die Zusammenhänge der Bildungsexpansion mit dem Wirtschaftswachstum und mit der politischen Entwicklung im Vordergrund des Interesses. Die

Wiederentdeckung der Bildung durch die Wirtschaftswissenschaften war einer der Gründe für eine sozialwissenschaftliche Reorientierung der Theorie des Wirtschaftswachstums [6]. Der Zusammenhang von Bildungsexpansion und Wirtschaftswachstum ist allerdings bis heute heftig umstritten [7], und die ausschließliche Behandlung der Bildung als quantitativ meßbare »Investition« hat zu einer weitgehenden Vernachlässigung des institutionellen Rahmens und kulturellen Kontextes, der politischen Ursachen und Folgen geführt [8].

Ein Grund für diese Vernachlässigung mag in der vorwiegend in den angelsächsischen Ländern entwickelten Theorie zu suchen sein, nach der die Ausdehnung der Bildung eine wesentliche Voraussetzung für die Entfaltung und Stabilität einer Demokratie ist [9]. So zweifelhaft diese Theorie schon im Hinblick auf frühere Entwicklungen war, so wurde sie durch jüngere politische Entwicklungen, vornehmlich, aber nicht ausschließlich in den Entwicklungsländern, schwer erschüttert. Möglicherweise haben gerade die neu in das Bewußtsein getretenen destabilisierenden Konsequenzen [10] den Anstoß zu einer makrosoziologischen Analyse der Bildungsentwicklung gegeben, die über die sicherlich wichtige, in ihrer Betonung jedoch politisch wie theoretisch einseitige Frage nach der politischen Stabilität weit hinausführt. Einen besonders geeigneten Rahmen einer solchen Analyse bieten die Theorien und Modelle der Staaten- und Nationbildung, deren zentrale Begriffe wie beispielsweise »politische Kultur«, »politische Sozialisation«, »politische Rekrutierung« oder »politische Integration« einen engen Bezug zur Struktur und Entwicklung des Bildungssystems nahelegen.

In der folgenden Darstellung wird versucht, ein Schema zur vergleichenden Analyse der Zusammenhänge zwischen der Bildungsentwicklung und dem Prozeß der Staaten- und Nationbildung zu entwerfen und dieses Schema in einem Vergleich der Bildungsentwicklung in Preußen und dem Deutschen Reich, Frankreich, England und Rußland im 19. Jahrhundert mit einigen Daten zu füllen.

Ein analytisches Schema

Den derzeit wahrscheinlich wichtigsten Versuch, eine allgemeine Theorie der politischen Entwicklung zu entwerfen, stellen die sieben »Studien zur politischen Entwicklung« dar, die zwischen 1963 und 1971 von der Forschergruppe um *Gabriel A. Almond* und *Lucian W. Pye* herausgegeben wurden [11]. Das bisherige Resultat dieser Arbeiten ist allerdings eher als ein theoretischer Rahmen zur vergleichenden Analyse zu verstehen. In diesem Rahmen verbinden sich Annahmen über die grundlegenden Funktionen eines politischen Systems mit einer Unterscheidung zentraler Dimensionen der politischen Modernisierung sowie mit einer Konzeption verschiedener »Entwicklungsprobleme« oder »Krisen«.

Die politische Entwicklung ist nach dieser »Theorie« Teil eines umfassenderen Modernisierungsprozesses, der jedoch nicht als unabwendbares Schicksal, sondern vielmehr als Möglichkeit oder Herausforderung gedacht ist. Die Merkmale dieses Modernisierungsprozesses und die Attribute der »Modernität« bzw. »Traditionalität« sind dabei sowohl durch empirische Verallgemeinerung als auch durch idealtypische Abstraktion gewonnen. Das macht sie zwar keineswegs eindeutig, läßt sie jedoch auch nicht beliebig. Ein »modernes« politisches System ist danach zu charakterisieren: durch eine Politisierung der Identität, eine weitgehend auf Leistung bezogene Legitimität, eine wachsende Fähigkeit, nationale Ressourcen zu mobilisieren und (um-)zu-verteilen, eine Ausdehnung der politischen Beteiligung und eine zunehmende Integration der verschiedenen Sektoren einer Gesellschaft.

Die verschiedenen Aspekte der Modernisierung im allgemeinen wie der politischen Modernisierung im besonderen sind zu drei Entwicklungsdimensionen zusammengefaßt, die ein interagierendes »Syndrom« bilden. Die so nach »Entwicklungsthemata« geordneten Prozesse betreffen: die strukturelle Differenzierung, die Imperative der Gleichheit und die Kapazität des politischen Systems. Die Dimension der Differenzierung bezieht sich auf die Prozesse funktionaler Spezifizierung und struktureller Spezialisierung und gleichzeitig auf die kontrapunktischen Prozesse der Integration differenzierter Rollen und Strukturen. Die Dimension der Gleichheit umfaßt vor allem die Prozesse der Nationalisierung der »Staatsbürgerrolle«, der Entstehung einer universalistischen Rechtsordnung und der Durchsetzung von Normen, die sich stärker an Verhalten und Leistung als an vorgegebenen Qualitäten orientieren. Die Dimension der Kapazität betrifft schließlich die Wachstumsprozesse der Integrations- und Anpassungsfähigkeit, des innovativen Vermögens und der Reaktionsbereitschaft [12] eines politischen Systems; Wachstum bedeutet nicht nur eine Zunahme des Umfangs und der Reichweite politischer und administrativer Entscheidungen, sondern auch der Effektivität und formalen Rationalität ihrer Durchführung.

Das Zusammenspiel zwischen einer wachsenden Differenzierung, der Entwicklung einer kreativen politischen Kapazität und dem Verlangen nach Gleichheit ist durch starke inhärente Gegensätze gekennzeichnet. Das macht den Modernisierungsprozeß mehrdeutig und unabschließbar: es charakterisiert ihn durch eine Wechselwirkung und Verschmelzung von »Modernität« und »Traditionalität« und weist gleichzeitig auf die inneren Widersprüche der »traditionalen« und »modernen« politischen Systeme hin. Durch ihre inhärente Widersprüchlichkeit tendiert die politische Modernisierung dazu, die grundlegenden Funktionen des politischen Systems zu beeinträchtigen und produziert dadurch »Entwicklungsprobleme« und »Krisen«.

Die theoretisch und begriffsgeschichtlich keineswegs befriedigend geklärten Begriffe »Entwicklungsproblem« und »Krise« beziehen sich einerseits auf die Gesamtheit einer Gesellschaft, die politisch aktiv teilnehmenden wie passiv betroffenen Mitglieder, andererseits – und dieser Aspekt steht ohne Zweifel im Vordergrund – auf die Probleme der politischen Eliten und Regierungen. Grundlegend ist die Konzeption von Bereichen potentieller Probleme, die neben anderem auch Aspekte von Regierungsentscheidungen berühren und die sich unter zu bestimmenden Umständen – durch die Transformation von gesellschaftlichen Veränderungen mit normativen Konsequenzen in normativ definierte und umstrittene Fragen – zu manifesten Krisen auswachsen können. Diese Krisen sind von besonderem Interesse, da sie häufig entscheidende Kreuzungspunkte nationaler Entwicklungen in Form von gewaltsamen Auseinandersetzungen und institutionellen Veränderungen darstellen.

Da »Entwicklungsprobleme« oder »Krisen« aus der problematischen Erfüllung universeller politischer Funktionen resultieren, besteht naturgemäß ein enger Zusammenhang zwischen der analytischen Unterscheidung dieser Funktionen [13] und Krisen [14]:

Universelle Funktionen des politischen Systems	Krisen der politischen Modernisierung
Legitimierungsfunktionen	
Politische Sozialisierung Legitimierung des Systems Verteilung der Herrschaft Erzeugung von Loyalität	*Identität* *Legitimität*
Prozeßfunktionen	
Politische Rekrutierung Artikulation der Interessen Aggregation der Interessen Politische Kommunikation	*Pol. Beteiligung* *Integration*
Leistungsfunktionen	
Mobilisierung von Ressourcen Verteilung von Ressourcen Aufrechterhaltung der Ordnung Regelung der Außenbeziehungen	*Penetration* *Umverteilung*

Die Legitimierungsfunktionen sind in engem Zusammenhang mit der politischen Kultur [15] zu sehen und betreffen vor allem die Setzung, Aufrechterhaltung und Stärkung von Normen, die sich auf die Struktur und Ausübung von Herrschaft beziehen. Die Widersprüche innerhalb des Modernisierungsprozesses beeinträchtigen die Ausführung dieser Funktionen und schaffen dadurch zwei Probleme, die sich zu Krisen verschärfen können: die »Identitätskrise« und die »Legitimitätskrise«. Das Identitätsproblem erwächst aus der Spannung zwischen der subjektiven Identität und der objektiven politischen Definition einer Gemeinschaft. Diese Spannung ergibt sich im Prozeß der politischen Modernisierung aus der Verlagerung der kulturellen und sozialen Identitätsgrundlage von der Religion und parochialen Zugehörigkeiten auf die Ebene des Nationalstaates. Das Legitimitätsproblem bezieht sich auf den Wandel der Legitimitätsbasis von einer transzendentalen zu einer immanenten und greift damit auch auf die Struktur der Herrschaft und ihrer Ausübung sowie auf die grundlegenden Ziele einer politischen Gemeinschaft über.

In den Prozeßfunktionen wird eine Beziehung zwischen dem politischen System und seiner sozialen Umwelt hergestellt. Die »Partizipationskrise« und die »Integrationskrise« entstehen vor allem dann, wenn der Modernisierungsprozeß die Erfüllung dieser Funktionen gefährdet. Die politische Modernisierung führt sowohl zu einer zunehmenden »Politisierung«, durch die in wachsendem Maße Probleme als politische definiert werden, als auch zu einer zunehmenden politischen Beteiligung. »Beteiligung« bedeutet in weiterem Sinne jedes Einbezogensein in den politischen Prozeß, in engerem

Sinne jedoch sind damit alle Handlungen gemeint, die das Ziel haben, die Auswahl der politischen Führung, der politischen Zielsetzungen und deren Ausführung zu beeinflussen. Das allgemeine Problem besteht in der Institutionalisierung der wachsenden politischen Beteiligung und den sich daraus ergebenden Konflikten, die sich zu einer Krise zuspitzen können. Das Integrationsproblem bezieht sich im allgemeinen auf die Spannungen, die sich aus dem Differenzierungsprozeß ergeben, im besonderen jedoch auf die Konflikte zwischen kulturellen und/oder politischen Sektoren einer Gesellschaft, die im Laufe der Modernisierung ein stärkeres Bewußtsein ihrer Identität gewinnen, die sie gleichzeitig durch die Zentralisierung politischer Herrschaft wieder gefährdet sehen.

Die »Penetrationskrise« und die »Um-Verteilungskrise« ergeben sich schließlich vor allem aus den Problemen, die die Modernisierung für die Erfüllung der Leistungsfunktionen im politischen Entscheidungsprozeß aufwirft. Das Penetrationsproblem bezieht sich auf die Mobilisierung von Ressourcen, die Schaffung und Aufrechterhaltung einer öffentlichen Ordnung und die Organisation kollektiver Aufgaben. Politische Modernisierung bedeutet in diesem Zusammenhang eine Ausdehnung der zentralen politischen Kontrolle in die geographische Peripherie eines Staates und – was noch weit wichtiger ist – in die isolierten, primordialen Strukturen einer Gesellschaft; sie bedeutet ein Wachstum der organisatorischen, technologischen und diplomatischen Fähigkeiten einer herrschenden Elite. Das (Um-)Verteilungsproblem betrifft dagegen die wachsende Bedeutung des Staates als Verteiler von Werten im weiteren Sinne und von materiellen Gütern im engeren sowie Veränderungen in der Verteilungsgrundlage dieser Werte und Güter.

Die »Entwicklungsprobleme« und »Krisen« sind bisher nicht viel mehr als Konzepte, die einer allgemeinen Orientierung der vergleichenden empirischen Analyse und Theoriebildung dienen können. Ihre begriffliche Klärung und analytische Abgrenzung sind oft unbefriedigend und die Versuche einer Operationalisierung [16] stehen erst am Anfang. Diese Bemühungen sind jedoch um so wichtiger, als man von einer Gleichzeitigkeit der Probleme ausgehen muß, die niemals als endgültig »gelöst« betrachtet werden können und auch von einem Ineinandergreifen mehrerer Probleme in historischen Krisenfällen. Obwohl das »Krisenmodell der politischen Entwicklung« in bisher kaum gekanntem Maße theoretische Stimulation und empirische Faszination bietet, muß sich seine Brauchbarkeit erst im weiteren Prozeß der systematischen Modellbildung und der komparativen empirischen Forschung herausstellen; und dies in zweierlei Weise: einerseits durch eine Verknüpfung der verschiedenen »Probleme« zu typischen Mustern und Sequenzen, die wichtige Unterschiede nationaler politischer Entwicklungen erklären [17] und andererseits durch die Analyse »korrespondierender« Probleme in anderen Bereichen des sozialen Systems. Ein besonders geeigneter und funktional zentraler Bereich dürfte das Bildungswesen und seine Modernisierung sein.

Um die Korrespondenz der »Probleme« im Prozeß der politischen und der Bildungsentwicklung sowie die Konstruktion empirischer Indikatoren systematisieren zu können, ist es notwendig, den Zusammenhang zwischen den verschiedenen »Krisen« übersichtlich zu gestalten:

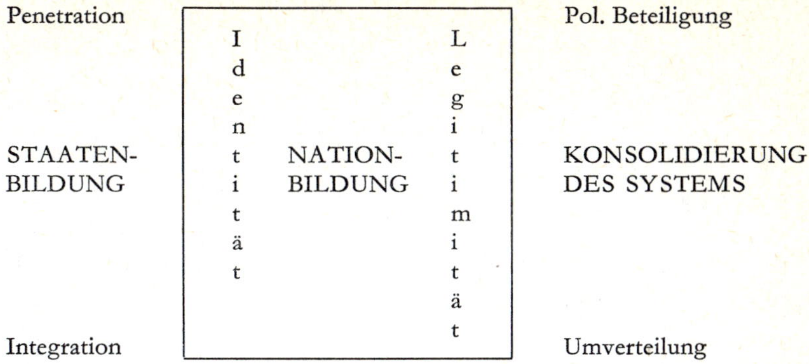

Abbildung 1: Die Systematik der sechs Entwicklungsprobleme

Stein Rokkan hat je zwei der sechs »Krisen« zu drei noch umfassenderen Problembereichen verknüpft, die er als »Staatenbildung«, »Nationbildung« und »Konsolidierung des Systems« bezeichnet [18]. Das »Problem der Nationbildung« bezieht sich auf die politische Kultur und damit vor allem auf den psychologischen, sozusagen »inneren« Aspekt politischer Entwicklungskrisen. Jede der anderen Krisen kann letztlich in einer »Legitimitätskrise« kulminieren. Vergleicht man die Probleme der »Staatenbildung« und der »Konsolidierung des Systems«, so liegt eine Verknüpfung von «Penetration« und »Politischer Beteiligung« sowie von »Integration« und »Umverteilung« am nächsten. Die beiden ersten Probleme betreffen – wenn auch aus entgegengesetzter Richtung – Mobilisierungs- und Kontrollprozesse, die beiden letzten Verteilungsprobleme von Werten und Chancen.

Die Übersicht auf Seite 300 zeigt eine Gegenüberstellung der korrespondierenden »Entwicklungsprobleme« im Bereich der politischen Modernisierung und der Bildungsentwicklung, jeweils verbunden mit Beispielen für institutionelle »Lösungen« [19]: den Problemen der »Staatenbildung« entsprechen im Bildungsbereich die Aufgaben der Errichtung und Vereinheitlichung eines nationalen Bildungssystems; die Parallele zu den Problemen der »Konsolidierung des Systems« liegt in der Erweiterung und Angleichung der Bildungschancen; eine noch viel direktere Beziehung besteht schließlich zwischen den Problemen der »Nationbildung« und der politischen Sozialisierung in den Bildungsinstitutionen. Es erscheint sinnvoll, in der Analyse der Wechselbeziehungen zwischen den beiden Bereichen von einer zwar begrenzten jedoch folgenreichen strukturellen Variabilität auszugehen; keinesfalls sollten das Bildungssystem und seine Entwicklung ausschließlich als die kausal abhängigen Variablen betrachtet werden.

Voraussetzung einer empirischen Analyse der Wechselbeziehungen ist die Konstruktion von Indikatoren für die Strukturen und Entwicklungen in den sechs Problembereichen. Indikatoren in einem strikteren Sinne sind jedoch nur für die Entwicklung des Bildungssystems und der Bildungschancen zu finden, während eine Analyse der politischen Sozialisierung wegen der spärlichen und diffusen Informationen nur in Form begrenzter Fallstudien möglich sein dürfte. In der Übersicht auf Seite 300 ist daher der Versuch gemacht, die wichtigsten Indikatorbereiche für jene Entwicklungsprobleme im Bil-

Krisen, Herausforderungen, Probleme	Institutionelle Lösungen, Beispiele	Interdependente Probleme im Bildungsbereich	Institutionelle Lösungen, Beispiele
Penetration	Errichtung einer rationalen Bürokratie, die Ressourcen (Steuern, Arbeitskraft) mobilisieren kann, eine öffentliche Ordnung errichtet und die kollektiven Aufgaben koordiniert (Entwicklung der Infrastruktur, Verteidigung, Aktionen im Krisenfall).	Errichtung des	Mobilisierung von Ressourcen (Steuern, Schulgeld) zur Errichtung von Schulen und zur Bezahlung von Lehrern; Expansion der Elementarbildung (Schulpflicht), der beruflichen Sekundärbildung und einer an den Erfordernissen der zivilen und militärischen Bürokratie orientierten Hochschulbildung; Errichtung einer staatlichen Schulbürokratie zur Verwaltung der Ressourcen und zur Kontrolle der Schüler (Studenten) und (Hochschul-)Lehrer.
Staatenbildung		*Bildungssystems*	
Integration	Etablierung von Regeln, die für die verschiedenen kulturellen und/oder politischen Sektoren der Nation gleiche Zugangs- und Verteilungsbedingungen von Ämtern, Werten und Ressourcen ermöglichen.	Vereinheitlichung des	Etablierung von Zugangsregeln zu den (Hoch-)Schulen und Verteilung der Ressourcen, die für die verschiedenen kulturellen und/oder politischen Sektoren der Nation gleiche Bildungschancen ermöglichen; Vereinheitlichung der bestehenden Schul- und Hochschulsysteme durch die rechtliche Fixierung der Schultypen, die Regelung der Zu-, Ab- und Übergänge und die Standardisierung der Ausbildungsgänge (Schüler, Studenten) und Karrieremuster (Hochschul-Lehrer).
Identitätsbildung	Entwicklung von Medien und Organisationen zur Sozialisierung der Staatsbürger in die nationale Gemeinschaft: Schulen, Kommunikationsmedien, institutionalisierte Riten und Symbole (Mythen, Flaggen, Hymnen).	Identitätsbildung	Bemühungen zur Verstärkung und Reglementierung der politischen Sozialisation (Bildungsinhalte, Erziehungsmethoden) in den Schulen und Hochschulen betreffend die nationale Identität (historische Kontinuität, nationale Grenzen, grundlegende außenpolitische Ziele) und die Legitimität des Herrschaftssystems (politische Institutionen, sozio-ökonomische Struktur, grundlegende innenpolitische Ziele).
Nationbildung		*Politische Sozialisation*	
Legitimität	Bemühungen zur Schaffung von Loyalität und Vertrauen gegenüber den im betreffenden System errichteten politischen Institutionen; Bemühungen zur Sicherung der Einhaltung von Gesetzen und Regelungen, die von den dazu autorisierten Organisationen erlassen werden.	Legitimität	
Politische Beteiligung	Ausdehnung des Wahlrechts auf bisher unterprivilegierte Bevölkerungsgruppen. Rechtsschutz für organisierte Oppositionsgruppen.	Erweiterung der	Erhöhung des Anteils der staatlichen Bildungsausgaben an den Gesamtausgaben; Expansion der allgemeinbildenden Sekundär- und Hochschulen, der Berufs- und Erwachsenenbildung; Formulierung eines allgemeinen »Rechts auf Bildung«; Institutionalisierung der »Lehr- und Lernfreiheit«; Ausdehnung und Angleichung der Beteiligungschancen innerhalb der Bildungsinstitutionen.
Konsolidierung des Systems		*Bildungschancen*	
Umverteilung	Errichtung von Institutionen zur sozialen Sicherung. Einkommensangleichung durch progressive Besteuerung und Umverteilung (Finanzausgleich) zwischen ärmeren und reicheren Gemeinden.	Angleichung der	Etablierung von Zugangsregeln zu den (Hoch-)Schulen, die allen sozialen Schichten und beiden Geschlechtern gleiche Bildungschancen ermöglichen; finanzielle Förderung der Bevölkerungsgruppen mit geringen Bildungschancen; Vergrößerung der Durchlässigkeit des Bildungssystems, durch die Integration verschiedener (Hoch-)Schultypen, die Erleichterung vertikaler Übergänge und die Zusammenführung des allgemein- und berufsbildenden Schulwesens.

dungsbereich zu definieren und zu systematisieren, die mit den »Krisen« der Penetration und politischen Beteiligung, der Integration und Umverteilung korrespondieren [20]. Das Tableau der Indikatorenbereiche ergibt sich aus der analytischen Unterscheidung von Dimensionen der Indikatoren der Bildungsentwicklung, die sich den vier genannten Problembereichen der politischen Modernisierung zuordnen lassen:

	Problembereiche	
Dimensionen der Indikatoren	Penetration und Pol. Beteiligung	Integration und Umverteilung
Mobilisierung und Verteilung	Mobilisierung: (a) Ressourcen (b) Menschen	Verteilung: (a) Ressourcen (b) Rechte
Institutionalisierung	Kontrolle	Strukturveränderung
Konflikte	Konflikte	Konflikte

Die Mobilisierung von Menschen und Ressourcen im Prozeß der *Bildungsexpansion* weist Aspekte auf, die mit Merkmalen und Prozessen sowohl der »Penetration« als auch der »Politischen Beteiligung« korrespondieren. Ein Übergewicht der Penetrationsbestrebungen läßt in der Bildungsexpansion eine staatliche Initiative mit stark verpflichtendem Charakter vermuten; es deutet auf eine allgemeine Verbreitung der Elementarbildung hin und andererseits auf eine relativ beschränkte, an den Erfordernissen des Staates und der Wirtschaft ausgerichteten Sekundär- und Hochschulbildung. Eine Verstärkung der politischen Beteiligung weist dagegen auf einen Kampf um »Bildungsrechte« und deren Institutionalisierung hin, sowie auf eine Expansion in höheren Bildungsstufen als Resultat der Durchsetzung gewachsener Erwartungen von bisher unterprivilegierten Bevölkerungsgruppen [21]. Im institutionellen Bereich stehen die Probleme der Penetration in engem Zusammenhang mit der *Zentralisierung* der Kontrolle des Bildungssystems, im wesentlichen durch die Errichtung einer Schulbürokratie, die Probleme der politischen Beteiligung dagegen mit der *Demokratisierung* der Kontrolle durch die erstrittene Institutionalisierung von Freiheitsräumen und Beteiligungsrechten innerhalb der Bildungsinstitutionen und gegenüber dem Staat.

Die Verteilung von Ressourcen und Rechten im Prozeß der *Angleichung der Bildungschancen* korrespondiert mit Merkmalen und Prozessen der »Integration« als auch der »Umverteilung«. Die politischen Integrationsprobleme stehen in enger Beziehung zur Angleichung der Bildungschancen in den politischen und/oder kulturellen Sektoren (z. B. politische Regionen, religiöse, ethnische und linguistische Gruppen) einer Gesellschaft, die Umverteilungsprobleme dagegen mit der Chancenungleichheit der sozialen Schichten sowie der Geschlechter im Bildungssystem. Im Bereich der institutionellen Veränderungen stellt die *»horizontale« Integration* des Bildungssystems, u. a. durch die Vereinheitlichung der Schultypen und die Standardisierung der Curricula und Karrieremuster, einen zentralen Aspekt der politischen Integration dar, während die *»vertikale« Integration* des Bildungssystems, u. a. durch die Vergrößerung der institutionellen Durchlässigkeit, als ein wichtiger Bestandteil des umfassenderen Umverteilungsproblems interpretiert werden kann.

Penetration	Indikatorbereiche			Politische Beteiligung
(1) Mobilisierung (a) Ressourcen	Elementarbildung berufsbezogene Sekundärbildung staatsbezogene Hochschulbildung	Steigerung der Bildungsausgaben 1. Phase *Bildungsexpansion* 2. Phase	Sekundärbildung Hochschulbildung Berufsbildung Erwachsenenbildung	(1) Mobilisierung (a) Ressourcen
(b) Menschen	Schulpflicht	Zunahme der Schüler-, Studenten- und Lehrerzahlen	Bildungsrecht	(b) Menschen
(2) Kontrolle	*Zentralisierung* (Errichtung einer staatlichen Schulbürokratie)		*Demokratisierung* (Institutionalisierung der Lehr- und Lernfreiheit)	(2) Kontrolle
(3) Konflikte	Zentralisierung	Kontrollkonflikte um die	Demokratisierung	(3) Konflikte
	1. Phase	Expansionskonflikte in der	2. Phase	
	»horizontale« Verteilung	Verteilungskonflikte um die	»vertikale« Verteilung	
(3) Konflikte	»horizontale« Integration	Konflikte um die Strukturveränderungen durch die	»vertikale« Integration	(3) Konflikte
(2) Strukturveränderung	*»horizontale« Integration* (Vereinheitlichung des Bildungssystems, Standardisierung der Leistungsanforderungen usw.)		*»vertikale« Integration* (Vergrößerung der Durchlässigkeit des Bildungssystems)	(2) Strukturveränderung
(b) Rechte	politische und kulturelle Sektoren	Angleichung der »Bildungsrechte« *Angleichung der Bildungschancen*	soziale Schichtung und Geschlecht	(b) Rechte
(a) Ressourcen (1) Verteilung		Verteilung der Bildungsausgaben		(a) Ressourcen (1) Verteilung
Integration				Umverteilung

Da die Bildungsentwicklung ständig ein Ursprung zumindest latenter sozialer und politischer Konflikte ist oder ihrerseits von diesen beeinflußt wird, lassen sich aus den verschiedenen Aspekten dieser Entwicklung auch unterschiedliche Konflikte oder Konfliktelemente ableiten. Möglicherweise sind hier die Konflikte um institutionelle Veränderungen: Zentralisierung und Demokratisierung, »horizontale« und »vertikale« Integration politisch schwieriger zu lösen als die Konflikte um die Expansion und die Verteilung von Ressourcen und Rechten. Hierin könnte eine der Erklärungen für die allgemeine Bildungsexpansion liegen.
Das Indikatorentableau auf Seite 302 kann als Ansatzpunkt der Theoriebildung wie als Orientierungspunkt einer komparativen empirischen Analyse dienen. Eine solche Analyse stößt allerdings auf die Schwierigkeit, daß über bestimmte Aspekte der Bildungsentwicklung bisher wenig gesicherte Informationen vorliegen: während über die Zunahme der Schüler- und Studentenzahlen, die formalen Rechte und Pflichten und die institutionellen Veränderungen relativ genaue und detaillierte Daten vorhanden sind und auch über die Konflikte eine relativ umfangreiche Literatur vorliegt, ist eine historische Rekonstruktion der Mobilisierung und Verteilung der Ressourcen, wegen des teilweise sehr großen nicht-staatlichen Anteils, äußerst schwierig und eine Rekonstruktion der effektiven Verteilung der Bildungschancen, zumindest quantitativ, wahrscheinlich überhaupt nicht mehr möglich. Das Ziel der folgenden Analyse ist daher bescheiden: es wird nur versucht, die »Brauchbarkeit« des entwickelten Schemas mit Hilfe einiger quantitativer Daten und qualitativer Informationen zu untersuchen.

Eine vergleichende Analyse

Verglichen werden soll hier die Bildungsentwicklung von vier europäischen Staaten (Preußen/Deutsches Reich, Frankreich, England, Rußland) im 19. Jahrhundert [22]. Diese Periode ist von besonderem Interesse, weil in ihr der Grundstein für die staatlichen Bildungssysteme in Europa gelegt wurde.

Gemeinsame Ursprünge und Probleme

Einige Strukturmerkmale und -probleme der modernen westeuropäischen Bildungssysteme sind sowohl auf die Struktur des mittelalterlichen Bildungssystems der katholischen Kirche als auch auf die Merkmale der viel später beginnenden Alphabetisierung breiterer Bevölkerungsschichten zurückzuführen. Das spezifische Merkmal dieses katholischen Bildungssystems bestand – idealtypisch stark vereinfacht – in der engen Verknüpfung von kirchlich kontrollierten und einem verschwindend kleinen Bevölkerungsteil vorbehaltenen Sekundärschulen und Universitäten mit der prestigeträchtigen lateinischen Sprache als symbolischem wie funktionalem Bindeglied. Die klerikalen Elementarschulen, die Lesen und Schreiben als Nebenprodukt religiöser Erziehung vermittelten, sind dagegen auch außerhalb Europas häufig zu finden. Neben dieses »allgemeinbildende« System trat mit dem Wachstum der Städte und der zunehmenden Organisation des Bürgertums in Gilden und Zünften ein »berufsbildendes« System in Form einer institutionalisierten Lehrlingsausbildung. Diese Struktur des Bildungssystems war im Europa des 15. Jahrhunderts, wenn auch natürlich mit Variationen, im gesamten Einflußbereich der katholischen Kirche zu finden.

Die Alphabetisierung breiterer Bevölkerungsschichten setzte mit der Reformation zuerst in den protestantischen Ländern ein und griff später mit erheblicher, aber sehr unterschiedlicher Verzögerung auch auf die katholischen Länder über. Obwohl sich in der Folge, noch verstärkt durch nationalstaatliche Entwicklungen, die europäischen Bildungssysteme stärker differenzierten, blieben sie in ihrem strukturellen Kern doch sehr ähnlich: auf der einen Seite das beharrende System der kirchlich (katholisch oder protestantisch) kontrollierten lateinischen Sekundärschulen und Universitäten und auf der anderen Seite das wachsende, aber institutionell relativ strikt getrennte »Volks«-Schulwesen.

Im Prozeß der politischen Modernisierung, besonders der zunehmenden staatlichen Penetration und/oder politischen Beteiligung, und in geringerem Maße auch der Industrialisierung, erwuchsen aus den Strukturmerkmalen der kirchlichen Kontrolle, der Trennung eines »niederen« und eines »höheren« Bildungssystems sowie der Dominanz der »lateinischen« Allgemeinbildung drei zentrale »Entwicklungsprobleme«:

(a) die Errichtung eines staatlichen Bildungssystems durch die Verdrängung der kirchlichen durch zivile Kontrolle und die Trennung von politischer und religiöser Sozialisierung;
(b) der Ausbau des Elementarschulwesens für das »Volk« und seine Integration mit dem überkommenen System von Sekundärschulen und Universitäten;
(c) die Übereinstimmung der »lateinischen« Allgemeinbildung mit dem wachsenden Bedürfnis einer beruflichen und technischen Sekundär- und später Hochschulbildung.

Zu fragen ist, wie sich diese Probleme in den vier Ländern im 19. Jahrhundert stellten und wie sie »gelöst« wurden [23].

Mobilisierung

Was die Alphabetisierung und die Expansion der Elementarbildung betrifft, so kann man für den Beginn des 19. Jahrhunderts von einer Rangordnung: Preußen – England – Frankreich – Rußland ausgehen [24]. Alphabetismusraten der erwachsenen Bevölkerung sind zwar erst für 1850 vorhanden: zu diesem Zeitpunkt konnten in Preußen ca. 80 Prozent lesen und schreiben, in England und Frankreich dagegen maximal 55 bis 60 Prozent und in Rußland nur 5 bis 10 Prozent; berücksichtigt man jedoch die Entwicklung der Primärschülerzahlen sowie der Alphabetismusraten der Brautleute, so läßt sich begründet vermuten, daß die Alphabetismusrate der Bevölkerung um 1800 in Preußen über 60 Prozent lag, in England bei ca. 50 Prozent und in Frankreich unter 40 Prozent, während die russische Bevölkerung praktisch vollständig analphabetisch war. Diese Rangordnung bestand keineswegs von Anfang an: zwischen 1560 und 1640 erlebte England eine im Ausmaß bis dahin unbekannte »Bildungsrevolution« [25], die es an die Spitze aller Länder trug und noch um 1700 war die Alphabetisierung in England neben den Niederlanden vermutlich am weitesten fortgeschritten [26]. Erstaunlicherweise hat England jedoch die Führungsposition gerade in seiner ersten Industrialisierungsperiode verloren: wie die Alphabetismusraten der Brautleute zeigen, war die Entwicklung der Elementarbildung zwischen 1760 und 1850 minimal.

Um 1900 hat sich das Bild stark verändert: das Analphabetismusproblem in seiner elementarsten Form war im Deutschen Reich vollständig, in England und Frankreich weitgehend gelöst, das Primärschulwesen umfaßte in diesen Ländern nun praktisch alle Kinder im Schulalter. In Rußland setzte die Expansion der Primärbildung dagegen erst in den 70er Jahren in stärkerem Maße ein, dann jedoch mit großer Beschleunigung: zwischen 1875 und 1914 verdreifachte sich der Anteil der lesekundigen Rekruten von 22 auf 68 Prozent, stieg die Zahl der Primärschüler von einer auf mehr als acht Millionen. Gemessen an der Bevölkerungszahl und dem höheren Anteil der jüngeren Altersgruppen betrug der primäre Verschulungsgrad dann allerdings immer noch nur ein Drittel der drei anderen Staaten.

Im Vergleich zur Expansion der Primärbildung war die Entwicklung der Sekundär- und Hochschulbildung weit weniger beeindruckend; das überkommene elitäre System der eng verknüpften Sekundär- und Hochschulen überstand, wenn auch mit verschiedenen Anpassungen, politische wie wirtschaftliche Veränderungen. Besonders kennzeichnend, aber nur in der Größenordnung einmalig, ist die Entwicklung in England, wo das Ausmaß an »höherer« Bildung um 1630 (!) erst nach dem Ersten Weltkrieg wieder erreicht und erst nach dem Zweiten Weltkrieg übertroffen wurde [27]. Um 1900 betrug die Zahl der Sekundärschüler und Studenten in den vier Ländern nur 10 bis 20 Prozent der vergleichbaren Zahlen um 1960 [28]. Auffallend ist die abweichende Entwicklung Rußlands, das in der Expansion der Hochschulen bis zum Ersten Weltkrieg mit den anderen Staaten gleichzog. Möglicherweise handelt es sich hier um das erste historische Beispiel einer »kopflastigen« Bildungsentwicklung mit erheblichen Konsequenzen für die Prozesse der sozialen Mobilisierung und politischen Modernisierung, wie sie heute in vielen Entwicklungsländern zu beobachten ist.

Was sind die wichtigsten Ursachen der Bildungsexpansion in den vier Ländern im 19. Jahrhundert? Geht man von dem analytischen Schema auf Seite 302 aus, so sind sie vor allem in den Quadranten »Penetration« und »Politische Beteiligung« zu suchen.

Nachdem einige europäische Staaten einen höheren Alphabetisierungsgrad erreicht hatten, wurde die Entwicklung der Primärbildung als ein Faktor nationaler, militärischer wie wirtschaftlicher Stärke erkannt und damit im Wettkampf der europäischen Nationen unweigerlich zu einem Ziel staatlicher Penetrationsbestrebungen. Am deutlichsten ist dieser Zusammenhang in den gewaltsamen Kristallisationspunkten dieses Kampfes zu beobachten. In Preußen, wo die Bildungsentwicklung nach Friedrich dem Großen zu stagnieren begonnen hatte, war es die Niederlage gegen Napoleon 1806/07, die im Rahmen der allgemeinen Reformbestrebungen auch zu neuen und erfolgreichen Anstrengungen in der Bildungspolitik führte: 1808 wurde im Ministerium des Inneren ein »Departement für Kultus und öffentlichen Unterricht« gegründet und die im gleichen Jahr wiederhergestellte Selbstverwaltung der Städte wurde 1811 auch auf den Schulbereich ausgedehnt. In Rußland war es die Niederlage im Krimkrieg, die, beginnend mit der Bauernbefreiung 1861, die weitgehende Abkehr von einer Politik brachte, die ausdrücklich auf eine Restriktion der Bildungsexpansion und besonders gegen eine Öffnung der Schulen für breitere Bevölkerungsschichten gerichtet gewesen war. In Frankreich hatte der deutsche Sieg von 1870/71 ähnliche Konsequenzen, wenn auch mit einiger Verzögerung und überdeckt von innenpolitischen Auseinandersetzungen. Nur England, das in dieser Periode militärisch niemals ernsthaft gefährdet war und dessen Schulsystem fast ausschließlich in privaten Händen lag, stellt in dieser Gruppe eine gewisse Ausnahme dar. Allerdings verstärkte sich auch dort unter dem Eindruck der wachsenden Konkurrenz der kontinentalen Industrie, beginnend mit der Einrichtung eines »Department of Science and Art« 1850, die staatliche Förderung der beruflichen und technischen Bildung.

Neben dem Faktor der internationalen Konkurrenz, und oft in engem Zusammenhang mit ihm, scheint vor allem der innere Kampf um Lebenschancen im Prozeß der wachsenden politischen Beteiligung und ihrer Institutionalisierung zur Bildungsexpansion beigetragen zu haben. Auch hier läßt sich der Zusammenhang am deutlichsten in den Kristallisationspunkten nationaler Entwicklungen, in der Form institutioneller Veränderungen beobachten. In England, wo die Entwicklung der Primärbildung im 18. und zu Anfang des 19. Jahrhunderts stagnierte, schuf erst die Wahlrechtsreform von 1832 [29] die Voraussetzungen für neue Impulse: 1833 bewilligte das Parlament erstmals in der englischen Geschichte Steuergelder zur Unterstützung von Elementarschulen. Diese Unterstützung wurde im folgenden zwar langsam ausgedehnt, der erste entscheidende Schritt in Richtung eines öffentlichen Schulsystems konnte jedoch erst nach der Wahlrechtsreform von 1867/68 getan werden: ein Gesetz von 1870 ermöglichte es, in unterversorgten Gebieten mit Steuergeldern finanzierte, öffentliche Primärschulen zu errichten, und trug dadurch zu einem starken Aufschwung des Bildungswesens bei. In Frankreich war es die Revolution von 1830, die einer Schulreform den Weg ebnete: das Primärschulgesetz von 1833, das jede Gemeinde zur Errichtung einer Schule verpflichtete, markiert den eigentlichen Beginn eines öffentlichen Schulwesens; zwischen 1830 und 1850 steig die Zahl der Primärschüler von 1,4 auf 3,3 Millionen. Die Ausdehnung des Wahlrechts auf die erwachsene männliche Bevölkerung in der zweiten und dritten Republik hatte dagegen keine unmittelbar expansionsfördernden Auswirkungen, da sie vorwiegend die konservativen (monarchistischen und katholischen) Kräfte stärkte. Erst mit dem Sieg der Republikaner begann in den 80er Jahren eine zweite Expansionsphase, die auch die höheren Elementar- und die Sekundärschulen einbezog. In Rußland konnte sich erst im letzten Drittel des vorigen Jahrhunderts ein begrenzter Einfluß institutionalisierter politischer Beteiligung bemerkbar machen: 1864 wurden Selbstverwaltungsbezirke (zemstva) eingerichtet, die gegen Ende des Jahrhunderts immer mehr zum Hauptträger der primären Bildungsexpansion wurden; zusätzliche Anstöße erhielt diese Expansion nach 1905 durch die gesetzgeberische Tätigkeit der Ständevertretungen (duma). Nur in Preußen läßt sich kein offensichtlicher Zusammenhang zwischen der Institutionalisierung politischer Beteiligung und der Bildungsexpansion herstellen. Der Aufbau des Primärschulwesens ging fast ausschließlich auf obrigkeitsstaatliche Initiative zurück und war im ersten Drittel des 19. Jahrhunderts praktisch abgeschlossen. Die Expansion der Sekundärschulen, besonders der städtischen

Schulen nach 1811, wurde dagegen durch eine restriktive Politik behindert, an der die Einführung des Dreiklassenwahlrechts 1849 nichts ändern konnte. Auch mit der Gründung des Deutschen Reiches trat keine Wende ein, da das Bildungswesen in der Zuständigkeit der Länderparlamente blieb, in denen ein diskriminierendes Wahlrecht die konservativen Kräfte privilegierte.

Kontrolle

Es ist naheliegend, von einem engen Zusammenhang zwischen den Ursprüngen der Bildungsexpansion und der Kontrollstruktur des Bildungssystems auszugehen. Unterscheidet man einerseits zwischen einer privaten, kirchlichen und öffentlichen Initiative und Kontrolle und andererseits zwischen einer zentralen und lokalen [30], so stehen sich zwei »typische« Entwicklungen gegenüber: eine Entwicklung, die auf lokale, private und kirchliche Initiativen zurückgeht und durch eine dezentralisierte Kontrollstruktur geprägt ist, und eine zweite Entwicklung, die auf eine zentral gesteuerte, kirchliche und/oder obrigkeitsstaatliche Mobilisierung zurückgeht und in eine bürokratische Kontrollstruktur mündet. Die erste Entwicklung ist in England zu finden, die zweite in den drei anderen Staaten.
Seit dem Bruch Heinrichs VIII. mit der katholischen Kirche war die englische Bildungsentwicklung durch lokale und private Initiativen gekennzeichnet, die sich mehr oder weniger in kirchlichem Rahmen bewegten und in denen das Ziel einer religiös-politischen Sozialisierung eine wichtige Rolle spielte. Die anglikanische Kirche erbte zwar die Privilegien der katholischen Kirche, sie war jedoch nicht fähig, ein eigenes Schulsystem zu errichten und ihre rechtliche Monopolstellung gegenüber den Puritanern und Nonkonformisten erfolgreich durchzusetzen. Seit ca. 1700 ging die Initiative immer mehr in die Hände philantropischer Gesellschaften über, die bis spät in das 19. Jahrhundert die Szene beherrschten. Erst über die Vergabe von Steuermitteln und, viel später, die Errichtung eines mit dem privaten konkurrierenden öffentlichen Bildungssystems erhielt der Staat in England einen beschränkten Einfluß auf die Bildungsentwicklung: 1839 wurde ein »Select Committee of the Privy Council« zur Inspektion der unterstützten Primärschulen errichtet, das 1856 in ein politisch gewichtigeres »Education Department« umgewandelt wurde und 1899 in einen »Board of Education«, der erstmals auch eine begrenzte Zuständigkeit für die Berufs- und Sekundärbildung erhielt. Der zunehmende Einfluß über wachsende öffentliche Zuschüsse und die Errichtung eines ergänzenden öffentlichen Primärsystems 1870 sowie die Festigung und Erweiterung dieses Systems 1902 führten jedoch keineswegs zu einer stärkeren Bürokratisierung der Kontrolle: diese blieb in den Händen lokal gewählter Gremien.
In den drei anderen Ländern stand dagegen eine bürokratische Mobilisierung am Anfang der Bildungsexpansion und sie blieb auch in ihrem weiteren Verlauf dominierend. In Preußen setzte Friedrich Wilhelm I. mit der Einführung einer partiellen Schulpflicht 1717 den ersten Markstein. Friedrich der Große erweiterte die Schulpflicht 1763 auf 6 bis 13/14 Jahre und verband ihre Einhaltung mit drastischen Sanktionen. Durch die Errichtung eines »Oberschulkollegiums« wurde 1787 der Einfluß der lutherischen

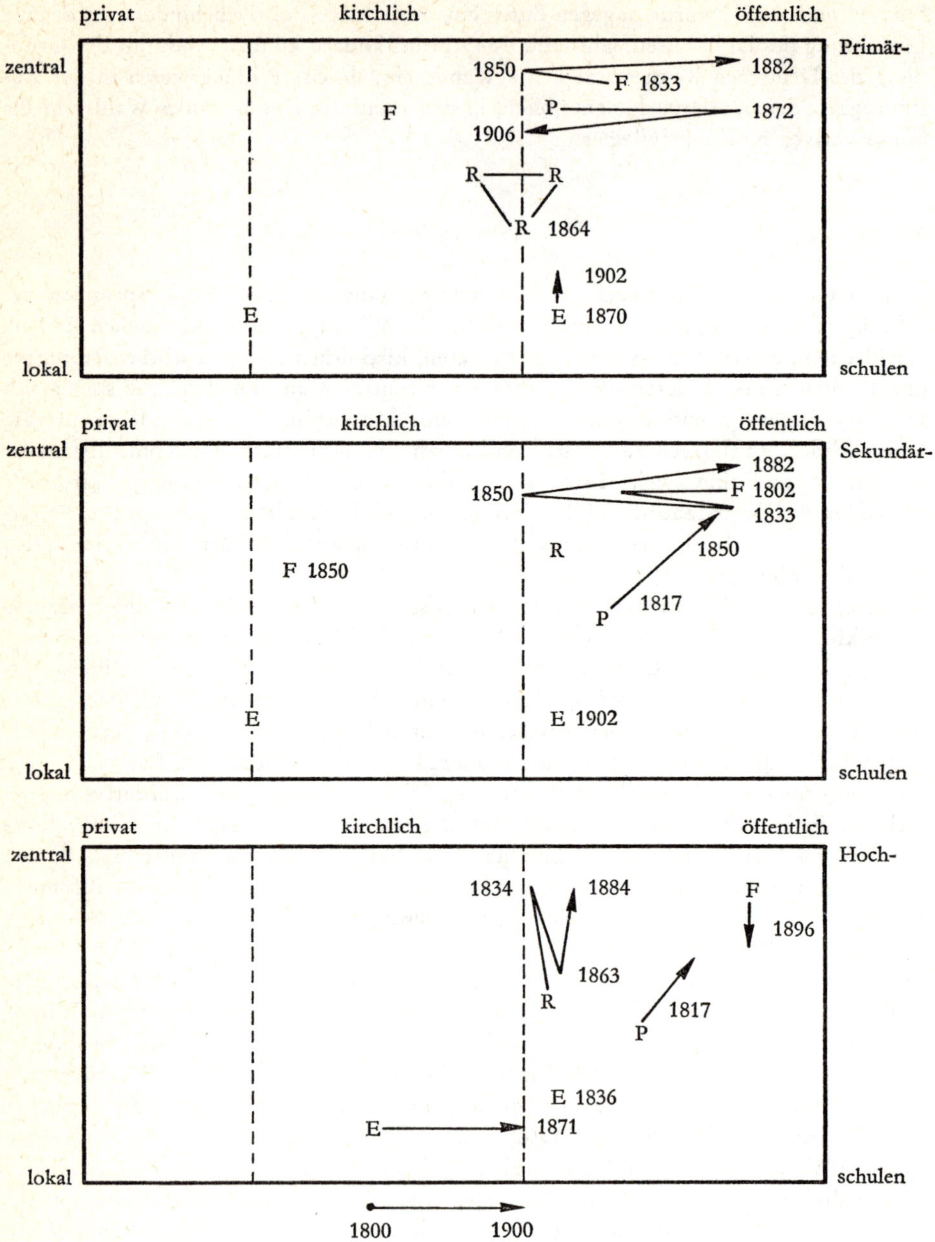

E England und Wales
F Frankreich
P Preußen
R Rußland

Abbildung 2: Kontrolle der (Hoch-)Schulen

Kirche eingeschränkt und mit der Gründung eines Unterrichtsministeriums 1817 war der Kern eines bürokratischen Kontrollsystems gegeben, das bis 1850 das gesamte Bildungswesen umfaßte. Das französische Bildungswesen stand bis zur Französischen Revolution unter der Kontrolle der katholischen Kirchenbürokratie, obwohl die Bildungsexpansion im 17. und 18. Jahrhundert in zunehmendem Maße durch königliche Edikte gefördert wurde, die die Gemeinden zur Unterstützung der Schulen verpflichteten. Den Grundstein für eine staatliche Schulbürokratie legte Napoleon, der 1802 ein System öffentlicher Sekundärschulen schuf und 1806 die sekundäre und höhere Bildung unter die Kontrolle einer zentralen staatlichen Verwaltungsinstanz: die »Université Impériale«, später »Université de France« stellte. Beginnend mit der Errichtung eines Unterrichtsministeriums 1830 und der Reform von 1833 wurden auch die öffentlichen Primärschulen einer bürokratischen Kontrolle unterworfen. Davon ausgenommen waren nur die privaten, vorwiegend katholischen Primär- und Sekundärschulen, die allerdings ihrerseits von der kirchlichen Bürokratie kontrolliert wurden. Unter Napoleon III. erhielt schließlich das gesamte Bildungswesen eine gemeinsame zentrale Kontrollinstanz. In Rußland gehen die Anfänge einer staatlichen Bildungspolitik auf das Interesse Peter des Großen zurück, eine den westlichen Ländern vergleichbare zivile und militärische Bürokratie zu schaffen. Diese Anfänge blieben jedoch bescheiden. Erst mit der Errichtung eines Erziehungsministeriums 1802 entstand ein öffentliches Schulsystem, das von Beginn an bürokratisch kontrolliert war. Neben dieses System trat im Laufe des 19. Jahrhunderts ein ausgedehntes ländliches Primärschulwesen unter der Kontrolle des Heiligen Synods. Mit der Einrichtung von Selbstverwaltungsbezirken 1864 konnte ein begrenztes Gegengewicht zur staatlichen und kirchlichen Kontrolle geschaffen werden.

Die Kontrolle des Bildungssystems hat zwei neuralgische Punkte: die Lehrer und die Hochschulen. Während in England die Ausbildung und Bestellung der Lehrer nur lokal kontrolliert wurde und die Universitäten rechtlich wie finanziell unabhängig waren, war in den drei anderen Ländern ein hohes Maß an bürokratischer Kontrolle vorhanden. In Preußen wurden die Universitäten 1817 direkt dem Ministerium unterstellt und dadurch in ihrer Autonomie auch rechtlich eingeschränkt. Die Ausbildung der Lehrer ging vorwiegend in staatlichen Seminaren vonstatten und 1826 wurde die Anstellung allgemein von staatlichen Zeugnissen abhängig gemacht. Auch in Frankreich waren die Lehrer einer strikten bürokratischen Kontrolle unterworfen: ab 1833 mußten sich alle Lehrer staatlichen Prüfungen unterziehen; Gesetze von 1850 und 1852 verschärften die politische Kontrolle der Lehrer, die auch in den 80er Jahren nur wenig abgebaut wurde. Die bürokratische Kontrolle der Hochschulbildung war nicht weniger vollkommen: 1806 löste Napoleon die Universitäten in ihre Fakultäten auf und unterstellte diese der direkten Staatsaufsicht; als Institution wurden die Universitäten erst 1896 wiederhergestellt. Auch die Autonomie der russischen Universitäten war im 19. Jahrhundert heftig umstritten: die Statuten von 1787 sollten die Freiheit der Wissenschaften sichern, die durch die Reform von 1804 gestärkt wurde; nach 1812 wurde die Autonomie der Universitäten jedoch zunehmend eingeschränkt, 1835 erstmals auch rechtlich abgeschafft, 1863 wiederhergestellt, um 1884 erneut abgeschafft zu werden.

Wie die Abbildung 2 zeigt, ging der Trend in allen vier Ländern in Richtung einer öffentlichen und, mit Ausnahme von England, zentralen Kontrolle. Diese Entwicklung mußte unweigerlich zu Konflikten mit den überkommenen Herrschaftsansprüchen der Kirche führen und diese Konflikte waren vermutlich um so heftiger, je unabhängiger die Stellung der Kirche war und je mehr sich religiöse und politische Gegensätze überlagerten. Während dieses Problem in Rußland im 19. Jahrhundert keine bedeutende Rolle spielte und in England bis zur Jahrhundertwende weitgehend gelöst werden konnte, führten in Frankreich und Preußen die letztlich erfolglosen Versuche, das gesamte Bildungssystem einer rein staatlichen Kontrolle zu unterwerfen, zu einer Verschärfung des politischen Integrationsproblems.
In England verlief die Konfliktfront zwischen der anglikanischen Kirche und den Dissenters, denen erst Ende des 18. Jahrhunderts das Recht auf eigene Schulen zugestanden wurde und für die die Tore von Oxford und Cambridge bis 1871 verschlossen blieben. Obwohl die Religionszugehörigkeit in England sehr stark mit der Schichtzugehörigkeit übereinstimmte, war es doch möglich, den Konflikt in den Reformen von 1870 und 1902 [31] zu entschärfen, einerseits, weil das System konfessioneller Privatschulen durch ein System überkonfessioneller öffentlicher Schulen ergänzt werden konnte, und andererseits, weil ein grundlegender protestantischer Konsensus eine weitere Verbindung von religiöser und politischer Sozialisierung ermöglichte.
In Frankreich nahm der Konflikt zweifellos die heftigsten Formen an, weil dort der religiöse Gegensatz, wegen der Koalition von Monarchie und katholischer Kirche, von einem politischen Legitimitätskonflikt überlagert wurde. Dementsprechend schwankte der kirchliche Einfluß mit den politischen Machtverhältnissen: nachdem Napoleon 1801 die Primärschulen wieder der kirchlichen Kontrolle unterstellt hatte, verstärkte er sich während der Restaurationsperiode ständig, wurde nach 1830 wieder eingeschränkt und nahm nach 1850 von neuem zu. Erst in der dritten Republik verlor die Kirche einen großen Teil ihrer Rechte: 1881 wurde ihr das Inspektionsrecht entzogen, 1886 der Religionsunterricht an den öffentlichen Schulen verboten. Der spätere Versuch, auch die Macht der katholischen Kirche über die nach 1886 sich rasch verbreitenden Privatschulen zu brechen, schlug jedoch nach erbitterten Konflikten fehl. Einen ähnlichen Ausgang nahm der Kulturkampf in Preußen zwischen 1871 und 1887. Die preußischen Schulen waren seit Friedrich dem Großen simultan und blieben dies, zumindest rechtlich, bis 1906. Die Simultaneität war zwar ein ständiger Stein des Anstoßes, aber erst durch die Überlagerung des religiösen Konfliktes mit dem politischen Problem der nationalen Identität nach der Gründung des Deutschen Reiches wuchs sich der Konflikt zu einer manifesten Krise aus.

Ungleichheit

Über die Ungleichheit der Bildungschancen, so offensichtlich sie in den vier Ländern im 19. Jahrhundert war, sind detailliertere Informationen nur spärlich vorhanden. Unterscheidet man drei große Ursachenkomplexe für die ungleichen Bildungschancen der verschiedenen sozialen Schichten: die sozio-ökonomische Ungleichheit, die soziokulturelle Mobilisierung und die institutionelle Struktur des Bildungssystems, so läßt sich hier nur über den letzten Ursachenkomplex etwas sagen. Die zugrunde liegende Annahme ist, daß die institutionelle »Durchlässigkeit« als wichtiger Faktor der Chancenangleichung wesentlich, wenn auch nicht ausschließlich als eine Funktion der »vertikalen« institutionellen Integration des Bildungswesens angesehen werden kann.

Geht man auf die Ursprünge der Bildungsentwicklung in den vier Ländern zurück: das fest gefügte System von Sekundärschulen und Universitäten auf der einen Seite und das langsam wachsende allgemeine Primärschulsystem auf der anderen, so bestand das historische Problem der »vertikalen« Integration in der Verknüpfung dieser beiden Systeme. Die Idee lief dabei der Wirklichkeit weit voraus: nicht nur im Frankreich der Französischen Revolution wurde ein integriertes, allen in gleicher Weise offenstehendes Bildungssystem konzipiert; auch die Projekte Katharina der Großen und die Gesetze Alexanders I. zielten in die gleiche Richtung; in Preußen entwickelte Süvern im Zuge der allgemeinen Reformbestrebungen zu Anfang des 19. Jahrhunderts im Auftrag der Regierung den Plan eines einheitlichen, vollkommen integrierten Schulsystems, das den Klassencharakter der Bildungsinstitutionen eliminieren sollte; selbst in England wurden gegen Ende des 18. Jahrhunderts ähnliche Gedanken laut. Diese Pläne scheiterten nicht nur aber vor allem an ihren politischen Voraussetzungen. In keinem der vier Länder konnte das Problem der »vertikalen« Integration des Bildungssystems im 19. Jahrhundert auch nur ansatzweise gelöst werden; im Gegenteil: die Struktur der vier Bildungssysteme zu Beginn dieses Jahrhunderts und besonders die Zersplitterung des Sekundärschulwesens lassen sich gerade als Resultat von Bestrebungen interpretieren, diese Integration aufzuhalten.

In allen vier Ländern gab es zwei zentrale institutionelle Barrieren: erstens den Übergang von den allgemeinen „Volks«-Schulen zu den lateinischen Sekundärschulen, der neben anderem vor allem dadurch erschwert war, daß diese Sekundärschulen vielfach eigene, oft private, elementare Vorschulen besaßen; zweitens den Eintritt in die Universität, der nur mit dem Abgangszeugnis einer lateinischen Sekundärschule möglich war. Sobald die allgemeine Bildungsexpansion über die Primärschulen hinausdrängte, verursachten diese Barrieren eine Zersplitterung des weiterführenden Schulwesens, zuerst auf der sekundären Stufe und später auch auf der Ebene der Hochschulen. Auf der sekundären Stufe entstanden vor allem vier »Schultypen«: die nichtlateinischen Sekundärschulen, die höheren Elementarschulen, die Seminare zur Ausbildung der Primärschullehrer und schließlich die beruflichen und technischen Schulen, aus denen sich gegen Ende des Jahrhunderts zum Teil die ersten technischen und anderen Fachhochschulen entwickelten.

Die Versuche einer »vertikalen« Integration beschränkten sich im 19. Jahrhundert fast ausschließlich auf Bestrebungen, verschiedene Sekundärschulen mit den lateinischen Schulen in einem Anpassungsprozeß gleichzustellen. Eine weiterreichende Integration der Sekundärbildung wurde dagegen erst nach dem Ersten Weltkrieg in Angriff genommen und dieses Problem beschäftigt uns bekanntermaßen noch heute. Das gleiche gilt für die Integration der »allgemeinen« und der »beruflichen« Bildung. Sie wurde im 19. Jahrhundert weniger als ein institutionelles Problem denn als ein Curriculum-Problem der lateinischen Schulen verstanden. In der Diskussion um die »klassische«

oder »realistische« Bildung entstand das Janus-Gesicht der beruflichen und technischen Bildung, das sie noch heute zeigt: auf der einen Seite gegen die Privilegien der »lateinischen Allgemeinbildung« gerichtet und daher mit demokratischen Forderungen assoziiert, auf der anderen Seite mit dem Makel einer institutionell verankerten »Minderwertigkeit« behaftet.

Die Bildungsentwicklung in den vier Ländern war im 19. Jahrhundert durch die Expansion der Primärbildung geprägt. Die Ursprünge dieser Expansion sind sowohl auf die staatlichen Penetrationsbestrebungen wie auf die wachsende politische Beteiligung zurückzuführen, die sich in den Kontrollstrukturen der Bildungssysteme institutionell verfestigten und damit der zukünftigen Bildungspolitik Ziele wie Grenzen setzten. Erst mit der Expansion der Sekundär- und Hochschulbildung im 20. Jahrhundert trat das Problem der Ungleichheit der Bildungschancen und damit der Integration des Bildungssystems stärker in den Vordergrund.

Tabelle 1 :* Alphabetisierung a

Jahr	*Preußen / Deutsches Reich* b Alphabetismusrate (in %) der			*Frankreich* Alphabetismusrate (in %) der			*England und Wales* Alphabetismusrate (in %) der			*Rußland* Alphabetismusrate		Jahr
	Bevölkerung	Rekruten	Brautleute	Bevölkerung	Rekruten	Brautleute	Bevölkerung	Rekruten	Brautleute	Bevölkerung	Rekruten	
1690 c						21[9] h						1690
1760 d									51[10] i			1760
1790 e						37 h						1790
1800 f									54 i			1800
1820 g						46 h						1820
1830					44,8[7]							1830
1835					49,9[8]				59 i			1835
1840		91[1]		47[5]	53,1				59,0[1]	2[5]		1840
1845					57,4				58,5			1845
1850	80[1]	93[3]		55–60[1]	61,1		55–60[2]		61,5	5–10[1]		1850
1855					63,6	60,0[8]			64,5			1855
1860					67,1	62,5		67,5[10]	69,0			1860
1865		94			74,5	66,0			73,0			1865
1870	88	97		69	78,0	66,5	70–75		76,5			1870
1875		97,9[4]			82,0	74,5			80,0		21[12]	1875
1880		98,4	94,5		83,2	79,5			83,5		22	1880
1885		98,9	96,0		86,2	83,5			88,0		27	1885
1890	92–99[2]	99,5	97,5	78–82[2]	90,1	89,0	85–90		92,5	15–20[2]	32	1890
1895		99,9	98,5		93,1	92,0			95,5		39	1895
1900			99,0	83,5[6]	94,4	94,5			97,0	23–28[13] k	49	1900
1905				85,9		96,5						1905
1910	95–99			88,1		97,4	90–95			40–50[2]		1910
1914					96,3	97,8			99,1[11]		68	1914

Anmerkungen :

* Die hochgestellten Zahlen verweisen auf die Quellen auf S. 317; sie gelten bis zum nächsten darunter folgenden Quellennachweis. Die Buchstaben verweisen auf die nachfolgenden Anmerkungen. Abweichungen von ± 2 Jahren wurden nicht vermerkt.

a) Die *Vergleichbarkeit* der Alphabetismusraten ist von drei Faktoren abhängig: (1) der Definition des ‚Alphabetismus', (2) der Erhebungstechnik, (3) der Bezugsgruppe. Während die Erhebungstechnik weitgehend unbekannt ist, liegen über die Definitionen und die Bezugsgruppen einzelne Informationen vor. *Bezugsgruppe :* bei den Rekruten und Brautleuten entstehen nur geringere Probleme durch unterschiedliche Rekrutierungs- bzw. Zulassungsregeln; bei der Alphabetismusrate der Bevölkerung sind dagegen größere Differenzen auf Grund unterschiedlicher Abgrenzungen der Altersgruppe möglich: Preußen 1850: ‚Erwachsene', 1870: 10 Jahre+; Deutsches Reich: 10 Jahre+; Frankreich 1850: ‚Erwachsene', 1870: 6 Jahre+, 1890–1910: 10 Jahre+; England: ‚Erwachsene'; Rußland 1850: ‚Erwachsene', 1890 bis 1910: 9 Jahre+. *Definition :* Brautleute: Fähigkeit, die Heiratsakte zu signieren; Rekruten: Preußen/Deutsches Reich: lesen und schreiben; Frankreich: lesen; England: schreiben; Rußland: wahrscheinlich nur lesen; Bevölkerung: Preußen/Deutsches Reich: lesen und schreiben; Frankreich; lesen und schreiben; England: wahrscheinlich lesen und schreiben; Rußland 1850: lesen, 1890–1910: lesen und schreiben.

b) Preußen bis 1870, Deutsches Reich ab 1875, aber: die Alphabetismusraten der Brautleute beziehen sich nur auf Preußen.

c) 1686–1690 d) 1754–1762 e) 1786–1790 f) 1799–1904 g) 1816–1820

h) Die Raten wurden mit Hilfe der Heiratsregister der Kirchengemeinden in 75 bis 78 der 90 Departements berechnet.

i) Die Raten wurden mit Hilfe der Heiratsregister einer Stichprobe von Kirchengemeinden berechnet, deren Repräsentativität etwas zweifelhaft ist; 1835 = 1831–1837.

k) 1897: 24% (Quelle 13).

Tabelle 2 :* Die Entwicklung der Primärbildung a

Jahr	*Preußen / Deutsches Reich* b Bevölkerung 5–24 Jahre (in %)	Primär-Schüler (Tsd.)	(pro 100 E.)	*Frankreich* c Bevölkerung 5–24 Jahre (in %)	Primär-Schüler (Tsd.)	(pro 100 E.)	*England und Wales* d Bevölkerung 5–24 Jahre (in %)	Primär-Schüler (Tsd.)	(pro 100 E.)	*Rußland* e Bevölkerung 5–24 Jahre (in %)	Primär-Schüler (Tsd.)	(pro 100 E.)	Jahr
1800											41[22]	0,1	1800
1820		1 509[15]	12,9					670[20]	5,8				1820
1825		1 664	13,6								175	0,3	1825
1830		2 021	15,5		1 356[18]	4,2		1 250	8,8				1830
1835		2 208	16,3		2 690[7]	8,0					215	0,4	1835
1840		2 310	15,5		2 897	8,5	42,6[19]						1840
1845		2 525	15,7		3 240[18]	9,2		1 500[5]	8,9		270	0,4	1845
1850		2 556	15,7	35,1[8]	3 322[7]	9,3	41,4	2 150[20]	12,0				1850
1855		2 712	15,8	34,6	3 850[18]	10,6					370	0,5	1855
1860	39,1[3]	2 879	15,6	34,4	4 017	11,0	40,9	3 150[10]	15,7				1860
1865		2 916	15,1	33,9	4 436[7]	11,7					740	0,9	1865
1870	40,4[14]	3 901	15,8	35,0	4 723	13,1	41,0						1870
1875				34,7	4 610[8]	12,6					1 090	1,2	1875
1880	40,5[4]	6 940[16]	15,6	35,2	5 049	13,5	41,7				1 425	1,4	1880
1885		7 710[17]	16,4	35,7	5 517	14,5					1 725	1,6	1885
1890	38,8	8 070[16]	16,2	34,9	5 594	14,6	42,1				2 325	2,0	1890
1895		8 480	16,1	34,9	5 534	14,4		5 126[7]	17,2	41,5[21]	2 620	2,1	1895
1900	38,5	9 070[4]	15,9	33,6	5 526	14,2	40,6				4 300	3,3	1900
1905				33,2	5 567	14,2					5 200	3,6	1905
1910	34,2	10 490	16,0	32,9	5 655	14,3	38,0				7 425	4,8	1910
1914											8 700	5,3	1914

Anmerkungen :

* Die hochgestellten Zahlen verweisen auf die Quellen auf S. 317; sie gelten bis zum nächsten darunter folgenden Quellennachweis. Die Buchstaben verweisen auf die nachfolgenden Anmerkungen. Abweichungen von ± 2 Jahren wurden nicht vermerkt.

a) Vgl. Anmerkung (a) zu Tabelle 4.

b) Preußen: Schüler in den öffentlichen Volks- und Mittelschulen ohne die elementaren Vorschulen der höheren Lehranstalten; Deutsches Reich: Volksschüler und 7/10 der Mittelschüler, da die Mittelschulen sich nur in den oberen Klassen von den Volksschulen unterschieden; nur öffentliche Schulen. In Preußen und dem Deutschen Reich ist der Unterschied zwischen der Zahl der eingeschriebenen Schüler und dem Schulbesuch zu vernachlässigen.

c) Öffentliche und private elementare und höhere Primärschulen ohne die entsprechenden Klassen der allgemeinbildenden Sekundärschulen; alle Zahlen beziehen sich auf die eingeschriebenen Schüler und nicht den tatsächlichen Schulbesuch.

d) Da das englische Bildungssystem im 19. Jahrhundert im wesentlichen auf privater bzw. kirchlicher Grundlage ruhte, ist es bisher kaum möglich, die englische Bildungsentwicklung quantitativ zu rekonstruieren. Eine genauere Verfolgung der Entwicklung ist nur für den staatlich subventionierten Teil der einzelnen Bildungszweige möglich. Die Zahlen beziehen sich wahrscheinlich auf den Schulbesuch.

e) In Quelle (22) sind die Gesamtschülerzahlen und die prozentualen Anteile im Primär-, Sekundär- und Hochschulbereich gegeben. Die Absolutzahlen für Rußland in den Tabellen 2 bis 4 stellen daher Berechnungen dar. Diese Daten lassen sich nur unvollständig aus den Zahlen für die einzelnen Bildungszweige und Schultypen rekonstruieren.

Tabelle 3 :* Die Entwicklung der Sekundärbildung a

Jahr	*Preußen / Deutsches Reich* b Bevölkerung 5–24 Jahre (in %)	Sekundär-Schüler (Tsd.)	Sekundär-Schüler (pro 1000 E.)	*Frankreich* c Bevölkerung 5–24 Jahre (in %)	Sekundär-Schüler (Tsd.)	Sekundär-Schüler (pro 1000 E.)	*England und Wales* d Bevölkerung 5–24 Jahre (in %)	Sekundär-Schüler (Tsd.)	Sekundär-Schüler (pro 1000 E.)	*Rußland* e Bevölkerung 5–24 Jahre (in %)	Sekundär-Schüler (Tsd.)	Sekundär-Schüler (pro 1000 E.)	Jahr
1800											4[22]	0,1	1800
1815		14[23]	1,3		34[18]	1,2							1815
1820		15	1,4		34[8]	1,1							1820
1825		23	1,9								20	0,4	1825
1830		20	1,5		42	1,3							1830
1835		25	1,8								23	0,4	1835
1840		31	2,1		42	1,2	42,6[19]						1840
1845		37	2,3								26	0,4	1845
1850		43	2,6	35,1[8]	48	1,3	41,4						1850
1855		50	2,9	34,6	48	1,3					26	0,4	1855
1860	39,1[3]	60[24]	3,3	34,4	56	1,5	40,9						1860
1865		72	3,7	33,9	66	1,7					45	0,6	1865
1870	40,4[14]	99	4,0	35,0	65	1,8	41,0						1870
1875				34,7	74	2,0					100	1,1	1875
1880	40,5[4]			35,2	87	2,3	41,7				160	1,6	1880
1885		445[25]	9,7	35,7	98	2,6					160	1,5	1885
1890	38,8	475	9,6	34,9	95	2,5	42,1				160	1,4	1890
1895		510	9,8	34,9	101	2,6		292[26]	9,4	41,5[21]	165	1,3	1895
1900	38,5	550	9,8	33,6	103	2,6	40,6				260	2,0	1900
1905				33,2	127	3,2					350	2,5	1905
1910	34,2	744[4]	11,4	32,9	132	3,3	38,0				500	3,3	1910
1914					139	3,5					630	3,8	1914

Anmerkungen :

* Die hochgestellten Zahlen verweisen auf die Quellen auf S. 317; sie gelten bis zum nächsten darunter folgenden Quellennachweis. Die Buchstaben verweisen auf die nachfolgenden Anmerkungen. Abweichungen von ± 2 Jahren wurden nicht vermerkt.

a) Vgl. Anmerkung (a) zu Tabelle 4.

b) Preußen: Schüler in den höheren Lehranstalten (Gymnasien, Progymnasien, Realschulen erster und zweiter Ordnung, Höhere Bürgerschulen) ohne Vorschulen und ohne die Höheren Lehranstalten für Mädchen; Deutsches Reich: Schüler in den öffentlichen und privaten höheren Schulen, Schülerinnen in den öffentlichen und privaten Höheren Lehranstalten, 3/10 der Schüler in den öffentlichen Mittelschulen. In Preußen und im Deutschen Reich ist der Unterschied zwischen der Zahl der eingeschriebenen Schüler und dem Schulbesuch zu vernachlässigen.

c) 1815–1914: öffentliche Sekundärschulen (lycées und collèges) für Knaben; 1881–1914: öffentliche Sekundärschulen (lycées und collèges) für Mädchen; beides einschließlich der Schüler in den Primärklassen dieser Schulen. Die Zahlen beziehen sich auf die eingeschriebenen Schüler(innen).

d) Im Jahre 1897 wurde in England erstmals eine umfassende Untersuchung aller Sekundärschulen durchgeführt. Vor diesem Zeitpunkt ist eine quantitative Rekonstruktion der Entwicklung der Sekundärschulen ohne umfassende historische Forschungen nicht möglich. Vgl. Anmerkung (d) zu Tabelle 2.

e) Vgl. Anmerkung (e) zu Tabelle 2.

*Tabelle 4**: Die Entwicklung der Hochschulbildung a

Jahr	*Preußen/Deutsches Reich* b Bevölkerung 5–24 Jahre (in %)	Hochschüler (Tsd.)	(pro 10 000 E.)	*Frankreich* c Bevölkerung 5–24 Jahre (in %)	Hochschüler (Tsd.)	(pro 10 000 E.)	*England und Wales* d Bevölkerung 5–24 Jahre (in %)	Hochschüler (Tsd.)	(pro 10 000 E.)	*Rußland* e Bevölkerung 5–24 Jahre (in %)	Hochschüler (Tsd.)	(pro 10 000 E.)	Jahr
1820		5,6[27]	5,0										1820
1825											2,6[22]	0,5	1825
1830		8,2[28]	6,3					3,0[29]	2,2				1830
1835		6,5	4,7								5,0	0,8	1835
1840		5,9	4,0				42,6[19]						1840
1845		6,1	3,8										1845
1850		6,0	3,6	35,1[8]			41,4						1850
1855		6,0	3,5	34,6	8,0[18]	2,2					9,4	1,3	1855
1860	39,1[3]	6,6	3,6	34,4			40,9						1860
1865		7,6	3,9	33,9							11,4	1,5	1865
1870	40,4[14]	6,9	2,8	35,0			41,0						1870
1875		23,1[27 28]	5,4	34,7							15,1	1,7	1875
1880	40,5[4]	26,2	5,8	35,2			41,7				22,9[22 26]	2,3	1880
1885		31,4	6,8	35,7							29,2[22]	2,7	1885
1890	38,8	34,0	6,8	34,9	15,1[8]	3,9	42,1	14,2[26]	4,9		29,8	2,5	1890
1895		40,3	7,6	34,9	23,4	6,1		15,0	5,0	41,5[21]	30,0	2,4	1895
1900	38,5			33,6	28,1	7,2	40,6	17,4	5,5		43,0	3,2	1900
1905		61,6[4]	10,0	33,2	32,8	8,4		20,0	5,9		75,0	5,2	1905
1910	34,2	74,6	11,5	32,9	35,8	9,1		23,2	6,5		118,0	7,6	1910
1914		66,5	9,8		35,9	9,0					167,1[22 26]	10,2	1914

Anmerkungen:

* Die hochgestellten Zahlen verweisen auf die Quellen auf S. 317; sie gelten bis zum nächsten darunter folgenden Quellennachweis. Die Buchstaben verweisen auf die nachfolgenden Anmerkungen. Abweichungen von ± 2 Jahren wurden nicht vermerkt.

a) Der *Vergleich* der Schüler- und Studentenzahlen wird erschwert durch: (1) die kaum erfaßbaren Bildungsvorgänge außerhalb des formellen Bildungssystems, (2) die unterschiedlichen Strukturen der Bildungssysteme, die eine genau korrespondierende Klassifizierung der Schultypen unmöglich machen, (3) die Unvollständigkeit der vorliegenden Daten, (4) die unterschiedlichen Erfassungsmethoden der Schüler an Hand der Schulregistrierung oder des tatsächlichen Schulbesuchs, (5) die Unterschiede im Altersaufbau der Bevölkerungen. Diese Probleme sind nicht befriedigend zu lösen. Um die Daten wenigstens annähernd vergleichbar zu machen, werden (1) die Absolutzahlen auf die verschiedenen Schultypen bezogen, wird (2) angegeben, ob die Zahl der eingeschriebenen Schüler oder der Schulbesuch zugrunde gelegt wurde, und wird (3) in der jeweils ersten Spalte der prozentuale Anteil der Altersgruppe von 5 bis 24 Jahre an der Gesamtbevölkerung gegeben.

b) Preußen: Universitäten ohne technische und andere Fachhochschulen; Deutsches Reich: Universitäten und Hochschulen.

c) 1855: Hörer an allen fünf Fakultäten; 1890–1898: französische und ausländische Studenten; 1899 ff.: französische Studenten.

d) 1830: Oxford und Cambridge; 1891–1910: Universitäten und Colleges, London School of Economics, ohne medizinische Schulen und technische Colleges. Vgl. Anmerkung (d) zu Tabelle 2.

e) Vgl. Anmerkung (e) zu Tabelle 2.

Quellen

[1] *Carlo M. Cipolla,* Literacy and Development in the West, London 1969.
[2] *Peter Flora,* Historische Prozesse sozialer Mobilisierung, in: Zeitschrift für Soziologie 1 (1972), S. 85–117.
[3] *H. F. Brachelli,* Handbuch der Geographie und Statistik des Königreichs Preußen und der deutschen Mittel- und Kleinstaaten, Leipzig 1864–1868.
[4] Statistisches Jahrbuch für das Deutsche Reich, Berlin 1880 ff.
[5] *M. G. Mulhall,* The Dictionary of Statistics, London 1899.
[6] UNESCO, Progress of Literacy in Various Countries, Paris 1953.
[7] *E. Levasseur,* L'enseignement primaire dans les pays civilisés, Paris 1897.
[8] Annuaire Statistique de la France, résumé retrospectif, Paris 1966.
[9] *M. Fleury* und *P. Valmary,* Les progrès de l'instruction élémentaire de Louis XIV à Napoleon III, in: Population 12 (1957), S. 71–92.
[10] *W. L. Sargant,* On the Progress of Elementary Education, in: Journal of the Statistical Society of London 30 (1867), S. 80–137.
[11] UNESCO, World Illiteracy at Mid-Century, Paris 1957.
[12] *A. G. Rashin,* Formirovanie rabochego Klassa Rossii, Moskau 1958.
[13] *N. DeWitt,* Education and Professional Employment in the USSR, Washington 1961.
[14] Statistisches Handbuch für den preußischen Staat, Bd. II, Berlin 1893.
[15] Statistisches Handbuch für den preußischen Staat, Bd. I, Berlin 1888.
[16] Statistisches Handbuch für den preußischen Staat, Bd. III, Berlin 1898.
[17] *W. Lexis,* Hrsg., Das Unterrichtswesen im Deutschen Reich, Bd. III, Das Volksschulwesen und Lehrerausbildungswesen im Deutschen Reich, Berlin 1904.
[18] *M. Willkomm u. a.,* Handbuch der Geographie und Statistik von West- und Südeuropa, Leipzig 1862–1871.
[19] *B. R. Mitchell,* Abstract of British Historical Statistics, Cambridge 1962.
[20] *H. Mann,* The Ressources of Popular Education in England and Wales: Present and Future, in: Journal of the Statistical Society of London 25 (1862), S. 50–71.
[21] *W. W. Eason,* Soviet Manpower: the Population and Labor Force of the USSR, unveröff. Dissertation, Columbia Univ. 1959.
[22] *N. Hans,* History of Russian Educational Policy, 1701–1917, New York 1964.
[23] *L. A. Wiese,* Das Höhere Schulwesen in Preußen. Historisch-statistische Darstellung, 3 Bde., Berlin 1864, 1869, 1874.
[24] Zeitschrift des königlich preußischen statistischen Bureaus, Berlin 1860–1895.
[25] *W. Lexis,* Hrsg., Das Unterrichtswesen im Deutschen Reich, Bd. II, Die höheren Lehranstalten und das Mädchenschulwesen im Deutschen Reich, Berlin 1904.
[26] The Statesman's Yearbook, London 1863 ff.
[27] *W. Lexis,* Hrsg., Das Unterrichtswesen im Deutschen Reich, Bd. I, Die Universitäten im Deutschen Reich, Berlin 1904.
[28] Preußische Statistik: Statistik der preußischen Landesuniversitäten, Bd. 167, Berlin 1901.
[29] *G. S. Osborne,* Scottish and English Schools, University of Pittsburgh Press 1966.

Anmerkungen

[1] Vgl. Quelle (1); siehe S. 317 dieses Aufsatzes für ein Verzeichnis der Quellen.

[2] Skandinavien, Großbritannien, Niederlande, Belgien, Frankreich, Deutschland, Schweiz.

[3] Eigene Berechnung mit Hilfe der Daten in Quelle (5).

[4] Vgl. Quelle (11).

[5] Vgl. *Arthur S. Banks*, Cross-Polity Time-Series Data, Cambridge, Mass., 1971.

[6] Vgl. *Bert F. Hoselitz*, Investment in Education and Its Political Impact, in: *James S. Coleman*, Hrsg., Education and Political Development, Princeton 1965, S. 541–565, und *Gunnar Myrdal*, An Asian Drama, Penguin book 1968, Kap. 7, bes. S. 1533–1551.

[7] Vgl. beispielsweise die konträre Argumentation in *Mary J. Bowman* und *C. Arnold Anderson*, Concerning the Role of Education in Development, in: *Clifford Geertz*, Hrsg., Old Societes and New States, New York 1963, S. 247–279, und *Frederick Harbison* und *Charles A. Myers*, Education, Manpower, and Economic Growth, New York 1964.

[8] Eine überzeugende Kritik des »investment in man« Ansatzes ist bei *Myrdal*, a.a.O., zu finden.

[9] Ein älteres Beispiel für diese Theorie ist *John Dewey*, Democracy and Education, New York 1916; ein neueres *Daniel Lerner*, The Passing of Traditional Society, New York 1958; vgl. auch *Seymour M. Lipset*, Political Man, New York 1963, S. 38–45.

[10] Vgl. z. B. *Samuel P. Huntington*, Political Order in Changing Societies, New Haven und London 1968, bes. S. 47–49.

[11] *L. W. Pye*, Hrsg., Communications and Political Development, Princeton 1963; *J. LaPalombara*, Hrsg., Bureaucracy and Political Development, Princeton 1964; *R. E. Ward* und *D. A. Rustow*, Hrsg., Political Modernization in Japan and Turkey, Princeton 1964; *J. S. Coleman*, Hrsg., Education and Political Development, Princeton 1965; *L. W. Pye* und *S. Verba*, Hrsg., Political Culture and Political Development, Princeton 1965; *J. LaPalombara* und *M. Weiner*, Hrsg., Political Parties and Political Development, Princeton 1966; *L. Binder et al.*, Crises and Sequences in Political Development, Princeton 1971.

[12] »Integrative, adaptive, innovative and responsive capacity«, *Binder*, a.a.O., passim. Das englische »responsive« läßt sich nicht direkt übersetzen. Die unterschiedliche Bedeutung des altmodischen deutschen »responsabel« weist auf die Differenz demokratischer und obrigkeitsstaatlicher Traditionen hin.

[13] Die Unterscheidung grundlegender Funktionen des politischen Systems war auch innerhalb der hier behandelten Forschergruppe niemals eindeutig, was auf die relative Beliebigkeit dieser analytischen Unterscheidungen hinweist. Vgl. dazu: *G. A. Almond*, A Functional Approach to Comparative Politics, in: *ders.* und *J. S. Coleman*, Hrsg., The Politics of the Developing Areas, Princeton 1960, S. 3–64; *G. A. Almond*, A Developmental Approach to Political Systems, in: World Politics 17 (1965), S. 182–214. Die hier zugrunde gelegte Unterscheidung universeller politischer Funktionen stammt von *L. W. Pye*, Political Systems and Political Development, in: *S. Rokkan*, Hrsg., Comparative Research Across Cultures and Nations, Paris 1968.

[14] Vgl. *Pye*, a.a.O. In dem siebten, zusammenfassenden Band »Crises and Sequences of Political Development« ist nur mehr von fünf Krisen die Rede; die »Integrationskrise« taucht nicht mehr auf. Die Konzeption einer solchen Krise wurde hier jedoch beibehalten, da die Zuordnung der verschiedenen Integrationsprobleme zur »Penetrationskrise« und »Identitätskrise«, wie sie in diesem Band zu finden ist, in vielen Fällen theoretisch eher verwirrend wirkt. Eine zweite Abweichung stellt die striktere Trennung von Penetrations- und *Um*-Verteilungsproblemen dar, die vielfach ziemlich unklar bleibt.

[15] Vgl. *G. A. Almond* und *S. Verba*, The Civic Culture, Princeton 1963.

[16] Ein erster Versuch stammt von *Stein Rokkan*. Vgl. *Rokkan*, Die vergleichende Analyse der Staaten- und Nationenbildung: Modelle und Methoden, in: *W. Zapf*, Hrsg., Theorien des sozialen Wandels, Köln 1969, S. 228–252.

[17] Vgl. *S. Verba*, Sequences and Development, in: *L. Binder*, a.a.O., S. 283–316.

[18] *Rokkan*, a.a.O.

[19] Die Beispiele für institutionelle »Lösungen« der politischen Probleme wurden übernommen von *Stein Rokkan*, a.a.O., S. 233 f.

[20] Vgl. dazu die Abbildung 1 auf Seite 299; sie wurde als Muster für die Indikatorentafel auf der Seite 302 verwendet.

[21] Die Unterscheidung von zwei »Phasen« der Bildungsexpansion ist nicht in chronologischem Sinne zu verstehen.

[22] Die durch den thematischen Rahmen dieses Bandes vorgegebene zeitliche und räumliche »Beschränkung« bringt es mit sich, daß einige wichtige Zusammenhänge und Entwicklungen, die in dem analytischen Schema angedeutet sind, hier nicht behandelt werden können. Die Daten der folgenden Analyse wurden im Rahmen der zweiten Phase des QUAM-Projektes (Quantitative Analyse der Modernisierung) gesammelt, in der Indikatoren der sozialen Mobilisierung für acht Länder (USA, Rußland, Japan, Preußen/Deutsches Reich/BRD/DDR, Frankreich, England und Wales, Schottland, Irland/Nordirland) im Zeitraum von 1815 bis 1965 im Mittelpunkt standen. Vgl. dazu: *W. Zapf* und *P. Flora*, Zeitreihen als Indikatoren der Modernisierung: Einige Probleme der Datensammlung und Datenanalyse, in: Politische Vierteljahresschrift 12 (1971), S. 29–70; *P. Flora*, Indicators of Social Mobilization: Urbanization, Education, Communication, Beitrag zum ISSC/ECPR workshop on indicators of national development, Lausanne, August 1971.

Neben den Quellen auf Seite 317 wurde folgende Literatur für die Analyse herangezogen: *R. L. Archer*, Secondary Education in the 19th Century, Cambridge 1937; *C. Birchenough*, History of Elementary Education in England and Wales from 1800 to the Present Day, London 1938; *J. F. Cramer* und *G. S. Brown*, Contemporary Education, New York 1965; *S. J. Curtis* und *M. E. A. Boultwood*, An Introductory History of English Education, London 1964; *H. C. Dent*, The Educational System of England and Wales, London 1969; *H. G. Good*, A History of Western Education, New York 1960; *H. J. Kaemmel*, Geschichte des deutschen Schulwesens, Leipzig 1882; *I. L. Kandel*, Comparative Education, Cambridge, Mass., 1933; *W. Lexis*, A General View of the History and Organisation of Public Education in the German Empire, Berlin 1904; *G. A. Males*, Education in France, Washington 1963; *R. H. Samuel* und *R. H. Thomas*, Education and Society in Modern Germany, London 1949; *J. Tews*, Ein Jahrhundert preußischer Schulgeschichte, Leipzig 1914; *I. N. Thut* und *D. Adams*, Educational Patterns in Contemporary Societies, New York 1964; UNESCO, World Survey of Education, Bd. 2, Paris 1958, Bd. 3, 1961, Bd. 4, 1966.

[23] Obwohl am Anfang der russischen Bildungsentwicklung kein katholisches Bildungssystem stand, kann sie dennoch im gleichen Zusammenhang analysiert werden, da die spezifischen Merkmale dieses Systems im 19. Jahrhundert, besonders unter preußischem Einfluß, übernommen wurden.

[24] Vgl. im folgenden die Tabellen auf den Seiten 313–316.

[25] Vgl. *L. Stone*, The Educational Revolution in England, 1560–1640, in: Past and Present 28 (1964), S. 41–80.

[26] Vgl. Quelle 1.

[27] Vgl. *Stone*, a.a.O.

[28] Die Zahlen für die Sekundärschüler im Deutschen Reich liegen vergleichsweise etwas zu hoch, da auch ein Teil der Mittelschüler mitgezählt wurde. Für Zahlen um 1960 vgl. UNESCO, World Survey of Education, Bd. 3, Paris 1961 und Bd. 4, 1966.

[29] Bezüglich der Wahlrechtsentwicklung vgl. im folgenden *K. Braunias*, Das parlamentarische Wahlrecht, Berlin 1932; *S. Rokkan* und *J. Meyriat*, Hrsg., International Guide to Electoral Statistics, Bd. 1, Paris 1969.

[30] Vgl. im Text die Abbildung 2 auf Seite 308.

[31] Vgl. *C. E. Bidwell* und *A. M. Kazamias*, Religion, Politics, and Popular Education: An Historical Comparison of England and America, in: Comparative Education Review 6 (1962), S. 97–110.

DIE HERAUSBILDUNG EINER SOZIALEN GESINNUNG IM FRÜHINDUSTRIALISMUS

Ein Vergleich der Auffassungen französischer, britischer und deutscher Unternehmer

Von Peter N. Stearns

Die Jahrzehnte nach 1820 verliefen für die französische Industrie auf dramatische Weise. In den Woll- und Baumwollspinnereien etablierte sich die Mechanisierung schnell und spielte in weiteren Textilbranchen, im Hüttenwesen und anderen Industriezweigen eine zunehmende Rolle. Dies war die erste Phase der industriellen Revolution in Frankreich, eine Revolution, die zwar weniger auffällig als ihre Gegenstücke in Großbritannien und Deutschland anlief, in ihrer Auswirkung auf die wirtschaftliche Produktivität aber durchaus vergleichbar war [1]. Während dieser ersten Dekaden waren französische Fabrikanten zudem gezwungen, ihr Verhältnis zu den Arbeitern, die sie zu einer Fabrikarbeiterschaft organisierten, zu klären.

Abgesehen von den üblicherweise parteilichen Forschern, die die Geschichte einzelner Firmen schrieben und deren Wohltaten schilderten [2], haben Historiker der sozialen Gesinnung von Industriellen wenig Aufmerksamkeit geschenkt. Marxistische Geschichtsforscher, die interessante Darstellungen der Zustände der Arbeiterklasse lieferten, haben die Unternehmer völlig unbeachtet gelassen – in dem Glauben, diese seien lediglich die Geschöpfe von Kräften, die sie nicht kontrollieren könnten, und am besten durch die ihnen gemeinsame Habgier charakterisiert, die keiner weiteren Analyse bedürfe. Vorhandene Arbeiten über die frühen Unternehmer haben sich oft zu bereitwillig an den extremen Beispielen orientiert. So ist es recht einfach herauszufinden, daß einige Textilfabrikanten in Rouen auf einem Sechzehnstundenarbeitstag bestanden und gelegentlich die als Arbeiter eingestellten Kinder schlugen. Weitaus schwieriger ist es dagegen zu erfahren, welches die normale Arbeitszeitregelung, die übliche Behandlung von arbeitenden Kindern war, und welche Überlegungen hinter diesen Maßnahmen standen [3]. Ein dem genannten verwandter Ansatz stützt seine Beschreibung der Unternehmergesinnung auf die Auffassungen liberaler Wirtschaftswissenschaftler [4]. Von solchen Anschauungen ausgehend können wir uns, extrem betrachtet, Unternehmer vorstellen, die ihren niedrigen Tarif im Sinne des ehernen Lohngesetzes verteidigen. Oder wir können uns vorstellen, daß Erklärungen liberaler Beamter – wie beispielsweise der häufig zitierte Ausspruch des französischen Handelsministers vom Jahre 1833, daß wie immer das Los des Arbeiters sei, es nicht in der Verantwortung des Unternehmers liege, es zu verbessern [5] – typisch für Industrielle im allgemeinen seien. Die Unternehmer selbst sind also bisher nicht Gegenstand wissenschaftlicher Untersuchungen gewesen.

Daß sie untersucht werden sollten, steht außer Frage. Dabei ist es wünschenswert, sich einige der Besonderheiten und Spannungen im Leben der Mittelklasse während der frühen industriellen Revolution vor Augen zu führen. Gewiß wird dies zur Folge

haben, daß diese Klasse menschlicher erscheint, daß ihre Handlungen verständlicher werden. Jedoch werden die Frühindustriellen damit keineswegs freigesprochen.
Im folgenden soll nicht die Verteidigung der französischen Unternehmer angetreten werden, sondern es soll die in vielerlei Hinsicht gegebene Begrenztheit ihrer Mentalität aufgedeckt und darauf hingewiesen werden, daß diese schwerwiegender ist als aus den wenigen bisher zur Verfügung stehenden kurzen Abhandlungen entnommen werden kann. Historische Genauigkeit setzt die Erkenntnis voraus, daß sich Unternehmer beträchtlich in ihrer Gesinnung und noch stärker in ihrem tatsächlichen Vorgehen unterschieden. Diese Unterschiede hatten tiefe Auswirkungen auf die Lage der Arbeiterklasse und sogar langfristig – wie wir sehen werden – auf das Bewußtsein der Unternehmer. Gleichbedeutend ist, daß sich die in der industriellen Frühphase gebildeten Ansichten der Fabrikanten zu erhalten neigten. Die ersten Dekaden der Industrialisierung waren in einem hohen Maße experimentell. Selbstverständlich mußten Industrielle beträchtliche Anstrengungen auf Innovationen in Technologie und Geschäftsorganisation richten. Diese Anstrengungen nahmen einen Teil der Aufmerksamkeit, die sie ihrer Arbeiterschaft hätten widmen können, in Anspruch; der Textilfabrikant in Roubaix, der jede Woche seinem produktivsten Webstuhl (und nicht seinem besten Arbeiter) eine Blumengirlande umhängte, parodierte unbewußt ein allgemeines Phänomen [6]. Innovationen in der Behandlung der Arbeiterschaft waren jedoch ebenso wichtig. Die Formierung einer Fabrikarbeiterschaft zwang zu neuen Methoden. Darüber hinaus haben sich viele Unternehmer auf Grund ihrer Mentalität, der Stärken und Schwächen ihrer Persönlichkeiten weitere Gedanken über die Arbeiter gemacht. Hieraus erklärt sich das Aufbrausen in Diskussionen über die Gestaltung der Lage der Arbeiter, das in der Folgezeit nicht seinesgleichen fand. Schon vor den Revolutionen von 1848 hatten Arbeitgeber in Frankreich viele der Grundbegriffe des Wohlfahrtsstaates in die Diskussion eingebracht und buchstäblich alle die betrieblichen Verbesserungen – wenn auch zuweilen in verkürzter Form – in die Praxis umgesetzt, die sonst erst im frühen zwanzigsten Jahrhundert gefunden werden konnten. Gleichermaßen entwickelten sie jedoch einen begrenzten Standpunkt, der sich mindestens ebenso lange halten sollte.

I

Dieser Aufsatz stellt eine kurze Untersuchung der Unternehmerpolitik während der frühindustriellen Phase dar, in deren Vordergrund die Grundbereiche der industriellen Revolution: Textilfabrikation, Bergbau und Hüttenwesen, stehen. Es werden die Hauptzüge der sozialen Gesinnung von Industriellen skizziert und ihre Ursachen diskutiert, wobei insbesondere auf die Herausbildung von arbeitspolitischen Vorstellungen in Frankreich rekurriert wird. In überwiegendem Maße gleichen die französischen Vorstellungen denen in anderen sich industrialisierenden Ländern, da die Probleme bei der Formierung einer Fabrikarbeiterschaft überall recht ähnlich waren. Unter Berücksichtigung aller Umstände kann man jedoch auch behaupten, daß das französische Ergebnis etwas anders war; die Sozialpolitik der Unternehmer in Frankreich unterschied sich recht deutlich von der englischen und wahrscheinlich auch von der der kontinenta-

len Nachbarstaaten. Und diese Unterschiede haben tendenziell weiterbestanden, denn wir haben es ja mit einer allgemeinen Orientierung hinsichtlich der Arbeiterklasse zu tun, die die Periode ihrer Entstehung erheblich überlebte.
Gleich zu Beginn müssen wir betonen, daß wir uns nicht mit dem Manufakturwesen im allgemeinen, das noch größtenteils aus Heim- und Handwerksarbeit bestand, beschäftigen. Wir ignorieren also die zahlenmäßige Mehrheit der Manufakturbesitzer und Arbeiter. Auch behandeln wir nicht die übelsten Zustände im Manufakturwesen, denn fraglos waren die Bedingungen der ländlichen Manufakturarbeiter besonders verheerend, als sich die Konkurrenz in Gestalt maschineller Produkte entwickelte. Es gab zahlreiche Berichte von ansteigender Arbeitslosigkeit und zunehmender Arbeitszeit; beides jedoch blieb, so wollte es die Bequemlichkeit, außerhalb des Gesichtskreises der meisten Unternehmer – schon weil diese selten aufs Land reisten. Es traf zu, daß Fabrikanten besonders in der Textilbranche von der Heimarbeit – dem Verlagssystem – angetan waren, weil viele von diesem System her kamen und es für einige Produktionsbereiche noch anwendeten. Das Spinnen in der Fabrik und das Weben in ländlicher Heimarbeit war eine besonders häufige Verbindung. In einigen Gebieten entwickelten die Verleger selbst eine neue Arbeitskräftepolitik, um der Fabrikkonkurrenz im eigenen Lande und in Übersee entgegenzuwirken. Sie versuchten das Überwechseln eines Arbeiters von einem Arbeitgeber zum anderen dadurch einzuschränken, daß sie die Fertigstellung eines »Endproduktes« (»pièce de congé«) forderten, bevor sie dem Arbeiter erlaubten, eine andere Stellung anzunehmen. Damit im Zusammenhang benutzten sie offizielle Arbeitsgerichte, vor allem die in dieser Zeit weit verbreiteten »Conseils de Prud'hommes«, um die Einhaltung derartiger Vertragsbedingungen von Heimarbeitern zu erzwingen. Dabei erwiesen sich die Arbeitgeber in ökonomisch dynamischen Gebieten wie Roubaix als besonders rigoros in der Anwendung dieser Methoden, als sie mit einigem Erfolg versuchten, das Verlagssystem am Leben zu erhalten [7].
Diese Arbeitgeber waren außerdem höchst beharrlich bei dem Versuch, das *livret*-System durchzusetzen: Jeder Arbeiter besaß eine von der Regierung ausgestellte Karte, die seinem Arbeitgeber auszuhändigen war, der sie mit einem formellen Vermerk zurückgeben mußte, bevor der Arbeiter eine neue Anstellung erhalten konnte [8]. Dieses System, eine napoleonische Einrichtung, wird oft als charakteristisch für die mißlichen Arbeitsverhältnisse der frühindustriellen Periode in Frankreich angeführt. Es wurde jedoch kein Arbeiter durch dieses Mittel ernsthaft daran gehindert zu wechseln, und nur wenige Fabrikanten kümmerten sich überhaupt darum. Verleger, die den grundlegenden Vorteil besaßen, die Arbeit dorthin zu bringen, wo die Arbeiter waren, unternahmen vielfältige Versuche zur Erhaltung ihrer Herstellungsweise. Aus ihrer Sicht zahlte sich dieses System deshalb aus, weil man außer Geldmitteln für Rohmaterial und für die bis zum Verkauf des Endproduktes erforderliche Zeitspanne wenig Kapital benötigte. Ein Überdenken der Lage der Arbeiter drängte sich nicht auf. Unternehmer in Roubaix führten einige die ökonomische Kraft ihrer Region fördernde Innovationen durch; manche kauften ihren Arbeitern Webstühle und schufen ihnen menschenwürdige Unterkünfte. Als ländliche Baumwollwebereien lebensunfähig und Lyoneser Handwerker anspruchsvoller wurden, dehnten Seidenfabrikanten in Lyon ihre Webereien bis in die Tararegegend aus und vergaben Kredite zur Anschaffung von Web-

stühlen. Dies waren jedoch ungewöhnliche Fälle. Fabrikanten machten sich selten die Mühe, die Situation der Arbeiter auf dem Lande zu überdenken. Die Firma Gros & Odier im Elsaß, die im frühen 19. Jahrhundert zu den Pionieren in der Textiltechnologie und Sozialpolitik gehörte, machte vor ländlichen Gegenden halt. Krankenversicherungspläne waren beispielsweise ausschließlich den Fabrikarbeitern vorbehalten. In dieser Einstellung wurden Unternehmer nicht nur durch Selbstinteresse, sondern vor allem durch den weitverbreiteten Mythos bestärkt, Dorfbewohner wären allgemein glücklich und gesund. Vom Fourierismus beeinflußte Industrielle – und davon gab es im Elsaß viele [9] – stifteten beträchtliche Summen, um ländliche Gemeinwesen zu gründen und andere »Zurück-aufs-Land«-Pläne zu verwirklichen. Dr. *René Villerme* [10], der peinlich genaue Untersuchungen über die Lage städtischer Arbeiter durchführte, war über ländliche Zustände durchweg unwissend; häufig beschrieb er seine Freude beim Anblick rotbäckiger, praller Kinder, die die Dorfwege bei seinen Fahrten von einer tristen Fabrikstadt in die andere säumten. Rückblickend wissen wir jedoch, daß es den Menschen in den Dörfern hinsichtlich der Gesundheit, der Lebenssituation wenig besser und im Norden Frankreichs sogar entschieden schlechter ging als denen in den Fabrikstädten. Im allgemeinen teilten die Fabrikanten allerdings diese Vorurteile. Sogar die Besitzer großer Fabriken liebten es, von den verderblichen Einflüssen der Stadt zu sprechen und dem Wunsch, die ländliche Scholle zu bewahren, Ausdruck zu geben – ein Zeichen ihrer echten Unsicherheit über den Wert der eigenen Anstrengungen.

Unter den Fabrikbesitzern gab es eine Minderheit ungewöhnlich harter Ausbeuter, die in ihrer Behandlung der Arbeiter das Normalmaß weit überschritten. Es handelte sich meist um marginale Typen, denen das Kapital für die Mechanisierung fehlte. Manche fürchteten direkt die soziale Konkurrenz ihrer Arbeiter und unterdrückten sie vorsätzlich. Es waren Männer, die unfaire Geldbußen auferlegten, z. B. indem sie für eine bestimmte Arbeit eine zu kurze Zeit ansetzten und dann die Arbeiter wegen der Nichteinhaltung dieser Zeit bestraften. Berichten aus Montpellier zufolge haben einige Fabrikanten die Arbeitstage durch tägliches Zurückstellen der Uhr verlängert. Es gab Fälle, in denen Arbeiter gezwungen wurden, einige oder sämtliche ihrer Vorräte zu ausbeuterischen Preisen von einem firmeneigenen Geschäft zu kaufen. In Tourcoing bezahlten einige Wollkämmereien den Arbeitern überhaupt nichts, sondern boten statt dessen miserable Verpflegung und Unterkunft [11]. In fast jedem Industriesektor gab es einige Firmen, die von der allgemeinen Tendenz stark abwichen, indem sie ihren Arbeitern zum Beispiel mehr Überstunden als üblich abverlangten und Rezessionen zur Anwerbung billiger Arbeitskräfte ausnutzten. Diese Unternehmer übten allerdings auch Druck auf die allgemeine Lage aus, insbesondere, weil sie ihre Kollegen zögern ließen, umfassende Verbesserungen durchzuführen, aus Angst, Konkurrenznachteile zu erleiden. Ihre Zahl war jedoch gering. Eine Inspektion von zwanzig Spinnereien in Reims erbrachte nur einen Betrieb mit sehr unhygienischen Bedingungen [12]. Im industriell unterentwickelten Cholet zwangen nur fünf von fünfundzwanzig Unternehmern ihre Arbeiter, mehr als die der Entlohnung zugrunde liegende Stückzahl zu weben [13]. Offensichtlich wäre also eine Beurteilung der Industriellen auf Grund der schlimmsten Beispiele recht irreführend.

Ebenso kann die große Masse der Fabrikanten nicht auf Grund der allgemeinen Einstellungen des Mittelstandes charakterisiert werden. *Louis Chevaliers* meisterhafte, wenn auch weitschweifige Porträtierung der Pariser Bourgeoisie paßt nicht auf die Unternehmer. *Chevalier* beschreibt die zunehmende Furcht vor den Pariser Massen, die als tatsächliche oder potentielle Verbrecher angesehen werden. Seine Untersuchung basiert aber mehr auf literarischen Quellen, als es innerhalb der Sozialgeschichte wünschenswert ist; falls sie jedoch für Paris zutraf, eine Stadt, die durchaus kein Industriezentrum war, so gibt sie kein Maß für die Gesinnung von Fabrikbesitzern [14]. Unternehmer verurteilten zur Unordnung neigende Arbeiter und sprachen gelegentlich von deren beschämender Bereitwilligkeit zu betteln. Ihre Reaktionen waren jedoch nicht von Angst bestimmt. Außerdem waren Industrielle weniger als Teile des Mittelstandes und Regierungsbeamte geneigt, formale Sozialtheorien anzuwenden. Arbeitgeber unterschieden sich vom Großteil des Mittelstandes dadurch, daß sie direkte und regelmäßige Kontakte zu Arbeitern hatten. Sie mochten über die unteren Klassen allgemein in ähnlicher Weise reden, normalerweise zeigten sie jedoch eine von Sympathie geprägte Kenntnis ihrer eigenen Arbeiterschaft. Um ihre Betriebe leiten zu können, mußten sie auch den Versuch unternehmen, die Gesinnung ihrer Arbeiter zu beeinflussen, was natürlich Rückwirkungen auf die eigenen Ansichten hatte. Industrielle hatten mit dem Mittelstand viele Werte gemein. Zu jener Zeit waren sie jedoch sozial weniger konservativ eingestellt als dieser Stand und vor allem die Regierung selbst.

II

Fabrikbesitzer waren für liberale Theorien weniger empfänglich als andere, gebildetere Teile der Mittelschicht. Sie mißtrauten den Theoretikern generell und beriefen sich stolz auf ihren Pragmatismus. Ihre weitverbreitete Feindseligkeit gegenüber Freihandelsargumenten förderte ihre Abneigung des reinen wirtschaftlichen Liberalismus. Allerdings lasen die meisten Unternehmer einfach keine liberalen Abhandlungen. Industriellengruppen in Mulhouse zitierten gelegentlich *Charles Dunoyer*, waren aber für Erklärungen von Ökonomen wie *Charles Dupin* empfänglicher, der Eingriffe des Staates in die Arbeitspolitik befürwortete. Die Journale der Unternehmer waren nicht durchgängig liberal [15]. Einige der ihnen zugeschobenen Argumente haben die Industriellen sicherlich nicht gebraucht. Sie haben sich niemals auf das eherne Lohngesetz berufen. Sie haben niemals den Malthusianismus beschworen, auch wenn sie Arbeitern dringend davon abrieten, sich mit zu vielen Kindern zu belasten.

Wenn Industrielle Elemente der liberalen Theorie verwandten, so war dies in erster Linie eine defensive Maßnahme in öffentlichen Debatten. Fabrikanten waren sich ihrer Risiken und der Verstimmung älterer Teile der Gesellschaft ganz klar bewußt [16] und scheuten sich durchaus nicht, ihren eigenen gesellschaftlichen Wert herauszuposaunen. Industrieausstellungen und andere öffentliche Gelegenheiten benutzten sie dazu, die Wohltätigkeit der Industrie wie auch »die Solidarität zwischen den Interessen des Landes und denen der Industrie« hervorzuheben [17]. Ohne Zögern sprachen sie von der Bedeutung der Maschine bei der Arbeitserleichterung und auch über die von ihnen garantierten Löhne bei gleichzeitiger kluger Verfolgung ihrer eigenen Interessen. Mußten sie in einer Krise Arbeitskräfte entlassen? Sicherlich sei das schlimm, aber falls ihre Firmen bankrott gingen, dann würden mehr Arbeiter ständig ihre Beschäftigung verlieren. Es war leicht, in der Öffentlichkeit eine optimistische Einstellung zu vertreten und zu erklären, die Arbeitsbedingungen seien »die denkbar glücklichsten: Wohnung, Kleidung, Nahrung – nichts gibt dem Arbeiter berechtigten Grund für Ansprüche [18]«. Spezifisch liberale Argumente wurden meist in der Auseinandersetzung mit tatsächlicher oder eingebildeter Kritik angeführt. Fabrikanten betonten die individuelle Verantwortung eines jeden Arbeiters für die eigene Sicherheit am Arbeitsplatz; wenn daher, so hieß es in der Industriepresse, die Finger arbeitender Kinder in unbeaufsichtigte Maschinen gerieten, so waren die Kinder »unvorsichtig«, und man schuldete ihnen keinerlei Entschädigung [19]. Wegen der Verantwortung der Arbeiter für ihre Werkzeuge und Erzeugnisse waren Geldbußen gerechtfertigt. Gegenüber Beschwerden der Arbeiter traten Fabrikanten mit dem Argument auf, jeder Arbeiter habe ein kostbares Recht, das ihn zu einem gleichberechtigten Partner gegenüber dem Arbeitgeber mache: das Recht zu kündigen. Immer wieder geschah es, daß Arbeitgeber, so wie z. B. 1833 die Direktoren der Anzin-Bergwerke, protestierenden Arbeitern nahelegten zu kündigen, falls sie nicht zufrieden seien. Wenn sie nicht kündigten, so glaubte man annehmen zu können, sie akzeptierten ihre Verhältnisse. Auf diese Weise hatte man sich eine universale Entschuldigung für alle Not geschaffen. Arbeiter, die unter abnehmender Produktion oder niedrigen Löhnen litten, konnten sich nur selbst die Schuld geben, da sie ja eine andere Arbeit hätten finden können, und falls dies nicht der Fall war, so verdienten sie eben nicht mehr, als sie besaßen [20].

Die Verwendung liberaler Argumente trat am nachdrücklichsten bei Reformvorschlägen auf, beispielsweise bei dem Gesetz zur Kinderarbeit, das steigende Beachtung in den späten 1830er Jahren fand. Opponierende Industrielle meinten, der Schutz der Kinder liege nicht in ihrer Verantwortlichkeit. Sie führten aufgeklärtes Selbstinteresse an: Welcher Arbeitgeber würde wohl durch Mißbrauch arbeitender Kinder seiner zukünftigen Arbeiterschaft schaden wollen? Sie vermerkten, daß ihre Verwendung der Kinder nicht nur ihren Betrieben zugute kam, sondern auch dem Budget der Arbeiterfamilien außerordentlich nützte [21]. Besonders scharf protestierten sie gegen jede Vorstellung einer Kontrolle von außen. »Um Betriebe führen und kontrollieren zu können, muß man nicht nur Fabrikant sein, sondern sich auch in der Art von Betrieb, den man zu führen wünscht, gut auskennen [22].«

Die liberale Einstellung, ob sie nun auf der Lektüre theoretischer Texte beruhte oder nicht, stand mit vielen Grundmotiven der Unternehmer im Einklang. Der Wettbewerbsinstinkt war recht ausgeprägt. Ein Fabrikant beschrieb den Eifer, mit dem seine Kollegen technische Geheimnisse hüteten, und stellte fest, sie täten das so, »als ob sie den Stein der Weisen besäßen [23]«. In noch größerem Maße vertraten die Unternehmer Werte des Mittelstandes, von Umsicht über Sauberkeit zu harter Arbeit, und waren bestrebt, diese weiterzuvermitteln. Sie konnten nicht anders als feststellen, daß die Arbeiter Ansprüche hatten, obgleich sie deren Wünsche übertrieben. Menschen, die tranken, die zu viele Kinder zeugten und diese dann mißhandelten, die unsauber und manchmal gewalttätig waren – diese Menschen waren offensichtlich an ihrer Armut selbst schuld. Arbeiter, deren Prinzipien denen der Fabrikanten ähnelten und die sich aus eigener Kraft hocharbeiteten, wurden besonders nachhaltig gelobt. Die Vorstellung einer möglichen Verwandlung von Lumpen in Reichtümer, aus der der Mittelstand so lange Befriedigung zog, wurde von den Fabrikanten jener Zeit laut propagiert. Einige verhalfen aufgeschlossenen jungen Arbeitern sogar zum Aufstieg in die eigenen Reihen. Und gerade die, die gern die Möglichkeit von Mobilität übertrieben, konnten nicht umhin, jene am unteren Ende der gesellschaftlichen Leiter heftig zu diffamieren. Die Doktrin individueller Verantwortlichkeit rechtfertigte bittere Verachtung [24].

Dieser liberale Impuls war unter französischen Fabrikbesitzern jedoch nicht vorherrschend. Bei allem Optimismus waren sie immer vorsichtig in der Vorhersage zukünftigen Fortschritts. Sie waren überzeugt, daß die gegenwärtige Lage der Arbeiter besser wäre als die vergangene, und hatten nur vage Vorstellungen über das, was kommen würde. Zum Teil reflektierte dies den tiefliegenden traditionellen Glauben, Armut sei unvermeidlich, zum Teil spiegelte es ihr eigenes Wissen, daß selbst in der Gegenwart vieles falsch war. Liberaler Optimismus war also weniger ein Zeichen tiefer Überzeugung als vielmehr zum Vorzeigen in der Öffentlichkeit bestimmt. Liberale Strenge war ebenfalls gedämpft. Zwar konnte man mit *Victor Grandin* aus Elbeuf behaupten, daß die »Sorgen um das Los der Arbeiter mit Sicherheit überflüssig würden, wenn diese nur auf die mit dem Kneipenbesuche verbundenen Ausgaben verzichteten« [25]. Zwar hatten die Fabrikanten wirklich ein tiefes Selbstinteresse daran, daß die Arbeiter ein regelmäßiges, geordnetes Leben führten. Aber nur wenige dachten dabei im Sinn individueller Verantwortlichkeit. Vielmehr beurteilten die meisten zumindest ihre eigenen Arbeiter, die Arbeiter, die sie kannten, nach Standards, von denen sie glaubten, daß sie der Arbeiterklasse angemessen seien.

Die Grundlage dieser Einstellung war der entschieden unliberale Glaube, der Arbeiter besäße einen vom Unternehmer fundamental unterschiedlichen Charakter: »Wir erkennen, daß seine Natur weniger empfindsam als die unsere ist, und dies ist ein Geschenk der Vorsehung, das die Menschheit respektieren sollte ... [26].« So genösse der Arbeiter Tätigkeiten und Verhältnisse, die jeder andere als unerträglich empfinden würde. Gleichzeitig würde ihn jede Art geistiger Anstrengung abstoßen wie rein manuelle Arbeit den Arbeitgeber. Er besäße die »primitiven Tugenden der Menschheit« [27]. Im Grunde wäre er ehrlich, seiner Arbeit ergeben und respektiere die Autorität. Fabrikanten klebten so sehr an dieser Vorstellung, daß sie Arbeiteragitationen normalerweise außerhalb der Betriebe stehenden Aufwieglern zuschrieben. Sie nahmen ja an, daß in Ruhe gelassene Arbeiter ihre verständlichen Leiden »mit bewundernswerter Resignation« [28] hinnähmen. Natürlich gab es hier und da Unbesonnenheit und Laster, aber das waren doch die kleinen, geringfügigen Sünden von einfachen und lebenslustigen Menschen. Schließlich schuftete der Arbeiter viele, harte Stunden und hatte Anspruch auf Abwechslung. Es herrschte sogar ein gewisser Neid auf den Mangel an Komplexität im Leben des Arbeiters. Für ihn gab es nicht die Sorgen und Verantwortlichkeiten, die die Leitung eines Betriebes mit sich brachte, auch nicht den Druck, den Lebensstil der Familie zu wahren. Er mußte nicht ständig seine Gefühle in Schach halten; er konnte trinken, soviel er wollte, und nach seinem Belieben Kinder in die Welt setzen. All dies kennzeichnete ihn zwar als Untergebenen, aber immerhin als einen, den der Arbeitgeber verstehen konnte. Natürlich konnte man einem Arbeiter in der Einhaltung eines Vertrages nicht vertrauen, und natürlich mangelte es ihm an Ehrgeiz. Aber diese Sorglosigkeit war ja sein kostbarster Besitz, erlaubte sie ihm doch, sich mit seinem Los abzufinden. In seiner einfachen Fröhlichkeit hatte der Arbeiter »viel Ähnlichkeit mit dem Schuljungen« [29] und konnte dementsprechend behandelt werden. Solche Verkürzung der liberalen Auffassung war auch in den Reformbestrebungen der Fabrikanten sichtbar. Zwar gab es einen eindeutigen und wichtigen liberalen Impuls, der einige Industrielle über ihr reines Selbstinteresse hinausführen konnte, aber er hatte Grenzen. Der Aufstieg der Fabrikindustrie ließ unverzüglich Unzufriedenheit mit der traditionellen Mildtätigkeit gegenüber den Armen aufkommen. Während Krisenzeiten boten Fabrikanten Hilfe an, und mit ihrem zunehmenden Reichtum war ihre Großzügigkeit teilweise gewachsen. Während der Krise von 1846/47 waren große Geldspenden zur Verfügung gestellt worden [30]. Mildtätigkeit war jedoch nur ein Trost und keine Lösung. In dem Maße, in dem Arbeitgeber sich von betont traditionellen Reaktionen auf Armut entfernten, suchten sie nach Mitteln zur permanenten Verbesserung der Lage der Arbeiter. Ein erster Reformschritt, der in einzelnen Betrieben und Arbeitgebervereinigungen befürwortet wurde, bestand darin, den Charakter der Arbeiter durch Einimpfung ausgesuchter Mittelstandswerte umzuformen. »Möchten Sie das materielle Wohlbefinden der Arbeiter verbessern? Der Weg ist klar: heben Sie ihre Moral [31].« Dieser Selbsthilfeversuch kann leicht lächerlich gemacht werden, an der Basis aber war er zutiefst liberal und gründete sich auf die Annahme, der Charakter könne verbessert werden. Einige Fabrikanten argumentierten sogar, Arbeiter und Unternehmer könnten sich mit der Zeit vereinen und, »zu einer einzigen Masse vermischt, denselben Interessen dienen« [32]. Die meisten waren jedoch nicht so zuversichtlich. Das heißt, daß in der Praxis dieser Gedanke der Selbsthilfe eher dem Wunsch entsprang, die liberalen Grundsätze der Selbstbestimmung des Individuums mit den traditionellen Arbeitertugenden des Gehorsams und der Resignation zu verschmelzen. Und die Fabrikanten waren sich genau bewußt, daß ihren Interessen durch besser ausgebildete, wachsamere und fleißigere Arbeiter eher gedient war [33].

III

Der Gedanke der Selbsthilfe führte zur Gründung zahlreicher für die Arbeiter bestimmter Sparkassen, deren Führung und finanzielle Garantien jedoch den Fabrikanten oblagen. Einige wenige Städte, vor allem Amiens und Roubaix, mieden derartige Bestrebungen bis in die 1840er Jahre – ein Zeichen dafür, wie schwer traditionelles Denken abzubauen war. An anderen Plätzen jedoch unterstützten schon um 1830 Arbeitgeber und sogar literarische Gesellschaften diese Sparbestrebungen [34]. Viele lokale Vereine und private Betriebe verteilten Flugschriften, die Arbeiter zur Annahme besserer Gewohnheiten bewegen sollten. Manche Arbeitgeber bestraften Arbeiter, die zu früh heirateten oder uneheliche Kinder zeugten. Fabrikanten in Sedan bestraften Arbeiter für Trunkenheit, gleich ob innerhalb oder außerhalb der Fabrik, kündigten ihnen bei einem zweiten Verstoß und taten sich mit anderen Unternehmern zusammen, um sicherzustellen, daß kein entlassener Arbeiter bei einer anderen Firma eingestellt werden konnte. Folglich wurde die Moral in Sedan für ausgezeichnet befunden – und sei es nur, weil die Betrunkenen in anderen Städten Arbeit gefunden hatten [35]. Die Ermutigung zu formaler Ausbildung war natürlich das wichtigste Element in der liberalen Einstellung den Arbeitern gegenüber. In den industriellen Gebieten propagierten in den späten 1830er Jahren fast alle Arbeitgebervereinigungen die Pflichteinschulung für arbeitende Kinder. Manche wollten diese Anforderungen bis zum 16. Lebensjahr ausdehnen. Viele Firmen und Vereinigungen gründeten Kindergärten und richteten gewerbliche und kaufmännische Kurse für Erwachsene sowie andere Programme ein. Mindestens 154 einzelne Firmen gründeten Schulen für arbeitende Kinder, zahlreiche andere vergaben Spenden an öffentliche Schulen und entließen die Kinder während des Arbeitstages für den Schulbesuch. Im Elsaß, in Reims und anderswo trafen fast alle großen Firmen Vorkehrungen zur Förderung der Ausbildung. Manche verlangten dies ausdrücklich von ihren Arbeitern und bestraften die Kinder, die sich weigerten. Die meisten Industrieschulen boten nur eine minimale Ausbildung mit Betonung auf Religion und Grundkenntnissen. In Schichten wurden die Kinder zum zweistündigen Besuch pro Tag abberufen. Die großen Hütten- und Bergwerke jedoch, die ihre Schulen den Familien aller ihrer Arbeiter öffneten, um die kommende Arbeitergeneration vorzubereiten, bildeten jährlich Hunderte von Kindern aus. Vor allem in Le Creusot sank das Analphabetentum innerhalb eines halben Jahrzehnts, und man schritt zur Bildung weiterführender, höherer Schulen [36]. Der Wunsch auszubilden war also stark und konnte echte Ergebnisse bringen.

Die Idee der Selbsthilfe war von Anfang an mit Widersprüchen behaftet. Durch Ausbildung sollte der Arbeiter eine bessere Zukunft erhalten, aber gleichzeitig wollte man sich die Zügel nicht aus der Hand nehmen lassen. Daher erklärt sich der religiöse Schwerpunkt sogar in den von nicht-gläubigen Fabrikanten gegründeten Schulen: »Indem sie dem Arbeiter sein Schicksal zu akzeptieren lehrt, zeigt die Religion ihm den sichersten Weg zu Seelenfrieden und Glückseligkeit ... Religion ist für jedermann gut, aber besonders für jene, die leiden [37].« Arbeitgeber achteten auch darauf, die Kontrolle über diese »Moralisierungsanstalten« zu behalten. Allgemein bestand die Tendenz, von der Ermutigung zur Bevormundung und sogar zum Zwang überzugehen. Da die Industriellen ja schließlich die erforderlichen Tugenden besaßen, die den Arbeitern fehlten, war wohl nichts logischer als eine hierarchische Kontrolle. *Aronssohn,* ein Arbeitgeber in Reims, schlug vor, es sollten Kommissare bestimmt werden, die jeden Arbeiter zu Hause besuchen und ihn zum Sparen anhalten. Andere wollten sich mit einem für alle verbindlichen Gesetz begnügen. In Rouen forderte *Barbet* Abordnungen der Fabrikanten, die die Armen überraschend besuchen sollten, um deren häusliche Tugendhaftigkeit zu fördern. Während einige besonders aufmerksame Industrielle die Tatsache, daß Arbeiter die Vorteile der Spar- und Ausbildungsmöglichkeiten nicht voll nutzten, zum Anlaß nahmen, jede weitere Verantwortung von sich zu schieben, kamen viele schnell zu der Erkenntnis, daß Selbsthilfemaßnahmen nicht ausreichten [38]. Da die meisten Fabrikanten keine grundlegend liberale Einstellung gegenüber Arbeitern hatten, waren sie über den Widerstand gegen Selbsthilfebemühungen nicht überrascht. Und über ihre eigenen Arbeiter wußten sie genug um zu erkennen, daß nicht alles deren Schuld war. Mit der wachsenden Industrialisierung und auf Grund von Untersuchungen über die Verhältnisse der Arbeiter, die in den 1830er Jahren zu erscheinen begannen, kamen immer mehr Industrielle zu der Erkenntnis, daß viele Arbeiter zu niedrig bezahlt wurden, um zu sparen, und täglich zu lange arbeiten mußten, um Zeit für die Ausbildung zu finden. Hinzu kam, daß die moralistischen Bestrebungen, ganz gleich wieviel sie zur Verbesserung der Arbeiterschaft beigetragen haben, die Arbeiter kaum dankbar machen konnten; deshalb hatten einzelne Betriebe mehr kurzfristige Hilfsprogramme auszuarbeiten, um eine gewisse Stabilität in ihrer Arbeiterschaft zu gewährleisten. Ohne die Selbsthilfebemühungen aufzugeben, begannen Fabrikanten daher, direkte Veränderungen der materiellen Verhältnisse anzustreben. Sie unterstützten auf diese Weise ihre Arbeiter wesentlich stärker, erweiterten aber auch ihre Herrschaft über sie.

Von Arbeitgeberseite geförderte Wohlfahrtsvereine auf Gegenseitigkeit bildeten einen guten Übergang von der Selbsthilfe zu regelrechtem Paternalismus. Sie stützten sich größtenteils auf Arbeiterbeiträge, übten aber insofern einen gewissen Zwang aus, als Arbeiter nur in Notfällen, wie etwa Krankheit oder Tod, Geldmittel abheben konnten. Viele Arbeitgeber versuchten durch Pflichtmitgliedschaft für alle Arbeiter eines bestimmten Zweiges den bindenden Charakter solcher Wohlfahrtsvereine auszuweiten [39]. Sie priesen auch die durch Zusammenschluß gewonnene Macht von Versicherungsvereinen, weil sie in zunehmendem Maße erkannten, daß Arbeiter nicht auf sich allein gestellt existieren konnten: »Vereinigungen lehren die Menschen nicht nur, einander zu verstehen und zu lieben; sondern geben ihnen auch die Möglichkeit, voneinander ohne große Opfer wertvolle Hilfe und Trost in schwierigen Momenten oder Tagen zu erhalten [40].« Und als auch Arbeiter selbst – außer in einigen wenigen rückständigen Städten wie Amiens, wo direkte Repressionen herrschten – zur Gründung derartiger Wohlfahrtsvereine übergingen, wurde es augenfällig, daß die Kontrolle durch Industrielle ein bedeutender Sicherheitsfaktor sein konnte. Folglich wuchs nach 1825 die Zahl der Wohlfahrtsvereine in einzelnen Firmen gewaltig; um 1830 förderten Arbeitgebervereinigungen in Nantes und in anderen Städten das ganze Stadtgebiet erfassende Vereine; und in den 1840er Jahren schlugen Unternehmer die Errichtung nationaler Zusammenschlüsse und sogar Regelungen für den Erwerbsausfall bei Krankheit und Alter vor. Zur gleichen Zeit finanzierte der Bürgermeister von Mulhouse, ein Textilfabrikant, einen umfangreichen Sozialplan für die ganze Stadt aus eigener Tasche [41].

Über die Selbsthilfe hinausgehende Bemühungen, die mit der Zeit zunahmen, umfaßten Werkswohnungen und Krankenhausdienst, Vereinbarungen zwischen Arbeitgebern zur Einschränkung der Arbeitszeit und zur Stützung der Löhne während Wirtschaftskrisen sowie Vorschläge zur Gesetzesreform. Gegen Ende der dreißiger und mit zunehmendem Nachdruck während der 1840er Jahre ersuchten einzelne Fabrikanten die Regierung, die Elendsviertel abzureißen und neue Wohnviertel zu bauen, Sicherheitsbestimmungen für die Betriebe einzuführen, unentgeltliche Mahlzeiten und Kindertagesstätten zur Verfügung zu stellen, ja sogar Mindestlöhne festzusetzen. Die Auffassung, daß Unternehmer allein die sozialen Auswirkungen des ökonomischen Prozesses nicht kontrollieren konnten und es somit einer höheren Instanz bedurfte, war weit verbreitet: »Lange genug, ja schon zu lange, sind Regierungen innerhalb rein politischer Grenzen eingeengt gewesen; es ist an der Zeit, daß sie Dreh- und Angelpunkt humanitärer Vereinigungen werden. In der Zusammenarbeit mit ihnen wird alles möglich [42].« Nur Regierungsmaßnahmen konnten »dem gewissenhaften Fabrikanten die gleichen Vorteile sichern wie seinem gewissenlosen Konkurrenten« [43].

Im Jahre 1837 war eine gewichtige Minorität von Arbeitgebern gewillt, auf Regierungsbestimmungen zur Kinderarbeit zu bestehen. Wie wir gesehen haben, gab es Widerstände auf Grund liberaler Ansichten. Andererseits glaubten nur wenige Industrielle, wie der protestantische Reformer *Daniel Legrand*, daß die Beschäftigung von Kindern ein Übel an sich sei. Der Gedanke der Alters- wie auch der Arbeitszeitbeschränkung fand jedoch weiten Anklang. Einige Unternehmer sahen in dem Gesetz sogar einen Nutzen für die Industrie selbst, da dies auf längere Sicht für kräftigere, besser ausgebildete erwachsene Arbeiter sorgen und kurzfristig eine Überproduktion verhindern würde. Diese Leute meinten, ein Gesetz zur Kinderarbeit liege im Interesse aller, gerade weil es eine Modifikation uneingeschränkten Wettbewerbs, »einen ersten Versuch regelmäßiger und moralischer Organisierung der Arbeit« [44], bedeuten würde.

Wir wissen natürlich nicht, was die Mehrzahl der Fabrikanten von einem möglichen Gesetz zur Kinderarbeit hielt. Die Initiative für ein solches Gesetz kam jedoch in hohem Maße von den Industriellen, vor allem von jenen aus Mulhouse, wo einerseits soziales Denken stark ausgeprägt, andererseits die Situation der Kinder außergewöhnlich schlecht war. Von Individuen und Gruppen während der 1830er Jahre eingereichte Petitionen veranlaßten die Regierung, gegen ihre liberale Einstellung 1837 und erneut 1840 Abstimmungen in den Handelskammern und in den Conseils de Prud'hommes durchzuführen. Mit Ausnahme der industriearmen Gebiete im Süden haben diese einstimmig den Gesetzesgedanken unterstützt; mehrere im Norden schlugen die gesetzliche Einführung des Zwölfstundentages für alle Arbeiter vor. Viele drängten auf eine intensivere Kontrolle als die Regierung vorgeschlagen hatte. Fast alle stimmten mit der Handelskammer von Louviers überein, von der festgestellt wurde: »Es gibt keinen Zweifel daran . . . , daß die Regierung das Recht besitzt, die Lage der in Fabriken beschäftigten Kinder zu überwachen und zu ändern [45].«

Das 1841 verabschiedete Gesetz wurde nicht energisch durchgesetzt. Viele Fabrikanten ignorierten es vollkommen, andere befolgten es so, wie es ihnen paßte, oder hielten sich eine Zeitlang daran, um dann wieder in alte Praktiken zurückzufallen, wenn sie merkten, daß ihre Konkurrenten nicht mitmachten [46]. In diesen wie in anderen Angelegenheiten ging das Reformgerede der Arbeitgeber viel weiter als ihre tatsächliche Bereitschaft, Änderungen in die Praxis umzusetzen. Es zeigt sich jedoch ganz klar, daß französische Arbeitgeber sowohl vom Konzept her als auch in der Praxis nicht starr an der liberalen Auffassung über die Arbeiter festhielten. In Fragen der Sozialreform hatte sich die liberale Idee der Selbsthilfe, die für den Unternehmer den Vorteil geringen Kostenaufwandes besaß, nur für eine verblüffend kurze Zeit durchzusetzen vermocht.

IV

Tatsächlich kennzeichneten zwei weitere Elemente die Gesinnung der Arbeitgeber mindestens so stark wie der liberale Faktor. Sie wurden sowohl in öffentlichen wie privaten Diskussionen vorgebracht und dienten den Fabrikanten instinktiv als Normen zur Beurteilung der Lage der Arbeiter. Der eine, bereits erwähnte, Faktor war der ausgesprochene Traditionalismus, der andere ein Konzept der Gegenseitigkeit. Neben dem liberalen Impuls waren diese Werte, wenn auch in unterschiedlichen Zusammensetzungen, den meisten Industriellen gemein.

Traditionalismus bezeichnete zuerst und vor allem den Glauben, daß Armut unvermeidlich und von Gott auferlegt sei: »Armut ist leider eine der Bedingungen, die vom Zustand der Gesellschaft untrennbar ist [47].« Die Industrie mochte zwar die traditionelle Misere der Massen beheben, nur wenige prophezeiten jedoch einen durchgreifenden Fortschritt. Traditionalismus bedeutete ein Zögern in der Unterstützung von Bestrebungen zur Änderung der Arbeitsverhältnisse. Das Hauptargument gegen das Kinderarbeitsgesetz hatte nichts mit Liberalismus zu tun, sondern entsprang reiner Trägheit: Derartige Maßnahmen ständen »im Gegensatz zu Gewohnheiten, die seit Urzeiten in der Industrie geherrscht hätten« [48]. Die Beschwörung der »Urzeiten« durch dem Fortschritt verhaftete Industrielle mag erstaunen, sie reflektierte jedoch einen tiefsitzenden Impuls. Die Beschäftigung von Frauen und Kindern war richtig, denn sie hatte ja schon immer existiert. Die lange Arbeitszeit wurde auf dieselbe Weise gerechtfertigt, und es gab die bestimmte und dauerhafte Annahme, erst die dreizehnte Arbeitsstunde brächte einen Profit. Der Traditionalismus beeinflußte die Unternehmer vor allem in ihren Vorstellungen über den angemessenen Lohn. In der Tat wurden die Löhne in erheblichem Ausmaß auf der Grundlage lokaler Bräuche festgesetzt und verteidigt. Viele neue Fabrikbesitzer versuchten besondere Traditionen der Heimarbeit aufrechtzuerhalten, wie beispielsweise die Pflicht der Arbeiter, für ihre Maschinen zu bezahlen. Speziell im Norden waren in vielen Textilbetrieben Abzüge für die Benutzung der Maschinen üblich [49]. Andererseits bewahrte die Tradition gewisse Vorteile für die Arbeiter, wie die üblichen Ferien und Sonderzahlungen an religiösen Feiertagen. Sie veranlaßte auch zu Mildtätigkeit in Notzeiten [50].

Außerdem herrschte die Meinung, daß es Gegenseitigkeit in den Beziehungen zwischen Unternehmern und Arbeitern geben sollte, daß der Arbeitgeber seiner Arbeiterschaft für ihren Gehorsam und ihre Dienste etwas schuldete. Eine weitverbreitete vage Sympathie für gute Arbeiter, besonders für die eigenen, implizierte die Ansicht, daß Arbeiter zu respektierende Untergebene wären. Eine solche Vorstellung nährte sich zusätzlich aus der traditionell gegebenen Anteilnahme an der Not der Armen. Unternehmer gingen oft bis an den Rand des Lächerlichen, um die Gegenseitigkeit in ihren Beziehungen zu ihren Arbeitskräften zu betonen. Das sollte jedoch nicht darüber hinwegtäuschen, daß sie an den Mythos der Fairneß im Wirtschaftshandeln glaubten. Ihre Forderungen nach Gegenseitigkeit waren also nicht völlig hohl. Nach 1820 verbreiteten sich in den von der Industrie beherrschten Städten die Conseils de Prud'hommes, die von Fabrikanten gewählt und besetzt wurden. In ihnen gab es keine echten Arbeitervertreter. Sie bestanden jedoch, um die Rechte beider Seiten zu schützen, und sie nahmen ihre Aufgaben ernst. Sie bestätigten fast nie Verträge, die von Arbeitern, nicht aber von Unternehmern die Einhaltung von Kündigungsfristen verlangten. Sie bestanden auf dem Kündigungsrecht der Arbeiter für den Fall, daß die Arbeits- und Lohnbedingungen geändert würden. Wir können zwar sicher sein, daß es in der überwiegenden Zahl der Fälle von Ungerechtigkeit niemals zu einem Schiedsspruch kam; die Prinzipien jedoch, um deren Durchsetzung sich die Conseils bemühten, wurden nicht vollkommen ignoriert [51]. Der Gedanke der Gegenseitigkeit führte unter Fabrikbesitzern zu weiteren Schritten, die über die Gewährung von Arbeit und Lohn hinausgingen. Viele Industrielle beispielsweise unterstützten unfallgeschädigte Arbeiter trotz der allgemein verbreiteten liberalen Ansicht, daß die Arbeiter für Unfälle selbst verantwortlich seien. Viele behielten ältere oder invalide Arbeiter trotz deren sinkender Arbeitskapazität im Dienst. Es ist sicherlich wahr, daß einige Fabrikanten ältere Arbeiter brutal entließen, aber fast alle zur Verfügung stehenden, und zwar nicht nur die für die Öffentlichkeit bestimmten, Aufzeichnungen einzelner Firmen zeigen ein gewisses Interesse, loyalen älteren Arbeitern beizustehen. In den größeren und erfolgreicheren Firmen wandelten sich Gefälligkeiten dieser Art allmählich zu institutionalisierten Programmen. In den 1830er Jahren gingen die Bergwerke von Anzin zum Beispiel von freiwilligen Spenden für ältere Arbeiter zu einem formalen Rentenplan über. Schließlich bestärkte das Gegenseitigkeitsprinzip die weitverbreitete, wenn nicht sogar tief sitzende Sorge, daß die Verhältnisse besonders während Wirtschaftskrisen nicht weiter verbessert werden könnten. 1831 war ein Fabrikant in Rouen bestürzt, als er entdeckte, daß er viele seiner Arbeiter unter dem Existenzminimum entlohnte. 1843 machte ein Fabrikant aus Roanne gegenüber *Flora Tristan* das Geständnis, die Wirtschaftskonkurrenz habe beklagenswerte Einflüsse auf die Arbeiter, wogegen er jedoch kein Rezept wüßte [52]. Einsichten dieser Art konnten zu Mildtätigkeit beziehungsweise zu den oben erwähnten substantielleren Reformbestrebungen führen.

Besonders nach den 1830er Jahren begann sich die Grundeinstellung der Fabrikanten zur Arbeiterschaft allmählich zu verändern. Wie wir gesehen haben, wurde der Traditionalismus zwar modifiziert, aber selten ganz aufgegeben. Die erfolgreicheren Fabrikanten nahmen in zunehmendem Maße eine paternalistische Position ein und gaben damit der Gegenseitigkeit konkreten Ausdruck. In der Disziplinierung ihrer Arbeiter waren diese Fabrikanten besonders erfolgreich. Durch detaillierte Bestimmungen und reichlichen Einsatz von Vorarbeitern hatten sie zu kontrollieren gelernt. Sie vermerkten oft, daß ihre Arbeiter, besonders die der zweiten Generation, viel leichter zu führen seien. Dies verstärkte Bestrebungen zur Einführung von Sonderprämien. Gleichzeitig konnten paternalistische Maßnahmen den Disziplinierungsprozeß vorantreiben. Durch Bereitstellung von Werkswohnungen wurde dem Arbeiter das Kündigen erschwert; ärztliche Betreuung konnte die Arbeitsausfälle verringern. Kleinere und jüngere Unternehmer, die teilweise die soziale Konkurrenz der Arbeiter direkt fürchteten, waren länger in Traditionalismus und liberaler Rechtfertigung verstrickt. Ungeachtet dieser Umstände hatte die vollkommen undoktrinäre Einstellung französischer Unternehmer – trotz bedeutender Unterschiede im einzelnen und einer klaren Entwicklung – doch zwei wichtige durchgängige Bestandteile. Sie war grundsätzlich nicht progressiv. Sie suchte die Arbeiter in den schlimmsten Lebenslagen zu schützen, faßte aber für normale Zeiten keine großen Erleichterungen ins Auge. Die Arbeiterschaft verdiente, so meinte man, »einen angemessenen Wohlstand als Belohnung für fleißige Arbeit und gutes Betragen« [53]. Solch ein Wohlstand machte jedoch keine umfangreicheren Verbesserungen des Lebensstandards notwendig. Im Zusammenhang damit glaubten Fabrikanten fest an eine gesellschaftliche Hierarchie. Sogar diejenigen, die die Ausbildung und andere Reformen unterstützten, hüteten sich vor einer Einmischung in die Gesellschaftsordnung. »Sollte die Herrschaft des Reichtums ein Übel sein, so ist es ein unvermeidbares Übel [54].«

V

War diese Gesinnung spezifisch französischer Natur? Ohne Frage konnten die meisten ihrer Elemente auch anderswo gefunden werden. Das Vorhandensein traditioneller sozialer Werte im Frühindustrialismus ist auch für Großbritannien vermerkt worden und dürfte nicht erstaunen. Auch die moralische Verurteilung vieler Eigenschaften der Arbeiter war unvermeidlich. Zu Beginn der Industrialisierung mußten Fabrikanten viele Aspekte der Arbeitermentalität umformen, um bei den Arbeitern Disziplin und Fleiß zu erzeugen. Das war eine harte Aufgabe, die Widerstände in der Form von Arbeitsplatzwechsel, Abwesenheit und Trinken hervorrief. Natürlich fiel es den Fabrikanten leicht, ihre Verärgerung in ein moralisches Urteil zu kleiden. Wenn also die französische Gesinnung anders war, so war sie es nur graduell. Es gibt allerdings erhebliche Anhaltspunkte dafür, daß Unterschiede zu den Briten bestanden. *Reinhard Bendix* hat nachgewiesen, daß die Evolution vom Traditionalismus zum Liberalismus in Großbritannien viel deutlicher war als in Frankreich [55]. Zugegebenermaßen befaßte er sich mit einer viel längeren Zeitspanne der britischen Industrialisierung als der vorliegende Aufsatz dies für Frankreich tut. Auch stützt er sich zu stark auf Veröffentlichungen von theoretischen Ökonomen und Arbeiten von auf der Seite der Unternehmer stehenden Schriftstellern wie *Andrew Ure,* wogegen sich unsere Untersuchung bemüht, einen weiteren Bereich von Äußerungen und Maßnahmen der Unternehmer einzubeziehen. Dennoch dürfte *Bendix'* Aussage zutreffen.

Bendix sieht den ideologischen Bruch britischer Unternehmer mit dem Traditionalismus vor allem in deren Distanzierung von den Annahmen der Abhängigkeit und Unterordnung der Arbeiterklasse [56]. Die Armen konnten Selbstdisziplin und andere Werte des Mittelstands lernen. Sie konnten sich durch hartes Arbeiten bessern. Sie konnten mit den Industriellen zusammenarbeiten, natürlich nur unter deren Führung, um allgemeine Vorteile zu erlangen, wie zum Beispiel bei der Abschaffung der »Corn Laws«, oder sie konnten zusammen die Großgrundbesitzer bekämpfen. Dies war eine optimistische Doktrin, derzufolge jeder Unternehmer Teil einer Gemeinschaft, in der jedermann nach den gleichen Wertstandards beurteilt wurde, war.

Französische Fabrikbesitzer befreiten sich trotz wichtiger Impulse in diese Richtung nicht so stark von traditionellen Ansichten über Abhängigkeit und Hierarchie. Kurzfristig gesehen war ihre Einstellung während der Anfangszeit der Industrialisierung für die Arbeiter vorteilhafter als die ihrer englischen Kollegen. Es gab weniger Kritik an traditionellen Wohltätigkeitsinstitutionen; kein Angriff auf Wohltätigkeitsbüros in Frankreich ähnelt im entferntesten der Revision des englischen Armengesetzes. Umgekehrt zeichneten sich einzelne Betriebe durch mehr Paternalismus aus. Frankreich hatte zwar keine Betriebe, die mit denen von New Lanark konkurrieren konnten, doch war die allgemeine Versorgung mit Werkswohnungen, ärztlicher Betreuung und Schulen viel besser. In dem Jahrzehnt nach 1840 hatten mindestens 461 französische Betriebe genau festgelegte Wohltätigkeitsprogramme, von denen einige recht umfassend ausgearbeitet waren. Dies war fast die Hälfte aller Fabriken mit mehr als fünfzig Arbeitern, und zweifellos lag die Zahl in Wirklichkeit viel höher [57]. In der Schwerindustrie trafen alle modernen Firmen Vorsorge für Wohnungen, Schulen und ärztliche Betreuung; Textilfabrikanten neigten weniger dazu, Wohnungen anzubieten, unterstützten jedoch normalerweise Schulen, Wohltätigkeitsvereine auf Gegenseitigkeit und ähnliches. In den 1840er Jahren glaubten viele Fabrikanten, jährlich einen bestimmten Prozentsatz von Einkommen für paternalistische Programme einplanen zu können [58]. Die Franzosen trieben außerdem mit der Kinderarbeit in einem viel geringeren Maße Mißbrauch als die Engländer. Dies war in einer Beziehung erstaunlich. Denn angesichts des niedrigen Bevölkerungswachstums und der spezifischen Grundbesitzstrukturen war es in Frankreich viel schwieriger, eine Fabrikarbeiterschaft zu rekrutieren, als in England. Dennoch beschäftigten französische Betriebe weniger Kinder als englische. Eine der britischen Lage vollkommen entgegengesetzte Situation bestand darin, daß Kinder in französischen Bergwerken selten in die Gruben geschickt wurden. Kinder wurden zwar weitgehend in der Textilindustrie beschäftigt, es gab jedoch keine Massenrekrutierungen aus Waisenhäusern oder ähnliches. Und mit Hilfe des Kinderarbeitsgesetzes nahm der Prozentsatz beschäftigter Kinder schnell ab. Im Jahre 1835 bestanden in den Baumwollspinnereien in Mulhouse 45 Prozent der Arbeiterschaft aus Kindern, 1845 waren es 23 Prozent; in den Baumwollwebereien von Darnetal fiel der Prozentsatz von 38 im Jahre 1835 auf 21 im Jahre 1844, und die Beispiele könnten fortgeführt werden [59]. Auf einem vergleichbaren Stand der Industrialisierung hielt der Einsatz von Kindern in englischen Fabriken viel länger an [60]. Weshalb dieser Unterschied? Gerade der Mangel an Arbeitskräften in Frankreich, der mit hohen Löhnen einherging, trug dazu bei, daß die Arbeiter ihre Kinder von den Fabriken fernhielten. Auf Grund des späteren Industrialisierungsbeginns standen in Frankreich bessere Maschinen zur Verfügung, so daß Kinder wahrscheinlich von geringerem Nutzen waren. Jedenfalls haben viele Unternehmer den ökonomischen Nutzen der Kinderarbeit öffentlich in Frage gestellt. Ich halte es jedoch für wahrscheinlich, daß die französischen Anschauungen über die Abhängigkeit der Arbeiter ebenso zu diesem Unterschied beigetragen haben. Englische Fabrikanten vermochten Verantwortung viel leichter auf Kinder und deren Eltern abzuwälzen. Die Franzosen haben die Möglichkeiten der Kinderausbeutung nicht bis zum letzten ausgeschöpft, und – wie wir sahen – waren sie recht schnell für wenigstens die Idee einer legislativen Regelung aufgeschlossen.

Die im Vergleich zu den Engländern unterschiedlichen Auffassungen der französischen Unternehmer haben sicherlich mit dazu beigetragen, daß die Frühindustrialisierung in Frankreich weniger unmenschliche Folgen hatte. Dies mag ein Ausdruck von weniger ausgeprägter Dynamik bei den französischen Unternehmern sein. Vielleicht auch zeigt die am Anfang der Industrialisierung anzutreffende Abneigung, aus den Arbeitern das

Letzte herauszuholen, einen weniger ausgeprägten Ehrgeiz. Trotzdem wird mehr und mehr deutlich, daß es französischen Unternehmern nicht an vergleichbarer Vitalität fehlte. Und es waren gerade die energischsten Männer – etwa vom Schlage des Metallfabrikanten *Eugene Schneider*, der davon träumte, Großbritannien an allen Industriefronten herauszufordern –, die am ehesten eine paternalistische Einstellung vertreten sollten. Eine Besserung der Arbeiterschaft sahen sie weniger individuell, als vielmehr im Sinne einer Arbeiterunterstützung durch von Unternehmern geförderte Programme sowie einer Bindung der Arbeiter an den Betrieb. Es ist wahr, daß in Frankreich manche Reformvorschläge durch periodische Unsicherheiten ins Leben gerufen wurden. Französische Unternehmer waren sich ihrer Unterlegenheit gegenüber England sehr bewußt. Ebenso waren sie sich über die Innovationsrisiken im klaren. Ökonomischer Unsicherheit wurden sie schnell überdrüssig. Daraus erklärt sich ihre Bereitschaft, in Krisenzeiten über die Notwendigkeit von Zusammenschlüssen und Verordnungen zum Wohle der Arbeiter, vor allem aber zum Nutzen der Industrie selbst zu sprechen [61]. Dies war auch ein Teil der umfassenderen Einstellung, mit der sich französische Industrielle von dem individualistischen Liberalismus der Engländer unterschieden.

Langfristig blieben diese Unterschiede ziemlich klar und vermutlich zu Frankreichs Nachteil bestehen. Zwar begünstigte anfangs der eingeschränkte Liberalismus der französischen Unternehmer die Arbeiter; er schuf jedoch gleichzeitig Probleme für die Zukunft. Mangels echten Glaubens an sozialen Fortschritt werden sich französische Fabrikanten gegen Ende des 19. Jahrhunderts viel eher wegen erlangter Vorteile der Arbeiterklasse empören. Arbeiteragitation wird sie eher schockieren, denn Arbeiter waren ja Untergebene und hatten dankbar zu sein. Daher ließen sich die französischen Unternehmer u. a. viel mehr Zeit, ehe sie Gewerkschaften anerkannten und sich zur Führung von Tarifverhandlungen bereit erklärten. Sie und ihre Regierung hielten viel länger an direkter Repression fest.

VI

Gleichzeitig unterschieden sich französische Industrielle auch von ihren deutschen und belgischen Kollegen. Zwar waren die Unterschiede weniger ausgeprägt, sie waren jedoch ebenso wichtig und langlebig. Die beste zur Verfügung stehende Untersuchung über die Sozialpolitik deutscher Unternehmer gibt es für Rheinland-Westfalen. Sie bietet zwar keine Grundlage für einen umfassenden Vergleich, regt jedoch die vergleichende Phantasie an [62]. Deutsche Unternehmer wurden in ihren Wirtschaftsbestrebungen von einer ähnlichen Arbeitsethik geleitet. Ähnlich wie in Frankreich gab es auch in Deutschland eine paternalistische Tradition, die bis ins 18. Jahrhundert zurückzuverfolgen ist. In der deutschen Industrie entwickelte sich der Paternalismus jedoch schneller und umfassender. Unterstützungsfonds für Krankheits- und Beerdigungskosten waren eher üblich. Interessanterweise gingen diese Bemühungen der Gründung von Sparkassen voraus, wogegen in Frankreich die Entwicklung umgekehrt verlief. Deutsche Fabrikanten wollten zu allererst die wichtigsten materiellen Bedürfnisse der Arbeiter befriedigen und gleichzeitig ihre Kontrollen ausweiten [63]. Der grobe Vergleich sei erlaubt, daß die Franzosen zuerst die für sie billigere Idee der Selbsthilfe durchzusetzen versuchten, bevor sie nach dem Scheitern dieses Versuchs zu anderen Mitteln griffen. Deutlichere Parallelen bestanden zwischen Deutschen und Franzosen bezüglich der Bereitstellung von Werkswohnungen. Das gilt besonders für die Schwerindustrie, in der Anwerbung und Ansiedlung von Arbeitskräften dringend erforderlich waren. Es gilt weniger für die Textilindustrie; hier waren die Deutschen ihren französischen Kollegen weit voraus [64]. Im ganzen allerdings sind die Ähnlichkeiten beträchtlich. Bis 1850 hatten beide Fabrikantengruppen ähnliche Typen paternalistischer Institutionen geschaffen; bis gegen Ende des Jahrhunderts waren in beiden Ländern diese frühen Ansätze erweitert und verfeinert, aber nur wenig Initiativen entwickelt worden. Der deutsche Paternalismus, der im späten 19. Jahrhundert ohne Zweifel ausgeprägter war als der französische, war diesem schon zur hier behandelten Zeit voraus [65] und beherrschte die Gesinnung der Industriellen gegenüber der Arbeiterschaft viel intensiver.

Etliche Faktoren trugen zu diesen Unterschieden bei. Nur einige sollen hier genannt werden; denn ein umfassender Vergleich bedarf einer detaillierteren Untersuchung der Mentalität bzw. Mentalitäten deutscher Unternehmer. In Deutschland wirkte sich die Industrialisierung, die mehr in der Schwer- als der Textilindustrie vor sich ging, besonders günstig für jene Firmen aus, deren Größe und Rationalisierungsanstrengungen am deutlichsten auf Paternalismus abzielten. Die Schwerindustrie in Frankreich zeigte dieselben Tendenzen, sie war jedoch weniger vorherrschend [66]. Die Rolle von Staat und Kirche in Deutschland muß berücksichtigt werden, obwohl die französische Regierung ebenfalls interventionistisch und die meisten französischen Fabrikanten auch religiös waren. Meine – wohl kaum überraschende – Annahme besteht darin, daß französische Fabrikbesitzer in der Zeit der Frühindustrialisierung stärker liberalen Wertvorstellungen ausgesetzt waren und daß dieser Umstand einen Hauptfaktor für ihren spezifischen Ansatz darstellte. Er ist nicht nur für einen weniger vollkommenen Paternalismus verantwortlich zu machen, sondern auch für andere Unterschiede in der Behandlung der Arbeiterschaft.

Französische Unternehmer mußten ihre Arbeiter besser entlohnen als deutsche. Bessere Verhältnisse auf dem Lande und ein geringeres Arbeitskräftepotential machten in Frankreich ein höheres Lohnniveau erforderlich [67]. Bis in die 1860er Jahre waren die Löhne in den französischen Städten sogar höher als die englischen Löhne – und dies obwohl die Industrialisierung weniger fortgeschritten war. Französische Unternehmer versuchten, lokale Lohnniveaus nicht zu überschreiten. Einige importierten Arbeiter in der Hoffnung, »zwischen ihnen und den ortsansässigen Arbeitern eine Konkurrenz zu entfachen, die sich langfristig zum Vorteil der Firma auswirken würde« [68]. Elsässische Textilfabrikanten konnten wegen eines übergroßen Arbeitskräfteangebots die Löhne niedrig halten; ihre paternalistischen Maßnahmen waren ziemlich bewußt an dieser Tatsache ausgerichtet [69]. Nur wenige andere Entwicklungszentren hatten diese Möglichkeit. In den Textilfabriken des Nordens, bei den Herstellern von Maschinen, im Bergbau und Hüttenwesen waren die Löhne hoch und stiegen allgemein. Bis in die Mitte der 1830er Jahre versuchte die Bergwerksgesellschaft in Anzin, die ungelernten Arbeiter auf einem nur wenig über der örtlichen Landwirtschaft liegenden Lohnniveau zu halten. Diese Politik scheiterte jedoch mit dem Ergebnis, daß die Firma sowohl die paternalistischen Wohltätigkeitsprogramme verstärkte, als auch die Lohnstufen deutlich anhob [70]. Deutsche Fabrikanten mußten natürlich finanzielle Anreize bieten. Sie brauchten jedoch nicht soviel Aufmerksamkeit darauf zu verwenden oder so hohe Kosten einzukalkulieren. Natürlich waren die relativ hohen Löhne in Frankreich aus den Arbeitsbedingungen zu erklären, sie entsprachen jedoch auch dem liberalen Element in der Gesinnung französischer Fabrikanten, die annahmen, daß die Industrie den Arbeitern Beschäftigung und Löhne schuldete, ansonsten aber beide Parteien unabhängig zu lassen hätte. Hüttenkonzerne wie in Le Creusot, die in ihrem Paternalismus der deutschen Schwerindustrie ähnelten, vertraten Ende der 1840er Jahre explizit eine Politik hoher und steigender Löhne [71]. *Krupp*, um ein deutsches Analogon zu nennen, zahlte relativ gute Löhne. Die Firma ließ sich jedoch viel mehr Zeit, bevor sie regelmäßig steigende Löhne akzeptierte [72].

Französische Industrielle reduzierten darüber hinaus die Zahl der Arbeitsstunden schneller als die deutschen Fabrikanten. Die Ausgangssituation war ungefähr die gleiche; sie zeigte das intensive Bemühen, eine höchstmögliche Ausnutzung der großen Ausrüstungsinvestitionen zu erreichen. Als jedoch die Arbeitseffizienz stieg, die Maschinen selbst produktiver wurden, als eine gewisse Amortisation erreicht war, konnte man neue Überlegungen anstellen. Baumwollspinnereien in Mulhouse bestanden 1827 auf dreizehn bis vierzehn Arbeitsstunden pro Tag, 1843 waren es zwölf bis dreizehn. In den Spinnereien von Rouen wurde 1830 vierzehneinhalb Stunden gearbeitet, 1842 dreizehneinhalb. In Roubaix sank die Zahl der Arbeitsstunden von zwölfeinhalb im Jahre 1834 auf zwölf im Jahre 1844 [73]. Dies waren zwar keine bedeutenden Arbeitszeitverkürzungen, und offensichtlich blieb die Arbeit auch außerordentlich anstrengend. Es wird hiermit jedoch ein schwacher Trend angedeutet, für den sich in Deutschland kaum Entsprechendes fand, und der angesichts der französischen Knappheit an Arbeitskräften besonders bemerkenswert ist. Was lag diesem Unterschied zugrunde? – Vielleicht ein gewisser Druck von seiten der Arbeiter, obwohl es in dieser Zeit keine Streiks wegen der Arbeitszeiten gab. – Möglicherweise der bereits erwähnte schwächere unternehmerische Dynamismus in Frankreich – eine Tatsache, die mit geringen Erleichterungen in der Arbeitszeit vereinbar war. Aber andererseits erkannten viele Fabrikanten auch, daß eine Reduzierung der Arbeitszeit zu Verbesserungen in Leistung und Produktion führen würde [74]. Trotz ihrer paternalistischen Einstellung zeigten französische Fabrikanten auch hier eine größere Offenheit gegenüber Änderungen, die den Arbeitern zugute kamen, solange der Betrieb auch davon profitierte.

Während der ersten Phase der Industrialisierung entwickelte sich also in Frankreich ein recht eigentümliches Gemisch unternehmerischer Handlungen und Verhaltensweisen. Deutlich weniger liberal als die Engländer, waren die Franzosen andererseits weniger hierarchisch und paternalistisch in ihren Ansätzen als die Deutschen und Belgier. So war es zum Beispiel kein Zufall, daß den Conseils de Prud'hommes vergleichbare Gruppen sich in Deutschland und Belgien viel langsamer durchzusetzen vermochten und sich als wesentlich parteiischer erwiesen. Solche Vergleiche bedürfen weiterer Differenzierungen, und vor allem sollten die Ursachen für solche Unterschiede erforscht werden. Dabei geht es um die Herausbildung einer Arbeitgebermentalität, die die Arbeitsbedingungen jener Zeit beeinflußte und die Tendenz hatte, fortzubestehen. Spätere Reaktionen auf die Arbeiterbewegung können auf Grund dieser sich lange vor den Revolutionen von 1848 entwickelnden Gesinnung vorausgesagt werden. Außerdem sollte die Unternehmermentalität die Arbeiterbewegung selbst beeinflussen, weil sie die Arbeiter schon recht früh auf für den Arbeitskampf wichtige Ideen brachte.

Für Frankreich bedeutete dies, daß Arbeiter einige eher verwirrende Signale empfingen. Sie wurden ermutigt, in Begriffen von individueller Entwicklung zu denken. Es wurde ihnen der Rat zur Selbsthilfe gegeben; und in vielen Fällen wurden sie unter Hinweis auf eine bessere Belohnung gedrängt, sich zu bessern. Dennoch hatten französische Unternehmer, von wenigen individuellen Ausnahmen abgesehen, keine feste Vorstellung eines allgemeinen Fortschritts. Sowohl in ethischer als auch in finanzieller Hinsicht waren sie des öfteren über die Höhe der zu zahlenden Löhne verärgert. Sie versuchten, allerlei Kontrollen über die Arbeiter auszuüben. Insgesamt trugen sie zu einer Situation bei, in der die Arbeiter zwar nicht völlig in einem alle möglichen materiellen und psychologischen Vorteile gewährenden paternalistischen Geflecht verstrickt waren, in der sie aber dennoch auf vielerlei Weise bevormundet wurden. Während der ersten Jahrzehnte der Industrialisierung schien diese verwirrende Mischung erfolgreich zu arbeiten. Sicherlich gab es keine mit den britischen vergleichbaren Fabrikunruhen – und Großbritannien befand sich immerhin schon in der zweiten Industriegeneration –, denn die entsprechenden materiellen Bedingungen in Frankreich waren besser [75]. Es gab jedoch, und das ist bemerkenswert genug, trotz starken Paternalismus bedeutende Agitation in den Bergwerken – und zwar viel häufiger als in einer späteren Phase der Industrialisierung in Deutschland. Die Erwartungen französischer Fabrikarbeiter entwickelten sich schneller, und, obwohl es bis nach 1850 außerhalb der Bergwerke nur sehr wenige Anzeichen dafür gab, war die Rolle, die der von den Unternehmern früher entwickelte Gedanke der individuellen Verbesserungen dabei gespielt hat, klar genug. Französische Arbeitgeber waren jedoch schlecht darauf vorbereitet, mit Forderungen »nach mehr« fertig zu werden. Gegenüber dem Arbeiter als Individuum waren sie, im Gegensatz zu den Engländern, nicht tolerant genug, um eine Atmosphäre des Ausgleichs zu entwickeln. In diesem Sinne trug die Mentalität, die durch die Ansichten der französischen Unternehmer geformt wurde, dazu bei, daß in Frankreich ein industrielles Klima entstand, das mit zu den kältesten Westeuropas gehört.

Für Frankreich – und ich nehme das auch für andere Industriestaaten an – bestand wenig Wahrscheinlichkeit, daß sich die Grundzüge der Gesinnung nach der Frühphase der Industrialisierung ändern würden, es sei denn, es wären erhebliche Veränderungen in der Klasse der Unternehmer oder im Wirtschaftssystem erfolgt. Während dieser Frühphase leisteten die Fabrikanten den Großteil der innovativen Denkarbeit bezüglich der Arbeiterfrage einfach deshalb, weil sie so viele neue Möglichkeiten des Kontakts mit ihren Arbeitern hatten. Das Innovationsniveau fiel im Frankreich der zweiten Hälfte des 19. Jahrhunderts ganz deutlich. Es ist seitdem, wenn überhaupt, erst nach 1920 oder, genauer gesagt, nach dem 2. Weltkrieg wieder erreicht worden, als neue Repressionsmaßnahmen entwickelt wurden. Das Festhalten französischer Unternehmer an einer genau umrissenen sozialen Hierarchie schränkte ihre Flexibilität für eine lange Zeit ein. Ihre beschränkten Vorstellungen von dem, was Arbeitern zugute kommen sollte, förderten ihre selbstzufriedene Gleichgültigkeit in zunehmendem Maße – vor allem, als sich der Lebensstand der Arbeiterklasse nach 1850 verbesserte. Ihre Forderung nach Fügsamkeit und Dankbarkeit der Arbeiter ließ sie in tiefe Enttäuschung verfallen, als im Kielwasser der Revolution von 1848 die Unruhe in den Fabriken sogar noch zunahm. Deshalb wurden in den Generationen nach den 1840er Jahren so wenig neue Institutionen oder sozialpolitische Programme entwickelt, und deshalb unterschieden sich die Reaktionen und Argumente der Arbeitgeber bis weit ins zwanzigste Jahrhundert so wenig von denen, die allgemein in der Frühphase der industriellen Revolution Verwendung fanden. Ein Großteil der französischen Mittelklasse und der Staat selbst haben sich diese unklare, potentiell zerstörerische Haltung, die zwischen der Förderung von Gleichheitsbestrebungen und der gönnerhaften Überzeugung, daß Arbeiter von Natur aus untergeordnet seien, hin und her schwankt, zu eigen gemacht.

Anmerkungen

1 Zur Frage der Vergleichbarkeit der industriellen Wachstumsrate Frankreichs, siehe *Rondo E. Cameron,* Economic Growth and Stagnation in France, 1815–1914, in: The Journal of Modern History 30 (1958); *Jean Marczewski,* Essai sur l'histoire quantitative, Paris 1966.

2 *René Sédillot,* La Maison de Wendel de mil sept cent quatre à nos jours, Paris 1958; *J.-A. Roy,* Histoire de la famille Schneider et du Creusot, Paris 1963.

3 *Arthur Dunham,* The Industrial Revolution in France, New York 1955, S. 191; *J. Venedy,* Reise- und Rasttage in der Normandie, Leipzig 1838, Bd. 1, S. 240 ff.

4 *Charles Morazé,* La France bourgeoise, Paris 1952, S. 86 ff.; *Jürgen Kuczynski,* Die Geschichte der Lage der Arbeiter in Frankreich, Berlin 1948.

5 *Morazé,* a.a.O., S. 89.

6 Conseil de Prud'hommes de Roubaix, in: Archives Municipales de Roubaix ($F^{11ga}2$), Bericht vom August 1837.

7 Zur Heimindustrie siehe *Dunham* (Anmerk. 3); *Henri Sée,* Histoire économique de la France, Paris 1951; *Jules Sion,* Les Paysans de la Normandie orientale, Paris 1909.

8 *Dunham,* a.a.O., S. 201 f.

9 *M. M. Kahan-Rabecq,* La Propagande fouriériste en Alsace, in: L'Alsace française, 1938, S. 1–6, 29–31.

10 *L. R. Villermé,* Tableau de l'état physique et moral des ouvriers employés dans les manufactures de coton, de laine, et de soie, 2 Bde., Paris 1840.

11 Archives départementales du Nord (M547–1), Bericht aus Cateau-Cambrésis; Archives Nationales ($BB^{18}12221$) zu einem Grubenarbeiterstreik in der Nähe von Aix-en-Provence und ($F^{12}4710$) zum Bericht aus Montpellier, 1843.

12 Conseil de Prud'hommes de Roubaix ($F^{11ga}4$), Bericht vom 16. Mai 1847; Archives nationales (C 956), Umfrage von 1848 zur Situation der Arbeiter, und der Bericht von der Somme, 1845 ($F^{12}4714$); *Villermé* (Anm. 10), Bd. 1, passim.

13 *François Simon,* Petite histoire des tisserands de la région de Cholet, Angers 1946, S. 50; Archives départementales de la Marne (191 M2), Bericht von 1844 zum Gesetz über Kinderarbeit.

14 *Louis Chevalier,* Classes laborieuses et classes dangereuses à Paris pendant la première moitié du XIXe siécle, Paris 1958.

15 Industriel alsacien, 1835–1847; L'Industriel de la Champagne, 1841; Moniteur des Conseils de Prud'hommes, 1841–1847; Moniteur industriel, 1836–1848. Vgl. auch die Bulletins der Société industrielle d'Angers, der Société industrielle de Mulhouse, der Société d'agriculture,

arts et commerce de la Loire, Sektion des Arrondissement Saint-Etienne und die Société libre d'émulation de Rouen.

[16] *David Landes,* French Entrepreneurship and Industrial Growth in the Nineteenth Century, in: Journal of Economic History 9 (1949), S. 45–61; *Arnold Aronssohn,* Project d'organisation d'une Société industrielle pour la régénération industrielle et morale de la ville de Reims, Reims 1833.

[17] Comité des intérêts métallurgiques: Compte-rendu à ses commettants, Februar 1845, Paris 1845, S. 127.

[18] *Théodore Leuridan,* Histoire de la fabrique de Roubaix, Roubaix 1864, S. 164: Erklärung eines Fabrikanten aus Roubaix vom Jahre 1844.

[19] Archives de la Société des Mines de houille du Villars, Bericht vom 15. Juli 1842.

[20] Archives de la Compagnie d'Anzin, Bericht von 1833.

[21] Archives de la Compagnie des Houillères et Fonderies de l'Aveyron, Bericht vom 21. März 1837.

[22] Moniteur industriel, 24. Mai 1846.

[23] *Aronssohn* (Anm. 16), passim.

[24] Les Etablissements Derosne et Cail, in: Les Grandes usines de France, 1862; *Lebret,* Du Sort des travailleurs et de l'organisation du travail dans les mines d'Anzin, Valenciennes 1848, S. 14 f.

[25] Archives départementales du Nord (M611–2), Bericht der Handelskammer in Valenciennes, 21. Oktober 1840.

[26] Ibid.

[27] *H. A. Frégier,* Des Classes dangereuses de la population dans les grandes villes et des moyens de les rendre meilleures, Paris 1840, Bd. 1, S. 69 f.

[28] *Charles Picard,* Saint-Quentin, de son commerce et de ses industries, Saint Quentin 1867, Bd. 2, S. 249, Aussage eines Fabrikanten von Saint Quentin in der Krise von 1831–1832.

[29] Archives nationales (F^{12}4705), Bericht von *Barrois,* einem Arbeitgeber in Lille.

[30] Archives de la Chambre de Commerce de Lille, Lille 1850, Bd. 2, S. 101; *Marie-Madeleine Kahan-Rabecq,* La Crise des subsistances dans le Haut-Rhin à la veille de la révolution de 1848, in: La Révolution de 1848 et les révolutions du XIXe siécle, 1937, passim; Archives de la Chambre de Commerce de Reims, Bericht von 1847.

[31] *J. B. Monfalcon,* Des Ouvriers et des moyens d'améliorer leur condition, Paris 1835, S. 232.

[32] *F. Berger,* Rapport sur les observations de M. Déruineau, relatives aux encouragements à accorder aux ouvriers, in: Bulletin de la Société industrielle d'Angers, 1842, S. 154.

[33] Archives du Conseil de Prud'hommes d'Amiens, Bericht vom 23. Februar 1847, Archives de la Chambre de Commerce de Troyes, Bericht von 1819; *Eugène Véron,* Les Institutions ouvrières de Mulhouse et des environs, Paris 1866, passim.

[34] Le Centenaire de la Société industrielle de Mulhouse, Mulhouse 1926, Bd. 1, S. 18.

[35] *Guillory,* Discours prononcé à la Société industrielle d'Angers, dans la séance du 8 janvier 1838, in: Bulletin de la Société industrielle d'Angers, 1839, S. 10–18; *Véron* (Anm. 33), passim.

[36] Archives nationales (C964); Moniteur industriel, 31. Oktober 1847.

[37] *Louis Bellet,* Code-manuel des ouvriers, des contre-maîtres, et des apprentis, Paris 1847, S. 47.

[38] Comité de l'Association formée à Mulhouse pour la défense du travail national: Réponses aux question de l'enquête industrielle ordonnée par l'assemblée nationale, Mulhouse 1848, passim.

[39] *Auguste Dutour,* Des Sociétés de secours mutuels ou de prévoyance entre les ouvriers, in: Société royale, académique de Saint-Quentin: Annales scientifique, agricoles, et industrielles du département de l'Aisne, 1847, S. 246 ff.

[40] *Georges Boussinesq,* Reims à la fin de la monarchie de Juillet et pendant la période révolutionnaire de 1848, Angers 1923, S. 123; Société industrielle de Mulhouse: Documents relatifs au travail des jeunes ouvriers dans les établissements manufacturiers, Mulhouse 1838, passim.

41 Extrait du règlement de la Caisse des secours de ouvriers de la Compagnie des houillères et fonderies de l'Aveyron, Villefranche 1840; Des Caisses de secours mutuels ou de prévoyance, in: Bulletin d'industrie, agricole et manufacturières, hrsg. v. Société d'agriculture, arts et commerce de la Loire, section de l'arrondissement de Saint-Etienne, 1841, S. 149. Comité de l'Association formée à Mulhouse pour la défense du travail national (Anmerk. 38), S. 105.

42 *Daniel Legrand,* Mémoire d'un industriel des montagnes des Vosges adressé à Monsieur le Ministre du commerce et des manufactures, Strasbourg 1840, S. 12; Archives départementales du Nord (M547–1), es handelt sich um die Untersuchung der Arbeitsverhältnisse im Norden von 1848. Das Zitat stammt von *Croutelle,* einem Fabrikanten aus Reims, siehe: *Boussinesq* (Anm. 40), S. 123.

43 *Daniel Legrand,* Nouvelle lettre d'un industriel des montagnes des Vosges à M. François Delessert, Strasbourg 1839, S. 13.

44 Moniteur universel, 22. Dezember 1840, Erklärung von *Diétrich,* einem Fabrikanten vom Niederrhein.

45 Archives nationales ($F^{12}4705$).

46 Zu den Meinungen über die Anwendung des Kinderarbeitsgesetzes vgl. Archives nationales ($F^{12}4709$–4714). Siehe auch *Louis Gueneau,* La Législation restrictive du travail des enfants: la loi française au 22 mars 1841, in: Revue d'histoire économique et sociale 18 (1927), S. 420–503.

47 De la Suppression de la mendicité, in: Bulletin d'industrie, agricole et manufacturière, Saint-Etiénne 1828, S. 88.

48 Archives départementales du Nord (M604–2), Bericht des Conseil de Prud'hommes in Roubaix vom Mai 1837.

49 Archives du Conseil de Prud'hommes de Bolbec, Bericht von 1844; *André Lasserre,* La Situation des ouvriers de l'industrie textile dans la région lilloise sous la Monarchie de Juillet, Lausanne 1952, S. 180.

50 *Frédéric Le Play,* Les Ouvriers européens, Tours 1879, Bd. 5, S. 304, 307.

51 *Charles Engrand,* Les Ouvriers lillois de 1829 à 1832, Diss. an der Faculté des Lettres, Université de Lille, 1957, S. 223; Archives du Conseil de Prud'hommes de Roubaix ($F^{11ge}1$–6 und $F^{11gr}1$–7); *Philippe Hedde,* De l'Utilité que retirerait le département de la Haute-Loire de l'établissement d'un conseil de prud'hommes, Puy 1837, S. 2 ff.

52 *Jules L. Puech,* La vie et l'œuvre de Flora Tristan, Paris 1925, S. 211.

53 Archives départementales de l'Aube (M^3c3 855), Bericht der Handelskammer von 1821 über die Errichtung einer Sparkasse.

54 *Monfalcon* (Anm. 31), S. 38.

55 *Reinhard Bendix,* Work and Authority in Industry. Ideologies of Management in the Course of Industrialization, New York 1956.

56 *Bendix,* S. 75 ff.

57 In den 1840er Jahren gab es nur 3200 Firmen mit 50 bis 500 Arbeitern, von denen die meisten nach dem Verlagssystem organisiert waren, für das keine Hilfsprogramme bestanden. Informationen über Gesellschaften, die paternalistische Hilfsprogramme anboten, sind den unterschiedlichsten Quellen entnommen worden, insbesondere Firmenarchiven, Berichten über Kinderarbeit und Berichten über Industrieausstellungen.

58 Archives de la Compagnie des Mines de la Loire, Bericht von 1847.

59 Archives nationales ($F^{12}4709$–4714); Archives départementales de l'Hérault (12M – Travail des enfants), Bericht von 1847 über Lodève; *Marcel Alcan,* Traité du travail des laines, Paris 1866, Bd. 1, S. 104.

60 *Neil J. Smelser,* Social Change in the Industrial Revolution: An Application of Theory to the Lancashire Cotton Industry, 1770–1840, London 1960, S. 180–224.

61 *Peter N. Stearns,* British Industry Through the Eyes of French Industrialists, in: Journal of Modern History 38 (1965), S. 50–61; *ders.,* Individualism and Association in French Industry, 1820–1848, in: Business History Review 17 (1966), S. 297–320.

[62] *Ludwig Puppke,* Sozialpolitik und soziale Anschauungen frühindustrieller Unternehmer in Rheinland-Westfalen, Köln 1966.
[63] *Puppke,* S. 67, 76, 170.
[64] *Puppke,* S. 186 ff.
[65] *Adolf Günther* und *René Prévot,* Die Wohlfahrtseinrichtungen der Arbeitgeber in Deutschland und Frankreich, Leipzig 1905.
[66] *Gerd Hardach,* Der soziale Status des Arbeiters in der Frühindustrialisierung, Berlin 1969.
[67] *Marczewski* (Anm. 1), passim.
[68] Archives de la Compagnie des Fonderies et Forges d'Alais, Berichte vom 20. August 1831.
[69] *Liselotte Rath,* Zur Geschichte des industriellen Bürgertums im Oberelsaß, Frankfurt a. M. 1936; *Heinrich Herkner,* Die oberelsässische Baumwollindustrie und ihre Arbeiter auf Grund der Tatsachen dargestellt, Straßburg 1887.
[70] Enquête commerciale faite par le gouvernement, in: Bulletin de la Société industrielle de Mulhouse, 1834, S. 524; *Engrand* (Anm. 51), S. 126; *Villermé* (Anm. 10), Bd. 1, S. 153 f.
[71] *Sédillot* (Anm. 2), S. 196; *Edme-Jean Leclaire,* Des Améliorations quil serait possible d'apporter dans le sort des ouvriers peintres en bâtiments, Paris 1842; Moniteur industriel, 18. Juli 1841.
[72] *Diedrich Baedeker,* Alfred Krupp und die Entwicklung der Gußstahlfabrik zu Essen, Essen 1912; *Richard Ehrenberg,* Krupp-Studien, in: Thünen-Archiv, 1909 und 1911.
[73] Vgl. *Wolfgang Köllmann,* Sozialgeschichte der Stadt Barmen im 19. Jahrhundert, Tübingen 1960, mit französischen Quellen: Archives nationales ($F^{12}4711$), Bericht von 1844 über die untere Loire, und die Untersuchung der Arbeitssituation von 1848 (C944–969); statistische Angaben über Arbeitsstunden sind ebenfalls den Berichten zur Kinderarbeit der nationalen und regionalen Archive entnommen.
[74] *Guy Thuillier,* Aspects de l'économie nivernaise au XIXe siécle, Paris 1966, S. 287.
[75] *Jean Pierre Aguet,* Les Grèves sous la monarchie de juillet, Genève 1954; *Peter N. Stearns,* Patterns of Industrial Strike Activity During the July Monarchy, in: American Historical Review 70 (1965), S. 371–394.

Aus dem Englischen übersetzt von *Ursula Ludz* und *Axel Schmalfuß*

SOZIALER WANDEL IN MITTELEUROPA 1780–1840

Eine vergleichende landesgeschichtliche Untersuchung

Von Wolfgang Zorn

Wird mit *Talcott Parsons* unter sozialem Wandel die Veränderung des gesellschaftlichen Gesamtsystems verstanden, so ist es sicher, daß man in manchen Staaten Europas diesen Wandel im Zeichen der Industrialisierung und Modernisierung um 1840 schon deutlich feststellen kann. In anderen finden jedoch erst Strukturwandlungsprozesse innerhalb des alten – des vorindustriellen – Systems statt. Zum sozialen Wandel als »multilinearer Entwicklung« gehört dabei auch die politisch-soziale Konstituierung von Nationalitäten-Großgruppen als andere Form der Emanzipationsbewegung. Das Wachstum nationalen Selbstbewußtseins im Intelligenz- und Wirtschaftsbürgertum verbindet beide Wandlungsvorgänge.

Schon in Mitteleuropa gibt es erhebliche Periodenverschiebungen des Wandels. Auf diese und ihre Gründe richtet sich die folgende vergleichend-landesgeschichtliche Untersuchung, bei der – gemäß den bisherigen Arbeitsgebieten des Autors – die Länder: Preußische Rheinprovinz, Bayern rechts des Rheins und Kroatien/Slowenien, behandelt werden sollen. Für die letztgenannten Länder ist diese Zuordnung hier eine rein historische von Teilen der damaligen Habsburgermonarchie und daher ohne aktuellen Bezug. Die drei Gebiete scheinen auch insofern geeignet, als sie drei Verlaufstypen angehören: Ein volleinbezogenes Stück Wirkungsbereich der Französischen Revolution wie der britischen Industriellen Revolution, ein Rheinbundstaat, ein Gebiet im Wirkungsfeld des – mit kurzer Unterbrechung – noch ziemlich ungebrochenen Feudalsystems, aber im Zeichen nationalen Erwachens. Keines erlebte allerdings Schwung und Tragik der ostelbischen preußischen Reformzeit und eine Gestalt von der einsamen Größe des *Freiherrn vom Stein.*

I

Nur oberflächliches Urteil würde sofort aussagen, daß der Wandel im Rheinland sich am schnellsten vollzog. Die erste Frage muß lauten, ob nicht schon zur Ausgangszeit um 1780 starke vor- und frühindustrielle Züge in der Gesellschaft sichtbar waren, also eine Phasenverschiebung vorlag. Zwar bildete ein Großteil des Gebiets den Kurrheinischen Reichskreis und boten die kurfürst-erzbischöflichen Höfe von Köln und Trier in Bonn-Brühl und Koblenz-Ehrenbreitstein noch ein besonders echtes Bild des Ancien Régime. Fast $^2/_3$ des Bodens gehörten Kirche und Adel. Andererseits waren auch so geschlossene Frühindustrieregionen wie das Wuppertal oder der Aachener Raum Teile der Rheinlande. Für die großen Textilindustriezentren war früh die Sprengung des städtischen Gewerbemonopols und die verlegte Qualitätsarbeit auf dem flachen Lande üblich, auch für Wolle und sogar Seide. Dazu kam ein vielgestaltiges Manufakturwesen. Die ersten Vorwellen der industriellen Revolution schlugen hier früh von England und Belgien herüber. Schon 1765 war in einem Bergwerk der Duisburger Gegend die erste Dampfmaschine aufgestellt worden, 1784 entstand in Ratingen bei Düsseldorf die erste mechanische Baumwollspinnerei »Cromford« nach Arkwrightschem Vorbild. Doch das waren noch Einzelerscheinungen. Die stärkste Modernität zeigte sich dann in der Zerschlagung der Sozialstellung der alten privilegierten Stände durch die Französische Revolution im linksrheinischen Rheinland, das ja 1794/97 bis 1814 zur französischen Republik und zum Empire gehörte. Allerdings war dieser Umsturz wesentlich das Werk der »Eroberer-Befreier«; die rheinischen revolutionären Klubs und der Rheinrepublik-Versuch von Mainz waren ohne den Rückhalt an Frankreich nicht lebensfähig. Geistlichkeit und Adelsfamilien wurden, wie in Frankreich, enteignet; seit 1798 erloschen die Grundherrschaft, die ohnedies in ihrem westdeutschen Regionaltyp stark vom Pachtwesen durchsetzt war, und die Patrimonialgerichtsbarkeit. Die grundherrliche Genehmigung für Realteilung gebundenen Bodens entfiel, und mit dem Code Napoléon zog die freie Teilbarkeit des Grundbesitzes ein. Die Einziehung und Versteigerung der »Nationalgüter«, des säkularisierten geistlichen und des Emigrantengrundbesitzes, brachte neben bäuerlichen Pächtern auch städtisches Bürgertum vermehrt zu Bodeneigentum. Der Großgrundbesitz wurde so völlig zerschlagen, die Adelsfideikommisse wurden aufgehoben. Die gesamte linksrheinische Geistlichkeit hörte auf, aus Eigeneinkünften zu leben und wurde auf staatliche Grundgehälter gesetzt, war also in ihrer sozialen Stellung nicht mehr den adligen Grundherren, sondern dem Beamtentum ähnlich. Im Gewerbewesen wurde die französische Gewerbefreiheit übernommen, das Zunftwesen abgeschafft. Handelsrecht wurde der Code de Commerce. Im rechtsufrigen Rheinland, dem französisch verwalteten Großherzogtum Berg mit Hauptstadt Düsseldorf, wurden ebenfalls die grundherrschaftlichen Rechte beseitigt und Güter als Domänen eingezogen und als solche staatlich veräußert; 1804 folgte auch hier die Gewerbefreiheit. Dagegen wurde erst seit 1808 die Grundentlastung bei großer Bodenzersplitterung nur zögernd vorangebracht. Der Erwerb von Kirchenbesitz durch bürgerliche Verpächter wurde hier durch die Gesetzgebung weniger erleichtert, die Pfarrpfründen blieben, der Code civil galt aber auch hier bis 1900. Das französische Steuersystem kannte keine Standesprivilegien mehr. Als Schattenseite der französischen Herrschaft wurde vor allem die Militärkonskription empfunden.

Der Gebrauch der deutschen Sprache wurde auch links des Rheins nicht abgeschafft; nur die Präfekten der deutschen Departements waren alle, die Unterpräfekten teilweise Franzosen. Vor dem Hintergrund einer bis 1812 günstigen wirtschaftlichen Entwicklung im engeren französischen Wirtschaftsraum wurde so nicht ohne Erfolg versucht, die Zugehörigkeit der linksufrigen Rheinländer zur französischen Staatsnation ins Volksbewußtsein einzupflanzen.

Als 1815 das Gebiet der Rheinprovinz an Preußen kam, waren somit tiefgreifende Veränderungen der Sozialstruktur erfolgt. Obwohl Preußen selbst durch *Stein* und *Hardenberg* denkwürdige Reformen eingeführt hatte, war die Lage am Rhein ganz anders als in seinen Kernprovinzen. Von den alten landtagsfähigen Adelsgeschlechtern waren in Berg noch 24, in Kleve nur 5 und davon nur 2 begüterte vorhanden. Die

erste rheinische Rittergutsmatrikel, die Preußen aus Gütern ab 1000 Talern Jahresreingewinn aufstellte, zeigte von 471 Rittergütern 123 in bürgerlicher Hand.
An verschiedenen »französischen Institutionen« wie Geschworenengerichten (Assisen), Gleichheit der Abgaben und vor dem Gesetz, einheitliche Gemeindeverfassung ohne Grundsatzscheidung zwischen Stadt und Land, hielt die Bevölkerung zäh fest – für letztere mit Ausnahme Kölns –, als die preußische Herrschaft den »deutschen Gedanken« betonte. Man verteidigte damit das Ideal des allgemeinen Staatsbürgertums, ja es fehlte nicht an Versuchen, das »Rheinland« – über die preußische Provinz hinaus – als ein besonderes deutsches »Volk« abzugrenzen. Das Zentralproblem der preußischen Zeit wurde also seit dem Ende der Reformära die Abwehr von staatlich unterstützten Versuchen, zu vorrevolutionären Ordnungen namentlich zugunsten des Adels zurückzukehren. Mehrere ritterbürtige Familien nahmen übrigens in Verbindung mit *Frhrn. v. Stein* den Kampf für die Restauration auf, wobei eine mehr *(Mirbach, Spee)* und eine weniger preußen-freundliche Gruppe *(Nesselrode)* auftrat. Die 1823 auch in der Rheinprovinz eingeführten Provinzialstände begünstigten die Ritterschaft, die nur 4 % des Bodens besaß. In der feststehenden Sitzeverteilung auf die drei Stände, die Abgeordnete wählten, während die des 1. Standes, des Standesherrnadels, berufen wurden, erhielten die Ritterschaft als 2. Stand, die Städtischen Eigentümer als 3. Stand, die Bauern als 4. jeweils die gleiche Zahl von Vertretern. Mehrere der größten Grundbesitzer waren von der Wahl ausgeschlossen oder mußten im Stande der Städte stimmen, wenn sie in der Stadt wohnten und ihre zerstreuten Güter verpachtet hatten, und andererseits gelang es bürgerlichen Rittergutsbesitzern, in den 2. Stand einzudringen. Der Adel nannte sich nun »ritterbürtige Ritterschaft«. Auch bei den Bauern entfiel die Beschränkung auf Abgeordnete der rechtsrheinischen sog. Erbentage, sie wählten mit Vorliebe Juristen und Unternehmer.
Im Gegensatz zu dieser Ständegliederung führten die Städte für Kommunalwahlen das berühmte Dreiklassenwahlrecht allein nach der Steuerleistung ein. Als 1828 die Einführung des Preuß. Landrechts von 1794 angekündigt wurde, zeigte sich inmitten der Entrüstung im Nichtadel in der Provinz erstmals die politische Macht des rheinischen Juristenstandes, zu dem zahlreiche Notare zählten. Das französische Recht blieb erhalten. Andererseits wurde 1836/37 die Genossenschaft des ritterbürtigen Adels gegründet, eine private Vereinigung mit Graf *Mirbach* als Ritterhauptmann, die dann 1841 im Salmschen Schloß Bedburg eine eigene Ritterakademie als Standesschule errichtete. An die (nicht überwiegenden) preußischen Beamten aus den Kernprovinzen gewöhnten sich die Rheinländer oft schwer.
Für das Bauerntum, das einer Übertragung der Stein-Hardenbergschen Reformen ja nicht mehr bedurfte, hatte die Belassung der Gesetzlichkeit der Realteilung eine starke Bevölkerungsvermehrung zur Folge. Preußen setzte die Domänenverkäufe fort. Die Gemeinheitsteilung, die Auflassung der Allmenden, wurde gern gesehen, wenn auch durch Widerstand der Gemeinden verzögert. Markgenossenschaften von Waldbesitzern blieben bestehen. In den 1830er Jahren wurde die Bodenknappheit teilweise schon bedrohlich spürbar und führte zu Auswanderungen, Abzug in die Industrie oder Verarmung (Pauperismus).
Die stärksten Antriebe des Wandels kamen jedoch vom großbürgerlichen Unternehmer-

tum, das Namen von dauerndem internationalem Rang aufwies und der staatlichen Gängelung des Merkantilismus kaum mehr bedurfte. In diesem Zusammenhang sind die Bankhäuser *v. Oppenheim*, *Schaaffhausen* und *Herstatt* in Köln und *v. d. Heydt* in Elberfeld, die eng verschwägerten großen protestantischen Kaufmannsfamilien in Köln zu nennen, vor allem jedoch die Fabrikantendynastien wie die Montanindustriellen *Hoesch* in der Eifel, *Stumm* und *Röchling* in Hunsrück und Saarland, *Krupp* in Essen, *Stinnes* in Mülheim/Ruhr, *Haniel* in Ruhrort, die Textilindustriellen *v. d. Leyen* in Krefeld, *Scheibler* in Monschau, *Schöller* in Düren. Fortgesetzt zog der Schauplatz neue Unternehmerbegabungen an, wie den Pfarrerssohn *Hansemann* nach Aachen. Unter den Städten wurden durch die preußische Steuerpolitik die Industrieplätze begünstigt.

Indessen deuten schon Ausdrücke wie »Kölner Klüngel« an, daß keine unbegrenzte soziale Mobilität bestand. Gerade in Köln war die Schichtenschranke zwischen reicher Oberschicht und kleinem handwerklichem Mittelstand für sozialen Aufstieg, wie *Ayçoberry* darlegte, ziemlich schwer überwindbar. Die höhere Bildung wurde auf eine schmale Schicht beschränkt; die einzige – von Preußen erneuerte – Universität in Bonn galt im Lande lange als preußisch-unkatholische Einrichtung. Allerdings entfachte der Kölner Kirchenstreit um die gemischten Ehen seit der Verhaftung des Erzbischofs 1837 die antipreußischen Gefühle im Rheinland und führte damit die sozialen Schichten zusammen. Umsonst suchte die Regierung das Bündnis zwischen katholischer Ritterschaft und »Pöbel« mit der Überlegung zu entwerten, der rheinische Adel besitze im Volk keine Wurzel mehr und suche deshalb durch den Bund mit dem »Ultramontanismus« wieder Boden zu gewinnen.

Die Arbeiterschaft in den rheinischen Industriestädten war insofern meist schwer von den Handwerkern zu trennen, als zentralisierte große Fabriken zögernder als in Süddeutschland gegründet wurden – das Verlagssystem war dort so hoch entwickelt, daß es vor 1840 noch durchaus den sich schnell wandelnden produktionsorganisatorischen Anforderungen entsprach. Auch die Kohlenbergwerke waren, abgesehen von den Staatsbergwerken an der Saar, bis in die späten 1830er Jahre im allgemeinen noch Kleinbetriebe; der Zunftcharakter der Knappschaften war sehr deutlich. Der große Aufschwung im Ruhrgebiet stand noch bevor, so besaß Essen noch 1850 erst rund 9000 Einwohner.

Eine eigentliche Arbeiter*bewegung* trat zuerst nach der französischen Julirevolution von 1830 hervor, in Aachen und offenbar von der benachbarten belgischen Industriestadt Verviers her angestoßen. Indessen handelte es sich um einen Maschinensturm, von dem eine Zweigfabrik der belgischen Großindustriellenfamilie *Cockerill*, eine Spinnerei und einige Fabrikantenhäuser betroffen waren, und gegen den das Bürgermilitär erfolgreich einschritt. Unter dem bestehenden Koalitionsverbot konnten sich aber zu dieser Zeit noch keine Gewerkschaften, nicht einmal neue Geselleninnungen bilden. In diesem Zusammenhang müssen auch Versuche, einen Einfluß der besonderen rheinischen Sozialverhältnisse auf die denkerische Frühentwicklung des Trierers *Karl Marx* nachzuweisen, als gescheitert gelten; *Marx* rügte sogar 1843 an den Rheinländern »Provinzialgeist in seinen besonderen Schranken«.

II

Für die bayerische Entwicklung ist davon auszugehen, daß 1777–1805 ein süddeutsch-rheinischer Staat Pfalzbayern bestand, zu dem auch Jülich-Berg am Niederrhein gehörte, und daß seit 1816 zu Bayern die linksufrige Rheinpfalz gehörte. Diese war, dazwischen zu Napoleons Empire gehörig, durchaus ein Stück Rheinland, d. h. sie hatte denselben Kampf um die Bewahrung der französischen Institutionen und denselben Strukturwandel durch Kirchen- und Adelsenteignung wie die preußische Rheinprovinz erlebt. Im folgenden ist also nur vom Hauptteil des nunmehrigen Kgrs. Bayern, vom altbayerisch-fränkisch-schwäbischen Bayern r. d. Rh. die Rede.

Die Gesellschaft dieses Gebiets war im ganzen zweifellos in viel kleineren Inseln kommerzialisiert und industrialisiert als die rheinische. Die Grundherrschaft war noch feste ländliche Ordnungsform, in Franken und etwas weniger in Schwaben mit hohem Anteil der reichsunmittelbaren Ritterschaft, in Altbayern in der geschlossenen Hofmark mit stärkerer institutioneller Annäherung an die ostdeutsche Gutsherrschaft, nur ohne große ackerbauliche Eigengutswirtschaft der Herren. Allerdings war auch hier das Landgewerbe stark verbreitet, auch in Altbayern als Zusatzgewerbe von Kleingütlern, den sog. Söldnern. Das ländliche Erbrecht war sehr uneinheitlich, vom altbayerischen Anerbenrecht bis zur fränkischen Realteilung. In den katholischen Gebieten hatte die Kirche – vor allem auch durch reiche Klöster – eine entscheidende Rolle als Grundherrin (in Kurbayern etwa 30 % des Bodens) und der Klerus eine bekannt starke Stellung. Selbst in Altbayern waren aber in den Konventen der landbesitzenden Stifte die Bauern eine kleinere Herkunftsgruppe gegenüber bürgerlichem Mittelstand.

Die Zünfte hatten in den Städten eine feste und unangefochtene Monopolstellung; doch gab es nicht wenige zunftfreie Gewerbe – gerade auch im Hauptgewerbeplatz Nürnberg – und ein oft zahlreiches unzünftiges Handwerkertum. Namentlich Ansbach-Bayreuth, seit 1792 Preußisch-Franken, erreichte schon eine beachtliche Manufakturendichte. Die erste Dampfmaschine Bayerns kam 1803 in die Münchner Münze.

Die französische Revolution blieb im späteren Bayern r. d. Rh. nicht ohne Auswirkung; allerdings waren die Unruhen nach 1789 häufig noch weniger revolutionär als im Rheinland. Ein Weberaufruhr in der Reichsstadt Augsburg i. J. 1794 richtete sich gegen die örtlichen Kattunfabrikanten. Was dann als Revolutionierung im sog. System *Montgelas* erfolgte, war Rheinbund-Reform nach napoleonisch-französischem Muster und durchaus »Revolution« von oben. 1802 setzte die bayerische Regierung *Montgelas* auch innerhalb des Landes die Klosteraufhebung und Säkularisation der Kirchengüter in Gang. Jedoch verblieb den Pfarreien der Grundbesitz samt Abgaben und Zehnten, also den Pfarrern eine wirtschaftlich selbständigere Stellung als am Rhein. Einige der schönsten Klostersitze wurden Hochadelsschlösser (Tegernsee, Banz: Haus Wittelsbach). Ober- und Niederbayern nahmen bis 1800 nur Katholiken als Bürger auf; die Verkündung der konfessionellen Toleranz brachte hier auch gleich die planvolle Ansiedlung nichtkatholischer Kolonisten – eine tiefgreifende Veränderung.

Weniger radikal wurde in die Agrarverfassung eingegriffen. Zwar fiel 1807 im ganzen Kgr. Bayern die Leibeigenschaft, doch blieb die Grundentlastung freiwillig, folglich das gesamte System der Grundherrschaft samt Patrimonialgerichtsbarkeit erhalten.

Ähnlich vorsichtig ging man mit der Gewerbefreiheit voran. Schrittweise wurden seit 1803 die meisten örtlichen Bannrechte und Zwangsabnahmepflichten, die »Realrechte«, beseitigt, die staatlichen Sonderkonzessionen stark vermehrt. Die Aufhebung der Zünfte als solcher unterblieb aber.

Auch in Bayern fiel 1807 die Steuerfreiheit des Adels als erstes seiner Vorrechte. Widerstände erweckte außer der aufklärerischen Kirchen- und Schulpolitik die Einführung der Rekrutenkonskription französischen Musters. Durch die Dienstpragmatik von 1805 wurde ein sichergestellter und zuverlässiger Beamtenkörper geschaffen, der teilweise in aufgeklärter Gesinnung dem österreichisch-josephinischen nahekam.

Der neue Staat hatte am Ende der Napoleonszeit die Gefahr seiner Wiederauflösung abzuwehren. Auch in diesen Zusammenhang gehört die Gewährung einer Gesamtstaatsverfassung mit zwei Kammern im Jahre 1818. In der Reichsratskammer erhielten die ehemals reichsunmittelbaren Hochadelsfamilien, die Standesherrn, ebenso ihre Sitze wie die jetzt teils bürgerlich geborenen und nur amtsadligen Bischöfe. Die Abgeordnetenkammer war nach festen ständischen Sitzanteilen zu wählen: Die Grundbesitzer mit Patrimonialgerichtsbarkeit, d. h. die Grundherrn erhielten $^1/_8$ der Sitze; die Klasse hieß nicht wie bei den Landräten der Regierungsbezirke »adelige Gutsbesitzer«, wurde aber nur durch Adelige gewählt und vertreten. Die Pfarrgeistlichkeit erhielt ebenfalls $^1/_8$, die Städte und Märkte erhielten $^1/_4$ und die Bauern mit einer höheren Steuerleistung $^1/_2$. Die Pfälzer waren in dieser Kammer in der ersten Klasse gar nicht vertreten und im übrigen ein stetiger Sauerteig.

In der Folge versuchte die Gewerbeordnung von 1825 die Zünfte durch freiwillige Gewerbevereine zu ersetzen, was aber nur in den größeren Städten wirklich durchgeführt wurde. Gleichzeitig wurde ein eigenes Heimatrecht geschaffen, das die Freizügigkeit im Blick auf den etwaigen Armenunterstützungsanspruch beschränkte, die Eheschließung verzögerte und die Menschen wieder fester an ihre Wohnplätze binden sollte. Schon 1834 wurde den politischen Gemeinden ein Einspruchsrecht gegen Neuzulassungen eingeräumt und damit auch die Gewerbefreiheit weiter beschränkt. Man sprach liberalerseits von einem »Entvölkerungsgesetz«, da verstärkte Auswanderung – auch über See – die Folge war. Daß die Zahl der sog. konskribierten, d. h. heimatzuständigen Armen vergleichsweise niedrig lag, ist kein Beweis gegen Erscheinungen des Pauperismus in Bayern. Der Vergleich der Zahlen der von der Gendarmerie aufgegriffenen Bettler und Vaganten in Bayern rechts und links des Rheins ergibt, daß die Zahl der Wanderarmen im Hauptland Bayerns höher war als im Rheinland.

Das gesamte bayerische System wies eine starke Schlüsselstellung des staatlichen Beamtentums auf. Dies machte sich auch als Problem im Landtag bemerkbar: Im Landtag von 1830 stellten Beamte 40 % der Abgeordneten. Der Adel, besonders der vormals reichsunmittelbare Adel, stand der oft nicht stammesgleichen Beamtenschaft reserviert gegenüber. Ein von der fränkischen Ritterschaft 1837 beantragter königlich genehmigter ritterschaftlicher Verein wurde schließlich vom König abgelehnt, auch weil er Beeinflussungsversuche auf die Abgeordneten der ersten Wahlklasse befürchtete. Auch im bayerischen höheren Bildungswesen verengte sich die soziale Basis, obwohl rechts des Rheins drei Universitäten bestehen blieben.

Das Unternehmertum mit echter privater Pionierrolle kam nur teilweise aus dem

Lande und seinen Augsburger und Nüriberger Handelshäusern oder Münchner Brauerfamilien. Es wurde ergänzt durch Hofbankiers jüdischer Herkunft und Zuwanderer besonders aus Oberitalien und Württemberg. Nur in der Pfalz gab es ähnlich wie in der Rheinprovinz große einheimische Hüttenherrnfamilien wie die *Gienanths*.

Die eigentliche Großindustrie Bayerns vor 1840 entstand in Schwaben, zunächst mit einer großen Aktien-Spinnerei und -Weberei in Augsburg im Jahre 1837. Die Regierung machte ihr zur Auflage, als Arbeiter bevorzugt arbeitslose Weber und Weberkinder am Orte einzustellen. In der Arbeiterschaft wurden denn auch zunächst hergebrachte Zunftschichtungen eifersüchtig verteidigt. In Nürnberg wuchs die Metallindustrie durchaus schrittweise aus dem handwerklichen Werkstättenbetrieb heraus.

Die Gesellen- und Arbeiterbewegung vor 1840 begann in Franken und war unter diesen Umständen durchaus handwerklich geprägt. Auch bei der stärksten Arbeiterballung der Frühindustrie, in Augsburg, waren nicht die Fabrikarbeiter das Element der sozialen Unruhe, sondern vielmehr die notleidenden selbständigen Handweber. Immerhin begann das Eisenbahnzeitalter Mitteleuropas wider alles Erwarten 1835 in Bayern, in Nürnberg.

Der soziale Wandel in Bayern wurde durch das Hineinwachsen des bayerisch-fränkisch-schwäbischen Landes in größere Raumverflechtungen beschleunigt. In der Rheinbundzeit versuchte man, unter Anführung der keltischen Bojer Verbindungen mit den keltischen Franzosen herzustellen, die sich aber selbst lieber als »Neufranken« sahen. Dann kam der deutsche Nationalismus als geistige Hilfskraft Preußens; im deutschromantischen Sinn König *Ludwigs I.* seit 1825 gelangte er voll zum Durchbruch und wirkte, obwohl großdeutsch mit Einbeziehung Österreichs, als geistige Ergänzung zur wirtschaftlichen Nordorientierung Bayerns durch den Beitritt zum Deutschen Zollverein 1833. Die sozialen Auswirkungen dieser »teutschen« Bewegung waren, wie es scheint, konservative; sie war rückblickend antifranzösisch und damit mehr oder minder bewußt gegen die Nachwirkungen der großen Revolution gerichtet.

III

Mit Slowenien und Kroatien-Slawonien werden zwei Teile Mitteleuropas behandelt, die vor allem zum Kaisertum Österreich gehörten, die letzteren wieder zum alten Kgr. Ungarn, wobei in arbeitsteiliger Regionaldifferenzierung des Landes der Südteil Militärgrenzgebiet, der Nordteil sog. Zivilkroatien war. Dalmatien war bis 1797 venezianisch, dann einige Jahre österreichisch. Slowenien, von Kroatien durch die erbländische Zollgrenze getrennt, hatte zum Kern das Kronland Hgt. Krain mit stärkerer deutschsprachiger Minderheit, aber deutschsprachiger Verwaltung. Österreich hatte zwar weder eine Revolution noch war es Rheinbundstaat. Trotzdem griff die französische Umwälzung tief in die Geschichte dieser zentraleuropäischen Teile Südslawiens ein. Frankreich bildete unter Teilung Kroatiens 1809 die sog. Illyrischen Provinzen unter französischer Verwaltung, die 1814 wieder von Österreich als Königreich Illyrien übernommen wurden. Zivilkroatien kehrte 1822 zu Ungarn zurück.

Die Gesellschaft dieser Länder war 1780 noch eine »feudale«. In Slowenien war der eigentliche Großgrundbesitz besonders stark, in Zivilkroatien zeigte er ein Doppelgesicht: Der Hochadel war vielfach ungarischer, deutscher oder italienischer Abstammung und außerhalb des Landes ansässig. Der kroatische Landadel, wie der magyarische steuerfrei, war Überlieferungsträger der besonderen Reichsnatur Kroatiens und, schon weil der kroatische Landtag selten mehr einberufen wurde, tatsächlicher Repräsentant der »Nation«. Wie der magyarische Adel hielt er an der lateinischen Amtssprache fest, in der auch allein der höhere Unterricht erfolgte. Der ständische Adel Krains, an seiner Spitze die Fürsten *Auersperg*, sprach deutsch und fühlte österreichisch, nicht slowenisch. Als Universitäten wurden meist die österreichischen oder von Kroatien aus die venezianische in Padua besucht. Die Grundherrschaft mit Leibeigenschaft wurde in Krain 1789 den josephinischen Agrarreformen unterworfen mit Einschränkung der Fronarbeitstage und freiwilliger Grundlastenablösung, unterlag auch teilweise der Klostersäkularisation. In Zivilkroatien scheiterte die kaiserliche Reform, abgesehen von Kirchengutverstaatlichung, am vereinten Widerstand des ungarischen und kroatischen Adels, doch bildete die Gefahr der Bauernflucht in die – auch mit serbischer Siedlung untermischte – Militärgrenze eine gewisse Eindämmung der Leibeigenenunterdrückung. Im Bereich der Militärgrenze hatten die freien Bauernsoldaten besonders seit dem Grenzgrundgesetz von 1807 erblichen, unteilbaren Lehensbesitz vom Kaiser und König mit ständiger Wehrpflicht in den Grenzregimentern. In Dalmatien wahrte die Republik Venedig ein staatliches Obereigentum am gesamten Boden; im übrigen beherrschten die Küstenstädte und ihre herrschenden Kaufleute ihr Umland. Die bäuerliche Stellung war die des Kolonats, des abhängigen Pächtertums.

Wirtschaftlich war diese Gesellschaft noch mit wenigen Ausnahmen agrarisch, in Verknüpfung mit Erzbergbau und Frachtfuhren für Berg- und Hüttenwerke besonders des Südalpengebietes und mit Schiffahrt des Küstenlandes. Die südslawische Großfamiliengemeinschaft oder Hauskommunion (Zadruga), die Familien mehrerer Generationen unter dem Sippenältesten zu einer Wohn- und Wirtschaftseinheit verband, hielt in besonderer Weise ländliche Arbeitskräfte fest. Eine kroatisch-slawonische Eigentümlichkeit war die Kleinadels-Hauskommunion auf Allodialboden, die Steuerfreiheit und Recht auf Bodenteilung, aber keine eigenen bäuerlichen Untertanen hatte. Im Gewerbe spielte der sog. Hausfleiß eine große Rolle, auch im verlegten bäuerlichen Nebenerwerbshandwerk. In den Städten war das Zunftwesen unbedingt herrschend (was sich im benachbarten türkischen Bosnien fortsetzte). Manufakturen waren noch Ausnahmen.

Die Franzosen beseitigten zunächst in Dalmatien das venezianische Staats-Obereigentum am Boden. Die französische Organisation Illyriens beließ die Militärgrenze in ihrer alten Ordnung, führte aber im übrigen Gebiet 1811/12 den Code Napoléon ein, stellte Rechtsgleichheit für die Glaubensbekenntnisse her und begann mit Reformen. Die Gouverneure, Marschall *Marmont*, Herzog von Ragusa, und General *Bertrand*, setzten sie durch. Die Grundherrschaften wurden nicht in ihrem Bestand angetastet, doch wurden ihnen Gerichtsbarkeit und Steuererhebung genommen, das Untertänigkeitsverhältnis und die persönlichen Lasten der Bauern aufgehoben. Deren sonstige Leistungen an die Grundherrn blieben als privatrechtliche bestehen. Wirksamste Veränderung blieb die Einführung der Erbteilung. In Slowenien entstand außerhalb des Gebirges eine sehr starke Besitzzersplitterung, die zu Saison-Lohnarbeit oder Nebengewerbe zwang. Das Zunftsystem wurde abgeschafft. Der Alt- und Neuadel verlor sein Fast-Stellenmonopol in der habsburgischen Verwaltung. Bürgerliche österreichische Beamte blieben z. T. im Dienst; *Marmonts* Schulreform von 1810, die Unterricht in der Muttersprache vorsah, mußte wegen Lehrermangel z. T. auf Deutsch ausweichen. Die slawische Führungsschicht bildete in Slowenien nur noch die katholische Geistlichkeit. Die Gesamtlage des Klerus änderte sich vom josephinischen zum französischen System wenig. Eine entscheidende Rolle kam somit dem slawischen Handelsbürgertum zu, das sich in Slowenien gegen eine überlegene Stellung der Deutschen vorarbeiten konnte und sich in Kroatien noch außerdem gegen den ungarisch geprägten Feudalismus durchsetzen mußte. Das Bürgertum insgesamt war dort im Binnenland schwach und machtlos; außer durch Handel machte ihm aber das französische Steuerverwaltungssystem auch die Kapitalbildung durch Steuer- und Mautpacht möglich.

Die Wiederherstellung der österreichischen Herrschaft beseitigte die französischen Ansätze teilweise wieder und kehrte zur vorrevolutionären Ordnung zurück. Die Verordnung über die Bauerngüter von 1815 band die Erbteilung an die behördliche Zustimmung. Die Zünfte und die ständische Stellung des Adels wurden erneuert, die Landstände Krains wurden 1818 als beratende Landesvertretung mit vier Ständen hergestellt, wobei der Herrenstand 142, der Ritterstand 54 Familien zählte. Nur die grundherrliche Gerichtsbarkeit blieb abgeschafft und in der Agrarkrise nach 1817 vermochten auch in Kroatien-Slawonien reiche Kaufleute verschuldete Adelsgüter zu erwerben. Andererseits errichteten mehrere Grafen Manufakturen. Es waren die Kräfte der wirtschaftlichen Veränderung, die für den sozialen Wandel wirksam blieben. Die frühindustriellen Unternehmer von Bedeutung waren vorwiegend Ausländer, auch Belgier (ehem. österr. Niederlande!) und an der Küste Engländer. Die ersten Dampfmaschinen Sloweniens und Kroatiens erschienen 1835.

Neben dem Manufakturwesen dehnte sich aber auch der Verlag von Hausfleiß noch aus. Für Slowenien in der ersten Hälfte des 19. Jhs. ist geschätzt worden, daß annähernd $1/3$ der Bevölkerung nicht von reiner Landwirtschaft lebte; nur $4/5$ der Landwirte hatten $1/8$-Hofstellen oder mehr Besitz.

Ein interessantes Bild bot die frühe Arbeiterschaft der Manufakturen. In Kroatien war sie meist deutscher und tschechischer Herkunft; nur für Seidenspinnen und Hilfsarbeiten waren einheimische Kräfte verfügbar.

Im Vergleich zu den vorher betrachteten deutschen Ländern bieten diese südöstlichen also zweifellos 1815–1840 ein Bild der Beharrung und Stabilität, des geringen sozialen Wandels durch politische Reformen und der geringen Breitenwirkung der industriellen Revolution. Der soziale Wandel, die »Modernisierung« lag hier stärker in einer stillen Umgruppierung des sozialen Zusammengehörigkeitsgefühls, in einer Neuintegration quer durch die Sozialschichten durch die Nationalbewegung, die sich gegen die zwei führenden Reichsvölker richtete, die Deutschen und die Magyaren.

Die Sozialschichtung war teilweise zugleich Sprachschichtung. In Kroatien war Latein die Sprache der öffentlichen Verwaltung, der Wissenschaft, der Kirche, bis Anfang der 1830er Jahre auch die Sprache des kroatischen Adels. Der höhere Unterricht erfolgte seit 1830 in Magyarisch. Je mehr der Verkehrswert des Lateinischen abnahm, desto

mehr stieg der des Deutschen. Deutsch war die Sprache der städtischen Gesellschaft, das Erscheinungsbild von Zagreb, Karlovac, Varazdin war 1815–1850 fast völlig von einer deutschsprachigen Ober- und Mittelschicht beherrscht. Auch der kroatische Bürger behalf sich mit »Agramer Deutsch«. Nur der Bauer sprach Kroatisch wie in Krain Slowenisch. Die nationalkulturelle Wiedergeburtsbewegung der Kroaten wurde seit etwa 1830, vom slowakischen unpolitisch-romantischen Panslawismus angeregt, der sog. Illyrismus. Er stellte die slawische Bauernsprache in verfeinerter, vereinheitlichter Form dem fremden Sprachbrauch entgegen und wirkte von Zivilkroatien aus auch organisatorisch für Schriftsprache und Literatur. Die sozialen Träger der Nationalbewegung waren verarmter kleinerer Adel – der hohe hielt sich zu den magyarischen Magnaten –, reichere Kaufleute, adlig-bürgerliche Intelligenz und vorzugsweise der niedere Klerus. Die literarische Einführung der gemeinsamen serbokroatischen Schriftsprache 1835 weitete aber den Gebrauch des allgemeiner verständlichen Deutschen zunächst noch mehr aus, die illyrische Bewegung mußte sich seiner selbst für nationale Werbung im Bürgertum bedienen. Auch bei den Slowenen ging das nationale Erwachen von romantischer volkssprachlicher Dichtung aus.
In den ständischen Führungsschichten wurde die kulturelle Emanzipation an die Erinnerung des alten kroatischen Staatsrechts geknüpft. Soziokulturelle Emanzipation ergab sich mittelbar für aufsteigende Schichten, indem den slawischen Volksschullehrern eine geachtete Stellung in der einheimischen Intelligenz zufiel, die sie ohne akademisches Studium in Deutschland nicht besaßen. Den Lehrern wie auch der ihnen vorgesetzten Pfarrgeistlichkeit entstand nun ein Vorteil daraus, daß der soziale Aufstieg nicht mit dem Zwang zur völligen Assimilierung an die herrschenden Reichsnationen verbunden war. Im Endergebnis wirkte das Bemühen um Verbreitung der südslawischen Volkssprachlichkeit auch als Verminderung der Kluft zwischen Gebildeten und »Ungebildeten« und zwischen Stadt und Land.

IV

Von soziologischer Seite *(R. M. Lepsius)* wurde in neuer Zusammenstellung versucht, einen Bezugsrahmen der strukturellen Bedingungen im Blick auf die hier betrachtete Zeit aus folgenden Dimensionen der »Modernisierung« zu bilden: soziale Differenzierung (mit Reintegration = Fusionierung), soziale Mobilisierung, soziale Institutionalisierung von Konflikten, soziale Legitimierung der zentralen Willensbildung (mit erhöhter Partizipation an ihr). Obwohl dieser Aufgliederung die Behauptung der grundsätzlichen historischen Interdependenz entgegengehalten wurde, ist sie heuristisch hilfreich und bietet m. E. mehr Ansätze als die Beiträge in dem »makrosoziologischen« Sammelband von *W. Zapf* über Theorien des sozialen Wandels.
Seitens der westlichen Wirtschaftswissenschaften wird sozialer Wandel heute meist in Verbindung mit wirtschaftlichem Wachstum gesehen und ein Übergang von langsamem (traditionellem) zu schnellerem (modernem) sozio-ökonomischem Wandel in der industriellen Revolution erblickt *(J. U. Nef, S. Kuznets)*. Hier liegen deutliche Begegnungsmöglichkeiten mit dem Historischen Materialismus, aber auch Gefahren einer Unter-

schätzung der nichtwirtschaftlichen Kräfte. Andere sehen das Schwergewicht der Modernisierung auch im Wachstum von Rationalität und Säkularimus oder in der Alphabetisierung namentlich der ländlichen Bevölkerung.

Stellt man unter diesen theoretischen Aspekten einen Vergleich der drei hier skizzierten Entwicklungen an, so kann man zuerst auf die öffentliche Ordnung blicken. Sie ist um 1780 im wesentlichen überall noch dieselbe, die politisch verfaßte Gesellschaft des Ancien Régime, ohne Trennung von Staat und bürgerlicher Gesellschaft und aufgebaut aus »ganzen Häusern«, mit allerdings sehr verschieden starken Einsprengungen von Frühindustrialismus. Die Mobilisierung von Menschen und Boden durch Umgestaltung der ländlichen Eigentumsordnung und des Gewerberechts schafft eher noch wirksameren Wandel. Die Zeit der napoleonischen Kriege hob durchgängig die soziale Stellung des Militärs, wobei sich einerseits die Aufstiegschancen ins und im Offizierkorps verbreiterten, andererseits die herrschaftlichen Ordnungselemente verstärkt wurden. Nach 1815 wurde das Primat des Militärs aber in verschiedenem Ausmaß wieder abgebaut. Um 1840 hat sich das soziale Bild bereits erheblich differenziert, alte ständischberufliche Korporationen sind aufgelöst, statt dessen bilden sich Assoziationen (Differenzierung – Fusionierung). Bezüglich der zwei hier behandelten deutschen Gebiete bestätigt sich die gegensätzliche Entwicklung des preußischen und bayerischen Systems im Vormärz: Im preußischen Rheinland ist die freie Entfaltung von Wirtschaft und Gesellschaft durchaus modern und wirkt auch als Förderung der wirtschaftlichen Regsamkeit, während es zwar Provinzialstände, nach Meinung mancher auch einen »intelligenten Beamtenstaat«, aber keine vollberechtigte, gewählte Volksvertretung mit Gesetzgebungsrechten im Stil der konstitutionellen Monarchie gibt (Legitimierung – Partizipation). In Bayern ist der Verfassungsstaat, die aktive »politische Freiheit« bereits vorhanden, wird aber umgekehrt die traditionelle Bindung des Wirtschafts- und Soziallebens noch stark aufrechterhalten. Slowenien-Kroatien zeigten deutlich das »System Metternich«, das in keiner der beiden Richtungen moderne Bewegung freigab, auch den Adel weniger der Beamtenherrschaft unterwarf als das bayerische. In Bayern und Habsburgisch-Südslawien gab es einen starken Beamtenliberalismus, nur am Rhein eine wirklich selbstbewußte liberale Bourgeoisie. Im Süden waren die Institutionen mehr Agenten als Opponenten des sozialen Wandels, worin *Bendix* ein Merkmal von »Nachzüglergesellschaften« sieht, im Westen war es seit 1815 eher umgekehrt. Die Antwort der freien gesellschaftlichen Kräfte auf die politischen Systeme war in vielen Zügen kritisch, aber noch nicht jene Form des Protestes, die Revolutionen verankündigt. Die geregelte Konfliktaustragung herrschte noch vor (Institutionalisierung).

Was die Spannungen in der kurzen Zeit bis 1848 so verschärfte, daß die Modernisierung »außer Kontrolle« geriet und der Sturm in allen hier behandelten Teilen Mitteleuropas »disruptiv« losbrach, bildet ein Forschungsproblem außerhalb des hier vorgegebenen Untersuchungszeitraumes. Sieht man von diesem unmittelbaren »Vormärz« ab, so zeigen sich die rein strukturellen Veränderungen und die verbliebenen traditionellen Gewichte deutlicher und ohne die Elemente »fieberhafter« und vorübergehender Beschleunigung. Sozialer Wandel ist seinem Wesen nach selbst im Industriezeitalter ein langfristiger Vorgang.

Industrialisierung war in allen drei Gebieten erst in geringem Umfang zugleich Urbanisierung, sei es, daß das Berg- und Hüttenwesen die Menschen an Rohstoffstandorte band, sei es, daß kommerzialisiertes Spezialgewerbe in Verlagsform außerhalb der Städte blühte. Die Versuche, regionale wirtschaftliche Wachstumsstufen nach dem durchschnittlichen Volkseinkommen zu bilden, allgemeine Wohlstandsmehrung durch Frühindustrie und Krisen »neuen Stils« durch deren Konjunkturrückschläge aufzuweisen, lassen sich für diese Räume bisher historisch nicht hinreichend stützen; noch war die vorrevolutionäre Mißerntekrise von 1846/47 eine agrarische »alten Stils«. Eine vergleichende Analyse des Sozialprodukts je Kopf im Rheinland und in Bayern um 1820, also in der Periode der Agrarkrise und des liberalen preußischen Zollgesetzes, brachte das überraschende Ergebnis einer wahrscheinlich nur geringen Abweichung. In Slowenien-Kroatien mag der Durchschnitt niedriger gelegen haben, aber die Lohnangaben der späten 1840er Jahre erweisen für Manufakturarbeiter wegen des Arbeitskräftemangels ein ähnliches Niveau wie in Deutschland. Möglicherweise lag dabei in der vorindustriellen und frühindustriellen Gesellschaftsform sogar eine ähnliche Einkommensverteilung vor.

Die demographische Bewegung, vor allem das Eintreten der »frühindustriellen« Zunahmestufe, ist trotz einiger Lokalstudien im breiteren Vergleich der drei Räume bisher noch recht unklar. Regionale Bildungsstatistik fehlt bis auf die Höhere-Schüler-Dichte in der Rheinprovinz 1822 noch überall. Die Arbeitsmaschinenvereinigung wie die Verkehrsmaschine brachten freilich offenkundig gesteigerte Ortsbegünstigungen. Es ist nicht Technologismus, wenn auch die Rolle der Mechanisierung der gewerblichen Produktion und des Verkehrs als eine Triebkraft der Modernisierung berücksichtigt wird. Wie im Eigentumsverkehr mit Grund und Boden, so wächst die soziale Mobilität im räumlichen Personen- und Güterverkehr und schwindet die Schollenbindung der Menschen in mehrfacher Hinsicht.

In diesem Zusammenhang wird ferner ein Vorgang der »Mentalitätsgeschichte« wichtig, der auch geistesgeschichtliche Wurzeln in Aufklärung und säkularisiertem Fortschrittsdenken und in der Geschichte der Naturwissenschaften hat: ein gesteigerter, auch unbewußter Bewegungsdrang, der gegen 1840 deutlich erkennbar wird. Schon *Treitschke* sprach in seiner »Deutschen Geschichte« (V, 6) vom »Wandertrieb der Zeit«. *R. Koselleck* ging neuerdings das Problem mit semantischen Methoden an (historische Semantik der Bewegungskategorien und der Begriffe, die einen Bewegungskoeffizienten enthalten) und verwies auf eine datierbare »Aufladung« des deutschen politisch-sozialen Begriffsbestandes mit neuen temporalen Bedeutungen. So prägte der Rheinländer in Bayern, *J. Görres,* den Ausdruck »Demokratismus« als neuen Bewegungsbegriff, der bewußt die Unerfüllbarkeit annahm.

Es zeigt sich ziemlich eindeutig, daß eine entscheidende Antriebskraft für soziale Bewegung in Mitteleuropa bis 1840 den beiden großen Revolutionen, der britischen industriellen und der französischen politischen, zuzuschreiben ist. Das Verhältnis von endogenen und exogenen Faktoren als Wandlungsursachen erweist sich in den drei untersuchten Gesellschaften als nicht so unterschiedlich wie zuweilen angenommen. In keiner entstand innerhalb ihrer eigenen Entwicklung vor 1840 eine Revolution, auch im Rheinland waren die politische Revolutionierung und die Frühindustrialisierung eindeutig von Nordwesteuropa her angestoßen.

Freilich können alle diese Einflüsse auf den sozialen Wandel nur in der (»dialektischen«) Zusammenschau der Kräfte der Bewegung und der Kräfte der Beharrung (oder nach *Schnabel* »Ordnung«) in der Zeit voll begriffen werden. Der bewußte Anhänger- und Vermittlerkreis des »Modernen« war aber so begrenzt, daß der Traditionalismus als Sozialhaltung der Volksmehrheit überwog. Das konnte einerseits formaldemokratischen Nachholeifer, andererseits Zielverwirrung allen Massenaufruhrs und das schließliche Scheitern einer bürgerlichen Revolution erwarten lassen.

Literatur

Zu I.

Eine unvergleichlich wertvolle Forschungsgrundlage bildet die Quellenausgabe *J. Hansen,* Quellen zur Geschichte der Rheinlande im ZA der franz. Revolution 1780–1801, 4 Bde., Bonn 1931–1938.

P. Ayçoberry, Probleme der Sozialschichtung in Köln im ZA der Frühindustrialisierung, in: Wirtschafts- u. sozialgeschichtl. Probleme d. frühen Industrialisierung, hrsg. von *W. Fischer,* Berlin 1968; *K.-G. Faber,* Die Rheinlande zwischen Restauration u. Revolution. Probleme der rhein. Geschichte von 1814–48 im Spiegel der zeitgenössischen Publizistik, Wiesbaden 1966; *ders.,* Die rhein. Institutionen, in: Hambacher Gespräche 1962, Wiesbaden 1964; *ders.,* Rheinlande und Rheinländer 1814–1848. Umrisse einer polit. Landschaft, in: Landschaft und Geschichte, Festschrift F. Petri, Bonn 1970.

G. Croon, Der rhein. Provinziallandtag bis z. J. 1874, Düsseldorf 1918; *H. Boberach,* Wahlrechtsfragen im Vormärz. Die Wahlrechtsanschauung im Rheinland 1815–49 und die Entstehung des Dreiklassenwahlrechts, Düsseldorf 1959.

D. Dowe, Aktion und Organisation. Arbeiterbewegung, sozialistische u. kommunistische Bewegung in der preuß. Rheinprovinz 1820–52, Hannover 1970.

K. R. Weitz, Der niederrheinische und westfälische Adel im ersten preußischen Verfassungskampf 1815–1823/24, Diss. Bonn (Rotaprint) 1970.

Zu II.

L. Hammermayer, Der gesellschaftliche Strukturwandel, in: Handbuch der bayer. Geschichte, hrsg. von *M. Spindler* II, München 1969, 1016 ff., bleibt fast ganz bei geistesgeschichtl. Betrachtungsweise; ähnlich aus anderer Sicht *H. Scheel,* Süddeutsche Jakobiner, Berlin 1962.

W. Zorn, Gesellschaft u. Staat im Bayern des Vormärz, in: Staat u. Gesellschaft im deutschen Vormärz 1815–1848, hrsg. von *W. Conze,* Stuttgart 1970 [2].

H. Giebel, Strukturanalyse der Gesellschaft des Kgrs. Bayern im Vormärz 1818–1848, München 1971.

E. L. Shorter, Social Change and Social Policy in Bavaria, 1800–1860, 2 Bde. Harvard-Thesis, Cambridge, Mass., 1967.

W. Koeppen, Die Anfänge der Arbeiter- u. Gesellenbewegung in Franken, Erlangen 1935.

Zu III.

B. Grafenauer, Zgodovina slovenskega naroda, V: Doba manufakturne in začetkov industrijske proizvodnje ter hitrega ràzkrajanja fevdalnih organizacijskih oblik od srede XVIII do srede XIX stoletja (Gesch. des slowen. Volkes V: Manufakturzeitalter und Anfang der Industrieproduktion und der schnellen Auflösung der feudalen Organisationsformen von Mitte 18. bis Mitte 19. Jahrhundert), Ljubljana 1962.

M. Pivec-Stelè, La vie économique des provinces illyriennes 1809–1813, Paris 1930.

I. Karaman, Das kroat. Handelsbürgertum. Seine sozialwirtschaftl. Rolle z. Z. der nat. Wiedergeburt, in: Österr. Osthefte 11 (1969).

N. v. Preradovich, Des Kaisers Grenzer, Wien–München–Zürich 1970.

M. Britovšek, Razkroj feodalne agrarne strukture na Kranjskem (Auflösung der feudalen Agrarstruktur in Krain), Ljubljana 1964.

I. I. Leščilovskaja, K voprosu o razloženii feodal'no-krepostničeskoj sistemy i razcitii kapitalističeskich otnošenij v pomeščičem chozjajstve Chorvatii i Slavonii v konce 18-pervoj polovine 19 v. (Zur Frage d. Zerfalls d. feudalen Leibeigenschaftssystems u. der Entwicklung kapitalist. Verhältnisse in d. Gutsbesitzer-Wirtschaft Kroatiens u. Slawoniens a. Ende d. 18. u. in der 1. Hälfte d. 19. Jhs.), Učen Zap. Inst. Slavjanovedenija 18, Moskau 1959.

Zu IV.

Allgemein: W. Conze, Das Spannungsfeld von Staat und Gesellschaft im Vormärz, in: *ders.,* Hrsg., Staat und Gesellschaft im deutschen Vormärz, 1815–1848, Stuttgart 1970².

Zum Modernisierungsbegriff: Verhandlungen des Arbeitskreises für moderne Sozialgeschichte, Vors. *W. Conze,* zum Themenkomplex: Was ist, wann und wie begann die »Moderne Welt« seit 1970, insbes.: *M. R. Lepsius,* Soziologische Theoreme über die Sozialstruktur der »Moderne« und die »Modernisierung«, 1970; *R. Koselleck,* Zur Entstehung der modernen Bewegungsbegriffe um 1800, 1971; *W. Zorn,* Verdichtung und Beschleunigung des Verkehrs als Faktor der wirtschaftlichen u. sozialen Entwicklung der »Modernen Welt«, 1972, künftig im Sammelband. Auf den Zeitraum 1760–1830 bezogen auch *R. Bendix,* Modernisierung in internationaler Perspektive (1966), in: Theorien des sozialen Wandels, hrsg. v. *W. Zapf,* Köln 1969 (Neue Wiss. Bibl. 31).

Einzelfragen: R. Morsey, Wirtschaftliche und soziale Auswirkungen der Säkularisation in Deutschland, in: Dauer und Wandel der Geschichte (Festgabe K. v. Raumer, Münster 1966); Rheinland und Bayern: L'influence du Code civil dans le monde. Travaux de la Semaine internationale de droit Paris 1950, Paris 1954, siehe darin: *M. G. Boehmer, M. E. Metzger,* Allemagne; Volkseinkommen 1820: *W. Zorn,* Die wirtschaftliche Struktur der Rheinprovinz um 1820: in: VSWG 54 (1967); *ders.,* Die wirtschaftliche Struktur Bayerns um 1820, in: Festschrift Max Spindler, München 1969.

IV. Stadtsoziologie und Stadtgeschichte

STADTGESCHICHTE UND KRIMINALSOZIOLOGIE

Eine historisch-soziologische Analyse abweichenden Verhaltens

Von Fritz Sack

I

Seit die Kriminologie immer stärker in den Sog der Soziologie gerät und damit zurückkehrt an einen ihrer zentralen Ausgangspunkte [1], wird sie auch von den wissenschaftstheoretischen und methodologischen Diskussionen erfaßt, die die Soziologie seit einigen Jahren in ihrem Selbstverständnis treffen. Dabei gerät die Kriminologie als eine der Praxis besonders zugewandte Disziplin in einen Legitimationsdruck besonderer Art. Noch bevor die Soziologie erneut dem generellen Verdacht einer Lebenslüge ausgesetzt wurde, sah sich die Kriminologie Vorwürfen gegenüber, die sie einer verkürzten theoretischen Perspektive ebenso wie mangelnder methodologischer Reflexion bezichtigten. Die unzureichende, unsoziologische theoretische Orientierung der wissenschaftlichen Analyse des Verbrechens wurde in der Tatsache gesehen, daß die Kriminologie es sich fast ausschließlich angelegen sein ließ, den kriminellen Täter in Loslösung von seinen sozialen Beziehungen in den Blick zu nehmen – ein Vorwurf, den *Alfred Lindesmith* und *Yale Levin* bereits 1937 formulierten [2] und der seither von einer Reihe von Autoren regelmäßig wiederholt worden ist, mit besonderem Nachdruck und unter Freilegung der »domain assumptions« *(Alvin W. Gouldner)* kriminologischer Infrastruktur durch *David Matza* in seinem preisgekrönten »Delinquency and Drift« (1964). Die methodologische Entwicklungs- bzw. Anwendungslücke in der Kriminologie hing eng mit der »klinischen« Orientierung zusammen und sicherte der Kriminologie nicht einmal handwerkliche Unangreifbarkeit, wie *Travis Hirschi* und *Hanan C. Selvin* detailliert bei der Analyse u. a. von *Sheldon* und *Eleanor Gluecks* Arbeiten nachwiesen [3].

Noch ehe die Kriminologie sich anschickt, den lange akzeptierten Standards wissenschaftlichen Argumentierens gerecht zu werden, wird sie eingeholt von der Verdächtigung der Soziologie, Vorurteile zu legitimieren statt wissenschaftliche Aussagen zu liefern, Interessen und Herrschaft zu rationalisieren statt Analyse zu betreiben. Zwar argwöhnten *Lindesmith* und *Levin* in ihrer erwähnten Anklage bereits, daß die Kriminologie seit ihrer positivistischen Täterverengung durch *Lombroso* eine »convenient rationalization of the failure of preventive effort and escape from the implications of the dangerous doctrine that crime is an essential element of our social organization« [4] liefere. Dieser Verdacht jedoch hatte zu seiner Zeit keine Chance, akzeptiert zu werden. Heute hingegen lassen sich eine Reihe empirischer Belege für die institutionalisierte Apologetik der traditionellen Kriminologie beibringen, aus der sie sich nur mühsam auf dem Umweg über so scheinbar unverfängliche Diskussionen wie über die Dunkelziffer der Kriminalität und ihre sozialstrukturellen Selektionsursachen sowie die damit Hand in Hand gehende Neuorientierung freimacht.

Die Soziologie sucht sich aus ihrer Bedrängnis auf verschiedenen Wegen herauszuretten.

Im Vordergrund steht nach wie vor die intensive wissenschaftstheoretische und methodologische Diskussion, die einerseits nicht mehr von dem einheitswissenschaftlichen Optimismus des Wiener Kreises und seiner Nachfolgeströmungen getragen wird, andererseits aber auch die Schlußfolgerung unentrinnbarer Parteilichkeit zu vermeiden trachtet. Als ein Ergebnis dieses Neubesinnungsprozesses in der Soziologie kann man die Bestrebungen einer Reihe von Soziologen beobachten, die Soziologie wieder der Geschichtswissenschaft zu öffnen. Dabei kommt der Soziologie ein wohl ebenso intensives Anlehnungsbedürfnis der Geschichte an die Soziologie entgegen [5]. Die häufig beklagte Einbuße der historischen Dimension in der modernen Soziologie manifestierte sich nach dem Urteil der Kritiker in der theoretischen Selbstüberforderung, dem methodischen Rigorismus und der bis zur Denaturierung bzw. Dekomposition reichenden Verkürzung des soziologischen Gegenstandes. Die Zurücknahme dieser partikulären Entwicklungen innerhalb der Soziologie haben demzufolge diejenigen im Auge, die eine stärkere Verschränkung der Soziologie mit der Geschichtswissenschaft zum Programm machen und erproben wollen.

Zweifellos gilt diese Feststellung nur im groben. Die Soziologie hat sich nie total aus der Geschichte emanzipiert. Es gab immer »Soziologien« und Soziologen, die nach Methode, Theorieverständnis und Gegenstandsdefinition historisch arbeiteten. Es ist weiter anzumerken, daß die »Rehistorisierung« der Soziologie keineswegs der Annullierung eines Stücks wissenschaftlicher Geschichte gleichkommt. Sie geschieht vielmehr zu einem Zeitpunkt, in dem die Geschichtswissenschaft ebenfalls in ihrer Identität verunsichert zu sein scheint; sie steht unter Bedingungen, die andere sind als diejenigen, unter denen die Trennung von Soziologie und Geschichte einst vor sich ging.

Von den verschiedenen Aspekten und Motiven, die sich hinter der Forderung nach der Erweiterung der soziologischen Perspektive um die historische Dimension verbergen, möchten wir einen Gesichtspunkt besonders herausstellen. Die Soziologie hat sich seit *Emile Durkheim* die Regel gesetzt, daß soziale Phänomene wie Gegenstände zu analysieren sind. Ihre Kategorien tragen diesem Postulat ebenso Rechnung wie ihre Methoden. Demgegenüber ist die Historizität der sozialen Erscheinungen und Institutionen geltend zu machen. Die Gesellschaft und ihre Struktur sind keine Objekte wissenschaftlicher Analyse, denen der Forscher als erkennendes Subjekt unvermittelt und passiv analysierend gegenübersteht. Sie sind Produkte historischer und gesellschaftlicher Vorgänge, an denen der Forscher stets beteiligt ist. Die Betonung dieses Gesichtspunktes geschieht hier indessen nicht aus erkenntniskritischem Interesse, sondern in der Absicht, die Analyse sozialer Institutionen nicht nur von ihrer Struktur aus zu betreiben, sondern auch von der Frage ihrer Entstehungsbedingungen, den Umständen und Kontingenzen ihres Weiterbestehens und den Voraussetzungen ihres Verschwindens. Der »Erzeugnischarakter« und die Machbarkeit sozialer Verhältnisse und Institutionen ist für einen Großteil soziologischer Forschung auf der Strecke geblieben, oft als latente Konsequenz des theoretischen und methodischen Instrumentariums, manchmal auch programmatisch bejaht und logisch hergeleitet, wie in den Arbeiten *Karl R. Poppers.*

Der Aspekt der Rehistorisierung der Sozialwissenschaften stellt zweifellos einen entscheidenden Impuls für die gesamte Diskussion dar. Der Leser erkennt unschwer, daß der theoretische Ausgangspunkt dieses Gesichtspunkts der nicht-positivistischen Soziologie entspringt. Er stellt die zentrale Legitimation für die Forderung nach der Verschränkung von Soziologie und Geschichte dar. Es ist sicherlich nicht zu erwarten, daß die Geschichte entscheidend neue methodologische Instrumente beizusteuern vermag. Hier kann sie allenfalls dazu beitragen, den methodologischen Rigorismus eines Großteils der Soziologie aus der Selbstgenügsamkeit zu befreien und den Instrumentalcharakter von Methoden wieder ins Gedächtnis zurückzurufen, der verlorenging, als die »Produkte« ausblieben, für die die Instrumente gedacht waren. Ebensowenig wird man von der Geschichte erwarten dürfen, daß sie Zahl und Art der Theorien in den Sozialwissenschaften entscheidend zu bereichern in der Lage sein wird. Dazu fehlen wohl alle Hinweise und Indikatoren, daß sie das auch nur ansatzweise vermöchte.

Geschichte in die Soziologie einbeziehen heißt deshalb vor allem, Erscheinungen mit einem Apparat analysieren, der den Charakter der Objekte als Produkte menschlichen Handelns nicht verschüttet, sondern betont. Wir erleben an verschiedenen Punkten und Orten in der Soziologie Unternehmungen, die sich einer solchen Aufgabe stellen. Der Prozeß und die Mechanismen der Herstellung von sozialer Struktur, der »Erzeugung« von gesellschaftlicher Realität sind Gegenstand ernsthafter soziologischer Analyse geworden. Wir denken dabei nicht nur an die theoretischen Arbeiten von *Peter L. Berger* und *Thomas Luckmann* [6] oder das zeitlich vorangegangene Projekt von *Burkart Holzner* [7], sondern auch an die Arbeiten zu inhaltlichen Fragen, insbesondere auf dem Gebiet des abweichenden Verhaltens, wo Anhänger des labeling approach und der Ethnomethodologie sich um die empirische Analyse von Mechanismen und Prozessen bemühen, die Menschen handhaben, um soziale Wirklichkeit in Gang zu setzen und zu begründen [8].

II

Wir wollen nunmehr in einem kursorischen Überblick prüfen, inwieweit die Kriminologie bzw. Kriminalsoziologie nach dem gegenwärtigen methodologischen und theoretischen Stand einer solchen perspektivischen Öffnung zur Geschichte hin fähig ist oder nicht.

Eine Bestandsaufnahme kriminologischer bzw. kriminalsoziologischer Forschung und Ergebnisse, wie sie traditionell von kriminologischen Lehrbüchern, so auch jüngst wieder von *H. Göppinger*, *G. Kaiser* und *H. Kaufmann* [9] vorgelegt wird, verbirgt hinter dem Schein gesicherter empirischer Befunde, kontroversfreier Theorien und Methoden und dem Ausweis künftiger Richtung der Disziplin eine Homogenität des Zustandes, die sich bei genauerem Hinsehen allerdings schnell korrigiert. Deshalb läßt sich die Frage nach »historischen Einfallstoren« in der Kriminologie nur in bezug auf einzelne theoretische Ansätze und disziplinäre Differenzen der an der Kriminologie beteiligten Einzelwissenschaften beantworten.

Die Emanzipation der Kriminologie aus bestimmten vorwissenschaftlichen Befangenheiten und ihr Durchbruch von einer normativen zu einer empirisch verfahrenden Wissenschaft wird im allgemeinen als Verdienst der sogenannten positiven Schule der Kriminologie betrachtet [10]. Der Täter ist seither Ausgangs-, Mittel- und Angelpunkt der Kriminologie. Das Paradigma kriminologischer Forschung war fürderhin die delinquente »Experimentier«Gruppe in Gegenüberstellung zur bzw. im Vergleich mit der nicht-delinquenten »Kontroll«Gruppe. Die Jagd nach signifikanten Unterschieden von Merkmalen oder Merkmalsgruppen zwischen beiden Kollektiven bestimmte die kriminologische Szene. Heraus kamen unzählige und ungezählte Befunde über die »Kriminogenität« von Faktoren [11]. Ein derartiger Ansatz der Analyse kriminellen oder delinquenten Verhaltens läßt kaum Raum für die Anwendung historischer Methoden und Perspektiven. Der Bezugs- und Interpretationsrahmen der Befunde ist statisch angelegt, eine zeitlich versetzte Betrachtungsweise ist nicht vorhanden. Die Kriminalsoziologie hat sich über weite Strecken dem analytischen Schema der positiven Schule in der Kriminologie eingepaßt. Die Täterorientierung hat sie übernommen, die Merkmale hingegen, die sie in der Analyse zusätzlich und neu einbrachte, bezogen sich weitgehend auf Gruppenstrukturen und -prozesse.

Dennoch ist mit dieser Erweiterung kriminologischen Räsonnements um die soziologischen Parameter eine Perspektive angelegt, die historische Fragestellungen geradezu provoziert. Die sozialen Faktoren – z. B. Schicht- und Klassenlage, Familienstruktur, ökologische Situation – sind Erscheinungen »zusammengesetzter« Art, die anders etwa als biologische oder psychische Faktoren die Erklärungskette nicht beenden, sondern geradezu nach ihrer Verlängerung und analytischen Zerlegung fordern. Wenn die Verteilung der Kriminalität und Delinquenz in einer Gesellschaft entlang solchen Gruppenstrukturen verläuft, dann treten diese selbst in den Blickpunkt des Interesses. Es ergeben sich dann Anschlußfragestellungen besonderer Art, die eine zeitliche Tiefenstruktur in der Analyse verlangen. Damit aber erhalten sie eine historische Dimension.

So ist denn die Kriminologie durch die Kriminalsoziologie um zwei theoretische Ansätze bereichert worden, die beide für den hier diskutierten Zusammenhang Erwähnung verdienen. Durch die Verknüpfung, die die Kriminalität und die Delinquenz mit sozialen Gegebenheiten eingeht, weist sich auch kriminelles Verhalten als gelerntes soziales Verhalten aus. Sozialisationsprozesse und -institutionen spielen deshalb für die Analyse und Erklärung normverletzenden Verhaltens eine ganz zentrale Rolle. *Edwin H. Sutherlands* »Theorie der differentiellen Assoziation« hat diesen Sachverhalt zuerst auf einen heute sicherlich nicht mehr befriedigenden theoretischen Nenner gebracht; die Psychoanalyse mit der Betonung frühkindlicher Sozialisationsumstände verwirklicht diesen Gedanken mit einem anderen theoretischen Rüstzeug. Damit wird der Blick auf Zusammenhänge gelenkt, die ein dynamisch und zeitübergreifendes theoretisches Instrumentarium erfordern.

Der zweite theoretische Gesichtspunkt, der eng mit dem ersten zusammenhängt, betrifft die Frage nach den Sozialisationsinhalten abweichender Lernprozesse. Hier hat die Theorie der kriminellen Subkultur ihren Standort, die mit den Namen von *Albert K. Cohen, Richard A. Cloward* und *Lloyd E. Ohlin* eng verbunden ist. Damit aber rükken soziologische Gegenstände sui generis in den Brennpunkt kriminologischer Forschung, d. h. Phänomene, die dem handelnden Individuum vorgelagert sind. Es stellt sich die Frage nach ihrer Verankerung im sozialen System und seiner Struktur. Eine Strukturanalyse erfordert ihrerseits die Beantwortung der Frage, wie sich Strukturkomponenten herausbilden, welches die Voraussetzungen ihrer Existenz und ihres Überdau-

erns in der gesellschaftlichen Kontinuität sind. Eine Antwort auf ihre strukturelle Verankerung versucht die Anomietheorie *Robert K. Mertons* zu liefern.
Die kriminalsoziologischen Theorieansätze, die wir soeben in aller Kürze vorgestellt haben, sind entscheidend von den empirischen Ergebnissen der zahlreichen Untersuchungen aus der Chicago-Schule angeregt und gestützt worden. Diese stadtsoziologischen Forschungen, die den sozialen Problemen der schnell wachsenden amerikanischen Großstädte seit der Jahrhundertwende galten, waren Analysen von kollektiven Gebilden und nicht primär von individuell handelnden Menschen. Die Gemeinde bzw. die Großstadt als ein soziales Strukturgebilde war der Forschungsgegenstand. Ihnen wurden Kriminalität oder sonstige »soziale Pathologien« als Merkmale zugerechnet, nicht den handelnden Individuen.
Ein zentrales theoretisches Konzept, das durch die Arbeiten der Chicago-Schule in die soziologische Theorie eingeführt wurde, ist das der »natural area«, ein Begriff, der seither aus der Gemeindesoziologie nicht mehr wegzudenken ist. Er bezeichnet ein Teilsystem innerhalb eines umfassenderen Systems, das durch geographische, topographische, soziale und kulturelle Grenzen von seiner Umgebung abgesetzt ist und für seine Bewohner einen spezifischen sozialen Rahmen absteckt. Eine Gemeinde oder Stadt gliedert sich in eine Anzahl solcher »natural areas« und erhält auf diese Weise eine interne Struktur, die sich beschreiben und messen läßt durch unterschiedliche Werte der genannten geographischen und sozialstrukturellen Parameter.
Der Begriff der »natural area« stand auch im Mittelpunkt der aus der Chicago-Schule entstandenen Analysen zur Kriminalität. Exemplarisch waren die Arbeiten von *Clifford R. Shaw* und *Henry D. McKay*. *Shaw* analysierte Ende der zwanziger Jahre die Delinquenz Chicagos als ein ökologisches Phänomen und legte zusammen mit *McKay* ein gutes Jahrzehnt später eine Arbeit vor, in der die Ergebnisse von Chicago mit den Befunden aus einer Reihe anderer amerikanischer Städte verglichen wurden [12]. In ihren Untersuchungen identifizierten sie »delinquency areas« als »natural areas«, die durch besonders hohe Delinquenz in der Stadt gekennzeichnet waren.
Ein konsistenter Befund aus dieser kriminalökologischen Tradition verdient für die hier anzustellende Diskussion besondere Beachtung. Die Tatsache, daß Kriminalität sich in bestimmten Gebieten der Stadt konzentriert, mag damit erklärt werden, daß Kriminelle sich zusammentun, daß sie gemeinsame Nachbarschaften und Wohnplätze aufsuchen, Gruppen bilden und kollektiv handeln. Die Ergebnisse zeigen aber, daß über das Handeln von Einzelnen oder Gruppen hinausweisende Prozesse und Faktoren im Spiele sind. Delinquenzgebiete zeigen eine Kontinuität und zeitliche Tiefenstruktur, die die dort lebenden Menschen überdauern. »High rate areas have been characterised by high rates over a long period of time (1900–1927) irrespective of changes in the national, racial or cultural composition of their populations [13].«
Erst eine solche von seinen Bewohnern unabhängige Stabilität von Delinquenzgebieten stellt den eigentlichen ökologischen Tatbestand dar. Hieraus ergibt sich die Notwendigkeit, nach Faktoren zu suchen, die überall anzusiedeln sind, nur nicht bei denen selbst, die kriminelle oder delinquente Handlungen begehen. Welches sind die Charakteristika von Delinquenzgebieten, die die dort wohnenden Menschen zu Gesetzesbrechern machen, die auch dann noch existieren, wenn die alten Bewohner nicht mehr

leben, fortgezogen sind, neue Familien und Gruppen die alten verdrängt und ersetzt haben? So lautet die zentrale Frage, die sich die Kriminalökologie stellt.

Die Chicago-Schule hat mit ihren Untersuchungen an ähnliche Bestrebungen im 19. Jahrhundert angeknüpft, eigentlich an die ersten kriminologischen Analysen überhaupt, die mit dem Beginn der kriminalstatistischen Aufzeichnungen schon in der ersten Hälfte des vorigen Jahrhunderts einsetzten. Diese Tradition wurde durch die positive Schule der Kriminologie historisch verschüttet und – was schlimmer war – wissenschaftlich ignoriert, wenn nicht gar denunziert. Ihr kommt zweifellos das Verdienst zu, die Kriminologie aus disziplinärer und dogmatischer Verengung partiell wieder herausgeführt zu haben. Für die Begründer und Mitglieder der Chicago-Schule führte die wissenschaftliche Beschäftigung mit der Kriminalität schon vom Ausgangspunkt unmittelbar in eine generelle Analyse des sozialen Systems und seiner Struktur. Es war für sie nicht erst umständlich abzuleiten und aufwendig zu legitimieren, daß die Analyse der Kriminalität einer Stadt über entscheidende Strecken zusammenfiele mit der Beschreibung und Durchleuchtung von deren sozialer, ökonomischer und politischer Struktur. »Delinquency areas« von *Shaw* und die seither in dieser Tradition stehenden unzähligen Nachfolgeuntersuchungen sind ebenso ein Stück Stadtsoziologie, wie sie ein bedeutsames Kapitel in der Kriminalsoziologie darstellen.

Dieser zentrale Gesichtspunkt der Chicago-Schule erschöpft jedoch nicht das Interesse, das uns daran anknüpfen läßt. Zuvor ist die Frage aufgeworfen worden, wie sich jene beobachtete Kontinuität und Stabilität von sozial distinkten Teilstrukturen innerhalb einer Stadt herstellt. Lernprozeß und Subkulturthese beschreiben diesen Sachverhalt nur etwas präziser, ohne ihn zu erklären. Die Vertreter der Chicago-Schule haben sich diesem Problem nicht so nachhaltig gestellt, wie es von ihren Ergebnissen her nahegelegen hätte. Sie haben sich eher darauf konzentriert, das Syndrom von Faktoren verschiedenster Art herauszudestillieren, das ein Stadtquartier von anderen unterscheidet. Dieser Trend verstärkte sich noch in den späteren Arbeiten der Kriminalökologie, begünstigt durch die verfeinerten statistischen Methoden deskriptiver und analytischer Art [14]. Die Hinwendung zu einer historischen Fragestellung ist indessen nicht erfolgt. Die Beobachtung stabiler Verhaltensmuster etwa der Kriminalität über die Zeit hinweg gab Veranlassung zu ökologischen oder subkulturellen Deutungen, die außerhalb der Existenz des sozialen Individuums anzusiedeln sind, der ökologische oder subkulturelle Faktor selbst wurde jedoch nicht zum Gegenstand eigener Analyse. Dazu hätte es in der Tat eines anderen Instrumentariums der Forschung und auch einer veränderten Perspektive bedurft. Soweit Entscheidungsprozesse etwa des städtischen Wachstums oder innerstädtischer Umstrukturierungen erforscht wurden, kam man mit vagen Analogien zur Biologie und Pflanzenökologie aus, die neben die Zonen-Theorie Begriffe wie »Invasion«, »Dominanz« und »Sukzession« stellten, ohne diese aber genauer zu bestimmen, ohne sie auch empirisch näher einzulösen [15].

Die mangelnde historische Tiefendimension bzw. ihre Vernachlässigung in der Folgezeit hat sicherlich eine Ursache auch darin, daß der Zeitraum, der zur Analyse anstand, im ganzen gesehen relativ kurz war. Die Arbeiten der Chicago-Schule hatten es mit Städten zu tun, die innerhalb weniger Jahrzehnte in jene immensen Wachstumsprobleme geraten waren, die Anlaß zur wissenschaftlichen Beschäftigung mit ihnen gaben. Innerhalb so bemessener Zeiträume läßt sich die beobachtete Kontinuität von Verhaltensmustern zureichend als ein Prozeß der Tradierung kultureller Normen und Partialsysteme begreifen. Bei gleichbleibenden ökologischen und rein stadtgeographischen Gegebenheiten, bei Konstanz der Straßenzüge und der Wohnblöcke, der Struktur und Art der Bodennutzung ist die Annahme kultureller Werte bzw. subkultureller Systeme für die Erklärung zeitlich invarianter Strukturen nahezu die einzige Folgerung, wenn man einen unmittelbaren Zusammenhang zwischen den genannten Merkmalen der physisch-ökologischen Umwelt einerseits und denen des unmittelbaren Verhaltens andererseits nicht herstellen will.

III

Die Situation ändert sich indessen entscheidend, wenn die Ausgangslage eine andere ist. Über einen solchen Fall soll im folgenden berichtet werden.

Das Projekt, auf das hier Bezug genommen wird, stellt einen Ausschnitt aus einem größeren Forschungsunternehmen dar, das ganz kurz skizziert werden soll. Auf Anregung der Stadt Köln führte das Forschungsinstitut für Soziologie der Universität Köln eine große Studie zur Kinder- und Jugendkriminalität durch, die aus mehreren Teilprojekten bestand [16]. Neben einer rein kriminalökologischen Analyse der Verteilung der Jugendkriminalität in den Jahren 1961 und 1963 über das Stadtgebiet von Köln [17] wurde eine Individualanalyse von jugendlichen Delinquenten, z. T. im Vergleich mit Nichtdelinquenten, durchgeführt. Die Individualanalyse von delinquent gewordenen Jugendlichen und Kindern bestand aus wiederum zwei Teilprojekten. Dem einen Projekt lag eine Inhaltsanalyse von Akten des Jugendamtes bzw. der Familienfürsorge der Stadt Köln zugrunde, die sich auf sämtliche 599 (1961) bzw. 561 (1963) Fälle der Kinderkriminalität und auf je 600 aus der Gesamtheit von 3117 (1961) bzw. 2760 (1963) zufällig ausgewählte Fälle der Jugendkriminalität bezog [18]. Vergleichsdaten hierzu standen nur aus Sekundärquellen zur Verfügung, die sich auf die gesamte Stadt bezogen. Das andere Teilprojekt, in dem eine Analyse von Individualdaten vorgenommen wurde, bestand in der vergleichenden Analyse von je 35 delinquenten Kindern und Jugendlichen auf der einen Seite und je 35 »matched-pair«-Fällen nichtdelinquenter Jugendlicher und Kinder auf der anderen Seite, die sämtlich in einem Gebiet hoher Delinquenz wohnten [19].

Diese Versuchsanlage beschreibt im groben die Ausgangssituation des Projekts. Im Verlaufe der Durchführung des Projekts erfuhr sie jedoch eine entscheidende Akzentverlagerung bzw. Erweiterung. Bei der Auswertung der Ergebnisse des ökologischen Teils des Projekts, die eine Reihe ökologischer »Sprünge« von Stadtteil zu Stadtteil im Verlaufe der beiden Vergleichszeiträume 1961 und 1963 zutage förderte, entstand der Plan nach einer Detailstudie eines hochdelinquenten Gebietes, die bewußt über das ursprünglich ins Auge gefaßte methodische und forschungstechnische Instrumentarium hinausgehen sollte. Dieser letzten Untersuchung wollen wir unsere Aufmerksamkeit zuwenden. Gegenstand der Analyse war damit nicht mehr die Kriminalität der einzelnen Jugendlichen und Kinder, die auffällig geworden waren, auch nicht die Verteilung der Kriminalität in der Gesamtstadt, sondern Gegenstand war vielmehr ein – zunächst vorsichtig formuliert – bestimmter Ausschnitt des Stadtgebiets von Köln, der gekennzeichnet war durch eine über dem Durchschnitt der Gesamtstadt liegende Delinquenzrate.

Das erste Problem bei der Durchführung der Studie bestand in der Identifizierung eines Gebietes hoher Delinquenz. Naheliegend war zunächst die Entscheidung, hierfür von den Ergebnissen der ökologischen Analyse der Gesamtstadt auszugehen. Diese hatte in einem ersten Schritt die für die Jahre 1961 bzw. 1963 ermittelten Fälle von Jugenddelinquenz von 1790 bzw. 2524 Tätern mit insgesamt 3867 bzw. 3589 Delikten sowie die Fälle von Kinderdelinquenz mit 594 bzw. 559 Tätern und 1825 bzw. 1819 Delikten auf die 49 Stadtbezirke Kölns verteilt [20].

Auf diese Weise konnten die einzelnen Stadtbezirke rangmäßig nach diesen verschiedenen Maßen geordnet werden. Das Ergebnis war jedoch insofern unbefriedigend, als sich ein wenig konsistentes Bild ergab. Die Rangplätze der einzelnen Stadtbezirke schwankten erheblich zwischen den beiden Jahren wie zwischen den Maßzahlen der Jugend- und Kinderdelinquenz. Das war im wesentlichen ein statistisches Artefakt, bedingt einmal durch die für eine solche Analyse relativ schmale Basis der absoluten Delinquenzwerte, zum anderen bedingt durch die unterschiedliche Größe der Stadtbezirke. Für kleine Stadtbezirke hatte ein Delinquenzfall bzw. ein Delikt einen hohen, für große einen geringen »Grenzwert«. Dieser Effekt läßt sich deutlich belegen an den Ergebnissen einer getrennten Analyse der großen und der kleinen Stadtbezirke: Während die sieben großen Stadtbezirke (35 000 Einwohner und mehr) Delinquenzwerte aufwiesen, die sowohl über die beiden Vergleichsjahre hinweg wie für die Kinder- und Jugenddelinquenz einigermaßen stabil waren, zeigte sich bei den sieben kleinen Stadtbezirken (weniger als 5000 Einwohner) fast keine Übereinstimmung bei den einzelnen Delinquenzmassen [21].

Deshalb ist ein anderer Weg zur Identifizierung eines hohen Delinquenzstadtbezirks gewählt worden. Der auszuwählende Stadtbezirk sollte folgende Kriterien erfüllen: 1. Er sollte eine im Vergleich zur Gesamtstadt nach den verschiedenen Maßstäben überdurchschnittliche Delinquenz aufweisen; 2. Die Schwankung zwischen den einzelnen Maßen sollte gering sein; 3. Die absolute Zahl der Delinquenz- bzw. Deliktfälle sollte hoch sein, um den »Grenzwert« eines Falles gering zu halten. Für diese Operation wurden die Gruppen der Kinder und Jugendlichen zusammengefaßt, so daß die Qualifikation zu 1) erfüllt war, wenn die beiden Delinquenzraten und die beiden Deliktraten für beide Jahre 1961 und 1963, also insgesamt 4 Maßzahlen, über dem Stadtdurchschnitt lagen. Das Merkmal zu 2) wurde durch die Summe der so gebildeten Rangplätze definiert.

Das Ergebnis dieses Auswahlprozesses [22] führte dazu, daß die Altstadt-Süd, der mit 80 000 Einwohnern volksreichste Stadtbezirk, und ein Teil der Innenstadt als das Gebiet identifiziert wurden, das die höchste Delinquenz aufwies. Unter insgesamt acht Stadtbezirken, die durch überdurchschnittliche Delinquenzmassen gekennzeichnet waren, hatte dieser Stadtteil die geringste Rangplatzsumme von 24, d. h. die größte Konstanz der Werte aufzuweisen und verfügte außerdem über die absolut höchsten Zahlen an Delinquenten und Delikten.

Damit war aber nur mehr ein erster Schritt in Richtung der Ausgrenzung eines Gebietes hoher Delinquenz getan. Er erschöpfte gleichzeitig die Möglichkeiten, die im Rahmen der gesamtökologischen Studie gegeben waren. Die Unzulänglichkeit des erreichten Ergebnisses lag indessen auf der Hand: Die Größe der Altstadt-Süd sowie ihre historische, wirtschaftliche und soziale Heterogenität ließen sie nicht als ein »natural area« erscheinen, wie vage auch immer das Konzept gefaßt sein mag. Sie war keine ökologisch-soziale Untereinheit mit deutlichen sozialen Systemgrenzen zu seinen benachbarten Stadtteilen hin.

Deshalb wurde in einem zweiten Schritt eine weitere Eingrenzung eines Gebietes hoher Delinquenz versucht, das aber natürlich innerhalb der Altstadt-Süd liegen sollte. Die Kriterien, die dieser regionalen Tiefengliederung zugrundegelegt wurden, waren kriminologischer, soziologischer und ökologischer Art. In kriminologischer Hinsicht war sicherzustellen, daß das auszugrenzende Teilgebiet nach den im ersten Schritt angewandten Kriterien mindestens ebenso »kriminell« war wie die gesamte Altstadt-Süd. Der soziologische Gesichtspunkt sollte dadurch Berücksichtigung finden, daß das Gebiet tendenziell einen Unterschicht-Kontext darstellte. Die ökologische Komponente schließlich erforderte, daß das ausgesonderte Gebiet geographisch und ökologisch zusammenhängen und deutliche »natürliche« Schwellen bzw. Barrieren sozialer Interaktion und Kommunikation aufweisen sollte.

Die Einlösung dieser Kriterien erforderte erheblichen forschungstechnischen Primäraufwand

und angesichts weithin geteilter Standards über methodische und forschungstechnische Verfahrensweisen vielfache Kompromisse. Die erste Teiloperation zur regionalen Untergliederung der Altstadt-Süd bestand in einer Zerlegung der gesamten Innenstadt Kölns in Untergebiete, die benachbarte Wohnblöcke zusammenfassen und im allgemeinen durch topographische Gegebenheiten oder durch das Verkehrssystem (verkehrsintensive Straßen, Eisenbahnanlagen, Rhein) voneinander abgegrenzt sind. Auf diese Weise entstanden insgesamt 61 Untereinheiten mit einer Population zwischen 1000 und 5000 Einwohnern. Die Einwohnerzahl mußte dabei durch das Auszählen einer »Punktkarte« ermittelt werden, die mit Hilfe einer Sonderauswertung der Volkszählungsdaten des Jahres 1961 durch das Statistische Amt der Stadt Köln angefertigt wurde [23]. Von diesen 61 territorialen Untereinheiten entfielen insgesamt 29 auf das Gebiet der Altstadt-Süd, aus denen eine Auswahl nach den zuvor genannten Kriterien zu treffen war.
Die Verteilung der Delinquenzdaten auf die 29 Gebietsuntereinheiten geschah über die Anfertigung einer »Stecknadelkarte«. Auf dieser wurden für das Jahr 1961, auf das die absolut höchste Anzahl der Fälle entfiel, folgende von Jugendlichen begangene Delikte notiert: Gesamtzahl der Delikte, Eigentumsdelikte, vorsätzliche Körperdelikte, Sittlichkeitsdelikte. Ferner wurden für die Jahre 1961 und 1963 die Gesamtzahlen delinquenter Kinder sowie derjenigen delinquenten Jugendlichen ermittelt, die zu mindestens 5 Tagen Haftstrafe verurteilt worden waren.
Die Bestimmung der Schichtstruktur der einzelnen Teilgebiete schließlich erforderte den unkonventionellsten Schritt in dem Selektionsverfahren. Mit Hilfe von Greven's Kölner Adreßbuch wurden für das Jahr 1961 nach einem Zufallsprinzip insgesamt 7774 Personen und deren Berufe ermittelt. Über das Straßenverzeichnis konnten sie den einzelnen gebildeten territorialen Untereinheiten zugeordnet werden. Angesichts der unbestritten berechtigten Skepsis gegenüber der Zuverlässigkeit von Adreßbuchdaten [24] läßt sich dies Verfahren mit nichts anderem verteidigen als dem Fehlen jeglicher praktikablen Alternative.

Das Ergebnis dieser Einzeloperationen führte schließlich zu einer Ausgrenzung eines Teilgebietes aus dem Gesamtzusammenhang der Altstadt-Süd, das dann der eigentliche Untersuchungsgegenstand der Studie wurde. Auf diesen Teil entfällt etwa ein Drittel der Bevölkerung dieses Stadtbezirks. Er ist geographisch abgegrenzt im Osten durch den Rhein, im Süden durch Eisenbahnlinien, Güterbahnhof und anderes größeres gewerblich genutztes Gelände, im Westen durch den Volkspark und eine verkehrsreiche Radialstraße, im Norden lediglich verläuft seine Grenze etwas willkürlich durch ein historisch und sozialstrukturell zusammengehöriges Gebiet. Seine genaue Lage im Verhältnis zum Stadtbezirk insgesamt ist der Abbildung 1 zu entnehmen.
Ein Vergleich des als Delinquenzgebiet identifizierten Ausschnitts mit dem gesamten Territorium des Stadtbezirks macht deutlich, daß das ausgewählte Gebiet in der Tat ein Delinquenzgebiet darstellt, das gegenüber der gesamten Altstadt-Süd, die wir im ersten Schritt bereits unter allen 49 Stadtbezirken als den delinquentesten Bezirk identifiziert haben, eine weitere »Steigerung« in dieser Hinsicht darstellt. In bezug auf sämtliche Delinquenzmaße – mit Ausnahme lediglich der Sittlichkeitsdelikte – liegen seine Werte über dem auf ihn entfallenden Bevölkerungsanteil. Die Schichtzusammensetzung des Delinquenzgebietes weicht geringfügig in der intendierten Richtung von der des gesamten Stadtbezirks ab.
Diese Ergebnisse ließen es gerechtfertigt erscheinen, für das Delinquenzgebiet anzunehmen, daß für die gesamte Altstadt-Süd zutreffende soziale und ökonomische Negativerscheinungen in verstärktem Maße auch hier vorliegen. Dies bezieht sich etwa darauf, daß die Gebäudestruktur im Bereich der Altstadt-Süd deutlich unterhalb des Stadtdurchschnitts liegt: Während die Gesamtstadt 1961 63 % »Normalwohngebäude« mit

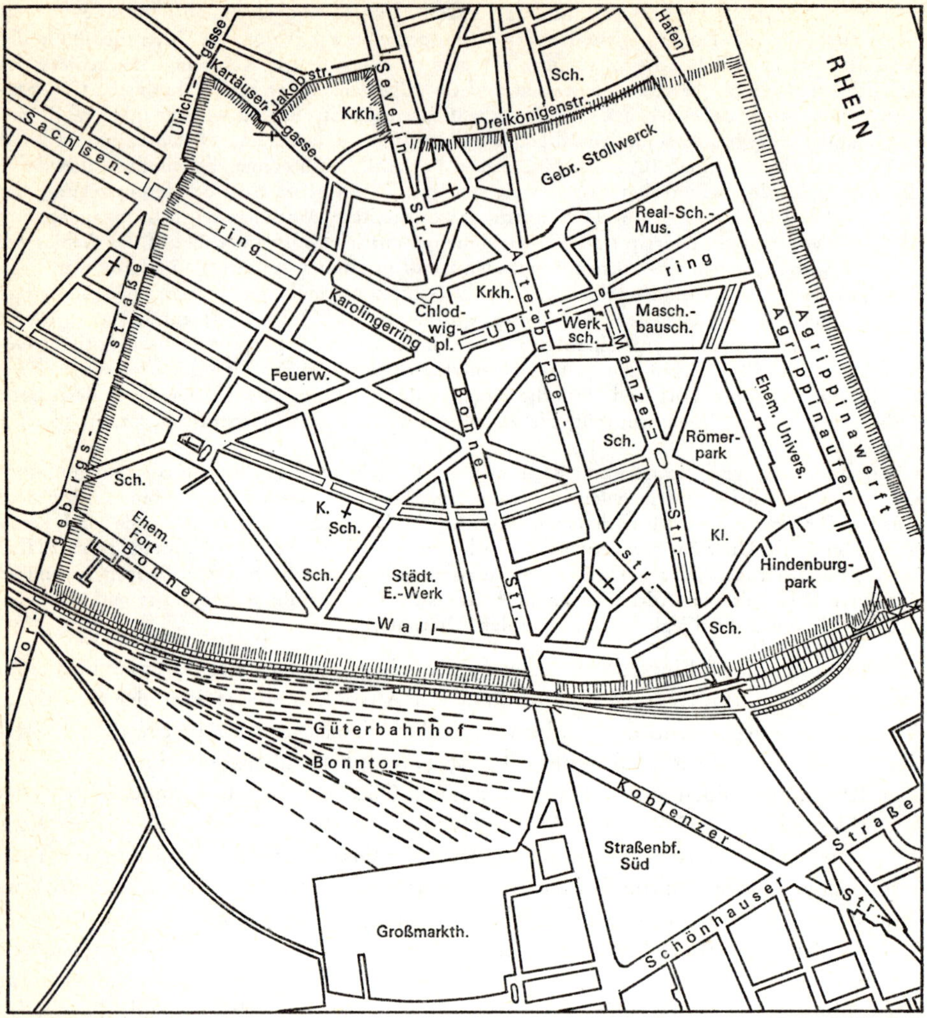

IIIIIII Grenze des Delinquenzgebietes

Abb. 1: Die Lage des Delinquenzgebietes

Bad bzw. Küche verzeichnete, waren es im Bereich der Altstadt-Süd nur 56 %; während das durchschnittliche Alter der Wohngebäude in der Gesamtstadt durch 27 % vor 1918, 32 % zwischen 1918 und 1948 und 41 % nach 1948 errichtete Gebäude gekennzeichnet ist, lauten die analogen Werte für die Altstadt-Süd: 42,9 und 49 %.

1. Exkurs: Daran ist eine Bemerkung zu knüpfen, die für die Untersuchung von prinzipieller Bedeutung geworden ist. Aus einer ursprünglich statisch-ökologisch angelegten Studie entwikkelte sich im Verlaufe der Forschungsarbeit eine mehr soziologisch-historische Arbeit. Je mehr aber eine historische Tiefendimension an die Arbeit herangetragen wurde, desto dringlicher und prekärer gestaltete sich das Problem, den Untersuchungsgegenstand – das einmal ausgemachte Delinquenzgebiet – »festzuhalten«. Das war vordergründig und auf der Ebene der Verfügbarkeit von Daten ein Problem der Konstanz der Bezugseinheit statistischer, sozialstruktureller und historischer Berichterstattung und damit ihrer Beziehbarkeit auf die eingangs definierte soziologisch-ökologische Untersuchungseinheit. Das war aber auch, wie unmittelbar auf der Hand liegt, Ausdruck eines theoretischen Problems genereller Art, vor das sich historische Analyse systematisch gestellt sieht, das Dilemma nämlich, auf der einen Seite der Analyse wegen gleichsam einen Gegenstand wider seine historischen Brechungen konstant zu halten, auf der anderen Seite den gleichen Gegenstand aus seinem historischen Kontext heraus zu beschreiben und zu analysieren.

Forschungspraktisch ist diese Frage an der Verwendbarkeit sekundärstatistischer Informationen deutlich zu machen. Diese werden auf der Basis von Stadtbezirken ausgewiesen. Letztere aber unterliegen dem steten Wandel. Diesen Prozeß kann man nun einmal als ärgerliche administrative Willkür gedankenloser Bürokraten und Behörden verstehen, die dem Wissenschaftler das Untersuchungsobjekt zerstört und verstellt. Er läßt sich aber auch als ein Symptom des Wandels und der strukturellen Veränderung selbst verstehen, das sich eben in dieser veränderten Berichterstattung manifestiert. Und er läßt sich drittens als ein aktives Instrument der Herbeiführung sozialen Wandels begreifen, und zwar insofern, als er die Wahrnehmung und den Gegenstand administrativer Handlungen und Interventionen neu definiert und konstituiert.

In unserer Studie ergab sich die folgende Situation: Das Delinquenzgebiet, dessen Bestimmung und deskriptive Erfassung wir aus den Sekundärstatistiken des jüngsten Standes sowie aus den beschriebenen Primärerhebungen vornahmen, war innerhalb weniger Jahrzehnte integrierter Bestandteil verschiedener statistisch-administrativer Stadtbezirke. Erst die mit dem Jahre 1955 eingeführte Stadtbezirkseinteilung führte dazu, daß das Delinquenzgebiet innerhalb nur eines Stadtbezirks lokalisiert war. Bis dahin erstreckte sich das Gebiet über jeweils zwei Stadtbezirke: Die Altstadt-Süd und die Neustadt-Süd. Die bis 1954 bestehende Stadtbezirkseinteilung ihrerseits hatte auch nur für knappe drei Jahrzehnte Bestand. Bis in die zweite Hälfte der zwanziger Jahre gehörte ein radialer Streifen im Osten bzw. Norden des jetzigen Stadtbezirks zu den inzwischen aufgelösten Stadtbezirken Altstadt-Mitte bzw. Neustadt-Mitte.

Diese Stadtbezirksveränderungen sind in der Abb. 2 dargestellt. Sie haben für das Verständnis der verwendeten Informationen insofern zentrale Bedeutung, als sich bei jeder verwendeten Informationsquelle, die unterschiedliche Gebietseinheiten zur Grundlage hatte, erneut das Problem stellte, die Beziehung zum Delinquenzgebiet herzustellen. Darüber hinaus spiegeln sich in den genannten Verschiebungen auch bestimmte stadtstrukturelle und sozioökonomische Prozesse von Veränderungen, die für die Analyse selbst von indikativem Wert waren. Insbesondere die ab 1955 erfolgte Aufhebung der Trennung von »Neustadt«- und »Altstadt«-Stadtbezirken war eine administrative und statistische Ratifizierung eines strukturellen Anpassungsprozesses ehemals deutlich voneinander abgehobener Stadtbezirke.

Nachdem die Konzentration der Delinquenz in dem ausgewiesenen Gebiet durch die verfügbaren aktuellen Daten gesichert war, richtete sich die Analyse auf seine detaillierte strukturelle Beschreibung. Dazu boten sich prinzipiell zwei Wege an. Der eine bestand darin, eine Reihe von Primärdaten über demographische, soziale, ökonomische und stadtgeographische Strukturen zu erheben, die ein Momentporträt des Delinquenzgebietes zu zeichnen gestatten würden. Diese Alternative hätte einen personellen, zeitlichen und finanziellen Forschungsaufwand erfordert, der einfach nicht verfügbar war. Er hätte darüber hinaus nur dann mehr als deskriptive Einsichten erbracht, wenn diese Struktur mit der eines delinquenzfreien ökologischen Gebietes hätte verglichen werden können. Nach dem gerade Gesagten lag ein solcher Plan vollends außerhalb jeder praktischen Reichweite. Dem zweiten Weg lag die folgende Fragestellung zugrunde. Das

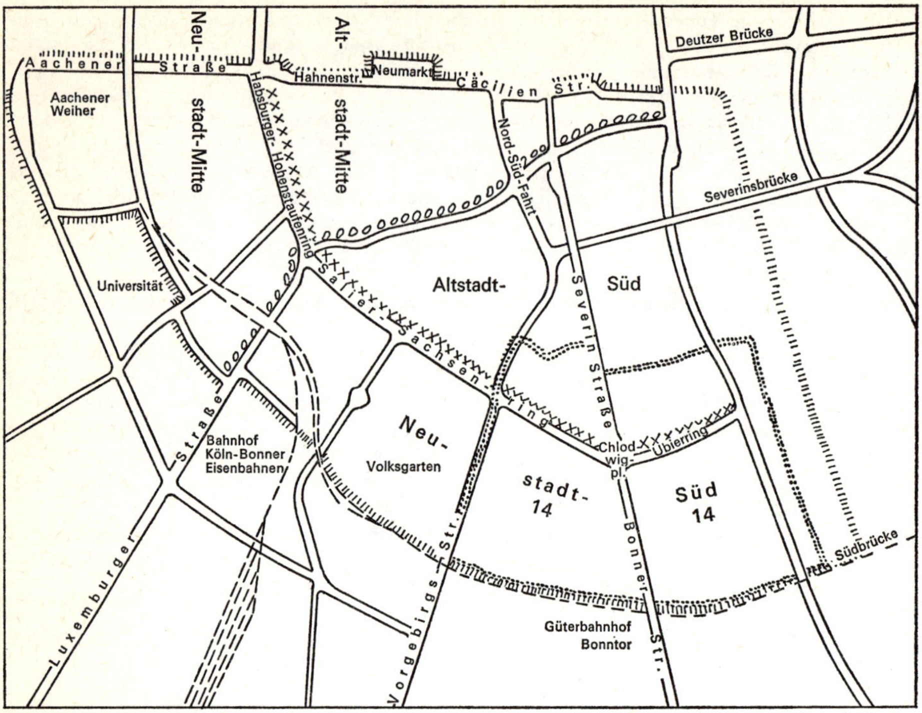

Entwurf: Fritz Sack

:::::: Grenze des Delinquenzviertels
IIIIIII Jetzige Grenze Altstadt-Süd
××× Grenze Altstadt-Süd/Neustadt-Süd bis 31. 12. 1954
oooo Grenze Altstadt-Süd/Neustadt-Süd in den 20er Jahren
14 Früherer 14. Polizeibezirk

Abb. 2: Die Veränderung der Stadtbezirksgrenzen der Altstadt-Süd

ökologische Gebilde, das ergab schon ein flüchtiger Blick auf seine Physiognomie, war ein Gegenstand mit einer faszinierenden historischen Dimension. Es vereinigte in sich Elemente verschiedenen historischen Ursprungs. Es machte den Eindruck einer ökologisch-sozialen Einheit, obwohl historisch ungleichzeitig entstandene Strukturen dicht nebeneinander lagen. Der darin begründete Widerspruch und seine Auflösung wurden dann zur eigentlichen Fragestellung und zum Gegenstand der Studie. Dabei ist anzumerken, daß zum einen die beiden genannten Vorgehensweisen keineswegs ein schroffes Entweder–Oder darstellten, daß sie sich zum anderen als so formulierte Alternativen mehr in der rekonstruierten Rückschau darbieten, als dies während der Durchführung der Studie der Fall war. Die Akzentverlagerung zur historisch-soziologischen Analyse war ebensosehr auch ein Produkt der solitären Arbeitsbedingungen wie der fortschreitenden Arbeitsergebnisse. Die historische Struktur erhielt der Gegenstand in gewisser Weise erst im Verlaufe der Untersuchung, und er hatte sie vom Standpunkt des Forschungsplanes aus nicht von vornherein.

Die historische Analyse hatte dabei immer wieder den Blick vor allem auf den kriminologischen Kontext zu richten. Insbesondere interessierte hierbei die Frage, ob der hohe Delinquenzstatus des Gebietes eine jüngere Erscheinung war oder ob es sich um ein Charakteristikum handelte, das schon immer in diesem Teil der Stadt vorhanden war. Die ersten sozialstrukturellen und stadtgeschichtlichen Rückblicke hatten schon Anhaltspunkte dafür geliefert, daß sich bestimmte Merkmale des Gebietes im Laufe eines längeren historischen Prozesses herausgebildet und verstärkt hatten und nicht nur eine aktuelle Momentkonstellation darstellten.

2. Exkurs: Gerade diese Frage aber warf Probleme auf, wie sie in gleichem Maße für andere Verhaltensstrukturen nicht existieren. Die Kriminologie ist anders als die Sozial- und Wirtschaftsgeschichte in ihrer Entwicklung eng mit der Entstehung regelmäßiger kriminalstatistischer Aufzeichnungen verbunden. Diese aber haben sich erst allmählich herausgebildet, und sie stellen bis heute nicht einen Berichtsgegenstand etwa für die Stadtstatistik dar. Deshalb war es auch nicht möglich, auf die gleiche Weise wie für die Jahre 1961 und 1963 den Delinquenzstatus des Gebietes zu einem früheren Zeitpunkt festzustellen. Ein anderes Hindernis theoretischer Art kam hinzu. Soziale und wirtschaftliche Strukturen lassen sich über verschiedene Sozialstrukturen mehrerer oder auch der gleichen Gesellschaft miteinander vergleichen, weil wir hierzu über deskriptive und theoretische Kategorien verfügen, die relativ kultur- und gesellschaftsübergreifend sind. Bei der Kriminalität bzw. Delinquenz ist dies keineswegs der Fall. Das Merkmal »Kriminalität« bzw. »Delinquenz« ist ganz entscheidend eine Funktion der Entwicklung des Strafrechts wie der Herausbildung von staatlichen Institutionen der strafrechtlichen sozialen Kontrolle. Dies aber sind Entwicklungen, die recht jungen Datums sind und darüber hinaus erheblichem Wandel unterliegen.

Die Frage also, inwieweit das Untersuchungsgebiet schon immer den Charakter eines Gebietes hoher Delinquenz hatte, konnte nur »elliptisch« beantwortet werden. Sie ließ sich nicht unter Konstanthaltung eines Begriffes von Delinquenz bzw. Kriminalität und auch nicht unter derart rigorosen Operationalisierungsbedingungen klären, wie sie der Identifizierung des Gebietes als »delinquency area« zugrunde gelegt worden waren. Unter diesen theoretischen und forschungstechnischen Vorbehalten aber besteht kein Zweifel, daß wir es bei dem Delinquenzgebiet mit einem Teil Kölns zu tun haben, der sich über seine überblickbaren historischen Perioden hinweg als ein Gebiet ständiger sozialer Unterprivilegierung auszeichnete. Es war der städtische »Hinterhof« in den verschiedensten historischen Epochen, die ja zurückreichen bis in die mittelalterliche Gesellschafts- und Wirtschaftsordnung. In aller Ausführlichkeit und plastischem Detail läßt sich die Entwicklung aus Raumgründen hier nicht nachzeichnen. Dennoch ist hierauf kurz einzugehen. Der Arbeit kam dabei die Verfügbarkeit einiger zentraler wirtschafts-, sozial- und stadtgeschichtlicher Dokumente und Analysen außerordentlich zugute. Zuvörderst ist auf eine von der Stadt Cöln herausgegebene 100jährige Entwicklungs- und Zwischenbilanz anläßlich der hundertsten Wiederkehr der Zugehörigkeit zu Preußen im Jahre 1915 hinzuweisen, die unter der maßgeblichen Beteiligung des Heidelberger Historikers *Eberhard Gothein* – ein Kollege und Freund *Max Webers* – zu einem Kleinod der Sozial- und Wirtschaftsgeschichtsschreibung [25] wurde.

IV

Aus der Feder *Gotheins* stammt die Analyse des Transformationsprozesses Kölns von einer weitgehend noch mittelalterlich geprägten Stadt, die sichtbar den Anschluß an

die Anfänge der industriellen Entwicklung verpaßt hatte, zu einem Gemeinwesen, das sich neuen wirtschaftlichen Aktivitäten und Strukturen sehr plötzlich und in gnadenloser Hektik im 19. Jahrhundert konfrontiert sah. Die alte Reichsstadt Köln war dabei ebenso Opfer der Illusion, wirtschaftliche Handelsvorteile auf Grund ihrer geographischen Lage über die wirtschaftsstrukturellen Veränderungen der beginnenden Industrialisierung hinwegretten zu können, wie sie eine Hypothek lange Zeit hindurch nicht ablösen konnte, die ihre Stärke und Stellung im Mittelalter ausmachte, sich aber als Hindernis ersten Ranges beim Hineinwachsen in eine Stadt moderner Prägung in einer veränderten Gesellschaft erwies: Erst in den achtziger Jahren des letzten Jahrhunderts gelang es, die mittelalterlichen Stadtbefestigungen zu schleifen, die, einem Keuschheitsgürtel gleich, die Berührung mit den Impulsen und Möglichkeiten des modernen Industriezeitalters außerordentlich erschwerten.
Diese Öffnung allzu lange bestehender Wachstumsschranken geschah dann zu einem Zeitpunkt, als im historischen Teil der Stadt innerhalb der alten Stadtmauern längst alle Ressourcen wirtschaftlicher Betätigung erschöpft und überstrapaziert waren. Die Fläche war bis zum letzten Quadratmeter ausgenutzt, die Wohnungsverhältnisse in einem Zustand, der alle Symptome der Notdürftigkeit und der Menschenunwürde auf sich vereinigte.
War es von der verfügbaren Fläche und seiner Geographie her infolge seiner Geschichte nicht sonderlich für expansive industrielle und wirtschaftliche Aktivitäten gerüstet, so besaß Köln andererseits einen Vorteil für die Ansiedlung und die Chancen unternehmerischer Initiative, der ein gleichermaßen historisches Vermächtnis darstellte: Der Produktionsfaktor »Arbeit« war in einem Maße verfügbar, daß *Gothein* noch hundert Jahre später – eine in der Tat stürmische wirtschaftliche Entwicklung von rund 60 Jahren resümierend – schreiben konnte: »Nicht um eine Deklassierung, sondern um eine Hebung verwahrloster Schichten hat es sich bei Cölns industrieller Entwicklung in der Hauptsache gehandelt [26].«

Das Köln in seinen mittelalterlichen Begrenzungen kannte zwei Gesichter. Seine Fläche war keineswegs eine dichte mittelalterliche Stadtlandschaft, sondern einem »urbanen« Zentrum um den Dom und jetzigen Neumarkt herum, auf dem sich das wirtschaftliche Leben abspielte, standen zur Peripherie hin weite unbebaute Teile gegenüber, die agrarwirtschaftlich genutzt waren und im Besitz kirchlicher Einrichtungen standen. Noch »1858 waren 45 % des Stadtgebietes als Weingärten, Obstpflanzungen und Ackerland genutzt« [27].
Dieser Zustand einer wirtschaftlichen, geographischen, bevölkerungs- und flächennutzungsmäßigen Zweiteilung des historischen Köln währte über Jahrhunderte hinweg. Ein Vergleich der historischen Stadtpläne Kölns aus den Jahren 1572, 1752 und 1815 [28] erbringt eine nahezu bis aufs letzte Detail hin identische Flächennutzung des historischen Stadtgebietes. »Zweiteilung« ist aber nicht gleichzusetzen mit Beziehungslosigkeit oder gegenseitiger Autarkie oder Autonomie. Die beiden Teile der Stadt standen in einer insgesamt arbeitsteiligen, man könnte fast sagen »symbiotischen« Beziehung zueinander. Während im Zentrum der Stadt Handel, Handwerk und Gewerbe blühten, entfalteten auf dem »Kranz von Gärten«, der sich zwischen die Stadtmauer und den Kern der Stadt gelegt hatte [29], Klöster, kirchliche Stiftungen und sonstige Einrichtungen, von denen insgesamt ca. 1200 nachgewiesen worden sind [30], agrarwirtschaftliche, vor allem wohltätige und caritative Aktivitäten. Diese erfüllten Funktionen, wie sie in der heutigen Zeit von der Sozialpolitik wahrgenommen werden. Damit wurde der wirtschaftlich aktive Teil der Stadt von Belastungen und Störungen freigesetzt, die die unbeschwerte Hinwendung zu Handel und Erwerb ernsthaft hätten hindern können. Die geistes-

geschichtliche und ideologische Einordnung dieser arbeitsteiligen »Verbundstruktur« des historischen Köln läßt *Gothein* von der »Wahlverwandtschaft zwischen strengem Katholizismus und Kleinbürgertum, die seit der Reformation eine Kölner Tradition war« [31], sprechen.

Das mittelalterliche Köln war, allen verfügbaren Quellen zufolge, über seine Grenzen hinweg bekannt wegen seines Bettelproletariats, das »durch eine ebenso mildtätige wie gedankenlose Wohltätigkeit großgezogen, aber doch nicht ausreichend erhalten wurde« [32]. Seine Scharen füllten sich immer wieder durch Zuzug von außen auf, da Köln während seiner reichsfreien Zeit selten die Tore für Fremde und Auswärtige schloß.

In die der wirtschaftlichen Betätigung abgewandte Zone Kölns fällt ein Teil unseres Delinquenzgebietes, und zwar der Teil jenseits der »Ringe« zur Innenstadt hin. Das Gebiet wurde beherrscht von jenen erwähnten kirchlichen und klösterlichen Einrichtungen, von denen die bereits 1043 geweihte Kirche St. Severin, die dem Viertel seinen noch heute gebrauchten Namen gab, sowie die im 14. Jahrhundert gegründete Carthäuserkirche einschließlich des wenig später dazu errichteten Klosters besondere Erwähnung verdienen. Die schnell genutzten Möglichkeiten, die die Stadt Köln in ihren bis in die 1880er Jahre gesteckten Grenzen einer expandierenden Unternehmerschaft zu bieten hatte, fanden sich genau in dem Raum, in den auch der nordöstliche Zipfel des Delinquenzgebietes hineinreicht: freie Flächen und verfügbare Menschen. Folgerichtig entstanden dann auch in diesem Gebiet Fabriken und industrielle Unternehmungen. Davon zeugt die noch heute an gleicher Stelle existierende Schokoladenfabrik Stollwerck AG, die sich 1839 dort ansiedelte. Nicht mehr dort zu finden, aber ebenso die gegebenen Standortvorteile zu ihrer Zeit ausnutzend, sind die Kölnische Baumwollspinnerei und -weberei, die 1853 gegründet wurde und »die die weiblichen Arbeitskräfte um St. Severin ... an sich zog« [33], sowie das Mutterwerk der Fa. Felten und Guilleaume, die mechanische Hanfspinnerei und Bindfadenfabrik Rosenthal.

Die Entwicklung vollzog sich innerhalb ganz kurzer Zeit. Noch ein Stadtplan aus dem Jahre 1836 wies für das Terrain unseres Delinquenzgebietes und seines benachbarten Geländes zu 90 % unbebautes Garten- und Ackerland aus [34]. In den vierziger Jahren aber schon erlebte Köln eine wirtschaftliche Spekulationswelle, deren Hektik den Nachholbedarf signalisierte, den die Stadt hatte. Innerhalb kurzer Zeit entstanden nahezu 80 Straßen, im wesentlichen entlang der Stadtmauern, in einem Gebiet, das wiederum das Delinquenzgebiet betraf. Alle Zeugnisse und zeitgenössischen Beschreibungen dieses Prozesses lassen sie als ein typisches Beispiel eines wildwüchsigen frühkapitalistischen Entwicklungsschubes erscheinen, der kaum durch städteplanerische oder baupolizeiliche Vorschriften kontrolliert, geschweige denn gesteuert wurde.

Worauf sich die damalige Bautätigkeit außer der Verkehrserschließung, dem Bau von Fabriken und Industrieanlagen noch erstreckte, waren natürlich Wohnungen und Unterkünfte für die Arbeiter. Zunächst wurde zusätzlicher Wohnraum durch eine enorme Verdichtung des Wohnens geschaffen, indem viele leerstehende öffentliche Gebäude belegt wurden, indem ursprünglich als Einfamilienhäuser errichtete Gebäude durch An- und Umbau in »ganz unzweckmäßige Miethäuser« [35] verwandelt wurden, was dazu führte, daß das zahlenmäßig schnell zunehmende Proletariat »großenteils in Hütten und schon damals in Mietskasernen ... hauste« [36].

Die Bevölkerung wuchs jedoch so rasch – im Zeitraum zwischen 1815 und 1883 stieg die Zahl von 49 000 auf 153 000 Einwohner –, daß der Neuwohnungsbau bald unerläßlich wurde. Es enstanden dann »jene öden Straßenanlagen durch die weiten Gärten« [37], wo die Menschen »theils in alten, schlecht unterhaltenen Baulichkeiten, theils in neueren Mietscasernen und Hintergebäuden, meist an engen Gassen und engen Höfen« lebten, wo »die Arbeiterfamilie gewöhnlich mit zwei Räumen, oft sogar mit einem Raum gegen eine ansehnliche Miethe fürlieb nehmen« [38] mußte.

Auf diese Weise war innerhalb des 19. Jahrhunderts aus einem mittelalterlichen Bettlerproletariat ein »modernes« Industrieproletariat entstanden. »Mangelhafte Hygiene«, »proletarische Zustände der niederen Bevölkerung«, »hohe Sterblichkeitsziffern«, »Kriminalität«, »völlig zerrütteter Zustand des gesamten sittlichen Zustandes der städtischen Bevölkerung«, »bodenlose Verwahrlosung der heranwachsenden Jugend« – diese Charakterisierungen finden sich an den verschiedensten Stellen der Untersuchung *Gotheins* [39] für die Lage der Arbeiterschaft im Köln des 19. Jahrhunderts, und er weist ebenso häufig auf gerade die Gebiete als besonders betroffen hin, die sich mit unserem Delinquenzgebiet decken.

Nach alledem kann die Vermutung als gesichert gelten, daß in der Tat das Delinquenzviertel schon immer ein Gebiet war, in dem sich Menschen befanden, die am Rande oder außerhalb der Gesellschaft lebten, deren Leben durch wirtschaftliche Not und soziales Elend gekennzeichnet war. Mit dem Aufkommen der Industrie in Köln erhielten diese Menschen zwar Arbeit, ihre relative Stellung im Rahmen neuer Wirtschafts- und Sozialstrukturen veränderte sich aber nicht.

V

Die Situation änderte sich auch nicht, als Köln Anfang der 80er Jahre mit der Entfestigung der Stadt plötzlich seine Fläche um das Doppelte vergrößern konnte und in einem einzigartigen Kraftakt um den historischen, nunmehr dicht besetzten Kern der Stadt herum eine »Neustadt« projektierte und innerhalb einer knappen Generation auf die Beine stellte. 1885 wohnten auf diesem ca. 700 m breiten Gürtel neuen Geländes 7583 Personen, 5 Jahre später waren es schon 34 051, die dann in jedem Jahrfünft um rund weitere 20 000 Personen zunahmen, um 1910 auf einen Stand zu klettern, der mit 122 982 Bewohnern um einige Tausend schon über dem lag, den das Jahr 1938 mit 118 000 verzeichnete.

Dieses »erste Beispiel eines auf dem Papier entworfenen und dann ausgeführten größeren Stadtteils in der neueren Geschichte des Urbanismus« [40] war für die weitere Entwicklung und die Struktur unseres Delinquenzgebietes von ganz zentraler Bedeutung. Der größte Teil dieses Viertels entfällt auf das Gelände der Neustadt. Deshalb ist darauf etwas näher einzugehen. Die Erschließung und Bebauung des durch die Entfestigung hinzugewonnenen Geländes geschah durch die Stadt sowie durch unternehmerische Initiative. Die städteplanerische Struktur wurde durch einen Wettbewerb für die Gestaltung des ehemaligen Geländes der Stadtmauer, aus dem das System der Ring-Straßen hervorging, durch die Verkehrsplanung im Neustadtgelände, durch die Errichtung öffentlicher Bauten sowie durch den Erlaß von Vorschriften über Bauzonen und Bebauungsform geschaffen.

Die Verkehrsplanung des unser Delinquenzgebiet betreffenden Neustadtgeländes ist schnell beschrieben. Hier – wie auch sonst bei der Verkehrserschließung der Neustadt – ließ das schon in der Altstadt bestehende Verkehrsnetz wenig Spielraum für grundlegend neue Straßenzüge und Verkehrswege. Die Radialstraßen bzw. mittelalterlichen Torstraßen wurden ins neue Gelände und von dort weiter in die Vororte und ins Hinterland verlängert; im rechten Winkel dazu wurden als Hauptverkehrsadern konzentrisch angelegte Straßen von Rhein zu Rhein trassiert. In dieses Raster wurde ein System von Verbindungsstraßen eingepaßt.

Ein den Charakter des Gebietes stärker als die Straßenführung bestimmender Aspekt der Verkehrsplanung betraf die Struktur der der Güterbeförderung dienenden Einrichtungen. Das war für Köln seit jeher vor allem der Wasserweg auf dem Rhein, der in Form des Stapelrechts das Herzstück der Kölner Wirtschaftskraft im Mittelalter ausgemacht hatte. Dazu kam im 19. Jahrhundert das Eisenbahnwesen. Man kann den Einfluß dieser beiden Faktoren für die wirtschaftliche und soziale Struktur der gesamten Südstadt und damit auch des Delinquenzgebietes nicht hoch genug veranschlagen.

Wie kein anderer Teil der Stadt wurde der Süden Kölns im 19. Jahrhundert zum Schwerpunkt solcher Güterverkehrseinrichtungen. Zunächst war in den 40er und 50er Jahren des 19. Jahrhunderts etwas oberhalb der nördlichen Grenze des Delinquenzgebietes ein Sicherheits- und Verkehrshafen an der Rheininsel Rheinau entstanden. Die Insel Rheinau, deren Gartenanlagen und reizvolle Promenade in der zeitgenössischen Literatur öfters erwähnt wurden, existiert heute nicht mehr. Sie mußte dem weiteren Ausbau der Hafenanlagen und der Güterbeförderungswege Raum geben. Der erwähnte Hafen genügte bald schon nicht mehr den Anforderungen, die die aufblühende Wirtschaft an das Verkehrs- und Beförderungsnetz stellte. Eine durchgreifende und angemessene Lösung war auf der anderen Seite erst mit der Stadterweiterung im Zuge der Stadtentfestigung möglich.
Im Jahr 1892, nach Verträgen mit dem Militärfiskus und der Staatseisenbahnverwaltung über die Trassierung des Schienennetzes und nach innerstädtischem Hin und Her über die stadtgeographische und -planerische Lokalisation der Verkehrseinrichtungen, begann der Um- und Ausbau der Hafenanlagen zum Rheinauhafen [41], der damit zur zentralen linksrheinischen Hafeneinrichtung bis in die jüngste Zeit geworden ist. Die Inbetriebnahme erfolgte 6 Jahre später – ein Zeitraum, der bei dem damaligen Bautempo den Umfang der Veränderungen ahnen läßt. Ihm fiel jene bereits genannte Rheinau-Insel zum Opfer und damit sicherlich auch ein Stück landschaftlicher und städtebaulicher Attraktivität, die der Süden der Stadt in seiner Geschichte zwar nie gehabt hatte, für kurze Momente im 19. Jahrhundert aber doch möglich schien.
Parallel zu den neuen Hafeneinrichtungen erfolgte der Ausbau der Eisenbahnanlagen. Der Staatsfiskus hatte die Baubeschränkungen für den Rayon-Streifen vor dem neuen Festungsring um die Neustadt herum soweit gelockert, daß dieser Streifen als Verkehrsfläche genutzt werden konnte. Es enstand so entlang der äußeren Begrenzung der Neustadt ein Eisenbahngürtel, der im Süden der Stadt den Anschluß an den Rheinauhafen herstellte und außerdem durch die 1910 in Betrieb genommene Eisenbahnsüdbrücke zu den rechtsrheinischen Industrievororten Kölns fortgeführt wurde. Daneben entstand in den Jahren 1896/97 im Süden, unmittelbar hinter dem neuen Festungsgürtel und dem äußeren Wallstraßensystem, der Güterbahnhof Bonntor mit einer beträchtlichen Fläche. Diese Einrichtungen existieren bis auf den heutigen Tag und markieren die südliche Grenze unseres Delinquenzgebietes.

Mit dieser innerstädtischen Verkehrsstruktur waren Bedingungen der wirtschaftlichen und sozialstrukturellen Entwicklung für den gesamten damaligen Süden der Stadt Köln geschaffen, deren Folgen bis in die jüngste Gegenwart nachwirken. Die gesamte Rheinfront der südlichen Hälfte des damaligen Stadtgebiets war durch Hafen- und Verkehrseinrichtungen absorbiert. Für Wohn-, Freizeit- und Grünflächen war kein Raum übriggeblieben. Der damals als Ersatz gedachte Römerpark und die zum Rhein hin geplante Villenbebauung haben gegen diesen massiven Strukturakzent, der durch die Verkehrsanlagen gesetzt wurde, keinen wirksamen und dauerhaften Kontrapunkt markieren können und nur vorübergehend, als auf dem Gelände die Kölner Universität eine kurze Gastrolle abgab, vermocht, ein sozialstrukturelles Gegengewicht zu bilden. Auch zu Lande bedeutete für den Süden der Stadt die Verkehrsplanung die Preisgabe eines städteplanerischen Privilegs, dessen sich die nördliche Hälfte bis in diese Tage erfreuen kann: Der innere Grüngürtel Kölns, wie er auf dem ehemaligen inneren Rayon im unmittelbaren Anschluß an den Eisenbahnring errichtet wurde, ist profaneren Zwecken im Süden der Stadt vorbehalten und sehr bald zugeführt worden.
Sodann führte diese Verkehrsplanung zu einer entscheidenden, nicht nur stadtgeogra-

phischen Verklammerung der südlichen Altstadt mit den südlichen Neustadtgebieten – ein bedeutender Faktor, der zu jener ökologischen Einheit geführt hat, die ehemalige historische Teile der mittelalterliche Stadt mit den angrenzenden Gebieten der 1880 hinzugewonnenen Neustadt eingegangen sind. Mit diesen Verkehrsgegebenheiten war natürlich nur erst ein Rahmen abgesteckt, der dem, was man als eine ökologische Einheit zu bezeichnen pflegt, noch weitgehend äußerlich ist. Damit war aber eine Präferenz- und Relevanzstruktur für diesen Teil der Stadt gesetzt, die ganz bestimmte Funktionen, die dieser Stadtteil für das gesamte Gemeinwesen erfüllen konnte, ausschloß und andere nahelegte. Mit der Verkehrsplanung waren Entscheidungen gefällt worden, die zwar formell nicht in die Zuständigkeit der Staats- und Stadtbehörden fielen, inhaltlich aber nur begrenzt und beschränkt auf Details zur Disposition derjenigen standen, die die Errichtung der wirtschaftlichen und sozialen Infrastruktur zu besorgen hatten.

Hier gilt es insbesondere auf die wirtschaftlichen Folgeeinrichtungen hinzuweisen, die den schiffs- und eisenbahngebundenen Güterumschlag betreffen. Mehrere Untersuchungen sozialgeographischer Art, von Mitgliedern der Kölner Universität zu verschiedenen Zeitpunkten durchgeführt und unterschiedliche Regionen der Stadt betreffend, haben diesen Teil der Analyse wesentlich erleichtert [42] und in seinen quantitativen Aspekten präzisiert. Alle diese Quellen weisen übereinstimmend auf den Einfluß hin, den der Hafen und die übrigen Wirtschaftseinrichtungen auf die Art der wirtschaftlichen Aktivität in den benachbarten Bereichen der Stadt ausgeübt haben. Das Transport- und Verkehrsgewerbe machte einen großen Teil der dort angesiedelten Betriebe aus. »Überall bestehen Fuhrunternehmen und Lagerplätze«, wird über die Wirtschaftsstruktur aus der Zeit Mitte der zwanziger Jahre für das »Hafenviertel«, dem nordöstlichen Teil des Delinquenzgebietes berichtet [43], wie auch an derselben Stelle nicht vergessen wird zu erwähnen, was jedes Hafenleben in der Welt auszeichnet: die Existenz von Hafenkneipen, Kaschemmen und Bordellen. Für die Zeit um 1940 heißt es in einer zweiten Arbeit [44]: »Hinter dem neuzeitlichen Rheinauhafen haben . . . die Firmen der Güterschiffahrt ihre Zweigstellen lokalisiert. – Die Schenken, z. T. obskure Hafenkneipen, leben von den Schiffern, Hafen- und Transportarbeitern.« Schließlich berichtet *Conrad* über den Neustadtteil unseres Delinquenzgebietes noch aus dem Jahre 1951 von der Existenz von insgesamt 52 Speditions- und Fuhrbetrieben, die sich auf dieser Fläche konzentrieren [45], insbesondere in der Nähe des Güterbahnhofs.

Die Einrichtung der Verkehrsanlagen erwies sich damit in der Tat als eine schwerwiegende Initialzündung für die Entwicklung der weiteren Infrastruktur des Gebietes. Sie boten Standortvorteile für bestimmte Branchen und wiesen andere eher ab. Diese führten ihrerseits zu sekundären Einrichtungen ganz analoger Art und verstärkten die Ausgangsstruktur weiterhin: Unmittelbar im Anschluß an den Eisenbahngürtel entstand in direkter Nachbarschaft zum Delinquenzgebiet ein größerer Bahnhof und ein Depot der städtischen Straßenbahnen, und in den dreißiger Jahren wurde in Nachbarschaft zum erwähnten Güterbahnhof Bonntor die Städtische Großmarkthalle errichtet, die die schon gegebenen Tendenzen weiterhin verstärkte.

Diese Entwicklungslinie der wirtschaftlichen Struktur der Südstadt, die eine Brücke vom mittelalterlichen zum neuzeitlichen Köln in seinem uns interessierenden Ausschnitt zu schlagen gestattet, ist noch um eine andere zu ergänzen, die gleichermaßen schicksalhaft für unser Gebiet geworden ist und sich ebenfalls in die vorindustrielle Periode der Stadtgeschichte zurückverfolgen läßt. Sie hängt mit der militärstrategischen Lage Kölns seit seiner Zugehörigkeit zu Preußen zusammen, das Köln zu einer Festung ausbaute und das ihm ja aus diesem Grunde so hartnäckig und dauerhaft die Schleifung der mittelalterlichen Stadtmauern verweigerte [46]. Köln hatte militärische Einrichtungen bereitzustellen, die die 10 000–12 000 Soldaten zählende ständige Besatzung erforderte, und außerdem ein militärisches Depotsystem zu unterhalten, das für Proviant und sonstige Militärartikel für bis zu 5 000 000 bestimmt war.

Gerade der Süden der Stadt war für die Aufnahme solcher militärischer Anlagen und Versorgungseinrichtungen prädestiniert. Einerseits, wie wir oben schon sahen, verfügte er über große unbebaute Flächen, andererseits boten sich infolge der Konfiskation und Säkularisierung viele leerstehende ehemalige Kloster- und Stiftseinrichtungen für die Aufnahme und Unterbringung dieser Einrichtungen an. Es befanden sich in diesem Teil der historischen Altstadt eine große Zahl solcher militärischer Einrichtungen, die insgesamt eine große Fläche absorbierten. Und auch nach der Stadterweiterung setzte sich dieser Trend in den südlichen Teil der Neustadt fort.

Auch diese militärischen Einrichtungen und Bauten hatten eine wirtschaftliche und soziale Infrastruktur zur Folge, derenthalben vor allem diese Dinge überhaupt Erwähnung verdienen. Die Details können wir uns ersparen. Sie vermögen kaum einer Stadt oder – wie hier – Teilen von ihr besondere Attraktivität zu verleihen. Sie tragen vielmehr zu einem Image eines Viertels bei, das in seinen konkreten Konturen vielleicht nicht sehr wirklichkeitsgetreu ist, das sich aber gegenüber der Wirklichkeit verselbständigt und so über sie hinaus wirkt, wenn sie längst einer anderen Platz gemacht hat.

Schließlich bleibt noch eine Bemerkung, die den vorgenannten Kontext abrunden soll. Mit der Stadterweiterung wuchs die Stadt in Größendimensionen hinein, die auch eine völlige Neuorganisation der öffentlichen Einrichtungen nötig machte. Wasser- und Elektrizitätsversorgung waren auf eine neue Basis zu stellen, die Sauberhaltung und der Katastrophenschutz der Stadt waren in einen Zustand zu bringen, wie er den Erfordernissen nicht nur vergrößerter, sondern auch moderner Verhältnisse entsprach. Für diese Einrichtungen war natürlich die Stadterweiterung ein ebenso günstiger wie willkommener Augenblick. Daß für sie der Süden der Stadt, genauer: unser Delinquenzgebiet in Frage kam, hatte nicht nur mit den dort verfügbaren Flächen etwas zu tun, denn die gab es ja auch in anderen Teilen der Neustadt, sondern es lag vielmehr an der Zumutbarkeit bzw. Belastbarkeit dieses Gebietes mit solchen Einrichtungen, die sich ja keineswegs eignen, zur Visitenkarte eines Stadtteils zu werden. So wurde schon gleich nach der Stadtentfestigung ein Wasserwerk in diesem Teil der Stadt errichtet, dem auf gleichem Gelände 1891 ein Elektrizitätswerk hinzugefügt wurde. Beide Werke existieren noch heute in gleicher Funktion, und zu Recht bemerkt *Conrad,* daß das Kraftwerk »mit seinen 4 riesigen Schornsteinen den fabrikartigen Zug der Gegend symbolisiert« [47]. Weiter entstanden hier 1904 eine auch heute noch betriebene Feuerwache sowie ein Betrieb der städtischen Müllabfuhr.

Damit sind im wesentlichen die Faktoren beschrieben, die als städteplanerische Daten von seiten der Stadt die Wirtschafts- und Sozialstruktur dieses Teils vorzeichneten.

Über diese kommunalen Maßnahmen hinaus waren die einzigen steuernden Eingriffe in die weitere Erschließung des Geländes hinaus die Bebauungsvorschriften, die von Zone zu Zone variierten. Für den uns interessierenden Teil war im wesentlichen bestimmt, daß außer der vorgesehenen Villenbebauung zum Rhein hin, die praktisch nicht zum Zuge gekommen ist, eine geschlossene Bauweise mit mehrstöckigen Wohngebäuden vorzunehmen sei. Frei- und Grünflächen waren knapp und sparsam bemessen.

In diesen Rahmen konnte sich freie unternehmerische Initiative voll hineinentfalten. Dazu ist zunächst folgendes zu sagen. Der innerstädtische Pendelverkehr, das öffentliche Verkehrswesen und die allgemeine wirtschaftliche Lage der arbeitenden Menschen führten in ihrer kombinierten Wirkung dazu, daß für die Zeit um die Jahrhundertwende die arbeitsteilig-institutionelle Trennung von Arbeits- und Wohnstätte noch keineswegs über größere geographische Entfernungen möglich war. Man kann davon ausgehen, daß Betriebe und wirtschaftliche Unternehmen darauf angewiesen waren, ihre Belegschaft in nächster Nähe, in »walking distance« unterzubringen bzw. anzusiedeln. Dies stellte ein »Datum« für unternehmerische Planung und betriebliches Kalkül dar.

Art und Umfang der Wohnbedürfnisse der dort unterzubringenden Menschen waren deshalb eine Funktion der Berufs- und Beschäftigungsmöglichkeiten, die durch den lokalen Arbeitsmarkt gegeben waren. Transformiert man die zur Wirtschaftsstruktur ermittelten Befunde in Erwartungen, Anforderungen und Qualifikationsniveau der Arbeitsplätze, die den dort wohnenden Menschen verfügbar waren, so scheinen zwei hervorstechende Merkmale von besonderer Relevanz zu sein. Das eine ist das geringe Qualifikationsniveau, das viele der dort zu verrichtenden Arbeiten auszeichnet. In der heutigen Terminologie ist es der Typ des ungelernten Arbeiters, der in besonderer Weise von den Transport-, Speditions- u. Versorgungseinrichtungen nachgefragt wurde. Das zweite Merkmal, das für die Arbeitsplätze des im Süden der Stadt bestehenden lokalen Arbeitsmarktes bezeichnend war, war der diskontinuierliche und schwankende Arbeitsanfall, der typischerweise mit den genannten Wirtschaftsbranchen verknüpft ist. Der stoßartige Anfall vieler Arbeitsverrichtungen erfordert den typischen »Tagelöhner«, der morgens seine Arbeit zugeteilt und abends seinen Lohn erhält. Hohe Arbeitsplatzfluktuation, ein flexibler Arbeitsmarkt, hohes Beschäftigungsrisiko bzw. große Arbeitsplatzunsicherheit waren Merkmale, die für das Delinquenzgebiet und seine Nachbarschaft sowie für die dort lebenden Menschen im besonderen zutrafen.

Beide Beobachtungen – das niedrige Qualifikationsniveau und die Arbeitsplatzunsicherheit – schlagen sich nieder in den Daten zur Berufsstruktur, die in den oben erwähnten Studien mitgeteilt werden. »Das Hinterland des Hafens«, so bemerkt *Utecht,* »bis zur Severinstr. ist in erster Linie Wohngegend des Proletariats«, wobei der Begriff »Proletariat« als eine Steigerungsform von »Arbeiter« verwendet wird. Sie erwähnt weiter, daß »Fabrik-, Hafen- und Lagerarbeiter die Mehrheit der Bevölkerung« darstellen und dazwischen »in der Hauptsache Kutscher, Fuhrleute, einzelne Artisten, Schausteller und Händler« anzutreffen seien [48]. *E. Michel* spricht von »dichtbesiedelten Proletariervierteln größerer und geschlossener Ausdehnung ... vor allem in dem Süden der Altstadt« und nennt das »Vringsveedel = Severinsviertel« eine »Verkörperung des kölnischen Proletariertums«, wobei ihre Bemerkung von der Anziehungskraft des Hafens für »eine starke Bevölkerung« ..., »die hier billige Unterkunft bei neuen Beschäftigungsmöglichkeiten im Hafen und in den durch ihn entstehenden Gewerbezweigen« [49] erhält, unseren oben ausgeführten Gedanken genau bestätigt.

Für den Bereich der Neustadt schließlich – das Untersuchungsgebiet von *Conrad* – spricht der Verfasser nach einer hier nicht reproduzierbaren Detailanalyse, die insgesamt 7 Untereinheiten und daneben noch eine Reihe von Einzelstraßen unterscheidet, von der »verproletarisierten Südstadt«, in der sich in einigen Straßen ein Prozentsatz »ungelernter Arbeiter« bis zu 56 % ergibt, in der das »Elsaßviertel« als geschlossenes »Arbeiterwohngebiet par excellence« und die Elsaßstr. als »*die* Arbeiterstraße der Neustadt« bezeichnet wird [50].

Diesen Menschen war in der Nähe ihrer Arbeitsplätze Wohnraum bereitzustellen. Die Ausgangsbedingungen dafür waren zum einen der institutionelle Rahmen in Form von Bauvorschriften und Bauzonen. Davon war schon die Rede. Die entscheidende Rahmenbedingung war nun die Tatsache, daß die Schaffung von Wohnraum privatwirtschaftlich erfolgte. Damit wurde die Bereitstellung von Wohnraum zu einer wirtschaftlichen Aktivität wie sonstige »genuin« wirtschaftliche Betätigung auch. D. h., die Gesetze von Rentabilität und Rendite, das »freie Spiel der Kräfte« lieferten die Maßstäbe für die zu treffenden wirtschaftlichen Entscheidungen. Das zentrale Kalkül für die wohnungswirtschaftliche Erschließung der von öffentlichen Verkehrs- und Versorgungsbedürfnissen und von wirtschaftlichen Unternehmungen primärer Art nicht beanspruchten Flächen waren deshalb die Einnahmens- und Gewinnerwartungen, die die privaten Bauherren hegten. Diese wiederum waren eine direkte Funktion der Arbeits- und Verdienstmöglichkeiten derjenigen, für die solche Wohnungen zu errichten waren.
Die Ergebnisse dieses Prozesses und auch eine Reihe von spezifisch ökonomischen und unternehmerischen Einzelheiten sind in einer Monographie »Die Mietskaserne in Kön« aus dem Jahre 1930 sowie an verschiedenen anderen Stellen in großer Eindringlichkeit festgehalten [51]. Dabei ist anzumerken, daß Wohnungs- und Baustruktur sich der unmittelbaren Beobachtung nicht sperren, daß hingegen die Prozesse ihres Entstehens, die sich aus den wirtschaftlichen und rechtlichen Transaktionen rekonstruieren lassen, dem Licht der – auch wissenschaftlichen – Öffentlichkeit nur zögernd zugeführt werden: Verkaufsakten von Grundstücken sind erst nach 50 Jahren zugänglich.
Die Hektik der Bebauung im Süden der historischen Altstadt um die Mitte des 19. Jahrhunderts ist oben bereits erwähnt worden. Auch dieser Prozeß folgte schon dem unbarmherzigen Marktgesetz, das u. a. dazu führte, daß trotz der verheerenden Wohnungssituation gerade der armen Schichten viele Häuser leerstanden [52]. Die Wohnungen, die gebaut wurden für die Arbeiter, zeigten zudem »einen nüchternen, antiken Schablonenstil und eine sehr schlechte Ausführung« [53].
Über die Wohnungsbauerschließung der Fläche der ehemaligen Altstadt wissen wir genauere Einzelheiten nicht. Wir kennen die Ergebnisse als heute noch sichtbare Relikte, die Details ihres Entstehens und ihrer Urheber verbergen sich hinter der Anonymität des Marktes und der Zeit. Es ist indessen keine Frage, daß die damals dort ansässigen Unternehmen die Hauptnachfrager nach Wohnungen für ihre Arbeiter bildeten. In welcher Form und in welchem Umfang diese Unternehmen ihre diesbezüglichen Interessen investierten, ist genau nicht zu sagen. Daß sie nicht unbeteiligt waren, geht aus einer Mitteilung bei *Lenz* hervor, wonach die Fa. Gebr. Stollwerck in der Vorkriegszeit viele Häuser »erbaut« habe und »heute (1930, F. S.) deren annähernd 100« [54] besitze. *Conrad* berichtet, das gleiche Unternehmen sei Eigentümer mehrerer Häuser am Severinswall, eine der häßlichsten Straßen des Delinquenzgebietes [55].

Weniger im dunklen sind die näheren Umstände der Wohnungsbauerschließung im Neustadtteil des Südens. Den Erfahrungen zum Trotz, die die Stadt Köln in den letzten Jahrzehnten ihrer mittelalterlichen Existenz mit dem Wohnungswesen aus privatwirtschaftlicher Basis gemacht hatte, lag auch die Neustadterschließung ganz in den Händen der privaten Unternehmerschaft: mit dem Ergebnis freilich, daß nach der Erschließung der Neustadt ein Mitarbeiter der schon mehrfach genannten Hundertjahresbilanz der Stadt Köln im Jahre 1915 feststellen konnte, daß das Unternehmertum bei der »Hebung der Wohnverhältnisse der ärmeren Bevölkerung« »völlig versagte« [56].

Einige Einzelheiten der Wohnungsbauerschließung der Neustadt verdienen Erwähnung, weil sie von symptomatischem Wert sind. Der Hauptschub der privaten Bebauung fällt erst in die späten 90er Jahre und in das erste Jahrzehnt dieses Jahrhunderts. Allerdings gab es neben der Errichtung der öffentlichen Gebäude einige bemerkenswerte Ausnahmen, die für die weitere Entwicklung des Gebietes Symbol- und Kontextwert erhielten. Noch vor der eigentlichen Hauptbebauung dieses Teils der Neustadt wurden Mitte der achtziger Jahre einige »Arbeitermietskasernen« auf dem Gelände des Delinquenzgebietes errichtet. Dazu gehörte u. a. die schon genannte »Elsaßkaserne«, die, 1886 erbaut, von vornherein »mit ihren zahlreichen Kleinwohnungen zur Aufnahme von Arbeitern bestimmt« war und die sicherlich »für die gesamte weitere Bebauung und Bewertung der Straße und selbst ihrer Nachbarstraßen Richtung gebend wurde« [57].

Dieses Bauwerk hat bisher allen Zeitwirren und jeglichem städtebaulichen Zugriff widerstanden; noch heute leben dort Familien mit Kindern unter unwürdigen Verhältnissen, es ist mittlerweile zu einer Art negativer Institution und zu einem verselbständigten Symbol für »soziales Milieu« geworden. Einer Bemerkung bei *F. Scherz* entnehmen wir die Vermutung, daß Arbeiter von Felten und Guilleaume damals hier untergebracht wurden [58]. Eine direkte Beteiligung dieses Unternehmens an dem Wohnungsbau in der südlichen Neustadt findet sich an verschiedenen Stellen belegt. Der Firmeninhaber Guilleaume war die treibende Kraft bei der Errichtung der nach ihm benannten Guilleaume-Stiftung, die sich den Bau von Arbeiterwohnungen zum Ziele setzte. Die Stadt Köln honorierte diese Idee durch die Bereitstellung von Grund und Boden im Bereich des Delinquenzgebietes und trug so dazu bei, daß weitere Arbeitermietskasernen in diesem Gebiet entstanden, und auch dies schon zu einem frühen Zeitpunkt nach der Stadterschließung, als noch »Zeichen und Signale« für einen größeren Zusammenhang zu setzen waren.

Eine besonders unheilvolle Rolle bei der privaten Bebauung der Neustadt spielte eine Gruppe von Unternehmern, die als »Wohnungsunternehmer« in die Literatur eingingen. Die Elsaßkaserne und viele der Arbeitermietskasernen in unserem Delinquenzgebiet gehen auf solche Unternehmer zurück. Es handelte sich dabei um kapitalschwache Unternehmer, oft Handwerker, die Häuser erwarben, um sie schnell gewinnbringend »vergolden« zu können. Viele dieser Möchtegern-Kapitalisten mit Goldgräbermentalität blieben freilich auf der Strecke, ihre Objekte gerieten in die Zwangsversteigerung. Auch in dieser Hinsicht war das Delinquenzgebiet stärker unter den Opfern zu finden als andere Teile der Stadt [59]. Auf diese Weise gelangten Banken und

Großunternehmen als die Zwangsersteigerer oft in den Besitz solcher Objekte, ohne sich vorher die Finger schmutzig gemacht zu haben. Denn das Glücksrittertum war nur möglich auf dem Hintergrund einer sehr laxen und »freigebigen« Unternehmenspolitik bei der Gewährung von Hypotheken, Bauzuschüssen und sonstigen Finanzierungsmöglichkeiten.

Wir müssen uns die Einzelheiten der »Produkte« dieser privaten Wohnungsbauerschließung versagen. Das pauschale Urteil hatten wir schon zu Beginn vorweggenommen. Die Details der Wohnungsstruktur unseres Viertels – gemessen am Anteil von Klein- und Kleinstwohnungen; am Vorherrschen der von *Lenz* so klassifizierten »Arbeitermietskasernen«: »schlecht und eintönig gebaut, mangelhaft in Stand gehalten«, meistens »unternormales Niveau«; am Auftreten von »ganz entfernten örtlichen Abarten der Mietskaserne, Arbeiter-Massenmietshäuser von äußerst schlechter Beschaffenheit; an Grundstückspreisen und Gebäudemieten« [60] – würden in aller Eindringlichkeit und Eindeutigkeit das abgegebene Urteil belegen. In jeder Hinsicht vereinigt das Delinquenzgebiet alle negativen Charakteristika auf sich, wenn auch Differenzen und eine bestimmte Heterogenität interner Art zu verzeichnen sind.

VI

Wir haben nunmehr in einer langen Kette in gewisser Weise ein letztes Glied erreicht: Die kommunale Verkehrsplanung im neuen Süden der Stadt – die dadurch bedingte und darin implizierte wirtschaftliche Infrastruktur – die Plazierung einer Reihe öffentlicher und staatlicher Dienstleistungs- und Versorgungseinrichtungen auf dem gleichen Gelände – die aus diesen Faktoren herzuleitende bzw. durch sie bestimmte Struktur und Ausstattung eines Großteils der auf dem lokalen Arbeitsmarkt verfügbaren Arbeitsplätze – die noch kaum durchführbare geographische Trennung von Arbeits- und Wohnstätte bei einer schon bestehenden rechtlich-institutionellen – das damit gegebene Kaufkraftniveau der Nachfrager von Wohnungen – die Überantwortung der Wohnungsbauerschließung an den Mechanismus von Angebot und Nachfrage und an die Gesetze der Kapitalverwertung – die aktuelle Beschaffenheit der dort errichteten Gebäude und Wohnungen: das sind Stationen auf einem Wege, die nicht nur eine zeitliche, sondern auch eine sachlich-kausale Folgerichtigkeit aufweisen.

Versucht man, diese Abfolge von Schritten und die Zusammenhänge zwischen den einzelnen Größen in eine formalisiertere Sprache bzw. in ein Modell zu übersetzen, so kommt man kaum weiter bei dem Versuch, die einzelnen Faktoren bi- oder auch multilateral durch ein System funktionaler Beziehungen darzustellen. Man kann sie nur systemtheoretisch abbilden – und das auch nur verbal und ansatzweise, nicht schon mit letzter Präzision. In welcher Richtung ein solches Unternehmen zu gehen hat, sei kurz skizziert. Nachdem die ersten kybernetischen Modelle hauptsächlich Prozeßabläufe des »deviation-counter acting«-Typs behandelten, werden in jüngster Zeit systemtheoretische Modelle eines »deviation-amplifying«-Typs [61] intensiver erprobt. Sie zielen auf die Rekonstruktion von Entwicklungsprozessen wie etwa der Akkumulation von Kapital, des Entstehens von Kulturen, des Wachstums von Städten, der Herausbildung interpersonaler Beziehungen, die zu Geisteskrankheiten führen u. ä.[62]. Der circulus vitiosus wäre auch ein Fall eines solchen Systems. Die Entwicklung, die wir nachzuzeichnen suchten, scheint uns auch von dem Verlauf eines »deviation-amplifying mutual causal process« zu sein, bei dem alle Faktoren wechselseitig in sich jeweils verstärkender Weise aufeinander bezogen sind.

Bei so ablaufenden Entwicklungsprozessen kommt dem sogenannten »initial kick« und seiner Richtung eine ganz besondere Bedeutung zu. Wenn der Stein erst einmal ins Rollen gebracht ist, dann läuft eine Automatik ab, die sich selbst speist und weiterträgt. Solche »kicks« gab es in der vorstehenden Analyse mehrere. Man kann dazu sowohl die folgenreiche Entscheidung der Stadtbehörden zählen, den Süden der Stadt zum wichtigsten Güterumschlagsgebiet zu machen. Die Elsaßkaserne und die Arbeitermietskasernen stellten für den Süden der Neustadt als erste dort errichtete Wohngebäude zweifellos ebenfalls solche verhängnisvollen »initial kicks« dar, die sich fortpflanzten und aus sich selbst weiter krebsten. Und man kann noch weiter zurückgehen in die Geschichte der Stadt und unseres Gebietes: Das dem Industriezeitalter vom Mittelalter überlieferte Bettelproletariat im Süden der Stadt stellt für das Überteten der Schwelle ins moderne Zeitalter einen »kick« zumindest in bezug auf den uns interessierenden Teil dar. Der »amplifying process« kam dadurch in Gang und überzog die historische Altstadt ebenso wie die erst viel später hinzukommende Neustadt mit analogen sozialen und wirtschaftlichen Strukturen.

Einen besonderen Aspekt gewann dieses System sich wechselseitig bedingender und verstärkender Kräfte durch eine Eigenart privatkapitalistischer Kapitalverwertungsmuster, deren Auswirkungen für unser Gebiet besonders verhängnisvoll geworden sind. Das in unmittelbare wirtschaftliche Unternehmungen und Fabriken investierte Kapital unterliegt einer höheren Umschlagsgeschwindigkeit als die in den Wohnungsbau investierten Kapitale. Das in Fabriken, Lagerhallen und Betriebsgebäuden angelegte Kapital ist wesentlich schneller wieder »eingespielt« als das im Wohnungsbau investierte. Damit ist aber seine Mobilität und Fungibilität auch größer. Es kann weiterwandern zu anderen Kapitalverwertungsarten. Genau das ist teilweise in dem Untersuchungsgebiet geschehen. Von den oben erwähnten drei Fabriken in der historischen Altstadt ist heute nur noch die Stollwerck AG übriggeblieben. Das hat aber, aus gerade diesem Grunde des zyklischen Auseinanderfallens der verschiedenen Kapitalströme, nicht dazu geführt, daß die Arbeitermietskasernen, wo einst Angehörige der inzwischen verschwundenen Unternehmen untergebracht waren, auch nicht mehr existieren. Diese zurückgelassenen »Gebietshypotheken« slumartiger Wohnungen und Gebäude mit den auch darin verbleibenden Menschen bilden gleichsam einen »initial kick« für einen neuen »amplifying process«: die Fabriken zogen ab, der Hafen rückte nach. Heute büßt zwar auch der Hafen an wirtschaftlicher Funktion ein, und es stehen der Stadt Köln Blütenträume eines »Wohnens am Strom« auch an dieser Strecke des Rheins ins Haus – noch aber ist der unheilvolle Zirkel für die Südstadt nicht außer Kraft gesetzt: Gerade dieser Teil der Stadt beherbergt eine überdurchschnittlich hohe Anzahl von Gastarbeitern und deren Familien in Wohnungen und Unterkünften, die wie einst »unternormales Niveau« besitzen.

Wir brechen an dieser Stelle die historische Rekonstruktion und die theoretische Analyse des Delinquenzgebietes ab. Sie bleibt unvollständig in bezug auf andere Merkmale und Manifestationen der Wirtschafts- und Sozialstruktur. Um sie wäre dieses System sich gegenseitig verstärkender Faktoren noch zu erweitern und komplexer zu gestalten. Ebenfalls sehen wir ab von der Mitteilung der sehr differenzierten Befunde über Wohndichte, Altersstruktur, Konfessionsstruktur der im Delinquenzgebiet lebenden Bevölkerung, die z. T. hochinteressante Besonderheiten der demographischen Struktur dieser Bevölkerung im Vergleich zur gesamten Stadtbevölkerung sichtbar werden lassen. Diese Daten konnten längsschnitthaft analysiert werden, so daß es möglich war, an Hand etwa der veränderten Alterszusammensetzung der Bevölkerung Vermutungen über selektive und differentielle Wanderungsbewegungen zu kontrollieren, mit Hilfe analoger Daten zur Konfessionsstruktur das Weiterwirken jenes von *Gothein* betonten Elements des strengen Katholizismus, der mit dem Kleinbürgertum seit der Reformation eine Wahlverwandtschaft eingegangen sei, gerade in dem von uns untersuchten Gebiet für einen gesamtgesellschaftlichen Kontext nachzuweisen, der längst ein anderer geworden war als derjenige, der zu der zitierten Bemerkung Anlaß gegeben hatte. Gerade die Ergebnisse zur Konfessionsstruktur der im Delinquenzgebiet lebenden Menschen vermitteln faszinierende Einblicke in Merkmale, Indikatoren und Mechanismen von Kontinuität trotz Wandels eines Stadtgebiets, und zwar sowohl auf makrosoziologischer wie auf mikrosoziologischer und sozialpsychologischer Ebene. *Max Webers* Hypothesen über die religiös motivierten Antriebe bei der Entwicklung des modernen Kapitalismus, seine Analysen über die konfessionsbedingten Einstellungen zu Beruf und moderner Arbeitswelt konnten streckenweise unmodifiziert zur Interpretation der Befunde herangezogen werden.

Unterblieben ist schließlich die Darstellung und Verarbeitung eines Längsschnittvergleichs der Berufs- und Schichtstruktur der im Delinquenzgebiet lebenden Menschen über einen Zeitraum hinweg, der von der Jahrhundertwende bis zur Mitte des 20. Jahrhunderts reicht und der als wichtigste Ergebnisse den sozialen Abstieg des Gebietes einerseits und eine Einschmelzung und Nivellierung einer ursprünglich vorhandenen begrenzten Heterogenität andererseits erbrachte.

Für eine engmaschige theoretische Verknüpfung und Interpretation der Befunde würden diese nicht mehr darstellbaren Materialien ganz gewiß als »intermediäre Mechanismen« der Vermittlung sozialstruktureller und ökonomischer Gegebenheiten, auf die wir in der Darstellung das Hauptgewicht gelegt haben, mit Verhaltensmustern und Handlungsweisen der dort lebenden Menschen einen zentralen Stellenwert beanspruchen können. Sie hätten auch in der theoretischen Diskussion einer stärker politökonomisch bzw. marxistisch ausgerichteten Analyse ihren Platz, und sie werden gerade dort als ein wichtiges Desiderat der theoretischen Bemühungen empfunden [63]. Wir rechtfertigen indessen die relative Vernachlässigung dieser Aspekte mit der spezifischen Situation der westlichen Kriminologie und Kriminalsoziologie, die die von uns betonten sozialstrukturellen Faktoren fast gänzlich in den »Datenkranz« der Analyse verbannen oder sie ganz ausblenden. Dies trifft übrigens auch über weite Strecken für den sog. labeling approach zu, den ich in mehreren früheren Veröffentlichungen erörtert habe [64], der allerdings in theoretischer Hinsicht mit einer sozialstrukturellen Perspektive stärker konvergiert als andere Ansätze in der Kriminologie [65].

Die Ergänzung bzw. Verlängerung des »deviation-amplifying«-Systems, das wir zur Interpretation der sozial- und wirtschaftsstrukturellen Befunde heranzogen, um jene nur kursorisch eingebrachten intermediären Faktoren und Prozesse, wozu neben den bereits genannten auch noch die Familienstruktur und die Sozialisationsprozesse gehören, zu verdeutlichen, würden dann unmittelbar hinführen zu Verhaltensmustern, die Ausgangspunkt dieser Studie sind: zu Delinquenz und Kriminalität. Daß sie für den Gang der Argumentation immer wieder aus dem Blick- und Mittelpunkt gerieten, entsprach den notwendigen Folgerungen aus den eingangs gegen die bisherige Täterkriminologie vorgebrachten Bedenken. Wenn der vorliegende Versuch eines Beispiels für eine auch schon von anderer Seite angeregte stärkere Hinwendung der Kriminologie zur Geschichte [66] die Berechtigung der Kritik gegen eine auf den individuellen Täter beschränkte Kriminologie noch plausibler gemacht hat, wäre ein nötiger und erstrebter Ertrag dieses Beitrags realisiert.

Anmerkungen

[1] Insbesondere die kriminologischen Arbeiten des 19. Jahrhunderts waren nach Theorie und Methode eindeutig soziologisch orientiert, bis die unselige positivistische Kriminologie der italienischen Schule diesen Trend ebenso rigoros wie für Jahrzehnte nachhaltig abschnitt. Vgl. hierzu insbes. *Fritz Sack*, Probleme der Kriminalsoziologie, in: *René König*, Hrsg., Handbuch der empirischen Sozialforschung, II. Band, Stuttgart 1969, S. 961–1099, insbes. S. 965 ff.; ferner *Jerome Hall*, Criminology, in: *Georges Gurvitch* und *Wilbert E. Moore*, Hrsg., Twentieth Century Sociology, New York 1945, S. 342–365; *Clarence Ray Jeffery*, The Historical Development of Criminology, in: The Journal of Criminal Law, Criminology and Police Science 50 (1959), abgedruckt bei *Hermann Mannheim*, Hrsg., Pioneers in Criminology, London 1960, S. 364–394.

[2] *Alfred Lindesmith* und *Yale Levin*, The Lombrosian Myth in Criminology, in: American Journal of Sociology 42 (1937), S. 653–671.

[3] *Travis Hirschi* und *Hanan C. Selvin*, Delinquency Research. An Appraisal of Analytical Methods, New York 1967.

[4] *Lindesmith* und *Levin*, The Lombrosian Myth in Criminology, a.a.O., S. 670.

[5] Vgl. dazu *Hans-Ulrich Wehler*, Hrsg., Geschichte und Soziologie, Köln 1972.

[6] *Peter L. Berger* und *Thomas Luckmann*, The Social Construction of Reality, dt.: Die gesellschaftliche Konstruktion der Wirklichkeit, Frankfurt a. M. 1969.

[7] *Burkart Holzner*, Reality Construction in Society, Cambridge, Mass., 1968.

[8] Vgl. zum »labeling approach« *F. Sack*, Selektion und Kriminalität, in: Kritische Justiz 4 (1971), S. 384–400, und die dort genannte Originalliteratur zu diesem neuen theoretischen Ansatz in der Kriminalsoziologie, der indessen weit über den Rahmen einer bereichsspezifischen theoretischen Orientierung hinausgeht.

[9] *Hans Göppinger*, Kriminologie, München 1971; *Günther Kaiser*, Kriminologie. Eine Einführung in die Grundlagen, Karlsruhe 1971.

[10] Vgl. hierzu *George B. Vold*, Theoretical Criminology, New York 1958, insbes. Teil I; *David Matza*, Delinquency and Drift, New York, London, Sidney 1964, insbes. 1. Kapitel.

[11] Hier ist insbesondere an die Vielzahl von Variablen und Faktoren zu erinnern, die als rein individuelle Parameter zu bezeichnen sind: vgl. etwa *Karl F. Schuessler* und *Donald R. Cressey*, Personality Characteristics of Criminals, in: American Journal of Sociology 55 (1955), S. 476–484; ebenso hat die wissenschaftliche Phantasie eine nicht mehr systematisierbare Anzahl von Faktoren zur Analyse des Zusammenhangs zwischen Familienstruktur und Delinquenz

bzw. Kriminologie auf den Prüfstand gehoben; einen neueren Überblick vermitteln *Hyman Rodman* und *Paul Grams,* Juvenile Delinquency and the Family: A Review and Discussion, in: Task Force Report: Juvenile Delinquency and Youth Crime, Washington, D.C., 1967.

[12] *Clifford R. Shaw,* Delinquency Areas. A Study of the Geographic Distributions of School Truants, Juvenile Delinquents and Adult Offenders in Chicago, Chicago 1929; *ders.* und *Henry D. McKay,* Juvenile Delinquency and Urban Areas, Chicago 1942; vgl. dazu die Studie von *Terence Morris,* The Criminal Area, London 1957, der eine ausgewogene Darstellung dieser Arbeiten liefert, sie mit Vorgängern und Replikationsstudien vergleicht und einen informierten Überblick über die kriminalökologische Tradition gibt.

[13] *T. Morris,* The Criminal Area, a.a.O., S. 77.

[14] Als Beispiel für viele andere sei hier auf *Bernard Lander,* Towards an Understanding of Juvenile Delinquency, New York 1954, verwiesen.

[15] Vgl. hierzu *Amos H. Hawley,* Theorie und Forschung in der Sozialökologie, in: *René König,* Hrsg., Handbuch der empirischen Sozialforschung, Bd. I, 2. veränderte Auflage, Stuttgart 1967, S. 480–497, insbes. S. 486–490.

[16] Daraus sind folgende Arbeiten entstanden: *Hans-Peter Fuchs,* Die soziale Kontrolle als Faktor der Jugenddelinquenz, unveröffentlichte Diplomarbeit, Köln 1966; *Hans-Karsten Heymann,* Das Kriterium der Auffälligkeit als »Ursache« der Jugendkriminalität, unveröffentlichte Diplomarbeit, Köln 1969; *Lutz Hoffmann,* Kinder- und Jugenddelinquenz in Köln. Eine sozialökonomische Untersuchung über die räumliche Verteilung der Kinder- und Jugenddelinquenz der Jahre 1961 und 1963 im Stadtgebiet von Köln, unveröffentlichte Diplomarbeit, Köln 1966/67; *Karl-Dieter Opp,* Zur Erklärung delinquenten Verhaltens von Kindern und Jugendlichen, München 1968; *Fritz Sack,* Strukturen und Prozesse in einem Delinquenzviertel Kölns. Ein Beitrag zur Kriminalsoziologie, unveröffentlichte Habil-Schrift der Wirtschafts- und Sozialwissenschaftlichen Fakultät der Universität Köln 1969/70.

[17] Die Ergebnisse dieses Teils des Projekts sind dargelegt in den Arbeiten von *L. Hoffmann* und *K.-D. Opp* sowie – partiell – in der Arbeit *Sacks* (Anm. 16).

[18] Diese Ergebnisse sind ausgewertet bei *H.-P. Fuchs* (Anm. 16).

[19] Die Ergebnisse dieser Analyse finden sich bei *H.-K. Heymann* sowie bei *F. Sack* (Anm. 16).

[20] Vgl. hierzu die Arbeiten von *L. Hoffmann* und *K.-D. Opp* (Anm. 16).

[21] *L. Hoffmann,* a.a.O., S. 9 *.

[22] Vgl. dazu im einzelnen *F. Sack* (Anm. 16), S. 6 ff.

[23] Statistisches Jahrbuch der Stadt Köln 1963. Die der Punktkarte zugrunde liegenden Primärdaten standen nicht mehr zur Verfügung. Dadurch mußten Ungenauigkeiten bis zur 100er-Grenze in Kauf genommen werden.

[24] Vgl. dazu ausführlicher *F. Sack,* a.a.O. (Anm. 16), S. 189–202.

[25] Die Stadt Cöln im ersten Jahrhundert unter Preußischer Herrschaft 1815–1915: Bd. I, erster Teil: *Eberhard Gothein,* Verfassungs- und Wirtschaftsgeschichte der Stadt Cöln vom Untergang der Reichsfreiheit bis zur Errichtung des deutschen Reiches, Köln 1916; Bd. I, zweiter Teil: *Georg Neuhaus,* Die Entwicklung der Stadt Köln von der Errichtung des Deutschen Reiches bis zum Weltkriege, Köln 1916; Bd. II: Die Verwaltung der Stadt Cöln seit der Reichsgründung in Einzeldarstellungen, Köln 1915.

[26] *E. Gothein,* a.a.O., S. 689.

[27] Köln 1815–1865, S. 6, Sonderdruck des Nachrichtenamtes der Stadt Köln eines geschichtlichen Überblicks, das vom Historischen Archiv der Stadt Köln als Beitrag für das Buch »150 Jahre Regierungsbezirk Köln« zusammengestellt wurde.

[28] Köln und seine Bauten. Festschrift zur VIII. Wanderversammlung des Verbandes deutscher Architekten- und Ingenieur-Vereine in Köln v. 12. bis 16. August 1888. Herausgegeben vom Architekten- und Ingenieur-Verein für Niederrhein und Westfalen, Köln 1888, S. 128, 164 und 178; *Hans Martin Klinkenberg,* Aufstieg und Niedergang des mittelalterlichen Köln von der fränkischen Zeit bis zum Ende der Reichsfreiheit, in: *Kurt Kayser* und *Theodor Kraus,* Hrsg., Köln und die Rheinlande. Festschrift zum XXIII. Deutschen Geographentag v. 22. bis 26. 5. 1961 in Köln, Wiesbaden 1961, S. 109/10.

[29] *Alfred Stooß*, Die städtebauliche Entwicklung der Stadt Cöln, in: Die Stadt Cöln im ersten Jahrhundert unter Preußischer Herrschaft 1815–1915, Bd. II, a.a.O., S. 356.

[30] *E. Gothein*, a.a.O., S. 44.

[31] *Ibid.*, S. 10.

[32] *Ibid.*, S. 676.

[33] *Ibid.*, S. 689.

[34] *A. Stooß*, a.a.O., S. 356/57.

[35] *J. Stübben*, Die Bevölkerungs- und Wohnungsverhältnisse, in: Köln und seine Bauten, a.a.O., S. 248/249.

[36] *E. Gothein*, a.a.O., S. 523/24.

[37] *A. Stooß*, a.a.O., S. 358.

[38] *J. Stübben*, a.a.O., S. 249.

[39] *E. Gothein*, a.a.O., S. 43, 126, 185, 206.

[40] *Rolf Conrad*, Die Kölner Neustadt und der innere »Grüngürtel«, in: *Kurt Kayser* und *Theodor Kraus*, Köln und die Rheinlande, a.a.O., S. 170.

[41] Bei der gerafften Darstellung beziehen wir uns im wesentlichen auf: 1. *Wilhelm Bauer*, Die Werft- und Hafenanlagen, in: Die Stadt Cöln im ersten Jahrhundert unter Preußischer Herrschaft 1815–1915, 2. Bd., a.a.O., S. 474–90; 2. *Ders.*, Die Schiffahrtsanlagen, in: Köln und seine Bauten, a.a.O., S. 351–370; 3. *Wilhelm Klutmann*, Die Bahnen und ihre Vorläufer, in: Die Stadt Cöln im ersten Jahrhundert unter Preußischer Herrschaft 1815–1915, a.a.O., S. 621–663; 4. *W. Schürmann*, Die Eisenbahnanlagen, in: Köln und seine Bauten, a.a.O., S. 370–403.

[42] Vgl. *Else Utecht*, Wirtschafts- und Sozialtopographie der Alt- und Neustadt von Köln, Diss. 1929; *Elga Michel*, Die Altstadt von Köln und ihr Wiedererwachen nach der Zerstörung. Eine wirtschafts- und sozialgeographische Untersuchung, in: Forschungen zur deutschen Landeskunde 90, 1955 (zuerst: Dissertation 1952); *Rolf Conrad*, Die Kölner Neustadt. Eine wirtschafts- und sozialgeographische Untersuchung, Diss. Köln 1955 (vgl. auch Anm. 40). Theoretischer Ansatz und methodische Ausführung dieser Untersuchungen können hier nicht im einzelnen dargelegt werden. Dies ist ausführlicher geschehen bei *F. Sack*, Strukturen und Prozesse in einem Delinquenzviertel Kölns, a.a.O. Nur soviel sei gesagt, daß keine der Arbeiten natürlich exakt unser Delinquenzgebiet betraf, sondern die – bei *Utecht* und *Michel* recht groben, bei *Conrad* sehr differenziert gebildeten – Gebietseinheiten überlappten sich mit dem von uns betrachteten jeweils nur partiell. Der besondere Wert dieser Arbeiten für die vorliegende Studie waren die verschiedenen historischen Zeitpunkte, die den empirisch erhobenen Befunden zugrunde lagen. Dadurch standen Informationen zur Verfügung, die in eine historische Analyse eingebracht werden konnten. In dieser Hinsicht hatte die Arbeit von *Conrad* insofern einen besonderen Wert, als sie selbst um eine zeitliche Tiefengliederung des Materials bemüht war.

[43] *E. Utecht*, a.a.O., S. 51.

[44] *E. Michel*, a.a.O., S. 48.

[45] Ausgezählt bei *R. Conrad*, a.a.O., Bd. II: Karten, Tabellen und Abbildungen, Karte XV.

[46] Die Angaben hierzu sind entnommen aus: *H. Wiethase*, Militärbauten, in: Köln und seine Bauten, a.a.O., S. 479–482.

[47] *R. Conrad*, Die Kölner Neustadt, a.a.O., S. 240.

[48] *E. Utecht*, a.a.O., S. 71. Diese Bemerkung bezieht sich global auf das als Hafenviertel ausgegrenzte Gebiet. Das Delinquenzgebiet ist nur partiell damit deckungsgleich. In einer beispielhaften genaueren Lokalisierung des Viertels werden indessen die »Ausgangsstraßen des Severinskirchplatzes« – ein Teil des Delinquenzgebietes – als besondere »Proletarierstraßen der Hafengegend« bezeichnet.

[49] *E. Michel*, a.a.O., S. 56, mit ebenfalls besonderer Erwähnung der Umgebung von St. Severin.

[50] *R. Conrad*, a.a.O., S. 259, 231, 226. Die Informationen von *Conrad* haben wir in der Studie, die diesem Bericht zugrundeliegt, zu einem Index verarbeitet, der die relative Stellung der einzelnen Viertel ausdrückt und der außerdem für eine Längsschnittanalyse verwendet worden ist; vgl. *F. Sack*, a.a.O. (Anm. 16), S. 177–257

51 *Lothar Lenz,* Die Mietkaserne in Köln, Bonner Staatswissenschaftliche Untersuchungen, Heft 14 (hrsg. von *H. von Beckerath, J. Schumpeter* und *A. Spiethoff),* Bonn und Leipzig 1930.
52 *E. Gothein,* a.a.O., S. 523.
53 Köln und seine Bauten, a.a.O., S. 201.
54 *L. Lenz,* a.a.O., S. 163.
55 *R. Conrad,* a.a.O., S. 94.
56 *A. Stooß,* Die städtebauliche Entwicklung der Stadt Köln, a.a.O., S. 375.
57 *L. Lenz,* a.a.O., S. 141.
58 *F. Scherz,* Gebäude für gewerbliche Zwecke, in: Köln und seine Bauten, a.a.O., S. 754–806, hier S. 785, spricht von der Belegung einer größeren Wohnhausgruppe im Bereich der Elsaßstr. durch das genannte Unternehmen.
59 Vgl. hierzu *L. Lenz,* a.a.O., S. 141 ff.
60 Vgl. hierzu *Lenz,* a.a.O., S. 27 ff., passim, bzw. die differenzierte Auswertung dieser und anderer Daten bei *F. Sack,* a.a.O. (Anm. 16). Die Präsentation der Ergebnisse bei *Lenz* knüpft an die frühere Stadtteilsgliederung an, geht aber auch teilweise darüber hinaus und differenziert bis hin zu Einzelstraßen. Für unsere Analyse waren besonders seine Ausführungen zum früheren 14. Polizeibezirk interessant, das »proletarische Herzstück« des Delinquenzgebietes.
61 Wir beziehen uns hier hauptsächlich auf die Arbeit von *Magoroh Maruyama,* The Second Cybernetics: Deviation – Amplifying Mutual Causal Processes, in: American Scientist 51 (1963), S. 164–179, abgedruckt und zitiert von: *Walter Buckley,* Hrsg., Modern Systems Research for the Behavioral Scientist, Chicago 1968, S. 304–313.
62 Alles Beispiele bei *Maruyama,* a.a.O., S. 304.
63 *Peter L. Berger* bemerkte in der Einleitung der von ihm herausgegebenen Anthologie: Marxism and Sociology. Views from Eastern Europe, New York 1969, S. IX, völlig zu Recht: »In contemporary Marxism there is an acute discomfort about this theoretical gap, which expresses itself, for example, in the search for what French Marxists have called ›mediations‹ – that is, mediations between the macro-structural developments ... and individual consciousness.« Aus der sozialistischen Kriminologie, die sich in den letzten Jahren immer stärker zur Geltung bringt, sind ähnliche theoretische Diskussionen und Interpretationen empirischer kriminologischer Befunde anzutreffen; vgl. etwa *Erich Buchholz, Richard Hartmann, John Lekschas* und *Gerhard Stiller,* Sozialistische Kriminologie. Ihre theoretische und methodologische Grundlegung, 2. erw. Auflage Berlin 1971, insbes. Teil I, 2. Kap., Teil II, 2. Kap., sowie Teil III.
64 *Fritz Sack,* Probleme der Kriminalsoziologie, a.a.O., *ders.,* Neue Perspektiven in der Kriminologie, in: *ders.* und *René König,* Hrsg., Kriminalsoziologie, Frankfurt a. M. 1968, S. 431–475; *ders.,* Selektion und Kriminalität, a.a.O., *ders.,* Definition von Kriminalität als politisches Handeln: der labeling approach, in: Kriminologisches Journal 1/1972, S. 3–31.
65 In diesem Zusammenhang ist die Bemerkung *Bergers* aufschlußreich, der von einer »recent wave of interest in phenomenology among Marxists in Eastern Europe« (Marxism and Sociology, a.a.O., S. X) spricht, was unmittelbar konvergiert mit zumindest der »ethnomethodologischen« Variante des labeling approach.
66 *Albert G. Hess,* History and the Criminologist, in: Experta Criminologica 6 (1966), S. 322–326. Der Autor berichtet dort von weniger als 15 »historical projects«, die er unter insgesamt 2600 registrierten Projekten des Information Center of Crime and Delinquency of the National Council of Crime and Delinquency ausgemacht habe. Sechs Jahre später hat der gleiche Verfasser – zusammen mit zwei Mitarbeitern – auf Grund einer informellen und unvollständigen Erhebung unter Kriminologen insgesamt 204 Forscher mit zusammen 257 Projekten oder Interessengebieten identifizieren können, die in irgendeiner Form – nach Theorie, Methode oder Gegenstand – historisch auf dem Felde der Kriminologie arbeiten; vgl. *ders., William J. Mackin* und *Cheryl A. Avenel,* Current Studies on the History of Crime and Violence, Unedited Working Draft, State University of New York, University College at Brockport, New York – Department of Sociology, Februar 1972.

DER WACHSTUMSPROZESS IN DEN ÖSTERREICHISCHEN GROSS-STÄDTEN 1869–1910

Eine historisch-demographische Untersuchung

Von William H. Hubbard

In der Mitte des 19. Jahrhunderts stellte das Habsburgische Österreich noch eine überwiegend ländliche Gesellschaft und Wirtschaft dar [1]. Über drei Viertel der Bevölkerung wohnten auf dem Lande in Ortschaften mit weniger als 2000 Einwohnern. Nur in zwei Städten, Wien und Prag, lebten mehr als 100 000 Einwohner, und nur sechs andere Städte wiesen eine Bevölkerungszahl von über 20 000 auf. Zusammen haben in diesen größeren Gemeinden um 1850 etwa 5 Prozent der Gesamtbevölkerung des Staates gewohnt [2].

In den Jahren bis zum Ersten Weltkrieg erfolgte jedoch eine grundlegende Verschiebung in der räumlichen Verteilung der österreichischen Bevölkerung. Die Bauernbefreiung, die Auflockerung der alten Gewerbeordnungen sowie allgemeine wirtschaftliche und demographische Wandlungen verursachten eine Verstädterung der Bevölkerung. Zwischen 1850 und 1910 hat sich die Zahl der Bewohner in Ortschaften mit über 2000 Einwohnern mehr als verdoppelt; in solchen »städtischen« Ortschaften lebten jetzt 43 Prozent der Staatsbevölkerung. Diese Verstädterung war auch ziemlich gleichmäßig auf die einzelnen Länder verteilt. Unter den fünf volkreichsten Ländern Österreichs, in denen zusammen drei Viertel der Staatsbevölkerung wohnten, hatte nur die Steiermark eine städtische Bevölkerung, die noch 1910 unter 40 Prozent lag [3].

Bis heute ist die Geschichte des Verstädterungsprozesses in der Habsburger Monarchie fast völlig vernachlässigt worden, ja selbst eine geschichtliche Darstellung der neuzeitlichen österreichischen Kommunalverwaltung liegt erst seit kurzem vor [4]. Die folgende Untersuchung versucht, in der Skizzierung quantitativ erfaßbarer Strukturwandlungen in den sieben größten Städten des Staates: Wien, Graz, Triest, Prag, Brünn, Lemberg und Krakau, Ansatzpunkte für sozialgeschichtliche Studien herauszuarbeiten. Den Kern der Untersuchung bildet eine breitgefächerte demographische Analyse; sie zeigt am deutlichsten Verbindungslinien zwischen den Interessen und Problemen des Sozialhistorikers und des Soziologen [5]. Ferner ermöglicht sie eine klare Perspektive für spätere eingehendere vergleichende historische und soziologische Studien der Entwicklung der österreichischen Städte. Im übrigen hält sich die nachfolgende Darstellung an *Joseph Schumpeter,* der einmal geraten hat: »Wir brauchen Statistiken nicht nur, um Fragen zu erklären, sondern auch, um genau zu wissen, was erklärt werden muß« [6].

Zunächst sind Größe und Wachstum der sieben genannten Städte in Betracht zu ziehen. Ihre Bevölkerung hat sich in den vier Jahrzehnten zwischen 1869 und 1910 verdoppelt, und deren Anteil an der Staatsbevölkerung ist von 7 auf fast 11 Prozent gestiegen [7]. Die Zunahme in den einzelnen Städten war natürlich sehr unterschiedlich. Legt man die jeweiligen Stadtgrenzen von 1869 und 1910 zugrunde, so ist die Bevölkerung von Krakau und Wien um mehr als 130 Prozent gewachsen, während Prag mit einem Bevölkerungszuwachs von lediglich 36,8 Prozent vergleichsweise zurückgeblieben ist [8]. Allerdings beziehen sich diese Daten auf die rechtlichen Stadtgrenzen; sie lassen daher Vororte, die nicht eingemeindet sind, außer Betracht – auch wenn diese wirtschaftlich und soziologisch gesehen der Stadt zugehören. Von hier aus sind die oben genannten Zahlen zu relativieren: Wien und Krakau haben vor 1910 Eingemeindungen unternommen, wodurch in beiden Fällen das Stadtgebiet verdreifacht wurde. Auf der anderen Seite sind die rechtlichen Grenzen der anderen Großstädte bis zur Auflösung der Monarchie fast unverändert geblieben.

Tabelle 1: Das absolute Wachstum der Bevölkerung in den österreichischen Großstädten bzw. städtischen Wohnplätzen (1869–1910)

		1869 a	1880	1890	1900	1910
Wien:	St.	607 514	725 658	1 364 548	1 674 957	2 031 498
	s. W.	894 000	1 166 215	1 434 958	1 774 712	2 091 916
Graz:	St.	81 119	97 791	112 069	138 080	151 781
	s. W.	90 312	111 487	129 986	162 561	186 782
Triest:	St.	70 274	74 544	120 333	134 143	160 993
	s. W.	123 098	141 709	155 471	178 599	229 510
Prag:	St.	157 713	162 323	182 530	201 589	223 741
	s. W.	232 146	305 093	385 365	499 696	595 702
Brünn:	St.	73 771	82 660	94 462	109 346	125 737
	s. W.	90 773	104 110	127 459	156 380	192 698
Lemberg:	St.	87 109	109 746	127 943	159 877	206 113
	s. W.	91 799	117 281	138 291	177 063	239 396
Krakau:	St.	49 835	66 095	74 593	91 323	151 886
	s. W.	65 477	88 202	112 154	148 581	185 205

St. = Stadt, d. h. das rechtliche Territorium.
s. W. = städtischer Wohnplatz, d. h. die Stadt samt deren nächsten Vororten. Für Triest heißt dieses »Triest samt Gebiet«.
a Ohne Militär.

Quelle: Österreichisches Städtebuch 14 (1912), S. 8; *Richard Engelmann*, »Österreichs städtische Wohnplätze mit mehr als 25 000 Einwohnern Ende 1910«, in: Statistische Monatsschrift 40 (1914), S. 452–455.

Um diesem Umstand gerecht zu werden, wird in Tabelle 1 dem Zuwachs der Bevölkerung in den rechtlichen Grenzen der Städte der in den städtischen Wohnplätzen gegenübergestellt. Legt man die städtischen Wohnplätze als Maß zugrunde, so zeigen sich die größten Wachstumsraten bei den Städten, die in ihrem rechtlichen Territorium nur eine geringe Zunahme aufgewiesen haben. So besaß Prag 1910 eine absolute Bevölkerungszahl von über einer halben Million. Die Stadt ist damit in den vierzig Jahren von 1869 bis 1910 um fast 50 Prozent bzw. am zweitschnellsten von den untersuchten österreichischen Städten gewachsen (vgl. Tabelle 2). Ähnliches gilt für Brünn, dessen Einwohnerzahl im städtischen Wohnplatz bedeutend stärker anstieg als im eigentlichen Stadtterritorium. Etwas überraschend ist dagegen die vergleichsweise ruhige Bevölkerungsentwicklung Triests: als städtischer Wohnplatz zeigt Österreichs Hafen die kleinste Zunahme unter den sieben Großstädten [9]. Ferner ist es beachtenswert, daß das österreichische Städtesystem auch unter diesem weiteren Gesichtspunkt noch durch eine »primate city«, die um ein Viertel größer ist als die sechs nächstgrößten Städte zusammengenommen, beherrscht wird (vgl. Tabelle 3) [10].

Tabelle 2: Das prozentuale Wachstum der Bevölkerung in den städtischen Wohnplätzen Österreichs (1869–1910)

	1869a–1880	1880–1890	1890–1900	1900–1910	1869–1910
Wien	30,4	23,0	23,7	17,9	134,0
Graz	17,1	16,6	25,1	14,9	96,2
Triest	15,2	9,0	14,0	29,1	84,7
Prag	26,6	26,3	29,7	19,2	147,1
Brünn	10,6	22,4	22,7	23,2	104,6
Lemberg	19,6	17,9	28,0	35,2	144,0
Krakau	22,9	27,2	32,5	24,6	158,0
Zusammen	24,2	22,1	24,7	20,1	127,1

a Militär für 1869 geschätzt.

Quelle: Wie Tabelle 1.

Tabelle 3: Die Größe der städtischen Wohnplätze Österreichs in Prozent der Größe Wiens (1869–1910)

	1869	1880	1890	1900	1910
Wien	100,0	100,0	100,0	100,0	100,0
Prag	25,9	26,2	26,8	28,2	28,5
Lemberg	10,3	10,0	9,6	10,0	11,4
Triest	13,0	11,8	10,4	9,6	10,5
Brünn	10,2	8,9	8,9	8,8	9,2
Graz	10,1	9,6	9,0	9,2	8,9
Krakau	7,3	7,6	7,8	8,4	8,8

Quelle: Errechnet auf Grund der Daten in Tabelle 1.

Das Wachstum der sieben Großstädte ist in ungefähr gleichem Rhythmus vor sich gegangen. Man kann zwei Höhepunkte der Verstädterung in Österreich erkennen: die 70er und die 90er Jahre des 19. Jahrhunderts. Die Flaute der 80er Jahre war nicht so stark wie die nach der Jahrhundertwende, als für Wien, Graz, Prag und Krakau bedeutende Abnahmen der Zuwachsraten zu verzeichnen waren. Nur Triest und Lemberg haben eine gegenteilige Entwicklung genommen und sich nach 1900 stärker vergrößert als früher. Die beiden Höhepunkte des Bevölkerungswachstums weisen eine deutliche Beziehung zu den zwei Haussen der österreichischen Industrialisierung auf. Dies kann hier nur angedeutet, nicht ausgeführt werden; denn die vorliegende Abhandlung beschäftigt sich vor allem mit den demographischen Momenten des städtischen Wachstums [11].

Wie ist der Zuwachs zustande gekommen? Die Bevölkerungsentwicklung innerhalb eines begrenzten Gebiets wird durch zwei Faktoren beeinflußt: 1. durch den natürlichen Zuwachs, wie er sich aus den Geburten und Sterbefällen errechnen läßt; 2. durch die Zu- und Abwanderung [12]. Der Geburtenüberschuß wird durch Strukturdaten wie Geschlechts- und Altersgliederung, hygienische Verhältnisse, Lebensniveau sowie durch die moralische Kultur bestimmt; die Binnenwanderung wird maßgeblich von dem wirtschaftlichen Gefälle zwischen Wanderungsziel und Ursprungsort beeinflußt. Natürlich schließen sich die beiden Faktoren nicht aus. Die Zusammensetzung des Wanderungsstroms kann auf die natürliche Zuwachsrate einwirken; jüngere, ledige Zuwanderer können bewirken, daß sich die Geburtenrate erhöht; dagegen werden ältere Zuwanderer eher die Sterblichkeit vergrößern.

Meistens wird betont, daß die Verstädterung nur durch die Ansiedelung nichtstädtischer Personen in der Stadt zustande gekommen ist [13]. Jedoch hat *Adna F. Weber* in seiner klassischen Untersuchung »The Growth of Cities in the Nineteenth Century« die überzeugende These aufgestellt, der entscheidende Faktor der Städtevergrößerung sei der natürliche Zuwachs [14]. Die österreichischen Daten sind in diesem Zusammenhang sehr interessant [15]. Jede der behandelten Großstädte wies eine stete Verminderung der Sterbeziffer zwischen 1871 und 1910 auf. Wien hatte den größten Rückgang mit einem Abfall von 50 Prozent; das kleinste Absinken zeigten Lemberg und Graz (vgl. Diagramme 1–8, Kurve B). Die Entwicklung der Geburtenziffern war dagegen nicht so einheitlich. In Wien und Prag ist die Geburtenziffer in den 70er Jahren sehr hoch gewesen: auf 1000 Einwohner kamen über 40 Lebendgeborene; die Zahl fiel dann ständig und lag im Jahre 1910 bei etwa 25 Lebendgeborenen. Auch in Brünn nahm die Geburtenhäufigkeit langsam und stetig ab. Die anderen Großstädte zeigten ein anderes Bild. Für Graz, Triest, Krakau und Lemberg hat die Geburtenkurve eher einen wellenartigen Verlauf mit Höhepunkten in den 70er und 90er Jahren. Für Krakau und Graz zeigt die Kurve in den 70er und 80er Jahren eine kritische demographische Entwicklung. Nach den Statistiken haben Prag und Brünn während dieser Zeit dieselben Probleme gehabt.

In diesem Zusammenhang ist es jedoch wichtig, *Thomas Hollingsworths* Hinweis auf »die Wichtigkeit der Datenqualität in der historischen Demographie« zu berücksichtigen [16]. Die Daten, die soeben erwähnt wurden und die den Diagrammen 1–8 zugrunde liegen, beziehen sich auf die Geburten und Sterbefälle, die bei den städtischen Standesämtern eingetragen worden sind. Jedoch ist eine Stadt kein in sich abgeschlossener Bevölkerungskörper; Spitäler, Findlingsheime und ähnliche Anstalten ziehen auch Einwohner vom Lande in die Städte, um dort zu sterben oder zu gebären. Die amtlichen Eintragungen können daher dann zu einer irreführenden Vorstellung von der Bevölkerungsentwicklung führen, wenn eine bedeutende Anzahl von Auswärtigen die Geburten- und Sterbeziffern inflationiert. Das heißt, die »wahren« Bevölkerungsdaten wären für die Stadt sehr schwer festzulegen.

Das Phänomen der Mortalitätsinflation war vor allem in vier Städten: Graz, Prag, Brünn und Krakau gegeben. Der größte Anteil von Fremden an der Sterblichkeitsziffer ist in Krakau und Prag zu konstatieren; in beiden Fällen lag der Anteil der Nichtortsansässigen ständig bei etwa 30 Prozent der registrierten Todesfälle [17]. Die Sterbeziffer Brünns ist dadurch durchschnittlich um ein Viertel höher, während Graz zwischen 15 und 25 Prozent ortsfremde Tote in seinen amtlichen Eintragungen ausgewiesen hat. Vor der großen Eingemeindung von 1890 haben Fremde ca. 10 Prozent der eingetragenen Sterbefälle in Wien ausgemacht; später ist ihr Anteil bedeutend abgefallen und hat nur noch belanglose 3 bis 5 Prozent betragen. Dieselbe Entwicklung gilt für Lemberg; seit der Jahrhundertwende haben Fremde die Sterbeziffern der Stadt um weniger als 10 Prozent erhöht. Triest nahm dagegen eine Sonderstellung ein; hier ist zu keiner Zeit ein bedeutender Anteil von Fremden an den registrierten Todesfällen zu verzeichnen.

Die Bedeutung der Mortalitätsinflation ist sofort einsichtig, wenn wir uns den bereits erwähnten demographischen Krisen zuwenden. Die »Krisen« verschwinden nämlich, sobald die auswärtigen Toten aus den Sterbeziffern herausgenommen werden. Das gilt vor allem für Brünn und Krakau. Nach den ursprünglichen Daten schien es so, als ob der jährliche Geburtenüberschuß in beiden Städten zwischen 1881 und 1910

Tabelle 4: Natürliche und wirkliche Zuwachsrate (Jahresdurchschnitt) für die österreichischen Großstädte (1881–1910)

	1881–1890		1891–1900		1901–1910		1881–1910	
	n. Z.	w. Z.	n. Z.	w. Z.	n. Z.	w. Z.	n. Z.	w. Z.
Wien a	12,2	14,5 (61,1)	11,3	20,4	9,3	19,2	10,9	18,1 (33,6)
Graz	2,6	13,6	6,4	20,8	10,9	9,4	6,7	14,6
Triest samt Gebiet	3,9	8,4	3,7	12,6	8,2	24,9	5,2	15,3
Prag	12,4	11,7	13,1	9,9	10,4	10,4	12,0	10,7
Prag und Vororte	9,6	19,5	11,4	20,7	7,0	21,4	9,3	20,5
Brünn	4,3	13,3	9,8	14,6	9,3	13,9	7,8	14,0
Lemberg	6,6	15,3	12,7	22,2	12,0	25,3	10,4	20,9
Krakau a	7,8	12,1	13,1	20,2	10,4	18,8 (49,8)	10,4	17,0 (27,4)
Österreich	8,4	7,6	10,7	9,0	11,4	8,8	10,2	8,5

n. Z. = natürliche Zuwachsrate: Geburtenüberschuß je 1000 Einwohner.
w. Z. = wirkliche Zuwachsrate: die tatsächliche Vermehrung der Bevölkerung, ermittelt durch die Volkszählungen und in Promille per annum ausgedrückt.
a Die Angaben in Klammern berücksichtigen zusätzlich die bis zum jeweiligen Zeitpunkt erfolgten Eingemeindungen.

Quelle: Errechnet auf Grund von Tabelle 1 und den Diagrammen.

durchschnittlich weniger als eine Person je 1000 Einwohner gewesen wäre. Die verbesserten Sterbeziffern haben die natürlichen Zuwachsraten für Brünn bzw. Krakau auf das »gesundere« Niveau von 7,8 bzw. 10,4 erhöht (vgl. Tabelle 4). In Prag hat sich auch nach der Eliminierung der auswärtigen Sterbefälle der Geburtenüberschuß vergrößert: von 3,2 auf 12,0 je 1000 Einwohner für die Jahre 1881 bis 1910. Hier überstieg die natürliche Zuwachsrate sogar die wirkliche – eine Anomalie, die verschwindet, wenn man die Prager Vororte in die Betrachtung miteinbezieht.

Auswärtiger Einfluß auf die Geburtenziffer ist sehr viel schwieriger zu erfassen. Es gibt darüber für Österreich keine veröffentlichten Statistiken. Nur durch ein gründliches Studium der Akten bezüglich der Herkunft bzw. dem Wohnort der Mütter würde diese Frage mit einiger Genauigkeit beantwortet werden können. Jedoch kann man das Phänomen auch indirekt wenigstens annähernd in den Griff bekommen, indem man etwa die Zahl der für ein bestimmtes Jahr ausgewiesenen Kinder unter fünf Jahren mit den Lebendgeborenen der vorhergehenden fünf Jahre (nach Abzug der Sterbefälle in diesen Altersgruppen) vergleicht. Auf Grund dieser Berechnungsweise machten beispielsweise die auswärtigen Geburten folgende Anteile an den bei der Volkszählung Ende 1910 insgesamt ermittelten Geburten aus: Wien: 11 Prozent; Graz: 40 Prozent; Prag: 34 Prozent; Prag und Vororte: 8,5 Prozent; Brünn: 23 Prozent und Lemberg: 19 Prozent. Triest hatte keinen Rückstand aufgewiesen; die Daten für Krakau konnten wegen der großen Eingemeindung unmittelbar vor der Volkszählung nicht berechnet werden [18].

Jedoch erreichen wir mit diesen Berechnungen unser Ziel nicht ganz, denn die Rückstände werden nicht nur dadurch verursacht, daß unverheiratete Mütter vom Lande ihre Kinder in den städtischen Entbindungsanstalten zur Welt bringen und dann wieder aufs Land zurückkehren, sondern sie sind auch die Folge der Abwanderung kinderreicher Familien. Man kann also, was die Geburtenziffer angeht, zur Zeit keine völlig zuverlässige quantitative Aussage machen. Deshalb sind die natürlichen Zuwachsraten in Tabelle 4 auf Grund der eingetragenen Geburtenziffern und der verbesserten Sterbeziffern berechnet worden.

Die Binnenwanderung hat einen großen Teil zum Wachstum der österreichischen Großstädte – mit Ausnahme Prags – beigetragen. Die meisten Untersuchungen über Wanderungen unterstreichen die Bedeutung der Entfernung zwischen Ausgangsort und Wanderungsziel. In seiner Arbeit über die englische Wanderung im Zeitalter der Frühindustrialisierung behauptet *Arthur Redford,* daß Entfernung und Wanderungsfälle in umgekehrter Beziehung stehen: je weiter die Entfernung desto weniger Wanderer [19]. Jedoch gibt es andere maßgebende Umstände, nämlich die Größe, die Wirtschaftskraft und die Lage der Orte in der Bahn des Wanderungsstroms, die ebenfalls berücksichtigt werden müssen. Ein weiteres wichtiges Element für die Struktur der Wanderungsbewegung ist die sozio-ökonomische Zusammensetzung. Fachlich unausgebildete, ledige junge Männer weisen ein anderes Wanderungsverhalten auf als verheiratete Beamte; die Wanderungsneigung von Pensionären oder Rentiers ist wiederum anders gestaltet. Für die Binnenwanderung im Habsburgischen Österreich kam schließlich ein, vielleicht das entscheidende Moment in Betracht: die Nationalität.

Untersuchungen über Binnenwanderungen sind häufig auf unzulängliche Informationsquellen angewiesen [20]. Selbst der Umfang der Wanderung kann meistens, wie auch in der vorliegenden Arbeit, nur indirekt durch einen Vergleich des natürlichen Wachstums mit den Ergebnissen der Volkszählung berechnet werden. Weiterhin sind verschiedene, wichtige Details über die Zusammensetzung des Wanderungsstroms: geographische Herkunft, soziale Struktur vor und nach der Wanderung, Alter, Zivilstand usw., meistens nur indirekt oder unvollkommen zu erfassen. In Österreich kann man sich der Volkszählungsdaten über die Heimatberechtigung der Stadtbevölkerung bedienen, um wenigstens im Ansatz die Herkunft der Zuwanderer zu erforschen. Das Heimatrecht regelte die gesetzliche Gemeindezugehörigkeit einer Person und verlieh ihr das Recht ungestörten Aufenthalts und auch den Anspruch auf ständige Armenunterstützung seitens der Heimatgemeinde. Nach dem Heimatgesetz von 1863 war es sehr schwierig, die Heimatgemeinde zu wechseln; die Gemeinderäte besaßen die alleinige Entscheidungsbefugnis über Änderungsanträge, und wegen der möglichen Belastung des städtischen Armenfonds nahmen sie nur wenige Einwanderer in den Heimatverband auf. Die relative Starrheit der Praktizierung des Heimatrechts in den Großstädten ermöglicht die Verwendung der Heimatberechtigung als Indiz für die geographische Herkunft der Zuwanderer [21].

Dem Einzugsgebiet gemäß teilen sich die sieben Großstädte Österreichs in zwei ausgeprägte Gruppen: Prag sowie Lemberg und Krakau haben den überwiegenden Anteil ihrer Einwanderer aus dem eigenen Land, aus Böhmen resp. Galizien, bezogen. Unter ihnen besaß nur Krakau ein überregionales und ausländisches Element von mehr als 10 Prozent (vgl. Tabelle 5). Lemberg und Prag, beides Hauptstädte, die im Zentrum

Tabelle 5: Die Einwohner der österreichischen Großstädte nach ihrer Heimatberechtigung (1869–1910)

		Von je 1000 ortsanwesenden Personen sind heimatberechtigt			
		in der Aufenthaltsgemeinde	in einem anderen Bezirk desselben Landes	im sonstigen Inland	im Ausland
Wien	1869	?	?	?	?
	1880	346	130	395	129
	1890	349	121	420	110
	1900	380	114	400	106
	1910	551	82	270	97
Graz	1869	427	321	234	18
	1880	293	532	192	87
	1890	218	442	248	92
	1900	192	444	260	104
	1910	407	304	195	94

Tabelle 5 (Fortsetzung)

		Von je 1000 ortsanwesenden Personen sind heimatberechtigt			
		in der Aufenthaltsgemeinde	in einem anderen Bezirk des selben Landes	im sonstigen Inland	im Ausland
Triest	1869	?	–	?	?
	1880	402	–	378	219
	1890	456	–	404	140
	1900	417	–	428	155
	1910	536	–	296	168
Prag	1869	?	?	?	?
	1880	280	666	31	23
	1890	251	697	32	20
	1900	207	742	38	13
	1910	430	525	34	11
Brünn	1869	416	409	154	21
	1880	354	485	140	21
	1890	314	505	161	20
	1900	279	530	173	18
	1910	496	371	117	16
Lemberg	1869	661	299	26	14
	1880	560	385	37	18
	1890	433	510	39	18
	1900	524	430	28	18
	1910	462	488	26	24
Krakau	1869	729	210	35	26
	1880	506	365	61	68
	1890	404	491	48	57
	1900	355	536	56	53
	1910	380	487	62	71

Quelle: Österreichisches Städtebuch 1 (1887), o. S.; Österreichische Statistik, 5. Jg., Heft 3, S. 3–5; 64. Jg., Heft 1, S. XXVII–XXVIII; N. F. 2. Jg., Heft 1, S. 2–157; *Heinrich Rauchberg*, »Der Zug nach der Stadt«, in: Statistische Monatsschrift 19 (1893), S. 143.

ihrer volkreichen Länder lagen, holten weniger als 5 Prozent ihrer Bevölkerung aus Gebieten außerhalb Galiziens resp. Böhmens.

Demgegenüber spielte in der Entwicklung der anderen Großstädte die zwischenländische Wanderung eine weitaus größere Rolle. Wenn man von Triest wegen seiner Sonderstellung als Reichsgebiet absieht, zeigte die k. k. Reichshaupt- und Residenzstadt Wien den größten Anteil überregionaler Einwanderer. Im Jahre 1900 war die volle

Hälfte der Wiener Bevölkerung außerhalb Niederösterreichs heimatberechtigt. Der Umfang der Zuwanderer aus anderen Ländern war nicht ganz so groß in Graz und Brünn, aber auch hier machten sie ein Drittel bzw. ein Viertel der Stadtbevölkerung aus. Für 1890 und 1900 kann man Gebürtigkeit und Heimatberechtigung gegenüberstellen. Dabei werden etwaige ortsgebürtige Kinder von Zuwanderern der einheimischen Bevölkerung zugerechnet; trotz der Unterschiede der beiden Kriterien ist die Grundtendenz des Wanderungsstroms die gleiche (vgl. Tabelle 6 mit den entsprechenden Daten in Tabelle 5).

Tabelle 6: Die Einwohner der österreichischen Großstädte nach ihren Geburtsorten (1890, 1900)

		Von je 1000 ortsanwesenden Personen sind geboren			
		in der Aufenthaltsgemeinde	in einem anderen Bezirk desselben Landes	im sonstigen Inland	im Ausland
Wien	1890	447	114	338	101
	1900	464	112	327	97
Graz	1890	333	309	205	89
	1900	309	380	213	98
Triest	1890	609	–	297	94
und Gebiet	1900	596	–	305	99
Prag	1890	406	546	33	15
	1900	369	572	43	16
Brünn	1890	381	455	142	22
	1900	388	440	151	21
Lemberg	1890	472	465	35	28
	1900	447	488	31	34
Krakau	1890	425	449	44	82
	1900	397	472	56	75

Quelle: Rauchberg, a.a.O., S. 143; Österreichische Statistik, 63. Jg., Heft 2, S. 48–54.

Auf Grund der Volkszählung von 1890 ist es möglich, weitere Aspekte der Binnenwanderung in Österreich zu erfassen [22]. In diesem Aufsatz werden wir uns dabei auf eine Untersuchung der Lage in Graz beschränken. Wie aus den Tabellen 5 und 6 ersichtlich ist, entstammte die größe Anzahl der Zuwanderer dem Land, in dem die Stadt liegt, der Steiermark. Im Jahr 1890 hatte jeder politische Bezirk in der Mittelsteiermark, das ist das unmittelbare Umland von Graz, mehr als 3000 Wanderer in die Stadt gesandt, während die Bezirke der Ober- und Untersteiermark je etwas über 1000 abgegeben haben [23]. Im gleichen Jahr stammte nahezu ein Drittel der Stadtbevölkerung aus anderen Ländern der österreichisch-ungarischen Monarchie. Etwa 7 Prozent kamen aus Ungarn, hauptsächlich aus den Grenzgebieten; nach Wien hatte Graz unter den sieben Großstädten die höchste Anzahl ungarischer Staatsbürger. Unter den zisleithanischen Ländern hat das Nachbarland Kärnten die meisten Zuwanderer abgegeben, Böhmen und Niederösterreich lagen aber nicht weit dahinter. Auch krainische und mährische Einheimische haben sich in beachtlicher Zahl in der Hauptstadt der »grünen Mark« angesiedelt. Diese über die Ländergrenzen gehende Wanderung hat jedoch keine wesentlichen nationalen Minderheiten in Graz hervorgebracht, wie dies in Wien der Fall war. Die Einwanderer sind fast ausschließlich Volksdeutsche gewesen. Unter den nichtdeutschen Bewohnern von Graz waren die Slowenen im Jahre 1890 am stärksten vertreten; ihr Anteil an der Grazer Stadtbevölkerung betrug jedoch weniger als 1 Prozent [24].

Die Zusammensetzung der Zuwanderer nach dem Geschlecht ändert sich mit der Entfernung zwischen Graz und dem Herkunftland der Wanderer. Unter den Steirern überboten die Frauen die Männer um fast 10 Prozent. Dies ist eine Folge des großen Bedarfs an Hausangestellten in der Stadt. In der Fernwanderung, d. h. bei denen, die von außerhalb der Steiermark, aber aus Österreich zuwanderten, waren die Männer in der Überzahl. Leider können wir über die Beziehung zwischen Zivilstand und Wanderung keine quantitativen Aussagen machen. Jedoch scheint der Zivilstand der Zuwanderer in enger Verbindung mit deren sozialer Stellung gestanden zu haben. Zeitgenossen haben stets betont, daß Graz seinen Wohlstand dem stetigen Zuzug wohlhabender Familien verdankte [25]. Diese Behauptung wird auch allgemein durch die Statistiken bestätigt; mehr als 40 Prozent der Berufstätigen in den freien Berufen und der »Rentierklasse« waren außerhalb des Landes geboren; überdies stammten 36 Prozent der Angehörigen dieser sozialen Gruppen nicht aus der Steiermark. Dagegen waren 56 Prozent der Einwohner in der Berufsklasse Industrie und Gewerbe, in der Arbeiter die Mehrheit bildeten, gebürtige Grazer, und dies, obwohl nur 28 Prozent der Berufstätigen dieser Klasse in der Stadt geboren waren. Daraus kann man schließen, daß ein großer Anteil der Arbeiterbevölkerung ebenfalls von außerhalb kam und nach dem Eintreffen in der Stadt geheiratet und Familien begründet hat.

Die Wanderung in Graz weist ferner eine eindeutige Wechselwirkung zwischen Entfernung und sozio-ökonomischer Position auf. Im Jahre 1890 stammte kaum ein Fünftel der Tagelöhner aus Gebieten außerhalb der Steiermark, dagegen mehr als ein Drittel der Selbständigen. Fast die Hälfte der Angestellten ist aus ferneren Gebieten der österreichisch-ungarischen Monarchie gekommen. In allen drei Kategorien beträgt der Anteil an der eigentlichen Geburtsbevölkerung der Stadt etwa 25 Prozent (vgl. Tabelle 7).

Die steirischen Zuwanderer haben besonders in den Berufen, die nur eine geringe Ausbildung verlangten oder rasch expandierten, einen Platz gefunden (vgl. Tabelle 8). Die größte Zusammenballung von Steirern fand sich unter den Dienstboten, Kleinwarenhändlern und Gasthausbesitzern: mehr als die Hälfte der in jedem dieser Berufe Tätigen ist auf dem Lande um Graz geboren. Die Haushalte der oberen Mittel- und der Oberschicht benötigten stets zahlreiche Dienstboten. Die Fluktuation in diesen Berufen war zudem außerordentlich groß. In den 80er Jahren wurden im Monatsdurch-

Tabelle 7: Die Grazer Bevölkerung nach Geburtsort und sozialer Stellung im Jahre 1890 a

	Von je 1000 Personen in der sozialen Stellung sind geboren			
	in Graz	in der Steiermark (außer Graz)	im sonstigen Inland	im Ausland
Selbständige	248	380	258	114
Angestellte	240	302	333	125
Arbeiter	281	442	189	88
Taglöhner	265	550	92	93
Bedienstete	123	577	218	82
Zusammen	244	428	228	100
Angehörige ohne Beruf	506	262	159	73

a Ohne Militär.

Quelle: Österreichische Statistik, 33. Jg., Heft 4, S. 101–103.

Tabelle 8: Die Grazer Bevölkerung nach Geburtsort und Erwerbszweig im Jahre 1890 a

	Von je 1000 Personen im Erwerbszweig sind geboren			
	in Graz	in der Steiermark (außer Graz)	im sonstigen Inland	im Ausland
Land- und Forstwirtschaft	269	559	86	86
Industrie und Gewerbe	286	406	211	97
Handel und Verkehr	211	499	200	110
Öffentlicher Dienst, freie Berufe, Rentiers, usw.	257	336	286	121

a Ohne Militär und Bedienstete.

Quelle: Österreichische Statistik, 33. Jg., Heft 4, S. 98–101.

schnitt ca. 1600 An- und Abmeldungen von Dienstboten, das ist fast ein Fünftel der Gesamtzahl der bei der Volkszählung von 1890 ermittelten Bediensteten, registriert [26]. Die Anstellung als Bedienstete in einem »guten Haus« war die Eintrittskarte in die städtische Gesellschaft für die jungen Mädchen vom Lande. Viele haben sich dann verheiratet und mußten für ihre eigenen Familien sorgen. Eine nicht geringe Zahl sind unverehelichte Mütter geworden und haben in dieser Weise zum Wachstum der Stadt beigetragen [27].

Transportwesen und Bauindustrie wiesen den stärksten Anteil männlicher Steirer auf. Beide Berufe verlangten Fertigkeiten, über die ein auf dem Lande Aufgewachsener am ehesten verfügte. Überdies mußte die Arbeit bei beiden Berufen meistens in der freien Luft und oft unregelmäßig ausgeübt werden; sie verlangte also einen weniger scharfen Bruch mit der ländlichen Arbeitsweise als die Fabrikbeschäftigung.

Die einheimische Arbeiterbevölkerung hat am ehesten solche Berufe, die entweder eine besondere Fachausbildung verlangten oder eine gewisse Tradition in der Stadt besaßen, ausgeübt. In Graz waren die Papier-, Leder-, Textil- und Bekleidungsindustrien bereits vor 1860 bedeutende Arbeitgeber. Alle vier Industrien haben sich nur langsam ausgedehnt und brauchten deshalb nicht in ungewöhnlichem Maße auf zugewanderte Arbeitskräfte zurückgreifen. Im Jahre 1890 machten die Einheimischen hier noch über 30 Prozent der Beschäftigten aus. Im polygraphischen Gewerbe und in der Metallverarbeitung (ohne die eisenverarbeitende Industrie) bewirkten beide oben erwähnten Momente, Fachausbildung und Tradition, die Aufrechterhaltung der einheimischen Gruppe. Sie bildete sogar die absolute Mehrheit der Arbeiter in der Druckindustrie, obgleich nur 18 Prozent aller Beschäftigten Steirer waren.

Die Fernwanderer beherrschten die besseren und die spezifisch großstädtischen Berufsgruppen. Ihre stärkste Dichte besaßen sie sowohl absolut wie relativ unter den berufslosen Selbständigen und den Rentiers, von denen über die Hälfte aus Gebieten außerhalb der Steiermark stammte. Entsprechend dem Ruf der Stadt als »Pensionopolis« war eine hohe Anzahl von auswärtigen Rentiers zu erwarten. Die Fernwanderer haben jedoch auch im Kreditwesen und in den freien Berufen dominiert. Überraschend hohe Anteile hatten sie an den Beschäftigten in der Eisenverarbeitung und der Maschinenindustrie: nämlich jeweils über 40 Prozent.

So weit haben wir nur diejenigen Zuwanderer behandelt, die sich in Graz länger aufgehalten haben und zur Zeit der Volkszählung anwesend waren. Diese geben aber nicht Auskunft über das Wanderungsphänomen als Ganzes. Ein Einblick in das umfassendere Phänomen ist aus den polizeilichen Meldebüchern, auch wenn diese in vielerlei Hinsicht schlecht geführt sind, zu gewinnen. Zwischen 1884 und 1891 haben durchschnittlich 6000 Haushalte jedes Jahr Graz verlassen; zur selben Zeit sind jährlich etwa 14 000 Haushalte zugezogen [28]. Saisonarbeiter bildeten einen großen Teil dieser Zu- und Abwanderung; die meisten Zuzüge haben im April und Mai, die meisten Wegzüge im Oktober stattgefunden. Genaue Daten fehlen für den Rest der 90er Jahre, aber 1901 hat sich der Wanderungsstrom so verstärkt, daß 26 000 zuziehende und 17 000 fortziehende Haushalte registriert wurden. Selbst wenn man eine Haushaltsgröße von nur einer Person annehmen würde, hätte Graz einen jährlichen Bevölkerungsaustausch von etwa 10 Prozent der Gesamtbevölkerung erfahren [29].

Zur soziologischen Bedeutung der Wanderung in Graz lassen sich sicherlich zwei allgemeine Behauptungen formulieren: 1. die Wanderung hat im Laufe der Zeit die einheimische Grazer Bevölkerung völlig überschwemmt und daher eine fast völlig neue Gemeinde geschaffen. 2. Die unteren sozialen Schichten setzten sich zum überwiegenden Teil aus gebürtigen Grazern und Steirern zusammen, während die höheren Gesellschaftsschichten aus den älteren Stadteliten und den gebildeten Fernwanderern bestanden. Die bedeutende Rolle, die die Fernwanderer in den gebildeten Schichten

der Stadt spielten, läßt auf den überregionalen Einfluß von Graz als politisches und kulturelles Zentrum innerhalb Österreichs schließen. Umgekehrt wurde dieser Einfluß dann durch die soziale Tatsache der Fernwanderung bekräftigt. Die Zuwanderer besaßen viele über die Grenzen der Steiermark hinausgehende Interessen und persönliche Verbindungen. Die Tatsache, daß die Auswärtigen auch Volksdeutsche waren, hat die Identifizierung der Grazer Bevölkerung mit der Lage der Deutschen in der österreichisch-ungarischen Monarchie, besonders in Böhmen, sicherlich gefördert. So hat der Entwicklungsprozeß der Grazer Bevölkerung dazu beigetragen, daß die Stadt sich als »die deutscheste Stadt der Monarchie« einen Namen machte [30].
In den anderen Großstädten übte die Wanderungsbewegung einen ähnlich großen Einfluß auf den Charakter und das Gefüge der Stadtbevölkerung aus [31]. Die politisch bedeutsamste Wirkung war die Verschiebung des Verhältnisses der Nationalitäten. Zwischen 1880 und 1900 vermehrte sich der Anteil der Tschechen an der Wiener Bevölkerung von 3,6 auf 6,6 Prozent. Während der gleichen Jahrzehnte hat sich die Einwanderung der tschechischen Bevölkerung in Prag und Brünn von 85,8 auf 92,9 und 48,6 auf 50,7 Prozent der jeweiligen Gesamtbevölkerung erhöht [32]. In Triest und Lemberg wurde die Herrschaft der italienischen und polnischen Bevölkerung durch den Zuzug von slowenischen bzw. ruthenischen Wanderern abgeschwächt [33]. Auch die konfessionelle Zusammensetzung der Großstädte wurde durch die Wanderung verschoben. Am häufigsten verminderte sich der jüdische Anteil der Stadtbevölkerung, nur in Wien fand eine umgekehrte Entwicklung statt [34].
Wie hat sich die soziale Struktur der österreichischen Großstädte in dieser Zeit einer stürmischen Entwicklung gewandelt? In welchem Ausmaß haben die Städte zwischen 1880 und 1910 einen Modernisierungsprozeß durchgemacht? Einen Hinweis darauf bieten die Diagramme 1 bis 8. Mit Ausnahme Triests zeigen sie, was *Gerhard Mackenroth* für die nordwesteuropäische Bevölkerungswelle als »die doppelte Scherenbewegung der demographschen Kurven« bezeichnet und wie folgt beschrieben hat: »In der ersten Phase öffnet sich die Schere zugunsten der Fruchtbarkeit aber nicht durch ein wesentliches Ansteigen dieser, sondern durch ein ganz starkes Absinken der Sterblichkeit: Phase der steigenden Bevölkerungszunahme. In der zweiten Phase schließt sich die Schere wieder, diesmal durch ein deutliches Absinken der Fruchtbarkeit bei schwächer sinkender Sterblichkeit: Phase sinkender Bevölkerungszunahme. Sobald die Fruchtbarkeit das Niveau der Sterblichkeit erreicht, ist die zweite Phase der Bevölkerungswelle zu Ende.« *Mackenroth* meint, daß hierin der »Schlüssel für das historisch-soziologische Bevölkerungsgesetz des Industriezeitalters« liegen könne [35]. Die Ursache dieser Scherenbewegung ist eine »Modernisierung« der generativen Strukturen der Stadtbevölkerungen. Das zeitlich erste Indiz für die Strukturwandlung in den österreichischen Städten ist die abnehmende Säuglingssterblichkeit (vgl. Tabelle 9). Eindeutigere Beweise jedoch liegen in den Daten über Illegitimität, Heiratsalter und -häufigkeit, Fruchtbarkeit und Kinderzahl (vgl. Tabellen 10–13). In allen Großstädten fiel das durchschnittliche Heiratsalter – eine Entwicklung, die in den meisten Fällen von einer steigenden Heiratshäufigkeit begleitet wurde. Ungeachtet dieser Entwicklung ist die allgemeine Fruchtbarkeit, das sind die Lebendgeburten auf 1000 Frauen im Alter von 15 bis 49 Jahren, während unserer Untersuchungszeit bedeutend abgefallen (vgl. Ta-

Tabelle 9: Die Säuglingssterblichkeit in österreichischen Großstädten (1881–1910)

	0jährig Gestorbene auf 1000 Lebendgeborene					
	1881 bis 1885	1886 bis 1890	1891 bis 1895	1896 bis 1900	1901 bis 1905	1906 bis 1910
Wien	194	196	221	198	177	166
Graz	199	184	187	189	143	128
Triest samt Gebiet	214	225	233	222	205	204
Prag	?	?	187	150	146	140
Prag und Vororte	220	201	201	172	169	155
Brünn	?	271	250	?	168	134
Lemberg	247	233	207	187	167	148
Krakau	?	225	187	197	159	155
Österreich	252	248	245	226	216	201

Quelle: Wie für Diagramme, außerdem Österreichische Statistik, N. F., 8. Jg., Heft 1, S. 26*.

Tabelle 10: Die unehelich Geborenen in österreichischen Großstädten (1871–1910)

	Auf 1000 Geborene kamen in der jeweiligen Zeitperiode durchschnittlich ... unehelich Geborene							
	1871 bis 1875	1876 bis 1880	1881 bis 1885	1886 bis 1890	1891 bis 1895	1896 bis 1900	1901 bis 1905	1906 bis 1910
Wien	399	430	434	423	354	331	309	298
Graz	?	?	447	442	441	440	483	522
Triest und Gebiet	?	182	172	161	162	162	174	179
Prag	?	?	441	456	479	467	437	409
Brünn	?	?	?	285	277	264	252	249
Lemberg	?	?	458	415	379	363	327	298
Krakau	?	?	?	430	403	377	360	339
Österreich	122	138	145	147	146	141	128	122

Quelle: Wie für Diagramme, außerdem Österreichische Statistik, N. F., 8. Jg., Heft 1, S. 5*.

belle 12). Diese Erscheinungen können nur als Folge einer Lebensweise, bei der Geburtenbeschränkung bekannt ist und ausgeübt wird, angesehen werden. Die berufsspezifische Ausprägung dieses rationalisierten, modernen Verhaltens ist in Tabelle 13 über die Kinderhaltung abzulesen (vgl. auch Tabelle 14) [36].

Einen Hinweis auf sozio-ökonomische Differenzierungen ergibt die berufliche Zusammensetzung der Stadtbevölkerungen. Es wird oftmals behauptet, daß die Industrie der wahre Gestalter der modernen Großstadt sei [37]. Ferner werden Urbanisierung und Industrialisierung nicht selten als gleichbedeutende Begriffe verwendet. Weiterhin lau-

Tabelle 11 : Das Heiratsalter von Männern und Frauen in österreichischen Großstädten zu ausgewählten Zeitpunkten

	Von je 1000 Eheschließenden jedes Geschlechts stehen im Alter																							
	1881–1882						1889–1891						1899–1901						1909–1911					
	bis 24		bis 30		bis 40		bis 24		bis 30		bis 40		bis 24		bis 30		bis 40		bis 24		bis 30		bis 40	
	m.	w.	m.	w.	m.	w.	m.	w.	m.	w.	m.	w.	m.	w.	m.	w.	m.	w.	m.	w.	m.	w.	m.	w.
Wien	95	327	524	708	858	930	90	326	537	695	860	922	72	334	601	736	882	929	76	347	601	741	886	932
Graz	63	245	416	599	780	874	42	277	429	629	801	890	50	298	493	673	830	906	52	281	492	664	839	907
Triest	154	438	559	734	850	921			?				130	411	601	750	870	923	126	442	636	787	895	936
Prag	127	399	604	771	883	945	95	377	577	737	871	935	82	421	613	803	894	946	78	459	596	818	893	953
Brünn	160	341	621	696	873	912	132	378	619	739	882	937	92	370	652	767	877	935	88	396	642	790	901	941
Lemberg	123	410	533	694	828	887	80	342	568	711	847	910	174	429	668	761	893	932	147	395	643	746	869	911
Krakau	165	368	589	672	840	896	83	280	603	651	900	892	126	326	646	682	882	910	141	382	620	709	843	903

Quelle : Österreichische Statistik, 5. Jg., Heft 1, S. 2–13, 138–151; 88. Jg., Heft 3, S. 104; 92. Jg., Heft 1, S. 2–6; Österreichisches Städtebuch 4 (1891), S. 2, 231, 506, 622, 635; 5 (1893), S. 3, 209, 657, 802, 831; 9 (1901), S. 5, 262, 558, 632, 837; 10 (1903), S. 5, 339, 632, 772, 1089, 1130; 14 (1911), S. 38–39; 15 (1916), S. 6.

Tabelle 12: Allgemeine Fruchtbarkeitsziffern für die österreichischen Großstädte (1880, 1910)

	Lebendgeborene auf 1000 Frauen im Alter von 15 bis 49 Jahren	
	1880	1910
Wien	127	69
Graz	92	90
Triest	140 a	109
Prag	129	75
Prag und Vororte	136	63
Brünn	110	77
Lemburg	116	99
Krakau	102	75

a Die Ziffer ist zu hoch, weil nur die Altersgruppen zwischen 20 bis 49 als Nenner benutzt wurden.

Quelle: Errechnet auf Grund der Daten in den Diagrammen.

Tabelle 13: Die durchschnittliche Kinderzahl in österreichischen Großstädten nach der Stellung des Haushaltungsvorstandes im Beruf (1900, 1910)

	Durchschnittliche Kinderzahl in der Haushaltung eines							
	Selbständigen		Angestellten		Arbeiters a		Zusammen	
	1900	1910	1900	1910	1900	1910	1900	1910
Wien	1,68	1,39	1,57	1,30	1,77	1,71	1,70	1,53
Graz	1,32	1,11	1,54	1,29	1,33	1,29	1,35	1,21
Triest b	1,75	1,67	1,60	1,56	1,91	1,85	1,81	1,74
Prag und Vororte	1,75	1,49	1,64	1,38	1,91	1,76	1,81	1,60
Brünn c	1,82	1,66	1,84	1,57	1,96	2,09	1,88	1,84
Lemberg	1,97	1,90	1,82	1,58	1,76	1,94	1,88	1,86
Krakau d	2,15	2,10	1,90	1,88	1,95	2,14	2,05	2,08
	ohne die kinderlosen Haushaltungen							
Wien	2,40	2,13	2,32	2,07	2,46	2,42	2,42	2,26
Graz	2,15	2,01	2,33	1,98	2,19	2,17	2,19	2,07
Triest b	2,42	2,44	2,42	2,35	2,60	2,58	2,50	2,50
Prag und Vororte	2,34	2,15	2,33	2,06	2,50	2,33	2,41	2,23
Brünn c	2,50	2,38	2,53	2,24	2,64	2,70	2,56	2,51
Lemberg	2,64	2,75	2,56	2,20	2,52	2,89	2,59	2,70
Krakau d	2,82	2,84	2,76	2,51	2,70	2,94	2,78	2,82

a Enthält auch Tagelöhner.

b 1900 mit Gebiet.

c 1910 mit Vororten.

d 1910 mit Podgorze.

Quelle: Österreichische Statistik, 65. Jg., Heft 5, S. 22; N. F., 4. Jg., Heft 3, S. 25*, 33*. Die Haushaltungen der Landwirte wurden 1910 nicht miteinbezogen.

Tabelle 14: Die Haushaltungsvorstände in österreichischen Großstädten nach der Stellung im Beruf (1900, 1910)

	in Prozent					
	Selbständige		Angestellte		Arbeiter-Taglöhner	
	1900	1910	1900	1910	1900	1910
Wien	42,1	41,3	13,1	13,5	44,8	45,2
Graz	50,0	50,0	11,2	12,3	38,8	37,7
Triest und Gebiet	43,9	39,8	11,6	12,5	44,5	47,7
Prag und Vororte	40,4	39,8	14,1	14,5	45,5	45,7
Brünn	46,6	44,8	17,4	18,5	36,0	36,7
Lemberg	51,1	49,5	16,3	18,4	32,6	32,1
Krakau	56,5	48,7	15,2	17,9	28,3	33,4

Quelle: Österreichische Statistik, 65 Jg., Heft 5, S. 4–19; N. F., 4. Jg., Heft 3, S. 67–69.

fen häufig, wie oben auch für Österreich hervorgehoben wurde, die Rhythmen von Verstädterung und Industrialisierung weitgehend parallel. Bei näherer Untersuchung der demographischen Entwicklung der österreichischen Großstädte kann eine solche Parallelität jedoch kaum uneingeschränkt behauptet werden. Nur in den Städten Wien und Prag (einschließlich ihrer Vororte) war die Industrie stets der größte Arbeitgeber (vgl. Tabelle 15). In Lemberg und Krakau haben Berufstätige in der Industrie jeweils rund ein Viertel aller Beschäftigten ausgemacht. Selbst in Brünn – »the Austrian Manchester« [38] – lag die Industrie ab 1900 erst auf dem zweiten Platz. Zu dieser Entwicklung hat die Übersiedlung vieler Arbeiterfamilien in die umliegenden Vororte Brünns sicherlich etwas beigetragen [39]. Darüber hinaus muß man in Betracht ziehen, daß der Anteil der in der Industrie Beschäftigten in allen Großstädten zwischen 1869

Tabelle 15: Prozentuale Verteilung der Bevölkerung Österreichs und seiner Großstädte auf die Erwerbszweige (1880–1910) a

		in Prozent der Gesamtbevölkerung							
		Klasse A		Klasse B		Klasse C		Klasse D	
		tätig	zugehörig	tätig	zugehörig	tätig	zugehörig	tätig	zugehörig
Wien	1880	1,4	1,4	42,9	46,4	20,6	27,6	35,1	24,6
	1890	1,2	1,3	51,8	49,3	25,1	29,1	21,9	20,2
	1900	0,7	0,9	47,9	47,8	27,1	29,8	24,3	21,5
	1910	0,8	1,0	46,6	46,8	27,1	29,2	25,4	23,0
Graz	1880	4,2	3,8	44,3	40,9	17,4	16,9	34,1	38,3
	1890	3,5	3,3	37,3	37,9	21,6	22,8	37,6	36,0
	1900	1,8	1,9	35,9	37,2	24,0	24,8	38,3	36,1
	1910	1,5	1,5	34,4	35,6	24,8	25,4	39,3	37,4

Tabelle 15 (Fortsetzung)

		in Prozent der Gesamtbevölkerung							
		Klasse A		Klasse B		Klasse C		Klasse D	
		tätig	zugehörig	tätig	zugehörig	tätig	zugehörig	tätig	zugehörig
Triest b	1880	8,0	8,5	42,0	38,7	32,6	34,6	17,4	18,2
	1890	10,8	8,5	34,6	32,7	35,2	40,3	19,5	18,5
	1900	6,1	5,3	34,2	32,6	35,5	39,9	24,2	22,2
	1910	3,4	4,1	34,5	33,6	36,2	39,6	25,9	22,8
Prag c	1880	1,3	1,3	45,0	41,7	26,7	27,2	27,0	29,8
	1890	1,1	1,2	40,1	41,3	25,2	28,7	33,7	28,8
	1900	0,9	1,0	44,6	46,2	25,8	28,6	28,7	24,1
	1910	0,6	0,7	42,6	43,1	27,1	29,0	29,7	27,1
Brünn	1880	3,0	2,5	49,8	49,4	19,5	20,7	27,7	27,4
	1890	1,2	1,3	42,7	42,8	22,7	26,1	33,4	29,9
	1900	0,9	1,1	37,4	39,7	23,6	26,9	38,1	32,2
	1910	0,8	0,9	36,8	38,3	23,8	26,5	38,6	34,2
Lemberg	1880	6,0	4,7	34,2	33,5	25,0	27,2	34,8	34,5
	1890	2,1	2,1	24,4	25,6	28,4	35,6	45,1	36,7
	1900	1,0	1,4	22,9	25,1	28,0	35,2	48,1	38,3
	1910	0,9	1,3	26,8	27,4	28,6	34,1	43,6	37,2
Krakau	1880	4,1	4,0	31,8	32,4	21,7	28,1	42,4	35,4
	1890	1,1	1,5	24,9	24,3	28,4	37,0	45,6	37,1
	1900	0,8	1,2	22,5	23,0	27,8	37,9	48,9	37,9
	1910	1,9	2,1	29,9	30,7	26,6	32,8	41,6	34,4
Österreich	1880		58,8		24,6		8,3		8,3
	1890	62,4	55,9	20,0	24,2	7,4	10,4	10,1	9,5
	1900	58,2	52,4	20,9	25,2	8,7	11,6	12,2	10,8
	1910	53,1	48,4	22,6	26,5	9,8	12,4	14,4	12,7

a Klasse A: Land- und Forstwirtschaft.
Klasse B: Industrie und Gewerbe.
Klasse C: Handel und Verkehr.
Klasse D: Öffentlicher und Militärdienst, Freie Berufe, Berufslose (d. i. Pensionäre, Rentiers, usw.).

Das Gastgewerbe wurde im Jahre 1880 der Berufsklasse B, in den anderen Jahren der Berufsklasse C zugerechnet.

Die Berufzugehörigen umfassen die eigentlichen Berufstätigen und deren Angehörige und Bedienstete.

b Triest und Gebiet.

c In den Jahren 1900 und 1910 einschließlich der Vororte.

Quelle: Österreichisches Städtebuch 1 (1887), o. S.; Österreichische Statistik, 5. Jg., Heft 3, S. LVIII; N. F., 3. Jg., Heft 1, S. 12*–13*.

und 1900 gesunken ist – ein Rückgang, der außer in Krakau und Lemberg bis 1910 angedauert hat. Trotz der Entstehung vieler Fabriken wurde in Industrie und Handwerk überwiegend noch in kleinen Werkstätten produziert; nur in der Textilstadt Brünn war mehr als ein Viertel der Industriearbeiter in Werkstätten mit über fünf Personen beschäftigt (vgl. Tabelle 16).
Andererseits können zunehmende Bürokratisierung und Differenzierung im Prozeß der Arbeitsteilung an Hand der in den Volkszählungen erhaltenen Angaben zur »sozialen Schichtung« leicht belegt werden [40]. Die Anzahl der selbständigen Personen hat in allen Städten abgenommen, während umgekehrt die Gruppe der Angestellten überall gewachsen ist (vgl. Tabelle 17). Die traditionelleren Gruppen der an einen bestimmten Arbeitgeber gebundenen Arbeiter, deren Aufgabenbereich verhältnismäßig weit definiert ist (Bedienstete, Tagelöhner etc.) haben sich auch fast überall vermindert [41].
Nach diesem skizzenhaften sozio-ökonomischen Aufriß scheint das Wachstum der österreichischen Großstädte mehr eine Folge der allgemeinen Industrialisierung und Modernisierung des österreichischen Staates zu sein als das Ergebnis einer ausdrücklichen Herausbildung von Industrien in den einzelnen hier betrachteten Städten. Die zentralörtlich bedingte Ausdehnung der kommerziellen und freiberuflichen Dienstleistungen war in jeder der sieben Großstädte zu erkennen und hat bestimmend auf deren Wachstum eingewirkt [42]. Die zentralörtliche Bedingtheit der österreichischen Großstadtentwicklung läßt sich besonders an den zwei galizischen Beispielen ablesen, ja man könnte im Falle Lembergs und Krakaus für den hier betrachteten Zeitraum sogar von einer »Überurbanisierung« sprechen. Diese Erscheinung, daß das demographische Wachstum von Städten deren wirtschaftliches Wachstum übersteigt, kommt gegenwärtig in der Dritten Welt häufig vor und drückt sich in einem niedrigen Pro-Kopf-Einkommen und einer hohen Anzahl von Personen in Randberufen aus [43]. Lemberg und

Tabelle 16: Die Größe der Betriebe in Industrie und Handwerk (Erzeugungsgewerbe) in den österreichischen Großstädten (1902)

	Von je 1000 Berufstätigen arbeiten in Betrieben mit ... Beschäftigten					
	1 bis 5	6 bis 20	21 bis 100	101 bis 1000	1000 und mehr	Durchschnittsgröße
Wien	286	211	222	244	38	7,1
Graz	331	181	204	284	–	5,8
Triest samt Gebiet	251	179	140	200	230	7,9
Prag	292	207	196	220	84	6,4
Brünn	165	123	184	472	56	11,3
Lemberg	405	229	160	206	–	5,1
Krakau	420	244	150	92	50	5,0

Quelle: »Die Ergebnisse der Betriebszählung vom 3. Juni 1902«, in: Österreichische Statistik, 75. Jg., Hefte 3, S. 2–3; 5, S. 4–5; 7, S. 2–3; 9, S. 8–9; 10, S. 4–5; 11, S. 4–7.

Tabelle 17: Die Berufstätigen in den österreichischen Großstädten nach ihrer Stellung im Beruf (1890, 1910)

		Auf 1000 Berufstätige a kommen					
		Selbständige	Angestellte	Arbeiter b	Lehrlinge	Taglöhner	mithelfende Familienmitglieder
Wien	1890	235	122	610		33	
	1910	209	151	560	57	10	13
Graz	1890	280	121	536		63	
	1910	249	154	508	50	20	19
Triest und Gebiet	1890	301	125	528		46	
	1910	236	141	432	47	130	14
Prag und Vororte	1890	280	165	542		13	
	1910	215	189	509	65	11	11
Brünn	1890	251	158	549		42	
	1910	220	225	467	63	16	9
Lemberg	1890	324	180	386		110	
	1910	303	203	382	57	40	15
Krakau	1890	344	173	399		84	
	1910	274	166	432	64	45	19

a Ohne Pensionäre, Rentiers und Militär.
b 1890 einschließlich Lehrlinge und mithelfende Familienangehörige.

Quelle: Österreichische Statistik, N. F., 3. Jg., Heft 1, S. 50*.

Tabelle 18: Die berufstätige Bevölkerung in den österreichischen Großstädten (1880, 1910)

	auf 1000 Einwohner kommen … Berufstätige	
	1880	1910
Wien	478	539
Graz	495	581
Triest samt Gebiet	465	481
Prag	491	505 a
Brünn	416	517
Lemberg	413	459
Krakau	402	481

a Einschließlich Vororte.

Quelle: Wie Tabelle 15.

Tabelle 19: Die Dienstbotenhaltung in den österreichischen Großstädten (1890–1910)

	Von je 1000 gewöhnlichen Haushaltungen haben Dienstboten		
	1890	1900	1910
Wien	283	220	178
Graz	334	256	192
Triest	193	163 a	136 a
Prag	337	?	240
Prag und Vororte	252	242	175
Brünn	260	238	224
Lemberg	337	270	288
Krakau	464	370	297

a Samt Gebiet.

Quelle: Österreichisches Städtebuch 5 (1893), S. XXIII; Österreichische Statistik, 65. Jg., Heft 5, S. 4–19; N. F., 4. Jg., Heft 3, S. 49*–53*.

Tabelle 20: Der prozentuale Anteil von Steuerzahlern und deren Angehörigen an der anwesenden Bevölkerung in den österreichischen Großstädten (1900, 1910)

	Steuerzahler		Steuerzahler und Familienzugehörige	
	1900	1910	1900	1910
Wien	14,6	17,2	38,1	44,9
Graz	13,1	15,1	31,6	36,1
Triest	8,8	14,9	25,8	35,9
Prag	12,7	14,8	34,5	39,1
Brünn	10,4	15,4	31,9	44,4
Lemberg	9,2	8,9	28,0	25,7
Krakau	8,1	8,4	26,2	26,2

Quelle: Mitteilungen des k.k. Finanzministeriums, 7. Jg., Heft 2, S. 1171–1610; 18. Jg., Heft 1, S. 250-297.

Krakau besaßen eine vergleichsweise niedrige Zahl von Berufstätigen und hatten offenbar eine hohe Zahl häuslicher Bediensteter (vgl. Tabellen 18–19). Wie die hohen Anteile von Selbständigen, Tagelöhnern und mithelfenden Familienmitgliedern bestätigen, herrschte auch eine wenig ausgeprägte Arbeitsteilung in den galizischen Großstädten. Der klarste Beweis für den Sondercharaker der Verstädterung in Lemberg und Krakau kann aus Tabelle 20 entnommen werden. Die Bevölkerung in diesen beiden Städten war viel ärmer als in anderen österreichischen Großstädten, und die Ungleichheit der Einkommensverteilung ist bedeutend größer gewesen. Überdies sind die Unterschiede in der Einkommensverteilung zwischen Lemberg und Krakau einerseits und den übrigen Großstädten andererseits in den Jahren nach 1900 nicht kleiner sondern größer geworden. Während in den übrigen Großstädten der Anteil der über 1200 Kronen Verdienenden an der Gesamtbevölkerung gestiegen ist, ist er in Lemberg und Krakau entweder gleich geblieben oder sogar gefallen.

Die vier Jahrzehnte vor dem Ersten Weltkrieg waren in den meisten Gebieten Europas durch den Übergang von der traditionellen ländlichen zu einer rationalisierteren und industrialisierteren Gesellschaftsordnung gekennzeichnet. In diesem Aufsatz ist versucht worden, durch eine Untersuchung der sieben größten Städte Österreichs einige Aspekte dieses Übergangs zu erfassen. Diese Städte waren die Gärungsorte des Übergangsprozesses, und ihre Geschichte kann als das Gerüst der modernen Sozialgeschichte dieses Staates angesehen werden [44]. Zahlreiche Dimensionen dieser Strukturwandlung: Änderung der Familienstruktur, der Elitenstruktur, die ökologische Umschichtung oder auch die Veränderungen des politischen Systems etc. wurden hier gar nicht oder fast gar nicht berührt [45]. Doch muß die soziologisch-sozialhistorische Forschung an einem Punkte ansetzen, und die historisch-demographische Analyse liefert m. E. eine Grundlage, auf der andere Studien aufbauen können.

Anmerkungen

[1] Hier wird Österreich mit Zisleithanien gleichgesetzt.

[2] *Adna F. Weber,* The Growth of Cities in the Nineteenth Century, Ithaca, N.Y., 1963 (1899), S. 98. Dieses Werk ist noch immer die umfassendste Darstellung der Verstädterung im 19. Jahrhundert.

[3] Österreichisches Städtebuch (zit. Öst. Stb.) 14 (1911), S. 4 f.; Österreichische Statistik (zit. Öst. Stat.), N.F. 8. Jg., Heft 1, S. 112 f.; *Wilhelm Hecke,* Die Städte Österreichs nach der Volkszählung vom 31. Dezember 1910, in: Statistische Monatsschrift 39 (1913), S. 179–221.

[4] *Jiří Klabouch,* Die Gemeindeselbstverwaltung in Österreich 1848–1918, München/Wien 1968. Siehe auch *Felix Czeike,* Liberale, christlichsoziale und sozialdemokratische Kommunalpolitik (1861–1934), dargestellt am Beispiel der Gemeinde Wien, München/Wien 1962, und *Rudolf Till,* Geschichte der Wiener Stadtverwaltung in den letzten zweihundert Jahren, Wien 1957.

[5] In den USA ist der bekannteste Vertreter dieser Richtung *Eric Lampard.* Vgl. seine Aufsätze Urbanization and Social Change. On Broadening the Scope and Relevance of Urban History, in: The Historian and the City, hrsgg. von *Oscar Handlin* und *John Burchard,* Cambridge (Mass.) 1963, S. 225–247; Historical Aspects of Urbanization, in: The Study of Urbanization, hrsgg. von *Philip Hauser* und *Leo Schnore,* New York 1965, S. 519–554. Wichtig ist ferner *Charles Tillys* Besprechung des zuletzt genannten Sammelbandes unter dem Titel The State of Urbanization, in: Comparative Studies in Society and History 10 (1967), S. 100–113. In Deutschland sind vor allem die Arbeiten von *Gunther Ipsen* und *Wolfgang Köllmann* von Bedeutung. Vgl. *W. Köllmann,* The Population of Barmen before and during the Period of Industrialization, in: Population in History, hrsg. von *D. V. Glass* und *D. E. C. Eversley,* London 1965, S. 588–607; *ders.,* The Process of Urbanization in Germany at the Height of the Industrialization Period, in: Journal of Contemporary History 4 (1969), Heft 3, S. 59–76; ferner *ders.,* Zur Bevölkerungsentwicklung ausgewählter deutscher Großstädte in der Hochindustrialisierungsperiode, in: Jahrbuch für Sozialwissenschaft 18 (1967), S. 129–144.

[6] Zitiert nach *E. Lampard,* Urbanization and Social Change, a.a.O., S. 238.

[7] Öst. Stb. 14 (1911), S. 8.

[8] Ebda.

[9] *Richard Engelmann,* Österreichs städtische Wohnplätze mit mehr als 25 000 Einwohnern Ende 1910, in: Statistische Monatsschrift 40 (1914), S. 413–510. Bei Verwendung des Begriffs »städtischer Wohnplatz« käme zu den untersuchten Großstädten Österreichs eine weitere hinzu: Mährisch-Ostrau. Dieses Zentrum der österreichischen Schwerindustrie besaß 1910 eine Einwohnerzahl von 157 583 (und damit eine Zunahme von 562,2 Prozent gegenüber 1869).

[10] Vgl. die Besprechung und vergleichende Statistik über »primate cities«, in: *Emrys Jones,* Towns and Cities, New York/London 1966, S. 81–84.

[11] Von den wenigen Arbeiten zur modernen österreichischen Wirtschaftsgeschichte seien genannt: *Herbert Matis,* Die Wirtschaft der franzisko-josephinischen Epoche, in: Wirtschaftsgeschichte Österreichs, hrsg. vom Institut für Österreichkunde, Wien 1971, S. 151–184; *Nachum Gross,* Industrialization in Austria in the Nineteenth Century, unveröffentl. Diss., University of California, Berkeley 1966; *Richard Rudolph,* The Role of Financial Institutions in the Industrialization of the Czech Crownlands, 1888–1914, unveröffentl. Diss., University of Wisconsin, Madison 1968; *Ferdinand Tremel,* Wirtschafts- und Sozialgeschichte Österreichs, Wien 1969.

[12] Von den zahlreichen Arbeiten zur Demographie sind vor allem die folgenden herangezogen worden: *Robert Kuczynski,* The Measurement of Population Growth: Methods and Results (Demographic Monographs, Bd. 6), New York 1969 (1935); *E. A. Wrigley,* Population and History, London 1969; *Roland Pressat,* Population, Baltimore 1971; *Gerhard Mackenroth,* Bevölkerungslehre, Berlin 1953; *Louis Henry,* Manuel de démographie historique, Genève/Paris 1967.

[13] Vgl. *W. Köllmann,* The Process of Urbanization in Germany, a.a.O., S. 66.

[14] *A. F. Weber,* a.a.O., S. 238.

[15] Wenn nicht anders vermerkt, beziehen sich die demographischen Daten auf die rechtlichen Stadtgebiete.

[16] *Thomas H. Hollingsworth,* The Importance of the Quality of the Data in Historical Demography, in: Daedalus, Spring 1968, S. 415–432. Siehe auch *T. H. Hollingsworth,* Historical Demography, London 1969.

[17] Berechnet auf Grund der Daten in den Diagrammen 1–8.

[18] Berechnet auf Grund der Daten in den Diagrammen 1–16 und Tabelle 9.

[19] *Arthur Redford,* Labour Migration in England, 1800–1850, 2. Aufl., Manchester 1964, S. 185.

[20] Vgl. die Aufsätze von *W. Köllmann* (zit. in Anm. 5).

[21] Über das österreichische Heimatrecht im allgemeinen vgl. *Ludwig Spiegel,* Das Heimatrecht und die Gemeinden, in: Schriften des Vereins für Sozialpolitik 122 (1907), Heft 6, S. 7–50. Die Heimatgesetznovelle von 1896 hat seit 1901 den Erwerb eines neuen Heimatrechts nach zehn Jahren ununterbrochenen Aufenthalts, in denen der Antragsteller der öffentlichen Armenversorgung nicht zur Last gefallen ist, ermöglicht.

[22] In den übrigen Volkszählungen sind die entsprechenden Daten nicht erhoben worden.

[23] *Heinrich Rauchberg,* Der Zug nach der Stadt, in: Statistische Monatsschrift 19 (1893), S. 125–171; wenn nicht anders vermerkt, entstammen sämtliche Daten über die Wanderung in Graz der Öst. Stat., 33. Jg., Heft 4, S. 5–103.

[24] *R. Engelmann,* a.a.O. (Anm. 9), S. 480.

[25] *Johann Kleinoscheg,* Wie macht man aus Graz eine Fremden-Stadt? Graz 1890.

[26] Entnommen dem Statistischen Monatsbulletin, hrsg. vom Stadtphysikat Graz, Graz 1884 bis 1893.

[27] Im Jahre 1888 gehörten fast 60 Prozent der unverehelichten Mütter der Hausdienerschaft an (vgl. Öst. Stb. 4 [1891], S. 184).

[28] Statistisches Monatsbulletin, a.a.O. (Anm. 26).

[29] Dieses Problem ist jetzt ein Hauptforschungsgebiet der amerikanischen Stadthistoriker. Vgl. *Stephen Thernstrom* und *Peter Knights,* Men in Motion: Some Data and Speculations about Urban Population Mobility in Nineteenth-Century America, in: Journal of Interdisciplinary History 1 (1970), S. 7–36; *Peter Knights,* »Population Turnover, Persistence and

Residential Mobility in Boston, 1830–1860«, in: Nineteenth-Century Cities. Essays in the New Urban History, hrsg. von *Stephen Thernstrom* und *Richard Sennett*, New Haven 1969, S. 258–274.

[30] Über die nationale Tradition in Graz vgl. *Berthold Sutter*, Die Badenischen Sprachenverordnungen von 1897 (Veröffentlichungen der Kommission für neuere Geschichte Österreichs, Bde. 46–47) Graz/Köln 1960–65; *William H. Hubbard*, Politics and Society in the Central European City: Graz, Austria, 1861–1918, in: Canadian Journal of History 5 (1970), S. 25–45.

[31] *H. Rauchberg*, a.a.O. (Anm. 23), legte eine gründliche Untersuchung der Wanderung in Wien um 1890 vor.

[32] Ein größerer natürlicher Zuwachs bei den Tschechen hat zumindest in Prag auch zu dieser Verschiebung beigetragen. Vgl. *Jan Havránek*, Social Classes, Nationality Ratios and Demographic Trends in Prague, 1880–1890, in: Historica 13 (Prag 1966), S. 171–208.

[33] *R. Engelmann*, a.a.O. (Anm. 9), S. 480.

[34] Ebda., S. 474–479.

[35] *G. Mackenroth*, a.a.O. (Anm. 12), S. 128.

[36] Über diese Problematik siehe *Mackenroth*, ebda., S. 388 ff. In einem jüngst erschienenen Aufsatz untersucht *Edward Shorter* die Illegitimität als Indiz der Modernisierung: Illegitimacy, Sexual Revolution and Social Change in Modern Europe, in: Journal of Interdisciplinary History 2 (1971), S. 237–272. Von demselben Verfasser siehe auch »Sexual Change and Illegitimacy: The European Experience«, in: Modern European Social History, hrsg. von *Robert J. Bezucha*, Lexington (Mass.) 1972, S. 231–269.

[37] Besonders *Gunther Ipsen*, Stadt (VI), in: Handwörterbuch der Sozialwissenschaften, Bd. IX, Stuttgart 1965, S. 788 ff.

[38] So genannt in: Encyclopaedia Britannica, 11th ed., Bd. 4, New York 1911, S. 684–685.

[39] Dies war auch in Graz der Fall; der Vorort Eggenberg war eine ausgesprochene Arbeiterkolonie.

[40] Zur allgemeinen Problematik vgl. Industrialization and Society, hrsg. von *Bert F. Hoselitz* und *Wilbert E. Moore*, Paris 1966; *W. E. Moore*, Order and Change. Essays in Comparative Sociology, New York 1967; The Sociology of Economic Development, hrsg. von *Gayl D. Ness*, New York 1970.

[41] *Stanley H. Udy, Jr.*, Work in Traditional and Modern Society, Englewood Cliffs, N.J., 1970, S. 59–96.

[42] Vgl. *Michael Mitterauer*, Das Problem der zentralen Orte als sozial- und wirtschaftshistorische Forschungsaufgabe, in: Vierteljahrschrift für Sozial- und Wirtschaftsgeschichte 58 (1971), S. 433; ferner Allgemeine Stadtgeographie, hrsg. von *Peter Schoeller* (Wege der Forschung, Bd. 181), Darmstadt 1969; sowie die beiden grundlegenden Werke von *Robert E. Dickinson:* The West European City, 2. Aufl., London 1961; The City Region in Western Europe, London 1967.

[43] *W. E. Moore*, The Impact of Industry, Englewood Cliffs, N.J., 1965, S. 80–82. In mancher Beziehung gilt dieses Phänomen auch für Triest.

[44] Dazu siehe auch *St. Thernstrom*, Reflections on the New Urban History, in: Historical Studies Today, hrsg. von *Felix Gilbert* und *Stephen Graubard*, New York 1971, S. 320–336.

[45] Über Kommunalpolitik und Elitenstruktur in Graz vgl. *William H. Hubbard*, Politics and Society in the Central European City . . ., a.a.O. (Anm. 30); *ders.*, Die Entwicklung der Grazer Stadtverfassung, 1869–1918, in: Historisches Jahrbuch der Stadt Graz 4 (1971), S. 7–46. Wichtige ökologische Studien sind: Soziologische Studien zur Verstädterung der Prager Umgebung, hrsg. von *Zdeněk Ullrich*, Prag 1938; *Hans Bobeck* und *Elisabeth Lichtenberger*, Wien. Bauliche Gestalt und Entwicklung seit der Mitte des 19. Jahrhunderts, Graz/Köln 1966.

Anmerkungen zu den Diagrammen 1–8:

Quellen: Österreichisches Städtebuch, 1 (1887), o.S.; 2 (1888), o.S.; 3 (1889), S. 288 ff., 453 ff., 588 ff.; 4 (1891), S. 234 ff., 506 ff., 635 ff.; 5 (1893), S. 212 ff., 657 ff., 830 ff.; 6 (1895), S. 219 ff., 558 ff., 683 ff.; 7 (1897), S. 221 ff., 583 ff., 667 ff.; 8 (1899), S. 579 ff., 718 ff.; 9 (1901), S. 562 ff., 631 ff., 837 ff.; 10 (1903), S. 386 ff., 772 ff., 1129 ff.; 11 (1905), S. 366 ff., 738 ff., 1124 ff.; 12 (1907), S. xlviiiff; 13 (1909), S. 40 ff.; 14 (1911), S. 40 ff.; Österreichische Statistik, N.F., 8. Jg., Heft 1, S. 5*; Statistique démographique des grandes villes du monde, Bureau municipal de statistique d'Amsterdam, Communications statistiques, Band 1, No. 33 (1911), S. 20 f., 90 f., 149 f., 264 f.
Die Ziffern sind bis 1880 auf Grund der Zivilbevölkerung berechnet, danach auf Grund der Gesamtbevölkerung.

Diagramm 1 Natuerliche Bevoelkerungsbewegung in Wien per mille der Bevoelkerung

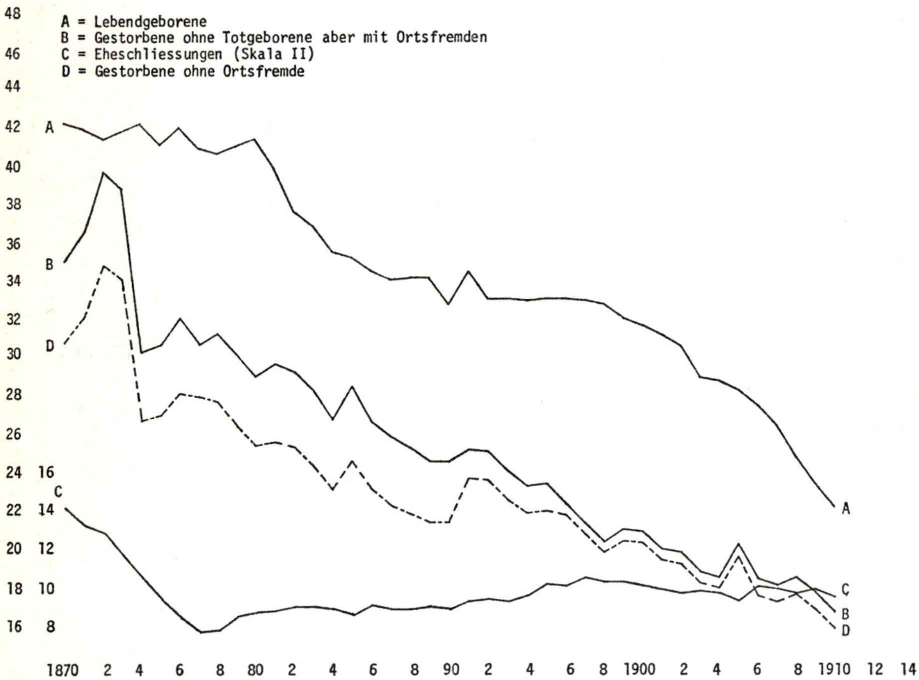

Diagramm 2 Natuerliche Bevoelkerungsbewegung in Graz
per mille der Bevoelkerung

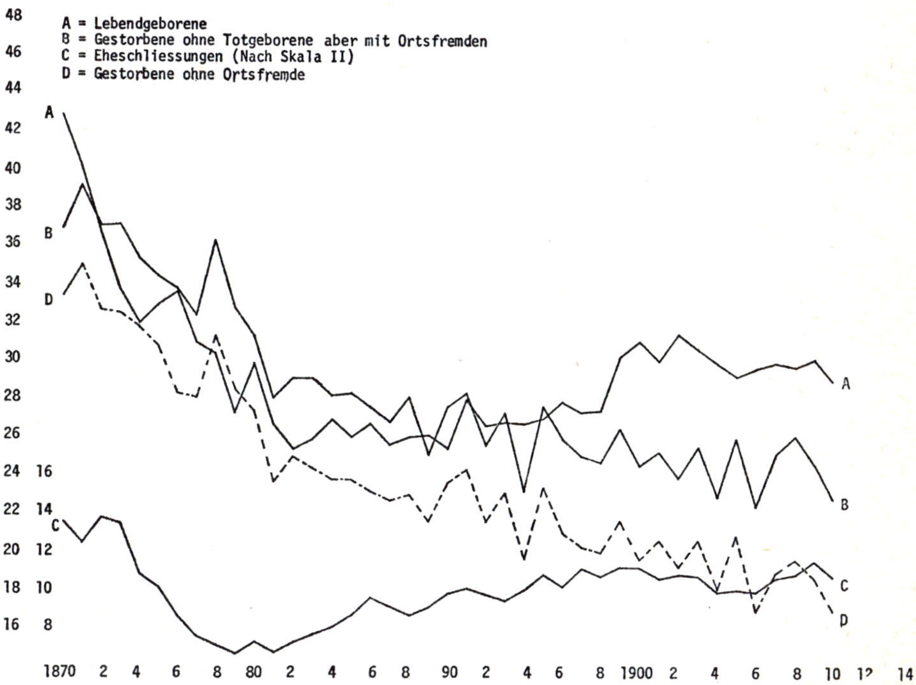

Diagramm 3 Natuerliche Bevoelkerungsbewegung in Triest samt Gebiet per mille der Bevoelkerung

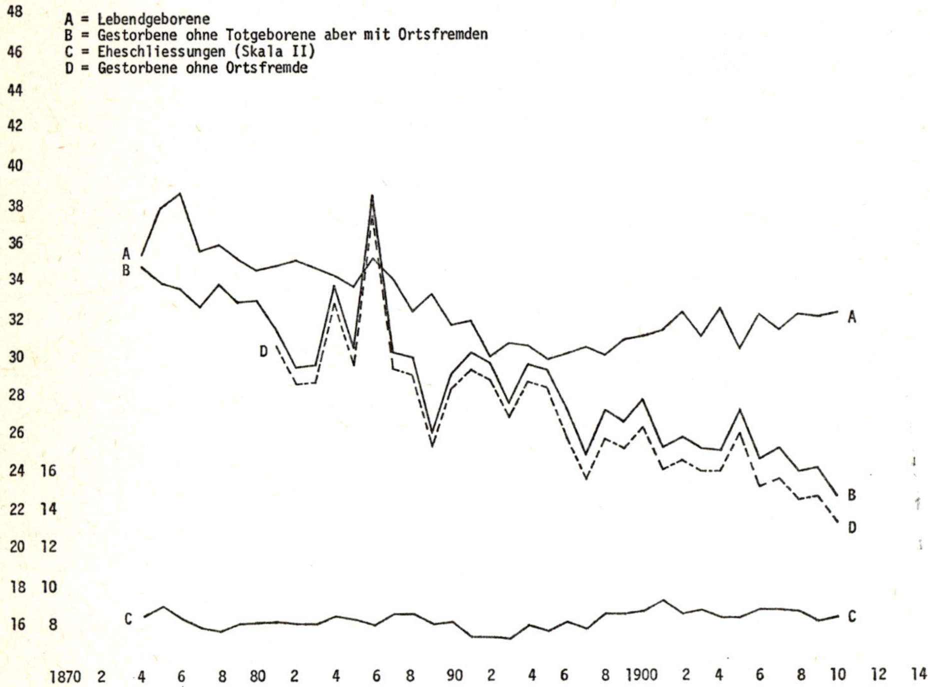

Diagramm 4

Natuerliche Bevoelkerungsbewegung in Prag

per mille der Bevoelkerung

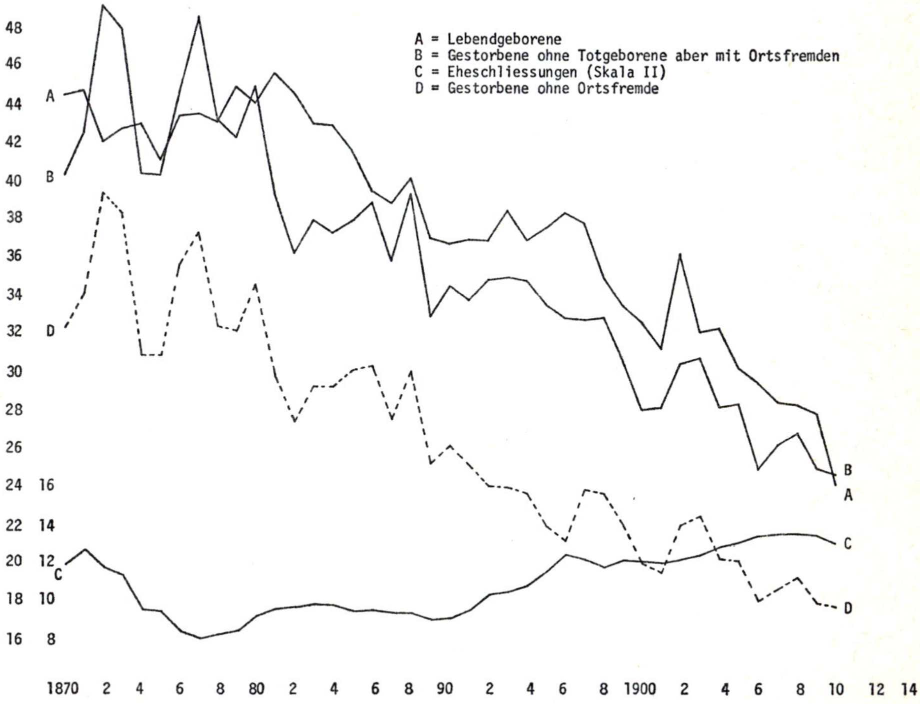

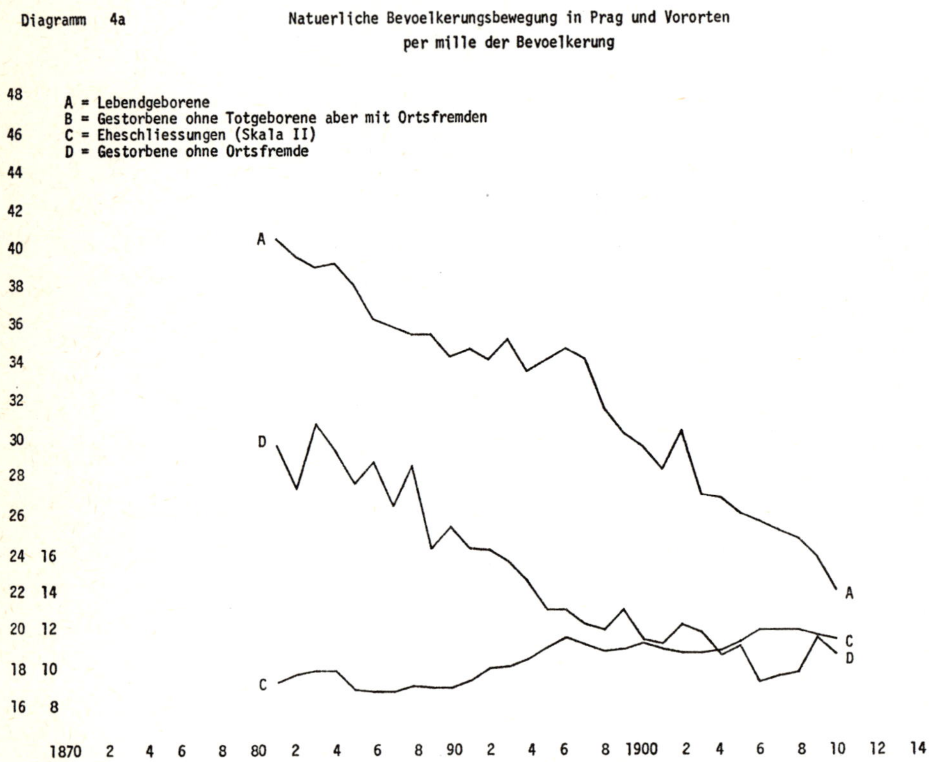
Diagramm 4a
Natuerliche Bevoelkerungsbewegung in Prag und Vororten
per mille der Bevoelkerung
A = Lebendgeborene
B = Gestorbene ohne Totgeborene aber mit Ortsfremden
C = Eheschliessungen (Skala II)
D = Gestorbene ohne Ortsfremde
48 46 44 42 40 38 36 34 32 30 28 26 24 22 20 18 16
16 14 12 10 8
A
D
C
1870 2 4 6 8 80 2 4 6 8 90 2 4 6 8 1900 2 4 6 8 10 12 14

Diagramm 5

Natuerliche Bevoelkerungsbewegung in Bruenn
per mille der Beveolkerung

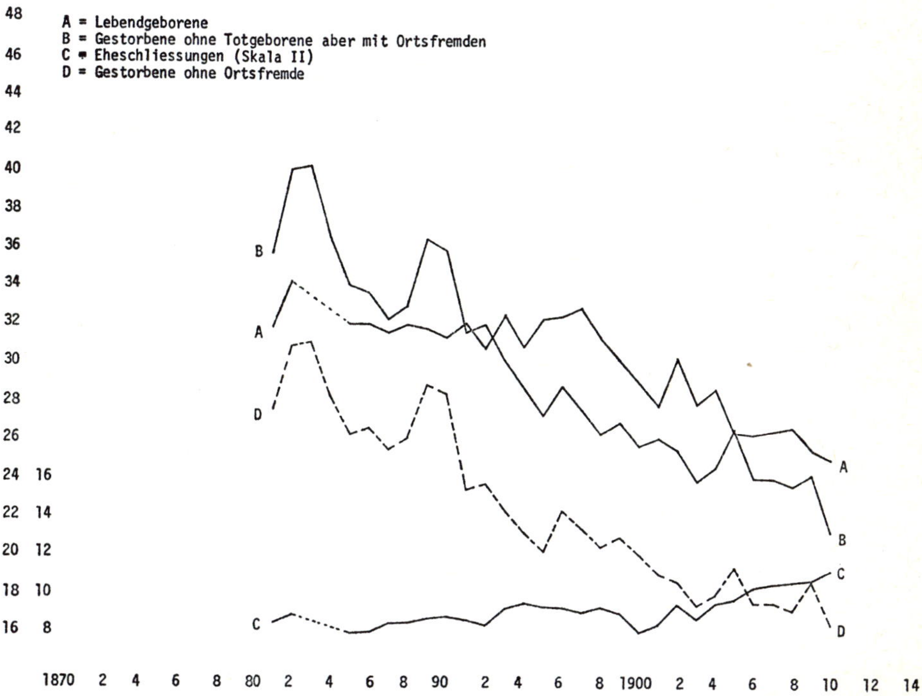

Diagramm 6 Natuerliche Bevoelkerungsbewegung in Lemberg per mille der Bevoelkerung

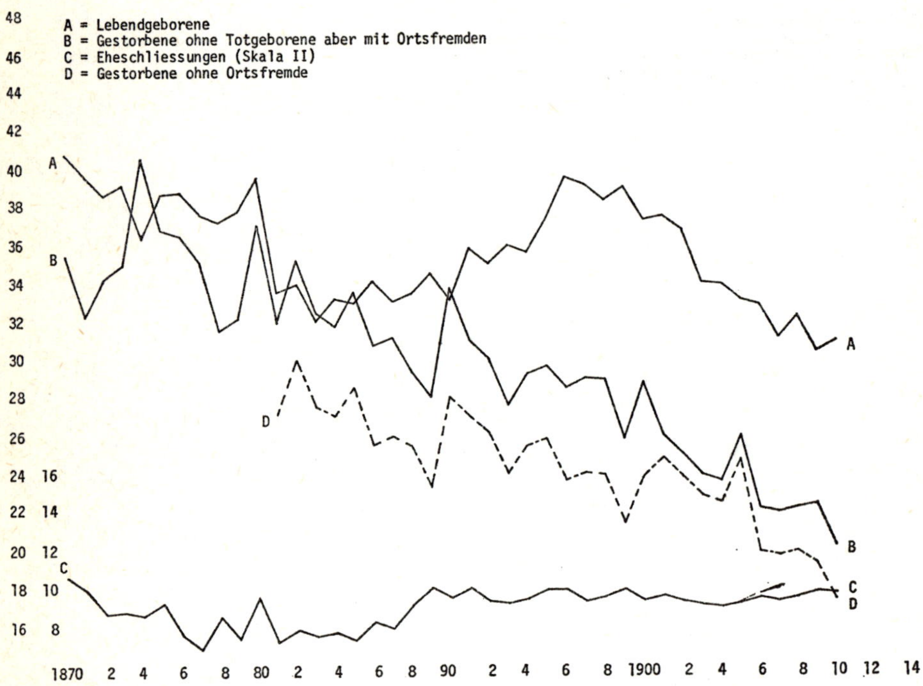

Diagramm 7

Natuerliche Bevoelkerungsbewegung in Krakau
per mille der Bevoelkerung

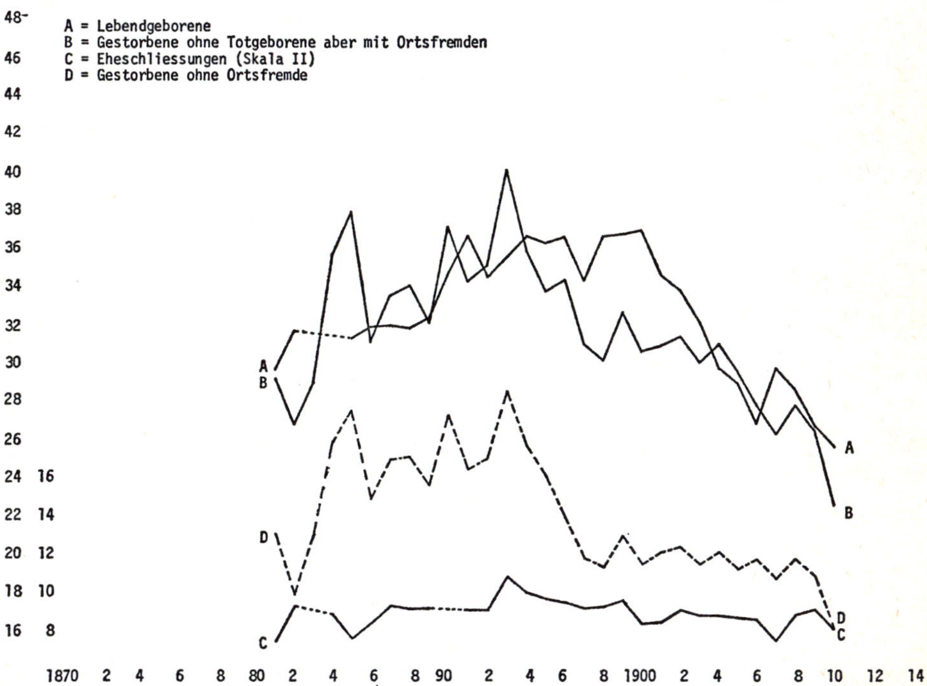

Diagramm 8 Natuerliche Bevoelkerungsbewegung in Oesterreich per mille der Bevoelkerung

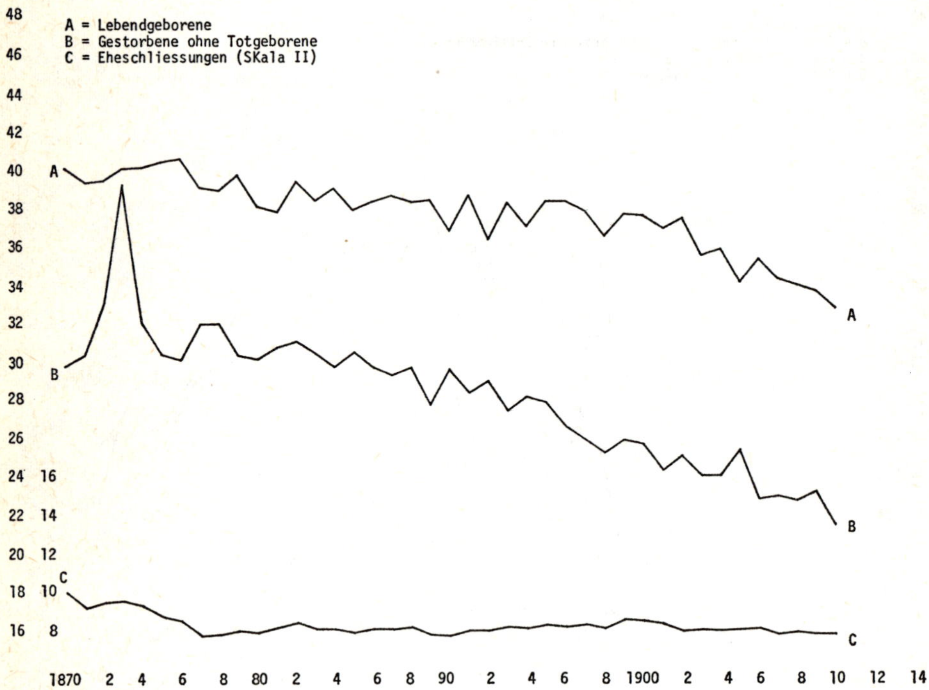

V. Marxismus, Historische Soziologie und Sozialgeschichte

DER STRUKTURBEGRIFF IN DER MARXISTISCHEN GESELLSCHAFTSLEHRE

von Peter Christian Ludz

Vorbemerkung

In theoretisch-methodologischen Diskussionen, die gegenwärtig in den Sozialwissenschaften, der Linguistik, in der Ethnologie sowie bestimmten Zweigen der Philosophie, der Geschichte und der Literaturwissenschaft geführt werden, spielt der Begriff »Struktur« eine wesentliche Rolle. Das interdisziplinäre Gewicht dieses Begriffs hat noch zugenommen, seitdem seine traditionell vielfältige Verwendung in die Erörterungen um den »Strukturalismus« einmündet. Dies gilt vor allem deshalb, weil zahlreiche mit dem Strukturbegriff arbeitende Konzepte auf eine ebenso umfassende wie präzise und mit »materialnahen« Kategorien vorgenommene Analyse *historisch*-sozialer Phänomene abzielen, und weil dies im Strukturalismus besonders deutlich wird. Wenn auch »Strukturalismus« hier weder für eine bestimmte Schule noch für eine wissenschaftstheoretische Richtung in einer der genannten Disziplinen steht, sind doch sowohl die methodologischen Strategien der Linguistik wie der Kulturanthropologie (besonders der »strukturalen Anthropologie« von *Claude Lévi-Strauss)* durch die strukturalistische Diskussion in den Horizont der breiten, theoretisch-methodologischen Auseinandersetzungen der gegenwärtigen Sozial- und Geschichtswissenschaften eingeführt worden.

Deshalb ist es sicherlich vertretbar, dem Strukturbegriff und der Strukturalismusdiskussion eine integrative wie eine innovative Funktion für die historisch orientierten Sozialwissenschaften zuzuerkennen [1]. Ein solches *prima vista* gefälltes Urteil scheint auch bei genauerer Untersuchung nicht sogleich eingeschränkt werden zu müssen; denn auch in wichtigen Teilbereichen der *innermarxistischen,* vor allem im Rahmen des Dialektischen und Historischen Materialismus geführten Diskussion wird der Strukturbegriff ausgiebig verwandt. Dies betrifft in erster Linie die methodologischen Erörterungen im Bereich der marxistischen Geschichtswissenschaft; es ist ferner für die marxistisch-leninistische Philosophie wie für die Soziologie (hier insbesondere für gesamtgesellschaftliche und literatursoziologische Analysen) zu beobachten. Der Strukturbegriff bildet jedoch auch in den theoretisch-methodologischen Erörterungen der verschiedenen Schulen und Richtungen des nicht-dogmatischen zeitgenössischen Marxismus in West- und Osteuropa einen Mittelpunkt der Diskussion. Hier sind insbesondere bestimmte Ausprägungen des Marxismus in Frankreich *(Lucien Goldmann, Lucien Sebag, Louis Althusser),* des Marxismus der kritisch-dialektischen Gesellschaftslehre in der Bundesrepublik *(Alfred Schmidt)* sowie die marxistische Methodologie in Geschichtswissenschaft, Soziologie und Philosophie in der DDR *(Ernst Engelberg, Wolfgang Küttler, Gerhard Lozek, Peter Bollhagen, Günter Kröber, Hubert Laitko, Franz Loeser, Helge Wendt)* zu erwähnen.

Die in der Sowjetunion [2], in Ungarn [3] und der ČSSR [4] geführten Auseinandersetzungen um den marxistischen Strukturbegriff ergänzen sowohl die in der DDR wie die in der Bundesrepublik anzutreffenden Auffassungen und haben in konstitutiver Weise dazu beigetragen, die Diskussion um die innovative Funktion des Strukturbegriffs zu stimulieren.

Einige Kritiker der Verwendung des Begriffs »Struktur« in der Philosophie und Philosophiegeschichte haben zu Recht bemerkt, daß »das Wort Struktur seit seiner Einführung in die neuere Diskussion durch Dilthey einen zunehmend uferlosen und unübersehbaren Gebrauch« gefunden hat [5]. Einige Gründe für solche Uferlosigkeit scheinen auf der Hand zu liegen: Mit Hilfe des Begriffs der Struktur – ähnlich wie mit verwandten organologischen Begriffen (etwa »Gestalt«, »Totalität«, »System«) – haben es verschiedene sozialwissenschaftliche und historische Disziplinen bzw. Subdisziplinen ebenso wie interdisziplinäre Ansätze immer wieder unternommen, materialnahe Kategorien zu bilden und damit die schon klassischen philosophischen Dichotomien von »Form« und »Inhalt«, »Form« und »Material« zu überwinden und eine Entsprechung von (Kunst-)Form und Gesellschaft herzustellen oder doch »unterschiedliche Ganzheiten« zu ordnen [6]. Konsequenterweise haben diese Ansätze, »Strukturanalogien« zu konstruieren, mit Hilfe des Begriffs der Struktur versucht, analoge Entsprechungen zwischen historischer Gesellschaft und Theorie als »sinnvoll« zu deklarieren und dementsprechend von »sinnvollen« (d. h. historisch-verstehenden), »kategorialen Strukturen« zu sprechen *(Lucien Goldmann).*

Über die Einbeziehung der Kategorie »Sinn« sind die lebensphilosophisch-hermeneutische wie auch die neukantianische und phänomenologische Dimension in der Philosophie, in der einen oder anderen Form, konstitutiv für mit dem Strukturbegriff arbeitende historisch-soziologische Ansätze geworden. Dies hat etwa *Lucien Goldmann* dazu geführt, nicht nur den »structuralisme non génétique« *(Roland Barthes, Claude Lévi-Strauss, Talcott Parsons),* sondern überhaupt jede »positive« Soziologie abzulehnen [7]. Der Begriff »Struktur« ist also einerseits dort aufgenommen worden, wo die Eindeutigkeit der »Fakten« bezweifelt wurde – andererseits dort, wo philosophische Kategorien wie »Form« und »Inhalt« als nicht genügend realitätsnah empfunden wurden. In beiden Fällen ist er gleichsam als Innovationsbegriff, der neue Erkenntnisse unter Umgehung des starren Schemas des jeweils vorgegebenen Denkens ermöglichen soll, konzipiert und damit gerade zur Erfassung von Nicht-Eindeutigem herangezogen worden.

Wie wir im einzelnen noch aufzeigen werden, hat die Prominenz des Begriffs »Struktur« in Teilbereichen der deutschen wie der französischen Philosophie die marxistische Gesellschaftslehre nachhaltig beeinflußt. »Gesellschaftslehre« in diesem Zusammenhang schließt die philosophisch vorgeprägte, historisch-soziologische Perspektive ein. Hier ist in der deutschen Tradition neben *Wilhelm Dilthey* und *Edmund Husserl* besonders die eigentümliche Verbindung von Neukantianismus, Lebensphilosophie und Phänomenologie im Werk *Emil Lasks,* der über *Georg Lukács* bis in die gegenwärtige marxistische Methodologie hineinreicht, zu erwähnen; in Frankreich ist besonders an die philosophischen Reflexionen *Jean-Paul Sartres* und *Maurice Merleau-Pontys* zu erinnern.

»Struktur« und »Strukturalismus« können – soweit sie auf die marxistische Diskussion bezogen werden – als der Versuch einer neuen Formalisierung historisch-soziologischen Materials angesehen werden. Es kann darüber hinaus – mit Blick sowohl auf *Paul Ricoeur* wie auf den tschechischen Strukturalismus insbesondere *Jan Mukařovskýs* – die These formuliert werden, daß der Streit um den »strukturalen Gesichtspunkt« ein Streit »um die Wissenschaftlichkeit«, um die Objektivierung des marxistischen Denkens, ist [8]. Schließlich besagt eine von uns hier vertretene These, daß »Struktur« und »Strukturalismus« für die gegenwärtige marxistische Diskussion eine Reihe von bedeutsamen Funktionen besitzen: (a) die Funktion der *Antwort* auf den Positivismus, kritischen Rationalismus und die Fragestellungen und Postulate der analytischen Philosophie (bzw. deren Abwehr). Dies gilt insbesondere für die Probleme der Geschichtsmethodologie, die Zusammenhänge von »Struktur« und »Gesetz«, »Ereignis«, »Struktur« und »Entwicklung«, kurz für die Konstruktion einer »marxistischen Historik«. Damit beansprucht die mit dem Begriff »Struktur« arbeitende (literar-)historische Analyse, einen Beitrag sowohl zur *wertenden* Deutung wie zur *Erklärung* des untersuchten Gegenstandes zu leisten [9]. (b) die Funktion der *Abwehr* der analytischen Trennung von ontologischen, erkenntnistheoretischen und logischen Aussagen (wie sie in der westlichen neoposotivistischen Wissenschaftstheorie vorgenommen wird), indem die spezifischen ontologischen und erkenntnistheoretischen Argumente des Marxismus (»Struktur der Materie«, »Struktur des Bewußtseins«) stärker ausdifferenziert und durch solche Ausdifferenzierung überzeugender miteinander verknüpft werden können; (c) die Funktion der *Verfeinerung* der (literar-)historischen Sichtweise, die geeignet sein soll, die marxistische Basis-Überbau-These zu verifizieren, d. h. der Strukturalismus wird als »interpretatives« und damit als innovatives Verfahren rezipiert [10].

Diese drei hier unterschiedenen Funktionen lassen sich zusammenfassen zu der Funktion der Reintegration der auseinanderstrebenden Teilbereiche der marxistischen Theorie. Struktur in diesem Sinn ist den Begriffen »Totalität« und »System« eng verwandt. Jede Struktur (ebenso wie die Totalität) besteht aus – sowohl aufeinander bezogenen wie mehr oder minder autonom existierenden – Elementen.

Sartre hat dieses besonders in den von *Hegel* beeinflußten Richtungen des Marxismus auftauchende Phänomen einer ebenso umfassenden wie leeren Kategorie als »Totalisieren« kritisiert. Er hat in diesem Zusammenhang darauf aufmerksam gemacht, daß der marxistischen Theorie bisher eine »Gliederungssystematik der Vermittlungen (fehlt), um den Prozeß zu erfassen, der die Person und ihr Produkt innerhalb einer Klasse und einer gegebenen Gesellschaft in einem historischen Zeitpunkt hervorbringt« [11]. Andere marxistische Kritiker wie *Henri Lefèbvre* haben sogar von der »Objektivitätskrise« gesprochen, die »Erkenntnis und Wissenschaft im Marxismus ausgehöhlt« hätte [12]. *Roger Garaudy* hat sich mit einer Reihe weiterer Argumente gegen die Einbeziehung des Strukturalismus (und damit auch gegen die Verwendung des Strukturbegriffs überhaupt) gewandt [13]. Er hat *Althusser* (und *Foucault)* vorgeworfen, anstelle des existentialistischen Marxismus *Sartres,* der die Subjektivität des Menschen überbetone, einen neuen Dogmatismus zu etablieren, den »abstrakten und dogmatischen Strukturalismus«. Dieser neue Dogmatismus negiere die Rolle des Subjekts in Geschichte und Gesellschaft und bringe, wie *Althusser* selbst sage, einen »theoretischen Antihumanismus« hervor [14].

Abgrenzungen

Mit der Formulierung dieser Thesen verbinden wir die Ausgrenzung bestimmter Problemkomplexe. In der philosophischen Diskussion wird auf *Dilthey* und *Lask* nur insofern eingegangen, als dies für bestimmte marxistische Theoretiker (z. B. *Georg Lukács)* notwendig ist; die linguistisch-literaturwissenschaftlichen ebenso wie die kulturanthropologischen, inzwischen selbst unübersehbar gewordenen Erörterungen über den Strukturalismus thematisieren wir ebenso wenig wie den strukturellen Funktionalismus und seine Kritiker in der Soziologie [15]. Dasselbe gilt für die marxistische Auseinandersetzung mit der »Strukturgeschichte« *Werner Conzes* u. a.

Statt dessen konzentrieren wir uns auf die Frage nach der theoretisch-methodologischen Dimension des Strukturbegriffs in der marxistischen Gesellschaftstheorie, die – ihrem Selbstverständnis entsprechend – stets Theorie einer *geschichtlichen* Gesellschaft ist. In diesem Rahmen fragen wir nach den Positivierungs-, Formalisierungs- und Objektivierungsversuchen der marxistischen Theorie; nach der Auseinandersetzung der marxistischen Erkenntnistheorie mit den erkenntnistheoretischen Strategien des kritischen Rationalismus und der analytischen Philosophie; nach den Beziehungen zwischen marxistischer Ontologie und Erkenntnistheorie und der Übertragung dieser Differenz auf die marxistische »Geschichtsmethodologie«. Unter den Begriff der »Geschichtsmethodologie« fallen die im Marxismus behauptete »Einheit des Logischen und des Historischen« oder, mit anderen Worten, die Identität/Differenz von »Struktur« und »Entwicklung«; weiterhin die Verbindung des Strukturbegriffs zu den Begriffen »System«, »Totalität«, »Gesetz«; und schließlich die Einbindung der »Strukturmethode« in eine »materialistische Gesellschaftstheorie«, eine auf »gesellschaftliche Praxis« bezogene Theorie.

Für die Diskussion dieser Probleme beschränken wir uns im folgenden nach einer einführenden Betrachtung wesentlich auf die Analyse bestimmter Aspekte einiger Arbeiten von *Louis Althusser* (Frankreich [16]), *Alfred Schmidt* (Bundesrepublik) sowie einige der wichtigsten Repräsentanten der mit dem Strukturbegriff arbeitenden neueren Geschichtsmethodologie in der DDR.

Zum Begriff der Struktur in der traditionellen marxistischen Theorie

In den zeitgenössischen *Marx*-Interpretationen und der Ausdeutung dieser Interpretationen stehen sich zwei Fragestellungen gegenüber, die als solche die schlechthin aporetische Situation der Diskussion zwischen *Marx*-Exegese und Strukturalismus kennzeichnen: Ist die Strukturanalyse Voraussetzung der Erkenntnis des historischen Prozesses, oder umgekehrt, eine historische Detailanalyse Voraussetzung der Erkenntnis der Strukturbedingungen? An mit großem Aufwand erarbeiteten Antworten auf diese unzulässig zugespitzte Frage fehlt es nicht. Die Marx-Interpreten und ihre Ausdeuter vergessen freilich häufig, daß *Marx* als Hegelianer (und damit als Begriffsrealist) diese Frage selbst niemals eindeutig entschieden hat – und sie, von seinem Denkansatz her, auch nicht entscheiden mußte; denn »Struktur« und »Geschichte«, »Logisches« – bzw. bei *Marx* »Ökonomisches« – und »Historisches« stehen sich, wie *Marx* und *Engels* häufig betonen, ebenso wenig gegenüber wie »Wesen« und »Erscheinung«, »Abstraktes« und »Konkretes«, »Begriffliches« und »Geschichtliches« [17]. Diese erst durch die verschiedenen Ausprägungen des Neukantianismus und später des Positivismus, Neopositivismus und Rationalismus dichotomisierten Kategorien bilden bei *Marx* wie bei *Hegel* (insbesondere in dessen großer »Logik«) durchaus eine »Einheit« oder besser: unterschiedliche Aspekte, mit denen komplexe Phänomene von verschiedenen Seiten betrachtet werden, um ihren »inneren Zusammenhang« herauszuarbeiten.

Ohne die *Marx*-Philologie um ein weiteres Kapitel bereichern zu wollen, kann festgestellt werden, daß *Marx* diese Sichtweise besonders aufschlußreich in der »Einleitung« zu den »Grundrissen der Kritik der politischen Ökonomie« wie an zahlreichen Stellen des »Kapital« zum Ausdruck gebracht hat. »Historische« und »soziale« Wissenschaft gingen für ihn ineinander über, und auch die »Ökonomie« begriff er stets als historisch-kritische. Von den ökonomischen Kategorien behauptete er, daß sie »ihre geschichtliche Spur« trügen [18]. Diese Feststellung gewinnt noch an Gewicht, indem *Marx* die Kategorien als »Daseinsformen, Existenzbedingungen« bezeichnet und damit die »Nähe« der Kategorien zur Realität ausdrückt. *Marx* hat jedoch – im Unterschied zu manchem seiner Epigonen – stets gesehen, daß die Kategorien deshalb »oft nur *einzelne* Seiten dieser bestimmten . . . Gesellschaft« ausdrücken [19].

Abgesehen von solchen ausdeutbaren Belegen hat *Marx* seinen methodologischen Ansatz im Nachwort zur 2. Auflage von Band I des »Kapital« selbst klar beschrieben: »Die Forschung hat den Stoff sich im Detail anzueignen, seine verschiednen Entwicklungsformen zu analysieren und deren innres Band aufzuspüren. Erst nachdem diese Arbeit vollbracht, kann die wirkliche Bewegung entsprechend dargestellt werden. Gelingt dies und spiegelt sich nun das Leben des Stoffs ideell wider, so mag es aussehn, als habe man es mit einer Konstruktion a priori zu tun [20].« Damit ist auf die oben gestellte Frage eine klare Antwort gegeben. *Marx* ist also stets vom historischen Charakter ökonomischer Begriffe (»Arbeit«) ausgegangen. »Historisch« meint dabei ebenso Aufnahme und Berücksichtigung vergangener Bedeutungsgehalte in einem Begriff wie seine Aufladung mit »Anschauung und Vorstellung«, die aus der Beobachtung der je konkreten politisch-sozialen Wirklichkeit stammen [21]. *Marx* verwendet in diesem Zusammenhang zwar auch direkt den Begriff »Struktur« (etwa als »innere Struktur«), er sucht aber vor allem nach dem »Bewegungs«- oder »Entwicklungsgesetz« der kapitalistischen Gesellschaft.

Es mag von Interesse sein, in diesem Zusammenhang in einer kurzen Notiz darauf hinzuweisen, daß die moderne Begriffsgeschichte die Bewußtwerdung vergangener Inhalte eines Begriffs, den sich in einem Begriff spiegelnden Erfahrungs- und Bedeutungswandel thematisiert hat. Was *Marx* in einer außerordentlichen Nuancierung »historisch«, »kritisch«, »politisch« genannt und was er auf seine Weise bereits semantologisch kontrolliert hat, bezeichnet *Koselleck* rückwirkend als die »Verzeitlichung« und »Ideologisierbarkeit« und damit »Politisierbarkeit« kategorialer Bedeutungsgehalte [22].

In der Rezeption des *Marx*schen Denkens spielte der Begriff der Struktur eine durchaus bedeutsame Rolle. Verschiedene – hier als »traditionell« bezeichnete – Schulen und Richtungen des Marxismus haben den Begriff der Struktur in unterschiedlichen Zusammenhängen verwandt, ihn jedoch keiner semantologischen bzw. einer traditionellen philosophiehistorisch-philologischen Kontrolle unterworfen. Eher das Gegenteil ist der Fall.

Die seit *Dilthey* und *Husserl* sich durchsetzende Uferlosigkeit des Begriffs der Struktur wird durch *Emil Lasks* Reflexionen über »Strukturgeschichte«, »Strukturform«, »Gegenstandsstruktur«, »transzendentallogische Urstruktur«, »Strukturkünstlichkeit des Urteils« usw. noch erweitert. Bereits *Dilthey* hatte die »Struktur« als »Gliederung« der inneren Zustände des Seelenlebens« betont [23]; *Husserl* hatte von den invarianten »Strukturen« der Lebenswelt gesprochen [24]. *Lask* wollte, besonders in seiner 1911 abgeschlossenen »Lehre vom Urteil«, mit einer »Strukturforschung« die Elemente des Urteils analysieren. Er ging dabei – seinerseits in der Auseinandersetzung mit *Edmund Husserl, Heinrich Rickert, Franz Brentano* u. a. – davon aus, daß *Kants* Zerlegung der Gegenstände in kategoriale Form und in Kategorienmaterial in die Struktur des Urteils »bestimmend« hineinragt. »Bestimmend« meint bei *Lask* in diesem Zusammenhang »sinn«-bestimmend. Lask bezeichnete deshalb auch die von ihm entworfene Lehre von der Struktur des Urteils als »Lehre vom Sinn des Urteils«. »Sinn« und »Gegenstand« sollten in der Logik des Urteils bzw. in der Logik des Sinns aus ihrer statischen Gegenüberstellung herausgelöst werden [25].

Ohne im folgenden in eine intensive Auseinandersetzung mit *Diltheys, Husserls* und *Lasks* Strukturbegriff und dessen Verhältnis zum Strukturbegriff bei *Marx* eintreten zu können, sei doch folgendes festgehalten: a) Mit Hilfe des Begriffs der Struktur sollte die Kluft zwischen Form und Inhalt, Form und Material überbrückt werden, ohne daß »Struktur« als Begriff sich vom Material völlig ablöst und damit weder einen realsoziologischen Gegenstand lediglich bezeichnet, noch als a priori strukturiertes Material mit dem Gegenstand verschmilzt *(Lask)*; b) Mit Hilfe des Begriffs der Struktur sollte der »innere« Aufbau des »Lebens« als »Geformtes« – wenn auch bei *Dilthey* vor allem des Lebens des *Individuums* – nachgebildet werden; c) Mit Hilfe des Begriffs der Struktur sollte der »Sinn« gegenständlicher Phänomene mitreflektiert werden *(Lask)*; d) Mit »Struktur« wird auf Invarianten der »Lebenswelt« abgehoben *(Husserl)*.

Diese Aufgaben, die der schillernde Begriff »Struktur« zu lösen hat, sind im Marxismus in der einen oder anderen Ausprägung sowohl bei *Georg Lukács*, bei *Ernst Bloch* wie bei *Max Horkheimer* und *Jürgen Habermas*, bei *Jean-Paul Sartre* wie bei *Lucien Goldmann* thematisiert worden. So spricht *Lukács* in »Geschichte und Klassenbewußtsein«, z. T. in direkter Anlehnung an *Lask*, in der Interpretation der »Antinomien des bürgerlichen Denkens« davon, daß »die Gegebenheit, der Inhalt, die Materie in die Formgebung, in die Struktur der Formen, in die Beziehung der Formen aufeinander, also in die Struktur des Systems selbst bestimmend hineinragt« [26]. Weiterhin verwendet *Lukács* den Strukturbegriff sowohl zur Kennzeichnung bestimmter Zusammenhänge der Gesellschaft (»Ständestruktur«, »Warenstruktur«, »Struktur der ökonomischen Grundelemente der Gesellschaft«) wie zur Bezeichnung von Bewußtseinssituationen (»Verdinglichungsstruktur«, Verdinglichung als »struktive Grundtatsache« [27]).

Ohne den Begriff der Struktur so ausgiebig und gleichermaßen so unpräzise zu verwenden wie *Lukács*, gebraucht auch *Horkheimer* bisweilen »Struktur« sowohl zur Bezeichnung von theoretischen (»Struktur der kritischen Theorie«) wie sozioökonomischen Sachverhalten (»ökonomische Grundlagenstruktur« der Gesellschaft) [28]. In wenig reflektierter Form ist »Struktur« ferner bei *Ernst Bloch* anzutreffen, der etwa »Struktur« und »Gestalt« gleichsetzt [29]. *Habermas* benutzt in verschiedenen Arbeiten den Begriff der Struktur ebenfalls. Auch hier bleibt er undefiniert und wird, ohne dies zu kennzeichnen, in verschiedenen Bedeutungen verwandt. Struktur drückt bei *Habermas* a) eine *Relation* aus und löst damit gleichzeitig »Prinzipien« oder »Substanzen« ab; steht b) als sog. »Strukturanalyse« für eine (von ihm nicht näher gekennzeichnete) historisch-soziologische Methode; wird c) inhaltlich als »sozialer Wandel« (»Strukturwandel der Verkehrsformen«) eingeführt und ist gelegentlich d) der »Entwicklung« konfrontiert [30].

Bei *Sartre* spielt der Begriff der Struktur eine Mehrfachrolle: einmal als »analytische« Kategorie; zum anderen als Ausdruck der »vermittelten Wechselseitigkeit« einer Gruppe, als Ausdruck der lebendigen, d. h. bewußten, Integration (und Organisation) einer Gruppe in die gesellschaftliche »Praxis«. Konsequent kann *Sartre* deshalb, drittens, behaupten, daß die Struktur »nichts anderes ist als die Idee, die die Gruppe über sich selbst hervorbringt« [31]. Diese Idee ruht ihrerseits auf der Organisation der Gruppe als Bezugssystem. Mit »Struktur« werden also sowohl bestimmte Wechselbeziehungen der Mitglieder der Gruppe untereinander zum Ausdruck gebracht wie das Organisationsziel der Gruppe.

Für den marxistischen Literatursoziologen *Lucien Goldmann* stand der Begriff der Struktur noch stärker als bei den vorhergenannten Denkern im Mittelpunkt seines Werkes. *Goldmann* intendiert, sich gegen den »unhistorischen« Strukturbegriff von *Lévi-Strauss* wendend, eine »genetische strukturalistische Literatursoziologie«.

Er will im Medium der Literaturgeschichte Marxismus und Strukturalismus miteinander verbinden. Dabei geht er – unter dem Einfluß von *Lukács, Piaget* und *Sartre* – von einer »sinnvollen kategorialen Struktur« (»le concept de structure significative«) aus. Mit dem Attribut »sinnvoll« sollen sowohl das tatsächliche Bewußtsein einer bestimmten sozialen Gruppe wie die Visionen des Schriftstellers, der die gesellschaftliche Wirklichkeit beschreibt, erfaßt werden [32]. »Sinnvolle Strukturen« sind also, nach *Goldmann,* sowohl als Gruppen- oder Kollektivphänomene wie als Imaginationen des Künstlers und damit, wenn beide Bedeutungen reflektiert werden, in gewisser Weise als soziale Normen festzustellen. Große literarische Werke sind für ihn ein Ausdruck der »Praxis« der sozialen Gruppe, welcher der Schriftsteller selbst angehört. Das soziale Leben der Gruppe bringt gleichsam Denkstrukturen hervor, die über das individuelle Bewußtsein des Künstlers ins Allgemeine hinausweisen [33]. Der Schriftsteller setzt imaginativ das Denken, die »Denkstruktur« der ihn umgebenden Gruppe in seinem Werk um. Die Intentionen, die Bedeutungsverleihungen, die »Weltanschauung« (der »Sinn«) der Gruppe treten im Werk des Künstlers zusammengefaßt hervor. Dabei wird sowohl das künstlerische Werk eine innere *Kohärenz* besitzen, wie eine Kohärenz zwischen dem Aufbau des Werkes und der »vision du monde« von sozialen Gruppen bestehen soll [34].

In beiden Bedeutungen von »Sinn«, die methodisch nicht klar abgegrenzt werden können, wird dennoch das für *Goldmann* wesentliche Element des Strukturbegriffs sichtbar. Struktur ist für ihn stets »Strukturierung«. So spricht er von »Strukturierungsprozessen«, nämlich der »Destrukturierung« tradierter Formen und der Strukturierung neuer Situationen, neuen Verhaltens, neuer Sinnverleihungen [35]. Diese Prozesse sollen mit adäquaten Kategorien – eben der »sinnvollen kategorialen Struktur« – analysiert werden. In der Kritik ist auf die Fragwürdigkeit der heuristisch durchaus fruchtbaren Methodologie *Goldmanns* vielfach hingewiesen worden (s. o.).

In unserem Zusammenhang bleibt festzuhalten, daß die Vertreter der »traditionellen« marxistischen Theorie den Begriff »Struktur« in einer ziemlich vagen Weise verwenden, daß sie diesen Begriff nicht aus dem Hegelianismus bzw. dem Heidelberger Neukantianismus herauslösen und ihn in seiner innovativen Potenz etwa mit den wissenschaftslogischen Anforderungen an die Begriffs- und Definitionsbildung konfrontiert haben. Die Frage nach der Adäquanz von Begriff und Gegenstand unter Berücksichtigung des historischen Ursprungs des Begriffs, die Frage nach dem Doppelcharakter von Begriffen als konkrete Bezeichnung und als Generalisierung ist von diesen Marxisten, jedenfalls anläßlich der Verwendung des Strukturbegriffs, offensichtlich niemals gestellt, geschweige denn beantwortet worden.

Zum Begriff der Struktur in der Marx-Interpretation Louis Althussers

Althussers Arbeiten [36] beanspruchen im Rahmen der erfahrungswissenschaftlichen historischen Soziologie vor allem deshalb Interesse, weil er versucht, die *»theoretischen«* Grundlagen der marxistischen Geschichtswissenschaft und der marxistischen Philosophie von ihren »historizistischen« Grundlagen wie von ihren hegelianisierenden Interpretationen zu trennen [37]. Er hebt deshalb die *Marx*schen Frühschriften (in der Phase bis 1845) vom »Kapital« ab. Die Frühschriften scheinen ihm erst mit dem in der »Deutschen Ideologie« und deren Feuerbach-Teil auftretenden Geschichtsverständnis einen ersten Schritt zu jener »Wissenschaft von der Geschichte der Gesellschaftsformation« zu gehen, die *Marx* dann besonders in den »Grundrissen« und im »Kapital« voll ausgebildet hat [38].
Althusser beabsichtigte, das »Kapital« unter wissenschaftslogischen und erkenntnistheoretischen Fragestellungen neu zu lesen, d. h. neu zu interpretieren. Damit will er, wie *François Furet* bemerkt hat, den Marxismus »entideologisieren« [39]. »Entideologisieren« heißt hier in erster Linie, die von *Hegel* bzw. von *Lukács* ausgehenden, sich auf *Hegel* stützenden *Marx*-Deutungen, wie sie in Frankreich etwa *Lucien Sebag* vorgelegt hat, durch eine erkenntnistheoretische »Säuberung« zu ersetzen. Dabei bezieht sich *Althusser* immer wieder auf den 3. Abschnitt der »Einleitung« der »Grundrisse zur Kritik der politischen Ökonomie«, den *Marx* unter die Überschrift »Die Methode der politischen Ökonomie« gestellt hat.
In Anlehnung an *Marx* und in der Kritik *Hegels* unterscheidet *Althusser* zwischen »Erkenntnisobjekt« und »Realobjekt« [40]. Damit kritisiert er das Grundprinzip der Hegelschen Identitätsphilosophie, die Erkenntnisobjekt und Realobjekt zusammenfallen läßt. In einem anderen Zusammenhang wendet er sich gegen den Begriff der »Totalität« bei *Hegel* [41]. Folgerichtig interessiert *Althusser,* wie einer seiner Kritiker völlig zu Recht hervorgehoben hat [42], nicht so sehr eine neue Interpretation der *Marx*schen Ontologie, sondern vielmehr die Reduzierung dieser Ontologie auf eine – innovativ orientierte – Erkenntnis- und Wissenschaftstheorie, die damit den Charakter einer Suchstrategie annimmt. *Althusser* spricht in diesem Zusammenhang gelegentlich selbst von der Notwendigkeit einer »Terminologie, die den Begriff der Erkenntnisstruktur als einer spezifisch *offenen* Struktur artikuliert« [43]. Allerdings hinterläßt seine Absicht dadurch einen zwiespältigen Eindruck, daß er einerseits den erkenntnistheoretischen Zugriff mit einer bestimmten Ausprägung des Strukturalismus verbindet, andererseits dieses Verfahren der »wissenschaftlichen« Analyse schlechthin gleichsetzt.
Althusser geht philosophisch durchaus reflektiert vor: Er will den »religiösen Mythos des Lebens« der *Marx*schen Texte brechen mit der Begründung, daß seine Generation (die Generation des Krieges und Nachkrieges) nicht mehr naiv »den Mythos der Wahrheit, die in der Schrift wohnt« entschlüsseln könne [44]. Statt dessen stellt er »Theorie« und »Praxis« in jeweils verschiedene Zusammenhänge und differenziert zwischen verschiedenen Begriffen von Theorie und Praxis. Die im vorliegenden Zusammenhang

wesentliche Bestimmung ist die der »theoretischen Praxis« (»pratique théoretique«) als eines Teils einer »allgemeinen« Praxis. Sie arbeitet an »einer Grundmaterie (Vorstellungen, Begriffe, Tatsachen), die ihr durch andere Praxis-Arten gegeben sind« [45]. Wie *Piaget* festgestellt hat, ist diese theoretische Praxis für *Althusser* das Resultat der konkreten Bedingungen, besonders der Interaktionen derjenigen, die diese Theorie ausgearbeitet haben [46].

Wir beschränken uns im folgenden auf die Untersuchung des Begriffs »Struktur« im Rahmen von *Althussers* Hauptziel, *Marx'* theoretische Grundlagen der Geschichtswissenschaft neu aufzudecken. Für *Althusser* existiert, im Anschluß an *Marx*, das »Einfache immer nur in einer komplexen Struktur« [47]. Diese »komplexe Struktur« wird in den einzelnen Elementen eines Gegenstandes als »gegeben« angenommen; in sie ist die historische Entwicklung ebenso eingegangen wie die historisch vergangene Erkenntnis, die den Gegenstand allererst konstituiert hat. Mit einer solchen Konzeption weist *Althusser* nicht nur die Rede vom »ursprünglichen Wesen« zurück, nicht nur die Vorstellung von der Identität einer »einfachen Einheit« mit der »Totalität«, sondern auch die These von den »einfachen« Gegenständen, die im Lauf der historischen Entwicklung immer komplexer werden [48]. Die »strukturierte komplexe Einheit« wird für ihn dominiert von »Herrschaft« im Sinne der an *Ralf Dahrendorfs* These sich orientierenden Kategorie. Die Einführung der Dominante »Herrschaft« verdeutlicht die »Widersprüche«, die die komplexe Struktur nicht nur durchziehen, sondern für sie konstitutiv sind [49].

Althusser führt sodann den – sowohl aus der Linguistik wie aus der Psychoanalyse [50] entlehnten – Begriff »Überdeterminierung« ein. Die von ihm so genannten überdeterminierten Widersprüche sind Ausdruck der »Reflexion« der Existenzbedingungen, die eine Struktur mit Dominanz kennzeichnen; sie sind weiterhin Ausdruck der Tatsache der politisch-sozialen Ungleichheit in der Gesellschaft. Die Verbindung der sozialen Ungleichheit mit der Reflexion auf sie im Begriff der Überdeterminierung weist sowohl auf das marxistische Grundverständnis *Althussers* hin, wie sie einen lediglich die ökonomische Basis berücksichtigenden marxistischen Konfliktbegriff hinter sich läßt. Auf diese Weise versucht *Althusser*, sowohl die historisch-politisch wesentlichen, sich in Herrschaftsverhältnissen artikulierenden Invarianten in jeder historisch gewordenen Gesellschaft zu erfassen wie die dogmatisch festgeschriebene Rolle der Widersprüche im Marxismus-Leninismus zu umgehen. Denn »Überdeterminierung« reflektiert die konkreten Bedingungen der Widersprüche, die – faktischen und/oder potentiellen – *Situationen*, in denen Widersprüche in einer komplexen Struktur auftreten können [51].

Althusser wendet diese Vorstellung komplexer, von Widersprüchen durchzogener »Strukturen mit Dominante« dann beispielsweise auf die kapitalistische Gesellschaftsordnung an. Sie wird in den Termini von »Produktivkräften« und »Produktionsverhältnissen«, von »Basis« und »Überbau« skizziert. Durch *Althussers* Bestimmung der komplexen Struktur wird jedoch das Verhältnis von Basis und Überbau aus seiner einseitigen Determination im Marxismus-Leninismus herausgelöst. Der »Überbau« kann sowohl »Erscheinung« wie »Existenzbedingung« der Struktur sein [52].

Mit dem Begriff der Überdeterminierung wird *Marx'* Dialektik neu interpretiert. *Althusser* hat dabei nicht so sehr nur jenen Widerspruch im Auge, der nach marxistischer Auffassung innerhalb der kapitalistischen Eigentumsverhältnisse vorhanden ist. Ihn interessiert ebenso der »Grundwiderspruch« zwischen Produktivkräften und Produktionsverhältnissen. Dieser Widerspruch wird im dogmatischen Marxismus, in der Lehre von der »Einheit und dem Kampf der Gegensätze«, von innen aufgelöst, da die Elemente des Widerspruchs sowohl als identisch wie voneinander unterschieden gedacht werden. Eine solche Vorstellung weist *Althusser* mit der Einführung der »komplexen Struktur« und der »Überdeterminierung« zurück [53]. Für ihn bringt »dieser ganz besondere Typ der Determinierung« (die Überdeterminierung) das Spezifische des *marxistischen* Widerspruchs zum Ausdruck. Erst mit Hilfe des Begriffs der Überdeterminierung können die verschiedenen historischen Variationen und der Wandel, die Umwälzung einer komplexen Struktur (z. B. einer »Gesellschaftsformation«) angemessen erfaßt werden [54].

Mit Hilfe des Begriffs der Überdeterminierung versucht *Althusser* schließlich, den *historischen Wandel* von Gesellschaftsformationen in den Griff zu bekommen, indem er die Ungleichheiten der realhistorischen Entwicklung in seinem Konzept berücksichtigt [55]. Zu diesem Zweck fordern *Althusser* und sein Mitarbeiter *Etienne Balibar* Untersuchungen zur »Erforschung der Struktur der Produktionsweise«, zur Periodisierungsproblematik, d. h. zur angemessenen Periodisierung verschiedener Gesellschaftsformationen, und schließlich zu einem angemessenen marxistischen Verständnis von »Eigentum«, »Produktion« und »Geschichte«. Vor allem die Konzeption der Periodisierung ist in unserem Zusammenhang von Interesse – intendieren *Althusser* und *Balibar* doch die Ablösung der traditionellen marxistischen Auffassung, die die Periodisierung auf eine lineare Zeitvorstellung gründet [56]. Dem Konzept der Periodisierung kommt jedoch auch deshalb besondere Bedeutung zu, weil es komplementär zur »komplexen Struktur« gedacht ist. Komplexe Strukturen innerhalb einer Gesellschaft enthalten »Wechselbeziehungen« zwischen einzelnen Elementen (Ökonomie, Politik etc.), wobei eine Pluralität solcher Elemente, Ebenen und der Beziehungen zwischen ihnen angenommen wird. Die Periodisierung dagegen »teilt die Geschichte nach Epochen ihrer ökonomischen Struktur ein« [57]. So werden ein diachronisches und ein synchronisches Prinzip miteinander verbunden.

Um die adäquaten historischen Einschnitte mit Hilfe eines Periodisierungsschemas vornehmen zu können, ist *Marx*' Begriff der *Produktionsweise* zu präzisieren. Zunächst umfaßt er Einzelkategorien wie »Eigentum« und »Produktion« (die im folgenden nicht eigens dargestellt werden). *Althusser* und *Balibar* interpretieren ihn weiterhin im Sinne ihres Verständnisses von »komplexer Struktur« und unterscheiden einmal die Elemente, die die Produktionsweise enthält, zweitens die Aufzählung und Beschreibung ihrer Funktionen, schließlich die Kriterien zur Unterscheidung der Formen, die die Produktionen in der Produktionsweise einnehmen. Zu den Elementen der Produktionsweise zählen die Autoren: »Arbeiter«, »Produktionsmittel« (Arbeitsgegenstand, Arbeitsmittel), »Kapitalisten«; als die beiden Beziehungen dieser Elemente untereinander führen sie den »Eigentumsbesitz« und die »reale Aneignung« an; unter die Funktionen rechnen sie die Doppelfunktion der Kapitalisten, als »Ausbeuter von Arbeitskraft« und als »Organisator der Produktion«. Dieser Doppelfunktion entspricht die doppelte Funktion der Arbeitsteilung (technische und gesellschaftliche Arbeitsteilung) [58]. Durch diese Differenzierungen sind die Kriterien zur Unterscheidung der jeweiligen Formen, die die Funktionen in der Produktionsweise einnehmen, bereits mitgesetzt; denn die Bestimmungen der Elemente der Produktionsweise, ihrer Beziehungen und Funktionen enthalten diese Kriterien in sich.

Althusser und *Balibar* gehen im folgenden davon aus, daß mit dieser Aufgliederung der Produktionsweise die Formen verschiedener historischer Produktionsweisen vergleichend erfaßbar sind, und dadurch ein präzises, marxistisches Verständnis der Periodisierung der Geschichte möglich sei [59].

Von diesem formalen Ansatz aus – und auf der Grundlage ihrer gemeinsamen Auffassung, daß Geschichte stets retrospektiv zu untersuchen sei und ihr gegenwärtiges Studium erkenntnis- und wissenschaftstheoretischen Kriterien zu genügen habe – fragen die Autoren nach einer inhaltlichen Bestimmung von Geschichte und nach den »Formen geschichtlicher Individualität« [60]. Aus der vorangehenden Nachzeichnung der formalen Bestimmung der Produktionsweise durch *Althusser* und *Balibar* geht bereits implizit ihre Auffassung von der Rolle des Subjekts im historischen Prozeß hervor. Das Subjekt wird bestimmt durch die Abfolge der »Organisationsformen der Arbeit«. Insofern ist es konsequent, als den Gegenstand der Geschichte die Arbeit in ihren Beziehungen zwischen den Elementen der jeweiligen Produktionsweise zu bestimmen. Die *Struktur* dieser *Beziehungen* der Elemente der Produktionsweise ist bestimmend für das, was *Althusser* und *Balibar* »wissenschaftliche Geschichte« nennen. Nur mit einer solchen Konzeption halten die Autoren die Verbindung partieller Strukturen (Produktionsweise) mit anderen historischen Strukturen für möglich. Ein Subjekt der Geschichte im Sinne von handelnden Einzelnen oder Gruppen lehnen *Althusser* und *Balibar* entschieden ab [61].

Aus dem bisher Skizzierten ist bereits deutlich geworden, daß *Althusser* sich gegen jede Vorstellung einer mechanischen, linearen oder transitiven Kausalität wendet; statt dessen konstruiert er den Begriff der »strukturalen Kausalität« [62]. Er fragt: »Mit welchem Begriff oder Begriffssystem lassen sich die Determinanten der Elemente einer Struktur, die strukturalen Beziehungen zwischen diesen Elementen und alle Auswirkungen dieser Beziehungen auf das Wirken der Struktur denken [63]?«. Mit anderen Worten: *Althusser* strebt ein Konzept an, das der Mehrfachdifferenzierung der verschiedenen, historischen, aktuellen und potentiellen Dimensionen einer Gesellschaft Rechnung trägt und die Produktionsverhältnisse wie die Produktionsweise nur als einzelne »Strukturbereiche« einer größeren Realstruktur, die nicht ausgeleuchtet wird, erscheinen läßt. *Althusser* fragt zwar nach dem »Sinn« eines – durch solche »strukturale Kausalität« erfaßbaren – Ganzen einer Gesellschaft, aber er stellt die Sinnfrage nicht prädeterminierend in den Vordergrund.

Dennoch muß *Althusser* zum Problem des übergeordneten Ganzen Stellung nehmen. Er kommt dem nach, indem er seinen Hauptbegriff – die strukturale Kausalität – letztlich spinozistisch auflöst. Die Struktur ist ihren Wirkungen immanent; sie wird nicht als ein festes Gefüge verstanden, das von außen auf andere Substrukturen einwirkt, sondern sie besteht aus Wechselbeziehungen, Verbindungen von Elementen, Wirkungen.

Obwohl er damit ein Hinübergleiten seines Strukturbegriffs in einen vorwissenschaftlich fixierten Substanzbegriff zu vermeiden sucht, führt *Althusser* dennoch bisweilen jene Identität von Struktur als analytischer Begriff und Struktur als sinnbehaftete Realität wieder ein, die er bei *Hegel, Lukács* und *Goldmann* so scharf kritisiert hat. Sein im Ansatz »rationalistisch-szientifisches« Konzept *(Lepenies)* steht zweifellos in Gefahr, die ausdifferenzierten und formalisierten Wechselbeziehungen und Wirkungsweisen schließlich doch zu einer inhaltlich bestimmten »Totalität« zusammenschmelzen zu lassen, deren analytischer Wert dann freilich fraglich ist.

Zur »antistrukturalistischen« marxistischen Historik von Alfred Schmidt

Die mit den Begriffen der Struktur und des Strukturalismus sich auseinandersetzenden Arbeiten *Alfred Schmidts* leben wesentlich aus der Polemik mit den einschlägigen Schriften *Althussers* und *Lévi-Strauss'* sowie einer daran anknüpfenden, aus dem Werk von *Marx* hergeleiteten Programmatik [64]. Eine Reihe von erkenntnistheoretischen, marxologischen und politischen Argumenten werden von *Schmidt* zusammengetragen, um vor allem *Althussers* Strukturalismus strategisch abzuwehren [65]. Um eine solche Abwehr zu verstärken, macht der Verfasser Anleihen sowohl bei *Georg Lukács* wie bei *Reinhard Wittram* und insbesondere bei *Antonio Gramsci* und *Johann G. Droysen* – Autoren, die sämtlich bisher nicht gerade zu den bevorzugten Quellen der kritischen Gesellschaftslehre Frankfurter Provenienz gehörten. Damit wird bereits die Abwehrfunktion (Abwehr eines positivierten Strukturbegriffs) in der materialistisch-geschichtsphilosophisch konzipierten Historik *Alfred Schmidts* gegenüber einer instrumentalen und/oder innovativen Verwendung des Strukturbegriffs erkennbar.

Auf solche eher für bestimmte Strategien und Gegenstrategien der innermarxistischen Diskussion relevanten Zusammenhänge soll im folgenden allerdings nicht näher eingegangen werden. Vielmehr fragen wir mit *Schmidt* nach der »erkenntniskritischen Reflexion des materialistischen Geschichtsdenkens« und vor allem der Rolle des Begriffs der Struktur in dieser Reflexion.

Der von *Althusser* ausgehenden, sich im Begriff »Struktur« kristallisierenden Herausforderung an die marxistische Erkenntnistheorie begegnet *Schmidt* mit einer Reihe von Einwänden, die im wesentlichen zwei Stoßrichtungen haben: (a) Einmal soll verdeutlicht werden, daß der Vorwurf des »Historizismus«, den die *Althusser*-Schule den hegelianischen Richtungen des Marxismus macht, ungerechtfertigt ist, daß sich *Althusser* in seiner Marx-Interpretation an einem »falschen« Feindbild orientiert und somit seinen eigenen Standort nicht richtig einschätzt; (b) Zum anderen sollen die erkenntnistheoretischen Konsequenzen, die sich aus der Einführung des Begriffs der Struktur in den Marxismus ergeben, aufgezeigt werden. Beide Auseinandersetzungen erfolgen allerdings ihrerseits auf dem Hintergrund einer engen erkenntnistheoretischen Position, deren Quelle wesentlich das mit *Hegel* aufgeschlüsselte Werk von *Marx* bzw. ein marxologisches Hegelverständnis, wie es die Frankfurter Schule programmatisch entwickelt hat [66], ist.

In der Abwehr des Vorwurfs des »Historizismus« weist *Schmidt* immer wieder darauf hin, daß *Marx* im »Kapital« sich eines *zugleich* »strukturanalytischen« wie historisch-genetischen Verfahrens bedient. Das in dieser Formel enthaltene Wort »zugleich« wird bei *Schmidt* allerdings, obwohl mehrfach angesprochen, kaum überzeugend qualifiziert. Sein (vorläufiges) Ergebnis faßt er vielmehr in folgenden Sätzen zusammen: »Die Dialektik im Werk des reifen Marx läßt sich als *negative Einheit von strukturaler und historischer Methode* kennzeichnen. Nur wäre es einfältig zu glauben, man könne sich bei dieser hegelianischen Formel beruhigen. Sie erfordert ... nähere Diskussion insbesondere der ›Negativität‹ jener Einheit, die man allzu leicht übersieht. Gerade der dialektisch Geschulte wird sich häufig mit dem unmittelbar (daher nur ›abstrakt‹) Richtigen begnügen und erklären, es komme darauf an, über dem strukturanalytischen Aspekt den entwicklungsgeschichtlichen nicht zu vernachlässigen und umgekehrt. Daß damit die äußerst heiklen Fragen nicht erledigt sind, haben die strengen Strukturalisten verdienstvollerweise gezeigt. Die Aufgabe marxistischer Theoretiker besteht jetzt darin, die strukturalistische Negation der Geschichte *bestimmt* zu negieren, was wiederum leichter gesagt als getan ist [67].«

Es kann hier nicht unsere Aufgabe sein nachzuprüfen, ob *Schmidt* nicht möglicherweise *Althusser* mißversteht. Vielmehr ist zu fragen, was für ein Begriff von Struktur gemeint sein kann, wenn *Schmidt Marx* an anderer Stelle bescheinigt, auch er sei »›Struktur‹-Denker« und fortfährt: »Aber er betrachtet die steinerne Objektivität des von ihm untersuchten Zustandes als ein zugleich subjektiv durch vergangene Arbeit Vermitteltes« [68]. Damit macht *Schmidt* einmal deutlich, daß sein Strukturbegriff im Bann der Ästhetik *Theodor W. Adornos* steht. Auf die ästhetische Dimension weist die Metapher hin – ebenso wie die Funktion des historischen Subjekts, das bei *Adorno* stets als *homo creator* verstanden worden ist. Damit verweist *Schmidts* Strukturbegriff zum anderen auf die »geschichtliche Subjekt-Objekt-Dialektik«, die sich in den Horizont einer politisierten Spielart idealistischer Geschichtsphilosophie einpaßt. Denn der Rekurs auf die geschichtliche Subjekt-Objekt-Dialektik stammt aus der vom jungen *Lukács* skizzierten Lehre von der Subjekt-Objekt-Qualität des »Proletariats« (und der »Intelligenz« als dessen Führer) in der »verdinglichten« Gesellschaft des Spätkapitalismus. Gerade diesen Horizont jedoch versucht *Althusser* zu durchbrechen.

Immer wieder rekurriert *Schmidt* – allerdings lediglich programmatisch – auf den »subjektiv-objektiven Doppelcharakter des geschichtlichen Prozesses« [69], auf die »Einheit von Struktur und Prozeß« [70] und entsprechend auf die »widerspruchsvolle Einheit von Theorie und Praxis« [71]. Dem korrespondiert die Beschwörung der *Einheit* des *Marxschen* Werkes ebenso wie ein bestimmtes Konzept von Geschichte. Geschichte ist für ihn in erster Linie politisch-inhaltlich bestimmte Geschichte. »Politisch-inhaltlich« meint: von der »Idee der Weltveränderung«, an der der Wissenschaftsbegriff des Dialektischen Materialismus orientiert ist [72], geprägt. Geschichte wird im Rückgriff auf *Hegel* als »Einheit« aus Kontinuität und Diskontinuität konzipiert. Dabei ist diese Einheit für *Schmidt* von *Hegels* »allgemeinem Geist« getragen – der, wie *Lukács* es in seiner Arbeit über *Hegel* dargestellt hat, als der »Sphäre gesellschaftlicher Arbeit entlehnt« angesehen wird [73].

Mit dieser von einer marxologischen Hegeldeutung (der Frankfurter Schule) ausgehenden Konzeption der Geschichte werden *Gramscis* Historismus ebenso wie *Droysens* Historik programmatisch verbunden; beide, so wird behauptet, hielten sich

»offen« für die »Objektivität« der historischen Prozesse. Dieses Offenhalten führe zu einer – von *Schmidt* positiv aufgenommenen – Leugnung invarianter Strukturen bei *Gramsci* [74]. Damit wird das Offenhalten von *Schmidt* gerade nicht im Sinne einer methodologischen Innovation der historischen Soziologie begriffen.
Im vorliegenden Zusammenhang ist *Schmidts* Rekurs auf *Droysens* Historik besonders aufschlußreich; denn *Droysen* hat – etwa im Konzept der »pragmatischen Interpretation« und des »Erzählens« – den Einfluß *Hegels* aufgenommen und ihn für erfahrungswissenschaftlich orientierte historische Analysen heuristisch fruchtbar umgesetzt. *Droysen* ist damit zweifellos als Vorläufer einer Theorie der Erklärung durch Erzählen und bestimmter diachronischer Erklärungsansätze anzusehen [75]. Statt dessen interpretiert *Schmidt Droysens* Forderung, den Besonderheiten des historischen Materials kategorial zu entsprechen, im Sinne einer leerformelhaften Subjekt-Objekt-Beziehung und einer zum methodologischen Universalinstrument erweiterten »Dialektik« (»gleichzeitig synthetisch und analytisch, induktiv und deduktiv«) [76].
Zum Verhältnis Struktur : Geschichte weiß *Schmidt* lediglich *Lukács'* Marx-Exegese aus »Geschichte und Klassenbewußtsein« zu wiederholen, freilich ohne das methodologisch besonders reizvolle Spannungsfeld zwischen *Lukács'* und *Lasks* Konzeption der Struktur und überhaupt die damalige Auseinandersetzung um die Bildung von historisch-soziologisch »angemessenen« Kategorien zu erwähnen. Ähnlich wie bei *Lukács* und, in *Schmidts* Verständnis, bei *Marx* leitet auch bei *Schmidt* die »theoretische« Analyse die »historisch-genetische«. Weiterhin sind die objektiven Strukturen der Gesellschaft stets durch das Subjekt, durch vergangene Arbeit vermittelt. Freilich neutralisiert *Schmidt* den Vorrang des »Theoretischen« durch die zentrale methodologisch-methodische Stellung, die er den Worten »vermitteln« und »Vermittlung« einräumt.
Somit wird die methodologisch-methodische Diskussion innerhalb des Marxismus durch den Begriff »Struktur«, wie ihn *Alfred Schmidt* positiv verwendet, kaum weitergeführt. Die innovative und/oder instrumentale Potenz, die im Konzept der Struktur als forschungsleitende Strategie von *Althusser* wie von einigen DDR-Autoren aktiviert worden ist, wird von *Schmidt* nicht erkannt. Es bleibt nunmehr zu fragen, ob seine Kritik an *Althusser* als solche methodologisch fruchtbare Anregungen gibt. Auch hier scheint die Ausbeute jedoch gering. *Schmidt* läßt in seiner Auseinandersetzung die erkenntnis- und wissenschaftstheoretischen Probleme, deren Lösung *Althusser* näherkommen möchte, beiseite.
Im Zusammenhang mit dem Strukturbegriff scheint es u. E. *Althusser* weniger um die korrekte Marx-Exegese zu gehen als um das Problem, die Besonderheit von *Marx'* Methodologie/Erkenntnistheorie in Absetzung von anderen Erkenntnistheorien herauszuarbeiten und ihre Fruchtbarkeit nicht nur für die Analyse der (idealtypisch-abstrakten) kapitalistischen Gesellschaftsordnung, sondern für verschiedene Ausprägungen dieser gesellschaftlichen Verfassung sowie für andere (gegenwärtige und vergangene) Systeme zu demonstrieren. Zweifellos beansprucht *Althusser* selbst gleichermaßen, die einzig richtige Ausdeutung der *Marx*schen Erkenntnistheorie vorgelegt zu haben, was *Schmidt* seine Kritik an dessen Strukturbegriff erleichtert. Man wird *Althusser*, jedoch schwerlich voll gerecht, wenn man – wie *Schmidt* – in der Abwehr dieses Anspruchs verharrt. Denn entscheidend bei *Althusser* scheint doch die Auffassung zu sein, daß *Marx'* analy-

tische Instrumente auch »Offenheit« im theoretischen Zugriff erlauben: »Der Sinn unserer Ausführungen kann nur darin bestehen«, schreibt *Althusser* am Ende seiner mit *Balibar* zusammen verfaßten Arbeit über »Das Kapital«, »soweit wie möglich die theoretische Problematik, die dieses Feld begründet und öffnet, zu bestimmen, die bereits von Marx gestellten und gelösten Probleme zu erkennen, zu identifizieren und zu formulieren, und schließlich im schon Gewonnenen, in den Begriffen und Analysen von Marx alles das aufzuspüren, was es uns ermöglicht, neue, sich in den Analysen der bereits gelösten Probleme und am Horizont des von Marx erforschten Geländes abzeichnende Fragen zu stellen. Die Offenheit dieses Feldes ist gleichbedeutend mit dem Bestehen noch zu lösender Probleme [77].« Diese »Offenheit«, die jedenfalls als heuristisch fruchtbar und damit methodologisch innovativ angesehen werden muß, wird in *Schmidts* Kritik an *Althusser* nicht gebührend gewürdigt.

Allzu voreilig werden u. E. gegen *Althussers* Strukturalismus Einwände ins Feld geführt, die aus der Waffenkammer, die sich die Frankfurter Schule im Laufe ihres Bestehens zur kritischen Abwehr Andersdenkender geschaffen hat, entlehnt sind. Diese Defensiv- und Immunisierungsstrategie ist wohlbekannt. Im wissenschaftstheoretisch-methodologischen Bereich handelt es sich um den Vorwurf des »Positivismus«, der auf der Ebene der innermarxistischen Diskussion häufig als Vorwurf des »Objektivismus« (etwa gegenüber *Karl Kautsky)*, »Mechanismus« (gegen *Mao Tse Tungs* Lehre von den Widersprüchen) oder »Vulgärmarxismus« auftritt und im politischen Bereich in den Vorwurf des »Stalinismus« einmündet [78]. So werden hinlänglich bekannte Einwände reproduziert: Philosophie, Ökonomie, Politik bildeten im *Marx*schen Werk eine »innere Einheit«, die nicht analytisch auflösbar sei; die Verwendung des Begriffs »Struktur« impliziere den Verlust der Geschichte als »menschliche Praxis«, die Beseitigung der erkenntnistheoretischen Problematik von Subjektivität; sie führe ferner die Vernachlässigung des »Werdens« zugunsten des »Daseins«, der »Philosophie« zugunsten der »Empirie« mit sich usf. Auch wenn diese Einwände im einzelnen – verglichen mit früheren Äußerungen aus dem Kreis der Frankfurter Schule – korrekter mit *Hegel* und *Marx* belegt werden, werden doch die erkenntnistheoretischen und wissenschaftstheoretischen Überlegungen *Althussers,* die die methodologische Diskussion in den historischen Sozialwissenschaften weiterführen können, nicht aufgenommen. Im Gegenteil: *Althussers* Herausforderung an die traditionellen Marxologien und Marxismen wird wegargumentiert; die Auseinandersetzung mit seinem Werk bleibt im Programmatischen stecken. *Schmidts* Überlegungen zu »Struktur und Geschichte« sind somit für eine – wie auch immer geartete – Begründung der methodologischen Position einer erfahrungswissenschaftlich orientierten historischen Soziologie unergiebig [79].

Zum Begriff der Struktur in der Geschichtsmethodologie der DDR

In der gegenwärtigen historisch-soziologischen Diskussion in der DDR, der Sowjetunion und Ungarn spielt der Strukturbegriff insofern eine bedeutende Rolle, als Struktur in erster Linie als invarianter Aspekt von Systemen begriffen wird. Darüber hinaus tritt der Strukturbegriff überhaupt mehr und mehr in seinem »universellen« Charakter hervor [80]. Das besagt, daß Struktur nicht nur einer einzelwissenschaftlichen Methodologie (der Geschichte) mit weiteren zentralen Kategorien (»Entwicklung«, »Gesetz«, »Ereignis«) konfrontiert wird, sondern auch in der allgemeinen Wissenschaftstheorie des Dialektischen Materialismus einen hohen Rang einnimmt. Dabei wird zwar in der gegenwärtigen Diamat-Diskussion nach wie vor davon ausgegangen, daß die »Kategorie der Struktur selbst dialektischer Natur« ist. Im Unterschied zu früheren Auffassungen wird »Dialektik« jedoch in diesem Zusammenhang als Wechselbeziehung zwischen formalen Strukturen, der »Bewegung« der Erkenntnis sowie der Geschichte der Erkenntnis begriffen [81]. In Anknüpfung an *R. Suszko* ist im Rahmen einer historischen Dialektik weiterhin – durchaus zustimmend – von der Verbindung zwischen »diachronischer« und »synchronischer« Logik die Rede [82].

Über den Strukturbegriff ziehen sich damit Verbindungslinien von der Grundlagendiskussion im Dialektischen Materialismus zum Historischen Materialismus, zur historischen Soziologie und zur Methodologie der Geschichte. Die Grundlagendiskussion ihrerseits berücksichtigt nicht nur Fragestellungen, Konzepte und Kategorien der Wissenschaftstheorie, der Logik, der Dialektik und der Kybernetik, sondern auch solche der modernen Mathematik. Hier wird der Strukturbegriff zu Verallgemeinerung solcher Begriffe wie »Menge« und »Funktion« verwandt.

Neben der damit bereits sichtbar werdenden sowohl integrativen wie innovativen Bedeutung des Begriffs der Struktur für die Methodologie der Einzelwissenschaften und die allgemeine Wissenschaftstheorie des Dialektischen Materialismus steht – in der DDR – seine »hohe gesellschaftliche Relevanz«. Der Ausbau der Organisationssysteme in der DDR, die Notwendigkeit einer adäquaten methodologischen Einbeziehung etwa des »operations research« in die allgemeine Wissenschaftstheorie des Marxismus-Leninismus, haben zusätzlich die praktische oder instrumentale Bedeutung des Strukturbegriffs hervortreten lassen [83].

Der Begriff der Struktur im Dialektischen Materialismus ist, wie erwähnt, wesentlich durch seine *integrative* wie *innovative* Funktion zu kennzeichnen [84]. Dabei stehen beide Funktionen in engem Zusammenhang. Integrativ soll der Begriff der Struktur insofern wirken, als mit seiner Hilfe eine methodologische Verbindung zwischen theoretischen Naturwissenschaften und Mathematik einerseits, zwischen Naturwissenschaften und Gesellschaftswissenschaften andererseits, gezogen wird. Innovativ wirkt der Begriff der Struktur insofern, als er die starre Verbindung von marxistischer Ontologie und Erkenntnistheorie lockert und der Erkenntnistheorie methodologische Impulse aus neuen Wissenschaftsbereichen (Kybernetik, Informatik) zuführt.

Einer solchen Auflockerung entspricht es, wenn heute *verschiedene* Bewegungsformen der Materie (der anorganischen bzw. organischen Natur, biologische Bewegungsformen, gesellschaftliche Bewegungsformen) unterschieden werden – und damit eine Ausdifferenzierung der Materie, ihrer in sich widersprüchlichen Strukturen vorgenommen wird. In diesem Zusammenhang entsteht die Frage, ob diese Bewegungsformen als »Daseinsarten« von »speziellen Materiearten« anzusehen – und wie diese Daseinsarten methodologisch zu klassifizieren sind. Hier stehen sich nun zwei Auffassungen gegenüber: Einmal wird unter Struktur die »Gesamtheit ihrer Elemente und deren Wechselwirkungen« [85], zum anderen die »Gesamtheit relativ konstanter Beziehungen zwischen den Teilen eines Ganzen« [86], also eine Interaktionsstruktur zwischen Teilen eines

Ganzen, verstanden. Mit anderen Worten: Während Struktur in der zuerst genannten Bedeutung einen materialen *und* einen relationalen Aspekt enthält, wird Struktur in der zweiten Bedeutung im Sinne eines stabilen Relationsgefüges interpretiert. Mit »stabil« wird auf die Konstanz (oder die relative, d. h. über eine bestimmte Zeitperiode andauernde Konstanz) der Beziehungen abgehoben [87]. In dieser Konzeption von Struktur wird damit auf *zeitliche Folge*beziehungen von Teilen eines Ganzen ebenso hingewiesen wie auf (relativ konstante) Austausch- und Wechselbeziehungen, die als solche jedoch auch Wirkungen implizieren. Solche Wirkungen sind nicht nur in der zeitlichen Sequenz, sondern auch in der räumlichen Anordnung von Beziehungen einer Struktur denkbar.

a) Struktur im Rahmen der Problemlogik

In den Bereich des Dialektischen Materialismus gehören auch die dialektische und die formale Logik sowie die Denkpsychologie. In der neueren Forschung in der Sowjetunion *(S. L. Rubinstein)* wie in der DDR wendet man sich jedoch über diese Teilbereiche hinaus immer stärker Fragen der Problemlogik, logischen und erkenntnistheoretischen Probleme der Heuristik und, allgemeiner ausgedrückt, wissenschaftstheoretisch geleiteten Suchstrategien zu. Dabei bezieht sich *Franz Loeser* in der DDR neuerdings u. a. auf *Mario Bunge*. In diesem Zusammenhang stehen seine Interpretationen über die Intuition als logischer Prozeß, über Problemformulierungen in Problemsituationen [88]. *Loeser* geht von der axiomatischen Annahme des Marxismus-Leninismus aus, daß die Intuition (die mit den marxistischen Begriffen des »Zufalls« und der »Spontaneität« in einen engen Zusammenhang gestellt wird) im Zuge des Aufbaus des Kommunismus immer stärker von der »Bewußtheit« abgelöst wird. In der Durchführung dieser Fragestellung unternimmt es *Loeser*, die »Struktur der Problemsituation« zu analysieren. Er unterscheidet drei »Strukturebenen«: Zielstruktur, Interrogativstruktur, Lösungsstruktur [89]. Für unseren Zusammenhang sind nun nicht so sehr die Einzelableitungen *Loesers* von Interesse, sondern vielmehr seine Verwendung des Begriffs der Struktur. *Loeser* geht einerseits von dem eher traditionellen Verständnis der materialistischen Determiniertheit des Bewußtseins aus. Andererseits nimmt er eine nach »Strukturebenen« differenzierte »Problemsituation« an, die ihrerseits die logische Struktur von Problemen bestimmt.
Auch in diesem Bereich der Problemlogik wird damit einerseits mit Hilfe des Strukturbegriffs eine die einzelnen Teilbereiche des Dialektischen Materialismus integrierende Wirkung angestrebt; andererseits gelingen mit Hilfe des Begriffs der Struktur innovative Differenzierungen, die trotz des beibehaltenen Grundaxioms zur Aufstellung problemlogischer Programme führen, die u. a. eine Algorithmierung des Problemprozesses einleiten können.

b) Struktur und System

Struktur wird, das haben die vorangegangenen Erörterungen bereits verdeutlicht, als (relativ) invarianter Aspekt eines Ganzen angenommen. Dieses »Ganze« ist in der neueren philosophisch-methodologischen Forschung, besonders der Sowjetunion, der DDR und Ungarns als »System« bekannt. »Eine bestimmte Gesamtheit von Dingen, Eigenschaften oder Beziehungen kann man als System bezeichnen [90]«. Die spezifische Verbindung von Struktur und System wird von *Günter Kröber*, einem der führenden Wissenschaftstheoretiker der DDR, in Fortführung von bereits 1963 ausgesprochenen Gedanken von *Bodo Wenzlaff* [91] wie folgt gekennzeichnet: »Der Begriff ›Struktur‹ kann sinnvoll nur im Hinblick auf Systeme definiert werden. Wo von Struktur die Rede ist, handelt es sich stets um Struktur von Systemen. Und umgekehrt: Wo von Systemen die Rede ist, geht es stets um strukturierte Ganzheiten von Elementen . . . Die Struktur eines Systems ist die Gesamtheit der zwischen seinen Elementen bestehenden und das System als Ganzes konstituierenden Relationen [92].« Mit Struktur wird das »relativ Beständige« eines Systems gekennzeichnet [93], nicht jedoch seine materialen Elemente, seine gesellschaftliche Veränderung und Entwicklung. Die Struktur bestimmt die Variationsbreite von Funktionen und möglichen Verhaltensweisen des Systems. Das tatsächliche Verhalten des Systems entsteht als Resultante seiner inneren Struktur und der auf es einwirkenden Umwelteinflüsse.

Über *Kröber* hinausgehend, hat *Georg Klaus* verschiedentlich einmal auf Operationalisierungsmöglichkeiten der Beziehungen zwischen Struktur und System, zum anderen auf die Differenzierungen von Systemen hingewiesen. Ausgehend von dem »black-box«-Charakter eines Systems, bei dem lediglich die »inputs« und »outputs« bzw. die Relationen zwischen diesen bekannt sind, hat *Klaus* vorgeschlagen, Kopplungen zwischen (beliebigen) Elementen eines Systems durch Kopplungsmatrizen zu erfassen. Die Gesamtheit dieser Matrizen nennt er »Strukturmatrix«. Ihre Beschaffenheit deutet in gewissem Sinn Offenheit an und läßt auf das Innovationspotential einer Gesellschaft schließen [94].

Begriffe wie Struktur und System verdrängen tendenziell marxistische Kategorien wie »Form« und »Inhalt«. Immer stärker setzt sich weiterhin die Auffassung durch, daß mit Hilfe verschiedener Strukturtypen unterschiedliche komplexe Systeme beschrieben werden sollen [95]. Damit scheint auch die Frage nach der Rangigkeit der Begriffe »Struktur« und »System« prinzipiell entschieden zu sein: Strukturbeziehungen sind stets in die sie übergreifenden Systemzusammenhänge einzuordnen [96]. Insbesondere die größere Komplexität des Systems, seine Beziehungen zur Systemumwelt und die damit gegebene Veränderbarkeit, ferner die Zielfunktion des Systems sowie, schließlich, die für sein Verhalten konstitutive Berücksichtigung seiner Genesis weisen dem Begriffs des Systems in der marxistischen Wissenschaftstheorie (und nicht nur dort) einen höheren Rang als dem der Struktur zu.

c) Struktur und Dynamik (Entwicklung)

In der Beschreibung des Strukturbegriffs und in der Untersuchung des Verhältnisses von Struktur und System ist bereits das (relativ) Konstante als charakteristisches Merkmal hervorgehoben worden. Allerdings verliert die Diskussion dann ihre Eindeutigkeit, wenn dem Begriff der Struktur (ohne Einbeziehung des Systembegriffs) Begriffe wie »Dialektik« bzw. »Wechselwirkung«, »Dynamik«, »Bewegungsformen«, »Bewegungsarten« *direkt* konfrontiert werden. Autoren wie *Helge Wendt, Hubert Laitko, Péter Rádi* betonen, daß dem Stukturbegriff durch die Betonung des Konstanten und Stabilen nicht seine innere Dynamik, seine historisch-inhaltliche »Potenz« genommen werden dürfe; diese Dynamik sei bereits aus der Historizität des Strukturbegriffs ableitbar. »Jede Struktur ist *historisch* entstanden und veränderlich, sie besitzt im Laufe der Entwicklung nur eine relative Konstanz [97].« Deshalb müßte dem Strukturbegriff – hinsichtlich seiner Wechselwirkungsmöglichkeiten mit der Umwelt – eine dem Systembegriff vergleichbare Dynamik zuerkannt werden. Allerdings birgt der allzu intensive Rekurs auf die genetischen Ursprünge des Strukturbegriffs auch Gefahren in sich. So weist *Wendt* in der Auseinandersetzung mit einem vielzitierten Aufsatz von *B. M. Kedrow* darauf hin, daß von einer »letztlichen Identität von strukturalen und genetischen Aspekten nur schwer gesprochen werden könne [98], da eine solche Identität die mit Hilfe des Begriffs der Struktur gegebenen Differenzierungsmöglichkeiten wieder verdecke. Prinzipiell in die gleiche Richtung zielen Bemerkungen von *Laitko*, der darauf verweist, daß die Elemente des Strukturbegriffs »unmittelbar qualitative Bestimmungen verschiedenster Art« sind [99]. Eine Entscheidung über diese unterschiedlichen Standpunkte ist bisher kaum zu treffen – vor allem deshalb nicht, weil die Diskussion äußerst differenziert ist und von einem platten Entweder-Oder (Struktur entweder als reiner Relationsbegriff oder als Substanzbegriff) keine Rede sein kann.

Zur Übertragung des Strukturbegriffs auf die marxistische Geschichtsmethodologie

Die bisher skizzierten Überlegungen aus dem Horizont des Dialektischen Materialismus haben bereits verdeutlicht, daß im Zuge der Rezeption von erkenntnis- und wissenschaftstheoretischen, logischen und kybernetischen Denkansätzen durch die marxistische Philosophie nicht nur die integrative Funktion des Struktur- und Systembegriffs im Vordergrund des Interesses steht, sondern auch die innovative Funktion, die diesen beiden Konzepten vor allem zuerkannt wird. Es ist deshalb an dieser Stelle unserer Erörterungen die These zu formulieren, daß heuristisch fruchtbare Anstöße, neue, auch für die historischen Sozialwissenschaften relevante Suchstrategien eher aus dem Dialektischen Materialismus als aus dem Historischen Materialismus stammen. Diese These auszusprechen, erscheint insofern wesentlich, als in den westlichen Sozialwissenschaften, die durch die westliche Marxologie und die westlichen Marxismen mehr oder minder stark beeinflußt sind, nicht selten noch immer das Vorurteil lebt, als beständen, wenn überhaupt, eher methodologische Kontaktmöglichkeiten zum Historischen Materialismus (und zur Politischen Ökonomie) als zur Wissenschaftstheorie des Dialektischen Materialismus [100].
Ein Blick auf die gegenwärtige methodologische Diskussion in der marxistischen Geschichte, Sozialgeschichte und historischen Soziologie läßt bereits erkennen, daß man sich jedenfalls in der Sowjetunion und in der DDR ständig bemüht, den kategorialen Apparat in diesen Disziplinen den neuen Erkenntnissen von Logik, Wissenschafts- und Erkenntnistheorie anzupassen. Unsere zweite These besagt deshalb, daß die Differenzierungen der neueren marxistischen Geschichtsmethodologie in engem Zusammenhang

mit den in den theoretischen Naturwissenschaften, der Mathematik und der allgemeinen Wissenschaftstheorie des Diamat vor sich gehenden Entwicklungen gesehen werden müssen [101]. Die wenig aussagekräftige Formel von der »Einheit« von historischem, kausalem, strukturellem und funktionalem Vorgehen, das die marxistische Soziologie im Unterschied zur »bürgerlichen« Soziologie kennzeichne, ist in den wenigen Jahren seit 1968/69 durch erheblich differenziertere Gedankengänge abgelöst worden [102].
Wenn wir die zentralen Themen der marxistischen Geschichtsmethodologie prüfen, so stehen folgende Themenkomplexe im Vordergrund: der Zusammenhang von Struktur, Ereignis und Entwicklung, der Zusammenhang von Struktur, System und Gesetz in der Geschichte, damit verbunden die Beziehungen zwischen »Logischem und Historischem«, schließlich das Problem der historischen Periodisierung [103].

a) Zur »Dialektik« von Struktur, Ereignis und Entwicklung

Vor allem *Wolfgang Küttler* und *Gerhard Lozek* haben Struktur- und Systembegriff und ihr Verhältnis zueinander im Sinne *Günter Kröbers* fast wörtlich aufgenommen und auf die Geschichte übertragen: Die Struktur einer Gesellschaft ist »die Summe der Relationen, die die verschiedenen Elemente miteinander verknüpfen« [104]. Im Unterschied zu den meisten Wissenschaftstheoretikern des Dialektischen Materialismus bezeichnen *Küttler* und *Lozek* das reale Gesamtsystem der Gesellschaft als »Totalität« [105], ohne aus der Verwendung dieser hegelianischen Kategorie allerdings unmittelbare Konsequenzen für den Strukturbegriff zu ziehen. Ohne *Althusser*, dessen Arbeiten beiden Autoren bekannt sein dürften, zu erwähnen, konkretisieren sie den allgemeinen Begriff der Struktur ganz in seinem Sinne, nämlich als »Gesellschaftsformation«, welche die jeweils »dominierende« Struktur ist [106].
Ohne zu der in der Ontologie und Erkenntnistheorie des Dialektischen Materialismus nach wie vor ungelösten Frage nach dem Verhältnis von Substanz- und Relationselementen im Begriff der Struktur Stellung zu nehmen, halten die beiden Autoren, eher programmatisch, an der »dialektischen Einheit« von Entwicklung und Struktur fest. Ähnlich wie später *Rádi* gehen sie von der »gesellschaftlichen Bewegungsform der Materie« aus und behaupten, daß Struktur und Entwicklung nur unterschiedliche Seiten der Materie »sind« (!). Damit soll der *Wandel* historischer Gesellschaftsformationen thematisiert werden.
Interessanter als diese programmatische Feststellung scheint die – im übrigen nicht abgestützte – Begründung der Autoren, daß die Gesellschaft die »höchste Existenzform der Materie« sei und sich als solche »schneller und komplexer« entwickele als alle Bereiche der Natur [107]. Diese ontologische These gestattet *Küttler* und *Lozek* eine – immanent gesehen – plausible Stellungnahme zur Differenzierung zwischen den sogenannten strukturell-genetischen und den genetisch-strukturellen Gesetzen. Ihre Grundthese erlaubt es *Küttler* und *Lozek* auch, den Handlungsspielraum des Menschen in der Gesellschaft als relativ breit anzunehmen. Sie übertragen den Satz: die »moderne Auffassung des naturwissenschaftlichen Gesetzesbegriffs (hat) deutlich werden lassen, daß auch in der Natur der Determinismus nicht eine gewisse Variations-

breite von Verhaltensmöglichkeiten ausschließt«, auf das Verhältnis von Struktur und Entwicklung in der geschichtlichen Gesellschaft: »Der Umschlag von Struktur und Entwicklung geschieht also in der Geschichte durch den handelnden Menschen« [108]. Naturgemäß handelt es sich dabei nicht um das Einzelindividuum, sondern um die Klasse. Welche Rolle spielt in diesem Zusammenhang das »Ereignis«? Während Struktur- wie Entwicklungszusammenhänge gleichsam *unter* der Oberfläche der Gesellschaft ablaufen, verkörpert das »Ereignis« Vielfalt und Vielgestaltigkeit des Historischen am »unmittelbarsten« [109]. Gleichwohl besitzt das Ereignis seinerseits eine eigene Struktur. Es ist deshalb durch einen Doppelcharakter gekennzeichnet: sowohl unwiederholbare »gesellschaftlich bezogene Handlung der Menschen« wie Erscheinungsform des Historisch-Allgemeinen zu sein, das in »Struktur« und »Entwicklung« sich ausprägt. Wenn auch dieser behauptete, jedoch unbestimmt bleibende Doppelcharakter des Ereignisses erkenntnistheoretisch nicht dasselbe Niveau erreicht wie die Begriffe »Struktur« und »System«, soll dennoch der *Funktion* des Ereignisses, die dieses für die Dialektik von gesellschaftlich-historischer Struktur und Entwicklung besitzt, in aller Kürze nachgegangen werden. Die reale (Grund-)Struktur ist die »Gesellschaftsformation«. Die Berücksichtigung dieser Grundstruktur läßt, nach marxistischer Auffassung, jede Reduzierung des historischen Geschehens auf willkürlich gesetzte Strukturzusammenhänge unmöglich werden [110].

Im Verfolg der weiteren Darlegungen von *Küttler* und *Lozek* zeigt sich jedoch, daß auch sie eine methodologisch stringente Verknüpfung von Ereignis, Struktur und Entwicklung nicht herstellen können. Vielmehr werden lediglich die methodologischen Schwierigkeiten bei der Untersuchung konkreter historischer Ereignisse und deren Rückführung auf Grundstrukturen (der ökonomischen Gesellschaftsformation) hervorgehoben. Andererseits weisen die Autoren ohne schlüssige Ableitung programmatisch auf die »Überschneidung der verschiedenen Struktur- und Ereigniszusammenhänge«, die sich »punktuell« im historischen Ereignis »verdichten«, hin [111]. Diese Unsicherheit der Bestimmung des methodologisch-methodischen Zusammenhangs von Struktur, Entwicklung und Ereignis läßt es fragwürdig erscheinen, ob die »Gesellschaftsformation« ein objektiver Maßstab für die Vergleichbarkeit von Ereignissen, Strukturen und Entwicklungen sein kann [112].

b) Struktur und Gesetz; Logisches und Historisches

In der neueren marxistischen Geschichtsmethodologie wird immer wieder das Verhältnis von Struktur und Gesetz thematisiert. Im Zusammenhang damit ist versucht worden, »logische Typen gesellschaftlicher Gesetze« herauszuarbeiten [113]. *Wendt* hebt u. E. korrekt die »relative Konstanz bestimmter Wechselbeziehungen« sowohl in Strukturen wie in Gesetzen hervor. Der Unterschied zwischen Struktur und Gesetz liegt darin, daß der Strukturbegriff eher die *relativ* konstanten Beziehungen eines Systems umfaßt, während dem Gesetz »bestimmte Stufungen der Beziehungen bezüglich ihres Grades der Allgemeinheit, Wesentlichkeit und Notwendigkeit« zukommen [114]. Mit Hilfe des – umfassenderen – Begriffs des Gesetzes kann der Strukturbegriff damit weiter differenziert werden.

Die u. W. intensivsten Überlegungen über diesen Zusammenhang im Rahmen der marxistischen Geschichtswissenschaft in der DDR hat, jedenfalls in den Jahren 1966/67, *Peter Bollhagen* angestellt. Er geht zunächst vom Kausalgesetz oder der »einfachsten Form des gesellschaftlichen Gesetzes« aus und versucht darauf u. a. in der Auseinandersetzung mit *Georg Klaus,* das Kausalgesetz zu modifizieren. Die Modifizierung besteht im wesentlichen in der Differenzierung zwischen »innerer« und »äußerer« Kausalität bzw. zwischen der Annahme von Kausalgesetzen und sog. kausal-genetischen Gesetzen [115]. Wir können diese Differenzierung auch dahingehend umformulieren, daß sie die – axiomatisch im Marxismus-Leninismus vorausgesetzte, in den neueren Überlegungen zum Struktur- und Systembegriff jedoch gelegentlich durchbrochene – »Einheit« von der ontologischen und erkenntnistheoretischen Dimension in der marxistischen Geschichtsmethodologie wieder herzustellen versucht.
Neben der soeben erwähnten Differenzierung hebt *Bollhagen* die strukturell-genetische Analyse von der funktional-strukturellen ab [116]. Diese weitere Unterscheidung wird mit der vorher getroffenen und der nach wie vor behaupteten »Einheit des Logischen und Historischen« verknüpft. Im Rahmen des Verhältnisses von Logischem und Historischem werden die unterschiedlichen Struktur- und Gesetzesformen nach *Bollhagen* wie folgt ausdifferenziert: Das strukturell-funktionale Gesetz kann in der Erscheinungsform des »Abstrakt-Allgemeinen« und des »Abstrakt-Spezifischen« auftreten; das strukturell-genetische kann als historisch-»konkretes« Gesetz, das genetisch-strukturelle Gesetz sowohl als kausal-historisches wie als kausal-genetisches Gesetz hervortreten. Damit ist, der Immanenz dieser Interpretation folgend, ausgesagt, daß die Einheit von Logischem und Historischem über das *strukturell-genetische* Gesetz hergestellt wird, während die strukturell-funktionalen Gesetze als »unhistorische« Beziehungen erscheinen, in denen die Geschichte »verloren« geht [117].
Wenn auch *Bollhagens* Absicht erkennbar ist, mit einer solchen Zuordnung (»Dialektik« von strukturell-genetischen und genetisch-strukturellen Gesetzen) die historische Entwicklung komplexer Gesellschaftssysteme mit einer differenzierteren Perspektive zu erfassen, bleibt die strikte Ablehnung des strukturell-funktionalen Gesetzes und damit auch des von *Klaus* vertretenen Systemkonzepts hinter der Trennschärfe der Begriffe ebenso wie hinter dem allgemeinen theoretischen Niveau, wie es sich etwa in den Arbeiten von *Kröber* findet, zurück.

Einige Schlußfolgerungen

Im Zuge der Theoretisierung in den Sozialwissenschaften wie in der Geschichte kommt dem Begriff »Struktur« eine erhöhte Bedeutung zu. Dies gilt vor allem wegen der interdisziplinären Orientierung der historischen Sozialwissenschaften, wegen des Einflusses, den solche Wissenschaftszweige wie Kybernetik, Systemtheorie und Informatik – um nur diese zu nennen – auf die theoretisch-methodologische Dimension der Soziologie wie der Sozialgeschichte genommen haben.
In der innermarxistischen Diskussion um den Strukturbegriff, die wir in einigen ihrer Aspekte vergleichend untersucht haben, treten durchaus verwandte Erscheinungen

auf: auch hier das Bestreben nach interdisziplinären Methodologien; auch hier das Bedürfnis, mit sowohl präziseren wie materialnahen, wie auch allgemeineren Kategorien die Erkenntnismöglichkeiten der marxistischen Gesellschaftslehre zu erweitern. Ein Beispiel für dieses, jedenfalls in *Louis Althussers* Ansatz wie in der Geschichtsmethodologie führender DDR-Historiker anzutreffende Bestreben ist das weitgehende Ersetzen des Begriffs der »Totalität« durch den der Struktur. Der Strukturbegriff ist – über diesen in ihm enthaltenen Rezeptionsaspekt hinaus – für die vergleichende Analyse der marxistischen Gesellschaftslehre insofern von Bedeutung, als sich in ihm auch die integrative, die innovative und die instrumentale Funktion, die zentralen Kategorien des Marxismus häufig abgeht, spiegelt. Die Verwendung des Strukturbegriffs ist somit auch ein Indikator für den *Grad* der Offenheit, den Grad der Innovationsfreudigkeit, das Maß an Lernfähigkeit (im Sinne der Fähigkeit, Suchstrategien zu produzieren) in einigen der untersuchten Marxismen und Marxologien. Im einzelnen waren in diesem Zusammenhang bestimmte Kriterien zu entwickeln, in erster Linie das jeweilige Verhältnis von ontologischen und erkenntnistheoretischen Elementen im Begriff der Struktur.
Ein Ergebnis unserer Analyse scheint die methodologische Bedeutsamkeit der von der Erkenntnis- bzw. Wissenschaftstheorie des Dialektischen Materialismus gespeisten Heuristik zu sein. Entsprechend diskussionswürdig mögen die von *Althusser* sowie einigen Methodologen und Historikern aus der DDR vorgelegten Ansätze für eine erfahrungswissenschaftlich orientierte historische Soziologie sein. Dagegen ist der aus dem Historischen Materialismus stammenden marxistischen Historik der kritischen Gesellschaftslehre eine methodologische Relevanz in unserem Zusammenhang weitgehend abzusprechen.

Anmerkungen *

[1] Vgl. dazu *Urs Jaeggi,* Ordnung und Chaos. Der Strukturalismus als Methode und Mode, Frankfurt am Main 1968, S. 7 ff.; ferner das Heft »Structuralism« der Yale French Studies (Nr. 36–37, Oktober 1966).

[2] In der Sowjetunion wird der Strukturbegriff besonders seit 1958 im Rahmen der philosophischen und theoretisch-methodologischen Diskussion der Naturwissenschaften stark betont. Vgl. dazu besonders *B. M. Kedrow,* Über das Verhältnis der Bewegungsformen der Materie in der Natur, in: Philosophische Probleme der modernen Naturwissenschaft. Materialien der Allunionskonferenz zu den philosophischen Fragen der Naturwissenschaft, Moskau 1958, Aus dem Russischen, Berlin 1962, S. 120–188; ferner die Artikel von *N. F. Owtschinnikow* (»Die Kategorie Struktur in den Naturwissenschaften«, S. 17–47), *J. W. Satschkow* (»Die Struktur der Materie und die Wahrscheinlichkeit«, S. 48–68), *I. A. Aktschurin* (»Der Platz der kybernetischen Strukturen in der modernen Wissenschaft«, S. 109–127), *W. A. Fock* (»Quantenphysik und Struktur der Materie«, S. 147–174) und *W. A. Magnizki* (»Die Struktur der Erde«, S. 272–289), in: Struktur und Formen der Materie. Dialektischer Materialismus und moderne Naturwissenschaft, Aus dem Russischen, Berlin 1969. – Gleichermaßen wird versucht, ver-

* Für russische sowie osteuropäische Autorennamen wird – soweit ihre Werke in deutscher Sprache in der DDR erschienen sind – die in der DDR übliche Transliteration übernommen.

besserte methodologische Strategien für die Geschichtswissenschaft zu entwickeln. Vgl. dazu vor allem *M. A. Barg,* Die Strukturanalyse in der historischen Forschung, in: Sowjetwissenschaft, Gesellschaftswissenschaftliche Beiträge, Jg. 1966, Heft 2, S. 194–205 (Original in: Voprosy filosofii, Jg. 1964, Heft 10). – In der allgemeinen Philosophie und Wissenschaftstheorie wird der Begriff der Struktur in der Sowjetunion in den weiteren Horizont systemtheoretischer Diskussionen gestellt. Dazu insbesondere *I. W. Blauberg* und *E. G. Judin,* Philosophische Probleme der System- und Strukturforschung, in: Sowjetwissenschaft. Gesellschaftswissenschaftliche Beiträge, Jg. 1970, Heft 10, S. 1051–1965 (Original in: Voprosy filosofii, Jg. 1970, Heft 5).

[3] In Ungarn ist – zum Teil im Anschluß an den frühen *Georg Lukács* – der Strukturbegriff von der *Lukács*-Schülerin *Agnes Heller* aufgenommen worden. *Heller* versucht, den *Lukács*schen Begriff in ihrer philosophischen Analyse des Alltagslebens aus marxistischer Sicht einzubeziehen: *Agnes Heller,* Alltag und Geschichte. Zur sozialistischen Gesellschaftslehre, Neuwied–Berlin 1970, besonders der Abschnitt »Struktur des Alltagslebens«, S. 20 ff. – Zur Verwendung des Strukturbegriffs in der allgemeinen wissenschaftstheoretischen Diskussion in Ungarn vgl. vor allem *András Gedö,* Die Einheit von Geschichtlichkeit und Objektivität der Erkenntnis, in: Deutsche Zeitschrift für Philosophie 18 (1970), S. 825–842, sowie *Péter Rádi,* Bewegungsformen und Strukturformen, in: Deutsche Zeitschrift für Philosophie 20 (1972), S. 996–1011. *Gedö* setzt sich auch kritisch sowohl mit dem Strukturbegriff *Jean Piagets* wie mit dem *Bertrand Russels* und *Rudolf Carnaps* auseinander (S. 832 ff.).

[4] Hierzu in deutscher Sprache insbesondere die Arbeit von *Jindřich Zelený,* Die Wissenschaftslogik bei Marx und »Das Kapital«, Aus dem Tschechischen, Berlin 1968. Der Verfasser versucht, eine orthodoxe dialektisch-materialistische Konzeption mit einer strukturell-genetischen Interpretation des *Marx*schen »Kapital« zu verbinden. Seine Hauptthese ist für die im Bereich der erfahrungswissenschaftlich orientierten historischen Soziologie geführten Diskussionen um den Begriff der Struktur insofern von Bedeutung, als er den Begriff der »traditionellen, substantiell- attributiven Struktur« mit Hilfe seiner Analyse zu relativieren sucht (besonders S. 45 f.).

[5] *Friedrich Kambartel,* Erfahrung und Struktur. Bausteine zu einer Kritik des Empirismus und Formalismus, Frankfurt am Main 1968, S. 154. Diese Auffassung wird – wenn auch nicht explizit – belegt durch *Otto Friedrich Bollnow,* Dilthey. Eine Einführung in seine Philosophie, 2. Aufl., Stuttgart 1955, S. 150 ff. Hier bezeichnet *Bollnow* »Struktur« bei *Dilthey* als »Grenzbegriff«, als die »formalste unter den Lebenskategorien«, als eine »im Wechsel der Gehalte permanente Form«.

[6] Vgl. *Jaeggi* (Anm. 1), S. 24.

[7] *Lucien Goldmann* in einem Interview vom August 1966, in: L'Homme et la société, Jg. 1966, Heft 2, S. 105–124, S. 108 f.

[8] *Paul Ricoeur,* Die Struktur, das Wort, das Ereignis (Auszug aus: La structure, le mot, l'événement, in: Esprit, Mai 1967), in: *Günther Schiwy,* Hrsg., Der französische Strukturalismus (rowohlts deutsche enzyklopädie, 310–311), Reinbek bei Hamburg 1969, S. 214.

[9] Vgl. dazu *Rita Schober,* »Im Banne der Sprache«. Strukturalismus in der Nouvelle Critique, speziell bei Roland Barthes, Halle (Saale) 1968, S. 51 und passim.

[10] So auch *Helga Gallas* in der Einleitung zu dem von ihr herausgegebenen Band: Strukturalismus als interpretatives Verfahren (collection alternative, 2) Darmstadt-Neuwied 1972, S. VII, XIII.

[11] *Jean-Paul Sartre,* Marxismus und Existentialismus. Versuch einer Methodik, Aus dem Französischen (rowohlts deutsche enzyklopädie, 196), Reinbek bei Hamburg 1964, S. 23, 48, 68.

[12] *Henri Lefèbvre,* Probleme des Marxismus, heute, Aus dem Französischen, Frankfurt am Main 1965, S. 43.

[13] Vgl. vor allem *Roger Garaudy,* Strukturalismus und Tod des Menschen, in: Marxistische Blätter, Sonderheft 1 (1968), S. 64–78.

[14] *Garaudy,* a.a.O., S. 67 f.

[15] Vgl. aber als Überblick über die Bedeutung des Begriffs »Struktur« für die Soziologie *René Königs* gleichnamigen Artikel, in: *René König,* Hrsg., Soziologie (Das Fischer Lexikon,

10), Neuausgabe, Frankfurt am Main 1967. *König* führt den Strukturalismus auf *Emile Durkheim* und seine Schule zurück. Vgl. dazu neuestens auch seinen Nachruf auf *Marcel Mauss*, in: Kölner Zeitschrift für Soziologie und Sozialpsychologie 24 (1972), S. 633–657, bes. S. 647 f. – Was die Verbindung des Strukturbegriffs in seiner literaturwissenschaftlichen und seiner kulturanthropologischen Ausprägung mit dem Marxismus angeht, so ist hier im deutschen Sprachraum vor allem auf *Helga Gallas* und *Wolf Lepenies* zu verweisen. Vgl. *Helga Gallas'* Einleitung, a.a.O. (Anm. 10), sowie *Hilmar Kallweit* und *Wolf Lepenies*, Genetischer Strukturalismus als Interpretationskonzept, in: Alternative 13 (1970), Heft 71 der Gesamtfolge, S. 88–92; ferner *Wolf Lepenies*, Lévi-Strauss und die strukturalistische Marxlektüre, in: *Ders.* und *Hanns Henning Ritter*, Hrsg., Orte des wilden Denkens. Zur Anthropologie von Claude Lévi-Strauss, Frankfurt am Main 1970, S. 160–224, s. auch die anderen Arbeiten in dem genannten Sammelwerk.

[16] Den Begriff der Struktur sowohl bei *Lucien Goldmann* wie bei *Lucien Sebag* haben wir im folgenden vor allem deshalb nicht ausführlicher erörtert, weil beide Autoren sich an der Auseinandersetzung mit aus den neopositivistischen und sprachanalytischen Schulen kommenden methodologischen Strategien nicht eigentlich beteiligt haben.

[17] Vgl. *Karl Marx*, Einleitung zu: *Ders.*, Grundrisse der Kritik der politischen Ökonomie (Rohentwurf), 1857–1858, Berlin 1953, S. 5–31, bes. S. 25; *Ders.*, Das Kapital. Kritik der politischen Ökonomie, Band I, in: *Ders.* und *Friedrich Engels*, Werke, hrsgg. vom Institut für Marxismus-Leninismus beim ZK der SED, Band 23, Berlin 1962, S. 23, 531.

[18] *Marx*, Das Kapital I, a.a.O., S. 183.

[19] *Marx*, Einleitung, a.a.O. (Anm. 17), S. 26–27.

[20] *Marx*, Das Kapital I, a.a.O. (Anm. 17), S. 27.

[21] *Marx*, Einleitung, a.a.O., insbes. den Abschnitt »Die Methode der politischen Ökonomie«, S. 21 ff.

[22] *Reinhart Koselleck*, Einleitung zu: *Otto Brunner*, *Werner Conze* und *Reinhart Koselleck*, Hrsg., Geschichtliche Grundbegriffe. Historisches Lexikon zur politisch-sozialen Sprache in Deutschland, Band I, Stuttgart 1972, S. XVI ff.

[23] *Wilhelm Dilthey*, Ideen über eine beschreibende und zergliedernde Psychologie (1894), in: *Ders.*, Gesammelte Schriften, Band V, 2., unv. Aufl., Stuttgart–Göttingen 1957, S. 139–240, insbesondere Kapitel 7: »Die Struktur des Seelenlebens«, S. 200–213.

[24] *Edmund Husserl*, Die Krisis der europäischen Wissenschaften und die transzendentale Phänomenologie, hrsgg. von *Walter Biemel*, in: *Edmund Husserl*, Gesammelte Werke (Husserliana), Band VI, 2. Aufl., Haag 1962, bes. S. 142.

[25] *Emil Lask*, Die Lehre vom Urteil (1911), in: *Ders.*, Gesammelte Schriften, hrsgg. von *Eugen Herrigel*, Band II, Tübingen 1923, S. 283–463.

[26] *Georg Lukács*, Geschichte und Klassenbewußtsein (Kleine revolutionäre Bibliothek, 9), Berlin 1923, S. 130.

[27] *Lukács*, a.a.O., S. 97.

[28] Z. B. *Max Horkheimer*, Traditionelle und kritische Theorie (1937), in: *Ders.*, Kritische Theorie. Eine Dokumentation, hrsgg. von *Alfred Schmidt*, Band II, Frankfurt am Main 1968, S. 137–191, bes. S. 182, 184.

[29] So in seinem Diskussionsbeitrag auf einer im Juli/August 1959 im Centre Culturel International de Cerisy-La-Salle veranstalteten Tagung, vgl. das Protokoll der Tagung: Entretiens sur les notions de genèse et de structure, Paris-LaHaye 1965, S. 20.

[30] Vgl. zu a) *Jürgen Habermas*, Anthropologie, in: *Alwin Diemer* und *Ivo Frenzel*, Hrsg., Philosophie (Das Fischer Lexikon, 11), Frankfurt am Main 1958, S. 24. Zu b) *Jürgen Habermas*, Strukturwandel der Öffentlichkeit (Politica, 4), Neuwied 1962, S. 8. Zu c) und d) *Jürgen Habermas*, Theorie der Gesellschaft oder Sozialtechnologie?, in: *Ders.* und *Niklas Luhmann*, Theorie der Gesellschaft oder Sozialtechnologie – Was leistet die Systemforschung?, Frankfurt am Main 1971, S. 142–290, S. 279 bzw. S. 142.

[31] *Jean-Paul Sartre*, Kritik der dialektischen Vernunft, Band I, Aus dem Französischen, Reinbek bei Hamburg 1967, bes. seine Auseinandersetzung mit *Claude Lévi-Strauss*, S. 510 ff.,

S. 531. Wie sehen hier davon ab, daß *Sartre* »Struktur« in diesem Abschnitt noch mit weiteren Bedeutungsgehalten versieht.

[32] *Lucien Goldmann*, Le Concept de structure significative en histoire de la culture, in: *Ders.*, Recherches dialectiques, 4. Aufl., Paris 1959, S. 107–117, dt. in: *Günther Schiwy*, Hrsg., Der französische Strukturalismus, a.a.O. (Anm. 8), S. 174–181; vgl. ferner *Goldmanns* Einführungsvortrag und seine Diskussionsbeiträge in: Entretiens sur les notions de genèse et de structure, a.a.O. (Anm. 29), bes. S. 101; weiterhin *Goldmann*, Genets Bühnenstücke, in: *Helga Gallas*, Hrsg., Strukturalismus als interpretatives Verfahren, a.a.O. (Anm. 10), S. 73–104; schließlich *Goldmann*, Der genetische Strukturalismus in der Literatursoziologie, in: Alternative 13 (1970), Heft 71 der Gesamtfolge, S. 50–60. Zu *Goldmanns* konkreter Literaturanalyse vgl. vor allem sein Buch: Le Dieu caché. Etude sur la vision tragique dans les »Pensées« de Pascal et dans le théatre de Racine, 4. Aufl., Paris 1955; ferner die Beiträge, die er zusammen mit seinen Mitarbeitern zum Heft 71 der Zeitschrift »Alternative« beigesteuert hat (S. 65–73).

[33] Dies ist in der Kritik an *Goldmann* besonders von *Miriam Glucksmann* klar gesehen worden, in: Alternative, Heft 71, S. 74–87, bes. 81 f.

[34] Zur Kritik des methodologisch-methodischen Ansatzes von *Goldmann* vor allem *Kallweit/Lepenies*, a.a.O. (Anm. 15).

[35] *Lucien Goldmann*, Der genetische Strukturalismus in der Literatursoziologie, a.a.O. (Anm. 32), S. 53.

[36] *Louis Althusser*, Für Marx, Frankfurt am Main 1968 (Originalausgabe: Pour Marx, Paris 1966); *Ders.* und *Etienne Balibar*, Das Kapital lesen, 2 Bände (rowohlts deutsche enzyklopädie, 336/337), Reinbek bei Hamburg 1972 (Originalausgabe, Lire le Capital, 2 Bände, Paris 1968 = gekürzte [Taschenbuch-]Ausgabe des erstmals 1965 unter dem gleichen Titel erschienenen Werkes).

[37] *Althusser*, Für Marx, a.a.O., S. 11, 23.

[38] Ebda., S. 31 ff.

[39] *François Furet*, Die französischen Intellektuellen und der Strukturalismus, in: Neue Deutsche Hefte 15 (1968), Nr. 118, S. 14–35, S. 32.

[40] Vgl. *Althusser/Balibar*, Das Kapital lesen, Band I, a.a.O. (Anm. 36), S. 51, 59, 112; ferner *Althusser*, Für Marx, a.a.O. (Anm. 36), S. 132 f. – Zu den für *Althusser* wichtigen wissenschaftstheoretischen Einflüssen zählen u. a. *Gaston Bachelard, J. Cavaillès, G. Canguilhem* und *Michel Focault*. Zum Einfluß von *Bachelard* auf *Althusser* vgl. *Alfred Schmidt*, Geschichte und Struktur (Reihe Hanser, 84), München 1971, S. 109 ff.

[41] *Althusser*, Für Marx, a.a.O. (Anm. 36), S. 148 ff.

[42] *André Glucksmann*, A Centriloquist Structuralism, in: New Left Review, Jg. 1972, Nr. 72, S. 68–92, S. 71.

[43] *Althusser/Balibar*, Das Kapital lesen, Band I, a.a.O. (Anm. 36), S. 73 (Auszeichnung von P.C.L.).

[44] Ebda., S. 17.

[45] *Althusser*, Für Marx, a.a.O. (Anm. 36), S. 105.

[46] *Jean Piaget*, Le Structuralisme (Que sais-je?, 1311), Paris 1968, S. 106.

[47] *Althusser*, Für Marx, a.a.O. (Anm. 36), S. 141.

[48] Ebda., S. 144.

[49] Ebda., S. 151.

[50] Vgl. dazu seine Schrift »Freud et Lacan« (in: La Nouvelle Critique, Dec. 1964–Janv. 1965), dt. Ausgabe »Freud und Lacan« in der Reihe »Internationale Marxistische Diskussion« (Heft 10, Berlin 1970).

[51] *Althusser*, Für Marx, a.a.O. (Anm. 36), S. 156.

[52] Ebda., S. 151.

[53] Vgl. ebda., Abschnitt »Struktur und Dominante: Widerspruch und Überdeterminierung« (S. 146 ff.); ferner *Althusser/Balibar*, Das Kapital lesen, Band II, a.a.O. (Anm. 36), S. 271. Zur Interpretation: *Maurice Godelier*, System, Struktur und Widerspruch im »Kapital«, Aus dem Französischen (Internationale Marxistische Diskussion, 8), Berlin 1970, S. 27 ff.

[54] *Althusser*, Für Marx, a.a.O. (Anm. 36), S. 156 f.

[55] Ebda., S. 160.

[56] *Althusser/Balibar*, Das Kapital lesen, Band II, a.a.O. (Anm. 36), S. 275.

[57] Ebda., S. 272

[58] Vgl. ebda., S. 287, 283.

[59] Ebda., S. 300 ff.

[60] Ebda., S. 332.

[61] Ebda., S. 336. Damit unterscheidet sich *Althussers* Position nicht nur von der Frankfurter Schule (s. unten), sondern auch von den sozialphänomenologischen Ansätzen in der neueren Soziologie. Auf den zuletzt genannten Unterschied hat *George A. Huaco* in seiner Rezension von *Althusser/Balibars* »Das Kapital lesen«, in: Contemporary Sociology 1 (1972), S. 519–520, aufmerksam gemacht.

[62] *Althusser/Balibar*, Das Kapital lesen, Band II, a.a.O. (Anm. 36), S. 251.

[63] Ebda., S. 250.

[64] Wir stützen uns auf folgende Arbeiten von *Alfred Schmidt:* Geschichte und Struktur, a.a.O. (Anm. 40); Der strukturalistische Angriff auf die Geschichte, in: *Alfred Schmidt*, Hrsg., Beiträge zur marxistischen Erkenntnistheorie (edition suhrkamp, 349), Frankfurt am Main 1969.

[65] Zur Auseinandersetzung mit *Althusser* vgl. außerdem: Dialectique marxiste et pensée structurale (à propos des travaux d'Althusser), in: Les Cahiers du Centre d'Etudes Socialistes, Jg. 1968, Nr. 76–80.

[66] Vgl. zur soziologischen Grundposition der Frankfurter Schule: Soziologische Exkurse, hrsgg. vom Institut für Sozialforschung (Frankfurter Beiträge zur Soziologie, 4), Frankfurt am Main 1956. S. auch *Alfred Schmidts* Einleitung zu seinem »Geschichte und Struktur«, a.a.O. (Anm. 40), unter dem Titel »Strukturlose Geschichte oder geschichtslose Struktur?«, bes. S. 9 f.

[67] *Schmidt*, Geschichte und Struktur, a.a.O., S. 136 f. (Auszeichnungen im Original).

[68] Ebda., S. 134.

[69] Z. B. ebda., S. 14.

[70] Vgl. etwa *Schmidt*, Der strukturalistische Angriff auf die Geschichte, a.a.O. (Anm. 64), S. 206.

[71] Z. B. ebda., S. 203.

[72] *Schmidt*, Geschichte und Struktur, a.a.O. (Anm. 40), S. 133; *Ders.*, Der strukturalistische Angriff ..., S. 208.

[73] *Schmidt*, Geschichte und Struktur, S. 131.

[74] Ebda., S. 93.

[75] Vgl. *Peter Christian Ludz* und *Horst-Dieter Rönsch* in diesem Heft, S. 169 ff.

[76] *Schmidt*, Geschichte und Struktur, a.a.O. (Anm. 40), S. 20.

[77] *Althusser/Balibar*, Das Kapital lesen, Band II, a.a.O. (Anm. 36), S. 414.

[78] Alle genannten Vorwürfe werden – in der einen oder anderen Form – von *Schmidt* in seiner Auseinandersetzung mit *Althusser* erhoben. Vgl. als Beispiele: Geschichte und Struktur, a.a.O. (Anm. 40), S. 15 f., S. 71–72 (Anm. 2, in der *Schmidt* die Auffassungen des *Althusser*-Schülers *Nicos Poulantzas* kritisiert), S. 105 f., S. 127; ferner *Schmidt*, Der strukturalistische Angriff ..., a.a.O. (Anm. 64), S. 208; schließlich *Schmidt* in der Diskussion des Referates von *Nicos Poulantzas* auf dem Frankfurter Colloquium »100 Jahre ›Kapital‹« aus dem Jahre 1967, in: *Walter Euchner* und *Alfred Schmidt*, Hrsg,. Kritik der politischen Ökonomie heute, Frankfurt am Main–Wien 1968, S. 74 ff.

[79] Auch in der innermarxistischen Diskussion ist *Schmidts* Kritik an *Althusser* nicht unumstritten. Vgl. z. B. *Klaus-Dieter Thieme*, Zur sogenannten »strukturalistischen« Marx-Interpretation, in: *Althusser/Balibar*, Das Kapital lesen, Band II, a.a.O. (Anm. 36), S. 415–433. Mit Blick auf *Schmidt* behauptet *Thieme:* »Eine ›kritische Theorie‹ mit dem Anspruch direkten Eingriffs in die Strukturen des ›Real-Konkreten‹ ist theoretisch ein Rückfall in die Identitätsphilosophie Hegels, politisch ein Alibi gegenüber dem Bereich, in dem die strukturverändernden Entscheidungen fallen (S. 432).«

[80] Die Beschäftigung mit dem Begriff »Struktur« reicht vom Dialektischen Materialismus (vgl. den Artikel »Struktur«, in: *Georg Klaus* und *Manfred Buhr*, Hrsg., Philosophisches Wörterbuch, 2 Bde., 7., berichtigte Aufl., Berlin 1970, Band II, S. 1046) bis in die Methodologien der Einzelwissenschaften, von denen hier nur die Geschichtswissenschaft behandelt werden kann. – In der Literaturwissenschaft werden Strukturbegriff und Strukturalismus ebenfalls lebhaft diskutiert, ohne daß diese Auseinandersetzungen in unsere Darstellung einbezogen werden können. Vgl. aber *Erhard Albrecht*, Sprache und Erkenntnis. Logisch-linguistische Analysen, Berlin 1967; *Manfred Bierwisch*, Strukturalismus. Geschichte, Probleme und Methoden, in: Kursbuch, Jg. 1966, Nr. 5, S. 77–152; *Rita Schober*, »Im Banne der Sprache«, a.a.O. (Anm. 9).

[81] *András Gedö*, Die Einheit der Geschichtlichkeit und Objektivität der Erkenntnis, a.a.O. (Anm. 3), S. 834.

[82] *R. Suszko*, Formal Logic and the Development of Knowledge, in: *Imre Lakatos* und *A. Musgrave*, Hrsg., Problems in the Philosophy of Science, Amsterdam 1968.

[83] Vgl. *Hubert Laitko*, Struktur und Dialektik, in: Deutsche Zeitschrift für Philosophie 16 (1968), S. 692–697, S. 675 f.

[84] Ebda., S. 674 f.

[85] *Péter Rádi*, Bewegungsformen und Strukturformen, a.a.O. (Anm. 3), S. 998.

[86] *Helge Wendt*, Bemerkungen zum Strukturbegriff und zum Begriff Strukturgesetz, in: Deutsche Zeitschrift für Philosophie 14 (1966), S. 545–561, S. 545.

[87] Ebda.

[88] *Franz Loeser*, Propädeutische Überlegungen zu einer Problemlogik, in: Deutsche Zeitschrift für Philosophie 20 (1972), S. 1372–1387, bes. S. 1375 f.; vgl. auch *ders.*, Interpretationslogik, Berlin 1968.

[89] *Franz Loeser*, Propädeutische Überlegungen zu einer Problemlogik, a.a.O., S. 1377 f.

[90] *N. P. Owtschinnikow*, Die Kategorie Struktur in den Naturwissenschaften, a.a.O. (Anm. 2), S. 17, vgl. S. 43 f.

[91] *Bodo Wenzlaff*, Symmetrien als allgemeine Strukturgesetze der Natur, in: Deutsche Zeitschrift für Philosophie 11 (1963), S. 1217–1229, S. 1218.

[92] *Günter Kröber*, Die Kategorie »Struktur« und der kategorische Strukturalismus, in: Deutsche Zeitschrift für Philosophie 16 (1968), S. 1310–1324. Abweichend von *Kröber: Martin Schellhorn*, Probleme der Struktur, Organisation und Evolution biologischer Systeme, Jena 1969, S. 109.

[93] *Georg Klaus* hat darauf hingewiesen, daß – kybernetisch gesehen – die Termini »Struktur«, »Organisation« und »Ordnung« dasselbe bezeichnen, nämlich ein mathematisches Beziehungsgefüge. Vgl. *Georg Klaus* und *Hans Schulze*, Sinn, Gesetz und Fortschritt in der Geschichte, Berlin 1967, S. 218 ff.; ferner Artikel »Struktur«, in: *Georg Klaus*, Hrsg., Wörterbuch der Kybernetik, Berlin 1967, S. 625. Anderer Auffassung ist *Schellhorn*, a.a.O. (Anm. 92), vgl. insbesondere den Abschnitt »Über den Unterschied zwischen Struktur und Organisation«, S. 105 ff.

[94] Dazu den Artikel »Struktur«, in: *Klaus/Buhr*, Hrsg., Philosophisches Wörterbuch, a.a.O. (Anm. 80); sowie *Klaus/Schulze*, Sinn, Gesetz und Fortschritt in der Geschichte, a.a.O., S. 222.

[95] Vgl. *Péter Rádi*, Bewegungsformen und Strukturformen, a.a.O. (Anm. 3), S. 1002 f.; dem Sinn nach auch *Klaus/Schulze*, a.a.O., und *Kröber*, a.a.O. (Anm. 92), S. 1316.

[96] *Kröber*, S. 1315 f.

[97] *Wendt*, Bemerkungen zum Strukturbegriff und zum Begriff Strukturgesetz, a.a.O. (Anm. 86), S. 548.

[98] Ebda., S. 555, sowie *B. M. Kedrow*, Über das Verhältnis der Bewegungsformen der Materie in der Natur, a.a.O. (Anm. 2).

[99] *Laitko*, Struktur und Dialektik, a.a.O. (Anm. 83), S. 687.

[100] Marx-Exegeten, wie *Alfred Schmidt* oder *Iring Fetscher*, scheinen in erster Linie verantwortlich für solche Fehleinschätzungen. Vgl. z. B. *Alfred Schmidt*, Geschichte und Struktur, a.a.O. (Anm. 40), und *Iring Fetscher*, z. B. seine Studie, Zur gegenwärtigen Philosophie-Dis-

kussion im Ostblock, in: *Dietrich Geyer,* Hrsg., Wissenschaft in kommunistischen Ländern, Tübingen 1967, S. 21–48.

[101] Belege für diese These sind vor allem in der Aufnahme der von *Laitko, Gedö, Klaus* u. a. geführten Diskussion durch *Wolfgang Küttler* und *Gerhard Lozek* zu sehen. Vgl. deren Arbeiten: Die historische Gesetzmäßigkeit der Gesellschaftsformationen als Dialektik von Ereignis, Struktur und Entwicklung, in: Zeitschrift für Geschichtswissenschaft 18 (1970), S. 1117–1145, sowie *dies.,* Marxistisch-leninistischer Historismus und Gesellschaftsanalyse, in: *Ernst Engelberg,* Hrsg., Probleme der Geschichtsmethodologie, Berlin 1972, S. 33–77.

[102] Vgl. dazu den Artikel »Strukturell-funktionale Analyse«, in: *Wolfgang Eichhorn et al.,* Hrsg., Wörterbuch der marxistisch-leninistischen Soziologie, Berlin 1969, S. 465 f.

[103] Auf die Probleme der historischen Periodisierung kann in diesem Zusammenhang nicht eingegangen werden.

[104] *Wolfgang Küttler* und *Gerhard Lozek,* Die historische Gesetzmäßigkeit der Gesellschaftsformationen . . ., a.a.O. (Anm. 101), S. 1120.

[105] *Wolfgang Küttler* und *Gerhard Lozek,* Marxistisch-leninistischer Historismus und Gesellschaftsanalyse, a.a.O. (Anm. 101), S. 42.

[106] Ebda.

[107] *Küttler/Lozek,* Die historische Gesetzmäßigkeit der Gesellschaftsformationen . . ., a.a.O. (Anm. 101), S. 1120.

[108] *Küttler/Lozek,* Marxistisch-leninistischer Historismus und Gesellschaftsanalyse, S. 44.

[109] *Küttler/Lozek,* Die historische Gesetzmäßigkeit . . ., S. 1121.

[110] Ebda., S. 1123.

[111] Ebda., S. 1126 und 1127.

[112] Vgl. dazu ebda., S. 1130.

[113] Vgl. dazu bereits *Peter Bollhagen,* Soziologie und Geschichte, Berlin 1966, S. 23 ff.; *ders.,* Gesetzmäßigkeit und Gesellschaft. Zur Theorie gesellschaftlicher Gesetze, Berlin 1967, S. 74 f.

[114] *Wendt,* Bemerkungen zum Strukturbegriff und zum Begriff Strukturgesetz, a.a.O. (Anm. 86), S. 552. Ähnlich auch *Laitko,* Struktur und Dialektik, a.a.O. (Anm. 83), S. 693. Andererseits behauptet *Laitko* im Anschluß an *W. I. Swiderski,* daß auf Grund des erweiterten Geltungsbereichs des Strukturbegriffs Struktur und Gesetz »identisch geworden sind oder es werden« (S. 695).

[115] *Peter Bollhagen,* Gesetzmäßigkeit und Gesellschaft, a.a.O. (Anm. 113), S. 85 ff.

[116] Ebda., S. 75 f.

[117] Ebda., S. 99. Es ist aufschlußreich, daß *Bollhagen* im zitierten Zusammenhang einmal von funktional-strukturellen, andererseits von strukturell-funktionalen Gesetzen spricht, ohne daß die unterschiedliche Kombination begründet wird.

MARXISMUS, POSITIVISMUS UND SOZIALGESCHICHTE

Zu Karl August Wittfogels Gesellschaftstheorie [1]

Von G. L. Ulmen

Der Positivismus hat alle seine Rivalen und Gegner ohne Ausnahme in seinen Bann gezogen. Das gilt für den Kantianismus ebenso wie für die verschiedenen Spielarten des Neukantianismus; es gilt für den Marxismus und die verschiedenen Richtungen des Neomarxismus. Sie alle suchten auf ihre Weise, ein »positives« Bild von der Wirklichkeit zu zeichnen, und selbst dann, wenn sie bisweilen wieder in die metaphysischen Tendenzen ihrer Vergangenheit zurückfielen, haben sie die reine Spekulation vermieden.

Die hier zu behandelnden Probleme des Positivismus sind vor allem erkenntnistheoretischer und ontologischer Art. *Comte* sah in *Kants* »Kritik der reinen Vernunft« einen Versuch der positiven Philosophie insofern, als *Kant* die Bewußtseinssphäre auf die Phänomene beschränkt hatte. Deshalb konnte *Kant* lediglich die phänomenologischen Grenzen des Positivismus erkennen. Die Neukantianer, besonders die deutschen, die sich sowohl von der Philosophie *Kants* wie von der *Hegels* distanzierten, wollten »keine Metaphysik mehr« und näherten sich damit den ontologischen und erkenntnistheoretischen Grenzen des Positivismus.

Eine erste Welle des Neomarxismus (*Max Adler* et al.) war vor allem vom Neukantianismus beeinflußt. Diese Neomarxisten sahen im Marxismus eine Einzelwissenschaft, eine »positive Wissenschaft«, die nichts mehr mit weltanschaulichen Fragen zu tun hatte. Diese Verbindung eines positivistisch gedeuteten *Kant* und eines kantianisch verstandenen *Marx* führte jedoch zu einer Erkenntnistheorie und Ontologie, die weder im *Kant*schen noch im *Marx*schen Sinne »positivistisch« war.

Eine spätere Welle des Neomarxismus (*Georg Lukács* et al.) lehnte sich gegen diese neukantianische Konzeption des Marxismus auf und fragte sowohl nach der Rolle der Dialektik in *Marx'* System als auch nach der Beziehung zwischen *Marx* und *Hegel*. Allerdings machten ihre Vertreter bei dieser Fragestellung nicht Halt. Mit ihrer Parole »Kein Positivismus mehr« zielten sie erneut – wenn auch gleichsam in negativer Weise – auf das Problem der Beziehung zwischen Marxismus und Positivismus [2]. Das geradezu klassische Beispiel dieser Art neomarxistischer »Revolte« ist *Lukács'* Buch »Geschichte und Klassenbewußtsein« (1923). Während *Lukács* jedoch seinen Widerstand gegen den Neukantianismus nicht weit genug trieb, ging er in seiner Auseinandersetzung mit dem Neopositivismus zu weit. Dies ist nicht nur für *Lukács*, sondern für den Marxismus im allgemeinen kennzeichnend. Denn *Lukács'* »Revolte« spiegelt sowohl die Entwicklung des sogenannten humanistischen oder westlichen Marxismus wie auch die des sowjetischen wider.

Im Jahre 1923, als *Lukács'* »Geschichte und Klassenbewußtsein« erschien, rezensierte er *Karl August Wittfogels* »Die Wissenschaft der bürgerlichen Gesellschaft« [3]. Er argumentierte, daß *Wittfogel* »eine wirklich kritische (wirklich historische) und darum wirklich konkrete Analyse« seines Gegenstandes nicht geleistet habe und behauptete weiter: »Wittfogel steht der naturwissenschaftlichen Methode – soziologisch – unkritisch gegenüber. Für den Marxisten, als geschichtlichen Dialektiker, sind die Natur sowie alle Formen ihrer theoretischen und praktischen Bewältigung soziale Kategorien, und es geht nicht an, daß ein Marxist hier etwas Übergeschichtliches, Übergesellschaftliches finden zu können meint.« Einige Jahre später antwortete *Wittfogel:* »Lukács beharrt eben darauf, die Dinge unter allen Umständen auf dem Kopfe stehend zu sehen [4].« Wie schon aus diesen Zitaten zu ersehen ist, kritisierten sich beide in ähnlicher Weise; dennoch faßten sie die Realität von Gesellschaft und Geschichte sehr verschieden auf. Was *Lukács* und *Wittfogel* vor allen Dingen trennte, waren ihre unterschiedlichen Auffassungen über das Verhältnis von Marxismus und Positivismus – über ein Problem also, das die grundlegende Frage nach der Erkenntnistheorie und der Ontologie des Marxismus aufwarf.

Am Ende seines Lebens hielt *Lukács* immer noch den Vorwurf aufrecht, daß *Wittfogel* »historisch und methodisch dem Positivismus allzu nahe steht« [5]. Wirklichkeit, wie sie *Wittfogel* verstand, war die Wirklichkeit von Gesellschaft und Geschichte; ihr lagen empirische Fakten zugrunde. In *Lukács'* Verständnis war Wirklichkeit »eine höhere, die wahre Wirklichkeit«, die »mit dem empirisch-faktischen Sein keineswegs identisch« ist. *Lukács* ging noch weiter, als er schrieb, daß »erst wenn ... (die) methodische Priorität der ›Tatsachen‹ gebrochen ist«, die Wirklichkeit begriffen werden kann [6]. *Lukács'* Auffassung unterschied sich damit fundamental von der *Wittfogels.* Trotzdem hat *Lukács Wittfogel* niemals vorgeworfen, ein Agnostiker oder Neukantianer zu sein. Er konnte dies schon deshalb nicht, weil *Wittfogel* selbst beide Richtungen bekämpft hat. Im Unterschied zu *Lukács* ist *Wittfogel* niemals Neukantianer gewesen. Sein ganz spezifischer Positivismus stammte direkt aus seinem Marx-Studium. Deshalb lassen sich an Hand von *Wittfogels* früher Entwicklung die Probleme des Verhältnisses von Marxismus und Positivismus besonders gut veranschaulichen.

I. Die Soziologie der Zukunft

In »Die Wissenschaft der bürgerlichen Gesellschaft« legte *Wittfogel* dar, daß der moderne Positivismus nicht die Philosophie der bürgerlichen Geisteswissenschaften gewesen sei, weil er »zu weit ... in dem Fahrwasser des Marxismus« schwamm, um für die Bourgeoisie akzeptabel zu sein [7]. Der Positivismus wie auch die Gedanken *Ernst Machs* waren die Philosophie der bürgerlichen Naturwissenschaften, *Kant* und der Empiriokritizismus die Philosophie der Geisteswissenschaften. Kantianismus und Neukantianismus waren rückwärts gewandt. Machismus und Empiriokritizismus jedoch waren »fortschrittlich«; sie konnten deshalb durch einen Rückgriff auf *Marx* dialektisch überwunden werden [8]. Nach *Wittfogel* sind die fortschrittlichsten Elemente des Positivismus von *Marx* aufgenommen worden. Seiner Auffassung nach konnte das Wesen der historischen Entwicklung nur durch die Einsichten des Historischen Materialismus bestimmt und diese Bestimmung nicht von den »Tatsachen der Wirklichkeit« getrennt werden [9].

Marxismus ist nicht gleich Positivismus. *Wittfogel* hielt jedoch daran fest, daß – ebenso wie der moderne Positivismus und Empiriokritizismus das Ergebnis einer von *Kant* ausgehenden dialektischen Entwicklung ist – die Entwicklung der Philosophie nur dialektisch durch den Positivismus weitergetrieben werden könne. In diesem Zusammenhang nahm *Wittfogel* an, daß der Marxismus in der Tat die Soziologisierung, eine Art positive Soziologisierung, der Philosophie darstellte. Indem er auf *Engels*' Zurückweisung des Positivismus und seine Kritik an der »Philosophie als solcher« einging, stellte er fest, daß *Engels* den Marxismus nicht als »Philosophie« betrachtete, sondern dessen »positive Kenntnisse von der Welt« hervorhob [10]. »Der historische Materialismus interpretiert also die Wirklichkeit gut, d. h. daß zweckmäßige Handlungen auf seiner Grundlage stattfinden können. Er leitet zur richtigen (d. h. lebensfördernden) Fragestellung an. Er gestattet die Reduzierung der historischen Forschungsarbeit auf die Konstatierung bestimmter Entwicklungstypen (die natürlich nicht als eine absolut homogene Einheit, sondern in ihrer konkreten Eigenart zu bestimmen sind), und er reduziert dann innerhalb der Geschichtsetappen die Forschung auf die Aufdeckung der für jede Etappe typischen Konflikte. Eine – elastische! – ebenso elastische – Typologie der historischen Konflikte – das ist die Aufgabe, auf die eine wissenschaftliche Geschichtswissenschaft sich heute ausschließlich hingewiesen sieht [11].« *Wittfogel* war sich jedoch darüber klar, daß diese »wissenschaftliche Geschichtswissenschaft« nicht von dem tatsächlichen »Machen« der Geschichte zu trennen war. Es ging ihm darum, »... nur aus der konkreten Wirklichkeit selbst (die man ganz genau kennen muß, um sie faktisch ›verändern‹ zu können) seine ›theoretischen‹ Grundlagen zu holen, aus denen sich dann die politische Praxis in revolutionärer Wirksamkeit herleiten läßt« [12].

Wittfogel war – *Marx* folgend – der Auffassung, daß der Positivismus ähnlich wie die Naturwissenschaften die praktischen Ideen des Wissens in den Vordergrund stellt: Erkenntnis sollte nicht Selbstzweck sein, sondern sich auf die wirkliche Welt richten. Erkennen heißt nicht nur Voraussagen, sondern heißt auch, eine praktische Handhabe für das Verhalten zu haben und in der Lage zu sein, die Kräfte der Natur für das Allgemeinwohl nutzbar zu machen. Dies war das Motto für die Naturwissenschaften und für jene Philosophie, die sich mit den Naturwissenschaften verbinden sollte: den Positivismus. Hierin liegt auch die spezifische Bedeutung des Positivismus für die Probleme der Gesellschaft. Sie findet ihren unmittelbarsten und wichtigsten Ausdruck im Bereich der menschlichen Beziehungen, insbesondere den Produktionsbeziehungen, wo die Verbindung von Arbeit und Wissenschaft zu neuen Dimensionen der gesellschaftlichen Organisation führen kann. Es besteht kein Zweifel daran, daß die Tendenz, Objektivität mit Materialität zu identifizieren – eine Tendenz, die Positivismus und Naturwissenschaften gemeinsam haben – den Positivismus in die Nähe des Materialismus (also einer an sich von ihm abgelehnten Metaphysik) bringt. *Wittfogel* jedoch wie *Marx* vor ihm begriff, daß Positivismus wie Materialismus in ihrer reinsten Form Metaphysiken darstellten. In *Marx*' soziologischer und historischer Theorie werden Positivismus wie Materialismus in eine neue Gestalt, die als »wissenschaftlich« im Gegensatz zu »philosophisch« anzusehen ist, hinübergeführt.

Wittfogel sah den Marxismus als die »Soziologie der Zukunft« [13]. Eine solche Soziologie ruht auf zwei grundlegenden Voraussetzungen: (1) der Annahme großbetrieblicher kollektiver Arbeitsformen als Ausdruck der Teilung geistiger Arbeit (die in Analogie zur *Marx*schen industriellen Arbeitsteilung konzipiert war) und (2) der Organisation und Neukoordination der Einzeldisziplinen und Hilfswissenschaften. Was die letztere Annahme angeht, so schreibt *Wittfogel*: »Die europäische Geschichte z. B. muß mit der ostasiatischen Geschichte, beide Gebiete wiederum müssen mit der Wirtschaftsgeschichte, der Ethnologie und der allgemeinen Soziologie Hand in Hand arbeiten [14].« Die »marxistische Einsicht« hob die Verbindung zwischen »organisierter Kollektiverfahrung« und Wissenschaft hervor. Nur so konnte eine Synthese, ein vollständiges Bild von Gesellschaft und Geschichte konstruiert werden: »Gesellschaftslehre! Und zwar Gesellschaftslehre in jenem weiten und synthetischen Sinne, den *Marx* im Auge hatte, wenn er von der Soziologie als von einer Anatomie der menschlichen Gesellschaft sprach [15].« In der Reflexion seiner Forderungen schlug *Wittfogel* vor, daß die Soziologie der Zukunft in neuer, grundlegender Weise die politische Ökonomie und die Wirtschaftsgeographie, die er »soziologische Mittelpunktswissenschaften« [16] nannte, zu verbinden hätte.

Wittfogels Auffassung von Wissenschaft stand auf dem Boden seines Verständnisses von Marxismus: »Die von uns gegebene Definition der Wissenschaft (systematisches Orientierungsmittel in Natur und Gesellschaft zum Zwecke der Lebensfürsorge) gilt für die verschiedenen Gesellschaftsordnungen insofern sie als organische soziale Gebäude eine historische Lebenseinheit bilden [17].« Wissenschaft als ein »Orientierungsmittel«: dieses Konzept übernahm er von dem Neukantianer *Hans Vaihinger*. Aber er bestand darauf, daß Erfahrung, Wissen und Wissenschaft sich nicht zufällig in den Köpfen von Individuen abspielen, sondern sich aus dem Natur- und Gesellschaftsprozeß herausbilden. So verstanden sind neue und fruchtbare Beobachtungen und Ideen Ausgangspunkte für alle Handlungen, durch die Gesellschaft, Geschichte wie auch die »Gesamtideen« verändert und erhalten werden [18].

II. Die Kritik der bürgerlichen Gesellschaft

Im Jahre 1924 veröffentlichte *Wittfogel* seine Arbeit »Geschichte der bürgerlichen Gesellschaft«, in der er sein eigenes wie auch *Marx*' Konzept der bürgerlichen Gesellschaft entwickelte [19]. Die bürgerliche Gesellschaft muß, nach *Wittfogels* wie *Marx*' Auffassung, als »Totalität« begriffen werden. Beim Blick auf das gesellschaftliche Ganze ist dessen Komplexität, oder besser: dessen Struktur, im Auge zu behalten. Alle Erscheinungen der bürgerlichen Gesellschaft sind durch die Struktur der Produktionsweise bestimmt, und das Vorhandensein dieser Struktur wird aus ihren Wirkungen sichtbar *.

* Hier nimmt *Wittfogel* Überlegungen vorweg, die auch *Louis Althusser* vor allem in seiner Arbeit »Lire Le Capitel« (vgl. u. Anm. 2), offensichtlich ohne *Wittfogel* zu kennen, vertritt. Auch *Althusser* sieht alle Erscheinungen der Gesellschaft als durch die Struktur der Produktionsweise bestimmt an; auch für ihn ist diese Struktur ihren Wirkungen immanent, und ihr Vorhandensein wird erst aus ihren Wirkungen sichtbar (Anm. d. Übers.).

Die Analyse der Struktur des Ganzen ist für *Marx* die grundlegende Voraussetzung dafür, die Wissenschaft von der Gesellschaft zur Wissenschaft von der Geschichte zu machen. So entwickelt *Marx* bei der Untersuchung der Struktur der bürgerlich-kapitalistischen Produktionsweise gleichermaßen eine allgemeine Theorie der Geschichte. Die totale Kritik der bürgerlichen Gesellschaft kann, wenn man *Wittfogels* Marx-Verständnis folgt, erst nach der Konzeptualisierung des Gegenstandes dieser Gesellschaft vorgenommen werden. Überdies bedeutet für *Wittfogel* eben diese Konzeptualisierung, die Konstruktion des umfassenden, sowohl historischen wie komparativen Konzepts der bürgerlichen Gesellschaft gleichermaßen auch die totale Kritik dieser Gesellschaft.

Bei seiner Kritik der bürgerlichen Gesellschaft konnte sich *Wittfogel* einer Diskussion der Auffassungen des größten Theoretikers der modernen bürgerlichen Welt, *Max Webers,* nicht entziehen. *Weber* war einerseits dem Positivismus mindestens ebenso verpflichtet wie *Marx;* andererseits ist seine Position auf eine Verbindung von Positivismus und Neukantianismus zurückführbar. Der grundlegende Gegensatz zwischen seiner neukantianisch-agnostizistischen Haltung gegenüber der Wissenschaft von der bürgerlichen Gesellschaft und seiner quasi-positivistischen Position wird in allen seinen Werken deutlich. Darauf hat *Wittfogel* schon frühzeitig hingewiesen. Die Zurückweisung jeglicher Weltanschauung war die Krone auf dem Dach des *Weber*schen Agnostizismus. So kritisierte *Wittfogel* an *Weber,* daß »die zeitlich verschiedenartigsten Momente gerinnen ... in groteskem Wissenschaftsnihilismus zu einem wüsten ›einheitlichen‹ Erkenntnisbrei«. Er glaubte, bei *Weber* »ein großartiges nihilistisches Chaos« vorzufinden. Dieses hätte, genau gesagt, darin bestanden, daß es *Weber* an einem strukturierten und systematischen Zugang zur Weltgeschichte – an einer wissenschaftlichen Weltanschauung fehlte. In *Wittfogels* Worten: »Leider hat dann seine Methode Weber den Weg zur Lösung der von ihm selbst aufgeworfenen Frage versperrt [20].«

Wie bei *Marx* liefert auch bei *Weber* die methodische Erfassung der Wirklichkeit den Schlüssel zu seiner Auffassung von Geschichte, von vergleichender Analyse und der historisch-gesellschaftlichen Entwicklung der Menschheit – ja, zur Gestalt seines Werkes überhaupt. Während seines ganzen Lebens beschäftigte *Weber* die »positive Überwindung der materialistischen Geschichtsauffassung« [21]. Dabei verglich er Ideen und Konzepte *über* die soziale, institutionelle und historische Wirklichkeit – im Gegensatz zu *Marx,* der sich direkt *mit* der Wirklichkeit befaßte. So hat *Weber* selbst angemerkt daß seine Idealtypen nicht in der empirischen Wirklichkeit auffindbar sind [22]. Hierin unterschied sich *Weber* von *Marx* ebenso wie *Wittfogel* von *Weber.*

Bei seiner Analyse der bürgerlichen Gesellschaft hat *Wittfogel* im Anschluß an *Max Weber* die Stadt als Kern seiner Untersuchungen gewählt. Die Entwicklung der Stadt steht im Mittelpunkt seiner Darstellung des Kapitalismus, des Bürgers und des Klassenkampfes. Bei der Untersuchung des »Geistes des Kapitalismus« allerdings folgt er klar der *Marx*schen Auffassung. Ebenso eindeutig beruft er sich auf *Marx,* wenn er die Entwicklung der Stadt mit der Produktionsweise in Verbindung bringt und behauptet, daß die Produktionsweise die Art der Entwicklung der Stadt – wie auch alle anderen Erscheinungen der bürgerlichen Gesellschaft – determiniert. Der Begriff des Ökonomischen jedoch mußte im Rahmen der Produktionsweise zunächst konstruiert werden.

Wittfogel stellt bei *Marx* fest, daß es nicht gewonnen werden konnte, ohne daß zuerst die natürliche Grundlage der Produktion Berücksichtigung fand. Deshalb führt bei *Wittfogel* wie bei *Marx* ein direkter Weg von der Darstellung der Stadt zur Diskussion der Agrarverhältnisse.

Nach *Marx* liegt die Voraussetzung der Arbeitsteilung in der Trennung von Stadt und Land – ja, die ganze ökonomische Geschichte der Gesellschaft wird von ihm als »in der Bewegung dieses Gegensatzes resümiert« angesehen [23]. Deshalb betonte *Wittfogel* die Bedeutung der Trennung von landwirtschaftlicher und industrieller Arbeit, dieser reinsten Form der Arbeitsteilung, für die Weltgeschichte. In diesem Zusammenhang entwickelte er auch seine Auffassung von der Rolle des natürlichen Faktors in der Geschichte, die zum Knotenpunkt seines Marxverständnisses werden sollte. Für *Wittfogel* standen die ontologische Beziehung von Mensch und Natur und die Produktionsbeziehungen des Menschen mit den natürlichen Grundlagen im Mittelpunkt von *Marx*' ökonomischer Auffassung.

Wittfogel stützte sich dabei auf *Marx*' Ausführungen im »Kapital«, wo dieser schreibt: »Die Arbeit ist zunächst ein Prozeß zwischen Mensch und Natur, ein Prozeß, worin der Mensch seinen Stoffwechsel mit der Natur durch seine eigne Tat vermittelt, regelt und kontrolliert. Er tritt dem Naturstoff selbst als eine Naturmacht gegenüber [24].« *Wittfogel* zog aber auch eine frühere Äußerung von *Marx* heran: »Die Menschen machen ihre eigene Geschichte, aber sie machen sie nicht aus freien Stücken, nicht unter selbstgewählten, sondern unter unmittelbar vorgefundenen, gegebenen und überlieferten Umständen [25].« Nach *Wittfogels* Auffassung hatte *Marx* seine ganze Analyse der kapitalistischen Produktionsweise auf die natürlichen Grundlagen aufgebaut. Wie schrieb doch *Marx* im »Kapital«?: Die kapitalistische Produktionsweise »unterstellt Herrschaft des Menschen über die Natur ... Nicht das tropische Klima mit seiner überwuchernden Vegetation, sondern die gemäßigte Zone ist das Mutterland des Kapitals. Es ist nicht die absolute Fruchtbarkeit des Bodens, sondern seine Differenzierung, die Mannigfaltigkeit seiner natürlichen Produkte, welche die Naturgrundlage der gesellschaftlichen Teilung der Arbeit bildet und den Menschen durch den Wechsel der Naturumstände, innerhalb deren er haust, zur Vermannigfachung seiner eigenen Bedürfnisse, Fähigkeiten, Arbeitsmittel und Arbeitsweisen spornt. Die Notwendigkeit, eine Naturkraft gesellschaftlich zu kontrollieren ... spielt die entscheidendste Rolle in der Geschichte der Industrie [26].«

In diesem Zusammenhang finden wir *Wittfogels* erste Erwähnung der »naturbedingten Produktivkräfte«. Diese Kräfte der Produktion sind für ihn bei der Entstehung einer historischen Formation gleich bedeutend wie die »gesellschaftlich bedingten Produktivkräfte«, ja manchmal mögen sie sogar wichtiger sein als diese [27]. Die Beziehung zwischen Natur und Gesellschaft erhielt für *Wittfogels* Verständnis von *Marx*' Konzept der Produktionsweise im allgemeinen und seinem Historischen Materialismus im besonderen Schlüsselcharakter. Er schrieb: »Natur und Gesellschaft unterliegen, wie uns die Erfahrung lehrt, in ihren Erscheinungen einer gewissen Regelmäßigkeit, ›Gesetzlichkeit‹ [28].« *Marx* hatte erklärt, daß alle Produktion von Mehrwert – und damit die Entwicklung des Kapitalismus – auf der Produktivität der Landarbeit als ihrer natürlichen Basis beruhe. Und *Wittfogel* behauptete, daß der Prozeß der Ausbeutung am klarsten in der Landwirtschaft zum Ausdruck käme. In Europa war es die Eigenart der Agrarproduktion, die das Verständnis der Entwicklung des Kapitalismus erst erschloß. Indem *Wittfogel* seine Auffassung in dieser Weise an *Marx* ausrichtete und sich auf die Landwirtschaft im Gegensatz zur Industrie konzentrierte, führte ihn seine Analyse über die bürgerliche Welt hinaus. Er stellte die Frage, die seit seiner frühen Kritik der westlichen bürgerlichen Gesellschaft einen Schlüssel zu seiner eigenen geistigen Entwicklung darstellt: Warum gab es in Asien keine unabhängige Entwicklung des Kapitalismus?

III. Jenseits der bürgerlichen Gesellschaft

Marx beschrieb »das Mutterland des Kapitalismus« unter Bezugnahme auf dessen natürliche Gegebenheiten. Im Anschluß daran fragte *Wittfogel*: Wenn die Entwicklung des Kapitalismus in Europa aus der Eigenart der Agrarproduktion erklärt wird, könnte dann nicht auch die Nicht-Entwicklung von Kapitalismus in Asien und überhaupt außerhalb Europas ebenfalls auf die Agrarproduktion zurückzuführen sein? In der Tat, in dem Augenblick, in dem *Wittfogel Marx'* Methode von der bürgerlichen Gesellschaft löste und auf die asiatische Gesellschaft übertrug, verursachte er eine Revolution – und zwar nicht im Sinne der Wissenschaft von der Gesellschaft, sondern in dieser Wissenschaft selbst. Zunächst soll hier jedoch *Wittfogels* Konzept der asiatischen Gesellschaft, wie er es im Anschluß an *Marx* und *Weber* entwickelte, nachgegangen werden.

In *Webers* »Religionssoziologie« und seinem Hauptwerk »Wirtschaft und Gesellschaft« ist *Wittfogel* erstmals auf den eigengearteten »wasserbaubürokratischen Beamtenstaat« in China und Indien gestoßen [29]. Von *Weber* hat er auch den Gedanken übernommen, daß China und Asien die Städte im allgemeinen primär bürokratische Verwaltungszentren waren, die niemals eine den Städten Westeuropas vergleichbare politische oder militärische Unabhängigkeit gegenüber dem Staat erreicht hatten. Auch wenn *Wittfogel* vermutete, daß *Weber* diese Einsicht von *Marx* »gestohlen« hatte, wurde ihm erst auf Grund der *Weber*schen Ausführungen nicht nur der Unterschied zwischen westlichen und asiatischen Städten, sondern auch die Existenz eines spezifisch asiatischen Typs von Gesellschaft klar. Darüber hinaus stellte er fest, daß mit der Auflösung des asiatischen Feudalismus (in China, Indien, Ägypten und Babylon) und den Anfängen des »wasserbaubürokratischen Beamtenstaates« die Macht der Großgrundbesitzer entweder vollkommen gebrochen (wie in China) oder doch durch den neuen »despotischen« Staat ernsthaft eingeschränkt worden war [30]. Damit war eine bedeutende Bedingung für die Entstehung von Kapitalismus – die Ausbeutung auf dem Lande – nicht mehr gegeben. *Wittfogels* Folgerung lautete: »Asien kommt nicht zum Industriekapitalismus (jedenfalls nicht selbständig), weil ihm von dessen beiden Grundvoraussetzungen – Kapital und Proletariat – die zweite, der ›freie‹, der proletarische Lohnarbeiter fehlt [31].«

Indem er *Webers* Vorstellungen über die Entwicklung der Stadt mit denen *Marxens* über die Produktionsweise und die Produktivkräfte miteinander verband, versuchte

Schema 1: Vergleichende Darstellung der politischen Entwicklung der städtischen Bourgeoisie, ihrer Anfänge und ihres gegenwärtigen Standes

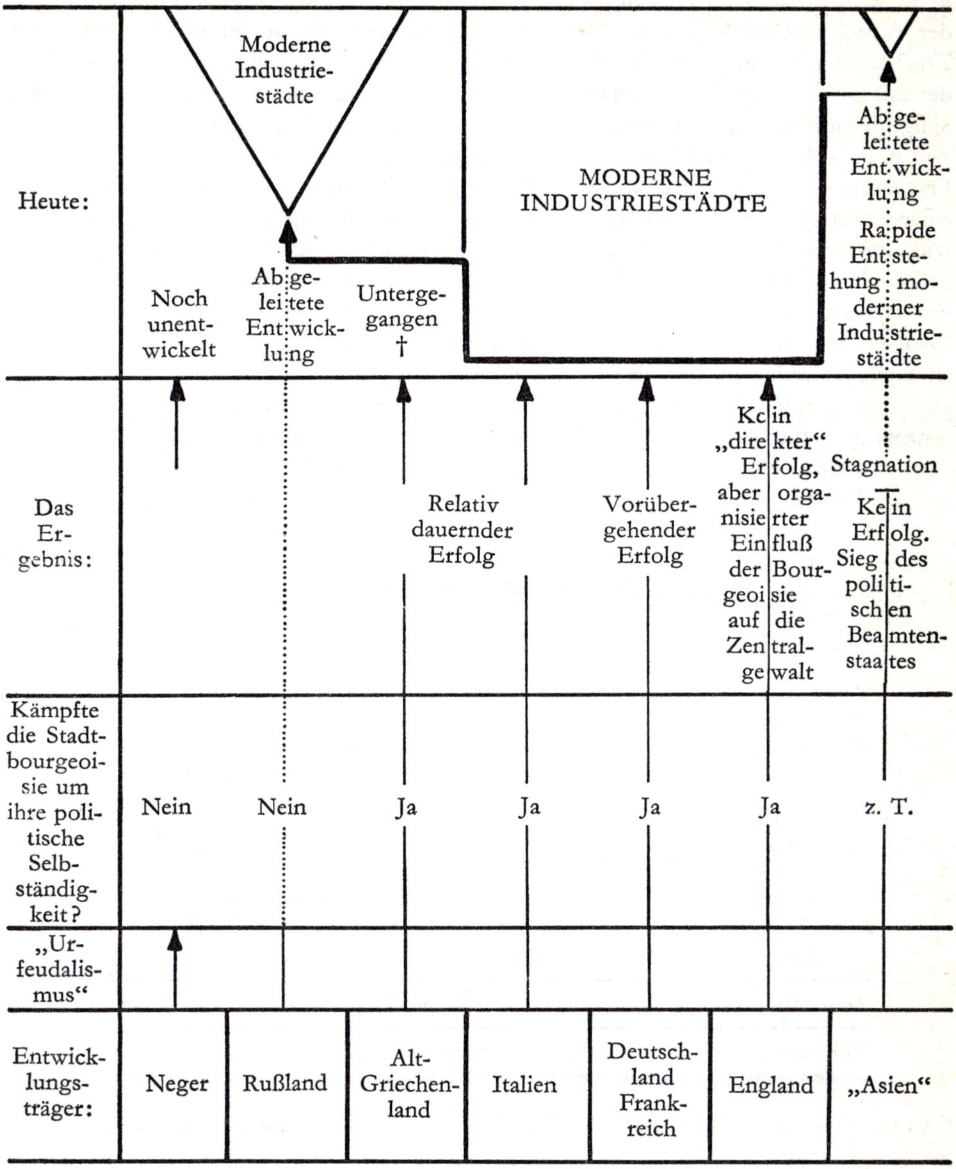

Quelle: *Karl August Wittfogel,* Geschichte der bürgerlichen Gesellschaft (Anm. 19), S. 101

Wittfogel einen strukturierten Vergleich der Entwicklung von vorindustriellen Städten zu modernen industriellen Städten (vgl. Schema 1) [32].

Es ist wichtig, in diesem Zusammenhang festzuhalten, daß *Wittfogel* die Entwicklung der russischen Städte von der des Westens unterschieden hat. Er bezieht sich auf *Trotzki* als Kronzeugen dafür, daß die alten Städte in Rußland »gleich den Städten der asiatischen Despotien, fast gar keine Produktionsfunktionen aus(übten). Sie waren lediglich militärisch-administrative Punkte« [33]. Jedoch hat *Wittfogel* weder zu dieser Zeit noch in den darauf folgenden Jahren Rußland als »asiatische Despotie« betrachtet. Erst nachdem er *Lenins* Auseinandersetzungen mit *Plechanow* über die Möglichkeiten einer »asiatischen Restauration« im nach-revolutionären Rußland gelesen hatte, entwickelte er seinen Begriff eines »asiatischen Rußland« [34]. Allerdings fand er – kurz nachdem er seine »Geschichte der bürgerlichen Gesellschaft« beendet hatte – das, was er von *Weber* und *Marx* bezüglich des Charakters der asiatischen Gesellschaft gelernt hatte, bestätigt in *Plechanows* »Die Grundprobleme des Marxismus« [35].

In seiner »Geschichte der bürgerlichen Gesellschaft« versuchte *Wittfogel* auch einen strukturierten Vergleich der Entwicklungsstadien der menschlichen Gesellschaft (vgl. Schema 2). Dabei ging er von folgendem Ausspruch *Marxens* aus: »In großen Umrissen können asiatische, antike, feudale und moderne bürgerliche Produktionsweisen als progressive Epochen der ökonomischen Gesellschaftsformation bezeichnet werden [36].«

Schema 2: Die ökonomischen Fortschrittsstufen der menschlichen Gesellschaft

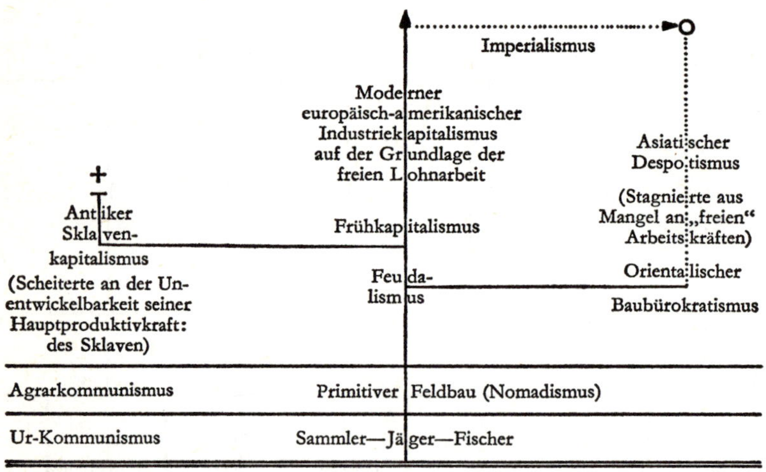

Quelle: Karl August Wittfogel, Geschichte der bürgerlichen Gesellschaft (Anm. 19), S. 121

Von besonderer Wichtigkeit bei *Wittfogels* Darstellung der Stadt wie seiner Behandlung aller anderen Aspekte der bürgerlichen Gesellschaft ist sein vergleichender Ansatz. Die Schwankungen im Wachstum der Städte, besonders auch hinsichtlich der Unterschiede zwischen westlichen und asiatischen Städten, bilden ebenso wie die vergleichende Analyse sozialer und historischer Phänomene überhaupt ein Hauptanliegen seines Buches. Der Grund hierfür ist darin zu sehen, daß *Wittfogel* erkannt hatte, daß *Marx* – im Gegensatz zur positivistischen bürgerlichen Soziologie von *Auguste Comte* bis hin zu *Franz Müller-Lyer*, die sich zu einer philosophisch-historischen Theorie des »unabänderlichen Entwicklungsgangs für alle Völker« bekannte – den Begriff einer unilinear verlaufenden Entwicklung von Gesellschaft und Geschichte zugunsten einer multilinearen Auffassung verworfen hatte. So schrieb *Wittfogel*: »Wenn wir uns außerdem an seine sonstigen – sehr zahlreichen – Bemerkungen über die abweichende ökonomische Struktur des asiatischen und des antiken Gesellschaftskörpers von den mittelalterlichen Sozialzuständen erinnern, dann begreifen wir klar, daß *Marx* ›die‹ Stadt schlechthin ebensowenig hatte gelten lassen, wie er zuließ, daß man die Klassengesellschaften des Abendlandes, der Antike und Asiens in einen einzigen Topf zusammenwarf [37].« Wie immer glaubte er auch hier, mit *Marx* übereinzustimmen, der 1877 geschrieben hatte: »So sehen wir erstaunlich analoge Erscheinungen unter verschiedenen historischen Bedingungen zu grundverschiedenen Ergebnissen führen. Indem wir eine jede dieser Entwicklungen einzeln für sich erforschen und dann beide miteinander vergleichen, können wir sehr wohl das Rätsel lösen [38].«

In seinem ersten, ausschließlich China behandelnden Buch mit dem Titel »Das erwachende China« (1925) hat *Wittfogel* »die asiatische Produktionsweise« in seine Darstellung der Beziehungen zwischen Natur und Gesellschaft einbezogen [39]. Er erkannte nun, daß China eine ökonomische, soziale und politische Einheit war, deren vergangenes und gegenwärtiges soziales System in der Eigenart seiner »natürlichen Produktionsbeziehungen« verwurzelt war. Hinsichtlich der asiatischen Gesellschaft zitierte er *Marx*' Auffassung über die Notwendigkeit, eine »Naturkraft«, hier: das Wasser, gesellschaftlich zu kontrollieren und schrieb: »Die Wasserregulierung war (und ist) der Lebensnerv der chinesischen Landwirtschaft.« In diesem Zusammenhang wies er auch auf die Eigenart der entscheidenden Kraft der Produktion in China hin. Die Bewässerung (und die Notwendigkeit eines einheitlichen Systems staatlicher Kontrolle zum Zwecke der Wasserregulierung) war die materielle Wurzel für den Niedergang der feudalen Ordnung und das Aufkommen des chinesischen Beamtenstaates: »Künstliche Bewässerung« *(Marx)* und die »mächtige Wasserbau-Bürokratie« *(Weber)* wurden für *Wittfogel* die beiden grundlegenden Charakteristika aller orientalischen sozialen Systeme.

Noch wichtiger ist, daß *Wittfogel* auch die Frage nach dem Klassenstaat in China, Indien und Ägypten aufnahm. Unter Heranziehung von Beispielen, die er von *Marx* übernahm, kam er zu dem Schluß, daß die Manager der Bewässerung und Entwässerung durch ihre Funktion zur herrschenden Klasse geworden waren. Obwohl *Marx* die Existenz eines »hydraulischen« Staates und seines »Souveräns« durchaus gesehen hat, hat er es dennoch versäumt, das Vorhandensein einer herrschenden, die Produktionsmittel kontrollierenden Klasse in der asiatischen Gesellschaft im einzelnen aufzuzeigen. In seinen Auseinandersetzungen mit *Webers* Konzeption der mächtigen, nicht arbeitenden Wasserbau-Bürokratie in China und auch sonst in Asien ging *Wittfogel* nicht nur über *Marx*, sondern auch über *Weber*, der nur auf die Existenz einer »ständischen Herrschaft« hinwies, hinaus. *Wittfogels* Konzept des chinesischen Klassenstaates umfaßte sowohl die Verwaltungsbürokratie wie den absoluten Souverän [40]. Indem *Wittfogel* die Bürokratie als herrschende Klasse in der asiatischen Gesellschaft herausstellte, ist er der Logik der *Marx*schen Analyse gefolgt. *Marx* hatte allerdings im Gegensatz zu *Weber* den Problemen der Macht wenig Aufmerksamkeit geschenkt. Bei *Weber* hat denn *Wittfogel* auch grundlegende Einsichten in die Phänomene der Bürokratie und der Macht gewonnen (er sah in *Weber* »einen Mann mit gutem Blick für die wirklichen Machtprobleme«). Diese beiden Phänomene waren für *Wittfogels* Konstruktion des Konzepts asiatischer Gesellschaft von ausschlaggebender Bedeutung.

Im Jahre 1925, als *Wittfogel* seine Arbeiten an dem Buch »Das erwachende China« beendete, hat *David Rjasanow*, der Leiter des Marx-Engels-Instituts in Moskau, eine Sammlung von *Marx*schen Aufsätzen unter dem Titel »Karl Marx über China und Indien« veröffentlicht [41]. In diesen Artikeln und *Rjasanows* Anmerkungen dazu entdeckte *Wittfogel*, daß für *Marx* vor allem zwei Gegebenheiten die asiatische Gesellschaft charakterisierten: (1) die zentrale, von der Regierung ausgeübte Kontrolle über die großen öffentlichen Werke, vor allem die Wasserwerke und (2) das Zusammenspiel der Landwirtschaft mit den Manufakturen in den weit voneinander entfernt liegenden, sich selbst versorgenden Dorfgemeinschaften. Diese Dorfgemeinschaften hatte *Marx* die »soliden Grundlagen für den asiatischen Despotismus« genannt. *Rjasanow* wies darauf hin, daß *Marx* die »Bewegungslosigkeit« dieser Grundlagen der asiatischen Gesellschaft und ihre »Widerstandsfähigkeit« gegenüber allem Wandel betont hatte. Im Zusammenhang damit hat *Marx* auf der Behauptung bestanden, daß in Indien die Zerstörung der asiatischen Gesellschaft durch das Eindringen des britischen Kapitalismus erfolgt sei, und zwar erstmals in Asien überhaupt. *Marx* schrieb nicht nur, daß der europäische Kapitalismus in der Lage gewesen wäre, die chinesische Mauer und das unzerteilbare Band zwischen Landwirtschaft und Industrie, das die asiatische Produktionsweise begründet hatte, zu durchbrechen. Er behauptete vielmehr auch, daß »das englische Eingreifen ... diese kleinen halbbarbarischen, halbzivilisierten Gemeinwesen (Indien) auf(löste), indem es ihre wirtschaftliche Grundlage sprengte und so die größte und in Wahrheit einzige soziale Revolution, die Asien je gesehen, vollbrachte«. Auf die selbst gestellte Frage »Kann die Menschheit ohne eine fundamentale soziale Revolution in Asien ihrer Bestimmung Genüge leisten?« antwortete *Marx:* »Vermag sie es nicht, so war England, welches seine Verbrechen auch gewesen sein mögen, bei der Herbeiführung dieser Revolution nur das unbewußte Werkzeug der Geschichte [42].«

Mit seiner historisch-vergleichenden Analyse und Kritik der bürgerlichen Gesellschaft legte *Marx* zwar den Grundstein für die Öffnung des Historischen Materialismus gegenüber Erscheinungen, die außerhalb dieser Gesellschaft liegen; jedoch hat er niemals ein entsprechendes Konzept entwickelt. Er machte einige wertvolle Beobachtungen, überließ jedoch das Feld selbst anderen. In diesem Zusammenhang mag interessieren, daß *Lukács* den Historischen Materialismus als »die Selbsterkenntnis der kapitalistischen Gesellschaft« bestimmte und behauptete, daß seine Anwendung auf »die vorkapitalistischen Zeitalter«, auf nicht-kapitalistische Gesellschaften, »eine sehr wesentliche und wichtige methodologische Schwierigkeit« impliziere [43]. Er hatte eine richtige

Vorahnung. Denn als *Wittfogel* die *Marx*sche Methode auf Erscheinungen außerhalb der bürgerlichen Gesellschaft anwandte, wurde sie nicht einfach erweitert, sondern ihr Objekt änderte sich.

IV. Die Dialektik des Konkreten

Wenn auch *Wittfogel* vor der Veröffentlichung von *Marx'* Artikeln über China und Indien bereits im »Kapital« und anderen Schriften des reifen *Marx* dessen Thesen von der »asiatischen Produktionsweise« vorgefunden hatte, so hat er doch deren ganze Tragweite erst erkennen können, als ihm auch *Marx'* wichtige Formulierungen über den Historischen Materialismus, wie sie in der Kritik an *Feuerbach* in »Die Deutsche Ideologie« zu finden waren, bekannt wurden. Der Feuerbach-Teil der »Deutschen Ideologie« war unter dem Titel »Marx und Engels über Feuerbach« erstmals im Jahre 1926 mit einer Einleitung von *David Rjasanow* erschienen [44]. Die Veröffentlichung des *Marx*schen Feuerbach-Manuskriptes wurde von den Marxisten kaum beachtet; aber *Wittfogel* hat in ihm sofort den Eckstein der *Marx*schen Auffassung über Natur und Geschichte gesehen. An Hand dieses Manuskriptes über *Feuerbach* kann die Beziehung zwischen Marxismus und Positivismus besonders klar erkannt und analysiert werden.
Das Feuerbach-Manuskript, das *Marx* im Jahre 1845/46 schrieb, hat für *Wittfogels* Marxismus den Stellenwert, den *Marx'* »Ökonomisch-philosophische Manuskripte« von 1844 (erstmals 1932 veröffentlicht) für *Lukács'* Marxismus haben [45]. In den Manuskripten des Jahres 1844 hatte sich *Marx* noch nicht von *Hegel* befreit. Geschichte als dialektischer Prozeß wurde noch immer in philosophischen Termini abgehandelt, und die Subjekt-Objekt-Beziehung gab es auf den verschiedenen Ebenen des Bewußtseins, bei Betonung von Erscheinungen der »Vergegenständlichung«, »Entäußerung«, »Entzweiung« und »Entfremdung«. Obwohl *Lukács* die *Marx*sche Auffassung von der Beziehung zwischen »Vergegenständlichung« und »Entäußerung« nicht gekannt hatte, bis er die »Ökonomisch-philosophischen Manuskripte« im Jahre 1932 in Moskau las, machte er doch bereits 1923 in seinen Ausführungen über die Subjekt-Objekt-Beziehung die Begiffe »Verdinglichung« und »Entfremdung« zu Schlüsselbegriffen seiner Philosophie der Geschichte.
In den Manuskripten von 1844 stand *Marx* noch stark unter dem Einfluß *Feuerbachs.* Natur war für ihn noch eine philosophische Kategorie. Dies gilt auch für seine »Thesen über Feuerbach«, die zwischen seiner Position von 1844 und der von 1845/46 liegen. *Lukács* ging in seiner Marx-Auffassung theoretisch niemals über *Marx'* Feuerbach-Thesen hinaus, und als er im Jahre 1938 das Feuerbach-Manuskript von 1845/46 erstmals las, glaubte er in ihm seine eigene Position über die dialektische Erfassung der Wirklichkeit bestätigt zu finden.
In seinem »Der junge Hegel« wie auch in anderen Werken interessiert *Lukács* mehr die Beziehung zwischen *Hegel* und *Marx* als die Rolle, die *Feuerbach* für *Marx'* geistige Entwicklung gespielt hat. Ja, *Lukács* selbst sagt offen, daß es seine Absicht war, *Feuerbachs* Mittlerrolle in der Beziehung zwischen *Hegel* und *Marx* herunterzuspielen. So blieb *Lukács'* Hauptanliegen, was *Marx* in den Manuskripten von 1844 besonders

beschäftigt hatte: die Beziehungen zwischen Ökonomie und Philosophie bzw. Ökonomie und Dialektik.

Die sowjetischen Marxisten haben *Marx'* Feuerbach-Kritik ebenfalls nicht zur Kenntnis genommen, und da Ökonomie und Philosophie bzw. Ökonomie und Dialektik die Problemkomplexe, mit denen sie sich hauptsächlich beschäftigten, geblieben sind, könnte man behaupten, daß es irrelevant ist, ob sie ihre Einsichten dem frühen *Marx* verdanken oder nicht. Die Entwicklung des offiziellen sowjetischen Marxismus in diesem Jahrhundert hat – entsprechend der letzten *Marx*schen These über *Feuerbach* – die Transformation der Philosophie in die Praxis zum Hauptanliegen gemacht [46].

Im Feuerbach-Manuskript von 1845/46 verwarf *Marx*, wie deutlich erkennbar ist, seine frühere Position und besonders die Manuskripte von 1844. Erst jetzt kam er zu der Wissenschaftsauffassung, der er für den Rest seines Lebens treu blieb. Er begann mit einer eindeutigen Erklärung: »Wir kennen nur eine einzige Wissenschaft, die Wissenschaft der Geschichte.« Im Zentrum dieser Wissenschaft sah er die Beziehung zwischen Mensch und Natur: »Die Voraussetzungen, mit denen wir beginnen, sind keine willkürlichen, keine Dogmen, es sind wirkliche Voraussetzungen, von denen man nur in der Einbildung abstrahieren kann. Es sind die wirklichen Individuen, ihre Aktion und ihre materiellen Lebensbedingungen, sowohl die vorgefundenen wie die durch ihre eigene Aktion erzeugten. Diese Voraussetzungen sind also auf rein empirischem Wege konstatierbar. Die erste Voraussetzung aller Menschengeschichte ist natürlich die Existenz lebendiger menschlicher Individuen. ... Der erste zu konstatierende Tatbestand ist also die körperliche Organisation dieser Individuen und ihr dadurch gegebenes Verhältnis zur übrigen Natur. ... Alle Geschichtsschreibung muß von diesen natürlichen Grundlagen und ihrer Modifikation im Lauf der Geschichte durch die Aktion der Menschen ausgehen [47].« Durch das ganze Feuerbach-Manuskript hindurch betont *Marx* die empirische Grundlage des Historischen Materialismus: »Die empirische Beobachtung muß in jedem einzelnen Fall den Zusammenhang der gesellschaftlichen und politischen Gliederung mit der Produktion empirisch und ohne alle Mystifikation und Spekulation aufweisen.« In Verbindung damit steht seine Kritik der Philosophie: »Da, wo die Spekulation aufhört, beim wirklichen Leben, beginnt also die wirkliche, positive Wissenschaft, die Darstellung der praktischen Betätigung, des praktischen Entwicklungsprozesses der Menschen. Die Phrasen vom Bewußtsein hören auf, wirkliches Wissen muß an ihre Stelle treten. Die selbständige Philosophie verliert mit der Darstellung der Wirklichkeit ihr Existenzmedium [48].«

Im »Elend der Philosophie«, das *Marx* unmittelbar nach der »Deutschen Ideologie« schrieb, hat er diesen Gedanken weiter verfolgt. Hier sprach er im Zusammenhang mit der Anwendung der absoluten Methode, etwa der *Hegel*schen, auf die politische Ökonomie von der »Metaphysik der politischen Ökonomie«. Er verspottete Sozialisten und Kommunisten, die »die Wirklichkeit in ihrem Kopfe suchen«, und bezeichnete sie als Utopisten. Für ihn galt: Sobald die Wissenschaft sich Rechenschaft ablegt von dem wirklichen Kampf des Proletariats wird sie »bewußtes Erzeugnis der historischen Bewegung, und sie hat aufgehört, doktinär zu sein, sie ist revolutionär geworden«. »Am Vorabend jeder allgemeinen Neugestaltung der Gesellschaft«, so schrieb *Marx*, ist Revolution nicht das erste, aber »das letzte Wort der sozialen Wissenschaft« [49].

Was ist nun unter Dialektik des Konkreten zu verstehen? Damit ist die ontologische Frage, die *Marx* sich in seiner Feuerbach-Kritik stellt, angeschnitten. Im Anschluß an *Marx* beantwortete sie *Wittfogel* anders als *Lukács*. *Lukács* schrieb: Die »dialektische Totalitätsbetrachtung, die sich scheinbar so stark von der unmittelbaren Wirklichkeit entfernt, die die Wirklichkeit scheinbar so ›unwissenschaftlich‹ konstruiert, ist in Wahrheit die einzige Methode, die Wirklichkeit gedanklich zu reproduzieren und zu erfassen. Die konkrete Totalität ist also die eigentliche Wirklichkeitskategorie [50].« Und auch später, im Jahre 1967, hat *Lukács* in seiner neuen Einleitung zu »Geschichte und Klassenbewußtsein« seinen Angriff gegen den Positivismus fortgesetzt: »... der heutige Neopositivismus will jede Frage nach Wirklichkeit (nach Ansich) aus der Wissenschaft entfernen, er lehnt jede Frage nach dem Ansich als ›unwissenschaftlich‹ ab, und das bei Anerkennnung aller Ergebnisse der Technologie und der Naturwissenschaft [51].«

Es ist somit nicht verwunderlich, daß einer von *Lukács'* Hauptkritikpunkten an *Wittfogel* sich auf dessen Konzeption von der Natur bezieht. 1923 schrieb *Lukács:* »Für den Marxisten als geschichtlichen Dialektiker sind die Natur sowie alle Formen ihrer theoretischen und praktischen Bewältigung, soziale Kategorien.« Damit hat *Lukács* zu Recht darauf hingewiesen, daß die methodologische Erfassung der Natur nicht nur das Kernproblem der Beziehung zwischen Marxismus und Positivismus, sondern das Herzstück des Marxismus selbst war. Indem *Lukács* die Natur zu einer sozialen Kategorie machte, zog er ihre ontologische Objektivität in Zweifel.

1928 und 1930 schrieb *Wittfogel* zwei längere Artikel, »Geopolitik, geographischer Materialismus und Marxismus« [52] sowie »Die natürlichen Ursachen der Wirtschaftsgeschichte« [53], denen seine durch das *Marx*sche Feuerbach-Manuskript gewonnenen Einsichten zugrunde lagen. Der Historische Materialismus, den er gleichermaßen als dialektisch und materialistisch begriff, gab *Wittfogel* den Schlüssel zur Klärung des Naturmoments in der Geschichte. Auch die Umkehrung dieses Satzes gilt: Das Naturmoment erschloß ihm das korrekte Verständnis des Historischen Materialismus. Das grundlegende Problem war »die Frage nach dem Verhältnis von Mensch und Natur«. Alle anderen Beziehungen, die zwischen Natur und Ökonomie, Ökonomie und Gesellschaft, Gesellschaft und Geschichte, sind auf es zurückführbar.

Tatsächlich hat *Wittfogel* in seiner Marx-Auslegung seine eigenen Ideen entwickelt. Was dies im einzelnen bedeutet, soll im folgenden erläutert werden. Bereits hier sollte jedoch angemerkt werden, daß *Wittfogel* – indem er *Marx* auf dem vorgezeigten Weg folgte – den Historischen Materialismus abrundete, um eine Wissenschaft von der Gesellschaft zu entwickeln, die – von ihrer Verankerung in der bürgerlichen Gesellschaft befreit – auf Asien angewandt werden konnte, auf den Teil der Welt, der für *Wittfogel* (und viele andere) zu dem geworden ist, was einst Europa für *Marx* war.

In *Wittfogels* Verständnis von *Marx'* materialistischer Konzeption der Geschichte gibt es keinen Unterschied zwischen Mensch und Natur; denn der Mensch ist »ein ganz spezifischer Teil der Natur«. Die menschliche Arbeit zerstört nicht die Natur in ihrer Gegenständlichkeit; aber sie verändert ihre Gestalt. Die Beziehung des Menschen zur Natur ist deshalb »tätige Beziehung«, und die Arbeit, als die entscheidende Tätigkeit des Menschen, erhält die zentrale Rolle in der Entwicklung der Menschheit. Ökonomie und Gesellschaft erwachsen aus der Arbeit, deren Mittlerrolle in der Beziehung des Menschen zur Natur, und den Erfordernissen der Produktion. Daraus erhellt bereits die Bedeutung der »umgebenden Natur«. So schrieb *Wittfogel* in enger Anlehnung an *Marx*: »Der Mensch und seine Arbeit auf der einen, die Natur und ihre Stoffe auf der anderen Seite, das ist das Grundverhältnis, die ewige Naturbedingung des menschlichen Lebens und daher unabhängig von jeder Form dieses Lebens, vielmehr allen seinen Gesellschaftsformen gleich gemeinsam [54].«

Nach *Wittfogels* Auffassung unterscheidet sich *Marx* von seinen Vorläufern dadurch, daß er eine »innere Gesetzmäßigkeit« im Prozeß der Produktion, oder genauer: in der Produktionsweise, annahm. Bei seinen Erörterungen des Naturmoments sah *Wittfogel* dieses als einen Faktor an, der *Marx'* Konzept einer Gesetzmäßigkeit in Gesellschaft und Geschichte deutlicher werden ließ. Vermutlich ist sich *Wittfogel* dessen bewußt gewesen, daß er hierbei nicht nur *Marx'* Konzept des Historischen Materialismus interpretierte, sondern über *Marx* hinausgehen mußte. Jedenfalls konzentrierte er sich mehr auf *Marx'* Absicht denn auf deren konkrete Ausführungen im *Marx*schen Werk. Warum war dies notwendig? Die Antwort auf diese Frage, die in *Wittfogels* Artikeln implizite enthalten ist, lautet: *Marx* hat seine materialistische Konzeption der Geschichte weder völlig ausgearbeitet, noch hat er sie systematisch auf die Weltgeschichte angewandt. Nur in dem Feuerbach-Manuskript hat er eine Konzeptualisierung des Historischen Materialismus versucht, und lediglich im ersten Band des »Kapital« wird der Versuch unternommen, das Konzept empirisch einzulösen. Aber sogar hier hat *Marx* seine Thesen ausschließlich in bezug auf den frühen Kapitalismus voll belegt. Hinsichtlich aller übrigen Erscheinungen wird uns nicht viel mehr angeboten als Hinweise, die zwar häufig scharfsinnig sind und sicherlich ebenso ernst zu nehmen wie die zugrunde liegenden methodologischen Intentionen, die jedoch nur einen Ausgangspunkt für ein Verständnis der Gesamtproblematik darstellen. *Wittfogels* Anwendung des Historischen Materialismus brachte dagegen mit sich: (1) eine systematische Konzeptualisierung der wichtigsten *Marx*schen Ideen; (2) deren systematische entwicklungsgeschichtliche Koordinierung und (3) deren systematische Anwendung auf die Weltgeschichte.

Der Begriff der *Produktionsweise* war für *Wittfogels* Ansatz ebenso zentral wie für *Marx*. Aber *Wittfogel* hat es eindeutiger verwandt als *Marx*. *Marx* hat die Produktionsweise nicht immer in gleicher Weise hervorgehoben. Manchmal, besonders deutlich in den »Grundrissen« von 1857–1858, hat er das »Eigentum« oder die »Eigentumsverhältnisse« als Hauptkriterien gewählt. Demgegenüber hat *Wittfogel* immer die erstrangige Bedeutung der Produktionsweise betont und darüber hinaus erkannt, daß eine bestimmte Produktionsweise durchaus mit mehr als einer Form von Eigentum vereinbar ist. In diesem Punkte, und besonders soweit die asiatischen Gesellschaften gemeint waren, hat *Wittfogel* seine Analyse des Eigentums und der Eigentumsverhältnisse systematischer entwickelt als *Marx*. Es könnte mit einigem Recht behauptet werden, daß *Wittfogel* – unter Berücksichtigung der fundamentalen Bedeutung, die die Produktionsweise für die Analyse ökonomischer, gesellschaftlicher und politischer Phänomene hat – *Marx'* zentrales Konzept ernster nahm als dieser selbst.

Die Produktionsweise manifestiert sich in den Produktionsverhältnissen. Wenn das

Verhältnis von Mensch und Natur bestimmend für die Produktionsweise ist, dann ist dessen gesellschaftlicher Aspekt bestimmend für die Produktionsverhältnisse. Die entscheidende Passage bei *Marx* behandelt, nach *Wittfogel,* zunächst das Verhältnis des gesellschaftlich arbeitenden Menschen zur Natur und dann sein Verhältnis zum Mitmenschen. Die Totalität dieser Beziehung konstituiert die Gesellschaft. Das Verwobensein der Produktionsweise und der Produktionsverhältnisse wird darin deutlich, daß ein Wandel in der Produktionsweise Veränderungen in allen gesellschaftlichen Beziehungen nach sich zieht.

Wichtig für *Wittfogels* Verständnis des *Marx*schen Konzepts der Produktionsweise war der Gedanke, daß die großen historischen Epochen der Produktion auf Grund der Produktionsweise – nicht der Produktionsverhältnisse – voneinander zu unterscheiden sind. *Wittfogel* verfeinerte und stützte diesen Gedanken. Er hob ferner hervor, daß die Produktionsweise durch die Produktionsmittel bedingt ist. Dieser Aspekt der *Marx*schen materialistischen Position ist zwar allgemein bekannt. Aber *Wittfogel* zielte auf einen weiteren Aspekt der *Marx*schen Position, der bis dahin vollkommen vernachlässigt worden war: daß die Produktionsmittel entweder »naturbedingt« oder »gesellschaftlich bedingt« sind. Nach *Wittfogels* Auffassung bestimmen der besondere Charakter dieser beiden Typen der Produktion und die Art, wie sie miteinander verbunden sind, die unterschiedlichen Arten der Produktion. Um es ganz deutlich zu sagen: Alle naturbedingten Produktivkräfte haben eine gesellschaftliche Qualität, aber sie werden nur unter bestimmten geschichtlichen Bedingungen wirksam. Alle gesellschaftlich bedingten Produktivkräfte sind abhängig von den naturbedingten, die im Produktionsprozeß wirksam werden.

Die Produktionsmittel, die im Produktionsprozeß aktiviert werden, enthalten objektive und subjektive Elemente. Unter den letzteren seien genannt: Wissen, handwerkliche Fertigkeit und Organisation. Im Gegensatz zu *Adam Smith* der die organisatorischen Produktionsmittel (Arbeitsteilung und Kooperation) nachdrücklich betonte, hat *Marx* – in *Wittfogels* Interpretation – darauf bestanden, daß die materiellen Mittel der Produktion die entwicklungsgeschichtlich entscheidenden Faktoren waren. Dabei bezog er sich besonders auf die von Menschen gemachten Produktionsmittel (Werkzeuge) – und dies obwohl er durchaus sah, welche entscheidende Rolle der Kooperation und den naturbedingten Produktionsmitteln in der asiatischen Produktionsweise zukam. In seinen Artikeln über die Natur brachte *Wittfogel* seine Auffassungen mit *Marx'* am Werkzeug orientierten, materialistischen Ansatz in Verbindung.

Welche natürlichen Gegebenheiten vom gesellschaftlich arbeitenden Menschen zur Wirkung gebracht werden, hängt von der Totalität der gesellschaftlich entwickelten Produktivkräfte ab (Qualifikation, Arbeitsorganisation, Wissenschaft und Technologie, das Ausmaß und die Effektivität der von den Menschen erzeugten Produktionsmittel). Die Richtung, in welche der Arbeitsprozeß gesellschaftlich verändert wird, ist nicht abhängig von den Möglichkeiten, die der produzierende Mensch hat, sondern von Art, Fülle und Kombination der in einem bestimmten historischen Augenblick gesellschaftlich zu bewältigenden naturbedingten Produktivkräfte.

Marx hat in der »(geographischen) Lage« durchaus einen entscheidenden ökonomischen Faktor gesehen. In seiner Bedeutung hat er diesen Faktor anerkannt; aber begrifflich verschleierte er den Sachverhalt, indem er das Transportwesen als einen Akt der Produktion, der Produktion von Fortbewegung, von »Transportarbeit« bezeichnete. *Wittfogel* nahm diese Gedankengänge auf, ging jedoch in seinen Erörterungen über die »Lage« und die verschiedenen Formen des Transports weit über sie hinaus. Er postulierte, daß, unter sonst gleichen Bedingungen, jeder der beiden Faktoren (Lage oder Verkehr) einen bestimmenden Einfluß auf die Produktion oder die militärische Macht, und so auf das gesellschaftliche Ganze, ausüben könne.

Nachdem er die seiner Meinung nach entscheidenden Ideen und wichtigsten Begriffe von *Karl Marx* aufgearbeitet hatte, hat *Wittfogel* eine allgemeine Geschichte der Entwicklung der Menschheit skizziert, der er das Konzept der Produktionsweise und der Produktivkräfte, durch die die hauptsächlichen sozioökonomischen Typen und Untertypen charakterisiert werden, zugrunde legte. Ein solcher makro-historischer und makro-ökonomischer Ansatz mußte notwendigerweise vergleichend sein. *Wittfogel* wies darauf hin, daß *Marx* und *Engels* selbst davor gewarnt hätten, in der Entwicklung des Kapitalismus im Westen den Hauptschlüssel für die gesellschaftliche Entwicklung überhaupt zu sehen. Er sah es als seine Aufgabe an, begrifflich und empirisch sowie vom ökologischen Standpunkt aus die verschiedenen Muster der Geschichte auseinanderzuhalten. Im folgenden will ich nur ein paar entsprechende Ideen *Wittfogels,* die erstmals in diesen beiden langen Artikeln deutlich wurden und in seinen späteren Arbeiten in ausgearbeiteterer Form wieder aufgenommen werden, erwähnen.

Nach *Wittfogel* verändert der wirtschaftlich handelnde Mensch seine Umwelt auf zweierlei Weise: einmal durch die »Transformierung« der für seine Arbeit wichtigen natürlichen Bedingungen und zum anderen durch deren »Aktualisierung«. Der arbeitende Mensch kann entsprechende Teile seiner Umgebung transformieren, ohne sie zu verändern; oder er kann neue Naturkräfte ausmachen und, indem er sie auf neue Weise erschließt, neue Produktivkräfte aktualisieren. Bei einem allgemeinen Überblick über die wirtschaftliche Geschichte der Menschheit zeigt sich, so bemerkt *Wittfogel,* daß die meisten Gesellschaften ein stationäres ökonomisches System besaßen. Und wenn dies tatsächlich der Fall war, dann hat die traditionelle Wirtschafts- und Sozialgeschichte es versäumt, eine Erklärung dafür zu geben, warum in bestimmten Bereichen eine ökonomische Entwicklung stattgefunden hat und andere durch ökonomische Stagnation gekennzeichnet sind.

In dem Artikel »Geopolitik, geographischer Materialismus und Marxismus« legte *Wittfogel* eine Typologie der asiatischen Gesellschaften auf Grund ihrer Bewässerungskulturen vor. Im Artikel über »Die natürlichen Ursachen der Wirtschaftsgeschichte« stellte er diese Typologie in einen breiteren Rahmen, da ihn seine Forschungen über die asiatische Szenerie hinausgeführt hatten. Im Anschluß an *Marx* stellte er fest, daß jedem gesellschaftlichen Stadium ein bestimmter Entwicklungsstand der Produktion entspricht und fügte hinzu, daß eine neue Produktionsweise nicht gleich ihre Möglichkeiten erschöpft: Ein »Ausreifungsprozeß« muß der vollkommenen Ausschöpfung vorausgehen. Am Ende der Reifezeit kann, entsprechend den jeweiligen Bedingungen, die Stagnation stehen oder auch die Entwicklung in eine neue Richtung.

Im wesentlichen war *Wittfogels* sozialhistorische Analyse an dem Entwurf, den er selbst in seiner »Geschichte der bürgerlichen Gesellschaft« vorgelegt hatte, ausgerichtet (vgl. Schema 2). Aber jetzt erweiterte er seinen makro-ökologischen Ansatz. Gleichermaßen konnte er durch zusätzliche empirische Daten die entwicklungsgeschichtlichen Eigentümlichkeiten der verschiedenen Stadien der Produktion besser darstellen. Im Einklang mit seiner These, daß die meisten Gesellschaften der Welt auf stationären Systemen basierten, konnte er für die ersten vier Stadien der Produktion feststellen, daß sie sich »lateral« entwickelten. Nur in den beiden letzten Stadien fand eine »vertikale« Entwicklung statt [55]. Generell muß jedoch hinzugefügt werden, daß *Wittfogels* geo-historischer Ansatz zu dieser Zeit, obschon bereits deutlich zu erkennen, noch nicht so systematisch und differenziert ausgearbeitet war wie in den späteren Schriften.

Die von *Wittfogel* so genannnte »Dialektik der geographischen Lage« spielte eine unterschiedliche Rolle in den drei großen agrarischen Klassengesellschaften, der antiken, der asiatischen und der feudalen. Das Naturmoment hatte an der Formierung der asiatischen Produktionsweise einen stärkeren Anteil als an der der antiken oder feudalen, die beide eine im wesentlichen ähnliche natürlich-wirtschaftliche Grundlage besaßen. Damit kommt *Wittfogel* in seiner Erörterung der asiatischen Produktionsweise deterministischen Formulierungen nahe. Aber seine Naturansätze warnen vor mechanischer Vergröberung. Und seine Ausführungen über die Entwicklung Europas bahnen den Weg zu seiner späteren multi-kausalen Behandlung des geohistorischen Grundproblems.

Nach *Wittfogels* Auffassung war das Naturmoment in der ökonomischen Geschichte bestimmend bis ins Maschinenzeitalter hinein, bis zu dem Zeitpunkt, an dem die Naturwissenschaften die industrielle Praxis direkt beeinflußt haben. Aber seine Untersuchungen gingen über die Frage nach den natürlichen Bedingungen der Produktion weit hinaus. Die Tat des gesellschaftlich arbeitenden Menschen in der frühen, mittleren und späten Periode des Kapitalismus transformierte, so meinte er, entsprechend den unterschiedlichen Bedingungen die verschiedenen Naturgegebenheiten im Prozeß der Produktion und aktualisierte sie (oder auch nicht). Verschiedene Ausprägungen des modernen Kapitalismus sind Ausdruck unterschiedlicher empirischer Bedingungen: der Verkehrslage, der Lage der Rohstoffe, der Verfügbarkeit und Nähe von Mineralvorkommen etc.

Welcher Faktor ist letztlich für die historische Entwicklung bestimmend – der naturbedingte oder der gesellschaftlich bedingte? *Wittfogel* sah hierin die Hauptfrage, die vom Historischen Materialismus aufgeworfen worden war. Deshalb ist die Struktur seiner Argumentation bei seinen theoretischen und historischen Einzeluntersuchungen völlig von dieser Frage geprägt: Die geographischen Materialisten betonten – mit gewissen Abweichungen – die natürlichen Bedingungen. Aber diese Richtung des Materialismus war einseitig, weil sie die Dialektik unbeachtet ließ. *Lukács'* These, daß die Produktionsbeziehungen für die Entwicklung der Gesellschaft von entscheidender Bedeutung sind, war in ihrer Verwendung einer abstrakten Form von Dialektik ebenso einseitig. Auch in den Schriften des späten *Kautsky* fand *Wittfogel* eine ähnliche »Wendung zu einer idealistischen Auffassung der Geschichtsentwicklung« [56].

Wittfogels Antwort auf die Frage, welcher Faktor letztlich die geschichtliche Entwicklung bestimmt, ist aus seinen Auseinandersetzungen mit *Lukács* zu entnehmen. Nach *Wittfogel* hat *Lukács* das *Marx*sche Verhältnis zwischen Produktionsweise und Pro-

duktionsverhältnissen umgekehrt. Indem er Natur als soziale Kategorie (oder, entsprechend seiner quasi-marxistischen Terminologie, als »Fetisch«) sah, bildete *Lukács,* so behauptete *Wittfogel,* »mit ökonomischen Mitteln den Kantschen erkenntnistheoretischen Idealismus nach« [57]. Auf die Frage, ob die Entwicklung der gesellschaftlichen Produktivkräfte in der modernen Industrie einen Rückgang des natürlichen Reichtums (in seiner ökonomischen Form) kompensieren und sich auf diese Weise die Bedeutung der naturbedingten Produktionsbeziehungen vermindern könnte, antwortet *Lukács,* daß der »vergesellschaftete Mensch« im Zuge der historischen Entwicklung mehr und mehr die Natur beherrscht. Er drückte sich sehr deutlich aus und sprach von der »Unterwerfung der Natur unter die Kategorien der Vergesellschaftung« [58].
Wittfogel wies darauf hin, daß *Lukács* den Sinn der *Marx*schen Formulierungen hinsichtlich des »Zurückweichens der Naturschranke« mißverstanden hat. Bei *Marx* würde sich zwar das Verhältnis Mensch-Natur in der Epoche der modernen Industrie verändern, aber es würde keinesfalls »aufgehoben«. Weiterhin behauptete *Wittfogel,* daß *Lukács* Mißdeutung dieser These *Marxens* eine unvermeidliche Folge seines subjektivistisch-aktivistischen Ansatzes war – eines Ansatzes, der weder dialektisch noch materialistisch im Sinne *Marxens* wäre, weil hier *Marx'* Konzept von der Beziehung zwischen den naturbedingten und den gesellschaftlich bedingten Produktivkräften im Geschichtsprozeß keine Berücksichtigung fände. Im Hintergrund dieser Argumentation stand die Auffassung, daß Materialismus ohne Dialektik zu Mechanizismus (wie im Falle der geographischen Materialisten) und Dialektik ohne Materialismus (wie im Falle von *Georg Lukács* und verwandten »Marxisten«) zu Idealismus führe.

Für *Lukács* hängt die Gestalt, die eine Gesellschaft annimmt, nicht von der Produktionsweise und der Art der Verschmelzung von Produktionsweise und Naturbedingungen ab, sondern ist eine Folge interagierender gesellschaftlicher Elemente. Für ihn nimmt nicht das Verhältnis des Menschen zur Natur den obersten Rang ein, sondern die Konzeptualisierung und Strukturierung der Gesellschaft durch den tätigen Menschen. Damit sind alle Kategorien gesellschaftliche Kategorien, und es gibt – in der Praxis und der Theorie – keine Grenzen für menschliches Handeln außer denen, die er sich selbst setzt.

Auf Grund seiner Absicht, einseitige Interpretationen zu vermeiden, hat sich *Wittfogel* bemüht, ein möglichst vollständiges Bild zu zeichnen. In seinen Untersuchungen behandelte er die natürlichen und gesellschaftlichen Bedingungen der Produktion und ihre Wechselbeziehung. Er bestand darauf, daß, wenn alle ihre Funktionen berücksichtigt werden, die aktive Seite – die gesellschaftliche Arbeit – von zentraler Bedeutung war. Aber er blieb auch bei seiner Auffassung, daß alle gesellschaftliche Arbeit an ein materiales Substrat geknüpft war – an die Natur. Die Naturbedingungen bestimmen die Richtung der gesellschaftlichen Arbeit, d. h. von ihnen hängt es ab, ob eine Gesellschaft sich vorwärtsbewegt oder stehenbleibt, ob höhere oder niedere Formen der Arbeitsproduktivität entwickelt werden. Dies war für ihn das geschichtliche Ergebnis der Verbindung von Dialektik und Materialismus.

V. Die Krise des Klassenkampfes: Stagnation und Entwicklung in der Geschichte

Wittfogel beendete sein Buch »Wirtschaft und Gesellschaft Chinas« im Jahre 1930 [59]. Es wurde 1931 veröffentlicht. Im gleichen Jahr fand in Leningrad eine Tagung statt, anläßlich derer die These von der asiatischen Produktionsweise diskutiert und einschließlich des Buches von *Wittfogel* verworfen wurde [60]. *Wittfogel* selbst war zu dieser Diskussion nicht eingeladen worden. Aber er sprach im gleichen Jahr auf einer anderen Konferenz, die aus Anlaß des 100. Todestages von *Hegel* in Moskau abgehalten wurde. Die hier gehaltenen Referate wurden unter dem Titel »Hegel und der Dialektische Materialismus« veröffentlicht – einem Titel, der zugleich die für die meisten Referate zentrale Thematik zum Ausdruck brachte [61]. *Wittfogel* sprach ohne ein für diesen speziellen Fall vorbereitetes Manuskript; seinen Bemerkungen lagen überwiegend Gedanken aus einem Artikel, den er gerade in Deutschland für eine Veröffentlichung anläßlich der Wiederkehr von *Hegels* Todestag verfaßt hatte, zugrunde [62]. In diesem Artikel, den er »Geschichtsentwicklung und Revolution in Hegels Philosophie« überschrieb, setzte er sich mit der idealistisch-philosophischen Transformation des Marxismus der damaligen Zeit auseinander. Er beendete den Artikel mit folgenden Sätzen: »Erst jetzt wird die Dialektik aus einem Mittel der Auslegung (Interpretation) dessen, was war, ein Werkzeug zur Beschleunigung dessen, was wird. Jetzt erst wird die Geschichts*philosophie* Geschichts*wissenschaft,* und nun endlich fähig, die Welt nicht nur zu interpretieren, sondern auch: zu *ändern.*« Aber seine Argumente erreichten nur taube Ohren. Im Jahre 1931 leisteten sowjetische Marxisten für den sowjetischen Marxismus bereits das, was *Lukács* für den westlichen Marxismus vollbracht hatte: die Transformierung der Sozialwissenschaft des Histomat in die Philosophie des Diamat und damit die Veränderung der epistemologischen und ontologischen Grundlagen des Marxismus [63].

Auf der Leningrader Tagung über die asiatische Produktionsweise wurde *Wittfogel* nicht nur allgemein wegen seiner Theorie der asiatischen Gesellschaft, sondern auch speziell wegen seiner Betonung des Naturmoments kritisiert. In seinen Artikeln über die Natur hatte er behauptet, daß über die »Anerkennung der Bedeutung der Naturbedingtheit der Arbeit ... ein direkter Weg zur Anerkennung der Ausbeutung in allen Klassengesellschaften (führt)«. Diesen Gedanken hat er in seinem »Wirtschaft und Gesellschaft Chinas« zu Ende gedacht. Da für den Marxismus die Klassenfrage die entscheidende ist, wurde in Leningrad denn auch behauptet, daß das Konzept von Klasse und Klassenstruktur, wie es die Theorie von der asiatischen Produktionsweise enthält, deren Achillesferse darstelle. Was waren nun *Wittfogels* Ansichten von der Klassenstruktur der asiatischen Gesellschaft und welches waren deren Implikationen im Hinblick auf die marxistische Klassenlehre?

In »Wirtschaft und Gesellschaft Chinas« – diesem marxistischen Buch mit *Weber*schem Titel – stellte *Wittfogel* fest, daß die Erscheinungen, die auf die ökonomische Geschichte des modernen Kapitalismus ein Licht geworfen haben, auch bei Untersuchungen der großen agrarischen Gesellschaften Aussagekraft besitzen. Mit diesem Buch verpflichtete sich *Wittfogel* dem *interdisziplinären Ansatz,* wie er ihn in seiner Kritik der bürgerlichen Wissenschaft entwickelt hatte. Dabei stützte er sich auf eine Reihe

unterschiedlicher Disziplinen, ganz besonders die Soziologie. Wie erwartet, stellte er die asiatische Produktionsweise der kapitalistischen gegenüber. Jahre später schrieb er über seine damaligen Absichten: »Von 1926 an habe ich meine Studien auf die Analyse Chinas als Repräsentanten der Wirtschaft und Gesellschaft Asiens konzentriert, ähnlich wie Marx sich zu seiner Zeit der Analyse Englands als Repräsentant der kapitalistischen Wirtschaftsordnung widmete. In dem Buch ›Wirtschaft und Gesellschaft Chinas‹ habe ich China mit anderen asiatischen Ländern (Ägypten, Mesopotamien, Indien) verglichen und das asiatische Muster als solches nichtasiatischen gegenübergestellt, ähnlich wie Marx England mit anderen kapitalistischen Staaten verglich (Holland, Frankreich, Deutschland) und das kapitalistische Muster der Organisation von Wirtschaft und Gesellschaft als solches nichtkapitalistischen konfrontiert hat [64].«
Marx und *Weber* hatten eine Krisentheorie der bürgerlich-kapitalistischen Gesellschaft entwickelt. Für *Marx* entstand die Krise aus der kapitalistischen Produktionsweise, während für *Weber* die bürokratische Machtstruktur der bürgerlichen Gesellschaft die Krisenursache war. *Wittfogel* erarbeitete eine Krisentheorie der asiatischen (hydraulischen) Gesellschaft, auf Grund derer die Krise nicht nur von der asiatischen Produktionsweise, sondern zusätzlich von den bürokratischen Machtstrukturen der asiatischen Gesellschaft herrührte. Bei *Marx* entstand aus der Konzeption der Krise der bürgerlichen Gesellschaft die These vom Klassenkampf als geschichtlicher Bewegungskraft. Bei *Wittfogel* führte die Konzeption der Krise der asiatischen (hydraulischen) Gesellschaft zur These von der Krise des Klassenkampfes.

»Sozialanalyse ist«, nach *Wittfogel,* »Sozialgeschichte«; aber »Sozialanalyse bedeutet Klassenanalyse«: »Die ›soziale‹ Struktur einer konkreten Gesellschaftstotalität ist ihre Klassenstruktur [65].« Und wie *Marx* den Ursprung der bürgerlichen Klassenstrukturen in England untersuchte, so beschäftigte *Wittfogel* die Klassenstruktur im asiatischen China. Bei seinen Studien entdeckte er, daß der Staat das »übergreifende Organ der agrikolen Produktion« war [66]. Mit anderen Worten, über die Kontrolle der großen (hydraulischen) Wasserwerke ist der Staat aktiv an der Produktionsweise beteiligt. So stellte *Wittfogel* in der Untersuchung der chinesischen Gesellschaft hinsichtlich der Wechselwirkung zwischen Unterbau und Überbau fest, daß die Dynamik des wirtschaftlichen und gesellschaftlichen Lebens die Fortdauer des despotischen Staates nicht »aufhebt«, sondern stärkt. Er kam damit zu dem, was er später den klassischen Typ einer un-progressiven, einer stagnierenden Gesellschaft – einer Gesellschaft, die sich selbst reproduziert – nennen sollte. Stagnation und Entwicklung umrissen also die zentralen Probleme seines sozialhistorischen Ansatzes [67].

Aber »Sozialgeschichte« meint, wie wir gesehen haben, »Sozialanalyse«, und diese ist gleichzusetzen mit »Klassenanalyse«. *Marx'* Konzept der Produktionsweise war in erster Linie ein ökonomisches. *Wittfogel* hat auf Grund seiner Forschungsergebnisse diese Auffassung in Frage gestellt. Sein neues Konzept der Produktionsweise hat die *Marx*sche Lehre von den Produktivkräften im Gegensatz zu dessen Konzept der Produktionsverhältnisse keineswegs abgeändert. Er hat jedoch *Marx'* Auffassung vom allgemeinen, in der Produktionsweise angelegten, antagonistisch verlaufenden Mechanismus, der einen revolutionären Bruch herbeiführen und den Übergang von einer Produktionsweise zu einer anderen bestimmen und damit die Veränderung einer ganzen geschichtlich-gesellschaftlichen Epoche herbeiführen sollte – also den Antagonismus zwischen Produktivkräften und Produktionsverhältnissen – angezweifelt. Wenn die Produktionsverhältnisse (einschließlich der Klassenbeziehungen) nicht völlig vom ökonomischen Mechanismus der Produktionsweise, sondern vom Staat (als dem »übergreifenden Organ« der Produktion) determiniert sind, kann auch eine antagonistische Klassenstruktur wegen der Macht des Staates nicht zum Klassenkampf führen.

Wittfogels Forschungsergebnisse legten den Gedanken nahe, daß Herrschaft von einer Anzahl von Faktoren abhängt. Die historisch bedingten »aktuellen« natürlichen Grundlagen spielen ebenso eine wichtige Rolle wie die technisch-organisatorischen Maßnahmen, auf Grund derer der Mensch sein Dasein sichert. Die ökologischen und ökonomischen Gegebenheiten, so wichtig sie sind, reichen nicht aus, um eine gesellschaftliche Ordnung und den Charakter ihrer herrschenden Klasse allein entscheidend zu bestimmen. Diejenigen, die die Produktion organisieren, sind nicht notwendigerweise die Führer der Gesellschaft. Oberherrschaft hängt auch – und manchmal zum überwiegenden Teil – davon ab, in welcher Weise die allgemein-regulativen Aufgaben ausgeführt werden. Deshalb beruhen Reichtum (Kontrolle über Sachen) wie Macht (Kontrolle über Personen) auf mehr als nur auf der Leitung der Produktion.

Allerdings hat der herrschende bürokratische Staat in China die Produktion bestimmt. Er war ebenso in der Lage, die Landwirtschaft zu kontrollieren wie die industrielle Entwicklung des Landes [68]. Die Gilden blieben schwach, und der asiatische Staat ließ den Händlern wenig Macht, obwohl er das Wachstum des Handels förderte. Solange die asiatische Produktionsweise in China vorherrschte, konnte sich ein Kapitalismus in der westlichen Form, wie ihn *Marx* und *Weber* vor Augen hatten, nicht entwickeln. Am Eindringen des industriellen Kapitalismus in China waren vor allem beteiligt: der asiatische Staat und die Einflüsse, die von ausländischen kapitalistisch-imperialistischen Staaten ausgingen. Chinas asiatischer Kapitalismus unterschied sich vom westlichen ebenso wie die asiatische Produktionsweise von der feudalen. *Wittfogel* glaubte, daß jede Analyse des Ursprungs und der Entwicklung der industriellen Arbeit und der Arbeiterbewegung in China zwei Fragen zu beantworten hatte: Wie war Chinas Industrieproletariat (und Industriebourgeoisie) dazu gebracht worden, moderne Formen der industriellen Produktion zu akzeptieren und wie sind Elemente, die außerhalb des Rahmens der Hauptquelle der chinesischen Produktion lagen, auf die asiatisch-despotische Form der Produktion aufgepfropft worden? In seinen Antworten auf diese Fragen führt *Wittfogel* aus, daß sich der westliche Kapitalismus unabhängig und von unten entwickelt habe, wogegen der asiatische Kapitalismus von außen (vom westlichen Kapitalismus) herangetragen und von oben (vom asiatischen Staat) durchgesetzt worden sei. Schließlich wies *Wittfogel* darauf hin, daß China erst dann in die moderne Welt eingetreten sei, als Europa und die Vereinigten Staaten von Amerika bereits im Stadium des »mittleren« oder »späten« Kapitalismus angelangt waren. Die Ungleichzeitigkeit in der Entwicklung verschärfte, so meinte *Wittfogel*, den ökonomischen und gesellschaftlichen Druck in China. Vor allem jedoch ging es ihm um den Widerspruch zwischen den gesellschaftlichen Wurzeln des modernen chinesischen Proletariats und dessen asiatischem Milieu, der Rolle des Imperialismus sowie der Natur des in seinen Grundlagen fremden, westlichen industriellen Kapitalismus.

Bei der Beantwortung der Frage, warum China keinen selbständigen Weg zum industriellen Kapitalismus entwickelt habe, warum es zweitausend Jahre lang »asiatisch« (stagnierend) geblieben ist, ist *Wittfogel* in klassisch-marxistischer Manier vorgegangen: von der Analyse der materialen Bedingungen der Produktion, des spezifischen Verhältnisses von Mensch und Natur, zur Analyse der gesellschaftlichen Produktionsverhältnisse. Sein neues Konzept von der Produktionsweise bereitete den Weg für die Untersuchungen der institutionellen Struktur der bürokratischen (totalen) Macht, die er später mit seinem »Die orientalische Despotie« [69] vorlegen sollte. Hier diente der Begriff einer Bürokratie als herrschender Klasse nicht nur der Analyse und Kritik von agrarischen (asiatischen) Despotien der Vergangenheit, sondern auch der Auseinandersetzung mit industriellen (kommunistischen) Despotien der Gegenwart.

Abschließend könnte behauptet werden, daß für den Marxismus das positivistische Element ein subversives – ein revolutionäres – Element gewesen ist, das ihn über die bürgerliche Gesellschaft hinaustrieb, ihn somit die Grenzen des eigenen theoretischen und empirischen Bezugsrahmens sprengen sowie wissenschaftlich und politisch bis an die Schwelle der modernen Sozialgeschichte vorstoßen ließ.

Anmerkungen

[1] Dieser Artikel entstand im Rahmen der Arbeiten des Verfassers an einer größeren Studie »Karl August Wittfogel: Toward an Understanding of his Life and Work«, die in der Wittfogel-Festschrift »Society and History« 1973 im Verlag Mouton & Co., The Hague, veröffentlicht wird.

[2] Eine neue Welle des Neo-Marxismus, die – nicht ohne eigene positivistische Untertöne – auf die Schriften des reifen *Marx* zurückgreift, kommt in den Arbeiten von *Louis Althusser* zum Ausdruck. Vgl. *Louis Althusser,* Pour Marx, Paris 1967; *ders., Etienne Balibar und Roger Establet,* Lire le Capital, 2 Bände, Paris 1967 (dt. [gekürzte Fassung]: Das Kapital lesen, 2 Bände, Reinbek bei Hamburg 1972). Allerdings machen *Althusser* und seine Mitarbeiter in der zuletzt genannten Arbeit aus der Politischen Ökonomie eine Metaphysik. Bedauerlicherweise ist eine Untersuchung von *Althusser* und der von ihm repräsentierten Richtung marxistischen Denkens in diesem Artikel nicht möglich.

[3] In: Archiv für die Geschichte des Sozialismus und der Arbeiterbewegung 11 (1925), S. 224–227; wieder abgedruckt in: *Georg Lukács,* Werke, Band 2, Neuwied–Berlin 1968, S. 609–611.

[4] *Karl August Wittfogel,* Geopolitik, geographischer Materialismus und Marxismus, in: Unter dem Banner des Marxismus 3 (1929), S. 17–51, S. 485–522, S. 698–735, s. S. 721.

[5] Nach einem Brief von *Georg Lukács* (Budapest, 21. 12. 1967) an den Autor.

[6] *Georg Lukács,* Geschichte und Klassenbewußtsein. Studien über marxistische Dialektik, Berlin 1923, S. 202, 222.

[7] *Karl August Wittfogel,* Die Wissenschaft der bürgerlichen Gesellschaft. Eine marxistische Untersuchung, Berlin 1922, S. 30.

[8] A.a.O., S. 31. [9] A.a.O., S. 30. [10] A.a.O., S. 40. [11] A.a.O., S. 48. [12] A.a.O., S. 41.
[13] A.a.O., S. 64. [14] A.a.O., S. 18, 65. [15] A.a.O., S. 65. [16] A.a.O., S. 33, 82. [17] A.a.O., S. 83.
[18] A.a.O., S. 9.

[19] *Karl August Wittfogel,* Geschichte der bürgerlichen Gesellschaft. Von ihren Anfängen bis zur Schwelle der Großen Revolution, Wien 1924.

[20] A.a.O., S. 98 f.

[21] *Marianne Weber,* Max Weber. Ein Lebensbild, Tübingen 1926, S. 350 f., 617.

[22] Vgl. *Max Weber,* Gesammelte Aufsätze zur Wissenschaftslehre, hrsg. von *Johannes Winckelmann,* 3. erw. Aufl. Tübingen 1968, S. 149, 161.

[23] *Karl Marx,* Das Kapital I, in: *Karl Marx* und *Friedrich Engels,* Werke (MEA), Band 23, Berlin 1962, S. 373.

[24] A.a.O., S. 192.

[25] *Karl Marx,* Der Achtzehnte Brumaire des Louis Bonaparte, in: *Karl Marx* und *Friedrich Engels,* Werke (MEA), Band 8, Berlin 1960, S. 115.

[26] *Marx,* Das Kapital I (Anm. 23), S. 536 f.

[27] *Wittfogel,* Geschichte der bürgerlichen Gesellschaft (Anm. 19), S. 183.

[28] A.a.O., S. 171.

[29] Vgl. *Max Weber,* Konfuzianismus und Taoismus, in: *ders.,* Gesammelte Aufsätze zur Religionssoziologie I, Tübingen 1920, S. 291, 294, 318; sowie *ders.,* Wirtschaft und Gesellschaft (Grundriß der Sozialökonomik, Band III), Tübingen 1920, Band 1, S. 542, 659, 669, 706; Band 2, S. 117 ff., 542.

[30] Den Begriff eines »asiatischen Feudalismus« hat *Wittfogel* später, auf Grund intensiver Studien der Bewässerungskulturen in China und anderen Ländern Asiens, fallen gelassen.

[31] Vgl. *Wittfogel,* Geschichte der bürgerlichen Gesellschaft (Anm. 19), S. 118 f.

[32] Vgl. den Abschnitt »Chaos oder Kosmos in der allgemeinen Städteentwicklung«, a.a.O., S. 97 ff.

[33] A.a.O., S. 111.

[34] Vgl. *Karl August Wittfogel,* Russia and Asia, in: World Politics 2 (1950), Heft 4, S. 445–462; *ders.,* The Marxist View of Russian Society and Revolution, in: World Politics 12 (1960), Heft 4, S. 487–508; *ders.,* Russia and the East: A Comparison and Contrast, in: Slavic Review 22 (1963), Heft 4, S. 627–649.

[35] *Georgij Walentinowitsch Plechanow,* Die Grundprobleme des Marxismus, Stuttgart 1920, S. 28, 47 ff., 58.

[36] Zitiert nach *Wittfogel,* Geschichte der bürgerlichen Gesellschaft (Anm. 19), S. 121 f.

[37] A.a.O., S. 49.

[38] *Karl Marx* in dem nicht abgesandten Brief an die Redaktion der russischen Zeitschrift »Otetschestwennyje Sapiski« aus dem Jahre 1877. Von *Wittfogel* (Geschichte . . ., S. 49) zitiert nach *Karl Korsch,* Kernpunkte der materialistischen Geschichtsauffassung, Berlin 1922, S. 51. Der Wortlaut der von *Wittfogel* zitierten Fassung entspricht nicht dem in *Karl Marx* und *Friedrich Engels,* Werke (MEA), Band 19, Berlin 1962, S. 112.

[39] *Karl August Wittfogel,* Das erwachende China. Ein Abriß der Geschichte der gegenwärtigen Probleme Chinas, Wien 1926, S. 16 f.

[40] A.a.O., S. 25 f.

[41] In: Unter dem Banner des Marxismus 1 (1925), S. 370–402.

[42] A.a.O., S. 389 f.

[43] *Lukács,* Geschichte und Klassenbewußtsein (Anm. 6), S. 237 f.

[44] »Marx und Engels über Feuerbach. Der erste Teil der ›Deutschen Ideologie‹«, hrsg. von *David Rjasanow,* in: Marx-Engels Archiv I, Frankfurt am Main 1926. Die erste vollständige Ausgabe der »Deutschen Ideologie« wurde im Band 5 der 1. Abteilung der Marx-Engels Gesamtausgabe (MEGA) im Jahre 1932 in Moskau veröffentlicht. Eine auf Grund erneuter Durchsicht des Originalmanuskriptes erheblich von der MEGA und der MEA (Band 3, Berlin 1959) abweichende Fassung des Feuerbach-Teils der »Deutschen Ideologie« ist in der Karl-Marx-Ausgabe, hrsg. von *Hans-Joachim Lieber,* Band 2, Darmstadt 1971, erschienen.

[45] *Karl Marx,* Ökonomisch-Philosophische Manuskripte aus dem Jahre 1844, in: MEGA, Abt. I, Bd. 2, Berlin 1932; textkritische Ausgabe ebenfalls in: *Hans-Joachim Lieber,* Hrsg., Karl-Marx-Ausgabe, Band 1, Darmstadt 1962.

[46] Vgl. *Georg Lukács,* Der junge Hegel, in: *ders.,* Werke, Band 8, Neuwied–Berlin 1967, S. 27, 358.

[47] »Marx und Engels über Feuerbach . . .« (Anm. 44), S. 237 ff.

[48] A.a.O., S. 238, 240.

[49] *Karl Marx,* »Das Elend der Philosophie«, in: *Karl Marx* und *Friedrich Engels,* Werke (MEA), Band 4, Berlin 1959, S. 128 ff., S. 143, 182.

[50] *Georg Lukács,* Geschichte und Klassenbewußtsein (Anm. 6), S. 22 f.

[51] *Georg Lukács,* Werke, Band 2, Neuwied–Berlin 1967, S. 21.

[52] Vgl. Anm. 4.

[53] In: Archiv für Sozialwissenschaft und Sozialpolitik 67 (1932), S. 466–492, 579–609, 711–731.

[54] Die Begriffe »laterale Entwicklung« und »vertikale Entwicklung« hat *Wittfogel* von *Franz Müller/Lyer* (Die Zähmung der Nornen I, München 1918, S. 224 ff.) übernommen. »Lateral« ist für *Wittfogel* eine Entwicklung dann, wenn die Ausreifung lediglich quantitativen (und nicht qualitativen) Charakter hat. Den Ausdruck »vertikal« gebraucht er für Entwicklungen, die den Übergang zu neuen Qualitäten ermöglichen.

[55] *Wittfogel,* »Geopolitik ...« (Anm. 4), S. 507; vgl. *ders.,* »Die natürlichen Ursachen ...« (Anm. 53), S. 474.

[56] *Wittfogel,* »Geopolitik ...« (Anm. 4), S. 720.

[57] A.a.O., S. 703 f., 720 f.

[58] *Lukács,* Geschichte und Klassenbewußtsein (Anm. 6), S. 239.

[59] *Karl August Wittfogel,* Wirtschaft und Gesellschaft Chinas. Versuch einer wissenschaftlichen Analyse einer großen asiatischen Agrargesellschaft, Leipzig 1931.

[60] Diskussia ob aziatskom sposobe proizvodstva, Moskau–Leningrad 1931 (Diskussion über die asiatische Produktionsweise).

[61] Gegel' i dialekticheskii materializm, hrsg. v. Kommunisticheskaia akademiia, Institut filosofii, Moskau 1932 (Hegel und der dialektische Materialismus).

[62] Die geplante Veröffentlichung ist nie erschienen. *Wittfogel* hat jedoch in diesem Jahr andere Artikel über *Hegel* publiziert. Der bedeutendste war überschrieben »Hegel über China« und wurde in »Unter dem Banner des Marxismus« (Band 5, 1931, S. 346–362) gedruckt. In allen Hegel-Artikeln des Jahres 1931 vertrat *Wittfogel* im wesentlichen die hier wiedergegebene Auffassung.

[63] Parallel hierzu ist die Entwicklung im Frankfurter Institut für Sozialforschung, dem *Wittfogel* inoffiziell seit 1923 und als ständiger Mitarbeiter seit 1925 angehörte, verlaufen. Die wissenschaftliche Aufgabe des Instituts, die ursprünglich von *Kurt Albert Gerlach* und *Carl Grünberg* festgelegt worden war, wurde im Jahre 1931 völlig neu bestimmt, als *Max Horkheimer* die Leitung übernahm und als Ziel erklärte, die »Frankfurter Schule der kritischen Theorie« aufzubauen. Vgl. *Kurt Albert Gerlachs* Streitschrift: Institut für Sozialforschung an der Universität Frankfurt am Main, Frankfurt 1925; sowie *Carl Grünbergs* Festrede zur Einweihung des Instituts vom 22. Juni 1924, in: Frankfurter Universitätsreden, Frankfurt am Main 1924; schließlich *Max Horkheimers* öffentliche Antrittsvorlesung bei Übernahme des Lehrstuhls für Sozialphilosophie und der Leitung des Instituts vom 24. Januar 1931, in: Frankfurter Universitätsreden, Band 37, Frankfurt am Main 1931.

[64] *Karl August Wittfogel,* »The Hydraulic Approach to Pre-Spanish Mesoamerica«, in: *Richard S. MacNeish,* The Prehistory of the Tehuacan Valley, Band 4, Austin (Texas) 1972.

[65] In seiner unveröffentlichten Einleitung zum niemals vollendeten zweiten Band des Werkes »Wirtschaft und Gesellschaft Chinas« (vgl. Anm. 59).

[66] *Wittfogel,* Wirtschaft und Gesellschaft Chinas (Anm. 59), S. 410.

[67] Vgl. *Karl August Wittfogel,* »Die Theorie der orientalischen Gesellschaft«, in: Zeitschrift für Sozialforschung 7 (1938), Doppelheft 1/2, S. 90–122, s. S. 119.

[68] *Wittfogel* führte seine Argumentation über das Wachstum des asiatischen Kapitalismus weiter aus in seinem Aufsatz »Die Grundlagen der chinesischen Arbeiterbewegung«, in: Archiv für die Geschichte des Sozialismus und der Arbeiterbewegung 15 (1930), S. 238–269.

[69] *Karl August Wittfogel,* Die orientalische Despotie. Eine vergleichende Untersuchung totaler Macht, Köln–Berlin 1962.

Aus dem Englischen übersetzt von *Ursula* und *Peter C. Ludz*

DER BEITRAG VON BARRINGTON MOORE JR. ZUR SOZIOLOGISCH ORIENTIERTEN SOZIALGESCHICHTE

Von Harald Mey

Vorbemerkung

Barrington Moores Werk stieß unter Fachkollegen in den USA auf begeisterte Zustimmung oder erbitterte Ablehnung. Diese Intensität der Diskussion erscheint dem europäischen Soziologen, für den *Moore* in einer angesehenen wissenschaftlichen Tradition historischer Soziologen steht, auf den ersten Blick rätselhaft. Er wird hier auf dramatische Weise gewahr, wie sehr soziale und politische Erklärung und Interpretation historischer Tatbestände das gegenwärtige Selbstverständnis von Menschen berühren können. Die Erinnerung an historische Klassenkämpfe und Konflikte auch in den angelsächsischen Ländern – wie überhaupt die Abwägung revolutionärer und legaler Gewalt – mußte bei einer Generation von Wissenschaftlern Widerspruch hervorrufen, deren Selbstverständnis auf der Überzeugung beruht, *Marx* zum alten Eisen gelegt und die moralische Überlegenheit der westlichen Zivilisation nachgewiesen zu haben. Dazu kam vermutlich verschärfend noch der Zeitpunkt der Veröffentlichung, zu dem das bestehende Wertsystem auch der USA von sozialen Unruhen derart infrage gestellt wurde, daß Soziologen, Psychologen und Politologen, die auf Einsichten von *Marx* aufbauten, von harmlosen Außenseitern zum nationalen Ärgernis geworden waren. Anders läßt sich die scharfe Kritik kaum erklären, mit der etwa *Stanley Rothman* auf *Moores* »Soziale Ursprünge von Diktatur und Demokratie« – ein Werk, das viel eher mit dem *Max Webers, Otto Hintzes* oder *Josef Schumpeters* zu vergleichen ist als etwa mit Aussagen des zeitgenössischen orthodoxen Marxismus oder *Herbert Marcuses* – reagierte [1].

Moore ist in gewisser Hinsicht unzeitgemäß. Er bekämpft Fachkollegen, die daran glauben, »die moderne, nüchterne, quantitative wissenschaftliche Forschung habe inzwischen die älteren Deutungen ›erledigt‹« – was er »Revisionismus« (oder gar »konservativen Revisionismus«) nennt [2]; er nimmt solche Deutungen, die andere für Mythen halten, absichtlich wieder auf und stellt sie auf verschiedenen Gebieten der historischen Soziologie zur Diskussion. Dabei wendet er sich vor allem gegen die gerade in den USA verbreitete Auffassung, *Marx*' ökonomische Klassenkampftheorie sei durch den Nachweis des Überwiegens kultureller Entwicklungsfaktoren – und insbesondere des für die angelsächsischen Länder friedlichen, nichtrevolutionären Fortschritts zu Freiheit und Wohlstand – überholt. Merkwürdigerweise gilt *Moores* Gegnern als Kronzeuge für ihre These *Max Weber* in einer vor allem durch *Talcott Parsons* verbreiteten Interpretation von dessen Protestantismus-Kapitalismus- und Rationalismus-Thesen. Deren Einseitigkeit gegenüber den wissenschaftlichen und politischen Intentionen *Webers*, wie sie etwa von *Karl Jaspers, Raymond Aron* und *Wolfgang Mommsen* herausgestellt wurden, ist inzwischen unter Kennern *Webers* offenbar [3]. *Moores*

Protest gegen *Rothmans* Unterstellung seiner Gegnerschaft zu *Weber,* der im Gegenteil einer seiner wichtigsten Anreger gewesen ist, wird von daher verständlich [4].

Im Kern überschneidet sich der von *Moore* sogenannte »Revisionismus« mit der von *C. Wright Mills* und *Ralf Dahrendorf* bereits früher attackierten strukturell-funktionalen Theorie der 50er Jahre und den noch verbreiteteren ahistorisch-kontextlosen empirischen Einzelfallstudien, die mit einem problemfernen Gesellschaftsbild so gut vereinbar sind. Wegen des u. a. von *Dahrendorf* dieser Richtung nachgewiesenen fließenden Übergangs von scheinneutralen logischen Konstruktionen zu normativen Systemen mit der impliziten Abwertung von Konflikt und abweichendem Verhalten ist *Moores* frühere Kennzeichnung seiner Gegner als »Neuscholastiker« nicht unzutreffend [5]. Zugleich muß jedoch hinzugefügt werden, daß die strukturellfunktionale Linie der amerikanischen Soziologie gerade unter ihren angesehensten Vertretern seit einiger Zeit in deutlichem Wandel begriffen ist. Dieser Wandel impliziert, besonders in der Entwicklungsländerforschung, die stärkere Berücksichtigung historischer Konflikttheorien, die *Marx* nicht ablehnen. Dabei wird allerdings das im Antimarxismus von *Marx* entlehnte Bild eines historischen Fortschritts in Richtung auf die westlich-demokratische Gesellschaft beibehalten. So ist *Gabriel A. Almonds Moore*-Besprechung im Gegensatz zu der dem »Revisionismus« anhängenden *Rothmans* trotz aller geäußerten Kritik bemerkenswert entgegenkommend [6].

Moore hat in seinen historischen und vergleichenden Studien erfolgreich durchgeführt, was *Mills* vor Jahren in seiner Kritik an *Parsons* einerseits und an *Paul Felix Lazarsfeld* andererseits als Rückgriff auf die »klassische Tradition« der großen historischen Sozialwissenschaftler gefordert hatte [7]. Dieses Programm hat inzwischen zunehmend Anklang gefunden. Nicht umsonst fällt der Erfolg des *Mooreschen* Buches mit einem umfassenderen *Weber*-Verständnis und der Wiederentdeckung des ihm geistesverwandten *Hintze* zusammen, wozu in den USA außer *Reinhard Bendix* (der neben seinem Werk über *Weber* auch eine positive Besprechung der deutschen *Hintze*-Neuausgabe schrieb [8]) auch *Moore* beitrug.

Barrington Moores These der drei Modernisierungswege und ihrer Hauptvariablen

Für seine unorthodoxe Vorgehensweise in einer teilweise von *Marx* angeregten Methode ist bereits die im Untertitel des Buches über die »Sozialen Ursprünge von Diktatur und Demokratie« angedeutete Aufgabenstellung kennzeichnend. Entgegen der marxistischen Überschätzung des Proletariats und der städtischen Kapitalisten befaßt er sich mit der Rolle der Grundbesitzer und Bauern bei der Entstehung der modernen Welt und damit zugleich der modernen Diktatur und Demokratie [9]. Dabei kommt auch – was *Moore*-Kritiker leicht übersehen – den Trägern der staatlichen Gewalt eine eigene, keineswegs nach marxistischer Manier vom »Kapital« einseitig abhängige Rolle zu.

Danach ergeben sich zwei Hauptvariablen für die Modernisierungs- und Diktatur-Demokratie-Entwicklung: 1. die Beziehungen der grundbesitzenden Oberklassen zur Monarchie (Verbundenheit mit oder Opposition zu den mehr oder weniger ausgeprägt vorhandenen Trägern übergeordneter oder umfassender, später staatlicher Zentralautorität); 2. ihre Reaktion auf die Erfordernisse der Produktion für den Markt (die ländliche Kommerzialisierungsvariable, von der es abhängt, ob die Oberklassen auf dem Land Verbündete oder Gegner des städtischen Bürgertums sind) [10]. Mit diesen beiden Hauptvariablen variiert – teils abhängig, teils unabhängig – das Verhältnis der genannten Klassen zu den unteren sozialen Schichten der Gesellschaft, was tendenziell zu den Staatsformen der Diktatur oder der Demokratie im Laufe der Modernisierungsprozesse führt.

Im Rahmen dieses Machtkonstellationsansatzes der Klassen – der nicht nur *Marx*, sondern auch neueren Interessengruppentheorien nahesteht [11] – ist besonders wichtig, daß nach *Moore* die marxistische Erklärung historischer Vorgänge aus ökonomischen Klasseninteressen für das Verhalten der Oberklassen zwar wertvolle Einsichten erbrachte, in bezug auf Verhaltenserklärung der unteren Klassen aber versagt hat [12]. Deshalb werden historisch-kulturelle Faktoren für die Erklärung unentbehrlich (ein Beispiel dafür ist *Moores* Erörterung der positiven Haltung der Bauern gegenüber der Geistlichkeit, wie sie sich in dem gegenrevolutionären Gebiet der Vendée während der französischen Revolution zeigte [13]).

Je nach den möglichen Konstellationen und Koalitionen der Klassen – die zum Teil für Beteiligte (insbesondere Führungspersonen) wählbar, zum Teil strukturbedingt naheliegend sind – ergeben sich drei typische Hauptwege der Modernisierung sowie ein atypischer Weg:

a) Der kapitalistisch-demokratische Weg der »bürgerlichen Revolution« – mit den typischen Beispielen England, Frankreich und USA, wobei für England der Bürgerkrieg vor 1688 und für die USA der Krieg zwischen Süd- und Nordstaaten als Schlüsselereignisse angesehen werden.
b) Der Weg autoritärer und später (mit organisierter Massenbewegung) faschistischer »Revolution von oben« (typische Fälle nach *Moore:* Preußen/Deutschland und Japan).
c) Der Weg der Bauernrevolution, die zu kommunistischen Regimen führte (typische Fälle: Rußland und China).
d) Der relativ demokratische Weg ohne diese drei Revolutionen aber mit erheblichen Modernisierungshemmungen vor allem auf dem Land (Indien gewissermaßen als offene Frage nach einer Alternative).

Dabei macht *Moore* besonders für den Typ c) ausdrücklich darauf aufmerksam, daß »diejenigen, die die Massenunterstützung für eine Revolution liefern, diejenigen, die sie durchführen, und jene, die von ihr profitieren, ganz verschiedene Gruppen von Menschen sind« [14]. Die übliche Namensgebung für die genannten Umwälzungen schließt sich inkonsequenterweise teils an die tragende Klasse, teils an das Ergebnis an; dadurch und durch die etwaige Teilnahme von Angehörigen einer Klasse auf beiden Seiten (z. B. Bauern als Revolutionäre und Regierungssoldaten) darf man sich nicht von den Interessen, um die es im Kampf ging, ablenken lassen [15].

Die drei Modernisierungs- und Revolutionstypen a), b) und c) folgen systematisch derart aufeinander, daß jeder nachfolgende Typ das Scheitern oder Unterbleiben des vorherigen voraussetzt.

ad a): Vorbedingungen des bürgerlich-demokratischen Weges

Den Weg der demokratischen Entwicklung bezeichnet *Moore* als »einen langen und nie beendeten Kampf, drei eng miteinander zusammenhängende Dinge zu tun: erstens Willkürherrschern entgegenzutreten; zweitens Willkürherrschaften durch gerechte und rationale Herrschaftsformen zu ersetzen; und drittens den Regierten eine Beteiligung am Zustandekommen der Gesetze und Vorschriften zu verschaffen« [16]. Er formuliert dazu einige allgemeine von den Hauptländeranalysen abgehobene Bedingungen für die demokratische Modernisierung:

1. »Die Entwicklung eines Gleichgewichtes, um eine zu starke Krone oder eine zu unabhängige Aristokratie zu verhindern« [17] – analog auch für nicht im staatsrechtlichen Sinne »monarchische« Zentralherrscher und Oligarchien (insbesondere von Grundbesitzern). Dieser Zusammenhang wird sinngemäß außer von *Moore* auch von anderen Machtbalance-Theoretikern in der Montesquieu-Nachfolge wie *James Burnham, Frank Tannenbaum, Stanislaw Andreski* und *Robert A. Dahl* hervorgehoben [18].
2. »Die Hinwendung zu einer geeigneten Form der kommerziellen Landwirtschaft entweder von seiten der grundbesitzenden Aristokratie oder von seiten der Bauernschaft [19].« Nach dieser These *Moores* zur Modernisierungs-Demokratisierungsanalyse sind solche Formen z. B. die englische Schafzucht oder die Schweizer Milchwirtschaft, weil diese einmal auf den bürgerlich-städtischen Markt ausgerichtet sind, zum anderen keiner nennenswerten dauernden oder mit der Modernisierung anwachsenden Hilfestellung bewaffneter Staatsmacht zur Aufrechterhaltung bedürfen. Die Gegentypen einer zwangsweise zahlreiche Arbeitskräfte beschäftigenden oder eine umfangreiche Landbevölkerung in rückständigen und autoritär-patriarchalischen Verhältnissen anderer Art belassenden Landwirtschaft finden sich in der autoritärmonarchischen Entwicklung, später im Faschismus sowie im Kommunismus vom Typ der Bauernrevolution.
3. »Die Verhinderung einer aristokratisch-bürgerlichen Koalition gegen die Bauern und Arbeiter.« Damit sind neben Revolution und Unabhängigkeitskampf vor allem die politischen Bemühungen von Teilen der Oberschicht um Teile der Unterschicht im System parlamentarischer Wahlen – wie sie sich etwa in der parlamentarischen Konkurrenz zwischen Torys und Whigs während der englischen Industrialisierung oder der bürgerlich-bäuerlichen Koalition im indischen Unabhängigkeitskampf zeigten – gemeint. Auf dieser Linie liegt auch *Moores* Interpretation des amerikanischen Bürgerkriegs als Bürger-Farmer-Koalition des Nordens gegen die Sklavenhalter des Südens [20].
4. »Ein revolutionärer Bruch mit der Vergangenheit [21].« Diese These ist unter Kritikern *Moores* wohl neben der pessimistischen von der Aufeinanderfolge der drei Revolutionen am meisten umstritten. Dazu läßt sich allerdings feststellen, daß sie bereits im Begriff der Modernisierung angelegt ist. Auch Nichtmarxisten sprechen schließlich von »industrieller Revolution«, ohne dabei an Mord und Totschlag zu denken. Was gemeint ist, läßt sich besser als hier am Typ der faschistischen bzw. der Bauernrevolution als Gegenmodell demonstrieren.

Eine weitere Vorbedingung, die *Moore* in seiner eigenen Zusammenfassung nennt, »die Schwächung der grundbesitzenden Aristokratie« scheint im Punkt 1 enthalten zu sein [22].

ad b) Vorbedingungen des autoritären bzw. des faschistischen Weges der »Revolution von oben«

»Revolution von oben« bedeutet nach *Moores* Typeneinteilung den Versuch einer relativ kleinen, traditionell herrschenden Oberklasse, wirtschaftliche und staatlich-bürokratische Modernisierung mit möglichst geringer Änderung der Sozialstruktur – vor allem der sozialen Grundlagen der eigenen Vormachtstellung – durchzuführen. Beispiele sind Preußen (wo auch von *Karl August Fürst von Hardenberg* in Auseinandersetzung mit der Französischen Revolution der Begriff »Revolution von oben« geprägt worden war) und Japan. Der widersprüchliche jedoch treffende Ausdruck »konservative Revolution« kennzeichnet die Schwierigkeit der Aufgabe der Führer dieses Prozesses, unter denen nach *Moores* eigenen Worten Persönlichkeiten aus der traditionellen Oberschicht mit einigen Außenseitermerkmalen dominierten [23]. »Faschismus« bedeutet nach *Moore* eine Variation dieses Typs durch die demagogische Popularisierung reaktionärer Ideale zur Erzeugung einer Massenunterstützung für die Herrschaft einer konservativen Oberklasse [24]. Dieser »nachdemokratische« Diktaturtyp ist so weit gefaßt, daß seine zeitliche Zuordnung zu und seine Abgrenzung von Demokratie und autoritärer (vordemokratischer) Diktatur im Einzelfall für Kritiker leicht Angriffsflächen bot.
Typische Vorbedingung der soeben skizzierten Varianten der »Revolution von oben« ist entweder 1. eine Nichtveränderung ländlich-regionaler autoritärer Strukturen (Beispiel Japan) oder 2. die Neueinführung arbeitsrepressiver Methoden in Kolonisationsgebieten wie dem Süden der USA und Südamerika (der preußische Fall liegt nach *Moore* dazwischen) [25]. Insbesondere durch den zweiten Fall entsteht eine starke Landaristokratie (oder -oligarchie), die vom Wertsystem wie von ihrer Interessenlage her zur Verbindung mit militärischen und staatlich autoritären Führungen neigt; der erste Fall wirkt vor allem als potentielle Basis für autoritäre Werte und im Fall einer fühlbaren Bedrohung durch städtische Modernisierung als Reservoir der faschistischen Massenbewegung. Die Art der ländlichen Autoritätsstruktur und das rein zahlenmäßige Gewicht der in der Landwirtschaft tätigen Personen wirken dabei zusammen sowohl in Richtung auf Faschismus der Herrschenden als auch auf Bauernrevolutionen von seiten der Beherrschten.

ad c) Bedingungen der Bauernrevolution mit dem Effekt kommunistischer Herrschaft

»Der Prozeß der Modernisierung beginnt mit Bauernrevolutionen, die scheitern [26].« Sie wurden durchweg durch das Verhalten der Oberschichten, die Rechte und Existenzmöglichkeiten der Bauern abbauten, ausgelöst; sie begleiten deshalb in besonderem Maße die Entstehung bürokratischer, durch Steuern finanzierter Regime (zunächst unabhängig davon, ob diese Handel und Industrie förderten oder nicht). Langfristig gesehen kulminierten die Revolutionsbedingungen in Agrarbürokratien, die kein Bürgertum entstehen ließen und auch keine »Revolution von oben« erfolgreich zustandebrachten – bis zum schließlichen Sieg neuer, mit den Bauern verbündeter Eliten, die bürgerlicher Herkunft waren oder sich aus abgesunkener Aristokratie mit eigenen Zielen zusammensetzten.

Der Lebensstandard der Bauern allein ist nach *Moore* nicht ausschlaggebend. Revolutionsaussichten bestehen auch bei niedrigem Lebensstandard dort kaum, wo die Bauern – sei es als noch so kleine Eigentümer – rechtlich in der örtlichen Gemeinschaft anerkannt sind, und/oder unmittelbare Oberherrn und Priester eine einsehbare Funktion für den landwirtschaftlichen Zyklus und den sozialen Zusammenhalt des Dorfes erfüllen. Diesen Zusammenhang erschließt *Moore* vor allem aus dem Vergleich Rußlands und Chinas mit Japan und Indien [27].

ad d) Der atypische Fall der revolutionslosen Gesellschaft mit demokratischen Merkmalen: Indien

Die indische Geschichte ist nach *Moore* bestimmt durch einen Wechsel bürokratischer Zentralmonarchie (zu starke Krone) und unabhängiger Kleinkönige (zu unabhängige Aristokratie) ohne Entstehung einer Klasse, die zur »bürgerlichen Revolution« fähig gewesen wäre, sowie schließlich durch die Aussichtslosigkeit einer prokapitalistischen »Revolution von oben«. Dennoch kam es zu keiner Bauernrevolution; hierzu bestehen auch keine Aussichten. Dies hängt mit der starken regionalen Zersplitterung und dem Kastenwesen zusammen – eine Entwicklung, die es der ländlichen Oberschicht ermöglichte, Erträge aus der bäuerlichen Landwirtschaft ohne Hilfe einer staatlichen Zentralautorität und ohne ernsthaften Versuch einer Modernisierung und Kommerzialisierung herauszuholen. Unter der englischen Besetzung bildete sich eine politisch nennenswerte bürgerliche Schicht mit liberal-demokratischen Idealen, die mit der vorhandenen Gesellschaft wenig kollidierten und deren traditionelle Selbstregelung teilweise zu rechtfertigen erlaubten. Diese Schicht – personifiziert durch *Gandhi* – verbündete sich mit der Landbevölkerung gegen eine Verbindung der Aristokratie mit den Engländern.
Eine solche Deutung der indischen Entwicklung verbindet *Moore* noch mit der – seinen eigenen Thesen eigentlich entgegenstehenden – Frage, ob nicht vielleicht doch der Unabhängigkeitskampf und der anschließende Bürgerkrieg ein Revolutionsersatz gewesen sein könnten: Die Schwächung der grundbesitzenden Aristokratie ist für ihn ein wichtiger Punkt für die indische Demokratie [28]. Hier knüpft auch seine Kritik an *Nehru* an, dem er vorwirft, die als Programm bereits formulierte genossenschaftliche Landreform nicht mit seiner politischen Autorität vorangetrieben, sondern letztlich zerredet und in den Händen einer der örtlichen Verhältnisse unkundigen Bürokratie versandet haben zu lassen [29]. Da die Bauern an einer Modernisierung der Landwirtschaft, deren Erträge anderen zufließen oder die ihnen die Existenz durch Mißernten auf Grund bürokratischer Fehlberatungen ruiniert, nicht interessiert sind, und andererseits die von den Bauern lebenden Oberschichten keine Stärkung der Bauern wünschen, sei ohne wirklichen Druck auf die ländliche Autoritätsstruktur die Produktionssteigerung, die ihrerseits Voraussetzung von Lebensstandardsteigerung und Industrialisierung ist, nicht möglich. *Moore* sieht deshalb die Modernisierungschance nur noch in einem weiteren Stärkerwerden der ländlichen Kapitalisten und deren Besteuerung durch den Staat. Die so gewonnenen Mehrerträge könnten in die Industrialisierung fließen – was für die betroffene ländliche Unterschicht allerdings die härtere Lösung sei [30].

Diese Schlußfolgerungen werden von seinem Kritiker *Rothman* dahingehend mißdeutet, daß *Moore* demnach für Indien nur die Wahl zwischen Kommunismus und Faschismus sehe und, da er nach Biographie und Randbemerkungen die kommunistische Lösung vorziehe, ein Kommunist sei [31].

Barrington Moore im Licht der Kritik

Die in Rezensionen von *Moores* »Soziale Ursprünge von Diktatur und Demokratie« geäußerte Kritik (die im übrigen zumeist eine Kenntnis des Gesamtwerkes von *Moore* vermissen läßt) hat fast stets eine weltanschauliche wie auch eine sachliche Seite. Vom weltanschaulichen, zuweilen zugleich auch wissenschaftstheoretischen Standpunkt her wird vor allem *Moores* vom Marxismus angeregte Analyse der Klasseninteressen kritisiert. Dies führt z. T. zu Aussagen wie *Moore* sei Marxist oder Kommunist *(Rothman);* teilweise wird ihm auch ein ökonomischer Determinismus unterstellt *(Almond)* [32]. Dieser Vorwurf in beiden Versionen widerlegt sich einmal durch die Lektüre des ganzen Buches, besonders stichhaltig aber durch *Moores* »Soviet Politics – the Dilemma of Power« – eine Arbeit, die die Rolle der Ideen und ihre Anpassung an jeweilige praktische Erfordernisse durch die handelnden Politiker in den Mittelpunkt stellt [33]. Der Anzweiflung von *Moores* demokratischer Haltung braucht nach dem, was aus unserer kurzen Zusammenfassung seiner Thesen bereits hervorgeht [34], hier nicht weiter entgegengetreten zu werden. Wie *Moore* in Entgegnung auf *Rothman* sagt, kommt es außerdem auch nicht darauf an, wie »marxistisch« seine Analyse sei, sondern wie zutreffend [35]. Dennoch läßt sich sein Werk kaum ohne die weltanschauliche Seite sachlich erörtern. Dies bezieht sich jedoch weniger auf den Marxismus als Methode als vielmehr auf seinen unterschwelligen Pessimismus.

Sachliche Kritik, die schwerer wiegt, ist vor allem die an *Moores* Begriffsbildung und seinen Schlußfolgerungen. Des weiteren ist *Stein Rokkans* und *Almonds* Kritik an *Moore*s Länderauswahl bzw. einer gewissen Vernachlässigung kleiner Länder und internationaler Beziehungen nicht einfach von der Hand zu weisen. Der von *Almond* erhobene Vorwurf einer Unterschätzung der Möglichkeiten zur Entwicklung von Alternativen durch politische Eliten hängt mit dem Vorwurf des Pessimismus zusammen und soll auch gemeinsam mit diesem behandelt werden.

Rothmans Versuch, seinen Gegner moralisch zu bekämpfen, gipfelt in der Unterstellung eines seinen eigenen Auffassungen entgegengesetzten, also marxistischen, geschlossenen Systems, aus dem heraus sich jede Berücksichtigung von Faktoren, die nicht in das Schema hineinpassen, als Inkonsequenz ankreiden läßt [36]. Dadurch führt *Rothman* jedoch den sachlich diskutablen Kern seines Vorwurfs selbst ad absurdum.

Moores Vorzug liegt in der unorthodoxen Vorgehensweise, die ihn auch Argumente gegen eigene Thesen nicht übersehen läßt. Dagegen zu polemisieren ist unfair. Andererseits enthält die Empfehlung eines anderen Kritikers, *Moore* möge von *Bendix*' Begriffsbildung lernen [37], aufschlußreichere Aspekte. *Bendix* empfiehlt, Theorien und Begriffe nicht so zu verwenden, daß sie für alle Länder zu allen Zeiten gelten und deshalb leer sind, sondern derart, daß sie für mehr als ein Land für begrenzte Zeiten gelten. So sollen z. B. »Nation«, »Parteien« oder »Staat« nur für Verhältnisse, in denen es sie gibt, als Begriffe in Theorien verwandt werden [38]. Hier aber liegt *Moores* Theoriebildung trotz manchmal zu weiter Haupttypen mit *Bendix* auf einer Linie, so daß unter Akzeptierung dieses wissenschaftlichen Standpunktes ein Großteil von *Rothmans* Kritik nicht gegen *Moore* ins Feld geführt werden kann.

Schwieriger sind *Rothmans* möglicherweise berechtigten Einzelfallwiderlegungen ohne genaue Nachprüfung zu beurteilen. So ist es schwer zu entscheiden, ob *Rothman* mit der Behauptung recht hat, der englische Bürgerkrieg sei ohne Einfluß auf die Einhegungen und diese ohne Bedeutung für die Verstädterung in England gewesen – oder mit der These, die Sklavenhaltung in den amerikanischen Südstaaten habe niemals die Demokratie gefährdet, so daß der ganze Bürgerkrieg für die wirtschaftliche und demokratische Entwicklung der USA ohne Bedeutung gewesen sei [39]. Die allgemein bekannten Tatsachen allerdings sprechen eher für *Moore*. Außerdem hat *Moore* zu seinem Buch einen aufschlußreichen Anhang zum Gebrauch von Statistik mit und ohne Kontextanalyse geschrieben, in dem er z. B. darauf hinweist, daß das Argument, auf der Insel Manhatten sei im Laufe der letzten zweihundert Jahre die Zahl der Holzhäuser gleich geblieben oder gewachsen, kein durchschlagendes Argument gegen die dort erfolgten Veränderungen sei [40]. Was *Moore* bei historischen Konflikten interessiert, ist nicht der vollständige Sieg einer – womöglich noch der gerechten gegen die ungerechte – Seite. Worum es ihm geht, ist die seismographische Registrierung auch der geringfügigsten Machtverschiebungen durch die handelnden Führer verschiedener gesellschaftlicher Gruppierungen selbst. Diese hält er besonders im Zusammenhang mit pro- oder antidemokratischen Entwicklungen für äußerst bedeutsam; demgemäß legt er deren Beachtung besonders demokratischen Politikern und der Öffentlichkeit der Gegenwart ans Herz [41].

Dennoch soll nicht bestritten werden, daß *Moore* bisweilen unachtsam bei der Begriffsverwendung ist. Dies berührt jedoch die qualitativ typisierenden Schlüsse nicht. So verwendet er »Feudalismus« meistens exakt im Sinne *Hintzes* als eine weitgehend regionalistische Lehensordnung (mit einigen Merkmalen, die später der demokratischen Entwicklung günstig sind, wie Immunität und Vertrag, und die z. B. im Fall Japans gegenüber der Vasallentreue zurücktreten) und in Randbemerkungen als »Feudalisierung«, aber auch umgangssprachlich im Sinne des »Einreißens autoritärer Gebräuche« [42].

Schwerwiegender ist die Gefahr von Fehlschlüssen in seiner Argumentation über Autoritarismus-Faschismus, in der strukturelle Ähnlichkeiten beider Typen und deren relativ fließende Abgrenzung (so sachlich richtig sie im Kern sein mag, wenn auch fraglich ist, ob sie für die zentralen Merkmale zutrifft) zu einer etwas unklaren Beurteilung labil-demokratischer Zwischenperioden führen, so daß der Eindruck entsteht, daß solche Zwischenperioden nie eine echte historische Chance gehabt hätten. Aus der ökonomischen wie der taktischen Argumentation, die das Verhalten intelligenter konservativer Führer wie Bismarck oder der japanischen Politiker der Meji-Ära so einleuchtend erscheinen läßt [43], folgt nicht zwangsläufig, daß die »konservative Revolution« den sozialen Zustand zum Zeitpunkt ihres ersten Aufkommens so lange verlängern muß, daß man mit derselben Agrarstruktur später dann auch noch das Aufkommen des

Faschismus erklären könnte. So institutionalisierte sich z. B. unter Bismarck eine Arbeiterbewegung, die in Art und Stärke durchaus der englischen vergleichbar war und die industrielle Repression nahm ebenfalls in ähnlicher Weise ab [44], auch wenn es »Militarismus« in Deutschland gab. Abgesehen davon, daß später die Wirkungen des Ersten Weltkriegs von außen ins Gewicht fielen, wissen wir inzwischen aus Forschungen über die Weimarer Republik, daß die Wirtschaftskrise unter *Brüning* (die die Arbeiterbewegung und die Resistenz der Demokratie schwächte) bei geschickterer Wirtschaftspolitik nicht unvermeidbar war, und die Clique um den alten *Hindenburg*, so ökonomisch determiniert sie in ihrem eigenen Handeln auch gewesen sein mag, *Hitler* keineswegs im Einklang mit der politischen und Sozialstruktur an die Macht brachte [45]. Hier begeht *Moore* möglicherweise selbst den Fehler des Zählens der Holzhäuser auf Manhattan, wenn er lediglich aus der agrarischen Struktur unter Vernachlässigung des weiteren Kontextes schließt. *Rothman* schießt jedoch erneut über das Ziel hinaus, wenn er aus der Weite des *Moore*schen Faschismusbegriffs (»konservative Revolution von oben plus Massenpropaganda oder Massenorganisation«) ableitet, daß mit der Subsumtion des Hitlerregimes und der Regierung *Tschiang Kai Scheks* unter denselben Begriff die marxistische Faschismuserklärung und damit *Moores* gesamte Theorie hinfällig geworden sei [46]. Zuzustimmen ist *Rohmann* allerdings darin, daß für den Faschismus hochindustrialisierter Länder und autoritärer Agrarregime mit einigen faschismusähnlichen Zügen kaum dieselbe Erklärung ausreichen kann. *Moore* hätte sich mit seinem Typ zweckmäßiger auf die Agrarregime beschränken sollen. Hier ist seine Argumentation und der Hinweis auf die drohende Bauernrevolution einleuchtend, weil seine agrarbezogene Argumentation naturgemäß für Länder mehr hergibt, in denen der Agrarsektor noch dominierend ist, als für diejenigen, in denen er ähnlich den modern gewordenen bürgerlichen Demokratien an den Rand gerückt ist.

Außerdem sollte *Moore* für längerfristige Entwicklungen mit von seiner Sicht her atypischen Zwischenstadien (wie etwa dem Parlamentarismus nach der ersten autoritären Periode in Deutschland und Japan) seine eigene »Strategie in der Sozialwissenschaft« stärker berücksichtigen, nach der Strukturen nur Rahmenbedingungen oder Trends (*Moore* übernimmt dafür aus der Völkerkunde den Begriff »Trift«) für politische Wahlmöglichkeiten geben und keineswegs die kommende Entwicklung determinieren [47]. Durch den vielleicht entgegen *Moores* eigene Intentionen entstandenen Eindruck eines Determinismus gerade in diesem für kommende Länderentwicklungen brisanten Fall leuchtet *Almonds* Argument, *Moore* habe alternative Möglichkeiten der Entscheidungen politischer Führer ebenso vernachlässigt wie die internationalen Verflechtungen, ein – selbst wenn *Almond* damit im Grunde genommen offene Türen einrennt [48].

Kritik der Auswahl der Hauptländer und Vernachlässigung der auswärtigen Beziehungen

So zweckmäßig die Auswahl der Länder England, Frankreich, USA, Japan, China, Indien (sowie ergänzend Rußland und Deutschland) von *Moores* beabsichtigter typisierender Faktorenvariation her auch gewesen ist, so unzureichend ist seine explizite Begründung dieser Auswahl mittels der Größe dieser Länder als Indikator ihrer binnenstrukturellen Unabhängigkeit. Wenn auch *Rothmans* vermeintliche Widerlegung dieser Begründung durch den Hinweis auf die Kolonialbesetzung und Abhängigkeit Indiens vor allem von seiner eigenen Kultursicht her nicht durchschlagend ist, so ist doch das Weglassen etwa der Schweiz oder des skandinavischen Raumes von *Moores* Argumentation her kaum zu rechtfertigen [49]. Außerdem ergibt sich in Verbindung mit *Almonds* Argument der Vernachlässigung der auswärtigen Beziehungen die Frage, ob eine Beschränkung auf Binnenstrukturen, gleich mit welcher Begründung, nicht untypische Ergebnisse bringen muß – insbesondere was die Anwendung auf die heutige Welt betrifft, in der nach *Bendix'* Worten einige Weltzentren die Macht haben, innere Sozialstrukturkonflikte zum äußeren Kriegsgrund zu erklären [50]. Außerdem ist der vornationale Zustand gerade der meisten heutigen Entwicklungsländer (wiederum besonders von *Bendix* hervorgehoben) noch ein Grund, eher weniger als mehr nationale Binnenstrukturen und über- oder unternationale Räume prinzipiell zu trennen. Dabei ist gerade von *Moores* Machtbalance- und Interessentheorie der Diktatur und Demokratie her der Rahmen unschwer in diese Richtung etwa derart zu erweitern, wie umgekehrt *Karl W. Deutsch* und *Hermann Weilenmann* [51] von der internationalen Interessen- und Machtanalyse her zu ihrem, *Moores* Vorgehen so verwandten Exempel von der Entstehung der Demokratieform des Schweizer Stadtkantons aus Koalitionen städtischer und ländlicher Ober- und Unterschichtinteressen angesichts äußerer Bedrohung (die zum Untergang der anderen Stadtstaaten und Bauernbewegungen im übrigen Europa durch das Aufkommen der Fürstenstaaten führte) kamen [52].

Ist Barrington Moore ein konservativer Liberaler?
Zur Deutung der Zukunftschancen der Demokratie

Wenn *Moores* Leser die Stufenfolge der drei Revolutionen – oder Revolutionschancen – auf dem Wege der Modernisierung vor Augen hat und dann noch liest, daß in einigen westlichen Demokratien, von denen er gerade schon glaubte, daß sie die bürgerlich-demokratische Chance nicht verpaßt hätten, wie Frankreich oder die USA, die kapitalistisch-demokratische Revolution nur einen halben Sieg errungen habe, ergeben sich für den größten Teil der Welt pessimistische Aussichten. Dieser Eindruck verstärkt sich noch durch *Moores* Bemerkung, daß die Gefahr für die freiheitlich-demokratischen Ideale, die er mit *Rothman* zu teilen annimmt, nicht in seiner Theorie, sondern in den Fakten liege [53]. Da diese Ansicht auf einer Linie mit den vulgärmarxistischen Behauptungen, die kapitalistischen Demokratien trieben ohnehin ihrem faschistischen Ende zu, nach dem die proletarische Revolution unausbleiblich sei, zu liegen scheint, sind die kritischen Reaktionen der Zeitgenossen gegen *Moores* Cassandra-Rufe zu verstehen.

Nach dem Kontext, in dem *Moores* Buch über »Soziale Ursprünge von Diktatur und Demokratie« in seinem Gesamtwerk steht, tritt er keineswegs als kommunistischer Prophet, sondern eher als liberal-demokratischer Warner hervor. Dafür ist außer zahlreichen einschlägigen Äußerungen auch charakteristisch, daß sein Totalitarismusbegriff nicht ökonomisch-marxistisch definiert ist, sondern die geistige Unfreiheit in organisierter Massenbeeinflussung, für welche die Vorbilder in der katholischen Inquisition und der Herrschaft *Calvins* liegen, zur Grundlage hat [54]. Der Kampf gegen solche Bestrebungen im Sinn der Aufklärung des 18. Jh. – allerdings ohne deren Optimismus – ist *Moores* zentrale Intention.

In diesem Zusammenhang ist sein Verständnis von Macht zu erwähnen. Seine Konzeption der Macht läßt sich aus der Demokratiedefinition ablesen. Sie zeigt sich in ihrer Intention noch deutlicher in dem Bedauern, daß es in den modernen westlichen Demokratien keine Klasse oder Schicht gäbe, in deren vehementem Interesse der Kampf für und die Verteidigung von Freiheit liegt (wie dies etwa für die Bürger zur Zeit der französischen Revolution oder für revolutionäre Bauern zur Zeit der Bauernkriege galt). Deshalb hätten die demokratischen Politiker die (stellvertretende) Aufgabe – den Beruf –, auf kleinste Machtveränderungen zugunsten der freien Gesellschaftsordnung zu achten und Alarm zu schlagen, wenn sie solche entdecken [55]. Im Gegensatz zu *Rothman* hat *Almond* diese Intention *Moores* erkannt und sich ausdrücklich für die pessimistische Korrektur »derjenigen von uns, die sich zu leicht von ihren Hoffnungen wegtragen lassen«, bedankt, ehe er eine etwas weniger pessimistische Suche nach politischen Alternativen zusätzlich zu den drei Revolutionstypen vorschlägt [56].

Barrington Moore und Otto Hintze

Moore verwahrt sich in seiner Entgegnung auf *Rothman* ausdrücklich dagegen, seine »Sozialen Ursprünge« richteten sich gegen *Weber*, den er in hohen Maße respektiere und dessen pessimistische Sicht der westlichen Zivilisation er teile [57]. Das ist eine der seltenen Stellen, an der *Moore* sich überhaupt auf einen Vorläufer, von dem er gelernt oder mit dessen Werk er sich auseinandergesetzt hat, bezieht. Dies haben ihm seine Kritiker nicht ganz ohne Berechtigung vorgeworfen; es hat *Almond* zu der Bemerkung veranlaßt, *Moore* sei niemandes Schüler und habe auch seines Wissens keinen [58]. Außer *Weber* sind jedoch indirekte Einflüsse in *Moores* »Soziale Ursprünge von Diktatur und Demokratie« festzustellen: Zunächst ist auf die Auseinandersetzung mit *Karl August Wittfogels* Thesen zum »Oriental Despotism« und dann auf die Gemeinsamkeit mit *Hintze* hinzuweisen. *Wittfogels* Erklärung des orientalischen Despotismus aus dem Bewässerungssystem lehnt *Moore* ab, weil sie für zahlreiche despotische Regime nicht zutreffe; er sucht deshalb selbst nach anderen, sozialstrukturellen und politischen Ursachen [59]. Mit *Hintzes* Erklärung der Vorbedingungen der Repräsentativverfassung aus sozialstrukturellen und Wert-Elementen der Feudalverfassung und des Ständewesens identifiziert er sich dagegen ausdrücklich [60].

In der Tat steht ihm *Hintze* sowohl politisch – als überzeugter Demokrat, der er war – als auch von der *Marx*-Anregung ohne marxistischen Glauben her näher als *Weber*, dessen Liberalismus eher aristokratisch-elitär und mit Nationalismus durchmengt war [61]. Allerdings ist zu vermuten, daß *Moores* Begegnung mit dem Werk *Hintzes* erst *während* und *nicht vor* den Arbeiten zu den »Sozialen Ursprüngen« erfolgte. Zumindest läßt *Almonds* Kritik an *Moore* in Verbindung mit *Bendix' Hintze*-Besprechung den Schluß zu, *Moore* hätte durch Aufnahme weiterer Einsichten *Hintzes* an Relevanz gewinnen können, vor allem was die Bedeutung von Staatswerdung, Militär und auswärtigen Beziehungen betrifft [62]. Liest man aber z. B. *Hintzes* Ausführungen über Militarismus vergleichend mit *Moore*, so wird man weit mehr Gleichlang als Abweichung feststellen. Beide sehen den äußeren Druck auch als Mittel der herrschenden Eliten eines Landes für die innere Unterdrückung an. *Hintzes* Ausführungen sind sicher auch eine der Hauptquellen für *Moores* Preußen-Interpretation; dem widerspricht nicht, daß sich *Hintze* bei der Erwähnung der preußischen Monarchie, unter der er schließlich lebte, sehr vorsichtig ausdrückt und z. B. deren ungebrochene Kraft gegenüber der englischen bis hin zur Tatkraft der Herrscherpersönlichkeiten lobend hervorhebt. Andererseits betont er – übrigens ähnlich wie später *Moore* – die Bedeutung erfolgreicher Revolutionen für ein starkes Selbstverständnis der demokratischen Kräfte, das in Frankreich etwa mit einem zentralistischen Militärstaat vereinbar wurde. Ähnliches gilt für die englische Revolution, nach der die Monarchen vom Parlament abhängig wurden und ihre Legitimation vom Volk und nicht mehr von Gottes Gnaden bezogen. Auch die Entgegensetzung von Flotte und stehendem Heer sowie die Berücksichtigung der Insellage bzw. der Nichtbedrohung durch gefährliche Feinde in den Stabilisierungszeiten der englischen und US-Demokratie im Gegensatz etwa zur geographisch-politischen Lage Preußens, die *Rothman* bei *Moore* kritisiert und durch das Gegenbeispiel Japans zu entkräften meint (das kein Gegenbeispiel, sondern eine Bestätigung ex contrario ist), stammt von *Hintze* [63].

Wichtiger noch als diese Einzelheiten ist die Verwandtschaft in der zugleich historisch und soziologisch orientierten Methode. Beide arbeiten mit Idealtypen, die aus historischer Beobachtung mit Zeit- und Raumbezug entwickelt werden, gehen aber in der Generalisierung nicht so weit wie *Weber*, den *Moore* schon partiell auf dem Weg zu inhaltsleeren Überall-Klassifikationen glaubt.

Das Hauptinteresse richtet sich auf die Erklärung konkret historischer Problemzusammenhänge und die Ableitung von Regeln, die in zeitlich-räumlich präzise umschreibbaren Kontexten gelten, wie z. B. (nach *Moore*) das Verhalten von Feudalherrschern im Feudalkontext und nicht von allen Regierenden allgemein. Die Kontextanalysen, die sich auf politische und Sozialstrukturen konzentrieren, werden vor allem für Zeiten des Wandels unternommen, in denen atypische Bestandteile eines sozialen und politischen Zusammenhangs Elemente einer alternativen, im Fall weiterer entsprechender Veränderungen künftigen Ordnung sein können (z. B. ständische und kuriale Einrichtungen der mittelalterlichen katholischen Kirche; Vertrag und Immunität in der Feudalordnung nach *Hintze;* die Wirkung der Ausschaltung bisheriger Oberschichten durch Diktatur, wie sie von *Franz Leopold Neumann* behauptet wurde) [64]. Zugleich dient der internationale Vergleich als »Negativkontrolle« und Anregung weiterer Faktorensuche für den Fall, daß ähnlich scheinende Verhältnisse in verschiedenen Ländern unterschiedliche Wirkung haben (z. B. ländliche Armut in China und Indien) [65]. »Klassen« als zentrale Bestandteile von Machtstrukturen sind bei *Hintze* und *Moore* gewissermaßen Typen für Gruppen und deren Interessen besonders verbundene Kontexte sozialer und ökonomischer Art, so daß ihr Grundsatzkonflikt (z. B. zwischen Bürgern für städtische Ordnung und nicht kommerzialisiertem Landadel und Bauern für dörfliches Sozialleben und Selbstversorgungswirtschaft) auch dann die Geschehnisse typisch ordnet, wenn Teile ihrer Mitglieder in atypischer Frontstellung kämpfen. Revolutionen bedeuten, das typische Hervortreten der zu bestimmten Veränderungen nötigen Strukturbedingungen und gegebenenfalls den offenen Kampf um deren Verwirklichung; ihr entscheidendes Ergebnis sind Machtverschiebungen, die beteiligte Gruppierungen zu neuen »sozialen Arrangements« (*Moore; Hintze:* »Verfassung«) in Art von Waffenstillstands- oder Friedensschlüssen auf Zeit zwingen und zudem ein neues Selbstverständnis (demokratisch im Fall erfolgreicher bürgerlicher Revolution) bei Siegern und Besiegten bewirken können [66]. Dabei wird kein Determinismus der Epochen angenommen (auch nicht von der Ökonomie auf die Politik deterministisch geschlossen), sondern typische soziale Strukturen verschiedener Weltregionen werden als Rahmen für selektives (politisches) Handeln von seiten der Gruppen, die dazu in der Lage sind, angesehen. Dabei überwiegt das sozialstrukturellpolitische Erklärungsinteresse für raumzeitlich bestimmte Phänomenzusammenhänge (für das »Allgemeine im Besonderen« nach *Moores Hegel*-Zitierung) gegenüber dem formal-soziologischen Gesetzesinteresse [67].

Die eigenartig unzeitgemäße Stellung *Moores* wird von *Almond* mit zwei Hinweisen unterstrichen: Einmal hebt er die Bereicherung der üblichen quantitativen Forschung (besonders in den USA) durch qualitative Aussagen hervor; andererseits stellt er dessen Einzelarbeit in Gegensatz zu den modernen Wissensverarbeitungsteams (z. B. *Almonds* selbst) – und gibt damit gleichermaßen seiner Auffassung, daß Forschungstechniken nicht *Mills*' »Soziologische Phantasie« ersetzen können, Ausdruck [68].

Liberalismus und Gewalt
Zu Barrington Moores Verteidigung von Revolutionen

Moore wurde wesentlich von einer Position aus kritisiert, die sich als liberal versteht, und von deren Revolutionsfeindlichkeit und Verachtung von Gewalt *Moore* als marxistischer Revolutionär mißverstanden werden mußte. *Moore* fragt sinngemäß zurück, ob man als liberaler Demokrat heute nachträglich den Sturm auf die Bastille als unrechtmäßig verurteilen müsse [69]. In einer verwandten Diskussion hatten *Burnham* und *Dahrendorf* nacheinander die Frage aufgeworfen, ob nicht effektiver Liberalismus Macht bzw. Konflikt bejahen sollte statt zu verdecken. Dabei zeigte *Dahrendorf* auch totalitäre Implikationen eines harmonistischen Scheinliberalismus auf [70]. So gesehen ist *Moore* wie *Weber, Hintze, Burnham* und *Dahrendorf* ein Liberaler mit möglicherweise mehr Berechtigung, diese Bezeichnung zu erhalten, als diejenigen, die Revolutionen und Gewalt in der Geschichte demokratischer und bürgerlicher Freiheitskämpfe unter den Teppich kehren wollen, damit nicht für die Völker in Entwicklungsländern, die noch in Not und Diktatur leben, davon Anreize ausgehen können. Wie kommen Demokratien, deren kämpferische Liberale noch vor hundert Jahren in die Befreiung Griechenlands aktiv eingriffen, zu dieser Haltung? *Moore* sieht hier wie in kommunistischen Diktaturen Interessenkräfte am Werk, die »Freiheit« und »Demokratie« als leere Worte zur eigenen Tarnung mitreden. Und es klingt ein atypischer Optimismus bei *Moore* an, wenn er dennoch darauf hofft, daß gerade wegen der verbreiteten Verbalakzeptierung freiheitlicher und demokratischer Ideale Kräfte zu ihrer echten Herstellung durch Aufdeckung von nach menschlichem Wissen und ökonomischen Möglichkeiten unnötigem Zwang und unnötiger Not auch dort, wo nicht die Verfassung friedlicher Anpassung und Beseitigung von Mißständen (unsere Demokratie, soweit sie funktioniert) installiert ist, wirksam werden könnten [71]. Deshalb verficht er keineswegs Revolution um jeden Preis, aber er möchte sie auch, vom liberalen Standpunkt, als Warnung für Diktatoren nicht länger grundsätzlich verdammt sehen.

Anmerkungen

[1] *Barrington Moore,* Social Origins of Dictatorship and Democracy. Lord and Peasant in the Making of the Modern World, Boston 1966; dt.: Soziale Ursprünge von Diktatur und Demokratie. Die Rolle der Grundbesitzer und Bauern bei der Entstehung der modernen Welt, Frankfurt a. M. 1969. Die Seitenangaben im Folgenden beziehen sich auf die deutsche Übersetzung – *Stanley Rothman,* Barrington Moore and the Dialectics of Revolution. An Essay Review, in: The American Political Science Review 64 (1970), S. 61–82 (vgl. dazu auch *Moore,* Reply to Rothman, S. 83–85 im selben Heft und *Rothmans* Antwort im selben Jahrgang der APSR, S. 182–183).

[2] *Moore,* Soziale Ursprünge . . ., a.a.O., S. 585 f.; auch *Rothman* gebraucht den Ausdruck »revisionist scholars« für die eigene Richtung der *Marx*-Widerleger (*Rothman,* a.a.O., S. 67). Zum europäischen innersozialistischen »Revisionismus« s. außer der älteren Richtung *Eduard Bernsteins* in der deutschen SPD (*Bernstein,* Die Voraussetzungen des Sozialismus und die Aufgaben der Sozialdemokratie, 3. Aufl., Berlin 1923) vor allem die von *Ralf Dahrendorf* (Soziale Klassen und Klassenkonflikte in der industriellen Gesellschaft, Tübingen 1957, Kapitel III) angeführten Autoren: *Theodor Geiger, James Burnham, Karl Renner, Milovan Djilas.*

[3] Vgl. *Karl Jaspers,* Max Weber. Politiker, Forscher, Philosoph, München 1938; *Raymond Aron,* Max Weber und die Machtpolitik, in: Max Weber und die Soziologie heute. Verhandlungen des 15. deutschen Soziologentages, Tübingen 1965, S. 103–111; *Wolfgang Mommsen,* Max Weber und die deutsche Politik, Tübingen 1969 (sowie sein Beitrag auf obigem Soziologentag, S. 130–138). Vgl. dazu ferner die Beiträge von *Talcott Parsons,* Wertgebundenheit oder Objektivität in der Sozialwissenschaft, in: Max Weber und die Soziologie heute, a.a.O., S. 39–64 (*Parsons* gab auch *Max Webers* Protestantismus-Untersuchung in englischer Übersetzung heraus) und *Herbert Marcuse,* Industrialisierung und Kapitalismus, in: Max Weber und die Soziologie heute, a.a.O., S. 161–180, mit unter anderem einem Diskussionsbeitrag von *Reinhard Bendix,* S. 184–192.

[4] *Moore,* Reply to Rothman, a.a.O., S. 85; dem vorhergehend: *Rothman,* a.a.O., S. 65.

[5] *C. Wright Mills,* Kritik der soziologischen Denkweise (Soziologische Texte, Bd. 8), Neuwied 1964; *Ralf Dahrendorf,* Pfade aus Utopia, in: *ders.,* Pfade aus Utopia. Arbeiten zur Theorie und Methode der Soziologie, München 1967, S. 242–263; dazu auch *Harald Mey,* Studien zur Anwendung des Feldbegriffs in den Sozialwissenschaften (Studien zur Soziologie, Bd. 5), München 1965, S. 91 ff.

[6] *Gabriel A. Almond,* Besprechungsaufsatz zu: Social Origins of Dictatorship and Democracy – Lord and Peasant in the Making of the Modern World, by Barrington Moore, Jr., in: The American Political Science Review 61 (1967), S. 768–770.

[7] *Mills,* Kritik der soziologischen Denkweise, a.a.O., S. 172 ff.

[8] *Reinhard Bendix,* Max Weber. An Intellectual Portrait, Garden City, N. º/o. 1960 (dt.: München 1964); *ders.,* Besprechungsaufsatz zu: Otto Hintze, Staat und Verfassung (Gesammelte Werke, Bd. I), Göttingen 1962, in: American Sociological Review 28 (1963), S. 296–298.

[9] S. den vollständigen Titel von *Moores,* Soziale Ursprünge . . . in Anm. 1.

[10] *Moore,* Soziale Ursprünge . . ., a.a.O., S. 486.

[11] Vgl. dazu die Bemerkung über *Hintze* bei *Bendix:* Besprechungsaufsatz zu: Otto Hintze (Anm. 8), S. 297. Für den Interessengruppenansatz s. u. a. *Robert A. Dahl,* Who Governs?, New Haven 1961; *ders.,* Pluralistic Democracy in the United States. Conflict and Defense, Chicago 1967, sowie *Arnold W. Rose,* The Power Structure, New York 1967.

[12] *Moore,* Reply to Rothman, a.a.O., S. 85.

[13] *Moore,* Soziale Ursprünge . . ., a.a.O., S. 122 ff.

[14] *Moore,* Soziale Ursprünge . . ., a.a.O., S. 491.

[15] *Moore,* Soziale Ursprünge . . ., S. 492 und S. 594 f.

[16] *Moore,* Soziale Ursprünge . . ., a.a.O., S. 476.

[17] *Moore,* Soziale Ursprünge . . ., a.a.O., S. 494.

[18] *James Burnham,* The Managerial Revolution, New York 1941 (vgl. auch *ders.,* Die Macchiavellisten. Verteidiger der Freiheit, Zürich 1948); *Frank Tannenbaum,* The Balance of Power in Society and Other Essays, New York 1969; *Stanislaw Andreski,* The Uses of Comparative Sociology, Berkeley/London 1965; *Robert A. Dahl,* Preface zu: *ders.,* Hrsg., Political Oppositions in Western Democracies, New Haven 1966; vgl. auch *Harald Mey,* Marktwirtschaft und Demokratie. Betrachtungen zur Grundlegung der Bundesrepublik, in: Vierteljahreshefte für Zeitgeschichte 19 (1971), S. 160–186.

[19] *Moore,* Soziale Ursprünge . . ., a.a.O., S. 494.

[20] Mit ausdrücklicher Betonung auch der nichtökonomischen Gründe und des weitgehenden Desinteresses der weißen Unterschicht. *Moore,* Soziale Ursprünge . . ., a.a.O., S. 168 ff.

[21] *Moore,* Soziale Ursprünge . . ., a.a.O., S. 495.

[22] Sie wird deshalb nicht gesondert behandelt, was allerdings nicht berechtigt wäre, wenn man *Moores* Indienargumentation im einzelnen nachgehen wollte; denn *Moore* hält Punkt 1 in der älteren indischen Geschichte für nicht gegeben, glaubt aber, daß die »Schwächung der grundbesitzenden Aristokratie« im späteren Unabhängigkeitskampf Indiens dadurch, daß viele Grundbesitzer sich auf die Seite der Engländer stellten, eingetreten ist. Vgl. *Moore,* Soziale Ursprünge . . ., a.a.O., S. 494–496.

[23] *Moore,* Soziale Ursprünge . . ., a.a.O., S. 497 ff. und S. 504.

[24] *Moore,* Soziale Ursprünge . . ., a.a.O., S. 513 (mit der Bemerkung, daß dadurch der Konservativismus seine nicht gering zu achtende Verknüpfung mit der Freiheitlichkeit« einbüßte).

[25] *Moore,* Soziale Ursprünge . . ., a.a.O., S. 497. Weitere Bedingungen ergeben sich aus dem Umkehrschluß des Fehlens der Bedingungen der bürgerlichen Revolution, wie sie im letzten Abschnitt genannt wurden, insbes. »kein starkes Bürgertum« (wenn auch stark genug, um als Juniorpartner gegebenenfalls interessant zu sein, wenn das Regime industriell modernisieren will) und eine starke Regierung, die sich durch eigenen Machtapparat von Pressionen der Massen aus der Gesellschaft freimachen kann, »was sehr viel leichter möglich ist, als simplifizierte Versionen des Marxismus uns glauben machen möchten« (S. 506).

[26] *Moore,* Soziale Ursprünge . . ., a.a.O., S. 520.

[27] *Moore,* Soziale Ursprünge . . ., a.a.O., S. 538 f.

[28] *Moore,* Soziale Ursprünge . . ., a.a.O., S. 365 ff und S. 494 f.

[29] *Moore,* Soziale Ursprünge . . ., a.a.O., S. 454 ff. und S. 468.

[30] *Moore,* Soziale Ursprünge . . ., a.a.O., S. 466 f. und S. 470 f.

[31] *Rothman,* a.a.O., S. 80.

[32] S. Titel in Anm. 1 und 6.

[33] *Barrington Moore, Jr.,* Soviet Politics – The Dilemma of Power. The Role of Ideas in Social Change, 2. Aufl. mit neuem Nachwort, New York 1965.

[34] Vgl. dazu aber auch die weiteren Aufsätze *Moores,* insbes. Über Fortschritt, Revolution und Freiheit, in: *ders.,* Zur Geschichte der politischen Gewalt, Frankfurt a. M. 1966, S. 7 ff., sowie

Reflections on Conformity in Industrial Society, in: *ders.*, Political Power and Social Theory. Seven Studies, New York 1958. (Die vorgenannte deutsche Ausgabe ist ein Auszug dieser Aufsatzsammlung.)

[35] *Moore*, Reply to Rothman, a.a.O., S. 85.

[36] Besonders typisch die Neo-Marxismus-Argumentation zu *Moores* Thesen in *Rothman*, a.a.O., S. 62 f. mit dem Hinweis auf die »ad-hoc«-Einführung nichtmarxistischer Variabler wie der politischen Einstellung des englischen Premiers *Russel* (dessen Handlungen *Moore* auch damit begründet, daß er ein überzeugter Whig war). Da *Moore* ökonomische und kulturelle Faktoren für gleich bedeutend hält, liegt darin kein Widerspruch.

[37] *Giofranco Poggi* in seiner Besprechung von *Moore*, Social Origins ..., in: British Journal of Sociology 18 (1967), S. 215–217.

[38] *Reinhard Bendix*, Die vergleichende Analyse historischer Wandlungen, in: *Wolfgang Zapf*, Hrsg., Theorien des sozialen Wandels (Neue Wissenschaftliche Bibliothek, Soziologie, Bd. 31), Köln/Berlin 1969, S. 177–187, insbes. S. 184; vgl. auch *ders.*, Modernisierung in internationaler Perspektive, im selben Band, S. 500–512 (mit eindrucksvoller Demonstration des typisierenden Verfahrens).

[39] *Rothman*, a.a.O., S. 66 f. und S. 72 f.

[40] *Moore*, Soziale Ursprünge ..., a.a.O., S. 591 f.

[41] *Moore*, Soziale Ursprünge ..., a.a.O., S. 169.

[42] Z. B. S. 138 »Feudalisierung des Bürgertums« in Deutschland im Gegensatz zur Verbürgerlichung des Adels in England.

[43] Vgl. *Moore*, Soziale Ursprünge ..., a.a.O., S. 343 und S. 504 f.

[44] Vgl. auch *Moore*, Soziale Ursprünge ..., a.a.O., S. 505 – hervorgehoben von *Joseph Gusfield*, Besprechungsaufsatz zu: Social Origins ... by Moore, in: Social Forces 12 (1967), S. 114–115, S. 115 (in einer sonst sehr für *Moore* eingenommenen Besprechung).

[45] Dazu insbes. *Karl Dietrich Bracher*, Die Auflösung der Weimarer Republik (Schriften des Instituts für politische Wissenschaft, Bd. 4), 2. Aufl., Berlin/Düsseldorf 1957, sowie *ders.*, Brünings unpolitische Politik, in: Vierteljahreshefte für Zeitgeschichte 19 (1971).

[46] *Rothman*, a.a.O., S. 74 f.

[47] *Barrington Moore*, Strategie in der Sozialwissenschaft, in: *ders.*, Zur Geschichte der politischen Gewalt, a.a.O. (Anm. 34), insbes. S. 119 f. Der hier nur angedeutete Standpunkt ist deutlicher formuliert und um eine durchaus auch mit *Moores* Ansatz zu vereinbarender Kombination von Machteinschätzung und Spielstrategie miteinander konfligierender Gruppen erweitert worden von *Norbert Elias*, Was ist Soziologie?, München 1970, insbes. S. 77 ff.

[48] *Almond*, a.a.O. (Anm. 6), S. 769 f.

[49] *Moore*, Soziale Ursprünge ..., a.a.O., S. 10 f. *Rothman*, a.a.O., S. 61 f.; *Stein Rokkan*, Die vergleichende Analyse der Staaten- und Nationenbildung. Modelle und Methoden, in: *Zapf*, Hrsg., Theorien des sozialen Wandels, a.a.O., S. 228–252, S. 249 f.

[50] *Bendix*, Die vergleichende Analyse historischer Wandlungen, a.a.O. (Anm. 38), S. 185.

[51] *Karl W. Deutsch*, Macht und Kommunikation in der internationalen Gesellschaft, in: *Zapf*, Hrsg., Theorien des sozialen Wandels, a.a.O., S. 471–484, sowie *ders.* und *H. Weilenmann*, The Swiss Canton, A Political Invention, in: Comparative Studies in Society and History 7 (1965), S. 393–408.

[52] Wenn *Moore* wirklich so marxistisch wäre, wie seine Gegner unterstellen, hätte er wohl die marxistische Imperialismustheorie in sein Werk mit einbezogen. Hier hat ein ebenfalls nicht ganz orthodoxer Marxist, *Paul A. Baran*, eine Analyse neuerer internationaler Abhängigkeiten (z. B. der lateinamerikanischen Staaten) geschrieben, die als anregendes Korreferat zu *Moores* Buch gelesen werden könnte. Vgl. *Baran*, Politische Ökonomie des wirtschaftlichen Wachstums (Soziologische Texte, Bd. 42), Neuwied 1967.

[53] *Moore*, Reply to Rothman, a.a.O., S. 85.

[54] Dazu *Moore*, Totalitäre Elemente in vorindustriellen Gesellschaften, in: *ders.*, Zur Geschichte der politischen Gewalt, a.a.O., S. 30 ff.

[55] *Moore,* Soziale Ursprünge . . ., a.a.O., S. 169 f.; vgl. auch *ders.,* Reflections on Conformity in Industrial Society, a.a.O., sowie *ders.,* Über Fortschritt, Revolution und Freiheit, a.a.O.

[56] *Almond,* a.a.O., S. 769.

[57] *Moore,* Reply to Rothman, a.a.O. (Anm. 3), S. 85.

[58] *Almond,* a.a.O., S. 768; *Moore* wehrt sich gegen den hinter *Rothmans* Kritik vermuteten Versuch, ihn mit *Marcuse* unter eine geistige Decke zu stecken (*Moore,* Reply to Rothman, S. 83), wenn er natürlich auch persönliche Freundschaft und Anregung durch Nichtübereinstimmung (vgl. Moore, Soziale Ursprünge . . ., a.a.O., S. 17) nicht leugnet.

[59] *Karl A. Wittfogel,* Oriental Despotism. A Comparative Study of Total Power, New Haven 1957; *Moore,* Soziale Ursprünge . . ., a.a.O., S. 196 und S. 478 f.

[60] *Moore,* Soziale Ursprünge . . ., a.a.O., S. 477 f. unter Bezugnahme auf *Otto Hintze,* Weltgeschichtliche Bedingungen der Repräsentativverfassung, in: *ders.,* Staat und Verfassung (Gesammelte Abhandlungen, Bd. I), Göttingen 1962, S. 140–185; *Hintze,* Typologie der ständischen Verfassung des Abendlandes, a.a.O., S. 120–139; *ders.,* Wesen und Verbreitung des Feudalismus, a.a.O., S. 84–119.

[61] Zu *Weber* insbes. *Aron und Mommsen* (s. Anm. 3).

[62] *Almond,* a.a.O., S. 769 f.; *Bendix,* Besprechungsaufsatz von Hintze, a.a.O. (Anm. 8), S. 297, sowie *Bendix,* Die vergleichende Analyse historischer Wandlungen, a.a.O. (Anm. 38), S. 185.

[63] Vgl. zu Preußen insbes. *Hintze,* Staatsverfassung und Heeresverfassung, in: *ders.,* Staat und Verfassung a.a.O., S. 52–84 und *Hintze,* Machtpolitik und Regierungsverfassung, a.a.O., S. 424–457; *Moore,* Soziale Ursprünge . . ., a.a.O., S. 499–506; zur Frage Flotte statt stehendem Heer im nach innen nicht demokratiegefährdenden englischen Heeressystem (neben Überlegungen zum Milizsystem), *Hintze,* Staatsverfassung und Heeresverfassung, a.a.O., S. 77 f.; *ders.,* Machtpolitik und Regierungsverfassung, a.a.O., S. 428; *Moore,* Soziale Ursprünge . . ., a.a.O., S. 53 (sowie in bezug auf *Moore* kritisch dazu *Rothman,* a.a.O.). Dazu, daß weder England noch die USA zur Zeit ihrer demokratischen Industrialisierung gefährliche äußere Feinde hatten: *Hintze,* Der Durchbruch des demokratischen Nationalstaates in der amerikanischen und französischen Revolution, in: *ders.,* Staat und Verfassung, a.a.O., S. 503–511, S. 506; *Moore,* Soziale Ursprünge . . ., a.a.O., S. 487 f., S. 503 und S. 509.

[64] *Moore,* Strategie in der Sozialwissenschaft, a.a.O. (Anm. 47), S. 94 f., vgl. *ders.,* Soziale Ursprünge . . ., a.a.O., S. 554 f.

[65] Mit dem Nuancenunterschied geringerer Abendland-Zentrik bei *Moore* gegenüber *Hintze* (und *Weber*). Vgl. *Moore,* Soziale Ursprünge . . ., a.a.O., S. 11 f.; zu *Hintze* s. *Fritz Hartung,* Otto Hintzes Lebenswerk, in: *Hintze,* Staat und Verfassung, a.a.O., S. 7–33 und S. 16 ff.; vgl. auch *Bendix,* Besprechungsaufsatz von Hintze, a.a.O. (Anm. 8).

[66] Vgl. *Moore,* Strategie in der Sozialwissenschaft, a.a.O., S. 88 f. und S. 102 f.; *ders.,* Soziale Ursprünge . . ., a.a.O., S. 11 und S. 594 ff.; zu *Hintze* vgl. Bendix, Besprechungsaufsatz von Hintze, a.a.O.; »Revolution« bei *Hintze* s. *Hintze,* Das Verfassungsleben der heutigen Kulturstaaten, in: *ders.,* Staat und Verfassung, a.a.O., S. 390–424 und S. 414 f. Zur Sicht des Zusammenhangs zwischen Macht und Verfassung (in Deutschland zuerst von *Lassalle*) vgl. auch *Theodor Geiger,* Vorstudien zu einer Soziologie des Rechts (Soziologische Texte, Bd. 20), Neuwied 1964, S. 337 ff. und *Harald Mey,* System und Wandel der gesellschaftlichen Integration (in Vorbereitung), sowie *ders.,* Marktwirtschaft und Demokratie, a.a.O. (Anm. 18). Zur Revolution bei *Moore* s. den folgenden Abschnitt und Anm. 69.

[67] *Moore,* Strategie in der Sozialwissenschaft, a.a.O., S. 118 f. – Variation, Selektion und Übermittlung als Selektionsprinzipien nach *A. G. Keller,* Societal Evolution, New York 1931. Etwa dieses Schema wurde auch von *Niklas Luhmann* übernommen, jedoch im Gegensatz zu *Moore* ohne Konkretisierbarkeit bestimmter Selektionsinstanzen oder -auseinandersetzungen, s. *Luhmann,* Systemtheoretische Argumentationen, in: *Jürgen Habermas* und *Niklas Luhmann,* Theorie der Gesellschaft oder Sozialtechnologie, Frankfurt a. M. 1971, S. 291 ff. und S. 361 f.

[68] *Almond,* a.a.O., S. 768; *Mills,* Kritik der soziologischen Denkweise, a.a.O., (Anm. 5).

[69] *Moore,* Über Fortschritt, Revolution und Freiheit, a.a.O. (Anm. 33), S. 7–30, insbes. S. 14 ff.; *Moore,* Soziale Ursprünge . . ., a.a.O., S. 490 ff., S. 534 f. und S. 577 f.; *Moore,*

Toleranz und wissenschaftliche Einstellung, in: *Robert Paul Wolff, Barrington Moore* und *Herbert Marcuse,* Kritik der reinen Toleranz, Frankfurt a. M. 1970, S. 61–91, S. 84 f.; gegen *Moores* angebliche »Dialektik der Revolutionen«, siehe *Rothman,* a.a.O.

[70] Vgl. *Moores* Empfehlung, sich bei der Machtanalyse der Vergangenheit und Gegenwart an *John Stuart Mills* Ideal, »Streitigkeiten mit Vernunft und Überzeugung« auszutragen, und nicht an *Marx*ens »kommunistischer Gesellschaft« als Zukunftsorientierung auszurichten, mit *Dahrendorfs* Eintreten für »Konflikttheorien« und gegen harmonistische Implikationen auch in liberal gemeinten soziologischen und politologischen Systemtheorien insbesondere des amerikanischen strukturellen Funktionalismus. Dazu *Moore,* Über Fortschritt, Revolution und Freiheit, a.a.O., S. 16–17; *Dahrendorf,* Pfade aus Utopia, a.a.O. (Anm. 5), sowie *ders.,* »Lob des Trasymachos« und »Karl Marx und die Theorie des sozialen Wandels«, beide in: *ders.,* Pfade aus Utopia, a.a.O., S. 294–314 bzw. 277–294. Im gleichen Sinne argumentiert auch *James Burnham,* Die Machiavellisten – Verteidiger der Freiheit, Zürich 1949.

[71] *Moore,* Soziale Ursprünge . . ., a.a.O., S. 580–581 (Schlußworte); zur empirisch faßbaren Definition des Terminus »unnötig repressiv« s. *Moore,* Über Fortschritt, Revolution und Freiheit, a.a.O., S. 14.

ZUR JÜNGEREN MARXISTISCHEN SOZIALGESCHICHTE

Eine kritische Analyse unter besonderer Berücksichtigung sozialgeschichtlicher Ansätze in der DDR

Von Jürgen Kocka

I

In den westlichen Ländern ist die Forderung nach stärkerer Berücksichtigung der Sozialgeschichte oder auch der Sozial- und Wirtschaftsgeschichte in steigendem Maße populär, wenn auch oft vieldeutig und verschwommen. Die Bezeichnung von Zeitschriften und Untersuchungen, von wissenschaftlichen Gesellschaften und Lehrstühlen als »sozialgeschichtlich« oder als »sozial- und wirtschaftsgeschichtlich« scheint auf die Existenz einer sinnvoll abgrenzbaren entsprechenden Spezialisierung innerhalb des geschichtswissenschaftlichen Gesamtbereichs hinzudeuten. Zumindest in der Bundesrepublik steht der Ruf nach mehr Sozial-, bzw. Sozial- und Wirtschaftsgeschichte häufig für ein allgemeineres Unbehagen mit den tradierten Weisen geschichtswissenschaftlicher Forschung und Lehre, für den Vorschlag, die praktische gesellschaftliche Relevanz des Faches zu akzeptieren, zu verstärken und in gewisser Weise zu spezifizieren, für das Verlangen, die Geschichtswissenschaft in eine kritische Sozialwissenschaft zu transformieren – was immer das konkret heißen mag. Wenigstens hinsichtlich der programmatischen und methodologischen Diskussion – hinter der jedoch die forschungspraktische Einlösung gerade in der Bundesrepublik stark zurückhängt – läßt sich wohl sagen: »Die Sozialgeschichte ist zur Zeit in Mode [1].«

Eben dies gilt für die an *Marx* und *Lenin* orientierte Geschichtswissenschaft in den sozialistischen Ländern nicht. Meist fehlt es an Lehrstühlen, Instituten und Fachzeitschriften, die sich ausdrücklich auf »Sozialgeschichte« oder »Sozial- und Wirtschaftsgeschichte« konzentrieren; diese im Westen gängige Spezialisierung erscheint in den einschlägigen Einführungen und Bibliographien kaum; wenn überhaupt, dann tauchen diese Begriffe eher beiläufig auf; in der methodologischen und wissenschaftstheoretischen Diskussion spielt das Fach oder die Spezialisierung »Sozialgeschichte« fast gar keine Rolle [2]. Diese Eigenart gilt es zunächst aus der Grundstruktur, der Systematik und den Bedingungen der marxistisch-leninistischen Geschichtsschreibung zu erklären.

Die Geschichtsschreibung in den sozialistischen Ländern ist, wenn auch in von Land zu Land wechselnder Rigorosität, verbindlich in einigen institutionell abgesicherten Bestandteilen der Geschichtstheorien von *Marx, Engels* und *Lenin* verankert. Geschichte konstituiert sich für sie in der Auseinandersetzung des Menschen mit der Natur, in bewußter und gesellschaftlicher Arbeit. Grundlage des geschichtlichen Prozesses ist damit die sich historisch verändernde »materielle Produktion«, die durch ein wechselndes Spannungsverhältnis von Produktivkräften und Produktionsverhältnissen gekennzeinet ist. Die »materielle Produktion« prägt die historisch wechselnde Form der gesellschaftlichen, durch ihre Stellung in der Produktionssphäre definierten Klassen, deren in Revolutionen gipfelnde Auseinandersetzungen die Haupttriebkraft und den

Hauptinhalt des historischen Prozesses ausmachen. Als zentraler Bestandteil der sozioökonomischen Basis bestimmt sie auch die Gesamtheit der staatlichen, politischen, kulturellen und wissenschaftlichen Momente (Überbau). Diese primär aus einer Analyse der kapitalistischen Klassengesellschaft des 19. Jahrhunderts (besonders Englands) gewonnenen Kategorien wurden teilweise bereits bei *Marx* und *Engels,* endgültig dann bei *Lenin* im Begriff der ökonomischen bzw. sozialökonomischen Gesellschaftsformation systematisiert und als adäquates Instrumentarium zur Untersuchung aller Weltgeschichte verstanden, damit aber tendenziell enthistorisiert [3]. Geschichte ist in diesem Denken eine klar strukturierte, aus ihren inneren Widersprüchen vorangetriebene, trotz Umwegen und Gegentendenzen fortschrittliche, erkennbar »gesetzmäßige«, aber nur durch menschliches Handeln zu verwirklichende, zielgerichtete Bewegung, die zu steigender Beherrschung der Natur durch den Menschen, zur Entwicklung der Produktivkräfte der Gesellschaft und zur allseitigen Entwicklung der menschlichen Fähigkeiten in der die siegreiche Revolution der Arbeiterklasse voraussetzenden, sich voll entfaltenden, klassenlosen kommunistischen Gesellschaft drängt [4].

Mit diesem geschichtsphilosophischen, letztlich aus der *Hegel*schen Identitätsphilosophie stammenden, materialistisch gewendeten und durch die Analyse der Gesellschaft des 19. Jahrhunderts konkretisierten Fortschrittsbegriff kann Geschichte mit der politischen Praxis der jeweiligen Gegenwart in besonderer Weise verklammert werden. Verortet doch die »richtige«, d. h. aber: von der marxistisch-leninistischen Ideologie in der Ausdeutung und unter Anleitung zuständiger parteikontrollierter Instanzen informierte historische Analyse dieses Geschichtsprozesses, den heutigen etablierten Sozialismus und die in ihm Herrschenden auf dem bisherigen Höhepunkt der geschichtlichen Bewegung. Die Geschichtsinterpretation, das Geschichtsbild und damit die Geschichtswissenschaft können damit zu einer wichtigen Instanz werden, durch die die Arbeiterklasse (d. h. konkret: ihre politische Repräsentation, die Partei und letztlich deren Führung) ihre Interessen, Kämpfe und Siege ideologisch als weltgeschichtliche Mission zu begründen und ihre Politik, Herrschaft und Entscheidungsmacht als im allgemeinen Interesse liegend zu legitimieren versucht [5]. Die Hochschätzung, der Gegenwartsbezug, die relative, im häufigen Zitieren der Klassiker symbolisierte Unverrückbarkeit ihrer Grundlinien, die im Vergleich zu westlichen Ländern auffallende relative Homogenität, die »Parteilichkeit« (im Sinne der Herrschenden) und die offene politische Indienstnahme der Fachhistorien folgen aus diesem theoretisch-praktischen Zusammenhang, dessen Prämissen der wissenschaftlichen Diskussion und Kritik weitestgehend entzogen sind. Wieweit solche politische Indienstnahme tatsächlich reicht, wie sehr sie die Forschungspraxis im einzelnen bestimmt, hängt zum einen von der Politiknähe oder -ferne des jeweiligen Untersuchungsgegenstandes, zum anderen von den allgemeinen gesellschaftlichen und politischen Verhältnissen des einzelnen Landes ab [6].

Innerhalb solcher Grenzen sind die geschichtstheoretischen Aussagen der »Klassiker« und damit die Grundpfeiler dieser Geschichtsauffassung heterogen, flexibel und ausdeutbar genug, um der Verschiedenartigkeit der zu untersuchenden Gegenstände in hohem Maße gerecht werden zu können und um Interpretationsverschiebungen, Ausdehnungen und inhaltliche wie methodische Neuerungen zuzulassen, die einerseits unmittelbar durch die gesellschaftlich-politischen Anforderungen an die Geschichtswissenschaft in wechselnden sozio-politischen Konstellationen, andererseits durch die immanente Dynamik der historischen Forschung sowie durch Einflüsse aus nicht-sozialistischen Ländern bestimmt sind. Zwar ist die geschichtliche Wirklichkeit als zielgerichtete, prozeßhafte, strukturierte Totalität fixiert, deren Momente in einem allseitigen, bestimmbaren, von der Maßgeblichkeit der sozialökonomischen Dimension geprägten Zusammenhang stehen; doch ist die Art dieses Zusammenhangs schon von den Klassikern zu verschiedenen Zeiten verschiedenartig verstanden worden. Ansätzen zu einer mechanistischen, ökonomisch-deterministischen Interpretation [7] steht ein flexibel-dialektisches Verständnis des Verhältnisses von Basis- und Überbau-Phänomenen gegenüber, das diesen »relative Selbständigkeit« zubilligt [8] (bei gleichzeitigem Festhalten an der letztinstanzlichen Übergewichtigkeit sozialökonomischer Momente) bis hin zur These einer bloßen Wechselwirkung von Basis- und Überbaumomenten [9]. *Lenin* trug dazu bei, die relative Selbständigkeit der politischen Handlungsebene gegenüber ökonomisch-deterministischen Interpretationen stärker zu betonen, eine Akzentsetzung, die in funktionalem Zusammenhang mit seiner politisch-revolutionären Praxis in einem wirtschaftlich rückständigen Land stand [10]. Die Heterogenität der Klassikeraussagen erleichtert die Veränderungsfähigkeit des geschichtstheoretischen Rahmens, dessen tatsächliche Straffungen, Lockerungen und Umdeutungen bisher vor allem von zentralen allgemein- und wissenschaftspolitischen Entscheidungen und Einflüssen direkt abhängig gewesen sind [11].

Die gegenwärtig übliche Interpretation des Grundbegriffs der (sozial-)ökonomischen Gesellschaftsformation weist ein hohes Maß an Flexibilität auf. Unter teilweiser Benutzung strukturell-funktionaler und systemtheoretischer Termini wird sie als ein Gesamtsystem verstanden, das aus hierarchisch einander zugeordneten, sich wechselseitig beeinflussenden, relativ autonomen Teilsystemen (Ökonomie, Staat, Recht, Kunst usw.) besteht. Deren Verhältnis zueinander und zum Gesamtsystem variiere selbst während der Dauer *einer* Gesellschaftsformation und erst recht im Laufe des historischen Gesamtprozesses, in hohem Maße. Der Übergang von einer Gesellschaftsformation zur anderen (etwa vom Feudalismus zum Kapitalismus) vollziehe sich zwar »gesetzmäßig«, aber in inhaltlich verschiedenen, von vielen Faktoren abhängigen Entwicklungs- und Strukturtypen; in der konkreten Wirklichkeit koexistieren Elemente verschiedener Entwicklungsstufen in spannungsreichen, komplexen Konstellationen. Gegentendenzen, individuelle Ereignisse und »Zufälle« modifizieren ständig die Durchsetzung der historischen »Gesetze« in einer politisch und wissenschaftlich relevanten Weise [12].

Die Nicht-Ableitbarkeit konkreter historischer Phänomene aus den allgemeinen Sätzen des Historischen Materialismus und der systematischen Wissenschaften wird durch solche Argumente unterstrichen, ihre Frage und Untersuchungswürdigkeit im Prinzip begründet, die Aufgabe historisch-empirischer Detailforschung abgesteckt und der Anreiz zur Abfassung von historischen Detailstudien unter Benutzung einer Vielzahl von Methoden geschaffen. Die Diskutierbarkeit und Revidierbarkeit zahlreicher konkreter Einzelheiten und Teilergebnisse wird damit gesichert – allerdings innerhalb jenes durch Einzelforschung und ihre Ergebnisse kaum revidierbaren, bestenfalls langfristig und über Einschaltung politischer Instanzen modifizierbaren Rahmens, zu dem u. a.

die Thesen von der zentralen Rolle der materiellen Produktion und des Klassenkampfes, von der generell fortschrittlichen Rolle der Volksmassen, insbesondere der Arbeiterklasse, wie auch vor allem die Prämisse von der generellen und ubiquitären Präponderanz des ökonomischen Teilsystems im gesamtgeschichtlichen Prozeß gehören.
Mit Hinblick auf diese Grundbestimmungen der marxistisch-leninistischen Geschichtsschreibung wird einsichtig, daß das, was in westlichen Ländern, insbesondere in der Bundesrepublik, als Sozialgeschichte, bzw. als Sozial- und Wirtschaftsgeschichte betrieben und gefordert wird, zu einem großen Teil entweder in der Arbeit der sozialistischen Historiker unter anderer Bezeichnung längst enthalten ist oder aber in ihr keinen Platz haben kann.
Etwas vereinfacht, lassen sich drei Bedeutungen des Begriffs »Sozialgeschichte« in der gegenwärtigen westlichen Diskussion, insbesondere in der Bundesrepublik, unterscheiden [13]:
1. Steht »Sozialgeschichte« verkürzend für einen umfassenden sozial- und wirtschaftsgeschichtlichen Ansatz, dem es um die Untersuchung des gesamthistorischen Prozesses im Sinne einer sozialökonomischen Interpretation der Geschichte geht. Historiker, die ihm verpflichtet sind, setzen die jeweils zu untersuchenden Phänomene, welchem Wirklichkeitsbereich im engeren Sinne sie auch zugehören mögen, mit sozialökonomischen Faktoren in Verbindung und zwar in einer Weise, die von deren maßgeblicher Wirkungsmächtigkeit oder sogar Dominanz innerhalb der Gesamtgeschichte ausgeht. Die Behauptung einseitiger Kausalbeziehungen zwischen sozialökonomischen Faktoren einerseits und politischen, ideologischen, kulturellen etc. Faktoren andererseits ist freilich nicht ein notwendiger Bestandteil dieses Ansatzes. Er reicht von der sozial- und wirtschaftsgeschichtlichen Untermauerung einzelner politischer, kultureller und allgemeingeschichtlicher Vorgänge – wie sie zunehmend zur Selbstverständlichkeit wird – über die ökonomisch-soziologische Analyse von historischen Teilphänomenen (Verfassungen, Wahlen, politischen Entscheidungsprozessen, Kirchen, religiösen Ideen, des Erziehungswesens, der kollektiven Mentalitäten usw.) bis zur sozialökonomischen Interpretation der Geschichte komplexer Einheiten: von Revolutionen, Städten, Gesellschaften oder Epochen. Sozial- und Wirtschaftstheoretiker dieses Typs pflegen von der Untersuchung der materiellen Bedingungen, Bevölkerungsverhältnisse, Produktivkräfte und Wirtschaftsorganisation (Arbeitsteilung, Tauschverhältnisse, Verteilungssystem usw.) zur Analyse der Sozialisationsprozesse, der sozialen Klassen, Gruppen und Schichten, Proteste und Allianzen fortzuschreiten und schließlich die politischen Institutionen, Willensbildungsprozesse und Entscheidungen, die Wissenschaft und Kunst, Religion und Ideen in die Analyse einzubeziehen. Allerdings kann schon aus arbeitsökonomischen Gründen selten die Gesamtheit der interdependenten historisch-gesellschaftlichen Wirklichkeit in *einer* Untersuchung bewältigt werden. Die tendenzielle Konzentration auf einzelne Gebiete, jedoch unter Beachtung der angedeuteten Bezüge, wird auch für solche Untersuchungen die Regel sein. Indem dieser umfassende sozialgeschichtliche bzw. sozial- und wirtschaftsgeschichtliche Ansatz von der Konzeption einer begrifflich isolierbaren und dennoch nur aus dem gesamtgeschichtlichen Zusammenhang begreifbaren, dominanten sozialökonomischen Dimension ausgeht, verweist er auf sein soziales Substrat, nämlich auf die moderne Wirtschaftsgesellschaft seit dem

18. Jahrhundert, deren relative Trennung von Staat und Kultur er begrifflich ebenso aufnimmt wie kritisch als zum Teil scheinbare enthüllt. Er wurde zunächst von *Marx* und *Engels* formuliert und wird heute häufig – aber nicht ausschließlich – auch in nicht-sozialistischen Ländern von Historikern benutzt, die in der einen oder anderen Weise von marxistischer Theorie beeinflußt sind [14].
Es liegt auf der Hand, daß dieser Typ einer umfassenden Sozial- bzw. Sozial- und Wirtschaftsgeschichte innerhalb der sozialistischen Geschichtswissenschaften deshalb nicht mehr im Sinn eines historiographischen Revisionismus oder im Interesse der Ergänzung traditioneller Ansätze durch sozialökonomische gefordert werden kann und braucht, weil – im Prinzip – die marxistisch-leninistische Geschichtswissenschaft *eine besondere Form* dieses Typs von Sozialgeschichte *ist*, und zwar in einer kanonisierten und damit monopolartigen Weise.
2. Sozialgeschichte meint aber in der Bundesrepublik auch eine strukturgeschichtliche Betrachtungsweise, die im Prinzip alle historischen Wirklichkeitsbereiche – Wirtschaft, Staat, Gesellschaft, Recht, Außenpolitik, Ideen usw. – erfassen und synthetisieren will, und zwar unter besonderem Blickwinkel: mit Betonung der überindividuellen Strukturen und Prozesse, der gesellschaftlichen »Verhältnisse« und Kollektivitäten [15]. Sozialgeschichte in diesem Sinn reflektiert die verbreitete Erfahrung der Abhängigkeit individueller Ereignisse, Handlungen und Personen von vorgegebenen, nur langsam veränderbaren und den Handelnden häufig nicht bewußten Strukturen und Prozessen überindividueller Art; sie bildete sich im revisionistischen Gegenzug zu älteren, übermäßig individualisierenden, generalisierungsskeptischen und strukturblinden geschichtswissenschaftlichen Traditionen heraus und ist überall dabei, diese zunehmend zu ergänzen, ja teilweise zu verdrängen. In diesem Verständnis stellt Sozialgeschichte nicht notwendig soziale und wirtschaftliche Faktoren ins Zentrum ihrer Betrachtung; sie braucht keineswegs – wie die unter 1. genannte sozialökonomische Geschichtsinterpretation – von einem materialen Begriff von Gesellschaft (etwa im Sinne eines durch organisierte Arbeit vermittelten Systems von Bedürfnissen, Interessen, Abhängigkeiten und Konflikten) auszugehen; sie kann im Prinzip dazu gelangen, in der Synthese verschiedenster Wirklichkeitsbereiche, bei der Feststellung von kausalen und funktionalen Verknüpfungen, bei der Identifikation der treibenden Kräfte nichtökonomischen, etwa politischen oder ideologischen, Strukturen und Prozessen den Primat einzuräumen; sie ist zwar prinzipiell von jeder bloßen Ereignis- oder Personengeschichte unterschieden und zielt in der Regel auf gesamtgesellschaftliche Synthese ab, eine Synthese aber, die nicht notwendig eine soziale oder sozialökonomische (im Sinne von 1.) sein muß.
Dieses Verständnis von Sozialgeschichte im Sinn einer strukturgeschichtlichen Betrachtungsweise hat in der marxistisch-leninistischen Geschichtswissenschaft keinen Platz. Einerseits beansprucht diese zu Recht, strukturgeschichtliche Momente in einem ausreichenden Maße immer schon zu berücksichtigen und aufgrund ihres Ausgangs von der historisch-materialistischen Theorie gegenüber den Gefahren einer zu sehr ereignis- oder personenorientierten Geschichtsschreibung im Prinzip gefeit zu sein [16]. Andererseits wird diejenige strukturgeschichtliche Betrachtungsweise, die nicht an sich dazu tendiert, sozialökonomische Faktoren wie die materielle Produktion und die sozialen Klassen im Zentrum des Geschichtsprozesses zu verorten (wenn sie auch im konkreten

Einzelfall zu solchen Ergebnissen kommen *kann*), von kommunistischen Historikern scharf als formalistische Abstraktion und soziologisierende Ablenkung von den im Historischen Materialismus längst identifizierten eigentlichen Triebkräften und Gesetzmäßigkeiten abgelehnt [17].

3. Am ältesten und noch immer am verbreitetsten ist in den nicht-sozialistischen Geschichtswissenschaften jedoch ein Begriff von Sozialgeschichte im Sinne einer geschichtswissenschaftlichen *Teildisziplin,* die sich durch ihren spezifischen Gegenstandsbereich von anderen historischen Teildisziplinen mit anderen Gegenstandsbereichen, z. B. der Verfassungsgeschichte, abhebt. In diesem Verständnis – als »history of a people with the politics left out« [18] – ist Sozialgeschichte nur unscharf, wenn überhaupt, von einer ähnlich vom Gegenstand her definierten Sozial- und Wirtschaftsgeschichte, bzw. einer sozialgeschichtlich informierten Wirtschaftsgeschichte, abgegrenzt. Dieser Begriff von Sozialgeschichte (oder Sozial- und Wirtschaftsgeschichte) setzt die Vorstellung einer in Bereiche gegliederten oder sinnvoll zu analytischen Zwecken in Bereiche gliederbaren geschichtlichen Wirklichkeit voraus [19]. Historisch gesehen wurde die tatsächliche Herausbildung eines besonderen, vom Gegenstand her definierten Faches Sozial- oder Sozial- und Wirtschaftsgeschichte dadurch geprägt, ermöglicht und nahegelegt, daß – vor allem in Deutschland, in geringerem Maße in den meisten anderen kontinentaleuropäischen Ländern, kaum aber in den USA – die allgemeine neuere Geschichte primär als Geschichte von Staaten, Politik, später auch von Ideen, als Geschichtsschreibung mit anti-sozialökonomischen Grundhaltungen und Abwehrtendenzen betrieben wurde, in die die ausgiebige Behandlung von wirtschaftlichen und sozialen Aspekten aus eigenem Recht keinen leichten Eingang fand und aus der diese folglich in eine separate, z. T. oppositionelle Randfachexistenz abgedrängt wurde [20].

Der primär sozialökonomische Charakter der marxistisch-leninistischen Geschichtsschreibung integriert im Prinzip soziale und wirtschaftliche Aspekte in den Hauptstrom des geschichtswissenschaftlichen Betriebs und macht damit die Entstehung eines eigenen Spezialfachs »Sozialgeschichte« sowohl überflüssig wie problematisch. Der historisch-materialistisch begründete Anspruch auf Erkenntnis der historischen Wirklichkeit als »Totalität« verbietet zudem die allzu weitgehende Zerlegung der historischen Wirklichkeit in Sektoren, die von separaten Teildisziplinen ohne umgreifende Koordination behandelt würden. Sozialgeschichte als Geschichte eines Volkes ohne Einbeziehung der Politik existiert folglich in sozialistischen Ländern nicht. Möglicherweise spielt dabei auch eine Rolle, daß sich die Soziologie als vom Historischen Materialismus klar unterschiedene, empirische Einzelwissenschaft erst sehr spät – in der DDR seit 1963/64, in Polen schon früher – herausbilden konnte [21] und Anstöße zur Etablierung einer eigenen Sozialgeschichte auch insofern lange ausblieben.

Bemerkenswerterweise gilt dies nicht im gleichen Maße für die Wirtschaftsgeschichte. Sie wird zwar, dem historisch-materialistischen Grundansatz entsprechend, als »Fundament der Geschichtswissenschaft überhaupt« betrachtet [22], wirtschaftsgeschichtliche Überlegungen – unter Betonung der Produktion, der Klassen und des Klassenkampfes – werden innerhalb historischer Gesamtdarstellungen an zentraler Stelle berücksichtigt. Doch hat sich die marxistische Wirtschaftsgeschichte zugleich als relativ selbständige Spezialdisziplin – mit eigenen Instituten, Lehrstühlen, Akademieabteilungen, Veröffentlichungen und Kongressen – etabliert. Diese relative Selbständigkeit des Teilsystems »Wirtschaft« und damit zusammenhängend die spezifischen Theorien, Methoden und Begriffe der als selbständige Wissenschaft nicht in Frage gestellten, die Wirtschaftsgeschichte stark beeinflussenden Politischen Ökonomie, möglicherweise auch Einflüsse des internationalen Wissenschaftsbetriebs dürften diese partielle Herauslösung der Wirtschaftsgeschichte aus einer dennoch weiterhin wirtschafts- und sozialgeschichtlich fundierten allgemeinen Geschichtsschreibung begünstigt haben.

Als Wissenschaft der »historischen Entwicklung der Produktionsweise der menschlichen Gesellschaft«, der Produktivkräfte und Produktionsverhältnisse sowie jener »Bereiche des gesellschaftlichen Überbaus, die entscheidenden Einfluß auf die ökonomische Entwicklung haben« [23], wendet die Wirtschaftsgeschichte die theoretischen Fragestellungen der marxistischen Politischen Ökonomie an. Da diese die wirtschaftlichen Prozesse im engen Zusammenhang mit den gesellschaftlichen und politischen begreift und »den Prozeß der konkreten Wechselbeziehungen zwischen Produktivkräften und Produktionsverhältnissen in ihrer historischen Gesamtheit« behandelt, bleibt die marxistisch-leninistische Wirtschaftsgeschichte in den Zusammenhang der anderen historisch-sozialwissenschaftlichen Disziplinen relativ stark eingebunden. Da von ihrem theoretischen Grundansatz her ökonomisches Wachstum kaum abstrakt, sondern nur im konkreten sozialen Kontext analysiert werden kann, *ist* die marxistische Wirtschaftsgeschichte in Wirklichkeit Wirtschafts- und Sozialgeschichte unter Berücksichtigung der allgemeingeschichtlichen Bedingungen. Sie untersucht nicht nur die Produktivkräfte und Produktionsverhältnisse in den einzelnen Gesellschaftsformationen, die einzelnen Produktionszweige und Betriebe, sondern etwa auch die ökonomischen Grundlagen der Entstehung, Entwicklung und des Untergangs der Klassen und sozialen Gruppen, die objektiven Grundlagen ihrer Interessen und der Widersprüche zwischen ihnen [24]. Unter der Etikette »Wirtschaftsgeschichte« sammeln sich somit in den sozialistischen Ländern viele Untersuchungen – z. B. über die Sozialstruktur von Teilen des Bürgertums –, die in der Bundesrepublik als »sozialgeschichtlich« oder »wirtschafts- und sozialgeschichtlich« eingeordnet würden [24a].

II

Der Ort, der Stellenwert und die Grundbestimmungen der Sozialgeschichte im Gesamtsystem der marxistischen Geschichtsschreibung wären damit kurz skizziert: Sozialgeschichte findet sich im Kern der marxistischen allgemeinen Geschichtsschreibung wie als Teil und Komponente der marxistischen Wirtschaftsgeschichte. Im folgenden soll es darum gehen, vor allem an Beispielen aus der deutschen Geschichte der ersten Hälfte des 19. Jahrhunderts, einige Besonderheiten, Leistungen, Möglichkeiten und Grenzen marxistischer Sozialgeschichte zu untersuchen und zwar zunächst in thematisch-inhaltlicher, dann (Abschnitt III) in methodischer und theoretischer Hinsicht.

Die erste Hälfte des 19. Jahrhunderts deutscher Geschichte gilt in der marxistisch-leninistischen Geschichtsschreibung als ein Teil des Übergangs von der feudalistischen zur kapitalistisch-bürgerlichen Gesellschaftsformation – ein Übergang, der in Deutschland mit seiner nationalen Zersplitterung und seinem schwachen Bürgertum im Unterschied zu Westeuropa nur äußerst langsam vonstatten gegangen sei und sich auf die Periode von 1789 bis 1871 verteilt habe. »Hauptinhalt« der Periode ist damit die Ersetzung der primär agrarischen, vor-marktwirtschaftlichen, durch außer-ökonomische Abhängigkeiten und durch nur langsam voranschreitende Technik gekennzeichneten Produktionsformen durch zunehmend marktwirtschaftliche, auf Tausch und formal freier Arbeit beruhende, zunehmend industrialisierte Produktionsverhältnisse auf der Basis sich schnell entwickelnder Produktionsmittel, die Verdrängung des bis dahin ökonomisch den Ton angebenden, sozial und politisch herrschenden, grundbesitzenden Adels durch die ökonomisch kraftvoller werdende, schließlich auch zur politischen Herrschaft strebende Bourgeoisie; die Umwandlung feudal-absolutistischer Herrschaftsformen in bürgerlich-konstitutionelle [25]. Dem historisch-materialistischen Grundansatz entsprechend konzentriert sich die Suche nach den treibenden Kräften dieses Transformationsprozesses auf sozialökonomische Prozesse, soziale Klassen, ihre Interessen und Konflikte. Entsprechend stehen neben der hier nicht behandelten Durchsetzung des Kapitalismus in der Landwirtschaft [26] die industrielle Revolution, die bürgerlichen Oppositionsbewegungen sowie Arbeiterschaft und entstehende Arbeiterbewegung thematisch im Vordergrund.

Bis ca. 1960 wurde in unkritischer Übernahme einiger am englischen Modell orientierter Bemerkungen von *Marx, Engels, Lenin* und *Stalin* angenommen, daß die primär durch die massenhafte Verwendung von Werkzeugmaschinen charakterisierte industrielle Revolution durchweg zuerst in der Leichtindustrie, insbesondere im Textilsektor eingesetzt habe; konsequenterweise wurde, vor allem im Hinblick auf die sächsische Baumwollherstellung, der Beginn der deutschen industriellen Revolution in die Reformzeit um 1810 verlegt [27]. Unter dem Einfluß *Hans Motteks* hat sich dagegen seit 1960 in größerer Übereinstimmung mit der westlichen Wirtschaftsgeschichte durchgesetzt, die sprunghaft anwachsende Investitionstätigkeit außerhalb des landwirtschaftlichen Bereichs als Hauptdatierungskriterium für den Beginn der Industrialisierung zu benutzen und diese mit dem weit ausstrahlenden Investitionsboom im Eisenbahnsektor seit den späten 30er Jahren einsetzen zu lassen [28]. Dieser überzeugende, theoretisch informierte Neuansatz, in dessen Verlauf streng aus den Quellen erarbeitete, weiterführende Spezialuntersuchungen zur frühen Industrialisierung [29] und ein brauchbares wirtschaftshistorisches Handbuch entstanden [30], läßt einerseits erkennen, daß nach der Entstalinisierung der späten 50er Jahre Möglichkeiten zu tiefgreifenden Revisionen bisher autoritativ gehaltener wissenschaftlicher Positionen gegeben waren (und sind); er läßt andererseits erkennen, wie sehr diese Art marxistischer Wirtschaftgeschichte trotz neuer Aspekte, Kategorien, Akzente und Ergebnisse methodisch in der deutschen Tradition der Wirtschaftsgeschichte [31] steht: in der intensiven Aufrechterhaltung der Verknüpfung von Wirtschafts- und Sozialgeschichte, in der Einschätzung institutioneller Bedingungen (etwa der staatlichen Politik), in der primär narrativen, kaum quantifizierenden Darstellungsweise [32]. Darin unterscheidet sich die deutsche marxistische Wirtschaftsgeschichte (ebenso wie die ganz große Mehrzahl der westdeutschen Historiker) sehr deutlich von den methodisch fortgeschrittensten Formen nationalökonomisierter quantitativer Wirtschaftsgeschichte, wie sie heute vor allem in USA und in Frankreich betrieben wird [33].

Im Unterschied zu diesen Richtungen ist die Frage nach dem wirtschaftlichen Wachstum und seinen Bestimmungsfaktoren nicht das alles überragende Erkenntnisinteresse marxistischer Wirtschaftshistoriker, die, ihrem historisch-materialistischen Grundansatz entsprechend, zugleich, wenn nicht häufig sogar primär, die Veränderung der Klassenkonflikte, die sozialen Bedingungen, Folgen und Kosten des Wachstums als Fluchtpunkte ihrer Analysen benutzen [34]. Dennoch rückte in den letzten Jahren das Interesse am ökonomischen Wachstum und seinen Bestimmungsfaktoren auch bei marxistischen Wirtschaftshistorikern verstärkt in den Vordergrund [35]; die Erforschung der Technik als Moment des wirtschaftlichen Wachstumsprozesses wurde zu einem sehr beachteten Forschungsgegenstand, wobei Technik jedoch ganz betont in ihrer Verbindung mit dem gesellschaftlichen Arbeitsprozeß, nicht »an sich« oder als bloßes Produkt einzelner Erfinder begriffen wird [36]; besonders in Polen ist eine steigende Tendenz zur makroökonomischen Analyse, zur Orientierung an der ökonomischen Theorie, zur fortgeschrittenen statistischen Methode in der Arbeit der Wirtschaftshistoriker feststellbar [37]. All dies scheint die marxistische Wirtschaftsgeschichte mit dominanten Strömungen in nichtsozialistischen Ländern zu teilen. Doch bleibt die durchaus angemessene Warnung vor einer Verabsolutierung statistisch meßbarer Wachstumsvorgänge auf Kosten der Analyse der schwerer quantifizierbaren gesellschaftlichen Bezüge, Klasseninteressen, Klassenkämpfe und Herrschaftsbeziehungen überhaupt ein wichtiges Merkmal marxistischer Wirtschaftsgeschichte [38].

Die Beschäftigung mit den bürgerlichen, liberalen und demokratischen Oppositionsströmungen des Vormärz nimmt in Gesamtdarstellungen und im Forschungsbetrieb der DDR überhaupt vergleichsweise viel Raum ein. Ziel der Interpretationen ist es dabei zumeist, die vom theoretischen Ansatz her zu erwartende Zuspitzung des »Hauptwiderspruchs« der Epoche, des feudalbürgerlichen Klassengegensatzes, das Anschwellen des die Herrschenden bedrohenden und zu Konzessionen stimulierenden Drucks der fortschrittlichen Volksmassen zu erweisen [39]. Unter weitgehender Vernachlässigung des damals tatsächlich dominierenden gemäßigten Liberalismus rücken Historiker aus der DDR linksliberale und demokratische Strömungen und Sprecher – durchaus unter Erschließung neuen Quellenmaterials zu diesem sicherlich traditionell nicht ausreichend bearbeiteten Gebiet – in überproportionaler Weise in den Vordergrund [40]. Dabei minimieren sie die bekanntlich sehr verbreiteten, auch in marxistisch-leninistischen Kategorien als rückschrittlich zu bezeichnenden, an zünftlerischen Vorstellungen orientierten wirtschafts- und sozialpolitischen Vorstellungen des gleichwohl politisch häufig liberal-demokratischen Kleinbürgertums ebenso gern wie sie das deutschtümelnde Moment der sehr positiv eingeschätzten Burschenschaften oder den Antisemitismus in der ebenfalls als sehr fortschrittlich begriffenen Turnerbewegung herunterspielen. Dem historisch-materialistischen Grundverständnis entsprechend, werden liberale und demokratische Forderungen und Bewegungen als politischer Ausdruck des aufgrund allmählicher Industrialisierung stärker werdenden, allerdings als sehr heterogen begriffenen Bürgertums verstanden [41]; die *Vermittlung* von sozialökonomischen Veränderungen, abgestuften Klassen- und Gruppeninteressen und politisch-ideologischen Vorgängen wird jedoch kaum konkret untersucht. Die Verknüpfung von Wirtschaft und Politik ist häufig die akzeptierte Prämisse, weniger das empirisch gesicherte

Ergebnis der Forschung. Vom historisch-materialistischen Konfliktmodell ausgehend wird antifeudal-revolutionäres Verhalten vom Bürgertum – als Normalfall sozusagen – erwartet, d. h. soweit es wirklich auftrat, nicht besonders für erklärungsbedürftig gehalten; die tatsächlich dominierenden, wenig revolutionären, aber auf mehr oder weniger durchgreifende Reformen bedachten Liberalen erscheinen dagegen, wenn sie überhaupt thematisiert werden, als erklärungsbedürftige Abweichung vom Normalfall. Methodisch ist diese von den allermeisten Nicht-Marxisten-Leninisten nicht geteilte Perspektive letztlich wichtiger – und enttäuschender – als die moralisch-politisch-geschichtsphilosophische Überhöhung der revolutionär-demokratischen Alternative zur »Aufgabe« des Bürgertums und die Diffamierung des gemäßigten Liberalismus als »Opportunismus« und schließlich als »Verrat«.

An dieser – hier überpointiert zusammengefaßten – Behandlung des vormärzlichen liberalen und demokratischen Bürgertums durch DDR-Historiker zeigt sich eine in der DDR häufig auftretende Schwäche marxistisch-leninistischer Geschichtsschreibung. Trotz der zentralen Rolle sozialökonomischer Kategorien, die aus einem historisch-materialistischen Klassenmodell stammen, aber häufig ganz global und plakativ wirken, unterbleibt letztlich die konkrete sozialökonomische Analyse, die ja gerade darin bestünde, über Sozialstruktur-, Interessen- und Entscheidungsprozeßanalysen den konkreten Zusammenhang von ökonomischen Prozessen, sozialen Strukturen, Interessen und politischen Phänomenen zu erweisen [42]. Solche Untersuchungen würden allerdings wohl manchmal zu Ergebnissen führen, die den aus dem historisch-materialistischen Grundansatz abgeleiteten Erwartungen und einigen Aussagen der »Klassiker« widersprächen.

Ein ähnliches Grundmuster kennzeichnet die marxistisch-leninistische Sozialgeschichte der beginnenden deutschen Arbeiterbewegung, deren entscheidende Bedeutung und prinzipielles Angelegtsein auf revolutionäre Überwindung der kapitalistisch-bürgerlichen Grundordnung von der Theorie her vorausgesetzt und kaum mehr empirisch getestet werden [43]. Dieser Ansatz führte zur Erschließung neuer Materialien und Einsichten, frühzeitig durch *J. Kuczynski* über die Lebens- und Arbeitsverhältnisse der Arbeiterschaft [44] oder über das bis dahin unbekannte Ausmaß von Unruhen und Revolten unter den Eisenbahnarbeitern der 40er Jahre [45]; in bezug auf die Revolution ermöglichte dieser Ansatz eine Korrektur der in der Bundesrepublik häufigen Unterschätzung kommunistischer Einflüsse in der entstehenden Arbeiterbewegung, jedoch nicht ohne sie seinerseits stark zu überschätzen [46]. Dieser theoretische Ansatz reizte dagegen bisher wenig zur Untersuchung der gewichtigen Handwerksgesellenvereine des Vormärz; auch die Erforschung der Arbeiterbildungsvereine ist erst kürzlich aufs Programm gesetzt worden [47]. Die Heterogenität und die Unfertigkeit des Proletariats als Klasse in Vormärz und Revolution werden durchaus gesehen und betont, dennoch aber ein innerer Zusammenhang zwischen Handwerkersozialismus, frühem Marxismus, Heimarbeiter-, insbesondere Weberunruhen und Eisenbahnarbeiterprotesten unterstellt, den es erst noch empirisch zu belegen gälte. Die Tatsache, daß, abgesehen von den Eisenbahnbauarbeitern, primär vorindustrielle Gruppen (Gesellen und Heimarbeiter) es waren, die die ersten Arbeiterproteste trugen, wird zwar bemerkt, aber in die eigene Theorie nicht wirklich eingebracht, vielleicht auch deshalb nicht, weil sonst, gerade von wirtschafts- und sozialgeschichtlichen Gesichtspunkten her, die behauptete progressive, für die ideologische Selbstauslegung des »Arbeiter-und-Bauernstaates« DDR auch praktisch bedeutsame Kontinuität zwischen dem Vormärz und der im engeren Sinne proletarischen, nämlich in starkem Maße von Fabrikarbeitern getragenen Arbeiterbewegung späterer Jahrzehnte bis heute fraglicher würde, als es unter personen- und theoriegeschichtlichem Blickwinkel der Fall ist [48]. Die Prägung sozialgeschichtlicher Forschung durch eine schwerlich grundsätzlich in Frage zu stellende Ausgangstheorie, den Historischen Materialismus, erweist sich gerade bei der Erforschung eines so politiknahen Themas wie dem der Arbeiterbewegung nicht nur als vorteilhafte Bedingung zur Entdeckung neuer Perspektiven, Materialien und Erklärungen, sondern auch als Fessel und Prokrustesbett.

Ganz Ähnliches ließe sich an der Deutung der Rolle des preußischen Staates vor 1848 innerhalb der marxistischen sozialökonomischen Geschichtsauffassung zeigen. Diese begreift den Staat als den »konzentrierten Ausdruck der Ökonomie, ihre Verallgemeinerung und Vollendung« bzw. als »politisches Machtinstrument der ökonomisch herrschenden Klasse« [49]. Den preußischen Staat der Reformzeit und des Vormärz deutet sie als Herrschaftsinstrument der zum Junkertum verwandelten Feudalklasse in ihrem reaktionären Abwehrkampf gegen das aufstrebende und von der politischen Macht ausgeschlossene Bürgertum [50]. Von daher kritisiert sie scharfsichtig die modernisierungshemmenden, industrialisierungs- und bürgertumsfeindlichen Entscheidungen und Funktionen des staatlichen Apparats, die von der traditionell staatsorientierten »bürgerlichen« Geschichtsschreibung häufig übersehen wurden. Diese Geschichtsauffassung erschwert oder versperrt sich jedoch die Möglichkeit, die dynamisch-fortschrittlichen, industrialisierungsfreundlichen, modernisierenden Anstöße und Funktionen oder überhaupt die *relative* Eigenständigkeit und Klassenunabhängigkeit der preußischen Bürokratie angemessen zu erfassen [51]. Dem entspricht, daß Untersuchungen zur Struktur, sozialen Zusammensetzung, zu Regeln, Verhaltensweisen, inneren Herrschaftsbeziehungen und äußeren Wirkungen der so bedeutungsvollen vormärzlichen Bürokratie als sozialer Gruppe und Institution so gut wie ganz fehlen.

III

Methodisch und theoretisch haben neuere Strömungen der Sozial- und Wirtschaftsgeschichte in einigen westlichen Ländern Pionierdienste geleistet [52]. Ihre Neigung zur intensiven Untersuchung überindividueller, kollektiver und massenhafter Phänomene führte sie zur vorsichtigen Anwendung statistischer und quantifizierender Methoden (bis hin zur elektronischen Datenverarbeitung) von Methoden, die zwar nicht auf die Sozial- und die Wirtschaftsgeschichte beschränkt sind, doch in diesen mehr als in anderen historischen Teildisziplinen Anwendung finden. Auch nicht-literarische Quellengattungen wurden in diesem Zusammenhang wenn nicht entdeckt, so doch erstmals in größerem Maße nutzbar gemacht (z. B. Zensus-Ergebnisse und Pfarregister). Auf Teilgebieten führten quantitative Methoden zu bisher unerreichbaren Teilergebnissen, zu größerer Genauigkeit in Sprache, Hypothesen und Resultaten sowie zu größerer Repräsentativität [53]. Aus ihrem vorwiegenden Interesse an überindividuellen Strukturen und Prozessen folgt für Sozial- und die Wirtschaftsgeschichte des weiteren eine gewisse Distanz gegenüber *nur*-individualisierenden, *nur*-hermeneutischen Methoden, die sich auf die Auslegung von individuellen Handlungen, Haltungen und Texten aus deren eigenem Sinn- und Motivationshorizont innerhalb spezifischer Situationen, auf die Untersuchung der konkreten Details beschränken. Deutlicher noch als andere Historiker benötigen die Sozial- und Wirtschaftshistoriker über individuelle Haltungen, Handlungen und Sinnbezüge hinausgehende Mittel zur Strukturierung ihres Materials, d. h. Begriffssysteme, Modelle, Hypothesen und Theorien, die sie nicht aus den Quellen selbst beziehen können. Sie müssen versuchen, die forschend-verstehenden Verfahrensweisen traditioneller Geschichtsschreibung mit strukturgeschichtlich-analytischen Methoden zu verknüpfen, um nicht nur das im Motivations- und Sinnhorizont der Handelnden Manifeste, sondern auch jene Strukturen und Prozesse zu erfassen, die als machtvolle Bedingungen, Ursachen und Grenzen menschlicher Haltungen und Handlungen gleichwohl im Bewußtsein der Menschen nicht oder nur unvollständig bzw. verzerrt präsent waren [54]. Aus solchen methodischen und theoretischen Bedürfnissen ergibt sich eine seit Jahrzehnten geforderte, in einigen Ländern auch zunehmend praktizierte Hinwendung der Sozial- und Wirtschaftshistoriker zu den systematischen Sozialwissenschaften. Die sich dabei für nicht-marxistische Historiker stellenden Probleme sind hier allerdings nicht zu diskutieren [55].

Im Prinzip kann die sozialökonomisch orientierte marxistische Geschichtsschreibung die notwendige Verknüpfung sinnverstehend-hermeneutischer mit strukturgeschichtlich-analytischen Methoden durchaus leisten. Das forschende Verstehen der Handlungsmotive und -resultate aus ihrem historisch wandelbaren Sinnzusammenhang wird zwar keineswegs als Grundlage eines geschichtswissenschaftlichen oder gar »geisteswissenschaftlichen« Sonderstatus reklamiert (ganz im Gegenteil), im Alltag der Geschichtsschreibung jedoch neben anderen Methoden angewandt [56]. Die marxistischen Historiker halten auch theoretisch wie praktisch in wechselnden Betonungen am Grundsatz der Individualität historischer Phänomene fest, der ihre Subsumierbarkeit unter abstrakte Regelmäßigkeiten (Gesetze im neopositivistischen Verständnis) ebenso ausschließt wie ihr völliges Aufgehen in den historisch-materialistischen »Tendenzgesetzen«, die als Ziel am Ende einer historischen Untersuchung stehen sollen und die im marxistischen Verständnis nichts anderes bedeuten als die theoretische Formulierung der »objektiven«, »wesentlichen« historischen Zusammenhänge, der »Kerngestalt« in der unendlichen Vielfalt und Heterogenität der historischen Erscheinungen. Die Komplexität, die Unwiederholbarkeit, z. T. auch die Zufälligkeit historischer Ereignisse und Erscheinungen werden betont und ihre Erforschung dem Historiker zur Pflicht gemacht, allerdings mit dem Ziel, mit Hilfe der historisch-materialistischen Theorie die »wesentlichen« Grundstrukturen in diesen Erscheinungen zu erfassen und in Form von »Gesetzen« zu formulieren [57]. Grundeinsichten des Historismus werden teilweise explizit-theoretisch, stärker noch in der praktischen Arbeit durchaus aufrechterhalten, so etwa die Forderung nach der jeweils neu zu überprüfenden Angemessenheit gegenwärtiger Kategorien an vergangene Untersuchungsgegenstände [58], oder die Grundsätze der überlieferten Quellenkritik, die in der Hand marxistischer Autoren allerdings dadurch erweitert und häufig verbessert wird, daß die Frage nach dem Klassencharak-

ter der Quellen, nach dem sozialen Zusammenhang, in dem sie entstanden, und damit nach ihrer Prägung durch Herrschaftsbeziehungen und Konflikte verstärkt in den Mittelpunkt gerückt wird [59].
Andererseits ist es ein weitgehend verwirklichter Gemeinplatz marxistischer Geschichtsmethodologie, Haltungen und Aktionen, Handlungsziele und -resultate, einzelne Ereignisse und Gestalten in Kategorien überindividueller Strukturen und Prozesse zu erklären. Kausale und funktionale, strukturelle und genetische Verknüpfungsmethoden werden dabei benutzt unter Anerkennung von Multikausalitäten und vielfältigen Interdependenzen [60]. Insbesondere in Darstellungen größerer Zusammenhänge dominiert die funktionale Fragestellung, häufig durchaus auf Kosten kausaler Erklärungen und Entscheidungsprozeßanalysen, d. h. die Feststellung von Wirkungen eines historischen Phänomens auf einzelne historische Prozesse, Interessen, Klassen usw. oder die Identifikation seiner Funktionen für den Gesamtzusammenhang. Unter diesem ist dabei sowohl der synchrone Struktur- wie der diachrone Entwicklungszusammenhang (und zwar in fließendem Übergang) zu verstehen. Da der historische Entwicklungszusammenhang auf der Basis des Historischen Materialismus in seinen Grundlinien verbindlich bestimmt ist, wird einzelnen historischen Phänomenen (wie Klassen, Revolutionen, Kriegen, ökonomischen Fortschritten) geradezu eine »Aufgabe« zugemessen, mit der dann das tatsächliche Verhalten, die tatsächlichen Funktionen, kritisch verglichen werden [61].
Besonders unter polnischen Historikern, die z. T. in guten Arbeitskontakten zu westlichen, insbesondere französischen Sozialhistorikern stehen, werden, auf einer langen, fortwirkenden, vor-marxistischen Tradition polnischer Sozial- und Wirtschaftsgeschichtsschreibung fußend, schon seit längerer Zeit quantitative Methoden zur Erfassung von Massenerscheinungen in Wirtschaft und Gesellschaft angewandt. Der undogmatische (oft überhaupt fehlende) Gebrauch der Grundbegriffe des Historischen Materialismus bei polnischen Historikern korrespondiert mit starken Tendenzen zur experimentellen Anwendung von Modellen und Methoden der systematischen Nachbarwissenschaften, z. B. auf dem Gebiet der historischen Demographie, der historischen Strukturanalyse sozialer Gruppen, Schichten und Klassen und beim Studium der Konjunkturen [62].
Sehr viel narrativer und konventioneller in bezug auf die Anwendung von fortgeschrittenen statistisch-mathematischen Methoden und die Anwendung soziologischer Fragestellungen stellt sich die Geschichtsschreibung der DDR dar. Neben der in marxistisch-leninistischem Gewand weiterwirkenden antipositivistischen, anti-quantitativen, in Polen eben weitgehend fehlenden deutschen historischen Tradition dürften dafür vor allem drosselnde Wirkungen der historisch-materialistischen Gesamttheorie verantwortlich sein, die innerhalb der relativ autoritären Gesellschaftsstruktur und Wissenschaftsorganisation der DDR starrer, dogmatischer und durchdringender gehandhabt wurde (und wird) als in Polen, in Jugoslawien, in der ČSSR bis 1968 oder in Ungarn heute. Konnte sich doch in der DDR, ähnlich wie in der Sowjetunion, eine empirisch-systematische Soziologie erst in den frühen 60er Jahren von dem Stigma befreien, letztlich ein bürgerliches Mittel zur Verwischung der in der historisch-materialistischen Theorie längst eindeutig erkannten objektiven Klassenlinien zu sein [62a].

Entsprechend gering blieben auch die Anreize und Spielräume zu sozialstatistischen, sozialstrukturellen und sozialpsychologischen Feinuntersuchungen historischer Klassen, Schichten und Gruppen, d. h. zu Feinuntersuchungen, die eben erst in Gang kommen können, wenn der bisher erreichte Wissensstand über das jeweilige Thema als unvollkommen und als revidierbar, als erneut fragwürdig und untersuchenswert erscheint. Sich allzu sicher und vollkommen gebende Theorie mit zudem institutioneller Absicherung hat insofern eine die konkrete Forschung eher lähmende als beflügelnde Wirkung. Entsprechendes gilt für jenes sozialgeschichtliche Feld, auf dem in den letzten Jahrzehnten in Frankreich, England und den USA die wohl größten methodischen Forschritte und Neuerungen erreicht werden konnten: die historische Demographie [63]. Wenn historisch-demographische Forschungen in der DDR noch weitgehend fehlen, so liegt das im wesentlichen daran, daß die historisch-materialistische Theorie das Bevölkerungswachstum und dessen Bewegungen als sekundär und abhängig von sozialökonomischen Veränderungen der Produktion begriff, und Forscher, die sich gründlicher mit diesem Problem beschäftigten, allzu leicht ideologiekritisch an den Malthusianismus herangerückt wurden [64]. Gleichwohl ist zu betonen, daß sich gewisse Tendenzen zur verstärkten Anwendung systematisch-sozialwissenschaftlicher Fragestellungen und quantitativer Methoden seit den frühen 60er Jahren auch in der DDR (wie in der Sowjetunion) bemerkbar machen [65]. Insofern sind Tendenzen zur Annäherung zwischen marxistischer und nicht-marxistischer Sozialgeschichte unübersehbar. Dem entspricht die auch in der DDR erhobene Forderung nach Zusammenarbeit zwischen Politökonomie und marxistischer Soziologie einerseits und Geschichtswissenschaft andererseits.
Nach ihren *wissenschaftstheoretischen* Bestimmungen, die sich allerdings noch stark in der Diskussion befinden, enthält das Verhältnis zwischen Wirtschaftswissenschaft und Soziologie einerseits und Wirtschaftsgeschichte und allgemeiner Geschichtswissenschaft andererseits kaum Probleme schwer zu überbrückender Spannung, wenn auch solche einer schwer zu leistenden Abgrenzung. Denn im Unterschied zu den herrschenden Strömungen in den nicht-marxistischen Sozialwissenschaften grenzen sich die marxistischen Wirtschafts- und Sozialwissenschaften im Anspruch streng gegenüber neopositivistischen Typen des Wissenschaftsverständnisses ab und begreifen sich als im Prinzip historische, wenn auch die Forschungspraxis dem nicht immer gerecht wird. Andererseits ist die marxistische Geschichtswissenschaft eindeutiger als in nicht-sozialistischen Ländern als Gesellschaftswissenschaft definiert, in Abgrenzung zu allen rein idiographischen, historistischen Ansätzen [66]. Die Unterschiede sind deshalb in wissenschaftstheoretischer Hinsicht nicht immer ganz scharf zu ziehen. Abgelehnt wird immer klarer die These, daß es in Ökonomie und Soziologie um die Erkenntnis von Gesetzen, in der Geschichtswissenschaft um die Erforschung von deren konkreter Durchsetzung gehe [67]. Auch marxistische Historiker beanspruchen, die Erkenntnis von historischen Gesetzmäßigkeiten zu leisten. Als Hauptunterschied zwischen Soziologie und Geschichte gilt vor allem, daß jene »die gesellschaftlichen Strukturzusammenhänge in ihrer logischen Abfolge untersucht, während die Geschichtswissenschaft das Zusammenwirken der gesellschaftlichen Gesetze in seiner genetisch-empirischen und genetisch-strukturellen Verknüpfung erforscht«, also stärker als jene auf die Zeit- und Entwicklungsstruktur der untersuchten Gegenstände abhebt [68].

Ungeachtet dieses wissenschaftstheoretischen Aneinanderrückens von (anspruchsgemäß historischer) Soziologie [69] und (letztlich sozialökonomischer) Geschichte ist in der Forschungspraxis der DDR, wie bereits erwähnt, noch wenig von der Rezeption soziologischer Theorien, Modelle und Methoden zu bemerken. Wenn Historiker aus der DDR über die neuentdeckte Theoriebedürftigkeit ihrer westdeutschen Kollegen spotten und meinen, daß sie dies Problem längst gelöst hätten [70], so können sie sich nicht auf die erfolgreiche Rezeption soziologischer Ergebnisse berufen – das haben sie noch kaum versucht, geschweige denn erreicht, und sie dürften in dieser Hinsicht zur Zeit sogar hinter der westdeutschen Geschichtswissenschaft herhinken. Mit ihrem Anspruch, Theorie längst in die Geschichte eingebracht zu haben, meinen sie auch vielmehr das enge Verhältnis zwischen Geschichtswissenschaft und historisch-materialistischer Geschichtstheorie, die häufig auch als »allgemeine Soziologie« bezeichnet wird [71]. Daß diese die ostdeutsche Geschichtswissenschaft – wenn auch nicht bis in jede einzelne Spezialstudie hinein – tatsächlich bestimmt (und zwar stärker als etwa die polnische), dies wurde hier in mehrfacher Hinsicht in seinen Chancen, Grenzen und Gefahren gezeigt [72]. Klar wurde, daß solche Gesamttheorie mit politisch-institutionellem Rückhalt die Anwendung von speziellen soziologischen Theorien nicht ersetzen, wohl aber behindern kann. Eine stärkere Rezeption von diesen dürfte eine gewisse Lockerung der Einbindung in jene geradezu voraussetzen.

Im Problem des Verhältnisses von Theorie zu empirischer historischer Forschung lassen sich die klarsten Unterschiede zwischen marxistisch-leninistischen und »bürgerlichen« Wissenschaftlern festmachen, wobei, wie am Beispiel Polens gezeigt, nicht jeder Historiker im sozialistischen Land als »marxistisch-leninistischer« Forscher qualifiziert werden kann. Die meisten Historiker in den liberal-parlamentarischen westlichen Demokratien verfügen über eine gewisse, allerdings nur relative Wahlfreiheit zwischen verschiedenen sozialwissenschaftlichen Modellen und historischen Typen, die – im Idealfall in herrschaftsfreier Diskussion und Kritik miteinander konkurrierend und einander ergänzend – verschiedenartige Ansätze zur Erforschung desselben Gegenstandes oder Problems erproben lassen und zu konkurrierenden, wenn auch nicht unvereinbaren, jeweils partiellen sowie ergänzungs- und revisionsfähigen Ergebnissen führen. Dieser auf fachöffentliche, unbehinderte Diskussion angewiesene und häufig nicht völlig realisierte Pluralismus der Ansätze und Methoden setzt nicht nur ein hohes Maß an Liberalität in Gesellschaft, Politik und Wissenschaftsorganisation sowie ein Minimum an Konsensus über Begriff und Arbeitsweise von Wissenschaft, sondern auch ein zwar nicht notwendig nominalistisches, doch flexibles Verständnis vom Verhältnis zwischen Erkenntnisgegenstand und Erkenntnis voraus. Einem solchen Verständnis zufolge schreibt die zu erkennende historische Wirklichkeit dem Forscher die Begriffe, Modelle und Theorien ihrer Erforschung nicht eindeutig vor, sondern läßt ihm einen allerdings begrenzten Spielraum der Ansatzwahl und Begriffsbildung. Historische Erkenntnis ist danach immer selektiv und vollzieht sich unter variierenden (wenn auch nicht beliebigen) Gesichtspunkten, die von den Erkenntnisinteressen und den praktisch vermittelten Wertungen der einzelnen Forscher und ihrer Bezugsgruppen bestimmt sind. Demgegenüber erscheint – und das ist für die meisten »bürgerlichen« Historiker nicht akzeptabel – dem Marxisten-Leninisten die Geschichte als eindeutig strukturierter gesetzmäßiger Prozeß, der von dem auf seiten des Fortschritts, d. h. auf seiten des siegreichen Sozialismus stehenden Forscher unter Anleitung der marxistisch-leninistischen Theorie und unter Berücksichtigung der Anforderungen sozialistischer Praxis in diesen seinen eindeutigen Strukturen, in seinem »Wesen«, erkannt werden kann. Die angemessenen Gesichtspunkte und Begriffe des historisch-wissenschaftlichen Erkennens sind in diesem Verständnis zugleich die vorherrschenden Elemente der zu untersuchenden Wirklichkeit. Die Bandbreite möglicher Ansätze und Ergebnisse wird durch einen solchen Wirklichkeitsbegriff sowie durch die recht eindeutige politische Verortung und Kontrolle der Forscher stark eingeschränkt. Die im Westen dominierende Beschäftigung mit Modellen und Typen als Mittel historisch-sozialwissenschaftlicher Partialerkenntnis erscheint von diesem Standpunkt aus als subjektivistische oder agnostizistische Ablenkung von den eigentlichen Gesetzmäßigkeiten des historischen Prozesses, als ideologischer Verzicht auf Substanzeinsicht und als provokative Infragestellung des Selbstverständnisses des etablierten Sozialismus und der in ihm Herrschenden, die sich ja eben durch Rekurs auf spezifische Gesetzmäßigkeiten des historischen Prozesses in ihrer Fortschrittlichkeit und ihren Machtansprüchen zu legitimieren versuchen [73]. Um die erkenntnistheoretischen und geschichtsphilosophischen Voraussetzungen, wie um die politischen Implikationen dieser marxistischen Position, bei denen eine Antikritik anzusetzen hätte, kann es hier nicht weiter gehen [74].

Bei aller Einsicht in diese prinzipiellen Besonderheiten der marxistisch-leninistischen Sozialgeschichte ist für die praktische Zusammenarbeit zwischen »bürgerlichen« und marxistisch-leninistischen Historikern aber mindestens ebenso wichtig, daß jene prinzipiellen Besonderheiten nur unter bestimmten Bedingungen durchschlagend auf die praktische Einzelforschung einwirken und daß, wie gezeigt, auf einzelnen Teilgebieten konvergierende Tendenzen vorhanden sind. Die wünschenswerte Realisierung sachbezogener Diskussion, Kritik und Kooperation, die besonders bei der Erforschung begrenzter Teilbereiche chancenreich wäre, könnte hier anknüpfen, hat aber in der Sozialgeschichte in Deutschland noch kaum begonnen.

Anmerkungen

1 *E. J. Hobsbawm,* From Social History to the History of Society, in: Daedalus 100, Nr. 1 (1971) (= Historical Studies Today), S. 20.

2 Vgl. die Übersicht über die historischen Lehrstühle, Institute und Fachzeitschriften in der DDR und Polen bei: *W. Eckermann* und *H. Mohr,* Hrsg., Einführung in das Studium der Geschichte, Berlin 1969², S. 9–16, S. 220–22; *La Pologne au XIIIe Congrès International des Sciences Historiques* à Moscou. I-ère Partie: La recherche historique en Pologne 1945–1968, réd. par *A. Wyczański,* Varsovie 1970, S. 87–159, S. 237–254 (Ausnahmen aber: ebd., S. 156: Lehrstuhl f. Wirtschafts- und Sozialgeschichte d. Univ. Wrocław, und S. 245: Jahrbuch f. Sozial- und Wirtschaftsgeschichte in Poznań seit 1931). – Institute und Lehrstühle für Wirtschaftsgeschichte sind dagegen häufig, in der DDR fast ausnahmslos innerhalb der wirtschaftswissenschaftlichen Fakultäten; ebenso für Teilgebiete der Sozial- und Wirtschaftsgeschichte, etwa für Geschichte der Arbeiterbewegung. – Vgl. weiterhin *Eckermann/Mohr,* a.a.O., S. 76–78: Gliederung der Geschichtswissenschaft in Wirtschafts-, politische und Kulturgeschichte. Abschnitte

über Sozial- oder Sozial- und Wirtschaftsgeschichte fehlen auch in der erschöpfenden bibliographischen Selbstdarstellung der DDR-Historiker: *Historische Forschungen in der DDR/1960–1970,* in: Zeitschrift für Geschichtswissenschaft 18 (1970), Sonderheft. Reste des Gebrauchs des Begriffs »Wirtschafts- und Sozialgeschichte« zu Gliederungszwecken dagegen in: *Historische Forschungen in der DDR,* in: Zeitschrift für Geschichtswissenschaft 8 (1960), Sonderheft, S. 22 ff., S. 229 ff.; *Nouvelles études historiques*, publ. à l'occasion du XIIe Congrès International des Sciences Historiques par la Commission Nationale des Historiens Hongrois, Bd. 2, Budapest 1965, S. 463 ff.

[3] Die tendenzielle Verallgemeinerung dessen, was zunächst primär Anatomie der bürgerlichen Gesellschaft gewesen sein mag, in eine geschichtsphilosophische Maxime bei *K. Marx,* Zur Kritik der politischen Ökonomie (Vorwort), in: *Marx/Engels,* Werke, Berlin 1957 ff. (im folgenden: MEW), Bd. 13, S. 8 ff.; *K. Marx* an *P. W. Annenkow* am 28. 12. 1846, in: MEW, Bd. 27, S. 452. Zur hegelisch geprägten Begründung der Anwendbarkeit von Kategorien, die der Gegenwart entstammen, auf vergangene Epochen vgl. d. Einleitung z. 1. Aufl. des »Kapital«, in: MEW, Bd. 23, S. 12: »Das industriell entwickelte Land zeigt dem minder entwickelten nur das Bild seiner eigenen Zukunft.« Und: Einleitung zur Kritik der politischen Ökonomie, in: MEW, Bd. 13, S. 636: »Die bürgerliche Ökonomie liefert so den Schlüssel zur antiken etc...« – Hier soll nicht der durch und durch historische Grundsatz von *Marx* und *Engels* verwischt werden. Dazu mit vielen Belegen: *A. Schmidt,* Über Geschichte und Geschichtsschreibung in der materialistischen Dialektik, in: Folgen einer Theorie. Essays über »Das Kapital« von Karl Marx, Frankfurt 1967, S. 103–129; *ders.,* Geschichte und Struktur. Fragen einer marxistischen Historik, München 1971; O. *Morf,* Geschichte und Dialektik in der politischen Ökonomie. Zum Verhältnis von Wirtschaftstheorie und Wirtschaftsgeschichte bei Karl Marx, Frankfurt 1970[2]; *H. Fleischer,* Marxismus und Geschichte, Frankfurt 1969; *H.-J. Steinberg,* Friedrich Engels, in: *H.-U. Wehler,* Hrsg., Deutsche Historiker, Bd. 3, Göttingen 1972, S. 29–40. – Jedoch muß betont werden, daß *Marx* selbst seinen historischen Grundansatz nicht klar durchgehalten hat, daß sein Werk insofern Widersprüche enthält, die u. a. mit dem nicht voll geklärten Übergang von *Hegel* zu *Marx* zu tun haben. Dazu u. a. *J. Kocka,* Karl Marx und Max Weber im Vergleich, in: *H.-U. Wehler,* Hrsg., Geschichte und Ökonomie, Köln/Berlin 1973; *A. Wellmer,* Kritische Gesellschaftstheorie und Positivismus, Frankfurt 1971[3], S. 45–127. – Zum Begriff der Gesellschaftsformation bei *Lenin:* »Was sind die ›Volksfreunde‹ ...?«, in: *W. I. Lenin,* Werke, Bd. 1, Berlin 1968[5], S. 131, S. 137. Dazu: W. I. Lenin und die Geschichtswissenschaft (russ. 1968), übers. von *B. Weißel,* Berlin 1970.

[4] Als knappe Zusammenfassung für Historiker: *Eckermann/Mohr,* a.a.O., S. 29–55; dann vor allem: *G. Klaus* u. *H. Schulze,* Sinn, Gesetz und Fortschritt in der Geschichte, Berlin 1967. Bei überzeugender Abwehr der Unterstellung, der Historische Materialismus impliziere notwendig die Vorstellung eines geschichtlichen Endziels (S. 123–34) wird auch in dieser Reformulierung der historisch-materialistischen Theorie (unter Benutzung von Begriffen aus der Kybernetik) am hegelisch-marxistischen Fortschrittsbegriff festgehalten (S. 135–247). Als primäres Fortschrittskriterium gilt noch immer die Fortentwicklung der Produktivkräfte (S. 139 f.); S. 151 ff. die These von der fortschrittlichen »Selbstausrichtung des gegebenen [historischen] Prozesses«.

[5] Der Rekurs auf die Geschichte legitimiert u. a. auch die Kompetenz der politischen Instanzen, die Interpretation der Geschichte und also die Arbeit der Historiker in den Grundlinien zu kontrollieren, was sich insbesondere am Zusammenwirken von Parteiinstanzen und Historikergruppen bei der Abfassung der achtbändigen »Geschichte der deutschen Arbeiterbewegung« (Berlin 1966) im einzelnen zeigen ließe.

[6] Ausführlicher dazu: *J. Kocka,* Theorieprobleme der Sozial- und Wirtschaftsgeschichte, in: *H.-U. Wehler,* Hrsg., Geschichte und Soziologie, Köln/Berlin 1972, S. 322–326. Zweifellos sind diese Instrumentalisierung und politische Fremdbestimmung der Historie in der DDR und der Sowjetunion sehr viel intensiver als in Polen oder in der CSSR vor dem Einmarsch der Russen 1968. Zur Explikation der entsprechenden Aufgaben der DDR-Historiker bes. deutlich: *W. Schmidt,* Geschichtsbild und Persönlichkeit in der sozialistischen Gesellschaft, in: Zeitschrift für Geschichtswissenschaft 18 (1970), S. 149–62; *J. Streisand,* Geschichtsforschung und Ge-

schichtsschreibung auf dem Wege zur sozialistischen Menschengemeinschaft, in: ebd., 17 (1969), S. 1521–32. Zur Sowjetunion *A. O. Tschubarjan,* Die Ergebnisse der Moskauer Beratung der kommunistischen und Arbeiterparteien über die Aufgaben der Geschichtswissenschaft, in: Sowjetwissenschaft, GWB, 1970, I, S. 129–140; *S. P. Trapesnikow,* Die neuen Aufgaben der Gesellschaftswissenschaften, in: ebd., 1968, I, S. 225–250. – Dagegen undogmatisch: *F. Ryska,* Poland. Some Recent Revaluations, in: Journal of Contemporary History 2 (1967), S. 107–124; *K. Bartosek,* Czechoslovakia: The State of Historiography, in: ebd., S. 143–156.

7 Vgl. MEW, Bd. 13, S. 8 ff. und Bd. 27, S. 452 (wie Anm. 3).

8 Vor allem *Marx/Engels,* Die deutsche Ideologie, in: MEW, Bd. 3, S. 9 ff.

9 Vgl. *F. Engels* an *J. Bloch,* in: MEW, Bd. 37, S. 463.

10 Vgl. *W. J. Lenin,* Karl Marx, in: Werke, Bd. 21, S. 31 ff., bes. S. 43 ff.

11 Vgl. *K. T. Shteppa,* Russian Historians and the Soviet State, New Brunswick, N. J., 1962; *N. W. Heer,* Politics and History in the Soviet Union, Cambridge, Mass., 1971.

12 Vgl. *Ye. Zhukow,* V. I. Lenin and the Methodology of Historical Science, in: USSR Academy of Sciences. Dep. of Social Sciences, Hrsg., Social Sciences 2 (1970), S. 40–49; *W. Küttler* u. *G. Lozek,* Die historische Gesetzmäßigkeit der Gesellschaftsformation als Dialektik von Ereignis, Struktur und Entwicklung, in: Zeitschrift für Geschichtswissenschaft 18 (1970), S. 1117–1145.

13 Ausführlicher zum folgenden: *Kocka,* Theorieprobleme, a.a.O.

14 *Marx/Engels,* Die deutsche Ideologie, a.a.O.; *Hobsbawm,* a.a.O., bes. S. 31; *S. Pollard,* Economic History – A Science of Society?, in: Past & Present 32 (1965), S. 3–22; *E. R. A. Seligman,* The Economic Interpretation of History (1902), Neuabdr. New York 1961; *J. Bouvier,* Histoire économique et histoire sociale, Genf 1968; *H.-U. Wehler,* Bismarck und der Imperialismus, Köln/Berlin 1969.

15 Vgl., trotz vieler hier nicht zu behandelnder Unterschiede, *O. Brunner,* Neue Wege der Verfassungs- und Sozialgeschichte, Göttingen 1968², bes. S. 18, S. 82; *W. Conze,* Die Strukturgeschichte des technisch-industriellen Zeitalters als Aufgabe für Forschung und Unterricht, Köln/Opladen 1957; *S. P. Hays,* A Systematic Social History, in: *G. B. Billias* u. *G. N. Grob,* Hrsg., American History, New York 1971, S. 315–366; *F. Braudel,* Ecrits sur l'histoire, Paris 1969, bes. S. 41–83.

16 Vgl. *M. A. Barg,* Die Strukturanalyse in der historischen Forschung, in: Sowjetwissenschaft, GWB, 1966, I, S. 194–205.

17 Kritik der bürgerlichen Geschichtsschreibung, hrsg. v. *W. Berthold* u. a., Köln 1970, S. 74 ff.

18 *G. M. Trevelyan,* English Social History (1942), Penguin Books 1967, S. 9.

19 Zur Kritik an Sozialgeschichte als vom Gegenstand her definierter Teildisziplin vor allem die in Anm. 15 genannten Titel von *Brunner* und *Conze,* sowie auch *W. Conze,* Sozialgeschichte, in: Die Religion in Geschichte und Gegenwart, Bd. 6 (Tübingen 1962³), S. 169–176.

20 Als Überblick über die entsprechende wissenschaftstheoretische Entwicklung in vergleichender Perspektive: *J. Kocka,* »Sozial- und Wirtschaftsgeschichte«, in: Sowjetsystem und Demokratische Gesellschaft, Bd. 6, Freiburg (vorauss.) 1973.

21 *P. C. Ludz,* Soziologie und empirische Sozialforschung in der DDR, in: *ders.,* Hrsg., Studien und Materialien zur Soziologie der DDR, Köln/Berlin 1964, S. 327–418; *ders.,* Neuere Entwicklungstendenzen in der Soziologie des Ostblocks, in: *D. Geyer,* Hrsg., Wissenschaft in kommunistischen Ländern, Tübingen 1967, S. 114–130; *H. G. Bütow,* Zur Entwicklung der Soziologie und Sozialpsychologie, in: Wissenschaft und Gesellschaft in der DDR, eingel. v. *P. C. Ludz,* München 1971, S. 166–186.

22 *Eckermann/Mohr,* a.a.O., S. 76; ähnlich schon *W. Robbe,* Der Gegenstand der Wirtschaftsgeschichte, in: Jahrbuch für Wirtschaftsgeschichte (im folgenden: JbWG), 1962, I, S. 104.

23 *Ökonomisches Lexikon L–Z,* Berlin o.J. (1967), S. 1143. – Als Übersicht über die wirtschaftshistorischen Arbeiten von ostdeutschen Historikern: *Historische Forschungen ... 1960–1970,* a.a.O., S. 95 ff., S. 121 ff., S. 248 ff.

24 *Eckermann/Mohr,* a.a.O., S. 64 f., S. 76.

[24a] Einen ähnlich weiten Bedeutungsumfang hat die traditionelle angelsächsische »economic history«, allerdings nicht die vordringende nationalökonomisierte »new economic history«. – Zum Begriff der Wirtschaftsgeschichte in der DDR, *Robbe*, a.a.O.; *E. Engelberg*, Gedanken zur zukünftigen Gestaltung des Jahrbuchs in: JbWG, 1963, I, S. 11–23; *J. Kuczynski*, Der Gegenstand der Wirtschaftsgeschichte, in: JbWG, 1963, I, S. 133–147.

[25] Als Standarddarstellung über den Zeitraum in der DDR vgl.: *K. Obermann*, Deutschland von 1815 bis 1849, Berlin 1967[3].

[26] Auf dem Gebiet der Agrargeschichte sind in den letzten Jahren von ostdeutschen Forschern äußerst wichtige und weiterführende Untersuchungen vorgelegt worden, so vor allem: *H.-H. Müller*, Märkische Landwirtschaft vor den Agrarreformen von 1807, Potsdam 1967; *J. Šolta*, Die Bauern der Lausitz, Bautzen 1968; *G. Moll*, Die kapitalistische Bauernbefreiung im Klosteramt Dobbertin (Mecklenburg), Rostock 1968; *R. Groß*, Die bürgerlichen Agrarreformen in Sachsen in der ersten Hälfte des 19. Jahrhunderts, Weimar 1968; *H. Harnisch*, Die Herrschaft Boitzenburg, Weimar 1968; dazu auch *G. Heitz*, Varianten des Preußischen Weges, in: JbWG, 1969, III, S. 99–109. Auf diesem Gebiet finden sich auch einige spärliche Ansätze zur Zusammenarbeit von Historikern aus der Bundesrepublik und der DDR, vgl. die Vorträge von *Henning*, *Berthold* und *Harnisch*, in: JbWG, 1970, I.

[27] Vgl. *J. Kuczynski*, Fortschrittliche Wissenschaft, Berlin 1951, S. 162; *ders.*, Studien zur Geschichte des Kapitalismus, Berlin 1957, S. 1–25; *ders.*, Darstellung der Lage der Arbeiter in Deutschland von 1789 bis 1849, Berlin 1961, S. 88 ff.; noch akzeptiert von *D. Eichholtz*, Junker und Bourgeoisie vor 1848 in der preußischen Eisenbahngeschichte, Berlin 1962, S. 5.

[28] Vgl. *H. Mottek*, Einleitende Bemerkungen. Zum Verlauf und zu einigen Hauptproblemen der industriellen Revolution in Deutschland, in: *ders.* u. a., Studien zur Geschichte der industriellen Revolution in Deutschland, Berlin 1960, S. 11–63; *H. Mottek*, Wirtschaftsgeschichte Deutschlands. Ein Grundriß, Bd. 2, Berlin 1964; *H. Wehner*, Deutschlands Weg zum Industriestaat, in: JbWG, 1969, I, S. 349 ff.; die Übergangsdiskussion ist erwähnt in: *Historische Forschungen* (1960), a.a.O., S. 230–33.

[29] Vgl. *A. Schröter* und *W. Becker*, Die deutsche Maschinenbauindustrie in der industriellen Revolution, Berlin 1962; *H. Blumberg*, Die deutsche Textilindustrie in der industriellen Revolution, Berlin 1965; *L. Baar*, Die Berliner Industrie in der industriellen Revolution, Berlin 1965.

[30] Vgl. *Mottek*, Wirtschaftsgeschichte, a.a.O., Bd. 1 (1957), Bd. 2 (1964) (bis 1870).

[31] Dazu kritisch: *R. Tilly*, Soll und Haben, in: Journal of Economic History 29 (1969), S. 298–319.

[32] Man vergleiche einmal in diesen und den folgenden Hinsichten das in Anm. 30 zit. Handbuch von *Mottek* mit: *R. W. Fogel* u. *S. L. Engerman*, Hrsg., The Reinterpretation of American Economic History, New York 1971.

[33] Zur amerikanischen New Economic History: *R. W. Fogel*, The New Economic History, in: Economic History Review 19 (1966), S. 642–656; *R. Andreano*, Hrsg., The New Economic History, New York 1970; *A. Fishlow* u. *R. W. Fogel*, Quantitative Economic History, in: Journal of Economic History 31 (1971), S. 15–42. In Frankreich: *J. Marczewski*, Introduction à l'histoire quantitative, Genève 1965.

[34] Zweifellos liegt gerade in der Vernachlässigung dieser Aspekte eine typische Schwäche der wachstumsorientierten »new economic history«, wenn umgekehrt auch als Mangel auffällt, wie durchweg *Mottek* u. a. Historiker aus der DDR meist auf jeden Versuch verzichten, den von ihnen konstatierten positiven Einfluß politischer Entscheidungen (etwa des Zollvereins 1834 oder der agrarischen Reformen) auf die Entwicklung der Industriewirtschaft quantitativ dingfest zu machen. Vgl. *Mottek*, Wirtschaftsgeschichte, Bd. 2, a.a.O., S. 18–42, 56–62.

[35] Vgl. *ders.*, Zum Problem Stagnation und Wachstum in der Wirtschaftsgeschichte, in: JbWG, 1969, III, S. 151–169.

[36] Vgl. *W. Jonas*, Über das Problem der Gesetzmäßigkeit der Produktivkräfte, in: JbWG, 1963, I, S. 24–40, bes. 27 f. *W. Jacobeit*, Volkskunde und Geschichte der Produktivkräfte, in: JbWG, 1966, I, S. 175–188; *W. Jonas* u. a., Die Produktivkräfte in der Geschichte, Bd. 1,

Berlin 1969; *J. Pazdur*, Die Hauptprobleme und die Organisation der Forschungen zur Geschichte der materiellen Kultur in Volkspolen, in: JbWG, 1965, III, S. 201–210.

[37] Vgl. *W. Kula*, Problemy i metody historii gospodarczej, Warzaw 1963; italienische Ausgabe: Problemi e metodi della storia economica, Milano 1972; dazu auch *W. Rusiński*, Wirtschaftsgeschichte – neue Auffassungen von Problemen und Methoden, in: JbWG, 1966, II, S. 286–301.

[38] So etwa *R. Berthold* u. a., Der Preußische Weg der Landwirtschaft und neuere westdeutsche Forschungen, in: JbWG, 1970, IV, S. 277. Diese Sammelbesprechung einiger westdeutscher Monographien demonstriert hervorragend, wie »bürgerliche« quantitative Analysen als genau, weiterführend, aber beschränkt akzeptiert werden, um dann ihre Ergebnisse in Kategorien von sozialökonomischen Herrschaftsbeziehungen und Klassenkonflikten reinterpretiert zu erhalten (vgl. ebd., S. 267–280).

[39] Von der prinzipiell (allerdings nicht gradlinig) fortschrittlichen Rolle der »Volksmassen« ist die marxistisch-leninistische Geschichtsauffassung so überzeugt, daß bisweilen gegenteilige Evidenz nicht voll zur Kenntnis genommen wird. Grundsätzliche Formulierungen z. B. bei: *Robbe*, a.a.O., S. 104: Aufgabe der Wirtschaftsgeschichte sei es, »die konkrete Durchsetzung der Entwicklungsgesetze ... der einzelnen Produktionsweisen durch die Volksmassen« zu untersuchen. Was erst noch zu fragen und zu erforschen wäre, wird als Teil der Definition von vornherein festgelegt. Vgl. dazu: *Eckermann/Mohr*, a.a.O., S. 54; *E. Engelberg*, Zu methodologischen Problemen der Periodisierung, in: Zeitschrift für Geschichtswissenschaft 19 (1971), S. 1222 f.: »Das Volk ist der Held der Geschichte – in der still wirkenden Kraft seines täglichen Lebens und Produzierens und auf dem lauten Schauplatz der politischen Aktion.«

[40] Vgl. die Titel in: *Historische Forschungen* ... 1960–1970, a.a.O., S. 390–407.

[41] Vgl. *Obermann*, a.a.O., S. 38 ff. (zur Burschenschaft), S. 58 (zum Zusammenhang zwischen ökonomischem Fortschritt und bürgerlich-politischen Forderungen in den 1820er Jahren); s. die Titel in: *Historische Forschungen* ... 1960–1970, a.a.O., S. 391 f.

[42] Bezeichnend die zutreffende Kritik des Polen *L. Wiatrowski*, in: JbWG, 1970, II, S. 255 f. an *H. Bleiber*, Zwischen Reform und Revolution. Lage und Kämpfe der schlesischen Bauern und Landarbeiter im Vormärz 1840–1847, Berlin 1966: *Bleiber* beschränke sich auf eine Wiedergabe der sozialökonomischen Struktur Schlesiens aus zweiter Hand; er vernachlässige die Konjunkturanalyse und verzichte auf statistische Methoden. Schließlich bezweifelt *Wiatrowski Bleibers* (in *Lenins* Thesen zum »preußischen Weg« in der Landwirtschaft ziemlich apodiktisch vorformuliertes) Ergebnis, daß als Konsequenz der Regulierung bis ca. 1840 eine Verschlechterung der Lage der Bauern stattgefunden habe (S. 260, ähnlich die Kritik von *S. Michalkiewicz* ebd. S. 271). – Diese Kritik – Mangel an konkreter sozialökonomischer und statistischer Analyse und allzu schnelle Übernahme von Klassikerthesen – ließe sich an vielen ostdeutschen sozialgeschichtlichen Untersuchungen üben.

[43] Bekanntlich liegt hierin eine bedeutende Differenz zwischen der marxistisch-leninistischen Interpretation der Arbeiterbewegungsgeschichte und wichtigen Deutungen von Historikern aus der Bundesrepublik, die das Emanzipationsstreben der Arbeiterschaft nicht unbedingt im Widerspruch zu ihrer möglichen Integration in eine sich reformierende bürgerliche Gesellschaft sehen. Vgl. bes. *W. Conze* u. *D. Groh*, Die Arbeiterbewegung in der nationalen Bewegung, Stuttgart 1966, S. 16–40; gegen diese Konzeption generell: *W. Schmidt*, Zur historisch-politischen Konzeption des Heidelberger Arbeitskreises für moderne Sozialgeschichte, in: Beiträge zur Geschichte der Arbeiterbewegung (im folgenden: BzG) 9 (1967), S. 626–635; *W. Seidel-Höppner*, Frühproletarisches Denken oder erwachendes Klassenbewußtsein, in: Jb. f. Geschichte 3 (1969), S. 95–136.

[44] Eine Bibliographie der Schriften *J. Kuczynskis* in: JbWG, 1964, II–III, S. 506–549, und 1969, III, S. 298–312; ebd. 291 f. zu den 38 Bänden der »Geschichte der Lage der Arbeiter unter dem Kapitalismus« in der bisher letzten Auflage.

[45] *D. Eichholtz*, Bewegungen unter den preußischen Eisenbahnbauarbeitern im Vormärz, in: Beiträge zur deutschen Wirtschafts- und Sozialgeschichte des 18. und 19. Jahrhunderts, Berlin 1962, S. 251–287; *E. Wolfgramm* u. a., Die sozialökonomischen Kämpfe der Eisenbahnbauarbeiter in Sachsen 1844–1848, in: Aus der Frühgeschichte der Arbeiterbewegung, Berlin 1964,

S. 65–101; *K. Obermann,* Zur Rolle der Eisenbahnarbeiter im Prozeß der Formierung der Arbeiterklasse in Deutschland, in: JbWG, 1970, II, S. 129–140.

[46] Vgl. *W. Schieder,* Auf dem Wege zu einer neuen Marx-Legende, in: Neue Politische Literatur 10 (1965), S. 259–74. – Allerdings ist zu bedenken, daß marxistische Historiker bei der minutiösen Erforschung der Frühgeschichte marxistischer Strömungen in der frühen Arbeiterbewegung weniger an deren wirklichem Gewicht in ihrer Zeit denn an deren Bedeutung als Ausgangspunkt späterer Bewegungen interessiert sind. Vgl. etwa *H. Förder,* Einleitende Bemerkungen, in: Aus der Frühgeschichte der deutschen Arbeiterbewegung, a.a.O., S. 12.

[47] Vgl. die offizielle Synthese: *Institut f. Marxismus-Leninismus beim ZK der SED,* Geschichte der deutschen Arbeiterbewegung, Bd. 1, Berlin 1966; als Kritik der Grundlinien der ostdeutschen Interpretation: *E. Schraepler* u. a., »Grundriß der Geschichte der Deutschen Arbeiterbewegung«. Kritik einer Legende, in: Jb. f. d. Geschichte Mittel- und Ostdeutschlands 13/14 (1965), S. 268–285. Vgl. auch *A. Dorpalen,* Die Revolution von 1848 in der Geschichtsschreibung der DDR, in: Historische Zeitschrift 210 (1970), S. 324–368, bes. S. 339 ff.

[48] Ansätze zu einer differenzierten, weiterführenden Analyse gleichwohl u. a. bei: *W. Schmidt,* Zu einigen Fragen der sozialen Struktur und der politischen Ideologie in der Zeit des Vormärz und der Revolution von 1848/49, in: BzG 4 (1965), S. 645–660. Die Kritik von 1964 (*H. Förder,* a.a.O., S. 16), die soziale Struktur der Arbeiterklasse des Vormärz sei noch ziemlich unerforscht in der DDR-Literatur, dürfte allerdings auch noch heute zutreffen.

[49] *Eckermann/Mohr,* a.a.O., S. 34; Sachwörterbuch der Geschichte Deutschlands und der deutschen Arbeiterbewegung, Bd. 2, Berlin 1970, S. 595.

[50] Vgl. *Kuczynski,* Darstellung der Lage, a.a.O., S. 90 ff., 106; *Bleiber,* a.a.O., S. 213; *Eichholtz,* a.a.O., S. 39, 69; *Mottek,* Einleitende Bemerkungen, a.a.O., S. 34 (jeweils mit einigen Qualifikationen).

[51] Zu solchen Funktionen der Bürokratie im Prozeß der Modernisierung: *R. Koselleck,* Preußen zwischen Reform und Revolution, Stuttgart 1967; zur ostdeutschen Kritik an dieser Sicht: *H. Bleiber,* in: Zeitschrift f. Geschichtswissenschaft 19 (1971), S. 112–115. In prinzipiell ähnliche Probleme gerät die sozialökonomische Geschichtsinterpretation marxistisch-leninistischer Prägung bei der Analyse des Absolutismus und des staatsmonopolistischen Kapitalismus seit 1900.

[52] Dazu allgemein: *Hobsbawm,* a.a.O.; *Hays,* a.a.O.; L'histoire sociale. Sources et méthodes, Paris 1967.

[53] Vgl. *W. O. Aydelotte,* Quantifikation in History, in: American Historical Review 71 (1966), S. 803–825; *A. Soboul,* Description et mesure en histoire sociale, in: L'histoire sociale, a.a.O., S. 9–25; *J. H. Hexter,* History, the Social Sciences and Quantification, Moskau (XIII. International Congress of Historical Sciences) 1970.

[54] Vgl. *J. Habermas,* Zur Logik der Sozialwissenschaften. Materialien, Frankfurt 1970, S. 116.

[55] Dazu vgl. zuletzt *Kocka,* Theorieprobleme, a.a.O.

[56] Vgl. *Klaus/Schulze,* a.a.O., S. 81. – Die Untersuchung argumentiert in Kap. I und II in äußerst beachtenswerter Weise für einen Begriff marxistischer Einheitswissenschaft, der starke – jedoch meist nur graduelle – methodische Unterschiede zwischen Gesellschafts- und Naturwissenschaften einerseits, zwischen Geschichte und systematischen Gesellschaftswissenschaften andererseits jedoch anerkennt und herausarbeitet.

[57] Vgl. etwa *Küttler/Lozek,* a.a.O., S. 1120, 1122, 1129; zum Gesetzesbegriff: *Klaus/Schulze,* a.a.O., S. 30, 37 f., 54, 84 f.; *P. Bollhagen,* Soziologie und Geschichte, Berlin 1966, S. 172–216; knapp und prägnant zusammengefaßt in: *Eckermann/Mohr,* a.a.O., S. 250–64.

[58] So besonders weitgehend: *C. Bobinska,* Historiker und historische Wahrheit, Berlin 1967 (poln. Originaltitel: Historyk, fakt, metoda, 1964), S. 81; daneben etwa *Klaus/Schulze,* a.a.O., S. 129.

[59] Vgl. *Bobinska,* a.a.O., S. 38 ff., 46 ff., 60 ff.; *Eckermann/Mohr,* a.a.O., S. 269–76; *E. Engelberg,* Über Theorie und Methode in der Geschichtswissenschaft, in: Zeitschrift f. Geschichtswissenschaft 19 (1971), S. 1352, 1360. Als äußerst problematische Aufforderung zur Parteilichkeit und zum Dogmatismus in Auswahl und Aufbereitung historischer Dokumenta-

tionen und Datenbanken vgl. aber *B. Brachmann*, Die Anwendung von Methoden der Informationstheorie in der Arbeit des Historikers, in: Zeitschrift f. Geschichtswissenschaft 19 (1971), S. 339–351, bes. S. 344–48.

60 Als kurze Beschreibung dieser Methoden: *Eckermann/Mohr*, a.a.O., S. 243–249.

61 Als Beispiel vgl. *Obermann*, Deutschland, a.a.O., S. 1 f. zum »nationalen Verrat« des Bürgertums an seiner Aufgabe; *Kuczynski*, Darstellung der Lage, a.a.O., S. 51 zum Krieg von 1813/15; *Mottek*, Wirtschaftsgeschichte, Bd. 2, a.a.O., S. 4 zur »politischen Hauptaufgabe der Revolution«. Wenn *D. Eichholtz* (Junker, a.a.O., S. 151 f.) den Eintritt von Adligen in die Verwaltungs- und Aufsichtsräte der neuen Eisenbahngesellschaften als objektive »klassenmäßige Korruption« bezeichnet, so steht dahinter die klare Vorstellung des Historikers von der eigentlichen »klassenmäßigen Aufgabe« der Adligen (nämlich: Widerstand gegen den Eisenbahnbau als Vehikel der Stärkung der Bourgeoisie)! – Vgl. auch *Th. Nipperdey*, Die Reformation als Problem der marxistischen Geschichtswissenschaft, in: *D. Geyer*, Hrsg., Wissenschaft, a.a.O., S. 243 f.

62 Vgl. *A. Jezierski* u. *E. Kaczýnska*, Geschichte der Industrie im 19. Jahrhundert. Forschungen 1946–1958, in: Acta Poloniae Historica 4 (1961), S. 175–194; *E. Bahr*, Neue polnische Veröffentlichungen zur Sozial- und Wirtschaftsgeschichte Westpreußens, in: Jb. f. d. Geschichte Mittel- und Ostdeutschlands 13/14 (1965), S. 241–267; *J. Topolski*, Le développement des recherches d'histoire économique en Pologne, in: Studia Historiae Oeconomicae 1 (1966), Poznań 1967, S. 3–42; *ders.*, Développement des études historiques en Pologne 1945–1968, in: *La Pologne au XIIIe Congrès International des Sciences Historiques*, a.a.O., S. 7–75, bes. 12 f., 16, 23 f., 32–38, 44–53, 74 f. – Aufbau, Grundbegriffe, Periodisierung und allgemeine Orientierung dieser beiden repräsentativen Überblicke zeigen, wie sehr die gegenwärtige polnische Geschichtsschreibung von jedem historisch-materialistischen Schematismus und jeder marxistisch-leninistischen Orthodoxie entfernt ist. Ein Vergleich mit den entsprechenden Selbstdarstellungen der DDR-Historie (s. Anm. 2) zeigt diesbezüglich geradezu frappante Unterschiede. – Vgl. weiter *W. Kula*, Histoire et économie. La longue durée, in: Annales. E.S.C. 15 (1960), S. 294–313 (demn. dt. in: *H.-U. Wehler*, Geschichte und Ökonomie, a.a.O.), weiterhin die oben in Anm. 37 zit. Titel; eine Analyse des polnischen Jahrbuchs f. Sozial- und Wirtschaftsgeschichte durch *W. Rusińsky* in: JbWG, 1968, I, S. 377–93. – Unter Leitung *W. Kulas* untersucht ein Kollektiv im Institut f. Geschichte der polnischen Akademie der Wissenschaften in Warschau soziale Schichtung und Mobilität im Kgr. Polen im 19. Jahrhundert, u. a. durch systematische Auswertung von Trauungsmatrikeln, Notariats- und Hypothekenakten. Darüber: *S. Kowalska*, Ausgewählte Probleme der Sozialstrukturforschung, in: JbWG, 1970, III, S. 239–46. – *Prof. Georg G. Iggers* verdanke ich wertvolle Hinweise auf die polnische Situation.

62a Vgl. *Eckermann/Mohr*, a.a.O., S. 55; *R. Ahlberg*, Entwicklungsprobleme der empirischen Sozialforschung in der UdSSR (1917–1966), Berlin 1968; und Anm. 21 oben.

63 Vgl. z. B. *R. T. Vann*, History and Demography, in: History and Theory, Beih. 9: Studies in Quantitative History, 1969, S. 64–78; *J.-M. Price*, Recent Quantitative Work in History, in: ebd., S. 1–13 ;*M. R. Reinhard* u. a., Histoire générale de la population mondiale, Paris 1968⁵.

64 Dies betont selbstkritisch: *P. Khalatbari*, Zu einigen Grundfragen der marxistisch-leninistischen Demographie, in: JbWG, 1971, II, S. 248; s. auch *K. Lehmann*, in: JbWG, 1970, III, S. 289. – Die Analyse des vormärzlichen Pauperismus durch ostdeutsche Historiker leidet ganz besonders unter der wohl ideologisch bedingten Sperrung gegen die Einsicht, daß das Bevölkerungswachstum (dessen Ursachen nur schwer eindeutig zu fixieren sind) ein sehr wichtiger Grund für die verbreitete Verarmung darstellte, die insofern nicht ganz so einfach als Folge von Ausbeutung und Kapitalismus hingestellt werden kann. Vgl. dazu die Sammelbesprechung von *F. D. Marquardt* in: Central European History 2 (1969), S. 77–88, bes. S. 78; *Kuczynski*, Darstellung der Lage, a.a.O., S. 148, 150, 344; dagegen zutreffender: *Mottek*, Wirtschaftsgeschichte, Bd. 2, a.a.O., S. 225–37. Vgl. ausführlich *W. Köllmann*, Bevölkerung und Arbeitskräftepoten-

tial in Deutschland 1815–1865. Ein Beitrag zur Analyse der Problematik des Pauperismus, in: Jb. d. Landes NRW. Landesamt f. Forschung, 1968, S. 209–54.

[65] *J. Kuczynski,* der ja in seinen Arbeiten zur Arbeitergeschichte bei der Berechnung von Preis- und Lohnbewegungen Pionierdienste geleistet hat, scheint auch in der empirisch-historischen Sozialforschung einige Durchbruchsfunktionen ausgeübt zu haben. Vgl. *J. Kuczynski,* Zur Soziologie des imperialistischen Deutschland, in: JbWG, 1962, II, S. 11–90. Der Einfluß tschechischer Wirtschafts- und Sozialhistoriker (*J. Purš* und *A. Klima*) wird deutlich auf dem internationalen Kolloquium in Ost-Berlin über »Strukturprobleme der Arbeiterklasse« im Okt. 1964 – dazu: JbWG, 1964, IV, S. 130–155; ein zweites Kolloquium zum selben Thema fand Ende 1967 statt: JbWG, 1968, II, S. 333–36. Vgl. als weitere Beispiele: *R. Hoppe* u. *J. Kuczynski,* Eine Berufs- bzw. auch Klassen- und Schichtenanalyse der Märzgefallenen 1848 in Berlin, in: JbWG, 1964, IV, S. 200–276; *J. Kuczynski,* Zur Soziologie der nicht-monopolistischen Bourgeosie, in: JbWG, 1966, II, S. 190–215; empirisch-statistische Untersuchungen zur ostelbischen Landarmut vor 1800 durch *J. Peters* in: JbWG, 1967, III, S. 255–302 und 1970, I. S. 97–126; zur Sozialstruktur der brandenburgischen Klein- und Mittelstädte im 18. Jahrhundert schreibt *K. Vetter* in: JbWG, 1969, II, S. 225–63 und in: Zeitschrift f. Geschichtswissenschaft 18 (1970), S. 1061–67; vgl. auch *H. Thümmler,* Zur sozialen Struktur der Ausgewiesenen unter dem Sozialistengesetz (1878 bis 1890), in: JbWG 1971, III, S. 131–140; *K. Obermann,* Die soziale Zusammensetzung der Bürgerwehr in Köln 1848/49, in: JbWG, 1970, IV, S. 141–158; *E. Behm* u. *J. Kuczynski,* Die Reflexion der Arbeiterbewegung in der Regierungspresse vor dem Ersten Weltkrieg. Eine vornehmlich quantitative Analyse (Deutschland), in: JbWG, 1971, III, S. 123–30. Zur Sowjetunion vgl. *H. Palli,* Lochkartenverfahren und mathematische Methoden in der Geschichtswissenschaft, in: Zeitschrift f. Geschichtswissenschaft 17 (1969), S. 504–514; *J. Kachk,* Brauchen wir eine neue Geschichtswissenschaft?, in: Sowjetwissenschaft, GWB, 1970, I, S. 96–109; *I. Kowalchenko,* Mathematico-Statistical Research into Socio-Economic History, in: *USSR Academy of Sciences,* a.a.O., 2 (1970), S. 61–71; *D. V. Deopic* u. a., Quantitative and Machine Methods of Processing Historical Information, Moskau (XIII. International Congress of Historical Sciences) 1970.

[66] Diese wissenschaftstheoretische Diskussion kann hier nicht skizziert werden. Vgl. *Klaus/Schulze,* a.a.O., Kap. I–III zur Überwindung des Gegensatzes »idiographisch-nomothetisch« im historischen Gesetzesbegriff der marxistischen Geschichtswissenschaft; zusammenfassend zum Gesetzesbegriff und zur Logik der historischen Forschung: *Eckermann/Mohr,* a.a.O., S. 241–264; *Bollhagen,* a.a.O., S. 28–116 zur Bestimmung des prinzipiell historischen Charakters der marxistischen Soziologie und ihres Platzes im System der Gesellschaftswissenschaften; dazu auch: *G. W. Ossipow* u. *A. M. Rumjazew,* Die marxistische Soziologie und die konkrete Sozialforschung, in: Sowjetwissenschaft, GWB, 1968, II, S. 1112–1124; *W. A. Jadow,* Zur Frage der marxistischen Soziologie als Wissenschaft, in: ebd., 1968, II, S. 1031–40; *ders.,* Zur Wechselbeziehung von theoretischer und empirischer Analyse in der soziologischen Forschung, in: ebd., 1972, I, S. 53–62. – Zum Charakter der Geschichte als Gesellschaftswissenschaft: *Trapesnikow,* a.a.O., S. 237 ff.; *Klaus/Schulze,* a.a.O., S. 82. Marxistische Positivismuskritik: *I. S. Kon,* Der Neopositivismus und die Logik der Geschichtswissenschaft, in: Sowjetwissenschaft, GWB, 1964, I, S. 385–410. – Allgemein: *A. Weymann,* Gesellschaftswissenschaften und Marxismus. Zur methodologischen Entwicklung der Gesellschaftswissenschaften der DDR, Düsseldorf 1972.

[67] So fürs Verhältnis Wirtschaftsgeschichte–Ökonomie: *Robbe,* a.a.O., bes. S. 104 f.; kritisch *Kuczynski,* Der Gegenstand der Wirtschaftsgeschichte, a.a.O., für den der Unterschied zwischen Politökonom und Wirtschaftshistoriker darauf zusammenschrumpft, daß dieser – aber nicht jener – die Kunst der Darstellung beherrschen, »kunstfertiger Berichterstatter«, »großer Erzähler der Vergangenheit«, »Propagandist des Fortschritts« sein müsse (S. 142, 145). Vgl. auch *Eckermann/Mohr,* a.a.O., S. 67 f.

[68] Ebd., S. 57, 56; zum Verhältnis zwischen Soziologie und Geschichte ausführlich: *Bollhagen,* a.a.O. Verschwimmende Grenzen zwischen den beiden Wissenschaften sieht *Bobinska,* a.a.O., S. 85 ff., die im übrigen den Unterschied am ehesten in der Art der den beiden Wissenschaften zur Verfügung stehenden Quellen sehen will.

[69] Innerhalb dieser entstehen für Sozialtheoretiker wichtige soziologisch-historische Arbeiten. Vgl. z. B. *H. Steiner*, Soziale Strukturveränderungen im modernen Kapitalismus. Zur Klassenanalyse der Angestellten in Westdeutschland, Berlin 1967.
[70] Vgl. z. B. *Küttler/Lozek*, a.a.O., S. 1119, passim.
[71] Vgl. zuletzt die Kurzformulierung der Hauptinhalte dieser Theorie als Ausgangspunkt jedes marxistisch-leninistischen Historikers bei: *Engelberg*, Zu methodologischen Problemen der Periodisierung, a.a.O., S. 1219–1223.
[72] Hier wurden längst nicht alle Funktionen der historisch-materialistischen Geschichtstheorie für die Geschichtswissenschaft analysiert, z. B. nicht ihre Funktionen für das Periodisierungsproblem. Prinzipiell bietet der Historische Materialismus ein Periodisierungsschema, das primär sozialökonomische Kriterien verwendet, eng mit dem Grundbegriff der sozialökonomischen Gesellschaftsformation verknüpft ist und durch Unterteilungen ein hohes Maß an Flexibilität gewinnen kann. Einführend dazu: *Eckermann/Mohr*, a.a.O., S. 81–84. – Welch problematische Aspekte diese Periodisierung enthält, sei nur an einem Beispiel kurz angedeutet: *Engelberg* (Zu methodologischen Problemen der Periodisierung, a.a.O., S. 1227) fordert zu Recht, daß eine Periodisierung scharfe Einschnitte liefern müsse. In bezug auf den Übergang vom Feudalismus zum Kapitalismus in Deutschland gelingt dies aber gar nicht. *Engelberg* datiert den Beginn dieses Übergangs um 1517–1536 (»frühbürgerliche Revolution«), ebd., S. 1238 ff.; *Mottek* sieht sein Ende um 1870 (Wirtschaftsgeschichte, Bd. 2, a.a.O., S. 17). Was leistet aber eine Periodisierung, die den »Übergang« von einer Epoche zur anderen mehr als 500 Jahre dauern läßt? Jedenfalls kommt dann alles darauf an, nach welchen Kriterien und in welcher Weise die Epochen und die »Übergänge« weiter unterteilt werden. Darüber besteht aber keine Klarheit.
[73] *Kritik der bürgerlichen Geschichtsschreibung*, a.a.O., S. 79 ff.; *Der XIII. Internationale Historikerkongreß*, in: Zeitschrift f. Geschichtswissenschaft 19 (1971), S. 170 ff., 245 f. – Die Darstellung der marxistischen Position u. a. bei *Lozek/Küttler*, a.a.O.; die erkenntnistheoretisch-methodologische Position der Soziologie in der DDR skizziert zuletzt mit weiterer Literatur: *P. C. Ludz*, Soziologie und Marxismus in der DDR, in: *ders.*, Hrsg., Soziologie und Marxismus in der Deutschen Demokratischen Republik, Bd. 1, Neuwied–Berlin 1972, S. XVIII–XXX (mit einigen Modifikationen auch für die Geschichtswissenschaft der DDR zutreffend).
[74] Dazu: *Kocka*, Karl Marx und Max Weber im Vergleich, a.a.O. (s. Anmerk. 3).

VI. Neue Forschungsergebnisse und -berichte

MODERNISIERUNG UND DIE GEBILDETEN IM KAISERLICHEN DEUTSCHLAND

Überlegungen zu einer in Arbeit befindlichen Untersuchung [1]

Von Dietrich Rüschemeyer

I

Die Untersuchung, von der hier die Rede ist, befaßt sich mit den Reaktionen der deutschen Bildungsschicht auf Modernisierung und Industrialisierung im letzten Drittel des neunzehnten Jahrhunderts. Sie ist besonders an den verschiedenen ideologischen und »weltanschaulichen« Reaktionen interessiert, an den Widersprüchen und Spannungen innerhalb einer gegebenen Position, an den Konflikten zwischen verschiedenen »Lagern« sowie an jenen Orientierungen, die sich – allmählich oder mit raschem Erfolg – zu durchgreifenden Gemeinsamkeiten verschiedener Positionen entwickeln.

Fritz Stern hat vor zehn Jahren Extremformen solcher Reaktionen in der intellektuellen Entwicklung von *Paul de Lagarde, Julius Langbehn* und *Arthur Moeller van den Bruck* analysiert [2]. Unsere Untersuchung macht den Versuch, breitere Schichten einzubeziehen und divergente Wertvorstellungen und ideologische Orientierungen in bestimmten sozialkulturellen Zusammenhängen zu lokalisieren. Wandlungen in der ideologischen Thematik, in der Breitenwirkung der verschiedenen ideologischen Reaktionen auf Modernisierungsvorgänge und in den Konflikten zwischen den Positionen sollen sowohl zur gesamtgesellschaftlichen Entwicklung wie zum Wandel in der Situation verschiedener Gruppen von Gebildeten in Beziehung gesetzt werden.

Die Untersuchung stützt sich – was die ideologische Thematik angeht – hauptsächlich auf eine systematische Inhaltsanalyse von politisch-literarischen Zeitschriften. Die Analyse wird ergänzt durch die Verarbeitung von Autobiographien und Briefsammlungen, von Monographien zur Entwicklung der Literatur, speziell der Romanliteratur, sowie der vorliegenden Arbeiten über das Zeitschriftenwesen der Periode und über die Entwicklung der »Zeit-« und »Kulturkritik«. Dieses Vorgehen soll – für bestimmte Gruppen und für eine abgegrenzte, wenn auch breite Thematik – jene Kluft überbrücken, die sich in Arbeiten mit ähnlicher Problemstellung so häufig auftut: die Kluft zwischen einer individualisierenden Geistesgeschichte, die das Denken einiger weniger Autoren im Detail analysiert und als charakteristisch fürs Ganze nimmt, und intuitiv-impressionistischen Spekulationen, die breiter gelagerte Mentalitäten und Ideologien grobflächig charakterisieren und aus sozialökonomischen Bedingungen und politischen Entwicklungen erklären.

Die Beziehungen zwischen den ideologischen Reaktionen auf Modernisierungsvorgänge und sozialökonomischen Entwicklungen aufzuhellen, ist ein komplexes Unternehmen, das ohne Einengung der Fragestellung leicht zu ad-hoc-Interpretationen führt, die dann mit um so größerer Gewißheit vertreten werden, je impressionistischer die Datenbasis und je geringer die Aufmerksamkeit, die Alternativerklärungen geschenkt wird. Unsere Untersuchung konzentriert sich auf drei Bereiche, zu denen ideologische Reaktionen in Beziehung gesetzt werden: erstens das Tempo, Ausmaß und der spezielle Charakter jener Modernisierungsvorgänge, die Gegenstand der ideologischen Auseinandersetzungen sind – Urbanisierung, Industrialisierung, Kommerzialisierung, wachsende Teilnahme breiter Schichten am politischen und kulturellen Leben, Umschichtungen in der Klassenstruktur usf.; zweitens die Entwicklung der akademischen Berufe – Wandlungen in ihren Aufgabenstellungen, den Formen der sozialen Kontrolle ihrer Arbeit, Konkurrenz- und Kooperationsbeziehungen zu anderen Berufen, der Rekrutierung aus verschiedenen Schichten und Teilkulturen, den Formen der Ausbildung und ihrer Stellung im Prestigegefüge und in der Einkommensstruktur der deutschen Gesellschaft; und drittens die Entwicklung des höheren Schulwesens und der Universitätsausbildung, sowohl in qualitativer als auch quantitativer Hinsicht. Dieser letzte Bereich hat seit langem, wie auch noch jüngst, relativ intensive Beachtung in der historischen Forschung gefunden. Nächst den Wandlungen in der beruflichen und sozialökonomischen Lage der gebildeten Schichten ist dies, so nehmen wir an, eine der wichtigsten Determinantengruppen von breit gelagerten Reaktionen dieser Schichten auf Modernisierungsvorgänge.

Eine Überprüfung von Hypothesen über die ideologische Thematik, die sich aus bestimmten Formen, Phasen und Bedingungen gesamtgesellschaftlicher Modernisierung ergibt, sowie über die Beziehungen von ideologischen Reaktionen zu der sozialökonomischen Situation der akademischen Berufe und den Prägungen dieser Schichten durch das höhere Bildungswesen – eine Überprüfung solcher Hypothesen ist nur begrenzt möglich, wenn man sich auf ein Land beschränkt. Manche der Faktoren, die in die Hypothesen eingehen, sind so eng mit der gesamtgesellschaftlichen und -kulturellen Situation verknüpft, daß die Analyse sich in Wahrheit nur mit einem Fall – und nicht einer Serie unterschiedlicher, aber vergleichbarer Untersuchungseinheiten – befaßt. Das ist der Grund, warum dieses Forschungsprojekt trotz des schon weit gespannten Rahmens auch noch einen Vergleich mit anderen Ländern ins Auge faßt.

Auch eine Bescheidung im Forschungsziel auf das »Verständnis des historischen Einzelfalles« führt an diesem Problem nicht vorbei. Eine gründliche Untersuchung des »Einzelfalles« ist unerläßlich für seine Erklärung; sie kann fruchtbar sein für die Entwicklung neuer Hypothesen; aber auch die noch so intensive Untersuchung einer konkreten historischen Entwicklung kann nie für deren Erklärung ausreichen. Hypothesen, die sich für eine – zumindest partielle – Erklärung historischer Phänomene eignen, lassen sich aus soziologischer und politischer Theorie herleiten oder – besser – entwickeln. Sie müssen sich jedoch im internationalen Vergleich bewähren, will man sich nicht mit ad-hoc-Interpretationen begnügen, die dem wenigstens in Umrissen bereits bekannten Einzelfall auf den Leib zugeschnitten sind [3].

Die vergleichende Analyse von ideologischen Reaktionen auf Modernisierungsvorgänge in anderen Ländern stützt sich aus Gründen der Forschungsökonomie auf die vorliegende soziologische und historische Literatur. Sie wird sowohl solche Länder einbeziehen, in denen Industrialisierung und Modernisierung eine der deutschen ähnliche Entwicklung nahm, als auch solche, in denen die soziale Entwicklung in verschiedener Hinsicht deutlich mit der deutschen kontrastiert.

Im folgenden möchte ich einige Überlegungen ausführen, auf denen diese Untersuchung aufbaut. Ich werde zunächst darlegen, warum ich die spezifische Problemstellung für wichtig halte, dann den theoretischen Bezugsrahmen skizzieren, der der Arbeit zugrunde liegt, darauf die Methodik der Arbeit, insbesondere Aspekte der Inhaltsanalyse erörtern und schließlich einige Gedanken und Hypothesen zur ideologischen Entwicklung in Deutschland skizzieren.

II

Die Problematik der politisch-kulturellen Entwicklung Deutschlands in den ersten Jahrzehnten nach der Reichsgründung ist für sich genommen von großem Interesse. Die Schwächen der Weimarer Republik und vielleicht sogar bestimmte Züge der gegenwärtigen Situation in der Bundesrepublik und der DDR dürften ohne eine Klärung dieser in vielem entscheidenden Jahrzehnte nur schwer oder kaum zu verstehen sein. Die Untersuchung soll zu dieser Klärung einen Beitrag leisten, der sich auf Wertorienrungen und ideologische Auseinandersetzungen konzentriert. Die Wahl der speziellen Fragestellung beruht einerseits auf der Annahme, daß die Kristallisierung solcher kulturellen Orientierungen langfristig von besonderer Bedeutung ist, und andererseits auf dem Eindruck, daß dieser Aspekt – etwa im Vergleich zur politischen und wirtschaftlichen Entwicklung im Kaiserreich – bisher in der Forschung weniger Beachtung findet.

Die Untersuchung hat also durchaus historischen Charakter. Allerdings wird die ideologische Entwicklung im Kaiserreich mit ganz bestimmten Hypothesen angegangen. Das engt die Fragestellung auf spezifische, theoretisch ausgewählte Aspekte ein und enthebt der Verpflichtung, ein Gesamtbild der kulturellen Entwicklung zu entwerfen, das notwendig subjektiven – wenn man so will, künstlerischen – Charakter trägt.

Zumindest gleichrangig mit dem historischen Interesse hat die Untersuchung eine theoretisch-soziologische Intention. Sie soll sowohl bestimmte Gesichtspunkte erproben und Hypothesen überprüfen, die in der theoretischen Analyse der Modernisierung entwickelt worden sind, als auch neue Hypothesen formulieren, die sich aus der Konfrontierung theoretischer Ideen mit dem historischen Material nahelegen. Modernisierungsprozesse sind typisch langfristige Vorgänge, in denen bestimmte kritische Wandlungen sich nur im Verlauf von ein oder mehreren Generationen vollziehen. Das macht die Verwendung historischen Materials fast unumgänglich.

Selbstverständlich stellt sich die Frage, welche Relevanz die deutsche Entwicklung für die Probleme anderer Länder, besonders der heutigen Entwicklungsländer hat. Versuche, verschiedene konkrete historische Vorgänge in ihrer Ganzheit zueinander in Parallele zu setzen, sind immer zum Scheitern verurteilt. »Aus der Geschichte lernen« ist nur möglich, wenn es gelingt, auf der Grundlage *analytischer* Unterscheidungen und Vergleiche generell gültige Theoreme zu entwickeln. Geht man zum Beispiel von der These aus, daß zwischen der originären Entstehung der modernen Welt und ihrer Verbreitung durch Rezeption – oder auch Oktroyierung – Unterschiede bestehen, die für viele Bedingungszusammenhänge fundamental sind [4], so ist es von einiger Bedeutung, daß man in Deutschland das »erste Entwicklungsland« sehen kann, das erste Land, in dem die Rezeption von in anderen Gesellschaften entwickelten Orientierungen, Verhaltensmustern, Organisationsformen und Techniken eine zentrale Rolle im Modernisierungsprozeß spielte. Das heißt nicht nur, daß sich hier Rezeptionsvorgänge in ihren Bedingungen und Konsequenzen untersuchen lassen, die in anderen Ländern eine – mehr oder weniger stark modifizierte – Entsprechung finden, sondern legt zumindest außerdem nahe, daß die Modalitäten der deutschen Rezeptionsvorgänge und die Reaktionen darauf zum Modell für andere Länder geworden sind. Die Art und Weise der Rezeption selbst kann rezipiert werden [5].

Der Untersuchung liegt die Annahme zugrunde, daß Wertungen und Ideale sowie deren Einbettung in Konzeptionen vom Funktionieren und von der Entwicklung der Gesellschaft – mit einem Wort: daß Ideologien nicht bloße Epiphänomene sind, die sich kurzfristig an Wandlungen des »Unterbaus«, insbesondere der Organisation wirtschaftlicher Produktion und der Klassenstruktur, anpassen und selbst von nur geringer Bedeutung für politischen und sozialökonomischen Wandel sind. Ohne die Bedeutung wirtschaftlicher Faktoren in der Prägung der Gesellschaftsstruktur und der kulturellen Entwicklung prinzipiell in Frage zu stellen, gehen wir davon aus, daß ideologische Reaktionen auf Modernisierungsvorgänge nicht einfach und vollständig von der wirtschaftlichen Lage ihrer Träger determiniert sind, daß ideologische Positionen, wenn sie einmal voll auskristallisiert sind und eine gewisse Institutionalisierung gefunden haben, oft eine bemerkenswerte Stabilität und Kontinuität aufweisen und daß ideologische Interpretationen eine nicht geringe, wenn auch variable und hauptsächlich indirekte Rolle in der Bestimmung des Verhaltens sowohl von Individuen als auch von Organisationen spielen. Ideologische Interpretationen, insbesondere Interpretationen neuer Phänomene, verleihen nicht nur dem Verhalten sowie sozialen Normen und Ansprüchen Legitimation; sie geben auch eine Diagnose des Gesamtzusammenhanges der Handlungssituation, die um so einflußreicher wird, je mehr ältere, für selbstverständlich gehaltene und deswegen weitgehend implizite Interpretationen in Frage gestellt werden; und schließlich prägen sie selbst Vorstellungen darüber, was Individuen und Gruppen als ihren Vorteil ansehen – die Hauptdeterminante des Handelns in vielen Modellen, welche die Bedeutung von Ideologien mit Skepsis betrachten [6].

Auf Grund dieser Überlegungen scheint mir die Arbeitshypothese gerechtfertigt, daß ideologische Interpretationen von Modernisierungsprozessen von weittragender Bedeutung besonders für die weitere politische und kulturelle Entwicklung sind, daß solche Wirkungen durchaus auch langfristiger Natur sind und schließlich daß jenen relativ frühen Auseinandersetzungen über Beurteilung und Interpretation der Modernisierung eine besondere Bedeutung zukommt, die eine gewisse Breitenwirkung erreicht und im komplexen Kanon der kulturellen Vermittlungsinstitutionen einen Platz gefunden haben. Ein Faktor, der ebenfalls zur Konservierung von Ideen beiträgt und für diese Arbeit spezielles Interesse hat, ist der Konflikt zwischen Gruppen, in dem ideologische Positionen zu einem Symbol der Gruppenidentität werden. Das ist besonders dann wahrscheinlich, wenn der Konflikt sich unmittelbar auf diese in Frage stehenden ideologischen Interpretationen bezieht, obwohl das nicht als eine notwendige Bedingung erscheint. Der Kulturkampf etwa ist ein Beispiel für solche Konflikte, die ideologie-konservierende Auswirkungen haben.

Schließlich ist die Einschränkung der Fragestellung auf die Gebildeten zu erörtern.

Abgesehen von Erwägungen der Forschungsökonomie sind es zwei miteinander verknüpfte Überlegungen, die die Gebildeten als besonders wichtige Gruppe erscheinen lassen. Zunächst sind die Gebildeten durch ihre Erziehung und teilweise durch ihre beruflichen Funktionen besonders eng mit den Institutionen kultureller Vermittlung verbunden. Mehr als andere Gruppen befassen sie sich mit der Pflege kultureller Traditionen und mit ihrer Artikulation gegenüber neuen Situationen und Problemen – als Erzieher, Redner, Prediger und Schriftsteller; als informelle Meinungsträger von relativ hohem Prestige und großem Einfluß, selbst wenn bei schnellem sozialem Wandel und breit gelagerten sozialen Konflikten dieser Einfluß besonders an den »Bruchstellen« des Gesellschaftsgefüges recht begrenzt sein mag; und endlich als lesendes und hörendes Publikum, das selbst in der Anonymität der Vorstellungskraft der Produzenten noch nicht zu weit entrückt ist.
Den gebildeten Schichten kommt darüber hinaus in jenen Ländern eine besondere Bedeutung zu, die sich als »Nachzügler« an den Erfahrungen und Entwicklungen in anderen Ländern orientieren. Gebildete spielen dann eine entscheidende Rolle als Vermittler in jenem komplexen Kommunikationsprozeß, in dem Wissen und Techniken, aber auch soziale Institutionen, Einstellungen und Konzeptionen zukünftiger Entwicklung von Land zu Land übertragen werden [7]. Auswahl, Modifikation, Anpassung und Uminterpretation von rezipierten Elementen sind unausweichliche und notwendige Vorgänge, deren Ablauf jedoch keineswegs etwa von einer »Sachlogik« diktiert wird, sondern durchaus Spielraum für mehr oder weniger bewußte Entscheidungen offen läßt. Dies gibt den beteiligten gebildeten Gruppen erhebliches Gewicht – Einfluß ebenso wie Prestige. Gleichzeitig sind sie – wie alle Inhaber von Vermittlungsrollen am Übergang zwischen verschieden gearteten sozialkulturellen Systemen – besonderen Spannungen und Widersprüchen ausgesetzt, besonders dann, wenn sie sich nicht nur mit technisch-instrumentalen Problemen, sondern mit Fragen der sozialen Organisation und der kulturellen Orientierung befassen. Das dürfte zu einem erhöhten Problembewußtsein für ideologische Fragestellungen beitragen.

III

Der theoretische Bezugsrahmen, der dieser Untersuchung zugrunde liegt und die spezifische Hypothesenbildung informiert, braucht hier nur skizziert zu werden. Mir scheint zunächst, daß die fruchtbarsten Anregungen für das Verständnis von Modernisierungsvorgängen in den letzten Jahren von einem theoretischen Ansatz ausgegangen sind, der in der Dialektik von struktureller Differenzierung und sozialkultureller Integration die zentrale Problematik gesellschaftlicher Modernisierung sieht. Dieser Ansatz stammt aus der älteren Evolutionstheorie, findet sich zum Beispiel differenziert ausgebildet bei *Herbert Spencer*, und ist von Soziologen wie *Talcott Parsons, Neil J. Smelser, Robert N. Bellah* und *Shmuel N. Eisenstadt* zum gegenwärtigen Stand entwickelt worden. In der soziologischen Scholastik unserer Tage wird diese theoretische Orientierung wegen der Bedeutung, die sie dem Systemgedanken für die Analyse von Gesellschaften zumißt, in scharfem Gegensatz zu Ansätzen dargestellt, die – oft in Nachfolge *Marx*-

scher Ideen – ökonomische Interessen, Herrschaftsverhältnisse und gesellschaftliche Konflikte als die wichtigsten Faktoren im gesellschaftlichen Wandel ansehen. Indessen zeigen etwa die Arbeiten von *Eisenstadt*, daß wichtige Elemente beider theoretischer Bezugsrahmen durchaus miteinander verbunden werden können, ohne daß ein fruchtloser Eklektizismus entsteht. Das ist von besonderem Interesse für Arbeiten, die sich mit der deutschen Entwicklungsproblematik befassen, da hier einerseits Herrschaftsverhältnisse und Klassengegensätze eine besonders gewichtige, in jedem Fall unübersehbare Rolle gespielt haben [8], während andererseits gerade die deutsche Geistes- und Kulturgeschichtsschreibung sich mit dominanten religiös-philosophisch-literarischen Anschauungen befaßt und deren Entwicklung weitgehend aus innerkulturellen Zusammenhängen zu erklären gesucht hat.

Eine weitere Gruppe von theoretischen Vorüberlegungen, die aber näher an die spezifische Untersuchung heranführen, behandeln die Verwendbarkeit des Systemgedankens in der Analyse gesellschaftlicher Modernisierung. Sie befassen sich mit Bedingungen, Formen und Konsequenzen sehr ungleichmäßiger gesellschaftlicher Entwicklung, insbesondere mit Phänomenen »partieller Modernisierung«. In allen Industriegesellschaften bestehen relativ traditionale sozialkulturelle Phänomene – Verhaltensmuster, Normen, Institutionen, Wertorientierungen und Interpretationsschemata – neben anderen, die durch einen spezifisch modernen Grad von Rationalität gekennzeichnet sind. Sozialkultureller Wandel vollzieht sich niemals simultan in allen Bereichen sozialen Lebens. In der Theorie des sozialen Wandels wird nun häufig angenommen, daß es sich bei diesen Ungleichmäßigkeiten nur um ein »Nachhinken« der Entwicklung bestimmter Bereiche hinter anderen handelt und daß sich auf lange Sicht ein Gleichgewicht einstellen würde, wenn man neue Anstöße zu weiterem Wandel einmal ausschließen könnte oder auch wenn sich die Entwicklung insgesamt verlangsamte.

Die hier vertretene Konzeption legt dagegen die Annahme zugrunde, daß unter bestimmten, im Prinzip angebbaren Bedingungen sich Konfigurationen von »partieller Modernisierung« ergeben, die sich auch auf lange Sicht, das heißt über den Generationswechsel hinweg, nicht in einen harmonischen und konsistenten Gleichgewichtszustand auflösen. Spannungen zwischen verschieden gearteten Teilstrukturen führen hier nicht zu allmählicher gegenseitiger Anpassung – *William G. Sumners* »strains toward consistency« – sondern werden durch komplizierte Vermittlungsmechanismen und Pufferinstitutionen abgefangen. Es scheint, daß im Vergleich zu »ausgeglicheneren« Gesellschaften solche partiell modernisierten Gesellschaftsstrukturen wesentlich weniger flexibel sind. Wandel in der inneren und äußeren Situation wirft hier größere Probleme auf. Insbesondere wird die Fähigkeit, soziale Konflikte offen auszutragen, ohne die Integration der Gesellschaft aufs Spiel zu setzen, wesentlich vermindert. Gleichzeitig ergibt sich aus der erhöhten sozialkulturellen Heterogenität ein größeres Konfliktpotential und die Möglichkeit beschleunigten sozialen Wandels, falls die Vermittlungsmechanismen neuen Situationen nicht gewachsen sind [9].

Dieses sehr abstrakt skizzierte Modell läßt sich auf die deutsche Entwicklung im Zeitalter der Industrialisierung anwenden. Es greift aber als Grundmuster verschiedener Varianten viel weiter. Japan und das zaristische Rußland kommen dem deutschen Entwicklungstyp in vieler Hinsicht nahe. Die neuen afro-asiatischen Staaten und die älteren Lateinamerikas zeigen nur wenige konkret ähnliche Aspekte; jedoch scheinen die Grundzüge des angedeuteten Modells eine realistischere Analyse ihrer Entwicklung zu ermöglichen als die vorherrschende Gleichgewichtskonzeption. Umgekehrt vermeidet dieser Ansatz, die theoretische Analyse zugunsten bloßer Beschreibung und ad-hoc-Interpretation aufzugeben, eine Tendenz, die unter Kritikern des Gleichgewichtsmodells nicht eben selten ist.

Hans Rosenberg, einer der wichtigsten Historiker, die sozialwissenschaftliche Theorie für die historische Analyse fruchtbar machen, führt die kurze Lebensdauer des deutschen Kaiserreichs »in erster Linie auf das Mißverhältnis zwischen ökonomischer und soziopolitischer Modernisierung zurück« [10]. Was hier zur Rede steht, ist nicht etwa ein Zurückbleiben der Rationalisierung im Bereich von Regierung und Verwaltung, sondern vor allem das Mißverständnis von »sozialer Mobilisierung«, um die Formel von *Karl Deutsch* zu gebrauchen, und der Entwicklung demokratischer Institutionen sowie weniger hierarchisch strukturierter Sozialformen, allgemeiner von Institutionen und sozialkulturellen Orientierungen, die in der Lage gewesen wären, die mobilisierten Schichten der Gesellschaft zu integrieren.

Gerade die Dominanz einer rationalisierten Verwaltungsbürokratie unter den sozialen Kräften, die die Modernisierung in Preußen und Deutschland voran trieben, stellt in Verbindung mit den Herrschaftsinteressen sowohl der traditionalen wie der bürokratischen Eliten eine der wichtigsten Ursachen für langfristige Ungleichmäßigkeiten der gesellschaftlichen Entwicklung dar [11]. Während die Stabilisierung der Herrschaftsverhältnisse die Erhaltung traditionaler Institutionen und Orientierungen nahelegt, macht die Machtzusammenballung, die sich aus einem solchen Verlauf der gesellschaftlichen Entwicklung ergibt, es möglich, in verschiedenen Teilbereichen moderne Entwicklungen zu fördern, ohne um die materielle und immaterielle Unterstützung breiter Kreise nachsuchen zu müssen. *Joseph Ben-David* hat in diesem Sinne die Entwicklung der empirischen Naturwissenschaften in Deutschland mit ihrer Entwicklung in England und Frankreich kontrastiert [12]. Allgemeiner kann das relativ reiche Bildungs- und Kulturleben in Deutschland während des späteren achtzehnten und des frühen neunzehnten Jahrhunderts ebenso von hier aus eine Erklärung finden wie die besondere Affinität der Gebildeten zur Staatsbürokratie und ihre Isolierung von anderen Gruppen.

Eine besondere Rolle in der Entwicklung partieller Modernisierung kommt Wertorientierungen zu, die Verbindlichkeit für die Gesamtgesellschaft beanspruchen. Historische Beobachtung und soziologische Theorie stützen die Annahme, daß solche Wertorientierungen, wenn einmal institutionalisiert, mehr als andere Komponenten sozialkultureller Gesamtstrukturen gegen schnellen und dauerhaften Wandel abgesichert sind. Damit ist ein wichtiger Ansatzpunkt für die Entwicklung von Inkonsistenzen gegeben, wo immer gesellschaftliche Strukturen schnellem Wandel ausgesetzt sind. Solche Inkonsistenzen zwischen Wertorientierungen und sozialer Praxis in verschiedenen Bereichen werden dann besonders ausgeprägt sein – und hier knüpft die Argumentation an den vorhergehenden Gedanken an und wird für die Entwicklung in Deutschland besonders wichtig –, wenn jene Gruppen und Institutionen, die sich mit der Pflege kultureller Traditionen befassen, den neuen Entwicklungen und ihren Trägern fremd gegenüberstehen.

Wo Widersprüche dieser Art sich besonders scharf ausbilden, würden wir mit *Smelser* soziale Bewegungen erwarten, die mit großer Intensität – und oft auf utopische Weise – die Wiederherstellung einer Harmonie zwischen altem Ideal und neuer Wirklichkeit anstreben, es sei denn, daß auch hier Vermittlungs- und Puffermechanismen den Widerspruch weniger fühlbar machen. Die Kritik der Moderne in kultur-pessimistischen Strömungen und in Erneuerungsbewegungen wie der deutschen Jugendbewegung illustriert die erste Möglichkeit. Ein Beispiel für die zweite ist das komplexe Interdependenzverhältnis – bei gleichzeitig weitgehender struktureller Isolierung – von tradionalen Herrschaftsinteressen, orthodoxer Kirchlichkeit, liberaler Theologie und einer verbreiteten Distanzierung der Gebildeten von der religiösen Tradition; daß hier der grundlegende Widerspruch für breite Schichten überdeckt und abgemildert wurde, schließt selbstverständlich nicht aus, daß viele Gebildete und insbesondere Teile der Geistlichkeit sehr starken Spannungen ausgesetzt waren [13].

Ich werde an diese Überlegungen zum theoretischen Bezugsrahmen anknüpfen, wenn spezielle Aspekte der ideologischen Entwicklung in Deutschland zu erörtern sind. Vorher scheint es noch angebracht, auf einige methodische Probleme kurz einzugehen.

IV

Die Behandlung methodischer Probleme an diesem Ort hat zwei Ziele. Sie soll einerseits eine genauere Vorstellung von dem beschriebenen Forschungsprojekt geben und andererseits auf einige methodische Schwierigkeiten hinweisen. Wenn damit der Anspruch, der sich aus diesem Vorbericht ergibt, etwas begrenzt wird, so ist das ein durchaus willkommener Nebeneffekt.

Zu erörtern ist vor allem die Inhaltsanalyse von ausgewählten Zeitschriften als ein Weg, ideologische Reaktionen auf Modernisierungsprozesse zu identifizieren. Die Beschreibung des Vorgehens darf hier sehr kurz gefaßt werden. In einer Reihe von politisch-literarischen Zeitschriften wie der »Deutschen Rundschau« und der »Gegenwart« werden in bestimmten Jahrgängen alle die Beiträge näher analysiert, die sich mit Entwicklungen befassen, welche sich als Modernisierungsvorgänge bezeichnen lassen. Außerdem bezieht die Analyse auch solche Beiträge ein, die politisch-weltanschauliche Gruppen oder Positionen behandeln, da die Untersuchung an ideologischen Gruppenkonflikten – und daher an der öffentlichen Darstellung dieser Gruppen – ein besonderes Interesse hat. Die Analyse des einzelnen Beitrags folgt einem Frageschema, das für jede erörterte Entwicklung, Gruppe oder Position nach ihrer Charakterisierung durch den Autor, nach Bewertung, Kriterien der Bewertung, Einschätzung von Ursachen und Zukunftschancen sowie der Beziehung zu anderen Entwicklungen, Gruppen oder Positionen fragt.

Hier ist nicht der Ort, zu behandeln, welche Probleme sich bei der Auswahl der Zeitschriften, Wahl der Jahrgänge, der Identifizierung relevanter Artikel und der eigentlichen Analyse ergaben und wie diese Probleme angegangen wurden. Ich möchte vielmehr kurz zwei allgemeinere Probleme anrühren, ein pragmatisches und ein theoretisch-methodisches. Das erste betrifft das Verhältnis von Aufwand und Ertrag in der

systematischen Inhaltsanalyse, das zweite die Frage, was man eigentlich mit den Ergebnissen einer Inhaltsanalyse von Massenmedien in der Hand hat.
Eine gründliche Inhaltsanalyse erfordert einen ungeheuren Arbeitsaufwand – um so mehr, je komplexer das analysierte Material, je differenzierter die Fragestellungen und je weniger Fragestellung und Notation im vorhinein standardisiert sind. Damit stellt sich die Frage, ob der Aufwand lohnt, ob nicht eine intelligente Durchsicht dieser Zeitschriften ebenso gute Resultate bringt. Obwohl das volle Ausmaß des notwendigen Arbeitsaufwandes eine desillusionierende Überraschung war, teile ich den Optimismus nicht, der sich in diesem Einwand ausdrückt. Wer einmal an der Entwicklung und Erprobung von Analyseschemata beteiligt war, hat eindringliche Erfahrungen damit gemacht, wie unterschiedlich die Auffassung eines Textes bei verschiedenen Lesern sein kann, aber auch in welchem Maße sich diese Variabilität durch ein adäquates Analyseinstrument reduzieren läßt. Hinzu kommen die Vorteile einer quantitativen Analyse, die die Möglichkeiten auch eines guten Gedächtnisses und sorgfältiger Notizen übersteigt.
Damit ergibt sich eine – nicht ganz neue – Antinomie, die schwierige Entscheidungen erzwingt bezüglich der Zahl der untersuchten Zeitschriften und Jahrgänge sowie der Differenziertheit der Analyse. Zum gegenwärtigen Zeitpunkt plane ich, die intensive Analyse einiger Zeitschriften zu ergänzen durch eine sehr vereinfachte quantitative Analyse von anderen Zeitschriften, die durch wenig formalisierte Lektüre zu vertiefen ist. Diese vereinfachte Inhaltsanalyse kann einer gewissen Kontrolle dadurch unterworfen werden, daß man beide Vorgehensweisen auf das gleiche Material anwendet und die Ergebnisse vergleicht.
Die Frage, worauf die Analyse eines gegebenen Textes oder einer Serie von Texten Rückschlüsse zuläßt, ist fundamental für alle Anwendungen der Inhaltsanalyse. Sie ist jedoch nicht generell zu beantworten und verweist immer auf Indizien und Urteile über den Kontext des in Frage stehenden Kommunikationsvorganges. Gelingt es, eine repräsentative Auswahl unter den Publikationen einer bestimmten Art – definiert etwa durch den Themenbereich, das Niveau der Behandlung und den Lesertyp – zu treffen, so erfaßt die Inhaltsanalyse zwar nicht die Meinungen der Leser, aber immerhin die »öffentliche Meinung« in einem so abgegrenzten Raum. Sie erfaßt die Meinungen, die öffentlichen Ausdruck in einem Forum dieser Art finden [14].
Die Zahl der analysierten Zeitschriften ist in dieser Untersuchung Beschränkungen unterworfen, die das Ziel der Repräsentativität problematisch machen. Gestützt auf die vorliegende Literatur über das Zeitschriftenwesen der Zeit zieht die Auswahl der Zeitschriften die Bedeutung und den Einfluß einer Publikation in Betracht, sucht aber gleichzeitig kontrastierende Typen von Journalen einzubeziehen, etwa Zeitschriften mit relativ eindeutiger politischer und weltanschaulicher Tendenz ebenso wie solche, die trennende Probleme meiden und nach einem Konsens streben.
Die Sammlung von Informationen aus der Sekundärliteratur über die verwandten Zeitschriften, über den annähernden Charakter ihrer Leserschaft und über die häufiger vertretenen Autoren, sowie Charakterisierungen von Zeitschriften und einzelnen Autoren, die sich aus der Inhaltsanalyse selbst ergeben, können erste Ansatzpunkte für die Beantwortung der Fragen liefern, für welche Gruppen und für welche Typen von

Einstellungen und Orientierungen die analysierten Materialien als charakteristisch interpretiert werden dürfen. Biographien, Briefsammlungen und zeitgenössische Kommentare sind weitere Quellen, die zur Einschätzung der Beziehung zwischen öffentlich in den gewählten Zeitschriften ausgedrückten Stellungnahmen und den in verschiedenen Gruppen vertretenen Einstellungen herangezogen werden.

Besondere Aufmerksamkeit wird schließlich Materialien zugewandt, die über den Einfluß von höherer Schule und Universität auf Einstellungen und ideologische Orientierungen Auskunft geben. Für eine grobe Einschätzung der Breitenwirkung verschiedener ideologischer Positionen dürften hier wichtige Hinweise zu finden sein. Wo Beobachtung und direkte Befragung nicht möglich sind, stellen Informationen über das Erziehungswesen einen wichtigen Zugang zu dominanten Wertorientierungen dar, selbst wenn sie nur bruchstückhaft über tatsächliche Schulverhältnisse und Erziehungswirkung und vorwiegend über offizielle Intentionen unterrichten [15].

Ohne Zweifel sind Schlußfolgerungen auf Grund aller dieser Quellen immer noch weit von einer Rekonstruktion der tatsächlich für verschiedene Gruppen charakteristischen Wertorientierungen und Einstellungen entfernt. Die Ergebnisse würden aber wesentlich über den gegenwärtigen Stand des Wissens hinausführen. Zudem ist deskriptive Repräsentativität nicht das einzig relevante Kriterium. Vorausgesetzt daß gewisse Gegensätze zwischen bestimmten sozialkulturellen Gruppen klar genug ausgeprägt sind, so würden die Ergebnisse einer solchen systematischen Inhalts- und Quellenanalyse ausreichen, um bestimmte Hypothesen über den Zusammenhang ideologischer Reaktionen mit der gesellschaftlichen Position von Autoren und Leserschaft zu überprüfen und weiter zu entwickeln.

V

Auf Grund von vorliegenden Untersuchungen und theoretischen Überlegungen läßt sich ein Katalog jener Probleme zusammenstellen, die sich typisch im Verlauf von Modernisierung und Industrialisierung stellen. Ein solcher Grundriß von Problemstellungen dient der Orientierung unserer Inhaltsanalyse von Zeitschriften und der Verarbeitung anderer Quellen zur ideologischen Thematik. Die im folgenden angedeuteten Probleme sind solche, die sowohl für die deutsche Entwicklung besonders wichtig erscheinen als auch allgemeinere Bedeutung haben.

1. Relativ späte Modernisierung und Industrialisierung wirft Fragen bezüglich der Einstellungen zur Kultur der »führenden« Länder und zur eigenen Kultur auf. Neben mehr oder weniger pragmatischen Kompromißlösungen stehen ideologische Orientierungen, die die eigenen Traditionen oder fremde Fortschritte zum »summum bonum« erheben.

2. Ökonomische und politische Rationalisierung führt zu wachsender Independenz von Regionen und gesellschaftlichen Gruppen. Diese Entwicklungen erfordern Anpassungen von höchst bedeutsamen sozialen Identifikationen. Was es bedeutet, ein Deutscher, ein Württemberger oder ein Jude in Deutschland zu sein, wird in Frage gestellt und muß neu bestimmt werden. Regionalismus, Nationalismus und universalistischer Internationalismus sind konkurrierende Reaktionen auf diese Problematik. Die Entwicklung

von »völkischen« und rassistischen Ideen steht in einem komplexen Zusammenhang mit diesen Reaktionen.

3. Ähnlich durchgreifender Wandel ergibt sich in der Schichtung nach Einkommen und Prestige, in der Abgrenzung verschiedener Schichten voneinander und in den Wertungen, die die Schichtungsstruktur legitimieren. Das Fortbestehen alter Privilegien, während traditionale Legitimationen in Frage gestellt werden, die oft rasche Akkumulation von Reichtum in neuen – und zumindest nach alten Maßstäben nicht unbedingt legitimen – Händen sowie neue Formen von Armut und Not rücken Fragen der sozialen Gerechtigkeit ins Zentrum der ideologischen Diskussion.

4. Die Legitimation neuer Formen von Autorität und neuer Normensysteme stellt ein dringliches Problem dar, nicht nur weil der Modernisierungsprozeß den Aufbau neuer Institutionen erfordert, sondern auch, weil alte Solidaritäten, Herrschaftsformen und normative Ordnungen vom sozialen Wandel untergraben werden – und das relativ unabhängig davon, ob die Entwicklung neuer Institutionen Erfolg hat.

5. Ausgeprägte Heterogenität von Wertorientierungen – aus verschiedenen Gründen charakteristisch für Deutschland ebenso wie für viele heutige Entwicklungsländer – macht die Entwicklung eines nationalen Konsensus außerordentlich schwierig. Eine annähernde Übereinstimmung in fundamentalen Wertorientierungen ist aber von großer Bedeutung für den Aufbau neuer, umgreifender Solidaritäten und Identifikationen, für die Legitimation gemeinsamer politischer Institutionen sowie für Zusammenarbeit und Begrenzung von Konflikten zwischen verschiedenen Gruppen auf nationaler Ebene. Nationale Ideensysteme – unter Umständen mehrere mit verschiedener inhaltlicher Orientierung – entwickeln unter diesen Bedingungen ein ausgeprägtes Sendungsbewußtsein und kommen typisch mit älteren weltanschaulichen Positionen in Konflikt.

6. Neue Eliten entwickeln sich in verschiedenen Bereichen neben alten Führungsgruppen. Sie unterscheiden sich oft in den Grundlagen von Einfluß und Macht ebenso wie in der Form der Legitimation. Die Konkurrenz zwischen diesen Eliten ebenso wie ihre mehr oder weniger langfristigen Koalitionen werfen einen wichtigen Komplex von ideologischen Problemen auf.

7. Die »Mobilisierung« großer Teile der Bevölkerung – nicht nur, und nicht einmal in erster Linie in geographischer, sondern vor allem in sozialer Hinsicht – stellt zentrale Probleme. Neue Gruppen und Schichten verlangen nach Anerkennung und Teilhabe in politischen und kulturellen Bereichen, die ihnen bisher verschlossen waren. Elitäre Mentalitäten und Ideologien alten wie neuen Typs stehen in den Reaktionen einer Glorifizierung des »einfachen Mannes«, des Bauern, des Arbeiters oder des Soldaten gegenüber. Unter gewissen Umständen verbinden sich verschiedene dieser Reaktionen auf komplexe und oft paradoxe Weise.

Obwohl dieser Problemkatalog keinen Anspruch auf Vollständigkeit erhebt, wurden bestimmte konkrete Themen der ideologischen Auseinandersetzung und Kritik, die man vielleicht vermißt, wie »Verflachung des Geisteslebens«, Bürokratisierung oder die »Behandlung des Arbeiters als sachliches Produktionsmittel« deshalb nicht aufgenommen, weil sie als Spezialfälle oder als Kombinationsformen anderer, allgemeinerer Probleme aufgefaßt werden können. So ist es etwa möglich, die Thematik der Beziehung zwischen Unternehmer und Arbeiter im Zusammenhang der allgemeineren Probleme von neuen Formen sozialer Autorität und von Wandlungen in der sozialen Schichtung zu sehen.

Abschließend seien hier einige Bedingungen erörtert, die besonders in Deutschland für die relative Bedeutung dieser Themen und für die Formen der ideologischen Reaktionen wichtig erscheinen.

Bestimmte Formen der partiellen Modernisierung komplizieren die ideologischen Auseinandersetzungen beträchtlich. Das ist zum Beispiel dann der Fall, wenn wichtige Gruppen in ihrem Erfahrungshorizont kaum oder nur aus der Ferne mit Modernisierungsvorgängen konfrontiert werden, während bei anderen die Auseinandersetzung mit diesen Prozessen bereits in vollem Gange ist. Über längere Zeit mögen die Reaktionen der so »abgeschirmten« Gruppen einen ruhigen und geradezu abgeklärten Charakter tragen. Umgekehrt können sie den Boden für besonders scharf ausgeprägte antimoderne Reaktionen abgeben, wenn sich ausgedehnter Kontakt mit »fortgeschritteneren« Gruppen und Institutionen entwickelt. Auf lange Sicht dürften solche Formen partieller Modernisierung zu einer Verlängerung der ideologischen Auseinandersetzung und zu einer Polarisierung der ideologischen Gegensätze führen [16].

Eine weitere Ursache von ausgeprägter Polarisierung der ideologischen Gegensätze liegt in einer Anhäufung ungelöster fundamentaler Probleme, die sich etwa aus schnellem sozialen Wandel ergibt. Verschiedene Gegensätze überlagern sich hier derart, daß die Gegner durch eine ganze Reihe von Antagonismen voneinander getrennt sind. Die Verschärfung offener und latenter Konflikte, die man in einer solchen Konstellation erwarten darf, wirft eine Reihe interessanter Fragen auf. Die Abneigung gegenüber offenem Konflikt, die verschiedentlich für Deutschland diagnostiziert wurde [17], läßt sich möglicherweise als eine Reaktion auf diese Situation verstehen, eine Reaktion, die zudem durch verschiedene andere Entwicklungen vorbereitet und verstärkt wurde.

Frühe Bürokratisierung der staatlichen Verwaltung und die Entwicklung eines Bildungsbürgertums, das auf vielfältige Weise mit dem Staat verbunden war – die »freien Berufe« wurden bis ins neunzehnte Jahrhundert in vieler Hinsicht als Quasi-Beamte betrachtet –, ist eine Entwicklung, die nicht nur hier, sondern auch in anderer Hinsicht relevant sein dürfte. Die enge Verbundenheit des deutschen Bildungsbürgertums mit staatlichen Institutionen erscheint als eine der wichtigsten Ursachen für die gegenseitige Entfremdung von Akademikern und Männern der Wirtschaft, die bis hin zur Reichsgründung charakteristisch, abgemildert auch später noch von Bedeutung war [18]. Eine weitere Hypothese ist, daß diese Entwicklung die Formen der Modernisierung, die sich mit den Normen und Idealen staatlicher Verwaltung vereinbaren und rechtfertigen lassen, annehmbarer gemacht hat als andere, etwa die erratisch scheinenden Konsequenzen freier Konkurrenz, Machtansprüche der Unterklassen und allgemein die fortschreitende »Demokratisierung« von kulturellem, sozialem und politischem Leben. Eine Variante dieser Hypothese, die Annahme, daß viele Gebildete ihren Problemhorizont dadurch verengten und vereinfachten, indem sie sich für ganze Komplexe »nicht zuständig« erklärten und diese den Fachleuten, insbesondere der Obhut staatlicher Organe überließen, geht ebenfalls auf den Primat staatlicher und bürokratischer Modernisierung in Deutschland zurück. Sie würde erklären, warum – und das ist ein erster Eindruck aus der Inhaltsanalyse – im national-liberalen Bürgertum ein ungebrochen positives, fast philisterhaftes Verhältnis zu Modernisierungsvorgängen erst dann erschüttert wurde, als man die Sicherheit der staatlichen Ordnung in Frage gestellt sah – etwa, für einige Gruppen, um 1890 und dann allgemeiner gegen Ende des Ersten Weltkrieges.

Eine vorläufige Analyse von Romanen des Realismus ergab, daß häufig eine Bezugnahme auf gesellschaftlichen Wandel vermieden wurde und daß jenseits dessen eine passive, melancholische Kritik neben relativ unkritischer – und oft nicht sehr realistischer – Schilderung stand. In den kritischen Stellungnahmen deutet sich ein Rückzug auf die Welt privater Beziehungen und der kultivierten Persönlichkeit an. In der späteren naturalistischen Bewegung prägt sich zwar die kritische Bewertung schärfer aus, jedoch bleiben Schilderungen typisch von realistischer Analyse weit entfernt, und oft geben vorindustrielle Idylle den Maßstab der Kritik ab [19]. Während diese Ergebnisse im Einklang mit anderen Analysen und Interpretationen stehen, die diese und verwandte Tendenzen auch in anderen sozialkulturellen Bereichen mit der Verteilung politischer Macht sowie mit Traditionen des deutschen Luthertums und des Neuhumanismus in Verbindung bringen, bleibt offen, für welche Gruppen solche Reaktionen besonders charakteristisch waren, welche Breite sie hatten und wie dauerhaft sie sich über einen längeren Zeitraum und im Wechsel von Generationen erwiesen.

Eine einschränkende Überlegung mag den Schlußpunkt hinter diese – durchaus unvollständige – Reihe von Hypothesen setzen. Der Sondercharakter der jüngeren deutschen Geschichte verleitet allzu leicht dazu, bestimmte ideologische Reaktionen auf Modernisierungsvorgänge als spezifisch für die deutsche Entwicklung anzunehmen. Sowohl die Diagnose gewisser Züge als charakteristisch für die ideologische Auseinandersetzung in Deutschland, als auch ihre Erklärung wird erst dann an Verläßlichkeit gewinnen, wenn die ideologische Entwicklung in anderen Ländern vergleichend analysiert wird.

Anmerkungen

[1] Die – noch nicht abgeschlossene – Materialsammlung für diese Untersuchung wurde wesentlich gefördert durch ein Faculty Research Fellowship der Ford Foundation sowie durch Mittel der Deutschen Forschungsgemeinschaft und der Brown University, die die Mitarbeit von Forschungsassistenten ermöglichten. Zuwendungen der University of Toronto und des Canada Council machten die Mitarbeit von Forschungsassistenten auch bei verschiedenen historischen Vorarbeiten möglich. Ich danke diesen Institutionen für ihre Unterstützung. Ebenso, oder noch mehr, möchte ich meinen früheren Forschungsassistenten, *Rudolf Heydeloff, Karl-Heinz Hörning, Douglas Skopp* und *Reinhard Zedler*, hier für ihre Hilfe danken. Selbstverständlich sind weder die genannten Institutionen noch die Forschungsassistenten für das hier Gesagte verantwortlich.

[2] *Fritz Stern,* The Politics of Cultural Despair, Garden City, N. Y., 1961; deutsche Übersetzung: Kulturpessimismus als politische Gefahr, Stuttgart 1963.

[3] Es ist kein Geheimnis, daß »Theorien« in den Sozialwissenschaften meist nicht hinreichend spezifiziert und überprüft sind, um zu schlichter Anwendung auf historische Situationen und Entwicklungen zu taugen; in Wahrheit handelt es sich meist um mehr oder weniger systemati-

sierte Gesichtspunkte (*Blumers* »sensitizing concepts«, *Mertons* »sociological orientations«) und begriffliche Bezugsrahmen, die sich für bestimmte Problemstellungen als fruchtbar erwiesen haben, und nicht um eigentliche Theoreme, die mehrfach überprüft und systematisch zusammengefaßt worden sind.

[4] Zu dieser These siehe zum Beispiel *Talcott Parsons,* Some Reflections on the Institutional Framework of Economic Development, in: *ders.,* Structure and Process in Modern Societies, New York 1960, S. 98–131, und *Reinhard Bendix,* Tradition and Modernity Reconsidered, in: Comparative Studies in Society and History 9 (1967), S. 292–346.

[5] »Germany was the first underdeveloped country in the sense that she was the first country to feel powerful pressure to change emanating from the alien early modernizing societies of the West. And it is in Germany that we can see clearly for the first time the emergence of the great countermodernizing ideologies that would be subsequently important in all the developing nations – both European and otherwise – in the nineteenth and twentieth centuries.« *Robert N. Bellah,* Meaning and Modernization, in: *ders.,* Beyond Belief, New York 1970, S. 70. *Theodor H. von Laue* macht – in einer Erörterung *Ranke*scher Gedanken – den Modellcharakter der deutschen Reaktionen noch expliziter: »His theory ... was carried forward ... in a destructive but inevitable chain reaction into Slavophilism, Sinophilism, Indophilism, etc. Wherever the standards of the most advanced western nations clashed with local traditions, a similar ideological revolt was the logical consequence of local nationalism. The Prussian and German revolt was the first one. It supplied the essential guides of thought for all subsequent ones.« Zitiert in *Hans Kohn,* The Mind of Germany, New York 1960, S. 264.

[6] Längst ist bekannt, daß etwa *Marx* keineswegs das Bewußtsein als einseitig vom ökonomischen »Unterbau« determiniert gesehen hat und als ohnmächtig gegenüber der sozialökonomischen Entwicklung; siehe dazu zum Beispiel *Joseph A. Schumpeter,* Capitalism, Socialism and Democracy, New York 1942, S. 9 ff., und jüngst die vorzügliche Arbeit von *Shlomo Avineri,* The Social and Political Thought of Karl Marx, Cambridge, England, 1968, S. 65 ff. et passim. *Schumpeter* formuliert eine unserer Annahmen auf sehr prägnante Weise: »Social structures, types and attitudes are coins that do not readily melt. Once they are formed they persist, possibly for centuries ...« Ebd. S. 12. Es ist klar, daß der Ideologiebegriff, der hier verwandt wird, relativ weit und ohne pejorative Begriffselemente gefaßt ist; siehe dazu *Clifford Geertz,* Ideology as a Cultural System, in: *David E. Apter,* Hrsg., Ideology and Discontent, New York 1964, S. 47–76. Zu der gesamten Problematik der Zusammenhänge zwischen Ideologien und Modernisierung, die in diesem Aufsatz nur angedeutet werden kann, siehe *Dietrich Rüschemeyer,* Notes on Ideology and Modernization, in: *Jan J. Loubser et al.,* Hrsg., Explorations in General Theory in the Social Sciences, New York, ein Symposion zu Ehren von *Talcott Parsons,* das demnächst erscheint.

[7] Siehe *Bendix,* a.a.O., S. 334.

[8] Siehe zum Beispiel *Parsons,* Democracy and Social Structure in Pre-Nazi Germany, in: *ders.,* Essays in Sociological Theory, Glencoe, Ill., 1954, S. 104–123 (zuerst 1942 veröffentlicht). Daß gerade eine Arbeit von *Parsons* hier herangezogen werden kann, darf vielleicht als ein partieller Beleg für die vorangehende Argumentation verstanden werden.

[9] Für eine Erörterung dieser hier nur angedeuteten Probleme und Ideen siehe *Rüschemeyer,* Partielle Modernisierung, in: *Wolfgang Zapf,* Hrsg., Theorien des sozialen Wandels, Köln 1969, S. 382–396. Eine erweiterte Fassung dieses Aufsatzes erscheint in der oben erwähnten Festschrift für *Parsons* (*Loubser et al.,* Hrsg., a.a.O.).

[10] *Hans Rosenberg,* Große Depression und Bismarckzeit, Berlin 1967, S. 59. Eine ähnliche Diagnose drückt sich in einer These von *Eugene N. Anderson* aus: Germany »provided the best example of a national society with an advanced industrial economy still mainly under the control of social forces of the Old Regime. This cultural mixture was most characteristic of the period up to 1918 and least so of the period of the Weimar Republic. Under the Nazis the forces of the Old Regime tried to revive their power, but found themselves subject to a new force of totalitarian nationalism supported by the lower classes«. *Anderson,* German Intellectual History, in: Journal of World History 2 (1954/55), S. 218.

[11] Siehe *Rüschemeyer*, Partielle Modernisierung, a.a.O., S. 386 f. *Eisenstadt* macht das ambivalente Verhalten bürokratischer Herrschaft in relativ traditionalen Gesellschaften gegenüber weiteren Modernisierungsvorgängen zu einer zentralen These seines The Political Systems of Empires, New York 1963.

[12] *Joseph Ben-David*, The Scientist's Role in Society. A Comparative Study, Englewood Cliffs, N.J., 1971, Kap. 5–7.

[13] Siehe *Neil J. Smelser*, Theory of Collective Behavior, New York 1963, Kap. 10. Widersprüche dieser Art können auch ohne eine solche Verschärfung von großer Tragweite sein. So wäre es reizvoll, einer These *Leonard Kriegers* über den deutschen Liberalismus unter den oben entwickelten Gesichtspunkten nachzugehen: »German liberal doctrin was weak precisely in that vital theoretical middle ground between metaphysical or ethical preconceptions and practical consequences which makes for clear and firm political systems.« *Krieger*, The German Idea of Freedom. History of a Political Tradition, Boston 1957, S. 301.

[14] Die letzte Qualifikation ist nicht ohne Bedeutung. Meinungen – und wohl auch die dahinter stehenden Einstellungen und Überzeugungen – können bis zu einem gewissen Grade mit dem Kontext variieren, in dem sie ausgedrückt werden. Es handelt sich hier durchaus nicht nur um Offenheit, Form und Intensität der Meinungsäußerung, sondern durchaus auch um Fragen des Inhalts. Der Kontrast von mündlicher und schriftlicher oder von öffentlicher und privater Äußerung oder der Unterschied in der Argumentation gegenüber Freunden und Gegnern mag dem Gemeinten mehr Anschaulichkeit geben. Die Frage nach den Rückschlüssen, die eine Inhaltsanalyse möglich macht, fragt also nicht nur, wem – oder welchen Gruppen – die analysierten Aussagen »zugerechnet« werden können und in welchem Maße sie mit den Meinungen in diesen Gruppen, etwa der Leser, übereinstimmen, sondern auch für welche Modalitäten und für welche sozialen Situationen diese Meinungen bei den verschiedenen Gruppen als charakteristisch angenommen werden können.

[15] Es ist klar, daß die Informationen über das Erziehungswesen, die zur Rekonstruktion von ideologischen Positionen herangezogen werden, nicht außerdem für die Charakterisierung von sozialkulturellen Bedingungen benutzt werden können, welche der Erklärung jener Positionen dienen. Das würde ein tautologisches Element in die Erklärung bringen.

[16] *Henry Ashby Turner* geht so weit, die These zu formulieren, daß die Kombination von schneller und ungleichmäßiger Modernisierung in Deutschland – und vielleicht auch in Italien – zu jener scharfen und anhaltenden Kritik an Modernisierungsprozessen führte, in der er die Basis des Faschismus sieht; siehe *Turner*, Fascism and Modernization, in: World Politics 24 (1972), S. 547–564, besonders S. 559.

[17] Siehe etwa *Ralf Dahrendorf*, Gesellschaft und Demokratie in Deutschland, München 1965.

[18] Siehe dazu *Friedrich Zunkel*, Der rheinisch-westfälische Unternehmer, 1834–1879, Köln und Opladen 1962.

[19] Zur Literatur des Realismus gibt der Text in starker Vereinfachung Schlußfolgerungen wieder, zu denen *Karl-Heinz Hörning* in einer Vorarbeit im Rahmen dieses Projekts gekommen ist. Die Charakterisierung des naturalistischen Romans stützt sich weitgehend auf *Ludwig Niemann*, Soziologie des naturalistischen Romans (Germanische Studien, Heft 148), Berlin 1934.

»LA VIE INTIME« BEITRÄGE ZU SEINER GESCHICHTE AM BEISPIEL DES KULTURELLEN WANDELS IN DEN BAYERISCHEN UNTERSCHICHTEN IM 19. JAHRHUNDERT

Von Edward Shorter

Wenn wir Zeitgenossen glauben sollen, so hat sich die Moral in Bayern in der ersten Hälfte des 19. Jahrhunderts einfach aufgelöst. In diesen Jahren wurden die Klagen über den Verfall der Tugend und die Ablehnung sozialer Autorität mit derartigem Ingrimm ausgestoßen, wie es ihn im Jahrhundert zuvor und in den darauffolgenden Jahren – bis zur Weimarer Republik [1] – noch nicht gegeben hatte. Diese Tiraden gegen den Moralverfall sind natürlich schon für sich genommen interessant, weil sie uns über die Klagenden Auskunft geben, über die etablierten gesellschaftlichen Eliten und besonders die staatlichen Verwaltungsbeamten der unteren Ränge, deren Wehgeschrei in den Staatsarchiven aufbewahrt wurde.
Noch viel verlockender ist der begrenzte aber wertvolle Einblick, den diese geschwätzigen, übereifrigen, selbstgerechten und wichtigtuerischen Dokumente in die Veränderung des Lebens von Männern und Frauen, die andernfalls von der Geschichtsschreibung unbemerkt geblieben wären, bieten können. Vielleicht hat sich die öffentliche Moral wirklich in der Zeit von, sagen wir, 1790 bis 1860 geändert. Vielleicht ist der große Gletscher kultureller Regeln und Gewohnheiten der Volksschichten, der sich normalerweise so langsam bewegt, tatsächlich ein paar Zentimeter vorwärts gerutscht in der Zeitspanne, deren Schwerpunkt der Vormärz bildet. Beim Studium der Modernisierung von *la vie intime* sollten wir als Beweis die Empfindungen derjenigen gebildeten bayerischen Staatsbeamten aus der Oberschicht berücksichtigen, die bei der Durchsicht der über ihren Schreibtisch wandernden Akten zu Problemen öffentlicher Ordnung und privater Moral immer empörter wurden über das, was sie lasen.
Zuerst müssen wir uns über die Definitionen einig werden. Mit *la vie intime* meine ich einfach die beiden Hauptbereiche sozialen Lebens, in denen eine gewisse Wahrscheinlichkeit besteht, daß das Selbstbild eines Individuums seine Interaktionen beeinflußt: Sexualität und Autorität. Viele (allerdings nicht alle) Erscheinungen im Bereich der Sexualität unterliegen kulturellen Regeln, und wie sich jemand selbst sieht, das wird unvermeidlich seine libidinöse Haltung zu anderen beeinflussen. Ebenso bestimmt das Selbstbild den Gehorsamkeitssinn gegenüber gesellschaftlichen Autoritäten, etwa in der Familie, im Betrieb, der Gemeinde oder dem Nationalstaat; denn je klarer sich jemand über die Grenzen zwischen seinem Ego und der objektiven Welt wird, desto stärker wird sein Gefühl persönlicher Autonomie. So ist *la vie intime* der Teil des Egos, in dem sich die Wege von Sexus und Herrschaft kreuzen. Die gesamte Menge all der besonderen Regeln, nach denen sich Individuen in Autoritäts- und sexuellen Beziehungen richten, das ist »Volkskultur«. Und »Volk« bedeutet hier buchstäblich alle Schichten der Bevölkerung unterhalb der Ebene der Großgrundbesitzer, der Großhändler oder

des Bildungsbürgertums im allgemeinen. Innerhalb dieser Volksklassen sind es jedoch besonders die »niederen Stände« oder diejenigen in Abhängigkeitsbeziehungen, auf die wir hier unsere Aufmerksamkeit richten wollen.

Das Folgende dient der Veranschaulichung, nicht der Verifizierung. Es muß nicht besonders hervorgehoben werden, daß man systematische quantitative Informationen braucht, um zu beweisen: mit der Veränderung der Kleidung oder des Tanzstils bahnt sich ein bedeutender Umschwung an. Auf Grund ihrer Eigenart sind derartige Dimensionen von *la vie intime* unter Verwendung von Daten, die die »durchschnittliche« Erfahrung darstellen, historisch ungeheuer schwer zu messen [2]. Regierungsaufzeichnungen scheinen ein annehmbares Mittel zu bieten, den Vorhang des Schweigens zu lüften. Es gab eine Zahl von Reibungspunkten zwischen intimem Verhalten und bürokratischer Aktenführung. Wie alle zentraleuropäischen Staaten verfügte auch Bayern in der ersten Hälfte des 19. Jahrhunderts über einen Komplex von Gesetzen, die es von offizieller Zustimmung abhängig machten, ob ein Mann einem Gewerbe nachgehen oder sein Eigentum aufteilen könne, ob er heiraten oder mit einer Frau in Sünde leben dürfe, ob er Armenunterstützung erhielt oder ob er etwa in eine andere Gemeinde umziehen könne. Und als ich mich in die Akten über Einzelfälle und die offiziellen Aufzeichnungen über die Handhabung der »Heimat-, Gewerbe- und Ansässigmachungspolitik« vertiefte, bekam ich den Eindruck, daß machtvolle Kräfte das Gefüge der Volkskultur veränderten [3]. Wie ich gehofft hatte, war von dieser inquisitorischen Maschinerie aber auch ein fortlaufender Kommentar zu volkstümlichen Unterhaltungsformen, Familienleben, Sexualpraktiken und ähnlichem archiviert worden. Zuweilen wollten sich Verwaltungsbeamte dieser Kommentare als *obiter dicta* entziehen, manchmal, weil Fragen der »Moral« sofortige politische Konsequenzen hatten. Aus Ermangelung anderer Arten von Information sieht sich der Historiker gezwungen, *la vie intime* mit den Augen dieser königlichen Bürokraten, d. h. von Männern, die Veränderungen und Innovation als Auflösung und Verfall ansahen, zu beobachten. Dabei kommt es darauf an, den Filter des Zorns zu durchdringen, um zur Wirklichkeit des gesellschaftlichen Lebens zu gelangen.

Auffassungen von der Krise der Moral

Lassen wir diese Leute selbst zu Wort kommen. Provinzbeamte in Oberfranken wehklagten im Jahre 1833: »Der Zustand der Sittlichkeit kann im allgemeinen nicht als gut und befriedigend bezeichnet werden.« Sie behaupteten, daß sich in den letzten drei Jahren die Dinge tatsächlich verschlechtert hätten. Es gäbe zu wenig Aufsicht der Eltern, zu viele uneheliche Geburten. Und die öffentliche Meinung sei weniger hart gegenüber moralischen und kriminellen Übeltätern geworden. »Am tiefsten ist aber die Moralität hinsichtlich der Befriedigung des Geschlechtstriebes gesunken, und in dieser Beziehung ist besonders auf dem platten Lande, überhaupt aber in den niederen Ständen das Gefühl der Schamlosigkeit in eine grenzenlose Freiheit ausgeartet [4].« Das sind harte Worte.

Aber die Moral war tatsächlich zu einer wichtigen Angelegenheit der Tagesverwaltung geworden. Wenn immer die Regierungspräsidenten in ihren Bezirken auf Inspektionsreise waren, hielten sie besorgt nach dem Zustand der lokalen »Sittlichkeit« Ausschau und meldeten ihre Befunde nach München. *Franz Wilhelm, Freiherr von Asbeck,* reiste 1823 durch Unterfranken, und es entging nicht seiner Aufmerksamkeit, daß »... in dem Orte Gossmannsdorf, Landgericht Hofheim, unter den Bewohnern (den älteren wie den jüngeren) eine aus vielen Erscheinungen hervorgehende große Verderbnis der Sitten herrschen soll. Der Unterzeichnete sieht sich dadurch veranlaßt, die Aufmerksamkeit der Königlichen Regierung in Anspruch zu nehmen ... [5].« *Ludwig, Fürst zu Oettingen-Wallerstein,* besuchte allerdings 1829 das Landgericht Füssen und konnte – wie lobenswert – bemerken, daß die Moral sehr hoch und ständig im Anwachsen sei. »Die Sitten tragen das Gepräge der Gebirgs-Bewohner. Ehrfurcht gegen die Obrigkeit, Sinn für Ordnung im Familien- wie im öffentlichen Leben, Selbstgefühl, Offenheit mit Bescheidenheit, und Intelligenz wird überall wahrgenommen [6].« Und hier spricht *Arnold, Ritter von Link,* Regierungspräsident von Schwaben, auf seiner Tour von 1837 durch diese Provinz:

» – Landgericht Göggingen. Sitten und öffentliche Sicherheit: nicht empfehlenswerth. Ursachen: die in früheren Perioden maßlos gestattete Ansiedlung von vielen Familien ohne Grundbesitz zu Schlipsheim und Deuringen, die Nähe der Stadt (Augsburg) und der zahlreichen Garnison, die vielen Fabrik-Arbeiter, welche die naheliegenden Ortschaften der Stadt Augsburg liefern.

– Landgericht Friedberg. Zustand der Sitten ohne betrübende Erscheinungen. Tanz-Musiken beschränkt. Keine auffallende Rohheit unter denjenigen Leuten.

– Landgericht Burgau. Zustand der Sittlichkeit nicht sehr empfehlend, besonders zu Burgau, wo es an der Orts-Polizei fehlt. Tänze beschränkt. Uneheliche Geburten häufig [7].«

Die Besorgnis über Angelegenheiten der Moral drang sogar bis ins Staatsministerium des Innern, das 1851 die folgende Verordnung erließ, in der die Provinzbeamten beauftragt wurden, die Bevölkerung wieder auf den rechten Weg zu bringen:

»Während des vergangenen Jahres ist die Notwendigkeit (für eine solche Verordnung) überaus deutlich geworden wegen der von diesem Übel verursachten Gefahr, die die gesamte soziale Ordnung bedroht. (An welche Ereignisse die Regierung dabei dachte, ist nicht klar. Sie wurden jedoch deutlich in) ... zunehmender Gottlosigkeit, weitverbreiteter Faulheit und Vergnügungssucht, der wachsenden Mißachtung des Gesetzes, guter Lebensführung und Moral, dem sich ausbreitenden Fehlen der Häuslichkeit, unaufhörlich wachsender Selbstüberschätzung, der neuerlich zunehmenden Gleichgültigkeit gegenüber Gemeindebelangen, wenn es um persönlichen Gewinn geht – allen diesen Erscheinungen, die, je häufiger sie entstehen, desto deutlicher klar werden lassen, daß die Hauptpfeiler der sozialen Ordnung schwanken [8].«

Hier zeigt sich dieses diffuse Unbehagen auf kleinstem Raume konzentriert. Die gesellschaftlichen Autoritäten des Königreiches im allgemeinen, von denen die königlichen Bürokraten am besten informiert waren, zeigten sich wegen einer offensichtlich neuen Neigung der Leute aus dem Volk, eigenes Vergnügen und Bedarf über die Verpflichtungen gegenüber der Gemeinde zu stellen, im höchsten Grade alarmiert. Beobachter befürchteten, daß alte Gemeinschaftswerte und -bräuche zusammenbrachen, und daß die »egoistisch« und auf gefährliche Weise »zügellose« Emanzipation der Person dem Schutt entsteige. Das galt für die Religion ebenso wie für das Familienleben und für den Gehorsam gegenüber dem Arbeitgeber. Es galt ferner für so verschiedene Bereiche des öffentlichen Lebens wie die Politik und den Tanz und für Teile der privaten Sphäre, z. B. die Sexualität.

Wer steckte hinter dieser Unmoral?

Falls nun diese Männer geglaubt hätten, daß die Moral an allen Orten und in allen Gruppen verfiel, so könnten wir ihre Erklärungen als neurotische Geschwätzigkeit abtun. Die Anklage war aber recht deutlich: Frauen und junge Leute. Die am stärksten vom Virus des Egoismus Angesteckten waren diejenigen, die zuvor am meisten in der Knechtschaft verschiedener gesellschaftlicher Hierarchien gesteckt hatten. So kam es, daß im Vormärz die Frauen, die bis dahin in elendig untergeordneten Positionen innerhalb der autoritären Familienstruktur standen, und die Jugend, die als eine Gruppe Gegenstand schärfster sozialer Kontrolle der Gemeinde war, zu revoltieren schienen. Natürlich nicht alle Frauen und nicht die ganze Jugend. Die staatliche Anklage meinte insbesonders diejenigen in abhängigen Arbeitsverhältnissen innerhalb des Haushalts und der traditionellen Handwerke.

Nach den niemals endenden Klagen konservativer Sozialtheoretiker sind die patriarchalischen Arbeitsbeziehungen innerhalb des Handwerkssystems zwischen der Mitte des 18. und der Mitte des 19. Jahrhunderts der unpersönlichen »Sucht nach Geld« gewichen. Die Tradition gebot Gesellen und Lehrlingen, daheim bei den Meistern zu wohnen, an ihren Tischen zu essen und sich bei Freizeitbeschäftigungen nach deren »Urteil« zu richten. Nicht nur hielt der Handwerksmeister die Fäden wirtschaftlicher Macht in seinen Händen, sondern ebenso diejenigen gesellschaftlicher, moralischer und politischer Herrschaft. Die Hausordnung des Handwerksmeisters garantierte, daß die Gesellen und Lehrlinge unter allen (Lebens-)Umständen die Forderungen einer hochgradig hierarchischen Familiengemeinschaft erfüllten. Im frühen 19. Jahrhundert begann sich in Bayern dieses Netz abhängiger Verbindung aufzulösen; die wirtschaftliche Kontrolle der Handwerksmeister über Gesellen wurde jedoch beibehalten, die nicht-ökonomische öffentliche Kontrolle ging verloren. Darum ging das ganze Geschrei der Kritiker.

Die Gemeindebevollmächtigten der Stadt München beklagten sich im Jahre 1831 über den Verfall, den die freie Marktwirtschaft und die Staatskontrolle der Zunftordnung gebracht hätten. Die »Isolierung« von Alleinproduzenten und »die Zerstörung gemeinsamen Wirkens« hätten zur Zerstörung der Moralgrundsätze der früheren Gewerbeverfassung geführt. Der Staat hätte die Zunftpolizei abgeschafft in der »falschen« Annahme, daß alle derartigen Machtausübungen dem Staat selbst zufallen sollten. Mit der Abschaffung der Moralkontrollen, derer sich vorher die Zünfte und Meister erfreut hatten, sei die »Verwilderung« gekommen. »Der Geselle kennt nicht mehr die häusliche Zucht des Meisters, er hält sich für ihr entwachsen, daher verminderte Ehrfurcht bei ihm, und durch sein Beispiel veranlaßt, auch bei den Lehrlingen.« Die jungen Meister nähmen sich nicht mehr die Ermahnungen der älteren zu Herzen, hart zu arbeiten und sich von den Vergnügungen des Augenblicks fernzuhalten [9].

Die mit Petitionen an den König und an die Regierung gefüllten Regale in Münchens Staatsarchiven, die Bände mit Dokumenten zu den Sitzungen der Zweiten Kammer des Landtages, die Aufzeichnungen der Kreisregierungen – all das wimmelt nur so von Klagen der Handwerksmeister über das Ende der Zunftordnung. Die meisten dieser Klagen richteten sich allerdings gegen einen übersteigerten Wettbewerb in den Handwerken durch grenzenlos großzügige Lizenzvergabe oder behördliche Nachsicht gegenüber Hausierern. Durch viele Klagen läuft jedoch der scharlachrote Faden moralischen wie wirtschaftlichen Zusammenbruchs: die jungen Leute weigern sich einfach, die traditionellen korporativen Werte der Zunftordnung anzunehmen; sie bestehen darauf, ihre eigenen Wege zu gehen, auf eigene Faust zu produzieren, nicht im Hause des Meisters zu wohnen und, indem sie gemeine Frauen heiraten oder notorisch beischlafen, der herkömmlichen Zunftbegriffe der Ehrbarkeit zu spotten.

Die Klagen über ausschweifende Unabhängigkeit unter den jungen Arbeitern weiteten sich auf alle Meister-Gesinde-Beziehungen und insbesondere die landwirtschaftlichen Hausangestellten aus. Die landwirtschaftlichen Dienstboten waren allein schon auf Grund der Art ihrer Tätigkeit gezwungen, im Hause des Bauern zu wohnen. Sie brachten jedoch einen Emanzipationssinn auf eine Weise zutage, die ihre Dienstherren ebenso reizte, wie die Gesellen ihre Meister ärgerten. Die Kreisregierung von Oberbayern beklagte sich 1820 über Dienstboten: »Jeder Sinn für Recht und Ordnung ist verloren gegangen. Jede Person beschäftigt sich nur mit den augenblicklichen Vorteilen, mit welchen Mitteln auch immer. Die Würde der Familienbande, die Disziplin im Haushalt schwinden.« Der Berichterstatter faßte diese Entwicklung im Wort »Egoismus« zusammen [10]. Die Regierung von Oberfranken vermerkte im gleichen Jahr eine Tendenz bei Dienstboten, »allen beschwerlichen Aufgaben auszuweichen und sich einer bequemeren Lebensführung zu verschreiben« [11]. In Mittelfranken wurde von den Dienstboten gesagt, sie würden sich der häuslichen Ordnung und Disziplin entziehen [12]. Derartige Klagen haben ums Jahr 1833 nicht nachgelassen, als die Kreisregierungen in den dreijährigen Verwaltungsberichten aufgefordert wurden, einen Kommentar zu »Geist und Benehmen der dienenden Klassen« abzugeben. Oberbayern fand eine »Abnahme des Gehorsams«; die Oberpfalz vermerkte Aufweichung der Bande zwischen Herr und Dienstboten. Und Unterfranken meinte: »Der Hang nach einem mehr selbstständigen Leben ist vorherrschend ...« [13]. 1848 berichteten Bezirksbeamte vom fast vollständigen Verschwinden der früheren patriarchalischen Beziehungen zwischen ländlichem Herrn und Dienstboten [14]. Es ist wichtig, dabei zu berücksichtigen, daß die große Mehrheit dieser Dienstboten junge Leute waren, meist jünger als 30 Jahre und oft noch Jugendliche.

Viele Kulturkritiker schrieben der Jugend als solcher eine Rolle im allgemeinen Zusammenbruch der Moral zu. Die elterliche Autorität über jugendliche Kinder schien sich abzuschwächen. Junge Leute bewegten sich jetzt freier, nahmen sich eine größere Gleichgültigkeit gegenüber elterlicher Mißbilligung ihrer Freizeitbeschäftigung heraus. Augsburgs *Dr. Koller* war 1861 betrübt und bemerkte, daß in den guten alten Tagen der Hausvater sich zu Hause nach eines harten Tages Arbeit im kleinen Kreise der

Kinder, Dienstboten und Gesellen entspannt hatte, die alle zusammen seine »Familie« umfaßten. »Das hat nun leider fast ganz aufgehört, seitdem eine Menge Gelegenheiten zu äußerer Zerstreuung auch dieser Volksschicht geboten sind und somit nicht nur die Bande zwischen Meister und Gesellen, Herrschaft und Ehehalten, sondern auch zwischen den Gliedern des engern Familienkreises selbst gelockert haben.« Sogar bei einer derartig harmlosen Angelegenheit wie bei den Formen der Anrede konnte diese Lockerung gesehen werden, weil – *Dr. Koller* zufolge – die Kinder früher ihre Eltern mit dem respektvollen »Sie« angeredet hatten, zumindest in den höheren Schichten der Sozialordnung. »In neuerer Zeit ist das Verhältnis ein weit traulicheres geworden, und man duzt sich gegenseitig fast allgemein [15].«

1837 legten die protestantischen und katholischen Abgeordneten des Unterhauses eine gemeinsame Petition vor, in der sie bemerkten, daß sowohl die Kindererziehung als auch die Aufsicht über Dienstboten zunehmend vernachlässigt würden. »Man sagt nicht zu viel, wenn man behauptet, daß sich in unseren Tagen das Familienleben zusehends auflöse.« Die »gute alte Sitte«, die freien Stunden des Tages im Familienkreis zu verbringen, verfiel immer mehr. Die Kinder waren jetzt den Vergnügungen für Erwachsene ausgesetzt. Tatsächlich wurden raffinierte, hier im einzelnen nicht zu beschreibende, Vergnügungen für sie arrangiert [16]. 1833 um einen Kommentar zur Kreismoral gebeten, faßte die Regierung der Oberpfalz die Dinge so zusammen: »Das Wahre an der Sache dürfte sein, daß man im allgemeinen an Humanität vorschritt und an Selbstgefühl gewann, während man die Einfachheit der alten Sitten des häuslichen Familienlebens verlor.« Die Jugend hatte mehr »Willensfreiheit«, fürchtete die Älteren weniger, schwelgte in Unverantwortlichkeit, Übermut, »Aufbrausung« und Unfug. Die Wurzel allen Übels war eine »Emanzipation von aller Leitung, ein übertriebenes Gefühl von Selbständigkeit« [17]. Falls diese sonst nüchternen, verantwortungsvollen Beamten Recht hatten, haben wir es mit einer fundamentalen historischen Verschiebung der gesellschaftlichen Stellung der Jugend zu tun. Falls sie Unrecht hatten, so haben wir lediglich den ewig bleibenden Generationskonflikt vor uns.

Schließlich war es noch die Gruppe der Frauen der Unterschicht, die die bayerischen gesellschaftlichen Autoritäten aufrührerisch und einzelgängerisch fanden – besonders junge Frauen, und vor allem diejenigen, die in Diensten standen. Obwohl viele andere Fachleute die zeitgenössischen Klagen über das »Dienstbotenproblem« berücksichtigt haben, haben meiner Kenntnis nach nur wenige den Unterstrom der Beklemmung erkannt, wenn es um Frauen ging. Vielleicht geht das Schweigen der anderen Historiker einfach auf das früher mangelnde Interesse an der Geschichte der Frauen zurück; vielleicht messe ich meinerseits einigen verstreuten Bemerkungen im behördlichen Schriftverkehr zuviel Bedeutung bei und mache aus der ewigen männlichen Besorgnis über Frauen eine historische Entwicklung. Nur weiterführende Forschung in Bayern wie anderswo wird klären können, (a) ob eine neue Art von Furcht über die Stellung der Frauen die Gesellschaftskritik des Bildungsbürgertums zu kennzeichnen beginnt, und (b) ob sich die Stellung der Frauen der Unterschicht wirklich veränderte. Meiner eigenen Überzeugung nach müssen beide Fragen bejahend beantwortet werden, ich betone jedoch die Vorläufigkeit meiner Aussage zu dieser Angelegenheit.

Wie dem auch sei, in der tagtäglichen administrativen Korrespondenz über ziemlich fade Ereignisse taucht eine große Zahl von Hinweisen auf einen Vorgang auf, den man nur die Emanzipation der Frau nennen kann.

Hier ist ein Beispiel aus Unterfrankens dreijährigem Verwaltungsbericht von 1833: »Es ist eine beinahe allgemeine und wohl begründete Beschwerde, daß die Verdorbenheit, vorzüglich der weiblichen Dienstboten, immer mehr überhand nehme, daß dieselben der Befriedigung ihrer Prunkliebe, ihrer Sucht nach Vergnügungen, oft den letzten Heller ihres Lohnes zum Opfer bringen, und nicht selten, wenn der obgleich gesteigerte Dienstlohn nicht mehr zureichend ist, zur Untreue und zu einem liederlichen Leben verleitet werden [18].« Wovon sich jedoch diese Frauen emanzipierten, das waren nicht notwendigerweise die Männer – wie es die spätere Generation von Frauenrechtlerinnen versuchen sollte – sondern ein Gitterwerk von Herrschaftsbeziehungen in der Gemeinde und die kulturellen Regeln, die sie zur Unterwürfigkeit zwangen. Diese Frauen der Unterschicht steuerten in zunehmendem Maße darauf zu, ihren Selbstwert als gleich dem der Frauen anderer sozialer Klassen geltend zu machen. Sie entfernten sich von den Dienstbotenrollen und den sozialen Kontrollen, die von ihnen Bescheidenheit und Keuschheit vor der Ehe verlangten.

Rund hundertfünfzig Jahre später hält der Forscher sein Ohr an das Gerät und versucht verzweifelt, die Störungsgeräusche von Nostalgie, von Mißgunst gegen die Jugend, von männlichen Phantasievorstellungen über weibliche Aggressivität vom Rhythmus historischen Wandels zu trennen und auszuschalten. Beim Einstellen bleibt seine Hand stehen, wenn er das Quäken und Kreischen vernimmt, das – entsprechend den von anderen Gelehrten für andere Zeiten und Orte entwickelten Gesellschaftstheorien – auch in Bayern vorhanden gewesen sein könnte. Und bei der Erwähnung von »Jugend«, »Frauen« und »Dienstboten« wird sich seine Miene wahrscheinlich aufhellen, weil eine Unmenge von Hypothesen, wie sie etwa von *Gillis, Millett, Hobsbawm* und *Rudé,* entwickelt worden sind, ihn dazu bringen anzunehmen, daß diese besondere Musik in Bayern ebenfalls gespielt haben könnte [19]. Das Warnzeichen kann jedoch nicht deutlich genug aufgestellt werden: Welt der Einbildung – der Männer, die sich einbilden, daß die Frauen sich ändern – der älteren Leute, die sich einbilden, daß die Jugend rastloser ist – der guten Bürger, die sich einbilden, in jedem Gärtner stecke ein Spartakus. Der Historiker muß wirklich sehr vorsichtig sein, wenn er diese Phantasiewelt als einen Spiegel der Wirklichkeit nimmt.

Formen kulturellen Wandels: Luxus und Genußsucht

So wie bestimmte Bevölkerungsgruppen in dieser Kulturkritik besonders gerügt wurden, so wurden bestimmte Verhaltensformen angeklagt. Es gab mehrere Lebensbereiche des Volkes, in denen einzelne Momente des privaten »Wunsches, frei zu sein« grell ins öffentliche Auge sprangen, und diese Bereiche wurden von den Bürokraten als der innerste Kern der Kulturkrise angesehen. Kleidung, Alkohol, Tanz, Sexualität, all das gab den Schichten des Volkes Spielraum, das Selbst auszudrücken. In all dem konnte die Moral der Gemeinde abgelehnt werden. In den Augen der königlichen Beamten war die Kleidung das äußerlich sichtbarste Zeichen für einen inneren Moralverfall.

Was, genau, hatte sich geändert? *Joseph Hazzi,* ein königlicher Bürokrat, reiste um 1800 durch Altbayern und machte sich Notizen zu gesellschaftlichen Zuständen. Er war schockiert darüber, wie verschwenderisch die Kleidung des Volkes in vielen Bezirken, besonders des wohlhabenden Landgerichts von Straubing, war. Dort gab sich jedermann, vor allem die Jugend, dem Ausputz hin: die Bauernsöhne trugen Biberfellmützen mit goldenen Tressen, goldenen Bändern und einer silbernen Spange, rote Strickjacken, hellblaue Jacketts, die pro Elle (0,83 m) zwischen acht und zwölf Gulden kosteten, ein grünes Halfter aus Seide, einen Ledergürtel »von ungemeiner Breite« mit zahlreichen Verzierungen und einer silbernen Schnalle, zwei Taschenuhren mit Silberketten, schwarze Lederhosen mit Borten, weiße und blaue Kniestrümpfe aus Baumwolle oder Seide (Wolle wäre zu gewöhnlich gewesen), Schuhe mit silbernen Schnallen und Ösen.

Die Bauerntöchter erschienen nicht weniger prächtig: Kopftücher aus »feinstem« schweizer Linnen mit holländischer Spitze, silberne Spangen, kostbare Schals um ihre Hälse, rote Jacken aus »feinstem Stoff, der zehn bis zwölf Gulden kostete« mit goldenen Verzierungen, Mieder aus goldenem und silbernem Material, weiße Baumwollstrümpfe, silberne Ketten, goldene und silberne Ringe und so weiter. *Hazzi* führte den hohen Wert jedes Kleidungsstücks einzeln auf und war über die Ausgaben höchst erschrocken. Die Kleinbauern, Landarbeiter und Diener imitierten offensichtlich diese Tracht in dem Ausmaß, in dem sie es sich leisten konnten [20]. Diese kurze Beschreibung gibt einen Begriff von dem, was Kulturkritiker unter »Luxus« bei der Kleidung verstanden. Jedoch wenn *Hazzi* auch diese kostspielige Ausschmückung beklagte, machte er doch nicht den Vorwurf, daß die Kleidung von Straubing von der traditionellen Bauerntracht abwich.

Zwei Jahrzehnte später begannen die niederen Klassen, die Leute unter der von *Hazzi* beschriebenen Schicht, heftige Kritik auf sich zu ziehen, nicht nur, weil ihre traditionelle Kleidung teuer war, sondern weil sie anfingen, wie die oberen Klassen auszusehen. Der Parlamentarier *Johann von Pelkhoven* beklagte die »luxuriöse Prachtliebe«, die die unteren Stände befiele. »Kann man das Kammermädchen noch von der Dame, den Kammerdiener von dem fürstlichen Rathe, den Handelscommis vom Banquier unterscheiden?« Sogar der Bauer habe, so seufzte *Pelkhoven,* seine einfache Jacke und Pluderhose beiseite gelegt und statt dessen das Jackett des Bürgers angezogen, »mit metallenen Knöpfen«. Die Kniehosen und die halbledernen Stiefel ließen den Bauern nun wie einen Bourgeois, einen wohlhabenden Bürger aussehen. Die einfachen Kopftücher aus Linnen der »ländlichen Schönen« waren langen verzierten Schals gewichen. »Ein kürzerer Rock, chemisenartig geschnitten, setzt weder die vollen Hüften, noch den niedlichen Fuß mehr in Nachteil, und weiße baumwollne Strümpfe und gefärbte lederne Schuhe machen vergessen, daß der nämliche Fuß unter der Woche in dem Unflat der Ställe stecke [21].«

Diese Stilwechsel wurden als »Luxus« bezeichnet, eine Bezeichnung, die nicht nur auf Kleidung angewendet wurde, sondern ebenfalls solchen anderen unziemlichen Aufwand wie Branntwein, Tabak und gutes Essen verdammte. *Oerthels* »Gemeinnütziges Wörterbuch« definiert beispielsweise »Luxus« als »1. Wohlleben, Üppigkeit, Schwelgen; 2. Prachtaufwand, Prachtliebe, übertriebenen Aufwand in Kleidung, Hausrath und

Vergnügen; 3. üppiges Wachstum der Pflanzen« [22]. Des Wortes Hauptbedeutung war jedoch, daß die niederen Klassen sich mit unschicklicher Eleganz kleideten. Die Kritiker der Kleidung der niederen Klassen gebrauchten ebenfalls solche Worte wie »Hoffahrt« und »Kleiderpracht«. Im Zusammenhang mit Kleidung trifft man jedoch am häufigsten auf das Wort »Luxus«. Luxus und die ihn begleitende »Genußsucht« sind die bei der Diagnose des moralischen Leidens der unteren Stände gebräuchlicherweise herangezogenen Symptome.

Betrachten wir die verderblichen Folgen des Luxus in der Kleidung. Die Regierung von Oberbayern glaubte, daß Luxus, zusammen mit Genußsucht die Hauptfaktoren für uneheliche Geburten waren [23]. Im Jahre 1833 hat die schwäbische Regierung »Luxus« für das Emporschnellen der Löhne der ländlichen Arbeitskräfte verantwortlich gemacht, und Beamte in der Oberpfalz meinten 1848, der Luxus sei die Hauptursache für die »Demoralisation« der dienenden Klasse [24]. Ein gewisser *Weig*, Landgerichtsoberschreiber in Pfarrkirchen, schrieb die Armut im Königreich dem Luxus zu. »Sehr viele der Groß-Ökonomen vergeuden ihr Einkommen in der Kleiderpracht und luxuriösen Gespinnen wie vor Zeiten gut bemittelte Adelige sich nicht behofften.« Die Dienstboten, behauptete er, seien sogar noch schlimmer. Die Städte seien jedoch am verdorbensten: »In den Städten und Märkten hat die Kleiderpracht eine solche Höhe erreicht, daß sich sogar Tagelöhnertöchter, deren Eltern in der größten Armuth leben, nicht scheuen, Zephier, Blumen, Hüte, leinene und seidene Bekleidung nach dem neuesten Schnitte und eleganter Auswahl zu tragen, wodurch die Hoffahrt und hiermit der Fortgang aller Laster genährt, und auch die Aneiferung anderer, die sich immer zurückgezogen hatten, geschaffen wird [25].«

Das war des Pudels Kern. *Weig* war in seiner provinziellen Empörung über eine bedeutende Wahrheit gestolpert. Gruppen, die vorher »sich immer zurückgezogen hatten«, nahmen nun am Aufblühen des expressiven Verhaltens teil, von dem die Kleidung ein solch auffallendes Merkmal war. Neue kulturelle Kräfte bewegten sich deutlich in den Gesichtskreis des öffentlichen Lebens hinein und veränderten am stärksten diejenigen Gruppen, die wir schon betrachtet haben.

Genußsucht war der siamesische Zwilling von Luxus. Wenn *Luxus* das Tragen unziemlicher Kleidung bedeutete, so meinte Genußsucht die Hingabe an Vergnügungen, die vorher als unschicklich für die niederen Klassen erschienen waren. Wie Luxus, so konnte Genußsucht eine große Vielzahl menschlicher Handlungen bezeichnen, nämlich all diejenigen, die zum »Egoismus« von gesellschaftlich Untergebenen führen konnten und die die Untergebenen für ihre Herren und sozial Höhergestellten und Überlegenen weniger ansprechbar werden ließen. Unter derartigen Handlungen hemmungsloser Genußsucht befanden sich das Rauchen und das Feiern »abgewürdigter Feiertage« und zu vieler »Freinächte«. Alles in allem meinten die Kritiker der niederen Klassen jedoch mit Genußsucht zwei bestimmte Erscheinungen: Trinken und Tanzen.

Alkohol wurde als hauptsächliches Zeichen für die Hingabe an selbstsüchtige Begierden angesehen. Obwohl es keinen sachlichen Beweis für eine Zunahme der Schänken während des Vormärz gibt (eher das Gegenteil trifft zu), stieg der Verbrauch von Bier und augenscheinlich auch von Branntwein [26]. Die Regierung von Oberfranken konnte zwar 1833 ein allgemeines Absinken der öffentlichen Betrunkenheit bekanntgeben, mußte jedoch darauf hinweisen, daß kürzlich Kartoffelschnaps das Bier an Popularität übertroffen habe. Die Konkurrenz unter den Branntweinbrennern habe die Preise gedrückt und ein Sinken von Gesundheit und Moral verursacht [27]. Eine königliche Sonderkommission, zur Untersuchung der Armut in der fränkischen Stadt Orb ausgesandt, analysierte die volkstümlichen Trinkweisen so: »Wasser ist das allgemeine Getränk, Bier Luxusartikel für die Vermögendsten, aber Branntwein das Zaubermittel, welches momentan dem Armen Reichthum, dem Traurigen Fröhlichkeit, dem Kranken Gesundheit, dem kleinen Kinde Schlaf bringt, und Alle den Hunger vergessen läßt. Er begleitet die Armen Orbs von der Wiege bis zum Grabe. Der Sterbende genießt als letztes Bedürfnis Branntwein und stirbt in der Betäubung des Branntweingenusses, wie ihn auch seine Mutter in ähnlichem Zustande zur Welt gebracht hat [28].«

Die Hüter von Recht und Ordnung befürchteten, daß sich aus dem zunehmenden Verbrauch von Alkohol fürchterliche Folgen ergäben. Wenn die niederen Klassen all ihr Geld für Branntwein ausgäben, so würden sie erst einmal zu einer öffentlichen Belastung, außerdem wären sie im Rausch nicht in der Lage zu arbeiten [29]. Mehr auf die wirtschaftlichen Folgen blickende Beamte wie *Joseph Hazzi* sahen einen Zusammenhang zwischen Arbeitsvernachlässigung und Wirtshausbesuch. Das Landgericht Griesbach: »Die gewöhnliche Tagesordnung eines hiesigen Bauern besteht darin, beim Erwachen in die Frühmesse und dann ins Wirthshaus zu gehen, wo Fleisch gegessen und Brandwein getrunken wird; hierauf wird bis zur Mittagszeit in den Feldern nachgesehen; nach Tisch geht er wieder in das Wirthshaus, wo er bis abends 9 Uhr bleibt und sehr hoch manchmal um die großen Thaler spielt. Trunkenheit ist aus dieser Ursache nicht selten, so wie auch Ausschweifungen in der Liebe [30].« Münchens Ordinariat behauptete 1854, daß das Trinken rebellische Stimmungen fördere: Im Wirtshaus fühlten sich die jungen Leute auf heimischem Boden, wo sie weniger Rücksicht auf Religion, Moral und Ordnung zu nehmen brauchten [31]. Und das Innenministerium führte 1835 sorgenvoll einen Artikel in der »Nürnberger Estaffete« an, der sich darüber beklagte, daß »junge Burschen rauchend und betrunken bis spät in die Nacht in Wirthshäusern und anderen öffentlichen Plätzen gefunden wurden« [32].

Das Innenministerium war über »die Geschichte der sterbenden Schwester« schockiert – eine Tatsache, die die Sorge dieser Sozialkritiker über die Jugend und den Alkohol besonders anschaulich macht. Das »Bamberger Regierungsblatt« berichtete von dem folgenden Ereignis: »Wie weit es in der Demoralisation der niederen Volksklassen gekommen ist, zeigt folgender Vorfall in einem nahen Dorfe: Einen im Wirthshaus sitzenden Burschen wollte seine Mutter zu seiner sterbenden Schwester rufen, er aber erwiderte: ›Geht nur einstweilen hin und sagt ihr, sie solle noch so lange warten, bis ich mein Bier ausgetrunken habe‹ [33].«

Falls der zunehmende Alkoholgenuß auf einen Anstieg des Alkoholismus hindeuten sollte, so stände dies nicht mit meiner auf diesen Seiten angeführten Behauptung über kulturellen Wandel im Einklang und deutete eher die Suche nach Trost in der Verzweiflung an. Ich glaube jedoch, daß das zunehmende Trinken lediglich die Folge von mehr Geselligkeit war: die Leute gingen häufiger aus, um sich eine schöne Zeit zu machen; sie landeten natürlich im Wirtshaus – und tranken.

Genau wie bei Kleidung und Alkohol scheint eine echte Veränderung der volkstümlichen Tanzbräuche in den Jahren 1800–1860 stattgefunden zu haben. Die traditionellen ruhigen Volkstänze starben in Bayern aus und machten Platz für lebhaftere Tanzstile. In einem Kommentar zum öffentlichen Leben im Königreich bemerkte *Friedrich Karl Graf von Giech* kurz nach seinem Rücktritt als Regierungspräsident von Mittelfranken die Veränderung im Tanz des Volkes: »Wie sich alles Eigentümliche und Nationale immer mehr verliert und verflacht, wie man sich ungraciös und ungeschickt im Nachahmen der Tänze der höheren Stände gefällt ... [34].« Um die Mitte der 1840er Jahre hatten die Vergnügungen der Wiener Romantiker die ländlichen Gegenden Frankens erreicht.

Die neuen Tanzstile waren laut, ausgelassen und sinnenfroh. Lassen wir den Landgerichtsphysikus vom Landgericht Altdorf die Walzer, Galoppaden und Polkas von 1859 beschreiben. Oft begannen einige Burschen mit einem Lied, dann folgte meistens Musik einer Kapelle und Tanz unter der Begleitung von lautem Schreien. »Überhaupt findet bei solchen Tanzbelustigungen ein furchtbares Stampfen mit den Füßen, ein unaufhörliches Jauchzen, auch Pfeifen, Singen und ein dem Pferdewiehern nicht unähnliches Geschrei statt, so daß die laute Musik der Klarinetten und Trompeten dadurch übertönt wird und ein längerer Aufenthalt unter dieser ausgelassenen, vergnügten aber höllisch lärmenden Bauernjugend, auch wenn man gerade kein Griesgram ist, rein unmöglich ist.« Der gute Doktor vermerkte, daß in den Tanzpausen alle Teilnehmer »wacker« aßen und tranken, meist Bier und Kaffee; seinen Bericht abschließend nannte er die Tänze »Pflanzschulen der unehelichen Geburten« [35], die auch sonst häufig angeführt wurden.

Das Tanzen war, wie der Landgerichtsphysikus hervorhob, im Grunde genommen die einzige öffentliche Vergnügung in vielen Teilen des Königreiches. Ein guter Hinweis auf die wirkliche Bedeutung des Tanzens für den gemeinen Mann ist die Feindseligkeit, mit der Bemühungen zur Einschränkung begegnet wurde. In einem kleinen Dorf in der Nähe von Pfronten (Schwaben) hatte zum Beispiel der Geistliche von einem Haus gehört, in dem »schlimme Zusammenkünfte« stattfanden, und »daß es dabei sehr böse hergehe, daß man selbst Tanzunterhaltungen pflege (!) ...«. Am folgenden Sonntag verdammte er all solche Vergnügungen von der Kanzel und verglich das Tanzen mit dem Verhalten der Menschen, das die biblische Sintflut verursacht hatte. Und er warnte, »kein ehrsamer Mensch« solle solch ein Haus betreten. Dieses Vorgehen, so gestand der Geistliche, erwies sich als grober Fehler, denn die wütenden Tänzer versuchten, ihn später aus dem Pfarrbezirk zu vertreiben [36]. Im Jahre 1849 ersuchte der Constitutionelle und Gewerbsverein in Windsheim (Mittelfranken) den König, das Regierungsdekret von 1843 aufzuheben, das das Tanzen eingeschränkt hatte. Die Petition sprach von »drückender Bevormundung« und »persönlicher Freiheit«. Sollte das Tanzen im öffentlichen Leben nur eine geringe Rolle gespielt haben, so wären dies in der Tat starke Worte für solch eine Bagatelle gewesen [37]. Während der Revolution von 1848 hob selbst die Regierung von Mittelfranken den allgemeinen Unwillen über das Dekret von 1843 als Grund verbreiteter Unzufriedenheit hervor [38]. Somit haben wir es hier mit einer Sphäre öffentlichen Lebens zu tun, die von größerer Bedeutung ist, als es zuerst den Anschein hatte.

Was waren das also für Tanzveranstaltungen? Wie oft fanden sie statt? Das Ordinariat der Erzdiözese von München-Freising liefert uns einen statistischen Überblick über die Anzahl der Tänze in der Erzdiözese für das Jahr 1852. In den 354 Pfarrbezirken der Erzdiözese, die Städte München und Landshut ausgenommen, fanden in ungefähr 1200 Wirtshäusern und 860 Dörfern 4842 Tänze statt. Von diesen 4842 wurden 1533 anläßlich von Kirchweihfesten, 1490 anläßlich von Hochzeiten, 330 anläßlich von Zunftjahrtagen und 1489 wegen »verschiedener Anlässe« abgehalten. Unter den letzteren waren 148 Bälle und nahezu die gleiche Zahl von Festen anläßlich von Jahrmärkten. Somit fanden, entsprechend den Berechnungen der Erzdiözese, im Jahresdurchschnitt 134 Tänze in jedem der 36 Dekanate und 13 Tänze in jedem Pfarrbezirk statt (Kirchweihfeste, Hochzeitsfeiern und Freimusiken ausgeschlossen) [39]. Wenn die Leute also tanzen gehen wollten, so mangelte es ihnen nicht an Gelegenheiten.

Das Ordinariat setzte die durchschnittliche Teilnehmerzahl hoch an. Unter Einbeziehung derer, die als Teilnehmer der privaten Feier oder als Angehörige der lokalen Gemeinde zu tanzen ein Anrecht hatten, und auch derer, die keinen Anspruch hatten, aber anwesend waren, schätzte das Ordinariat, daß ein normaler Tanz ungefähr 40 Teilnehmer hatte. An den Tagen, an denen viele Gemeinden solche Feste veranstalteten, brauchte keiner innerhalb der Erzdiözese länger als eine oder zwei Stunden unterwegs zu sein, um zu einem Tanzboden zu gelangen.

Die Dauer der Feste schien der Erzdiözese überlang zu sein. An Arbeitstagen begann das Tanzen normalerweise gegen Mittag, an freien Tagen nach dem Gottesdienst. Das Feiern hatte mit der Polizeistunde aufzuhören: in ländlichen Gemeinden um 21 oder 22 Uhr und in Städten um 22 oder 23 Uhr, je nach Jahreszeit. Die örtlichen Verfasser dieser Statistiken verzeichneten jedoch viele Tänze, die weit in die Nacht hinein dauerten, nachdem man die offizielle Erlaubnis zur Ausdehnung erhalten hatte (Freinacht). Und nachdem das Tanzen beendet war, da ging das Trinken oft noch bis in den Morgen, »nicht selten mit Lärm und Gesang«. All das war natürlich in München noch viel schlimmer, wo mehr und längere Tänze stattfanden. »Es besteht da noch immer der Unfug, daß Gartenmusiken schon morgens vom Gottesdienstbesuche abziehen [40].«

Falls *Freiherr von Giech* und der Landgerichtsphysikus *von Altdorf*, um nur zwei von vielen Beobachtern zu nennen, recht hatten, so stellte dieses Muster weitverbreiteten Tanzens, das wir für die 1850er Jahre betrachtet haben, eine junge Entwicklung dar. Auch die Tanzstile haben sich wahrscheinlich erst im 18. Jahrhundert entwickelt. Es ist außerordentlich schwierig, den genauen Zeitpunkt von Veränderungen bei solchen Dingen wie Tanzen mit verläßlichen quantitativen Daten festzusetzen. Wenn es Statistiken zur reinen Häufigkeit von öffentlichen Konzerten und Tänzen in regelmäßiger Folge gibt, so spiegeln sie eher Veränderungen auf der Ebene der Regierungskontrolle als Veränderungen der allgemeinen Geselligkeit wider. Ich kann nur die auf schwachen Füßen stehende Behauptung wagen, daß ich bei sorgfältiger Durchsicht einiger administrativer Korrespondenz für das späte 18. Jahrhundert – solch' eine Art von Ader, in der man Goldklumpen in Form von Hinweisen aufs Tanzen wirklich vermuten konnte – nur Schweigen vorfand. Entweder war zu diesem Zeitpunkt das Tanzen von geringerer Bedeutung, oder aber die Verwaltungsbeamten fühlten sich davon nicht alarmiert. Mein in höchstem Maße intuitiver Eindruck ist, daß Hinweise aufs Tanzen nur in den 1820er Jahren üblich waren und mit Besorgnis vorgetragen wurden – was allenfalls Rückschlüsse auf Veränderungen in der Häufigkeit und den Formen dieser bedeutenden Dimension von Volkskultur erlaubt.

Wandel des Sexualverhaltens

Den Kernpunkt von *la vie intime* bildet die Sexualität, dieser Kreuzpunkt fundamentaler persönlicher Bedürfnisse und allgemeiner Kulturmuster. Zeitgenössische Beobachter befürchteten eine Veränderung der Bedürfnisstruktur: daß das Volk in zunehmendem Maße sexualisiert würde, gieriger auf erotische Befriedigung und gewillter würde, die vorbeugenden gesellschaftlichen Sicherheitsmaßnahmen hinsichtlich privaten Vergnügens zu ignorieren. Meine persönliche Ansicht ist, daß sich das zweite Element – die kulturelle Matrix, in der eine Menge sexueller Regeln verankert sind – veränderte und neue Formen des Freiens entstanden. Die sich wandelnden kulturellen Regeln spiegelten eher eine Veränderung des Wesens der Ehe und des individuellen Verhältnisses zur Gemeindeautorität wider als eine Verstärkung des »Geschlechtstriebes« [41].

Ein Ansatzpunkt zum Verständis der Welt der Sexualität in den niederen Volksklassen liegt beim Tanzen. Die Zeitgenossen wiesen bereits auf eine Vielzahl von Verbindungen zwischen beiden Phänomen hin, und wir haben keinen Grund, ihre Annahmen in Frage zu stellen. Eine kulturelle Regel besagte (»diktierte« wäre hier vielleicht zu stark), daß am späten Abend dem Tanzen der Geschlechtsverkehr folgte. In Oberbayern war es beispielsweise üblich, daß Frauen unbegleitet zu Tanzplätzen kamen und darauf warteten, zum Tanz aufgefordert zu werden, oder einen Partner zu finden, der sie nach Hause begleiten würde. Es wurde behauptet, daß der Nachhauseweg üblicherweise eine kleine Unterbrechung für den Geschlechtsverkehr einschloß [42]. *Joseph Hazzi* beobachtete eine weitergehende Verfeinerung dieses Brauches (sein Ärger deutet an, daß er glaubte, es handelte sich um eine Innovation): »Das Mädchen ist zufrieden, wenn ihr der Liebhaber das Bier bezahlt (bei einer Tanzveranstaltung), denn das ist ein Hauptkennzeichen der Liebschaft. Deswegen sagt auch gemeiniglich der zu einem Kind abgegebene Vater, wenn er sich abläugnen kann oder will: ich habe Dir kein Bier bezahlt [43].«

So waren also Schwangerschaften und uneheliche Geburten Folgen des Tanzens. Im Regierungsbezirk von Mittelfranken, so wurde behauptet, rührten vier Fünftel aller Paternitätsklagen von den Kirchweihen her. In der »fröhlichen Stadt« von Weissenburg » . . . wird von Pfingsten an bis Mitte Oktober alle Montage bis spät in die Nacht in den Sommerkellern getanzt . . . daher rührt das Landgericht die große Zahl der unehelichen Kinder, die wilden Ehen, wovon es in einem Jahre dreizehn aufgehoben hat« [44].

Hat sich das Sexualverhalten der jungen Leute in Bayern wirklich in der Zeitspanne von 1800 bis 1860 geändert? Genau dies ist die Frage, bei der die größten Probleme hinsichtlich der Beweisführung bestehen – zumal Klagen der Älteren darüber, daß die jüngere Generation stärker sexualisiert sei, so ziemlich eine historische Konstante darstellen. Man wird ihnen nur wenig Gewicht beimessen können, wenn keine unab-

hängige Dokumentation, die derartige bürokratische Klagelieder über den zunehmenden Geschlechtsverkehr bestätigt, zur Verfügung steht.
Die Beobachter schlossen von der Geburt unehelicher Kinder auf Sexualität zurück. Weil, wie wir gleich sehen werden, die Zahl unehelicher Kinder in die Höhe schnellte, glaubten sie an eine Zunahme vorehelichen Geschlechtsverkehrs. *Hazzi* beispielsweise konnte in Oberbayern nur wenige Jungfrauen entdecken, obwohl seinen Untersuchungstechniken vermutlich klinische Präzision gefehlt hat. Aus dem Gebiet um Seefeld berichtet er: »... beide Geschlechter zur Wollust geneigt, so daß man kaum ein Mädchen von 20 Jahren findet, die nicht Mutter ist«. In der Gegend von Marquartstein war die Freude am Sex Teil eines Unabhängigkeitsbewußtseins. Dort war das Sprichwort: »Wir wollen keine Herren haben« bei den Leuten sehr beliebt, die »gern und sehr früh« heirateten und »viele Kinder (erzeugten), mitunter eben so viele uneheliche, daß man es nicht nur für kein sündliches, sondern vielmehr für ein gutes Werk hält« [45]. 1833 hieß es für Oberfranken, daß im allgemeinen die Gemeinden voll von deflorierten Mädchen waren. »Auf dem Lande gehört ein Mädchen, die bis zum 20. Jahr ihre jungfräuliche Reinheit bewahrt hat, zu den Ausnahmen, die übrigens bei ihren Ortsgenossen selbst auch keine Anerkennung findet [46].« In Unterfranken glaubten 1839 sogar die »Mittelstände« in ländlichen Gebieten und die Arbeiter in den Städten, »daß die natürliche Befriedigung des Geschlechtstriebes polizeilich nicht verpönt und moralisch nicht im hohen Grade sündhaft sei« [47]. Ein anderes Zeichen der Zeit ist in den standesamtlichen Heiratsanträgen zu finden, bei denen es für den Beamten üblich geworden war, nach der Existenz unehelicher Kinder zu fragen [48].
Bis 1854 war der voreheliche Geschlechtsverkehr offensichtlich derart weit verbreitet, daß Oberbayern hysterisch zu berichten wußte (und dabei Erklärungen der Landgerichte zitierte), daß »... jeder Ausgang lediger Burschen und Weibspersonen zum Tanze oder einer sonstigen öffentlichen Belustigung mit dem Beischlaf endige, daß an Orten, wo männliche und weibliche Dienstboten nebeneinander dienen, der Geschlechtsumgang eine tägliche Erscheinung sei, während das (Landgericht Altötting) berichtet, daß es gar nicht als Schande betrachtet wird, vor der Ehe Kinder erzeugt zu haben« [49]. Vielleicht glaubt jede Generation, sie sei die letzte vor der Sintflut; ich habe jedoch in der administrativen Korrespondenz des späten 18. und des frühen 19. Jahrhunderts nichts gefunden, was sich mit diesen Auffassungen der Sündhaftigkeit der 1840er und 1850er Jahre vergleichen läßt. Hatte sich die Phantasiewelt dieser sonst den Tatsachen verpflichteten, nüchternen Beamten plötzlich in ihren Akten breit gemacht, oder veränderte sich das Sexualverhalten wirklich?
Die Tatsache der unehelichen Geburten besagt, daß die Beobachtungen, obgleich vielleicht maßlos übertrieben, grundsätzlich richtig waren. Von der Mitte des 18. Jahrhunderts bis in die späten 1860er Jahre, als die repressive Gesetzgebung bezüglich der Heirat unter den armen Leuten außer Kraft gesetzt wurde, nahm die Zahl unehelicher Geburten erheblich zu. Obwohl es keine nationalen Zahlenangaben für die Zeit vor 1825 gibt, zeigen mehrere lokale Untersuchungen für das 18. Jahrhundert eine niedrige Unehelichkeitsquote: 5 bis 10 Prozent aller Geburten waren unehelich [50]. Im 19. Jahrhundert veränderte sich dieses Verhältnis deutlich und erreichte 1859/60 einen Höhepunkt von 24 Prozent [51].

Wenn sich jedoch die Unehelichkeitsquote verändert, so können ganz andere Faktoren als zunehmender Geschlechtsverkehr dafür verantwortlich sein, beispielsweise Änderungen in der Tendenz, vor der Geburt des Kindes zu heiraten, Veränderungen in der Einstellung zur Empfängnisverhütung oder zur ehelichen Fruchtbarkeit überhaupt, oder auch in der Anzahl lediger Frauen in der Gesamtbevölkerung.
Somit können wir ohne weitergehende Ausführungen nicht folgern, daß eine Zunahme der Unehelichkeitsquote die verdrießlichen Feststellungen der bayerischen königlichen Bürokratie bestätigt. Ein genaues Maß für die Neigung junger Leute, vor der Ehe miteinander zu schlafen, ist die voreheliche Schwangerschaftsrate, das heißt der Anteil von Kindern, die während der ersten acht Ehemonate geboren wurden. Eine Zunahme solcher Schwangerschaften deutet mit ziemlicher Sicherheit darauf hin, daß eine zunehmende Zahl von Paaren vor der Eheschließung sexuell aktiv geworden ist (es sei denn, die uneheliche Fruchtbarkeitsziffer fiele gleichzeitig, was bedeutete, daß Paare, die vorher bis nach der Geburt des Bastards unverheiratet geblieben wären, nun vor der Geburt die Ehe schlossen). Es ist schwierig, Daten zu vorehelichen Schwangerschaften zu sammeln, weil sie Familienrekonstruktionen, d. h. ein mühevolles Aufarbeiten der Aufzeichnungen der Pfarrbezirksregister zu Taufe, Heirat und Tod erfordern. Die zwei Familienrekonstruktionen, die bereits für Bayern angelegt wurden, zeigen aber einen deutlichen Anstieg vorehelicher Empfängnis für den Zeitraum zwischen der Mitte des 18. und der Mitte des 19. Jahrhunderts. In Anhausen (Schwaben) stieg der Anteil aller Frauen, die innerhalb von achteinhalb Monaten nach der Heirat gebaren, von 14 Prozent in der Zeit von 1692–1749 auf 20 Prozent für die Zeit 1800–1849. Und in Kreuth (Oberbayern) kletterte die »Brautschwangerschaft« von 3 Prozent (1740–1799) auf schwindelerregende 29 Prozent (1800–1839) [52]. Diese Zunahme von »Brautschwangerschaften«, zusammen mit dem Anstieg der Unehelichkeitsquote, läßt ein definitives Ansteigen des Geschlechtsverkehrs vor der Heirat für die Zeit 1760–1860 annehmen. Falls diese Angaben auch für andere Gemeinden des Königreichs zutreffen, dann hatten die Bürokraten, die Sodom und Gomorra in den fruchtbaren Ebenen Niederbayerns und den Berghängen Oberfrankens erneut heraufziehen sahen, wahrscheinlich recht.

Schlußfolgerungen

Um zur Formulierung eines Standpunktes zu gelangen, wollen wir annehmen, daß die niederen Volksschichten in Bayern und in ihnen besonders die jungen Leute und die Frauen in der ersten Hälfte des 19. Jahrhunderts ihre Meinung über das Maß an Autorität, das sie nach Abwägung ihrer persönlichen Emanzipation und ihrer Verpflichtung gegenüber der Allgemeinheit anzuerkennen gewillt waren, entschieden änderten. Wir wollen weiterhin annehmen, daß dieser Wandel in den Ansichten von Hunderttausenden anonymer Menschen Teil einer größeren historischen Bewegung war, die von der Unterordnung unter gemeindliche Hierarchien zur individuellen Autonomie führte. Wir wollen schließlich annehmen, daß die bürokratischen Beobachter, die dem Leben und Treiben des Volkes so nahe waren, ohne daran wirklich teilzuhaben, mit ihren

Analysen einer »Moralkrise« grundsätzlich recht hatten. Leser, die bereit sind, für einen Augenblick diesen Annahmen, die hier an einem Fall illustriert, jedoch nicht bewiesen werden konnten, zu folgen, verlangen möglicherweise abschließend noch die Erwägung zweier allgemeiner Punkte.

Zum ersten scheint diese tiefgreifende Veränderung von *la vie intime* zwischen der Mitte des 18. und der Mitte des 19. Jahrhunderts auch in vielen anderen Teilen Europas stattgefunden zu haben. Selbst die Leser, die nur eine flüchtige Kenntnis der polemischen Literatur im England des 18. Jahrhunderts oder der bedeutendsten Gesellschaftsanalysen im Frankreich des 19. Jahrhunderts haben, werden sich sogleich an die Aufschreie moralischer Entrüstung über »Unverschämtheit«, »liederliches Betragen«, »soziale Habgier« oder »unziemliches Ausputzen« erinnern [53]. Dieser Erguß von Unmut und Furcht war weitverbreitet, aber nicht universal, weil an einigen Orten die Klagen über die niederen Stände gedämpft blieben, sich auf der Ebene einer historischen Konstante hielten; Nostalgie und Furcht vor einem Verlust werden in allen Ländern und zu allen Zeiten eine bestimmte Hintergrundmelodie von Moralklagen ertönen lassen. In Südfrankreich schien es nur schwache Echos solcher Klagen zu geben (obwohl wir von recht unbestimmten Seismographen ablesen), und in den Veröffentlichungen im Süditalien des späten 18. und frühen 19. Jahrhunderts ist die böse Vorahnung einer Moralkrise im Hintergrund kaum hörbar, der Vordergrund öffentlichen Bewußtseins wird von vollkommen anderen Zusammenstößen und Schreien beherrscht [54]. Vor allem in den Teilen Europas, die eine rasche Modernisierung durchmachten, die auch die Verbreitung der Heimarbeit oder die Bildung zentralstaatlicher Verwaltung einschloß, steigerten sich die Klagen über eine Moralkrise zu einem durchdringenden und alles beherrschenden Aufschrei. Nord- und Westeuropa und die britischen Inseln sind die Gebiete des Wehgeschreis über die öffentliche Moral, und in diesen Gegenden kam genau diese Art sozialen Wandels zügig voran, die die Autoritäten traditioneller sozialer Kontrolle schwächten und den Individuen ein neues Selbstbewußtsein einflößten.

Betrachten wir den einen Bereich von *la vie intime,* der Gegenstand quantitativer Analyse war: uneheliche Geburten und voreheliche Schwangerschaft. In ganz Europa schnellten die Unehelichkeitsquoten in die Höhe, und die Anzahl der »Zwangsheiraten« stieg ebenfalls. An anderer Stelle habe ich bereits ausgeführt, daß die zunehmende sexuelle Aktivität junger Leute für diesen Ansprung unehelicher Empfängnis verantwortlich war. Zu dieser Schlußfolgerung kam ich auf Grund weitaus vollständigerer Information als der, die ich über Bayern hatte [55].

Ebenso stieg überall in Europa der Alkoholverbrauch im 19. Jahrhundert; es entwikkelten sich neue Formen öffentlichen Vergnügens; es entstanden neue Arten des Familienlebens, die mehr persönliche Autonomie für alle Betroffenen brachten [56].

Der erste Punkt ist also, daß Bayern in ein größeres europäisches Muster paßt und nicht so sehr eine isolierte Region mit einer idiosynkratischen Entwicklung war. Was immer der Grund für dieses Phänomen gewesen sein mag, der Vorgang des kulturellen Wandels erfaßte Millionen von Menschen von Wales bis Kärnten.

Der zweite Punkt liegt darin, daß die zeitgenössischen Analysen einer »Moralkrise« nur halbwahr waren. Tatsächlich war Egoismus am Werk, tatsächlich brachen die traditionellen staatlichen Kontrollen über Individuen zusammen. Der »Wunsch, frei zu sein« entsprang aber nicht einfach, wie *Fred Weinstein* und *Gerald Platt* beobachtet haben, einer Beseitigung äußerlicher Kontrollen über persönliche Leidenschaften [57]. Die geysirähnliche Explosion war nicht nur das Ergebnis der Einschränkung der Sitten und Gebräuche. Respekt vor Autorität war in den meisten niederen Ständen Europas ein internalisierter Wert, und um nun zu erklären, weshalb dieser Respekt mehr »egoistischen« Gefühlen gewichen war, muß man erklären, weshalb ein neues Wertsystem ein altes ersetzen konnte. Es gab selbstverständlich eine Auflösung traditioneller Kulturmuster, es gab aber kein normatives Vakuum. Die neuen Werte individuellen Selbstausdrucks und Selbstentwicklung, die die Klassen des Volkes zwischen 1750 und 1850 zu internalisieren begannen, waren von einer neuen Kultur gelernt worden. Oder vielleicht wurden diese Werte als Teil einer neuentstandenen Subkultur der niederen Klassen gelernt; denn in den Mittelständen hielt sich das alte Wertsystem noch lange nach Beginn des 19. Jahrhunderts.

Es geht im Grunde darum, daß das, was die Zeitgenossen als einen Zusammenbruch verstanden, nur eine Überleitung war, die Ersetzung eines Bündels kultureller Regeln durch ein anderes. Es gab keine Normenlosigkeit, kein Durcheinander der Werte, keine Entgleisungen bei den Angelegenheiten, die uns hier beschäftigen (falls es das überhaupt irgendwo gibt). Die bürokratischen Beobachter, denen wir in diesem Artikel zugehört haben, mochten aber zumindest den Inhalt der neuen Regeln nicht und ignorierten ihre Existenz rundum.

Weshalb sich diese neue Subkultur ausbreitete, das ist ein sehr bedeutendes historisches Problem. Es sollte zum Gegenstand künftiger Forschungen über Bayern und andere Teile Europas, wo die »Moral« bedroht zu sein schien, werden.

Anmerkungen

[1] Zum Ausbruch moralischer Entrüstung für die Jahre 1848–1849 siehe *Edward Shorter*, Middle-Class Anxiety in the German Revolution of 1848, in: Journal of Social History 2 (1969), S. 189–215.

[2] Für eine Anzahl quantitativerer Vorgehensweisen bei der Analyse des »Volkslebens« siehe *Werner K. Blessing*, Zur Analyse politischer Mentalität und Ideologie der Unterschichten im 19. Jahrhundert: Aspekte, Methoden und Quellen am bayerischen Beispiel, in: Zeitschrift für bayerische Landesgeschichte 34 (1971), S. 768–816.

[3] Ich danke Herrn Professor *Karl Bosl*, der mir sowohl die Hilfskräfte des Instituts für Bayerische Geschichte zugänglich machte, als auch mich an seinem enormen Wissen über die Entwicklung sozialer Bräuche teilhaben ließ.

[4] Soweit nicht anders vermerkt, kann das gesamte Quellenmaterial im Bayerischen Hauptstaatsarchiv gefunden werden; MI bezeichnet Ministerium des Innern, MH Ministerium des Handels. MI 15396: Öffentliche Sitten. Zustand der Sittlichkeit. Auszüge aus den dreijährigen Verwaltungsberichten, 1830–1833. In allen Fällen habe ich die Namen gebraucht, die die Regierungsbezirke des Königreichs bei der Neugestaltung von 1837 erhielten.

[5] MI 39092, Nr. 586, 14. 7. 1823.

[6] MI 39095, 4. 5. 1829.

[7] Ebda., 1836/37, Amts-Inspektionen.

[8] In: *Georg Döllinger,* Sammlung der im Gebiete der inneren Staats-Verwaltung des Königreichs Bayern bestehenden Verordnungen, 33 Bde., München 1835–54, Bd. 26, S. 628. Verordnung vom 6. 1. 1851. Aus dem Englischen ins Deutsche rückübersetzt (Anmerk. d. Übersetzers).
[9] Verhandlungen der Kammer der Abgeordneten des Königreichs Bayern, 1831, VII. Beilage Band, S. 61.
[10] MI 46546, 23. 5. 1820.
[11] Ebd., 4. 9. 1820.
[12] Ebd., 11. 10. 1820.
[13] MI 15436.
[14] Siehe MI 46548, bes. 24. 6. 1848, Mittelfranken an das MI. *Rolf Engelsing* liefert einen unabhängigen Beweis für wachsende Autonomie und Unabhängigkeit unter Dienstboten gegen Ende des 18. Jahrhunderts in seinem bedeutenden Artikel »Dienstbotenlektüre im 18. und 19. Jahrhundert in Deutschland«, in: International Review of Social History 13 (1968), S. 384–429.
[15] Bayerische Staatsbibliothek, Handschriftenabteilung, Cod.Ger. 6874 (10).
[16] MI 46560, 4. 6. 1837. Zur Haltung der katholischen Kirche zu Fragen der Moral siehe *Fintan Michael Phayer,* Religion und das gewöhnliche Volk in Bayern in der Zeit von 1750 bis 1850 (Neue Schriftenreihe des Staatsarchivs München: Miscellanea Bavarica Monacensia, Heft 1), München 1970.
[17] MI 15396.
[18] MI 15436.
[19] Zur Geschichte der europäischen Jugend siehe den 1971 verschickten Artikel von *John R. Gillis,* Youth and History: An Introduction. *Kate Millet* meint in Sexual Politics, New York 1970, daß die Militanz unter emanzipierten Frauen der Mittelschicht in England zumindest im frühen 19. Jahrhundert begann; *Olwen Hufton,* Women in Revolution, 1789–1796, in: Past and Present 53 (Nov. 1971), S. 90–108, schweigt zu Langzeitveränderungen, beschreibt aber die aktive Teilnahme der Frauen an der Revolution. Zur Aufständigkeit ländlicher Arbeitskräfte unter kapitalistischer Landwirtschaft siehe *Eric Hobsbawm* und *George Rudé,* Captain Swing, New York 1968, und *Helmut Bleiber,* Zwischen Reform und Revolution: Lage und Kämpfe der schlesischen Bauern und Landarbeiter im Vormärz, 1840–1847, Ost-Berlin 1966, bes. S. 57–81. Eine monographische Bearbeitung dieser Themen – Jugend, Frauen oder Dienstboten im 19. Jahrhundert – ist meines Wissens für Bayern niemals erfolgt.
[20] Statistische Aufschlüsse über das Herzogthum Baiern ..., 11 Bde., Nürnberg 1801–1808, Bd. 4, S. 144–145.
[21] Über das Gewerbe in Baiern, München 1818, S. 95–96.
[22]Ansbach, 1830, S. 572. Herrn Dr. *Leonard Link* bin ich für diesen Hinweis dankbar.
[23] MI 52136, 1. 12. 1840.
[24] MI 15436; MI 46548, 12. 7. 1848.
[25] MH 9612, Preisausschreiben Nr. 33, 30. 12. 1848.
[26] Ich habe die Verbreitung von Wirtshäusern im Laufe der Zeit berechnet in Social Change und Social Policy in Bavaria, 1800–1860, Dissertation an der Harvard Universität 1967, S. 463–464. Der durchschnittliche Bierverbrauch pro Kopf stieg von 1.15 Hektolitern im Jahre 1807/1808 auf 1.60 Hl. im Jahre 1858/1859. Siehe *Emil Struve,* Die Entwicklung des Bayerischen Braugewerbes im neunzehnten Jahrhundert, Leipzig 1893, S. 65.
[27] MI 15394.
[28] MI 58366, 11. 5. 1835.
[29] Für eine typische Klage, siehe den Bericht über Armut in der Gemeinde von Wolfsmünster (Unterfranken), MI 59432, 19. 1. 1844.
[30] Statistische Aufschlüsse, a.a.O., III (3), S. 1130.
[31] Generalien-Sammlung der Erzdiözese München und Freising. Die oberhirtlichen Verordnungen und allgemeinen Erlässe von 1821–1846, 3 Bde., München 1847–48, Bd. 2, S. 491.
[32] MI 46560, 14. 8. 1835.
[33] Ebd., im Anhang an den Brief vom 18. 1. 1835. Ich habe mich bereits auf diese Anekdote

bezogen in Sexual Change and Illegitimacy: The European Experience, in: *Robert J. Bezucha*, Hrsg., Modern European Social History, Lexington, Mass., S. 231–269.

34 Ansichten über Staats- und öffentliches Leben, Nürnberg 1843, S. 92–93.

35 Bayerische Staatsbibliothek, Handschriftenabteilung, Cod.Germ. 6874 (2), Beilage 2.

36 *Magnus Jocham*, Memoiren eines Obskuranten. Eine Selbstbiographie. Hrsg. von *P. Magnus Sattler*, Kempten 1896, S. 377–378.

37 MH 6143, irgendwann im März 1849.

38 MI 45786, 29. 10. 1849.

39 Generalien-Sammlung, a.a.O., II, S. 490.

40 Ebd., II., S. 491–492.

41 Unter den neueren Arbeiten, die den kulturellen Kontext des Sexualverhaltens betonen, siehe *William Simon* und *John H. Gagnon*, Psychosexual Development, in: *dies.*, Hrsg., The Sexual Scene, New York 1970, S. 23–41; *Michael Schofield*, The Sexual Behavior of Young People, Harmondsworth, Middlesex, 1968.

42 MI 46556, 22. 2. 1837.

43 Statistische Aufschlüsse, a.a.O., III, 1131–32; Landgericht Griesbach.

44 MI 15394, 1833.

45 Statistische Aufschlüsse, a.a.O., III, S. 193, 657.

46 MI 15396.

47 MI 46556, 30. 2. 1839.

48 Ebd., 22. 2. 1837.

49 MI 52137, 12. 2. 1854.

50 *Stephan Glonner*, Bevölkerungs-Bewegung von sieben Pfarreien im Kgl. Bayerischen Bezirksamte Tölz seit Ende des XVI. Jahrhunderts, in: Allgemeines Statistisches Archiv 4 (1896), S. 263–279; *Michael Phayer* stellte mir von ihm gesammelte Daten zu unehelichen Geburten in 16 oberbayerischen Dörfern für die Zeitspanne 1760–1825 zur Verfügung; *Ludwig Schmidt-Kehl*, Wandel im Erb- und Rassengefüge zweier Rhönorte, 1700–1936, in: Archiv für Bevölkerungswissenschaft 7 (1937), S. 176–199.

51 *Friedrich Lindner*, Die unehelichen Geburten als Sozialphänomen: Ein Beitrag zur Statistik der Bevölkerungsbewegung im Königreich Bayern, Leipzig 1900, S. 217.

52 *John Knodel*, Two and a Half Centuries of Demographic History in a Bavarian Village (Anhausen), in: Population Studies 24 (1970), S. 353–376; *Jacques Houdaille*, Quelques résultats sur la démographie de trois villages d'Allemagne de 1750 à 1879, in: Population 25 (1970), S. 649–654.

53 Unter zahlreichen Arbeiten über England, siehe *D. E. C. Eversley*, The Home Market and Economic Growth in England, 1750–1780, in: *E. L. Jones* und *G. E. Mingay*, Hrsg., Land, Labour and Population in the Industrial Revolution: Essays Presented to J. D. Chambers, London 1967, S. 206–259, bes. S. 212. Für Frankreich ist dieses Thema weniger untersucht worden. Hierzu aber kürzlich, mit Betonung der Haltung der Kirche, siehe *Theodore Zeldin*, The Conflict of Moralities: Confession, Sin and Pleasure in the Nineteenth Century, in: *Ders.*, Hrsg., Conflicts in French Society, London 1970, S. 13–50.

54 Nur eine sorgfältige historische Untersuchung, die explizite Vergleiche zwischen diesen Gesellschaften zieht, wird diese Verallgemeinerung stützen. Sollten jedoch die Klagen über Moral in der unteren Provence über ein Flüstern hinausgekommen sein, so kann man annehmen, daß *Maurice Agulhon* sie in einem seiner maßgeblichen Werke erwähnt hätte: Pénitents et francs-maçons de l'ancienne Provence, Paris 1968; *ders.*, La vie sociale en Provence intérieure au lendemain de la Révolution, Paris 1970; *ders.*, La République au village, Paris 1970. Was ich – wie unsystematisch und unvollständig meine zögernden Untersuchungen auch gewesen sein mögen – über die polemische Literatur in anderen »abgelegenen« Ecken Europas wie Nordschweden oder Süditalien habe feststellen können, läßt annehmen, daß der »Moralverfall« eine recht niedrige Position in der Liste der Dinge einnahm, die die Leute an ihrer Gesellschaft bemängelten. Ich bin mir jedoch über die Gefahren der Behauptung über das Schweigen im klaren und wage diesen internationalen Vergleich nur probeweise.

[55] *Edward Shorter,* Illegitimacy, Sexual Revolution and Social Change in Modern Europe, in: Journal of Interdisciplinary History 2 (1971), S. 237–272, überprüft die zugänglichen Statistiken zu unehelichen Geburten für die Zeit von 1750–1850.

[56] Unter der Literatur über Alkoholismus und Alkoholverbrauch siehe *Brian Harrison,* Drink and the Victorians: The Temperance Question in England, 1815–1872, London 1971. *William Langer,* Political and Social Upheaval, 1832–1852, New York 1969, S. 14, zitiert irische und schwedische Daten und nennt den Vormärz »das goldene Zeitalter der Trunkenheit«. Zu Veränderungen der Formen von Freizeitbeschäftigungen siehe die Annahmen von *Joffre Dumazedier,* Vers une civilisation du loisir?, Paris 1962. Zum gleichen Thema hinsichtlich Fabrikarbeitern im 19. Jahrhundert, siehe *Georges Duveau,* La vie ouvrière en France sous le Second Empire, 2. Aufl., Paris 1946, bes. S. 467. Zur Veränderung des Familienlebens unter dem Einfluß der Industrialisation, siehe schließlich *Rudolf Braun,* Industrialisierung und Volksleben: Die Veränderungen der Lebensformen in einem ländlichen Industriegebiet vor 1800 (Zürcher Oberland), Erlenbach–Zürich 1960; und *Neil J. Smelser,* Social Change in the Industrial Revolution: An Application of Theory to the British Cotton Industry, 1770–1840, Chicago 1959.

[57] *Fred Weinstein* und *Gerald Platt,* The Wish to be Free: Society, Psyche, and Value Change, Berkeley, Cal., 1969.

Aus dem Englischen übersetzt von *Axel Schmalfuß*

WIRTSCHAFTLICHER STRUKTURWANDEL UND SOZIALER KONFLIKT IN DER FRÜHINDUSTRIALISIERUNG. EINE FALLSTUDIE ZUM AACHENER AUFRUHR VON 1830

Von Heinrich Volkmann

I

Als die Ausläufer der Julirevolution Ende August Aachen erreichten, trafen sie Behörden und Bürgerschaft unvorbereitet. An Unruhen jenseits der Grenze hatte man sich gewöhnen müssen, »wer aber sollte denken, daß in der Stadt Aachen, wo doch bis jetzt nicht die geringste Gärung herrschte, ein Aufstand sich bilden sollte! und doch«, notierte der erschreckte Korrespondent der Augsburger Allgemeinen Zeitung auf dem Höhepunkt der Ereignisse am Nachmittag des 30. August, »und doch ist es so! In diesem Augenblick ziehen betrunkene Fabrikarbeiter nach dem Gefangenenhause, um da die Sträflinge zu befreien und, alle menschlichen Gesetze mit Füßen tretend, durch Brand, Raub und Mord unsägliches Unheil zu stiften. Zwei bedeutende Fabrikwerke sind zerstört, die Polizei ist mißhandelt, die Gendarmen sind entwaffnet worden, und von den Behörden kann augenblicklich kein Widerstand geleistet werden. Sollte aber bei dem Gefangenenhause keine kräftige Gegenwehr stattfinden, so gibt es für Aachen wahrscheinlich eine schreckliche Nacht« [1].

Wenn Bericht und Befürchtungen auch der Dramatik des Augenblicks entsprangen und sich später als übertrieben erwiesen – Aachen ging nicht unter, die Gefangenen wurden nicht befreit, selbst die Fabriken blieben heil – so war doch für preußische Verhältnisse genug Unfaßbares geschehen: Die erregte Menge hatte das Haus eines reichen und angesehenen Mitbürgers gestürmt und die gesamte Ausstattung zerstört. Die Autorität der Behörden war für einige Zeit verlorengegangen, das Militär hatte erkennbar die Flucht ergriffen. Andere Kräfte hatten das Geschehen bestimmt, bis der Aufstand nach wenigen Stunden »im Peletonfeuer« einer rasch gebildeten Bürgerwehr zusammengebrochen war. Sieben Tote, zahlreiche Verletzte und über 150 Verhaftete zeugen von der Härte, mit der Ordnung geschaffen wurde und die auch das weitere Vorgehen bestimmte. Das militärische Aufgebot kennzeichnet das Gewicht, das die Regierung in Berlin »dem ersten tollen Unternehmen dieser Art auf preußischem Grund und Boden« [2] zumaß. 2690 Mann unter Einschluß von Kavallerie und Artillerie schienen nötig, um die bereits hergestellte Ruhe zu wahren. Mit entsprechendem Aufwand verfolgte das Justizministerium »die in unserem Staate unerhörten Handlungen« [3]: Das gerichtliche Nachspiel war mit 5 Wochen Dauer, 74 Angeklagten und über 300 Zeugen nicht nur für die damalige Zeit ein Mammutprozeß. Er fand solches Interesse, daß wesentliche Teile der Verhandlungen in zwei Fassungen im Druck erschienen [4].

Was die preußischen Behörden erschreckte und die Sensationslust der Zeitgenossen weckte, vermag das Interesse des Historikers nicht mehr zu rechtfertigen. Anders als ähnliche Volksbewegungen desselben Jahres in Paris, Brüssel und Warschau, ist der Aachener Aufruhr ohne geschichtliche Folgen geblieben und auch in seinen für deutsche

Verhältnisse von 1830 beeindruckenden Dimensionen längst relativiert worden. Was ihn interessant macht, ist aus anderen Zusammenhängen abgeleitet. Die Erkenntnisabsicht dieser Studie gilt denn auch nicht dem speziellen Ereignis, sondern dem exemplarischen Fall eines sozialen Konflikts. Damit werden einige methodische Vorbemerkungen unerläßlich. Denn während Verhaltensforschung und soziologische Theorie sich immer intensiver bemühen, die Ursachen, Formen und Funktionen sozialer Konflikte zu bestimmen, meist in der Absicht, Möglichkeiten ihrer Steuerung aufzuzeigen, ist die historische Konfliktforschung nicht nur zögernd in Gang gekommen, ihr Sinn ist auch weniger unmittelbar einleuchtend. Ältere Ansätze haben durchweg unter dem bestimmenden Einfluß übergeordneter Themen wie etwa der Geschichte der Arbeiterbewegung gestanden, die die Ergebnisse präformieren mußten. Neuere Arbeiten, nahezu ausnahmslos englischer und amerikanischer Herkunft, zeigen dagegen eine auffällige thematische Beschränkung: auf die Aktionen der vor- und frühindustriellen Menge, den Arbeitskampf und den Rassenkonflikt. Diese Zurückhaltung der Historiker ist um so bedauerlicher, als sie damit der Soziologie ein Forschungsfeld überlassen, das mit soziologischen Methoden allein nicht zureichend bearbeitet werden kann. Wenn soziale Konflikte auf »regelmäßig zugrunde liegende gesellschaftliche Beziehungen und Prozesse« [5] zurückgehen und in Form und Austrag wesentlich von der Konfliktgenese mitbestimmt werden – zwei Annahmen, die heute weitgehend unbestritten sein dürften –, dann kann eine soziologische Theoriebildung mit wirklichkeitsnahem Erklärungswert auf die historische Dimension nicht verzichten, d. h. sie ist auf Informationen und Daten angewiesen, die ihrer Natur nach historische sind und der historischen Vergewisserung bedürfen. Anders ausgedrückt: Die Hypothese etwa, daß alle Geschichte die Geschichte von Klassenkämpfen sei, ist nicht nur aus geschichtlicher Erfahrung erwachsen, ihre empirische Überprüfung erfordert auch historische Kritik.

Hat die Geschichte für die soziologische Konflikttheorie vor allem hilfswissenschaftliche Funktionen, so ergibt sich aus den strukturellen Bedingungen sozialer Spannungen auch ein genuin historisches Interesse an Konflikt und Konflikttheorie. Denn wie immer der Konflikt eingeschätzt wird, ob als Motor gesellschaftlicher Entwicklung, wie liberale und sozialistische Konflikttheorie gleichermaßen behaupten, ob als Störfaktor der idealen Harmonie gesellschaftlicher Systeme, wie die Funktionalisten annehmen, oder ob er vorwärtstreibende und desintegrative Kräfte zu ambivalenter Wirkungsmöglichkeit verbindet, wie seine Offenheit für funktionale und dysfunktionale Interpretationen vermuten läßt, immer ist er ein Schlüsselphänomen historischer Prozesse und damit ein lohnendes, weil über sich hinausweisendes Erkenntnisobjekt für den Sozialhistoriker, der nach gesellschaftlichen Strukturen und den Bedingungen ihres Wandels fragt.

So hält *Richard Tilly* die vor- und frühindustriellen Volksunruhen, um die es auch in der folgenden Analyse geht, mit Recht für »den besten Einzelindikator sozialer Spannungen und/oder sozialer Stabilität« im europäischen Modernisierungsprozeß, den der Sozialwissenschaftler zu finden erwarten kann [6]. Dieser Auffassung entspricht als Forschungsmethode sein Versuch, Manifestationen des Konflikts (»sozialer Protest«) möglichst breit statistisch zu erfassen, d. h. einen Index der regionalen und temporalen Proteststreuung aufzustellen, und mit anderen quantitativen Indices des sozialen

Wandels zu korrelieren, um den vermuteten Zusammenhang von Modernisierung und Konflikt zu überprüfen und zu präzisieren. So vorzugehen hat den Vorteil aller Makroanalysen: Es gestattet Fragen zum Gesamtprozeß und läßt generalisierende Aussagen über die ihn beeinflussenden Faktoren erwarten. Es ist damit zweifellos ein angemessenes Verfahren für das Studium eines so umfassenden und komplexen Phänomens wie Modernisierung und sozialer Wandel. Aber für einen Vorstoß in terra incognita ist es eine etwas waghalsige Methode. Die Daten für den Index müssen erst erhoben, brauchbare Konfliktkategorien und eindeutige Zuordnungskriterien gebildet, Verfahren zur Messung der Konfliktintensität entwickelt werden, um nur einige methodische Probleme zu nennen. Hier liegen die Aufgaben der bescheideneren Mikroanalyse. Sie kann voraussetzungslos, d. h. direkt aus den Quellen erarbeitet werden. Sie liefert das zubereitete und kommentierte Material, auf das die typisierende und strukturierende Sozialgeschichte angewiesen ist und überprüft deren Ergebnisse. Generalisierende Aussagen sind ihr freilich versagt, aber wo diese in Makroanalysen oft vage bleiben müssen, kann die Fallstudie in ihren spezifischen Aussagen präzise sein. Beide Forschungsweisen ergänzen sich. Die Makroanalyse weist mit ihren übergeordneten Fragestellungen die Forschungsrichtung, ihre Methoden fördern abschließende Ergebnisse. Die Fallstudie leistet Zwischenarbeit: Auf dem Weg zur Erkenntnis legt sie die Trittsteine im Sumpf der Vermutungen.

Die Fallstudie beschränkt sich aber nicht auf die Zulieferung von Informationen, deren geringere Relevanz sie durch höhere Verbindlichkeit zu kompensieren sucht. Sie hat durchaus ihren Eigenwert. Nur sie kann zeigen, wie die Aktionen des sozialen Protests entstehen, in welchen Formen sie ablaufen, wer an ihnen teilnimmt, wie die Ordnungsseite reagiert. Dabei ist sie ereignis- und lebensnah, wo die – zweifellos ebenfalls notwendige – Reduktion der Vergangenheit auf Zahlen, Begriffe und Strukturen nur zu leicht in Gefahr gerät, die bereits zur Geschichte erstarrte Realität ein zweites Mal zu verlieren. Das aber wäre in diesem Fall doppelt fatal: Denn einmal muß es der Konfliktforschung darum gehen, das Interesse einer breiteren Öffentlichkeit zu wecken und die weitgehende Tabuisierung des sozialen Konflikts zu überwinden. Zum anderen äußern sich gerade in den Volksunruhen jene Gesellschaftsschichten, die in den klassischen Quellen des Historikers meist stumm bleiben.

Damit hätte die exemplarische Analyse eines frühindustriellen Aufruhrs als historische Studie zum sozialen Konflikt folgende Aufgaben:

- Informationen bereitzustellen für die soziologische Konflikttheorie und eine regional und temporal übergreifende Sozialgeschichte;
- den Erklärungswert konflikttheoretischer Ansätze durch Anwendung zu prüfen;
- die sozialen Implikationen des technischen und wirtschaftsorganisatorischen Wandels beim Übergang von traditionell handwerklichen zu industriellen Produktionsformen am speziellen Fall zu präzisieren;
- schließlich als eine allgemeine, jedoch nicht unwichtige Aufgabe praktischer Aufklärung: ein kritisches Konfliktbewußtsein zu konstituieren, d. h. über die vertiefte Kenntnis sozialer Konflikte das Verständnis für ihre Normalität und Funktion im gesellschaftlichen Entwicklungsprozeß zu fördern und zugleich auf die Gefahren aufmerksam zu machen, die aus ihrer unsachgemäßen Behandlung erwachsen können.

II

Der Versuch, diesem Kataloge gerecht zu werden, würde eine eingehende mehrschichtige Analyse erfordern und muß einer späteren Bearbeitung vorbehalten bleiben. Dieser Aufsatz beschränkt sich darauf, die Aachener Ereignisse in Konzentration auf drei wesentliche Kriterien des Konflikts (Teilnehmer, Ursache, Austragsweise) zu untersuchen und die Ergebnisse mit Hilfe einer Theorie zu interpretieren, die sozialen Protest als Reaktion auf ökonomischen Wandel versteht. Damit stellen sich für die themenrelevante Aufschließung des Materials die Fragen nach

1. dem Anlaß und der Zielrichtung des Konflikts,
2. der sozialen Zusammensetzung der Konfliktparteien,
3. der »strukturellen Ausgangslage« des Konflikts,
4. den zugrundeliegenden Motiven der Aufrührer und der Zielangemessenheit ihrer Mittel.

1. Bei der Auslöhnung am Sonnabend, dem 28. August, war mehreren Scherern der Aachener Tuchfabrik Nellessen wegen angeblich fehlerhafter Arbeit der Wochenlohn um bis zu 16 Prozent (ein Tagelohn) gekürzt worden. Wie die spätere Untersuchung ergab, waren solche oft »unbilligen« Strafabzüge in der Aachener Industrie und insbesondere bei Nellessen üblich [7]. Aber während sie von den Arbeitern normalerweise hingenommen wurden, weil Widerstand den Arbeitsplatz gefährdet hätte, kam es in der besonderen Situation der letzten Augusttage zum Protest. Gerüchte über die Erfolge der Scherer im belgischen Verviers, die durch den Anblick flüchtender Fabrikanten auf der Durchreise neue Nahrung und den Anschein der Bestätigung erhielten, waren nicht nur Ansporn, den vielfältigen Bedrückungen auch der eigenen Fabrikanten entgegenzutreten, sie boten zudem das Rezept: Die möglichst geschlossene Forderung nach besseren Arbeitsbedingungen verbunden mit der glaubhaften Drohung, andernfalls die Maschinen zu zerstören. So riefen die bestraften Scherer für die Mittagspause des 30. August zu einer Versammlung der Arbeiter mehrerer Tuchfabriken auf, die zu Nellessen ziehen und dort die Rücknahme der Strafe und Erstattung der Abzüge verlangen sollte.

Dieser Plan sprach sich in der durch die Begleiterscheinungen des blauen Montags und die Resonanz der belgischen Ereignisse stimulierten Stadt schnell herum. Gegen Mittag versammelte sich eine größere Menschenmenge bei Nellessen. Ein aktiver Kern, geführt von einer Autorität des Augenblicks, forderte nun schon ganz allgemein die Beseitigung der Strafabzüge. Aber da die Menge nicht in die Fabrik einzudringen vermochte – Nellessens Arbeiter schlossen sich der Aktion nicht an – blieb die Angelegenheit unentschieden, bis die allmählich am Ort des Geschehens eintreffenden Vertreter der Staatsgewalt den Unmut der Versammelten auf sich zogen. Die Flucht der unglücklich operierenden Ordnungskräfte und der Ruf »Auf nach Cockerill!« gaben der Menge eine neue Richtung und ein neues Ziel. Ging es bei Nellessen ganz spezifisch gegen das System der Strafabzüge, so bei Cockerill sehr diffus gegen »die Reichen«. Entsprechend änderten sich auch die Mittel. War es bei Nellessen die Drohung gegen die Maschinen, so war es bei Cockerill die bewußte, fast rituell vollzogene Zerstörung von Wertsachen und Interieur, d. h. der anschaulichen und greifbaren Manifestationen des Reichtums. Daß sich mit der Person Cockerills auch luddistische Motive rechtfertigen ließen – er gehörte zu einer berühmten Familie von Maschinenfabrikanten und hatte selbst viel zur Verbreitung der Maschinen in Aachen beigetragen –, mag den Übergang von einem Motiv zum andern erleichtert haben und die Wahl seines Hauses erklären; die Zerstörungen selbst hatten mit dem ursprünglichen Ziel ebenso wenig zu tun wie die dritte größere Aktion des Tages, der Sturm auf das Arresthaus. Hier sollten die »gefangenen Brüder« befreit werden. Fast 90 Prozent der im Aachener Gefangenenhause Einsitzenden verbüßten Korrektionalstrafen wegen Ordnungswidrigkeiten, Holzfrevels, Gartendiebstahls und ähnlicher Vergehen, typische Arme-Leute-Delikte, deren Unrechtscharakter von den Aachener Unterschichten mit Sicherheit anders beurteilt worden ist als von den preußischen Gerichten. Hier liegt ein erster Hinweis auf die tiefere Ursache des Protests: materielle Not. Das Rechtsbewußtsein eines Teils der Bevölkerung stößt sich an der Realität und motiviert die Rebellion gegen eine Ordnung, die als Unrechtsordnung empfunden wird, weil sie den ehrlichen Mann nicht mehr leben läßt.

Im Prozeßbericht sind Selbstzeugnisse der Aufrührer überliefert, die den schrittweisen Wandel der Zielrichtung dokumentieren. Bei der Verabredung am Morgen des 30. August hatten die Scherer für die geplante Protestversammlung beschlossen: »Wir wollen sagen, wenn er (Nellessen) die Strafen nicht wiedergebe, dann wollten wir die Maschinen entzwei schlagen [8].« Entsprechende Äußerungen fielen auch während der Versammlung selbst [9]. Wenig später auf dem Weg zu Cockerill hieß es dann: »Die Fabrikanten machen es zu arg, die Abzüge sind zu groß etc. aber es muß anders werden, es muß einmal alles drunter und drüber gehen [10].« Und schließlich: »Die ärmere Volksklasse wird von den Reichen unterdrückt und verdient nicht soviel, um das tägliche Brot anschaffen zu können. Wenn ich hundert Gewehre hätte, so würde ich mit jedem einen Reichen totschießen [11].« Ein frühindustrieller Arbeitsstreit, der mit spezifischen Mitteln um eine spezifische Methode der Disziplinierung und des Lohndrucks geführt wird, ist das auslösende Moment für einen spontanen Protest breiterer Bevölkerungskreise, der sich aus einem diffusen Unbehagen an bestehenden Verhältnissen speist, gegen die Reichen richtet und den ursprünglichen Anlaß schnell überlagert.

2. Diese Änderung der Zielrichtung weist auf einen Wandel in der sozialen Zusammensetzung der ordnungsstörenden Konfliktpartei hin. Die zunächst ziemlich allgemeine Identifizierung der Rebellierenden als Fabrikarbeiter ist durch die gerichtliche Untersuchung nicht bestätigt worden. Im Gegenteil, die Fabrikarbeiter standen eher auf der Ordnungsseite. So blieben die Bemühungen der gemaßregelten Scherer um eine Arbeiterversammlung erfolglos. Einige Fabrikanten hatten, Unruhen oder die Verführungen des blauen Montags befürchtend, ihre Belegschaft zu Mittag gar nicht erst entlassen. Aber auch bei Nellessen, wo die Pause eingehalten wurde, fanden sich bis auf neun am Nachmittag alle wieder ein. Hier waren es sogar die Arbeiter, die die Menge daran hinderten, in die Fabrik einzudringen. Ähnlich war es in einer kleinen Maschinenbauwerkstatt, wo sich eine Gruppe von Aufrührern vor dem Sturm auf das Gefangenenhaus mit Werkzeug versehen wollte.

Wer sich nun anstelle der Arbeiter am verabredeten Versammlungsort einfand, ist aus

Prozeßbericht und Akten ebenfalls zu erschließen. Es waren Unbeschäftigte und Neugierige, von denen die meisten auch im weiteren Verlauf der Ereignisse Zuschauer blieben. Die Zahl der direkt Beteiligten war relativ klein. Die Angaben schwanken je nach Zeuge und Ort des Geschehens zwischen 15 und 50. Da es mehrere Gruppen gab, die zuweilen gleichzeitig an verschiedenen Stellen in Erscheinung traten, dürfte der aktive Kern stärker gewesen sein, vielleicht 80, sicher nicht mehr als 100 Personen. Hinzu kam eine größere Zahl von lärmenden Mitläufern, meist Kindern und Jugendlichen, die den Umzügen einen gefährlichen Anstrich gaben, bei Cockerill z. T. die Gelegenheit zum Diebstahl nutzten, aber es dabei auch bewenden ließen. Die Zahl der Neugierigen, die die Ordnungswidrigkeiten wenn nicht mit Sympathie, so doch ohne erkennbare Äußerungen des Mißfallens verfolgten, ging in die Tausende. 4000, heißt es in den Akten, schauten bei Cockerill zu, ohne die Hand zu rühren. Das war immerhin ein Achtel der Stadtbevölkerung. Und deshalb wird in bezug auf die zugrunde liegenden Motive nicht zu sehr zwischen aktiver Minderheit und passiver Mehrheit zu differenzieren sein.

54 Personen sind wegen Teilnahme am Aufruhr verurteilt worden. Für etwa 40 von ihnen läßt sich aus dem Prozeßbericht eine tätige Beteiligung an den Ereignissen nachweisen. Das sind 40–50 Prozent der geschätzten Gesamtzahl. Damit dürften die aus dem Prozeß für die Verurteilten verfügbaren Daten – Alter, Beruf, Vorstrafen, Geburts- und Wohnort – repräsentativ für jene Gruppe sein, die wir nach dem Ende des auslösenden Arbeitskonflikts als Träger des sozialen Protests bezeichnen können.

Tabelle 1 : Verurteilte und Verdächtige: Berufsgruppen[12]

Berufsgruppen	Verurteilte abs.	Verurteilte in %	Verdächtige abs.	Verdächtige in %
Nadelindustrie	5	43	9	41
Tuchgewerbe	18		45	
davon Spinnerei	(5)		(12)	
„ Weberei	(7)		(14)	
„ Fertigung	(6)		(19)	
Handwerk	13	24	30	22
davon Schuhmacher	(4)		(9)	
„ Schneider	(1)		(3)	
„ Bauberufe	(2)		(7)	
„ übriges Handwerk	(6)		(11)	
Tagelöhner und	8	33	19	31
Unterschichtberufe	10		23	
ohne Angabe oder nicht einzuordnen	–	–	8	6
Insgesamt	54	100	133	100

Das Durchschnittsalter der Verurteilten, 47 Männer und 7 Frauen, ist mit 23,5 recht niedrig. Die Hälfte von ihnen war im August 1830 zwischen 15 und 20 Jahre alt. Bis auf 4 waren alle in Aachen geboren. Nach der Berufsgliederung (Tab. 1, Sp. 1) liegen die beiden Hauptgewerbezweige Aachens, Tuch- und Nadelindustrie, mit fast der Hälfte der Angeklagten an der Spitze [13]. Aus den Angaben »Spinner«, »Weber«, »Tuchscherer«, »Nadler« usw. läßt sich noch nicht die Stellung im Beruf erkennen. Nach der Struktur dieser beiden Gewerbezweige können es Selbständige, in Fabriken oder im Verlagssystem Arbeitende oder Arbeitslose gewesen sein. Da nach den Akten bis auf zwei Scherer kein Angeklagter in Verbindung zu einem Fabrikbetrieb gestanden hat, für selbständige Berufsausübung aber das Durchschnittsalter zu niedrig erscheint, kann es sich bei der Mehrzahl nur um beschäftigungslose Lohnarbeiter und abhängige bis teilabhängige Handwerker in Kleinbetrieben oder im Verlag handeln. In diese Richtung weisen nicht nur Äußerungen der Angeklagten selbst, sondern auch Doppelberufe wie »Spinner und Weißer«, »Nadler und Lebkuchenhändler« usw., die auf saisonale Nebentätigkeit und damit unzureichende Beschäftigung im Hauptberuf schließen lassen. Den zweithöchsten Anteil stellt das Handwerk mit 13 Verurteilten, darunter allein 4 Schuhmachern. Auch hier spricht das Alter – mit einer Ausnahme sind alle zwischen 18 und 22 Jahre alt – gegen selbständige Handwerker; keiner von ihnen ist überdies in der Aachener Gewerbesteuerliste enthalten. Auch hier gibt es Hinweise auf Unterbeschäftigung: Zwei verurteilte Bauhandwerker waren nach dem Prozeßbericht am Morgen des 30. August gegen Entgelt mit Gartenarbeiten beschäftigt. Die übrigen Verurteilten gehörten auch ohne Bemühung der Aachener Gewerbestruktur mit Sicherheit zur untersten Bevölkerungsschicht: Tagelöhner und Lohnarbeiter, mit einem Schwerpunkt im Bau- und Bauhilfsgewerbe, Musikanten, Kellner, ein Barbier und ähnliche Berufe.

Handwerker oder nicht in Fabriken beschäftigte Lohnarbeiter des Textil- und Nadelgewerbes, Unselbständige anderer Handwerkszweige, Tagelöhner und andere Unterschichtberufe mit einer Andeutung von Berufskonzentrationen – das ist die für uns erkennbare soziale Zusammensetzung der Gruppe, deren Beteiligung am Aufruhr gerichtlich nachgewiesen ist.

Dieser Befund läßt sich ergänzen durch das Urteil der »guten Bürger Aachens«, die vom Nachmittag des 30. August an verhafteten, was ihnen verdächtig erschien. Wenn sich dieser Verdacht auch in den meisten Fällen nicht bestätigte oder die bloße Teilnahme nur zur Anklage aber nicht zur Verurteilung führte, so dokumentieren doch Tatsache und sozialtopographische Umstände der Verhaftungsaktion, bei wem das bürgerliche Aachen ein gestörtes Verhältnis zur Ordnung für wahrscheinlich hielt [14]. Eine Verhaftetenliste vom 6. September 1830 spiegelt daher die begründeten Vermutungen von Zeitgenossen über den sozialen Ort des Protests (Tab. 1, Sp. 2). Von den 133 Verdächtigen sind 8 Frauen. Das Durchschnittsalter ist mit 28 höher als bei den Verurteilten, aber auch hier sind die jungen Jahrgänge am stärksten besetzt: 12 sind jünger als 18 Jahre, 52 zwischen 18 und 22 Jahre alt, beide Gruppen zusammen stellen mit 48 Prozent wieder rund die Hälfte des Samples. Der Anteil des Tuchgewerbes und der Nadelindustrie ist fast genauso hoch wie bei den Verurteilten, ganz ähnlich im Handwerk, wo auch die Berufskonzentration bestätigt wird: Zwei Drittel der Handwerker entfallen auf Schuhmacher, Schneider und Bauberufe. Tagelöhner, Lohnarbeiter und andere Unterschichtberufe stellen wieder ein Drittel der Verdächtigen. Was schließlich über die Stellung im Beruf gesagt worden ist, gilt auch hier.

Das größere Sample der Verdächtigten bestätigt die Ergebnisse der Verurteilten-Analyse, setzt die Akzente im handwerklichen Bereich sogar noch etwas schärfer. Damit zeichnet sich die soziale Gliederung der Protestpartei in diesem Konflikt ab: Bestimmte Bereiche des Handwerks, Textil- und Nadelarbeiter, soweit sie nicht in Fabriken beschäftigt sind, und die schon proletarisierten Tagelöhner und Gelegenheitsarbeiter. Sie gehören alle zur Unterschicht.

Die Konturen dieser Gruppe werden noch deutlicher durch einen Blick auf die Ordnungsseite. Ihr lobenswerter Eifer bei der Wiederherstellung der Ruhe und der Verfolgung der Verdächtigen trug der Bürgerwehr allerhöchstes Wohlwollen und die Ankündigung von Adlerorden und Ehrenzeichen ein. Die Ermittlung der verdienstvollsten Anwärter erforderte ein Teilnehmerverzeichnis, und die Aussicht auf einen Orden ließ es sehr genau werden. So ermöglicht uns der doppelte Zufall, daß die Unterdrückung des Aufruhrs nicht durch die Staatsmacht, sondern aus der Bürgerschaft selbst erfolgte, und daß Namen, Alter und Beruf der dabei Beteiligten überliefert sind, ähnliche Aussagen über den sozialen Ort der Ordnung, wie wir sie für den sozialen Ort des Protests machen konnten.

Die Bürgerwehr-Liste enthält 230 Namen, davon 174 mit Alters- und 222 mit Berufsangaben. Das Durchschnittsalter liegt mit 36,5 deutlich höher als bei der Protestpartei. Nur 4 sind jünger als 20 Jahre; die 25- bis 45jährigen, d. h. Altersgruppen mit weitgehend vollzogener beruflicher Etablierung, stellen rund 70 Prozent der Bürgerwehr. Weitere 20 Prozent sind noch älter. Bei der Aufgliederung nach Berufsgruppen (Tab. 2) ist zunächst ein Desiderat bemerkenswert: Tuch- und Nadelgewerbe, die den größten Teil der Verurteilten und Verdächtigen ausmachten, fehlen ganz. Damit fallen zugleich die Fabrikarbeiter aus, die es in großer Zahl nur in diesen Gewerbezweigen gegeben hat. Wie zu erwarten, stellen Honoratioren, Fabrikanten und Kaufleute einen erheblichen Prozentsatz der Ordnungskräfte. Noch stärker ist die Gruppe der staatlichen und städtischen Bediensteten – auch dies verständlich in einer Verwaltungsstadt mit

Tabelle 2: Bürgerwehr: Berufsgruppen und soziale Schichtung[15]

Berufsgruppen		Oberschicht	Mittelschicht	Unterschicht	Zuordnung unsicher	Zusammen abs.	in %
in staatlichen und städtischen Diensten		12	29	42	3	86	37
Honoratioren, Fabrikanten, Kaufleute		21	9	–	27	57	25
Handwerk		–	19	3	20	42	19
Dienstboten und Unterschichtberufe		–	–	6	–	6	2,5
übrige Berufe ohne Tuch- und Nadelgewerbe		2	12	8	9	31	13
ohne Berufsangabe		3	–	–	5	8	3,5
zusammen	abs.	38	69	59	64	230	
	in %	16	30	26	28		100

Bezirksregierung, Kreis-, Kommunal- und Grenzbehörden. Während die Unterschichtberufe nur spärlich vertreten sind, ist der Anteil des Handwerks etwa gleich groß wie bei den Verurteilten. Ein Blick auf die soziale Schichtung zeigt freilich den Unterschied. Fast die Hälfte der Handwerker (und 86 Prozent der klassifizierbaren) gehört zur Mittelschicht – bei den Verurteilten nicht einer, und auch unter den nicht einzuordnenden Handwerkern fehlt die für die Protestseite typische Massierung gefährdeter Berufe. Am erstaunlichsten ist die starke Besetzung der Unterschicht. Obwohl für alle Angehörigen der Unterschicht in den materiellen Lebensbedingungen der Abstand zum Proletariat nur gering gewesen sein kann, dokumentiert sich in der aktiven Bekämpfung des Aufruhrs ein kleinbürgerlicher Beharrungswille, als dessen Fundament zumindest für die starke Gruppe der staatlichen und städtischen Bediensteten der feste Lohn und die Sicherheit des Arbeitsplatzes vermutet werden dürfen.
Als vorläufiges Ergebnis bleibt festzuhalten: In der Ordnungspartei vereinigten sich Oberschicht, Mittelschicht und Unterschicht. Die Aachener Unterschicht war, wie das unterschiedliche Protestverhalten zeigt, nicht homogen. Die Trennungslinie zwischen den Konfliktparteien verlief nicht entlang Schichtgrenzen. Sie ging mitten durch die Unterschicht hindurch. Fabrikarbeiter finden sich auf keiner Seite. Handwerker auf beiden. Diese Fraktionierungen werden vor dem wirtschaftlichen und sozialen Hintergrund des Konflikts noch deutlicher und auch in ihren Ursachen im folgenden erkennbar werden.

3. Seit Ende des 18. Jahrhunderts befanden sich die traditionellen Haupterwerbszweige der Aachener Wirtschaft, das Tuch- und Nadelgewerbe [16], in einem Strukturwandel, der zu Beginn der dreißiger Jahre mit der Durchsetzung des geschlossenen Fabrikbetriebs einen vorläufigen Abschluß erreichte. Die freie Gewerbeverfassung der französischen Zeit (1794–1813) hatte die volle Entfaltung des Verlagssystems gebracht. Aber die günstigen Absatzgedingungen auf dem großen französischen Markt mit seinem ständigen Heeresbedarf und der Abschirmung gegen die europäische Konkurrenz hatten die Modernisierung auch auf die Möglichkeiten der nichtzentralisierten Manufaktur beschränkt. Wenn der Tuchhändler als Verleger Materialeinkauf und Warenvertrieb in seiner Hand zusammenfaßte und die Produktion nach seinem Bedarf steuerte, so realisierte er nur organisatorische Produktivitätsreserven. Zur Änderung der noch immer handwerklichen Produktionsverfahren bot das ökonomische Treibhausklima des Kaiserreichs keinen Anreiz. Erst die Umstellung auf die schwierigeren preußischen Verhältnisse und die scharfe Luft des Wettbewerbs mit der englischen Konkurrenz, die nach dem Ende der Kontinentalsperre ihren technischen Vorsprung auf dem ungeschützten preußischen Markt voll ausspielen konnte, zwang die Aachener Unternehmer zur Modernisierung der Produktionsverfahren. Spinn-, Scher- und Rauhmaschinen wurden in rascher Folge eingeführt. Schon seit 1812 arbeitete der erste mechanische Webstuhl, der sich aber nur langsam durchsetzen konnte. Zur Deckung des wachsenden Energiebedarfs dienten ab 1817 zunehmend Dampfmaschinen, deren optimale Nutzung nun auch die räumliche Konzentration der vielfach noch getrennten Produktionsstufen erzwang. Damit war um 1830 der Typ der modernen Fabrik in Aachen vorhanden [17].

Von besonderer Bedeutung war aber, daß sich diese entscheidende Phase der Industrialisierung unter Konkurrenzdruck von außen und im Zeichen einer Absatzkrise vollzog. In der Tuchindustrie vermochten nur die größeren Unternehmer die Kosten der Mechanisierung aufzubringen und von ihnen nur wenige für alle Produktionsstufen. Unter den 51 Tuchfabriken, die ein Verzeichnis der Aachener »Fabriken, Manufakturen und Werke« von 1829 enthält, sind 14 besonders herausgehoben, in »welchen sich sämtliche oder doch die meisten Anlagen zur vollständigen Darstellung des Fabrikats vereinigt finden« [18]. Neben diesen Fabriken blieben »Manufakturen« und »Werke« mit nur einer oder zwei mechanisierten Produktionsstufen weiterhin bestehen und mit ihnen eine Vielzahl formal selbständiger, aber faktisch in Stücklohn arbeitender Klein- und Winkelmeister vor allem in der Weberei, aber auch in der Schererei. Die Industrialisierung setzte sich nur zögernd durch.

Während die Fabriken dank ihrer höheren Produktivität einen wachsenden Anteil am zunächst schrumpfenden, dann bis in die dreißiger Jahre nur langsam expandierenden Markt gewinnen konnten, geriet das traditionelle Tuchgewerbe unter den doppelten Druck zunehmender Arbeitslosigkeit und sinkender Erträge. Seine Lage verschlechterte sich schnell. Mußten die Fabrikanten zunächst $^2/_3$ der Meisterlöhne zahlen, um Arbeitskräfte zu bekommen, konnten sie im Laufe der zwanziger Jahre die Löhne senken und zugleich die Arbeitszeit auf 13 Stunden erhöhen, ohne die Attraktivität der Fabrikarbeit gegenüber dem teilabhängigen Heimgewerbe zu gefährden [19].

Die Übersetzung des technisch rückständigen Textilhandwerks und die unzureichende Aufnahmefähigkeit der frühen Fabriken ließen den Preis der traditionell genutzten Arbeitskraft soweit sinken, daß auch bei angestrengter Arbeit das Lebensnotwendige nicht mehr zu verdienen war. Demgegenüber hatte die Fabrikarbeit den Vorzug relativ kontinuierlicher Einkünfte. Bei aller Belastung durch lange Arbeitszeiten, niedrige Löhne und vielfältigen Disziplinierungsdruck bedeutete der Übergang in die Fabrik doch einen Gewinn an ökonomischer Sicherheit und der damit verbundene Wandel der Arbeits- und Lebensweise keinen extremen Bruch mit der Vergangenheit. In der Stadt hatte man immer gewohnt, und wirklich selbständige Handwerker waren nur noch die wenigsten gewesen. Die Fabriken waren noch überschaubar. Die größten hatten kaum mehr als 300 Arbeiter. Der Kleinbetrieb mit Werkstattcharakter überwog bei weitem: Aus der Fabrikenliste von 1829 und der Beschäftigtenzahl von 1831 ergibt sich für das Tuchgewerbe eine durchschnittliche Betriebsgröße von 21 Personen [20]. Die noch immer geforderte handwerkliche Fertigkeit erlaubte dem Fabrikarbeiter auch weiterhin ein handwerkliches Selbstverständnis. Hier lagen die Wurzeln eines konservativen Arbeitertyps, der sich zum »Arbeiterbürger« [21] entwickeln konnte und für die Arbeiterbewegung nur schwer zu gewinnen war. Die Situation des Aachener Fabrikarbeiters von 1830 war extrem hart, seine ökonomische Basis außerordentlich schmal, aber sie war relativ fest. Die Situation des Textilgewerbes außerhalb der Fabrik war dagegen nicht nur ebenso hart, sie war wirtschaftlich schwach fundiert und unsicher, ohne Zukunft und Hoffnung. Das Problem war nicht die Mechanisierung, sondern ihre verspätete und zögernde Durchsetzung unter ungünstigen Marktbedingungen. Überspitzt formuliert: Es gab nicht zuviel Fabrikarbeiter, sondern zuwenig.

Für die Lage des übrigen Handwerks müssen noch knappere Andeutungen genügen.

Die Annahmen der klassischen Niedergangstheorie über die Krise des Handwerks unter dem kombinierten Einfluß der Großproduktion, der Gewerbefreiheit und des Kaufkraftschwundes traditioneller Konsumentenschichten sind in ihrer generellen Form nicht mehr haltbar, und eine differenzierende Analyse, die für Aachen noch fehlt, kann hier nicht nachgeholt werden. Bei aller Kritik an den älteren Vorstellungen sind sich aber auch die neueren Untersuchungen darin einig, daß latente Unterbeschäftigung auch eine Hauptursache handwerklicher Existenzgefährdung im Modernisierungsprozeß gewesen ist und daß diese Unterbeschäftigung im quantitativen Verhältnis von Selbständigen und Abhängigen, d. h. in sinkenden Betriebsgrößen, sichtbar wird. Nur wer genügend Arbeit hatte, konnte Gehilfen beschäftigen. Wer keine Arbeitsstelle fand, dem blieb häufig als einzige Alternative die Flucht in eine ökonomisch unsichere Selbständigkeit.

Tabelle 3: Durchschnittliche Betriebsgröße (DBG) bei Aachener Schuhmachern, Schneidern und Bauhandwerkern[22]

	Schuhmacher			Schneider			Bauhandwerk		
	selbst.	abh.	DBG	selbst.	abh.	DBG	selbst.	abh.	DBG
1822	119	290	3,4	99	201	3,0	23	114	6,0
1825	144	225	2,6	107	137	2,3	30	100	4,3
(davon zahlten Gewerbesteuer)	23	–		17	–		14	–	
1828	284	145	1,5	114	135	1,8	29	72	3,5
1831	278	135	1,5	131	127	2,0	35	80	3,3

Tab. 3 zeigt die absoluten Zahlen und die Entwicklung der durchschnittlichen Betriebsgröße von 1822–31 für die Handwerkszweige, die in der Protestpartei besonders in Erscheinung treten. Dabei ergibt sich für Schuhmacher und Schneider eine deutliche Tendenz zur Übersetzung, die durch den geringen Anteil der Gewerbesteuer Zahlenden von 1825 noch unterstrichen wird. Die Entwicklung im Baugewerbe ist bei gleichem Trend weniger ausgeprägt. So paßt es durchaus ins Bild, wenn sich Bauhandwerker in größerer Zahl auch auf der Ordnungsseite finden. Gefährdet waren hier vor allem die Saisonarbeiter, die nur bei erhöhtem Bedarf Beschäftigung fanden und zudem unter dem Konkurrenzdruck billiger Wanderarbeiter standen.

Die latente Unterbeschäftigung des vom städtischen Bedarf abhängigen Handwerks wäre allein als Symptom mangelnder Anpassung an schnellen ökonomischen Wandel mißverstanden. Sie war zumindest auch eine Folge der durch die Krise in den Aachener Hauptgewerbezweigen bedingten Nachfrageschrumpfung und damit eine Fernwirkung der zu langsamen Industrialisierung.

Wie sehr freilich der Wandel der Gewerbestruktur die mittelständischen und kleinbürgerlichen Schichten erschüttert hatte, erhellt die Weigerung des Aachener Regierungspräsidenten vom 28. August 1830, die Bürgerwache aus den letzten Jahren der Befreiungskriege zu reaktivieren. Die persönlichen Verhältnisse vieler ihrer damaligen Mitglieder, so rechtfertigte er später seine Entscheidung, hätten sich inzwischen so nachteilig verändert, daß es »bedenklich sein mußte, ihnen Waffen in die Hände zu geben« [23]. Die Sicherheitswache war binnen 15 Jahren zum Sicherheitsrisiko geworden. Von den langfristigen strukturellen Krisenursachen sind die kurzfristigen konjunkturellen zu unterscheiden, auf die die Bevölkerung angesichts des engen, oft nicht vorhandenen Nahrungsspielraums empfindlich reagierte. Während der Geschäftsgang im Tuchgewerbe bis in den September hinein so gut war, daß z. T. in Nachtschichten gearbeitet wurde [24], kam es infolge der Mißernte von 1830 zu einer Teuerung der Nahrungsmittel. So stieg der Preis des wichtigsten Nahrungsmittels, des Roggenbrotes, von Ende Juli bis Ende August um mehr als ein Drittel. Die sozialen Folgen der Strukturkrise, die Erhöhung der Lebenshaltungskosten und die revolutionären Beispiele jenseits der Grenze bildeten ein explosives Gemisch, das nur noch auf den zündenden Funken wartete.

4. Der Protest gegen die Fabrikstrafen und die Vorgänge bei Nellessen lassen sich in unsere Vorstellungen über Ursachen und Erscheinungsform des frühindustriellen Arbeitskonflikts unschwer einordnen. Die Probleme der frühen Fabrikarbeiterschaft lagen nicht nur im materiellen Bereich – die Fabriklöhne waren oft höher als der Ertrag selbständiger Handwerksarbeit. Sie resultierten ebensosehr aus dem Fehlen einer verbindlichen Arbeitsnorm. Die Arbeitsordnung der Fabrik, Rhythmus, Dauer und Intensität der Tätigkeit richteten sich nach den technischen Bedingungen der Produktion und den Verkaufserwartungen des Fabrikanten, zu allerletzt, wenn überhaupt, nach den Bedürfnissen des Arbeiters. Korrektive gegen extreme Belastungen in Gestalt gesetzter oder gewachsener Normen gab es kaum. Sie mußten von den Arbeitern erst erkämpft werden. Nur hatten die Arbeiter unter den sozialökonomischen Bedingungen der Frühindustrialisierung (Arbeitslosigkeit, mangelnde Organisation) kaum Mittel, ihren Forderungen gegenüber den Fabrikanten Nachdruck zu verleihen. Zu den wenigen erfolgversprechenden gehörte die zuweilen realisierte und daher glaubhafte Drohung, die Maschinen zu zerstören.

In Aachen richtete sich diese Drohung gegen den Versuch eines Fabrikanten, eine einseitige Arbeitsordnung durch ein System willkürlicher Sanktionen abzusichern. Die Reaktion der Behörden demonstriert die Angemessenheit solcher Gegenwehr, die lange Zeit als irrationale Maschinenfeindschaft verkannt worden ist [25]. Die Bezirksregierung ließ die Arbeitsbedingungen untersuchen und stellte dabei so erhebliche Mißstände fest, daß sie sich beim Oberpräsidium der Rheinprovinz nicht nur eindringlich für die behördliche Reglementierung der Fabrikstrafen, sondern auch für das Verbot der Warenentlohnung und der nachträglichen Lohnkürzung einsetzte. Eine entsprechende Verordnung [26], die den Beginn der deutschen Fabrikgesetzgebung bedeutet hätte, scheiterte an der mangelnden Einsicht des Staatsministeriums. Immerhin gaben die Aachener Ereignisse den Anstoß für die legislative Behandlung einer Materie, die die preußischen Behörden freilich noch über 18 Jahre beschäftigen sollte, ehe sie im Truckverbot von 1849 nicht ohne Einfluß einer diesmal auch in Berlin spürbaren Volksbewegung ihre abschließende Regelung fand [27].

Der Protest der Aachener Fabrikarbeiter richtete sich nicht gegen Maschinen und Fabrikarbeit prinzipiell, sondern gegen bestimmte Arbeitsbedingungen. Träger des Protestes waren Tuchscherer, hochspezialisierte Facharbeiter, die früh Organisationstendenzen entwickelten und auch in Frankreich und England zum Kern der Maschinenstürmer gehörten [28]. Sie hatten in der sich wandelnden Wirtschaft ihren neuen Platz gefunden und begannen, sich auf ihm einzurichten. Das Spannungspotential dieses frühindustriellen Arbeitskonflikts lag nicht in der Auflösung der alten Lebens- und Arbeitsweise oder den Schwierigkeiten, sich den neuen Bedingungen anzupassen, sondern in der unterschiedlichen Auffassung von Arbeitgeber und Arbeitnehmer, wie diese neuen Bedingungen den Bedürfnissen der Betroffenen anzupassen seien. So steht dieser Protest aus der Frühzeit der Fabrik neben vielen anderen ähnlicher Art am noch unpolitischen Beginn eines Bemühens, das seither ein Schwerpunkt der Arbeiterbewegung geblieben ist: des Aufbaus einer gerechten, die Würde des Menschen respektierenden Arbeitsordnung der Industriewirtschaft.

Ganz andere Motive bestimmten das Verhalten derer, die die Unruhe des Arbeitskonflikts zum Aufruhr steigerten. Für die unterbeschäftigten Tagelöhner, Handwerker und Heimgewerbetreibenden reichte die Tragfähigkeit der sich auflösenden traditionellen Gewerbestruktur nicht mehr, die der langsam wachsenden neuen noch nicht aus. Sie suchten Arbeit, ohne welche zu finden, oder sie arbeiteten, ohne davon leben zu können. Wenn aber ein definierbarer Teil der Gesellschaft zunehmend und langfristig von der Partizipation an ihren Gütern ausgeschlossen wird, dann verliert diese Gesellschaft mit der Legitimation als gerechte Ordnung auch ihre integrative Kraft. Die Gesellschaftsordnung wird kritisierbar, und der soziale Protest als vollzogene Kritik ist nicht nur ein Versuch materieller Selbstbehauptung mit kurzfristiger ökonomischer Zielsetzung sondern auch Gericht über eine Ordnung, die als Unrechtsordnung erlebt worden ist. Das gilt zumal für die Aktionen der vorindustriellen Menge, die wenig andere Möglichkeiten hatte, sich zu artikulieren. So verband sich auch in Aachen mit dem (partiell erfolgreichen) Ruf nach Arbeit und Brot das Ritual der Zerstörung. Gegenüber den strukturellen Ursachen des Konflikts war dieser diffuse Protest hilflos. Er beschränkte sich darauf, durch exemplarische Bestrafung des Reichen als des sichtbaren Nutznießers einer schlechten Ordnung zumindest im Rechtsgefühl des Volkes die gerechte Ordnung wiederherzustellen. Als ein Geistlicher die Aufrührer zu beschwichtigen versucht, antwortet ihm einer ihrer Wortführer: In den ersten Zeiten der Kirche seien Kaiser und Könige bestraft worden. Jetzt machten die Fabrikanten, was sie wollten, und nur der Arme werde bestraft. Er trüge die Last der Mahl- und Schlachtsteuer, er finanziere die Equipagen der Reichen, ihm nähmen die Maschinen das Brot. Sie wollten die Kaufleute strafen [29]! Und die Strafe traf nicht den Menschen sondern den Reichen durch Zerstörung seines Reichtums. Kein Bürger ist von den Aufrührern getötet oder ernsthaft verletzt worden. Gewalt blieb solange Gewalt gegen Sachen als die Ordnungsseite nicht intervenierte.

Ähnlich wie *Hobsbawm* im Maschinensturm hat *Rudé* in den Aktionen der vorindustriellen Menge eine rationale, den Bedingungen der Zeit angemessene Form der sozialen Bewegung erkennen wollen [30]. Das mag noch für die Reichsstadt Aachen gelten, in der das Mittelalter bis hart an die Schwelle des 19. Jahrhunderts reichte. Denn für die beschränkten Machtmittel des Magistrats war die städtische Volksbewegung ein ernst zu nehmender Faktor, der in das politische Kalkül einbezogen wurde und auf den man angemessen zu reagieren hatte. Für das Ordnungsdenken des 19. Jahrhunderts, hier verkörpert im Selbstverständnis des preußischen Staats und seiner lokalen Repräsentanten wie des etablierten Stadtbürgertums, war die archaische Methode des Aufruhrs als Mittel legitimer Interessenwahrung unverständlich und nicht mehr akzeptabel. Spätestens im blutigen Ende des berechtigten Protests erwies sich seine formale Unangemessenheit.

Die in den Trägern der Protestpartei repräsentierte soziale Gruppe hatte nicht nur unter dem Druck technischer und betriebsorganisatorischer Änderungen ihre ökonomische Grundlage verloren, auch ihre Ordnungsvorstellungen und ihr Protestverhalten wurden vom Basiskonsens der bürgerlichen Gesellschaft nicht mehr abgedeckt. Standen die Fabrikarbeiter am Beginn eines Weges, so waren sie ökonomisch und sozial am Ende.

III

Eine verbreitete Version moderner Konflikttheorie versteht soziale Desintegration und daraus resultierende Spannungen als Folge der Schwierigkeit, das System der sozialen Beziehungen, Werte und Verhaltensweisen hinreichend schnell und umfassend den Bedingungen einer neuen ökonomischen Wirklichkeit anzupassen. Auf den sozioökonomischen Kontext unseres Falles bezogen heißt das: Die kombinierte Modernisierung von Produktionstechnik und Wirtschaftsorganisation, die wir Industrialisierung nennen, schafft nicht nur neue Tätigkeitsbereiche, sie führt auch zu einer Umgestaltung der traditionellen Arbeits- und Lebensweise. Dabei entstehen für die sich bildende Arbeiterschaft konfliktträchtige Orientierungs- und Anpassungsschwierigkeiten, und zwar vor allem dort, wo sich die Abkehr von der alten Ordnung besonders schnell und kraß vollzieht. Je rascher der ökonomische Wandel, desto größer die Gefahr auflösender Kräfte und Spannungen.

Diese »Entwurzelungstheorie« mit ihrer starken Betonung der Wertvorstellungen und Verhaltensweisen ist gewiß ein Fortschritt gegenüber der reduzierten Verelendungstheorie, die die Motivation des Protests auf die materiellen Lebensbedingungen beschränkt. Nur sollte die Freude über die subtileren Modelle die einfachen nicht völlig vergessen lassen. Sie können jene ergänzen und z. T. sogar den höheren Erklärungswert haben. Der Aachener Aufruhr war nicht allein und nur begrenzt Ausdruck der Anpassungsprobleme einer neuen Arbeiterklasse. Er war überwiegend ein Protest gegen sinkenden Lebensstandard und fehlende Arbeitsplätze. Daß sich die Konfliktparteien des eigentlichen Aufruhrs am Kriterium der Einkommenssicherheit scheiden, ist eine deutliche Warnung vor der Geringschätzung ökonomischer Konfliktursachen. Nicht nur rascher, auch verzögerter Wandel, der die Auflösung alter Strukturen einleitet, ohne dann eine genügend breite wirtschaftliche Basis für neue Strukturen schaffen zu können, ist eine Quelle des Konflikts. Hier könnte eine Erklärung für *Tillys* Beobachtung liegen, daß nicht die Industriestädte mit Spitzenwachstum die höchste Konfliktfrequenz aufweisen, sondern die langsam wachsenden [31]. Wie das Hauptproblem der vor- und frühindustriellen Gesellschaft der Mangel an einträglicher Arbeit war, so scheint der soziale Ort des Protests weniger die entstehende Fabrikarbeiterschaft als die Schicht der Unterbeschäftigten gewesen zu sein, die in der Fabrik noch keinen Platz fanden.

Anmerkungen

[1] Augsburger Allgemeine Zeitung Nr. 250 vom 7. Sept. 1830, S. 999.

[2] Tagesbefehl des kommandierenden Generals der Rheinprovinz, a.a.O., Nr. 251 vom 8. Sept. 1830, S. 1003.

[3] *Von Kamptz* i. V. des Justizministers an Oberpräsident der Rheinprovinz, 4. Sept. 1830, Staatsarchiv Koblenz, Abt. 403 Nr. 2436 Bl. 17–22.

[4] Die Aachener Aufrührer, ihre Verbrechen und deren Bestrafung, Köln 1831 und, ausführlicher: Darstellung der Verhandlungen vor den Assisen zu Köln über die Teilnehmer an dem am 30. August 1830 in Aachen stattgehabten Aufruhr, nebst Schlußbemerkungen von J(akob) Venedey, Köln 1831. Dieser Prozeßbericht, im folgenden als »Venedey« zitiert, ist eine Hauptquelle dieser Studie. Daneben sind die Akten des Oberpräsidiums der Rheinprovinz, der Regierung Aachen und der Stadtverwaltung Aachen ausgewertet worden.

[5] *Walter L. Bühl,* Entwicklungslinien der Konfliktsoziologie, in: *ders.,* Hrsg., Konflikt und Konfliktstrategie. Ansätze zu einer soziologischen Konflikttheorie. München 1972, S. 10.

[6] *Richard Tilly,* Popular Disorders in Nineteenth-Century Germany. A Preliminary Survey, in: Journal of Social History 4 (1970), S. 2.

[7] Bericht der Regierung Aachen an das Oberpräsidium der Rheinprovinz vom 25. 10. 1830 betr. Sicherstellung der Fabrikarbeiter gegen willkürliche Behandlung seitens der Fabrikinhaber. Staatsarchiv Düsseldorf Rep. Reg. Aachen Nr. 1625 Bl. 7–9.

[8] Venedey, a.a.O., S. 119.

[9] Ebd. u. S. 54, 56.

[10] Ebd. S. 64.

[11] Ebd. S. 14 u. 78.

[12] Verurteilte: Venedey S. 3 ff., 211 f. Verdächtigte: Verhaftetenliste vom 6. Sept. 1830, Staatsarchiv Düsseldorf, Rep. Regierung Aachen Nr. 204 Bl. 157–160. Die Liste enthält 166 Namen. Davon sind 53 von später Verurteilten bereits in Spalte 1 enthalten. Hinzu kommen die Angaben über 20 Personen, die angeklagt, aber nicht verurteilt worden sind. Das ergibt die Gesamtzahl von 133 in Spalte 2.

[13] Da nicht geprüft werden kann, ob es sich beim jeweils angegebenen – das ist im allgemeinen der erlernte Beruf – auch um den ausgeübten Beruf handelt, wird Identität angenommen. Für die Mehrheit wird das schon wegen ihrer Jugend zutreffen. Aber auch einzelne Abweichungen würden nur die im Folgenden zu entwickelnde These bekräftigen, daß es sich bei den Schwerpunktberufen der Verurteilten um gefährdete Berufe handelte.

[14] Aufschlußreich für den Hintergrund der Verhaftungen ist folgende Zeugenaussage: »Die ganze Nacht führte Zeuge eine Abteilung der Bürger, mit welchen er in den verdächtigen Stadtteilen die Durchsuchung der Häuser, die Beschlagnahme der geraubten Sachen und die Verhaftung der Verdächtigen bewirkte.« (Venedey S. 135). Verdächtig scheinen vor allem die Altstadtstraßen gewesen zu sein. Um diese Zeit war die topographische Trennung von Arm und Reich bereits soweit fortgeschritten, daß ein Aachener Arzt den Zusammenhang zwischen den Wohnvierteln der Armen und der innerstädtischen Verbreitung der Choleraepidemie von 1832 feststellen konnte: »Wer das Elend der Armen einer Fabrikstadt kennt, wird sich darüber nicht wundern.« Die Cholera-Epidemie in Aachen, beschrieben von *Dr. Hartung,* Aachen und Leipzig 1833, S. 3, 13 ff.

[15] Staatsarchiv Düsseldorf, Rep. Regierung Aachen Nr. 539, 540. Der Tabelle liegt ein einfaches Drei-Schichten-Modell einer städtischen Gesellschaft zugrunde. Der Beruf als allein verfügbare schichtungsrelevante Angabe mit Hinweisen auf die Schichtkriterien Ausbildung und Einkommen läßt keine differenziertere Aufgliederung zu. Auch so bleibt die Zuordnung schwierig genug. Relativ leicht ist sie bei staatlichen und städtischen Diensten wegen des hierarchischen Verwaltungsaufbaus und der spezifischen Dienstbezeichnungen, die eine genaue Lokalisierung innerhalb der Hierarchie erlauben. Städtische Honoratioren (Ärzte, Apotheker, Rechtsanwälte usw.) und Fabrikanten wurden der Oberschicht zugewiesen. Schwieriger war die Aufgliederung der Kaufleute und Handwerker. Als Kaufmann konnte sich ebenso der wohlhabende Unterneh-

mer wie der proletaroide Krämer bezeichnen. Das Handwerk reichte vom gehobenen Mittelstand bis in die unterbürgerlichen Schichten. Mit Hilfe des Aachener Adressbuchs von 1831 (Verzeichnis aller im Regierungsbezirk Aachen wohnenden Kaufleute, Beamten und Geistlichen, hrsg. v. *M. Urlichs,* 1. Jahrgang Aachen 1831) und der Gewerbesteuerliste für 1830 (Stadtarchiv Aachen Caps. 111 1 II, 2 III, 9 II) war immerhin für über 50 Prozent beider Gruppen eine Zuweisung zur Ober- oder Mittelschicht möglich. Für den verbleibenden Rest, der weder im Adreßbuch geführt wurde noch Gewerbesteuer zahlte, ist ein nennenswerter Anteil von Oberschichtangehörigen wohl auszuschließen. Die Zuweisung zur Unterschicht liegt nahe, ist aber nicht zweifelsfrei möglich. Zur Gruppe der Dienstboten und Unterschichtberufe gehören 2 Lohnbedienstete, 2 Kutscher, ein Lohnwächter und ein Karrenbinder. Von den übrigen Berufen zählen ein adeliger Rentner und ein ebenfalls adeliger Gutsbesitzer zur Oberschicht, 2 Geometer, 2 Privatlehrer und je ein Sprachlehrer, Kapellmeister, Privatsekretär, Student, Gymnasiast, Baueleve und Privatmann nach Beruf oder Familie, ein Gastwirt nach der Höhe der Gewerbesteuer zum Mittelstand. 4 Musikanten, ein Theatersouffleur, ein Kellner, ein Fuhrmann und ein Schreiber wurden der Unterschicht zugewiesen. In der letzten Gruppe – ohne Berufsangabe – konnte für zwei Personen die Zuordnung zur Oberschicht aus der Familienzugehörigkeit erschlossen werden.

[16] Nach einer Zählung des Landratsamtes beschäftigten sie 1831 2549 Menschen. 2273 arbeiteten im Tuchgewerbe, 276 in der Nadelindustrie. Unter Einschluß der Familienangehörigen (8544 bzw. 1190) lebten 12 283 Einwohner, d. h. ein Drittel der Aachener Stadtbevökerung vom Textil- oder Nadelgewerbe. Staatsarchiv Düsseldorf Rep. Regierung Aachen Nr. 1570, Bl. 43–45.

[17] Auch architektonisch haben die führenden Aachener Textilunternehmen dieser Zeit bereits industriellen Zuschnitt. Vgl. die Abbildungen der Tuchfabriken von Kelleter, Nellessen und v. Zülphen bei *Martin Schumacher,* Zweckbau und Industrieschloß. Fabrikbauten der rheinisch-westfälischen Textilindustrie vor der Gründerzeit in: Tradition 15 (1970), nach S. 16.

[18] Staatsarchiv Düsseldorf, Rep. Regierung Aachen Nr. 1568 Vol. II, Bl. 32–34.

[19] Zur Entwicklung der Löhne vgl. *Walter Corsten,* Die Aachener Wirtschaft im ersten Drittel des 19. Jahrhunderts. Von der französischen zur preußischen Herrschaft. Wiso. Diss. Köln 1925 (masch.), S. 230 f.

[20] Noch 100 Jahre später hatte sich an dieser Struktur wenig geändert. Nach einer Erhebung von 1927 beschäftigten 24 Prozent aller Aachener Textilbetriebe bis zu fünf, 56 Prozent weniger als 50 Arbeiter. *Gertrud Startz,* Die Arbeiterschaft der Aachener Textilindustrie. Eine Untersuchung der geschichtlichen und örtlichen Besonderheiten der Aachener Textilarbeiterschaft und ihrer Arbeitsbedingungen in der modernen Wirtschaftsordnung, Berlin 1930, S. 16 f.

[21] Ebd., S. 14 f.

[22] Quelle: Gewerbetabellen des Regierungsbezirks Aachen, Staatsarchiv Düsseldorf, Rep. Regierung Aachen Nr. 365, 366.

[23] Regierungspräsident von Aachen an Ministerium des Innern und der Polizei, 3. Sept. 1831, Staatsarchiv Düsseldorf, Rep. Regierung Aachen Präs. Nr. 538 Bl. 286 ff.

[24] Ebd.

[25] Es ist das Verdienst *Eric J. Hobsbawms,* den rationalen Kern des Luddismus erkannt zu haben. S. seinen Aufsatz The machine breakers, ursprünglich erschienen 1952, wieder abgedruckt in: *ders.,* Labouring Men. Studies in the History of Labour, London 1964, S. 7 ff.

[26] Ein Entwurf findet sich bei den Akten. Staatsarchiv Düsseldorf Rep. Regierung Aachen, Nr. 1625 Bl. 5 f.

[27] Vgl. *Heinrich Volkmann,* Die Arbeiterfrage im preußischen Abgeordnetenhaus, Berlin 1968, S. 41 f.

[28] *Hobsbawm,* a.a.O., S. 12 f.

[29] Venedey, a.a.O., S. 11, 77.

[30] *George Rudé,* The Crowd in History. A Study of Popular Disturbances in France and England 1730–1848, New York und London 1964.

[31] *Tilly,* a.a.O., S. 25.

SOZIALGESCHICHTE UND SOZIOLOGIE ALS SOZIOLOGISCHE GESCHICHTE. ZUR RAUM-ZEIT-LEHRE DER „ANNALES“

Von Manfred Wüstemeyer

Das Verhältnis von Geschichtswissenschaft und Soziologie ist wissenschaftsgeschichtlich von Anfang an problematisch und determiniert gewesen durch das gegenseitige Bewußtsein übergroßer Nähe im Gegenstandsbereich und Konkurrenz hinsichtlich der gesellschaftlichen Relevanz der Ergebnisse [1]. Dieses Spannungsverhältnis leitet sich her aus der revolutionären Dynamik der sich im 19. Jahrhundert verstärkt arbeitsteilig organisierenden Industrie und sozialfunktional differenzierenden bürgerlichen Gesellschaft, Prozesse, die die traditionell auf die bürgerlich-staatliche Sphäre gerichteten Wissenschaften um die Sicherheit ihres jeweiligen Gegenstandes, der Methoden seiner Erfassung und der Begriffe und Formen seiner wissenschaftlichen Darstellung gebracht haben [2]. Obwohl oder gerade weil man das 19. Jahrhundert – in Unterschätzung der gleichzeitigen Leistungen der Naturwissenschaften – das »Jahrhundert der Geschichtswissenschaft« genannt hat, ist die Wissenschaft von der Geschichte von den in dieser Epoche vor sich gehenden Entwicklungen im Zeichen von »bürgerlicher Emanzipation« und »sozialer Frage« am stärksten in ihrem Objektbezug und Realitätsverständnis gestört worden. Gerade weil sie ihr Gebiet, wie *Ranke* gesagt hat, als ein »unermeßliches« betrachtete und demzufolge eine Integrationswissenschaft mit größtmöglicher Reichweite hätte sein müssen, in Wahrheit jedoch ihr Erkenntnisinteresse den Erklärungszusammenhang recht willkürlich um staatlich-politische und geistig-kulturelle Phänomene herum begrenzte, konnte sich im vernachlässigten Bereich der »sozialen Welt« [3] die Theorie einer selbstbewußt gewordenen Gesellschaft als eigenständige Wissenschaft organisieren. Die Soziologie hat diesen Platz behauptet, obwohl sich im 19. Jahrhundert ein ganzes System von Einzelwissenschaften im Gegenstandsbereich von Staat und Gesellschaft etabliert hat, dessen Disziplinen sich entweder aus historischen Spezialwissenschaften systematisch entwickelten oder außerhalb der Geschichtswissenschaft entstanden. Sogar die relativ frühe Entstehung einer »Sozialgeschichte«, in Anlehnung an Wirtschaftsgeschichte und Nationalökonomie, hat daran bis heute nichts geändert. Das scheint dafür zu sprechen, daß der neuen Wissenschaft der Soziologie ein »spezifisches Objekt« zugehört, und zwar »ein geschichtlich charakterisiertes: dasjenige nämlich, mit dem sie zugleich und als dessen theoretisches Bewußtsein sie entstanden ist« [4].

Die Einheit der Wissenschaften vom Menschen

Diese Selbstgewißheit der Soziologie, wie sie von *Hans Freyer* in der Diskussion über das Thema Soziologie und Geschichte auf dem Deutschen Historikertag 1951 formuliert wurde, ist in dem Maße fragwürdig geworden, wie die »soziale Frage« aus dem Zusammenhang bürgerlich-konservativer Sozialpolitik und Sozialwissenschaft gelöst worden ist und mit der Arbeiterbewegung selbständig wurde und wie *Marx*sche Impulse, zunächst nur als Imperativ, sozialökonomische Strukturen im Erklärungszusammenhang von Staat und Gesellschaft zu berücksichtigen, wirksam wurden. In der internationalen Gegenbewegung innerhalb der Geschichtswissenschaft, den weißen Fleck der »sozialen Welt« zu tilgen und als Erkenntnisgegenstand und Wissensgebiet dem Gesamtkomplex der geschichtlichen Welt einzuordnen, ist dieser Zusammenhang in der französischen Sozialgeschichte am stärksten bewußt geblieben [5].

Sie steht in einer Tradition, die mit dem interdisziplinären Dialog zwischen *Emile Durkheim* und seiner Zeitschrift »Année Sociologique« und *Henri Berr* und seiner »Revue de Synthèse historique« um die Jahrhundertwende begann [6] – ein Dialog, an dem u. a. *Marcel Mauss, Lucien Lévi-Bruhl* und *Maurice Halbwachs* beteiligt waren – und sich in der Gründung der »Annales« durch die von diesem Dialog geprägten *Marc Bloch* und *Lucien Febvre* 1929 fortsetzte [7] und auch in die Gründung der 6. Sektion der Ecole pratique des Hautes Etudes durch *Febvre* 1947 einmündete, zu der heute u. a. *Claude Lévi-Strauss, Roland Barthes* und *Pierre Bourdieu* gehören. Diese Tradition wurde und wird in ungebrochener Kontinuität von Historikern und Soziologen wie *Fernand Braudel, Georges Gurvitch, Georges Friedmann, Lucien Goldmann* und *Raymond Aron* im Umkreis von Collège de France, Ecole pratique und »Annales« an die nächsten Generationen weitergegeben [8].

Bei der Vielzahl der von diesen Namen repräsentierten Wissenschaften und der Verschiedenheit der auch innerhalb einer Wissenschaft von ihnen vertretenen Wissenschaftskonzepte ist doch der allgemeine Nenner groß genug, um sie in dem Bewußtsein einer gemeinsamen Aufgabe gegenüber einem gemeinsamen zentralen Erkenntnisgegenstand zu verbinden. Diese Gemeinsamkeit besteht darin, daß ihre Wissenschaften sich als »sciences de l'homme« oder »sciences humaines« verstehen [9], den Menschen in seiner Sozialverfassung als »homme social« in allen seinen Bezügen und Lebensäußerungen zum Gegenstand haben und in bezug auf ihren Gegenstand anerkennen, »que tout est histoire«, um es mit einer Formel *Henri Berrs* von 1952 zu sagen [10].

Henri Berr vertrat publizistisch und wissenschaftsorganisatorisch am konsequentesten, über mehr als ein halbes Jahrhundert – in einer Aufschwungphase dieser neuen Wissenschaft – die Ansicht, daß für den Historiker nichts wichtiger sei, »als zu wissen, was es zwischen seinem Gegenstand und der Soziologie Gemeinsames gebe« [11]. Wie er, hat aber auch *Lucien Febvre,* den die Soziologie zu den Mitbegründern der sozialen Morphologie zählt [12] und dessen Forschungen über Kollektivmentalitäten und soziale Bewußtseinsstrukturen ihn zu einem methodischen Wegbereiter von Strukturalisten wie *Roland Barthes* und *Michel Foucault* machen [13], zu Beginn der 1950er Jahre den immer noch unübersehbaren Bruch zwischen Soziologie und Geschichte registriert [14] und darauf bestanden, daß die Entwicklung weitergetrieben werden müsse in Richtung auf die Synthese in einer konkreten Wissenschaft von den »menschlichen Tatsachen« (einer typischen Weiterbildung von *Durkheims* »faits sociaux« im Geiste der »Annales«). In einer weitgehend zustimmenden Auseinandersetzung mit *Lucien Goldmann* führt er mit dessen Argument, jede soziale Tatsache sei eine historische und jede histo-

rische Tatsache zugleich eine soziale, den Begriff – nicht die Sache – einer »histoire sociologique« als Komplementärwissenschaft zu einer »sociologie historique« in die »Annales«-Historie ein [15].
Der Begriff ist unter ihren Vertretern besonders von *Annie Kriegel* aufgenommen worden [16]. Die Sache ist so alt, wie die Wissenschaftskonzeption der »Annales« und war epochenweise mehr sozialökonomisch oder sozialpsychologisch bestimmt, immer aber auf ein die Grenzen der Wissenschaften, ihrer Gegenstands- und Methodenbereiche überschreitendes Erkenntnisinteresse ausgerichtet. Mit *Fernand Braudel* als Forscher und Lehrer in den zentralen Institutionen Collège de France und Ecole pratique, als Autor und Herausgeber der »Annales« und wichtiger Reihen und Serien, hat die Beziehung von Soziologie und Geschichte eine neue quantitative und qualitative Dimension bekommen. Dazu gehört auch, daß der gegenseitige, wissenschaftspolitische und programmatische »Imperialismus« – wie *Georges Friedmann* sagt [17] – aus der »Jugendzeit« von Soziologie und Sozialgeschichte im Zeichen *Durkheims, Berrs*, aber auch noch *Febvres,* verschwunden ist und der aus der Praxis der Forschung am konkreten Objekt entstandenen Erkenntnis Platz gemacht hat, daß Soziologie und Geschichte »unauflöslich und bisweilen ununterscheidbar werden« [18]. Die schon von *Febvre* postulierte Unmöglichkeit, im kategorialen Apparat einer historischen Sozialwissenschaft a priori mit der Vorstellung einer Trennung von Vergangenheit, Gegenwart und Zukunft zu arbeiten und die Totalität des Objekts mit einer nicht dem Gegenstand entsprechenden Dimension von Zeit willkürlich zu spalten [19], ist von *Braudel* mit einer regelrechten sozialhistorischen Raum-Zeit-Lehre positiv und praktikabel beantwortet worden. Die mit den dabei entwickelten Kategorien der »Dauer« (durée) und »Struktur« geschaffene Möglichkeit, die für den sozialen Gesamtprozeß im eindimensionalen, irreversiblen und mechanischen Zeitablauf konstitutiven Phänomene mit einem den sozialen Systemen, Prozessen und Strukturen selbst entnommenen, immanenten Maßstab »sozialer Zeit« – als systemabhängige Variable, entsprechend der relativen Wandlungsgeschwindigkeit eines Teilsystems – zu analysieren, hat die Annäherung von Soziologie und Geschichte von der Forschungspraxis her entscheidend gefördert [20].

Das deutsche Schisma

Wenn man die internationalen Zusammenhänge der Entwicklung der Beziehungen von Soziologie und Geschichte, der wechselseitigen Einflüsse und der Entstehung der Sozialgeschichte untersucht, so stößt man z. B. an zwei so wichtigen Plätzen wie Frankreich und den USA auf ein Bruchstück deutscher wissenschaftlicher Vergangenheit, um dessen Einholung in die Kontinuität lebendiger wissenschaftlicher Tradition deutsche Historiker sich gerade jetzt bemühen: *Karl Lamprecht* [21]. »Sieht man heute in das führende Organ der französischen Sozialhistoriker, die Annales, vernimmt man die Debatten des Auslands über die Begriffswelt der gegenwärtigen Sozialgeschichte, so möchte man meinen, die Stimme der deutschen Sozialhistorie zwischen 1880 und 1900 zu hören: Typus, Zustand, gesetzmäßige Entwicklung, statistische Methode, Struktur – Begriffe, um die die Gegenwart noch ringt [22].«

Tatsächlich ist *Lamprecht* mit seiner Wendung gegen *Ranke* und die Dominanz der politischen Geschichte und seiner Hinwendung zur soziologischen und sozialpsychologischen Analyse der kulturgeschichtlichen »Zustände« und ihrer kollektiven Träger, nahe an einer Strukturgeschichte, deren Fortführung die deutsche Geschichtswissenschaft in die internationale wissenschaftsgeschichtliche Entwicklung eingebunden hätte. Sowohl die amerikanische »New History« wie die französische soziologische und sozialhistorische Wissenschaft vollzogen etwa zur gleichen Zeit diese Wendung mit ähnlichen methodologischen Konsequenzen und rezipierten dabei *Lamprechts* Arbeiten [23]. Die kopernikanische Wende in der internationalen Entwicklung von Geschichte und Sozialwissenschaften zu Beginn des 20. Jahrhunderts wurde jedoch von der deutschen Fachhistorie nicht mitgemacht. Die wissenschaftstheoretische und methodologische Reaktion *Lamprechts, Kurt Breysigs* und selbst *Otto Hintzes* auf die industriewirtschaftliche, soziale und politische Herausforderung ihrer Zeit, mit Hilfe von Sozialgeschichte und soziologischer Geschichte der neuen Wirklichkeit wissenschaftlich adäquat zu begegnen, ist zunächst vom maßgebenden, traditionsbildenden Teil der Wissenschaft nicht aufgenommen worden [24].

Ein halbes Jahrhundert später sind in den verschiedenen Positionen der westdeutschen Historikerschaft bezüglich des Verhältnisses zu den Sozialwissenschaften, innerhalb einer verbindlicher gewordenen Sprache und angenäherten Begrifflichkeit, noch immer rudimentär die Spannungselemente der Tradition zwischen *Ranke* und *Lamprecht* virulent geblieben. Der wissenschaftlich-kategoriale und politisch-pädagogische Streitwert von »Besonderes und Allgemeines«, »Struktur und Persönlichkeit«, »Einmaligkeit und Gesetzmäßigkeit«, »Modell und Typus«, »Erklären und Verstehen« ist nicht geringer geworden. Die antinomische Struktur dieser Begriffspaare ergibt sich aus der Annahme eines ihnen jeweils zugehörigen Wert- oder Kultursystems und einer notwendigen Entscheidung der entsprechenden Größenordnung bei ihrer Aufnahme in ein Wissenschaftskonzept. Diese Vorstellung kritisieren heißt noch nicht, in diesem Zusammenhang kein Problem zu sehen. Aber es müßte differenzierter analysiert werden, gerade auch, wenn man der humanen Tradition in der deutschen Geschichtswissenschaft dienen will. Die relative Annäherung, die sich in der Nachkriegsdiskussion einer Ortsbestimmung moderner deutscher Geschichtswissenschaft etwa zwischen *Theodor Schieder,* der ihr Verhältnis zur Soziologie als grundsätzlich unterschieden, aber komplementär und in Annäherung befindlich hinsichtlich Erkenntnisziel und Methoden bestimmt [25], und *Hans Mommsen,* der die Möglichkeit einer »Synthese« beider Wissenschaften in der Sozialgeschichte zu erkennen glaubt [26], aufweisen ließe, gibt bei weitem nicht die Bandbreite der Auffassungen in der Wissenschaft über dieses Verhältnis wieder. Der Dissens oder auch nur die Unsicherheit über die Verträglichkeit historischer Grundkategorien und sozialwissenschaftlich-statistischer Methoden oder gar ihre Synthese in einer historischen Soziologie oder soziologischen Geschichte, ist noch beträchtlich.

Symptomatisch dafür ist die ständige Bezugnahme auf das Wissenschaftskonzept der Historikergruppe um die französische historische Zeitschrift »Annales« in diesen Versuchen einer Neubestimmung von Aufgaben und Methoden historischer Wissenschaft. Die »neue Geschichtswissenschaft« der »Annales« hat durch die Radikalität ihres

Neuansatzes bei den sozialen Bedingungsgrößen kulturell-gesellschaftlichen Geschehens, der dabei verwendeten sozialwissenschaftlichen Methoden und des – inzwischen abgeschwächten – Absolutheitsanspruchs für dieses Konzept, den stärksten Einfluß – positiv wie negativ – auf die Entwicklung der Geschichtswissenschaft nach dem Kriege nicht nur in Deutschland, sondern auch in der »New History« der USA und in Ost- und Südosteuropa gehabt [27]. Seit den 1950er Jahren bis heute ist besonders die Frage des Verhältnisses der Geschichte zu den Sozialwissenschaften und ihren Methoden entscheidend beeinflußt worden von der Frage der Rezeption oder Abgrenzung gegenüber den »Annales«. Sie gelten heute – zu Recht oder Unrecht – als das Paradigma für eine Verbindung von Geschichte und Sozialwissenschaften, und die Einschätzung des Wertes dieser Verbindung entscheidet mit über die Bereitschaft, sozialwissenschaftliche Methoden überhaupt zu rezipieren [28].

Geschichte und Soziologie

Das Interesse hat an einer Stelle dieses Konzepts angesetzt, die realistisch als besonders wichtig angesehen wurde und dann auch jeweils für Zustimmung und Ablehnung fast allein verantwortlich war: dem Begriff der Struktur [29]. Die zentrale Bedeutung, die sowohl die moderne Soziologie [30], wie auch die jüngeren Vertreter der »Annales«-Historie ihm zumessen [31], lassen ihn als Kriterium sozialwissenschaftlichen Arbeitens, wie auch als verbindendes und integrierendes Element zwischen Soziologie und Geschichte besonders geeignet erscheinen. Wird ihm doch die doppelte Funktion zugewiesen, »das innere Gefüge einer Gesellschaft oder Gruppe . . ., vermittels dessen sie in der Zeit überleben«, zu enthalten [32], und zugleich einen wesentlichen methodischen Schritt zur Wissenschaftlichkeit von Soziologie und Geschichte darzustellen [33], im Sinne von empirischer, intersubjektiver Überprüfbarkeit, Quantifizierbarkeit und rationaler Theoriebildung.

Einwand und Vorbehalt gegenüber dem Strukturbegriff der »Annales« und besonders *Braudels*, ergeben sich aus seinem Charakter als operationales, instrumentales Medium, das statt des bisher vermeintlich unmittelbaren, direkten Zugangs des Forschers zur Realität, diesen nun in einer die Erkenntnis präformierenden Weise filtert und die zu beobachtende Materie deformiert. Und zwar wird dies in zweierlei Hinsicht besonders geltend gemacht:

1. im Hinblick auf Natur und Funktion der Zeit in einem – von vornherein als in stetem Wandel befindlich begriffenen – strukturellen Zusammenhang (»Geschichte«) und
2. im Hinblick auf die Bestimmung des Verhältnisses von Freiheit und Systemzwang für individuelles, verantwortliches Verhalten und singuläres Geschehen [34].

Damit hängt schließlich noch die Frage zusammen nach dem Verhältnis von strukturellem, gleichförmigem, longitudinalem Zustand oder Prozeß unter der Oberfläche und dem für das historische Subjekt und sein Verhalten konstitutiven, weil mit Signalwirkung geladenen Ereigniskomplex. Dieser enthält auch einen großen Teil der unmittelbaren, nicht wissenschaftlichen Information für das Bewußtsein und die Selbststeuerung des Individuums.

Mit der Einführung des Strukturbegriffs in die Geschichtswissenschaft ging eine Verstärkung der Tendenzen zur Segmentierung und Schichtung und zugleich Hierarchisierung der Geschichte einher [35]; Schichtung und Hierarchisierung nicht mehr nur im traditionellen Sinne eines sozialen »oben« und »unten«, arm und reich, mächtig und einflußlos, sondern durch die traditionellen Elemente und Bausteine der geschichtlichen Welt hindurch: durch Staat, Gesellschaft, Klassen, Gruppen, Individuen [36]. In dem Maße, wie sich das Wissen um den Menschen und seine Welt differenziert und in Spezialwissenschaften entfaltet, differenziert und partikuliert sich der Erklärungszusammenhang einer integrativen Wissenschaft vom Menschen.

Damit verbunden, und gleichsam ein Symbol für diesen Vorgang, ist die Zerstörung des »Faktums« als traditionellem, tragendem Bauelement des Historikers, wenigstens soweit es der Ereignissphäre entstammte und direkter Beobachtung zugänglich war [37]. Es erscheint nur noch in einer Hilfsfunktion, quasi als kleinste Struktur mit einem minimalen, sich Null nähernden Zeitrahmen, um den Ausschnitt eines Prozesses zu isolieren und den Verursachungskomplex analytisch aufzuschlüsseln.

Die oberste Schicht des sozialen Komplexes und historischen Geschehens, die existentielle Fülle der politischen Ereignisse und der privaten Schicksale, erscheint als eine direkter Beobachtung und Erklärung unzugängliche und wissenschaftlich-methodisch vermittelter Erklärung unergiebige, darum auch geringerwertige Schicht [38]. Der existentielle Maßstab des Geschehens wird für die wissenschaftliche Erklärung des Geschehens belanglos, ja gefährlich, weil täuschend. Die Möglichkeit der Erkenntnis des sozialen Geschehens steigt danach in dem Maße, wie es gelingt, »tiefer« liegende Schichten, die zunehmend zum Bereich des Unsichtbaren und Unbewußten gehören, aufzubereiten und der vermittelten Beobachtung zugänglich zu machen. Die neue räumliche Dimension für das nach wissenschaftlichen Erkenntniskriterien geordnete und »sichtbar« gemachte soziale Geschehen ist die Struktur; seine Wandlungseigenschaften und zugleich seine Identität entfalten sich in der ihm zugehörigen, spezifischen Dauer. D. h., die für konstitutiv angesehene Ordnung und Menge der qualitativen und statistischen Elemente einer Struktur, ihr »Gleichgewicht« *(Gurvitch)* macht die Dauer aus, aber zugleich ist die ihr zugehörige Zeit nicht nur äußeres Maß, sondern elementar für »Härte« und Funktion einer Struktur im größeren Zusammenhang.

An dieser Stelle ist aber anzumerken, daß sich gerade auch von der Soziologie her, durch die verstärkte Anerkennung des Problems soziokulturellen Wandels und die Versuche seiner Erklärung, eine positive Neubewertung der Ereignisschicht, mit ihrem kurzfristigen Rhythmus im Verhältnis zur lang»lebigen« Struktur, ergeben wird [39]. So differenziert auch *Braudel,* in der zweiten Auflage seiner Darstellung der strukturiert begriffenen »Totalität« des Mittelmeerraumes im 16. Jahrhundert von 1966, die Bewertung der Ereignisschicht und gibt ihr eine positive Funktion für die Erkenntnis des Gesamtzusammenhanges. War in der ersten Auflage die Behandlung der Oberflächenschicht der Ereignisse – der dritten Schicht, nach Klima, Sozial- und Wirtschaftsgeographie, Demographie, Sozial- und Wirtschaftsverfassung – in erster Linie der Vollständigkeit halber (»totalité«!) erfolgt, so weist er in der zweiten Auflage darauf hin, daß jedes Ereignis, so kurzlebig es auch sei, Zeichen, Leuchtfeuer sei, als Hinweis auf die darunterliegenden, Geschichte bildenden Massen. In allen Sektoren der vorhergehenden, strukturalen Untersuchung hätten sie als Orientierungshilfe gedient [40].

»Soziale Zeit« und chronologische Zeit

Bis hierher hat die Darstellung von wissenschaftsgeschichtlichem Ort und Funktion des Konzepts soziologischer Geschichte am Beispiel der »Annales«, auch eine erste Bestimmung ihrer Zentralbegriffe, den Aspekt direkter Verbindungen oder analoger Entwicklungen im Verhältnis zwischen ihr und der französischen Soziologie, besonders *Georges Gurvitchs,* hervorgehoben. Damit kann aber noch nicht klar werden, warum es sich hier um eine »soziologische Geschichte« und nicht um eine »historische Soziologie« handelt. Der Unterschied darf nämlich im Interesse beider nicht übersehen werden. Zwar betont *Braudel* im Vorwort der Ausgabe seiner auf die Einheit der Sozialwissenschaften gerichteten theoretischen und methodologischen Schriften, daß die Beziehungen zur Soziologie für ihn eine besondere Bedeutung haben [41], und *Gurvitch* begreift in seiner Definition von Gegenstand und Methode der Soziologie die Geschichtswissenschaft als in »brüderlicher Zusammenarbeit« am gemeinsamen Gegenstand der »sozialen Realität«, dem Soziologen die dringend benötigten Materialien, aber auch die globalen Erklärungsschemata zuführend, die ihn von den Strukturen zu den sozialen Totalphänomenen gelangen lassen [42]. Auch trennt sie nicht die, wie *Gurvitch* sagt, seit *Marx* »falsche Alternative« von Individuum und Gesellschaft oder Singularität und Wiederholbarkeit globaler sozialer Prozesse. Die Trennung und der Methodenstreit beginnen erst bei der Frage der Absolutheit der historischen Perspektive und Geltendmachung nicht nur einer »konzeptualisierten« sozialen Systemzeit, sondern auch einer absoluten Zeit als Maß und Ortsbestimmung aller Dinge [43]. Die Antwort auf die Frage, wieweit die Zeit als operationalisierbare Größe neben der Zeit als einheitlichem, historischem Maß »verfügbar« ist, gibt das Kriterium ab für den Anteil von »Soziologie« und »Geschichte« an der sozialwissenschaftlichen Synthese und entscheidet nach Meinung des Historikers über den Wirklichkeitsgrad der wissenschaftlichen Ergebnisse [44].

Entsprechend den traditionellen Materialisierungen und Konkretisierungen der Zeit im Tages- und Jahresrhythmus, den Regierungszeiten von Kabinetten, den Lebenszeiten bedeutender Persönlichkeiten, d. h. der »temps court« der politischen Ereignisgeschichte, ergibt sich für die analytische Geschichtswissenschaft eine längerfristige Gliederung aus den längerfristigen »Epochen«, wie sie Klimaperioden, demographische Kurven, ökonomische Konjunkturen, Konsistenz sozialer Gruppen oder Verbände, Kunst-, Denk- und Arbeitsstile und ganze Zivilisationen aufweisen [45].

Diese Einheiten, auch als »personnages« bezeichnet, analog ihrer den großen Persönlichkeiten der traditionellen Geschichte vergleichbaren Rolle in diesem Konzept des historischen Gesamtprozesses, haben ihre »Lebenszeit« (durée), ihren eigenen komplexen Bereich, weshalb sie auch Gegenstand von Spezialwissenschaften sind. Ihre historische Bedeutung erlangen sie aber erst durch ihre Koordination und Simultanisierung entsprechend der allen gemeinsamen Achse der historischen »Weltzeit« [46]. Die Vielzahl und Vielförmigkeit der Zeitrhythmen und »Epochen« auf den verschiedenen Ebenen und Schichten des sozialen Stufenbaus, die sich in ihren Rhythmen, ihrem Anfang und Ende nicht entsprechen – die »Ungleichzeitigkeit« der geschichtlichen Bestandteile einer Gegenwart –, müssen auf die einheitliche, allem zugrunde liegende, chronologische Zeit bezogen werden. Hier beginnt die »Rekonstruktion« [47] der geschichtlichen »Totalität«, und jetzt erst wird es möglich, im Vergleich der strukturellen Krisenpunkte, Konjunkturzyklen und anderen Prozeßgrößen, in der Festlegung von Kreuzungs- und Bruchpunkten, eine Bestimmung des Stellenwertes und eine Faktorenanalyse der verschiedenen Teile des Gesamtprozesses vorzunehmen [48]. Von hier aus findet auch die Forderung des Historikers nach Anerkennung der Singularität des Geschichtsverlaufs die Zustimmung des Soziologen [49]. Und schließlich kann die Frage nach dem Verhältnis von Kontinuität und Diskontinuität in der vertikalen Interaktion der Schichten, wie in der horizontalen Entwicklung der Strukturen und Systeme, von dieser Ebene aus mit größerer Sicherheit beantwortet werden [50]. Der historische Zeitbegriff bietet dazu in seiner doppelten Qualität, als mehrdimensionale Dauer, »Lebenszeit« von Systemen, Strukturen und Konjunkturen [51] und als eindimensionales, einförmiges, chronologisches Maß aller Dinge, ein geschmeidiges methodisches Instrument.

In diesem Begriff des Historikers von Zeit dominiert aber ihre Qualität als Veränderliche über ihren Charakter als Dauer und »permanence« von Strukturen. Sie ist ihren Materialisierungen gegenüber jeweils »exogen«, wie *Braudel* einmal sagt, und diese bilden eine Funktion der Zeit [52]. Der Historiker denkt stärker von der Zeit her, wenn er seine Wissenschaft als das Studium der Dauer in allen ihren Formen und des Menschen in der Zeit definiert [53]. Das unterscheidet ihn auch vom Soziologen, wenn er strukturierte Phänomene untersucht, die für ihn in erster Linie Zeitformen sind, um es pointiert auszudrücken, und nicht Gehäuse der Regelmäßigkeit, der Repetition ritualisierter und normierter Handlungen und Verhaltensformen. Ohne a priori einen »organischen« Gesamtzusammenhang und eine kontinuierliche Interaktion aller seiner Teile anzunehmen, ist der Historiker doch eher geneigt, den Rahmen der zu integrierenden Faktoren für sein Erklärungssystem weiter zu ziehen und daher mehr Störungsfaktoren für strukturelle Gleichgewichte und normierte Systeme zu erwarten, die destrukturierend wirken und Wandel schaffen.

Der Begriff der »Struktur«

Ihr Haupterklärungsfeld hat diese Geschichtswissenschaft in derselben, mittleren Lage wie die Soziologie. Es ist das Feld des »Sozialen« im engeren Sinne: der Mensch in seiner Gruppen- und Gesellschaftsverfassung und seine organisierte Tätigkeit zur Reproduktion seines Lebens. Es ist die Zone mittlerer Verlaufsgeschwindigkeit der strukturellen und konjunkturellen Prozesse, zwischen den geographisch-klimatischen und politisch-ereignisgeschichtlichen Bereichen, mit Berücksichtigung der Beziehungen (rapports) zu beiden [54]. Dabei stellt die vielbeschworene »Totalität« nur eine Annäherungsgröße dar [55]. Die Abgrenzung nach »oben« wird für die Geschichte strenger vorgenommen als für Ökonomie, »Mikrosoziolgie« und Soziometrie. Die Öffnung nach »unten«, zu den Schichten und Bereichen mit langsamer und sich Null nähernder Wandlungsgeschwindigkeit und sehr langer Dauer in relativ stabilem Gleichgewicht, ist dagegen die »natürliche« Perspektive des Historikers von dieser Mitte aus [56].

Diese von den Strukturen gebildete Mitte der Geschichte, obwohl selbst in langsamer Bewegung, stellt gleichsam die Gravitationskonstante dar, auf die die geschichtlichen Massen mit leichterer und größerer Beweglichkeit ausgerichtet sind, von wo sie ihr Bewegungsgesetz empfangen [57]. Von hier aus wird die Hierarchie der geschichtlichen Kräfte festgestellt. In diesem Verfahren liegt aber die ganze Problematik von Geschichte und Soziologie. Denn der Bedeutungsgehalt des Schlüsselbegriffs »Struktur« ist vielförmig und mehrdimensional, wie immer wieder betont wird, denn Struktur »ist« Wirklichkeit und sie »ist« Zeit [58]. Und obwohl sie Wirklichkeit ist – jedenfalls in der Definition *Braudels* –, muß sie, da sie nicht augenfällig sichtbar, nicht bewußt oder in ihrer Ausdehnung nicht direkt überschaubar ist, wissenschaftlich-methodisch aufgesucht und in ihren Elementen erarbeitet werden, wobei die Statistik eine immer wichtigere Rolle spielen soll [59]. Struktur ist demnach Gefüge, Rahmen, Gerüst, Ordnung von qualitativen oder statistischen Elementen, die in dieser spezifischen Anordnung, Kombination, Regelmäßigkeit des Auftretens nur Struktur bilden und als solche erkennbar sind, in und wegen ihrer Dauer [60].

Solche Strukturen sind z. B. geographische Gegebenheiten, wie der Lauf von Flüssen, das Verhältnis von Gebirgen und Ebenen in einem bestimmten Gebiet, die Verteilung von fruchtbaren und unfruchtbaren Böden darin, die Lage von Städten und Dörfern; Klimaperioden, wie das regelmäßige oder regelmäßig wechselnde Verhältnis der Dauer der Jahreszeiten, das Maß von Wärme und Kälte, Trockenheit und Feuchtigkeit darin; demographische Gegebenheiten, wie die Verteilung der Bevölkerung in einem bestimmten Gebiet, ihre sozialen Lebens- und Organisationsformen, die Verteilung des Besitzes, ihre berufliche Qualifikation; ökonomische Verhältnisse, wie die Verteilung von Produktions- und Handelszentren, ihre Warenarten und Gütersorten, ihre technischen und organisatorischen Verfahrensweisen, das Verhältnis von Geld- und Naturalwirtschaft, die Verteilung des Steueraufkommens; politische und soziale Verfassungen, wie das zahlenmäßige Verhältnis der Klassen oder Schichten einer Gesellschaft, ihre soziale Rangordnung, ihr jeweiliger Anteil an der Macht, die Verfassungsorgane eines Staates, ihr theoretischer oder praktischer Anteil an der Machtausübung; schließlich Theorien, Ideologien, Wertsysteme, die Rolle und Verteilung der Leitwerte und Standardwerte darin; Kulturen und Zivilisationen, die Rolle und Funktion von Kulten, Wissenschaften, Künsten darin, die Form der Kommunikation, die Ausprägungen von Denk- und Arbeitsstilen, Formen von Mentalität und Bewußtsein.

Diese Aufzählung von Beispielen läßt vielleicht schon deutlich werden, daß eine Struktur sich oft bildet in Relation zu einer anderen Struktur oder zum Nichtstrukturierten und daß sie ihre Qualität der Grenze verdankt, die Dauer und die spezifische Organisation ihrer Elemente ihr setzen. Bestimmte Strukturen sind gar nicht anders vorstellbar denn als Funktion anderer Strukturen, zumal wenn man daran geht, die

Analyse zu verfeinern und innerhalb der Makrostrukturen Teil- oder Mikrostrukturen festzustellen, zum Beispiel die Art von Beziehungen innerhalb eines Gefolgschaftsverbandes, einer militärischen, bürokratischen oder sich selbst verwaltenden Organisation oder Gruppe von Menschen, der Anteil verschiedener Waren, ihre Herkunft und die Sorten der verwendeten Zahlungsmittel auf einem Markt oder Handelsplatz, die Bestimmung, Neubestimmung oder Schaffung von Leitwerten und Organen und ihr spezifisches Gleichgewicht im Werk eines politischen Theoretikers. Die Bezeichnungen Mikro- oder Makrostruktur sind relativ, entsprechend der Verengung der Perspektive.

Der Mensch und seine sozialen und politischen Geselligkeits- und Organisationsformen gehen fast nie in einer Struktur auf, sondern gehören fast immer einer Vielzahl von Strukturen auf den verschiedenen Ebenen des sozialen Gesamtbaus an und sind zudem – in verschiedenem Maße – zu wesentlichen Teilen unstrukturiert [61]. Dabei bleibt der Anteil der Strukturen an einem komplexen Phänomen immer wieder neu zu bestimmen, ebenso das Verhältnis von Struktur und Nichtstrukturiertem auf derselben Ebene. Ebenso wirken die verschiedenen Strukturen auf den verschiedenen Ebenen nicht in eine Richtung oder in einem Sinne in bezug auf eine bestimmte Handlung eines Menschen oder den Ablauf bestimmter sozialer Vorgänge. D. h. sie müssen als selbständige Größen aufgesucht und als »Faktum« neuen Typs wissenschaftlich aufbereitet werden [62], aber sie müssen in bezug auf die Frage ihrer Wirkung, den »Sachzwang«, den »Systemzwang«, als Beziehungsgrößen behandelt werden. Schließlich ist am Gang der Kulturgeschichte nicht zu übersehen, daß strukturelle Rahmen, wenn sie bewußt und als Hindernis empfunden wurden, eine Anstrengung zu ihrer Überwindung herausgefordert haben [63]. So spricht vieles dafür, Strukturen nicht von vornherein zu definieren, sondern sie zu suchen.

An dieser Stelle ist die Frage nach dem Verhältnis von Struktur und Persönlichkeit, von Freiheit und Systemzwang, das Postulat einer emanzipatorischen Geschichtswissenschaft [64] einzubringen. Denn wie die Kulturgeschichte ebenfalls schon zeigt, ist das Wissen um die Bedingungen der Schaffung von Freiheit immer unverhältnismäßig weit hinter den Postulaten zurückgeblieben, und wir stehen erst am Anfang einer »Wirklichkeitswissenschaft« von den Bedingungen der menschlichen Freiheit. Deshalb ist jeder Vorstoß zur wissenschaftlichen Behandlung des Problems dieses Verhältnisses zunächst auf seinen positiven Beitrag hin zu überprüfen, denn »es läßt sich nicht mit einer eindeutigen Formel fixieren, die jede historische Eventualität decken könnte, sondern es muß in jeder Epoche einer besonderen ›Verrechnung‹ unterzogen werden« [65]. Die Historiker der »Annales« haben dabei zwar neue Größen in diese Verrechnung eingebracht, die als »forces profondes« in den sozialökonomischen Säkulartrends und Interzyklen langer Dauer das Zeitmaß der geschichtlichen Entwicklung gedehnt haben, gleichzeitig haben sie aber auch der scheinbar unbeweglichen Basis der Geschichte – Klima und Geographie – überhaupt erst den Atem historischer Zeit, d. h. Bewegung, Wandel eingehaucht [66].

Zur Funktion des »Modells«

Zur Analyse der Strukturen langer Dauer im sozialökonomischen Mittelfeld, zwischen den nach Bewegungsrhythmus und Zeittakt jeweils als Extrembereiche angesehenen Komplexen Geographie und Klima, Politik und Tagesereignisse, gehört untrennbar die vergleichende Berücksichtigung der gleichzeitigen konjunkturellen Entwicklung. Die Reihen und »Serien« statistischer Daten über Bevölkerungswachstum, Produktion, Handelsvolumen, Investitionen, Transportaufkommen, Preise und Löhne, wie sie in der Makroökonomik und Ökonometrie erarbeitet werden, aber etwa auch Daten über die wissenschaftlich-technische Entwicklung, haben die Funktion, den Pulsschlag der Kollektivindividualitäten, sozialen Strukturen und Institutionen zu vermitteln. Die geographischen Kurven von Konjunkturen, Zyklen, Interzyklen und Trendperioden dienen als Indikatoren des Bewegungs- und Lebensrhythmus der sozialen Strukturen und Systeme, welche gegenüber den sich hier abzeichnenden Perioden und Epochen meist einen übergreifenden Rahmen und eine längere »Systemzeit« haben [67]. Die Korrelationsanalyse der Verläufe von Struktur- und Konjunkturgeschichte ist als Herzstück dieser Integrationswissenschaft vom Menschen anzusehen [68].

Ohne dabei von der Dominanz einer der beiden Größen auszugehen, ist das Erkenntnisinteresse primär auf die strukturelle Entwicklung gerichtet, und die explikative Kraft der konjunkturellen Daten hat dem zu dienen [69]. Von diesen Daten, die für die Zeit seit dem Spätmittelalter und dem Beginn des Frühkapitalismus in zunehmender Breite und Kohärenz über lange Zeiträume verfügbar sind oder aufbereitet werden, wird in doppelter Weise eine erklärende Funktion erwartet. Indem die verschiedenen statistischen Serien und konjunkturellen Auf- und Abschwünge, aus möglichst vielen Sektoren des sozialökonomischen Bereichs, auf der Achse der historischen Chronologie synchronistisch mit den ihnen zugehörigen Strukturen in Beziehung gesetzt und verglichen werden, sollen sie sowohl Rückschlüsse auf die zeitlichen Grenzen von bestehenden Strukturen, wie über deren inneres Wandlungspotential und seine Richtung zulassen [70].

Entsprechend der Erfahrung, daß selbst die zufriedenstellende Erklärung von begrenzten Phänomenen, wie der Entwicklung einer Stadt oder Region, die Berücksichtigung eines möglichst großen räumlichen und zeitlichen Umfeldes verlangt, führt tendenziell zu einer historischen Perspektive in der Größenordnung ganzer Kulturen und Zivilisationskomplexe, wie sie etwa der Mittelmeerraum zur Zeit Philipps II. oder das transatlantische Reich Karls V. darstellen [71]. In die gleiche Richtung wirken zudem die theoretische Forderung nach Synthese und Totalerklärungen und das traditionelle, vorwissenschaftliche Interesse an den Aufstiegs- und Verfallserscheinungen von Kulturen und Zivilisationen.

Diese globalen Rahmen der historischen Perspektive haben aber auch eine wichtige methodische Aufgabe: Sie sollen im Überblick und Vergleich eine genauere Faktorenanalyse erlauben, um einer realistischen Bestimmung der Hierarchie der Kräfte, der Leitsektoren und motorischen Zentren näherzukommen. Dabei ist der Gebrauch von Erklärungsmodellen, sowohl für die vergleichende Untersuchung der Rolle von Einzelfaktoren struktureller und konjunktureller Art, wie auch für die Einschätzung des Verlaufs von Gesamtprozessen, von großer Bedeutung.

Das »Modell« ist eine der jüngsten Erwerbungen der Geschichte auf dem Wege zu einer Sozialwissenschaft, und seine Herkunft aus der Ökonomie hat es geprägt, auch wenn der Historiker versucht, seine statischen Eigenschaften, gemäß den Erfordernissen seines Gegenstandes, zu dynamisieren [72]. Es ist ihr anspruchsvollstes, unsachgemäß verwendet aber auch ihr gefährlichstes Instrument.

Als »Modelle« werden hier Erklärungssysteme mit hypothetischem Charakter verstanden, deren empirische Bestandteile in der Form von Gleichung oder Funktion miteinander verbunden werden. Je nach Erkenntnisziel werden die für bestimmte historische Komplexe für relevant gehaltenen strukturellen und konjunkturellen Daten und Größen, in möglichst genauer Entsprechung nach Zeit, Ort und Funktion im Kontext der Realität, der sie entstammen, in Modellen organisiert und in der Korrelationsanalyse wird festgestellt, welche Phänomene nicht ohne bestimmte andere auftauchen, welche Interdependenzen sich wiederholen [73]. Nach wiederholter Überprüfung und Infragestellung am konkreten historischen Material müßten sich mit einiger Sicherheit regelmäßige Beziehungen und Abhängigkeiten formulieren lassen, die auch auf andere, weniger bekannte, aber für vergleichbar gehaltene Situationen und Verläufe in erklärender Absicht übertragen werden könnten. Indem Faktoren gebündelt werden und man von einfachen zu immer komplexeren Modellen aufsteigt, in denen mit Hilfe der Statistik immer größere Räume und Zeitabschnitte übersehbar und kalkulierbar gemacht werden, nähert man sich einem Modell von Globalphänomenen, wie etwa dem »Handelskapitalismus« der frühen Neuzeit [74] oder der Wirtschaft des Mittelmeerraumes im 16. Jahrhundert [75]. Auf dieser Ebene kann sich dann die faszinierende Möglichkeit ergeben, tendenzielle Regelmäßigkeiten und funktionelle Abhängigkeiten in der Entwicklung von Staaten und Zivilisationen festzustellen [76].

Wie schon bei seinem Strukturbegriff hat *Fernand Braudel* auch für die Arbeit mit historischen Modellen betont, daß diese einen Zeitwert enthalten müßten, der zwar variabel ist, aber jeweils der Zeit der historischen Realität entsprechen muß, die sich in den Modellen statistisch darstellt [77]. Ohne die Berücksichtigung des Zeitfaktors im Modell wäre es unmöglich, es als Instrument der Kontrolle, des Vergleichs und der Prüfung der Festigkeit oder Bewegungsqualität bei der Explikation der zeitgeladenen Strukturen zu verwenden [78]. Denn dies ist das Kriterium auch für die Zusammenarbeit oder gar Synthese mit Soziologie und Anthropologie, sogar unter dem Vorzeichen des »Strukturalismus«, etwa bei *Lévi-Strauss* oder *Michel Foucault*, daß jede Art von Sozialwissenschaft sich der Analyse des gesellschaftlichen Wandels verschreibt [79].

Zur Erfüllung dieser Aufgabe sind die Vertreter des Wissenschaftskonzepts der »Annales« bereit, die Fachgrenzen aufzuheben oder – was auf dasselbe hinausläuft – die Geschichtswissenschaft zur Summe aller möglichen Geschichtswissenschaften zu machen [80]. Dazu gehört auch, die Vorstellung von jeweils spezifischen Gegenwarts- und Vergangenheitswissenschaften durch den Begriff einer Wissenschaft zu ersetzen, in der Gegenwart und Vergangenheit sich gegenseitig erhellen [81]. Die »Annales«-Historie hat mindestens ebensoviel Soziologie in sich aufgenommen, wie sie zur Historisierung der französischen Soziologie beigetragen hat [82]. Erste Anzeichen für eine zunehmende, gegenseitige Durchdringung der beiden Wissenschaften gibt es auch in Deutschland [83].

Eine Geschichte, die den Anspruch erhebt, die »Wissenschaft der Wissenschaften vom Menschen« zu sein [84], müßte diesen Menschen spätestens im nachrevolutionären Zeitalter aber *auch* als »homme politique« anerkennen und dazu beitragen, ihm zum Verständnis der Möglichkeiten verantwortlicher politischer Mitgestaltung der – als gesellschaftliches Leiden sehr konkret erfahrbaren – sozialen Strukturen zu verhelfen, um diesen Begriff einzulösen.

Anmerkungen

[1] Vgl. *Helmuth Plessner*, Der Weg der Soziologie in Deutschland, in: *ders.*, Diesseits der Utopie, Düsseldorf 1966, S. 41 ff.

[2] Auf die wissenschaftsgeschichtlich bedeutsame Rolle der kulturgeschichtlich als dominant verstandenen Entwicklung der Arbeitsteilung besonders auch für die Entstehung der Soziologie weist schon der Titel des 1893 erschienenen, ersten großen Werkes von *Emile Durkheim*, dem wohl auch heute noch einflußreichsten Mitbegründer der modernen Sozialwissenschaften, hin: De la division du travail social. Für die soziale und ökonomische Bedeutung der Arbeitsteilung im 19. Jahrhundert s. neuerdings *Frans van der Ven*, Sozialgeschichte der Arbeit, Bd. 3, München 1972, S. 31 ff., und *Claude Fohlen*, Le Travail au XIXe siècle, Paris 1967, S. 27 ff.

[3] *Rudolf Vierhaus*, Ranke und die soziale Welt, Münster 1957, hat nachzuweisen versucht, daß dieses Schisma nicht hätte stattfinden müssen.

[4] *Hans Freyer*, Soziologie und Geschichtswissenschaft, in: Geschichte in Wissenschaft und Unterricht, 1952, S. 15. Zum Differenzierungsprozeß der Geschichtswissenschaft im 19. Jahrhundert vgl. *Gerhard Oestreich*, Die Fachhistorie und die Anfänge der sozialgeschichtlichen Forschung in Deutschland, in: Historische Zeitschrift (= HZ) 208 (1969), S. 320 ff., und mehr systematisch: *E. Gruner*, Vom Standort und den Aufgaben der Sozialgeschichte, in: Vierteljahrschrift für Sozial- und Wirtschaftsgeschichte (= VSWG) 50 (1963), S. 145 ff.

[5] Vgl. *H. Stuart Hughes*, The Obstructed Path. French Social Thought in the Years of Desperation, 1930–1960, New York 1968, S. 44 und 49, über *Lucien Febvre* und *Marc Bloch*, die Gründer der französischen historischen Zeitschrift »Annales« und der aus ihr hervorgehenden »Schule« der Sozialgeschichte: »For they had endowed social history – in the widest meaning of the term – with a new standing and a new consciousness of its possibilities.« – »Bloch and Febvre had undertaken to give – and in part had succeeded in giving – a new unity to the study of man, which the nineteenth century had fragmented.« A.a.O., S. 63. Noch klarer hat *Fernand Braudel*, der Nachfolger *Febvres* im Collège de France, als Herausgeber der »Annales« und als Präsident der von *Febvre* gegründeten, 6. Sektion der Ecole pratique des Hautes Etudes auf diesen Sachverhalt hingewiesen: Hommage à Henri Berr, in: Revue de Synthèse, Nr. 35, Bd. 85 (1964), S. 24; *ders.*, Annales 14 (1959), S. 91.

[6] Vgl. *Hans-Dieter Mann*, Lucien Febvre, Paris 1971, S. 85 ff.; *Robert N. Bellah*, Durkheim and History, in: Sociology and History, hrsg. von *Werner J. Cahnman* und *Alvin Boskoff*, New York 1964, S. 85 ff.; *Robert Bouvier*, Henri Berr et son œuvre, in: Hommage à Henri Berr, in: Revue de Synthèse, Nr. 35, Bd. 85 (1964), S. 43; *F. Braudel*, Hommage à Henri Berr, a.a.O., S. 21 f.

[7] Als systematische Übersicht siehe *Manfred Wüstemeyer*, Die »Annales«: Grundsätze und Methoden ihrer »neuen Geschichtswissenschaft«, in: VSWG 54 (1967), S. 1 ff.

[8] Vgl. z. B. Traité de Sociologie, Bd. I, hrsg. von *Georges Gurvitch*, Paris 1958; Pour ou contre une politicologie scientifique, mit Beiträgen von *F. Braudel, F. Chatelet, A. Kriegel, V. Leduc, P. Renouvin, B. de Jouvenel, A. Touraine* und *R. Aron*, in: Annales 18 (1963), S. 119–132 u. S. 475–498; *Charles Morazé*, L'Histoire et l'unité des sciences de l'homme, in: Annales 23 (1968), S. 233–240.

[9] S. z. B. den offiziellen Bericht über die französischen Geistes- und Sozialwissenschaften für eine Untersuchung der Unesco von *Jean Viet* unter dem Titel «Les sciences de l'homme en France», Paris 1966.

[10] *Henri Berr,* Vorwort zur Neuausgabe von «La synthèse en histoire», Paris 2. Aufl. 1953, S. X; ebenso *Claude Lévi-Strauss,* L'anthropologie structurale, Paris 1958, S. 17; s. bei *Berr* auch das Zitat aus *Paul Lacombe,* L'objet de la sociologie: «L'histoire et la sociologie ont le même sujet qui est le déploiement de l'espèce humaine à travers le temps et l'espace.« A.a.O., S. IX, Anm. 1.

[11] *Henri Berr,* En marge de l'histoire universelle, Paris 1934, S. VII.

[12] Vgl. *René König,* Lexikon »Soziologie«, S. 258, S. 263, auf Grund seines Werkes La terre et l'évolution humaine, Paris 1922.

[13] *Günther Schiwy,* Der französische Strukturalismus, Reinbek 5. Aufl. 1971, S. 63, S. 82; *Mann,* a.a.O., S. 137 ff., besonders S. 141 ff.; *F. Braudel,* Artikel »Febvre, Lucien«, in: Encyclopedia of the Social Sciences, Bd. 5, 1968, S. 349.

[14] *Berr* im Vorwort von 1952 der Neuaufl. seines Werkes Synthèse en histoire, Paris 1953, S. VIII ff.; *L. Febvre,* De la théorie à la pratique de l'histoire, in: Annales 8 (1953), S. 362 ff., eine Besprechung von *L. Goldmann,* Sciences humaines et philosophie, Paris 1948.

[15] A.a.O., S. 364.

[16] S. z. B. *A. Kriegel,* Exigences et chances de l'histoire, Annales 18 (1963), S. 127, eine Auseinandersetzung mit *R. Aron,* Paix et guerre entre les nations, und *dies.,* Aux origines du communisme français, Bd. I, Paris 1964, S. 11 ff., eine Erörterung der dem Thema angemessenen wissenschaftlichen Methode. Der Gebrauch des Begriffs bei ihr weist auf eine zunehmend stärkere »politologische« Füllung hin.

[17] Sciences sociales et sociologie du travail, in: Annales 16 (1961), S. 483.

[18] *Friedmann,* ebd.

[19] Vgl. *Wüstemeyer,* a.a.O., S. 26.

[20] Vgl. *Friedmann,* a.a.O., S. 483 ff.

[21] S. z. B. *Thomas Nipperdey,* Kulturgeschichte, Sozialgeschichte, historische Anthropologie, in: VSWG 55 (1968), S. 145–164; *Oestreich,* a.a.O.; ebenso die Aufnahme *Lamprechts* in die von *Hans-Ulrich Wehler,* Hrsg., Reihe Deutsche Historiker, Bd. 1, Göttingen 1971, S. 58–68, dargestellt von *Hans-Josef Steinberg.*

[22] *Oestreich,* a.a.O., S. 362.

[23] S. im 2. Teil des Buches von *H.-D. Mann* über *Lucien Febvre,* »Contributions à une ›nouvelle histoire‹ «, den Abschnitt »Sujets nouveaux, méthodes nouvelles«, a.a.O., S. 60 ff.; ebenso *E. Demm,* Neue Wege in der amerikanischen Geschichtswissenschaft, in: Saeculum 22 (1971), S. 343; ebenso *Oestreich,* a.a.O., S. 361 f. Ohne systematische Folgerungen daraus abzuleiten, fällt die strukturelle Ähnlichkeit von *Lamprechts* Grundanschauung, »daß die Kultur eines Zeitraumes einen einheitlichen Charakter besitze, der alle Äußerungen dieses Zeitalters durchdringe« (*Oestreich,* a.a.O., S. 346) – eine Anschauung, die wohl kunsttheoretisch beeinflußt war – mit der ebenfalls aus der Welt des Intelligiblen stammenden Theorie der »Episteme« *Michel Foucaults* auf, in der »jede Epoche als eine besondere Spezies, in der alles mit allem in Einklang steht, auf allen Gebieten die gleichen Methoden und Denkarten Anwendung finden«, begriffen wird (*François Bondy,* Die Zeit, Nr. 22, 2. 6. 1972, S. 20).

[24] Vgl. *Oestreich,* a.a.O., S. 363, und in der Einleitung der von ihm hrsg. Abhandlungen *Otto Hintzes,* Soziologie und Geschichte, Göttingen 1964, S. 7 ff.; *Wolfgang J. Mommsen,* Die Geschichtswissenschaft jenseits des Historismus, Düsseldorf 1971, S. 20 ff.; *Hans-Ulrich Wehler,* Theorieprobleme der modernen deutschen Wirtschaftsgeschichte (1800–1945), in: Entstehung und Wandel der modernen Gesellschaft, Festschrift für *Hans Rosenberg,* hrsg. von *Gerhard A. Ritter,* Berlin 1970, S. 69 ff.

[25] *Theodor Schieder,* Unterschiede zwischen historischer und sozialwissenschaftlicher Methode, in: Festschrift für *Hermann Heimpel,* Bd. 1, Göttingen 1971, S. 1 ff.

[26] *Hans Mommsen* im Fischer Lexikon »Geschichte«, Frankfurt a. M. 1962, S. 314, unter dem Stichwort »Sozialgeschichte«.

[27] *Demm*, a.a.O., S. 342 ff., und *G. G. Diliguensckij*, Les Annales vues de Moscou, in: Annales 18 (1963), S. 104 ff.; *H. St. Hughes*, a.a.O., S. 63.

[28] Die wichtige Rolle der »Annales« und ihres Methodenkonzepts in diesem Zusammenhang s. u. a. bei *Werner Conze*, Die Stellung der Sozialgeschichte in Forschung und Unterricht, in: Geschichte in Wissenschaft und Unterricht (= GWU), 1952, S. 648 ff., besonders S. 655 f.; *ders.*, Die Strukturgeschichte des technisch-industriellen Zeitalters, Köln und Opladen 1957; *Gerhard Ritter*, Zur Problematik gegenwärtiger Geschichtsschreibung, in: *ders*, Lebendige Vergangenheit, München 1958, S. 255 ff.; *Fritz Wagner*, Moderne Geschichtsschreibung, Berlin 1960, S. 98 ff.; *Erich Gruner*, Vom Standort und den Aufgaben der Sozialgeschichte, in: *VSWG 50 (1963)*, S. 145 ff.; *Karl Erich Born*, Neue Wege der Wirtschafts- und Sozialgeschichte in Frankreich, in: *Saeculum 15 (1964), S. 298 ff.*; *Theodor Schieder*, Strukturen und Persönlichkeiten in der Geschichte, in: *ders.*, Geschichte als Wissenschaft, München 2. Aufl. 1968, S. 157 ff.; *Dieter Groh*, Strukturgeschichte als »totale« Geschichte? in: VSWG 58 (1971), S. 289 ff.; *Georg S. Iggers*, Deutsche Geschichtswissenschaft, München 1971, S. 351 ff., S. 378 f.; *W. Fischer*, Sozialgeschichte, in: Wörterbuch der Soziologie, hrsg. von *Wilhelm Bernsdorf*, Berlin 2. Aufl. 1969, S. 1026 ff.

[29] Wie allein schon in den Titeln der Arbeiten von *Conze*, *Schieder* und *Groh* zum Ausdruck kommt, s. oben, Anm. 7. *Schieder* resümiert: »Keine Geschichtsschreibung kann heute den Strukturbegriff als Grundbezeichnung für soziale Phänomene noch entbehren.« Strukturen und Persönlichkeiten, a.a.O., S. 171.

[30] Vgl. den Artikel »Struktur« im Fischer Lexikon »Soziologie«, hrsg. von *René König*, Frankfurt a. M., 5. Aufl. 1964, S. 283.

[31] *Fernand Braudel*, Histoire et sociologie, in: *ders.*, Ecrits sur l'histoire, Paris 1969, S. 108: »Le vocabulaire est le même, ou devient le même, parce que, de plus en plus, la problématique est la même, sous le signe commode de deux mots, victorieux pour l'instant: *modèle et structure.*« Vgl. ebenso das Sonderheft der »Annales« 26 (1971), Histoire et Structure, S. I ff.

[32] Fischer Lexikon »Soziologie«, S. 283.

[33] Ebd.; ebenso *Braudel* in »Histoire et sociologie«, a.a.O., S. 101 ff.; *P. Vilar*, La notion de structure en histoire, in: Sens et usages de terme structure dans les sciences humaines et sociales, hrsg. von *Roger Bastide*, 's-Gravenhage 1962, S. 119.

[34] S. z. B. *Schieder*, Strukturen und Persönlichkeiten, a.a.O., S. 157 ff.; *ders.*, Unterschiede zwischen historischer und sozialwissenschaftlicher Methode, a.a.O., S. 1 ff.; *Groh*, a.a.O., S. 289 ff. *Grohs* ziemlich ruinöser Auseinandersetzung mit dem Strukturbegriff der »Annales« liegt u. a. eine nicht ausreichende Trennung von struktureller Geschichtswissenschaft in der Tradition der »Annales« und »Strukturalismus« zugrunde. Zwar gibt es strukturalistische Elemente z. B. bei *Lucien Febvre*, der den Begriff Struktur nie verwendete, vgl. die Kritik von *Philippe Ariès*, Le temps de l'histoire, Monaco 1954, S. 300. Aber viel wichtiger ist die Bemühung der »Annales«, nach der positivistischen französischen Soziologie auch dem Strukturalismus die Kategorie der historischen Zeit und den Begriff des Wandels einzupauken. Vgl. das Sonderheft der »Annales« 1971 dazu und *François Furet*, Les Français et le structuralisme, in: Preuves, Nr. 2, 1967. Solange man das Phänomen des soziokulturellen Wandels noch nicht in einer speziellen »Bewegungsstruktur« erfassen kann, erscheint mir die Lösung *Braudels*, in einer vergleichenden Analyse der ungleichmäßigen Zeitrhythmen struktureller Einheiten und konjunktureller Verläufe, bezogen auf eine einheitliche Chronologie, Wandel zumindest im Modell zu begreifen, als die im Moment relativ beste Lösung.

[35] S. diese »Hierarchie« schon bei *Gaston Roupnel*, Histoire et destin, 1943, auf den *Braudel* sich zuweilen beruft, vgl. La Méditerranée et le monde méditerranéen à l'époque de Philippe II, Paris 1949, S. XIII, und dann auch bei *C. Lévi-Strauss*, Sens et usages du terme structure, S. 152, und *G. Gurvitch*, vgl. *G. Granger*, Evénement et structure dans les sciences de l'homme, in: Cahiers de l'Institut de science économique appliquée, Dez. 1959, Serie M, Nr. 6, S. 181.

[36] Vgl. beispielhaft *Gurvitch*, Structures sociales, in: Notion de structure et structure de la connaissance, Paris 1957, S. 294 f.

[37] Vgl. *Wüstemeyer*, a.a.O., S. 38 f.

[38] Vgl. *Braudel,* La longue durée, in: Ecrits sur l'histoire, Paris 1969, S. 45; *ders.,* La Méditerranée, S. XIV; *Lévi-Strauss,* Les limites de la notion de structure en ethnologie, in: Sens et usage du terme structure, S. 44 f.; *Granger,* Evénement et structure dans les sciences de l'homme, a.a.O., S. 149 ff.

[39] Vgl. *Granger,* a.a.O., S. 185; *Gurvitch,* Structures sociales, a.a.O., S. 293 ff.; *Lévi-Strauss,* a.a.O., S. 43 ff.; *Braudel,* La Méditerranée, Bd. 2, 2. Aufl. 1966, S. 223.

[40] *Braudel,* ebd.

[41] Ecrits sur l'histoire, S. 7.

[42] Objet et méthode de la sociologie, in: Traité de Sociologie, Paris 1958, S. 23.

[43] Vgl. *Gurvitch,* a.a.O., S. 22 f.

[44] Vgl. *Braudel,* La longue durée, a.a.O., S. 75–78.

[45] *Braudel,* Les responsabilités de l'histoire, in: Cahiers Internationaux de Sociologie 10 (1951), S. 11.

[46] *Braudel,* La longue durée, a.a.O., S. 76: »Longue durée, conjoncture, événement s'emboîtent sans difficulté, car tous se mesurent à une même échelle.«

[47] Bei *Braudel* die immer wieder gebrauchte Bezeichnung für die Tätigkeit des Historikers, vgl. Les reponsabilités de l'histoire, a.a.O., S. 6; La longue durée, a.a.O., S. 58.

[48] Die Vernachlässigung dieses Aspekts ist eine Schwäche der sonst für deutsche Verhältnisse ungemein fortschrittlichen Behandlung des Zeitfaktors in der soziologischen Analyse von *Peter Waldmann,* Zeit und Wandel als Grundbestandteile sozialer Systeme, in: Kölner Zeitschrift für Soziologie und Sozialpsychologie 23 (1971), S. 687–703.

[49] Vgl. *Gurvitch,* a.a.O., S. 22 u. 26.

[50] Vgl. *Braudel,* Histoire et sociologie, a.a.O., S. 117 f.; *Gurvitch,* a.a.O., S. 22 u. 26.

[51] »Qu'il s'agisse du passé ou de l'actualité, une conscience nette de cette pluralité du temps social est indispensable à une méthodologie commune des sciences de l'homme.« *Braudel,* La longue durée, a.a.O., S. 43.

[52] Das erste Kapitel von *Emmanuel Le Roy Laduries* bahnbrechendem Werk Histoire du climat depuis l'an mil, Paris 1967, S. 13 ff., beginnt mit dem Satz: »Le climat est une fonction du Temps; il varie; il est objet d'histoire.« Vgl. auch *Braudel,* Histoire et sociologie, a.a.O., S. 117.

[53] *Braudel,* Histoire et sociologie, a.a.O., S. 106.

[54] »L'histoire se situe à des paliers différents, je dirais volontiers trois paliers, mais c'est façon de parler, en simplifiant beaucoup. C'est dix, cent paliers qu'il faudrait mettre en cause, dix, cent durées diverses.« *Braudel,* Histoire et sociologie, a.a.O., S. 112. Zum Vergleich *Gurvitch:* »Les phénomènes sociaux totaux sont pluridimensionnels, disposés en étagements, en couches, en paliers en profondeur, qui peuvent servir de points de repère pour reconstituer leur unité indissoluble.« Objet et méthode de la sociologie, a.a.O., S. 20. Vgl. auch *Braudel,* La longue durée, a.a.O., S. 49.

[55] *Braudel,* Histoire et sociologie, a.a.O., S. 114 f.

[56] Ebd., S. 112 f.; La longue durée, a.a.O., S. 50 ff. *Gurvitch* bezeichnet die geographische, demographische und ökologische Basis als die »äußere Kruste der Gesellschaft«, Objet et méthode, a.a.O., S. 20.

[57] Den Strukturen gegenüber verhalten sich auch die Konjunkturzyklen wie »Rezitative«: »L'histoire structurale, ou de longue durée, met en cause des siècles entiers; elle est à la limite du mouvant et de l'immobile et, par ses valeurs longtemps fixes, elle fait figure d'invariant vis-à-vis des autres histoires, plus vives à s'écouler et à s'accomplir, et qui, en somme, gravitent autour d'elle.« *Braudel,* Histoire et sociologie, a.a.O., S. 112; ähnlich in La Méditerranée, Bd. 2, S. 516, S. 518.

[58] Vgl. La longue durée, a.a.O., S. 50; Histoire et sociologie, a.a.O., S. 114.

[59] Ein Beleg ist schon der Titel eines wichtigen Aufsatzes von *François Furet,* L'histoire quantitative et la construction du fait historique, Annales 26 (1971), S. 63 ff.

[60] Die eigentliche Definition von Struktur bei *Braudel* und anderen Vertretern der »Annales« ist, verglichen mit dem inflatorischen Gebrauch des Begriffs, sehr sparsam, z. B.: »une structure

est sans doute assemblage, architecture, mais plus encore une réalité que le temps use mal et véhicule très longuement.« *Braudel,* La longue durée, a.a.O., S. 50. Und: »... une structure n'est pas seulement architecture, assemblage, elle est permanence et souvent plus que séculaire.« *Ders.,* Histoire et sociologie, a.a.O., S. 114. Die im Text gegebene Definition ist ein Filtrat der Verwendung des Begriffs besonders auch in historischen Darstellungen, wie *Braudels* »La Méditerranée« und der Histoire économique et sociale de la France, hrsg. von *Fernand Braudel* und *Ernest Labrousse,* Bd. II, Paris 1970.

[61] Vgl. *Braudel,* Histoire et sociologie, a.a.O., S. 109; *Gurvitch,* Objet et méthode, a.a.O., S. 20 f.

[62] Vgl. Anm. 59 für den sozialökonomischen Bereich; ebenso *Le Roy Ladurie,* a.a.O., S. 10 f., S. 280 (synopsis), für Klima und Geographie.

[63] Vgl. *Braudel,* La longue durée, a.a.O., S. 50 f.; La Méditerranée, Bd. II, S. 516.

[64] *Groh,* a.a.O., S. 303.

[65] *Schieder,* a.a.O., S. 189.

[66] Vgl. *Lucien Febvre,* La terre et l'évolution humaine, 1922; im gleichen Sinne *Le Roy Ladurie,* a.a.O.

[67] Vgl. *Braudel,* La longue durée, a.a.O., S. 48 ff.; Histoire et sociologie, a.a.O., S. 112 ff.; La Méditerranée, 2. Aufl., Bd. I, S. 12, S. 16 f., S. 325; *Furet,* L'histoire quantitative, a.a.O., S. 63 ff.; *Jean Marczewski,* Introduction à l'histoire quantitative, Genf 1965, besonders S. 48 ff., S. 52 ff.; *Jean Lhomme,* Economie et histoire, Genf 1967, S. 11 ff.

[68] *Braudel,* La Méditerranée, Bd. II, S. 518.

[69] Vgl. die Kritik *Braudels* an der verselbständigten »seriellen« Wirtschaftsgeschichte *Pierre Chaunus,* Annales 18 (1963), S. 541 ff.

[70] Vgl. La longue durée, a.a.O., S. 48 f., S. 53 ff.; La Méditerranée, 2. Aufl., Bd. II, S. 518 f.; Pour une économie historique, in: Ecrits sur l'histoire, S. 131 ff.

[71] Vgl. z. B. *Braudel,* La Méditerranée u. *P. Chaunu,* Séville et l'Atlantique. Das Geschichtsverständnis der »Annales«-Historiker wirkt sich in einer typischen Weise dahin aus, daß es stark an geographisch-wirtschaftlichen *Räumen* orientierte Arbeiten hervorbringt; vgl. z. B. *Febvre, Le Roy Ladurie* (Languedoc), *P. Vilar* (Catalogne), *R. Baehrel* (Provence) u. a.

[72] *Braudel,* La longue durée, a.a.O., S. 64, betont die Notwendigkeit, »de confronter les modèles, eux aussi, avec l'idée de durée; car de la durée qu'ils impliquent dépendent assez étroitement, à mon sens, leur signification et leur valeur d'explication.« *André Burguière,* Histoire et structure, in: Annales 26 (1971), S. 530.

[73] Vgl. *Braudel,* ebd.

[74] Vgl. *Braudel,* a.a.O., S. 65.

[75] Vgl. *Braudel,* La Méditerranée, 2. Aufl., Bd. I, S. 383 f.

[76] Vgl. *Braudel,* La Méditerranée, 2. Aufl., Bd. II, S. 519.

[77] La longue durée, a.a.O., S. 71.

[78] Ebd., S. 72.

[79] *Burguière,* a.a.O., S. 531.

[80] *Braudel,* La longue durée, a.a.O., S. 55: »Pour moi, l'histoire est la somme de toutes les histoires possibles – une collection de métiers et de points de vue, d'hier, d'aujourd'hui, de demain.«

[81] Ebd., S. 59.

[82] Vgl. neben den schon gegebenen Beispielen das von *F. Chazel, R. Boudon, P. Lazarsfeld* in Zusammenarbeit mit dem C.N.R.S. und der Abtlg. Soziologie der 6. Sektion der Ecole pratique hrsg. Werk L'Analyse des processus sociaux, Paris 1970, das mit den Sätzen beginnt: »Ce volume est consacré à l'analyse des *données recueillies dans le temps.* Il porte donc sur les problèmes posés par *l'introduction de la dimension temporelle* et sur les diverses manières de les aborder ou de les résoudre.« Ebd. S. 1; Hervorhebung v. Vf.

[83] Vgl. die Einleitung »Soziologie und Geschichte« in das Werk von *Norbert Elias,* Die höfische Gesellschaft, Neuwied u. Berlin 1969, S. 9 ff., in der sich viele Entsprechungen zu hier

vorgetragenen Überlegungen finden; ebenso *Peter Bollhagen,* Soziologie und Geschichte, Berlin 1966, von marxistischer Seite.

[84] So der anspruchsvolle Titel eines angekündigten Buches von *Fernand Braudel:* L'Histoire, science des sciences de l'homme, in der Nouvelle Bibliothèque Scientifique.

DIE VERWENDUNG QUANTITATIVER DATEN IN POLITIK- UND SOZIALWISSENSCHAFTLICHEN FORSCHUNGEN ZUR NEUEREN DEUTSCHEN GESCHICHTE*

Von James J. Sheehan

Im Jahre 1916 berichtete ein Beobachter der quantitativen Forschung in Deutschland, daß »ernsthafte Statistiker stark beunruhigt auf den ‹anwachsenden Zahlenfriedhof› und auf die beträchtliche Überproduktion statistischer Daten sehen und gleichzeitig eine stärkere soziologische Durchdringung der numerischen Massenbeobachtungen fordern« [1]. Eine Betrachtung der Situation im Jahre 1970 läßt den Schluß zu, daß es immer noch genug Grund für eine gewisse Beunruhigung gibt. Wer sich dem Studium deutscher politischer und Sozialgeschichte zuwendet, wird mit einer Überfülle quantitativen Materials konfrontiert, kann aber kaum mit einer soziologischen oder historischen Durchdringung eben dieses Materials rechnen. Meine Absicht ist es, in diesem Forschungsbericht einiges aus dem vorhandenen Material zu sichten und zu diskutieren, in welcher Weise Wissenschaftler Daten benutzt haben, um den sozialen und politischen Wandel im Deutschland des 19. und 20. Jahrhunderts zu analysieren. Gleichzeitig möchte ich einige Probleme aufzeigen, die mir speziell für die quantitative Forschung zuzutreffen scheinen.

Einführung

Die Entwicklung statistischer Untersuchungen in Deutschland birgt ein wichtiges historisches Problem in sich. Es bleibt zu hoffen, daß eines Tages eine Studie über diese Entwicklung angegangen wird, die nicht nur die quantitative Forschung erleichtert, sondern auch einige wichtige Themenstellungen in Deutschlands Geistes- wie seiner politischen Geschichte erhellt [2]. Gegenwärtig ist es nur möglich, die beiden verschiedenen, sich aber nicht selten überschneidenden Traditionen aufzuzeigen, in denen sich quantitative Forschung entwickelt hat. Die erste Tradition geht auf jene Wissenschaftler zurück, die immer stärker den Vorrang der quantitativen Analyse gegenüber der im 18. Jahrhundert üblichen deskriptiven Statistik proklamierten. In der zweiten Hälfte des 19. Jahrhunderts war Statistik, als ein wesentlich quantitatives Unternehmen, eine voll etablierte akademische Disziplin, deren Ausführende institutionelle Unterstützung von

* *Sandra Christenson, Robert Neumann, James Roth* und *Heinz Schwinge* halfen mir bei den Vorbereitungen für diesen Artikel. Ihnen allen möchte ich für ihre Hilfe meine Dankbarkeit aussprechen. – Der Aufsatz erschien zuerst in englischer Sprache in *Val Lorwin* und *Jacob Price* (Hrsg.), The Dimensions of the Past. Materials, Problems, and Opportunities for Quantitative Work in History, New Haven und London 1972. Die Yale University Press hat freundlicherweise ihr Einverständnis zu diesem gegenüber dem Original nicht veränderten Abdruck gegeben.

solchen Gruppen wie dem Verein für Sozialpolitik bekamen [3]. Die zweite Tradition erhielt ihr Gepräge von Verwaltungsbeamten, die sich statistischer Techniken bedienten, um das Wissen des Staates und somit auch seine Kontrolle über soziale Ressourcen zu verbessern. Diese Tradition folgte natürlich der Entwicklung des Staatsapparates in seiner Ganzheit. Im 17. und 18. Jahrhundert erhoben Beamte (selten veröffentlichte) Daten, um dem Wunsch ihrer Monarchen nach Macht Genüge zu tun. Im frühen 19. Jahrhundert wurde die Datenerhebung sehr viel stärker systematisiert, indem spezielle statistische Büros in den bedeutendsten deutschen Staaten gegründet wurden. Gegen Ende des Jahrhunderts wurde dann schließlich die Statistik von einer Fülle von Behörden getragen, und zwar auf nationaler, provinzialer und lokaler Ebene.

Obwohl die berühmte Beharrlichkeit der deutschen Gelehrten und die fast berüchtigte Arbeitsamkeit der Bürokraten eine riesige Menge Daten hervorgebracht haben, verringerten zwei Aspekte der deutschen Geschichte die Nützlichkeit dieses Materials. Da wären zunächst die dramatischen Wendepunkte in Deutschlands jüngster Vergangenheit – 1871, 1918, 1933, 1945 –, die Diskontinuitäten im Datenmaterial erzeugten, sei es durch Veränderungen der Kategorien, mit denen die Daten geordnet wurden, sei es durch veränderte Standards, unter denen sie erhoben wurden. Zum zweiten hatten die politische Zersplitterung des vorkaiserlichen Deutschlands und der beharrliche Föderalismus nach 1871 zur Folge, daß die Daten von weitverstreuten Büros gesammelt, nach den verschiedensten Kategoriensätzen geordnet und in einer Anzahl verschiedener Archive gelagert oder in den verschiedensten Zeitschriften, Jahrbüchern und besonderen Sammlungen veröffentlich wurden. Diese Einflüsse der Diskontinuität und der Zersplitterung schränken den für bestimmte Arten statistischer Untersuchungen wünschenswerten zeitlichen und geographischen Rahmen ein.

Diese Einschränkungen machen auch die Auffindung des Materials zu einer schwierigen Aufgabe. Einen guten Überblick über die Entwicklung der verschiedenen statistischen Ämter und ein Verzeichnis ihrer Veröffentlichungen sind die Artikel über »Statistik«, die in der 3. Auflage des Handwörterbuchs der Staatswissenschaften erschienen sind [4]. Braucht man eine detailliertere Auskunft über die verschiedenen Regierungsbüros für Statistik, ist es unerläßlich, sich mit ihren eigenen Veröffentlichungen zu beschäftigen und, wenn möglich, etwas über ihre geschichtliche Bedeutung herauszufinden. Die bei weitem hervorstechendsten solcher geschichtlichen Darstellungen sind die beiden Werke *E. Blencks* über die Verwaltung der preußischen Statistik [5]. Es gibt in Deutschland noch keine Zusammenstellungen historischer Statistiken, wie sie vergleichsweise in Großbritannien und den Vereinigten Staaten von Amerika greifbar sind, aber immerhin sind die Veröffentlichungen von *Viebahn, Dieterici, Mayr* und seit neuestem auch von *Hoffmann* nützliche Sammlungen, vor allem für ökonomische Daten [6]. Schließlich sollten auch drei allgemeine Handbücher über statistische Forschung angeführt werden, die von *Friedrich Zahn, Friedrich Burgdörfer* bzw. *Charlotte Lorenz* herausgegeben wurden und eine Menge Information über Geschichte, Methodologie und Organisation quantitativer Erhebungen in Deutschland enthalten [7].

Politisches Verhalten

Wahlverhalten ist wohl das passendste Thema, um eine Diskussion über quantitative Forschung in der politischen Geschichte zu beginnen. Für diejenigen von uns, die mit Zeitperioden arbeiten müssen, in denen es noch keine systematisch gespeicherten Umfragedaten gab, stellen Wahlberichte einen zwar unvollkommenen aber unerläßlichen Schlüssel zu politischen Meinungen dar. Leider hat es in Deutschland nie die gleiche intensive Forschung über Wahlen gegeben, wie sie in den USA und Frankreich mit großem Erfolg durchgeführt wurde. Das traditionelle Interesse der deutschen Geschichtsschreibung am diplomatischen und geistigen Geschehen führte dazu, die Entwicklung von Wahlstudien zu verhindern – eine Tatsache, die noch durch das ziemlich geringe Interesse an Parteipolitik, das in akademischen Kreisen vorherrschte, verstärkt wurde. Es gibt heute Anzeichen dafür, daß ein neues Interesse der deutschen Geschichtswissenschaftler an Parteien, Parlamenten und Wahlen diese Vernachlässigung auszugleichen beginnt [8]. Man kann nur hoffen, daß dieses Interesse eine strengere Anwendung quantitativer Methoden und eine intensivere Auswertung des verfügbaren Materials mit sich bringen wird.

Obwohl während der ersten Hälfte des 19. Jahrhunderts überall in Deutschland repräsentative Institutionen vorhanden waren, gibt es nur sehr wenig greifbares quantitatives Material über Wahlen, die in dieser Zeit stattgefunden haben. Das kommt nicht nur daher, daß diese Aufzeichnungen im Laufe der Jahre verlorengegangen sind, sondern lag auch an Konzeption und Durchführung des Wahlvorgangs, die dessen quantitativen Charakter tendenziell verschleierten. So legte beispielsweise die indirekte Wahl die wesentliche Entscheidungsgewalt in die Hände einer kleinen Gruppe von Wahlmännern, deren unmittelbare Entscheidungen normalerweise nicht aufgezeichnet wurden [9]. Diese Situation blieb noch in den ersten nationalen Wahlen, die während der Revolution von 1848 abgehalten wurden, unverändert. *Theodor Hamerow* machte eine sorgfältige Studie über diese Wahlen, in der er sowohl den ungleichen Charakter des mutmaßlich gleichen Wahlrechts, als auch die mangelnde Klarheit von Wahlergebnissen hervorhob. Trotz genauer Suche konnte *Hamerow* für nur ungefähr 10 Prozent aller Wahlbezirke die statistischen Belege auffinden [10].

Berücksichtigt man die Komplexität und Seltenheit von Belegen, so ist es nicht verwunderlich, daß die erfolgreichsten Analysen der Wahlen von 1848 sich nur auf beschränkte geographische Gebiete bezogen. Die vielleicht beeindruckendste dieser Studien ist *Konrad Repgens* Arbeit über das Rheinland [11]. *Repgen* war in der Lage, eine große Anzahl interessanter Informationen über den Charakter des politischen Lebens während der Revolution zusammenzutragen; aber seine Anstrengungen unterstreichen auch die Probleme eines quantitativen Forschungsunternehmens in diesem Zeitraum. Es war ihm zum Beispiel unmöglich, das Verhältnis von Wählern zu Abgeordneten herauszufinden, das zur Festlegung der Kreise für die Wahlen zur Frankfurter Nationalversammlung verwandt wurde. Der unbestimmte Charakter politischer Gruppierungen in dieser Zeit und die Bedeutung, die Persönlichkeit und Status der Kandidaten spielten, erschwerten es *Repgen* darüber hinaus, den politischen Gehalt der Aufzeichnungen, die er schließlich zusammengetragen hatte, abzuschätzen.

Noch bis in das mittlere Drittel des 19. Jahrhunderts spielten persönliche Loyalitäten und sozialer Status bei den Wahlen eine bedeutende Rolle, und deshalb ist eine politische Aussage über das Wahlverhalten – besonders bei Wahlen zum Wahlmännerkollegium in einem indirekten Wahlsystem – fast unmöglich. Für Preußen wird die historische Analyse von Wahlen in den 1850er Jahren noch zusätzlich dadurch erschwert, daß es kaum Belege gibt, und die Regierung die Angewohnheit hatte, vor jeder Wahl die Wahlbezirke neu festzusetzen. Fast alle Wahluntersuchungen aus den 50er Jahren des 19. Jahrhunderts beschäftigen sich mit dem Rheinland; diese Region bildete das geographische Zentrum für eine Serie von sehr nützlichen Dissertationen, die von den Schülern *Max Braubachs* an der Universität Bonn geschrieben wurden [12]. Diese Dissertationen machen klar, daß der Verfassungskonflikt in Preußen während der 60er Jahre des 19. Jahrhunderts einen Wandel im politischen Leben und seinen qualitativen Grundlagen hervorrief: die politischen Richtungen begannen klarer zu werden, und als die Wahlaktivität zunahm, wurden auch die Wahldaten in den Zeitungen und Regierungsquellen relativ leichter zugänglich [13]. Die beste Quelle für das Wahlverhalten in Preußen während der frühen 60er Jahre des 19. Jahrhunderts ist *Eugene Andersons* Veröffentlichung der Statistiken, die vom Innenministerium während der Wahlen von 1862 und 1863 aufgestellt worden waren [14]. Diese Daten liefern einen kompletten Abriß der Parteiengruppierungen auf der Kreisebene, obwohl ihr Wert durch die Unbeholfenheit und Unkenntnis, mit der Lokalbeamte die Ergebnisse in ihrem Distrikt aufgezeichnet haben, vermindert wird. Auf jeden Fall ist *Andersons* Sammlung der beste erhältliche Beleg über preußische Wahlen, bis dann die Regierung Ende der 1890er Jahre ziemlich komplette Ergebnisse veröffentlichte [15].

Obwohl das Material zu den Wahlen in Preußen und anderen Staaten für fast das ganze 19. Jahrhundert fragmentarisch ist, sind die Daten über den Reichstag, der 1867–71 gegründet wurde, relativ vollständig und leicht zugänglich [16]. Es ist aber bei der Benutzung der kaiserlichen Reichstagsdaten wichtig, sich zwei Aspekte des Systems zu vergegenwärtigen, die zu einer Beeinträchtigung der Genauigkeit führten, mit der diese Wahlen die politische Meinung widerspiegelten. Erstens wurden die Grenzen der Wahlkreise, die 1867–71 gezogen wurden, nicht geändert, trotz der massiven Bevölkerungsbewegungen zu den industriellen Regionen, die nach der Reichsgründung stattfanden. Da städtische Regionen stark unterrepräsentiert waren, reflektierte die Reichstagsmitgliedschaft nur unvollkommen die politischen Präferenzen der Nation [17]. Zweitens sind die nationalen Gesamtzahlen der für die Parteien abgegebenen Stimmen irreführende Indikatoren für ihre relative Stärke, da einige Parteien keine Kandidaten in Wahlkreisen aufstellten, wo ihre Gewinnchancen gering waren, während andere Parteien (besonders die Sozialdemokraten) versuchten, möglichst in jedem Wahlkreis jemanden auf der Wahlliste zu haben.

Eine ernstere Schwierigkeit bei der Arbeit mit den Reichstagsdaten besteht darin, daß die Wahlkreise während der Kaiserzeit nicht mit anderen Regierungseinheiten übereinstimmten. Daraus ergibt sich, daß soziale und ökonomische Daten, die in diesen Einheiten erhoben wurden, nicht mit den Wahldaten korreliert werden können. Berlin war zum Beispiel in sechs Reichstagswahlkreise unterteilt, von denen weder ein einziger mit anderen Regierungseinheiten übereinstimmte, noch alle sechs zusammen das offiziell definierte Berliner *Stadtgebiet*, das noch Teile anderer Wahlkreise enthielt, ausmachten [18]. Vielleicht können durch Archivforschungen unveröffentlichte Daten kleinerer Wahl- oder Verwaltungseinheiten entdeckt werden, die man dann aggregieren könnte. Ohne solche Daten ist die quantitative Arbeit über die soziale Basis der kaiserlichen Politik stark behindert.

Trotz der Schwierigkeiten, die dem Gebrauch von Wahldaten vor 1914 inhärent sind, verdient dieses Material eine größere wissenschaftliche Aufmerksamkeit, als es bisher erfahren hat. Zur Zeit besitzen wir nur eine Anzahl sehr allgemeiner Erhebungen [19], einige lokale Studien (wie für die frühere Periode hauptsächlich mit dem Rheinland beschäftigt) [20] und einige mehr spezialisierte Untersuchungen zu Einzelfällen. In der letzten Kategorie ist die interessanteste Arbeit über den Ursprung und die Bedeutung des dramatischen Wahlanstiegs der Sozialdemokratie in den Jahren nach 1890 geleistet worden. Wir sind immer noch weit von einer befriedigenden statistischen Analyse dieses Problems entfernt, aber die zeitgenössischen Studien von *Eitner* über die Rolle der Religion und von *Blank* über die soziale Basis der SPD stellen mögliche Annäherungen dar [21]. Der bedeutendste neuere historische Bericht über die SPD, der versucht hat, einige dieser Linien zu verfolgen, ist *G. A. Ritters* bewundernswerte Arbeit über die Wilhelminische Arbeiterbewegung [22].

Die soziale Basis der SPD ist auch das zentrale Thema von *R. A. Comforts* bedeutendem Buch über die Politik in Hamburg während der frühen Jahre der Weimarer Republik. *Comfort* beschäftigt sich mit der Unfähigkeit der Sozialisten, »die Masse der Arbeiter in irgendeiner geordneten Bewegung zu vereinigen, die für die Fortsetzung der Republik wäre«. Da er in der Lage war, korrelierbare berufs- und wahlstatistische Daten aus Archivquellen zu benutzen, konnte der Autor eine *Spearman*-Rangreihenkorrelation anwenden, um die soziale Basis von Wahlteilnahme und Parteizugehörigkeit aufzudecken. Er konnte so zeigen, wie es vor sich ging, daß sich bestimmte soziale Gruppen von der SPD abwandten und entweder in Apathie versanken oder antirepublikanisch wurden [23].

Nur sehr wenige Wahlstudien aus den 20er Jahren können sowohl die Datenbasis als auch die methodologische Exaktheit, die *Comforts* Monographie auszeichnen, aufweisen. Zusätzlich zu den üblichen allgemeinen Forschungen gibt es noch einige erwähnenswerte aber knappe Analysen der Rolle der Frauen, der Jugend und der Nichtwähler in den Weimarer Wahlen [24]. Die beeindruckendste Zahl von Untersuchungen über das Wahlverhalten in der Republik ist dem rapiden Anstieg des Stimmenanteils der Nationalsozialisten während der 3 Jahre vor der Errichtung der Hitlerregierung 1933 gewidmet. Diese Bemühungen, die wachsende Unterstützung der Nazis zu erklären, betonen normalerweise deren Fähigkeit, Wähler aus dem Mittelstand, die Jugend und vormals Apolitische anzuziehen [25]. Die präzisesten Aufgliederungen der Unterstützung der Nazis sind in Büchern zu finden, die sich nur mit einer Region befassen, wie zum Beispiel *W. S. Allens* Studie einer hannoverschen Kleinstadt und *G. Franz'* Analyse von Hessen [26]. *R. Heberles* Arbeit über Schleswig-Holstein verdient besonderes Interesse wegen der Art, wie er intime Kenntnisse einer Region mit statistischer Expertise kombiniert. Wie *Comfort* konnte auch *Heberle* mit unveröffentlichten Daten aus ziemlich kleinen geographischen Einheiten arbeiten und daher Wahlergebnisse mit sozialen Daten korrelieren, um diejenigen Teile zu entdecken, die innerhalb der Bevölkerung am empfänglichsten für die Werbung der Nazis waren [27].

Einer der meistversprechenden Zugänge zu den noch ungelösten Problemen deutschen Wahlverhalens ist in der Untersuchung von regionalen Wahlen gegeben. Die Prüfung der Wahlen zu lokalen Organen ermöglicht es erstens, die Bedeutung regionaler Wahlkampfthemen und Traditionen festzustellen – für das Deutschland vor 1945 sind das besonders wichtige Punkte [28]. Zweitens liefert ein Vergleich der Ergebnisse lokaler und nationaler Wahlen neue Möglichkeiten, Ursprünge und Fortdauer politischer Gruppierungen zu messen. Dies trifft besonders für die Zeit vor 1914 zu, als lokale und nationale Wahlen unter verschiedenen Wahlrechtsbestimmungen durchgeführt wurden [29]. Schließlich schuf der Klassencharakter der Wahlen zu zahlreichen lokalen Parlamenten Kategorien von Wählern, die es dem Historiker erlauben, die soziale Grundlage politischen Handelns mit einiger Genauigkeit zu ermitteln [30].

Zusätzlich zu den Wahldaten gibt es zahlreiche andere Belege zu politischem Verhalten, die sich für eine quantitative Analyse eignen. Beispielsweise analysiert *Konrad Repgen* in seinem ausgezeichneten Aufsatz über die politische Rolle des rheinischen Klerus im Jahre 1848 die Petitionen, die während der Revolution in Umlauf waren, als Indikatoren für politische Beteiligung [31]. Die Aufzeichnungen der Polizei sind eine weitere mögliche Fundgrube für Daten über politische Parteien, revolutionäre Umtriebe und Widerstandsgruppen, die nur selten von Historikern ausgeschöpft wurden [32]. Außerdem enthalten die Aufzeichnungen der Parteien, die Zeitungen, Protokolle und andere Veröffentlichungen bestimmte Informationen über die Größe und Zusammensetzung politischer Organisationen [33]. *Robert Michels'* Aufsatz über die Sozialdemokraten im Jahre 1906 stellt ein brilliantes Beispiel der Art und Weise dar, in der solches Material verwendet werden kann [34]. Ein weiteres Beispiel kann man in *Hans Gerths* berühmtem Aufsatz über die Nazipartei finden, der ein Modell für den Gebrauch quantitativer Daten bei der Analyse politischer Phänomene darstellt [35]. Neben den Aufzeichnungen der Parteien gibt es noch die Belege zur Art und Zusammensetzung von Interessengruppen, die im späten 19. Jahrhundert eine bedeutende Quelle für politische Haltungen wurden [36].

Schließlich kann wertvolles Material zu politischen Einstellungen und politischem Verhalten in der Geschichte des Journalismus gefunden werden. Leider gibt es nur wenige statistische Untersuchungen der Verbreitung und Auflage von Zeitungen, obwohl sich dieses Problem doch offensichtlich für eine quantitative Behandlung bestens eignet [37]. Ebenso benötigen wir quantitative Untersuchungen des Journalistenberufs, seiner Rolle bei der Meinungsbildung und der Weise, in der seine Entwicklung Veränderungen der Leserschaft widerspiegelt. *Rolf Engelsings* Arbeit über die Presse in Bremen ist ein vielversprechender Schritt in die Richtung [38].

Eliten

Traditionsgemäß sind deutsche Geschichtswissenschaftler stärker an Eliten als an Wahlverhalten oder politischen Organisationen interessiert gewesen. Viele historische Analysen von Eliten haben jedoch nicht einmal versucht, quantitative Methoden anzuwenden, selbst wenn diese Methoden am geeignetesten erschienen. Da ist zum Beispiel die Studie über rheinische Unternehmer von *Friedrich Zunkel*, in welcher der Autor fortwährend von »vielen«, »einigen« oder »einigen wenigen« Unternehmern spricht, aber niemals weder absolute Zahlen oder relative Rangfolgen erwähnt, noch die Basis bestimmt, auf der er die im wesentlichen quantitativen Unterscheidungen vornimmt [39]. Ein noch treffenderes Beispiel ist das kürzlich erschienene Werk von *Fritz Peters* über den Bremer Senat. *Peters* legt eine chronologisch geordnete Tabelle von 134 Senatoren vor, mit einem kurzen Abriß ihrer sozialen Herkunft, ihrer Karriere und ihrer politischen Zugehörigkeit. Aber er verzichtet auf aggregierte Tabellierungen. So hat der Leser keine Möglichkeit, den sozialen Charakter der Gruppe und den Verlauf des historischen Wandels festzustellen. *Peters*' Buch ist denn auch nichts anderes als eine unhistorische Kollektivbiographie und somit fast wertlos [40].

Quantifizierung ist ein wichtiges Element bei der Untersuchung von Eliten, nicht nur weil sie Präzision und Ordnung in die Daten bringt, sondern weil sie den Historikern auch die Möglichkeit gibt, den außerordentlich reichen Vorrat von Unterlagen über soziale und politische Führer im 19. und 20. Jahrhundert zu durchdringen und auszuwerten. Manche dieser Unterlagen, zum Beispiel persönliche Aufzeichnungen, Geschäftsunterlagen und Polizeiberichte, sind schwer erreichbar. Aber eine große Menge von Material ist unmittelbar zugänglich in verschiedenen Nachschlagewerken und Quellensammlungen. Ich werde einige dieser Quellen bei meiner Diskussion verschiedener Elitegruppen erwähnen. Von allgemeinem Interesse sind Werke wie *Wilhelm Koschs* Biographisches Staatshandbuch (1959–), die Neue deutsche Biographie (1952–) und eine Anzahl von biographischen Reihen, die berühmten Männern aus bestimmten Regionen gewidmet sind [41]. Eine wenig kostspielige Art, quantitative Analysen sozialer und politischer Geschichte zu fördern, liegt in der Möglichkeit, die Daten dieser Werke in Computerschrift zu übertragen und sie in Datenarchiven griffbereit zu halten, die dann als Fundgruben für Grundlagenmaterial über Eliten dienen könnten, das von anderen Forschern zusammengetragen wurde [42].

Die beharrliche Fortdauer der gesellschaftspolitischen Macht der Aristokratie ist eine der zentralen Tatsachen der modernen deutschen Geschichte, die sowohl für Zeitgenossen als auch für Historiker ein Thema von Bedeutung war. Obwohl das greifbare Material noch immer die Menge der historischen Analysen überragt, hat es einige wichtige Studien über die Rolle des Adels in Deutschlands sozialem, ökonomischem und politischem Leben gegeben [43]. Eine große Menge an faszinierendem statistischem Material über die Veränderung der Rolle der Aristokratie des 18. Jahrhunderts findet sich in den älteren Monographien von *Johannes Ziekursch* und *Fritz Martiny* und in der neueren Studie von *Reinhart Koselleck*, »Preußen zwischen Reform und Revolution« [44]. Was das 19. Jahrhundert angeht, kann man sich an die zeitgenössischen Analysen von *Max Weber* und *Johannes Conrad* halten, deren Ausgangspunkt von der politischen Kontroverse gekennzeichnet wurde, die um die Fideikommißfrage kreiste [45].

Ein anderes Thema, das sowohl politische Kontroversen als auch das Interesse der Gelehrten hervorrief, war die Rolle der Aristokratie im bürokratischen und militärischen Apparat. *Joachim Lampe* überprüfte dieses Problem für das Hannover des 18. Jahrhunderts [46]. *Walter Schärl* ist dem Anteil Adeliger in der bayerischen Bürokratie im 19. Jahrhundert nachgegangen [47]. In seinem Werk »Preußen zwischen Reform und Revolution« meint *Koselleck* auf Grund des Umfangs und der Tiefe der in seiner statistischen Analyse Preußens im frühen 19. Jahrhundert gewonnenen Daten, die bürokratische Karriere sei ein Mittel gewesen, um einen aristokratischen Status zu erlangen [48]. Eine etwas detailliertere Analyse dieser Themen in den Jahren 1794–1806 kann man in einem kürzlich erschienenen Aufsatz von *Henning von Bonin* finden [49]. Für die spätere Zeitperiode ist eine Reihe von Monographien über Verwaltungsinstitutionen greifbar, von denen viele kurze statistische Zusammenfassungen der sozialen Herkunft und des sozialen Status der Beamten enthalten [50]. Die besten Daten über die Aristokratie in der Armee sind in *Karl Demeters* klassischer Darstellung des Offizierskorps enthalten, die durch einige stärkere spezialisierte Studien ergänzt werden kann [51].

Die beiden umfassendsten Analysen über die Aristokratie im Staatsapparat vor 1914 sind *Lysbeth Muncys* The Junker in the Prussian Administration under William II, 1888–1914 (Providence, R. I., 1944), und *Nikolaus von Preradovichs* Die Führungsschichten in Österreich und Preußen, 1804–1918 (Wiesbaden 1955). *Muncy* erfaßte 1500 Amtsträger aus über 600 Junkerfamilien und war somit in der Lage, statistische Daten von Karrieremustern, Landbesitz, Heiraten und Familienbeziehungen aus einem ungewöhnlich großen Sample vorzuweisen. *Preradovich* dagegen ist an der Stellung der Aristokratie in höchsten Führungspositionen in ausgewählten Jahren zwischen 1804 bis 1918 interessiert. Obwohl seine Arbeit in den meisten Punkten weit weniger erhellend als *Muncys* Buch ist, zeigt *Preradovich* den Vorteil einer komparativen Dimension, wenn es darum geht, die hervorstechendsten Züge einer Elitegruppe zu isolieren und zu beurteilen.

Die wertvollsten neueren Studien über die Bürokratie als Institution haben sich auf die Entwicklung der Verwaltung in bestimmten Gebieten konzentriert: Beispiele dafür sind *F. Schaers* Studie über die Stadt Aurich, *D. Wegmann* über Westfalen, *August Klein* über Köln, *Peter Letkemann* über Danzig und *K. Rehfeld* und *Irene Berger* über Bromberg [52]. Alle diese Bücher enthalten einiges statistisches Material, aber sie beschäftigen sich überwiegend damit, biographische Geschichten über die bekanntesten Beamten ihres Amtsbereichs zu liefern. Als ein Anzeichen für den Mangel an methodologischem Fortschritt in einem großen Teil der deutschen Geschichtsschreibung kann die Tatsache angesehen werden, daß keiner der Autoren über die Art der Analyse hinausgeht, wie sie schon 1907 von *Johannes Ziekursch* in seiner Studie über schlesische Beamte dargeboten wird [53].

Von größerem methodologischem Interesse sind die Studien über den Niederschlag, den die großen politischen Umwälzungen von 1918, 1933 und 1945 in der Bürokratie hinterlassen haben. *Wolfgang Zapfs* Arbeit über deutsche Führungsgruppen enthält einige anregende Einsichten betreffs langfristiger Trends in der Entwicklung der Verwaltung [54]. Die neueren Arbeiten von *Wolfgang Runge* und *Hans-Karl Behrend* überprüfen den Einfluß der erfolglosen Revolution von 1918 auf die Staatsmaschinerie [55]. *Hans Gerths* Aufsatz über die Nazipartei enthält einige Bemerkungen über die Führungspositionen in diesem Regime, wohingegen *Lewis Edinger* Kontinuität und

Wandel in der sozialen Herkunft und dem politischen Charakter von Entscheidungsträgern nach dem Zusammenbruch des Dritten Reiches überprüft [56]. Was politische Eliten angeht, so ist auch die Studie *Daniel Lerners* über das 1934 erschienene Führerlexikon von einigem Interesse [57]. *Lerner* ist recht geschickt, wenn es darum geht, Korrelationen zwischen seinen Daten aufzuweisen. Leider wird die Brauchbarkeit seiner Schlußfolgerungen von zwei wichtigen Schwierigkeiten gemindert: das Führerlexikon ist eine sehr dürftige Datenbasis, da es in keiner Hinsicht ein Verzeichnis der »Nazielite« darstellt; und außerdem benützt *Lerner* beim Ordnen seines Materials eine Reihe von Kategorien (»plebeians«, »middle income skill groups« usw.), die kaum Bedeutung für die deutsche Sozialgeschichte haben.

Bis heute haben fast alle Studien über die Armee oder die Bürokratie die Tendenz, nur die soziale Zusammensetzung und das politische Verhalten der Spitzenkräfte besonders zu beachten. Man kann nur hoffen, daß bald auch den niederrangigen Beamten, den Untergebenen und den Unteroffizieren mehr Beachtung geschenkt wird. Diese Leute spielten Schlüsselrollen in ihren Institutionen; Rollen, von denen wir so gut wie nichts wissen. *Otto Mosts* faszinierende Studie über einen Regierungsbezirk ist eines der wenigen Beispiele eines Versuchs, die soziale und ökonomische Situation der niederen Ränge innerhalb der Bürokratie zu sondieren [58]. Eng verbunden mit den Problemen zweitrangiger Führerschaftsgruppen ist die Frage des Wachstums von Regierungsinstitutionen, sowohl hinsichtlich ihrer Größe als auch ihrer sozialen Relevanz. Zwei letztlich erschienene Arbeiten über die Entwicklung des Staatsbeamtentums und dessen Ausdehnung eröffnen neue und bedeutungsvolle Forschungsgebiete [59].

Es gibt mehr Material über die Personen, die in der ersten Hälfte des 19. Jahrhunderts in repräsentative Institutionen gewählt wurden, als über die Wahlen an sich. *Koselleck* war zum Beispiel in der Lage, Statistiken über die Rolle der Beamten im preußischen Provinziallandtag während der 30er Jahre des 19. Jahrhunderts und im Vereinigten Landtag von 1847 aufzustellen [60]. Einiges Material ist auch über die Parlamentarier anderer deutscher Staaten im Vormärz greifbar [61]. Umfassendere, wenn auch keineswegs lückenlose Information kann über die soziale Zusammensetzung der Revolutionsparlamente und der wichtigsten Landtage der vorkaiserlichen Periode zusammengetragen werden [62]. Man kann sich ebenfalls von der Dynamik politischer Führung auf der lokalen Ebene eine Vorstellung machen, wenn man die Daten über die Berufszusammensetzung der Wahlmänner berücksichtigt, die in den oben zitierten Untersuchungen zusammengetragen worden sind [63].

Für den Zeitraum nach 1871 steigt die Menge des Materials bedeutend an. Die Daten wurden in einer Anzahl monographischer Studien der kaiserlichen Ära, die sich auf breitester Ebene mit der Veränderung der Berufszusammensetzung des Reichstags beschäftigen [64], ausgewertet. Diese Studien zweigen die verschiedenen Problemarten, die bei dem Gebrauch der vorhandenen Daten über parlamentarische Eliten auftauchen: erstens benutzen die meisten Autoren die vom Parlamentarier selbst angegebene Berufsbezeichnung, obwohl dieser oft nur die Position, die mit dem höchsten Prestige ausgestattet oder politisch am nützlichsten war und nicht seine Hauptbeschäftigung aufführte; zweitens nehmen die meisten Autoren keine Rücksicht auf Mehrfachbeschäftigungen, obwohl einige Kombinationen (Beamter und Gutsbesitzer zum Beispiel) hoch signifikant sind; schließlich – und das ist das wichtigste – bemühen sich die Autoren weder um präzise Definitionen der Kategorien, die sie benutzen, noch klären sie die Basis, auf der bestimmte Individuen bestimmten Kategorien zugeordnet werden. Ein Ergebnis dieser Schwierigkeiten ist, daß die meisten der Reichstagsstudien das gleiche Material mit im wesentlichen gleicher Zielsetzung durchgearbeitet haben, aber zu anderen Ergebnissen gekommen sind. Als Beispiel die folgenden Zahlen über den Prozentsatz an Unternehmern im Reichstag von 1893 [65]:

Rosenbaum	16,2
Borell	16,2
Kremer	12,1
Molt	11,5
Jaeger	22,8

Die besten Beispiele von Arbeiten, die sich mit diesen Schwierigkeiten auseinandergesetzt und sie bis zu einem gewissen Grade auch überwunden haben, werden von den spezifischeren Studien über einzelne Parteien geliefert, so zum Beispiel *Lenore O'Boyles* Aufsätze über die Liberalen und *Erich Matthias* und *Eberhard Pikarts* Diskussion der sozialdemokratischen Reichstagsfraktion [66].

Viel mehr Arbeit müßte in die Klärung der sozialen Zusammensetzung repräsentativer Institutionen in Deutschland investiert werden. Die soziale Herkunft ihrer Mitglieder (als Gegensatz zu ihrem Beruf) wird in der Literatur kaum diskutiert, aber die Kenntnis dieser Herkunft wäre bei der Behandlung des Problems vertikaler sozialer Mobilität über politische Kanäle sehr von Nutzen. Überdies wurde noch keine angemessene Arbeit über die Weimarer Parlamente geleistet, obwohl es eine große Menge geeigneten Materials gibt [67]. Schließlich müßte man die parlamentarischen Eliten in lokalen repräsentativen Körperschaften untersuchen, da man auf diese Weise sowohl die politische Zusammensetzung bestimmter Regionen veranschaulichen, als auch die Beziehungen zwischen politischer Macht und dem sozialen, ökonomischen und religiösen Charakter der Gemeinden aufzeigen könnte [68].

Geschäftsleute in Führungspositionen haben nicht die gleiche historische Aufmerksamkeit erhalten wie Aristokraten, Beamte oder auch Parlamentarier. In den letzten Jahren gab es jedoch Anzeichen dafür, daß sich die Historiker mehr mit den ökonomischen Eliten beschäftigen. Die Gründung einer eigenen regelmäßig erscheinenden Fachzeitschrift (»Tradition«), die sich hauptsächlich mit der Untersuchung von Unternehmern beschäftigt, und die Publikation einer Reihe von biographischen Sammlungen bezeugen das auf diese Gruppe gerichtete Interesse der Wissenschaftler [69]. Leider benützt keine dieser Forschungen die Überfülle des greifbaren Materials für eine quantitative Analyse. Das »Adreßbuch der Direktoren und Aufsichtsratsmitglieder der Aktiengesellschaften«, das 1898 zum erstenmal publiziert wurde, ist zum Beispiel eine reiche Quelle von Informationen über Unternehmer in Führungspositionen, die am besten mit einer von Computern lesbaren Ausgabe analysiert werden könnte. Eine solche Ausgabe hätte noch den zusätzlichen Vorteil, daß sie leicht durch Material aus anderen Unternehmerhandbüchern, periodischen Publikationen und ähnlichem ergänzt werden könnte [70].

Weitere Möglichkeiten für die Forschung über Unternehmer in Führungspositionen eröffnen sich bei der Betrachtung einiger Studien, die in der Tat quantitative Methoden für die Analyse ökonomischer Eliten verwenden. *Horst Beau* hat 400 rheinländische Unternehmer des frühen 19. Jahrhunderts untersucht, um eine Beziehung zwischen ihrer theoretischen Ausbildung und ihrer praktischen Erfahrung herauszufinden, ein Problem von beachtlicher Bedeutung für das Verständnis der Rolle der Ausbildung und Technologie in der ökonomischen Entwicklung und der Stellung des Unternehmers in der Gesellschaft [71]. Es wäre von hohem Nutzen, eine Analyse vorliegen zu haben, die *Beaus* Themenkreis über das Ende des 19. Jahrhunderts hinausführt. Ein anderes Problem von unmittelbarer Bedeutung betrifft die Unterscheidungen, die innerhalb der Unternehmerschaft gemacht werden müssen. *Helga Nussbaums* Monographie über die Unternehmer, die sich in Opposition zur Monopolisierung befanden, ist ein vielversprechender Beginn, der verdeutlicht, wie sogar die Rohdaten der Berufsstatistiken nützlich verwendet werden können [72]. Die Komplexität des Unternehmertums wird ebenfalls deutlich in *Hans Jaegers* Arbeit über die politische Aktivität der Unternehmer während der Wilhelminischen Ära [73], ein Buch, das besonders nützlich ist wegen der Statistiken, die es über die Rolle ökonomischer Führer in repräsentativen Institutionen zwischen 1890 und 1918 enthält.

Jürgen Kockas Studie über die Firma Siemens ist ohne Frage der bedeutendste Beitrag zu unserem Verständnis ökonomischer Führungspositionen, der seit 1945 erschienen ist [74]. *Kocka* untersucht nicht nur die führenden Mitglieder der Managerelite in dieser Firma, sondern analysiert auch die Entwicklung einer industriellen Bürokratie. Seine Daten über soziale Herkunft, Einkommen, Ausbildung und Arbeitsgewohnheiten sind für jeden von großem Interesse, der sich mit der Sozialgeschichte industrieller Gesellschaften beschäftigt.

Die Wichtigkeit der Ausbildung als kulturelle Norm und Agens sozialer Schichtung ist eines der Merkmale der deutschen Gesellschaft. Untersuchungen über die Bildungselite bringen uns nahe an den Kern des deutschen Sozial- und Wertsystems. Jüngere Arbeiten von *Fritz Ringer* und *Wolfgang Zorn* stellen eine hilfreiche Einführung dar und fassen einige der wichtigsten statistischen Daten über die Bildungselite zusammen [75]. Eine detailliertere Datensammlung über die soziale Herkunft deutscher Professoren bietet eine neuere Arbeit von *Christian von Ferber*. Informationen über soziale Herkunft einerseits und Karrieremuster andererseits stellen die faszinierenden statistischen Analysen der niederen akademischen Berufsränge bereit, die von *Franz Eulenburg* und *Alexander Busch* verfaßt wurden [76].

Nicht nur die Professoren, sondern auch die Studenten können mit dem vorhandenen Material analysiert werden [77]. Selbst die besten Arbeiten, die dieses Material benützen, wie zum Beispiel *Albert Rienhardts* Studie der Universitätsstudenten in Württemberg [78], bieten jedoch kaum mehr als eine Zusammenstellung und Ordnung der Daten. Um die Signifikanz der Veränderungen, die diese Autoren sowohl für das intellektuelle Leben in Deutschland als auch für die Schichtungsmuster der deutschen Gesellschaft aufzeichnen, aufzudecken, bedarf es zusätzlicher Analysen des Materials [79]. Gleichzeitig bleibt zu hoffen, daß die Wissenschaftler bei der Betrachtung der Beziehungen zwischen der sozio-ökonomischen Position der Universitätsstudenten und ihrem politischen Verhalten stärker ins Detail gehen werden – ein Problem von besonderer Bedeutung für die Zwischenkriegsperiode [80].

In der Elitenforschung, wie auch bei der Erforschung politischen Verhaltens, benötigen wir noch sehr viel zusätzliches Wissen über bestimmte Gruppen und Regionen. Nichtsdestoweniger ist es für beide Problemkreise wichtig, Einzelstudien in einen möglichst breiten Rahmen zu stellen. Wie zum Beispiel in einer einzelnen Region die Stimmabgabe nur im Zusammenhang mit einem größeren Muster von Wahlverhalten voll verstanden werden kann, so kann man auch die verschiedenen Segmente der deutschen Elite nur in Beziehung zueinander sehen. Beispielsweise kann die wechselnde Rolle des zugeschriebenen Status, des Vermögens oder der Ausbildung bei der Aneignung politischer Macht am besten dann gesehen werden, wenn wir die Entwicklung der aristokratischen, der ökonomischen und der Bildungs-Eliten vergleichen. Ich habe bereits erwähnt, daß die Schaffung einer Datenbank einer der Wege sein könnte, kooperative Anstrengungen bei der Überbrückung der Kluft zwischen Mikro- und Makroanalysen zu erleichtern. Genauso wichtig ist die Definition derjenigen Variablen, die für das Verständnis von Eliten besonders relevant sind. Unter diesem Gesichtspunkt scheint es mir, daß die oben erwähnte Arbeit von *Wolfgang Zapf* besonders einschlägig relevant ist [81]. Im Gegensatz zur überwiegenden Mehrheit der Elitenforscher versucht *Zapf*, systematisch und explizit die Kategorien zu formulieren, die für die Analyse der Beziehungen der Eliten untereinander und zwischen Eliten und Sozialstruktur notwendig sind.

Quantitative Daten zur Sozialgeschichte

Die quantitative Forschung über die Natur und die Beziehungen sozialer Gruppen in der neueren deutschen Geschichte ist viel schwieriger zusammenzufassen als das vergleichbare Material über politisches Verhalten und Eliten. Die folgenden Erörterungen über »Sozialdaten« müssen deshalb notwendigerweise impressionistischer und weniger umfassend bleiben als die vorangegangenen Abschnitte. Ich werde keine Anstrengungen machen, einen umfassenden Überblick über ein Feld zu geben, auf dem die Literatur genauso diffus ist wie der Gegenstand selbst; vielmehr will ich die Aufmerksamkeit auf einige Interpretationen lenken, die bedeutende Datenquellen oder signifikante Felder für zukünftige Forschung erschließen könnten.

Beginnen wir mit der Betrachtung der quantitativen Arbeiten über Schichtung. Die offensichtlichen Schwierigkeiten, die sich hier ergeben, und die keine Arbeit über dieses Thema ganz überwunden hat, liegen hauptsächlich darin, daß eine ganze Reihe der Schichtung bewirkenden Faktoren: Status, Tradition, Einfluß, einfach für eine quantitative Messung nicht zugänglich sind. Aus diesem Grund muß man aus Materialien über die steuerliche Veranlagung, die Wahlberechtigung und die Berufszugehörigkeit eine soziale Hierarchie konstruieren, von der diese Daten bestenfalls eine unvollkommene Spiegelung sind. Zu diesem grundlegenden Problem kommt noch hinzu, daß das existierende Material oft fragmentarisch und deshalb nur einer ziemlich engen zeitlichen oder räumlichen Einheit zuzuordnen ist. So ist es nicht weiter überraschend, daß die erfolgreichsten Versuche, ein quantitatives Bild sozialer Hierarchien in Umrissen zu entwerfen, sich auf beschränkte Regionen konzentrieren. Erwähnenswert unter diesen Arbeiten sind *Pierre Ayçoberrys* kürzlich erschienener Artikel über Köln und *Wolfgang Köllmanns* Monographie über Barmen – beides Arbeiten, die eine intime Kenntnis der lokalen Bedingungen mit einem sicheren Gespür für methodologische Probleme, die durch die Daten entstehen, miteinander verbinden [82]. Die Frage des Vorhandenseins von Material für das Problem der Schichtung in anderen Teilen Deutschlands wird in einigen der oben erwähnten Wahluntersuchungen für das Rheinland diskutiert, außerdem in den kürzlich veröffentlichten soziologischen Monographien von *G. Wurzbacher, R. Pflaum, E. W. Buchholz, Helmuth Croon* und *K. Utermann* [83]. Die methodologischen und Material-Probleme, die im Zusammenhang mit quantitativen Untersuchungen sozialer Schichtung auftreten, sind für das 20. Jahrhundert besonders schwierig, da die Komplexität der Gesellschaft exakte Messungen nicht zuzulassen scheint. Diese Probleme treten in *Theodor Geigers* klassischer Arbeit »Die soziale Schichtung des deutschen Volkes« (Stuttgart 1932), dem vielleicht anspruchvollsten Versuch einer statistischen Analyse der deutschen Sozialstruktur, klar zutage [84]. *Geigers* Arbeit basiert auf dem Berufszensus von 1925, der sich als eine ziemlich unbefriedigende Grundlage erwies. Erstens waren die Berufskategorien, die 1925 benutzt wurden, so vollkommen verschieden von denen früherer Volksbefragungen, daß eine Entwicklungsanalyse unmöglich war. Zweitens, und das ist noch wichtiger, war *Geiger* nicht in der Lage, aus den Berufskategorien ein Bild der sozialen Hierarchie abzuleiten, weil die Kategorien keine vollständige Information über die Verteilung von Vermögen und Status enthielten. Das Ergebnis ist, daß *Geigers* originelle Berechnungen nicht überzeugen. Sein Buch ist voll von bedeutenden Einsichten, aber letztlich sind sie nicht organisch mit der quantitativen Analyse verknüpft.

Auch wenn die Zensusdaten für ein so anspruchsvolles Projekt wie das *Geigers* nicht ausreichend sein mögen, sind sie doch höchst nützlich, wenn man andere Probleme der Sozialgeschichte angeht [85]. So hat beispielsweise *Karl Heinrich Rieker* einiges interessante Material über die sich wandelnde Struktur der deutschen Industrie nach 1875 geliefert, indem er die Zensusdaten über die Größe und die Anzahl von Industrieunternehmen verglich [86]. Einige faszinierende technische und konzeptionelle Fragen komparativer Sozial- und Wirtschaftsgeschichte sind in dem bekannten wissenschaftlichen Dialog zwischen *Alexander Gerschenkron* und *David Landes,* der sich mit sozialen Werten und ökonomischem Wachstum beschäftigt, insofern enthalten, als dort Zensusmaterial diskutiert wird [87]. *E. A. Wrigleys* hervorragende Monographie über wirtschaftlichen Wandel und Bevölkerungszuwachs in Nordwest-Europa ist ein allzu seltenes Beispiel dafür, mit wie großem Gewinn Zensus- und demographische Daten von mehr als einer Nation benutzt werden können, um internationale Regionalprobleme von großer substantieller und methodologischer Bedeutung zu erhellen [88].

Am umfassendsten scheint Zensusmaterial in der deutschen Sozialgeschichte bei der Beschäftigung mit der Bevölkerungsbewegung vom Land in die Stadt, von landwirtschaftlichen in industrielle Gegenden gebraucht worden zu sein. Erwähnenswert sind in diesem Zusammenhang *Wolfgang Köllmanns* Analyse des Zensus von 1907, die sich auf das Muster der städtischen Wanderung konzentriert, und *Peter Quantes* Studie der zahlenmäßigen Abnahme der Landarbeiter [89]. *Quantes* Monographie ist besonders nützlich hinsichtlich ihrer Diskussion von Daten aus dem frühen 19. Jahrhundert und wegen ihrer anregenden Behandlung allgemeiner Probleme der Erforschung von Demographie und Migration. Bevölkerungszuwachs und Migration werden auch in *Rudolf Heberles* und *F. Meyers* Studie über Urbanisierung behandelt; sie enthält eine wertvolle Analyse der Meldestatistiken, die eine andere wichtige Informationsquelle über Bevölkerungsbewegungen darstellen [90].

Unglücklicherweise ist der historischen Demographie in Deutschland nie die institutionelle Unterstützung zuteil geworden, wie sie in Frankreich durch das Institut National d'Etudes Demographiques und in England durch die Cambridge Group for the History of Population and Social Structure gegeben ist [91]. Nichtsdestoweniger machten *Köllmann* und einige andere Wissenschaftler Fortschritte auf diesem wichtigen Gebiet [92]. Was die Demographie der Zeit vor Einführung der Volkszählungen angeht, so hat *Hans Mauersberg* in mehreren neuen Stadtstudien einige der Materialprobleme analysiert [93]. Eine Pionierarbeit zur Demographie des 19. Jahrhunderts wurde kürzlich von *John Knodel* veröffentlicht, der die Auswirkungen, die ehegesetzliche Maßnahmen und Kindersterblichkeit auf Fruchtbarkeit und Bevölkerungszuwachs hatten, untersuchte [94]. Für das Problem von Gesetzgebung und Bevölkerungsentwicklung sind *David Glass'* und *Dudley Kirks'* Darstellungen der pronatalistischen Politik der Nationalsozialisten ebenfalls relevant [95]. Ein anderer Aspekt des allgemeinen Problems der Demographie ist die Emigration. Obwohl einige gravierende Schwierigkeiten bei der Verwendung von Emigrationsdaten auftauchen – man kann zum Beispiel nicht bestimmen, wie viele Personen illegal auswanderten und deshalb nicht erfaßt wurden, oder wie viele bereits erfaßt waren und dann doch nicht auswanderten –, so existiert doch eine ganze Menge an quantitativem Material [96]. *Mack Walkers* Monographie über die Emigration und die deutsche Gesellschaft von 1816 bis 1885 gibt einen Hinweis darauf, wie diese Daten Einsichten in breitere soziale und politische Veränderungsmuster gewähren können [97].

Wenden wir uns nun der Betrachtung des Gebrauchs quantitativer Daten bei der Untersuchung verschiedener sozialer Gruppen zu. Hier ist das Material besonders fragmentarisch und die Notwendigkeit weitergehender Arbeit akut. Wie die folgenden Abschnitte verdeutlichen werden, gibt es heute zwar genügend Untersuchungen, um die Klischeehaftigkeit tradierter Urteile über die deutsche Sozialgeschichte zu enthüllen, sie reichen jedoch nicht aus, um die Basis für eine größere Anzahl neuer Generalisierungen zu bilden. Die folgenden Erörterungen sollen außerdem klären, wieviel Wissen wir aus Forschungen der Periode vor 1933 übernommen haben und wie relativ wenig Gebrauch von diesen Arbeiten in letzter Zeit gemacht worden ist [98].

Wissenschaftler, die an quantitativer Forschung über die Entwicklung sozialer Gruppen auf dem Lande interessiert sind, müssen sich immer noch an klassischen Studien orientieren, wie zum Beispiel der Untersuchung von *Georg Friedrich Knapp*, dessen Arbeit als erste den Wandel erhellte, den soziale, ökonomische und politische Entwicklungen während des frühen 19. Jahrhunderts auf dem Lande hervorbrachten [99]. Ebenso müssen Studien über die zweite Hälfte des Jahrhunderts mit einer Berücksichtigung des statistischen Materials beginnen, das *Theodor von der Goltz*, *Gottlieb Schnapper-Arndt* und jene Forscher in der Kaiserzeit gesammelt haben, deren Monographien vom

Verein für Sozialpolitik veröffentlicht worden sind [100]. Eine neuere Arbeit über das Landleben im 19. Jahrhundert wurde von *Hans Linde* geschrieben. Er erforscht die Krise der Landgemeinde, die durch den demographischen und ökonomischen Druck einer Industriegesellschaft hervorgerufen wird. Diese Krise ist auch der Gegenstand einer hervorragenden Monographie von *Ernst Buchholz,* der statistische Daten über Braunschweig als Basis für seine Analyse der sozialen Beziehungen auf dem Lande im frühen 19. Jahrhundert benutzt [101].

Was die Sozialgeschichte der Handwerker und Fabrikarbeiter im 19. Jahrhundert angeht, müssen wir die Daten aus solchen Klassikern wie *Gustav Schmollers* ein Jahrhundert alter Analyse württembergischer Statistiken ausgraben [102]. Die Monographien des Vereins für Sozialpolitik enthalten auch für diese Gruppen genauso wie für die Bauern eine Fülle wertvoller quantitativer Daten [103]. Ein nützlicher Führer durch das Archivmaterial über Handwerker und Arbeiter ist sowohl in *Horst Krügers* Monographie über Manufakturen in Preußen als auch in *Karl Erich Borns* kürzlich erschienener Arbeit über die Entwicklung der Regierungspolitik hinsichtlich der sogenannten »Sozialen Frage« vor 1914 zu finden [104].

Ein Großteil der neueren Forschungen hat sich mit Einkommen und Lebenshaltungskosten beschäftigt. *Antje Kraus* beispielsweise untersuchte das Einkommen und die Ausgaben der niederen Klassen in Hamburg von den 1780er bis zu den 1840er Jahren; sie zieht den Schluß, daß fast 80 Prozent dieser Stadtbevölkerung nahe am Existenzminimum lebten [105]. Zusätzlich zu den Studien über Einkommen und Lebensstandard gibt es einige neuere quantitative Forschungen, die sich mit Arbeitsunruhen und besonders mit Streiks und Aussperrungen beschäftigen. Die Daten über diese Themen sind zwar in größerem Maße vorhanden, aber manchmal ziemlich unzuverlässig. Wir brauchen daher dringend eine kritische Veröffentlichung von Streik- und Aussperrungsstatistiken, in der das offizielle Material – das häufig von der Polizei erhoben wurde – mit anderen Quellen verglichen wird [106]. Es ist viel schwieriger, statistisches Material zu anderen Aspekten industrieller Verhältnisse zu erhalten, zum Beispiel zum Arbeitsplatzwechsel, zur Beförderung, zu Arbeitsnormen und ähnlichem. Nur für die Bergwerksindustrie haben wir Forschungen, die uns einige Einsichten in diese wichtigen menschlichen Interaktionen in der deutschen Industrie gewähren [107].

Während der 20er Jahre des 20. Jahrhunderts wurden zwei neue Erscheinungen zum Gegenstand zeitgenössischen Denkens und lenkten somit äußerst nützliche quantitative Aufmerksamkeit auf sich. Die erste Erscheinung waren das Anwachsen und die mißliche Lage der sogenannten neuen Mittelklasse von »white collar«-Angestellten, deren politische Mobilisierung in den 20er Jahren mithalf, die von rechts gegen die Republik gerichteten Bewegungen zu unterstützen [108]. Sozialer Auf- und Abstieg war die zweite Erscheinung – ein Thema, dessen Popularität die allgemeine Unruhe und den unstabilen sozialen Kontext der Weimarer Ära spiegelt [109].

Für die Zeit von 1933 bis 1945 fehlen die zeitgenössischen sozialen Erhebungen, die für die Sozialgeschichte des 19. und frühen 20. Jahrhunderts so erhellend sind. Darüber hinaus ist der Charakter des Regimes nicht gerade vertrauenerweckend hinsichtlich der Zuverlässigkeit offizieller Statistiken, deren Wert nach 1933 weiterhin durch die häufigen Veränderungen der Bedeutung statistischer Kategorien fragwürdig wird.

Es gibt aber trotzdem eine Menge potentiell nützlicher Informationen über die deutsche Sozialgeschichte während der Naziära. Wir können uns heute glücklich schätzen, *David Schoenbaums* Untersuchung von »Hitler's Social Revolution« zu haben, die eine Anzahl wichtiger Probleme der Sozialgeschichte dieser Zeit aufzeigt und außerdem einen Teil des für die zukünftige Forschung sehr wichtigen, zur Verfügung stehenden Materials zitiert [110].

Daten zu Selbstmord, Verbrechen, Sexualverhalten und Religion

Selbstmord, Verbrechen und Sexualverhalten waren im 19. Jahrhundert unter den Problemen, die von Statistikern am häufigsten untersucht wurden. Sie hofften, eine quantifizierende Wissenschaft des moralischen Lebens formulieren zu können [111]. Leider haben Geschichtswissenschaftler weder großes Interesse an den Daten noch an den Problemen gezeigt, die diese »Moralstatistiker« vor 1914 faszinierten. Vielleicht wird eine erneute Beschäftigung mit der quantitativen Untersuchung der Sozialgeschichte auch den Willen hervorbringen, diese im allgemeinen vernachlässigten Seiten des Lebens historisch zu prüfen.

Historiker, die die erwähnten Probleme quantitativ untersuchen wollen, stoßen zwangsläufig auf einen Tatbestand, der häufig von den Verfassern von Moralstatistiken übersehen worden ist: die Untersuchung von Selbstmord, Kriminalität und Sexualverhalten erfordert die Verwendung von öffentlichen Daten, um die privatesten Bereiche menschlicher Existenz auszuleuchten. Die mit diesem Unterfangen verbundenen Schwierigkeiten können unter Heranziehung des Selbstmordproblems gezeigt werden – für Gelehrte wie *Emile Durkheim* und *Ferdinand Tönnies* ein Gegenstand höchsten Interesses; sie waren nämlich überzeugt, daß Selbstmord ein soziales Phänomen darstellte, das mit Daten zu anderen Aspekten des gesellschaftlichen Leben korreliert werden könnte [112]. Sie glaubten, daß diese Korrelationen dann dazu verwendet werden könnten, quantitative Maße für die Unterschiede der Lebensanschauungen verschiedener sozialer Gruppen zu erhalten. Genauer gesagt, *Tönnies* und *Durkheim* behaupteten, Selbstmordraten deckten die schädigenden psychologischen Auswirkungen der Urbanisierung auf. Leider waren die Daten für eine derartige Theorie nicht geeignet. Die aus den offiziellen Statistiken von *Durkheim* erarbeitete Langzeitrate für Selbstmorde in Deutschland beispielsweise beruht auf der falschen Annahme, daß Veränderungen in der Rate Veränderungen der Häufigkeit des Phänomens widerspiegeln; tatsächlich wurden aber diese dramatischen Veränderungen in den Statistiken von wechselnden Methoden der Datensammlung verursacht [113]. Außerdem ist es unmöglich festzustellen, ob die Unterschiede in der Selbstmordrate von Stadt und Land Unterschiede in der Häufigkeit oder ob sie Unterschiede der Interessen und Möglichkeiten der Verheimlichung der Vorfälle reflektieren [114]. Viele ähnliche Schwierigkeiten zeigen sich bei der Verwendung von Verbrechensstatistiken, die ebenfalls in höchstem Maße den Problemen von Verheimlichung und Kategorisierung unterliegen. So können Schwankungen in der Verbrechensrate lediglich Veränderungen der Erfassungsmethode und nicht des Umfangs krimineller Handlungen anzeigen [115].

Die Eigenart der Belege zu Selbstmord und Verbrechen lassen in der Tat die ehrgeizigen Anstrengungen der frühen Moralstatistiker gar nicht überzeugend erscheinen. Die Qualität der Daten schließt jedoch detailliertere und behutsamere Forschung nicht aus. Beispielsweise zeigt *Moritz Liepmann* größte Vorsicht bei der Verwendung von Verbrechensstatistiken für die Kriegszeit, die er als Grundlage für einige höchstinteressante Hypothesen über den Charakter der sozialen Verhältnisse in Deutschland zwischen 1914 und 1918 verwendet [116]. *Liepmanns* Monographie läßt mit Recht hoffen, daß wir bald über ähnliche Untersuchungen vergleichbarer Zeiträume in der deutschen Geschichte verfügen werden.

Die Daten zum Sexualverhalten – oder, genauer, zum sexuellen Fehlverhalten, denn das ist es ja, was gemessen wird – sind natürlich mit den gleichen Problemen wie bei Selbstmord und Verbrechen belastet. Wenn es um uneheliche Geburt, Prostitution und Geschlechtskrankheit geht, so sind Zwang und Möglichkeit des Verschweigens und die Gefahren unangemessener Kategorisierung wahrscheinlich sogar noch größer als in irgendeinem anderen Bereich der Sozialstatistik [117]. Nichtsdestoweniger gibt es eine Menge von Belegen zu diesen Tatbeständen und auch einige wenige einfache Erhebungen, die in quantitativer Form ausgedrückt werden könnten [118]. Wenn man die Bedeutung des Sexualverhaltens als Gegenstand historischer Forschung anerkennt, so sind diese Daten – mit all ihren Fehlern – sicherlich weniger irreführend als die diffusen Literaturverweise, die üblicherweise bei der Diskussion von Veränderungen des sogenannten Moralklimas Verwendung finden.

Trotz der offensichtlichen Bedeutung der Religion für das soziale und kulturelle Leben Deutschlands während der hier betrachteten Zeitspanne, haben Historiker der Entwicklung von Religionsausübung oder der Funktion der Kirchen als gesellschaftliche Institutionen sehr wenig Beachtung geschenkt. Wir wissen zum Beispiel nicht, wie sich Häufigkeit und Intensität der Religionsausübung im Laufe der Zeit geändert haben; auch kennen wir die regionalen Abweichungen und die sozialen Gruppenunterschiede nicht. Hier sind die augenscheinlichen Probleme groß; Daten aber gibt es. Beispielsweise existieren für einige Regionen verstreute Statistiken zur Anzahl von Kommunikanten. Außerdem gibt es Anzeichen dafür, daß sich die Archivforschung das Interesse der Regierung zunutze machen kann, das sich auf das Verhältnis zwischen Geburten und Taufen und zwischen standesamtlichen und kirchlichen Eheschließungen richtete [119].

Obgleich es ein paar ältere Untersuchungen des religiösen Verhaltens sozialer Gruppen – besonders der Fabrikarbeiter [120] – gibt, hat sich der Großteil der statistischen Religionsforschung mit den Beziehungen zwischen Kirchenzugehörigkeit und Ausbildung, Beruf und politischer Ausrichtung beschäftigt. *Martin Offenbachers* Analyse der Religionsstatistiken in Baden stellt einen der frühesten dieser Ansätze dar und diente *Max Weber* als Ausgangspunkt für seine berühmte These über das Verhältnis von Kapitalismus und protestantischer Ethik [121]. Kürzlich hat *Annemarie Burger* eine nützliche, aber recht unkritische Synthese der zugänglichen Daten zu Religion, Beruf, politischem Verhalten usw. veröffentlicht [122]. Ihre Bibliographie dient bestens als Einführung in diese Literatur.

Es ist unnötig, diesen Aufsatz mit einem ausführlichen Appell für einen stärkeren Gebrauch von quantitativen Daten beim Studium der deutschen politischen und Sozialgeschichte abzuschließen. Denn es gibt Anzeichen dafür, daß ein solcher Appell überflüssig wäre. So hat sogar die Bastion konventioneller Geschichtsschreibung, die »Historische Zeitschrift«, kürzlich einen Beitrag über den Wert von Computern in der historischen Forschung veröffentlicht [133]. Der vorliegende Aufsatz wird seiner Funktion gerecht werden, wenn er die Fülle zugänglicher Daten aufzeigen konnte, die nicht nur der Analyse traditioneller historischer Probleme dienen sollten, sondern auch der Ausleuchtung der Bereiche menschlicher Erfahrung, die zu lange von Historikern ignoriert worden sind.

Anmerkungen

[1] Zitiert in *Anthony Oberschall,* Empirical Social Research in Germany, 1848–1915, Den Haag 1965, S. 141.

[2] Einen sehr anregenden Abriß der geistigen Ursprünge statistischer Forschung gibt *Paul F. Lazarsfeld,* Notes on the History of Quantification in Sociology: Trends, Sources, and Problems, in: ISIS 52 (1961), S. 277–333. Zur deutschen Entwicklung siehe den immer noch brauchbaren Klassiker von *August Meitzen,* Geschichte, Theorie und Technik der Statistik, Berlin 1886.

[3] Die beste Einführung in die statistischen Arbeiten des 18. und frühen 19. Jahrhunderts ist *Magdalene Humpert,* Bibliographie der Kameralwissenschaften, Köln 1937, bes. S. 991 bis 1005. Für den späteren Zeitraum siehe die Bemerkungen in *Oberschall,* a.a.O.

[4] Handwörterbuch der Staatswissenschaften, 3. Aufl., Jena 1906, bes. Bd. 7, S. 824–858. Siehe auch den nützlichen Artikel von *Carl Reichel,* Die Statistik des Deutschen Reiches und der größeren Staaten desselben, in: Schmollers Jahrbuch 1 (1877), S. 339–362 (über das Reich), S. 537–576 (über Preußen); 2 (1878), S. 142–215 (über Bayern, Sachsen, Württemberg, Baden, Hessen und Elsaß-Lothringen).

[5] *E. Blenck,* Das königliche statistische Bureau in Berlin beim Eintritte in sein neuntes Jahrzehnt, Berlin 1885; *ders.,* Das königliche statistische Bureau, 1885–1896, Berlin 1898. Siehe auch *Blenck,* Festschrift des königlichen preußischen statistischen Bureaus, 2 Bde., Berlin 1905. Zur preußischen Statistik vor 1805 siehe *Otto Behre,* Geschichte der Statistik in Brandenburg-Preußen bis zur Gründung des königlichen statistischen Bureaus, Berlin 1905. Für die zweite Hälfte des 19. Jahrhunderts erschienen wichtige preußische Daten in der »Zeitschrift« des Bureaus, die mit Bd. 56 (1916) beginnend einen Index für die Zeit 1861–1912 enthält. Die meisten anderen Staaten und einige der größeren Städte hatten sowohl eine periodische Publikation als auch eine Jahrhundertgeschichte: z. B.: Hundert Jahre Bayerisches Statistisches Landesamt, Heft 121, Beiträge zur Statistik Bayerns, München 1933.

Zusätzlich zu diesen Führern hat jede Region Deutschlands ihre bibliographische Sammlung. Die meisten Arbeiten, die in diesen Sammlungen zitiert werden, beschäftigen sich mit den früheren Perioden der Lokalgeschichte, haben jedoch einen ziemlich engen Gesichtskreis. Diese Führer sind trotzdem eine Durchsicht hinsichtlich einiger Probleme sozialer und politischer Geschichte wert. Ein vollständiges Verzeichnis dieser lokalen Bibliographien findet man in *R. Oberschelp,* Die Bibliographien zur deutschen Landesgeschichte und Landeskunde im 19. und 20. Jahrhundert, Frankfurt 1967.

Für den Zeitraum nach 1871 sind die Reichsstatistiken die wichtigsten Einzelquellen für quantitative Daten, die Wahl- und Zensusmaterial wie auch regelmäßig publizierte Statistiken zu Handel, Bevölkerung, Emigration und Verbrechen enthalten. Die bequemste Art, sie zu benutzen, besteht darin, dem im »Jahrbuch« des Statistischen Reichsamtes veröffentlichten Index zu folgen. Da es sich um einen kumulativen Index handelt, erschien der vollständigste Index für die Zeit vor 1945 im »Jahrbuch« für 1941–42. Zuweilen findet man ebenfalls interessante

Statistiken in den offiziellen Veröffentlichungen verschiedener Regierungsbehörden. Siehe z. B. Ministerialblatt für die gesamte innere Verwaltung in den königlich preußischen Staaten (1840 ff.); Verwaltungsberichte des Ministers für Handel, Gewerbe und öffentliche Arbeiten (1855 ff.).

[6] *G. von Viehbahn,* Statistik des zollvereinten und nördlichen Deutschlands, Berlin 1858–1868; *C. F. W. Dieterici,* Statistische Übersicht der wichtigsten Gegenstände des Verkehrs und Verbrauchs im Preußischen Staate und im Deutschen Zollverbande in dem Zeitraume von 1831 bis 1836, mit 5 Ergänzungen bis 1853, Berlin, Posen, Bromberg 1838–1857; über *Dieterici* siehe die Bemerkungen in *D. Rohr,* The Origins of Social Liberalism in Germany, Chicago und London 1963, S. 72 ff.; *G. von Mayr,* Statistik und Gesellschaftslehre, 3 Bde., Freiburg 1895 bis 1917; über *von Mayr* siehe *Oberschall,* a.a.O. (Anm. 1), S. 51 f.; *W. Hoffmann,* Das Wachstum der deutschen Wirtschaft seit der Mitte des 19. Jahrhunderts, Berlin, Heidelberg, New York 1965.

[7] *F. Zahn,* Hrsg., Die Statistik in Deutschland nach ihrem heutigen Stand, 2 Bde., München und Berlin 1911; *F. Burgdörfer,* Hrsg., Die Statistik in Deutschland nach ihrem heutigen Stand. Ehrengabe für Friedrich Zahn, 2 Bde., Berlin 1940; *C. Lorenz,* Forschungslehre der Sozialstatistik, 3 Bde., Berlin 1951–1964. Siehe auch den Aufsatz von *Lorenz* in der 10. Auflage von *Dahlmann/Waitz,* Quellenkunde der deutschen Geschichte, Teil 23, 1968.

[8] Siehe *W. Abendroth,* Aufgaben und Methoden einer deutschen historischen Wahlsoziologie, in: Vierteljahreshefte für Zeitgeschichte 3 (1957); *W. Conze,* Wahlsoziologie und Parteigeschichte, in: *ders.,* Aus Geschichte und Politik, Düsseldorf 1954; *N. Diederich,* Empirische Wahlforschung. Konzeptionen und Methoden, Köln und Opladen 1965. Die neuesten Einführungen in Wahldaten sind: *Jean Meyriat* und *Stein Rokkan,* Hrsg., International Guide to Electoral Statistics, Bd. 1, The Hague 1969, und *B. Vogel, D. Nohlen* und *R.-O. Schultze,* Wahlen in Deutschland. Theorie, Geschichte, Dokumente, 1848–1970, Berlin 1971.

[9] Zur Auseinandersetzung um das Wahlrecht der damaligen Zeit siehe *H. Boberach,* Wahlrechtsfrage im Vormärz. Die Wahlrechtsanschauung im Rheinland 1815–1849, und die Entstehung des Dreiklassenwahlrechts, Düsseldorf 1959.

[10] *T. Hamerow,* The Election to the Frankfurt Parliament, in: Journal of Modern History 33 (1961), S. 15–32. Siehe auch *Frank Eyck,* The Frankfurt Parliament, London 1968, S. 57 ff.

[11] *K. Repgen,* Märzbewegung und Maiwahlen des Revolutionsjahres 1848 im Rheinland, Bonn 1955. Über Daten aus der revolutionären Periode siehe auch *W. Hütterman,* Parteipolitisches Leben in Westfalen vom Beginn der Märzbewegung 1848 bis zum Einsetzen der Reaktion 1849 (Diss. Münster 1910); *H. Kessler,* Politische Bewegungen in Nördlingen und dem bayrischen Ries während der deutschen Revolution 1848/49 (Münchener historische Abhandlungen, Erste Reihe, Nr. 15), München 1939; *R. Noack,* Die Revolutionsbewegung von 1848/49 in der Saargegend (Diss. Frankfurt 1929); *H. Pahl,* Hamburg und das Problem einer deutschen Wirtschaftseinheit im Frankfurter Parlament, 1848/49, Hamburg 1930; *J. Philippson,* Über den Ursprung und die Einführung des allgemeinen gleichen Wahlrechts in Deutschland mit besonderer Berücksichtigung der Wahlen zum Frankfurter Parlament im Großherzogtum Baden, Baden und Leipzig 1913; *V. Valentin,* Frankfurt am Main und die Revolution von 1848/49, Stuttgart und Berlin 1908.

[12] Drei Arbeiten von *Max Braubachs* Schülern sind kürzlich veröffentlicht worden: *R. Kaiser,* Die politischen Strömungen in den Kreisen Bonn und Rheinbach, 1848–1878, Bonn 1963; *O. Röttges,* Die politischen Wahlen in den linksrheinischen Kreisen des Regierungsbezirkes Düsseldorf, 1848–1867, Kempen/Niederrhein 1964, und *H. Schierbaum,* Die politischen Wahlen in den Eifel- und Moselkreisen des Regierungsbezirkes Trier, 1848–1867, Düsseldorf 1960. Ein Überblick über unveröffentlichte Dissertationen und andere Wahlstudien über das Rheingebiet bietet *K. Müller,* Das Rheinland als Gegenstand der historischen Wahlsoziologie, in: Annalen des historischen Vereins für den Niederrhein 9 (1965), S. 124–142.

[13] *Röttges,* a.a.O., S. 267–276; *Schierbaum,* a.a.O., S. 179.

[14] *E. N. Anderson,* The Prussian Election Statistics, 1862 und 1863, Lincoln, Nebr., 1954. *Anderson* hat herausgefunden, daß »die in den Manuskripten (der Ministerialakten) angege-

bene Zahl der Wahlmänner in ungefähr einem Drittel der Fälle nicht mit der Zahl in den veröffentlichten Tabellen übereinstimmt« (S. XI).

[15] Der beste Überblick über die preußischen Wahldaten (einschließlich Quellenangaben) wurde zusammen mit den Ergebnissen der Wahlen von 1908 in der »Zeitschrift des kgl. preußischen statistischen Landesamtes« (Ergänzungsheft 30, 1909) veröffentlicht.

[16] Sie sind als Reichsstatistiken veröffentlicht (siehe Anm. 5). Eine Zusammenfassung dieser Daten bis 1907 ist zu finden in *F. Specht* und *P. Schwabe,* Die Reichstagswahlen 1867–1907, 3. Aufl., Berlin 1908.

[17] 1912 repräsentierte zum Beispiel ein Delegierter einen Distrikt mit ungefähr 19 000, ein anderer einen Distrikt mit 329 000 Wählern.

[18] Siehe die Bemerkungen zu diesem Problem in *A. Braun,* Die Elemente der Statistik der deutschen Reichstagswahlen, in: Die Neue Zeit 21 (1903), S. 412–414.

[19] Die Arbeit von *Peter Molt* über die Wahlen seit 1871 ist die neueste allgemeine Analyse; sie ist erschienen in *E. Faul,* Hrsg., Wahlen und Wähler in Westdeutschland, Villingen 1960. Erwähnenswert unter den älteren Arbeiten sind: *A. Böcks* Studie, Die Berufsgliederung der Reichstagswahlkreise, Meiningen 1911, die ein nützliches Verzeichnis der Reichstagsdistrikte enthält; *A. Dix,* Die deutschen Reichstagswahlen 1871–1930 und die Wandlungen der Volksgliederung, Tübingen 1930; *H. Gabler,* Die Entwicklung der deutschen Parteien auf landschaftlicher Grundlage von 1871–1912 (Diss. Berlin 1934). Die beiden besten Studien über bestimmte einzelne Wahlen enthalten eine Zusammenfassung der Ergebnisse, sind aber grundsätzlich nur deskriptiv in Form und Inhalt; es handelt sich um *G. Crother,* The German Elections of 1907, New York 1941, und *J. Bertram,* Die Wahlen zum Deutschen Reichstag vom Jahre 1912, Düsseldorf 1964. Für eine kürzere, aber stärker statistisch orientierte Analyse zweier Wahlen siehe den Aufsatz von *A. Braun,* Die Reichstagswahlen von 1898 und 1903, in: Archiv für soziale Gesetzgebung und Statistik 18 (1903), S. 539–563. Einige interessante Einsichten in die Wahlen von 1903 und 1907 sind in *E. Würzburger,* Die Partei der Nichtwähler, in: Jahrbücher für Nationalökonomie und Statistik, 3. Folge, 33 (1907), S. 381–389. *A. Blaustein* bietet einige Statistiken über liberale Wähler in: Von der Uneinigkeit der Liberalen bei den Reichstagswahlen, 1867–1910, München 1911.

[20] Eine Zusammenfassung der Arbeiten über das Rheinland ist zu finden bei *Müller,* Das Rheinland als Gegenstand der historischen Wahlsoziologie (siehe Anm. 12). Die beste lokale Wahlstudie der Kaiserzeit ist *B. Ehrenfeuchter,* Politische Willensbildung in Niedersachsen zur Zeit des Kaiserreiches (unveröffentl. Diss. Göttigen 1951). Weniger nützlich sind: *R. Frank,* Der Brandenburger als Reichstagswähler (Diss. Berlin 1934); *G. Franz,* Die politischen Wahlen in Niedersachsen, 1867–1949, 3. Aufl., Bremen 1953; *H. Graf,* Die Entwicklung der Wahlen und politischen Parteien in Groß-Dortmund, Marburg 1958, und *A. Hess,* Die Landtags- und Reichstagswahlen im Großherzogtum Hessen, 1865–1871, Oberursel 1958. *B. Vogel* und *P. Haungs,* Wahlkampf und Wählertradition. Eine Studie zur Bundestagswahl von 1961, Köln und Opladen 1965, beschäftigt sich hauptsächlich mit neueren Wahlen in Baden; die Einleitung (S. 58–93) befaßt sich jedoch mit der Zeit vor 1914.

[21] O. *Eitner,* Die Stärke der Protestanten und Katholiken in den einzelnen Reichstagswahlkreisen und die Sozialdemokratie, in: Historisch-Politische Blätter 149 (1912), S. 687–693. Über die politische Bedeutung der Religion vgl. ferner: *A. Klöckers* Arbeit: Die Konfession der sozialdemokratischen Wählerschaft, Mönchengladbach 1923, die auf der Wahl von 1907 basiert; *J. Schauff,* Die deutschen Katholiken und die Zentrumspartei. Eine politisch-statistische Untersuchung der Reichstagswahlen seit 1871, Köln 1928; *R. Blank,* Die soziale Zusammensetzung der sozialdemokratischen Wählerschaft Deutschlands, in: Archiv für Sozialwissenschaft 20 (1905), S. 507–550. Siehe auch *A. Neumann-Hofer,* Die Entwicklung der Sozialdemokratie bei den Wahlen zum deutschen Reichstage, 1871–1903, Berlin 1903, und die hervorragende zeitgenössische Analyse über die SPD und die Wahlen von 1907 in Sachsen, Bayern und Ostpreußen, in: Die Neue Zeit 2 (1907), S. 668–682.

[22] *G. A. Ritter,* Die Arbeiterbewegung im Wilhelminischen Reich, Berlin 1963, besonders Fußnote 136 auf S. 77–78 über *R. Blank,* Die soziale Zusammensetzung der sozialdemokra-

tischen Wählerschaft Deutschlands. Erwähnenswert sind auch drei neuere Regionaluntersuchungen über die SPD: *E. Schneider,* Die Anfänge der sozialistischen Arbeiterbewegung in der Rheinpfalz, 1864–1899 (Diss. Mainz 1956); *H. Eckert,* Liberal- oder Sozialdemokratie. Frühgeschichte der Nürnberger Arbeiterbewegung, Stuttgart 1968; *H. Regling,* Die Anfänge des Sozialismus in Schleswig-Holstein, Neumünster 1965.

[23] *R. A. Comfort,* Revolutionary Hamburg: Labor Politics in the Early Weimar Republic, Stanford 1966, S. 148 ff., Appendix I.

[24] Den besten Gesamtüberblick über die Wahlen der Weimarer Republik bietet *A. Milatz,* Wähler und Wahlen in der Weimarer Republik, Bonn 1965. Siehe auch *M. Hagmann,* Der Weg ins Verhängnis. Reichstagswahlergebnisse 1919 bis 1933, besonders aus Bayern, München 1946. Interessante zeitgenössische Analysen sind zu finden in *H. Gosnell,* Why Europe Votes, Chicago 1930, S. 69–96; und *H. Tingsten,* Political Behavior, London 1937, S. 83 ff. Vgl. schließlich *G. A. Ritter,* Kontinuität und Umformung des deutschen Parteisystems, 1918–1920, in: Entstehung und Wandel der modernen Gesellschaft. Festschrift für Hans Rosenberg, Berlin 1970, S. 342–384. Hier wird eine ausgezeichnete Analyse des Verhältnisses zwischen politischem Verhalten in der Kaiserzeit und dem in der Republik gegeben.

[25] *A. Milatz,* Das Ende der Parteien im Spiegel der Wahlen 1930 bis 1933, in: *E. Matthias* und *R. Morsey,* Hrsg., Das Ende der Parteien, Düsseldorf 1960; *S. Nilson,* Wahlsoziologische Probleme des Nationalsozialismus, in: Zeitschrift für die gesamte Staatswissenschaft 110 (1954), S. 279–311; *R. Bendix,* Sozial Stratification and Political Power, in: The American Political Science Review 46 (1952), S. 357–375 (S. 367 ff. über den Nationalsozialismus); *S. M. Lipset,* Fascism. Left, Right, and Center, in: *ders.,* Political Man, Garden City, N. Y., 1963, S. 127–179 (S. 138 ff., über die Entstehung des Nationalsozialismus); und *K. O'Lessker,* Who Voted for Hitler? A New Look at the Class Basis of Nazism, in: The American Journal of Sociology 74 (1968), S. 63–69, mit einigen kritischen Bemerkungen von *A. Schnaiberg,* S. 732–735.

[26] *W. S. Allen,* The Nazi Seizure of Power. The Experience of a Single German Town, 1930–1935, Chicago 1965; *G. Franz,* Die politischen Wahlen in Niedersachsen (Anm. 20).

[27] *R. Heberle,* Landbevölkerung und Nationalsozialismus. Eine soziologische Untersuchung der politischen Willensbildung in Schleswig Holstein, 1918 bis 1932, Stuttgart 1963. *Heberle* korrelierte seine Wahl- und Sozialdaten mit einer von *F. Tönnies* und *H. Streifler* entwikkelten Formel; als er seine Ergebnisse mit der *Spearman*-Methode überprüfte, fand er keine signifikanten Unterschiede (S. 105–107). Siehe hierzu auch *J. K. Pollack,* An Area Study of the German Electorate, 1930–1933, in: The American Political Science Review 38 (1944); *C. Loomis* und *A. Beegle,* The Spread of German Nazism in Rural Areas, in: American Sociological Review 11 (1946), S. 724–734.

[28] Zu diesem Punkt siehe die allgemeinen Bemerkungen in *S. Rokkans* hervorragendem Beitrag: The Comparative Study of Political Participation: Notes Towards a Perspective on Current Research, in: *A. Ranney,* Hrsg., Essays on the Behavioral Study of Politics, Urbana, Ill., 1962, S. 47–90.

[29] Einige neuere Werke unterstreichen den Wert dieses Ansatzes: *W. Hofmann,* Die Bielefelder Stadtverordneten. Ein Beitrag zu bürgerlicher Selbstverwaltung und sozialem Wandel, 1850 bis 1914, Lübeck 1964; und *W. Köllmann,* Sozialgeschichte der Stadt Barmen im 19. Jahrhundert, Tübingen 1960.

[30] Eine nützliche Untersuchung der Wahlsysteme in verschiedenen deutschen Städten (und einige wertvolle Daten allgemeiner Art über politisches Leben in den Städten) ist zu finden in den Bänden 117–120 der Schriften des Vereins für Sozialpolitik. Wertvoll für Rheinland und Westfalen: *Helmuth Croon,* Die gesellschaftlichen Auswirkungen des Gemeindewahlrechts in den Gemeinden und Kreisen des Rheinlandes und Westfalens, Köln 1960; *ders.,* Die Städtevertretung von Krefeld und Bochum im 19. Jahrhundert, in: Forschungen zu Staat und Verfassung. Festgabe für Fritz Hartung, Berlin 1958, S. 289–306, und *ders.,* Das Vordringen der politischen Parteien im Bereich der kommunalen Selbstverwaltung, in: Kommunale Selbstverwaltung im Zeitalter der Industrialisierung, Stuttgart 1971, S. 15–58. *Croons* hervorragender

Artikel im Archiv für Kommunalwissenschaft 5 (1966), S. 125–134, untersucht die neuere historische Literatur über deutsche Städte. Als Überblick über ältere Arbeiten kann dienen: *E. Keyser*, Hrsg., Bibliographie zur Städtegeschichte Deutschlands, Köln 1969. Leider ist die ältere Literatur meist anekdotisch und nur für Heimatkundler von Interesse. Eine Ausnahme ist *Johannes Ziekurschs* hervorragende Arbeit, Das Ergebnis der friderizianischen Städteverwaltung und die Städteordnung Steins (am Beispiel der schlesischen Städte dargestellt), Jena 1908. Ich selbst habe in einigen Details die Beziehung zwischen städtischer und nationaler Politik in meinem Aufsatz: Liberalism and the City in Nineteenth Century Germany, in: Past and Present 51 (1971), S. 116–137, beschrieben.

[31] *K. Repgen*, Klerus und Politik 1848, in: Aus Geschichte und Landeskunde (Steinbach Festschrift), Bonn 1960. Auf derselben Linie liegt *Edward Shorters* Analyse der 656 Eingänge zu einem königlichen Aufsatzwettbewerb in Bayern: Middle Class Anxiety in the German Revolution of 1848, in: Journal of Social History 2 (1969), S. 189–216.

[32] Einige Beispiele für neuere Forschungen, die Polizeiberichte benutzen, sind *E. Süss*, Pfälzer im Schwarzen Buch. Ein personengeschichtlicher Beitrag zur Geschichte des Hambacher Festes, des frühen pfälzischen und deutschen Liberalismus, Heidelberg 1956; *G. Seeber*, Zwischen Bebel und Bismarck. Zur Geschichte des Linksliberalismus in Deutschland, 1871–1893, Berlin 1965; *R. Hoppe* und *J. Kuczynski*, Eine Berufs- bzw. auch Klassen- und Schichtanalyse der Märzgefallenen 1848 in Berlin, in: Jahrbuch für Wirtschaftsgeschichte, 1964, S. 200–276; und *B. Puchert* und *H. Handke*, Politische Gefangene des Naziregimes im Zuchthaus Brandenburg. Eine soziologische Untersuchung, ibid., 1967, S. 37–76. Es gibt in der deutschen Geschichtsschreibung nichts, was sich mit der in dieser Richtung geleisteten Arbeit von *A. Soboul, G. Rudé* und anderen in Frankreich vergleichen ließe. *Richard Tilly* von der Universität Münster arbeitet zur Zeit an einer sehr vielversprechenden Studie über kollektive Gewalt im Deutschland des 19. Jahrhunderts, die unser Wissen über im allgemeinen vernachlässigte Arten politischen Verhaltens stark bereichern könnte, vgl. *R. Tilly*, Popular Disorders in Nineteenth-Century Germany: A Preliminary Survey, in: Journal of Social History 4 (1970), S. 1–40.

[33] Ein für das Studium politischer Organisationen unentbehrliches Werk ist *D. Fricke et al.*, Die bürgerlichen Parteien in Deutschland, 2 Bde., Leipzig 1968–1970. In den einzelnen Beiträgen sind häufig kurze Zusammenfassungen von Mitgliederstatistiken der behandelten Organisationen aufgeführt. Weiterhin wertvoll für die Entwicklung von Organisationen im frühen zwanzigsten Jahrhundert die Daten in: Die Verbände der Arbeitgeber, Angestellten und Arbeiter, Sonderhefte 6 und 8 des Reichsarbeitsblattes, Berlin 1913, 1914.

[34] *R. Michels*, Die deutsche Sozialdemokratie, Teil I: Parteimitgliederschaft und soziale Zusammensetzung, in: Archiv für Sozialwissenschaft und Sozialpolitik 23 (1906), S. 471–556. Ein anspruchsvoller und sehr erfolgreicher Versuch, einige Ansätze *Michels'* weiter zu verfolgen, ist *J. Siemann*, Der sozialdemokratische Arbeiterführer in der Zeit der Weimarer Republik (unveröffentl. Diss. Göttingen 1955). *Siemann* untersuchte 1838 Führer aus allen Teilen der Arbeiterbewegung. Es ist höchst bedauerlich, daß diese Arbeit, wie so viele der besten Dissertationen der 50er Jahre, nicht veröffentlicht ist.

[35] *H. Gerth*, The Nazi Party: Its Leadership and Composition, in: The American Journal of Sociology 45 (1940), S. 517–541. Einige Daten über die Führerpositionen der Vornazizeit sind im 1. Band von *D. Orlow*, The History of the Nazi Party, Pittsburgh 1969, enthalten.

[36] *H.-J. Puhle* bringt einige hervorragende Daten über den Bund der Landwirte in: Agrarische Interessenpolitik und preußischer Konservatismus im wilhelminischen Reich 1893–1914 Hannover 1967; siehe auch die Informationen über den CVDI in *H. Kaelble*, Industrielle Interessenpolitik in der wilhelminischen Gesellschaft. Centralverband Deutscher Industrieller 1895–1914, Berlin 1967.

Neben den bekannten Interessengruppen, die von *Puhle* und *Kaelble* untersucht worden sind, gab es eine größere Anzahl anderer Organisationen, die oft von beträchtlicher politischer Bedeutung waren. Als Beispiel für die Vielzahl solcher Institutionen dient das faszinierende Material in *Heinz Schmitt*, Das Vereinsleben der Stadt Weinheim, Weinheim 1963. Erwähnenswert ist ebenfalls *Hansjoachim Henning*, Kriegervereine in den preußischen Westprovinzen.

Ein Beitrag zur preußischen Innenpolitik zwischen 1860 und 1914, in: Rheinische Vierteljahrsblätter 32 (1968), S. 430–475. Siehe auch *Thomas Nipperdey,* Verein als soziale Struktur in Deutschland im späten 18. und frühen 19. Jahrhundert, in: *H. Boockmann,* Hrsg., Geschichtswissenschaft und Vereinswesen im 19. Jahrhundert, Göttingen 1972.

[37] Einige Statistiken über Zeitungen im 19. Jahrhundert sind zu finden in *H. Schacht,* Statistische Untersuchungen über die Presse Deutschlands, in: Jahrbücher für Nationalökonomie und Statistik 70 (1898), S. 503–525; *M. Wittwer,* Das deutsche Zeitungswesen in seiner neueren Entwicklung (Diss. Halle 1914); *G. Muser,* Statistische Untersuchungen über die Zeitungen Deutschlands, Leipzig 1918.

[38] *Engelsing,* Massenpublikum und Journalistentum im 19. Jahrhundert in Nordwestdeutschland, Berlin 1966. Siehe auch die interessanten Daten über die soziale Herkunft der Mitarbeiter von ausgewählten periodisch erscheinenden Zeitschriften im 18. Jahrhundert in *J. Schultze,* Die Auseinandersetzung zwischen Zeitschriften der letzten drei Jahrzehnte des 18. Jahrhunderts, Berlin 1925.

[39] *F. Zunkel,* Der rheinisch-westfälische Unternehmer, 1834–1879, Köln 1962.

[40] *F. Peters,* Über die Herkunft der bremischen Senatoren von der Verkündung der ersten demokratischen Verfassung bis zur Gegenwart, 1849–1955, in: Jahrbuch der bremischen Wissenschaft 1 (1955), S. 189–240.

[41] Einen guten Überblick über diese biographischen Sammlungen enthalten die Beiträge von *H. Rogge,* in: Blätter für deutsche Landesgeschichte 94 (1958), S. 227–236; 96 (1960), S. 272 bis 292; und 98 (1962), S. 337–349. Eine frühe, auf der Allgemeinen Deutschen Biographie basierende Studie von *F. Maas,* Über die Herkunftsbedingungen der geistigen Führer, in: Archiv für Sozialwissenschaft und Sozialpolitik 41 (1916), S. 144–186, erörtert einige der Möglichkeiten und Begrenzungen dieser Daten.

[42] Die vergleichende Studie der Universität von Oregon über die Abgeordneten des Deutschen Bundestags und der Volkskammer der DDR zeigt ein Beispiel eines Kodesystems, das dieser Art von Datenbank über Eliten angemessen ist. Ich danke Prof. *Arthur Hanhardt,* der mir einen Kodeentwurf dieser Studie zugesandt hat.

[43] Das Folgende ist eine Auswahl von Handbüchern und Sammlungen, die abrufbereite und höchst nützliche Daten über die Aristokratie enthalten: Handbuch über den königlich preußischen Hof und Staat, Berlin 1794; *K. F. Rauer,* Hand-Matrikel der in sämtlichen Kreisen des preußischen Staates auf Kreis- und Landtagen vertretenen Rittergüter, Berlin 1857; Handbuch des Grundbesitzes im deutschen Reiche, 10 Bde., Berlin 1888–1912; Jahrbuch des deutschen Adels, 3 Bde., Berlin 1896–1899; *M. Gritzner,* Chronologische Matrikel der Brandenburgisch-Preußischen Standeserhöhungen und Gnadeacte, Görlitz 1874, für die Zeit ab 1600; und *A. O. M. von Houwald,* Brandenburg-Preußische Standeserhöhungen und Gnadeacten für die Zeit 1873–1918, Berlin 1939. Diese Quellen bilden die Basis für den interessanten Artikel von *Lamar Cecil,* The Creation of Nobles in Prussia, 1871–1918, in: The American Historical Review 75 (1970), S. 757–795.

[44] *J. Ziekursch,* Hundert Jahre schlesischer Agrargeschichte, Berlin 1927; *F. Martiny,* Die Adelsfrage in Preußen vor 1806 als politisches und soziales Problem, Stuttgart und Berlin 1938; *R. Koselleck,* Preußen zwischen Reform und Revolution. Allgemeines Landrecht, Verwaltung und soziale Bewegung von 1791–1848, Stuttgart 1967.

[45] *Max Weber,* Agrarstatistische und sozialpolitische Betrachtungen zur Fideikommissfrage in Preußen, wurde 1904 geschrieben und wieder abgedruckt in seinen Gesammelten Aufsätzen zur Soziologie und Sozialpolitik, Tübingen 1924. *J. Conrads* Forschungen erschienen in einer Reihe von Beiträgen in den Jahrbüchern für Nationalökonomie und Statistik, 2. Folge, 16 (1888), S. 121–170; und 3. Folge, 2 (1891), S. 817–844, 3 (1892), S. 481–495, 6 (1893), S. 516–542, 10 (1895), S. 706–739, 15 (1898), S. 705–729. Über das Erbrecht siehe auch *F. Lenz,* Beiträge zur Fideikommisstatistik, ibid., 3. Folge, 39 (1910), S. 353–361. Das Problem der Arbeit mit den relevanten Statistiken wird auf den Seiten 353–354 diskutiert.

[46] *J. Lampe,* Aristokratie, Hofadel und Staatspatriziat in Kurhannover ... 1714–1760, 2 Bde., Göttingen 1963.

[47] *W. Schärl,* Die Zusammensetzung der bayerischen Beamtenschaft von 1806 bis 1918, Kallmünz 1955.
[48] *Koselleck,* Preußen zwischen Reform und Revolution, a.a.O. (Anm. 44), bes. S. 434–437, 676 ff. In *Martiny,* Die Adelsfrage in Preußen, a.a.O. (Anm. 44), befinden sich ebenfalls Daten über Adlige und Staatsämter.
[49] *H. von Bonin,* Adel und Bürgertum in der höheren Beamtenschaft der preußischen Monarchie, 1794–1806, in: Jahrbuch für die Geschichte Mittel- und Ostdeutschlands 15 (1966), S. 139–174.
[50] *J. Gillis,* The Prussian Bureaucracy in Crisis, 1840–1860, Stanford 1971; *R. Morsey,* Die oberste Reichsverwaltung unter Bismarck, 1867–1890, Münster 1957; *J. C. G. Röhl,* Higher Civil Servants in Germany, 1890–1900, in: Journal of Contemporary History 2 (1967), S. 101 bis 121; *F. von Schulte,* Adel im deutschen Offizier- und Beamtenstand, in: Deutsche Revue 21 (1896), S. 181–192.
[51] *K. Demeter,* Das deutsche Offizierskorps in Gesellschaft und Staat, 1650–1945, Frankfurt 1962. Die soziale Zusammensetzung einiger ausgewählter Regimenter im frühen 19. Jahrhundert ist zu finden in: *P. Paret,* Yorck and the Era of Prussian Reform, 1807–1815, Princeton 1966, S. 265–266. Reich an Daten verschiedenster Art über die Armee ist *C. Jany,* Geschichte der königlich preußischen Armee, 4 Bde., 2. Aufl., Osnabrück 1967. Über die Marine siehe *J. Steinberg,* The Kaiser's Navy and German Society, in: Past and Present, Heft 28, 1964, S. 102–110.
[52] *F. W. Schaer,* Die Stadt Aurich und ihre Beamtenschaft im 19. Jahrhundert, Göttingen 1963; *D. Wegmann,* Die leitenden staatlichen Verwaltungsbeamten der Provinz Westfalen, 1815–1918, Münster 1969; *A. Klein,* Die Personalpolitik der Hohenzollernmonarchie bei der Kölner Regierung, Düsseldorf 1967; *P. Letkemann,* Die preußische Verwaltung des Regierungsbezirks Danzig, 1815–1870, Marburg 1967; *Irene Berger,* Die preußische Verwaltung des Regierungsbezirks Bromberg, 1815–1847, Köln und Berlin 1966; *K. H. Rehfeld,* Die preußische Verwaltung des Regierungsbezirks Bromberg, 1848–1871, Köln und Berlin 1968.
[53] *J. Ziekursch,* Beiträge zur Charakteristik der preußischen Verwaltungsbeamten in Schlesien bis zum Untergange des friderizianischen Staates, Breslau 1907.
[54] *W. Zapf,* Wandlungen der deutschen Elite, 1919–1961, München 1965. Siehe auch *ders.,* Hrsg., Beiträge zur Analyse der deutschen Oberschicht, München 1965.
[55] *W. Runge,* Politik und Beamtentum im Parteienstaat. Die Demokratisierung der politischen Beamten in Preußen zwischen 1918 und 1933, Stuttgart 1965; *H.-K. Behrend,* Zur Personalpolitik des preußischen Ministeriums des Inneren. Die Besetzung der Landratsstellen in den östlichen Provinzen, 1919–1933, in: Jahrbuch für die Geschichte Mittel- und Ostdeutschlands 6 (1957), S. 173–214. Siehe auch die kurze Studie über die höchsten Ämter im Reich von *M. Knight,* The German Executive, 1890–1933, Stanford 1952.
[56] *Gerth,* The Nazi Party, a.a.O. (Anm. 35); *L. Edinger,* Continuity and Change in the Background of German Decision Makers, in: Western Political Quarterly 14 (1961). Siehe auch *Peter Ch. Ludz,* Parteielite im Wandel, 3. Aufl., Opladen 1970, bes. 3. Kapitel. Wertvolle Daten über die Naziführung befinden sich in der vierbändigen Parteistatistik 1935, o. O. 1935.
[57] *D. Lerner,* The Nazi Elite, zuerst 1951, Neuabdruck in *H. Lasswell* und *D. Lerner,* Hrsg., World Revolutionary Elites, Cambridge, Mass., 1966, S. 194–318.
[58] O. *Most,* Zur Wirtschafts- und Sozialstatistik der höheren Beamten in Preußen, in: Schmollers Jahrbuch 39 (1915), S. 181–218. *Mosts* Beitrag enthält einige wichtige Daten über Lebenshaltungskosten; diese werden auch behandelt in: *G. Hermes,* Ein preußischer Beamtenhaushalt, 1859–1890, in: Zeitschrift für die gesamte Staatswissenschaft 76 (1921). Wichtige Rohdaten über Unteroffiziere und Soldaten sind in *G. Evert,* Die Herkunft der deutschen Unteroffiziere und Soldaten am 1. Dezember 1906, in: Zeitschrift des kgl. preußischen statistischen Landesamtes, Ergänzungsheft 28 (1908).
[59] *J. Cullity,* The Growth of Governmental Employment in Germany, 1882–1950, in: Zeitschrift für die gesamte Staatswissenschaft 123 (1967), S. 201–217, basiert auf *Cullitys* Dissertation (Columbia University 1964); *S. Andic* und *J. Veverka,* The Growth of Government

Expenditure in Germany since the Unification, in: Finanzarchiv 23 (1964), S. 169–278. Zu ähnlichen Fragen siehe die gute Monographie von *Peter Witt*, Die Finanzpolitik des Deutschen Reiches, 1903–1913, Lübeck und Hamburg 1969.

60 *Koselleck*, Preußen zwischen Reform und Revolution, a.a.O. (Anm. 44), S. 691–696.

61 Siehe zum Beispiel *W. Fischer*, Staat und Gesellschaft Badens im deutschen Vormärz, in: *W. Conze*, Hrsg., Staat und Gesellschaft im deutschen Vormärz, 1815–1848, Stuttgart 1962, S. 149.

62 Über die soziale Zusammensetzung der Parlamente von 1848 siehe *G. Schilfert*, Sieg und Niederlage des demokratischen Wahlrechts in der deutschen Revolution, 1848/49, Berlin 1952; *Eyck*, Frankfurt Parliament, a.a.O. (Anm. 10), S. 93 ff. Siehe auch *Donald J. Mattheisen*, Voters and Parliaments in the German Revolution of 1848: An Analysis of the Prussian Constituent Assembly, in: Central European History 5 (1972), S. 3–22. Für die Vorkaiserzeit ist die vollständigste Analyse einer gewählten Körperschaft *A. Hess*' Studie über den preußischen Landtag von 1862, vgl. *A. Hess*, Das Parlament, das Bismarck widerstrebte, Köln und Opladen 1964. *Hess* ist in der Lage, die Hauptzüge des sozialen Aufbaus des Landtags zu skizzieren. Aber sein Versuch zeigt auch die Grenzen, die der Präzision durch die Daten gesetzt werden. Er konnte z. B. für fast die Hälfte der Delegierten nicht einmal das Geburtsdatum angeben. Siehe S. 51–72, 138–150.

63 Siehe z. B. *Kaiser*, Die politischen Strömungen, a.a.O. (Anm. 12), S. 403.

64 *A. Borell*, Die soziologische Gliederung des Reichsparlaments als Spiegelung der politischen und ökonomischen Konstellationen (Diss. Gießen 1933); *K. Demeter*, Die soziale Schichtung des deutschen Parlaments seit 1848: Ein Spiegelbild der Strukturwandlung des Volkes, in: Vierteljahrschrift für Sozial- und Wirtschaftsgeschichte 39 (1952), S. 1–29; *G. Franz*, Der Parlamentarismus, in: Jahrbuch der Rankegesellschaft 3 (1957), S. 85–99; *W. Kamm*, Abgeordnetenberufe und Parlament. Ein Beitrag zur Soziologie des Parlamentarismus, Karlsruhe 1927; *W. Kremer*, Der soziale Aufbau der Parteien des deutschen Reichstags von 1871–1918 (Diss. Köln 1934); *E. Maschke*, Die Industrialisierung Deutschlands im Spiegel der Parlamentszusammensetzungen von 1848 bis heute, in: Tradition, Heft 5–6, 1965, S. 230–245; *L. Rosenbaum*, Beruf und Herkunft der Abgeordneten zu den deutschen und preußischen Parlamenten, 1847 bis 1919, in: Die Paulskirche, Frankfurt 1923. Die in vieler Hinsicht anspruchsvollste neuere Arbeit über die Soziologie der Parlamente der Kaiserzeit ist *Peter Molt*, Der Reichstag vor der improvisierten Revolution, Köln und Opladen 1963. Siehe auch meinen Artikel, Political Leadership in the German Reichstag, 1871–1918, in: The American Historical Review 74 (1968), S. 511–528. Ein nützliches Handbuch über deutsche Parlamentarier wurde von *M. Schwarz* zusammengestellt: M. d. R. Biographisches Handbuch der Reichstage, Hannover 1965.

65 Diese Zusammenstellung basiert auf *Hans Jaeger*, Unternehmer in der deutschen Politik, 1890–1918, Bonn 1967, S. 48.

66 *L. O'Boyle*, Liberal Political Leadership in Germany, 1867–1884, in: Journal of Modern History 28, 1956, S. 338–352; *E. Matthias* und *E. Pikart*, Hrsg., Die Reichstagsfraktion der deutschen Sozialdemokratie, 1898 bis 1918, 2 Bde., Düsseldorf 1966.

67 Siehe zum Beispiel die sehr interessante Untersuchung der Delegierten der Weimarer Nationalversammlung von *G. Maas*, Die Verfassungsgebende Deutsche Nationalversammlung, Charlottenburg 1919. Als Quelle ebenfalls wertvoll ist das »Reichstagshandbuch«, Berlin 1928.

68 Siehe *Hofmann*, Die Bielefelder Stadtverordneten, a.a.O. (Anm. 29); *Köllmann*, Sozialgeschichte der Stadt Barmen, a.a.O. (Anm. 29). *Helmuth Croon* hat sehr wertvolle Arbeit über lokale Eliten in Westdeutschland geleistet, siehe z. B. seinen Artikel: Die gesellschaftlichen Auswirkungen des Gemeindewahlrechts ..., a.a.O. (Anm. 30).

69 Die bedeutendsten biographischen Sammlungen über Unternehmer behandelt *Rogge* (siehe Anm. 41).

70 Die Nützlichkeit des »Adreßbuchs« wird diskutiert in *H. Radandt*, Adreßbuch der Direktoren und Aufsichtsräte. Hilfsmittel für Strukturuntersuchungen von personellen Beziehungen zwischen kapitalistischen Unternehmern in Deutschland im 20. Jahrhundert, in: Jahrbuch für Wirtschaftsgeschichte (1966), S. 241–257.

[71] *H. Beau,* Das Leistungswesen des frühindustriellen Unternehmertums in Rheinland-Westfalen, Köln 1959. Siehe auch *W. Huschke,* Forschungen über die Herkunft der thüringischen Unternehmerschicht des 19. Jahrhunderts, Baden-Baden 1962.

[72] *H. Nussbaum,* Unternehmer gegen Monopole. Über Struktur und Aktionen antimonopolistischer bürgerlicher Gruppen, Berlin 1966, bes. S. 19 ff.

[73] *Jaeger,* Unternehmer in der deutschen Politik, a.a.O. (Anm. 65).

[74] *J. Kocka,* Unternehmensverwaltung und Angestelltenschaft am Beispiel Siemens, 1847 bis 1914, Stuttgart 1969.

[75] *F. Ringer,* Higher Education in Germany in the Nineteenth Century, in: Journal of Contemporary History 2 (1967), S. 123–138; *ders.,* The Decline of the German Mandarins. The German Academic Community, 1890–1933, Cambridge, Mass., 1969; *W. Zorn,* Hochschule und höhere Schule in der deutschen Sozialgeschichte der Neuzeit, in: Spiegel der Geschichte (Braubach-Festschrift), Münster 1964, S. 321–339. Siehe auch die wichtige Monographie von *Hansjoachim Henning,* Das westdeutsche Bürgertum in der Epoche der Hochindustrialisierung, 1860–1914, Teil I: Das Bildungsbürgertum in den preußischen Westprovinzen, Wiesbaden 1972.

[76] *C. von Ferber,* The Social Background of German University and College Professors since 1864, in: Transactions of the Third World Congress of Sociology (1956), S. 239–244. *Ders.,* Die Entwicklung des Lehrkörpers der deutschen Universitäten und Hochschulen, 1864 bis 1954 (Untersuchungen zur Lage der deutschen Hochschullehrer, hrsg. von *H. Plessner,* Bd. 3), Göttingen 1956; *F. Eulenburg,* Der akademische Nachwuchs. Eine Untersuchung über die Lage und die Aufgaben der Extraordinarien und Privatdozenten, Leipzig und Berlin 1908; *A. Busch,* Die Geschichte des Privatdozenten. Eine soziologische Studie zur großbetrieblichen Entwicklung der deutschen Universitäten, Stuttgart 1959. Über Professoren gibt es einiges neues Material in: *Helene Tompert,* Lebensformen und Denkweisen der akademischen Welt Heidelbergs im wilhelminischen Zeitalter, Lübeck und Hamburg 1969.

[77] Siehe die folgenden Datensammlungen zum Universitätsstudium: *C. F. W. Dieterici,* Geschichtliche und statistische Nachrichten über die Universitäten im preußischen Staate, Berlin 1836; *J. Conrad,* Einige Ergebnisse der deutschen Universitätsstatistik, in: Jahrbücher für Nationalökonomie und Statistik, 3. Folge, 32 (1906), S. 433–492; *F. Eulenburg,* Die Frequenz der deutschen Universitäten von ihrer Gründung bis in die Gegenwart, Leipzig 1904; Die deutsche Hochschulstatistik, Berlin 1928–1935 (halbjährlich erschienen); *C. Lorenz,* Zehn-Jahres-Statistik des Hochschulbesuchs und der Abschlußprüfungen, Berlin 1943. Nützliche Informationen findet man auch in den Veröffentlichungen über verschiedene Universitäten, siehe z. B. *F. Lenz,* Statistik der Universität, in: *M. Lenz,* Geschichte der königlichen Friedrich-Wilhelms-Universität zu Berlin, Halle 1910, 3. Bd., S. 483–536.

[78] *A. Rienhardt,* Das Universitätsstudium der Württemberger seit der Reichsgründung, Tübingen 1918.

[79] Siehe z. B. die anregenden Bemerkungen zur Ausbildung und Mobilität, in: *S. Riemer,* Sozialer Aufstieg und Klassenschichtung, in: Archiv für Sozialwissenschaft und Sozialpolitik 67 (1932), S. 531–560.

[80] Nützliche Informationen zu diesem Gegenstand sind zu finden in: *W. Kotschnig,* Unemployment in the Learned Professions, London 1937, S. 117–123.

[81] Siehe Anm. 54.

[82] *Köllmann,* Sozialgeschichte der Stadt Barmen, a.a.O. (Anm. 29). Siehe auch *Köllmanns* Analyse der westfälischen Sozialstruktur in seinem Werk: Friedrich Harkort, Bd. 1, 1793 bis 1838, Düsseldorf 1964, S. 190–197; *Pierre Ayçoberry,* Probleme der Sozialschichtung in Köln im Zeitalter der Frühindustrialisierung, in: *W. Fischer,* Hrsg., Wirtschafts- und sozialgeschichtliche Probleme der Frühindustrialisierung, Berlin 1968. Erwähnenswert ist ebenfalls *H. Mauersberg,* Die Wirtschaft und Gesellschaft Fuldas in neuer Zeit, Göttingen 1969.

[83] Als Beispiel für sozialstrukturelle Daten in lokalen Wahluntersuchungen siehe *Kaiser,* Die politischen Strömungen, a.a.O. (Anm. 12), S. 9 ff. Siehe auch *G. Wurzbacher,* Das Dorf im

Spannungsfeld industrieller Entwicklung, 2. Aufl., Stuttgart 1961; *E. W. Buchholz*, Ländliche Bevölkerung an der Schwelle des Industriezeitalters. Der Raum Braunschweig als Beispiel, Stuttgart 1966, S. 42 ff.; *H. Croon* und *K. Utermann*, Zeche und Gemeinde. Untersuchungen über den Strukturwandel einer Zechengemeinde im nördlichen Ruhrgebiet, Tübingen 1958, bes. S. 288 ff.; *R. Pflaum*, Soziale Schichtung und sozialer Wandel in einer Industriegemeinde, Stuttgart 1958.

[84] Vgl. auch die beiden Aufsätze von *Geiger*, Statistische Analyse der wirtschaftlich Selbständigen, in: Archiv für Sozialwissenschaft und Sozialpolitik 69 (1933), S. 407–439, und Soziale Gliederung der deutschen Arbeitnehmer, a.a.O., S. 151–188.

[85] Zur allgemeinen Einführung in die Zensusdaten: *Lorenz*, Forschungslehre der Sozialstatistik, Bd. 3, S. 4 ff. Siehe auch die Analyse der Zählungen von 1882, 1895 und 1907 in *G. Neuhaus*, Die berufliche und soziale Gliederung der Bevölkerung im Zeitalter des Kapitalismus, in: Grundriß der Sozialökonomik, Bd. 9, Nr. 1, Tübingen 1926, S. 360–434. Eine Bibliographie der nach 1918 veröffentlichten Materialien wurde von der *U.S. Library of Congress* herausgegeben: National Censuses and Vital Statistics in Europe, 1918–1939: An Annotated Bibliography, Washington, D. C., 1948.

[86] *K.-H. Rieker*, Die Konzentrationsentwicklung in der gewerblichen Wirtschaft. Eine Auswertung der deutschen Betriebszählungen von 1875–1950, in: Tradition 5 (1960), S. 116–131.

[87] Social Attitudes, Entrepreneurship, and Economic Development, in: Explorations in Entrepreneurial History 6 (1953–1954), S. 1–19 u. 245–272; 7 (1954–1955), S. 111–120.

[88] *E. A. Wrigley*, Industrial Growth and Population Change. A Regional Study of the Coalfield Areas of Northwest Europe in the Later Nineteenth Century, Cambridge 1961.

[89] *W. Köllmann*, Industrialisierung, Binnenwanderung und »Soziale Frage« (Zur Entstehungsgeschichte der deutschen Industriegroßstadt im 19. Jahrhundert), in: Vierteljahrschrift für Sozial- und Wirtschaftsgeschichte 46 (1959), S. 45–70; *ders.*, Binnenwanderung und Bevölkerungsstrukturen der Ruhrgebietsgroßstädte im Jahre 1907, in: Soziale Welt 9 (1958), S. 219 bis 233; *P. Quante*, Die Abwanderung aus der Landwirtschaft, Kiel 1958. Siehe auch *M. Hainisch*, Die Landflucht, Jena 1924; und die Kritik an *Hainisch* von *Quante*, a.a.O., S. 31 ff. Eine kurze, aber interessante Behandlung einer spezifischen Region ist zu finden in *H. Wirth*, Die Wanderung von der Landwirtschaft in die gewerbliche Wirtschaft in den letzten 74 Jahren in Baden-Württemberg, in: Berichte über Landwirtschaft, Neue Folge, 34 (1956), S. 80–89.
Zwei neuere Artikel über Minderheiten im Reich – *H. Linde*, Die soziale Problematik der masurischen Agrargesellschaft und die masurische Einwanderung in das Emscherrevier, und *H.-U. Wehler*, Die Polen im Ruhrgebiet bis 1918 – erhellen auch geographische und Berufsveränderungen. Beide sind wieder abgedruckt in dem Sammelwerk von *H.-U. Wehler*, Hrsg., Moderne deutsche Sozialgeschichte, Köln und Berlin 1966, S. 456–470 bzw. S. 437–455.

[90] *R. Heberle* und *F. Meyer*, Die Großstädte im Strome der Binnenwanderung, Leipzig 1937. Weiteres brauchbares Material über Urbanisierung ist zu finden in *R. Kuczynski*, Der Zug nach der Stadt. Statistische Studien über Vorgänge der Bevölkerungsbewegungen im deutschen Reich, Stuttgart 1897, und *S. Schott*, Die großstädtischen Agglomerationen des deutschen Reiches, 1871–1910, Breslau 1912.

[91] Über diese Institutionen und den gegenwärtigen Stand der »Historical Population Studies« siehe die Frühjahrsausgabe 1968 von Daedalus, die diesem Thema gewidmet ist. Ebenfalls nützlich als Einführung in die historische Demographie sind die Beiträge im ersten Teil von *D. V. Glass* und *D. E. C. Eversley*, Hrsg., Population in History, London 1965.

[92] Eine große Menge relevanter Literatur ist angeführt in *W. Köllmann*, Grundzüge der Bevölkerungsgeschichte Deutschlands im 19. und 20. Jahrhundert, in: Studium Generale 12 (1959), S. 391–392. Siehe auch *Köllmann*, Bevölkerung und Arbeitskräftepotential in Deutschland, 1815–1865, in: Jahrbuch des Landesamtes für Forschung, Nordrhein-Westfalen 1968, S. 209 bis 254.

[93] *H. Mauersberg*, Wirtschafts- und Sozialgeschichte zentraleuropäischer Städte in neuerer Zeit. Dargestellt an den Beispielen von Basel, Frankfurt a. M., Hamburg, Hannover und München, Göttingen 1960.

[94] Siehe die folgenden Ansätze von *J. Knodel,* Law, Marriage, and Illegitimacy in Nineteenth-Century Germany, in: Population Studies 20 (1967), S. 279–294; Infant Mortality and Fertility in Three Bavarian Villages: An Analysis of Family Histories from the Nineteenth Century, a.a.O., 22 (1968), S. 297–318; Aussichten für die historische demographische Forschung, in: Mitteilungen der deutschen Gesellschaft für Bevölkerungswissenschaft 38 (1968) S. 33–37.

[95] *D. Kirk,* The Relation of Employment Levels to Births in Germany, in: Milbank Memorial Fund Quarterly 20 (1942), S. 126–138; *D. V. Glass,* Population Policies and Movements in Europe, London 1940, S. 269–313.

[96] Emigrationsdaten wurden regelmäßig in der »Statistik des deutschen Reiches« veröffentlicht. Siehe auch die Informationen über verschiedene deutsche Staaten, die gesammelt sind im 52. Bd. (1892) der Schriften des Vereins für Sozialpolitik, unter dem Titel: »Auswanderung und Auswanderungspolitik in Deutschland.« Hinweise auf die Art von Daten, die für intensive Regionaluntersuchungen zur Verfügung stehen, gibt *W.-H. Struck,* Die Auswanderung aus dem Herzogtum Nassau, 1806–1966. Ein Kapitel der modernen politischen und sozialen Entwicklung, Wiesbaden 1966.

[97] *M. Walker,* Germany and the Emigration, 1816–1885, Cambridge, Mass., 1964.

[98] Über Anzeichen eines neuen Interesses an deutscher Sozialgeschichte, siehe die einführenden Beiträge und die gute Bibliographie in *Wehler,* Hrsg., Moderne deutsche Sozialgeschichte, a.a.O. (Anm. 89).

[99] *G. F. Knapp,* Die Bauernbefreiung und der Ursprung der Landarbeiter, 2 Bde., Leipzig 1887; siehe S. 256–273 hinsichtlich einer Diskussion der statistischen Daten für diese Zeit.

[100] *Theodor von der Goltz,* Die Lage der ländlichen Arbeiter im deutschen Reich, Berlin 1875; *G. Schnapper-Arndt,* Fünf Dorfgemeinden auf dem Hohen Taunus (Staats- und Sozialwissenschaftliche Forschungen, Bd. 16), Leipzig 1883; Schriften des Vereins für Sozialpolitik, Bde. 22 bis 24: Bäuerliche Zustände in Deutschland (1883), Bde. 53–54: Die Verhältnisse der Landarbeiter in Deutschland (1892). Erwähnenswert hinsichtlich ländlicher Bedingungen sind eine Anzahl Monographien in den Schriftenreihen: Münchner Volkswirtschaftliche Abhandlungen, hrsg. von *Lujo Brentano* und *W. Lotz,* und Staats- und Sozialwissenschaftliche Forschungen, hrsg. von *Gustav Schmoller.* Einige nützliche Einblicke in die Forschungsgeschichte der ländlichen Gesellschaft vor 1914 sind enthalten in: *Oberschall,* Empirical Social Research in Germany, a.a.O. (Anm. 1). Manche wichtigen Untersuchungen hierzu sind erschienen in: »Zeitschrift für Agrargeschichte und Soziologie.«

[101] *Hans Linde,* Preußischer Landesausbau. Ein Beitrag zur Geschichte der ländlichen Gesellschaft in Südostpreußen am Beispiel des Dorfes Piasutten, Krs. Orgelsburg, Leipzig 1939; *E. Buchholz,* Ländliche Bevölkerung an der Schwelle des Industriezeitalters, a.a.O. (Anm. 83). Einige wesentliche Aspekte zu ländlichen Entwicklungen werden angesprochen in: Beiträge zur deutschen Wirtschafts- und Sozialgeschichte im 18. und 19. Jahrhundert, Berlin 1962. Siehe auch *F. Wunderlich,* Farm Labor in Germany, 1810–1945, Princeton 1961. Hier wird der Zeitraum nach 1918 betont.

[102] *G. Schmoller,* Zur Geschichte der deutschen Kleingewerbe im 19. Jahrhundert, Halle 1870. Über *Schmollers* Gebrauch von Statistiken siehe *Lorenz,* Forschungslehre der Sozialstatistik, a.a.O. (Anm. 7), 1. Bd., S. 33–34. Über Handwerker siehe vor allem *Wolfram Fischer,* Wirtschaft und Gesellschaft im Zeitalter der Industrialisierung, Göttingen und Zürich 1972.

[103] Über Handwerker und Heimarbeiter siehe die folgenden Schriften des Vereins: Die deutsche Hausindustrie (Bde. 39–42, 48; 1889 ff.); Untersuchungen über die Lage des Handwerks in Deutschland (Bde. 62–70; 1895–1897), bes. Bd. 70, S. 629–670, über die Zensus von 1882–1895; Hausindustrie und Heimarbeit in Deutschland und Österreich (Bände 84–87; 1899). Über Fabrikarbeiter siehe die Daten in den Bänden 133–135: Auslese und Anpassung der Arbeiterschaft der geschlossenen Großindustrie, und hierzu *Oberschall,* Empirical Social Research, a.a.O. (Anm. 1), S. 113 ff.; zu anderen Untersuchungen über Fabrikarbeiter vgl. ebda., besonders S. 79 ff., 94 ff.

[104] *H. Krüger,* Zur Geschichte der Manufakturen und der Manufakturarbeiter in Preußen,

Berlin 1958, bes. S. 21 ff.; *K. E. Born et al.*, Quellensammlung zur Geschichte der deutschen Sozialpolitik 1867 bis 1914, Wiesbaden 1966. Für die frühere Periode siehe die hervorragende Bibliographie in *C. Jantke* und *D. Hilger*, Die Eigentumslosen, München 1965, und den sehr aufschlußreichen Besprechungsaufsatz von *F. Marquardt* in: Central European History 2 (1969), S. 77–88.

[105] *A. Kraus*, Die Unterschichten Hamburgs in der ersten Hälfte des 19. Jahrhunderts, Stuttgart 1965. Siehe auch *A. Desai*, Real Wages in Germany, 1871–1913, Oxford 1968; *L. Schneider*, Der Arbeiterhaushalt im 18. und 19. Jahrhundert, Berlin 1967; *G. Bry*, Wages in Germany 1871–1945, Princeton 1960; *E. H. Phelps Brown* und *Margaret Browne*, A Century of Pay: The Course of Pay and Production in France, Germany, Sweden, the United Kingdom, and the United States, 1860–1960, London 1968; und *R. Engelsing*, Lebenshaltungen und Lebenshaltungskosten im 18. und 19. Jahrhundert in den Hansestädten Bremen und Hamburg, in: International Review of Social History 11 (1966), S. 73–107. Eine Menge Material von ungleicher Qualität enthält *J. Kuczynski*, Die Geschichte der Lage der Arbeiter unter dem Kapitalismus, Teil 1: Die Geschichte der Lage der Arbeiter in Deutschland von 1789 bis zur Gegenwart, Berlin 1960 ff. Die Bände 1–6 beschäftigen sich mit den Jahren 1789–1945. Unter den älteren Arbeiten zu diesen Themen siehe vor allem *P. Ballin*, Der Haushalt der arbeitenden Klassen, Berlin 1881; *E. Conrad*, Lebensführung von 22 Arbeiterfamilien Münchens, München 1909; *H. Mehner*, Der Haushalt und die Lebenshaltung einer Leipziger Arbeiterfamilie, in: Schmollers Jahrbuch, 2. Folge, 1 (1887), S. 304–334.

[106] Bezügl. der Streikstatistiken für die Zeit vor 1914 siehe *C. Heiss*, Die deutsche Streikstatistik, in: Archiv für soziale Gesetzgebung und Statistik 17 (1902), S. 150–168; *M. Meyer*, Zur Reform der Streikstatistik, in: Jahrbücher für Nationalökonomie und Statistik, 3. Folge, 37 (1909), S. 204–218. *J. Kuczynski*, Für den Aufbau einer zuverlässigen Streikstatistik für die Jahre 1880 bis 1945, in: Jahrbuch für Wirtschaftsgeschichte, 1961, II, S. 297–302, diskutiert die statistischen Probleme und mißt den Jahren 1914–1918 besondere Bedeutung bei. Einige nützliche Daten über Streiks enthalten *G. Frey*, Die Streikbewegung in Deutschland 1900 bis 1910 (Diss. Erlangen 1927); und, mehr ins Detail gehend, *H. Seidel*, Streikkämpfe der mittel- und ostdeutschen Braunkohlenbergarbeiter von 1890 bis 1914, Leipzig 1964, der den Massenstreiks von 1906–1907 besondere Bedeutung beimißt. Schließlich sollten *W. Steglichs* Bemühungen erwähnt werden, der versucht hat, Daten über die Jahre vor der Veröffentlichung von Streikstatistiken zu sammeln: Eine Streiktabelle für Deutschland 1864–1880, in: Jahrbuch für Wirtschaftsgeschichte, 1960, II, S. 235–283.

[107] Siehe besonders *G. Adelmann*, Die soziale Betriebsverfassung des Ruhrbergbaus vom Anfang des 19. Jahrhunderts bis zum Ersten Weltkrieg, Bonn 1962; *E. Wächtler*, Bergarbeit zur Kaiserzeit. Die Geschichte der Lage der Bergarbeiter im sächsischen Steinkohlenrevier Lugau-Oelsnitz in den Jahren 1889 bis 1914, Berlin 1962; *M. Koch*, Die Bergarbeiterbewegung im Ruhrgebiet zur Zeit Wilhelms II., Düsseldorf 1954; *W. Döhler*, Die ökonomische Lage der Zwickauer Bergarbeiter im vorigen Jahrhundert, Leipzig 1963. Es gibt einige Informationen über Bergarbeiterverbände in *J. Fritsch*, Eindringen und Ausbreitung des Revisionismus im deutschen Bergarbeiterverband (bis 1914), Leipzig 1967. Zu Arbeiten über andere Zweige der deutschen Industrie siehe *H.-U. Wehler*, Hrsg., Moderne deutsche Sozialgeschichte, a.a.O. (Anm. 89).

[108] Über das Wachstum der Beamten und Angestellten siehe den Vergleich der Zensus von 1907 und 1925 in *P. Krische*, Die soziale Schichtung der Erwerbstätigen im Zeitalter der Dampfmaschine und des Kapitalismus, in: Zeitschrift für Völkerpsychologie und Soziologie 4 (1928), S. 11 ff. Über die »neue Mittelklasse« vor und nach dem 1. Weltkrieg siehe *E. Lederer*, Die Privatangestellten in der modernen Wirtschaftsentwicklung, Tübingen 1926, S. 120–141; *R. Jaeckel*, Statistik über die Lage der Technischen Privatbeamten in Groß Berlin, Jena 1908; *F. Croner*, Soziologie der Angestellten, Köln und Berlin 1962. *Rolf Engelsing*, Die wirtschaftliche und soziale Differenzierung der deutschen kaufmännischen Angestellten, in: Zeitschrift für die gesamte Staatswissenschaft 123 (1967), S. 347–380 u. S. 482–514, stellt die Probleme eines Teils dieser Gruppe in eine historische Perspektive. *Kocka*, Unternehmensver-

waltung und Angestelltenschaft am Beispiel Siemens, erhellt die ganze Skala der Aspekte dieser sozialen Gruppe und ist besonders wichtig hinsichtlich der Managerbürokratie.

[109] Siehe z. B. *J. Nothass,* Sozialer Auf- und Abstieg im deutschen Volk, in: Beiträge zur Statistik Bayerns, Nr. 117, München, 1930. Die Literatur zur Mobilität in Deutschland wird angesprochen in *P. Sorokin,* Social and Cultural Mobility, Glencoe, Ill., 1959; und in *S. M. Lipset* und *R. Bendix,* Social Mobility in Industrial Society, Berkeley und Los Angeles 1959, bes. S. 34–36, S. 43. Siehe auch *Riemer,* Sozialer Aufstieg und Klassenschichtung, a.a.O., (Anm. 79).

[110] *D. Schoenbaum,* Hitlers Social Revolution: Class and Status in Nazi Germany, 1933–1939, New York 1967.

[111] Über »Moralstatistiken« in Deutschland siehe die Bemerkungen in *Oberschall,* Empirical Social Research, a.a.O. (Anm. 1), S. 45 ff. Einige Beispiele für diese Art von Forschung sind *A. Wagner,* Die Gesetzmäßigkeit in den scheinbar willkürlichen menschlichen Handlungen, Hamburg 1864; *A. von Oettingen,* Die Moralstatistik in ihrer Bedeutung für eine Sozialethik, 3. Aufl., Erlangen 1882; und *F. Prinzing,* Trunksucht und Selbstmord, Leipzig 1895.

[112] *E. Durkheim,* Suicide: A Study in Sociology, New York 1951; *F. Tönnies,* Der Selbstmord in Schleswig-Holstein, in: Veröffentlichungen der Schleswig-Holsteinischen Universitätsgesellschaft 9 (1927). Siehe auch *S. J. Krose,* Der Selbstmord im 19. Jahrhundert nach seiner Verteilung auf Staaten und Verwaltungsbezirke, Freiburg i. Br. 1906; und die etwas makabre Zusammenstellung von *Hans Rost,* Bibliographie des Selbstmords, Augsburg 1927. Über *Tönnies'* statistische Nachforschungen siehe *A. Bellebaum,* Das soziologische System von Ferdinand Tönnies unter besonderer Berücksichtigung seiner soziographischen Untersuchungen, Meisenheim am Glan 1966. Die beste Einführung in das allgemeine Problem der Selbstmordforschung ist *Jack Douglas,* The Social Meaning of Suicide, Princeton 1967.

[113] *Durkheim,* Suicide, a.a.O., S. 192 ff.

[114] *Durkheim,* a.a.O., S. 203 ff.

[115] Einige nützliche Bemerkungen über statistische Probleme des Studiums von abweichendem Verhalten und Verbrechen bei *J. I. Kitsuse* und *A. V. Cicourel,* A Note on the Official Use of Statistics, in: Social Problems 11 (1963), S. 131–139. Zugänglichkeit und Art der Verbrechensstatistiken in Deutschland werden diskutiert in *G. Lindenberg,* Die Ergebnisse der deutschen Kriminalstatistik, 1882–1892, in: Jahrbücher für Nationalökonomie und Statistik, 3. Folge, 8 (1894), S. 588–599 u. S. 714–729. Eine Einführung in Vergleichsdaten im 19. Jahrhundert ist *K. Reichel,* Die Statistik der Strafrechtspflege in den Staaten Europas und in den Staaten des deutschen Reichs, in: Schmollers Jahrbuch 4 (1880), S. 379–414. *Tönnies'* »Verbrechertum in Schleswig-Holstein« (in: Archiv für Sozialwissenschaft und Sozialpolitik 52 [1924], S. 761–805; 57 [1927], S. 608–628; 61 [1929], S. 322–359) ist einer der wenigen Versuche einer gründlichen Untersuchung von Verbrechen in einer bestimmten Region. Siehe die Besprechung von *Tönnies* in *Oberschall,* Empirical Social Research, a.a.O. (Anm. 1), S. 52 ff.

[116] *M. Liepmann,* Krieg und Kriminalität in Deutschland, Stuttgart, Berlin, Leipzig 1930. Über statistische Probleme siehe S. 5 ff.

[117] Die beste Einführung in die Grenzen der Sexualstatistik ist *R. Michels,* Altes und Neues zum Problem der Moralstatistik (Kritik der Geschlechtsmoralstatistik), in: Archiv für Sozialwissenschaft und Sozialpolitik 57 (1927), S. 417–469 u. S. 701–745. Einen guten Überblick über die publizierten Daten gibt die kommentierte Bibliographie von *H. Sveistrup* und *A. von Zahn-Harnack,* Hrsg., Die Frauenfrage in Deutschland ... 1790–1930, Burg bei München 1934.

[118] Hier eine Auswahl von Daten über Sexualverhalten: *F. Prinzing,* Handbuch der medizinischen Statistik, Jena 1906 (zu unehelichen Geburten, Geschlechtskrankheiten und Prostitution); *Dr. Meyer,* Statistik der Geschlechtskranken, in: Jahrbücher für Nationalökonomie und Statistik, 3. Folge, 63 (1922), S. 351–366 (über die Ergebnisse einer 1921 von Ärzten durchgeführten Untersuchung); *C. Wagner,* Die geschlechtlich-sittlichen Verhältnisse der evangelischen Landbewohner im deutschen Reiche, 2 Bde., Leipzig 1895/96 (der über Ergebnisse einer von protestantischen Pastoren in ihren Gemeinden durchgeführten Untersuchung über das Sexualverhalten berichtet). Von Interesse sind ebenfalls: der Klassiker von *C. Schneider,* Die

Prostituierte und die Gesellschaft, Leipzig 1908; sowie *F. Lindner,* Die unehelichen Geburten als Sozialphänomen. Ein Beitrag zur Statistik der Bevölkerungsbewegung im Königreich Bayern, Leipzig 1900. *E. Shorter,* Middle Class Anxiety . . ., a.a.O. (Anm. 31), und *Knodel,* Law, Marriage, and Illegitimacy . . ., a.a.O. (Anm. 94), sind beide für ein Verständnis der gesellschaftlichen Bedeutung von unehelichen Geburten relevant. Siehe hierzu auch *E. Shorter,* Sexual Change and Illegitimacy. The European Experience, in: *Robert J. Bezucha,* Hrsg., New Directions in European Social History, London 1972, und *ders.,* The Sexual Consequences of Social Change, in: Journal of Interdisciplinary History (Oktober 1971). Zusätzliche Literaturangaben sind in *R. P. Neuman,* Socialism, the Family and Sexuality: The Marxist Tradition and German Social Democracy Before 1914, unveröffentl. Diss., Northwestern University 1972.

[119] Siehe *E. Rolffs,* Das kirchliche Leben der evangelischen Kirchen in Niedersachsen, Tübingen 1917. Als Hinweis auf die Art der Daten, die von der Regierung gesammelt wurden: Das Verhältnis der Taufen zu den Geburten und der kirchlichen Trauungen zu den bürgerlichen Eheschließungen bei den evangelischen Gemeinden der älteren preußischen Provinzen im 4. Quartal 1874, in: Ministerialblatt für die gesamte innere Verwaltung in den königlich preußischen Staaten 37 (1876), S. 43/44.

[120] *Günther Dehn,* Proletarische Jugend, Berlin 1923; *P. Piechowski,* Proletarischer Glaube, Berlin 1927. Über diese und andere Arbeiten siehe *Oberschall,* Empirical Social Research, a.a.O. (Anm. 1), S. 33 ff.

[121] *M. Offenbacher,* Konfession und soziale Schichtung. Eine Studie über die wirtschaftliche Lage der Katholiken und Protestanten in Baden, Tübingen und Leipzig 1901. *Offenbacher* wurde von den Kritikern der These von *Max Weber* angegriffen. Dazu siehe besonders *K. Samuelsson,* Religion und Economic Action. A Critique of Max Weber, New York und Evanston, Ill., 1964, S. 137–147.

[122] *A. Burger,* Religionszugehörigkeit und soziales Verhalten. Untersuchungen und Statistiken der neueren Zeit in Deutschland, Göttingen 1964.

[123] *Carl August Lückerath,* Prolegomena zur elektronischen Datenverarbeitung im Bereich der Geschichtswissenschaft, in: Historische Zeitschrift 207 (1968), S. 265–296.

Aus dem Englischen übersetzt von *Axel Schmalfuß* und *Gerd Spanier.*

AUSWAHL-BIBLIOGRAPHIE ZU WISSENSCHAFTS-THEORETISCHEN PROBLEMEN VON SOZIOLOGIE UND GESCHICHTE

Vorbemerkung

Die Literatur zum Thema: Soziologie und (Sozial-) Geschichte ist unübersehbar geworden. Deshalb ist eine Beschränkung geboten. Im folgenden werden die soziologischen und sozialhistorischen »Klassiker«, vor allem *Karl Marx, Max Weber, Karl Mannheim* und *Otto Hintze*, deren Werke selbst eine Synthese wissenschaftstheoretischer, soziologischer und sozialhistorischer Ansätze darstellen, nicht eigens aufgeführt. Dasselbe gilt für jene Philosophen und Historiker des 19. Jahrhunderts, wie etwa *Wilhelm Dilthey* und *Johann Gustav Droysen,* die gegenwärtig in der Diskussion erneut eine Rolle spielen. Ferner ist kein Versuch gemacht worden, die unübersehbare Fülle monographischen Materials aufzuführen. Darauf konnte um so eher verzichtet werden, als in den Fußnoten und bibliographischen Verweisen der einzelnen Beiträge dieses Sonderheftes umfängliche Literatur herangezogen wird.

Diese Bibliographie stellt somit eine Auswahl dar, die solche Arbeiten aus den wissenschaftstheoretischen, soziologischen und historischen Bereichen zusammenfaßt, die sich mit theoretisch-methodologischen und methodischen Fragen im Spannungsfeld Soziologie – Theorie – Geschichte befassen. Die erste Abteilung (I) der Bibliographie enthält eine Auswahl neuerer und neuester Sammelwerke und Einzelschriften, die das Verhältnis von Soziologie und (Sozial-)Geschichte unter (wissenschafts-)theoretischen und methodologischen Aspekten reflektieren. Dabei sind sehr verschiedene Grundpositionen berücksichtigt worden. Neben Arbeiten aus der analytischen Philosophie des Neupositivismus und des kritischen Rationalismus wurden solche aus den Bereichen der Sozialphänomenologie und Hermeneutik sowie verschiedenen Schulen des Marxismus ausgewählt.

Die zweite Abteilung (II) berücksichtigt von der Soziologie ausgehende theoretische Abhandlungen, während die dritte (III) Arbeiten aus der Geschichtswissenschaft und insbesondere der Sozialgeschichte aufführt, die sich mit theoretischen und methodologisch-methodischen Fragen des Verhältnisses der eigenen Disziplin zur Soziologie beschäftigen.

Diese Auswahl-Bibliographie ergänzt die umfassende Bibliographie, die *Günter Albrecht* für seinen Beitrag in diesem Heft (S. 273–293) zusammengestellt hat. Überschneidungen waren nicht immer zu vermeiden. Weitere Literatur ist den Anmerkungen zu den Arbeiten in den Teilen I und II dieses Sonderheftes zu entnehmen.

I. Allgemeine wissenschaftstheoretische und philosophische Grundlagen von Geschichte, Sozialgeschichte und Soziologie

A. Sammelwerke

Adorno, Theodor W., et al., Der Positivismusstreit in der deutschen Soziologie, Neuwied, Berlin: H. Luchterhand, 1969 (Soziologische Texte, 58).

Albert, Hans, Hrsg., Theorie und Realität. Ausgewählte Aufsätze zur Wissenschaftslehre der Sozialwissenschaften, Tübingen: J. C. B. Mohr (P. Siebeck), 1964, 2., veränderte Aufl. 1972 (Die Einheit der Gesellschaftswissenschaften. Studien in den Grenzbereichen der Wirtschafts- und Sozialwissenschaften, 2).

Aristotelian Society Proceedings, supp. vol. 1935: Science, History and Theology. The Symposia Read at the Joint Session of the Aristotelian Society and the Mind Association at Bedford College, London, July 1935, Neudruck: New York, London: Johnson Reprint Corp., 1968, bes. S. 113 ff.: »Explanation in History«.

Brodbeck, May, Hrsg., Readings in the Philosophy of the Social Sciences, New York: Macmillan; London: Collier-Macmillan, 1968.

Bubner, Rüdiger, Konrad Cramer und *Reiner Wiehl,* Hrsg., Hermeneutik und Dialektik. Aufsätze, 2 Bde., Tübingen: J. C. B. Mohr (Paul Siebeck), 1970; darin besonders *K.-O. Apel* (Bd. I, S. 105–144), *R. Wiehl* (Bd. I, S. 167–216), O. *Pöggeler* (Bd. II, S. 273–310).

Bunge, Mario, Hrsg., The Critical Approach to Science and Philosophy. In Honour of Karl R. Popper, Glencoe, III.: Free Pr.; London: Collier-Macmillan, 1964.

Dray, William H., Hrsg., Philosophical Analysis and History, New York: Harper & Row, 1966 (Sources in Contemporary Philosophy).

Engelberg, Ernst, Hrsg., Probleme der Geschichtsmethodologie, Berlin: Akademie-Verlag, 1972.

Feigl, Herbert, und *May Brodbeck,* Hrsg., Readings in the Philosophy of Science, New York: Appleton-Century-Crofts, 1953.

Feigl, Herbert, et al., Hrsg., Minnesota Studies in the Philosophy of Science, Bde. 1–3, Minneapolis: Univ. of Minnesota, 1956–1962; bes. *M. Scriven* (Bd. I, S. 330–339), *C. G. Hempel* (Bd. III, S. 98–169), *M. Scriven* (Bd. III, S. 170–230), *M. Brodbeck* (Bd. III, S. 231–272).

Gardiner, Patrick, Hrsg., Theories of History, Glencoe, III.: Free Pr., 1959 (Textbooks in Philosophy).

Gottschalk, Louis, Hrsg., Generalization in the Writing of History. A Report of the Committee on Historical Analysis of the Social Science Research Council, Chicago, London: Univ. of Chicago Pr., 1963.

Hermeneutik und Ideologiekritik. Mit Beiträgen von *Karl-Otto Apel, Claus v. Bormann, Rüdiger Bubner, Hans-Georg Gadamer, Hans Joachim Giegel, Jürgen Habermas,* Frankfurt am Main: Suhrkamp, 1971 (Theorie-Diskussion).

History and Social Science, in: International Social Science Journal 17 (1965), S. 561–654 (Beiträge von: *D. Crozier, A. Deluz-Chiva, P. Laslett, V. A. Lorwin, O. Popescu, T. Raychandhuri, S. L. Thrupp).*

Hook, Sidney, Hrsg., Philosophy and History, New York: New York Univ. Pr., 1963.

Kröber, Günter, Hrsg., Der Gesetzesbegriff in der Philosophie und den Einzelwissenschaften, Berlin: Akademie-Verlag, 1968.

Meyerhoff, Hans, Hrsg., The Philosophy of History in Our Time. An Anthology, Garden City, N. Y.: Doubleday, 1959 (Anchor Books, A 164).

Nadel, George H., Hrsg., Studies in the Philosophy of History. Selected Essays from »History and Theory«, New York: Harper & Row, 1965 (Harper Torchbooks, TB 1208J).

Topitsch, Ernst, Hrsg., Logik der Sozialwissenschaften, Köln, Berlin: Kiepenheuer & Witsch, 1963 (Neue Wissenschaftliche Bibliothek, 6).

B. Einzelschriften

Acham, Karl, »Zum wissenschaftlichen Status und zur Pragmatik der Geschichtswissenschaft. Einige Bemerkungen aus der Sicht der analytischen Geschichtsphilosophie«, in: *Hans Lenk,* Hrsg., Neue Aspekte der Wissenschaftstheorie, Braunschweig: Vieweg, 1971, S. 129–167.

Albert, Hans, Traktat über kritische Vernunft, Tübingen: J. C. B. Mohr (P. Siebeck), 1968 (Die Einheit der Gesellschaftswissenschaften. Studien in den Grenzbereichen der Wirtschafts- und Sozialwissenschaften, 9).

Ayer, A. J., »Statements about the Past«, in: *ders.,* Philosophical Essays, London: Macmillan; New York: St. Martin's Pr., 1954, S. 167–190 (Erstveröff. in: Proceedings of the Aristotelian Society, 1950–1951).

Beer, Samuel H., »Political Science and History«, in: *Melvin Richter,* Hrsg., Essays in Theory and History. An Approach to the Social Sciences, Cambridge, Mass.: Harvard Univ. Pr., 1970, S. 41–73.

Black, Max, Models and Metaphors. Studies in Language and Philosophy, Ithaca, N. Y.: Cornell Univ. Pr., 1962.

Bobińska, Celina, Historiker und historische Wahrheit. Zu erkenntnistheoretischen Problemen der Geschichtswissenschaft, Aus dem Polnischen, Berlin: Dietz, 1967.

Braithwaite, Richard Bevan, Scientific Explanation. A Study of the Function of Theory, Probability, and Law in Science, Cambridge, England: Cambridge Univ. Pr., 1953.

Brand, Gerd, Gesellschaft und persönliche Geschichte. Die mythologische Sinngebung sozialer Prozesse, Stuttgart, etc.: W. Kohlhammer, 1972.

Brown, Robert, Explanation in Social Science, Chicago: Aldine, 1963.

Bunge, Mario, Causality. The Place of the Causal Principle in Modern Science,Cambridge, Mass.: Harvard Univ. Pr., 1959.

Carr, Edward Hallett, What is History? The George Macaulay Trevelyan Lectures Delivered in the University of Cambridge, January-March 1961, London: Macmillan, 1961.

Collingwood, R. G., The Idea of History, Oxford: Clarendon Pr., 1946. – Dt.: Philosophie der Geschichte, Stuttgart: W. Kohlhammer, 1955.

Danto, Arthur C., Analytical Philosophy of History, Cambridge, England: Cambridge Univ. Pr., 1965.

Donagan, Alan, The Later Philosophy of R. G. Collingwood, Oxford: Oxford Univ. Pr., 1962.

Dray, William, Laws and Explanation in History, Oxford: Oxford Univ. Pr., 1957 (Oxford Classical & Philosophical Monographs).

Fain, Haskell, Between Philosophy and History. The Resurrection of Speculative Philosophy of History Within the Analytic Tradition, Princeton, N. J.: Princeton Univ. Pr., 1970.

Fischer, David Hackett, Historians' Fallacies. Toward a Logic of Historical Thought, New York: Harper & Row, 1970 (Harper Torchbooks, TB 1545).

Gadamer, Hans-Georg, Kleine Schriften, 2 Bde., Tübingen: J. C. B. Mohr (P. Siebeck), 1967.

–, Wahrheit und Methode. Grundzüge einer philosophischen Hermeneutik, Tübingen: J. C. B. Mohr (P. Siebeck), 1960.

Gallie, Walter Bruce, Philosophy and the Historical Understanding, New York: Schokken; London: Chatto & Windus, 1964.

Gardiner, Patrick, The Nature of Historical Explanation, New York: Oxford Univ. Pr., 1952.

–, »Historical Understanding and the Empiricist Tradition«, in: *Bernard Williams* und *Alan Montefiore,* Hrsg., British Analytical Philosophy, London: Routledge & Kegan Paul; New York: Humanities Pr., 1966, S. 267–284.

Geldsetzer, Lutz, Die Philosophie der Philosophiegeschichte im 19. Jahrhundert. Zur Wissenschaftstheorie der Philosophiegeschichtsschreibung und -betrachtung, Meisenheim am Glan: A. Hain, 1968 (Studien zur Wissenschaftstheorie, 3).

Habermas, Jürgen, Erkenntnis und Interesse, Frankfurt am Main: Suhrkamp, 1968 (Theorie 2).

–, Zur Logik der Sozialwissenschaften, Tübingen: J. C. B. Mohr (P. Siebeck), 1967 (Philosophische Rundschau, Beiheft 5).

–, Theorie und Praxis. Sozialphilosophische Studien, Neuwied, Berlin: H. Luchterhand, 1963 (Politica, 11).

–, und *Niklas Luhmann,* Theorie der Gesellschaft oder Sozialtechnologie – Was leistet die Systemforschung?, Frankfurt am Main: Suhrkamp, 1971 (Theorie-Diskussion).

Hahn, Erich, Historischer Materialismus und marxistische Soziologie. Studien zu methodologischen und erkenntnis-theoretischen Grundlagen der soziologischen Forschung, Berlin: Dietz, 1968.

–, Soziale Wirklichkeit und soziologische Erkenntnis. Philosophisch-methodologische Aspekte der soziologischen Theorie, Berlin: Dt. Verl. der Wissenschaften, 1965.

Hanson, Norwood Russell, »The Irrelevance of History of Science to the Philosophy of Science«, in: Journal of Philosophy 59 (1962), S. 574–586.

Hedinger, Hans-Walter, Subjektivität und Geschichte. Grundzüge einer Historik, Berlin: Duncker & Humblot, 1969 (Historische Forschungen, 2).

Helmer, Olaf, und *Nicholas Rescher,* »On the Epistemology of the Inexact Sciences«, in: Management Science 6 (1959), S. 25–52. – Dass.: Santa Monica, Cal.: RAND Corp., 1960 (RAND Report, R-353).

Hempel, Carl G., Aspects of Scientific Explanation. And Other Essays in the Philosophy of Science, New York: Free Pr.; London: Collier-Macmillan, 1965.

Hexter, Jack H., Reappraisals in History, London: Longmans, 1961.

Hörz, Herbert, Ergebnisse und Aufgaben einer marxistischen Theorie des objektiven Gesetzes, Berlin: Akademie-Verlag, 1968 (Sitzungsberichte der Deutschen Akademie der Wissenschaften zu Berlin. Klasse für Philosophie, Geschichte, Staats-, Rechts- und Wirtschaftswissenschaften, Jg. 1968, Nr. 7).

Hülsmann, Heinrich, Argumentation. Faktoren der Denksozialität, Düsseldorf: Bertelsmann Universitätsverlag, 1971 (Interdisziplinäre Studien, 3).

Janssen, Paul, Geschichte und Lebenswelt. Ein Beitrag zur Diskussion von Husserls Spätwerk, Den Haag: Martinus Nijhoff, 1970 (Phänomenologica, 35).

Kambartel, Friedrich, Erfahrung und Struktur. Bausteine zu einer Kritik des Empirismus und Formalismus, Frankfurt am Main: Suhrkamp, 1968 (Theorie 2).

Kempski, Jürgen von, »Die Logik der Geisteswissenschaften und die Geschichte«, in: *ders.*, Brechungen. Kritische Versuche zur Philosophie der Gegenwart, Reinbek bei Hamburg: Rowohlt, 1964, S. 79–100 (Erstveröff. in: Studium Generale, 1958).

Kittsteiner, Heinz-Dieter, »Theorie und Geschichte. Zur Konzeption der modernen westdeutschen Sozialgeschichte«, in: Das Argument, Nr. 75, Sonderband: »Kritik der bürgerlichen Geschichtswissenschaft (II)«, 1972, S. 18–32.

Klaus, Georg, und *Hans Schulze*, Sinn, Gesetz und Fortschritt in der Geschichte, Berlin: Dietz, 1967.

Kon, I. S., Die Geschichtsphilosophie des 20. Jahrhunderts. Kritischer Abriß, Aus dem Russischen, 2 Bde., Berlin: Akademie-Verlag, 1964.

Küttler, Wolfgang, und *Gerhard Lozek*, »Die historische Gesetzmäßigkeit der Gesellschaftsformationen als Dialektik von Ereignis, Struktur und Entwicklung«, in: Zeitschrift für Geschichtswissenschaft 18 (1970), S. 1117–1145.

Lambrecht, Lars, »Wertfreie Wissenschaft mit ideologischem Anspruch. Die Geschichtsschreibung K. D. Erdmanns im Kontext der westdeutschen Geschichte«, in: Das Argument, Nr. 70, Sonderband: »Kritik der bürgerlichen Geschichtswissenschaft (I)«, 1972, S. 56–75.

Landgrebe, Ludwig, Phänomenologie und Geschichte, Gütersloh: Mohn, 1968.

Leff, Gordon, History and Social Theory, London: Merlin, 1969.

Lozek, Gerhard, »Zur Methodologie einer wirksamen Auseinandersetzung mit der bürgerlichen Geschichtsschreibung«, in: Zeitschrift für Geschichtswissenschaft 18 (1970), S. 608–616.

Lukas, John, Historical Consciousness, New York: Harper & Row, 1968.

Mandelbaum, Maurice, »Historical Explanation. The Problem of ›Covering Laws‹ «, in: History and Theory 1 (1961), S. 229–242.

–, »Social Laws«, in: The British Journal for the Philosophy of Science 8 (1957), S. 211–224.

–, »A Note on History as Narrative«, in: History and Theory 6 (1967), S. 413–419.

Meiland, Jack W., Scepticism and Historical Knowledge, New York: Random House, 1965 (Studies in Philosophy).

Mises, Ludwig von, Theory and History. An Interpretation of Social and Economic Evolution, New Haven: Yale Univ. Pr., 1957; London: Cape, 1958.

Müller, Gert, »History as a Rigorous Discipline«, in: History and Theory 6 (1967), S. 299–312.

Nagel, Ernest, Logic without Metaphysics. And Other Essays in the Philosophy of Science, Glencoe, Ill.: Free Pr., 1956.

Narski, I. S., Positivismus in Vergangenheit und Gegenwart, Aus dem Russischen, Berlin: Dietz, 1967.

Oakerschott, Michael, Experience and Its Modes, Cambridge, England: Cambridge Univ. Pr., 1933.

Pažanin, Ante, Wissenschaft und Geschichte in der Phänomenologie Edmund Husserls, Den Haag: Martinus Nijhoff, 1972 (Phänomenologica, 46).

Polanyi, Michael, Personal Knowledge. Towards a Post-Critical Philosophy, New York, Evanston: Harper & Row, 1964 (Harper Torchbooks, TB 1158).

Popper, Karl Raimund, The Poverty of Historicism, London: Routledge & Kegan Paul, 2. Aufl., 1960. – Dt.: Das Elend des Historizismus, Tübingen: J. C. B. Mohr (P.

Siebeck), 1965 (Die Einheit der Gesellschaftswissenschaften. Studien in den Grenzbereichen der Wirtschafts- und Sozialwissenschaften, 3).

–, The Open Society and Its Enemies, 2 Bde., London: Routledge & Kegan Paul, 4., durchges. Aufl., 1962. – Dt.: Die offene Gesellschaft und ihre Feinde, 2 Bde., Bern: Francke, 1957–1958 (Sammlung Dalp, 84, 85).

–, »Prediction and Prophecy in the Social Sciences«, in: *ders.*, Conjectures and Refutations. The Growth of Scientific Knowledge, London: Routledge & Kegan Paul, 1963, S. 120–135 (Erstveröff. in: Library of the 10th International Congress of Philosophy, 1948).

Radnitzky, Gerard, Contemporary Schools of Metascience, 2 Bde., Göteborg, Schweden: Akademiförlaget, 1968 (Studies in the Theory of Science).

Rohrmoser, Günter, Das Elend der kritischen Theorie. Theodor W. Adorno, Herbert Marcuse, Jürgen Habermas, Freiburg: Rombach, 1970 (Rombach Hochschul Paperback, 13).

Rudner, Richard S., Philosophy of Social Science, Englewood Cliffs, N. J.: Prentice-Hall, 1966 (Foundations of Philosophy Series).

Schaff, Adam, Geschichte und Wahrheit, Aus dem Polnischen, Wien, Frankfurt, Zürich: Europa Verlag, 1970.

Scheffler, Israel, The Anatomy of Inquiry. Philosophical Studies in the Theory of Science, New York: A. A. Knopf, 1963 (Borzoi Books in the Philosophy of Science).

Schmidt, Alfred, Geschichte und Struktur. Fragen einer marxistischen Historik, München: Hanser, 1971 (Reihe Hanser, 84).

–, »Der strukturalistische Angriff auf die Geschichte«, in: *ders.*, Hrsg., Beiträge zur marxistischen Erkenntnistheorie, Frankfurt am Main: Suhrkamp, 1969, S. 194–265 (Edition Suhrkamp, 349).

Schnädelbach, Herbert, Erfahrung, Begründung und Reflexion. Versuch über den Positivismus, Frankfurt am Main: Suhrkamp, 1971 (Theorie).

Schutz, Alfred, Collected Papers, 3 Bde., The Hague: Martinus Nijhoff, 1962 (Phaenomenologica, 11, 15 und 22).

–, Reflections on the Problem of Relevance, hrsg., erläutert und eingel. von *Richard M. Zaner,* New Haven: Yale Univ. Pr., 1970. Dt.: Das Problem der Relevanz, Frankfurt am Main: Suhrkamp, 1971 (Theorie).

Stegmüller, Wolfgang, Probleme und Resultate der Wissenschaftstheorie und Analytischen Philosophie, Band I: Wissenschaftliche Erklärung und Begründung, Berlin etc.: Springer, 1969, bes. Kap. VI und VII, die auch gesondert erschienen sind (a.a.O., 1969, als Studienausgabe, Teil 3).

Stephens, William N., Hypothesis and Evidence, New York: Th. Y. Crowell, 1968.

Stern, Alfred, Philosophy of History and the Problem of Values, 'S-Gravenhage: Mouton, 1962. – Dt.: Geschichtsphilosophie und Wertproblem, München, Basel: E. Reinhardt, 1967.

Topitsch, Ernst, Vom Ursprung und Ende der Metaphysik. Eine Studie zur Weltanschauungskritik, Wien etc.: Springer, 1958.

–, »Geschichtswissenschaft und Soziologie«, in: *ders.*, Hrsg., Sozialphilosophie zwischen Ideologie und Wissenschaft (Soziologische Texte, 10), Neuwied: H. Luchterhand, 1961, S. 93–105.

Toulmin, Stephan, Foresight and Understanding, Bloomington, Ind.: Indiana Univ. Pr., 1961.

–, The Uses of Arguments, Cambridge, England: Cambridge Univ. Pr., 1958.

Walsh, William H., An Introduction to Philosophy of History, London: Hutchinson Univ. Library, 1951; überarb. Aufl., 1958.

Wellmer, Albrecht, Methodologie als Erkenntnistheorie. Zur Wissenschaftslehre Karl R. Poppers, Frankfurt am Main: Suhrkamp, 1967.

White, Morton, Foundations of Historical Knowledge, New York etc.: Harper & Row, 1969 (Harper Torchbook, TB 1440).

Winch, Peter, The Idea of Social Science, London: Routledge & Kegan Paul, 1958. – Dt.: Die Idee der Sozialwissenschaft und ihr Verhältnis zur Philosophie, Frankfurt am Main: Suhrkamp, 1966 (Theorie 2).

Zelený, Jindřich, Die Wissenschaftslogik bei Marx und »Das Kapital«, Aus dem Tschechischen, Berlin: Akademie-Verlag, 1968.

II. Theoretisch-methodologische Probleme der historisch orientierten Soziologie

Baier, Horst, »Soziologie und Geschichte. Überlegungen zur Kontroverse zwischen dialektischer und neupositivistischer Soziologie«, in: Archiv für Rechts- und Sozialphilosophie 52 (1966), S. 67–91.

Barnes, Harry Elmer, Historical Sociology. Its Origins and Development. Theories of Social Evolution from Cavelife to Atomic Bombing, New York: Philosophical Library, 1948. – Dt.: Soziologie der Geschichte. Theorien zur Entwicklungsgeschichte der menschlichen Gesellschaft, Wien, Stuttgart: Humboldt Verlag, 1951.

Becker, Howard P., Through Values to Social Interpretation. Essays on Social Contexts, Actions, Types, and Prospects, Durham, N. C.: Duke Univ. Pr., 1950.

Blalock, Hubert M., Jr., und *Ann B. Blalock,* Hrsg., Methodology in Social Research, New York: McGraw-Hill, 1968 (McGraw-Hill Series in Sociology).

Bock, Kenneth E., The Acceptance of Histories. Toward a Perspective for Social Science, Berkeley: Univ. of Cal. Pr., 1956.

Borgatta, Edgar F., Sociological Methodology 1969, San Francisco: Jossey-Bass, 1969.

Cahnman, Werner J., und *Alvin Boskoff,* Hrsg., Sociology and History. Theory and Research, New York: Free Pr., 1964.

Cicourel, Aaron V., Method and Measurement in Sociology, New York: Free Pr.; London: Collier-Macmillan, 1964.

Clark, S. D., »History and the Sociological Method«, in: Transactions of the Fifth World Congress of Sociology, Washington, D. C., 2–8 Sept. 1962, Louvain: International Sociological Association, Bd. 4, 1964, S. 31–40.

Douglas, Jack D., Hrsg., Understanding Everyday Life. Toward the Reconstruction of Sociological Knowledge, Chicago: Aldine, 1970; London: Routledge & Kegan Paul, 1971.

Dreitzel, Hans-Peter, »Nachwort: Über die historische Methode in der Soziologie«, in: *ders.,* Hrsg., Sozialer Wandel. Zivilisation und Fortschritt als Kategorien der soziologischen Theorie (Soziologische Texte, 41), Neuwied, Berlin: H. Luchterhand, 1967, S. 441–465.

Dubin, Robert, Theory Building, New York: Free Pr.; London: Collier-Macmillan, 1969.

Eberlein, Gerald, »Soziologie zwischen Dialektik und Wissenschaftstheorie«, in: Soziale Welt 15 (1964), S. 26–35.

Eisermann, Gottfried, »Soziologie und Geschichte«, in: *René König,* Hrsg., Handbuch der empirischen Sozialforschung, 2 Bde., Stuttgart: F. Enke, Bd. I, 2., veränderte, durch einen Anhang und Register erw. Aufl. 1967, S. 601–640.

Francis, Emerich, »History and the Social Sciences. Some Reflections on the Re-Integration of Social Sciences«, in: The Review of Politics 13 (1951), S. 354–374.

Garfinkel, Harold, Studies in Ethnomethodology, Englewood Cliffs, N. J.: Prentice-Hall, 1967.

Ginsburg, Morris, Essays. Sociology and Social Philosophy, 2 Bde., London: Heinemann, 1956.

Gouldner, Alvin W., The Coming Crisis of Western Sociology, New York: Equinox/Avon, 1971.

Greer, Scott, The Logic of Social Inquiry, Chicago: Aldine, 1969.

Gunnell, John G., »Deduction, Explanation, and Social Scientific Inquiry«, in: The American Political Science Review 63 (1969), S. 1233–1246.

Gurvitch, Georges, Dialectique et sociologie, Paris: Flammarion, 1962. – Dt.: Dialektik und Soziologie, Neuwied, Berlin: H. Luchterhand, 1965 (Soziologische Texte, 23).

Heller, Agnes, Alltag und Geschichte. Zur sozialistischen Gesellschaftslehre, Neuwied, Berlin: Luchterhand, 1970 (Soziologische Essays).

Isajiw, Wsevolod W., Causation and Functionalism in Sociology, New York: Schokken, 1968.

Janoska-Bendl, Judith, Methodologische Aspekte des Idealtypus. Max Weber und die Soziologie der Geschichte, Berlin: Duncker & Humblot, 1965 (Soziologische Schriften, 3).

Komarovsky, Mirra, Hrsg., Common Frontiers of the Social Sciences, Glencoe, Ill.: Free Pr., 1957.

Kreckel, Reinhard, Soziologische Erkenntnis und Geschichte, Opladen: Westdeutscher Verlag, 1972 (Beiträge zur soziologischen Forschung, 6).

Lipset, Seymour Martin, und *Richard Hofstadter,* Hrsg., Sociology and History. Methods, New York, London: Basic Books, 1968.

Mackenzie, William James M., Politics and Social Sciences, Harmondsworth, Middlesex: Penguin, 1967 (Pelican Books, A. 907).

McKinney, John C., »Methodology, Procedures, and Techniques in Sociology«, in: *Howard Becker* and *Alvin Boskoff,* Hrsg., Modern Sociological Theory in Continuity and Change, New York: Dryden Pr., 1957, S. 186–235.

Nisbet, Robert Alexander, Social Change and History. Aspects of the Western Theory of Development, New York: Oxford Univ. Pr., 1969.

–, »History and Sociology«, in: *ders.,* Tradition and Revolt, New York: Random House, 1968, S. 91–104.

Opp, Karl-Dieter, Methodologie der Sozialwissenschaften. Einführung in Probleme ihrer Theoriebildung, Reinbek bei Hamburg: Rowohlt, 1970 (rowohlts deutsche enzyklopädie, 339–341).

Sjoberg, Gideon, und *Roger Nett,* A Methodology for Social Research, New York etc.: Harper & Row, 1968.

Smelser, Neil Joseph, Essays in Sociological Explanation, Englewood Cliffs, N. J.: Prentice-Hall, 1968 (Prentice-Hall Sociology Series).

Stinchcombe, Arthur L., Constructing Social Theories, New York etc.: Harcourt, Brace & World, 1968.

III. Theoretisch-methodologische Probleme der soziologisch und sozialhistorisch orientierten Geschichtswissenschaft

A. Allgemein relevante Literatur

Aitken, Hugh G. J., Hrsg., The Social Sciences in Historical Study. A Report of the Committee on Historiography, New York: Social Science Research Council, 1954 (Social Science Research Council Bulletin, 64).

Andreano, Ralph L., Hrsg., The New Economic History. Recent Papers on Methodology, New York etc.: Wiley, 1970 (The Wiley Series in American Economic History).

Berkhofer, Robert F., Jr., A Behavioral Approach to Historical Analysis, New York: Free Pr.; London: Collier-Macmillan, 1969.

Berlin, Isaiah, Historical Inevitability, London, New York: Oxford Univ. Pr., 1954 (Auguste Comte Memorial Trust Lecture, 1).

Bollhagen, Peter, Gesetzmäßigkeit und Gesellschaft. Zur Theorie gesellschaftlicher Gesetze, Berlin: Dt. Verlag der Wissenschaften, 1967.

–, Soziologie und Geschichte, Berlin: Dt. Verlag der Wissenschaften, 1966.

Bosl, Karl, »Der ›soziologische Aspekt‹ in der Geschichte. Wertfreie Geschichtswissenschaft und Idealtypus«, in: Historische Zeitschrift, Bd. 201, 1965, S. 613–630.

–, »Geschichte und Soziologie«, in: *ders.,* Frühformen der Gesellschaft im mittelalterlichen Europa. Beiträge zu einer Strukturanalyse der mittelalterlichen Welt, München, Wien: Oldenbourg, 1964, S. 472–498.

Braudel, Fernand, Ecrits sur l'histoire, Paris: Flammarion, 1969 (Science de l'histoire).

Brunner, Otto, Neue Wege der Sozialgeschichte. Vorträge und Aufsätze, Göttingen: Vandenhoeck & Ruprecht, 1956, 2. Aufl. 1968.

Cobban, Alfred, »The Vocabulary of Social History«, in: Political Science Quarterly 71 (1956), S. 1–17.

Cochran, Thomas C., The Inner Revolution. Essays on the Social Sciences in History, New York 1964.

Commager, Henry S., The Nature and Study of History, Columbus, Ohio: C. E. Merrill, 1965 (Social Science Seminar Series).

Conze, Werner, Die Strukturgeschichte des technisch-industriellen Zeitalters als Aufgabe für Forschung und Unterricht, Köln, Opladen: Westdeutscher Verlag, 1957 (Arbeitsgemeinschaft für Forschung des Landes Nordrhein-Westfalen. Geisteswissenschaften, 66).

Curtis, L. Perry, Jr., Hrsg., The Historian's Workshop. Original Essays by 16 Historians, New York: A. A. Knopf, 1970.

Daedalus. Journal of the American Academy of Arts and Sciences, Spring 1971: The Historian and the World of the Twentieth

Century; Winter 1971: Historical Studies Today.

Davis, Ralph, History and the Social Sciences, Leicester: Univ. Pr., 1965.

Faber, Karl-Georg, Theorie der Geschichtswissenschaft, München: C. H. Beck, 1971 (Beck'sche Schwarze Reihe, 78).

Hilger, Dietrich, »Zum Begriff und Gegenstand der Sozialgeschichte«, in: Buch und Bibliothek 1 (1971), S. 17–26.

Hughes, H. Stuart, History as Art and as Science. Twin Vistas on the Past, New York: Harper & Row, 1964 (World Perspectives, 32).

–, »The Historian and the Social Scientist«, in: American Historical Review 66 (1960), S. 20–46.

Iggers, George G., The German Conception of History. The National Tradition of Historical Thought from Herder to the Present, Middletown, Conn.: Wesleyan Univ. Pr., 1968.

Koselleck, Reinhart, Einleitung zu: Geschichtliche Grundbegriffe. Historisches Lexikon zur politisch-sozialen Sprache in Deutschland, Stuttgart: E. Klett, Bd. I, 1973, S. 3–8.

–, »Wozu noch Historie?«, in: Historische Zeitschrift, Bd. 212, 1971, S. 1–18.

Kuhn, Thomas Samuel, The Structure of Scientific Revolutions, Chicago: Univ. of Chicago Pr., 1. Aufl. 1962; 2., erw. Aufl. 1970 (International Encyclopedia of Unified Science, 2/2). – Dt.: Die Struktur wissenschaftlicher Revolutionen, Frankfurt am Main: Suhrkamp, 1967 (Theorie 2).

Landes, David S., und *Charles Tilly,* Hrsg., History as Social Science, Englewood Cliffs, N. J.: Prentice-Hall, 1971 (Spectrum Book, S–239).

Meier, Helmut G., Art. »Begriffsgeschichte«, in: *Joachim Ritter,* Hrsg., Historisches Wörterbuch der Philosophie, Basel, Stuttgart: Schwabe, Bd. I, 1971, Sp. 788–808.

Nipperdey, Thomas, »Kulturgeschichte, Sozialgeschichte, historische Anthropologie«, in: Vierteljahrschrift für Sozial- und Wirtschaftsgeschichte 55 (1968), S. 145–164.

North, Douglas C., Growth and Welfare in the American Past. A New Economic History, Englewood Cliffs, N. J.: Prentice-Hall, 1966.

Oestreich, Gerhard, »Die Fachhistorie und die Anfänge der sozialgeschichtlichen Forschung in Deutschland«, in: Historische Zeitschrift, Bd. 208, 1969, S. 320–363.

Radkau, Joachim, und *Orlinde Radkau,* Praxis der Geschichtswissenschaft. Die Desorientiertheit des historischen Interesses, Düsseldorf: Bertelsmann Universitätsverlag, 1972 (Konzepte Sozialwissenschaft, 3).

Rotenstreich, Nathan, Between Past and Present. An Essay on History, New Haven: Yale Univ. Pr., 1958.

Schieder, Theodor, »Der Typus in der Geschichtswissenschaft«, in: *ders.,* Staat und Gesellschaft im Wandel unserer Zeit. Studien zur Geschichte des 19. und 20. Jahrhunderts, München: R. Oldenbourg, 1958, S. 172–187 (Erstveröff. in: Studium Generale 5 [1962]).

Schoeps, Hans-Joachim, Was ist und was will die Geistesgeschichte. Über Theorie und Praxis der Zeitgeistforschung, Göttingen etc.: Musterschmidt-Verlag, 1959.

Stearns, Peter N., Hrsg., A Century for Debate, 1789–1914. Problems in the Interpretation of European History, New York: Dodd, Mead, 1969.

Teggart, Frederick John, Theory and Processes of History, Berkeley: Univ. of Cal. Pr., 1960 (Nachdruck der Ausgabe von 1941).

Thrupp, Sylvia L., »Comparative Studies in Society and History: A Working Alliance among Specialists«, in: International Social Science Journal 17 (1965), S. 644–654.

Wehler, Hans-Ulrich, Hrsg., Geschichte und Ökonomie, Köln, Berlin: Kiepenheuer & Witsch, 1973 (Neue Wissenschaftliche Bibliothek, 58).

–, Hrsg., Geschichte und Soziologie, Köln, Berlin: Kiepenheuer & Witsch, 1972 (Neue Wissenschaftliche Bibliothek, 53).

–, Hrsg., Moderne deutsche Sozialgeschichte, Köln, Berlin: Kiepenheuer & Witsch, 1966 (Neue Wissenschaftliche Bibliothek, 10).

Wittram, Reinhard, Das Interesse an der Geschichte. Zwölf Vorlesungen über Fragen des zeitgenössischen Geschichtsverständnisses, Göttingen: Vandenhoeck & Ruprecht, 1958 (Kleine Vandenhoeck-Reihe, 59–61).

B. »Quantitative History«

Aydelotte, William O., Quantification in History, Reading, Mass. etc.: Addison Wesley, 1971 (Addison-Wesley Series in History).

Bowles, Edmund A., Hrsg., Computers in Humanistic Research. Readings and Perspectives, Englewood Cliffs, N. J.: Prentice-Hall, 1967.

Clubb, Jerome M., und *Howard W. Allen*, »Computers and Historical Studies«, in: Journal of American History 54 (1967), S. 599–607.

Hexter, Jack H., »Some American Observations (on Quantitative History)«, in: Journal of Contemporary History 2 (1967), S. 5–23.

Jensen, Richard, und *Charles M. Dollar*, Quantitative Historical Research, New York: Holt, Rinehart, Winston, 1970.

Marczewski, J(e)an, Introduction à l'histoire quantitative, Genève: Librairie Droz, 1965 (Travaux de droit, d'économie, de sociologie et de sciences politiques, 35).

–, »Quantitative History«, in: Journal of Contemporary History 3 (1968), S. 179–191.

Merritt, Richard L., Symbols of American Community, 1735–1775, New Haven, London: Yale Univ. Pr., 1966 (Yale Studies in Political Science, 16).

Rashevsky, Nicholas, Looking at History Through Mathematics, Cambridge, Mass.: M. I. T. Pr., 1968.

Richardson, Lewis, Statistics of Deadly Quarrels, Pittsburgh: Boxwood Pr., 1960.

Rowney, Don Karl, und *James Q. Graham Jr.*, Hrsg., Quantitative History. Selected Readings in the Quantitative Analysis of Historical Data, Homewood, Ill.: Dorsey Pr., 1969.

Saveth, Edward N., Hrsg., American History and the Social Sciences, Glencoe, Ill.: Free Pr., 1964.

Singer, J. David, und *Melvin Small*, The Wages of War, 1816–1965. A Statistical Handbook, New York: Wiley, 1972.

Swierenga, Robert P., Hrsg., Quantification in American History. Theory and Research, New York: Atheneum, 1970.

Wright, Quincy, A Study of War, Chicago: Univ. of Chicago Pr., 1942.

Zemsky, Robert M., »Numbers and History. The Dilemma of Measurement«, in: Computers and the Humanities 3 (1969), S. 31–40.